Jörg Schumann

Unternehmenswertorientierung in Konzernrechnungslegung und Controlling

GABLER EDITION WISSENSCHAFT

Jörg Schumann

Unternehmenswertorientierung in Konzernrechnungslegung und Controlling

Impairment of Assets (IAS 36)
im Kontext bereichsbezogener
Unternehmensbewertung
und Performancemessung

Mit einem Geleitwort von Prof. Dr. Hans Dirrigl

GABLER EDITION WISSENSCHAFT

Bibliografische Information der Deutschen Nationalbibliothek
Die Deutsche Nationalbibliothek verzeichnet diese Publikation in der
Deutschen Nationalbibliografie; detaillierte bibliografische Daten sind im Internet über
<http://dnb.d-nb.de> abrufbar.

Dissertation Ruhr-Universität Bochum, 2008

1. Auflage 2008

Alle Rechte vorbehalten
© Gabler | GWV Fachverlage GmbH, Wiesbaden 2008

Lektorat: Frauke Schindler / Britta Göhrisch-Radmacher

Gabler ist Teil der Fachverlagsgruppe Springer Science+Business Media.
www.gabler.de

Das Werk einschließlich aller seiner Teile ist urheberrechtlich geschützt. Jede Verwertung außerhalb der engen Grenzen des Urheberrechtsgesetzes ist ohne Zustimmung des Verlags unzulässig und strafbar. Das gilt insbesondere für Vervielfältigungen, Übersetzungen, Mikroverfilmungen und die Einspeicherung und Verarbeitung in elektronischen Systemen.

Die Wiedergabe von Gebrauchsnamen, Handelsnamen, Warenbezeichnungen usw. in diesem Werk berechtigt auch ohne besondere Kennzeichnung nicht zu der Annahme, dass solche Namen im Sinne der Warenzeichen- und Markenschutz-Gesetzgebung als frei zu betrachten wären und daher von jedermann benutzt werden dürften.

Umschlaggestaltung: Regine Zimmer, Dipl.-Designerin, Frankfurt/Main
Gedruckt auf säurefreiem und chlorfrei gebleichtem Papier

ISBN 978-3-8349-0980-0

Geleitwort

Im Zusammenhang mit der zukunftsorientierten, bereichsbezogenen Rechnungslegung – wofür exemplarisch der Werthaltigkeitstest für den *Goodwill* von „zahlungsmittelgenerierenden Einheiten" genannt werden kann – wird regelmäßig auf die Bedeutung des *Controlling* verwiesen, dem die (Methoden-)Kompetenz für Unternehmensbewertungen aller Art attestiert wird.

In diesem Kontext avanciert die unternehmenswertorientierte Rechnungslegung dann, fast zwangsläufig, zu einem Thema der Konvergenz, der Vereinheitlichung bzw. Synchronisierung von externem und internem Rechnungswesen, zu einem Aspekt im Bereich des Problems von „Rechnungslegung und *Controlling*".

Um solche Aspekte der Konvergenz von – retrospektiv oder prospektiv ausgerichteter – Informationsbereitstellung fundiert analysieren zu können, ist zunächst eine detaillierte Vorstellung davon notwendig, wie das *Controlling* bereichsbezogene Wertbestimmungen und Performancemessungen aus unternehmenswertorientierter Perspektive durchführt oder vornehmen sollte. Zu diesem Themenfeld sind derzeit eklatante Lücken und methodische Defizite in der Literatur zu konstatieren.

Hier setzt die vorliegende Untersuchung von Herrn Schumann an und analysiert die verschiedenen Probleme auf eine äußerst diffizile und quantitativ-fundierte Weise. Basis für alle Anwendungen in der zukunftsorientierten Rechnungslegung oder dem unternehmenswertorientierten *Controlling* sind Kalküle zur bereichsbezogenen Unternehmensbewertung, die grundsätzlich ertragswertorientiert oder kapitalmarktbezogen konzipiert werden können, wie die umfassenden Untersuchungen von Herrn Schumann aber zeigen, vor allem aufgrund der Unterschiede in der „Risikoadjustierung" zu größeren Diskrepanzen im Bewertungsergebnis führen.

Bereichsbezogene Unternehmenswerte sind das Fundament für die darauf aufbauende Performancemessung, für die in der Literatur eine heterogene Vielfalt von „wertorientierten Performancemaßen" vorgeschlagen wird. Herr Schumann unterzieht diese Performancemaße einer umfassenden und systematischen Eignungsprüfung, wobei er insbesondere auf geeignete Möglichkeiten zur Performance-Periodisierung und -analyse aus der ex post-Perspektive eingeht.

Mit den unternehmenswert-bezogenen Kalkülen zur Wertbestimmung und Performancemessung ist ein *Controlling*-System als Referenzrahmen entwickelt, das in die Analyse der zukunftsorientiert ausgerichteten, bereichsbezogenen Rechnungslegung einbezogen werden kann, deren Kernelemente in IAS 36 verankert sind. Wie die tiefschürfenden Untersuchungen hierzu von Herrn Schumann offenlegen, sind zur Abgrenzung von Bewertungseinheiten, insbesondere aber zur Bestimmung des Nutzungswerts von zahlungsmittelgenerierenden Einheiten viele Fragen offen und lassen Spielräume entstehen. Hinsichtlich der Auswertung von unzähligen Literaturquellen, die sich mit den Zweifelsfragen zur Bestimmung des

"Value in Use" beschäftigen, ist zu konstatieren, daß diese in der vorliegenden Arbeit nicht nur lückenlos aufgespürt, sondern auch sehr diffizil gewürdigt werden.

Nachdem auch die Regelungen zur bereichsbezogenen Rechnungslegung umfassend analysiert wurden, konnten die beiden Untersuchungsstränge zusammengeführt, also das fundiert einer kritischen Analyse unterzogen werden, was unter Stichworten wie Konvergenz und Vereinheitlichung von externem und internem Rechnungswesen propagiert, aber auch kritisch diskutiert wird.

Der thematischen Ausrichtung der Arbeit entsprechend sind diese Untersuchungen auf die zukunftsorientierte Rechnungslegung konzentriert. Trotz dieser „Einschränkung" der Konvergenz-Problematik ist die vorliegende Arbeit sehr umfangreich ausgefallen. Ein wesentlicher Grund hierfür liegt darin, daß die Arbeit umfassende Systeme von Beispielsrechnungen enthält, die nicht nur „illustrieren" sollen: Erst auf Basis eines quantitativen, also *Controlling*-gemäßen Argumentationsstils kann transparent gemacht werden, wie hoch Wertdifferenzen aus unterschiedlichen Perspektiven sind und auf welche Einflußfaktoren solche Unterschiede zurückzuführen sind.

Beides zusammengenommen, die qualitativ sehr differenziert geführte Argumentation und die quantitative „Unterfütterung" durch komplexe Beispielsrechnungen haben eine Arbeit entstehen lassen, die derzeit in der Literatur ohne Beispiel ist, nicht nur von großem theoretischen Interesse, sondern auch einen Beitrag für die praktische Problembewältigung in den Bereichen *Controlling* und Accounting leisten kann, weshalb ihr eine weite Verbreitung und Kenntnisnahme sehr zu wünschen ist.

Hans Dirrigl

Vorwort

Es irrt der Mensch, solang er strebt.
(Johann Wolfgang von Goethe, Faust, Prolog im Himmel, Vers 317)

Gedanklich habe ich dieses Vorwort bereits unzählige Male beim Joggen verfaßt. Bis vor kurzem schwebte es mir dabei noch als nahezu unerreichbar erscheinender ‚endgültiger' Abschluß meiner Promotion vor, der mit der tollen Möglichkeit einhergeht, mich bei allen Personen – auch offiziell – zu bedanken, die zur Entstehung der vorliegenden Arbeit auf unterschiedliche Weise beigetragen haben.

Sie ist entstanden während meiner Tätigkeit als wissenschaftlicher Mitarbeiter am Lehrstuhl für Betriebswirtschaftslehre, insbesondere *Controlling* der Ruhr-Universität Bochum, und wurde von der Fakultät für Wirtschaftswissenschaft im Herbst 2007 als Dissertation angenommen.

Mein erster Dank gilt natürlich meinem Doktorvater, Herrn Prof. Dr. Hans Dirrigl, der es verstanden hat, seine kritische Denkweise und hohen analytischen Fähigkeiten auf mich zu übertragen. Hiervon hat sich sicherlich nicht ‚nur' die nachstehende Dissertationsschrift profitiert. Die während unserer Zusammenarbeit bisweilen täglichen Diskussionen über Fragestellungen, die von der Unternehmensbewertung, über die Performancemessung, das Konzern*controlling* und strategische *Controlling* bis zu der internationalen Rechnungslegung reichten, führten regelmäßig zu wesentlichen Erkenntnisfortschritten, wenngleich mir diese teilweise erst mit Verzögerung bewußt wurden.

Für die Übernahme des Zweitgutachtens bedanke ich mich bei Herrn Prof. Dr. Hannes Streim. Sein jederzeit ‚offenes Ohr' trug ebenso zum Gelingen der Arbeit bei. Weitergehend ist Herrn Prof. Dr. Bernhard Pellens zu danken – nicht nur für seine sofortige Bereitschaft, die Moderation meiner Disputation zu übernehmen, sondern vor allem für seine vielfältige Unterstützung, die ich erfahren durfte.

Neben meinen akademischen ‚Lehrmeistern' bin ich einem weiten Kreis von Personen aus der Fakultät zu Dank verpflichtet. Vom Lehrstuhlteam ist speziell Marco Dreher zu nennen, der mich mit Fortschritt der Arbeit von den operativen Aufgaben eines Lehrstuhlmitarbeiters zunehmend entlastete, als konstruktiver Diskussionspartner jederzeit zur Verfügung stand und eine kritische Durchsicht des Manuskripts vornahm. In der Endphase der Dissertation konnte ich die restlichen Verpflichtungen an Daniel Gavranovic übertragen. Mit Dr. David Stüker verbindet mich das zeitgleiche Durchstehen sämtlicher Höhen und Tiefen einer Promotion; für die gegenseitige Motivation bin ich ihm dankbar. Außerdem bedarf es einer Erwähnung unserer Sekretärin Petra Gervers sowie der studentischen Hilfskräfte Anja Bartels, Martin Kocybik und Christina König, die mich stets unterstützt haben.

Außerhalb der ‚Lehrstuhlwelt' bot die Fahrgemeinschaft mit Dr. Mario Jovanovic während der morgend- und abendlichen Staus auf der A43 ausreichend Zeit, um den jeweiligen Fortschritt bei der Promotion zu reflektieren sowie sich auf die Arbeit einzustimmen respektive von ihr abzuschalten. Daneben ist Dr. Marcus Bieker für die tiefe Freundschaft, die sich entwickelt hat und hoffentlich noch lange andauert, zu danken. Ebenso stehe ich in seiner Schuld für die kritische Durchsicht des Manuskripts aus der Rechnungslegungsperspektive; letzteres gilt ebenfalls für Dr. Jens Hackenberger.

Für die sonstige Zusammenarbeit innerhalb der Fakultät danke ich Hans Adden; Holger Amshoff; Dr. Andreas Bonse; Eva Brandt; Dr. Nils Crasselt; Dr. Karsten Detert; Dr. Georg Diedrich; Sue Man Fan; Dr. Christian Goeke; Reinhold Hoppe; PD Dr. Andreas Horsch; Volker Irle; Stefan Janett; Dirk Jödicke; Thomas Kemper; Ute Klöschen; Julia Lackmann; Thomas Lenz; Prof. Dr. Manfred Lösch; Stefan Neuhaus; Uwe Nölte; Dr. Christian Odenthal; Elisabeth Overkamp; Prof. Dr. Stephan Paul; Alexander Pastwa; Jörg Plewka; Beate Preuß; Monika Puchner; Dr. Marc Richard; Gabriele Rüthers; André Schmidt; Dr. Lars Schmidt; Dr. Thorsten Sellhorn; Adam Strzyz; Dr. Ulrike Ufer; Dr. André Uhde; Laura Wegener; Markus Weinreis; Jürg Weißgerber; Dr. Jens Wiggershaus sowie Barbara Wischermann.

Weiterer Dank ist Andreas Dörschell, Dr. Lars Franken sowie Dr. Jörn Schulte auszusprechen, bei denen ich im Rahmen von Projektarbeit, meine Kenntnisse im Bereich der Realoptionsbewertung in die Praxis umsetzen und vertiefen konnte.

Neben dem universitären Umfeld bedanke ich mich bei meinem Freundeskreis, der mit viel Gespür das Thema Promotion ausklammerte oder nachgefragte, wann ich denn endlich ‚fertig' sei – Anica Böhm & Maurice Haase; Nicole & Michael Burggräf; Janine Büttner & Gero Schreckenberg; Beate Dawid & Martin Hennig; Daniel Gallina; Markus Glückler; Dr. Stephan Günther; Julia & Andreas Haase; Katja Haase, Sascha & Till Heuer; Christian Haase & Alexander Uphoff; Alexandra & Bernhard Haselhoff; Michaela & Thomas Kamphausen; Daniela Kocur & Jörg Theile-Wielage; Tim Köhlhoff; Claudia Riemenschneider & Jan Jülkenbeck; Laura Roncero & Lars Böhnisch; Christine Schlüter; Katja Schmidt; Sandra Ullrich & Udo Herdes; Verena & Stefan Tysbierek.

Gleichfalls ist meiner Familie zu danken: Inge, Reinhard, Benjamin & Ursula Ehrenberg; Ingrit & Horst Güttler; Claudia, Dirk & Sebastian Kress; Anette, Nathalie, Juliane, Detlev & Willi Krumme; Cornelia, Charline, Laura & Julian Peters; Gisela, Helmut, Katja & Jörg Putz; Nicole, Christian, Noah & Lukas Seehagel; Renate, Alfons, Catrin, Anne & Jan Welling; Brigitte Weps.

Abschließend gebührt der Dank meinen Eltern, Gertrud & Jürgen Schumann, die mich in sämtlichen Phasen der Ausbildung jederzeit unterstützt haben. Dies tritt auch auf meine Lebensgefährtin Julia Ehrenberg zu, die mir in der Promotionszeit den Rücken stärkte, in den richtigen Situationen für Ablenkung sorgte und mich in ‚Schaffenskrisen' ertrug. Hoffentlich kann ich ihr bei ihrer Promotion eine ebenso große Hilfe sein.

Ohne meine Eltern und Julia wäre diese Arbeit nie entstanden. Daher ist sie ihnen gewidmet.

Jörg Schumann

Inhaltsübersicht

1 **Einleitung** 1
   1.1 Problemstellung 1
   1.2 Gang der Untersuchung...4
2 **Bereichsorientierte Unternehmensbewertung** 9
   2.1 Zweckabhängigkeit der Unternehmensbewertung 9
   2.2 Kalküle der Unternehmensbewertung im Überblick...........................13
   2.3 Bedeutung der Bereichsorientierung für die Unternehmensbewertung.......20
   2.4 Ausgestaltung der bereichsbezogenen Unternehmensbewertung für interne Zwecke...26
   2.5 Anwendung von Bewertungskalkülen auf unterschiedlichen Aggregationsebenen eines Unternehmens (Beispielsrechnung Teil I) 56
3 **Bereichs- und unternehmenswertorientierte Performancemessung**.......87
   3.1 Unternehmenswertorientierte Performancemessung im Kontext von Planung, Steuerung und Kontrolle..87
   3.2 Systematisierung von Konzepten der Performancemessung.....................95
   3.3 Ableitung von Anforderungskriterien für wertorientierte Performance maße..102
   3.4 Eignungsanalyse (unternehmens-)wertorientierter Performance maße..113
   3.5 Performanceanalyse im Sinne einer erfolgspotentialorientierten Abweichungsanalyse 182
4 **Relevanzaspekte des Impairment of Assets für das bereichs- und unternehmenswertorientierte Controlling**..195
   4.1 Zweck- und Zielsetzung der IFRS-Rechnungslegung unter Berücksichtigung des Impairment of Assets nach IAS 36..............................195
   4.2 Grundkonzeption des Werthaltigkeitstests 209
   4.3 Zahlungsmittelgenerierende Einheiten als Bewertungsobjekte von Werthaltigkeitsüberprüfungen 225
   4.4 Bestimmung des erzielbaren Betrags 246
5 **Konvergenzaspekte zwischen dem Impairment of Assets sowie dem bereichs- und unternehmenswertorientierten Controlling**.....................281
   5.1 Konvergenzpotentiale in der Unternehmensrechnung 281
   5.2 Unternehmenserwerb und anschließende Integration (Beispielsrechnung Teil IV)...302
   5.3 Kritische Analyse der Konvergenzpotentiale des Impairment of Assets sowie dem bereichs- und unternehmenswertorientierten Controlling........318
   5.4 Berücksichtigung von Goodwills und deren etwaigen Abschreibungen im Rahmen der (unternehmens-)wertorientierten Performancemessung 378

5.5 Interpretation außerplanmäßiger Abschreibungen von Goodwills anhand einer strategischen Abweichungsanalyse 420
6 Zusammenfassung und Ausblick **429**

Inhaltsverzeichnis

Inhaltsübersicht IX
Inhaltsverzeichnis XI
Abkürzungsverzeichnis XIX
Abbildungsverzeichnis XXIII
Tabellenverzeichnis XXV

1 Einleitung 1
  1.1 Problemstellung 1
  1.2 Gang der Untersuchung 4

2 Bereichsorientierte Unternehmensbewertung 9
  2.1 Zweckabhängigkeit der Unternehmensbewertung 9
  2.2 Kalküle der Unternehmensbewertung im Überblick 13
    2.2.1 Systematisierung der Unternehmensbewertungskalküle 13
    2.2.2 Zur Äquivalenz verschiedener Bewertungsverfahren 15
  2.3 Bedeutung der Bereichsorientierung für die Unternehmensbewertung 20
  2.4 Ausgestaltung der bereichsbezogenen Unternehmensbewertung für interne Zwecke 26
    2.4.1 Grundsätzliche Möglichkeiten und Grenzen einer Ausgestaltung der bereichsbezogenen Unternehmensbewertung 26
      2.4.1.1 Interne Zwecksetzung der bereichsbezogenen Unternehmensbewertung 28
      2.4.1.2 Prämissenperspektive 31
      2.4.1.3 Aspekte der Risikoadjustierung 35
      2.4.1.4 Anwendungsprobleme 40
      2.4.1.5 Vergleichende und abschließende Beurteilung der Ausgestaltung einer bereichsbezogenen Unternehmensbewertung für interne Zwecke 42
    2.4.2 Ertragswertorientierte Unternehmensbewertung auf Bereichsebene ... 44
      2.4.2.1 Ermittlung der bereichsbezogenen Kapitalstruktur 46
      2.4.2.2 Ermittlung der bereichsbezogenen Ertragsbesteuerung ... 50
      2.4.2.3 Bewertungsrelevante Bereichserträge 53
        2.4.2.3.1 Cashflowbasierte Erfolgsgrößen und deren Ermittlung im Rahmen einer integrierten Unternehmensplanung 53
        2.4.2.3.2 Residualgewinnbasierte Erfolgsgrößen und deren Ermittlung im Rahmen einer integrierten Unternehmensplanung 55
  2.5 Anwendung von Bewertungskalkülen auf unterschiedlichen Aggregationsebenen eines Unternehmens (Beispielsrechnung Teil I) 56

Konzeption der Beispielsrechnung im Überblick..................................56
2.2 Bereichs-, Segment und Konzernstruktur des Bewertungsobjekts........57
2.3 Bewertungsprämissen 59
2.5.4 Bewertung auf unterschiedlichen Unternehmensebenen 61
    2.5.4.1 Bereichsbezogene Unternehmensbewertung 61
        2.5.4.1.1 Bereichsbezogene Erfolgsprognose im Überblick..............61
        2.5.4.1.2 Leistungswirtschaftliche Bereichsbewertung.....................70
            2.5.4.1.2.1 Ertragswertverfahren 70
            2.5.4.1.2.2 Netto-Residualgewinnverfahren 70
        2.5.4.1.3 Marktwertorientierte Bereichsbewertung 72
            2.5.4.1.3.1 APV-Verfahren...72
            2.5.4.1.3.2 NCF-Verfahren..73
            2.5.4.1.3.3 WACC-Verfahren...74
            2.5.4.1.3.4 Netto- und Brutto-Residualgewinnverfahren 75
            2.5.4.1.3.5 Kapitalmarktorientierte Sicherheitsäquivalent-
                          bewertung 77
    2.5.4.2 Segment- und konzernbezogene Unternehmensbewertung........78
        2.5.4.2.1 Verteilung der Netto Cashflows 78
        2.5.4.2.2 Leistungswirtschaftliche Konzernbewertung 81
        2.5.4.2.3 Marktwertorientierte Konzernbewertung............................81
        2.5.4.2.4 Interpretation der Segment- und
                    Konzernbewertungsergebnisse 83

3 Bereichs- und unternehmenswertorientierte Performancemessung........87
3.1 Unternehmenswertorientierte Performancemessung im Kontext von
Planung, Steuerung und Kontrolle 87
    3.1.1 Performanceplanung (ex ante-Perspektive)...91
    3.1.2 Performancekontrolle (ex post-Perspektive) 92
    3.1.3 Performanceanalyse (ex post-Perspektive) 93
3.2 Systematisierung von Konzepten der Performancemessung.....................95
    3.2.1 Grundsätzliche Möglichkeiten der Performancemessung im Über-
blick..95
    3.2.2 Kategorisierung wesentlicher Varianten der
Performanceperiodisierung 99
3.3 Ableitung von Anforderungskriterien für wertorientierte Performance
maße 102
    3.3.1 Gängige Anforderungskataloge..102
    3.3.2 Cashflowbezogenheit und Zukunftsorientierung als konstitutive
Merkmale unternehmenswertorientierter Performancemaße..............105
3.4 Eignungsanalyse (unternehmens-)wertorientierter Performancemaße.....113
    3.4.1 Ausgestaltung der Eignungsanalyse 113
        3.4.1.1 Eignungsanalyse im Überblick...113

Inhaltsverzeichnis

3.4.1.2 Anwendung von Bewertungskalkülen auf der Bereichsebene aus der ex post-Perspektive (Beispielsrechnung Teil II) 114
    3.4.1.2.1 Erweiterung um die ex post-Perspektive 114
    3.4.1.2.2 Leistungswirtschaftliche Bereichsbewertung 117
    3.4.1.2.3 Marktwertorientierte Bereichsbewertung 117
    3.4.1.2.4 Wertänderung aus der ex post-Perspektive 119
3.4.2 Economic Value Added 119
    3.4.2.1 Economic Value Added im Überblick.............................. 119
    3.4.2.2 Eignungsanalyse des Economic Value Added 123
3.4.3 Earnings less Riskfree Interest Charge.. 129
    3.4.3.1 Earnings less Riskfree Interest Charge im Überblick 129
    3.4.3.2 Eignungsanalyse der Earnings less Riskfree Interest Charge ... 134
3.4.4 Cash Value Added... 142
    3.4.4.1 Cash Value Added im Überblick 142
    3.4.4.2 Eignungsanalyse des Cash Value Added........................ 146
3.4.5 Shareholder Value Added 151
    3.4.5.1 Shareholder Value Added im Überblick.......................... 151
    3.4.5.2 Eignungsanalyse des Shareholder Value Added 154
3.4.6 Residualer ökonomischer Gewinn... 158
    3.4.6.1 Residualer ökonomischer Gewinn im Überblick 158
    3.4.6.2 Eignungsanalyse des Residualen ökonomischer Gewinns 161
3.4.7 Earned Economic Income 164
    3.4.7.1 Earned Economic Income im Überblick.......................... 164
    3.4.7.2 Bereichsbezogene Erweiterung des Earned Economic Income nach *Dirrigl* 166
    3.4.7.3 Eignungsanalyse des Earned Economic Income 169
    3.4.7.4 Exkurs: Begrenzter Planungs- und Kontrollhorizont................. 175
3.4.8 Zwischenfazit zur Eignung (unternehmens-)wertorientierter Performancemaße.. 179
3.5 Performanceanalyse im Sinne einer erfolgspotentialorientierten Abweichungsanalyse 182
  3.5.1 Grundstruktur... 182
  3.5.2 Bereichsbezogene Performancemessung, -kontrolle und -analyse anhand des Earned Economic Income (Beispielsrechnung Teil III).... 185
    3.5.2.1 Ergänzende Bewertungsangaben 185
    3.5.2.2 Performanceplanung des Bereichs B1 anhand des Earned Economic Income (ex ante Perspektive) 186
    3.5.2.3 Performancekontrolle des Bereichs B1 anhand des Earned Economic Income (ex post Perspektive) 186
    3.5.2.4 Performanceanalyse des Bereichs B1 anhand des Earned Economic Income (ex post Perspektive) 187

kurs: Ergebnisse der Performancemessung des Bereichs B1 im Lichte der Verbundbeziehungen innerhalb des Konzerns K 190

anzaspekte des Impairment of Assets für das bereichs- und ernehmenswertorientierte Controlling 195

4 Zweck- und Zielsetzung der IFRS-Rechnungslegung unter Berücksichtigung des Impairment of Assets nach IAS 36 195
    4.1.1 Zweck- und Zielsetzung der IFRS-Rechnungslegung 195
    4.1.2 Allgemeine IFRS-Rechnungslegungsgrundsätze 200
    4.1.3 Rechnungsziele des Impairment of Assets 205
4.2 Grundkonzeption des Werthaltigkeitstests 209
    4.2.1 Anwendungsbereich des Impairment of Assets 209
    4.2.2 Zeitpunkt, Zeitintervall und Durchführungsnotwendigkeit der Werthaltigkeitsüberprüfung 210
    4.2.3 Grundstruktur des Werthaltigkeitstests 213
    4.2.4 Bilanzielle Erfassung von Wertminderungen und -aufholungen 216
        4.2.4.1 Wertminderungen 216
        4.2.4.2 Wertaufholungen 218
    4.2.5 Angabepflichten im Anhang 220
        4.2.5.1 Einzelne Vermögenswerte 221
        4.2.5.2 Gruppen von wesens- und verwendungsähnlichen Vermögenswerten 222
        4.2.5.3 Zahlungsmittelgenerierende Einheiten ohne zugeordnete Geschäfts- oder Firmenwerte respektive immaterielle Vermögenswerte mit unbestimmter Nutzungsdauer 223
        4.2.5.4 Zahlungsmittelgenerierende Einheiten mit zugeordneten Geschäfts- oder Firmenwerten respektive immaterielle Vermögenswerten mit unbestimmter Nutzungsdauer 223
        4.2.5.5 Berichtspflichtige Segmente 224
4.3 Zahlungsmittelgenerierende Einheiten als Bewertungsobjekte von Werthaltigkeitsüberprüfungen 225
    4.3.1 Grundkonzeption einer Cash-Generating Unit 225
    4.3.2 Separationskriterien für zahlungsmittelgenerierende Einheiten 227
        4.3.2.1 Allgemeine Separationskriterien 227
            4.3.2.1.1 Generierung von Zahlungsmittelüberschüssen 227
            4.3.2.1.2 Vorliegen eines Active Market 228
            4.3.2.1.3 Weitgehende Unabhängigkeit der generierten Zahlungsmittelüberschüsse 230
            4.3.2.1.4 Niedrigste Aggregationsebene 232

4.3.2.2 Ergänzende Separationskriterien für zahlungsmittelgenerierende Einheiten oder Gruppen zahlungsmittelgenerierender Einheiten mit zugeordnetem Goodwill..................233
    4.3.2.2.1 Erwartete Synergieeffekte 233
    4.3.2.2.2 Niedrigste Aggregationsebene für Zwecke einer
internen Überwachung von Geschäfts- oder Firmen-
werten 235
    4.3.2.2.3 Operative Segmentebene..239
4.3.3 Bestimmung des Buchwerts einer zahlungsmittelgenerierenden
Einheit oder Gruppe zahlungsmittelgenerierender Einheiten..............240
4.3.4 Zwischenfazit zur Separierung zahlungsmittelgenerierender
Einheiten..243
4.4 Bestimmung des erzielbaren Betrags...246
  4.4.1 Grundsätzliche Ausprägungsformen des erzielbaren Betrags...........246
    4.4.1.1 Beizulegender Zeitwert abzüglich Veräußerungskosten 246
    4.4.1.2 Nutzungswert...248
    4.4.1.3 Relevante Referenzgröße von Werthaltigkeitsüberprüfungen:
Stand und kritische Analyse der Diskussion bezüglich der Ermittlung des beizulegenden Zeitwerts abzüglich
Veräußerungskosten anhand von Barwertkalkülen....................250
  4.4.2 Berechnungsvorgaben für die Bestimmung des Value in Use............256
    4.4.2.1 Bewertungsrelevante Erfolgsgrößen 257
      4.4.2.1.1 Unternehmensinterne Planungen des Cashflow als
Leitfaden 259
      4.4.2.1.2 Explizit ausgeschlossene, zahlungswirksame Einfluß-
größen...260
        4.4.2.1.2.1 Nichtberücksichtigung von Steuern 260
        4.4.2.1.2.2 Nichtberücksichtigung von Finanzierungs-
aktivitäten...262
        4.4.2.1.2.3 Nichtberücksichtigung von Erweiterungsin-
vestitionen und Restrukturierungsmaß-
nahmen 262
    4.4.2.2 Phasenmodell, Planungshorizont und Berücksichtigung
etwaiger Wachstumsraten 265
    4.4.2.3 Möglichkeiten der Unsicherheitsberücksichtigung....................267
      4.4.2.3.1 Traditional Approach...267
      4.4.2.3.2 Expected Cashflow Approach...268
    4.4.2.4 Bestimmung des Kalkulationszinsfußes 271
      4.4.2.4.1 Allgemeine Vorschriften im Überblick.............................271
      4.4.2.4.2 Gewichtete Kapitalkosten und die Bestimmung eines
Nutzungswerts: Relevanz der Irrelevanzthese?................273

...nfazit zur Berechnung des erzielbaren Betrags 277
...zaspekte zwischen dem Impairment of Assets sowie dem
...- und unternehmenswertorientierten Controlling 281
...vergenzpotentiale in der Unternehmensrechnung 281
. ı Systematisierung von Konvergenzprozessen 281
 5.1.1.1 Konvergenzbereiche im Überblick 281
 5.1.1.2 Konvergenzüberlegungen zwischen externem und internem Rechnungswesen in den 1990ern 286
 5.1.1.3 Derzeitige Konvergenzentwicklungen zwischen externem und internem Rechnungswesen 288
 5.1.2 Aus dem Werthaltigkeitstest sowie dem bereichs- und unternehmenswertorientierten Controlling erwachsende spezifische Konvergenzmöglichkeiten 294
5.2 Unternehmenserwerb und anschließende Integration (Beispielsrechnung Teil IV) 302
 5.2.1 Unternehmenserwerb der E AG 302
  5.2.1.1 Transaktion im Überblick 302
  5.2.1.2 Marktwertorientierte Bewertung 309
  5.2.1.3 Leistungswirtschaftliche Bewertung und Grenzpreisbestimmung 309
 5.2.2 Goodwillallokation 313
5.3 Kritische Analyse der Konvergenzpotentiale des Impairment of Assets sowie dem bereichs- und unternehmenswertorientierten Controlling 318
 5.3.1 Konvergenzrichtung zwischen Werthaltigkeitsüberprüfungen und dem bereichsbezogenem Controlling 318
 5.3.2 Abgrenzung von Bewertungseinheiten nach IAS 36 im Kontext eines bereichsbezogenen Controlling 322
  5.3.2.1 Einzel- oder Gesamtbewertung: Wertadditivität vor dem Hintergrund einer bereichsbezogenen Bewertung nach IAS 36 322
  5.3.2.2 Konkretisierung der für IAS 36 relevanten internen Reportingstruktur 326
  5.3.2.3 Mangelnde Eignung interner Berichtseinheiten für Werthaltigkeitsüberprüfungen wegen fehlenden Synergienbezugs? 329
 5.3.3 Value in Use aus dem Blickwinkel einer bereichsbezogenen Unternehmensbewertung für interne Zwecke 331
  5.3.3.1 Zugrundeliegende Bewertungskonzeptionen im Vergleich 331
  5.3.3.2 Anwendung von Bewertungskalkülen auf der Bereichsebene nach dem Unternehmenserwerb aus der ex post-Perspektive (Beispielsrechnung Teil V) 335

5.3.3.2.1 Berechnungsstruktur im Überblick 335
5.3.3.2.2 Barwertberechnungen aus der ex ante-Perspektive 336
    5.3.3.2.2.1 Erfolgsgrößen und Bewertungsparameter 336
    5.3.3.2.2.2 Leistungswirtschaftliche Bewertung 344
    5.3.3.2.2.3 Marktwertorientierte Bewertung 344
5.3.3.2.3 Barwertberechnungen aus der ex post-Perspektive 345
    5.3.3.2.3.1 Erfolgsgrößen und Bewertungsparameter für interne Zwecke 345
    5.3.3.2.3.2 Leistungswirtschaftliche Bewertung und erfolgspotentialorientierte Abweichungsanalyse 353
    5.3.3.2.3.3 Marktwertorientierte Bewertung 354
    5.3.3.2.3.4 Erfolgsgrößen und Bewertungsparameter für die Werthaltigkeitsüberprüfung mit anschließendem Impairment Test 355
5.3.3.3 Aus den jeweils bewertungsrelevanten Erfolgsgrößen erwachsendes Konvergenzpotential 361
  5.3.3.3.1 Gegenüberstellung der Möglichkeiten der Unsicherheitsberücksichtigung 361
  5.3.3.3.2 Erörterung explizit ausgeschlossener, zahlungswirksamer Einflußgrößen 364
    5.3.3.3.2.1 Würdigung einer Nichtberücksichtigung von Steuern 364
    5.3.3.3.2.2 Bedeutung der Nichtberücksichtigung von Finanzierungsaktivitäten 368
    5.3.3.3.2.3 Untersuchung der Auswirkungen einer Nichtberücksichtigung von Erweiterungs- und Restrukturierungsmaßnahmen 369
5.3.4 Zwischenfazit hinsichtlich der Konvergenzeigenschaften des Nutzungswerts für die interne Unternehmenssteuerung 373
5.4 Berücksichtigung von Goodwills und deren etwaigen Abschreibungen im Rahmen der (unternehmens-)wertorientierten Performancemessung 378
  5.4.1 Weiteres Vorgehen 378
  5.4.2 Von Theorie und Praxis vorgebrachte Überlegungen einer Behandlung von Goodwills und deren möglichen Abschreibungen bei wertorientierten Performancemaßen 380
  5.4.3 Integrationsmöglichkeiten der Ergebnisse einer Werthaltigkeitsüberprüfung von Geschäfts- oder Firmenwerten in grundlegende Performancemaße 386
    5.4.3.1 Economic Value Added 386
    5.4.3.2 Earnings less Riskfree Interest Charge 396

5.4.3.3 Cash Value Added 400
5.4.3.4 Shareholder Value Added 407
5.4.3.5 Residualer ökonomischer Gewinn 410
5.4.3.6 Earned Economic Income 413
5.4.4 Zwischenfazit zur Performancemessung bei Vorliegen von Geschäfts- oder Firmenwerten 417
5.5 Interpretation außerplanmäßiger Abschreibungen von Goodwills anhand einer strategischen Abweichungsanalyse 420
5.5.1 Analyseansätze in Theorie und Praxis 420
5.5.2 Goodwillveränderungsrechnung als Analyse- und Informationsinstrument 423

6 Zusammenfassung und Ausblick 429

Anhang 435

Symbolverzeichnis 513

Literaturverzeichnis 527

Rechtsquellenverzeichnis 579

Abkürzungsverzeichnis

A	ex ante-Perspektive
A.A.	Anderer Ansicht
a.a.O.	am aufgeführten Ort
a.d.O.	an der Oder
a.L.	am Lech
a.M.	am Main
AB	abschreibbare Aktiva
Abb.	Abbildung
ABl.	Amtsblatt
Abs.	Absatz
AG	Aktiengesellschaft
AK	Amortisationskapital
AktG	Aktiengesetz
APV	*Adjusted Present Value*
Aufl.	Auflage
B	Beharrung
BASF	Badische Anilin- und Sodafabriken
BC	*Basis for Conclusions*
BCF	*Brutto Cashflow*
BCG	*Boston Consulting Group*
Bd.	Band
BGBl.	Bundesgesetzblatt
BilReG	Bilanzrechtsreformgesetz
BMW	Bayerische Motoren Werke
bspw.	beispielsweise
BW	Buchwert
bzw.	beziehungsweise
CA	*Corporate Asset*
CAPM	*Capital Asset Pricing Model*
CFROI	*Cash Flow Return on Investment*
CGU	*Cash-Generating Unit*
Co.	Company
CVA	*Cash Value Added*
D	diskontierte
d.h.	das heißt
DAX	Deutscher Aktienindex
DCF	*Discounted Cashflow*
Diss.	Dissertation
DVFA/SG	Deutsche Vereinigung für Finanzanalyse und Asset Management/Schmalenbach-Gesellschaft
E	Entwurf
EBIAT	*Earnings before Interest after Taxes*

EBIT	Earnings before Interest and Taxes
EBITDA	Earnings before Interest, Taxes, Depreciation and Amortization
EBT	Earnings before Taxes
EBV	Economic Book Value
ED	Exposure Draft
EE	Economic Earnings
EEI	Earned Economic Income
EG	Europäische Gemeinschaft
EK	Eigenkapital
EP	Economic Profit
E_RIC	Earnings less Riskfree Interest Charge
EStG	Einkommensteuergesetz
et al.	et alii
etc.	et cetera
EU	Europäische Union
EVA	Economic Value Added
f.	folgende [Seite]
FASB	Financial Accounting Standards Board
FCF	Free Cashflow
FE	fertige Erzeugnisse
ff.	folgende [Seiten]
FK	Fremdkapital
FLL	Forderungen aus Lieferungen und Leistungen
Fn.	Fußnote
FS	Festschrift
FTE	Flow to Equity
G	Gruppierung
GAAP	Generally Accepted Accounting Standards
gem.	gemäß
G^{HEV}	Gewinn bei Geltung des Halbeinkünfteverfahrens
GmbH	Gesellschaft mit beschränkter Haftung
GoF	Geschäfts- oder Firmenwert
GP	Gewinnperformance
G^S	Gewinn nach Einkommensteuer
GuV	Gewinn- und Verlustrechnung
GW	Goodwill
h.M.	herrschende Meinung
Habil.	Habilitationsschrift
HEV	Halbeinkünfteverfahren
HGB	Handelsgesetzbuch
Hrsg.	Herausgeber
hrsg.	herausgegeben
HVB	HypoVereinsbank
i.Br.	im Breisgau
i.d.R.	in der Regel
i.H.v.	in Höhe von

Abkürzungsverzeichnis XXI

i.S.	im Sinne
i.V.m.	in Verbindung mit
IAS	*International Accounting Standard*
IASB	*International Accounting Standards Board*
IASC	*International Accounting Standards Committee*
IC	eingesetztes Kapital
IDW	Institut der Wirtschaftsprüfer in Deutschland e.V.
IE	*Illustrative Examples*
IFRS	*International Financial Reporting Standard*
IN	*Introduction*
Jg.	Jahrgang
jr.	junior
Kap.	Kapitel
KB	Kapitalbasis
KBR	Kapitaleinsatz-Barwert-Relation
KGaA	Kommanditgesellschaft auf Aktien
KPMG	*Klynveld Peat Marwick Goerdeler*
LEN	*Linear Exponential Normal*
m.a.W.	mit anderen Worten
m.w.N.	mit weiteren Nachweisen
MAN	Maschinenfabrik Augsburg-Nürnberg
Mio.	Millionen
MM	*Modigliani/Miller*
MVA	*Market Value Added*
NCF	*Netto Cashflow* vor Einkommensteuer
NCF^{HEV}	*Netto Cashflow* bei Geltung des Halbeinkünfteverfahrens
NCF^S	*Netto Cashflow* nach Einkommensteuer
ND	erwartete Nutzungsdauer
No.	*Number*
NOPAT	*Net Operating Profit after Taxes*
NRG^{HEV}	Netto-Residualgewinn bei Geltung des Halbeinkünfteverfahrens
NRG^S	Netto-Residualgewinn nach Einkommensteuer
OCF	Operativer *Cashflow*
ÖG	Ökonomischer Gewinn
P	ex post-Perspektive
p.a.	*per annum*
pdf	*Portable Document Format*
PM	Performancmaß
RAROC	*Risk Adjusted Return on Capital*
rev.	*revised*
REVA	*Refined Economic Value Added*

RÖG	Residualer ökonomischer Gewinn
RORAC	*Return on Risk Adjusted Capital*
RWE	Rheinisch-Westfälische Elektrizitätswerke
Rz.	Randziffer
S.	Seite
s.o.	siehe oben
SA	Sachanlagevermögen
SAP	Systeme, Anwendungen, Produkte in der Datenverarbeitung
SFAC	*Statement of Financial Accounting Concepts*
SFAS	*Statement of Financial Accounting Standards*
SGE	strategische Geschäftseinheit
sog.	sogenannt
Sp.	Spalte
SVA	*Shareholder Value Added*
T	Ende des Detailprognosezeitraums
Tab.	Tabelle
TUI	Touristik Union International
Tz.	Textziffer
u.a.	unter anderem
UmwG	Umwandlungsgesetz
URL	Uniform Resource Locator
US	*United States*
US-GAAP	*United States Generally Accepted Accounting Principles*
usw.	und so weiter
V	Vorräte
VaR	*Value at Risk*
vgl.	vergleiche
VLL	Verbindlichkeiten aus Lieferungen und Leistungen
Vol.	*Volume*
VW	Vermögenswert
WACC	*Weighted Average Cost of Capital*
www	*World Wide Web*
z.B.	zum Beispiel
zugl.	zugleich

Abbildungsverzeichnis

Abb. 1: Aufbau der Arbeit ... 7
Abb. 2: Bewertungsverfahren im Überblick ... 14
Abb. 3: Der Bereich als Teileinheit eines Unternehmens ... 21
Abb. 4: Finanzwirtschaftliche Fundierung der bereichsbezogenen Unternehmensbewertung ... 27
Abb. 5: Grundlegende Annahmen der finanzwirtschaftlichen Unternehmensbewertungsmodelle im Vergleich ... 32
Abb. 6: Unvereinbarkeit der grundlegenden Prämissen der DCF-Modellbausteine ... 35
Abb. 7: Beurteilung der Ausgestaltungsmöglichkeiten einer bereichsbezogenen Unternehmensbewertung im Überblick ... 44
Abb. 8: Grundstruktur und Zusammenwirken der verschiedenen Teile der Beispielsrechnung ... 57
Abb. 9: Organisationsstruktur des Konzerns K ... 58
Abb. 10: Bereichsbezogene Unternehmensbewertung ... 84
Abb. 11: Segmentbezogene Unternehmensbewertung ... 84
Abb. 12: Konzernbezogene Unternehmensbewertung ... 85
Abb. 13: Grundkonstruktionen der Performancemessung und Performanceperiodisierung ... 96
Abb. 14: Kategorisierung wertorientierter Performancemaße ... 99
Abb. 15: Wertorientierte Maße zur Performanceperiodisierung im Überblick ... 101
Abb. 16: Anforderungen an Wertsteigerungsmaße nach *Hebertinger* ... 103
Abb. 17: Anforderungen an Steuerungsrechnungen nach *Siefke* ... 104
Abb. 18: Anforderungen an Steuerungsgrößen nach *Schultze/Hirsch* ... 105
Abb. 19: Anforderungen an wertorientierte Performancemaße ... 112
Abb. 20: Zusammenfassende Beurteilung (unternehmens-)wertorientierter Performancemaße ... 182
Abb. 21: Grundstruktur der Performanceanalyse ... 184
Abb. 22: Bestands- und Differenzgrößen der Performanceanalyse auf Basis des EEI-Konzepts ... 190
Abb. 23: Bestands- und Differenzgrößen der erfolgspotentialorientierten Abweichungsanalyse auf Ebene des Bereichs B1, des Segments S1 und des Konzerns K ... 192
Abb. 24: System der allgemeinen Rechnungslegungsgrundsätze nach *IFRS* ... 201
Abb. 25: Systematisierung der Rechnungsziele nach *IAS 36* ... 207
Abb. 26: Zeitpunkt, Zeitintervall und Durchführungsnotwendigkeit des Werthaltigkeitstests gem. *IAS 36* ... 213
Abb. 27: Konzeption des Werthaltigkeitstests gem. *IAS 36* ... 214
Abb. 28: Verfahrensablauf von Wertminderungstests nach *IAS 36* ... 219
Abb. 29: Im Buchwert einer Bewertungseinheit für Zwecke des Werthaltigkeitstests zu berücksichtigende Vermögenswerte ... 241
Abb. 30: Im Buchwert einer Bewertungseinheit für Zwecke des Werthaltigkeitstests zu berücksichtigende Schulden ... 242
Abb. 31: Berechnungsschema zur Ermittlung des Buchwerts der relevanten Bewertungseinheit für Zwecke des Werthaltigkeitstests ... 242
Abb. 32: Überblick über die Separationskriterien für Bewertungseinheiten von Werthaltigkeitstests ... 243
Abb. 33: Auslegungsmöglichkeiten eliminierungspflichtiger Erweiterungsinvestitionen ... 264
Abb. 34: Interpretation des gewichteten Kapitalkostensatzes als unverschuldete Eigenkapitalkosten ... 274
Abb. 35: Interpretation des gewichteten Kapitalkostensatzes mit unverschuldeten Eigenkapitalkosten als Kapitalkostenbestandteil ... 275
Abb. 36: Systematisierung von Konvergenzprozessen in der Unternehmensrechnung ... 282
Abb. 37: Überblick bezüglich der Strukturmerkmale der Unternehmensrechnung ... 283
Abb. 38: Strukturmerkmale des bereichs- und unternehmenswertorientierten *Controlling* sowie der Werthaltigkeitsüberprüfungen ... 295

Abb. 39: Konvergenzmöglichkeiten zwischen dem bereichs- und unternehmenswertorientierten *Controlling* sowie Werthaltigkeitsüberprüfungen 298
Abb. 40: Organisationsstruktur des Konzerns K nach dem Erwerb der E AG 304
Abb. 41: Bestands- und Differenzgrößen der erfolgspotentialorientierten Abweichungsanalyse auf Ebene des Bereichs B1A, des Segments S1 und des Konzern K 354
Abb. 42: Berechnung des Buchwerts des Bereichs B1A im Rahmen der Werthaltigkeitsüberprüfung des Geschäfts- oder Firmenwerts 360
Abb. 43: Möglichkeiten der Behandlung von Geschäfts- oder Firmenwerten 381
Abb. 44: Bestands- und Differenzgrößen der Performanceanalyse auf Basis des EEI-Konzepts 417
Abb. 45: Grundstruktur einer *Goodwill*veränderungsrechnung 424
Abb. 46: Bestands- und Differenzgrößen der *Goodwill*veränderungsrechnung 425

Tabellenverzeichnis

Tab. 1:	Gliederung der Planbilanz	54
Tab. 2:	Gliederung der Planerfolgsrechnung	54
Tab. 3:	Gliederung der Finanzflußrechnung	55
Tab. 4:	Ermittlung des *Netto Cashflow* nach Einkommensteuer	55
Tab. 5:	Ermittlung des Netto-Residualgewinns nach Einkommensteuer	56
Tab. 6:	Geplante *Value Driver* des Bereichs B1 für die Jahre 2008 bis 2012 ff.	63
Tab. 7:	Geplante Bilanzen des Bereichs B1 für die Jahre 2008 bis 2011	63
Tab. 8:	Geplante Bilanzen des Bereichs B1 für die Jahre 2012 bis 2015 ff.	64
Tab. 9:	Geplante Erfolgsrechnungen des Bereichs B1 für die Jahre 2008 bis 2011	64
Tab. 10:	Geplante Erfolgsrechnungen des Bereichs B1 für die Jahre 2012 bis 2015 ff.	65
Tab. 11:	Geplante Entwicklung des Kapitaldiensts und des fremdfinanzierten Amortisationskapitals des Bereichs B1 für die Jahre 2008 bis 2015 ff.	66
Tab. 12:	Geplante Investitionen, Abschreibungen, Kreditaufnahme und Tilgung des Bereichs B1 für die Jahre 2008 bis 2011	67
Tab. 13:	Geplante Investitionen, Abschreibungen, Kreditaufnahme und Tilgung des Bereichs B1 für die Jahre 2012 bis 2015 ff.	67
Tab. 14:	Geplante *Free Cashflows* des Bereichs B1 für die Jahre 2008 bis 2011	67
Tab. 15:	Geplante *Free Cashflows* des Bereichs B1 für die Jahre 2012 bis 2015 ff.	68
Tab. 16:	Geplante *Netto Cashflows* des Bereichs B1 für die Jahre 2008 bis 2011	68
Tab. 17:	Geplante *Netto Cashflows* des Bereichs B1 für die Jahre 2012 bis 2015 ff.	69
Tab. 18:	Bewertung des Bereichs B1 anhand des μ,σ^2-Kriteriums	70
Tab. 19:	Bewertung des Bereichs B1 anhand von Netto-Residualgewinnen (μ,σ^2-Kriterium)	72
Tab. 20:	Bewertung des Bereichs B1 anhand des APV-Verfahrens	73
Tab. 21:	Bewertung des Bereichs B1 anhand des NCF-Verfahrens	73
Tab. 22:	Bewertung des Bereichs B1 anhand des WACC-Verfahrens I	75
Tab. 23:	Bewertung des Bereichs B1 anhand des WACC-Verfahrens II	75
Tab. 24:	Bewertung des Bereichs B1 anhand von Netto-Residualgewinnen	75
Tab. 25:	Bewertung des Bereichs B1 anhand von Brutto-Residualgewinnen I	77
Tab. 26:	Bewertung des Bereichs B1 anhand von Brutto-Residualgewinnen II	77
Tab. 27:	Bewertung des Bereichs B1 anhand kapitalmarktorientierter Sicherheitsäquivalente	78
Tab. 28:	Verteilung der *Netto Cashflows* und Berechnung der Risikoparameter für das Jahr 2008	78
Tab. 29:	Verteilung der *Netto Cashflows* und Berechnung der Risikoparameter für das Jahr 2009	79
Tab. 30:	Verteilung der *Netto Cashflows* und Berechnung der Risikoparameter für das Jahr 2010	79
Tab. 31:	Verteilung der *Netto Cashflows* und Berechnung der Risikoparameter für das Jahr 2011	79
Tab. 32:	Verteilung der *Netto Cashflows* und Berechnung der Risikoparameter für das Jahr 2012	80
Tab. 33:	Verteilung der *Netto Cashflows* und Berechnung der Risikoparameter für das Jahr 2013	80
Tab. 34:	Verteilung der *Netto Cashflows* und Berechnung der Risikoparameter für das Jahr 2014	80
Tab. 35:	Verteilung der *Netto Cashflows* und Berechnung der Risikoparameter für das Jahr 2015 ff.	81
Tab. 36:	Bewertung des Konzerns K anhand des μ,σ^2-Kriteriums	81
Tab. 37:	Bewertung des Konzerns K anhand von Netto-Residualgewinnen (μ,σ^2-Kriterium)	81
Tab. 38:	Bewertung des Konzerns K anhand des APV-Verfahrens	82
Tab. 39:	Bewertung des Konzerns K anhand des NCF-Verfahrens	82
Tab. 40:	Bewertung des Konzerns K anhand des WACC-Verfahrens I	82
Tab. 41:	Bewertung des Konzerns K anhand des WACC-Verfahrens II	82
Tab. 42:	Bewertung des Konzerns K anhand von Netto-Residualgewinnen	82
Tab. 43:	Bewertung des Konzerns K anhand von Brutto-Residualgewinnen I	82
Tab. 44:	Bewertung des Konzerns K anhand von Brutto-Residualgewinnen II	83
Tab. 45:	Realisierte und geplante *Value Driver* des Bereichs B1 für die Jahre 2008 bis 2012 ff. aus der ex post-Perspektive I	115

Tab. 46:	Realisierte und geplante *Value Driver* des Bereichs B1 für die Jahre 2008 bis 2012 ff. aus der ex post-Perspektive II	115
Tab. 47:	Realisierte und geplante *Value Driver* des Bereichs B1 für die Jahre 2008 bis 2012 ff. aus der ex post-Perspektive III	116
Tab. 48:	Bewertung des Bereichs B1 anhand des μ,σ^2-Kriteriums (ex post-Perspektive I)	117
Tab. 49:	Bewertung des Bereichs B1 anhand des μ,σ^2-Kriteriums (ex post-Perspektive II)	117
Tab. 50:	Bewertung des Bereichs B1 anhand des μ,σ^2-Kriteriums (ex post-Perspektive III)	117
Tab. 51:	Bewertung des Bereichs B1 anhand des APV-Verfahrens (ex post-Perspektive I)	117
Tab. 52:	Bewertung des Bereichs B1 anhand des NCF-Verfahrens (ex post-Perspektive I)	118
Tab. 53:	Bewertung des Bereichs B1 anhand des WACC-Verfahrens I (ex post-Perspektive I)	118
Tab. 54:	Bewertung des Bereichs B1 anhand des APV-Verfahrens (ex post-Perspektive II)	118
Tab. 55:	Bewertung des Bereichs B1 anhand des NCF-Verfahrens (ex post-Perspektive II)	118
Tab. 56:	Bewertung des Bereichs B1 anhand des WACC-Verfahrens I (ex post-Perspektive II)	118
Tab. 57:	Bewertung des Bereichs B1 anhand des APV-Verfahrens (ex post-Perspektive III)	118
Tab. 58:	Bewertung des Bereichs B1 anhand des NCF-Verfahrens (ex post-Perspektive III)	118
Tab. 59:	Bewertung des Bereichs B1 anhand des WACC-Verfahrens I (ex post-Perspektive III)	119
Tab. 60:	Wertänderung aus der ex post-Perspektive	119
Tab. 61:	Performanceplanung des Bereichs B1 anhand des *Economic Value Added* I für die Jahre 2008 bis 2015 ff. (ex ante-Perspektive)	124
Tab. 62:	Performancekontrolle des Bereichs B 1 anhand des *Economic Value Added* I im Jahr 2008 (ex post-Perspektive I)	127
Tab. 63:	Performancekontrolle des Bereichs B 1 anhand des *Economic Value Added* I im Jahr 2008 (ex post-Perspektive II)	128
Tab. 64:	Performancekontrolle des Bereichs B 1 anhand des *Economic Value Added* I im Jahr 2008 (ex post-Perspektive III)	128
Tab. 65:	Performanceplanung des Bereichs B1 anhand der Brutto-*Earnings less Riskfree Interest Charge* I für die Jahre 2008 bis 2015 ff. (ex ante-Perspektive)	135
Tab. 66:	‚Aufgefächerte' Performanceplanung des Bereichs B 1 anhand der Brutto-*Earnings less Riskfree Interest Charge* I für die Jahre 2008 bis 2015 ff. (ex ante-Perspektive)	137
Tab. 67:	Performanceplanung des Bereichs B1 anhand der Netto-*Earnings less Riskfree Interest Charge* auf Basis des μ,σ^2-Prinzips für die Jahre 2008 bis 2015 ff. (ex ante-Perspektive)	138
Tab. 68:	Performanceplanung des Bereichs B1 anhand von $E_R IC$ und EVA für die Jahre 2008 bis 2015 ff. im Vergleich (ex ante-Perspektive)	139
Tab. 69:	Absolute Gewinnperformance der *BMW AG* im Geschäftsjahr 2003	139
Tab. 70:	Performancekontrolle des Bereichs B1 anhand der Brutto-*Earnings less Riskfree Interest Charge* I im Jahr 2008 (ex post-Perspektive I)	141
Tab. 71:	Performancekontrolle des Bereichs B1 anhand der Brutto-*Earnings less Riskfree Interest Charge* I im Jahr 2008 (ex post-Perspektive II)	141
Tab. 72:	Performancekontrolle des Bereichs B1 anhand der Brutto-*Earnings less Riskfree Interest Charge* I im Jahr 2008 (ex post-Perspektive III)	141
Tab. 73:	Performanceplanung des Bereichs B1 anhand des *Cash Value Added* I für die Jahre 2008 bis 2017 ff. (ex ante-Perspektive)	147
Tab. 74:	Performancekontrolle des Bereichs B1 anhand des *Cash Value Added* I im Jahr 2008 (ex post-Perspektive I)	149
Tab. 75:	Performancekontrolle des Bereichs B1 anhand des *Cash Value Added* I im Jahr 2008 (ex post-Perspektive II)	150
Tab. 76:	Performancekontrolle des Bereichs B1 anhand des *Cash Value Added* I im Jahr 2008 (ex post-Perspektive III)	150
Tab. 77:	Performanceplanung des Bereichs B1 anhand des *Shareholder Value Added* I für die Jahre 2008 bis 2016 ff. (ex ante-Perspektive)	155
Tab. 78:	Performancekontrolle des Bereichs B1 anhand des *Shareholder Value Added* I im Jahr 2008 (ex post-Perspektive I)	157

Tab. 79:	Performancekontrolle des Bereichs B1 anhand des *Shareholder Value Added* I im Jahr 2008 (ex post-Perspektive II)	157
Tab. 80:	Performancekontrolle des Bereichs B1 anhand des *Shareholder Value Added* I im Jahr 2008 (ex post-Perspektive III)	157
Tab. 81:	Performanceplanung des Bereichs B1 anhand des Residualen ökonomischen Gewinns (Brutto I) für die Jahre 2008 bis 2015 ff. (ex ante-Perspektive)	162
Tab. 82:	Performancekontrolle des Bereichs B1 anhand des Residualen ökonomischen Gewinns (Brutto I) im Jahr 2008 (ex post-Perspektive I)	163
Tab. 83:	Performancekontrolle des Bereichs B1 anhand des Residualen ökonomischen Gewinns (Brutto I) im Jahr 2008 (ex post-Perspektive II)	163
Tab. 84:	Performancekontrolle des Bereichs B1 anhand des Residualen ökonomischen Gewinns (Brutto I) im Jahr 2008 (ex post-Perspektive III)	163
Tab. 85:	Performanceplanung des Bereichs B1 anhand des *Earned Economic Income* für die Jahre 2008 bis 2015 ff. (ex ante-Perspektive); KBR ≈ 0,6501	170
Tab. 86:	Performancekontrolle des Bereichs B1 anhand des *Earned Economic Income* im Jahr 2008 (ex post-Perspektive I); KBR ≈ 0,6740	173
Tab. 87:	Performancekontrolle des Bereichs B1 anhand des *Earned Economic Income* im Jahr 2008 (ex post-Perspektive II); KBR ≈ 0,6838	174
Tab. 88:	Performancekontrolle des Bereichs B1 anhand des *Earned Economic Income* im Jahr 2008 (ex post-Perspektive III); KBR ≈ 0,6363	174
Tab. 89:	Investitionsauszahlungen des Bereichs B1 aus der ex ante-Perspektive	176
Tab. 90:	Auf 2007 bezogene Amortisationsrechnung bei anteiliger Eigen- und Fremdfinanzierung aus der ex ante-Perspektive	177
Tab. 91:	Performanceplanung des Bereichs B1 anhand des *Earned Economic Income* für die Jahre 2008 bis 2011 (ex ante-Perspektive); KBR ≈ 0,7038	177
Tab. 92:	Performancekontrolle des Bereichs B1 anhand des *Earned Economic Income* im Jahr 2008 (ex post-Perspektive I); KBR ≈ 0,7516	178
Tab. 93:	Performancekontrolle des Bereichs B1 anhand des *Earned Economic Income* im Jahr 2008 (ex post-Perspektive II); KBR ≈ 0,7518	178
Tab. 94:	Performancekontrolle des Bereichs B1 anhand des *Earned Economic Income* im Jahr 2008 (ex post-Perspektive III); KBR ≈ 0,6837	178
Tab. 95:	Investitionsauszahlungen des Bereichs B1 aus der ex post-Perspektive	185
Tab. 96:	Performanceplanung des Bereichs B1 anhand des *Earned Economic Income* für die Jahre 2008 bis 2015 ff. (ex ante-Perspektive); KBR ≈ 0,6501	186
Tab. 97:	Performancekontrolle des Bereichs B 1 anhand des *Earned Economic Income* im Jahr 2008 (ex post-Perspektive IV); KBR ≈ 0,6626	187
Tab. 98:	Performanceanalyse des Bereichs B1 anhand des *Earned Economic Income* im Jahr 2008 (Zinseffekt); KBR ≈ 0,6509	188
Tab. 99:	Performanceanalyse des Bereichs B1 anhand des *Earned Economic Income* im Jahr 2008 (Risikoeffekt); KBR ≈ 0,6533	188
Tab. 100:	Performanceanalyse des Bereichs B1 anhand des *Earned Economic Income* im Jahr 2008 (Informationseffekt); KBR ≈ 0,6766	189
Tab. 101:	Gesamtbetrachtung der Variabilität der *Netto Cashflows* des Bereichs B1 für die Jahre 2008 bis 2015 ff.	193
Tab. 102:	*Goodwill*, Eigenkapital und dessen Verhältnis sowie *Impairment Loss* im Geschäftsjahr 2005 der DAX 30-Unternehmen	236
Tab. 103:	Kapitalkostenverläufe der nach IAS 36 denkbaren Kalkulationszinsfüße in einer ‚*Modigliani/Miller*-Welt'	276
Tab. 104:	Angaben zur praktischen Ausgestaltung der Werthaltigkeitsüberprüfung von Geschäfts- oder Firmenwerten bei den DAX 30-Unternehmen im Geschäftsjahr 2005	280
Tab. 105:	Geplante Bilanzen des Konzerns E für die Jahre 2008 bis 2011	305
Tab. 106:	Geplante Bilanzen des Konzerns E für die Jahre 2012 bis 2015 ff.	305

Tab. 107: Geplante Erfolgsrechnungen des Konzerns E für die Jahre 2008 bis 2011 306
Tab. 108: Geplante Erfolgsrechnungen des Konzerns E für die Jahre 2012 bis 2015 ff. 307
Tab. 109: Geplante *Free Cashflows* des Konzerns E für die Jahre 2008 bis 2011 308
Tab. 110: Geplante *Free Cashflows* des Konzerns E für die Jahre 2012 bis 2015 ff. 308
Tab. 111: Bewertung des Konzerns E anhand des APV-Verfahrens 309
Tab. 112: Bewertung des Konzerns E anhand des NCF-Verfahrens 309
Tab. 113: Bewertung des Konzerns E anhand des WACC-Verfahrens I 309
Tab. 114: Bewertung des Konzerns E anhand des μ,σ^2-Kriteriums 309
Tab. 115: Ertragswert des Konzerns K im Jahr 2007 (stand alone-Basis)..310
Tab. 116: Ertragswert des Konzerns E im Jahr 2007 (stand alone-Basis)..310
Tab. 117: Ertragswert des Konzerns KE im Jahr 2007 unter Berücksichtigung von
Risikodiversifikationseffekten 311
Tab. 118: Ertragswert des Konzerns KE im Jahr 2007 unter Berücksichtigung sämtlicher Synergien .312
Tab. 119: Barwerte des Konzerns E aus Sicht des Konzerns K...312
Tab. 120: *Goodwill*allokation anhand von Buchwerten..315
Tab. 121: *Goodwill*allokation anhand von EBIT...315
Tab. 122: *Goodwill*allokation anhand von *Fair Values*...316
Tab. 123: *Goodwill*allokation anhand von impliziten *Goodwills* 316
Tab. 124: *Goodwill*allokation anhand von Synergien...316
Tab. 125: Überblick über die *Goodwill*allokation auf die Segmente 317
Tab. 126: Überblick über die *Goodwill*allokation auf die Bereiche B1A und BC..................................317
Tab. 127: Geplante *Value Driver* des Bereichs B1A für die Jahre 2008 bis 2012 ff. 337
Tab. 128: Geplante Bilanzen des Bereichs B1A für die Jahre 2008 bis 2011 aus der ex ante-Perspektive 337
Tab. 129: Geplante Bilanzen des Bereichs B1A für die Jahre 2012 bis 2015 ff. aus der ex ante-Perspektive 338
Tab. 130: Geplante Erfolgsrechnungen des Bereichs B1A für die Jahre 2008 bis 2011 aus der ex ante-Perspektive...338
Tab. 131: Geplante Erfolgsrechnungen des Bereichs B1A für die Jahre 2012 bis 2015 ff. aus der ex ante-Perspektive...339
Tab. 132: Geplante Entwicklung des Kapitaldiensts und des Amortisationskapitals des Bereichs B1A für die Jahre 2008 bis 2015 ff. aus der ex ante-Perspektive 340
Tab. 133: Geplante Investitionen, Abschreibungen, Kreditaufnahme und Tilgung des Bereichs B1A für die Jahre 2008 bis 2011 aus der ex ante-Perspektive 341
Tab. 134: Geplante Investitionen, Abschreibungen, Kreditaufnahme und Tilgung des Bereichs B1A für die Jahre 2012 bis 2015 ff. aus der ex ante-Perspektive 341
Tab. 135: Geplante *Free Cashflows* des Bereichs B1A für die Jahre 2008 bis 2011 aus der ex ante-Perspektive...341
Tab. 136: Geplante *Free Cashflows* des Bereichs B1A für die Jahre 2014 bis 2015 ff. aus der ex ante-Perspektive...342
Tab. 137: Geplante *Netto Cashflows* des Bereichs B1A für die Jahre 2008 bis 2011 aus der ex ante-Perspektive...342
Tab. 138: Geplante *Netto Cashflows* des Bereichs B1A für die Jahre 2012 bis 2015 ff. aus der ex ante-Perspektive...343
Tab. 139: Bewertung des Bereichs B1A anhand des μ,σ^2-Kriteriums aus der ex ante-Perspektive 344
Tab. 140: Bewertung des Bereichs B1A anhand des APV-Verfahrens aus der ex ante-Perspektive ...344
Tab. 141: Bewertung des Bereichs B1A anhand des NCF-Verfahrens aus der ex ante-Perspektive...344
Tab. 142: Bewertung des Bereichs B1A anhand des WACC-Verfahrens I aus der ex ante-Perspektive 345
Tab. 143: Realisierte und geplante *Value Driver* des Bereichs B1A für die Jahre 2008 bis 2012 ff. aus der ex post-Perspektive 346

Tab. 144: Realisierte und geplante Bilanzen des Bereichs B1A für die Jahre 2008 bis 2011 aus der ex post-Perspektive 346
Tab. 145: Realisierte und geplante Bilanzen des Bereichs B1A für die Jahre 2012 bis 2015 ff. aus der ex post-Perspektive 347
Tab. 146: Realisierte und geplante Erfolgsrechnungen des Bereichs B1A für die Jahre 2008 bis 2011 aus der ex post-Perspektive 347
Tab. 147: Realisierte und geplante Erfolgsrechnungen des Bereichs B1A für die Jahre 2012 bis 2015 ff. aus der ex post-Perspektive 348
Tab. 148: Realisierte und geplante Entwicklung des Kapitaldiensts und des Amortisationskapitals des Bereichs B1A für die Jahre 2008 bis 2015 ff. aus der ex post-Perspektive 349
Tab. 149: Realisierte und geplante Investitionen, Abschreibungen, Kreditaufnahme und Tilgung des Bereichs B1A für die Jahre 2008 bis 2011 aus der ex post-Perspektive 350
Tab. 150: Realisierte und geplante Investitionen, Abschreibungen, Kreditaufnahme und Tilgung des Bereichs B1A für die Jahre 2012 bis 2015 ff. aus der ex post-Perspektive 350
Tab. 151: Realisierte und geplante *Free Cashflows* des Bereichs B1A für die Jahre 2008 bis 2011 aus der ex post-Perspektive 350
Tab. 152: Realisierte und geplante *Free Cashflows* des Bereichs B1A für die Jahre 2014 bis 2015 ff. aus der ex post-Perspektive 351
Tab. 153: Realisierte und geplante *Netto Cashflows* des Bereichs B1A für die Jahre 2008 bis 2011 aus der ex post-Perspektive 351
Tab. 154: Realisierte und geplante *Netto Cashflows* des Bereichs B1A für die Jahre 2012 bis 2015 ff. aus der ex post-Perspektive 352
Tab. 155: Bewertung des Bereichs B1A anhand des μ,σ^2-Kriteriums aus der ex post-Perspektive 353
Tab. 156: Bewertung des Bereichs B1A anhand des APV-Verfahrens aus der ex post-Perspektive ... 355
Tab. 157: Bewertung des Bereichs B1A anhand des NCF-Verfahrens aus der ex post-Perspektive ... 355
Tab. 158: Bewertung des Bereichs B1A anhand des WACC-Verfahrens I aus der ex ante-Perspektive 355
Tab. 159: *Value Driver* des Bereichs B1A für die Jahre 2008 bis 2012 ff. für die Werthaltigkeitsüberprüfung 356
Tab. 160: Bilanzen des Bereichs B1A für die Jahre 2008 bis 2011 für die Werthaltigkeitsüberprüfung 356
Tab. 161: Bilanzen des Bereichs B1A für die Jahre 2012 bis 2015 ff. für die Werthaltigkeitsüberprüfung 357
Tab. 162: Erfolgsrechnungen des Bereichs B1A für die Jahre 2008 bis 2011 für die Werthaltigkeitsüberprüfung 357
Tab. 163: Erfolgsrechnungen des Bereichs B1A für die Jahre 2012 bis 2015 ff. für die Werthaltigkeitsüberprüfung 358
Tab. 164: Investitionen und Abschreibungen des Bereichs B1A für die Jahre 2008 bis 2012 ff. für die Werthaltigkeitsüberprüfung 358
Tab. 165: *Cashflows* des Bereichs B1A für die Jahre 2008 bis 2013 für die Werthaltigkeitsüberprüfung 359
Tab. 166: *Cashflows* des Bereichs B1A für die Jahre 2008 bis 2013 für die Werthaltigkeitsüberprüfung 359
Tab. 167: Bestimmung des *Value in Use* des Bereichs B1A 360
Tab. 168: Veränderung der Risikoposition durch die Barwertberechnung entsprechend der Vorgaben von *IAS* 36 363
Tab. 169: Bestimmung des Nutzungswerts vor und nach Unternehmens- und Einkommensteuer sowie bei iterativer Ermittlung der Besteuerung 365
Tab. 170: Bestimmung des Nutzungswerts vor und nach Unternehmenssteuern sowie bei iterativer Ermittlung der Besteuerung 366
Tab. 171: Investitionsplanung des Bereichs B1A aus ex ante-, ex post- und Perspektive der Werthaltigkeitsüberprüfung im Jahr 2008 372

Tab. 172: Umsatzwachstumsplanung des Bereichs B1A aus ex ante-, ex post- und Perspektive der Werthaltigkeitsüberprüfung im Jahr 2008 373
Tab. 173: Bewertungsrelevante *Cashflows* aus ex ante-, ex post- und Perspektive der Werthaltigkeitsüberprüfung im Jahr 2008 375
Tab. 174: Performanceplanung des Bereichs B1A anhand des *Economic Value Added* I für die Jahre 2008 bis 2015 ff. (ex ante-Perspektive; *Goodwill* nicht in der Kapitalbasis berücksichtigt) 388
Tab. 175: Performanceplanung des Bereichs B1A anhand des *Economic Value Added* I für die Jahre 2008 bis 2015 ff. (ex ante-Perspektive; *Goodwill* in der Kapitalbasis berücksichtigt) . 388
Tab. 176: Performanceplanung des Bereichs B1A anhand des *Economic Value Added* I für die Jahre 2008 bis 2015 ff. (ex ante-Perspektive; *Goodwill* in der Kapitalbasis über 6 Jahre abgeschrieben) 388
Tab. 177: Performancekontrolle des Bereichs B1A anhand des *Economic Value Added* I im Jahr 2008 (ex post-Perspektive; *Goodwill* nicht in der Kapitalbasis berücksichtigt) 389
Tab. 178: Performancekontrolle des Bereichs B1A anhand des *Economic Value Added* I im Jahr 2008 (ex post-Perspektive; *Goodwill* in der Kapitalbasis berücksichtigt) 389
Tab. 179: Performancekontrolle des Bereichs B1A anhand des *Economic Value Added* I im Jahr 2008 (ex post-Perspektive; *Goodwill* in der Kapitalbasis über 6 Jahre abgeschrieben) 390
Tab. 180: Performancekontrolle des Bereichs B1A anhand des *Economic Value Added* I im Jahr 2008 (ex post-Perspektive; *Impairment* berücksichtigt) 390
Tab. 181: Möglichkeiten einer vierjährigen Periodisierung des *Impairment Loss* aus der ex post-Perspektive im Vergleich 392
Tab. 182: Performancekontrolle des Bereichs B1A anhand des *Economic Value Added* I im Jahr 2008 (ex post-Perspektive; *Impairment* ratierlich berücksichtigt) 392
Tab. 183: Performancekontrolle des Bereichs B1A anhand des *Economic Value Added* I im Jahr 2008 (ex post-Perspektive; *Impairment* annuitätisch berücksichtigt) 392
Tab. 184: Performancekontrolle des Bereichs B1A anhand des *Economic Value Added* I im Jahr 2008 (ex post-Perspektive; *Impairment* cashfloworientiert berücksichtigt) 393
Tab. 185: Δ *Economic Value Added* I für den Bereich B1A in den Jahren 2008 bis 2015 ff. (ex ante-Perspektive) 395
Tab. 186: Δ *Economic Value Added* I für den Bereich B1A in den Jahren 2008 bis 2015 ff. (ex post-Perspektive) 395
Tab. 187: Performanceplanung des Bereichs B1A anhand der Brutto-*Earnings less Riskfree Interest Charge* I für die Jahre 2008 bis 2015 ff. (ex ante-Perspektive, *Goodwill* nicht in der Kapitalbasis berücksichtigt) 397
Tab. 188: Performanceplanung des Bereichs B1A anhand der Brutto-*Earnings less Riskfree Interest Charge* I für die Jahre 2008 bis 2015 ff. (ex ante-Perspektive, *Goodwill* in der Kapitalbasis berücksichtigt) 398
Tab. 189: Performanceplanung des Bereichs B1A anhand der Brutto-*Earnings less Riskfree Interest Charge* I für die Jahre 2008 bis 2015 ff. (ex ante-Perspektive, *Goodwill* in der Kapitalbasis über 6 Jahre abgeschrieben) 398
Tab. 190: Performancekontrolle des Bereichs B1A anhand der Brutto-*Earnings less Riskfree Interest Charge* I im Jahr 2008 (ex post-Perspektive, *Goodwill* nicht in der Kapitalbasis berücksichtigt) 398
Tab. 191: Performancekontrolle des Bereichs B1A anhand der Brutto-*Earnings less Riskfree Interest Charge* I im Jahr 2008 (ex post-Perspektive, *Goodwill* in der Kapitalbasis berücksichtigt) 398
Tab. 192: Performancekontrolle des Bereichs B1A anhand der Brutto-*Earnings less Riskfree Interest Charge* I im Jahr 2008 (ex post-Perspektive, *Goodwill* in der Kapitalbasis über 6 Jahre abgeschrieben) 399
Tab. 193: Performancekontrolle des Bereichs B1A anhand der Brutto-*Earnings less Riskfree Interest Charge* I im Jahr 2008 (ex post-Perspektive, *Impairment* berücksichtigt) 399

Tab. 194: Performancekontrolle des Bereichs B1A anhand der Brutto-*Earnings less Riskfree Interest Charge* I im Jahr 2008 (ex post-Perspektive, *Impairment* ratierlich berücksichtigt) 400
Tab. 195: Performancekontrolle des Bereichs B1A anhand der Brutto-*Earnings less Riskfree Interest Charge* I im Jahr 2008 (ex post-Perspektive, *Impairment* annuitätisch berücksichtigt) 400
Tab. 196: Performancekontrolle des Bereichs B1A anhand der Brutto-*Earnings less Riskfree Interest Charge* I im Jahr 2008 (ex post-Perspektive, *Impairment* cashfloworientiert berücksichtigt) 400
Tab. 197: Performanceplanung des Bereichs B1A anhand des *Cash Value Added* I für die Jahre 2008 bis 2017 ff. (ex ante-Perspektive, *Goodwill* nicht in der Kapitalbasis berücksichtigt) ... 402
Tab. 198: Performanceplanung des Bereichs B1A anhand des *Cash Value Added* I für die Jahre 2008 bis 2017 ff. (ex ante-Perspektive, *Goodwill* in der Kapitalbasis berücksichtigt) 402
Tab. 199: Performanceplanung des Bereichs B1A anhand des *Cash Value Added* I für die Jahre 2008 bis 2017 ff. (ex ante-Perspektive, *Goodwill* in der Kapitalbasis über 6 Jahre abgeschrieben) 403
Tab. 200: Performancekontrolle des Bereichs B1A anhand des *Cash Value Added* I im Jahr 2008 (ex post-Perspektive, *Goodwill* nicht in der Kapitalbasis berücksichtigt) 403
Tab. 201: Performancekontrolle des Bereichs B1A anhand des *Cash Value Added* I im Jahr 2008 (ex post-Perspektive, *Goodwill* in der Kapitalbasis berücksichtigt) 403
Tab. 202: Performancekontrolle des Bereichs B1A anhand des *Cash Value Added* I im Jahr 2008 (ex post-Perspektive, *Goodwill* in der Kapitalbasis über 6 Jahre abgeschrieben) 404
Tab. 203: Performancekontrolle des Bereichs B1A anhand des *Cash Value Added* I im Jahr 2008 (ex post-Perspektive, *Impairment* berücksichtigt) 404
Tab. 204: Performancekontrolle des Bereichs B1A anhand des *Cash Value Added* I im Jahr 2008 (ex post-Perspektive, *Impairment* ratierlich berücksichtigt) 405
Tab. 205: Performancekontrolle des Bereichs B1A anhand des *Cash Value Added* I im Jahr 2008 (ex post-Perspektive, *Impairment* annuitätisch berücksichtigt) 405
Tab. 206: Performancekontrolle des Bereichs B1A anhand des *Cash Value Added* I im Jahr 2008 (ex post-Perspektive, *Impairment* cashfloworientiert berücksichtigt) 406
Tab. 207: Performanceplanung des Bereichs B1A anhand des *Cash Value Added* I für die Jahre 2008 bis 2017 ff. (ex ante-Perspektive, *Goodwill* für sechs Jahre bei einer BCG-Abschreibung in der Kapitalbasis berücksichtigt) 407
Tab. 208: Performancekontrolle des Bereichs B1A anhand des *Cash Value Added* I im Jahr 2008 (ex post-Perspektive, *Goodwill* für sechs Jahre bei einer BCG-Abschreibung in der Kapitalbasis berücksichtigt) 407
Tab. 209: Performanceplanung des Bereichs B1A anhand des *Shareholder Value Added* I für die Jahre 2008 bis 2016 ff. (ex ante-Perspektive) 408
Tab. 210: Performancekontrolle des Bereichs B1A anhand des *Shareholder Value Added* I im Jahr 2008 (ex post-Perspektive) 408
Tab. 211: Performanceplanung des Bereichs B1A anhand des *Shareholder Value Added* I für die Jahre 2008 bis 2016 ff. (ex ante-Perspektive, *Goodwill* über 6 Jahre abgeschrieben) 409
Tab. 212: Performancekontrolle des Bereichs B1A anhand des *Shareholder Value Added* I im Jahr 2008 (ex ante-Perspektive, *Goodwill* über 6 Jahre abgeschrieben) 409
Tab. 213: Performancekontrolle des Bereichs B1A anhand des *Shareholder Value Added* I im Jahr 2008 (ex ante-Perspektive, *Impairment* berücksichtigt) 409
Tab. 214: Performanceplanung des Bereichs B1A anhand des Residualen ökonomischen Gewinns (Brutto I) für die Jahre 2008 bis 2015 ff. (ex ante-Perspektive) 410
Tab. 215: Performancekontrolle des Bereichs B1A anhand des Residualen ökonomischen Gewinns (Brutto I) im Jahr 2008 (ex post-Perspektive) 411
Tab. 216: Durch die Berücksichtigung des Geschäfts- oder Firmenwerts ausgelöste Veränderung des Kapitaldienstannuitäten 414
Tab. 217: Performanceplanung des Bereichs B1A anhand des *Earned Economic Income* für die Jahre 2008 bis 2015 ff. (ex ante-Perspektive, Auszahlung für *Goodwill* in Kapitalbasis nicht berücksichtigt; KBR ≈ 0,6228 414

Tab. 218: Performanceplanung des Bereichs B1A anhand des *Earned Economic Income* für die Jahre 2008 bis 2015 ff. (ex ante-Perspektive, Auszahlung für *Goodwill* in Kapitalbasis berücksichtigt); KBR ≈ 0,6778 415

Tab. 219: Performancekontrolle des Bereichs B1A anhand des *Earned Economic Income* Jahr 2008 (ex post-Perspektive, Auszahlung für *Goodwill* in Kapitalbasis nicht berücksichtigt); KBR ≈ 0,7196 415

Tab. 220: Performancekontrolle des Bereichs B1A anhand des *Earned Economic Income* Jahr 2008 (ex post-Perspektive, Auszahlung für *Goodwill* in Kapitalbasis nicht berücksichtigt); KBR ≈ 0,7226 415

1 Einleitung

1.1 Problemstellung

Bei einer Gesamtbetrachtung der Rechnungslegung nach den *International Financial Reporting Standards* (*IFRS*) weist der *Impairment of Assets* gem. *IAS* 36 (rev. 2004)[1] eine Reihe ungewöhnlicher Charakteristika auf.[2] Grundsätzlich regelt *IAS* 36 die Durchführung von Werthaltigkeitstests sowie die Vornahme außerplanmäßiger Abschreibungen und Wertaufholungen im Bereich der langlebigen materiellen und immateriellen Vermögenswerte einschließlich des *Goodwill*.[3]

Dabei erfolgt die Überprüfung der Werthaltigkeit nicht nur für einzelne Vermögenswerte, sondern auch auf Basis übergeordneter Gruppen von mehreren Vermögenswerten. Verwunderlich ist die Grundkonzeption solcher *Cash-Generating Units* insofern, als daß der Einzelbewertungsgrundsatz für das *IFRS*-Rechnungslegungssystem ansonsten als typisch gilt.[4] Außerdem findet im Rahmen von Werthaltigkeitstests der Wertmaßstab des *Value in Use* Anwendung, der auf der Diskontierung von *Cashflows* und den Einschätzungen des *Management* basiert. Dies muß aus Sicht der *IFRS*-Rechnungslegung als ungewöhnlich empfunden werden,[5] die trotz der zunehmenden Orientierung an der Bewertungskonzeption des *Fair Value*[6] grundsätzlich vergangenheitsorientiert und durch Objektivierungsgedanken geprägt ist.

Insoweit läßt *IAS* 36 „die Unternehmensbewertung zum ständigen Begleiter [...] des externen Rechnungswesens"[7] avancieren, weshalb in diesem Zusammenhang auch schon von einer unternehmenswertorientierten Bilanzierung[8] gesprochen und die Vermutung geäußert werden kann, zwischen dem *Impairment of Assets* und dem (unternehmens-)wertorientierten *Controlling*[9] bestünden besondere Verknüpfungsmöglichkeiten. Letztlich beruht darauf die Diskussion einer Eignung des „Im-

---

[1] Nachfolgend verkürzt als *IAS* 36 bezeichnet.
[2] Vgl. zu einer Zweckmäßigkeitsanalyse des *Impairment of Assets* und Anwendungshinweisen aus Perspektive der Rechnungslegung statt vieler *Beyhs* (2002), wenngleich sich dessen Ausführungen auf *IAS* 36 (rev. 1998) beziehen.
[3] Vgl. grundlegend *Wirth* (2005) zur *Goodwill*bilanzierung nach *IFRS*.
[4] Vgl. bspw. *Streim/Bieker/Esser* (2003), S. 464-468, m.w.N.
[5] Vgl. *Haring* (2004), S. 3.
[6] Vgl. zum *Fair Value* grundlegend *Bieker* (2005) sowie *Hitz* (2005).
[7] *Schultze/Hirsch* (2005), S. 3.
[8] Vgl. *Mujkanovic* (2002), S. 265-300 zur unternehmenswertorientierten Rechnungslegung.
[9] Vgl. *Günther* (1997) zum unternehmenswertorientierten *Controlling* sowie *Dirrigl* (2004a), S. 93-135 zum Stand der Forschung und zu Entwicklungsperspektiven unternehmenswertorientierter Steuerungssysteme.

pairment-Test[s] als Controllingansatz"[10], die im Zusammenhang mit der *Goodwill*bilanzierung nach *IFRS 3: Business Combinations* starken Auftrieb erlangte.[11]

Bezüglich dieses Konvergenzprozesses[12] herrscht bereits weitgehend Einigkeit darüber, daß das Ergebnis der für Zwecke des Werthaltigkeitstests durchzuführenden Unternehmensbewertung[13] prädestiniert für eine gleichzeitige Verwendung im Rahmen der wertorientierten Unternehmensführung sei.[14] Die hierfür gelieferten Begründungsmuster sind vielfältig und reichen von Aspekten der Plausibilität und Objektivität[15] über die Feststellung einer mangelnden Durchdringung der *Shareholder Value*-Maxime auf nachgelagerten Unternehmensebenen[16] bis hin zu Wirtschaftlichkeitsüberlegungen[17]. Darauf aufbauend liegt der Implementierungsversuch einer periodischen Kontrollrechnung nahe, mit der sich die Veränderungen bereichsbezogener Unternehmenswerte im Zeitablauf feststellen und interpretieren ließen.[18]

Auch wenn Barwertberechnungen für unternehmensinterne „Anlagenkollektive"[19] zweifelsfrei einen geeigneten Bezugsrahmen für solche Konvergenztendenzen in der Unternehmensrechnung darstellen können,[20] sind in der Diskussion um den Werthaltigkeitstest aus der *Controlling*perspektive bislang einige Defizite zu konstatieren:

---

[10] *Schultze/Hirsch* (2005), S. 3.
[11] Vgl. vor allem *Alvarez/Biberacher* (2002), S. 346-353; *Castedello* (2006), S. 35-37; *Gleißner/Heyd* (2006), S. 103-112; *Haaker* (2005a), S. 351-357; *Haaker* (2006a), S. 44-47; *Haaker* (2006c), S. 687-695; *Hense* (2006), S. 249-263; *Hütten/Lorson* (2002), S. 25-33; *Pfaff/Schultze* (2006), S. 123-142; *Schultze* (2005b), S. 267-297 und *Schultze/Hirsch* (2005).
[12] Vgl. zur Wertorientierung und Konvergenz in der Unternehmensrechnung *Dirrigl* (1998b), S. 540-579.
[13] Von *Pfeil/Vater* (2002), S. 66 als „[d]ie kleine Unternehmensbewertung" im Zusammenhang mit den Standards *SFAS 141: Business Combinations* und *SFAS 142: Goodwill and Other Intangible Assets* des US-amerikanischen *Financial Accounting Standards Board* (*FASB*) tituliert.
[14] Vgl. Fn. 11; a.A. jüngst *Klingelhöfer* (2006), S. 590-597; *Olbrich* (2006a), S. 43-44; *Olbrich* (2006b), S. 685-687.
Entsprechend der empirischen Untersuchung von *Pellens et al.* (2005), S. 17 stimmen bei 93% der im *Prime Standard* nach *IFRS* bilanzierenden Unternehmen die Bewertungsparameter des Werthaltigkeitstests mit den Daten der internen Steuerung überein.
[15] Bspw. erachtet *Haaker* (2005a), S. 3 durch den Jahresabschluß „[g]eprüfte bereichsbezogene Unternehmenswerte als ‚Service' der *IFRS* für die wertorientierte Unternehmenssteuerung."
[16] Die Erfassung der im Zusammenhang mit dem Werthaltigkeitstest benötigten Daten schafft z.B. nach *Pellens/Crasselt/Sellhorn* (2002), S. 145 „die Möglichkeit, eine weit verbreitete Lücke in wertorientierten Steuerungssystem zu schließen."
[17] So argumentierten etwa *Coenenberg/Schultze* (2002), S. 616, wenn ihnen eine Verknüpfung von Unternehmensbewertung, *Goodwill*bilanzierung und wertorientiertem *Controlling* „über ein einheitliches Planungs-, Kontroll- und Bewertungssystem [...] schon aus Wirtschaftlichkeitsgründen geboten" erscheint.
[18] Vgl. zu entsprechenden Überlegungen etwa *Coenenberg/Schultze* (2002), S. 611-616; *Haaker* (2005a), S. 357; *Hütten/Lorson* (2002), S. 33; *Pellens/Crasselt/Sellhorn* (2002), S. 145-148; *Schultze* (2005b), S. 276-297; *Schultze/Hirsch* (2005), S. 139-145.
[19] *Dirrigl* (1998a), S. 5
[20] Vgl. *Dirrigl* (1998b), S. 547-550 bezüglich Investitionsrechnungen für Einzelinvestitionen als Bezugsrahmen von Integrationskonzepten.

Erstens ist die gängige Arbeitshypothese, wonach die „für den Impairment-Test erhobenen Daten auch für die unternehmensinterne Steuerung"[21] genutzt werden können, nicht unproblematisch. Diese Vorgehensweise steht zwar im Einklang mit dem von Seiten sowohl der Theorie als auch Praxis seit den 90er Jahren vorangetriebenen Prozeß einer Vereinheitlichung im Rechnungswesen,[22] bei der „[d]as externe Konzernrechnungswesen [...] die Meßlatte der Angleichung"[23] für das interne Rechnungswesen bildet, überrascht jedoch vor allem im Zusammenhang mit *IAS 36*. Die Rechungslegungsvorschriften des *Impairment of Assets* erfordern nämlich ihrerseits an verschiedenen Stellen einen expliziten Rückgriff auf die Daten- und Zahlenbasis des internen Rechnungswesens.

Zweitens wurde die Eignung des ‚Nutzungswerts' für die angestrebte Konvergenz bisher nur in geringem Maß analysiert. Die nach h.M. vertretende Auffassung, es handele sich beim *Value in Use* um einen unternehmensspezifischen Wertansatz,[24] muß aus dem Blickwinkel des *Controlling* kritisch hinterfragt werden. Denn der Nutzungswert wird zwar mittels Barwertverfahren auf der Grundlage des *Management Approach* ermittelt, hat aber gleichzeitig einer Vielzahl von Objektivierungen der Einflußfaktoren und des Bewertungsverfahrens zu genügen, um das Spannungsverhältnis zwischen *Relevance* und *Reliability* einer rechnungslegungsorientierten Unternehmensbewertung auszutarieren.[25] Ob es dem Nutzungswert daher gelingen kann, gleichzeitig mehreren Bewertungszwecken gerecht zu werden, ist noch nahezu ungeklärt geblieben.[26]

Drittens haben sich weder in Theorie noch Praxis einheitliche Regelungen bezüglich der Aggregation von Vermögenswerten zu *Cash-Generating Units* etabliert. Obwohl *IAS 36* an mehreren Stellen ausdrücklich auf eine Verbindung zwischen der Ebene des Werthaltigkeitstests und der internen Reportingstruktur hinweist, läßt das IASB schlußendlich offen, was es überhaupt unter letzterem versteht. In diesem Zusammenhang wurden erste Untersuchungen bezüglich der Verknüpfungsmöglichkeiten mit der Investitions- und Kostenrechnung vorgenommen;[27] inwieweit die Bewertungsobjekte der wertorientierten Unternehmensführung eine Grundlage für die Bildung zahlungsmittelgenerierenden Einheiten darstellen können, wurde hingegen noch nicht ausführlich erörtert.[28]

Viertens muß festgestellt werden, daß Konvergenzpotentiale zwischen dem Werthaltigkeitstest sowie der bereichs- und (unternehmens-)wertorientierten Performancemessung bis dato nur ansatzweise diskutiert worden sind, was besonders

---

[21] *Schultze/Hirsch* (2005), S. 3. Vergleichbare Formulierungen finden sich bspw. bei *Haaker* (2005a), S. 351 oder *Pellens/Crasselt/Sellhorn* (2002), S. 145.
[22] Vgl. nur *Männel/Küpper* (1999).
[23] *Küting/Lorson* (1998a), S. 2306.
[24] Vgl. ausführlich *Wirth* (2005), S. 29 ff., m.w.N.
[25] Vgl. *Baetge/Kümmel* (2003), S. 14.
[26] Vgl. aber *Beyhs* (2002), S. 288-291 für einige kritische Anmerkungen.
[27] Vgl. *Klingels* (2005), S. 214 ff.
[28] Vgl. lediglich *Hachmeister/Kunath* (2005), S. 69 ff.

im Zusammenhang mit der *Goodwill*bilanzierung zu beobachten ist. So fällt auf, wie wenig Bedeutung der für diesbezügliche Konvergenzprozesse ausschlaggebenden Kapitalbasis beigemessen wird.[29] Ferner mangelt es an einem Analyseinstrument, anhand dessen die verschiedenen Ursachen eines *Impairment Loss* separiert werden können, sowie das insbesondere Aufschluß darüber liefert, ob und gegebenenfalls in welchem Maß das Bereichs*management* Verantwortung für eine vorzunehmende Wertminderung trägt.[30]

Dementsprechend liegt die grundlegende Zielsetzung dieser Arbeit in einer umfassenden Analyse der Möglichkeiten und Grenzen einer Konvergenz zwischen dem *Impairment of Assets* sowie dem bereichs- und (unternehmens-)wertorientierten *Controlling*. Mithin gilt es die soeben aufgezeigten Defizite zu beheben und damit letztlich der Frage nachzugehen, ob Unternehmen mit Werthaltigkeitsüberprüfungen tatsächlich „ein ‚ideales Controlling-Instrument' verordnet"[31] worden ist.

1.2 Gang der Untersuchung

Die vorliegende Arbeit ist in zwei Untersuchungsbereiche unterteilt. Im ersten Untersuchungskomplex steht die Konzeption eines bereichs- und (unternehmens-)wertorientierten *Controlling* im Fokus, das aus den Teilsystemen einer bereichsbezogenen Unternehmensbewertung (zweites Kapitel) sowie einer bereichs- und (unternehmens-)wertorientierten Performancemessung (drittes Kapitel) besteht.[32] Ein so verstandenes *Controlling* dient im weiteren Verlauf der Arbeit als Referenzrahmen, von dem aus zu klären ist, ob und inwieweit Gemeinsamkeiten und Unterschiede zu einer bereichsbezogenen Rechnungslegung nach *IAS* 36 vorliegen.

- Daß Unternehmenswertermittlungen für unterschiedliche Zwecke durchgeführt werden und der richtige Unternehmenswert immer nur ein zweckadäquater sein kann,[33] wird zu Beginn des zweiten Kapitels skizziert. Anschließend steht das spezifische Bewertungsobjekt, das nicht in dem gesamten Unternehmen, sondern in einem seiner Teilbereiche zu suchen ist, im Mittelpunkt der Betrachtung. Dieser Bereichsbezug übt einen wesentlichen Einfluß auf die bei einer Unternehmensbewertung anzuwendende

---

[29] Zur Kapitalbasis im Rahmen einer unternehmenswertorientierten Performancemessung vgl. grundlegend *Dirrigl* (2003), S. 154-156 sowie *Dirrigl* (2004a), S. 105-108.
[30] Vgl. jedoch *Schultze* (2005b), S. 282-295; *Pfaff/Schultze* (2006), S. 134-138 zu Überlegungen, daß ein *Impairment Loss* des *Goodwill* auf unterschiedliche Ursachen zurückführbar ist und von daher nicht undifferenziert in die Leistungsbeurteilung des *Management* einer *Cash-Generating Unit* zu übernehmen sei; eine explizite Separierung von Abschreibungsursachen nimmt kürzlich erst *Haaker* (2007a), S. 83-108 vor.
[31] Bejahend *Pellens/Sellhorn* (2002), S. 114 im Zusammenhang mit *SFAS* 141 und *SFAS* 142.
[32] Vgl. hierzu auch *Dirrigl* (2003), S. 143-186.
[33] Vgl. nur *Moxter* (1983), S. 6.

Kalkülstruktur aus.[34] Darum gilt es bis zum Ende des zweiten Kapitels herauszuarbeiten, wie die mit der internen Perspektive des Bewertenden einhergehende detaillierte Informationsbasis[35] für eine explizite Berücksichtigung der *Cashflow-*, Risiko-, Investitions-, Finanzierungs- und Amortisationsstruktur im Rahmen einer bereichsorientierten Unternehmensbewertung genutzt werden kann. Eine Beispielsrechnung veranschaulicht und komplettiert die Ausführungen.

- Eine entsprechend ausgestaltete bereichsbezogene Unternehmensbewertung bildet die Ausgangsbasis für eine bereichs- und (unternehmens-)wertorientierte Performancemessung, die im dritten Kapitel thematisiert wird. Nach einer Darstellung der Grundstruktur (unternehmens-)wertorientierter Performancemessung – bestehend aus den Gebieten der Performanceplanung (ex ante-Perspektive), Performancekontrolle und Performanceanalyse (jeweils ex post-Perspektive) – erfolgt die Herleitung von Anforderungskriterien, die an wertorientierte Performancemaße zu stellen sind. Nach einer Systematisierung der verschiedenen Möglichkeiten der Performancemessung schließt sich eine Eignungsanalyse der vorgestellten Performancemaße unter besonderer Berücksichtigung des Bereichsbezugs an. Zum Abschluß des dritten Kapitels wird die Konzeption einer Performanceanalyse im Sinne einer erfolgspotentialorientierten Abweichungsanalyse vorgestellt und die Beispielsrechnung findet ihre Fortsetzung.

Im Anschluß an diese Darstellung des ‚Vergleichsmaßstabs' bildet der zweite Untersuchungskomplex den Schwerpunkt der vorliegenden Arbeit, in dem Relevanz- (viertes Kapitel) und Konvergenzaspekte (fünftes Kapitel) des *Impairment of Assets* sowie des bereichs- und (unternehmens-)wertorientierten *Controlling* analysiert werden.[36]

- Zur Erreichung des vorgenannten Untersuchungsziels ist eine detaillierte Darstellung des *IAS* 36 notwendig, die im vierten Kapitel vorgenommen wird. Nach einer einführenden Erörterung des Anwendungsbereichs, der Zwecksetzung sowie der Grundkonzeption des Werthaltigkeitstests werden innerhalb des vierten Kapitels speziell diejenigen Aspekte analysiert, die bei einer Diskussion von Möglichkeiten und Grenzen einer Konvergenz zentrale Bedeutung (Relevanzaspekte) erlangen.
- Auf dieser Grundlage kann im fünften Kapitel die angestrebte Untersuchung der Konvergenzaspekte vollzogen werden. Hierfür bedarf es zunächst der Herausstellung, daß Barwertberechnungen für ‚Anlagenkollektive' aus methodischer Sicht einen geeigneten Bezugsrahmen für Konver-

---

[34] Vgl. *Dirrigl* (2003), S. 146-156 beispielhaft zur bereichsorientierten Unternehmensbewertung.
[35] Vgl. *Dirrigl* (2003), S. 145; *Gleißner/Heyd* (2006), S. 106; *Schneider* (1988), S. 1187.
[36] Vgl. zu allgemeinen Darstellungen bezüglich des Zusammenwirkens von *Controlling* und Rechnungslegung nach *IFRS* etwa *Wagenhofer* (2006a) oder *Weißenberger* (2007a).

genzprozesse in der Unternehmensrechnung bilden. Danach werden die soeben angesprochenen Defizite in der Diskussion um den *Impairment of Assets* aus der *Controlling*perspektive beleuchtet. Zuerst sind dabei die Konvergenzrichtung und die *Cash-Generating Units* aus dem Blickwinkel der internen Steuerung zu untersuchen. Darauffolgend wird die Frage geklärt, ob der *Value in Use* die an ein rechnungslegungsorientiertes Kalkül der Unternehmensbewertung zu stellenden Anforderungen erfüllt und gleichzeitig für Zwecke des bereichs- und unternehmenswertorientierten *Controlling* eingesetzt werden kann. Abschließend erfolgt eine Analyse des Werthaltigkeitstests vor dem Hintergrund einer der vorgestellten bereichs- und (unternehmens-)wertorientierten Performancemessung entsprechenden Kontrollrechnung, um die diesbezüglichen Konvergenzpotentiale aufzuzeigen. Die einzelnen Analyseschritte werden dabei mit Hilfe der fortgeführten, durchgängigen Beispielsrechnung verdeutlicht.

Die nachstehende Abbildung gibt den Untersuchungsaufbau zusammengefaßt wieder:

Einleitung

1 Einleitung

Untersuchungskomplex 1: Konzeption eines unternehmenswertorientierten Controlling

2 Bereichsorientierte Unternehmensbewertung

3 Bereichs- und unternehmenswertorientierte Performancemessung

Untersuchungskomplex 2: Analyse von Relevanz- und Konvergenzaspekten des Impairment of Assets und des unternehmenswertorientierten Controlling

4 Relevanzaspekte des Impairment of Assets für das bereichs- und unternehmenswertorientierte Controlling

5 Konvergenzaspekte zwischen dem Impairment of Assets sowie dem bereichs- und unternehmenswertorientierten Controlling

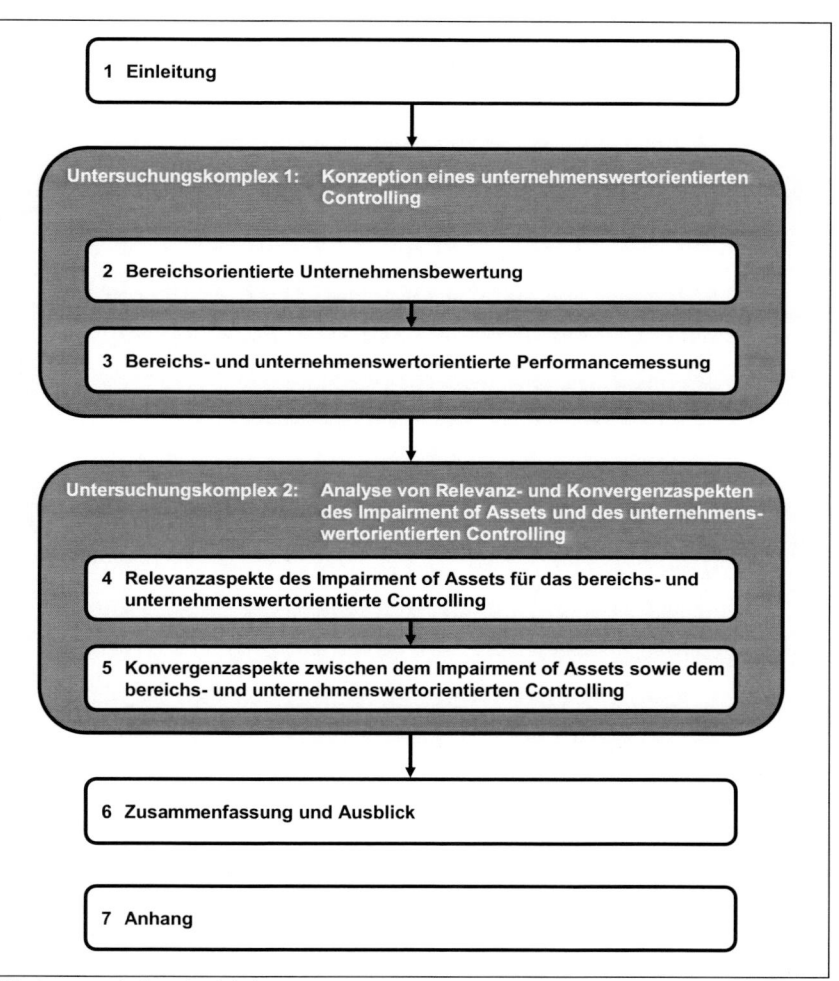

6 Zusammenfassung und Ausblick

7 Anhang

Abb. 1: Aufbau der Arbeit

2 Bereichsorientierte Unternehmensbewertung

2.1 Zweckabhängigkeit der Unternehmensbewertung

Daß der „richtige Unternehmenswert der jeweils zweckadäquate"[37] ist, gehört seit nunmehr 30 Jahren zu den gesicherten Erkenntnissen der Unternehmensbewertungstheorie.[38] Der daraus folgenden Notwendigkeit zur Separierung von Bewertungszwecken wird regelmäßig durch Systematisierungen der verschiedenen Bewertungsanlässe Rechnung getragen.[39] Mittlerweile sind die Bewertungsanlässe auf sehr unterschiedliche Weise abgegrenzt worden, ohne daß sich eine einheitliche Meinung in der Literatur herausgestellt hätte.[40]

Im Allgemeinen lassen sich die zahlreichen und vielfältigen Bewertungsanlässe danach unterteilen, ob sie einerseits in „Abhängigkeit oder Unabhängigkeit vom Willen des Unternehmers"[41] durchgeführt werden und andererseits eine Änderung der Eigentumsverhältnisse am Bewertungsobjekt zu erwarten ist oder nicht.[42]

Praktisch bedeutsame Zwecksetzungen von Unternehmensbewertungen[43] werden in der sog. funktionalen Unternehmensbewertungstheorie aus der Gesamtheit der in der Realität vorkommenden Bewertungsanlässe abgeleitet.[44] Dabei wird den einzelnen Zwecksetzungen jeweils eine ‚Funktion' der Unternehmensbewertung zugeordnet.[45] Die funktionale Unternehmensbewertung kennt drei Haupt- (Entscheidungs-,[46] Vermittlungs-[47] und Argumentationsfunktion[48]) und einen exemplarisch zu verstehenden Katalog von Nebenfunktionen (Informations-,[49] Steuerbemessungs- und Vertragsgestaltungsfunktion).

Infolge der zunehmenden Anzahl der Unternehmensbewertungsanlässe wirkt das ‚Korsett' dieser traditionellen Funktionenlehre inzwischen zu eng,[50] wie zahl-

---

[37] *Moxter* (1983), S. 6.
[38] Vgl. bspw. auch *Busse von Colbe* (1981), Sp. 595; *Sieben* (1976), S. 494; *Sieben/Schildbach* (1979), S. 455.
[39] Literaturüblich begründen diese Vorgehensweise etwa *Mandl/Rabel* (1997), S. 12, wenn sie konstatieren, „[d]er Bewertungsweck wiederum ist eng verbunden mit dem jeweiligen konkreten Bewertungsanlaß."
[40] Vgl. zu einer aktuellen Auflistung wesentlicher Bewertungsanlässe *Drukarczyk/Schüler* (2007), S. 94; *Matschke/Brösel* (2006), S. 62, jeweils m.w.N.
[41] *Münstermann* (1970), S. 13.
[42] Vgl. zu einer entsprechenden Kombination bspw. *Schultze* (2003), S. 6.
[43] Vgl. zu einem Überblick hinsichtlich der Unternehmensbewertung *Ballwieser* (2007b), Sp. 1781-1789, m.w.N.
[44] Zur funktionalen Unternehmensbewertung vgl. statt vieler *Matschke/Brösel* (2006), S. 22-24 sowie S. 49-106, m.w.N.
[45] Vgl. *Mandl/Rabel* (1997), S. 15.
[46] Vgl. *Matschke* (1969), S. 58 f. zum Begriff des Entscheidungswerts.
[47] Vgl. grundlegend *Matschke* (1971) und *Matschke* (1979).
[48] *Coenenberg/Sieben* (1976), Sp. 4076 sprechen auch von der Argumentationshilfefunktion.
[49] Vgl. bspw. *Sieben* (1993), Sp. 4316.
[50] Vgl. etwa *Mandl/Rabel* (1997), S. 16, m.w.N.

reiche Neuordnungsversuche in jüngerer Zeit deutlich belegen.[51] Dabei stellt es sich als problematisch heraus, daß der Katalog der Hauptfunktionen von *Sieben* abschließend formuliert wurde.[52] Eine entsprechende Aufnahme ist lediglich bei einem unmittelbaren Transaktionsbezug möglich, so daß etwa Unternehmensbewertungen zur Überprüfung der Kreditwürdigkeit, für Bilanzierungszwecke oder im Rahmen der unternehmenswertorientierten Unternehmensführung hiervon *per se* ausgeschlossen sind.[53]

Der nicht nur sprachlichen Schwierigkeit gerade in diesen ‚neuen' Bewertungsanlässen, die im Vergleich zu transaktionsbezogenen Unternehmensbewertungen wesentlich häufiger, mitunter fortlaufend auftreten,[54] keine Hauptfunktionen zu sehen, läßt sich somit nicht beikommen.[55]

Diesem Umstand versucht *Brösel* durch einen stark erweiterten Nebenfunktionenkatalog der funktionalen Unternehmensbewertungstheorie zu ‚lösen',[56] vergrößert dabei aber offensichtlich die Überschneidungen innerhalb der Nebenfunktionen und die Abgrenzungsschwierigkeiten zu den Hauptfunktionen.[57] So wirkt es wenig trennscharf, wenn die Steuer- und Auschüttungsbemessungs- sowie die Informationsfunktion als „Gesetzes- oder Standardsauslegungsfunktionen"[58] und infolge des fehlenden Transaktionsbezugs als Nebenfunktionen bezeichnet werden, wohingegen eine Vielzahl anderer gesetzlich-normierter Anwendungsfälle[59] unter den Hauptfunktionen zu finden ist.

---

[51] Vgl. *Ballwieser* (2007a), S. 1-2; *Coenenberg/Schultze* (2002), S. 599 f.; *Henselmann* (1999), S. 411-414; *Henselmann/Kniest* (2001), S. 401-403; *Mandl/Rabel* (1997), S. 17; *Schultze* (2003), S. 10-12. Zu einer kritischen Diskussion der vorgenannten Neuordnungsversuche vgl. *Ballwieser* (2007a), S. 3-5 und *Matschke/Brösel* (2006), S. 57-61, insbes. Fn. 165.

[52] *Sieben* (1983), S. 539 führt hierzu aus, daß „[d]er Katalog der Hauptfunktionen [...] abschließend formuliert [sei]. Der in der Literatur anzutreffende Katalog von Nebenfunktionen ist demgegenüber exemplarisch zu verstehen."

[53] Vgl. ähnlich *Dirrigl* (1998a), S. 3; *Mandl/Rabel* (1997), S. 16.

[54] *Münstermann* (1970), S. 13 bezeichnete es „wegen der Problematik der Bewertung von Unternehmen [noch als ein] Glück, daß sie nicht periodisch, etwa jährlich oder gar [...] öfter [...] zu bewerten" seien.

[55] *Lüdenbach/Schulz* (2002), S. 493 konstatieren im Zusammenhang mit der gewachsenen Bedeutung von Unternehmensbewertungskalkülen im Zusammenhang mit *SFAS* 142, daß aus der ehemaligen Nebenfunktion der Unternehmensbewertung für bilanzielle Zwecke eine Hauptfunktion geworden sei. Diese Schlußfolgerung muß aus Sicht der Kölner Funktionenlehre problematisch erscheinen.

[56] Vgl. *Brösel* (2006), S. 128-143; *Matschke/Brösel* (2006), S. 61-74, m.w.N.

[57] Vgl. zu den bereits bestehenden Überschneidungen innerhalb der Nebenfunktionen *Henselmann* (1999), S. 413.

[58] *Brösel* (2006), S. 134; *Matschke/Brösel* (2006), S. 69.

[59] Ohne einen Anspruch auf Vollständigkeit zu erheben, sind beispielhaft aufzuzählen: Umstrukturierungen durch Fusion, Spaltung oder Eingliederung (z.B. §§ 319 bis 327 AktG), Ein- und Austritt oder Ausscheiden eines Gesellschafters (z.B. §§ 327a bis 327f AktG, § 738 BGB), Bar- und andere Abfindungen (§§ 305, 320 AktG, §§ 12, 15 UmwG) oder Ehescheidungen (§§ 1564 bis 1587p BGB).

Da die Funktionenlehre auch aufgrund ihrer eigentümlichen Homogenisierung von Bewertungsaufgaben auf Bedenken stößt[60] und es grundsätzlich fragwürdig erscheint, ob ein Funktionenkatalog überhaupt notwendig ist, wenn es ohnehin auf die mit den Funktionen verbundenen Bewertungszwecke ankommt[61], soll sie für die weiteren Untersuchungen nicht als Bezugssystem herangezogen werden.

Alternativ kann von einer Dreiteilung der potentiellen Bewertungsaufgaben ausgegangen werden:[62]

- normfreie, entscheidungsorientierte Bewertungen,
- vermittelnde Bewertungen und
- gesetzlich-normierte Bewertungen[63]

Normfreie, entscheidungsorientierte Bewertungen dienen grundsätzlich der Vorbereitung eigener und fremder Entscheidungen. Dabei kann die Wertbestimmung eine Grundlage für nachfolgende Entscheidungen über einen etwaigen Eigentumswechsel am Bewertungsobjekt liefern, muß aber nicht zwangsläufig mit einem Erwerb oder Verkauf von Unternehmen(steileinheiten) einhergehen.[64] Denkbar sind z.B. Unternehmensbewertungen im Rahmen eines geplanten Strategiewechsels, den das *Management* einer Unternehmung anstrebt, zur Kreditwürdigkeitsprüfung[65], bei Sanierungsfällen, usw.[66]

Darüber hinaus sind Unternehmensbewertungen für das wertorientierte *Controlling*[67] unter die normfreien, entscheidungsorientierten Bewertungen zu subsumieren; eine Einordnung, die seit *Münstermann* bekannt sein sollte, der „die periodische Schätzung des Gesamtwertes der Unternehmung"[68] bereits dieser Bewertungsaufgabe zuordnete. Ein eigener Bewertungszweck „Bewertung für das wert-

---

[60] Vgl. *Dirrigl* (1988), S. 10.
[61] Vgl. etwa *Mandl/Rabel* (1997), S. 16. *Henselmann* (1999), S. 413 erachtet die Trennung zwischen Haupt- und Nebenfunktion als „willkürlich".
[62] Strukturähnlich bereits *Dirrigl* (1988), S. 10. Vgl. auch *IDW* (2005a), S. 1305, wonach „grundsätzlich danach unterschieden werden [kann], ob aufgrund gesetzlicher Vorschriften bzw. vertraglicher Vereinbarungen oder aus sonstigen Gründen zu bewerten ist." Vgl. jüngst *Mandl/Rabel* (2005a), S. 51.
[63] Der Argumentationszweck wird in dieser Dreiteilung ausgeblendet, weil sich aus ihm zweckgerechte Bewertungsverfahren regelmäßig nicht ableiten lassen. Vgl. etwa *Ballwieser* (2007a), S. 2. Bereits *Moxter* (1983) und *Münstermann* (1970), S. 13-18 sparen den Argumentationszweck in ihren Abhandlungen aus, da prinzipiell jedes Bewertungsverfahren zur Unterstützung von Argumentationen herangezogen werden könnte. A.A. wohl *Barthel* (2005), S. 32-38, der wiederholt auf „eine Dominanz der Argumentationsfunktion" hinweist.
[64] Abweichend *Dirrigl* (1988), S. 10-12, der normfreie, entscheidungsorientierte Bewertungen ausschließlich im Ein-Parteien-Bezug und im Zusammenhang mit zumindest geplanten Eigentumswechseln sieht.
[65] Vgl. zu den Auswirkungen von Basel II auf das *Controlling* bspw. *Barth/Allmendinger* (2001), S. 545-552; *Küting/Ranker/Wohlgemuth* (2004), S. 93-104; *Paul/Stein/Kaltofen* (2002), S. 533-540, jeweils m.w.N.
[66] Vgl. etwa *Ballwieser* (2007a), S. 1.
[67] Vgl. zu einem Überblick hinsichtlich des *Controlling* etwa *Hofmann* (2007), Sp. 211-221, m.w.N.
[68] *Münstermann* (1970), S. 15 (Hervorhebungen im Original), vgl. aber auch Fn. 54, S. 10.

orientierte Controlling"[69] ist insofern obsolet,[70] auch wenn er in jüngerer Vergangenheit mehrfach gefordert wurde.[71] Dabei spielt es auch keine Rolle, ob das wertorientierte *Controlling* ‚marktwertorientiert' oder ‚unternehmenswertorientiert' ausgestaltet ist (vgl. Kap. 2.4, S. 26 ff.);[72] es unterliegt keinen Normierungen und dient letztlich keinem Selbstzweck,[73] sondern der Entscheidungsunterstützung.[74]

Daneben können Bewertungsaufgaben in der Vermittlung zwischen Konfliktparteien gesehen werden. Das Ergebnis solcher vermittelnder Bewertungen ist ein Schiedswert[75], der als Vermittlungsvorschlag den Einigungsprozeß über die Konditionen der angestrebten Transaktion herbeiführen oder zumindest erleichtern soll. Im weiteren Verlauf der Arbeit wird auf diese Problemstellung nicht näher eingegangen.

Gesetzlich-normierte Bewertungen werden durch die gesetzlichen Regelungen und Wertungen geprägt, aufgrund derer Unternehmensbewertungen vorzunehmen sind.[76] Die wachsende Anzahl dieser gesetzlichen Regelungen und Wertungen läßt die diesbezüglichen Bewertungsaufgaben zunehmend heterogener werden.[77] Gemeinsam ist und bleibt allen gesetzlich-normierten Bewertungen jedoch, daß sie wegen des hohen gewünschten Grades der Nachprüfbarkeit objektiviert werden.[78] Dabei können sich Objektivierungen sowohl auf die Einflußfaktoren der Bewertung als auch das Bewertungsverfahren selbst beziehen.

Die im Rahmen dieser Arbeit thematisierten barwertbezogenen Berechnungen des Werthaltigkeitstests (vgl. Kap. 4.4, S. 246 ff. sowie Kap. 5.3.3, S. 331 ff.) „sind als neuer bzw. zumindest sachlich erweiterter Anwendungsbereich gesetzlich-normierter Zwecke der Unternehmensbewertung"[79] anzusehen.[80]

---

[69] *Coenenberg/Schultze* (2002), S. 599 f. sowie *Schultze* (2003), S. 10.
[70] So auch *Braun* (2005), S. 11 f., m.w.N.
[71] Vgl. bspw. *Coenenberg/Schultze* (2002), S. 599 f.; *Mandl/Rabel* (1997), S. 18-21; *Matschke/Brösel* (2006), S. 64-66; *Schultze* (2003), S. 10.
[72] Vgl. zu dieser Unterscheidung *Dirrigl* (2004b), S. 95-98; *Henselmann* (1999), S. 293-295 sowie Abb. 4, S. 27.
[73] Der Eindruck des Selbstzwecks könnte bei *Coenenberg/Schultze* (2002), S. 599 f. oder *Schultze* (2003), S. 10 entstehen, wenn sie in einer „relative[n] Bewertung zum Kapitalmarkt" einen Bewertungszweck sehen. *Ballwieser* (2007a), S. 5 erachtet diesen Bewertungszweck als „blaß"; kritisch auch *Matschke/Brösel* (2006), S. 59.
[74] Zur Entscheidungsunterstützungsfunktion des *Controlling* vgl. statt vieler *Friedl* (2003), S. 1 ff., m.w.N.
[75] Vgl. bspw. *IDW* (2000), S. 827, der im Rahmen der Funktionenlehre als Arbitriumwert bezeichnet wird. Vgl. hierzu speziell *Matschke* (1971) und *Matschke* (1979).
[76] *Dirrigl* (1988), S. 12-15 spricht in diesem Zusammenhang auch von der „Unternehmensbewertung als Rechtsproblem".
[77] Zur Unternehmensbewertung in der externen Rechnungslegung vgl. etwa *Baetge* (2005), S. 1; *Baetge/Kümmel* (2003), S. 1-17; *Ballwieser* (2006b), S. 265-282; *Ballwieser/Küting/Schildbach* (2004), S. 529-549; *Henselmann* (2006), S. 327-343; *Küting/Hayn* (2006), S. 1211-1217; *Lienau/Zülch* (2006), S. 319-329; *Lüdenbach/Schulz* (2002), S. 489-499; *Streim/Bieker/Esser* (2003), S. 457-479; *Streim/Bieker/Esser* (2004), S. 229-244. Letztere sprechen in diesem Zusammenhang von „,Teil-Unternehmenswerten'".
[78] Vgl. *Mandl/Rabel* (2005a), S. 49 f.
[79] *Dirrigl* (2003), S. 147.

Um zu einer Einschätzung darüber zu gelangen, in welchem Umfang die verschiedenen Unternehmensbewertungskalküle den Bewertungsaufgaben gerecht werden können (vgl. Kap. 2.4, S. 26 ff. sowie Kap. 5.3.3.1, S. 331 ff.), erfolgt im nachfolgenden Abschnitt zunächst eine Systematisierung der Bewertungsverfahren mit anschließender Analyse von Äquivalenzaspekten.

2.2 Kalküle der Unternehmensbewertung im Überblick

2.2.1 Systematisierung der Unternehmensbewertungskalküle

Im Gegensatz zu den divergierenden Meinungen bezüglich der Bewertungsfunktionen und -zwecke herrscht bei der Systematisierung von Bewertungsverfahren in der Literatur weitgehend Einigkeit,[81] die sich anhand von Abb. 2, S. 14 darstellen läßt.

Obwohl *Ballwieser* diese Einteilung der Bewertungsverfahren bereits zum „Allgemeingut"[82] der Unternehmensbewertungstheorie stilisiert, erscheint eine kurze Darstellung der verschiedenen Bewertungsverfahren vor dem Hintergrund der Themenstellung der Arbeit geboten.

So kommen von den drei grundsätzlich zu unterscheidenden Bewertungsverfahren im Rahmen des *Impairment of Assets* mit den Gesamt- und Einzelbewertungsverfahren bereits zwei zur Anwendung.[83] Darüber hinaus steht die Bedeutung der Gesamtbewertungsverfahren für die Umsetzung der *Shareholder Value*-Maxime[84] im Rahmen des wertorientierten *Controlling* außer Frage.

Grundlegend können die Gesamtbewertungsverfahren danach differenziert werden, ob sie als Zukunftserfolgs- oder Vergleichsverfahren ausgestaltet sind.[85]

Bei den Zukunftserfolgsverfahren wird der Unternehmenswert durch die Diskontierung der in Zukunft zu erwartenden Erfolgsgrößen bestimmt.[86] Die divergierende Ermittlung der dabei zu verwendenden Erfolgsgrößen und Kalkulationszinsfüße kennzeichnet die verschiedenen Varianten der Zukunftserfolgsverfahren.[87] In Ab-

---

[80] Prinzipiell handelt es sich beim *Impairment Test* um eine privatrechtliche Regelung, der aber durch das *Endorsement*-Verfahren quasi gesetzlicher Charakter zuteil wird. Vgl. zur Anerkennung und Durchsetzung der *IFRS*-Vorschriften nur *Pellens/Fülbier/Gassen* (2006), S. 90 ff.
[81] Vgl. etwa *Ballwieser* (2007a), S. 8; *Drukarczyk/Schüler* (2007), S. 103; *Henselmann* (1999), S. 17-26; *Mandl/Rabel* (1997), S. 30; *Schultze* (2003), S. 72.
[82] Vgl. *Ballwieser* (2007a), S. 11.
[83] Diese Differenzierung geht mit der Aggregationsebene einher, auf der Werthaltigkeitsüberprüfungen durchgeführt werden. Dabei kann es sich um einzelne Vermögenswerte oder um zu größeren Bewertungseinheiten zusammengefaßte Gruppen von Vermögenswerten handeln, vgl. ausführlich Kap. 4.3, S. 225 ff.
[84] Vgl. zu einem Überblick *Knoll/Wenger* (2007), Sp. 1614-1623, m.w.N.
[85] *Ballwieser* (2007a), S. 8-11 steht einer Subsumierung der Vergleichsverfahren unter die Gesamtbewertungsverfahren ablehnend gegenüber.
[86] Zum Begriff Zukunftserfolg statt vieler *Busse von Colbe* (1957).
[87] Vgl. *Schultze* (2003), S. 73.

hängigkeit davon, ob Ausschüttungen, *Cashflows* oder Residualgewinne mit der besten alternativen Kapitalanlage oder mit Zinsfüßen abgezinst werden, die sich aus kapitalmarkttheoretischen Modellen herleiten, lassen sich das Ertragswertverfahren[88] sowie die Varianten der *Discounted Cashflow* (DCF)-[89] und residualgewinnorientierten Verfahren[90] unterscheiden.

```
                        Bewertungsverfahren
        ┌───────────────────────┼───────────────────────┐
Gesamtbewertungs-      Einzelbewertungs-           Misch-
   verfahren               verfahren              verfahren
   ┌──────┴──────┐       │                           │
Zukunftserfolgs- Vergleichs-  Liquidations-      Mittelwert-
   verfahren     verfahren       wert             verfahren
      │             │
 Ertragswert-  Börsenkurs-     Substanzwert      einfache
  verfahren    orientierte                      Übergewinn-
               Verfahren                         verfahren
      │             │
    DCF-       Transaktions-
  Verfahren    orientierte
               Verfahren
      │
residualgewinn-
  orientierte
  Verfahren
```

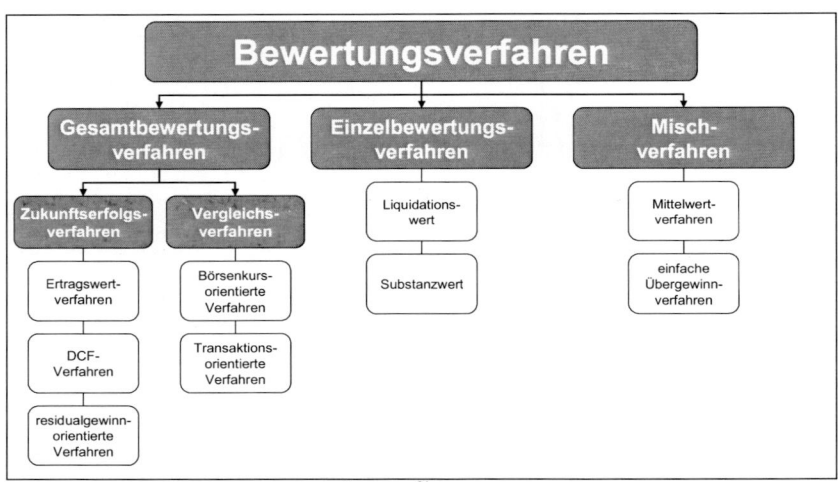

Abb. 2: Bewertungsverfahren im Überblick[91]

Neben den zukunftserfolgsorientierten Ansätzen läßt sich der Gesamtwert einer Unternehmung anhand einer vergleichsorientierten Bewertung ermitteln. Charakteristisch für die Vergleichsverfahren ist die Übertragung eines an der Börse oder in einer ähnlichen Transaktion beobachteten Preises eines oder mehrer vergleichbarer Unternehmen unter Anwendung von Multiplikatoren auf das zu bewertende Unternehmen.[92]

---

[88] Zur Entwicklung des Ertragswertverfahrens im deutschsprachigen Raum trugen vor allem *Busse von Colbe* (1957), *Münstermann* (1970), *Matschke* (1975) sowie *Moxter* (1983) bei. Überblicke bieten etwa *Ballwieser* (2007a), S. 12-115 sowie *Mandl/Rabel* (1997), S. 108-257.

[89] Vgl. allgemein zu den DCF-Verfahren insbesondere *Hachmeister* (2000); *Richter* (1996) und unter Berücksichtigung des Halbeinkünfteverfahrens *Dinstuhl* (2002); *Dinstuhl* (2003), S. 75-114.

[90] Zur Unternehmensbewertung anhand von Residualgewinnen vgl. etwa *Coenenberg/Schultze* (2002); *Coenenberg/Schultze* (2003); *Hoke* (2002); *Hostettler* (1997); *Küting/Eidel* (1999); *Prokop* (2004) sowie *Richter* (1996), jeweils m.w.N., deren Ausführungen sich aber hauptsächlich auf den prominentesten Vertreter der Residualgewinnkonzepte, den Economic Value Added (EVA) von *Stewart & Co.*, beziehen.

[91] In Anlehnung an *Mandl/Rabel* (1997), S. 30.

[92] Vgl. zu den in der Praxis beliebten Vergleichsverfahren vor allem *Nowak* (2000). *Richter* (2005), S. 65-90 interpretiert Multiplikatoren als ‚normierte Kapitalwerte'. Zu den Vorbehalten gegenüber vergleichsorientierten Bewertungen vgl. statt vieler *Schwetzler* (2003).

Bei den Einzelbewertungsverfahren wird der Unternehmenswert des Bewertungsobjekts durch eine isolierte Bewertung der einzelnen Vermögenswerte und Schulden bestimmt, wobei hinsichtlich der verwendeten Wertmaßstäbe hauptsächlich zwischen Substanzwerten auf Basis von Reproduktions- und Liquidationswerten differenziert werden kann. Letzteren liegt im Gegensatz zu allen übrigen Bewertungsverfahren nicht die Annahme einer Unternehmensfortführung zugrunde.[93]

Bei Mischverfahren wird der Unternehmenswert durch eine Kombination aus Ertrags- und Substanzwertverfahren ermittelt.[94] Die gedankliche Ausgangsbasis für die Mischverfahren bildet ein ‚Mißtrauen' gegenüber den erwarteten Erfolgsgrößen sowie die Ansicht, der Substanzwert stelle einen ‚Normalwert' dar.[95] Dementsprechend werden in Mischwertverfahren Ertrags- und Substanzwert unterschiedlich gewichtet; im einfachsten Fall, dem arithmetischen Mittel, liegt das sog. Mittelwertverfahren vor. Bei dem einfachen Übergewinnverfahren wird zum Substanzwert eine bestimmte Anzahl von Übergewinnen addiert.

Im weiteren Verlauf der Arbeit erfolgt eine Zuspitzung auf die Verfahren der Einzel- und vor allem Gesamtbewertung (vgl. Abb. 2, S. 14), da die Mischverfahren weder für das wertorientierte *Controlling* noch für *IAS* 36 von Relevanz sind.

2.2.2 Zur Äquivalenz verschiedener Bewertungsverfahren

Im Rahmen der Diskussion um Äquivalenzaspekte in der Unternehmensbewertung lassen sich die zwei Problembereiche der

- Methoden- und
- Ergebnisidentität

unterscheiden.[96] Eine Methodenidentität innerhalb oder zwischen verschiedenen Gruppen von Bewertungsverfahren liegt dann vor, wenn sich die einzelnen Bewertungsverfahren ineinander überführen lassen; m.a.W. sie sind Resultat „algebraische[r] Umformulierung"[97]. Daneben werden mit dem Problembereich der Ergebnisidentität solche Untersuchungen umschrieben, deren Analyseziel in der Herleitung von Bedingungen zu sehen ist, deren Einhaltung bei Verwendung unterschiedlicher Bewertungsverfahren zu übereinstimmenden Unternehmenswerten führt.[98]

---

[93] Vgl. *Mandl/Rabel* (1997), S. 47. A.A. *Brösel/Klassen* (2006), S. 456 f. Zur unisono vertretenden Kritik an den Substanzwerten vgl. grundlegend bereits *Sieben* (1963).
[94] Vgl. statt vieler *Moxter* (1983), S. 57-63 zur Methodik und Problemen der Mischverfahren.
[95] Vgl. *Moxter* (1983), S. 60.
[96] Vgl. ähnlich *Dinstuhl* (2003), S. 14, dessen Ausführungen sich jedoch lediglich auf die DCF-Methoden und die Ertragswertmethode beziehen.
[97] *Prokop* (2004), S. 191 hinsichtlich der Untersuchung von Äquivalenzaspekten residualgewinn- und *cashflow*orientierter Bewertungsverfahren.
[98] Daß Untersuchungen bezüglich der Äquivalenz verschiedener Bewertungsverfahren keineswegs jüngerer Vergangenheit sein müssen, beweist die Arbeit von *Jacob* (1960), S. 131-147 und S. 209-

Die seit Anfang der 90er Jahre zu beobachtende, zunehmende Popularisierung der DCF-Verfahren löste eine „beispiellose Diskussion"[99] um „die Frage der Identität der verschiedenen DCF-Verfahren [und der] Überführbarkeit von Bewertungsergebnissen der DCF-Methoden einerseits und der Ertragsmethode andererseits"[100] aus.[101] Als gesicherte Erkenntnis dieser Diskussion gilt die Methodenidentität der verschiedenen DCF-Verfahren.[102]

Hinsichtlich der Ergebnisidentität werden jedoch unterschiedliche Ansichten vertreten:[103] So bemühen sich vor allem *Kruschwitz/Löffler* „ebenso kritisch wie regelmäßig"[104] darzulegen,[105] daß das *Weigthed Average Cost of Capital* (WACC)- und das *Adjusted Present Value* (APV)-Verfahren „zu verschiedenen Unternehmenswerten führen."[106] Ursächlich sei dies auf die den einzelnen DCF-Methoden inhärenten, unterschiedlichen Finanzierungsprämissen[107] zurückzuführen; so wären das APV-Verfahren „an die autonome Finanzierung" und die „gewichteten Kapitalkosten [...] an die wertorientierte Finanzierung gebunden."[108]

Insoweit verneinen *Kruschwitz/Löffler* die Möglichkeit, ein unter einer vorab festgelegten Finanzierungsprämisse mit einem der DCF-Verfahren ermitteltes Bewertungsergebnis durch ein anderes DCF-Verfahren zu ,rekonstruieren',[109] wobei sie "gerne zu[geben], dass in der Literatur ‚Mischformeln' hergeleitet worden sind, die wie WACC-Formeln aussehen und sich dennoch dazu eignen, bei autonomer Finanzierung eingesetzt zu werden, oder wie APV-Formeln aussehen und trotzdem auch bei wertorientierter Finanzierung verwendet werden können."[110] Letztlich verbleibt aus dieser wenig erhellenden (Schein-)Diskussion um ‚richtige' oder ‚fal-

---

222, der Bedingungen herausgearbeitet hat, unter denen substanzwertorientierte Bewertungskalkülen zu übereinstimmenden Unternehmenswerten führen.

[99] *Ballwieser* (2007a), S. 183.
[100] *Dinstuhl* (2003), S. 14.
[101] Auch international ist die Äquivalenz von Kalkülen der Unternehmensbewertung von starkem Interesse. Diesbezüglich untersucht bspw. *Fernández* (2004a) zehn verschiedene *cashflow*orientierte Bewertungsverfahren, m.w.N.
[102] So auch *Matschke/Brösel* (2006), S. 587-589.
[103] Vgl. *Ballwieser* (2007a), S. 182 und S. 185, der hinsichtlich der Methoden- und Ergebnisidentität der DCF-Verfahren resümiert, „es gibt [...] kein allgemeineres und kein spezielleres Modell. Man kann sämtliche Modelle durch analytische Umformungen ineinander überführen" und „[k]ontrovers diskutiert wird noch die Frage nach der Übereinstimmung oder Sinnhaftigkeit der Ineinanderführung der Ergebnisse."
[104] Vgl. *Braun* (2005), S. 112.
[105] Vgl. insbesondere die Kritik von *Kruschwitz/Löffler* (2003b), S. 731-733 an *Ballwieser* (2001b), S. 361-373 sowie dessen Replik *Ballwieser* (2003), S. 734-735 und *Ballwieser* (2007a), S. 185 f.
[106] *Kruschwitz/Löffler* (2003b), S. 732.; überspitzt mit „DCF = APV + (FTE & TCF & WACC)?" betitelt auch *Kruschwitz/Löffler* (2003a), m.w.N.
[107] Zur grundsätzlichen Unterscheidung zwischen autonomer und wertorientierter Finanzierung vgl. *Richter* (1998).
[108] *Kruschwitz/Löffler* (2003b), S. 731 (beide Zitate).
[109] Vgl. *Drukarczyk/Schüler* (2007), S. 209, die treffenderweise konstatieren, daß bei autonomer Finanzierungsstrategie „der WACC-Ansatz auf anderem Weg erzeugte Lösungsergebnisse [nur] rekonstruieren kann."
[110] *Kruschwitz/Löffler* (2003b), S. 731 f. mit beispielhaftem Verweis auf *Wallmeier* 1999), S. 1473-1490.

sche' WACC- und APV-Formeln nur die Erkenntnis, daß „bei verschiedenen Finanzierungsstrategien unterschiedliche Unternehmenswerte resultieren."[111] Nachstehend soll nicht an einer solchen ‚Pseudodifferenzierung' festgehalten,[112] sondern die Auffassung vertreten werden, die Äquivalenz der Bewertungsergebnisse der DCF-Methoden ließe sich bei identischen Bewertungsprämissen jederzeit herstellen, wobei nach Festlegung der Finanzierungspolitik bestimmte Ansätze besser zur Unternehmenswertermittlung geeignet sind.[113]

Neben dem ‚Innenverhältnis' zwischen den einzelnen DCF-Verfahren wird auch deren ‚Außenverhältnis' zur in Deutschland seit langem bewährten Bewertungskonzeption der Ertragswertmethode kritisch diskutiert.[114] Diesbezüglich werden grundsätzlich zwei verschiedene Meinungen vertreten: Entweder wird die „Ertragswert-Methode als deutsche Variante des [Flow to] Equity-Ansatzes betrachtet"[115] oder aber die Stellung bezogen, „dass Ertragswertmethode und DCF-Methoden neben vielen konzeptionellen Gemeinsamkeiten eine Reihe von Unterschieden aufweisen, die zwangsläufig zu Bewertungsunterschieden führen."[116]

Dabei wird mit den offensichtlichen Gemeinsamkeiten das Kapitalwertkalkül angesprochen, das sich in einer Bewertung der zukünftigen Zahlungsströme und dem Alternativenvergleich mit Hilfe des Kalkulationszinsfußes manifestiert.[117] Dies rechtfertigt allerdings noch nicht die Ansicht einer Methodenidentität von Ertragswertmethode und DCF-Verfahren; wird die Ertragswertmethode als individuelles Bewertungskalkül aufgefaßt, zeichnet sie sich durch die Möglichkeit aus, die subjektiven Gegebenheiten des Bewertenden in das Kalkül einzubeziehen.[118] Somit können etwa das Risiko durch subjektive Sicherheitsäquivalente,[119] die individuellen Steuersituation, das konkrete Ausschüttungsverhalten und explizite Alternativinvestitionen[120] bei der Bewertung berücksichtigt werden. Hingegen zeichnen sich

---

[111] *Ballwieser* (2003), S. 734.
[112] Vgl. *Casey* (2006), S. 194.
[113] Vgl. bspw. *Dinstuhl* (2003), S. 44-57; *Inselbag/Kaufold* (1997), S. 116-122; *Schultze* (2003), S. 106-109 mit einem einführenden Beispiel sowie ausführlich zum Einfluß der Finanzierung auf die Bewertung S. 289-358.
[114] Vgl. zur Diskussion Ertragswertmethode *versus* DCF-Verfahren etwa *Ballwieser* (2002c), S. 361-373; *Drukarczyk* (1995), S. 329-334; *Kohl/Schulte* (2000); *Sieben* (1995), S. 713-737; *Schmidt* (1995), S. 1088-1118.
[115] *Drukarczyk* (2003), S. 304.
[116] *Schultze* (2003), S. 507.
[117] Vgl. *Hachmeister* (2000), S. 253. Ähnlich *Ballwieser* (2007a), S. 183; *Drukarczyk/Schüler* (2007), S. 234 f.; *Mandl/Rabel* (1997), S. 384-385; *Schultze* (2003), S. 507 ff.; A.A. *Matschke/Brösel* (2006), S. 558.
[118] Vgl. *Dinstuhl* (2003), S. 15.
[119] Nach *Schneider* (1998), S. 1477 stehen „Ertragswert und Sicherheitsäquivalente […] in einem definitorischen tautologischen Zusammenhang".
[120] Vgl. *Dirrigl* (1988), S. 270 ff.; *Schneider* (1998), S. 1474.

die DCF-Verfahren durch eine kapitalmarktbezogene Ermittlung der Kapitalkosten aus, worin aus methodischer Sicht ein wesentliches Abgrenzungsmerkmal liegt.[121] Trotz dieser methodischen Unterschiede zwischen Ertragswertmethode und DCF-Verfahren wird in der Literatur analysiert, unter welchen Bedingungen beide Verfahren zu äquivalenten Ergebnissen führen. Hierfür „muss eine einheitliche Zahlengrundlage hergestellt werden, die von identischen Finanzierungsprämissen ausgeht [und] bei beiden Methoden [müssen] Anpassungen vorgenommen werden, die von den Finanzierungsprämissen und dem Ausschüttungsverhalten abhängen,"[122] kurzum wird von ‚gleichen Bewertungsannahmen' ausgegangen. Diese Vorgehensweise[123] ist aber „gleichbedeutend mit dem Verzicht auf die systembildenden Bestandteile"[124] der jeweiligen Bewertungsverfahren, so daß eine DCF-orientierte Anpassung das Ertragswertverfahren um den Einbezug subjektiver Bewertungsparameter ‚beraubte'.

Eine Ergebnisidentität der DCF-Verfahren und des Ertragswertverfahrens kann sich wegen der methodischen Unterschiede demnach nur zufällig ergeben.

Neben der Beziehung des Ertragswertverfahrens zu den DCF-Methoden werden in jüngerer Vergangenheit vor allem Äquivalenz- und Transparenzaspekte residualgewinnorientierter Bewertungsverfahren thematisiert.[125] Hinsichtlich der Unternehmensbewertung anhand von Residualgewinnen, dessen prominentester Vertreter der *Economic Value Added* (EVA) von *Stern Stewart & Co.* ist, steht die Methoden- und Ergebnisidentität zwischen verschiedenen Vertretern kapitalmarktorientierter Residualgewinne[126] und zu den DCF-Verfahren außer Frage.[127] Die Behauptung, residualgewinnorientierte Bewertungsverfahren böten gegenüber den DCF-Verfahren eine Reihe von Vorteilen[128] – einen geringeren Anteil des Fortführungswerts am Gesamunternehmenswert, transparentere Bewertungsannahmen,

---

[121] Vgl. *Dinstuhl* (2003), S. 16; *Hachmeister* (2000), S. 255-262; *Mandl/Rabel* (1997), S. 384-385; a.A. *Ballwieser* (2007a), S. 183-185; *Ballwieser/Coenenberg/Schultze* (2002), Sp. 2419; *Schultze* (2003), S. 507; differenziert *Drukarczyk/Schüler* (2007), S. 45-91 und S. 229-270.

[122] *Schultze* (2003), S. 509.

[123] Vgl. *Schultze* (2003), S. 511-558 mit einer ausführlichen Beispielsrechnung.

[124] *Dinstuhl* (2003), S. 17.

[125] Vgl. vor allem Ballwieser (2007a), S. 194-197; *Coenenberg/Schultze* (2003); *Coenenberg/Schultze* (2002); *Prokop* (2004) und *Schumann* (2005).

[126] Zu den weiteren von verschiedenen Unternehmensberatungen als wertorientierte Kennzahlen empfohlenen Residualgewinnen zählen der *Economic Profit* (EP) von *McKinsey&Company*, der *Cash Value Added* (CVA) der *Boston Consulting Group* sowie der *Earnings less Riskfree Interest Charge* (E_RIC) von *Klynveld Peat Marwick Goerdeler* (KPMG).

[127] Bereits *Richter* (1996), S. 34-38 zeigte die Äquivalenz ‚moderner' residualgewinn- und cashfloworientierter Bewertungsverfahren, sah aber deren Einsatzgebiet hauptsächlich im Bereich der Performancemessung. Vgl. ähnlich *Fernández* (2003). Daß eine Äquivalenz einer Investitionsrechnung auf Basis von Ausgaben und Kosten hergestellt werden kann, zeigte im deutschsprachigen Raum bereits *Lücke* (1955), S. 310-324. Die ‚Renaissance' von Residualgewinnkonzepten ist hauptsächlich auf *Ohlson* (1995), S. 661-687 zurückzuführen.

[128] Vgl. vor allem *Coenenberg/Schultze* (2002), S. 606-610; *Coenenberg/Schultze* (2003), S. 119 f.; *Hoke* (2002), S. 765-770; *Schultze* (2003), S. 141-148; *Schultze* (2003), S. 462; differenzierter *Prokop* (2004), S. 188-193.

einen höheren Erklärungsgehalt von Börsenkursen und Aktienkursrenditen sowie Verknüpfungsmöglichkeiten mit der wertorientierten Planung und Kontrolle –, konnte mittlerweile widerlegt werden.[129] Somit erscheinen residualgewinn- und *cashflow*orientierte Unternehmensbewertungen „gleichermaßen gut oder schlecht für Zwecke der Unternehmensbewertung geeignet"[130].[131]

Bezüglich der Methoden- und Ergebnisidentität von Vergleichsverfahren und DCF-Methoden werden unterschiedliche Auffassungen vertreten.[132] Nach *Richter* handelt es sich bei Multiplikatoren um das „Aggregat deterministischer Wachstumserwartungen", die demnach „das gleiche analytische Fundament [...] wie die Kapitalkostenformel"[133] aufwiesen. Nach h.M. sind Vergleichsverfahren, ungeachtet ihrer praktischen Bedeutung, theoretisch hingegen nicht fundiert;[134] eine Methodenidentität liegt folglich nicht vor. Vor dem Versuch, eine analytische Verbindung zwischen Multiplikatoren und Ertragswerten i.S. einer Ergebnisidentität herzustellen, wird sogar „gewarnt"[135].

Der Ansicht von *Ballwieser*, es handele sich bei residualgewinn-orientierten Bewertungsverfahren um „Mischverfahren besonderer Art"[136], kann hier nicht gefolgt werden.[137] Von einer Methodenidentität zwischen einfachen Übergewinnmethoden, wie den Mischverfahren, und residualgewinnorientierten Bewertungsverfahren auszugehen, ist ähnlich problematisch wie zwischen DCF-Methoden und Ertragswertverfahren. Der für die einfachen Übergewinnverfahren konstitutive Kompromiß hinsichtlich Substanz- und Ertragswert,[138] liegt bei einer residualgewinnorientierten Unternehmensbewertung, in der sich der Unternehmenswert ausschließlich aus der Diskontierung zukünftiger Erfolgsgrößen ergibt, nicht vor.[139]

---

[129] Vgl. *Ballwieser* (2007a), S. 194-197 sowie ausführlicher *Schumann* (2005), S. 27-32. Vgl. jedoch zum Prognosefehler bei der Aktienbewertung *Crasselt/Nölte* (2007), S. 526 ff.

[130] *Schumann* (2005), S. 32.

[131] Infolge der Methoden- und Ergebnisidentität residualgewinnorientierter Unternehmensbewertungsverfahren und den DCF-Methoden läßt *Ballwieser* (2007a), S. 8-11 die residualgewinnorientierte Bewertungsverfahren bei der Systematisierung der Bewertungsverfahren außen vor. Trotz der Stringenz dieser Vorgehensweise wurde hiervon in Abb. 2, S. 14 aufgrund deren zunehmenden Bedeutung abgesehen. Letzteres wird durch *Brösel/Hauttmann* (2007), S. 235 empirisch belegt.

[132] Besonders ablehnend offensichtlich *Ballwieser* (2007a), S. 8-11, der die Vergleichsverfahren nicht unter die Gesamtbewertungsverfahren subsumiert.

[133] *Richter* (2005), S. 72 (beide Zitate). Ähnlich *Richter* (2002a). *Moser/Auge-Dickhut* (2003), S. 213-223 verdeutlichen dies anhand eines praxisorientierten Zahlenbeispiels; *Schmidbauer* (2004), S. 153 erkennt eine Ergebnisidentität „unter sehr restriktiven Bedingungen (Rentenmodell, Abhängigkeit des Multiplikators vom Kapitalisierungszinssatz, Verwendung der richtigen Bezugsbasis)".

[134] Vgl. statt vieler *Mandl/Rabel* (1997), S. 274, m.w.N.

[135] Vgl. *Ballwieser* (2007a), S. 203 f., m.w.N.

[136] *Ballwieser* (2007a), S. 194.

[137] Der weitergehenden Analyse vermeintlicher Vorteile residualgewinnorientierter Bewertungsverfahren von *Ballwieser* (2007a), S. 194-197 ist hingegen vollumfänglich zuzustimmen. Ähnlich *Schumann* (2005), S. 27-32. Vgl. Fn. 129, S. 19.

[138] Vgl. *Moxter* (1983), S. 60.

[139] Vgl. etwa *Coenenberg* (1981), S. 228 f.

2.3 Bedeutung der Bereichsorientierung für die Unternehmensbewertung

Um die Bedeutung des Bereichsbezugs für die Unternehmensbewertung zu erläutern, muß vorab geklärt werden, was unter einem ‚Bereich' zu verstehen ist. Im folgenden wird ein Bereich als Verbund von Vermögenswerten angesehen, dem infolge der Herstellung eines oder mehrerer verschiedener Produkte[140] Cashflows eindeutig zuordenbar sind.[141]

Dabei wird davon ausgegangen, daß die betrachteten Bereiche Teileinheiten einer divisional organisierten,[142] großen Publikumsgesellschaft darstellen. Außerdem sollen die produktorientiert gegliederten Bereiche über eine weitgehende Erfolgsverantwortlichkeit und Entscheidungskompetenz verfügen,[143] die infolge der annahmegemäßen *Investment Center*-Konzeption[144] auch Investitionsentscheidungen umfaßt und damit ebenfalls auf das eingesetzte Kapital ausgeweitet ist.[145] Horizontale Interdependenzen zwischen den Bereichen ergeben sich in erster Linie im Hinblick auf die Besteuerung, ihre Risikowirkung bezüglich des Konzernportefeuilles sowie die Ausstattung mit finanziellen Mitteln.[146]

Zur Abgrenzung und Einordnung von Bereichen innerhalb eines Gesamtunternehmens kann Abb. 3, S. 21 herangezogen werden. Demnach liegt die ‚Aggregationsebene' Bereich unterhalb der Segmentebene (Bereiche 1-10), wofür der bereits beschriebene Produktliniencharakter[147] von Bereichen ausschlaggebend ist. Dieser führt gleichfalls zu einer Abgrenzung gegenüber der Projektebene.[148]

Bezüglich der aus Gründen der Übersichtlichkeit in Abb. 3 ausgesparten Vielzahl von Möglichkeiten juristischer, strategischer, organisatorischer oder geographischer Strukturierungen von Konzernen und deren Teileinheiten zeichnen sich Bereiche durch differenzierte Beziehungen aus: Das Verhältnis des Bereichs zur Primär- und Sekundärorganisation in einer dualen Organisation, über die der Großteil diversifizierter Konzerne verfügt,[149] kann grundsätzlich folgendermaßen gekennzeichnet werden:

---

[140] Eine ausführliche Diskussion des Produktbegriffs findet sich bspw. bei *Brockhoff* (1999), S. 12-22; *Maleri* (1997); *Meffert* (2000), S. 332-334.
[141] Ähnlich *Dirrigl* (1998a), S. 3; *Dirrigl* (2003), S. 147. Zu deutlich davon abweichenden Auffassungen des Begriffs ‚Bereich' respektive des ‚Bereichs*controlling*' vgl. *Berens* (2007), Sp. 95-103; *Franke/Kötzle* (1995); *Schäffer/Weber* (2005).
[142] Vgl. allgemein zur Geschäftsbereichsorganisation bspw. *Hartmann* (1974); *Poensgen* (1973) sowie bereits speziell *Solomons* (1965) zum Performance Measurement von Divisionen.
[143] Kritisch zur Gleichsetzung von divisionaler und Geschäftsbereichsorganisation *Wolf* (1985), S. 15.
[144] Vgl. zum *Investment Center* in dezentralen Unternehmen etwa *Lüder* (1969).
[145] Vgl. *Kloock* (1975), S. 237 f.; *Friedl* (1993), S. 833.
[146] Zur Bedeutung horizontaler Entscheidungsinterdependenzen etwa *Frese* (2005), S. 132 ff., m.w.N.
[147] Vgl. zur Produktlinie etwa *Meffert* (2000), S. 335 f. und S. 464 ff.
[148] Vgl. *Dirrigl* (1998a), S. 7, wobei unter der Projektebene Einzelinvestitionen verstanden werden.
[149] Vgl. zum dualen Organisationsmodell statt vieler *Szyperski/Winand* (1979) und zu den Beziehungskonstellationen zwischen der Primär- und Sekundärorganisation etwa *Welge/Al-Laham* (2001), S. 333.

- ein Bereich stimmt mit der primären Organisationseinheit und einer strategischen Geschäftseinheit[150] (SGE) überein,[151]
- mehrere mit primären Organisationseinheiten übereinstimmende Bereiche bilden eine SGE,
- mehrere, primäre Organisationseinheiten umfassende, Bereiche bilden eine SGE,
- ein Bereich umfaßt mehrere primäre Organisationseinheiten und stimmt mit der SGE überein.

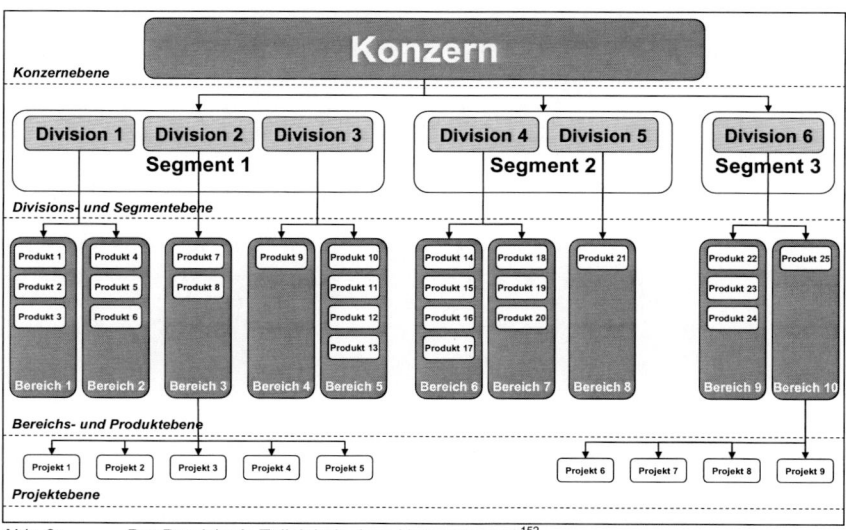

Abb. 3: Der Bereich als Teileinheit eines Unternehmens[152]

Üblicherweise werden Kalküle der Unternehmensbewertung auf die „'Unternehmung als Ganzes'"[153] angewendet. Diese ‚Aggregationsstufe' zeichnet sich im Vergleich zu den anderen in Abb. 3 dargestellten Ebenen neben der wirtschaftlichen[154]

---

[150] Bei einer strategischen Geschäftseinheit handelt es sich um ein eigenständiges Aktivitätsfeld eines Unternehmens (Produkt-Markt-Technologie-Kombination), das Gegenstand strategischer Entscheidungen ist. Vgl. entsprechend *Gälweiler* (1979), S. 259. *Welge/Al-Laham* (2001), S. 333 bezeichnen strategische Geschäftseinheiten prägnant als „gedankliche Konstruktion'".

[151] Nach *Alvarez* (2004), S. 33 stellen strategische Geschäftseinheiten „das unternehmensinterne Pendant zur umweltorientierten Segmentierung dar."

[152] In teilweiser Anlehnung an *Welge* (1987), S. 523.

[153] *Dirrigl* (2003), S. 147.

[154] *Barthel* (1994), S. 1321 spricht von der „betriebswirtschaftlich organisierte[n] Systemeinheit" als Gegenstand von Unternehmensbewertung, die sich durch die Fähigkeit auszeichnet, anhand von Faktorkombinationen Leistungen auf einem Markt zu erbringen und/oder durch Verringerung ihrer Leistungserbringung die Leistungen anderer Systemeinheiten zu verändern. Vgl. ähnlich *IDW*

durch die rechtliche Eigenständigkeit aus. Da aber „die rechtliche Einheit [...] für die Bewertung von untergeordneter Bedeutung"[155] ist, sind Abweichungen zu dem nach wirtschaftlichen Kriterien definierten Bewertungsobjekt in verschiedener Hinsicht denkbar:[156] Entweder sind mehrere wirtschaftliche Einheiten wie bei der Projektbewertung unter einer rechtlichen Einheit zusammengefaßt oder eine wirtschaftliche Einheit überlagert mehrere rechtliche Einheiten.[157] Letzteres charakterisiert konzernbezogene Unternehmensbewertungen.

Hinsichtlich des Abweichens des Bewertungsobjekts der Unternehmensbewertung von der rechtlichen Einheit muß ein erhebliches Forschungsdefizit konstatiert werden. So wurden erst in jüngerer Vergangenheit eigenständige, speziell auf die konstitutiven Merkmale von Konzernen zugeschnittene, Bewertungskonzeptionen entwickelt,[158] die dem diesbezüglichen, seit langem offenkundigen, Forschungsbedarf[159] nachkommen. Daneben kann weder von einer theoretischen[160], noch praktischen Durchdringung der Kalküle der Unternehmensbewertung auf nachgelagerte Teileinheiten eines Unternehmens gesprochen werden. Mitunter läßt sich im Zusammenhang mit der Segmentberichterstattung[161] nach *IFRS* eine Anwendung von Unternehmensbewertungsverfahren auf Ebene der Segmente[162] respektive im Rahmen der strategischen Unternehmensführung bei einer SGE[163] beobachten. Allerdings findet eine Diskussion des Gebrauchs von Bewertungskalkülen auf einem niedrigeren ‚Aggregationsniveau', wie es typischerweise bei Bereichen mit ihrer „Multi-Asset-Struktur"[164] vorliegt, erst vereinzelt statt.[165]

(2005a), S. 1306, wonach „zweckgerichtete Kombinationen von materiellen und immateriellen Werten, durch deren Zusammenwirken finanzielle Überschüsse erwirtschaftet werden" Bewertungsobjekt darstellen.

[155] *Meichelbeck* (1997), S. 20.

[156] Vgl. bspw. *IDW* (2005a), S. 1306.

[157] Vgl. *Herter* (1994), S. 75-77, der hierzu treffend feststellt, daß Bereiche „im Idealfall eigenständige ‚Unternehmen im Unternehmen' dar[stellen], die in möglichst geringem Umfang mit anderen Einheiten auf gemeinsame Ressourcen zurückgreifen. Nur in diesem Fall können auch eigenständige strategische Entscheidungen für die Unternehmenseinheiten getroffen werden. Greifen beispielsweise zwei Produktgruppen auf weitgehend gleiche Produktionsanlagen zurück, sind sie zu einer Einheit zusammenzufassen."

[158] Vgl. vor allem *Dinstuhl* (2003), S. 139-297; *Meichelbeck* (1997); *Meichelbeck* (2005), S. 429-457.

[159] Vgl. statt vieler *Moxter* (1976b), S. 166 f., m.w.N.

[160] Vgl. die empirischen Studien von *Aders et al.* (2003); *Pellens/Rockholtz/Stienemann* (1997); *Pellens/Tomaszewski/Weber* (2000).

[161] Vgl. grundlegend zur Segmentberichterstattung nach *IAS 14: Segment Reporting* statt vieler *Alvarez* (2004) und *Ulbrich* (2006). Zu *IFRS 8: Operating Segments* vgl. *Alvarez/Büttner* (2006), S. 307-318; *Fink/Ulbrich* (2006), S. 233-243; *Müller/Peskes* (2006), S. 819-825.

[162] Vgl. zur Segmentbewertung *Alvarez* (2004), S. 208-288; *Dinstuhl* (2003), S. 229-297; *Geiger* (2001), S. 236-262; *Kind* (2000), S. 181-233.

[163] Vgl. lediglich *Breid* (1994) mit der Konzeption einer finanzierungstheoretisch fundierten, strategischen Erfolgsrechnung.

[164] *Dirrigl* (2003), S. 147. Vgl. zu „Investitions-Gesamtheiten, die auch als Kollektive von (abnutzbaren) Anlagen interpretiert werden können" bereits *Dirrigl* (1998a), S. 3.

[165] Vgl. nur *Dirrigl* (2003), S. 146-156; *Dirrigl* (1998a), S. 12-18 im Rahmen einer kollektiven Investitionsrechnung.

Diese Vernachlässigung des Forschungsbereichs der bereichsorientierten Unternehmensbewertung ist in Anbetracht der in den letzten Jahren zu verzeichnenden Veränderungen im externen und internen Rechnungswesen erstaunlich: So weist doch *Rappaport* in seinem ‚Klassiker' *Creating Shareholder Value*[166], der bekanntermaßen die weltweite Fokussierung der Unternehmenspolitik auf die Steigerung des Aktionärsvermögens auslöste,[167] mit seiner Feststellung, „[a]fter all, the primary source of a company´s value lies in its operating units"[168], bereits nachdrücklich auf die Bedeutung der Bereichsorientierung für die Unternehmensbewertung hin.[169] Gleichermaßen wird den Bilanzierenden durch die „Fair Value-Offensive"[170] des IASB eine zunehmende Anwendung von Kalkülen der Unternehmensbewertung auf der Ebene betrieblicher Teileinheiten vorgeschrieben.[171]

Als ausschlaggebend für die mangelnde theoretische Beschäftigung mit Fragestellungen der bereichsorientierten Unternehmensbewertung können folgende in der Literatur vertretenden Meinungen angesehen werden:

- Nach h.M. läßt sich das für eine bestimmte ‚Aggregationsstufe' geeignet erscheinende Bewertungskalkül gleichermaßen auf kleineren oder größeren Bewertungseinheiten einsetzen;[172] vor allem wird in Anlehnung an das *Shareholder Value*-Konzept von *Rappaport* davon ausgegangen, daß die „DCF-Verfahren [...] einheitlich auf sämtliche Einheiten angewendet werden"[173] können.[174]

- Regelmäßig wird bei Unternehmensbewertungen von der Gültigkeit des Wertadditivitätstheorems ausgegangen.[175] Unter dieser Prämisse folgt

---

[166] *Rappaport* (1986). Vgl. zu einer Diskussion hinsichtlich des Shareholder Value Added von *Rappaport* statt vieler *Crasselt* (2001), m.w.N.
[167] Vgl. zu dieser Einschätzung etwa *Ballwieser* (2000), S. 160-166.
[168] *Rappaport* (1998), S. 116.
[169] Ähnliche Hinweise werden auch in der deutschen Literatur zum *Shareholder Value*-Konzept gegeben, wenn etwa *Alvarez* (2004), S. 216 resümiert, „[d]as Neue am Shareholder Value-Konzept ist nicht die grundsätzliche Ermittlungsweise des Unternehmenswerts, sondern seine Verwendung als Planungs- und Kontrollgröße, und zwar insbesondere auch für die einzelnen Geschäftseinheiten i.S.e. Strategiebeitrags" (Hervorhebungen im Original). Ähnlich etwa *Busse von Colbe* (1995), S. 714 f.
[170] *Baetge* (2005), S. 1. Neueste Überlegungen der internationalen *Standardsetter* zur *Fair Value*-Ermittlung deuten derweil tendenziell auf eine zunehmende ‚Simulation' von Absatzmarktpreise hin, was allerdings einem kategorischen Ausschluß von Wiederbeschaffungswerten bzw. aus Unternehmenssicht ermittelten Wertansätzen gleichkäme, vgl. etwa *Bieker* (2007), S. 93.
[171] Vgl. Fn. 77, S. 12. Zu Abgrenzungsmöglichkeiten von *Cash-Generating Units* vgl. vor allem *Klingels* (2005).
[172] Vgl. *Alvarez* (2004), S. 209-216; *Bernasconi/Fässler* (2003), S. 617-628; *Kind* (2000), S. 195-233; *Freygang* (1993), S. 149-173. Diesbezüglich führt *Kind* (2000), S. 200 aus, „[d]ie größte Schwierigkeit bei der Ermittlung von Segmentwerten besteht [...] nicht in der Applikation der Bewertungsmethoden".
[173] *Alvarez* (2004), S. 216.
[174] Vgl. hingegen zu einem Systemwechsel zwischen DCF-Verfahren auf Konzernebene und Ertragswertmethode auf Segmentebene *Breid* (1994), S. 186 ff.; *Dinstuhl* (2003), S. 277 ff.
[175] Vgl. zum Wertadditivitätstheorem *Perridon/Steiner* (2002), S. 514, wonach „(1) Der Wert zweier unsicherer Zahlungsströme [...] unabhängig davon [ist], ob die Bewertung isoliert oder zusammen-

bspw. daraus für konzernbezogene Unternehmensbewertungen die vereinfachende Handlungsempfehlung von *Koller/Goedhart/Wessels*: "[V]alue each unit separately and the sum of the parts to estimate the value of the entire company."[176]

- Unisono wird, auch in Verbindung mit der Annahme der Wertadditivität, der Ansicht gefolgt, eine „Segmentierung einer Unternehmung – d.h. die analytische Zerlegung des Unternehmens in kleinere Teileinheiten – stellt [...] ein Verfahren der Komplexitätsreduktion dar."[177]

Diese Aussagen verdeutlichen, daß die Besonderheiten einer bereichsorientierten Unternehmensbewertung häufig verkannt werden. Die hervorstechende Eigenschaft des Bereichsbezugs ist der detailliertere Informationsstand,[178] der im Vergleich zu einer Anwendung von Bewertungskalkülen auf einem höheren ‚Aggregationsniveau' innerhalb eines Unternehmens hinsichtlich der Investitions-, Finanzierungs- und Amortisationsstruktur der Vermögenswerte, der operativen Erfolgsgröße sowie der Unsicherheit[179] vorliegt.[180] Eine entsprechende Berücksichtigung solcher, gleichsam bereichsbezogener sowie bewertungsrelevanter Informationen läßt daher keine Komplexitätsreduktion durch die Partialisierung des Bewertungsobjekts erwarten, sondern vielmehr eine „Erhöhung des Genauigkeitsgrads der Wertbestimmung"[181].[182]

Kritisch wird gegenüber bereichsorientierten Unternehmensbewertungen mitunter eingewandt, daß die selbiger innewohnende Zuordnungsproblematik unlösbar sei. So bezeichnet *Moxter* die „Zurechnung des Unternehmensertrages eines [...] Unternehmens auf dessen Einkaufsabteilung, Verkaufsabteilung etc." resignierend als „hoffnungsloses Unterfangen"[183].

---

[176] gefaßt erfolgt. oder: (2) Man [...] einen unsicheren Zahlungsstrom beliebig aufteilen [kann], ohne dabei die Summe der Werte zu verändern." Zum Beweis unter neoklassischen Kapitalmarktbedingungen vgl. *Myers* (1968); *Schall* (1972).
Koller/Goedhart/Wessels (2005), S. 531. Zur Kritik eines Einsatzes des Wertadditivitätstheorems hinsichtlich konzernbezogener Unternehmensbewertungen vgl. bereits *Hachmeister* (1995), S. 103; *Leuthier* (1988), S. 182.

[177] *Kind* (2000), S. 1. Kritisch bezüglich einer bereichsorientierten Unternehmensbewertung *Dirrigl* (2003), S. 147 ff. Vgl. zur Unternehmensbewertung und Komplexitätsreduktion grundlegend *Ballwieser* (1990).

[178] Vgl. bereits *Schneider* (1988), S. 1187.

[179] Vgl. zu einem Überblick hinsichtlich der Unsicherheitstheorie *Neus* (2007), Sp. 1770-1781, m.w.N.

[180] Vgl. *Dirrigl* (2003), S. 147-156; *Dirrigl* (2004b), S. 109-114; *Gleißner/Heyd* (2006), S. 106.

[181] *Dirrigl* (2003), S. 147.

[182] *Dirrigl* (2003), S. 145 fordert diesbezüglich „Anforderungen an Kalküle der Unternehmensbewertung [...] zu formulieren, deren Leitlinie nicht eine weitgehende ‚Komplexitätsreduktion' sei[...]: Nicht ‚Entfeinerung', sondern ‚Verfeinerung' der Bewertungsgrundlagen und ihre Transformation in Bewertungsergebnisse sollte tendenziell den Blickwinkel bestimmen".

[183] *Moxter* (1976b), S. 166 (beide Zitate).

Folglich ist die Gültigkeit des Wertadditivitätstheorems unter realiter vorliegenden Bedingungen anzuzweifeln;[184] hiervon kann grundsätzlich nur ausgegangen werden, wenn zwischen den einzelnen bewerteten Teileinheiten keine Risiko-, Erfolgs- oder Restriktionsverbundeffekte[185] vorlägen, respektive die daraus resultierenden Werteffektive eindeutig ermittel- und zurechenbar wären.[186] Daher darf die Erkenntnis von *Schmalenbach*, dem zufolge der Wert „der einzelnen Teile einer Unternehmung in ihrer Summe nicht den Wert der Unternehmung im ganzen ausmacht"[187], auch vor dem Hintergrund einer bereichsorientierten Unternehmensbewertung nicht in Vergessenheit geraten.[188]

Die fehlende Komplexitätsreduktion und die mangelnde Wertadditivität können als ‚unattraktive' Eigenschaft einer bereichsorientierten Unternehmensbewertung angesehen werden, die eine Beschäftigung mit der Entwicklung einer passenden Bewertungskalkülstruktur als wenig befriedigend erscheinen lassen. Dessen ungeachtet gilt es im folgenden Abschnitt zu untersuchen, wie die Kalkülstruktur der Unternehmensbewertung ausgestaltet sein müßte, um dem Bewertungsobjekt ‚Bereich' gerecht zu werden. Das besondere Augenmerk liegt dabei auf der zweckgerechten Berücksichtigung des detaillierten Informationsstands. Da im ersten Untersuchungskomplex dieser Arbeit die Konzeption eines bereichs- und unternehmenswertorientierten *Controlling* im Vordergrund steht, wird die entsprechende Ausgestaltung der Unternehmensbewertung, die das Fundament für die bereichsorientierte Performancemessung (vgl. Kap. 3, S. 87 ff.) darstellt,[189] aus interner Perspektive vorgenommen.[190]

---

[184] Der empirischen Kapitalmarktforschung ist bis dato ein Nachweis über die Gültigkeit des Wertadditivitätstheorems bei konzernbezogenen Unternehmensbewertungen verwehrt geblieben; aktuell ist der Forschungsstand widersprüchlich, wobei die Ansichten vom vielzitierten „conglomerate discount" von *Berger/Ofek* (1995) bis hin zum „diversification premium" von *Villalonga* (2004) reichen.

[185] Vgl. zu Synergien, deren *Management* sowie *Controlling* statt vieler *Biberacher* (2003). Zu Synergieeffekten beim Unternehmenszusammenschluß und Bestimmung des Umtauschverhältnissen vgl. *Dirrigl* (1990).

[186] Vgl. *Crasselt* (2003), S. 49.

[187] *Schmalenbach* (1962), S. 47.

[188] A.A. etwa *Kind* (2000), S. 182, Fn. 468, der bei der Bewertung kleiner Einheiten eines Unternehmens Wertadditivität mit der zweifelhaften Begründung annimmt, daß „die vorhandene Verbundenheit zwischen einzelnen Segmenten [...] ausgeblendet" werden könnte.

[189] Vgl. *Dirrigl* (2003); *Dirrigl* (1998a); *Poensgen* (1973), S. 201-205; *Rappaport* (1998), S. 117.

[190] Davon abzugrenzen ist eine Unternehmensbewertung für Teileinheiten aus externer Perspektive, wie sie typischerweise bei der Anwendung von *IAS* 36 vorliegt, vgl. Kap. 4.4, S. 246 ff.

2.4 Ausgestaltung der bereichsbezogenen Unternehmensbewertung für interne Zwecke

2.4.1 Grundsätzliche Möglichkeiten und Grenzen einer Ausgestaltung der bereichsbezogenen Unternehmensbewertung

In Abhängigkeit davon, ob und in welchem Umfang vereinfachende Pauschalannahmen, bspw. hinsichtlich der Rendite der Unternehmung, des Planungshorizonts oder der Finanzierungs- und Wiederanlagemöglichkeiten während des Planungshorizonts,[191] getroffen werden sollen, können Unternehmensbewertungen prinzipiell als Partial- oder Totalmodelle ausgestaltet sein.[192] Obwohl die Totalmodelle der Unternehmensbewertung aus entscheidungs- und nutzentheoretischer Sicht zu überzeugen wissen,[193] sind sie für den praktischen Einsatz wegen ihrer Komplexität nahezu ungeeignet[194] und führen deshalb seit jeher – vor allem in der aktuellen Literatur – ein Schattendasein.[195]

Der hohe Bekanntheits- und Verwendungsgrad, den das Ertragswertverfahren und die DCF-Methoden hingegen in der Praxis und auch weiten Teilen der Unternehmensbewertungstheorie erfahren,[196] entspricht der „Aufgabe betriebswirtschaftlicher Theorie [...], nach sinnvollen Vereinfachungen zu suchen"[197].[198] Die mit Pauschalannahmen einhergehende, erhöhte Gefahr einer fehlerhaften Unternehmensbewertung wird dabei offensichtlich geringer eingeschätzt, als die aus der Anwendung kapitalwertorientierter Partialmodelle resultierenden Vorzüge[199].[200]

---

[191] Vgl. *Schneider* (1992), S. 102 zum Kalkulationszinsfuß als vereinfachende Pauschalannahme in der praktischen Investitionsplanung.
[192] Vgl. *Henselmann* (1999), S. 27 ff.
[193] Vgl. grundlegend *Matschke* (1975), S. 80 ff.
[194] Zu einer ausführlicheren, kritischen Würdigung von Totalmodellen der Unternehmensbewertung vgl. etwa *Henselmann* (1999), S. 40-43, m.w.N.
[195] Vgl. zur Entwicklung eines allgemeinen Zustands-Grenzpreismodells *Hering* (1999), S. 181-191, der darin selbstkritisch ein „bloßes Denkmodell" sieht. Dementsprechend ist der Bekanntheits- und Verwendungsgrad dieses Modells in der Unternehmenspraxis verschwindend gering, was durch die Untersuchung von *Brösel/Hautmann* (2007), S. 235 bestätigt wird.
[196] Vgl. *Peemöller/Bömelburg/Denkmann* (1994), S. 743; *Pellens/Rockholtz/Stienemann* (1997), S. 1935; *Pellens/Tomaszewski/Weber* (2000), S. 1827 zu empirischen Untersuchungen hinsichtlich des Verbreitungsgrads bestimmter Unternehmensbewertungsverfahren. Auffällig ist die zunehmende Anwendung der DCF-Verfahren in der Unternehmenspraxis, die jüngst nochmals *Brösel/Hautmann* (2007), S. 235 herausstellen.
[197] *Schneider* (1992), S. 72 (Hervorhebungen im Original).
[198] Deshalb verzichtet die vorstehende Systematisierung der Unternehmensbewertungskalküle bewußt auf Totalmodelle, vgl. Kap. 2.2.1, S. 13 ff.
[199] Vgl. *Henselmann* (1999), S. 43 ff.
[200] A.A. etwa *Löhr* (1994), S. 76, dem zufolge „[e]ine so zustandegekommene Ertragswertrechnung [...] auf unhaltbaren Voraussetzungen [fußt] und [...] daher wenig wert" sei. Zu einer grundlegenden Analyse des Zusammenhangs zwischen Total- und Partialmodell vgl. *Matschke/Brösel* (2006), S. 217-231.

Dieser ‚stillschweigenden Konvention' des dominierenden Teils der Theorie und Praxis soll bei der Konzeption einer bereichsorientierten Unternehmensbewertung gefolgt und der Frage nachgegangen werden, inwiefern eine ertragswert- oder DCF-orientierte Fundierung des Bewertungskalküls aus der Bereichsperspektive geeigneter erscheint.[201]

Dabei stellt die finanzwirtschaftliche Fundierung insofern einen sinnvollen Bezugsrahmen für die bereichsbezogene Unternehmensbewertung dar, als daß ihr ein grundsätzlicher Vorteilhaftigkeitsvergleich zwischen erwarteten, finanziellen Zukunftserfolgen des Unternehmens und dem Einkommensstrom aus einer laufzeit- und risikoadäquaten Alternativanlage innewohnt.[202] Hinsichtlich der konkreten Ausgestaltung dieses Vergleichs muß aber, wie aus Abb. 4, S. 27 ersichtlich wird, zwischen den investitions- und finanzierungstheoretischen Grundlagen differenziert werden.

```
┌─────────────────────────────────────────────────────────────────┐
│   Finanzwirtschaftliche Fundierung der bereichsbezogenen       │
│                    Unternehmensbewertung                        │
└─────────────────────────────────────────────────────────────────┘
              ↙                                    ↘
   ┌──────────────────────┐           ┌──────────────────────┐
   │  Investitionstheorie │           │  Finanzierungstheorie│
   │                      │           │                      │
   │ Ermittlung von       │           │ Ermittlung von       │
   │ Entscheidungs-       │           │ hypothetischen,      │
   │ werten unter         │           │ objektiven Markt-    │
   │ Berücksichtigung     │           │ gleichgewichts-      │
   │ der individuellen    │           │ preisen aus kapital- │
   │ Verhältnisse         │           │ markt-orientierter   │
   │ des Bewertungssubjekts│          │ Perspektive          │
   │         ↓            │           │         ↓            │
   │ leistungswirtschaftlich│         │  marktwertorientiert │
   └──────────┬───────────┘           └──────────┬───────────┘
              ↓                                   ↓
   ┌──────────────────────┐           ┌──────────────────────┐
   │  Ertragswertverfahren │           │    DCF-Methoden      │
   └──────────────────────┘           └──────────────────────┘
```

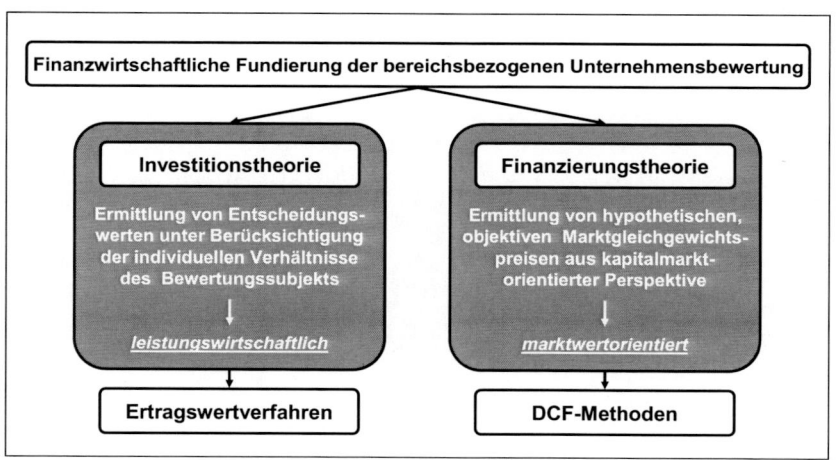

Abb. 4: Finanzwirtschaftliche Fundierung der bereichsbezogenen Unternehmensbewertung[203]

Aufgrund der bereits angesprochenen Unterschiede zwischen dem Ertragswertverfahren und den DCF-Verfahren (vgl. Kap. 2.2.2, S. 15 ff.) als auch den Besonderheiten des Bereichsbezugs (vgl. Kap. 2.3, S. 20 ff.) gilt es in den nächsten Gliederungspunkten vor allem zu untersuchen,[204]

---

[201] Vgl. hierzu *Dirrigl* (2003), S. 146 ff. mit einer Fokussierung auf Fragen der Risikoadjustierung.
[202] Vgl. etwa *Drukarczyk* (2003), S. 136-143. Weitere Bewertungsverfahren werden insofern als ungeeignet für eine bereichsorientierte Unternehmensbewertung erachtet.
[203] Zur generellen Unterteilung der finanzwirtschaftlichen Unternehmensbewertung in investitionstheoretische und finanzierungstheoretische Grundlagen vgl. *Hering* (1999), S. 11-179.
[204] Es existieren bereits zahlreiche vergleichende Analysen von Ertragswertverfahren und den DCF-Methoden, wobei verschiedenste Anwendungsbereiche untersucht wurden: Zu Fragestellungen im

- inwieweit einer für interne Zwecke durchgeführten bereichsorientierten Unternehmensbewertung anhand der ‚klassischen', investitionstheoretischen oder mittels der ‚modernen' finanzierungstheoretischen Fundierung nachgekommen werden kann (Zwecksetzung der bereichsbezogenen Unternehmensbewertung),[205]
- welches „Fehlerpotential"[206] aus der Anwendung der genannten Bewertungskalküle erwächst, wenn infolge der Bereichsorientierung augenscheinlich gegen ihr jeweiliges partialmodellorientiertes Prämissenset verstoßen wird (Prämissenperspektive),[207]
- ob dem bereichsbezogenen Risiko im Rahmen der Bewertung besser durch den Rückgriff auf die individuelle Risikoeinstellungen des Bewertenden oder unter Zuhilfenahme marktmäßig objektivierter Risikoprämien Rechnung getragen wird (Aspekte der Risikoadjustierung)[208] und
- welche praktischen Probleme aus dem bereichsbezogenen Einsatz der Bewertungskalküle erwachsen (Anwendungsprobleme).[209]

2.4.1.1 Interne Zwecksetzung der bereichsbezogenen Unternehmensbewertung

Bereichsorientierte Unternehmensbewertungen weisen im Vergleich zu Wertermittlungen auf den anderen ‚Aggregationsstufen' eines Unternehmens (vgl. Kap. 2.3, S. 20 ff.) keine abweichenden Zwecksetzungen auf.[210] Folglich kann an der Differenzierung zwischen normfreien und entscheidungsorientierten, vermittelnden sowie gesetzlich-normierten Bewertungen (vgl. Kap. 2.1, S. 9 ff.) festgehalten werden.

Rahmen des Beteiligungs*controlling* vgl. z.B. *Dirrigl* (2006), S. 776 ff.; *Dolny* (2003), S. 20-32; *Meier* (2001), S. 81-196; *Schmidbauer* (1998), S. 93-128, jeweils m.w.N. Diskurse bezüglich des wertorientierten *Controlling* finden sich bspw. bei *Dirrigl* (1998b), S. 553 ff.; *Henselmann* (1999), S. 293-295; *Riedl* (2000), S. 224-243, jeweils m.w.N. *Breid* (1994), S. 205 ff. nimmt eine Erörterung auf Ebene der strategischen Geschäftseinheiten vor. Insgesamt kann festgestellt werden, daß die soeben genannten Literaturquellen einen guten Überblick hinsichtlich der vielfältigen Ansichten bezüglich der Eignung der Ertragswertverfahrens und der DCF-Methoden aus unterschiedlichen Betrachtungswinkeln liefern, wobei nach h.M. in der kapitalmarktorientierten Bewertung tendenziell ein ‚Allheilmittel' gesehen wird. Die nachfolgende Analyse unter besonderer Berücksichtigung des Bereichsbezugs ist, abgesehen von *Dirrigl* (2003), S. 147-156 und *Dirrigl* (2004b), S. 109-114, der hauptsächlich Aspekte der Risikoadjustierung thematisiert, noch nicht vorgenommen worden.

[205] Zur investitions- und finanzierungstheoretischen Grundlage des wertorientiertes *Controlling* vgl. *Hering/Vincenti* (2004), S. 345-359.

[206] *Henselmann* (1999), S. 43.

[207] Vgl. zu einer Anwendung von Partialmodellen auf einem unvollkommenen Kapitalmarkt unter Sicherheit *Hering* (2003), S. 245-252 sowie unter Unsicherheit S. 266-296. Speziell zum Problem der Kapitalkosten unter Ungewißheit vgl. *Schneider* (1992), S. 504 ff.

[208] Vgl. hierzu bereits *Dirrigl* (2003), S. 149-153; *Dirrigl* (2004b), S. 109-114; *Gleißner/Heyd* (2006), S. 103-112.

[209] Vgl. bspw. zu Anwendungsproblemen von ß-Faktoren *Timmreck* (2002), S. 300-305.

[210] Vgl. ähnlich *Sieben* (1983), S. 539 ff.

Als Paradebeispiel für bereichsbezogene Unternehmensbewertungen, die gesetzlichen Normierungen unterliegen, gelten die im *Impairment of Assets* gem. *IAS* 36 vorgeschriebenen Barwertberechnungen.[211] Infolge der dort vorgesehenen Objektivierungen und Typisierungen hinsichtlich des Bewertungsobjekts, der Bewertungsverfahren und der Einflußfaktoren der Bewertung ließe sich auch von einer bereichsbezogenen Unternehmensbewertung für externe Zwecke sprechen, wobei mit der externen Zwecksetzung die der Bereitstellung ‚entscheidungsnützlicher' Informationen zur Befriedigung der Informationsbedürfnisse externer Adressaten umschrieben wäre.[212]

Durch den in diesem Unterkapital gewählten Zusatz ‚für interne Zwecke' kommt dagegen zum Ausdruck, daß die Bewertungen ohne rechtliche Vorgaben erfolgen und der Vorbereitung eigener Entscheidungen respektive der Umsetzung des *Value Based Management*[213] auf nachgelagerten Unternehmensebenen sowie dessen Unterstützung durch ein wertorientiertes *Controlling* dienen.[214]

Der wertorientierten Unternehmensführung[215] liegt die Auffassung zugrunde, „daß die Maximierung des Unternehmenswertes das ausschlaggebende Ziel aller Unternehmen sein sollte."[216] Dabei wird der zu maximierende Unternehmenswert gem. h.M. „keineswegs mit einer Börsenkursnotierung gleichgesetzt", sondern „ein fundamentaler Unternehmenswert als Zielgröße"[217] herangezogen. Das in der Literatur und Praxis vorzufindende Begriffsverständnis dieses fundamentalen Unternehmenswerts ist jedoch uneinheitlich.[218]

In der theoretischen Literatur findet sich vorwiegend ein unternehmenswertorientiertes Verständnis der *Shareholder Value*-Maxime,[219] das von *Matschke/Brösel* folgendermaßen konkretisiert wird:

> „Eine Wertsteigerung kann sich nur daraus ergeben, daß der Wert der ausgeführten Aktion (beispielsweise eines Unternehmenserwerbs) über dem dafür zu zahlenden Preis liegt. Sobald aber vorteilhafte Geschäfte existieren und deshalb zwischen einem subjektiven Wert und

---

[211] Vgl. *Dirrigl* (2003), S. 147.
[212] Vgl. zur Unternehmensbewertung in der internationalen Bilanzierung Fn. 77, S. 12.
[213] Zum *Value Based Management* vgl. *Aders et al.* (2003) und dessen praktische Umsetzung *Aders/Hebertinger/Wiedemann* (2003); *Hirsch* (2007).
[214] Insofern ist die Unterscheidung der bereichsorientierten Unternehmensbewertung mit externer und interner Zwecksetzung Ausdruck der Untergliederung der Unternehmensrechnung in externes und internes Rechnungswesen, vgl. Kap. 5.1.1.1, S. 281 ff.
[215] Die Begriffe *Value Based Management, Shareholder Value*-Ansatz und wertorientierte Unternehmensführung sollen nachstehend synonym verwandt werden. Vgl. zu den Grundlagen der wertorientierten Unternehmensführung bspw. *Ballwieser* (2000), m.w.N. sowie zur konkreten Umsetzung in der Praxis etwa *Börsig* (2000); *Esser* (2000); *Krause/Schmidbauer* (2003); *Neubürger* (2000). Kritisch vor allem *Schneider* (1998), S. 1473-1478.
[216] *Copeland/Koller/Murrin* (1998), S. 35.
[217] *Hachmeister* (2000), S. 48 (beide Zitate). Ähnlich *Töpfer/Duchmann* (2005), S. 34 ff.
[218] Vgl. bspw. *Dirrigl* (2006), S. 776, m.w.N.
[219] Vgl. zu einer subjektiven Risikobewertung im Rahmen der Wertsteigerungsanalyse *Dirrigl* (1998b), S. 556 ff.

dem objektiven Marktpreis unterschieden werden muß, ist nicht mehr eine wie auch immer definierte ‚Marktwertmaximierung', sondern vielmehr die Maximierung der absoluten Differenz zwischen (subjektiven) Entscheidungswert und (objektiven) Marktpreis anzustreben."[220]

Daraus folgt, wie von *Henselmann* dargestellt, unweigerlich eine ertragswertorientierte Konkretisierung des *Value Based Management*:

„*Grundsätzlich müßten sich leitende Manager so entscheiden, daß der subjektbezogene Ertragswert des Unternehmens aus Anteilseignersicht maximiert wird. Die Maximierung des Grenzpreises kann auch als Maximierung des subjektbezogenen inneren Werts des Unternehmens aufgefaßt werden.*"[221]

Praxisgeprägte Darstellungen gelangen hingegen häufig zu der Auffassung, die wertorientierte Unternehmensführung bedürfe einer ‚kapitalmarktorientierten' Perspektive, die durch einen Vorteilhaftigkeitsvergleich auf Basis eines mit dem *Capital Asset Pricing Model*[222] (CAPM) ermittelten Kalkulationszinssatzes angestrebt wird.[223] Charakteristisch für diese Vorgehensweise ist die Abkehr vom individuellen Entscheidungsfeld und investorspezifischen Zielsystem, die durch typisierende respektive marktlich objektivierte Entscheidungsfelder und Nutzenfunktionen ersetzt werden.[224]

Das Bestreben einer „Ermittlung von marktorientierten Entscheidungswerten"[225] erscheint aber bereits auf Gesamtunternehmensebene fragwürdig.[226] So sind die finanzierungstheoretischen Erklärungsmodelle der Gleichgewichtstheorie eigentlich darauf ausgerichtet, einen hypothetischen, objektiven Marktgleichgewichtspreis zu ermitteln.[227] Sie liefern also „keine subjektive Größe [, die zur Entscheidungsunterstützung unter realen Bedingungen herangezogen werden könnte], sondern das objektive Resultat einer durch den Markt gleichsam automatisch ausgeführten Bewertungsprozedur."[228]

Insofern ist zu bemängeln, daß es bei ‚kapitalmarktorientierten' Bewertungen einerseits zu einer unvermeidlichen Vermischung von Wert und Preis eines Unter-

---

[220] *Matschke/Brösel* (2005), S. 31 (Hervorhebungen im Original).
[221] *Henselmann* (1999), S. 293.
[222] Vgl. grundlegend zum CAPM *Markowitz* (1952); *Sharpe* (1964); *Lintner* (1965); *Mossin* (1966). Zur allgemeinen Darstellung und kritischen Diskussion vgl. nur *Schneider* (1992), S. 511 ff.; *Schneider* (1995b), S. 45-56.
[223] Vgl. kritisch auch *Hering/Vincenti* (2004), S. 346.
[224] Vgl. *Breid* (1994), S. 63.
[225] *Mandl/Rabel* (2005b), S. 86. Deutlich differenzierter analysieren hingegen *Mandl/Rabel* (1997), S. 18-21, ob es sich bei Marktwerten überhaupt um Entscheidungswerte handeln könnte.
[226] Vgl. *Casey* (2006), S. 194 ff.; *Hering* (1999), 153-169; *Hering* (2003), S. 283-296; *Hering/Vincenti* (2004), S. 345-354; *Schneider* (1998), S. 1473-1478.
[227] Vgl. *Hering/Vincenti* (2004), S. 344.
[228] *Hering* (1999), S. 100. Vorbehalte, ein Erklärungsmodell als Entscheidungsmodell einzusetzen, finden sich etwa auch bei *Perridon/Steiner* (2002), S. 513.

nehmens käme[229] und andererseits das zu bewertende Objekt schon im Marktportefeuille, das schließlich alle denkbaren Investitionsmöglichkeiten umfaßt, enthalten sein müsse,[230] was *per definitionem* zu einem „CAPM-Kapitalwert"[231] i.H.v. null führte.[232]
Vor diesem Hintergrund muß das Bemühen, anhand von marktlich objektivierten Bewertungskalkülen eine Operationalisierung des *Shareholder Value*-Ansatzes durch bereichsbezogene Unternehmenswerte herbeizuführen, grundsätzlich kritisch hinterfragt werden.[233] Dabei ist auf Bereichsebene ergänzend der Bedeutungsverlust zu beachten, den die prägenden Charakteristika DCF-orientierter Bewertungen im Vergleich zur Gesamunternehmensebene erlangen, wie *Breid* ausführt:

> *„Während [...] auf Unternehmensebene der Finanzierungsaspekt und die kapitalmarktorientierte Beurteilung des Wertbeitrags der Zentrale im Vordergrund stehen, wird mit der Abbildung der Produkt-Markt-Potentiale der Bereiche in erster Linie einer ertragswertorientierte Verhaltenssteuerung der verantwortlichen Entscheidungsträger angestrebt"*[234]

Folglich liegt der Schluß nahe, daß der Zwecksetzung, den subjektbezogenen inneren Wert eines Unternehmens zu maximieren, eher durch eine ertragswertorientierte Konkretisierung als anhand einer DCF-orientierten Ausgestaltung des Bewertungskalküls nachzukommen ist.

2.4.1.2 Prämissenperspektive

Sowohl das ‚Standard'-Ertragswertverfahren[235] als auch das den DCF-Verfahren üblicherweise zugrundeliegende CAPM[236] weisen eine Reihe restriktiver, hauptsächlich die Vollkommenheit des Kapitalmarkts[237] betreffende, Annahmen auf (vgl. Abb. 5, S. 32):

---

[229] Vgl. *Casey* (2006), S. 195; *Hering* (1999), S. 93.
[230] Vgl. *Schneider* (1997), S. 232.
[231] *Hering/Vincenti* (2004), S. 347.
[232] Vgl. *Hering* (1999), S. 121; *Hering* (2003), S. 292; ähnlich *Casey* (2006), S. 195 f.; *Schneider* (1997), S. 233 f., m.w.N.; *Schneider* (1998), S. 1475.
[233] Vgl. nur *Schneider* (1998), S. 1473-1478.
[234] *Breid* (1994), S. 205.
[235] Vgl. zu einigen, im Vergleich zu den Totalmodellen durchaus praktikablen, Erweiterungen des Bewertungskalküls bei pauschalen und differenzierten Alternativbedingungen *Dirrigl* (1988), S. 251-279.
[236] Vgl. *Drukarczyk* (1998), S. 263 zu der Ansicht, daß das CAPM kein konstitutives Merkmal der DCF-Verfahren darstelle. A.A. wohl bspw. *Ballwieser/Coenenberg/Schultze* (2002), Sp. 2420.
[237] Zur Vollkommenheit des Kapitalmarkts vgl. *Schmidt/Terberger* (1997), S. 90 ff.

Diese Prämissen sind auf den Märkten für Unternehmensanteile, trotz gewisser Tendenzen zur Vervollkommnung auf den Finanzmärkten,[238] gemeinhin nicht erfüllt. Die Unvollkommenheiten lassen sich durch folgende Merkmale charakterisieren:[239]

- Soll- und Habenzinssätze stimmen nicht überein, so daß heterogene Zinssatzbedingungen vorliegen.
- Es können unterschiedlich rentable Kapitalverwendungsmöglichkeiten beobachtet werden, womit die Vergütung für die Kapitalüberlassung uneinheitlich ist.
- Die Vergütung für die Kapitalaufnahme variiert in Abhängigkeit von verschiedenen Finanzierungsobjekten.

Grundlegende Annahmen der finanzwirtschaftlichen Unternehmensbewertungsmodelle

Ertragswertverfahren
- Vollkommene Markttransparenz und bei börsennotierten Werten auch vollständige Informationseffizienz
- Homogene Erwartungen der Marktteilnehmer, die als Mengenanpasser rational handelnde Nutzenmaximierer sind
- keine Marktzutrittsbeschränkungen
- Nichtexistenz von Informations- sowie Transaktionskosten und Steuern
- Beliebige Kapitalaufnahme und -anlage zum Marktzinssatz

DCF-Verfahren

CAPM
- Risikoaverse Investoren, die den Risikonutzen ihres Vermögens am Ende der Planungsperiode maximieren (implizites Einperioden-Modell)
- Orientierung an Erwartungswert und Standardabweichung
- Homogene Erwartungen der Anleger
- Risikolose Kapitalaufnahme und -anlagemöglichkeit
- Keine Friktionen oder Unvollkommenheiten sowie Informationseffizienz

MM
- Vollkommenheit, Vollständigkeit des Marktes, Vollständigkeit des Wettbewerbs
- Gleiche Konditionen für private und unternehmerische Verschuldung
- Indifferenz der Anleger zwischen privater Verschuldung und Beteiligung an einem verschuldeten Unternehmen
- Gleiche steuerliche Behandlung von Eigen- und Fremdkapital
- Unabhängigkeit des Fremdkapitalzinssatzes von der Kapitalstruktur, keine Illiquiditätsgefahren oder Insolvenzkosten

Abb. 5: Grundlegende Annahmen der finanzwirtschaftlichen Unternehmensbewertungsmodelle im Vergleich[240]

---

[238] Vgl. *Süchting* (1988), S. 145-158.
[239] Vgl. *Dirrigl* (1988), S. 231.
[240] In Anlehnung an *Schmidbauer* (1998), S. 95 ff. sowie *Hering* (1999), S. 111.

Diese Unvollkommenheiten werden in den Bewertungskalkülen insoweit berücksichtigt, als daß die aus der Unternehmung zufließenden Erfolge mit dem internen Zinsfuß der besten alternativen möglichen Kapitalanlage diskontiert werden.[241] Ansonsten „behilft man sich, indem man sich einfach ‚taub stellt' und so tut, als fände die Bewertung vor dem Hintergrund eines vollkommenen Kapitalmarktes statt."[242] Der daraus resultierende Bewertungsfehler erscheint ‚akzeptabel', da sich „[a]uch bei Unvollkommenheit des Kapitalmarkts [...] die Vorteilhaftigkeit eines Objekts im Vorzeichen des Kapitalwerts wider[spiegelt]"[243], so daß zumindest die ‚Indikatorqualität' des Bewertungsergebnisses gewahrt bleibt.

Eine tiefergehende Analyse und Quantifizierung der zu erwartenden Abweichungen vom ‚richtigen' Bewertungsergebnis ist strenggenommen nicht möglich, wie *Bretzke* zutreffend ausführt:

> „Man kann darüber streiten, welches der dargestellten Modelle aufgrund seiner spezifischen Prämissen im Anwendungsfalle voraussichtlich den geringsten „Fehler" erzeugen würde – eindeutig entscheiden kann man diese Frage nicht, da der „Fehler", definiert als Abweichung des jeweils errechneten Ergebnisses von dem bei Anwendung eines theoretisch richtigen (problemstruktur-konformen) Bewertungsmodells ermittelten Ergebnis in Ermangelung eines absolut richtigen Modelles nicht gemessen werden kann."[244]

Einer Untersuchung aus der Prämissenperspektive sind insoweit enge Grenzen gesetzt.

Allerdings ist zu konstatieren, daß eine Anwendung von DCF-Verfahren im Gegensatz zum Ertragswertverfahren nicht nur bestimmte Voraussetzungen auf dem Kapitalmarkt impliziert, sondern noch ‚einen Schritt weitergeht' und die Gültigkeit der Prämissen des *Modigliani/Miller*(MM)-Modells[245] unterstellt (vgl. Abb. 5, S, 32).[246] Hieran könnte aus Sicht einer Prämissenkritik folgendes bemängelt werden: Erstens bedingt diese Unterstellung im Vergleich zu einer ertragswertorientierten Fundierung des Bewertungskalküls eine Vervielfältigung der Anzahl restriktiver, stark idealisierender Prämissen. Zweitens erweisen sich die Annahmen von MM und des CAPM, die als grundlegende Modellbausteine der DCF-Bewertungslogik

---

[241] Der Vorschlag, die unterschiedlich rentierlichen Kapitalverwendungsmöglichkeiten auf diesem Wege zu berücksichtigen, geht auf *Münstermann* (1966), S. 74 zurück.
[242] *Löhr* (1994), S. 57.
[243] Vgl. zur Begründung im Rahmen der Herleitung endogener Grenzzinsfüße auf einem unvollkommenen Kapitalmarkt unter Unsicherheit *Hering* (2003), S. 153.
[244] *Bretzke* (1975), S. 65 bezüglich einer vergleichenden Analyse von Barwertkalkülen mit dem *Capital-Budeting*-Modell.
[245] Vgl. *Modigliani/Miller* (1958) sowie *Modigliani/Miller* (1963) zur sog. Irrelevanzthese, nach der der Marktwert eines Unternehmens unter bestimmten Voraussetzungen unabhängig vom Verschuldungsgrad ist. Vgl. zur Diskussion statt vieler *Schneider* (1992), S. 552-555.
[246] *Hering* (1999), S. 116 bezeichnet die von *Modigliani/Miller* hergeleiteten Formeln zutreffend als „Herzstück der kapitalmarkttheoretischen Unternehmensbewertung".

anzusehen sind, bezüglich der Präferenzen des Bewertungssubjekts, des Planungshorizonts[247] sowie der Steuerberücksichtigung[248] als inkompatibel zueinander (vgl. Abb. 6, S. 35):[249]

Da gerade das Bewertungsobjekt ‚Bereich', als Teileinheit eines Unternehmens, besonders weit entfernt von den theoretischen Idealen eines vollkommenen Marktes sowie der MM-Welt liegt,[250] fällt es äußerst schwer, sich der Vermutung zu erwehren, eine Bewertungskonzeption mit einem vergleichsweise weniger restriktiven und daher realistischerem Prämissenset erwiese sich als vorteilhaft. Demnach wäre davon auszugehen, daß ein zunehmender Verstoß gegen die zugrundeliegenden Annahmen zu einer ‚fehlerhafteren' Bewertung führte. In diesem Sinne wiese dann das Ertragswertverfahren ein geringeres ‚Fehlerpotential' auf.

---

[247] Vgl. zu einer Vorstellung und kritischen Analyse verschiedener mehrperiodiger Erweiterungen des CAPM nur *Röder/Müller* (2001), S. 225 ff. mit dem ernüchternden Ergebnis, daß „häufig zu restriktive und damit realitätsferne Prämissen gesetzt [werden und] [d]ie auf Basis dieser Verfahren ermittelten Investitionswerte […] daher nur als Richtgrößen" dienen können.

[248] Bei Verwendung des sog. TAX CAPM nach *Brennan* (1970), S. 417-427 respektive dessen Anpassungen von *Wiese* (2004) für das in Deutschland gültige Steuersystem, die in den aktuellen Verlautbarungen des *IDW* (2005a), S. 1321 zur Unternehmensbewertung propagiert werden, vermindern sich die Inkompatibilitäten der DCF-Bausteine hinsichtlich der Steuerberücksichtigung. Zu aktuellen und umfangreichen Beschreibungen und Darstellungen des TAX CAPM vgl. *Großfeld/Stöver/Tönnes* (2005), S. 2-13; *Jonas/Löffler/Wiese* (2004), S. 898-906; *Peemöller/Beckmann/Meitner* (2005), S. 90-96; *Schmitt/Dausend* (2006), S. 233-242; *Wagner et al.* (2004), S. 892-894 und S. 896-898; *Wagner et al. (2006)*, S. 1005-1023; *Wiese* (2005), S. 617-623, jeweils m.w.N.
Zum TAX-CAPM im Mehrperiodenkontext vgl. *Mai* (2006), S. 1225-1253; *Wiese* (2006), S. 242-248; *Wiese* (2007a), S. 116-120.
Kritisch vor allem *Knoll/Wenger* (2005), S. 241 und S. 257; *Rapp/Schwetzler* (2007), S. 108-116; *Schwetzler* (2005), S. 601-617.
Letzen Endes muß trotz der vorstehenden Bemühungen, die Wirkungen der Besteuerung vollständig in das CAPM zu integrieren, mit *Hommel/Dehmel/Pauly* (2005), S. 18 betont werden, daß „[d]ie Anpassung des CAPM an nationale steuerliche Besonderheiten enge Grenzen gesetzt sind. Die damit verbundenen Umsetzungsschwierigkeiten verdeutlichen zugleich den engen Modellrahmen, innerhalb dessen sich das CAPM bewegt. Es ist in seiner Grundkonzeption nicht auf die Bewertung mehrperiodiger Zahlungsströme in einem unvollkommenen und unvollständigen Kapitalmarkt ausgerichtet. Damit verläßt der Anwender mit jeder Anpassung (zunächst) den engen Modellrahmen und gelangt damit zwangsläufig zu theoretisch fragwürdigen bzw. angreifbaren Ergebnissen. Zudem erfordert die Angleichung des Modells an die reale Welt zahlreiche Annahmen und Schätzungen, die den vermeintlichen Objektivierungsvorteil des CAPM in Frage stellen. Der praktische Zugewinn, der sich für die Unternehmensbewertung aus der Anwendung des Nach-Steuer-CAPM gewinnen läßt, ist (derzeit noch) bescheiden."

[249] Zur Unvereinbarkeit der Prämissen der DCF-Modellbausteine vgl. *Hering* (1999), S. 177-179; *Hering* (2000), S. 445-447; *Hering/Olbrich* (2004), S. 712 sowie *Hering/Vincenti* (2004), S. 351. *A.A. Schmidt/Terberger* (1997), S. 370 ff.

[250] Gleiches gilt für kleinere und mittlere Unternehmen, die nicht börsengehandelt sind.

Grundlegende DCF-Modellbausteine

Annahmen bezüglich	MM	CAPM
Präferenzen	Risikounterschiede nicht meßbar; Indifferenz zwischen privater Verschuldung und Beteiligung an einem verschuldeten Unternehmen	risikoscheu
Planungshorizont	unendlich	einperiodig
Individuelle Steuerberücksichtigung	ja	nein

Abb. 6: Unvereinbarkeit der grundlegenden Prämissen der DCF-Modellbausteine[251]

2.4.1.3 Aspekte der Risikoadjustierung

Als großer Vorteil einer Verwendung des Risikokonzepts des CAPM[252] gilt in weiten Teilen der Literatur und Praxis die durch den Markt objektivierte Risikoeinstellung,[253] womit „Risiken in Form von Risikoprämien quantitativ und intersubjektiv nachvollziehbar zu erfassen"[254] seien.[255] Hierfür bedarf es neben des risikolosen Zinssatzes (r_f) und der erwarteten Marktrendite (r_M) bzw. der erwarteten Marktrisikoprämie (r_M-r_f), die am Kapitalmarkt beobachtet werden können,[256] ‚lediglich' der Berechnung des sog. Betafaktors ($ß_j$). Letzterer mißt die Volatilität zwischen dem betrachteten Wertpapier und dem Marktportefeuille, was im CAPM als marktbezogenes Risiko verstanden wird. Dessen Berechnung erfolgt über das Verhältnis von Kovarianz der Renditeerwartung der Wertpapiere des betrachteten Unternehmens mit der Renditeerwartung des Marktportefeuilles (cov(r_j;r_M)) und der Varianz der erwarteten Rendite des Marktportefeuilles (var(r_M)):

$$(2.1) \qquad \beta_j = \frac{\text{cov}(r_j;r_M)}{\text{var}(r_M)} = \frac{\sigma_j \sigma_M \rho_{jM}}{\sigma_M^2}$$

---

[251] In Anlehnung an *Hering* (2000), S. 445.
[252] Die Ausführungen gelten ebenso bei Anwendung des TAX-CAPM, vgl. zu letzterem Fn. 248, S. 34.
[253] Vgl. bspw. *Richter* (1996), S. 104; *Schmidbauer* (1998), S. 128, jeweils m.w.N.
[254] *Günther* (1997), S. 169.
[255] Zu weiteren Vorteilen vgl. *Ballwieser* (2007a), S. 93 ff., der im CAPM „eine handliche Bestimmungsgleichung für den Risikozuschlag" sieht.
[256] Vgl. hierzu insbesondere die ‚aktuellen' empirischen Untersuchungen von *Stehle* (2004), S. 906-927.

Der wertpapierspezifische Risikozuschlag, der im CAPM zur Erklärung der erwarteten Rendite eines Wertpapiers (r_j) im Kapitalmarktgleichgewicht auf den risikolosen Zinssatz erfolgt, ergibt sich aus der Multiplikation des unternehmensbezogenen Betafaktors und der Marktrisikoprämie:[257]

(2.2) $$r_j = r_f + \beta_j \cdot (r_M - r_f)$$

Die Risikoprämie bezieht sich dabei auf das sog. systematische Risiko, das ein rationaler Investor gem. der Logik des CAPM nicht ‚wegdiversifizieren' kann, wohingegen, das unsystematische, verstanden als unternehmensindividuelles, Risiko nach Formel (2.2) nicht entgolten wird.

Abgesehen von den grundsätzlichen theoretischen Bedenken,[258] die sich einerseits auf die Übertragung von Vergangenheitsdaten auf zukünftige Betafaktoren und Renditeerwartungen für das Marktportefeuille, ohne daß eine empirische Gesetzmäßigkeit[259] vorläge,[260] und andererseits auf die Fragwürdigkeit der Risikozuschlagsmethode im Rahmen der Unternehmensbewertung beziehen[261], erscheinen insbesondere zwei Aspekte im Zusammenhang eines Einsatzes des CAPM bei einer bereichsbezogenen Unternehmensbewertung problematisch:

- die Unterscheidung zwischen systematischen und unsystematischen Risiko[262] sowie
- etwaige Informationsvorsprünge des Bewertenden gegenüber dem Kapitalmarkt.[263]

---

[257] Vgl. zu einer graphischen Abbildung des linearen Zusammenhangs zwischen Rendite und Risiko der Eigenkapitalkosten etwa *Süchting* (1995), S. 375, wohingegen es nach *Schneider* (1992), S. 556 ff. unter Berücksichtigung von Konkursrisiken auch zu einem U-förmigen Verlauf der Eigenkapitalkosten kommen kann. Ähnlich *Elschen* (1993) oder *Beyer* (2000).

[258] Gem. *Schneider* (1995b), S. 54; *Schneider* (1997), S. 232 „Beta-Kokolores".

[259] Empirische Untersuchungen, vgl. vor allem *Fama/French* (1992) sowie zu einem Überblick *Zimmermann* (1997), bezüglich des Erklärungsgehalts der CAPM ergeben regelmäßig, daß die für eine Anwendung in der Unternehmensbewertung erforderliche Stabilität von Betafaktoren nicht vorliegt.

[260] *Schneider* (1995a), S. 11; *Schneider* (1995b), S. 55; *Schneider* (1998), S. 1478 führt aus, daß „[d]er Glaube, aus arithmetischen Mitteln früherer Börsenrenditen und deren Streuungen ließen sich für die Zukunft verläßliche Risikozuschläge zum gegenwärtigen risikolosen Zinssatz rechtfertigen, ist ein Aberglaube; denn hier wird unterstellt, aus Nichtwissen über Gesetzmäßigkeiten, die Vergangenes und Künftiges ursächlich verbinden, könne Wissen über Künftiges entstehen, das auch noch den strengen mathematischen Anforderungen der Zufallsabhängigkeit genügt und zudem von allen Marktteilnehmern rational und gleichartig erwartet wird." Ähnlich *Schmidbauer* (2000), S. 157.

[261] *Schneider* (1992), S. 520 ff., dem zufolge „die Risikozuschlagsmethode [...], wenn überhaupt, nur dann einen Sinn [hat], falls jemand ein Sicherheitsäquivalent nicht nennen (seine Risikoneigung also nicht quantifizieren) kann" (Hervorhebungen im Original); *Schneider* (1998), S. 1477. Zur Plausibilität von Risikozuschlägen vgl. jüngst *Knoll* (2007), S. 1053-1058.

[262] Vgl. *Baetge/Krause* (1994), S. 454; *Ballwieser* (2007a), S. 95; *Breid* (1994), S. 119; *Gleißner* (2005a), S. 18; *Gleißner* (2005c), S. 218; *Madrian/Auerbach* (2004), S. 393 ff.; *Madrian/Schulte* (2004), S. 327; *Schildbach* (1998), S. 309; *Schneider* (1998), S. 54 ff.; *Schultze* (2003), S. 279.

Die für die Vernachlässigung des unsystematischen Risikos notwendige vollständige Diversifikation des Bewertenden stellt einen theoretischen Grenzfall dar,[264] der bestenfalls auf Finanzmärkten,[265] gegebenenfalls auf Gesamtunternehmensebene, aber keinesfalls auf Bereichsebene erfüllt ist.[266]
Weil nun aber das bereichsbezogene Risiko sowohl systematische als auch unsystematische Komponenten, nämlich unvorhersehbare, außergewöhnliche Entwicklungen, die nur den einzelnen Bereich und nicht den gesamten Markt risikobehafteter Anlagemöglichkeiten betreffen,[267] beinhaltet, droht bei einer Anwendung der Risikokonzeption des CAPM im Bewertungskalkül eine unvollständige Erfassung des Bereichsrisikos,[268] was zwangsläufig in Fehlbewertungen münden muß.[269]

Daneben ist davon auszugehen, daß der Kapitalmarkt üblicherweise einen „fehlende[n] Informationszugang"[270] zu detaillierten Informationen über das Bereichsrisiko aufweist, da Bereiche infolge ihrer geringen ‚Aggregationsebene' keine Kapitalmarktkommunikation betreiben. Hierdurch liegt bei einer bereichsbezogenen Unternehmensbewertung aus der internen Perspektive ein Informationsvorsprung, vorbehaltlich von Aspekten der Informationseffizienz,[271] gegenüber dem Kapitalmarkt vor.[272] Insofern scheint es „sinnvoller anzunehmen, daß das Unternehmen selbst seine Risikosituation besser einschätzen kann als der Kapitalmarkt"[273] und dementsprechend „der Verwendung unternehmensinterner Information[en] über den Risikoumfang der Vorzug zu geben [ist] gegenüber der Risikowahrnehmung auf dem Kapitalmarkt."[274]

Bei einer ertragswertorientierten Fundierung des Bewertungskalküls erfolgt die Risikoadjustierung unter Rückgriff auf die subjektive Risikoeinstellung des Bewertenden. Zur formalen Repräsentation der individuellen Risikopräferenz wird in der Entscheidungstheorie[275] regelmäßig auf das *Bernoulli*-Prinzip[276] zurückgegriffen,[277]

---

[263] *Dirrigl* (2003), S. 145 ff.; *Gleißner* (2005b), S. 48; *Gleißner* (2005c), S. 228.
[264] Vgl. *Madrian/Auerbach* (2004), S. 393.
[265] Diesbezüglich spricht *Schneider* (1995b), S. 54 ff.; *Schneider* (1997), S. 232 von „Traumtänzerei".
[266] Vgl. *Breid* (1994), S. 119.
[267] Vgl. *Baetge/Krause* (1994), S. 454 im Hinblick auf die Gesamtunternehmensebene.
[268] Vgl. *Gleißner* (2005c), S. 220.
[269] Vgl. *Madrian/Auerbach* (2004), S. 394, m.w.N.
[270] *Dirrigl* (2003), S. 147.
[271] Vgl. grundlegend zur Informationseffizienz auf Kapitalmärkten *Fama* (1970), S. 383-417.
[272] Vgl. *Gleißner* (2005c), S. 228.
[273] *Gleißner* (2005b), S. 48. Ähnlich *Gleißner/Heyd* (2006), S. 106.
[274] *Gleißner* (2005c), S. 228. Ähnlich *Gleißner/Heyd* (2006), S. 106.
[275] Vgl. zu einem Überblick hinsichtlich der normativen Entscheidungstheorie *Bamberg* (2007), Sp. 383-394, m.w.N.
[276] Das *Bernoulli*-Prinzip geht auf die Überlegungen von *Bernoulli* aus dem Jahr 1738 zur Lösung des St. Petersburger Paradoxon zurück und wurde durch *Ramsey* (1931) sowie *von Neumann/Morgenstern* (1947) axiomatisch begründet. Vgl. statt vieler *Schneeweiß* (1967), S. 61 ff., m.w.N. zu diesem Axiomenset (Beschränkungsprinzip, Dominanzprinzip, Rangordnungsprinzip, Stetigkeitsprinzip und Unabhängigkeitsprinzip).

das auf den Erwartungswert des Risikonutzens ($\mu[u(\tilde{C}F)]$)[278] ausgerichtet ist. Das bewertungsrelevante Sicherheitsäquivalent ($SÄ(\tilde{C}F)$), verstanden als der sichere Ausschüttungsbetrag, der den gleichen Nutzen stiftet wie die betreffende Wahrscheinlichkeitsverteilung der unsicherheitsbehafteten möglichen Ausschüttungsbeträge,[279] ergibt sich demnach als:[280]

(2.3) $\quad SÄ(\tilde{C}F) = u^{-1}\mu[u(\tilde{C}F)]$

So ermittelte Sicherheitsäquivalente von unsicheren Unternehmenserfolgen können auf unterschiedliche Weise zu Grenzpreisen verdichtet werden.[281] Die Diskontierung periodenbezogener Sicherheitsäquivalente mit dem risikofreien Zinssatz (r_t^f)[282] erscheint „realitätsgerecht"[283], wobei sich unter der Annahme stochastisch unabhängiger Verteilungen[284] des Unternehmenserfolgs folgende Bewertungsgleichung ergibt:[285]

(2.4) $\quad EW_t = \sum\limits_{\tau=t+1}^{\infty} \dfrac{SÄ[\tilde{CF}_\tau]}{\prod\limits_{m=1}^{\tau}(1+r_{t+m}^f)}$

---

[277] Obwohl etwa *Drukarczyk* (1975), S. 98-117; *Schauenberg* (1985), S. 284-289; *Eisenführ/Weber* (1999), S. 35-375, jeweils m.w.N. zeigen, daß zahlreiche empirische Tests die Voraussetzungen des *Bernoulli*-Prinzips in Frage stellen, gehen weite Teile der ökonomischen Forschung fortlaufend von diesem Prinzip aus. Ursächlich hierfür sind die einfache mathematische Handhabbarkeit sowie die Modulationsmöglichkeit verschiedenster Verhaltensweisen bei Risiko. So stellt auch bspw. *Ballwieser* (2007a), S. 66 pragmatisch fest, „[h]ier wie anderswo wird an der *Bernoulli*-Theorie festgehalten, weil überlegenere Konzepte bisher nicht erfunden wurden."
[278] Die Unsicherheit bezüglich der bewertungsrelevanten Erfolgsgrößen wird formal durch das Symbol der Tilde ausgedrückt.
[279] Vgl. z.B. *Bamberg/Coenenberg* (2006), S. 88, m.w.N.
[280] Vgl. *Ballwieser* (2007a), S. 68 f. mit Verweis auf *Schneeweiß* (1967) sowie *Casey* (2000), S. 26, Fn. 86 zu dem Hinweis, daß es sich beim Sicherheitsäquivalent, nicht wie literaturüblich angenommen, um einen nutzenäquivalenten Kaufpreis handelte. Diesbezüglich auch schon *Bretzke* (1975), S. 221.
[281] Vgl. grundsätzlich etwa *Drukarczyk/Schüler* (2007), S. 63 ff., m.w.N.
[282] Zu Komponenten und Ermittlungsproblemen des Kalkulationszinsfußes vgl. vor allem *Ballwieser* (2002d), S. 736-743, m.w.N.
[283] *Ballwieser* (2007a), S. 72.
[284] Stochastische Unabhängigkeit bedeutet, daß das Eintreten der Verteilung im Zeitpunkt t unabhängig von Ereignissen der Vorperiode(n) ist, ihr Wert zum Zeitpunkt t-1 ‚zustandsunabhängig' ist. Vgl. insbesondere *Schwetzler* (2000a), S. 474 f.; *Schwetzler* (2000b), S. 483 ff., jeweils m.w.N.
[285] Von einer genaueren Notation, etwa im Hinblick auf die Zustandsvariablen, von denen die *Cashflows* abhängen, oder den Informationsstand, unter dem die Prognose der *Cashflows* erfolgt, wird literaturüblich abgesehen. Vgl. etwa *Dinstuhl* (2002), *Richter* (1996), *Schultze* (2003) zu ähnlichen einfachen Schreibweisen. Ausführlicher bspw. *Kruschwitz/Löffler* (2005), S. 10 ff., die bedingte Erwartungen explizit in ihrer Notation berücksichtigen.

Sofern der Ertragswert (EW_t) für den Zeitpunkt $t=0$ bestimmt werden soll, folgt aus Gleichung (2.4), S. 38 im Fall eines zeitinvarianten risikolosen Zinssatzes:

(2.5) $$EW_0 = \sum_{t=1}^{\infty} \frac{SÄ[\widetilde{CF}_t]}{(1+r^f)^t}$$

In jüngerer Vergangenheit ist die Diskussion zur theoretischen Fundierung einer Unternehmensbewertung anhand von periodenbezogenen Sicherheitsäquivalenten neu[286] entfacht worden.[287] Auslöser ist die Ansicht von *Kürsten*,[288] wonach die Sicherheitsäquivalentmethode theoretisch nicht legitimiert sei, da sie nur aus einem multiattributiven Nutzenkalkül[289] deduziert werden könne, falls der Bewertende risikoneutral sei;[290] in diesem Fall wäre eine Bestimmung von Sicherheitsäquivalenten freilich hinfällig.[291] *Diedrich*[292] und *Wiese*[293] versuchen die Argumentation von *Kürsten* zu entkräften, indem sie eine risikofreie Anlage- und Verschuldungsmöglichkeit in das betrachtete Prämissenset inkorporieren, was wiederum *Kürsten*[294] sowie *Bamberg/Dorfleitner/Krapp*[295] für nicht zutreffend erachten.

Eine abschließende Analyse dieses Problemkomplexes ist vorerst weder in Sicht, noch aufgrund seiner Historie zu erwarten. Sollte die Kritik von *Kürsten* jedoch zutreffend sein, bedeutete dies nicht nur das von *Schwetzler* beklagte „Ende des Ertragswertverfahrens"[296], sondern es geriete die gesamte Investitionstheorie ins Wanken und es stellte sich daraus die Frage, was die Alternative sein soll.[297] Deshalb wird nachstehend eine Unternehmenswertermittlung durch die Summierung diskontierter periodenbezogener Sicherheitsäquivalente gem. Bewertungs-

---

[286] Vgl. zu einem Überblick hinsichtlich der von Mitte der 70er bis Anfang der 80er Jahre anhaltenden Diskussion *Bitz* (1998), S. 916 ff., m.w.N.
[287] Vgl. zur aktuellen Diskussion *Bamberg/Dorfleitner/Krapp* (2004); *Bamberg/Dorfleitner/Krapp* (2006); *Diedrich* (2003); *Kruschwitz/Löffler* (2003c); *Kürsten* (2002); *Kürsten* (2003); *Laitenberger* (2004); *Reichling/Spengler/Vogt* (2006); *Schwetzler* (2000a); *Schwetzler* (2000b); *Schwetzler* (2002); *Wiese* (2003); *Wilhelm* (2005).
[288] *Kürsten* (2002).
[289] Ein solches soll notwendig werden, weil das ‚klassische' *Bernoulli*-Prinzip nur für eine ‚zeitlose' Risikokompensation einzusetzen sei, während für die Abbildung von Risikopräferenzen im Rahmen von Unternehmensbewertungen ein mehrere Perioden umfassender Betrachtungszeitraum typisch ist.
[290] Vgl. bereits insbesondere *Sieben/Schildbach* (1994), S. 69-71; *Schildbach* (1996).
[291] Nach *Kürsten* (2002), S. 141 f. kann „[d]ie Sicherheitsäquivalentmethode [...] bestenfalls für risikoneutrale Wirtschaftssubjekte Anwendung finden, genau jene Klientel, für die sich die Frage nach einem individualistischen Bewertungskalkül nicht mehr stellt, deren (nicht-risikoaverses) Entscheidungsverhalten einer Beschreibung über Sicherheitsäquivalente gar nicht bedarf" (Hervorhebungen im Original).
[292] Vgl. *Diedrich* (2003).
[293] Vgl. *Wiese* (2003).
[294] Vgl. *Kürsten* (2003).
[295] Vgl. *Bamberg/Dorfleitner/Krapp* (2006).
[296] *Schwetzler* (2002), S. 145.
[297] Vgl. *Ballwieser* (2007a), S. 78 mit Verweis auf *Schwetzler* (2002), S. 149.

gleichung (2.4), S. 38 beibehalten, zumal sich bei einer Verwendung dieser Kalkülstruktur auf der Bereichsebene keine zusätzlichen Problemfelder ergeben. Der bereits angesprochene Informationsvorsprung kann mittels einer individuellen Risikoadjustierung angemessen verarbeitet und etwaige Risikoverbünde innerhalb des Unternehmens bei einer subjektiven Risikokonzeption entsprechend bewertet werden,[298] so daß ein ertragswertorientiertes gegenüber einem DCF-bezogenen Bewertungskalkül auf Bereichsebene aus Sicht der Risikoadjustierung vorteilhaft erscheint.

2.4.1.4 Anwendungsprobleme

So groß die theoretischen Vorteile einer individuellen Risikobewertung bei einer (bereichsbezogenen) Unternehmensbewertung auch sein mögen, um so schwieriger gestaltet sich dessen praktische Umsetzung. Das Hauptproblem stellen dabei zweifelsfrei die benötigten Risikonutzenfunktionen dar, die i.d.R. nicht vorliegen.[299] Da auch deren Herleitung regelmäßig nicht möglich ist,[300] scheidet die Anwendung des *Bernoulli*-Prinzips für eine (bereichsbezogene) Unternehmensbewertung realiter aus.[301]

Der „'goldene[...] Ausweg'"[302] aus dem Dilemma wird in Theorie und Praxis – trotz aller theoretischer Bedenken – regelmäßig in einem erneuten Rückgriff auf das CAPM gesehen.[303] Diese Vorgehensweise führt allerdings vom ‚Regen in die Traufe', denn auf Bereichsebene können die für eine marktwertorientierte Risikoadjustierung obligatorischen Betafaktoren nicht am Kapitalmarkt beobachtet werden. Folglich wurde eine Reihe von Berechnungsmethoden entwickelt,[304] die es ermöglichen sollen, für nicht börsennotierte Unternehmen respektive deren Teileinheiten Betafaktoren und damit die Kapitalkosten ‚herzuleiten'. Grundsätzlich können diesbezüglich drei Methoden unterschieden werden: Analogie- und Analyseansätze sowie Scoring-Modelle.[305]

---

[298] Vgl. zur Erfassung von konzerninternen Risikoeffekten bei einer subjektiven Risikobewertung mit einer ausführlichen Beispielsrechnung *Dinstuhl* (2003), S. 290-297. Hierzu bereits auch *Dirrigl* (1998b), S. 554 ff. A.A. *Drukarczyk/Schüler* (2007), S. 238 ff., die bei der Anwendung der Ertragswertmethode von der Annahme eines Diversifikationsgrads von Null ausgehen.

[299] Vgl. statt vieler *Mandl/Rabel* (1997), S. 219, m.w.N.

[300] Vgl. *Frank* (1998), S. 285-292.

[301] Bezüglich einer Segmentbewertung ebenso *Dinstuhl* (2003), S. 285 mit Verweis auf *Adam* (2001), Sp. 1146. Im Zusammenhang mit der im vorherigen Gliederungspunkt thematisierten Diskussion um die Sicherheitsäquivalentmethode bemängelt *Dirrigl* (2003), S. 151, daß diese „keine praktisch verwertbaren Vorschläge zur Bestimmung von Sicherheitsäquivalenten [...] hervorgebracht" hätte.

[302] *Dirrigl* (2003), S. 151.

[303] Vgl. hierzu beispielhaft *Henselmann* (1999), S. 293 f., nachdem eine Fundierung der Wertorientierung mit einem subjektbezogenen Ertragswert thematisiert wurde.

[304] Vgl. bspw. *Hachmeister* (2000), S. 195-223, m.w.N.

[305] Vgl. zu dieser Unterteilung grundlegend *Arbeitskreis „Finanzierung" der Schmalenbach-Gesellschaft* (1996), S. 550-558.

Eine kritische Analyse dieser Vorgehensweisen zeigt,[306] daß sich die bereits bei der praktischen Anwendung bestehenden Ermessensspielräume des CAPM auf Gesamtunternehmensebene[307] bei einer Anwendung auf der Bereichsebene durch die „statische Risikostruktur und Vermengung von objektiven Risikomerkmalen und subjektiven Risikoeinschätzungen"[308] enorm vergrößern.[309] Für einen Einsatz bei einer bereichsbezogenen Unternehmensbewertung kommen diese Bewertungsmethoden deshalb nicht in Frage.[310]

Trotzdem eröffnet der Rückgriff auf das CAPM die Möglichkeit, die Risikopräferenz des Bewertenden auf praktikable Weise auszudrücken. Die der marktlichen Objektivierung nachgesagte „präferenz-unabhängige Bewertung"[311] weist nämlich präferenzbezogene ‚Ursprünge' in der Portefeuille Selection-Theorie auf,[312] wenn als Maßgrößen für Ertrag und Risiko eines Aktienportefeuilles Erwartungswert und Standardabweichung herangezogen werden.[313] Eine solche klassische Entscheidungsregel unter Unsicherheit kann als „einfachste Möglichkeit für eine Berücksichtigung subjektiver Risikopräferenzen"[314] angesehen werden, weshalb sich ein Sicherheitsäquivalent auf der Grundlage des μ,σ^2-Prinzips für eine Risikoadjustierung unter Beachtung praktischer Anforderungen[315] in besonderem Maße anbietet. Hierfür muß die Varianz (σ^2) als Risikomaß[316] nur mit einem subjektiven Risikoaversionskoeffizienten[317] (rak) gewichtet werden, um vom Erwartungswert (μ) der Wahrscheinlichkeitsverteilung einen Risikoabschlag vorzunehmen. Für die Ermitt-

---

[306] Vgl. nur *Dinstuhl* (2003), S. 235-261.
[307] Vgl. *Baetge/Krause* (1994), S. 453, die in ihrer empirischen Analyse, die Kalkulationszinsfüße für die ehemalige *Daimler-Benz AG* zwischen 1% und 17% ergab, zu dem ernüchternden Ergebnis kommen, „[d]ie Ermessensspielräume scheinen beim CAPM sogar größer zu sein als bei einem pauschalen Risikozuschlag", weshalb sich „in der Praxis der Unternehmensbewertung mit dem CAPM keinesfalls genauere oder objektivere Werte für den Risikozuschlag" ermitteln ließen. Ähnlich *Timmreck* (2002).
[308] *Dinstuhl* (2003), S. 261.
[309] Demonstrativ stellt *Fernández* (2004b) sein Arbeitspapier unter die Frage, „Are calculated betas good for anything?"
[310] Vgl. *Dinstuhl* (2003), S. 261; *Dirrigl* (2003), S. 152; *Schneider* (1995b), S. 55; Überspitzt bezeichnet *Dirrigl* (2004b), S. 109 die „behelfsmäßigen Konstrukte zur Berechnung von Betas [...]" als „'Krücken'".
[311] *Schneider* (1998), S. 1474.
[312] Hierzu führt *Schneider* (1998), S. 1478 aus: „Wissenschaftliche Ehrlichkeit verlangt offenzulegen, daß hinter marktwertorientierter Unternehmensrechnung nur eine in ihren Prämissen nicht deutlich gemachte subjektive präferenzbezogene Rechnung von Unternehmensberatern und anderen Unternehmensbewertern steckt."
[313] Vgl. *Schmidt/Terberger* (1997), S. 311 ff., zustimmend *Dirrigl* (1998b), S. 554; *Schneider* (1998), S. 1477.
[314] *Dirrigl* (1998b), S. 554.
[315] Vgl. hierzu *Dinstuhl* (2003), S. 283 mit Verweis auf *Middelmann* (2000), S. 330.
[316] Vgl. jüngst *Seicht* (2006), S. 20 f. zu der Ansicht, „[e]ine weitere Problemzone sollte darin gesehen werden, dass (unterschiedliche) mathematische Varianzen und Streuungen bei der Ermittlung von Unternehmenswerten nicht berücksichtigt werden" (Hervorhebungen im Original).
[317] Zur Ermittlung des Risikoaversionskoeffizienten vgl. etwa *Reuter* (1970), S. 268.

lung eines Sicherheitsäquivalents einer Wahrscheinlichkeitsverteilung unsicherer Zielgrößen gilt somit:[318]

(2.6) $$SÄ = \mu(\tilde{CF}) - rak \cdot \sigma^2(\tilde{CF})$$

Eine solche Erfassung subjektiver Risikopräferenzen bietet beträchtliche Vorteile;[319] Probleme entstehen dagegen vor allem aus der Bestimmung eines unternehmensweiten oder bereichsspezifischen Risikoaversionskoeffizienten.[320]

Von daher ergeben sich bei der praktischen Umsetzung einer bereichsorientierten Unternehmensbewertung eine Vielzahl von Anwendungsproblemen. Diese können von keinem der diskutierten Bewertungskalküle ohne subjektive Annahmen gelöst werden. Als vorziehenswürdig läßt es sich dabei ansehen, wenn eine Risikoadjustierung, wie sie durch Sicherheitsäquivalent gem. Gleichung (2.6) repräsentiert wird, verhältnismäßig einfach und transparent[321] vorgenommen werden kann.

2.4.1.5 Vergleichende und abschließende Beurteilung der Ausgestaltung einer bereichsbezogenen Unternehmensbewertung für interne Zwecke

In Anbetracht der Unterschiede zwischen den DCF-Verfahren und dem Ertragswertverfahren und den Charakteristika des Bereichsbezugs kommt die obige Ana-

---

[318] Insofern wird von einem risikoaversen Investor ausgegangen, da das Sicherheitsäquivalent nach Gleichung (2.6) kleiner ist als der Ertragswert der Ertragsbandbreite. Nach *Wilhelm* (2002), S. 11 läßt sich hingegen „nicht verallgemeinernd sagen", „[o]b ein Risikozu- oder -abschlag vom Erwartungswert vorzunehmen ist." „[D]as Vorzeichen des zum Ertragswert hinzutretenden Korrekturterms hängt vielmehr generell von der Stellung des zu bewertenden Objektes in der Gesamtheit aller Risikoallokationsmöglichkeiten ab". Ähnlich *Kruschwitz* (2001), S. 2410.

[319] Vgl. hierzu speziell *Dirrigl* (1998b), S. 554, m.w.N.

[320] Vgl. hierzu statt vieler *Bretzke* (1975), S. 217 f. Zur kritischen Analyse einer Entscheidungsorientierung nach Erwartungswert und Streuung vgl. etwa *Löffler* (2001). S. 57-73; *Schneider* (1992), S. 462 ff., wobei diese dann nicht nur auf ein Sicherheitsäquivalent gem. Gleichung (2.6) zutrifft, sondern auf sämtliche kapitalmarktbezogenen Risikokonzepte, deren Grundlage die Portefeuille Selection-Theorie ist. Zu den Bedingungen, wann diese Vorgehensweise sogar mit den Axiomen der Theorie des Risikonutzens vereinbar ist, vgl. *Schneeweiß* (1967), S. 46-61.

[321] Zur Forderung nach einer „Explikation der Risikostruktur in Form einer Wahrscheinlichkeitsverteilung", mit der eine entsprechende Transparenz der Risikostruktur einhergehend vgl. insbesondere *Dirrigl* (2003), S. 151. *Lattwein* (2002), S. 162 deckt die diesbezüglichen Schwächen der DCF-Verfahren auf: „Eine zwingend notwendige Beschreibung des Prozesses der Szenarioentwicklung durch den DCF-Ansatz wird nur unzureichend thematisiert. Kennzeichnend ist hier der Verzicht auf die Darstellung von Instrumenten und Vorgehensweisen, mit denen modelltheoretisch oder empirisch fundierte Aussagen zur adäquaten Berücksichtigung des Unsicherheitsmoments getroffen werden könnten. Statt dessen erfolgt eine Berücksichtigung auf Wirkungsrelationen, die auf den ersten Blick plausibel erscheinen. Eine systematische Vorgehensweise zur adäquaten Abbildung von Mehrwertigkeiten in der Umweltentwicklung [...] ist seitens des DCF-Ansatzes nicht zu erwarten" (Hervorhebungen im Original).

lyse zu dem Schluß, daß eine bereichsbezogene Unternehmensbewertung eine investitionstheoretische bzw. ertragswertorientierte Fundierung aufweisen sollte.[322] Insofern wird nicht der h.M. entsprochen, die davon ausgeht, „insbesondere die konzeptionelle Geschlossenheit sowie die Objektivierung der Risikoeinstellungen [sprächen] für eine Verwendung des [...] CAPM"[323] bei einem Einsatz von Kalkülen der Unternehmensbewertung.[324] Vielmehr konnte gezeigt werden, daß diese ‚Vorteile' einer kapitalmarktorientierten Bewertung, die überdies einer starken empirischen Kritik unterliegen,[325] vor dem Hintergrund des Bereichsbezugs erblassen. Denn ein ertragswertorientiertes Bewertungskalkül ist gegenüber finanzierungstheoretischen Modellen imstande,

- die Ziele des *Value Based Management* theoretisch überzeugender zu operationalisieren,
- mit realitätsgerechteren Annahmen auszukommen,
- die bereichsbezogenen Risikokomponenten und Informationsvorsprünge detaillierter zu erfassen,

was in Abb. 7, S. 44 nochmals komprimiert dargestellt wird.

Des weiteren gilt es insgesamt festzuhalten, daß sich die Vorteile einer ertragswertorientierten Ausgestaltung von Bewertungskalkülen um so deutlicher manifestieren, desto tiefer die ‚Aggregationsebene' innerhalb des Unternehmens ist, auf der die Unternehmensbewertung durchgeführt wird.[326]

---

[322] Zur gleichen Schlußfolgerung vgl. *Dirrigl* (2004b), S. 109 ff.; *Dirrigl* (2003), S. 146 ff.
[323] *Schmidbauer* (1998), S. 128, m.w.N.
[324] Auch an der unbefriedigenden Begründung, daß kein überzeugenderer Ansatz zur Erklärung von Kapitalkosten vorläge und von daher auf das CAPM zurückgegriffen werden müßte, wird nicht festgehalten, vgl. hierzu etwa *Drukarczyk* (1998), S. 246.
[325] Vgl. statt vieler zu einem Überblick *Richter* (1996), S. 46 ff., m.w.N.
[326] In diesem Sinne bereits *Breid* (1994), S. 186 ff.; *Dinstuhl* (2003), S. 277 ff.

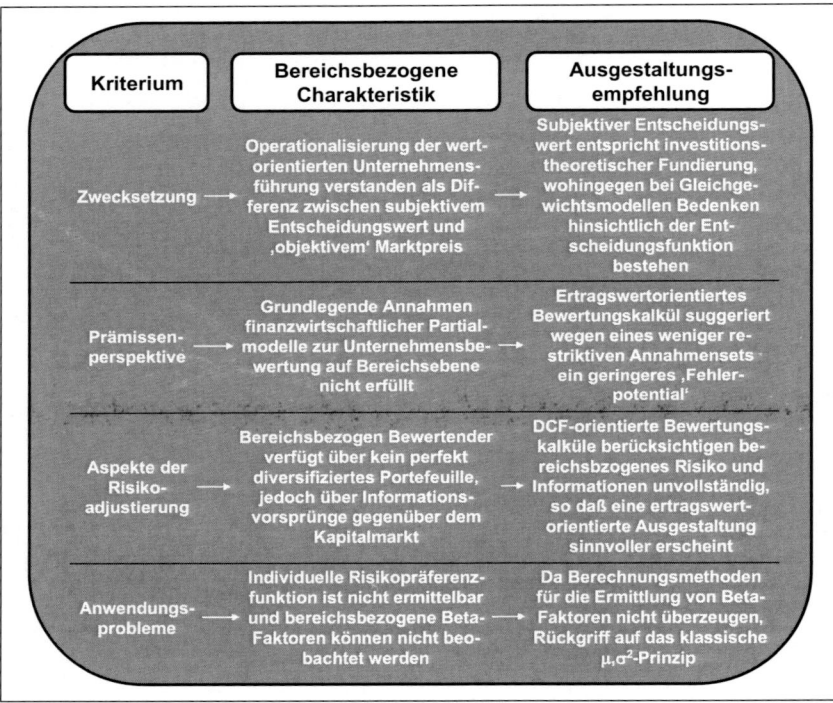

Kriterium	Bereichsbezogene Charakteristik	Ausgestaltungsempfehlung
Zwecksetzung	Operationalisierung der wertorientierten Unternehmensführung verstanden als Differenz zwischen subjektivem Entscheidungswert und ‚objektivem' Marktpreis	Subjektiver Entscheidungswert entspricht investitionstheoretischer Fundierung, wohingegen bei Gleichgewichtsmodellen Bedenken hinsichtlich der Entscheidungsfunktion bestehen
Prämissenperspektive	Grundlegende Annahmen finanzwirtschaftlicher Partialmodelle zur Unternehmensbewertung auf Bereichsebene nicht erfüllt	Ertragswertorientiertes Bewertungskalkül suggeriert wegen eines weniger restriktiven Annahmensets ein geringeres ‚Fehlerpotential'
Aspekte der Risikoadjustierung	Bereichsbezogen Bewertender verfügt über kein perfekt diversifiziertes Portefeuille, jedoch über Informationsvorsprünge gegenüber dem Kapitalmarkt	DCF-orientierte Bewertungskalküle berücksichtigen bereichsbzogenes Risiko und Informationen unvollständig, so daß eine ertragswertorientierte Ausgestaltung sinnvoller erscheint
Anwendungsprobleme	Individuelle Risikopräferenzfunktion ist nicht ermittelbar und bereichsbezogene Beta-Faktoren können nicht beobachtet werden	Da Berechnungsmethoden für die Ermittlung von Beta-Faktoren nicht überzeugen, Rückgriff auf das klassische μ,σ^2-Prinzip

Abb. 7: Beurteilung der Ausgestaltungsmöglichkeiten einer bereichsbezogenen Unternehmensbewertung im Überblick

2.4.2 Ertragswertorientierte Unternehmensbewertung auf Bereichsebene

Detaillierte Unternehmensbewertungen stützen sich regelmäßig auf eine mehrjährige integrierte Unternehmensplanung, die Plan-Erfolgsrechnungen, Plan-Bilanzen und Plan-Finanzflußrechnungen umfaßt.[327] Damit ist im Vergleich zu dem im Rahmen der Wertsteigerungsanalyse nach *Rappaport* eingesetzten *Value Driver*-Modell ein nicht unerheblicher Mehraufwand verbunden, der von der realitätsgerechteren Abbildung des Bewertungsobjekts, etwa im Hinblick auf die Steuerberechnung,[328] allerdings deutlich überkompensiert wird.[329] Soll ein Gesamtunter-

---

[327] Vgl. zum einem Überblick hinsichtlich der integrierten Unternehmensplanung *Homburg* (2007), Sp. 798-806, m.w.N. sowie zu einem ausführlichen Modell *Dirrigl* (1988), S. 174-228 sowie grundlegend *Chmielewicz* (1976), Sp. 616-630.
[328] Vgl. *Dinstuhl* (2003), S. 19.

nehmensmodell als Ausgangsbasis für eine bereichsorientierte Unternehmensbewertung dienen, ergeben sich jedoch – wie bei jeder Bewertung von Teileinheiten eines Unternehmens – eine Vielzahl von Zurechnungsfragen.[330] Auf Bereichsebene bereiten dabei vordringlich folgende Aspekte besondere Schwierigkeiten:[331]

- Um den bereichsbezogenen Unternehmenswert unter Berücksichtigung der Ertragsteuerbelastung zu bestimmen, ist es notwendig, die vom Unternehmen gezahlten Ertragsteuern den Bereichen ‚verursachungsgerecht' zuzuordnen. Als unbestritten gilt, daß eine solche Steuerallokation „zwar theoretisch wünschenswert ist, aber in der Praxis auf erhebliche Schwierigkeiten stößt"[332], die im wesentlichen aus der regelmäßig fehlenden ‚direkten' Steuerpflicht der Bereiche erwachsen.[333]
- Ähnlich große Probleme wie die Steuerzurechnung bereitet die ‚Verteilung' des im gesamten Unternehmen eingesetzten Kapitals auf die Bereichsebene. Da die Finanzierungsmöglichkeiten von Bereichen häufig auf die unternehmensinterne Eigen- und Fremdfinanzierung beschränkt sind, stellt sich die Frage, anhand welcher Kriterien die von dem Gesamtunternehmen respektive seiner Finanzierungsgesellschaft aufgenommene Eigen- und Fremdmittel alloziert werden sollen.[334]

Deshalb gilt es nachstehend zunächst zu untersuchen, ob und inwieweit sich die beschriebenen Zuordnungsprobleme der Besteuerung und Finanzierung im Rahmen einer bereichsorientierten Unternehmensbewertung ‚lösen' lassen. Anschließend werden die bewertungsrelevanten Bereichserträge definiert. Hinsichtlich der Aspekte der Risikoadjustierung kann auf obige Überlegungen (vgl. 2.4.1.3, S. 35 ff.) und bezüglich weiterer Problembereiche bereichsorientierter Unternehmensbewertung – Bestimmung des Zinsfußes, Berücksichtigung von Geldentwertung und Wachstum,[335] Restwertphase, etc. – auf die Standardliteratur[336] zur Unternehmensbewertung verwiesen werden.[337]

---

[329] Vgl. zu einer empirischen Untersuchung mit Risikosimulation *Knirsch* (2007), S. 487-507, wonach ein besonderes Augenmerk auf die detaillierte Prognose von Steuer- und Zinssätzen gelegt werden sollte, während Einschränkungen bei der exakten Modellierung der Steuerbemessungsgrundlage im Zweifelsfall ‚tolerierbar' sind.

[330] Vgl. zu Zurechnungsproblemen bei einer *Shareholder*-orientierten Segmentberichterstattung *Geiger* (2001), S. 166-173.

[331] Vgl. allgemein zu Fragen der Vermögens-, Kapital- und Erfolgsallokation *Kind* (2000), S. 108-175, m.w.N.

[332] *Arbeitskreis „Finanzierungsrechnung" der Schmalenbach-Gesellschaft* (2005), S. 114.

[333] Weitere Schwierigkeiten entstehen durch das mitunter deutliche Abweichen zwischen dem nach steuerlichen Vorschriften ermittelten Gewinn und dem aus Rechnungslegungsvorschriften abgeleiteten Unternehmenserfolg. Vgl. auch *Herzig* (2004) zur aktuellen Diskussion um die Eignung von *IFRS* als Bemessungsgrundlage für die Besteuerung.

[334] Vgl. bspw. *Kind* (2000), S. 125-130 zu einer Auflistung verschiedener Vorschläge zur Allokation nicht-operativer Verbindlichkeiten.

[335] Vgl. zu einer empirischen Untersuchung von Wachstumsannahmen bei gesetzlich-normierten Bewertungsanlässen *Schüler/Lampenius* (2007), S. 232-248.

2.4.2.1 Ermittlung der bereichsbezogenen Kapitalstruktur

Bei einer Anwendung von Unternehmensbewertungskalkülen auf den verschiedenen Stufen eines Unternehmens (vgl. Abb. 3, S. 21) wird in der Literatur ausgehend von der Konzern-[338] über die Unternehmensebene[339] bis hin zu den strategischen Geschäftseinheiten[340] die Finanzierung hauptsächlich über die Bewertung einer separaten Finanzierungsgesellschaft berücksichtigt. Dies entspricht den realen Gepflogenheiten von Unternehmen, ihre Finanzierungsaktivitäten über eine rechtlich selbständige Finanzierungsgesellschaft abzuwickeln.[341] Deshalb sollte von dieser Vorgehensweise auch im Rahmen der Ausgestaltung bereichsorientierter Unternehmensbewertungen nicht abgewichen werden.

Eine Zurechenbarkeit der von einer Finanzierungsgesellschaft aufgenommenen Fremd- respektive über die *Holding* beschafften Eigenmittel auf Teileinheiten eines Gesamtunternehmens wurde lange Zeit kategorisch abgelehnt.[342] Die seit den 90er Jahren zu beobachtende zunehmende Anwendung der DCF-Verfahren[343] und Verbreitung der wertorientierten Unternehmensführung[344] in der Unternehmenspraxis machte jedoch eine dementsprechende Schlüsselung unabdingbar, um differenzierte, risikoadjustierte Kapitalkosten berechnen zu können (vgl. Kap. 2.4.1.4, S. 40 ff.).[345]

So sind bislang zur Lösung des finanziellen Zurechnungsproblems von Theorie und Praxis die

---

[336] Vgl. etwa *Ballwieser* (2007a); *Drukarczyk/Schüler* (2007); *Henselmann* (1999); *Mandl/Rabel* (1997); *Matschke/Brösel* (2006); *Schultze* (2003).
[337] Aus dem Bereichsbezug ergeben sich hinsichtlich dieser Komponenten des Bewertungskalküls keine nennenswerten Besonderheiten.
[338] Vgl. *Dinstuhl* (2003), S. 160 ff.
[339] Vgl. *Schmidbauer* (1998), S. 138 ff.
[340] Vgl. *Breid* (1994), S. 152 ff.
[341] Vgl. *Gundel* (1998), S. 140; *Steven* (1995), S. 152 ff.; *Theisen* (1998), S. 717-743.
[342] So vertrat *Haase* (1974), S. 85 die Ansicht, die Finanzierungsquellen der Unternehmung seien unabhängig von den Investitionsobjekten und „das im Unternehmungsabschluß ausgewiesene Eigen- und Fremdkapital [ließe sich] nicht zugleich mit der Aufgliederung der Aktiva in entsprechender Höhe den Segmenten zurechnen." *Solomons* (1965), S. 155 lehnte sogar für den Fall, Segmente könnten selbständig Kapital aufnehmen, eine Allokation von Fremd- und Eigenkapitalbuchwerten und deren Berücksichtigung bei der Performancemessung ab. Als Begründung werden die Abhängigkeitsverhältnisse zwischen den Segmenten und der Unternehmenszentrale angeführt: „The great difference between a division's demand for capital and that of an independent borrower is that, unlike the latter, a division has no retained earnings, and does not even retain the funds set aside through its depreciation charges. This follows from the fact that, in the last resort, all the proceeds of divisional sales, less cash expenses, are centralized in the corporate treasury. All new investment in a division, therefore, whether it represents expansion or merely the replacement of used-up assets, has to be 'externally' financed – externally, that is, from the point of view of the division."
[343] Vgl. zu den Finanzierungsprämissen bei den DCF-Verfahren vor allem *Richter* (1996). Vgl. *Coenenberg/Schultze* (2003), S. 124-137 zu Überlegungen hinsichtlich der Berücksichtigung der Kapitalstruktur im Rahmen des Ertragswertverfahrens.
[344] Vgl. *Arbeitskreis „Finanzierung" der Schmalenbach-Gesellschaft* (1996), S. 543-578.
[345] Zur Berechnung von divisionalen Kapitalkosten vgl. vor allem *Freygang* (1993) und *Pfister* (2003).

- Unterstellung branchenspezifischer Kapitalstrukturen, gegebenenfalls unter Anpassung des Verschuldungsgrads,
- Herleitung von Zielkapitalstrukturen sowie
- Analyse der Ertragskraft von Teileinheiten eines Unternehmens und die sich hieraus ergebende, vertretbare Verschuldung (*Debt Capacity*)

vorgeschlagen worden.[346] Kritische Analysen zeigen jedoch deutliche Schwächen dieser Lösungsansätze auf. So resümiert etwa *Kind* sowohl im Hinblick auf die Verwendung branchenspezifischer Verschuldungsgrade als auch bezüglich der Herleitung von Zielkapitalstrukturen[347]:

> „*Es zeigt sich bei allen Ansätzen jedoch, dass die Ermittlung fiktiver Kapitalstrukturen zu einem höchst subjektiven Prozess wird, dessen Ausgang v.a. auch von innerbetrieblichen Interessen- und ‚Machtsphären' abhängt.*"[348]

Da auch der *Debt Capacity*-Ansatz gemeinhin als ungeeignet zur Allokation von Eigen- und Fremdkapital angesehen wird,[349] muß festgehalten werden, daß die vorgenannten Ansätze zur Verteilung der Kapitalausstattung eines Unternehmens auf seine Teileinheiten nicht imstande sind, die damit einhergehenden Zurechnungsprobleme befriedigend zu ‚lösen'.

---

[346] Vgl. etwa *Arbeitskreis „Finanzierung" der Schmalenbach-Gesellschaft* (1996), S. 562; *Herter* (1994), S. 120 f.; *Pfister* (2003), S. 281, jeweils m.w.N.

[347] Bis dato existieren keine quantitativen Ansätze zur Herleitung einer Zielkapitalstruktur in der Literatur. Lediglich der *Arbeitskreis „Finanzierung" der Schmalenbach-Gesellschaft* (1996), S. 562 stellt mit Verweis auf *Copeland/Koller/Murrin* (1993), S. 194-202 und *Rappaport* (1995), S. 59 fest, daß „zunächst eine möglichst genaue Schätzung der gegenwärtigen, zu Marktwerten angesetzten Kapitalstruktur – auf Basis des Konzernabschlusses – erfolgen [müßte]. Hieran sollte sich eine Analyse der Kapitalausstattung vergleichbarer Unternehmen anschließen. Nicht zuletzt ist die Finanzierungsstrategie der Unternehmensführung in ihrer Auswirkung auf die zukünftige Kapitalstruktur zu berücksichtigen." Erste Überlegungen zur zukunftsorientierten Bestimmung von Risikoprämien und Eigenkapitalkosten bei der Unternehmensbewertung finden sich bei *Daske/Gebhardt* (2006), S. 530-551; *McNulty/Yeh/Lubatkin* (2003), S. 68-77; *Steinle/Krummaker/Lehmann* (2007), S. 204-218; *Uzík/Weiser* (2003), S. 705-718.

[348] *Kind* (2000), S. 130 (Hervorhebungen im Original) mit Verweis auf *Liedl* (1988), S. 174, der im Hinblick auf die Eigenkapitalzuordnung bei der *Bertelsmann AG* konsternierend feststellt, daß sich Eigenkapitalquoten nicht analytisch herleiten ließen, sondern „Ausfluß einer unternehmenspolitischen Entscheidung darüber [sind], was notwendig oder üblich angesehen wird."

[349] Vgl. *Kind* (2000), S. 127 ff.; *Pfister* (2003), S. 283, jeweils m.w.N.

Im Gegensatz zu diesen als ‚Top Down'-Ansätze[350] zu charakterisierenden Vorschlägen zur Herleitung einer bereichsbezogenen Finanzierungsstruktur, erscheint es weitaus vielversprechender, das bereichsbezogene Wissen zur Verteilung der Kapitalstruktur auszunutzen.[351] Ein solcher Lösungsvorschlag ist letztlich bereits in der von Herter vorgebrachten Begründung zur Allokation von Eigen- und Fremdmitteln enthalten. Diese sollte nämlich vorgenommen werden, wenn „die Höhe des Kapitalbedarfs bzw. die Vermögensstruktur im Einflußbereich der Leitung der Unternehmenseinheit"[352] läge.

Unter der Voraussetzung, die Vermögensstruktur eines Bereichs sei hauptsächlich durch das Sachanlagevermögen geprägt und der Kapitalbedarf stimme weitgehend mit den Investitionsauszahlungen überein,[353] können die Überlegungen von Dirrigl zur Entwicklung des Amortisationskapitals[354] im Rahmen einer bereichsorientierten Performancemessung erste Anknüpfungsmöglichkeiten zur Zurechnung von Eigen- und Fremdkapital auf Bereiche liefern.[355]

Ausgehend von der „Mikrostruktur des abnutzbaren Anlagevermögens"[356], die der bereichsbezogenen Entscheidungskompetenz unterliegt (vgl. Kap. 2.3, S. 20 ff.), sollte das spezifische Wissen bezüglich der Finanzierungsmodalitäten der Investitionsauszahlungen dahingehend verwendet werden, um die Entwicklung des Amortisationskapitals zu prognostizieren.[357]

---

[350] Üblicherweise wird der Begriff ‚Top Down' im Zusammenhang mit den Prinzipien der Budgeterstellung im Bereich des operativen Controlling in Verbindung gebracht. Vgl. Dambrowski (1986), S. 61 f.; Friedl (2003), S. 293 f. In Abhängigkeit der Partizipation der Bereichsführung am Budgeterstellungsprozeß werden idealtypisch die ‚Top Down'-, ‚Bottom Up'- und Gegenstrombudgetierung unterschieden. Bei der ‚Top Down'-Budgetierung werden die Budgets von der Unternehmensführung erstellt und den Bereichsführungen vorgegeben. Die Motivation der Bereichsführung zur Erreichung der Budgets ist gering, da sie keine Reserven enthalten und bereichsrelevantes Wissen nicht ausnutzen. Bei einer ‚Bottom Up'-Budgetierung werden die Budgets von der Bereichsführung erstellt und von der Unternehmensführung zusammengefaßt, was einerseits eine höhere Güte infolge der Verwertung bereichsspezifischen Wissens verspricht und sich andererseits positiv auf die Motivation der Bereichsführung zu Erreichung des Budgets auswirkt. Von Nachteil könnte es sein, daß die Budgets Reserven enthalten, die eine Erreichung der von dem Gesamtunternehmen verfolgten Ziele gefährden. Die Gegenstrombudgetierung versucht, die Vorteile der ‚Top Down'- und ‚Bottom Up'-Budgetierung zu vereinen.

[351] Zur Forderung, das bereichsbezogen vorhandene Prognosewissen zur künftigen Entwicklung der Erfolgsfaktoren und damit der implizierten Risikostruktur bei der Risikoadjustierung in der bereichsbezogenen Unternehmensbewertung auszunutzen, vgl. Dirrigl (2004b), S. 109.

[352] Herter (1994), S. 120.

[353] Vgl. Herter (1994), S. 120 unter Bezugnahme auf Liedl (1988), S. 173 ff. und m.w.N.

[354] Zum Begriff des Amortisationskapitals vgl. ausführlich Dirrigl (2003), S. 154 f.; Dirrigl (2004b), S. 104 ff. Das Amortisationskapital entspricht dem eingesetzten Kapital, verstanden als noch zu tilgenden respektive zu amortisierenden Kapitaleinsatz im Rahmen der Performancemessung.

[355] Vgl. auch im folgenden Dirrigl (2003), S. 154-156; Dirrigl (2004b), S. 104-108.

[356] Dirrigl (2003), S. 154.

[357] Auch Koller/Goedhart/Wessels (2005), S. 326 empfehlen die Berücksichtigung bereichsbezogenen Wissens bei der Bestimmung der Kapitalstruktur.

Zur genauen Erfassung der Finanzierungskonsequenzen böte es sich an, auf die Eigen- und Fremdkapitalanteile[358] der geplanten Investitionstätigkeit sowie die Zins- und Tilgungsmodalitäten zurückzugreifen, zu denen die *Holding* respektive Finanzierungsgesellschaft den Bereichen das benötigte Kapital zur Verfügung stellt.

Wenngleich die Vorteilhaftigkeit eines solchen ‚*Bottom Up*'-Ansatzes zur Bestimmung der bereichsbezogenen Kapitalstruktur aufgrund der Verwendung bereichsinterner Informationen über die Investitions-, Finanzierungs- und Amortisationsstruktur auf der Hand liegt, da es zu einer ‚verursachungsgerechten' Verteilung der im Sachanlagevermögen der Bereiche gebundenen Kapitalanteile käme, soll es bei einer Skizzierung der Grundstruktur dieses Verfahrens bleiben. Denn in naher Zukunft ist in Theorie und Praxis mit hoher Wahrscheinlichkeit ein Rekurs auf eine ‚einheitliche' Kapitalallokation und konzerneinheitliche Kapitalkostensätze im Rahmen des *Value Based Management* zu befürchten. Grund zu dieser Einschätzung liefert die in der geplanten Unternehmensteuerreform[359] vorgesehene Zinsschranke nach § 4h EStG-E, wonach Zinsaufwendungen innerhalb eines Konzerns nur noch zu einer unbegrenzten Kürzung der Steuerbemessungsgrundlage führen, wenn die *IFRS*-Abschlüsse der Einzelgesellschaften des Gesamtunternehmens über eine vergleichbare Kapitalstruktur verfügen.[360] Alsbald wird deshalb realiter eine entsprechende Anpassung der Eigen- und Fremdkapitalausstattung innerhalb von Konzernen stattfinden, um in den ‚Genuß' der sog. *Escape*-Klausel[361] zu kommen.[362] Dies dürfte bei Anwendung von Konzepten der wertorientierten Unternehmensführung, die auf einer marktlich objektivierten Bewertungskonzeption und damit auf einer Fokussierung auf finanzwirtschaftliche Risikokomponenten basieren, eine weitgehende Nivellierung der Unsicherheitsberücksichtigung bedeuten.[363] Schließlich sind letztere *in praxi* häufig nur durch Anpassungen an verschiedene Verschuldungsgrade gekennzeichnet.[364]

---

[358] Zur Bestimmung divisionaler Fremdkapitalzinssätze vgl. *Arbeitskreis „Finanzierung" der Schmalenbach-Gesellschaft* (1996), S. 558-562; *Pfister* (2003), S. 263-280.

[359] Vgl. allgemein zur Unternehmensteuerreform 2008 etwa *Behrens* (2007), S. 1025-1031; *Endres/Spengel/Reister* (2007), S. 478-489; *Merker* (2007), S. 247-252; *Lühn/Lühn* (2007), S. 253-259; *Schreiber/Ruf* (2007), S. 1099-1105.

[360] Vgl. aus Sicht der *IFRS*-Rechnungslegung vor allem *Lüdenbach/Hoffmann* (2007b), S. 636-642.

[361] Vgl. *Dörfler/Vogl* (2007), S. 1084-1087; *Wiese/Klass/Möhrle* (2007), S. 407 ff. zur *Escape*-Klausel.

[362] Vgl. hierzu jüngst *Krüger/Thiere* (2007b), S. 470-477.

[363] Zu Auswirkungen der Unternehmensteuerreform auf Rechtsform und Finanzierung vgl. *Homburg* (2007), S. 686-690; *Homburg/Houben/Maiterth* (2007), S. 381.

[364] Vgl. statt vieler *Dinstuhl* (2003), S. 241 ff., m.w.N.

2.4.2.2 Ermittlung der bereichsbezogenen Ertragsbesteuerung

Sowohl das Für und Wider als auch die Art und Weise eines Einbezugs der Ertragsbesteuerung[365] auf nachgelagerten Teileinheiten eines Unternehmens werden in Theorie und Praxis heftig diskutiert.[366] Dabei wird grundsätzlich vorgeschlagen,

- auf jegliche Steuerzuordnung im Sinne einer Vorsteuerrechnung zu verzichten,
- pauschale Steuersätze, die aus dem Verhältnis der Ertragssteuerzahlung und dem Betriebsergebnis des Gesamtunternehmens hergeleitet werden, anzunehmen oder
- eine möglichst exakte und realitätskonforme Steuerberechnung mit umfangreichen Überleitungs- bzw. Zuordnungsrechnungen durchzuführen.[367]

Die Gegner einer Berücksichtigung der Ertragsbesteuerung auf Bereichsebene begründen ihre Auffassung regelmäßig damit, daß die Steueroptimierung weniger dem Aufgabenfeld der Bereichs*manager* als der zentralen Steuerabteilung des Unternehmens zuzurechnen sei.[368] Außerdem unterlägen Bereiche prinzipiell nicht der Besteuerung, da diese auf Rechtseinheiten abstellt.[369] In dieser Begründung kommt die Ansicht zum Ausdruck, zugerechnete Steuern stellten für Unternehmenseinheiten keine kontrollierbare Größe dar.

Die Argumentation greift insofern aber zu kurz, als daß dabei nicht zwischen kontrollierbaren und nicht kontrollierbaren Bestandteilen der Steuerzahlungen differenziert wird.[370] Zweifelsfrei sind die Bemühungen der zentralen Steuerabteilung, die Steuerlast des Gesamtunternehmens durch steuerbilanzpolitische Sachverhaltsgestaltungen zu minimieren, aus der Perspektive des Bereichs nicht als beeinflußbare Faktoren aufzufassen und sollten deshalb weder bei einer bereichsorientierten Unternehmensbewertung noch einer Performancemessung Berücksichtigung finden.

Indes stellen „[d]ie Erfolge der einzelnen [Bereiche] [...] die wirtschaftliche Grundlage für die auf Ebene der rechtlichen Einheit zu ermittelnde steuerliche Bemessungsgrundlage dar."[371] Da sich das Bereichs*management* verantwortlich für diese operativen Erfolge zeichnet, unterliegt auch die damit verbundene Ertrags-

---

[365] Unproblematisch gestaltet sich die Ergebniswirkung bei Steuern (Verbrauchs- und Verkehrssteuern oder die Grundsteuern), die unabhängig vom Gewinn anfallen, da sich diese den Teileinheiten eines Unternehmens üblicherweise eindeutig zuordnen lassen.
[366] Vgl. statt vieler *Arbeitskreis „Finanzierungsrechnung" der Schmalenbach-Gesellschaft* (2005), S. 89-92.
[367] Vgl. zu dieser Systematisierung etwa *Arbeitskreis „Finanzierungsrechnung" der Schmalenbach-Gesellschaft* (2005), S. 90-91.
[368] Vgl. *Fröhling* (2000a), S. 43; *Middelmann* (2000), S. 332; *Schmidbauer* (1998), S. 137-138; *Unzeitig/Köthner* (1995), S. 40 f.
[369] Vgl. *Kind* (2000), S. 151; *Solomons* (1965), S. 116.
[370] Vgl. zu dieser Differenzierung bereits *Solomons* (1965), S. 116.
[371] *Dinstuhl* (2003), S. 261.

besteuerung dessen Einfluß.[372] Folglich ist die Besteuerung in die bereichsbezogene Unternehmensbewertung einzubeziehen.

Von einer Berücksichtigung der Besteuerung kontrollierbarer Erfolgsgrößen könnte nur für den Fall abgesehen werden, daß sämtliche Bereiche und alle denkbaren Investitionsmöglichkeiten einer gleichmäßigen Besteuerung unterlägen.[373] M.a.W. wären die Bedingungen für eine entscheidungsneutrale Besteuerung erfüllt,[374] wovon in der Realität in den seltensten Fällen auszugehen ist.[375]

Insofern kann bei einer bereichsbezogenen Anwendung von Unternehmensbewertungskalkülen nicht auf den Einbezug von gewinnabhängigen Steuern verzichtet werden,[376] wobei solche steuerliche Einflußfaktoren, die nicht vom Bereichs*management* zu beeinflussen sind, mittels einer Abweichungsanalyse zu separieren sind.[377]

Pauschale Steuersätze, die aus dem Verhältnis der Ertragssteuerzahlung und dem Betriebsergebnis des Gesamtunternehmens bestimmt werden,[378] sind wegen der Verrechnung eines nicht bestimmbaren Anteils nicht kontrollierbarer Bestandteile problematisch und werden deshalb nicht weiter thematisiert.[379]

Wird eine exakte und realitätskonforme Berücksichtigung von Ertragsteuern im Rahmen einer bereichsbezogenen Unternehmensbewertung sodann befürwortet,[380] gilt es zu klären, ob neben der Besteuerung auf Unternehmensebene (Gewerbe- und Körperschaftsteuer) auch die persönliche Besteuerung (Einkommensteuer) einzubeziehen ist.[381]

Gegen eine Berücksichtigung der Einkommensteuer spricht lediglich die Tatsache, daß es sich um eine aus Sicht des Bereichs*management* nicht beeinflußbare Größe handelt, die primär durch die Gewinnverwendungspolitik des Konzerns be-

---

[372] A.A. *Solomons* (1965), S. 117, der argumentiert, [i]f, then, the divisional tax allocation is the resultant of two sets of forces, one controllable and the other noncontrollable at the divisional level, the net result must be declared to be noncontrollable: and if the tax allocation is noncontrollable, the division's after-tax profit must be noncontrollable also."
Gleichzeitig sind demnach Bereichen, die Verluste erwirtschaften, bei einer Wertermittlung negative Steuerbelastungen, also Steuererstattungen, zuzurechnen. Für Zwecke der Performancemessung erscheint eine entsprechende Zurechnung hingegen problematischer, vgl. *Dinstuhl* (2003), S. 263.

[373] Vgl. zu einer solchen Annahme zur Begründung der Nichtberücksichtigung der persönlichen Besteuerung im Rahmen der wertorientierten Unternehmenssteuerung Arbeitskreis „Finanzierung" *der Schmalenbach-Gesellschaft* (1996), S. 564.

[374] Vgl. etwa *Schneider* (1992), S. 218 ff.

[375] Vgl. *Wagner/Dirrigl* (1980), S. 13 ff.

[376] So wohl auch *Schneider* (2001b), S. 2511.

[377] Vgl. zu diesem Vorschlag *Dinstuhl* (2003), S. 263.

[378] Vgl. Arbeitskreis „Finanzierungsrechnung" der Schmalenbach-Gesellschaft (2005), S. 90, m.w.N.

[379] Vgl. auch *Haeseler/Hörmann* (2006b), S. 125.

[380] Vgl. Fn. 329, S. 45.

[381] Vgl. zu den Schwierigkeiten, die eine Berücksichtigung der steuerlichen Wirkung auf Investorenebene in der Unternehmenspraxis verursacht Arbeitskreis „Finanzierungsrechnung" der Schmalenbach-Gesellschaft (2005), S. 89.

stimmt wird.[382] Vereinfachungserwägungen[383] zur Begründung einer Vernachlässigung persönlicher Steuern in Kalkülen der Unternehmensbewertung können nicht mehr ernsthaft angeführt werden,[384] nachdem seit Jahrzehnten in der betriebswirtschaftlichen Fachliteratur unstrittig ist,[385] daß Einkommensteuern den Unternehmenswert beeinflussen.[386]

In dieser Hinsicht mutet es fragwürdig an, wenn in der aktuellen theoretischen und praktischen Diskussion der wertorientierten Unternehmensführung der Einfluß persönlicher Steuern auf den Unternehmenswert immer noch verneint wird,[387] zumal der Kerngedanke des *Shareholder Value*-Ansatzes in der strikten Eigentümerorientierung zu sehen ist.[388]

Eine ausschließliche Berücksichtigung der Gewerbe- und Körperschaftsteuer käme der „Konzeption einer Bewertung vom Standpunkt der Unternehmung [...] [gleich und] entspricht der Vorstellung von einem objektiven Unternehmenswert, wie sie in der Betriebswirtschaftslehre als endgültig überwunden angesehen werden kann. Eine Unternehmung erhält einen Wert immer nur aus den Beziehungen zu ihren Eigentümern."[389]

„Da auch für den einzelnen Kapitalgeber letztlich nur Renditen nach individueller Besteuerung interessant sind", ist in Anlehnung an den *Arbeitskreis „Finanzierung" der Schmalenbach-Gesellschaft* zu fordern, daß „aus Sicht des Investors eigentlich Renditen nach Unternehmens- und persönlicher Besteuerung betrachtet

---

[382] Vgl. *Dinstuhl* (2003), S. 263, m.w.N. Dementsprechend berücksichtigen bspw. *Bergmann* (1996), S. 175; *Breid* (1994), S. 145; *Riedl* (2000), S. 245 f. bei ihrer Anwendung von Unternehmensbewertungskalkülen auf unterschiedlichen Ebenen eines Unternehmens keine Einkommensteuer.

[383] Vgl. zu dem Problem der Berücksichtigung der progressiven Einkommensbesteuerung bereits *Leuthier* (1988), S. 194-196.

[384] Vgl. etwa *Moxter* (1983), S. 177; a.A. *Richter* (2003), S. 328, der in der Berücksichtigung der Einkommensteuer eine Erleichterung sieht, weil „die Suche nach gleichwertigen Referenzobjekten unterbleibt oder erfolglos war". Da der Einbezug der persönlichen Steuern eine Reihe von Problemen aufwirft – bspw. welcher Steuersatz bei mehreren, an der Bewertung beteiligten Personen anzuwenden ist oder wie spezielle steuerrechtliche Regelungen (Verlustvorträge, etc.) berücksichtigt werden sollen –, ist die Ansicht von *Richter* differenziert zu sehen; vgl. ebenso *Braun* (2005), S. 131-132.

[385] Vgl. bereits *Engels* (1962), S. 553-558; *Wagner* (1972), S. 1637-1642 sowie *Wagner/Dirrigl* (1980), S. 7.

[386] Vgl. u.a. zu einer Systematisierung der in der Literatur genannten Vorschläge zur Einbeziehung der persönlichen Steuern in die Unternehmensbewertung *Richter* (2004), S. 22.

[387] Vgl. etwa *Barthel* (2007), S. 83 ff., der jüngst behauptet, der Einbezug von Unternehmens- und Einkommensteuern bei der Bestimmung von Unternehmenswerten führe zu „systematische[n] Fehler[n]". Ferner mit speziellem Bezug zur wertorientierten Unternehmensführung *Bühner/Tuschke* (1999), S. 12.

[388] Vgl. *Dinstuhl* (2003), S. 58.

[389] *Wagner/Nonnenmacher* (1981), S. 677. *Wenger* (2000), S. 178 spricht von der „Irrlehre vom ‚Unternehmen an sich'". Vgl. auch im Zusammenhang mit der Steuerreform 2008 *Ballwieser/Kruschwitz/Löffler* (2007), S. 765-769.

werden"[390] sollten, „auch wenn diese hinter einem komplex strukturierten Konzern stehen."[391] Letztendlich ist auch auf der Ebene einer bereichsbezogenen Unternehmensbewertung *Richter* zuzustimmen, dem zufolge „die Einkommensteuer explizit berücksichtigt werden"[392] muß.[393]

2.4.2.3 Bewertungsrelevante Bereichserträge

In der Literatur und Bewertungspraxis bestehen seit jeher unterschiedliche Ansichten darüber, wie die aus einem Unternehmen zukünftig zu erwartenden ‚Vorteilsströme' zu messen sind.[394] Entsprechend der Vielzahl von Ertragsbegriffen läßt sich, auch bei einer bereichsorientierten Unternehmensbewertung, zwischen

- zahlungsstromorientierten (*cashflow*orientierten)[395] und
- periodenerfolgsorientierten

Bewertungskalkülen differenzieren.[396]

2.4.2.3.1 Cashflowbasierte Erfolgsgrößen und deren Ermittlung im Rahmen einer integrierten Unternehmensplanung

Im Rahmen einer ertragswertorientierten Ermittlung des (bereichsbezogenen) Unternehmenswerts auf Basis von Zahlungsströmen stellen die Zahlungen an die Eigenkapitalgeber (*Netto Cashflow*) den bewertungsrelevanten Ertrag dar, wie *Mandl/Rabel* ausführen:

> „[D]as Ertragswertverfahren auf Grundlage von NCF beim Unternehmenseigner (Investor) [repräsentiert] das aus theoretischer Sicht richtige Bewertungsverfahren. Diese Feststellung ist gerade für den Bereich der Entscheidungswertermittlung zutreffend, da hier der beim

---

[390] Arbeitskreis „Finanzierung" der Schmalenbach-Gesellschaft (1996). S. 564. (beide Zitate), der diesem Postulat leider nicht nachkommt, vgl. Fn. 373, S. 51.
[391] *Dörschell/Schulte* (2002) im Zusammenhang der Beteiligungsbewertung für bilanzielle Zwecke mit Verweis auf *Beine* (1999), S. 1971 und *Kengelbach* (2000), S. 189.
[392] *Richter* (2003), S. 328.
[393] Insofern ist von der Fiktion eines unmittelbaren Privatbesitzes auszugehen. So erfassen etwa *Dinstuhl* (2003), S. 264 ff. und *Meier* (2001), S. 350 ff. die Einkommensteuer in ihren Beispielsrechnungen.
[394] Vgl. *Mandl/Rabel* (1997), S. 33 und S. 109, m.w.N.
[395] Die Vorliebe für *Cashflows* wird mitunter deutlich ausgedrückt: Der Auffassung *Copeland/Koller/Murrin* (2000), S. 347 folgend gilt, „Cash is King", *Hauschildt* (1993), Sp. 638 beobachtet eine „Rückbesinnung auf die ‚harte' Grundlage, d.h. auf die Zahlungsströme", *Fernández* (2006b) nennt sein Arbeitspapier plakativ „Cash flow is cash and is fact: Net income is just an opinion", während *Schneider* (1992), S. 712 in *Cashflows* generell den „Pfad der betriebswirtschaftlichen Tugend" erkennt.
[396] Vgl. *Mandl/Rabel* (1997), S. 33.

Bewertungssubjekt entstehende künftige Nutzen aus dem Unternehmen gemessen werden soll. Maßgeblich ist daher nicht ein vom Unternehmen erwirtschafteter Vorteil, der im Unternehmen selbst z.B. zu Reinvestitionszwecken verbleibt, sondern letztlich nur das, was beim Bewertungssubjekt ‚ankommt' und diesem zur beliebigen Bedürfnisbefriedigung zur Verfügung steht, somit der NCF beim (potentiellen) Eigner.[397]

Die Herleitung der auf Bereichsebene zu erwartenden ‚Ausschüttungen' erfolgt im Rahmen einer integrierten Bereichsplanung[398], deren Grundstruktur für die Beispielsrechnung so einfach wie möglich gehalten werden soll (vgl. Kap. 2.5, S. 56 ff.); Erweiterungen im Rahmen der praktischen Anwendung lassen sich bei Bedarf jederzeit vornehmen. Für die integrierte Bereichsplanung gilt die nachstehende vereinfachte Bilanzgliederung:[399]

Aktiva	Passiva
- Sachanlagen - Roh-, Hilfs- und Betriebsstoffe - Fertige Erzeugnisse - Forderungen aus Lieferungen und Leistungen	- Eigenkapital - Verbindlichkeiten aus Lieferungen und Leistungen - Zinstragende Verbindlichkeiten

Tab. 1:   Gliederung der Planbilanz

Die Erfolgsrechnung ist folgendermaßen aufgebaut:

	Umsatzerlöse
+/-	Bestandsveränderungen der fertigen Erzeugnisse
+	Sonstiger betrieblicher Ertrag
=	**Gesamtleistung**
+	Materialaufwand
=	**Rohertrag**
-	Personalaufwand
-	Sonstiger betrieblicher Aufwand
=	**Ergebnis vor Steuern, Zinsen und Abschreibungen (EBITDA)**
-	Abschreibungen
=	**Ergebnis vor Zinsen und Steuern (EBIT)**
-	Zinsaufwand (soweit zurechenbar)
=	**Ergebnis vor Steuern (EBT)**
-	Gewerbesteuer (soweit zurechenbar)
-	Körperschaftsteuer (soweit zurechenbar)
=	**Jahresüberschuß**
-	Thesaurierung
=	**Ausschüttung**

Tab. 2:   Gliederung der Planerfolgsrechnung

Der Finanzplan nimmt nachfolgende Gestalt an:

---

[397] *Mandl/Rabel* (1997), S. 110 (Hervorhebungen im Original).
[398] Vgl. Fn. 327, S. 40.
[399] Vgl. auch im folgenden *Dinstuhl* (2003), S. 20 ff.

Innenfinanzierung	
	EBIT
+	Abschreibungen
=	Operativer *Cashflow* vor Steuern
−	Gewerbesteuer (soweit zurechenbar)
−	Körperschaftsteuer (soweit zurechenbar)
=	Operativer *Cashflow* vor Veränderungen des *Working Capital*
Kapitalbindung im Working Capital	
+/−	Veränderungen der Roh-, Hilfs- und Betriebsstoffe
+/−	Veränderungen der fertigen Erzeugnisse
+/−	Veränderungen der Forderungen aus Lieferungen und Leistungen
+/−	Veränderungen der Verbindlichkeiten aus Lieferungen und Leistungen
=	Operativer *Cashflow* nach Veränderungen des *Working Capital*
Kapitalbindung durch Investitionen in Sachanlagen	
−	Investitionen
=	Zahlungen von oder an Gesamtkapitalgeber (*Free Cashflow*)
Kreditfinanzierung und -definanzierung	
−	Zinszahlungen (soweit zurechenbar)
+/−	Veränderungen des Fremdkapitalbestands (soweit zurechenbar)
=	Zahlung von oder an Fremdkapitalgeber (soweit zurechenbar)
Beteiligungsfinanzierung und Ausschüttung	
=	Zahlung von oder an Eigenkapitalgeber (*Netto Cashflow*)

Tab. 3: Gliederung der Finanzflußrechnung

Der entsprechend der Finanzflußrechnung berechnete, den Anteilseignern zufließende Zahlungsstrom ist im Rahmen einer Unternehmensbewertung noch um die Einkommensteuer zu vermindern (vgl. Tab. 4; Kap. 2.4.2.2, S. 50 ff.):

	Dividende (Ausschüttung)
=	**Netto *Cashflow* vor Einkommensteuer (NCF)**
−	Einkommensteuer auf die Dividende
=	**Netto *Cashflow* nach Einkommensteuer (NCF^S/NCF^{HEV})**

Tab. 4: Ermittlung des *Netto Cashflow* nach Einkommensteuer

2.4.2.3.2 Residualgewinnbasierte Erfolgsgrößen und deren Ermittlung im Rahmen einer integrierten Unternehmensplanung

Alternativ kann eine ertragswertorientierte Bereichsbewertung anhand von Residualgewinnen vorgenommen werden, die zu einem äquivalenten Bewertungsergebnis wie ein *cashflow*orientiertes Bewertungskalkül führt (vgl. Kap. 2.2.2, S. 15 ff.), solange die gleichen Bewertungsannahmen[400] unterstellt werden und eine Reihe weiterer Prämissen erfüllt ist.[401]

---

[400] Zur Systematisierung der Residualgewinnverfahren nach den Kriterien Brutto- und Nettoansatz sowie Risikozuschlags- und Sicherheitsäquivalentverfahren vgl. *Schumann* (2005), S. 23.
[401] Vgl. Fn. 127, S. 18 zu dem in Deutschland als *Lücke*-Theorem bekannten Kongruenzprinzip, das im angloamerikanischen Sprachraum in Anlehnung an *Edwards/Bell* (1961), S. 68; *Ohlson* (1995), S. 666; *Peasnell* (1982), S. 362; *Preinreich* (1937), S. 209-226; *Preinreich* (1938), S. 219-241 als *Clean Surplus Relation* bezeichnet wird. Zur Einhaltung des Kongruenzprinzips ist es notwendig,

Anknüpfungspunkt für die Herleitungen der Residualgewinne sind die Bereichsplanungen, wobei die Kapitalbasis[402] für die Berechnung der ‚Capital Charge' bspw. der Bilanzplanung entnommen werden kann. Der bewertungsrelevante Netto-Residualgewinn kann, wie in Tab. 5, abgebildet, bestimmt werden:[403]

	Netto-Cash-flow nach Einkommensteuer (NCF^S/NCF^{HEV})
+	Thesaurierung
=	**Gewinn (G^S/G^{HEV})**
-	Kapitalkosten
=	**Netto-Residualgewinn (NRG^S/NRG^{HEV})**

Tab. 5: Ermittlung des Netto-Residualgewinns nach Einkommensteuer

2.5 Anwendung von Bewertungskalkülen auf unterschiedlichen Aggregationsebenen eines Unternehmens (Beispielsrechnung Teil I)

2.5.1 Konzeption der Beispielsrechnung im Überblick

Die Argumentation der vorliegenden Arbeit wird durch eine Beispielsrechnung unterstützt, die in den jeweiligen Kapiteln über ein durchgängiges, sukzessive fortgesetztes Zahlenbeispiel miteinander verbunden ist.

Hierfür stellt die in diesem Unterkapitel vorgenommene Anwendung von Bewertungskalkülen auf unterschiedlichen Aggregationsebenen eines Unternehmens den Ausgangspunkt dar. Die Fokussierung auf einen Bereich des betrachteten Konzerns wird im Rahmen der Analyse der unterschiedlichen Varianten einer Performancemessung (vgl. Kap. 3.4, S. 113 ff.) beibehalten. Weitergehend erfolgt die Betrachtung eines Unternehmenserwerbs mit anschließender *Goodwill*allokation (vgl. Kap. 5.2. S, 302 ff.). Dies bietet wiederum die Gelegenheit, die Gemeinsamkeiten und Unterschiede einer bereichsbezogenen Unternehmensbewertung für

---

daß alle Änderungen des Eigenkapitalbuchwerts, abgesehen von direkten Transaktionen zwischen Eigentümern und Unternehmen, ergebniswirksam im Jahresüberschuß und damit in der Gewinn- und Verlustrechnung erfaßt werden.
Krotter (2006) ist es gelungen, Bewertungsgleichungen zu entwickeln, die auch bei Durchbrechungen des Kongruenzprinzips gewährleisten, auf Basis von Residualgewinnen oder *Cashflows* äquivalente Bewertungsergebnisse erzielen zu können. Dies erscheint vor dem Hintergrund wichtig, daß „[d]em Ideal eines reinen Clean Surplus Accounting [...] US-GAAP, IAS/IFRS sowie die handelsrechtliche Rechnungslegung allenfalls näherungsweise gerecht" werden, wie etwa *Zimmermann/Prokop* (2003), S. 137, m.w.N. herausstellen und von einem *in praxi* vorliegenden „Dirty Surplus Accounting" sprechen.

[402] Die absolute Höhe der gewählten Kapitalbasis hat keinen Einfluß auf den anhand von Residualgewinnen berechneten Unternehmenswert, da die Annahme einer höheren Kapitalbasis automatisch durch eine höhere Verrechnung von kalkulatorischen Zinsen aufgehoben wird und *vice versa*. Hingegen kommt im Rahmen der Performancemessung der „korrekten" Wahl der Kapitalbasis immense Bedeutung zu. Vgl. statt vieler *Richter/Honold*, (2000), S. 270 sowie Kap. 3.4, S. 113 ff.

[403] Vgl. zu dieser und weiteren Vorgehensweisen *Schumann* (2005), S. 25.

interne und externe Zwecke an der Beispielsrechnung zu veranschaulichen (vgl. Kap. 5.3.3, S. 331 ff.). Außerdem lassen sich hieran die Auswirkungen der verschiedenen Möglichkeiten eines Einbezugs von Geschäfts- oder Firmenwerten sowie deren etwaige Wertminderungen im Zeitablauf in die (unternehmens-)wertorientierte Performancemessung aufzeigen (vgl. Kap. 5.4.3, S. 386 ff.). Ebenso basiert die abschließend vorgestellte *Goodwill*veränderungsrechnung auf der Beispielsrechnung (vgl. Kap. 5.5, S. 420 ff.).

Einen Überblick über die Grundstruktur und das Zusammenwirken der verschiedenen Teile der Beispielsrechnung bietet Abb. 8:

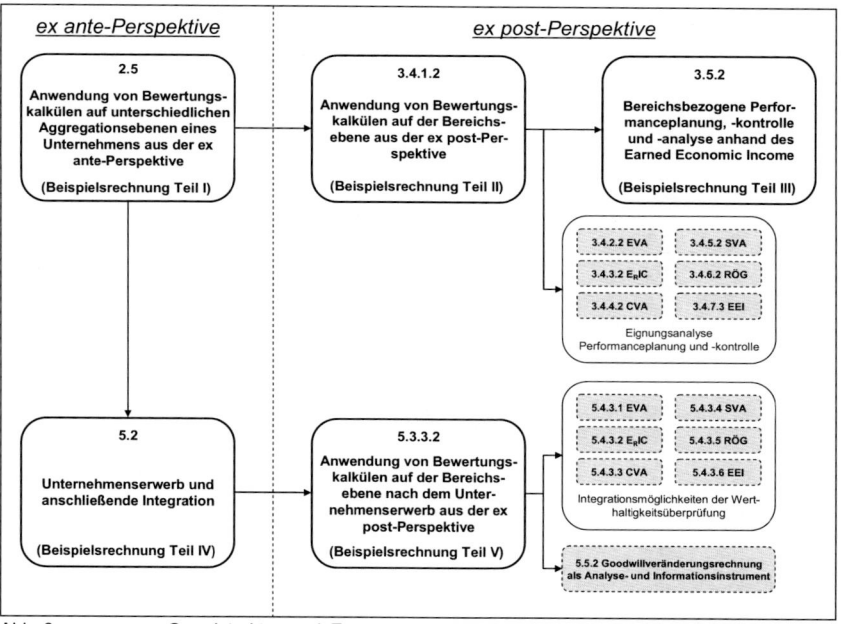

Abb. 8: Grundstruktur und Zusammenwirken der verschiedenen Teile der Beispielsrechnung

2.5.2 Bereichs-, Segment- und Konzernstruktur des Bewertungsobjekts

Der erste Teil der Beispielsrechnung soll die Anwendung der im vorstehenden Unterkapitel aufgezeigten Konzeption einer bereichsbezogenen Unternehmensbewertung für interne Zwecke verdeutlichen. Im Mittelpunkt der Betrachtung stehen die Bereiche B1 bis B10 des Konzerns K (vgl. Abb. 9, S. 58).

Der Konzern K hat die Rechtsform einer in Deutschland ansässigen Aktiengesellschaft, bei deren Anteilseignern es sich ohne Ausnahme um Steuerinländer handelt. Die Konzernführung erfolgt durch eine rechtlich selbständige *Holding*,[404] während die Konzernfinanzierung über eine rechtlich selbständige Finanzierungsgesellschaft vorgenommen wird.[405]

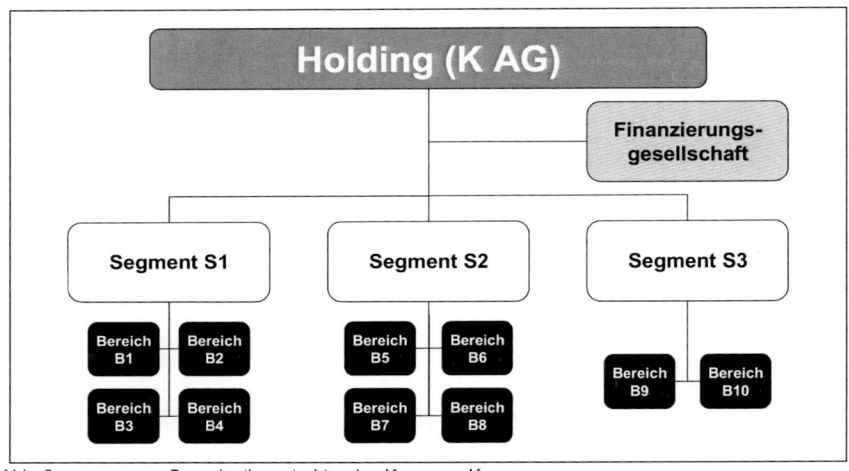

Abb. 9: Organisationsstruktur des Konzerns K

Das operative Geschäft des Konzerns K erbringen die zehn Bereiche, die unterschiedliche Produkte bzw. Produktgruppen herstellen und diese als Vorprodukte innerhalb des Konzerns oder als Endprodukte am Absatzmarkt veräußern. Wie in Abb. 9 verdeutlicht, sind die einzelnen Bereiche zu den drei Segmenten S1 bis S3 zusammengefaßt.

Abgesehen von der hier konzeptionell im Vordergrund stehenden Anwendung von Unternehmensbewertungskalkülen auf Bereichsebene, die im folgenden exemplarisch für den Bereich B1 dargestellt wird (vgl. Kap. 2.5.4.1, S. 61 ff.),[406] erfolgt anschließend ebenso eine Unternehmensbewertung auf den anderen ‚Aggregationsstufen' des betrachteten Konzerns (vgl. 2.5.4.2, S. 78 ff.), um die Verbindungs- und Verknüpfungsmöglichkeiten aufzuzeigen.

Neben der als vorziehenswürdig erachteten ertragswertorientierten Ausgestaltung einer bereichsbezogenen Unternehmensbewertung (vgl. Kap. 2.4.1, S. 26 ff.)

---

[404] Vgl. für einen Überblick hinsichtlich der Konzernorganisationsformen etwa *Hoffmann* (1992), S. 552-556.
[405] Vgl. Fn. 341, S. 46, daß bei der Finanzierung internationaler Konzerne die Zwischenschaltung einer ausländischen Finanzierungsgesellschaft aus steuerlichen Gesichtspunkten üblich ist.
[406] Für die Wertermittlung der Bereiche B2 bis B10 vgl. Anhang I, S. 443 ff.

soll aber – wegen ihrer praktischen Bedeutung sowie im Hinblick auf die angestrebte Konvergenzanalyse mit IAS 36 – auf kapitalmarktorientierte Bewertungen im folgenden nicht verzichtet werden, womit die in den vorstehenden Gliederungspunkten erörterten Gemeinsamkeiten und Unterschiede nochmals herausgestellt werden können.

2.5.3 Bewertungsprämissen

Für die bereichsbezogene Unternehmensbewertung wird von nachstehenden Annahmen ausgegangen:

- Die einzelnen Bereiche verfolgen eine autonome Finanzierungspolitik mit variierenden Fremdkapitalbeständen. Dabei ergibt sich der Kapitalbedarf der Bereiche aus ihren jeweiligen Investitionstätigkeiten in das Sachanlagevermögen, das zu einem bestimmten Anteil fremdfinanziert ist. Die bereichsspezifischen Fremdfinanzierungsquoten variieren in der Beispielsrechnung von 35,00% bis 70,00%. Das Fremdkapital wird den Bereichen von der Finanzierungsgesellschaft konzernintern zu einem pauschalen und konstanten Zinssatz (i^{ki}) i.H.v. 9,75% zur Verfügung gestellt und ist über eine Laufzeit von drei Jahren annuitätisch zu tilgen.[407]

- Falls nach der Fremdfinanzierung durch die Finanzierungsgesellschaft noch ‚Finanzierungslücken' auf Bereichsebene bestehen sollten, werden diese durch konzerninterne Eigenkapitalerhöhungen gedeckt (vgl. Kap. 2.4.2.1, S. 46 ff.).[408]

- Bei dem betrachteten Steuersystem handelt es sich um das Halbeinkünfteverfahren:[409] Der Hebesatz für die Gewerbesteuer (s_G) beläuft sich auf

---

[407] Bereichsspezifische Fremdkapitalkostensätze ließen sich ebenso in die Beispielsrechnung integrieren. Vgl. *Pfister* (2003), S. 263-280.
[408] Hierfür wird das gezeichnete Kapital der Bereiche aufgestockt (vgl. für Bereich B1 Tab. 7, S. 54). Bei der *Holding* führt dies zu einem sukzessiven Anstieg des Buchwerts der gehaltenen Beteiligungen sowie zu einem Ausweis eines höheren Beteiligungsergebnisses, vgl. Anhang I, Tab. 283, S. 458.
[409] Vgl. zur Unternehmenssteuerreform 2008 Fn. 359-363, alle S. 49. Zu ersten Partialüberlegungen der Auswirkungen auf die Unternehmensbewertung vgl. speziell *Aders* (2007), S. 2-7; *Dausend/Schmitt* (2007), S. 287-292; *Hommel/Pauly* (2007), S. 1155-1161; *Wiese* (2007b), S. 368-375.
Dennoch wird nachfolgend mit dem über den gesamten Zeitraum des Entstehens der vorliegenden Arbeit gültigen Halbeinkünfteverfahren gerechnet; eine Annahme, die sich mit *Kruschwitz* (2007), S. 51 treffend begründen läßt: „Kaum etwas hat in unserer Zeit eine geringere Haltbarkeitsdauer als Steuergesetze. Jemand, der vorgibt zu wissen, wie die Steuergesetze eines Landes in drei oder fünf Jahren oder in sogar noch fernerer Zukunft aussehen, macht sich absolut lächerlich. Wie soll man unter derartigen Umständen Unternehmen bewerten, die noch eine sehr lange Zukunft vor sich haben? Zwei vollkommen konträre Antworten liegen auf der Hand. Entweder begnügt man sich mit der Feststellung, dass eine seriöse Bewertung angesichts fehlender Informationen unmöglich ist, und wirft die Flinte ins Korn. Oder man bringt den Mut zu einer heroischen Annahme auf, indem man unterstellt, dass das im Bewertungszeitpunkt bekannte Steuerrecht bis auf weiteres er-

500%, die Körperschaftsteuer beträgt (s_K) 25,00%[410] und es wird ein typisierter Einkommensteuersatz (s_E) i.H.v. 35,00%[411] unterstellt.[412]

- Die Planungen erfolgen mehrwertig auf Basis von konzernweit festgelegten[413] Szenarien,[414] die folgende Eintrittswahrscheinlichkeiten aufweisen:[415] Szenario I (35,00%), Szenario II (40,00%) sowie Szenario III (25,00%). Auf dem Kapitalmarkt werden für diese Szenarien nachstehende Renditen des Aktienmarktes erwartet: 6,30%, 8,00% oder 9,00%.
- Vom Kapitalmarkt können Kapitalkosten eines (fiktiv) unverschuldeten Bereichs nach Steuern ($k_{EK}^{UV,S}$) i.H.v. 5,98%, die annahmegemäß Zeitinvarianz aufweisen, abgeleitet werden.[416]
- Die Planerfolge der Bereiche sind vollumfänglich an die *Holding* durchzuleiten.
- Zwischen den einzelnen Bereichen bestehen keine, über Risikoaspekte hinausgehende, Synergieeffekte.

---

halten bleibt. Das ist zweifellos eine sehr drastische Vereinfachung. Aber wer Unternehmen bewerten will, scheint keine andere Alternative zu haben. Ob die hier skizzierte Vereinfachung zu kleinen oder großen Bewertungsfehlern führt, kann niemand beantworten."

[410] Aus Vereinfachungsgründen wird auf den Solidaritätszuschlag verzichtet.

[411] Von der Progression des Einkommensteuertarifs wird abstrahiert und ein proportionaler Einkommensteuersatz in Anlehnung an die Empfehlungen des *IDW* (2005a), S. 1309 unterstellt, das einen typisierten Ertragsteuersatz i.H.v. 35% „nach statistischen Erhebungen als vertretbar" für einen „im Inland ansässigen unbeschränkt steuerpflichtigen Unternehmenseigner und bei Kapitalgesellschaften eines Anteilseigners, der die Unternehmensanteile im Privatvermögen hält", ansieht. Vgl. auch *Siepe* (1997), S. 4.

[412] Die betrachteten Ertragsteuern sind im Rahmen der Unternehmensbewertung als am bedeutsamsten zu erachten, vgl. etwa *Braun* (2005), S. 138, m.w.N. Weitere Steuerarten (Verkehrsteuern, Zölle, etc.) werden nicht berücksichtigt. Es wird weitergehend angenommen, daß ein eventueller Kapitalbedarf des Unternehmens (negative Ausschüttungen) im gleichen Jahr bei den Anteilseignern zu einem Verlustausgleich bei der Einkommensteuer führt.

[413] Zur Szenariotechnik im Rahmen des Beteiligungscontrolling vgl. *Dolny* (2003), S. 212, der „eine konzernweit einheitliche Planung mittels der Vorgabe von Umweltszenarien" vorschlägt.

[414] Vgl. allgemein zur Szenariotechnik und Unternehmensplanung *Jenner* (2006), *Welge/Eulerich* (2007), jeweils m.w.N.

[415] Hierzu wird *Dirrigl* (1988), S. 165 f. gefolgt: „Da die zukunftsorientierte Erfolgsprognose unter Unsicherheit erfolgt, kann es sich empfehlen das bestehende Risiko dadurch offenzulegen, daß die Erfolgsprognose (für verschiedene Erfolgskomponenten oder Bewertungsperioden) nicht ein- sondern mehrwertig vorgenommen wird. Angegeben werden sollen dann die verschiedenen, für möglich gehaltenen Entwicklungen der verschiedenen erfolgsbeeinflussenden Faktoren, denen ‚Glaubwürdigkeitsziffern' in Form von subjektiven Wahrscheinlichkeiten zugeordnet werden. Eine solche Differenzierung der Erfolgsprognose setzt voraus, daß von einer ‚Risikosituation' ausgegangen werden kann. Eine solche wird in der entscheidungstheoretischen Literatur als spezielle Ausprägung von Unsicherheit betrachtet, die im Gegensatz zur Ungewißheitssituation im engeren Sinne dadurch charakterisiert wird, daß den denkbaren (Umwelt-)Zuständen Eintrittswahrscheinlichkeiten zugeordnet werden können."

[416] Die Bestimmung der Eigenkapitalkosten wird aufgrund der damit einhergehenden Schwierigkeiten von *Dinstuhl* (2002), S. 84, m.w.N., zutreffend als „Achillesferse der wertorientierten Unternehmensführung" bezeichnet.

Für die ergänzend vorzunehmende konzern- und segmentbezogene Unternehmensbewertung gelten folgende Prämissen:[417]

- Die Verschuldungspolitik des Konzerns K wird durch die Fremdkapitalbedarfe der Bereiche B1 bis B10 und der Finanzierungsgesellschaft FG bestimmt. Der konzernexterne Fremdkapitalkostensatz (i^{ke}), zu dem sich die Finanzierungsgesellschaft refinanziert, bevor das Fremdkapital konzernintern ‚weiterverteilt' wird, beträgt 7,00% und entspricht dem risikofreien Zinssatz.[418] Beide Zinssätze sollen im Zeitablauf annahmegemäß konstant sein.
- Die mit Eigenkapital zu schließenden Finanzierungsbedarfe des Konzerns K werden durch entsprechende Thesaurierungen von Gewinnen bei der *Holding* aufgebracht.[419]
- Die Ausschüttungspolitik erfolgt residual.[420]
- Im Rahmen eines *Cashpooling*systems werden die Zahlungsüberschüsse der einzelnen Bereiche an die *Holding* abgeführt.[421]

2.5.4 Bewertung auf unterschiedlichen Unternehmensebenen

2.5.4.1 Bereichsbezogene Unternehmensbewertung

2.5.4.1.1 Bereichsbezogene Erfolgsprognose im Überblick

Für die zehn Bereiche B1-10, die Finanzierungsgesellschaft FG, als auch die *Holding* H wird eine integrierte Unternehmensplanung vorgenommen.[422] Diese orientiert sich an dem Vorschlag von *Henselmann*, das *Value Driver*-Modell von *Rappaport*[423] mit einer integrierten Erfolgs-, Bilanz- und Finanzplanung zu verknüpfen.[424] Weitergehend wird mit Hilfe von Szenarien eine Erweiterung um die Unsicher-

---

[417] Vgl. ähnlich *Dinstuhl* (2003), S. 217 f.
[418] Ein Insolvenzrisiko wird in der Beispielsrechnung bei der Unternehmensbewertung nicht berücksichtigt, zumal Teile der Literatur zu dem Ergebnis kommen, Kreditausfälle hätten keinen Einfluß auf den Unternehmenswert. Vgl. vor allem *Kruschwitz/Lodowicks/Löffler* (2005), S. 221-236. A.A. hingegen *Homburg/Stephan/Weiß* (2004), S. 276-295.
[419] Eine ‚Schütt-aus-Hol-zurück-Politik' ist im Halbeinkünfteverfahren nicht mehr von Vorteil. Vgl. hierzu grundsätzlich *Dirrigl* (2001), Sp. 1899-1906. Zur Ausschüttungspolitik – trotz mittlerweile mehrfach überarbeiteten Steuersystems – grundlegend *Dirrigl/Wagner* (1993), S. 261-286.
[420] Vgl. ausführlich zu einer ausführlichen Darstellung und Analyse einer residualen Ausschüttungspolitik *Braun* (2005), S. 146-157, m.w.N.
[421] Vgl. zum *Cashpooling* allgemein etwa *Oho/Eberach* (2001), S. 825-830. Zu Haftungsrisiken beim konzernweiten *Cashpooling* vgl. *Seibold* (2005), S. 77-80 sowie *Ruhser* (2004) zu Zweifelsfragen des § 8a KStG bei *Cashpooling* im Konzern.
[422] Vgl. Anhang I, S. 443 ff. zu den integrierten Planungen der Bereiche B2-10, der Finanzierungsgesellschaft FG sowie der *Holding* H.
[423] Vgl. *Rappaport* (1998), S. 56 ff.
[424] Vgl. *Henselmann* (1999), S. 511-521.

heitsdimension vorgenommen[425] und der Kapitaldienst für das aufgenommene Fremdkapital explizit modelliert.

Die in den nachstehenden Tabellen wiedergegebene Erfolgsplanung für den Bereich B1 weist folgende Grundstruktur auf:

- *Value Driver* (Tab. 6, S. 63),
- Bilanzen (Tab. 7und Tab. 8, S. 63-64),
- Erfolgsrechnungen (Tab. 9 und Tab. 10, S. 64-65)
- an Fremdkapitalgeber zu leistende Kapitaldienste (Tab. 11, S. 66),
- Investitionen, Abschreibungen und Fremdkapitalveränderungen (Tab. 12 und Tab. 13, beide S. 67) sowie
- bewertungsrelevante Erfolgsgrößen (Tab. 14 bis Tab. 17, S. 67-69).

Hieran anknüpfend erfolgen bereichsbezogene Unternehmensbewertungen anhand von leistungswirtschaftlichen (vgl. Kap. 2.5.4.1.2, S. 70 ff.) und marktwertorientierten (vgl. Kap. 2.5.4.1.3, S. 72 ff.) Bewertungskalkülen.

---

[425] Ähnlich bereits *Dirrigl* (2004b), S. 109 ff.

Bereichsorientierte Unternehmensbewertung

Jahr	2008			2009			2010			2011			2012 ff.		
Szenario	I	II	III	I	II	III	I	II	III	I	II	III	I	II	III
Eintrittswahrscheinlichkeit	0,35	0,40	0,25	0,35	0,40	0,25	0,35	0,40	0,25	0,35	0,40	0,25	0,35	0,40	0,25
Umsatzwachstum (in % zum Vorjahr)	2,00%	6,00%	8,00%	9,00%	10,00%	11,00%	7,00%	8,00%	9,00%	7,00%	6,00%	8,00%	0,00%	0,00%	0,00%
Materialeinsatz (in % der Gesamtleistung)	39,50%	39,00%	37,50%	40,00%	39,50%	38,00%	41,00%	40,00%	39,50%	42,00%	40,00%	39,50%	43,00%	38,50%	37,00%
Personalaufwand (in % der Gesamtleistung)	10,50%	10,00%	9,50%	11,00%	11,50%	12,00%	12,00%	12,00%	11,50%	12,00%	12,50%	12,50%	12,00%	12,50%	12,50%
Sonstiger Aufwand (in % der Gesamtleistung)	6,50%	6,00%	5,00%	7,00%	6,50%	5,50%	8,00%	6,00%	5,00%	10,00%	9,00%	8,00%	10,00%	9,00%	8,00%
Innenumsatzquote (in % des Umsatzes)	5,00%	5,00%	5,00%	5,00%	5,00%	5,00%	5,00%	5,00%	5,00%	5,00%	5,00%	5,00%	5,00%	5,00%	5,00%
Bestand an Vorräten (in % des Umsatzes)	21,00%	20,00%	20,50%	20,50%	21,50%	21,50%	22,00%	21,50%	22,00%	23,00%	23,00%	22,00%	23,00%	23,00%	23,00%
Bestand an FE (in % des Umsatzes)	23,00%	25,00%	23,00%	25,00%	25,00%	22,50%	25,00%	26,00%	25,00%	25,00%	27,00%	25,50%	25,00%	27,00%	25,50%
Forderungen aus LuL (in % des Umsatzes)	11,00%	10,00%	10,50%	11,50%	11,00%	10,00%	10,00%	11,00%	11,50%	9,00%	10,00%	10,50%	9,00%	10,00%	10,50%
Verb. aus LuL (in % des Umsatzes)	5,00%	5,00%	5,50%	5,00%	6,00%	5,50%	5,50%	6,00%	7,00%	6,00%	7,00%	8,00%	6,00%	7,00%	8,00%

Tab. 6: Geplante *Value Driver* des Bereichs B1 für die Jahre 2008 bis 2012 ff.

Jahr	2007[426]	2008			2009			2010			2011		
Szenario		I	II	III	I	II	III	I	II	III	I	II	III
Eintrittswahrscheinlichkeit		0,35	0,40	0,25	0,35	0,40	0,25	0,35	0,40	0,25	0,35	0,40	0,25
Sachanlagen	9.666,67	10.333,33	10.333,33	10.333,33	9.333,33	9.333,33	9.333,33	9.933,33	9.933,33	9.933,33	10.466,67	10.466,67	10.466,67
Vorräte	4.200,00	4.284,00	4.240,00	4.428,00	4.558,38	4.780,60	5.154,84	5.115,39	5.540,83	5.488,11	5.600,76	6.140,25	6.491,65
FE	4.800,00	4.692,00	5.300,00	4.968,00	5.559,00	5.830,00	5.394,60	6.067,09	6.548,26	6.533,46	6.364,50	7.208,12	7.197,26
Forderungen aus LuL	2.100,00	2.244,00	2.120,00	2.268,00	2.557,14	2.565,20	2.397,60	2.379,25	2.770,42	3.005,39	2.291,22	2.669,67	2.963,58
Summe Aktiva	**20.766,67**	**21.553,33**	**21.993,33**	**21.997,33**	**22.007,85**	**22.509,13**	**22.280,37**	**23.495,07**	**24.792,84**	**24.960,29**	**24.723,14**	**26.484,71**	**27.119,15**
Eigenkapital	14.186,89	14.148,11	14.548,11	14.424,11	15.091,38	15.305,26	15.157,02	16.058,97	17.154,19	17.003,41	16.737,76	18.158,03	18.403,28
Verb. ggü. vU	5.929,77	6.385,23	6.385,23	6.385,23	5.804,67	5.804,67	5.804,67	6.127,51	6.127,51	6.127,51	6.457,91	6.457,91	6.457,91
Verb. aus LuL	650,00	1.020,00	1.060,00	1.188,00	1.111,80	1.399,20	1.318,68	1.308,59	1.511,14	1.829,37	1.527,48	1.868,77	2.257,96
Summe Passiva	**20.766,67**	**21.553,33**	**21.993,33**	**21.997,33**	**22.007,85**	**22.509,13**	**22.280,37**	**23.495,07**	**24.792,84**	**24.960,29**	**24.723,14**	**26.484,71**	**27.119,15**

Tab. 7: Geplante Bilanzen des Bereichs B1 für die Jahre 2008 bis 2011[427]

---

[426] Die Ist-Zahlen für das Jahr 2007 werden vorgegeben.
[427] Durch den Einsatz von *Microsoft Excel* treten systembedingt geringfügige Rundungsdifferenzen auf.

Bereichsorientierte Unternehmensbewertung

Jahr	2012			2013			2014			2015 ff.		
Szenario	I	II	III	I	II	III	I	II	III	I	II	III
Eintrittswahrscheinlichkeit	0,35	0,40	0,25	0,35	0,40	0,25	0,35	0,40	0,25	0,35	0,40	0,25
Sachanlagen	10.466,67	10.466,67	10.466,67	10.133,33	10.133,33	10.133,33	10.000,00	10.000,00	10.000,00	10.000,00	10.000,00	10.000,00
Vorräte	5.600,76	6.140,25	6.491,65	5.600,76	6.140,25	6.491,65	5.600,76	6.140,25	6.491,65	5.600,76	6.140,25	6.491,65
FE	6.364,50	7.208,12	7.197,26	6.364,50	7.208,12	7.197,26	6.364,50	7.208,12	7.197,26	6.364,50	7.208,12	7.197,26
Forderungen aus LuL	2.291,22	2.669,67	2.963,58	2.291,22	2.669,67	2.963,58	2.291,22	2.669,67	2.963,58	2.291,22	2.669,67	2.963,58
Summe Aktiva	**24.723,14**	**26.484,71**	**27.119,15**	**24.389,81**	**26.151,37**	**26.785,82**	**24.256,48**	**26.018,04**	**26.652,48**	**24.256,48**	**26.018,04**	**26.652,48**
Eigenkapital	16.711,23	18.131,50	18.376,75	16.588,98	18.009,25	18.254,50	16.543,20	17.963,47	18.208,72	16.543,20	17.963,47	18.208,72
Verb. ggü. vU	6.484,44	6.484,44	6.484,44	6.273,35	6.273,35	6.273,35	6.185,80	6.185,80	6.185,80	6.185,80	6.185,80	6.185,80
Verb. aus LuL	1.527,48	1.868,77	2.257,96	1.527,48	1.868,77	2.257,96	1.527,48	1.868,77	2.257,96	1.527,48	1.868,77	2.257,96
Summe Passiva	**24.723,14**	**26.484,71**	**27.119,15**	**24.389,81**	**26.151,37**	**26.785,82**	**24.256,48**	**26.018,04**	**26.652,48**	**24.256,48**	**26.018,04**	**26.652,48**

Tab. 8: Geplante Bilanzen des Bereichs B1 für die Jahre 2012 bis 2015 ff.

Jahr	2007	2008			2009			2010			2011		
Szenario		I	II	III	I	II	III	I	II	III	I	II	III
Eintrittswahrscheinlichkeit		0,35	0,40	0,25	0,35	0,40	0,25	0,35	0,40	0,25	0,35	0,40	0,25
Gesamtumsätze	20.000,00	20.400,00	21.200,00	21.600,00	22.236,00	23.320,00	23.976,00	23.792,52	25.185,60	26.133,84	25.458,00	26.696,74	28.224,55
Innenumsätze		1.020,00	1.060,00	1.080,00	1.111,80	1.166,00	1.198,80	1.189,63	1.259,28	1.306,69	1.272,90	1.334,84	1.411,23
Bestandsveränderungen FE		-108,00	500,00	168,00	867,00	530,00	426,60	508,09	718,26	1.138,86	297,41	659,86	663,80
Gesamtleistung		20.292,00	21.700,00	21.768,00	23.103,00	23.850,00	24.402,60	24.300,61	25.903,86	27.272,70	25.755,40	27.356,60	28.888,35
Materialeinsatz		-8.015,34	-8.463,00	-8.163,00	-9.241,20	-9.420,75	-9.272,99	-9.963,25	-10.361,54	-10.772,72	-10.817,27	-10.942,64	-11.410,90
Rohertrag		12.276,66	13.237,00	13.605,00	13.861,80	14.429,25	15.129,61	14.337,36	15.542,31	16.499,98	14.938,13	16.413,96	17.477,45
Personalaufwendungen		-2.130,66	-2.170,00	-2.067,96	-2.541,33	-2.742,75	-2.928,31	-3.037,58	-3.108,46	-3.136,36	-3.090,65	-3.419,57	-3.611,04
Sonstiger Aufwendungen		-1.318,98	-1.302,00	-1.088,40	-1.617,21	-1.550,25	-1.342,14	-1.944,05	-1.554,23	-1.363,64	-2.575,54	-2.462,09	-2.311,07
EBITDA		**8.827,02**	**9.765,00**	**10.448,64**	**9.703,26**	**10.136,25**	**10.859,16**	**9.355,74**	**10.879,62**	**11.999,99**	**9.271,95**	**10.532,29**	**11.555,34**
Abschreibungen		-4.333,33	-4.333,33	-4.333,33	-5.000,00	-5.000,00	-5.000,00	-5.000,00	-5.000,00	-5.000,00	-4.866,67	-4.866,67	-4.866,67
EBIT		**4.493,69**	**5.431,67**	**6.115,31**	**4.703,26**	**5.136,25**	**5.859,16**	**4.355,74**	**5.879,62**	**6.999,99**	**4.405,28**	**5.665,62**	**6.688,67**
Zinsen		-578,15	-578,15	-578,15	-622,56	-622,56	-622,56	-565,96	-565,96	-565,96	-597,43	-597,43	-597,43
Gewerbesteuer		840,92	1.028,52	1.165,25	878,40	964,99	1.109,58	814,55	1.119,33	1.343,40	821,31	1.073,38	1.277,99
Körperschaftsteuer		768,65	956,25	1.092,98	800,58	887,17	1.031,76	743,81	1.048,58	1.272,66	746,63	998,70	1.203,31
Jahresüberschuß		2.305,96	2.868,75	3.278,93	2.401,73	2.661,52	3.095,27	2.231,42	3.145,75	3.817,97	2.239,90	2.996,11	3.609,94
Thesaurierung		-38,79	361,21	237,21	943,28	757,16	732,92	967,59	1.848,93	1.846,39	678,78	1.003,84	1.399,86
Ausschüttung		**2.344,74**	**2.507,53**	**3.041,72**	**1.458,45**	**1.904,37**	**2.362,35**	**1.263,83**	**1.296,82**	**1.971,58**	**1.561,12**	**1.992,27**	**2.210,07**

Tab. 9: Geplante Erfolgsrechnungen des Bereichs B1 für die Jahre 2008 bis 2011

Bereichsorientierte Unternehmensbewertung

Jahr	2012			2013			2014			2015 ff.		
Szenario	I	II	III	I	II	III	I	II	III	I	II	III
Eintrittswahrscheinlichkeit	0,35	0,40	0,25	0,35	0,40	0,25	0,35	0,40	0,25	0,35	0,40	0,25
Gesamtumsätze	25.458,00	26.696,74	28.224,55	25.458,00	26.696,74	28.224,55	25.458,00	26.696,74	28.224,55	25.458,00	26.696,74	28.224,55
Innenumsätze	1.272,90	1.334,84	1.411,23	1.272,90	1.334,84	1.411,23	1.272,90	1.334,84	1.411,23	1.272,90	1.334,84	1.411,23
Bestandsveränderungen FE	0,00	0,00	0,00	0,00	0,00	0,00	0,00	0,00	0,00	0,00	0,00	0,00
Gesamtleistung	25.458,00	26.696,74	28.224,55	25.458,00	26.696,74	28.224,55	25.458,00	26.696,74	28.224,55	25.458,00	26.696,74	28.224,55
Materialeinsatz	-10.946,94	-10.278,24	-10.443,08	-10.946,94	-10.278,24	-10.443,08	-10.946,94	-10.278,24	-10.443,08	-10.946,94	-10.278,24	-10.443,08
Rohertrag	14.511,06	16.418,49	17.781,46	14.511,06	16.418,49	17.781,46	14.511,06	16.418,49	17.781,46	14.511,06	16.418,49	17.781,46
Personalaufwendungen	-3.054,96	-3.337,09	-3.528,07	-3.054,96	-3.337,09	-3.528,07	-3.054,96	-3.337,09	-3.528,07	-3.054,96	-3.337,09	-3.528,07
Sonstiger Aufwendungen	-2.545,80	-2.402,71	-2.257,96	-2.545,80	-2.402,71	-2.257,96	-2.545,80	-2.402,71	-2.257,96	-2.545,80	-2.402,71	-2.257,96
EBITDA	8.910,30	10.678,69	11.995,43	8.910,30	10.678,69	11.995,43	8.910,30	10.678,69	11.995,43	8.910,30	10.678,69	11.995,43
Abschreibungen	-5.000,00	-5.000,00	-5.000,00	-5.333,33	-5.333,33	-5.333,33	-5.133,33	-5.133,33	-5.133,33	-5.000,00	-5.000,00	-5.000,00
EBIT	3.910,30	5.678,69	6.995,43	3.576,97	5.345,36	6.662,10	3.776,97	5.545,36	6.862,10	3.910,30	5.678,69	6.995,43
Zinsen	-629,65	-629,65	-629,65	-632,23	-632,23	-632,23	-611,65	-611,65	-611,65	-603,12	-603,12	-603,12
Gewerbesteuer	719,10	1.072,77	1.336,12	652,17	1.005,85	1.269,20	694,23	1.047,91	1.311,25	721,75	1.075,43	1.338,77
Körperschaftsteuer	640,39	994,07	1.257,42	573,14	926,82	1.190,17	617,77	971,45	1.234,80	646,36	1.000,04	1.263,39
Jahresüberschuß	1.921,17	2.982,21	3.772,25	1.719,42	2.780,46	3.570,50	1.853,31	2.914,35	3.704,39	1.939,08	3.000,11	3.790,16
Thesaurierung	-26,53	-26,53	-26,53	-122,24	-122,24	-122,24	-45,79	-45,79	-45,79	0,00	0,00	0,00
Ausschüttung	1.947,70	3.008,74	3.798,78	1.841,66	2.902,70	3.692,75	1.899,10	2.960,14	3.750,18	1.939,08	3.000,11	3.790,16

Tab. 10: Geplante Erfolgsrechnungen des Bereichs B1 für die Jahre 2012 bis 2015 ff.[428]

---

[428] Die in den Jahren 2013 bis 2016 zu verzeichnenden Veränderungen der bewertungsrelevanten Parameter resultieren aus einem noch nicht ‚ausgeglichenen' Fremdkapitalbestand. Zu einer Verbesserung der Prognosegüte bei der Unternehmensbewertung und Konvergenzprozessen in der Restwertperiode vgl. *Weiler* (2005). Bezüglich des Einflusses von Steuern und der Kapitalstruktur vgl. *Dirrigl* (2004a) sowie *Lobe* (2006), jeweils m.w.N.

Jahr	2005	2006	2007	2008	2009	2010	2011	2012	2013	2014	2015 ff.
Investitionen	3.000,00	4.000,00	6.000,00	5.000,00	4.000,00	5.600,00	5.400,00	5.000,00	5.000,00	5.000,00	5.000,00
Fremdfinanzierungsquote	60,00%	60,00%	60,00%	60,00%	60,00%	60,00%	60,00%	60,00%	60,00%	60,00%	60,00%
Fremdfinanzierte Investitionen	1.800,00	2.400,00	3.600,00	3.000,00	2.400,00	3.360,00	3.240,00	3.000,00	3.000,00	3.000,00	3.000,00
Investitionsjahrgangsspezifische Entwicklung des Amortisationskapitals											
2005	1.800,00	1.254,88	656,60								
2006		2.400,00	1.673,17	875,47							
2007			3.600,00	2.509,75	1.313,21						
2008				3.000,00	2.091,46	1.094,34					
2009					2.400,00	1.673,17	875,47				
2010						3.360,00	2.342,44	1.225,66			
2011							3.240,00	2.258,78	1.181,89		
2012								3.000,00	2.091,46	1.094,34	
2013									3.000,00	2.091,46	1.094,34
2014										3.000,00	2.091,46
2015 ff.											3.000,00
Σ	1.800,00	3.654,88	5.929,77	6.385,23	5.804,67	6.127,51	6.457,91	6.484,44	6.273,35	6.185,80	6.185,80
Investitionsjahrgangsspezifische Entwicklung des Kapitaldienstes											
2005		720,62	720,62	720,62							
2006			960,83	960,83	960,83						
2007				1.441,25	1.441,25	1.441,25					
2008					1.201,04	1.201,04	1.201,04				
2009						960,83	960,83	960,83			
2010							1.345,16	1.345,16	1.345,16		
2011								1.297,12	1.297,12	1.297,12	
2012									1.201,04	1.201,04	1.201,04
2013										1.201,04	1.201,04
2014											1.201,04
2015 ff.											
Σ	0,00	720,62	1.681,45	3.122,70	3.603,12	3.603,12	3.507,03	3.603,12	3.843,32	3.699,20	3.603,12

Tab. 11: Geplante Entwicklung des Kapitaldiensts und des fremdfinanzierten Amortisationskapitals des Bereichs B1 für die Jahre 2008 bis 2015 ff.[429]

---

[429] Die Berechnungen erfolgen unter der Annahme annuitätischer Tilgungen über einen Zeitraum von drei Jahren. Vgl. hierzu auch den jeweiligen Bilanzansatz in Tab. 7 und Tab. 8, beide S. 63-64. Zu den Vorteilen der Annuitätenstruktur sowie entsprechenden Bewertungsgleichungen vgl. *Dirrigl* (2003), S. 155.

Bereichsorientierte Unternehmensbewertung 67

Jahr	2008			2009			2010			2011		
Szenario	I	II	III	I	II	III	I	II	III	I	II	III
Periode	0,35	0,40	0,25	0,35	0,40	0,25	0,35	0,40	0,25	0,35	0,40	0,25
Investitionen in Sachanlagen	5.000,00	5.000,00	5.000,00	4.000,00	4.000,00	4.000,00	5.600,00	5.600,00	5.600,00	5.400,00	5.400,00	5.400,00
Abschreibungen auf Sachanlagen	4.333,33	4.333,33	4.333,33	5.000,00	5.000,00	5.000,00	5.000,00	5.000,00	5.000,00	4.866,67	4.866,67	4.866,67
Zinsen (konzernintern, soweit zurechenbar)	9,75%	9,75%	9,75%	9,75%	9,75%	9,75%	9,75%	9,75%	9,75%	9,75%	9,75%	9,75%
Kreditaufnahme (konzernintern, soweit zurechenbar)	3.000,00	3.000,00	3.000,00	2.400,00	2.400,00	2.400,00	3.360,00	3.360,00	3.360,00	3.240,00	3.240,00	3.240,00
Kredittilgung (konzernintern, soweit zurechenbar)	2.544,55	2.544,55	2.544,55	2.980,56	2.980,56	2.980,56	3.037,16	3.037,16	3.037,16	2.909,60	2.909,60	2.909,60

Tab. 12: Geplante Investitionen, Abschreibungen, Kreditaufnahme und Tilgung des Bereichs B1 für die Jahre 2008 bis 2011

Jahr	2012			2013			2014			2015 ff.		
Szenario	I	II	III	I	II	III	I	II	III	I	II	III
Periode	0,35	0,40	0,25	0,35	0,40	0,25	0,35	0,40	0,25	0,35	0,40	0,25
Investitionen in Sachanlagen	5.000,00	5.000,00	5.000,00	5.000,00	5.000,00	5.000,00	5.000,00	5.000,00	5.000,00	5.000,00	5.000,00	5.000,00
Abschreibungen auf Sachanlagen	5.000,00	5.000,00	5.000,00	5.333,33	5.333,33	5.333,33	5.133,33	5.133,33	5.133,33	5.000,00	5.000,00	5.000,00
Zinsen (konzernintern, soweit zurechenbar)	9,75%	9,75%	9,75%	9,75%	9,75%	9,75%	9,75%	9,75%	9,75%	9,75%	9,75%	9,75%
Kreditaufnahme (konzernintern, soweit zurechenbar)	3.000,00	3.000,00	3.000,00	3.000,00	3.000,00	3.000,00	3.000,00	3.000,00	3.000,00	3.000,00	3.000,00	3.000,00
Kredittilgung (konzernintern, soweit zurechenbar)	2.973,47	2.973,47	2.973,47	3.211,09	3.211,09	3.211,09	3.087,55	3.087,55	3.087,55	3.000,00	3.000,00	3.000,00

Tab. 13: Geplante Investitionen, Abschreibungen, Kreditaufnahme und Tilgung des Bereichs B1 für die Jahre 2012 bis 2015 ff.

Jahr	2008			2009			2010			2011		
Szenario	I	II	III	I	II	III	I	II	III	I	II	III
Eintrittswahrscheinlichkeit	0,35	0,40	0,25	0,35	0,40	0,25	0,35	0,40	0,25	0,35	0,40	0,25
EBIT	4.493,69	5.431,67	6.115,31	4.703,26	4.493,69	5.431,67	6.115,31	4.703,26	4.493,69	5.431,67	6.115,31	4.703,26
Adaptierte Gewerbesteuer	898,74	1.086,33	1.223,06	940,65	898,74	1.086,33	1.223,06	940,65	898,74	1.086,33	1.223,06	940,65
Adaptierte Körperschaftsteuer	898,74	1.086,33	1.223,06	940,65	898,74	1.086,33	1.223,06	940,65	898,74	1.086,33	1.223,06	940,65
Abschreibungen	-4.333,33	-4.333,33	-4.333,33	-5.000,00	-4.333,33	-4.333,33	-4.333,33	-5.000,00	-4.333,33	-4.333,33	-4.333,33	-5.000,00
Veränderungen des Nettoumlaufvermögens	250,00	-150,00	-26,00	-1.362,72	250,00	-150,00	-26,00	-1.362,72	250,00	-150,00	-26,00	-1.362,72
Cashflow aus operativer Tätigkeit	7.279,55	7.442,33	7.976,52	6.459,24	7.279,55	7.442,33	7.976,52	6.459,24	7.279,55	7.442,33	7.976,52	6.459,24
Cashflow aus Investitionen	-5.000,00	-5.000,00	-5.000,00	-4.000,00	-5.000,00	-5.000,00	-5.000,00	-4.000,00	-5.000,00	-5.000,00	-5.000,00	-4.000,00
FCF vor adaptierter Einkommensteuer	2.279,55	2.442,33	2.976,52	2.459,24	2.279,55	2.442,33	2.976,52	2.459,24	2.279,55	2.442,33	2.976,52	2.459,24
Adaptierte Einkommensteuer	398,92	427,41	520,89	430,37	398,92	427,41	520,89	430,37	398,92	427,41	520,89	430,37
FCF nach adaptierter Einkommensteuer	1.880,62	2.014,93	2.455,63	2.028,87	1.880,62	2.014,93	2.455,63	2.028,87	1.880,62	2.014,93	2.455,63	2.028,87

Tab. 14: Geplante *Free Cashflows* des Bereichs B1 für die Jahre 2008 bis 2011

Bereichsorientierte Unternehmensbewertung

Jahr	2012			2013			2014			2015 ff.		
Szenario	I	II	III	I	II	III	I	II	III	I	II	III
Eintrittswahrscheinlichkeit	0,35	0,40	0,35	0,35	0,40	0,35	0,35	0,40	0,35	0,40	0,25	0,35
EBIT	3.910,30	5.678,69	3.776,97	3.776,97	5.545,36	3.776,97	5.545,36	4.493,69	5.431,67	6.115,31	4.703,26
Adaptierte Gewerbesteuer	782,06	1.135,74	755,39	755,39	1.109,07	755,39	1.109,07	898,74	1.086,33	1.223,06	940,65
Adaptierte Körperschaftsteuer	782,06	1.135,74	755,39	755,39	1.109,07	755,39	1.109,07	898,74	1.086,33	1.223,06	940,65
Abschreibungen	-5.000,00	-5.000,00	-5.133,33	-5.133,33	-5.133,33	-5.133,33	-5.133,33	-4.333,33	-4.333,33	-4.333,33	-5.000,00
Veränderungen des Nettoumlaufvermögens	0,00	0,00	0,00	0,00	0,00	0,00	0,00	250,00	-150,00	-26,00	-1.362,72
Cashflow aus operativer Tätigkeit	7.346,18	8.407,22	7.399,51	7.399,51	8.460,55	7.399,51	8.460,55	7.279,55	7.442,33	7.976,52	6.459,24
Cashflow aus Investitionen	-5.000,00	-5.000,00	-5.000,00	-5.000,00	-5.000,00	-5.000,00	-5.000,00	-5.000,00	-5.000,00	-5.000,00	-4.000,00
FCF vor adaptierter Einkommensteuer	2.346,18	3.407,22	2.399,51	2.399,51	3.460,55	2.399,51	3.460,55	2.279,55	2.442,33	2.976,52	2.459,24
Adaptierte Einkommensteuer	410,58	596,26	419,91	419,91	605,60	419,91	605,60	398,92	427,41	520,89	430,37
FCF nach adaptierter Einkommensteuer	1.935,60	2.810,95	1.979,60	1.979,60	2.854,95	1.979,60	2.854,95	1.880,62	2.014,93	2.455,63	2.028,87

Tab. 15: Geplante *Free Cashflows* des Bereichs B1 für die Jahre 2012 bis 2015 ff.

Jahr	2008			2009			2010			2011		
Szenario	I	II	III	I	II	III	I	II	III	I	II	III
Eintrittswahrscheinlichkeit	0,35	0,40	0,35	0,35	0,40	0,35	0,35	0,40	0,35	0,35	0,40	0,35
EBIT	4.493,69	5.431,67	4.355,74	5.879,62	4.355,74	5.879,62	4.355,74	5.879,62	4.493,69	5.431,67
Zinsen (konzernintern, soweit zurechenbar)	-578,15	-578,15	-565,96	-565,96	-565,96	-565,96	-565,96	-578,15	-578,15
Gewerbesteuer (soweit zurechenbar)	840,92	1.028,52	814,55	1.119,33	814,55	1.119,33	814,55	1.119,33	1.263,83	1.296,82	1.263,83	1.296,82	840,92	1.028,52
Körperschaftsteuer (soweit zurechenbar)	768,65	956,25	743,81	1.048,58	743,81	1.048,58	768,65	956,25
Abschreibungen	-4.333,33	-5.000,00	-5.000,00	-5.000,00	-5.000,00	-5.000,00	-5.000,00	-4.333,33	-4.333,33
Veränderungen des Nettoumlaufvermögens	250,00	-150,00	-690,43	-1.571,77	-690,43	-1.571,77	250,00	-150,00
Cashflow aus operativer Tätigkeit	6.889,29	7.052,08	6.540,99	6.573,98	6.540,99	6.573,98	6.889,29	7.052,08
Cashflow aus Investitionen	-5.000,00	-5.000,00	-5.600,00	-5.600,00	-5.600,00	-5.600,00	-5.000,00	-5.000,00
Ausschüttung	2.344,74	2.507,53	1.263,83	1.296,82	1.263,83	1.296,82	2.344,74	2.507,53
Thesaurierung	-38,79	361,21	967,59	1.848,93	967,59	1.848,93	-38,79	361,21
Veränderungen des Fremdkapitals	455,45	455,45	322,84	322,84	322,84	322,84	455,45	455,45
Cashflow aus Finanzierung	-1.928,08	-1.690,87	26,59	874,94	26,59	874,94	-1.928,08	-1.690,87
Netto Cashflow vor Einkommensteuer	2.344,74	2.507,53	1.263,83	1.296,82	1.263,83	1.296,82	2.344,74	2.507,53
Einkommensteuer	410,33	438,82	221,17	226,94	221,17	226,94	410,33	438,82
Netto Cashflow nach Einkommensteuer	1.934,41	2.068,71	1.042,66	1.069,88	1.042,66	1.069,88	1.934,41	2.068,71

Tab. 16: Geplante *Netto Cashflows* des Bereichs B1 für die Jahre 2008 bis 2011

Bereichsorientierte Unternehmensbewertung

Jahr	2012			2013			2014			2015 ff.		
Szenario	I	II	III	I	II	III	I	II	III	I	II	III
Eintrittswahrscheinlichkeit	0,35	0,40	0,25	0,35	0,40	0,25	0,35	0,40	0,25	0,35	0,40	0,25
EBIT	3.910,30	5.678,69	6.995,43	3.910,30	5.678,69	6.995,43	3.910,30	5.678,69	6.995,43	3.910,30	5.678,69	6.995,43
Zinsen (konzernintern, soweit zurechenbar)	-629,65	-629,65	-629,65	-629,65	-629,65	-629,65	-629,65	-629,65	-629,65	-629,65	-629,65	-629,65
Gewerbesteuer (soweit zurechenbar)	719,10	1.072,77	1.336,12	719,10	1.072,77	1.336,12	719,10	1.072,77	1.336,12	719,10	1.072,77	1.336,12
Körperschaftsteuer (soweit zurechenbar)	640,39	994,07	1.257,42	640,39	994,07	1.257,42	640,39	994,07	1.257,42	640,39	994,07	1.257,42
Abschreibungen	-5.000,00	-5.000,00	-5.000,00	-5.000,00	-5.000,00	-5.000,00	-5.000,00	-5.000,00	-5.000,00	-5.000,00	-5.000,00	-5.333,33
Veränderungen des Nettoumlaufvermögens	0,00	0,00	0,00	0,00	0,00	0,00	0,00	0,00	0,00	0,00	0,00	0,00
Cashflow aus operativer Tätigkeit	**6.921,17**	**7.982,21**	**8.772,25**	**6.921,17**	**7.982,21**	**8.772,25**	**6.921,17**	**7.982,21**	**8.772,25**	**6.921,17**	**7.982,21**	**7.052,76**
Cashflow aus Investitionen	-5.000,00	-5.000,00	-5.000,00	-5.000,00	-5.000,00	-5.000,00	-5.000,00	-5.000,00	-5.000,00	-5.000,00	-5.000,00	-5.000,00
Ausschüttung	1.947,70	3.008,74	3.798,78	1.947,70	3.008,74	3.798,78	1.947,70	3.008,74	3.798,78	1.947,70	3.008,74	1.841,66
Thesaurierung	-26,53	-26,53	-26,53	-26,53	-26,53	-26,53	-26,53	-26,53	-26,53	-26,53	-26,53	-122,24
Veränderungen des Fremdkapitals	26,53	26,53	26,53	26,53	26,53	26,53	26,53	26,53	26,53	26,53	26,53	-211,09
Cashflow aus Finanzierung	**-1.947,70**	**-3.008,74**	**-3.798,78**	**-1.947,70**	**-3.008,74**	**-3.798,78**	**-1.947,70**	**-3.008,74**	**-3.798,78**	**-1.947,70**	**-3.008,74**	**-2.175,00**
Netto Cashflow vor Einkommensteuer	1.947,70	3.008,74	3.798,78	1.947,70	3.008,74	3.798,78	1.947,70	3.008,74	3.798,78	1.947,70	3.008,74	1.841,66
Einkommensteuer	340,85	526,53	664,79	340,85	526,53	664,79	340,85	526,53	664,79	340,85	526,53	322,29
Netto Cashflow nach Einkommensteuer	**1.606,85**	**2.482,21**	**3.133,99**	**1.606,85**	**2.482,21**	**3.133,99**	**1.606,85**	**2.482,21**	**3.133,99**	**1.606,85**	**2.482,21**	**1.519,37**

Tab. 17: Geplante Netto Cashflows des Bereichs B1 für die Jahre 2012 bis 2015 ff.

2.5.4.1.2 Leistungswirtschaftliche Bereichsbewertung

2.5.4.1.2.1 Ertragswertverfahren

Für die Ermittlung der bewertungsrelevanten Erfolgsgrößen nach Einbezug der Besteuerung auf Anteilseignerebene gilt im Halbeinkünfteverfahren folgende Gleichung (vgl. Tab. 16 und Tab. 17, S. 68-69):

$$(2.7) \quad \widetilde{NCF}_t = \begin{bmatrix} \left[(\widetilde{X}_t - \widetilde{AfA}_t) \cdot (1 - s_G) \right. \\ \left. - i \cdot FK_{t-1} \cdot (1 - 0{,}5 \cdot s_G) \right] \\ \cdot (1 - s_k) - (\widetilde{I}_t - \widetilde{AfA}_t) - T_t \end{bmatrix} \cdot (1 - 0{,}5 \cdot s_E).^{430}$$

Anhand von Gleichung (2.6), S. 42 lassen sich aus den erwarteten Ausschüttungen und ihren Varianzen periodenspezifische Sicherheitsäquivalente ($SÄ(\widetilde{NCF}_t)$) bestimmen. Der in der Beispielrechnung hierzu verwendete Risikoaversionskoeffizienten (rak) beträgt 0,0006.[431] Bei einem Diskontierungszinsfuß ($r^{f,S}$) i.H.v. 4,55% beläuft sich der Ertragswert des Bereichs B1 zum Ende des Jahres 2007 somit auf 44.579,70 (vgl. Tab. 18):

Jahr	2007	2008	2009	2010	2011	2012	2013	2014	2015 ff.
µ (NCF_t^{HEV})		2.131,88	1.536,80	1.199,52	1.564,05	2.338,78	2.251,30	2.298,69	2.331,67
σ² (NCF_t^{HEV})		50.876,80	81.881,06	60.924,16	46.023,34	353.821,15	353.821,15	353.821,15	353.821,15
SÄ (NCF_t^{HEV})		2.101,36	1.487,68	1.162,97	1.536,44	2.126,49	2.039,01	2.086,39	2.119,37
EK_t	44.579,70	44.506,72	45.044,10	45.930,64	46.484,05	46.472,58	46.548,08	46.579,62	

Tab. 18: Bewertung des Bereichs B1 anhand des µ,σ²-Kriteriums

2.5.4.1.2.2 Netto-Residualgewinnverfahren

Zu einem äquivalenten Bewertungsergebnis führt eine Berechnung auf Basis von Netto-Residualgewinnen unter Zuhilfenahme des µ,σ²-Prinzips.[432] Der dafür zu ermittelnde Gewinn ($\widetilde{G}_t$) setzt sich aus dem ausschüttungsfähigen Ertragsüber-

---

[430] ‚X' bezeichnet den Zahlungsüberschuß vor Zinsen, Steuern und Investitionen, mit ‚AfA' sind die Abschreibungen umschrieben ‚I' stellt die Investitionen dar, während ‚T' die Veränderung des Fremdkapitalbestands symbolisiert.

[431] Im folgenden wird dem Vorschlag eines konzerneinheitlichen Risikoaversionskoeffizienten gefolgt. Vgl. hierzu etwa *Dinstuhl* (2003), S. 284, der es bei einer Segmentbewertung mit subjektiven Sicherheitsäquivalenten auf Basis von Erwartung und Streuung als Vorteil ansieht, „daß mit Hilfe eines konzernweit oder segmentspezifisch festgelegten Risikoaversionskoeffizienten eine eindeutige Entscheidungsregel bestimmt ist."

[432] Vgl. zu den folgenden Bewertungsgleichungen *Schumann* (2005). S. 23.

schuß nach persönlichen Steuern und der Steuerersparnis aufgrund der Rücklagenzuführung zusammen:[433]

(2.8)
$$\begin{aligned}\tilde{G}_t &= [[(\tilde{X}_t - \widetilde{AfA}_t) \cdot (1 - s_G) - i \cdot FK_{t-1} \cdot (1 - 0{,}5 \cdot s_G)] \cdot (1 - s_K)] \\ &\quad (1 - 0{,}5 \cdot s_E) + [(\tilde{I}_t - \widetilde{AfA}_t) + T_t] \cdot 0{,}5 \cdot s_E \\ &= \widetilde{JÜ}_t \cdot (1 - 0{,}5 \cdot s_E) + \widetilde{Th}_t \cdot 0{,}5 \cdot s_E \end{aligned}$$

Dabei ist die Rücklagenzuführung ($\widetilde{Th}_t$) als Summe aus den Erweiterungsinvestitionen ($\tilde{I}_t - \widetilde{AfA}_t$) und den Tilgungen definiert. Alternativ läßt sich die Gewinngröße gem. (2.8) auch in Abhängigkeit des *Netto Cashflows* ($\widetilde{NCF}_t$) nach (2.7) ausdrücken,[434] sofern die Rücklagenzuführungen hinzugezählt werden:

(2.9)
$$\begin{aligned}\tilde{G}_t &= \begin{bmatrix} \begin{bmatrix} (\tilde{X}_t - \widetilde{AfA}_t) \cdot (1 - s_G) \\ - i \cdot FK_{t-1} \cdot (1 - 0{,}5 \cdot s_G) \end{bmatrix} \\ \cdot (1 - s_K) - (\tilde{I}_t - \widetilde{AfA}_t) - T_t \end{bmatrix} \cdot (1 - 0{,}5 \cdot s_E) \\ &\quad + (\tilde{I}_t - \widetilde{AfA}_t) + T_t = \widetilde{NCF}_t + \widetilde{Th}_t \end{aligned}$$

Mittels dieser Gewinne sind periodenspezifische Sicherheitsäquivalente zu bilden, wobei der Risikoabschlag wiederum auf Grundlage der Streuung der *Netto Cashflows* bestimmt wird.[435] Der Netto-Residualgewinn ergibt sich, indem von den gewinnbezogenen Sicherheitsäquivalenten eine risikofreie Verzinsung auf das bilanzielle Eigenkapital abgezogen wird. Für die Ermittlung des bereichsbezogenen Unternehmenswerts gilt Formel (2.10):

(2.10)
$$\widetilde{EK}_t^{NRG} = \widetilde{EK}_t^{BW} + \sum_{\tau=t+1}^{\infty} \frac{SÄ[\tilde{G}_\tau] - r^{f,S} \cdot EK_{\tau-1}^{BW}}{(1 + r^{f,S})^\tau},$$

---

[433] Vgl. bspw. *Prokop* (2004), S. 191 dazu, daß sich Residualgewinne aus den jeweiligen Ertragsüberschüssen nach persönlichen Steuern, allerdings vor Abzug eventueller Thesaurierungen ergeben. Letztere werden über kalkulatorische Zinsen auf das gebundene Kapital berücksichtigt. Der von *Dausend/Lenz* (2006), S. 721 vorgebrachte Vorwurf der mangelnden modelltheoretischen Fundierung des Bewertungsgleichung von *Schumann* (2005), S. 25 ist gegenstandslos, wie der Beweis in Anhang IV, S. 469 f. zeigt.

[434] Vgl. *Steiner/Wallmeier* (1999), S. 7 zu der Überlegung, daß im Residualgewinnmodell der bewertungsrelevante Gewinn dem *Cashflow* zuzüglich der Nettoinvestitionen entspricht.

[435] Vgl. hierzu *Velthuis* (2004b). S. 15, der ausführt, „[z]ur Bestimmung der Gewinn-Sicherheitsäquivalente wird zunächst das Risiko adäquat berücksichtigt und zwar dort, wo es anfällt, nämlich bei den Cashflows".

Zur Einhaltung der *Clean Surplus Relation* ist der Eigenkapitalbuchwert folgendermaßen fortzuschreiben:

(2.11) $\tilde{E}K_t^{BW} = \tilde{E}K_{t-1}^{BW} + \tilde{I}_t - \tilde{A}fA_t + T_t = \tilde{E}K_{t-1}^{BW} + \tilde{T}h_t$.

Die Berechnung des bekannten Bewertungsergebnisses i.H.v. 44.579,70 ist in Tab. 19 wiedergegeben:

Jahr	2007	2008	2009	2010	2011	2012	2013	2014	2015 ff.
SÄ (G_t)		2.291,57	2.303,91	2.702,79	2.525,51	2.099,96	1.916,77	2.040,61	2.119,37
CC_t		645,50	654,16	691,30	761,36	806,36	805,15	799,59	797,51
RG_t		1.646,07	1.649,75	2.011,50	1.764,15	1.293,59	1.111,61	1.241,01	1.321,86
KB_t	14.186,89	14.377,11	15.193,35	16.733,17	17.722,24	17.695,71	17.573,47	17.527,69	
DRG_t^{436}	30.392,81	30.129,61	29.850,75	29.197,47	28.761,80	28.776,87	28.974,61	29.051,94	
EK_t	**44.579,70**	44.506,72	45.044,10	45.930,64	46.484,05	46.472,58	46.548,08	46.579,62	

Tab. 19: Bewertung des Bereichs B1 anhand von Netto-Residualgewinnen (μ,σ^2-Kriterium)

2.5.4.1.3 Marktwertorientierte Bereichsbewertung

2.5.4.1.3.1 APV-Verfahren

Soll eine bereichsbezogene Unternehmensbewertung hingegen mit Hilfe von kapitalmarktobjektivierten Bewertungskalkülen vorgenommen werden, so bietet es sich aufgrund der zugrundeliegenden autonomen Finanzierungsprämisse an, das APV-Verfahren anzuwenden.[437]

Die hierfür notwendigen bewertungsrelevanten *Free Cashflows* lassen sich anhand nachstehender Gleichung bestimmen (vgl. Tab. 14 und Tab. 15, S. 67-68):

(2.12) $\tilde{F}CF_t = \begin{bmatrix} (\tilde{X}_t - \tilde{A}fA_t) \cdot (1 - s_G) \\ \cdot (1 - s_K) - (\tilde{I}_t - \tilde{A}fA_t) \end{bmatrix} \cdot (1 - 0,5 \cdot s_E)$.

Entsprechend des APV-Ansatzes, der den Gesamtkapitalmarktwert in den Wert eines fiktiv unverschuldeten Unternehmens ($UW_t^{UV,S}$), den Wertbeitrag des Fremdkapitals (WB_t^{FK}) sowie den Ausschüttungsdifferenzeffekt ($WB_t^{\Delta AS}$) ‚zerlegt', ergibt sich unter den getroffenen Bewertungsprämissen nachstehende Bewertungsformel:[438]

---

[436] ‚D' bezeichnet eine auf den jeweiligen Betrachtungszeitpunkte diskontierte Erfolgsgröße.
[437] Vgl. hierzu bereits Fn. 113, S. 17.
[438] Vgl. zur Ableitung, Definition und Interpretation des *Tax Shield*-Multiplikators (tsm^{HEV}) grundlegend Dinstuhl (2002), S. 82, wobei gilt: $tsm^{HEV} = [0,5 \cdot s_G + s_k \cdot (1 - 0,5 \cdot s_g)] \cdot (1 - 0,5 \cdot s_E) - 0,5 \cdot s_E$.

(2.13)
$$\tilde{UW}_t^{APV} = \sum_{\tau=t+1}^{\infty} \frac{\mu[\tilde{FCF}_t]}{(1+k_{EK}^{UV,S})^\tau} + \sum_{\tau=t+1}^{\infty} \frac{tsm^{HEV} \cdot i^{ki,S} \cdot FK_{\tau-1}}{(1+r^{f,S})^\tau}$$
$$+ \sum_{t=t+1}^{\infty} \frac{T_\tau \cdot 0{,}5 \cdot s_E}{(1+r^{f,S})^\tau}$$

Tab. 20 zufolge berechnet sich für den Bereich B1 zum Ende des Jahres 2007 ein Eigenkapitalmarktwert i.H.v. 37.117,95:

Jahr	2007	2008	2009	2010	2011	2012	2013	2014	2015 ff.
μ (FCF$_t^{HEV}$)		2.078,10	2.362,45	1.248,35	1.624,16	2.667,53	2.777,53	2.711,53	2.667,53
UW$_t^{UV,S}$	41.858,05	42.283,59	42.450,23	43.740,94	44.733,03	44.741,09	44.639,64	44.598,13	
TS$_t^{FK}$		53,84	57,98	52,70	55,64	58,64	58,88	56,96	56,17
WB$_t^{FK}$	1.235,00	1.237,35	1.235,67	1.239,19	1.239,94	1.237,72	1.235,16	1.234,40	
TS$_t^{ΔAS}$		-79,70	101,60	-56,50	-57,82	-4,64	36,94	15,32	0,00
WB$_t^{ΔAS}$	-45,33	32,31	-67,81	-14,40	42,76	49,35	14,65	0,00	
UW$_t$	43.047,72	43.553,25	43.618,08	44.965,72	46.015,72	46.028,16	45.889,46	45.832,53	
EK$_t$	37.117,95	37.168,03	37.813,42	38.838,21	39.557,82	39.543,72	39.616,11	39.646,72	

Tab. 20: Bewertung des Bereichs B1 anhand des APV-Verfahrens

Dieser Betrag läßt sich anhand nachstehender *cashflow*- und residualgewinnorientierter Bewertungsverfahren beliebig ‚reproduzieren' (vgl. Kap. 2.2.2, S. 15).

2.5.4.1.3.2 NCF-Verfahren

Für das NCF-Verfahren gilt die Bewertungsgleichung (2.14) mit den periodenspezifischen Eigenkapitalkosten gem. (2.15):

(2.14)
$$\tilde{EK}_t^{NCF} = \sum_{\tau=t+1}^{\infty} \frac{\mu[\tilde{NCF}_\tau]}{\prod_{m=1}^{\tau}(1+k_{EK,t+m}^{V,S})},$$

(2.15)
$$k_{EK,t}^{V,S} = k_{EK,t}^{UV,S} + (k_{EK,t}^{UV,S} - i^{ki,S}) \cdot \frac{FK_{t-1} - WB_{t-1}^{FK} - WB_{t-1}^{ΔAS}}{\tilde{EK}_{t-1}}.$$

Die Berechnung des Marktwerts des Eigenkapitals ist in Tab. 21 enthalten:

Jahr	2007	2008	2009	2010	2011	2012	2013	2014	2015 ff.
μ (NCF$_t^{HEV}$)		2.131,88	1.536,80	1.199,52	1.564,05	2.338,78	2.251,30	2.298,69	2.331,67
k$_{EK,t}^{V,S}$		5,8785%	5,8712%	5,8824%	5,8799%	5,8767%	5,8762%	5,8797%	5,8811%
EK$_t$	37.117,95	37.168,03	37.813,42	38.838,21	39.557,82	39.543,72	39.616,11	39.646,72	

Tab. 21: Bewertung des Bereichs B1 anhand des NCF-Verfahrens

Zu einer Analyse von insgesamt 23 in der Literatur anzutreffenden Möglichkeiten zur Bestimmung des *Tax Shields* in der Unternehmensbewertung vgl. *Fernández* (2006a).

2.5.4.1.3.3 WACC-Verfahren

Mittels des gewichteten Kapitalkostenkonzepts läßt sich der Gesamtkapitalmarktwert entweder anhand des WACC I-Verfahrens auf Basis der Gleichungen (2.16) bis (2.19)

$$(2.16) \quad \widetilde{UW}_t^{WACC\,I} = \sum_{\tau=t+1}^{\infty} \frac{\mu[\widetilde{FCF}_\tau^*]}{\prod_{m=1}^{\tau}(1+wacc_{t+m}^S)},$$

$$(2.17) \quad \widetilde{FCF}_t^* = \widetilde{FCF}_t + T_t \cdot 0{,}5 \cdot s_E,$$

$$(2.18) \quad wacc_t^S = k_{EK,t}^{V,S} \cdot \frac{\widetilde{EK}_{t-1}}{\widetilde{UW}_{t-1}} + i^{ki,S} \cdot \left(1 - G_L^{HEV}\right) \cdot \frac{FK_{t-1}}{\widetilde{UW}_{t-1}},$$

$$(2.19) \quad \begin{aligned} wacc_t^S &= k_{EK,t}^{U,S} \cdot \left(1 - \frac{WB_{t-1}^{FK} + WB_{t-1}^{\Delta AS}}{\widetilde{UW}_{t-1}}\right) \\ &\quad + i^{ki,S} \cdot \frac{WB_{t-1}^{FK} + WB_{t-1}^{\Delta AS} - G_L^{HEV} \cdot FK_{t-1}}{\widetilde{UW}_{t-1}}, \end{aligned}$$

oder unter Zuhilfenahme der Gleichungen (2.20) bis (2.22), S. 74-74

$$(2.20) \quad UW_t^{WACC\,II} = \sum_{\tau=t+1}^{\infty} \frac{\mu(\widetilde{FCF}_\tau)}{\prod_{m=1}^{\tau}(1+wacc_{t+m}^{S^*})},$$

$$(2.21) \quad \begin{aligned} k_{EK,t}^{V,S^*} &= k_{EK,t}^{UV,S} + \frac{FK_{t-1} - WB_{t-1}^{FK} - WB_{t-1}^{\Delta AS}}{\widetilde{EK}_{t-1}} \cdot \left(k_{EK,t}^{UV,S} - i^{ki,S}\right) \\ &\quad - \frac{T_t \cdot 0{,}5 \cdot s_E}{\widetilde{EK}_{t-1}}, \end{aligned}$$

$$(2.22) \quad wacc_t^{S^*} = k_{EK,t}^{V,S^*} \cdot \frac{\widetilde{EK}_{t-1}}{\widetilde{UW}_{t-1}} + i^{ki,S} \cdot \left(1 - G_L^{HEV}\right) \cdot \frac{FK_{t-1}}{\widetilde{UW}_{t-1}},$$

berechnen.[439] Die äquivalenten Bewertungsergebnisse sind in den beiden folgenden Tab. abgebildet:

Jahr	2007	2008	2009	2010	2011	2012	2013	2014	2015 ff.
$\mu(FCF_t^{HEV}\ I)$		1.998,39	2.464,05	1.191,85	1.566,34	2.662,88	2.814,47	2.726,85	2.667,53
$wacc_t^S\ I$		5,8166%	5,8064%	5,8221%	5,8185%	5,8139%	5,8133%	5,8181%	5,8202%
UW_t	43.047,72	43.553,25	43.618,08	44.965,72	46.015,72	46.028,16	45.889,46	45.832,53	
EK_t	37.117,95	37.168,03	37.813,42	38.838,21	39.557,82	39.543,72	39.616,11	39.646,72	

Tab. 22: Bewertung des Bereichs B1 anhand des WACC-Verfahrens I

Jahr	2007	2008	2009	2010	2011	2012	2013	2014	2015 ff.
$k_{EK,t}^{V,S}\ II$		6,0932%	5,5978%	6,0318%	6,0288%	5,8884%	5,7828%	5,8410%	5,8811%
$wacc_t^S\ II$		6,0018%	5,5731%	5,9516%	5,9471%	5,8240%	5,7331%	5,7848%	5,8202%
UW_t	43.047,72	43.553,25	43.618,08	44.965,72	46.015,72	46.028,16	45.889,46	45.832,53	
EK_t	37.117,95	37.168,03	37.813,42	38.838,21	39.557,82	39.543,72	39.616,11	39.646,72	

Tab. 23: Bewertung des Bereichs B1 anhand des WACC-Verfahrens II

2.5.4.1.3.4 Netto- und Brutto-Residualgewinnverfahren

Grundlage der Bereichsbewertung auf Basis kapitalmarktorientierter Netto-Residualgewinne sind die Gleichungen (2.8) oder (2.9), beide S. 71 und (2.15), S. 73, die in nachstehende Bewertungsgleichung ‚einfließen':

$$(2.23) \quad \tilde{E}K_t^{NRG} = \tilde{E}K_t^{BW} + \sum_{\tau=t+1}^{\infty} \frac{\mu[\tilde{G}_\tau] - k_{EK,\tau}^{V,S} \cdot EK_{\tau-1}^{BW}}{\prod_{m=1}^{\tau}(1+k_{EK,t+m}^{V,S})}.$$

Es ergibt sich erneut ein Eigenkapitalmarktwert für den Bereich B1 i.H.v. 37.1179,95 (vgl. Tab. 24):

Jahr	2007	2008	2009	2010	2011	2012	2013	2014	2015 ff.
G_t		2.322,10	2.353,04	2.739,35	2.553,12	2.312,25	2.129,06	2.252,90	2.331,67
CC_t		833,97	844,10	893,73	983,90	1.041,48	1.039,84	1.033,26	1.030,82
RG_t		1.488,13	1.508,94	1.845,62	1.569,23	1.270,77	1.089,21	1.219,64	1.300,84
KB_t	14.186,89	14.377,11	15.193,35	16.733,17	17.722,24	17.695,71	17.573,47	17.527,69	
DRG_t	22.931,05	22.790,92	22.620,07	22.105,04	21.835,57	21.848,01	22.042,64	22.119,04	
EK_t	37.117,95	37.168,03	37.813,42	38.838,21	39.557,82	39.543,72	39.616,11	39.646,72	

Tab. 24: Bewertung des Bereichs B1 anhand von Netto-Residualgewinnen

Bei einer Unternehmensbewertung anhand von Brutto-Residualgewinnen kann, der Unterscheidung bei den WACC-Verfahren folgend, zwischen einem Brutto-Residualgewinn-Ansatz I und II differenziert werden. Der Gesamtkapitalmarktwert i.H.v. 43.047,22 des Bereichs B1 läßt sich unter Verwendung der gewichteten Kapitalkosten folgendermaßen errechnen (vgl. Tab. 25 und Tab. 26, beide S. 77):

---

[439] Vgl. zu den beiden Varianten des WACC-Verfahrens grundlegend *Dinstuhl* (2002), S. 87 f.

(2.24) $$\tilde{UW}_t^{BRG\,I} = \tilde{GK}_t^{BW} + \sum_{\tau=t+1}^{\infty} \frac{\mu[\tilde{NOPAT}_\tau^*] - wacc_\tau^S \cdot \tilde{GK}_{\tau-1}^{BW}}{\prod_{m=1}^{\tau}(1 + wacc_{t+m}^S)}.$$

Der Buchwert des Gesamtkapitals entwickelt sich gem. (2.25):

(2.25) $$\tilde{GK}_t^{BW} = \tilde{GK}_{t-1}^{BW} + \tilde{I}_t - \tilde{AfA}_t.$$

Im Brutto-Residualgewinn-Ansatz I ergibt sich das Ergebnis vor Zinsen, aber nach Steuern ($NOPAT_t$) gem. Gleichung (2.26) aus dem Ergebnis vor Zinsen und Steuern ($EBIT_t$) abzüglich der darauf entfallenden (fiktiven) Unternehmens- und Einkommensteuern zuzüglich einer Einkommensbesteuerung der Rücklagenzuführung:

(2.26) $$\tilde{NOPAT}_t^* = (\tilde{X}_t - \tilde{AfA}_t) \cdot (1 - s_G) \cdot (1 - s_K) \cdot (1 - 0{,}5 \cdot s_E)$$
$$+ \tilde{Th}_t \cdot 0{,}5 \cdot s_E.$$

Alternativ kann diese Gewinngröße auch in Abhängigkeit des *Free Cashflow* berechnet werden als:

(2.27) $$\tilde{NOPAT}_t^* = [(\tilde{X}_t - \tilde{AfA}_t) \cdot (1 - s_G) \cdot (1 - s_K) - (\tilde{I}_t - \tilde{AfA}_t)]$$
$$\cdot (1 - 0{,}5 \cdot s_E) + (\tilde{I}_t - \tilde{AfA}_t) + T_t \cdot 0{,}5 \cdot s_E$$
$$= \tilde{FCF}_t + (\tilde{I}_t - \tilde{AfA}_t) + T_t \cdot 0{,}5 \cdot s_E.$$

Beim Brutto-Residualgewinnansatz II lauten die möglichen Definition des $NOPAT_t$ wie folgt:

(2.28) $$\tilde{NOPAT}_t = (\tilde{X}_t - \tilde{AfA}_t) \cdot (1 - s_G) \cdot (1 - s_K) \cdot (1 - 0{,}5 \cdot s_E)$$
$$+ (\tilde{I}_t - \tilde{AfA}_t) \cdot 0{,}5 \cdot s_E,$$

(2.29) $$\tilde{NOPAT}_t = \tilde{FCF}_t + (\tilde{I}_t - \tilde{AfA}_t).$$

Bereichsorientierte Unternehmensbewertung

Jahr	2007	2008	2009	2010	2011	2012	2013	2014	2015 ff.
NOPAT$_t$		3.072,06	2.900,21	3.295,84	3.212,63	2.662,88	2.481,13	2.593,51	2.667,53
CC$_t$		1.207,92	1.268,14	1.296,96	1.418,59	1.513,18	1.513,02	1.494,88	1.487,64
RG$_t$		1.864,14	1.632,07	1.998,88	1.794,05	1.149,70	968,12	1.098,63	1.179,89
KB$_t$	20.766,67	21.840,33	22.276,50	24.380,48	26.026,77	26.026,77	25.693,44	25.560,10	
DRG$_t$	22.281,05	21.712,92	21.341,59	20.585,24	19.988,95	20.001,39	20.196,02	20.272,42	
UW$_t$	43.047,72	43.553,25	43.618,08	44.965,72	46.015,72	46.028,16	45.889,46	45.832,53	
EK$_t$	37.117,95	37.168,03	37.813,42	38.838,21	39.557,82	39.543,72	39.616,11	39.646,72	

Tab. 25: Bewertung des Bereichs B1 anhand von Brutto-Residualgewinnen I

Jahr	2007	2008	2009	2010	2011	2012	2013	2014	2015 ff.
NOPAT$_t$		3.151,76	2.798,61	3.352,33	3.270,45	2.667,53	2.444,19	2.578,19	2.667,53
CC$_t$		1.246,37	1.217,19	1.325,81	1.449,94	1.515,80	1.492,13	1.486,30	1.487,64
RG$_t$		1.905,39	1.581,42	2.026,52	1.820,52	1.151,72	952,06	1.091,89	1.179,89
KB$_t$	20.766,67	21.840,33	22.276,50	24.380,48	26.026,77	26.026,77	25.693,44	25.560,10	0,00
DRG$_t$	22.281,05	21.712,92	21.341,59	20.585,24	19.988,95	20.001,39	20.196,02	20.272,42	
UW$_t$	43.047,72	43.553,25	43.618,08	44.965,72	46.015,72	46.028,16	45.889,46	45.832,53	
EK$_t$	37.117,95	37.168,03	37.813,42	38.838,21	39.557,82	39.543,72	39.616,11	39.646,72	

Tab. 26: Bewertung des Bereichs B1 anhand von Brutto-Residualgewinnen II

2.5.4.1.3.5 Kapitalmarktorientierte Sicherheitsäquivalentbewertung

Alternativ zu den bisherigen Berechnungen ist eine Bestimmung des Bereichswerts analog zum Bewertungsmodell von *Weston/Lee*[440] denkbar, wobei die prognostizierten *Free Cashflows* als Erfolgsgrößen dienen.[441] Für „die Bestimmung des CAPM-orientierten, periodenbezogenen Sicherheitsäquivalents gilt"[442] Gleichung (2.30):

(2.30) $\quad SÄ(\widetilde{F}CF_t) = \mu(\widetilde{F}CF_t) - \lambda \cdot cov(\widetilde{F}CF_t, \widetilde{r}_{M,t}^S)$,

Der ‚Risikopreis' λ ist festgelegt als:

(2.31) $\quad \lambda = \dfrac{\mu(\widetilde{r}_{M,t}^S) - r_t^{f,S}}{\sigma^2(\widetilde{r}_{M,t}^S)}$.

Auf dieser Grundlage kann der Wert eines unverschuldeten Unternehmens gem. nachstehender Formel berechnet werden:

(2.32) $\quad \widetilde{UW}_{t-1}^{WL,UV,S} = \dfrac{SÄ(\widetilde{F}CF_t) + \widetilde{UW}_t^{WL,UV,S}}{1 + r_t^{f,S}}$

---

[440] Vgl. *Weston/Lee* (1977), S. 1779-1780.
[441] Vgl. zu diesem Vorgehen bereits *Dinstuhl* (2003), S. 278, m.w.N.
[442] *Dirrigl* (2003), S. 150.

Die Bestimmung des Wertbeitrags von Kapitalstruktur- und Ausschüttungsdifferenzeffekt erfolgt analog zum APV-Ansatz, so daß sich ein Eigenkapitalmarktwert i.H.v. 17.087,41 errechnet (vgl. Tab. 27):

Jahr	2007	2008	2009	2010	2011	2012	2013	2014	2015 ff.
µ (FCF$_t^{HEV}$)		2.078,10	2.362,45	1.248,35	1.624,16	2.667,53	2.777,53	2.711,53	2.667,53
cov (FCF$_t^{HEV}$, r$_M^S$)		2,1188	3,0151	2,0009	2,2911	6,3430	6,3430	6,3430	6,3430
λ		271,78	271,78	271,78	271,78	271,78	271,78	271,78	271,78
SÄ (FCF$_t^{HEV}$)		1.502,26	1.543,00	704,54	1.001,49	943,63	1.053,63	987,63	943,63
UW$_t^{WL,UV,S}$	21.777,52	21.266,14	20.690,75	20.927,63	20.878,35	20.884,68	20.781,30	20.739,22	
WB$_t^{FK}$	1.235,00	1.237,35	1.235,67	1.239,19	1.239,94	1.237,72	1.235,16	1.234,40	
WB$_t^{ΔAS}$	-45,33	32,31	-67,81	-14,40	42,76	49,35	14,65	0,00	
UW$_t$	22.967,19	22.535,80	21.858,61	22.152,42	22.161,05	22.171,75	22.031,11	21.973,62	
EK$_t$	17.037,41	16.150,57	16.053,94	16.024,91	15.703,14	15.687,31	15.757,77	15.787,81	

Tab. 27: Bewertung des Bereichs B1 anhand kapitalmarktorientierter Sicherheitsäquivalente

2.5.4.2 Segment- und konzernbezogene Unternehmensbewertung

2.5.4.2.1 Verteilung der Netto Cashflows

Wie bereits erwähnt (vgl. Kap. 2.5.2, S. 57), sollen neben den bereichsbezogenen Unternehmensbewertungen auch Wertermittlungen auf Segment- und Konzernebene durchgeführt werden.

Aus Gründen der Übersichtlichkeit und Lesbarkeit sind die entsprechenden Rechnungen, wie schon die Bewertungen der Bereiche B2 bis B10, im Anhang zu finden.[443]

Nachstehend werden ausschließlich die erwartete Verteilung der *Netto Cashflows* und die Berechnung der Risikoparameter des Konzerns K und seiner Teileinheiten im Bewertungszeitraum dargestellt:

		Szenario I (35%)	Szenario II (40%)	Szenario III (25%)	µ	σ²	SÄ
	Bereich 1	1.934,41	2.068,71	2.509,42	2.131,88	50.876,80	2.101,36
	Bereich 2	3.898,54	4.233,14	4.797,57	4.257,14	118.254,23	4.186,19
	Bereich 3	1.816,55	2.273,15	2.319,83	2.125,01	51.568,59	2.094,07
	Bereich 4	2.010,51	1.714,83	1.596,13	1.788,64	28.673,38	1.771,44
	Bereich 5	3.101,83	3.205,42	3.309,95	3.195,30	6.384,63	3.191,47
	Bereich 6	1.302,81	983,04	499,47	974,07	94.167,94	917,56
	Bereich 7	1.998,38	2.716,65	3.289,58	2.608,49	250.930,27	2.457,93
2008	Bereich 8	1.687,12	1.859,61	2.136,16	1.868,38	29.456,48	1.850,70
	Bereich 9	1.045,92	896,03	819,10	929,26	8.238,45	924,32
	Bereich 10	2.753,87	2.451,07	1.829,47	2.401,65	126.243,25	2.325,90
	Segment 1	9.660,02	10.289,83	11.222,95	10.302,68	356.347,41	10.088,87
	Segment 2	8.090,14	8.764,73	9.235,15	8.646,23	200.555,94	8.525,89
	Segment 3	3.799,79	3.347,10	2.648,58	3.330,91	193.444,80	3.214,84
	Finanzierungsgesellschaft	-1.225,73	-893,13	-560,50	-926,39	65.267,68	-965,55
	Holding	1.650,00	1.650,00	1.650,00	1.650,00	0,00	1.650,00
	Summe Konzern	**21.974,21**	**23.158,53**	**24.196,15**	**23.003,43**	**736.019,57**	**22.561,81**

Tab. 28: Verteilung der *Netto Cashflows* und Berechnung der Risikoparameter für das Jahr 2008

---

[443] Vgl. Anhang I, S. 443 ff.

Bereichsorientierte Unternehmensbewertung 79

		Szenario I (35%)	Szenario II (40%)	Szenario III (25%)	µ	σ²	SÄ
2009	Bereich 1	1.203,22	1.571,10	1.948,94	1.536,80	81.881,06	1.487,68
	Bereich 2	2.610,07	2.646,51	3.381,15	2.817,42	106.179,54	2.753,71
	Bereich 3	1.727,33	1.713,78	1.800,53	1.740,21	1.247,10	1.739,46
	Bereich 4	2.673,22	2.452,70	1.963,22	2.407,51	74.875,73	2.362,59
	Bereich 5	2.497,69	2.670,20	2.796,09	2.641,30	13.541,94	2.633,17
	Bereich 6	2.660,73	2.326,39	2.141,52	2.397,19	42.656,68	2.371,60
	Bereich 7	2.273,07	2.981,39	3.554,17	2.876,67	246.654,84	2.728,68
	Bereich 8	1.013,51	1.217,65	1.353,47	1.180,16	17.791,45	1.169,48
	Bereich 9	885,24	447,73	234,02	547,43	68.472,34	506,35
	Bereich 10	2.024,49	1.768,32	1.308,64	1.743,06	75.155,80	1.697,97
	Segment 1	8.213,85	8.384,10	9.093,84	8.501,95	122.190,54	8.428,63
	Segment 2	8.445,01	9.195,62	9.845,25	9.095,31	292.639,24	8.919,73
	Segment 3	2.909,73	2.216,05	1.542,67	2.290,49	276.236,13	2.124,75
	Finanzierungsgesellschaft	-1.121,77	-759,78	-717,20	-875,83	32.848,85	-895,54
	Holding	-825,00	-825,00	-825,00	-825,00	0,00	-825,00
	Summe Konzern	**17.621,81**	**18.210,99**	**18.939,56**	**18.186,92**	**253.620,16**	**18.034,75**

Tab. 29: Verteilung der *Netto Cashflows* und Berechnung der Risikoparameter für das Jahr 2009

		Szenario I (35%)	Szenario II (40%)	Szenario III (25%)	µ	σ²	SÄ
2010	Bereich 1	1.042,66	1.069,88	1.626,56	1.199,52	60.924,16	1.162,97
	Bereich 2	2.212,40	2.644,72	2.712,03	2.510,24	48.462,05	2.481,16
	Bereich 3	1.487,51	1.546,40	2.445,83	1.750,64	161.739,84	1.653,60
	Bereich 4	2.535,04	2.279,30	1.832,23	2.257,04	72.365,54	2.213,62
	Bereich 5	2.032,12	2.498,92	2.623,14	2.366,59	62.612,74	2.329,03
	Bereich 6	2.682,74	2.390,15	1.613,39	2.298,37	172.376,90	2.194,94
	Bereich 7	2.834,04	2.777,55	2.671,76	2.770,87	3.870,34	2.768,55
	Bereich 8	910,07	940,92	1.376,29	1.038,96	38.107,79	1.016,10
	Bereich 9	529,81	455,77	446,29	479,31	1.386,88	478,48
	Bereich 10	2.500,42	1.863,59	1.691,52	2.043,46	116.992,51	1.973,27
	Segment 1	7.277,62	7.540,30	8.616,64	7.717,45	282.396,21	7.548,01
	Segment 2	8.458,97	8.607,54	8.284,57	8.474,80	16.182,00	8.465,09
	Segment 3	3.030,23	2.319,36	2.137,81	2.522,78	143.731,58	2.436,54
	Finanzierungsgesellschaft	-1.128,68	-775,37	-567,54	-847,07	49.347,46	-876,68
	Holding	1.650,00	1.650,00	1.650,00	1.650,00	0,00	1.650,00
	Summe Konzern	**19.288,13**	**19.341,83**	**20.121,48**	**19.517,95**	**121.954,75**	**19.444,77**

Tab. 30: Verteilung der *Netto Cashflows* und Berechnung der Risikoparameter für das Jahr 2010

		Szenario I (35%)	Szenario II (40%)	Szenario III (25%)	µ	σ²	SÄ
2011	Bereich 1	1.287,92	1.643,62	1.823,31	1.564,05	46.023,34	1.536,44
	Bereich 2	4.333,00	4.605,19	5.063,13	4.624,41	77.987,86	4.577,61
	Bereich 3	1.387,91	1.790,14	1.999,00	1.701,57	59.688,52	1.665,76
	Bereich 4	3.128,77	2.519,28	1.918,11	2.582,31	216.398,34	2.452,47
	Bereich 5	2.174,46	2.830,78	3.094,57	2.667,02	141.341,57	2.582,21
	Bereich 6	3.072,66	2.438,89	1.889,40	2.523,33	208.937,79	2.397,97
	Bereich 7	3.701,09	3.977,98	4.888,46	4.108,69	216.990,75	3.978,50
	Bereich 8	850,03	1.152,28	1.521,96	1.138,91	65.962,77	1.099,33
	Bereich 9	1.068,15	691,83	399,88	750,56	67.425,20	710,10
	Bereich 10	2.539,63	1.879,21	1.684,60	2.061,71	128.816,63	1.984,42
	Segment 1	10.137,60	10.558,22	10.803,55	10.472,34	69.592,21	10.430,58
	Segment 2	9.798,24	10.399,93	11.394,39	10.437,95	372.500,91	10.214,45
	Segment 3	3.607,78	2.571,04	2.084,49	2.812,26	377.184,53	2.585,95
	Finanzierungsgesellschaft	-1.355,71	-1.055,14	-797,52	-1.095,94	46.548,57	-1.123,87
	Holding	-1.237,50	-1.237,50	-1.237,50	-1.237,50	0,00	-1.237,50
	Summe Konzern	**20.950,41**	**21.236,55**	**22.247,41**	**21.389,12**	**260.838,40**	**21.232,61**

Tab. 31: Verteilung der *Netto Cashflows* und Berechnung der Risikoparameter für das Jahr 2011

Bereichsorientierte Unternehmensbewertung

	Szenario I (35%)	Szenario II (40%)	Szenario III (25%)	µ	σ²	SÄ
Bereich 1	1.606,85	2.482,21	3.133,99	2.338,78	353.821,15	2.126,49
Bereich 2	3.056,60	4.273,48	4.289,75	3.851,64	340.395,86	3.647,40
Bereich 3	1.623,53	2.575,67	3.258,63	2.413,16	407.496,37	2.168,66
Bereich 4	2.591,07	1.717,39	928,36	1.825,92	411.027,17	1.579,30
Bereich 5	5.162,58	5.795,05	5.875,54	5.593,81	101.126,37	5.533,13
Bereich 6	3.927,82	3.908,89	3.445,26	3.799,61	41.921,92	3.774,46
Bereich 7	5.482,47	6.247,62	6.483,97	6.038,90	175.313,46	5.933,71
Bereich 8	860,36	1.282,43	1.537,63	1.198,50	71.588,59	1.155,55
Bereich 9	1.145,25	751,69	479,19	821,31	67.928,86	780,56
Bereich 10	3.647,37	2.697,33	1.997,43	2.854,87	413.547,69	2.606,74
Segment 1	8.878,06	11.048,74	11.610,73	10.429,50	1.344.650,49	9.622,71
Segment 2	15.433,23	17.233,99	17.342,40	16.630,83	774.084,40	16.166,38
Segment 3	4.792,62	3.449,02	2.476,62	3.676,18	816.631,54	3.186,20
Finanzierungsgesellschaft	-1.444,13	-1.181,65	-744,18	-1.164,15	71.653,08	-1.207,14
Holding	2.887,50	2.887,50	2.887,50	2.887,50	0,00	2.887,50
Summe Konzern	30.547,28	33.437,60	33.573,06	32.459,85	1.972.484,92	31.276,36

Tab. 32: Verteilung der *Netto Cashflows* und Berechnung der Risikoparameter für das Jahr 2012

	Szenario I (35%)	Szenario II (40%)	Szenario III (25%)	µ	σ²	SÄ
Bereich 1	1.519,37	2.394,73	3.046,51	2.251,30	353.821,15	2.039,01
Bereich 2	2.940,23	3.563,07	4.667,15	3.621,09	437.154,67	3.358,80
Bereich 3	1.981,82	2.781,36	3.701,06	2.731,45	432.716,13	2.471,82
Bereich 4	3.119,13	2.226,68	1.452,93	2.345,60	414.290,46	2.097,03
Bereich 5	4.365,51	5.492,74	6.546,36	5.361,61	705.064,76	4.938,58
Bereich 6	5.066,77	3.917,40	2.705,18	4.016,62	819.889,61	3.524,69
Bereich 7	5.129,79	6.011,08	6.941,31	5.935,19	482.407,95	5.645,74
Bereich 8	1.054,16	1.300,49	2.050,38	1.401,74	151.568,59	1.310,80
Bereich 9	1.076,17	515,42	251,80	645,78	110.434,78	579,52
Bereich 10	3.722,00	2.771,96	2.072,06	2.929,50	413.547,69	2.681,37
Segment 1	9.560,55	10.965,84	12.867,66	10.949,44	1.595.155,62	9.992,35
Segment 2	15.616,22	16.721,71	18.243,23	16.715,17	1.006.451,08	16.111,30
Segment 3	4.798,16	3.287,38	2.323,85	3.575,27	948.077,58	3.006,43
Finanzierungsgesellschaft	-1.438,21	-1.177,19	-742,15	-1.159,79	70.856,60	-1.202,30
Holding	0,00	0,00	0,00	0,00	0,00	0,00
Summe Konzern	28.536,72	29.797,74	32.692,59	30.080,09	2.571.867,31	28.536,97

Tab. 33: Verteilung der *Netto Cashflows* und Berechnung der Risikoparameter für das Jahr 2013

	Szenario I (35%)	Szenario II (40%)	Szenario III (25%)	µ	σ²	SÄ
Bereich 1	1.566,76	2.442,11	3.093,90	2.298,69	353.821,15	2.086,39
Bereich 2	2.925,51	3.548,35	4.468,54	3.560,41	347.315,12	3.352,02
Bereich 3	2.014,96	2.814,50	3.734,20	2.764,59	432.716,13	2.504,96
Bereich 4	3.110,23	2.217,79	1.444,04	2.336,71	414.290,46	2.088,13
Bereich 5	4.365,41	5.492,65	6.546,27	5.361,52	705.064,76	4.938,48
Bereich 6	4.839,36	3.983,68	2.771,46	3.980,11	623.621,70	3.605,94
Bereich 7	5.177,77	6.059,07	6.989,30	5.983,17	482.407,95	5.693,73
Bereich 8	1.064,23	1.310,56	2.060,45	1.411,82	151.568,59	1.320,88
Bereich 9	1.093,04	532,29	268,67	662,65	110.434,78	596,39
Bereich 10	3.845,67	2.895,63	2.195,73	3.053,17	413.547,69	2.805,04
Segment 1	9.617,46	11.022,75	12.740,68	10.960,38	1.425.124,10	10.105,31
Segment 2	15.446,78	16.845,96	18.367,48	16.736,63	1.251.997,05	15.985,43
Segment 3	4.938,71	3.427,93	2.464,40	3.715,82	948.077,58	3.146,97
Finanzierungsgesellschaft	-1.413,57	-1.156,59	-729,20	-1.139,78	68.478,87	-1.180,94
Holding	0,00	0,00	0,00	0,00	0,00	0,00
Summe Konzern	28.589,39	30.139,68	32.843,27	30.272,97	2.650.773,92	28.682,51

Tab. 34: Verteilung der *Netto Cashflows* und Berechnung der Risikoparameter für das Jahr 2014

Bereichsorientierte Unternehmensbewertung

		Szenario I (35%)	Szenario II (40%)	Szenario III (25%)	μ	σ²	SÄ
2014	Bereich 1	1.599,74	2.475,09	3.126,88	2.331,67	353.821,15	2.119,37
	Bereich 2	2.945,44	3.568,28	4.488,46	3.580,33	347.315,12	3.371,94
	Bereich 3	2.037,86	2.837,41	3.757,11	2.787,49	432.716,13	2.527,86
	Bereich 4	3.099,25	2.206,81	1.433,06	2.325,73	414.290,46	2.077,15
	Bereich 5	4.367,00	5.494,23	6.547,85	5.363,11	705.064,76	4.940,07
	Bereich 6	4.885,17	4.029,49	2.817,27	4.025,92	623.621,70	3.651,75
	Bereich 7	5.208,68	6.089,97	7.020,20	6.014,08	482.407,95	5.724,63
	Bereich 8	1.064,23	1.310,56	2.060,45	1.411,82	151.568,59	1.320,88
	Bereich 9	1.142,28	581,54	317,91	711,89	110.434,78	645,63
	Bereich 10	3.845,67	2.895,63	2.195,73	3.053,17	413.547,69	2.805,04
	Segment 1	9.682,29	11.087,58	12.805,51	11.025,21	1.425.124,10	10.170,14
	Segment 2	15.525,08	16.924,26	18.445,78	16.814,92	1.251.997,05	16.063,73
	Segment 3	4.987,96	3.477,17	2.513,65	3.765,06	948.077,58	3.196,22
	Finanzierungsgesellschaft	-1.406,63	-1.151,67	-726,75	-1.134,67	67.602,18	-1.175,24
	Holding	0,00	0,00	0,00	0,00	0,00	0,00
	Summe Konzern	**28.788,70**	**30.337,34**	**33.038,18**	**30.470,52**	**2.645.305,20**	**28.883,34**

Tab. 35: Verteilung der *Netto Cashflows* und Berechnung der Risikoparameter für das Jahr 2015 ff.

2.5.4.2.2 Leistungswirtschaftliche Konzernbewertung

Bei einer leistungswirtschaftlichen Bewertung ergibt sich ein konzernbezogener Ertragswert i.H.v. 605.668,35 (vgl. Tab. 36 und Tab. 37):

Jahr	2007	2008	2009	2010	2011	2012	2013	2014	2015 ff.
μ (NCF$_t^{HEV}$)		23.003,43	18.186,92	19.517,95	21.389,12	32.459,85	30.080,09	30.272,97	30.470,52
σ^2 (NCF$_t^{HEV}$)		736.019,57	253.620,16	121.954,75	260.838,40	1.972.484,92	2.571.867,31	2.650.773,92	2.645.305,20
SÄ (NCF$_t^{HEV}$)		22.561,81	18.034,75	19.444,77	21.232,61	31.276,36	28.536,97	28.682,51	28.883,34
EK$_t$	605.668,35	610.664,45	620.414,93	629.199,04	636.594,98	634.283,69	634.606,63	634.798,72	

Tab. 36: Bewertung des Konzerns K anhand des μ, σ^2-Kriteriums

Jahr	2007	2008	2009	2010	2011	2012	2013	2014	2015 ff.
G$_t$		27.454,30	29.122,06	32.882,93	28.490,81	28.289,08	27.278,64	28.318,23	28.883,34
CC$_t$		9.326,62	9.549,23	10.053,70	10.665,14	10.995,39	10.859,46	10.802,21	10.785,64
RG$_t$		18.127,68	19.572,84	22.829,23	17.825,67	17.293,70	16.419,17	17.516,02	18.097,71
KB$_t$	204.980,67	209.873,15	220.960,47	234.398,63	241.656,83	238.669,55	237.411,21	237.046,94	
DRG$_t$	400.687,69	400.791,29	399.454,46	394.800,41	394.938,15	395.614,14	397.195,41	397.751,78	
EK$_t$	605.668,35	610.664,45	620.414,93	629.199,04	636.594,98	634.283,69	634.606,63	634.798,72	

Tab. 37: Bewertung des Konzerns K anhand von Netto-Residualgewinnen (μ, σ^2-Kriterium)

2.5.4.2.3 Marktwertorientierte Konzernbewertung

Auf Basis einer kapitalmarktobjektiviertem Risikoadjustierung errechnet sich ein Eigenkapitalmarktwert des betrachteten Konzerns i.H.v. 457.872,01:

Jahr	2007	2008	2009	2010	2011	2012	2013	2014	2015 ff.
µ (FCF$_t^{HEV}$)		24.850,41	23.510,87	20.545,44	23.556,02	36.457,24	34.899,60	34.232,59	33.938,49
UW$_t^{UV,S}$	532.832,82	539.852,47	548.631,52	560.901,10	570.893,97	568.583,33	567.692,11	567.414,61	
TS$_t^{FK}$		569,97	582,31	567,76	586,47	597,05	593,68	583,65	579,94
WB$_t^{FK}$	12.760,30	12.770,92	12.769,69	12.782,95	12.778,11	12.762,46	12.749,48	12.745,93	
TS$_t^{pAS}$		-331,20	390,69	-502,22	-284,26	90,59	269,26	99,58	0,00
WB$_t^{pAS}$	-285,11	33,12	-356,06	129,96	420,13	348,65	95,25	0,00	
UW$_t$	545.308,01	552.656,51	561.045,15	573.814,01	584.092,21	581.694,44	580.536,84	580.160,54	
EK$_t$	457.872,01	463.327,93	473.949,07	483.848,10	492.501,97	490.621,87	491.002,92	491.195,68	

Tab. 38: Bewertung des Konzerns K anhand des APV-Verfahrens

Dieser auf Basis des APV-Verfahren ermittelte Gesamtkapitalmarktwert kann mit Hilfe der weiteren kapitalmarktobjektivierten Bewertungsverfahren ‚überprüft' werden (vgl. Tab. 39 bis Tab. 44, S. 82-83):

Jahr	2007	2008	2009	2010	2011	2012	2013	2014	2015 ff.
µ (NCF$_t^{HEV}$)		23.003,43	18.186,92	19.517,95	21.389,12	32.459,85	30.080,09	30.272,97	30.470,52
k$_{EK,t}^{V,S}$		6,2156%	6,2176%	6,2068%	6,2092%	6,2091%	6,2087%	6,2048%	6,2033%
EK$_t$	457.872,01	463.327,93	473.949,07	483.848,10	492.501,97	490.621,87	491.002,92	491.195,68	

Tab. 39: Bewertung des Konzerns K anhand des NCF-Verfahrens

Jahr	2007	2008	2009	2010	2011	2012	2013	2014	2015 ff.
µ (FCF$_t^{HEV}$ I)		24.519,15	23.901,50	20.043,16	23.271,71	36.547,78	35.168,81	34.332,12	33.938,49
wacc$_t^S$ I		5,8440%	5,8427%	5,8484%	5,8468%	5,8467%	5,8469%	5,8490%	5,8498%
UW$_t$	545.308,01	552.656,51	561.045,15	573.814,01	584.092,21	581.694,44	580.536,84	580.160,54	
EK$_t$	457.872,01	463.327,93	473.949,07	483.848,10	492.501,97	490.621,87	491.002,92	491.195,68	

Tab. 40: Bewertung des Konzerns K anhand des WACC-Verfahrens I

Jahr	2007	2008	2009	2010	2011	2012	2013	2014	2015 ff.
k$_{EK,t}^{V,S}$ II		6,2879%	6,1333%	6,3127%	6,2679%	6,1907%	6,1538%	6,1845%	6,2033%
wacc$_t^S$ II		5,9047%	5,7720%	5,9379%	5,8964%	5,8312%	5,8006%	5,8319%	5,8498%
UW$_t$	545.308,01	552.656,51	561.045,15	573.814,01	584.092,21	581.694,44	580.536,84	580.160,54	
EK$_t$	457.872,01	463.327,93	473.949,07	483.848,10	492.501,97	490.621,87	491.002,92	491.195,68	

Tab. 41: Bewertung des Konzerns K anhand des WACC-Verfahrens II

Jahr	2007	2008	2009	2010	2011	2012	2013	2014	2015 ff.
G$_t$		27.895,91	29.274,24	32.956,11	28.647,31	29.472,57	28.821,76	29.908,70	30.470,52
CC$_t$		12.740,71	13.049,16	13.714,53	14.554,23	15.004,63	14.818,23	14.730,88	14.704,82
RG$_t$		15.155,20	16.225,08	19.241,58	14.093,09	14.467,95	14.003,53	15.177,82	15.765,70
KB$_t$	204.980,67	209.873,15	220.960,47	234.398,63	241.656,83	238.669,55	237.411,21	237.046,94	
DRG$_t$	252.891,34	253.454,78	252.988,60	249.449,47	250.845,14	251.952,32	253.591,71	254.148,74	
EK$_t$	457.872,01	463.327,93	473.949,07	483.848,10	492.501,97	490.621,87	491.002,92	491.195,68	

Tab. 42: Bewertung des Konzerns K anhand von Netto-Residualgewinnen

Jahr	2007	2008	2009	2010	2011	2012	2013	2014	2015 ff.
NOPAT$_t$		33.286,88	35.189,55	39.528,39	37.158,13	31.916,47	32.102,62	33.299,26	33.938,49
CC$_t$		18.535,90	18.606,33	19.834,48	20.815,08	21.378,29	21.002,73	20.952,77	20.962,67
RG$_t$		14.750,98	16.583,22	19.693,91	16.343,06	10.538,18	11.099,89	12.346,49	12.975,82
KB$_t$	313.916,67	322.353,13	334.031,81	353.014,76	366.616,87	362.076,10	359.279,11	358.345,78	
DRG$_t$	231.391,34	230.303,38	227.013,34	220.799,25	217.475,34	219.618,35	221.257,73	221.814,76	
UW$_t$	545.308,01	552.656,51	561.045,15	573.814,01	584.092,21	581.694,44	580.536,84	580.160,54	
EK$_t$	457.872,01	463.327,93	473.949,07	483.848,10	492.501,97	490.621,87	491.002,92	491.195,68	

Tab. 43: Bewertung des Konzerns K anhand von Brutto-Residualgewinnen I

Bereichsorientierte Unternehmensbewertung 83

Jahr	2007	2008	2009	2010	2011	2012	2013	2014	2015 ff.
$NOPAT_t$		32.955,68	35.580,24	39.026,17	36.873,88	32.007,06	32.371,88	33.398,84	33.938,49
CC_t		18.345,24	18.834,21	19.535,47	20.640,20	21.434,95	21.170,34	21.014,40	20.962,67
RG_t		14.610,44	16.746,03	19.490,70	16.233,68	10.572,11	11.201,55	12.384,44	12.975,82
KB_t	313.916,67	322.353,13	334.031,81	353.014,76	366.616,87	362.076,10	359.279,11	358.345,78	
DRG_t	231.391,34	230.303,38	227.013,34	220.799,25	217.475,34	219.618,35	221.257,73	221.814,76	
UW_t	**545.308,01**	**552.656,51**	**561.045,15**	**573.814,01**	**584.092,21**	**581.694,44**	**580.536,84**	**580.160,54**	
EK_t	**457.872,01**	**463.327,93**	**473.949,07**	**483.848,10**	**492.501,97**	**490.621,87**	**491.002,92**	**491.195,68**	

Tab. 44: Bewertung des Konzerns K anhand von Brutto-Residualgewinnen II

2.5.4.2.4 Interpretation der Segment- und Konzernbewertungsergebnisse

In den Abb. 10 bis Abb. 12, S. 84-85 sind die jeweiligen Bewertungsergebnisse zusammengefaßt. Es zeigt sich, daß bei einer ertragswertorientierten Bewertung auf Konzernebene ein Eigenkapitalwert i.H.v. 605.668,35 vorliegt. Dies stellt im Gegensatz zur additiven Bewertungen der einzelnen Bereiche, der *Holding* und der Finanzierungsgesellschaft, die zu einem konzernbezogenen Eigenkapitalwert i.H.v. 588.697,34 führt, eine ‚Wertsteigerung' von 16.970,81 dar (vgl. Abb. 12, S. 85). Dieser Diversifikationseffekt liegt in einer geringeren Schwankungsbreite der *Netto Cashflows* auf Konzernebene begründet. Vergleichbare Effekte lassen sich in der Beispielsrechnung bereits auf Segmentebene beobachten (vgl. Abb. 11, S. 84).[444]
Bei einer kapitalmarktorientierten Bewertung[445] liegt hingegen annahmegemäß Wertadditivität auf allen ‚Aggregationsstufen' vor.

Die Unterschiede in den vorstehenden Bewertungsergebnissen sind also in der Verwendung verschiedener Risikokonzeptionen zu suchen.

---

[444] Vgl. *Dirrigl* (2006), S. 778 ff. dazu, daß es nicht Aufgabe der Segmentebene ist, Risikodiversifikation zu betreiben, sondern der *Management-Holding* respektive dem strategischen Beteiligungscontrolling obliegt. Andernfalls könnte der Eindruck entstehen, Segment S3 ‚vernichte' Unternehmenswert, obwohl es aufgrund seiner aus Konzernsicht gegenläufigen *Cashflow*struktur durchaus einen ‚positiven Wertbeitrag' liefert.
[445] Vgl. zur Wertadditivität bereits die Ausführungen in Kap. 2.3., S. 20 ff.

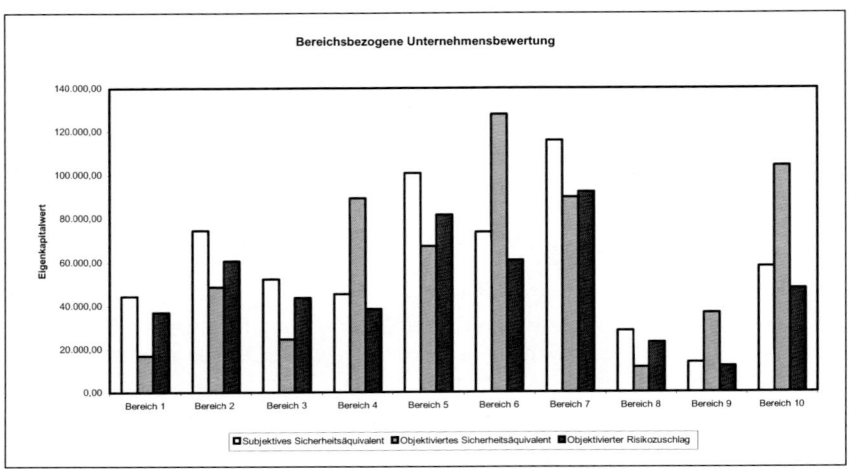

Abb. 10: Bereichsbezogene Unternehmensbewertung

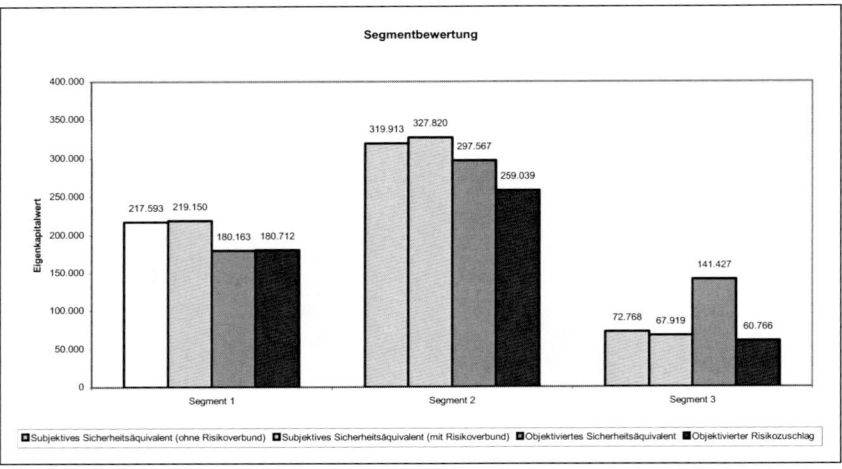

Abb. 11: Segmentbezogene Unternehmensbewertung

Bereichsorientierte Unternehmensbewertung

Konzernbewertung

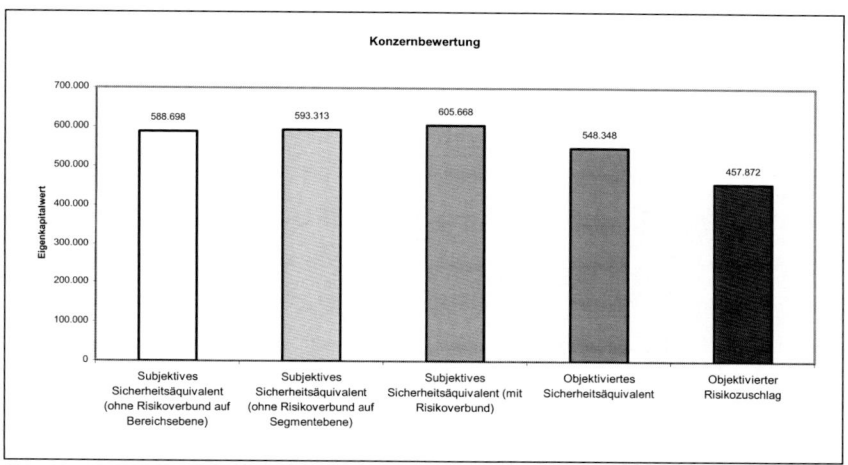

Bewertungsansatz	Eigenkapitalwert
Subjektives Sicherheitsäquivalent (ohne Risikoverbund auf Bereichsebene)	588.698
Subjektives Sicherheitsäquivalent (ohne Risikoverbund auf Segmentebene)	593.313
Subjektives Sicherheitsäquivalent (mit Risikoverbund)	605.668
Objektiviertes Sicherheitsäquivalent	548.348
Objektivierter Risikozuschlag	457.872

Abb. 12: Konzernbezogene Unternehmensbewertung

3 Bereichs- und unternehmenswertorientierte Performancemessung

3.1 Unternehmenswertorientierte Performancemessung im Kontext von Planung, Steuerung und Kontrolle

Grundsätzlich dient die ‚wertorientierte'[446] Performancemessung[447] der Operationalisierung des *Shareholder Value*-Gedankens.[448] Stand die Ermittlung des bereichsbezogenen Unternehmenswerts im Mittelpunkt der bisherigen Ausführungen, so avanciert unter der Maxime des *Value Based Management* dessen bzw. die Steigerung des Kapital(einsatzmehr-)werts zur zentralen Größe der Bereichssteuerung.[449] Dabei sollen die in diesem Zusammenhang eingesetzten Performancemaße[450] grundsätzlich zwei Funktionen erfüllen; eine Informations- und Verhaltenssteuerungsfunktion:[451]

- Mit der Informationsfunktion ist die Bereitstellung von Maßzahlen angesprochen, die eine laufende Beurteilung der durch die unternehmerische Tätigkeit verursachten Wertänderung erlauben. Die Feststellung dieser Unternehmenswertänderung „erfolgt über einen Vergleich geplanter mit realisierten Kennzahlenwerten"[452],[453] weshalb eine möglichst enge Verzahnung zwischen den (unternehmens-)wertorientierten Performancemaßen und dem Unternehmenswert angestrebt wird.[454]

---

[446] *Schröder* (2001), S. 191 interpretiert Wertorientierung zutreffend als Prozeß zur Optimierung zukünftiger *Cashflows*. Ähnlich *Dirrigl* (1998b), S. 576; *Hering/Vincenti* (2004), S. 343. Zu einer grundlegenden Diskussion der Wertorientierung in der Betriebswirtschaftslehre vgl. *Ballwieser* (2002a).

[447] Zur Abgrenzung der Begriffe ‚Performance' und ‚Leistung' vgl. speziell *Riedl* (2000), S. 16 ff., wobei wertorientierte Performance den Unternehmenswert steigernde Aktionen und die Ergebnisse solcher Aktionen umfaßt.

[448] Vgl. *Hax* (2004) zu einer grundsätzlichen Erörterung der Bedeutung der Periodenerfolgsmessung.

[449] Vgl. *Krause/Schmidbauer* (2003), S. 444; *Pfaff/Bärtl* (1999), S. 87; *Pfaff/Stefani* (2003), S. 52. A.A. offenbar *Brösel/Klassen* (2005), S. 467, die von einem „‚Zwang' zur periodischen ‚Performancebeurteilung'" sprechen, der „einer theoretischen Fundierung entbehrt".

[450] Die Begriffe Kennzahl, Leistungskennzahl, Performancegröße, Performancemaß, Performancekennzahl, etc. werden nachstehend synonym verwendet. Zu einem Überblick hinsichtlich Performancemaßen vgl. *Kunz/Pfeiffer* (2007), Sp. 1335-1343, m.w.N. Zu Kennzahlen im traditionellen Sinn vgl. hingegen nur *Reichmann* (2006).

[451] Vgl. etwa *Arbeitskreis „Finanzierungsrechnung" der Schmalenbach-Gesellschaft* (2005), S. 21-23; *Ewert/Wagenhofer* (2000), S. 4; *Gillenkirch/Schabel* (2001), S. 216; *Pfaff/Bärtl* (1999), S. 88 f.; *Strack/Villis* (2001), S. 68.

[452] *Ewert/Wagenhofer* (2000), S. 4.

[453] Vgl. zu einem Überblick hinsichtlich Kennzahlensystemen *Hachmeister* (2007), Sp. 887-897, m.w.N.

[454] Vgl. *Arbeitskreis „Wertorientierte Führung in mittelständischen Unternehmen" der Schmalenbach-Gesellschaft* (2004), S. 241, der diese Absicht bereits in der Überschrift „Möglichkeiten zur Ermittlung periodischer Erfolgsgrößen in Kompatibilität zum Unternehmenswert" zum Ausdruck bringt.

- Daneben wird mit dem Einsatz wertorientierter Kennzahlen eine Verhaltenssteuerung von Entscheidungsträgern in hierarchischen, dezentralen Organisationsformen verfolgt. Diesbezüglich fungieren Performancemaße als Bemessungsgrundlagen in Entgeltsystemen,[455] um den Manager so zu ‚incentivieren', daß er sich im Interesse der Zentrale respektive der Anteilseigner verhält.[456]

Die Performancemessung ist im Rahmen des wertorientierten *Controlling*[457] nach h.M. prinzipiell als umfassender Prozeß der Zielsetzung[458] und Planung (ex ante-Perspektive) wie auch Evaluation und Kontrolle[459] (ex post-Perspektive) zu verstehen.[460] Hierzu werden im Rahmen von Planungsrechnungen die ‚Wertbeiträge' der verschiedenen Bewertungsobjekte prognostiziert.[461] Durch eine anschließende Kombination mit Kontrollrechnungen wird sodann überprüft, in welchem Umfang die geplanten Wertsteigerungen auch tatsächlich realisiert werden konnten.[462] Dabei ist die ‚Schaffung' oder ‚Vernichtung' zusätzlichen Werts im Vergleich zur Ausgangssituation auf Differenzen zwischen geplanten und realisierten Erfolgsgrößen sowie Planrevisionen im Zeitablauf zurückzuführen.[463] Mit Hilfe von Abweichungsanalysen sind danach die Ursachen und Verantwortlichkeiten der bei den Performancegrößen festgestellten Wertunterschiede zu klären.[464]

Obwohl wertorientierte Kennzahlen, speziell unter Aspekten der Verhaltenssteuerung, in jüngerer Vergangenheit verstärkt in das Blickfeld theoretischer und praktischer Überlegungen gerückt sind,[465] muß immer noch eine Vermengung von Elementen der Planungs- und Kontrollrechnung respektive eine Abstraktion von

---

[455] Vgl. zu einem Überblick hinsichtlich der Möglichkeiten einer *Management*vergütung im Kontext unternehmenswertorientierter Steuerungssysteme *Dirrigl* (2004b), S. 126-130 mit Verweis auf die Arbeiten von *Ferstl* (2000), *Kramarsch* (2000), *Pirchegger* (2001) sowie *Plaschke* (2003). Vgl. auch speziell zu einer Diskussion der praktisch relevanten Abschreibungsverfahren bei der *Management*vergütung auf Basis von Residualgewinnen *Crasselt* (2004), S. 121-129.

[456] Anreizprobleme können sowohl im Verhältnis zwischen Anteilseignern und Unternehmensleitung als auch zwischen Unternehmensleitung und Bereichsleitung auftreten.

[457] Entsprechend *Hering/Vincenti* (2004), S. 344 handelt es sich beim „wertorientierten Controlling um das Investitionscontrolling auf Basis der Kapitalwertmethode. Der wertorientierte Controller hat an der Quantifizierung der entscheidungsrelevanten Zahlungsströme mitzuwirken und die investitionstheoretischen Methoden bereitzustellen, mit deren Hilfe sich die zahlreichen Einzelentscheidungen im Unternehmen zielsetzungsgerecht abstimmen (synonym: koordinieren) lassen" (Hervorhebungen im Original).

[458] Vgl. zu einem Überblick hinsichtlich Zielsystemen *Gillenkirch/Velthuis* (2007), Sp. 2029-2037, m.w.N.

[459] Vgl. zu einem Überblick hinsichtlich Kontrolle *Schäffer* (2007), Sp. 937-945, m.w.N.

[460] Vgl. bspw. *Riedl* (2000), S. 27, m.w.N.

[461] Vgl. *Pfaff/Bärtl* (1999), S. 88.

[462] Vgl. *Coenenberg/Mattner/Schultze* (2003), S. 4

[463] Vgl. *Dirrigl* (1998b), S. 563 f.; *Drukarczyk/Schüler* (2007), S. 438 ff.; *Krotter* (2006), S. 29; *Schüler/Krotter* (2004), S. 432.

[464] Vgl. *Drukarczyk/Schüler* (2000), S. 278; *Husmann* (2003), S. 78.

[465] Vgl. *Gillenkirch/Schabel* (2001), S. 216 sowie grundlegend die Untersuchung von *Hebertinger* (2002).

Erwartungsrevisionen im Rahmen der Performancemessung konstatiert werden;[466] dies gilt im besonderem Maße für die beraternahe Literatur, wie von *Schneider* zutreffend bemängelt wird:[467]

> „Statt sich mit den Schwierigkeiten bei einer ex-post-Gewinnermittlung und den zusätzlichen der Prognose künftiger Zahlungssalden auseinander zu setzen, wird bei EVA und verwandten Kennzahlen für ex post und ex ante Überlegungen oft von Performance-Messung schlechthin gesprochen."[468]

Als Begründung für die fehlende Differenzierung zwischen ursprünglich geplanten und tatsächlich realisierten Performancemaßen wird häufig die mangelnde Objektivierbarkeit der auf Planzahlen beruhenden Komponenten angeführt.[469] So führen bspw. *Schultze/Hirsch* aus:

> „Die Wertschaffung einer Periode ergibt sich hingegen aus der Differenz zwischen ursprünglich geplantem und tatsächlich realisiertem EVA. Hierbei wäre jedoch eine Unabhängigkeit der Erfolgsmessung von subjektiven Planwerten nicht gewährleistet. Deshalb ist die jährliche Veränderung des EVA, also ΔEVA, ein vielfach in der Praxis verwendeter Indikator für die in einer Periode neu hinzugekommene Wertschaffung bzw. Wertvernichtung."[470]

Dieses Begründungsmuster ist in zweierlei Hinsicht problematisch. Zum einen bedingt die Außerachtlassung von Planwerten und deren möglichen Revisionen im Zeitablauf eine nicht zutreffende Abbildung von Wertänderungen.[471] Ursächlich hierfür ist der Umstand, daß eine Wertschaffung oder -vernichtung weitgehend auf Erwartungen beruht,[472] was *Gebhardt* deutlich herausstellt:

> „Eine Beschränkung nur auf die leichter nachprüfbaren ex post-Zahlen ist keine Problembewältigung, sondern eine Problemverdrängung. Unternehmenswerte leiten sich aus Zukunftserwartungen her, sodass auch wertorientierte Beurteilungsgrößen nicht ohne Berücksichtigung

---

[466] Vgl. jüngst *Kramer/Keilus* (2007), S. 276 bezüglich der Investitionskontrolle.
[467] Vgl. etwa die Diskussion zwischen *Schneider* (2001b), S. 2509-2514, *Schneider* (2002), S. 2666-2667 und *Förster/Ruß* (2002), S. 2664-2666 oder *Baldenius/Fuhrmann/Reichelstein* (1999), S. 53-65 und *Pfaff* (1999), S. 65-69.
[468] *Schneider* (2001a), S. 2510.
[469] Vgl. zur Kritik an dieser Argumentationsweise auch *Gebhardt* (2003), S. 77; Arbeitskreis „Finanzierungsrechnung" der Schmalenbach-Gesellschaft (2005), S. 20.
[470] *Schultze/Hirsch* (2005), S. 41 f. Ähnlich bspw. *Coenenberg/Salfeld* (2003), S. 269.
[471] Vgl. etwa *Dirrigl* (1998b), S. 565; *Ewert/Wagenhofer* (2000), S. 16.
[472] Vgl. *Drukarczyk/Schüler* (2000), S. 263; *Fernández* (2003), S. 11.

der – teilweise nur schwer zu objektivierenden – Zukunftsgrößen auskommen können."[473]

Zum anderen steht eine ausschließliche Betrachtung von realisierten Istgrößen der angestrebten Abweichungsanalyse und damit einer ursachengerechten Auswertung von Wertänderungen in der Kontrollperiode entgegen.

Ein Vergleich mit der Kosten- und Erlösrechnung mag diese Problematik verdeutlichen, wo verschiedenste Abweichungsanalysen[474] schon seit Jahrzehnten zum ‚Handwerkszeug' gehören und Zeitvergleiche von Istwerten seit jeher wegen der Gefahr eines Vergleichs von „Schlendrian mit Schlendrian"[475] verpönt sind:[476]

Beispielshalber wird bei einer kumulativen Aufspaltung der Gesamtabweichung in der Plankostenrechnung die Gesamtabweichung zwischen den Ist- und Plankosten einer Periode zunächst in eine Preis- und eine Mengenabweichung unterteilt.[477] Letztere wird danach in eine globale Verbrauchsabweichung sowie eine Veränderung der variablen Kosten aufgespalten, die sich ihrerseits aus einer Mix-, Intensitäts- und Restabweichung bzw. Beschäftigungs- und Budgetabweichung zusammensetzen.

Die vorstehende Systematik stellt ein allgemein anerkanntes Verfahren zur Kostenkontrolle dar. Indes käme niemand in der Kostenrechnung auf die Idee, ausschließlich Plan- oder Istwerte einer Periode zu betrachten, auf deren jeweilige Veränderungen im Zeitablauf abzustellen oder auf den Einbezug von Planwerten wegen mangelnder Nachprüfbarkeit gänzlich zu verzichten,[478] wie es für Zwecke der wertorientierten Performancemessung vehement propagiert wird.[479]

Diesbezüglich scheinen Teilsysteme der Kosten- und Erlösrechnung denen der wertorientierten Performancemessung aus methodischer Perspektive ‚um Längen' voraus zu sein.[480] Die Notwendigkeit einer Differenzierung zwischen Planung und Kontrolle in beliebigen Rechenwerken kann mit *Wild* betont werden:[481]

---

[473] *Gebhardt* (2003), S. 77. Weniger akzentuiert Arbeitskreis „Finanzierungsrechnung" der Schmalenbach-Gesellschaft (2005), S. 20 f.

[474] Vgl. *Plinke/Rese* (2006).

[475] *Schmalenbach* (1934) S. 263.

[476] Vgl. statt vieler *Coenenberg* (2003), S. 358-436, m.w.N.

[477] Vgl. zum Begriff der kumulativen Abweichungsanalyse *Kilger* (1993), S. 176.

[478] Selbstkritisch gegenüber der fehlenden Objektivierbarkeit von Planwerten im Rahmen des *Value Based Management* auch *Gebhardt* (2003), S. 77, der diesbezüglich auf Planungsrunden verweist, in denen solche Planvorgaben diskutiert und festgelegt werden können, vgl. Fn. 473, S. 90.

[479] Vgl. etwa *Baldenius/Fuhrmann/Reichelstein* (1999), S. 56 f.; *Roos/Stelter* (1999), S. 304; *Strack/Villis* (2001), S. 72 ff.

[480] Vgl. auch *Kramer/Keilus* (2007), S. 276 bezüglich der Investitionskontrolle.

[481] Um so verwunderlicher ist es, wenn die Notwendigkeit einer Differenzierung zwischen Planungs- und Kontrollrechnungen im Rahmen der wertorientierten Unternehmensrechnung in der Literatur durchaus erkannt, aber nicht umgesetzt wird. So führen *Coenenberg/Schultze/Mattner* (2003), S. 4 zwar aus, daß „[u]m den Unternehmenswert zu steigern, müssen zum einen ex ante diejenigen Entscheidungsalternativen ausgewählt werden, die wertsteigernd wirken, zum anderen muß ex post kontrolliert werden, ob die geplante Wertsteigerung auch tatsächlich realisiert werden konnte" (Hervorhebungen im Original). Darüber hinaus sollen „im Rahmen von Soll/Ist-Vergleichen

„Planung ohne Kontrolle ist [...] sinnlos; Kontrolle ohne Planung unmöglich."[482]

Demzufolge wird vorgeschlagen, Performancemessung als Oberbegriff für die vier nachstehenden Teilbereiche anzusehen:[483]

- Performanceplanung (ex ante-Perspektive),
- Performancekontrolle[484] (ex post-Perspektive),
- Performanceanalyse (ex post-Perspektive) und
- Performancehonorierung (ex post-Perspektive).[485]

3.1.1 Performanceplanung (ex ante-Perspektive)

Im Rahmen der Performanceplanung steht das Festlegen von Zielen im Vordergrund, die anhand von Steuerungsgrößen ausgedrückt werden.[486] Dazu werden die entsprechenden Zielgrößen ausgewählt, der gewünschte Grad der Zielerreichung spezifiziert und ein Zeitintervall zur Zielerreichung vorgegeben. Insofern wird Planung in diesem Zusammenhang nicht nur auf die systematische Entscheidungsvorbereitung beschränkt,[487] sondern darüber hinaus als Herleitung und Vorgabe der zu erreichenden Erfolgsgrößen verstanden. Um in einer Abweichungsanalyse zwischen den geplanten und realisierten Performancegrößen differenzieren zu können, bedarf es einer Indizierung ihres jeweiligen Meßzeitpunkts.[488] Die Messungen und Erwartungsbildungszeitpunkte unterscheiden sich grundsätzlich im Hinblick auf den Informationsstand, unter denen sie vorgenommen werden. Infolgedessen wird im Zusammenhang von Planung und Kontrolle zwischen einer

---

Kontrollgrößen zur verhaltenssteuernden Leistungsbeurteilung verwendet" werden. Die damit angesprochene Unterscheidung zwischen Planungs- und Kontrollgrößen sowie der Soll/Ist-Vergleich findet sich in ihren nachfolgenden Ausführungen jedoch nicht wider.

[482] *Wild* (1982), S. 44. Weniger pointiert stellen *Ewert/Wagenhofer* (2000), S. 25 fest, „[f]ür eine sinnvolle Performancemessung ist es jedoch erforderlich, dass geplante und erfaßte realisierte Daten vorhanden sind." Vgl. auch *Haaker* (2007b), S. 340. A.A. *Schneider* (1995a), S. 53, vgl. jedoch Fn. 467, S. 89.

[483] Vgl. ähnlich *Riedl* (2000), S. 30 und *Dirrigl* (2003), S. 166 ff., die zwischen Performanceplanung, Performance Measurement und Performancebewertung bzw. Performancemessung (ex ante-Sicht) und Performancebewertung und Performanceanalyse (ex post-Sicht) unterscheiden. Ferner *Drukarczyk/Schüler* (2007), S. 438 ff.; *Schüler* (2001), S. 142; *Schüler/Krotter* (2004), S. 433.

[484] Zum Begriff der Performancekontrolle vgl. auch *Coenenberg/Salfeld* (2003), S. 264 ff., jedoch ohne die notwendige Trennung zwischen den verschiedenen Informationsständen.

[485] Aus Gründen der Vollständigkeit enthält obige Systematisierung den Teilbereich der Performancehonorierung, obwohl Aspekte der *Management*vergütung im Rahmen dieser Arbeit nicht thematisiert werden. Vgl. hierzu die in Fn. 455, S. 88 genannte Literatur, jeweils m.w.N.

[486] Vgl. *Riedl* (2000), S. 33 ff.

[487] Vgl. *Mag* (1995), S. 8 ff., m.w.N., der in Abhängigkeit der Länge des Planungsprozesses Entscheidung, Realisation und Kontrolle unter den Planungsbegriff subsumiert.

[488] Vgl. *Krotter* (2006), S. 29.

ex ante- und einer ex post-Perspektive unterschieden,[489] die sich bereits in der oben vorgenommenen Unterteilung der Performancemessung widerspiegelte.[490]

Bei einem erwartungskonformen Verlauf wird neben dem ursprünglich anvisierten Performanceziel kein zusätzlicher Wert geschaffen, sondern es erfüllen sich ‚einzig' die Erwartungen und der geplante Kapitalwert wird realisiert.[491] Im Rahmen des hier beschriebenen Unsicherheitsfalls, der sich durch mehrwertige Erwartungen mit einer Wahrscheinlichkeitsverteilung ausdrückt (vgl. Kap. 2.5.3, S. 59 ff.), kommt es jedoch zu Variationen der zukünftigen Datenkonstellation, weshalb gerade eine Betrachtung aus der ex post-Perspektive von Relevanz ist.[492]

3.1.2 Performancekontrolle (ex post-Perspektive)

Vom Berechnungsmodus her gleicht die Performancekontrolle der soeben vorgestellten Performanceplanung, wenn davon abgesehen wird, daß sich der Informationsstand zwischen Planung und Kontrolle im Zeitablauf geändert hat. Die Messung der in einem zurückliegenden Zeitabschnitt erbrachten Leistung aus der ex post-Perspektive ist Gegenstand der Performancekontrolle[493], die sich sowohl auf das realisierte Periodenergebnis der zurückliegenden Periode (operative Kontrollrechnung) als auch auf das prognostizierte Erfolgspotential[494] zukünftiger Perioden beziehen kann (strategische Kontrollrechnung).[495] Dabei wird überprüft, ob und in welchem Unfang die in der Performanceplanung gesetzten Zielgrößen tatsächlich erreicht wurden.[496] Eine in regelmäßigen Abständen durchgeführte Performancemessung soll helfen, den Realisierungsgrad der Zielvorstellungen zu bestimmen.[497] Folglich kann die Performancekontrolle auch als Performancemessung im engeren Sinne verstanden werden.

Hierfür sollen dieselben Performancemaße Verwendung finden, die bereits bei der Performanceplanung herangezogen wurden,[498] um Fehlanreize und Fehlentscheidungen zu vermeiden.[499]

---

[489] Vgl. *Dirrigl* (1998b), S. 558-563.
[490] Ebenso betonen *Schüler/Krotter* (2004), S. 436 „die Differenzierung zwischen erwartungskonformen und nicht erwartungskonformen Verlauf" bei der Konzeption wertorientierter Steuerungsgrößen. Ferner *Schüler* (2001), S. 142.
[491] Vgl. *Drukarczyk/Schüler* (2007), S. 438 ff.; *Krotter* (2006), S. 26; *Schüler/Krotter* (2004), S. 432.
[492] Vgl. *Dirrigl* (2003), S. 173.
[493] Kontrolle wird hier in einer eng Fassung als Ermittlung der kontrollrelevanten Ist-, Soll- oder Wird-Größen verstanden. Vgl. zur Kontrolle statt vieler *Mag* (1995), S. 95 ff., wobei die üblicherweise unter den Kontrollprozeß subsumierte Aufdeckung und Analyse etwaiger Abweichungen als Performanceanalyse verstanden wird, vgl. hierzu Kap. 3.1.3, S. 93 ff.
[494] Vgl. zum Erfolgspotential statt vieler *Richter* (2002b), Sp. 411-419.
[495] Vgl. *Dirrigl* (2003), S. 173. Von *Riedl* (2000), S. 40 ff. als Ergebnis sowie Planfortschritt- und Prämissenkontrolle bezeichnet.
[496] Vgl. *Coenenberg/Salfeld* (2003), S. 256.
[497] Vgl. bereits *Moxter* (1966), S. 37 bezüglich der Gewinnermittlung.
[498] Dies ist keinesfalls selbstverständlich, wie *Pfaff/Bärtl* (1999), S. 86, m.w.N. kritisch anmerken: „Interessant ist auch, dass Investitionsentscheidungen oft von den erwarteten Cash Flows abhän-

Die grundsätzliche Schwierigkeit der Performancekontrolle besteht in ihrem ‚Vorläufigkeitscharakter', womit die sich im Zeitablauf ändernden, permanent variierenden Informationsstände angesprochen sind. Eine endgültige Gewißheit über die ‚Vorteilhaftigkeit' einer Bewertungseinheit besteht immer erst am Ende ihrer gesamten Nutzungsdauer, wenn sich sämtliche relevanten Unsicherheitselemente ‚aufgelöst' haben. Aus der Bilanztheorie sind Gesamtbetrachtungen als ‚Totalerfolg' oder ‚Totalgewinn'[500] hinreichend bekannt,[501] während *Rappaport* im Hinblick auf die periodische Performancemessung feststellt:

> „*Unfortunately, shareholder value performance in a going concern is never a completed task. It is a perpetual work-in-progress.*"[502]

Lösbar ist diese Problematik nur im Bereich der Performancemessung von Einzelinvestitionen, da deren Nutzungsdauern gewöhnlich beschränkt sind und damit eine abschließende Beurteilung der Wertgenerierung möglich ist.[503] Dieser Umstand vermag auch ein entscheidender Grund dafür zu sein, daß Performancemessungskonzepte in der Literatur regelmäßig ‚nur' auf der Projektebene thematisiert werden.[504] Die in diesem Zusammenhang speziell in der beraternahen Literatur[505] vertretende Auffassung, eine Performancekontrolle könne am Ende einer jeden Periode auch während der fortgesetzten Nutzung eines Projekts, Bereichs oder Unternehmens ‚endgültig' vorgenommen werden, ist aus den vorgenannten Gründen entschieden zurückzuweisen; vielmehr haftet einer solchen Betrachtung von Performancekontrolle der Makel einer ‚Pseudo-Gewißheit' an.

3.1.3 Performanceanalyse (ex post-Perspektive)

Die im Rahmen der Performancekontrolle ermittelten Ausprägungen der Performancemaße stellen die Ausgangspunkte der Performanceanalyse dar. Bei dieser werden in einem ersten Schritt Art und Ausmaß der Abweichungen zwischen den geplanten und als *Benchmark* vorgegebenen Performancezielen und ihren gemessenen, realisierten Ausprägungen durch einen Vergleich ermittelt.[506] Anschließend

---

gig gemacht werden, eine Kontrolle und Leistungsbeurteilung (für dieselbe Investition) dagegen häufig auf Basis des periodenbezogenen Rechnungswesens durchgeführt werden." So sprechen sich etwa *Drukarczyk/Schüler* (2000), S. 255-303 sowie *Schüler/Krotter* (2004), S. 430-437 für eine Performanceplanung auf Basis der DCF-Verfahren und eine anschließende Performancekontrolle anhand von Residualgewinnen aus.

[499] Vgl. *Rappaport* (1998), S. 112; *Riedl* (2000), S. 37.
[500] Vgl. *Schneider* (1997), S. 39 f. Zur Bedeutung der Totalperiode in der Performancemessung vgl. auch *Gebhardt* (2003), S. 73.
[501] Vgl. grundlegend *Rieger* (1928), S. 203-243.
[502] *Rappaport* (1998), S. 117. Ähnlich *Hax* (2004), S. 78 ff.
[503] Vgl. *Drukarczyk/Schüler* (2000), S. 264.
[504] Vgl. zu dieser Beobachtung bereits *Dirrigl* (1998a), S. 5.
[505] Vgl. Fn. 467, S. 89.
[506] Vgl. *Riedl* (2000), S. 38.

sind diese Gesamtabweichungen auf ihre Einflußfaktoren zu untersuchen, indem sie in verschiedene Teilabweichungen aufgespalten werden. Hierbei erfolgt die Zurechnung von Wertdifferenzen, die aus den unterschiedlichen Performanceausprägungen infolge des veränderten Informationsstands beim Übergang von der ex ante- zur ex post-Perspektive resultieren, auf die zugrundeliegenden Abweichungsursachen. In der dritten Teilphase der Performanceanalyse sind die festgestellten Abweichungsursachen noch zu interpretieren und zu bewerten sowie etwaige Folgehandlungen einzuleiten.[507]

Für die interne Leistungsbeurteilung sind allein solche Wertänderungen von Relevanz, die auf den Einfluß des *Management* zurückgehen (sog. endogene Faktoren). Daher sollen wertbeeinflussende exogene Einflußfaktoren, bisweilen als „windfall profits"[508] tituliert, zur Erfüllung einer zielorientierten Verhaltenssteuerungsfunktion separiert werden,[509] wie *Drukarczyk/Schüler* betonen:

> „When deviations occur [between performance measures], it would be desirable to distinguish between the influence of managerial effort and bad (or good) luck."[510]

Daß dieser Aspekt in der Literatur zum *Shareholder Value* keine ausreichende Beachtung fände, kritisierte *Ballwieser* bereits vor über 10 Jahren.[511] Seitdem wurde der Trennung von beeinflußbaren und nicht beeinflußbaren Faktoren kaum weitere Aufmerksamkeit zuteil,[512] weshalb die meisten Versuche einer wertorientierten Performancemessung in Theorie und Praxis vordergründig bleiben.[513]

Lediglich die Systematik der Erfolgspotentialrechnung nach *Breid* bietet eine entsprechende ‚Lösungsmöglichkeit',[514] die infolgedessen für einen Einsatz im Rahmen der Performanceanalyse aus der ex post-Perspektive nachstehend nutzbar zu machen ist (vgl. Kap. 3.5, S. 182 ff.).[515]

Der vorgestellte Prozeß einer wertorientierten, operativen und strategischen Performancemessung, bestehend aus den Elementen der Performanceplanung (ex ante-Perspektive), Performancekontrolle und Performanceanalyse (beide ex post-Perspektive) stellt das ‚Herzstück' des wertorientierten *Controlling* dar.[516]

---

[507] Vgl. *Riedl* (2000), S. 39, m.w.N.
[508] Vgl. bereits *Moxter* (1982), S. 62-63.
[509] Vgl. zur sog. Attributionsproblematik *Pfaff* (2007), Sp. 33 ff., m.w.N.
[510] *Drukarczyk/Schüler* (2000), S. 278.
[511] Vgl. *Ballwieser* (1994), S. 1405.
[512] Vgl. *Ballwieser* (2000), S. 163 mit einem erneuten Hinweis auf diesen Mangel.
[513] A.A. *Schultze/Hirsch* (2005), S. 83.
[514] Vgl. grundlegend *Breid* (1994), S. 205-228 sowie zu Erweiterungen und Anwendungsbereichen *Dirrigl* (2002). *Schüler* (1998), S. 20 betont ebenso die ex post-Anwendung von Konzepten zur Performancemessung.
[515] Für die Forderung nach einem Einsatz der Erfolgspotentialrechnung im Rahmen der Performancemessung aus der ex post-Perspektive vgl. auch *Dirrigl* (2003), S. 178 und S. 182.
[516] Vgl. *Dirrigl* (1998b), S. 576.

3.2 Systematisierung von Konzepten der Performancemessung

3.2.1 Grundsätzliche Möglichkeiten der Performancemessung im Überblick

Für eine Strukturierung grundsätzlicher Ausgestaltungsmöglichkeiten der in Theorie und Praxis diskutierten ‚Performancemessungskonzeptionen' eignet sich besonders die Systematisierung von „Performance als Mehrwert"[517] nach *Dirrigl* (vgl. Abb. 13, S. 96):[518]

Demnach bedarf es für eine exakte Beschreibung von ‚Performance als Mehrwert' neben der eindeutigen Kennzeichnung der Berechnungsmethodik des Unternehmenswerts, der insoweit das „Fundament bereichsorientierter Performancemessung"[519] darstellt, einer präzisen Charakterisierung der Vergleichsgröße, aus der „sich das ‚Mehr' an Wert ableiten lässt."[520]

Als Referenzgrößen kommen dabei zunächst einmal Unternehmenswerte in Betracht, die entweder für einen früheren oder den gleichen Zeitpunkt, gegebenenfalls unter Einbezug von Erwartungsrevisionen berechnet werden können (vgl. Abb. 13, S. 96, Nummer eins).[521] Etwaige Wertdifferenzen sind mit Hilfe der im vorherigen Gliederungspunkt angesprochenen Erfolgspotentialrechnung auf Veränderungen der Zahlungsstromprognose und/oder Bewertungsparameter zu separieren.[522]

Außer der Ermittlung und Gegenüberstellung von zwei auf den Unternehmenswert bezogenen Barwertgrößen kann Performancemessung prinzipiell auch als Bestimmung von Kapital(einsatzmehr-)werten (vgl. Abb. 13, S. 96, Nummern drei und vier) respektive deren Vergleich verstanden werden (vgl. Abb. 13, S. 96, Nummer zwei).[523]

Daß hierbei vor allem der Definition des ‚eingesetzten Kapitals' eine entscheidende Bedeutung für die ausgewiesene Performancegröße zukommt, liegt auf der Hand. In der beraternahen Literatur läßt sich diesbezüglich eine weitgehende Orientierung an Buchwertgrößen beobachten.[524]

---

[517] *Dirrigl* (2003), S. 156.
[518] Vgl. grundlegend und im folgenden *Dirrigl* (2003), S. 156-165. Ähnlich auch *Dirrigl* (2004b), S. 120-125.
[519] *Dirrigl* (2003), S. 143.
[520] *Dirrigl* (2003), S. 157.
[521] In diesem Sinne läge nach *Dirrigl* (2003), S. 156 eine ‚idealtypisch' „„zweiseitig' unternehmenswertorientiert[e]" Performancegröße vor.
[522] Vgl Fn. 514, S. 94.
[523] Vgl. *Hachmeister* (2003a), S. 102; *Schüler* (2001), S. 143.
[524] Vgl. zu dieser Feststellung etwa *Dirrigl* (2003), S. 157; *Schüler* (2001), S. 142.

Abb. 13: Grundkonstruktionen der Performancemessung und Performanceperiodisierung[525]

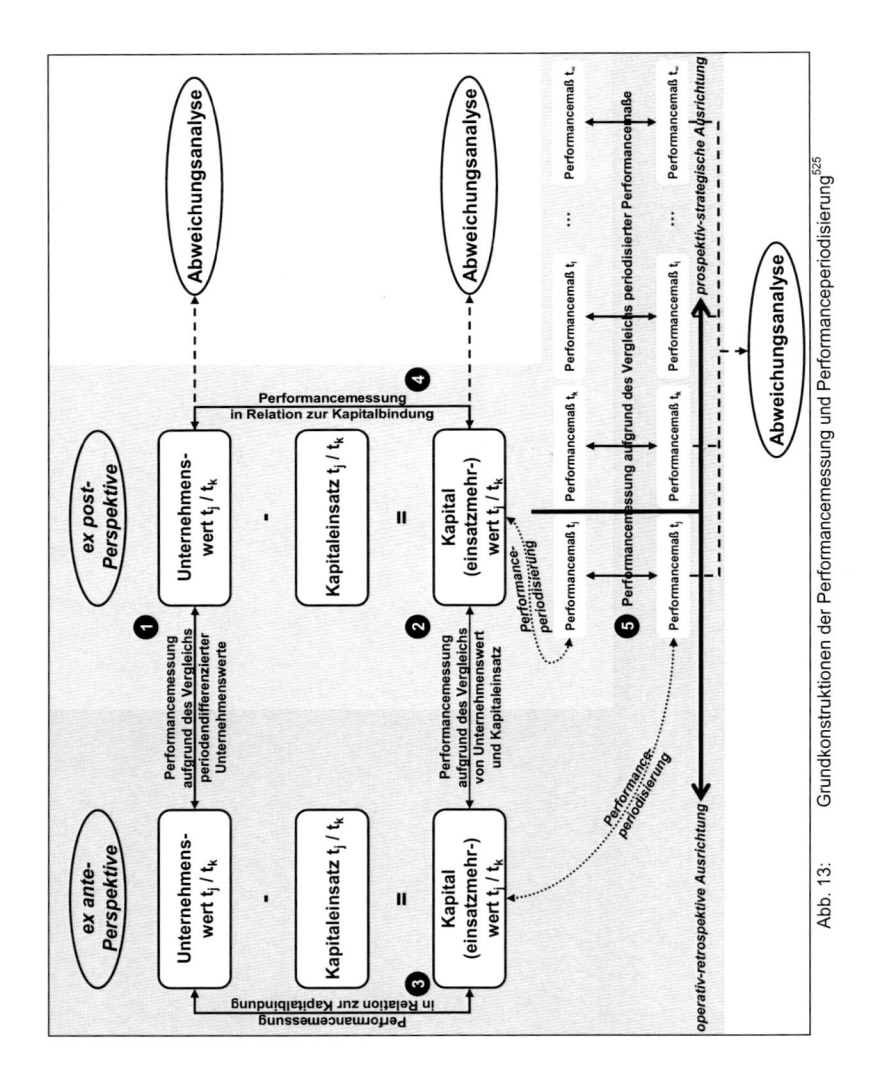

[525] In teilweiser Anlehnung an *Dirrigl* (2003), S. 166.

Bereits an dieser Stelle der vorliegenden Arbeit ist kurz auf die aus einer solchen Ermittlungsmethodik resultierenden Probleme hinzuweisen, die erst in jüngerer Vergangenheit vermehrt in der theoretischen geprägten Literatur zur Performancemessung diskutiert werden.[526] Tritt nämlich an die Stelle eines zahlungsstromorientierten Kapitaleinsatzes, der sich aus der Fortschreibung des anfänglich investierten Kapitals durch Erhöhungen um Kapitalkosten und etwaige weitere Kapitalzuführungen sowie Entlastungen infolge von Tilgungszahlungen ergibt,[527] eine buchhalterische Größe, können Wertdifferenzen im Vergleich zu diesem Amortisationskapital auftreten. Liegen derartige bilanzielle ‚Verzerrungen' der Kapitaleinsatzgröße vor, weicht der auf dieser Basis bestimmte Kapital(einsatzmehr-)wert unweigerlich vom Kapitalwert ab.[528]

Abgesehen von der Kapitaleinsatzgröße sind die in „Relation zur Kapitalbindung"[529] stehenden Performancemaße durch den jeweiligen Meßzeitpunkt und die Verwendung differenzierter Bewertungsprämissen zu unterscheiden.[530]

Die bisher systematisierten Gestaltungsvarianten einer Performancemessung mittels Gegenüberstellung von Unternehmens- und Referenzwerten sowie einer anschließenden Analyse von Wertdifferenzen beziehen sich unisono auf die Ermittlung der „[g]esamte[n] Wertschaffung"[531] eines Bewertungsobjekts (vgl. Abb. 13, S. 96, Nummern eins bis vier). Hiervon können verschiedene Performancemessungskonzeptionen abgegrenzt werden, die im Gegensatz dazu auf die „[p]eriodische Wertschaffung"[532] abzielen (vgl. Abb. 13, S. 96, Nummer fünf).[533]

Letztere stellen hierfür einen – mehr oder weniger – direkten Bezug zum Kapital(einsatzmehr-)wert her,[534] indem sie die betrachtete Kapital(einsatzmehr-)wertgröße unter Berücksichtigung verschiedener Informationsstände auf den Performancemessungszeitraum ‚verteilen' und *vice versa* (sog. „Performance-Periodisierung"[535]).[536]

Des weiteren läßt sich hinsichtlich des zeitlichen Betrachtungswinkels differenzieren, der für eine Performanceperiodisierung eingenommen wird.[537] Dabei kann

---

[526] Vgl. O'Hanlon/Peasnell (2002), S. 232-232. Ferner *Dirrigl* (2003), S. 161-165; *Dirrigl* (2004b), S. 104-108; Ohlson (2002), S. 247-251; Schüler (2001), S. 144-153; Schüler/Krotter (2004), S. 431-433.
[527] Vgl. *Dirrigl* (2004b), S. 106; Drukarczyk/Schüler (2000), S. 279; Schüler (2001), S. 155.
[528] Vgl. *Dirrigl* (2004b), S. 124; Drukarczyk/Schüler (2000), S. 265; Schüler (2001), S. 155; Schüler/Krotter (2004), S. 433.
[529] *Dirrigl* (2003), S. 159.
[530] Vgl. *Dirrigl* (2003), S. 158, Abb. 1; *Dirrigl* (2004b), S. 123, Tab. 6.
[531] Schüler (2001), S. 143.
[532] Schüler (2001), S. 151.
[533] Vgl. etwa Arbeitskreis „Wertorientierte Führung in mittelständischen Unternehmen" der Schmalenbach-Gesellschaft (2004), S. 241 ff, m.w.N.
[534] Vgl. etwa *Dirrigl* (2004b), S. 124.
[535] *Dirrigl* (2003), S. 178.
[536] Vgl. Arbeitskreis „Wertorientierte Führung in mittelständischen Unternehmen" der Schmalenbach-Gesellschaft (2004), S. 241 ff.; Hachmeister (2003), S. 102.
[537] Vgl. Ohlson (2002), S. 247.

grundsätzlich zwischen einer retrospektiv-operativen und strategisch-prospektiven Ausrichtung differenziert werden.[538] Der Fokus erstgenannter liegt auf der wirtschaftlichen Leistung der gerade abgelaufenen Berichtsperiode, während sich zweitgenannte auf sämtliche zukünftige Performancemessungszeiträume unter Einbezug etwaiger Erwartungsrevisionen erstreckt.[539]

Nach diesem allgemeinen Überblick bezüglich der denkbaren Ausgestaltungsformen der Performancemessung kann abschließend herausgestellt werden, daß sich weite Teile der Theorie und Praxis bei der Operationalisierung des *Value Based Management* schwerpunktmäßig mit der zuletzt vorgestellten Kategorie ‚(kapital-)wertorientierter'[540] Kennzahlen beschäftigen. Dies ist insofern wenig verwunderlich, als daß in der einschlägigen Literatur zur Umsetzung der *Shareholder Value*-Maxime der Kapitalwert und dessen Veränderungen im Zeitablauf als zentrale Zielgrößen gelten.[541]

Eine solche ‚Ausrichtung' lag auch implizit den obigen Ausführungen zur unternehmenswertorientierten Performancemessung im Kontext von Planung, Steuerung und Kontrolle zugrunde (vgl. Kap. 3.1, S. 87 ff). Im folgenden soll hieran weitgehend festgehalten werden. Zwar kann die Diskussion der Bewertungskalküle einer bereichsbezogenen Unternehmensbewertung (vgl. Kap. 2.4, S. 26 ff.) als Ausgangsbasis für eine intensive Analyse der Performancemessung aufgrund des Vergleichs periodendifferenzierter Unternehmenswerte respektive einer Gegenüberstellung mit den jeweiligen Kapitaleinsatzgrößen dienen (vgl. Abb. 13, S. 96, Nummern eins bis vier), wofür infolge der grundlegenden Darstellung bei *Dirrigl* aber kein weiterer Forschungsbedarf existiert.[542] Vielmehr besteht die Möglichkeit, auf die entsprechenden Performancemessungskonzepte im Rahmen der Konvergenzanalyse mit dem *Impairment of Assets* direkt zurückzugreifen.

In diesem Zusammenhang stellt sich auch eine Erörterung der Varianten der Performanceperiodisierung als notwendig heraus, deren Ergebnisse nämlich dazu dienen, eine Antwort auf die Frage eines adäquaten Einbezugs von Geschäfts- oder Firmenwerten, die schließlich den betragsmäßig bedeutendsten Anwendungsbereich von Werthaltigkeitsüberprüfungen verkörpern (vgl. Kap. 4.3, S. 225 ff.), bei der periodischen Performancemessung zu finden.

---

[538] Vgl. *Dirrigl* (1998b), S. 558 ff.
[539] Vgl. *Drukarczyk/Schüler* (2000), S. 262.
[540] Vgl. zum Zusammenhang von *Cashflows* und Kapitalwert bei Performancemaßen auch *Kunz/Pfeiffer* (2007), Sp. 1339 f.
[541] Vgl. nur *Hering/Vincenti* (2004), S. 344; *Pfaff/Bärtl* (1997), S. 82; *Pfaff/Bärtl* (1999), S. 91. Nach *Dirrigl* (2003), S. 161 sollte deshalb der „Bereichs-Kapitalwert […] in jedem System unternehmenswert-orientierter Performancegrößen erkennbar werden."
[542] Vgl. *Dirrigl* (2003), S. 174-178.

3.2.2 Kategorisierung wesentlicher Varianten der Performanceperiodisierung

Da die Anzahl und Variationen ‚wertorientierter' Kennzahlen, deren Einsatz speziell im Zusammenhang mit der Performanceperiodisierung propagiert wird, wie im vorstehenden Gliederungspunkt angesprochen, kaum noch zu überschauen ist,[543] bedarf es für die folgenden Abhandlungsschritte einer tiefergehenden Kategorisierung.[544] Hierdurch sollen die grundlegenden Performancemaße hergeleitet und voneinander abgegrenzt werden.

Bei einer Gesamtbetrachtung der diesbezüglich in der Literatur vorgenommenen ‚Ordnungsversuche' lassen sich insgesamt sechs verschiedene Kriterien feststellen,[545] anhand derer eine ‚sinnvolle' Gliederung der zur Performanceperiodisierung verwendeten Konzepte erfolgen könnte (vgl. Abb. 14)[546]:

Systematisierungskriterien wertorientierter Performancemaße

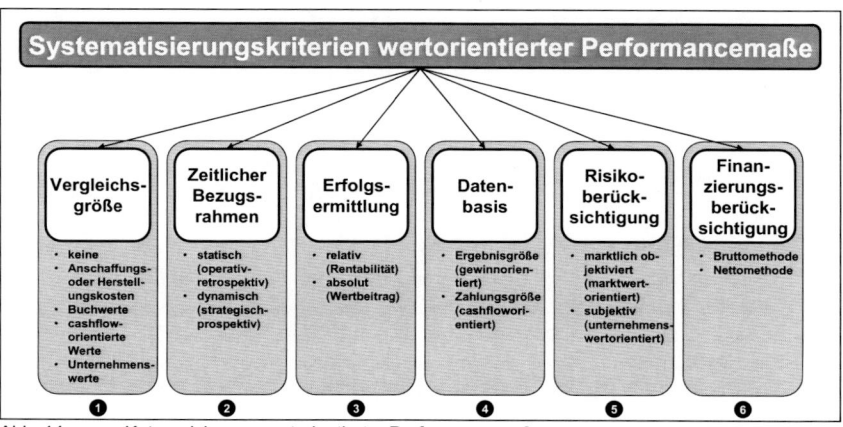

Vergleichsgröße	Zeitlicher Bezugsrahmen	Erfolgsermittlung	Datenbasis	Risikoberücksichtigung	Finanzierungsberücksichtigung
• keine • Anschaffungs- oder Herstellungskosten • Buchwerte • cashfloworientierte Werte • Unternehmenswerte	• statisch (operativ-retrospektiv) • dynamisch (strategisch-prospektiv)	• relativ (Rentabilität) • absolut (Wertbeitrag)	• Ergebnisgröße (gewinnorientiert) • Zahlungsgröße (cashfloworientiert)	• marktlich objektiviert (marktwertorientiert) • subjektiv (unternehmenswertorientiert)	• Bruttomethode • Nettomethode
①	②	③	④	⑤	⑥

Abb. 14: Kategorisierung wertorientierter Performancemaße

- Die Bedeutung der Vergleichsgröße und des zeitlichen Bezugsrahmens[547] (vgl. Abb. 14, Nummern eins und zwei) konnte bereits hinlänglich auf Ebe-

---

[543] Vgl. Arbeitskreis „Wertorientierte Führung in mittelständischen Unternehmen" der Schmalenbach-Gesellschaft (2004), S. 241.
[544] Nach Gebhardt (2003), S. 68 deutet die große Vielfalt wertorientierter Kennzahlen auf ein „Konzept-Defizit" hin.
[545] Vgl. statt vieler Arbeitskreis „Finanzierungsrechnung der Schmalenbach-Gesellschaft" (2005), S. 24; Ewert/Wagenhofer (2000), S. 7 zu der literaturüblichen Reduktion auf zwei Abgrenzungsmerkmale, wobei üblicherweise auf eine Unterscheidung zwischen relativen und absoluten sowie gewinn- und zahlungsstromorientierten Performancemaßen abgestellt wird.
[546] Vgl. Kunz/Pfeiffer (2007), Sp. 1335 f.
[547] Dieses Merkmal prägt vor allem die Darstellung bei Schultze/Hirsch (2005), S. 35 ff.; grundlegend Hax (2004), S. 82-85.

ne der grundsätzlichen Ausgestaltungsvarianten der Performancemessung dargelegt werden. Entsprechendes gilt für Performancemaße, die auf eine Periodisierung einer Kapital(einsatzmehr-)wertgröße ausgerichtet sind.[548] Dabei kommt für eine kapitaltheoretische Fundierung des eingesetzten Kapitals vor allem der Barwert künftiger Zahlungen an die Fremd- und/oder Eigenkapitalgeber als Referenzwert, ausgedrückt durch das sog. Amortisationskapital, in Frage.[549] Wenn die Kapitalbasis hingegen an Buchwertgrößen anknüpfen soll, werden historische Anschaffungs- und Herstellungskosten, die bis zum Performancemessungszeitpunkt ‚hochinflationierten' Wiederbeschaffungskosten, und der Restbuchwert auf Anschaffungs- oder Wiederbeschaffungskostenbasis vorgeschlagen.[550]

- Weitergehend erfolgt in der Literatur regelmäßig eine Differenzierung von Kennzahlen in Abhängigkeit davon, ob der Performanceausweis anhand einer absoluten oder relativen Kennzahl erfolgt (vgl. Abb. 14, S. 99, Nummer drei).
- Daneben werden gewinn- und zahlungsstromorientierte Performancemaße unterschieden (vgl. Abb. 14, S. 99, Nummer vier),[551] wobei realiter durchaus Zwischenformen und Kombination zu beobachten sind;[552] „[i]nsofern beschreibt diese Kategorie zwei typische Fälle eines Kontinuums."[553]
- Im Hinblick auf die Risikoberücksichtigung bei wertorientierten Kennzahlen ist auf die Kalküle der Unternehmensbewertung zu verweisen, so daß sich die Verwendung kapitalmarktobjektivierter und subjektiver Risikokonzeptionen voneinander abgrenzen läßt (vgl. Abb. 14, S. 99, Nummer fünf). Außerdem findet in diesem Zusammenhang mitunter eine Separierung spezifischer risikoadjustierte Kennzahlen – wie etwa *Risk Adjusted Return on Capital* (RAROC), *Return on Risk Adjusted Capital* (RORAC)[554] oder *Value at Risk* (VaR)[555] – statt. Hierauf wird wegen der mangelnden Anwendbarkeit, die diese Verfahren nach h.M. für Unternehmen außerhalb des Banken- und Versicherungssektors besitzen,[556] verzichtet.
- Des weiteren kann eine Performanceperiodisierung anhand der Finanzierungsberücksichtigung gekennzeichnet werden (vgl. Abb. 14, S. 99, Nummer sechs). In Analogie zu den DCF-Verfahren lassen sich *Equity*- und *Entity*-Ansätze unterscheiden.

---

[548] Vgl. *Dirrigl* (2003), S. 157 ff.; *Dirrigl* (2004b), S. 122 ff.
[549] Vgl. *Dirrigl* (2004b), S. 106-108.
[550] Vgl. zu dieser Auflistung auch *Dirrigl* (1998b), S. 567 mit Verweis auf *Küting* (1985), S. 11 ff.
[551] Vgl. *Ewert/Wagenhofer* (2000), S. 7.
[552] Vgl. *Arbeitskreis „Finanzierungsrechnung" der Schmalenbach-Gesellschaft* (2005), S. 23.
[553] *Ewert/Wagenhofer* (2000), S. 7.
[554] Vgl. zu RAROC und RORAC etwa *Ballwieser/Kuhner* (2000), S. 367-381; *Fröhling* (2000), S. 5-13; *Johanning* (1998), S. 73 ff., jeweils m.w.N.
[555] Vgl. zu einem Überblick *Linsmeier/Pearson* (2000), S. 47-67.
[556] Vgl. *Ewert/Wagenhofer* (2000), S. 42 f.; *Hebertinger* (2002), S. 173 ff., jeweils m.w.N.

Anhand dieser Systematisierungskriterien können sechs verschiedene Performancegrößen unterschieden werden, die in den letzten Jahren die Diskussion um die *Shareholder Value*-Maximierung in Theorie und Praxis maßgeblich geprägt haben. Dabei läßt sich generell dahingehend differenzieren, ob die Vergleichsgröße und Datenbasis des jeweiligen Performancemaßes eine Buchwert- oder Cashflow*orientierung* aufweist. Insoweit sind einige der zur wertorientierten Performancemessung herangezogenen Kennzahlen durch eine Verbindung zu Konventionen der Rechnungslegung gekennzeichnet. Hiermit werden vor allem Performancegrößen angesprochen, die eine buchhalterisch geprägte Vergleichsgröße auszeichnet. Weitergehend führt die Differenzierung zwischen zeitlichem Bezugsrahmen, Risiko- sowie Finanzierungsberücksichtigung zu der in Abb. 15 enthaltenen schematischen Charakterisierung und Gegenüberstellung der grundlegenden Performancemaße:

	Vergleichsgröße	Zeitlicher Bezugsrahmen	Erfolgsermittlung	Datenbasis	Risikoberücksichtigung	Finanzierungsberücksichtigung	
Economic Value Added (EVA)	Adjustierte Restbuchwerte	operativ-retrospektiv	absolut	gewinnorientiert	marktlich objektiviert	Brutto-/Nettomethode	*buchwertorientiert*
Earnings less risk-free interest charge (E$_R$IC)	Restbuchwerte	operativ-retrospektiv	absolut	gewinnorientiert	marktlich objektiviert / subjektiv	Brutto-/Nettomethode	
Cash Value Added (CVA)	Historische Anschaffungs- und Herstellungskosten	operativ-retrospektiv	absolut	‚cashfloworientiert'	marktlich objektiviert	Bruttomethode	
Shareholder Value Added (SVA)	‚Unternehmenswert'	strategisch-prospektiv	absolut	cashfloworientiert	marktlich objektiviert	Bruttomethode	*cashfloworientiert*
Residualer ökonomischer Gewinn (RÖG)	Unternehmenswert	strategisch-prospektiv	absolut	cashfloworientiert	marktlich objektiviert/ subjektiv	Brutto-/Nettomethode	
Earned Economic Income (EEI)	Amortisationskapital	strategisch-prospektiv	absolut	cashfloworientiert	subjektiv	Brutto-/Nettomethode	

Abb. 15: Wertorientierte Maße zur Performanceperiodisierung im Überblick

Für die angestrebte Eignungsanalyse der vorgenannten Kennzahlen (vgl. Kap. 3.4, S. 113 ff.) bedarf es im folgenden Unterkapitel vorab einer Definition eines geeigneten Beurteilungsmaßstabs.

Auf eine Erörterung von ‚Abarten' des Betriebsergebnisses als auch einperiodischer Rentabilitätskennzahlen für Zwecke des *Value Based Management* wird demgegenüber in der vorliegenden Arbeit verzichtet. Betriebsergebnisse vor Steuern, Zinsen und sonstigen Aufwandskomponenten[557] stellen – trotz ihrer außerordentlichen Beliebtheit in der Unternehmenspraxis, die weitgehend aus der Möglichkeit resultieren dürfte, als störend empfundene Wertkomponenten zu eliminieren[558] – grundsätzlich keine geeignete Grundlage für eine wertorientierte Unternehmensführung dar.[559] ‚Unvollständige' Überschußgrößen können nämlich *per definitionem* den nachstehend definierten Anforderungskriterien an wertorientierte Performancemaße nicht genügen (vgl. Kap. 3.3.2, S. 105 ff.). Von einer Untersuchung kann daher abgesehen werden. Aus den gleichen Gründen erscheint eine Analyse einperiodischer Rentabilitätskennzahlen verzichtbar,[560] zumal von diesen bei unbedarfter Anwendung enorme Fehlanreize für die Investitionssteuerung ausgehen.[561]

3.3 Ableitung von Anforderungskriterien für wertorientierte Performancemaße

Damit die (unternehmens-)wertorientierte Performancemessung ihren Zielsetzungen gerecht werden kann (vgl. Kap. 3.1, S. 87 ff.), sind in der Literatur mittlerweile zahlreiche und mannigfaltige Anforderungskriterien entwickelt worden,[562] denen Performancemaße ‚idealtypisch' zu genügen haben.[563] Diese Anforderungskataloge werden außerdem genutzt, um vergleichende Analysen im Hinblick auf die Vorteilhaftigkeit der jeweiligen Performancekonzepte durchzuführen.

3.3.1 Gängige Anforderungskataloge

Ausgangspunkt einer Vielzahl von Anforderungskatalogen an wertorientierte Performancemaße sind die Grundprinzipien, die *Laux* für die Ermittlung Anreiz- und Kontrollzwecken genügender Periodenerfolge aufgestellt hat.[564] Zu diesen allge-

---

[557] Vgl. zu sog. *Pro-Forma*-Kennzahlen *Sellhorn/Hillebrandt* (2002), S. 153-154.
[558] Vgl. *Lachnit/Ammann* (2003), S. 393; *Volk* (2007), S. 132 ff.
[559] Vgl. *Gebhardt* (2003), S. 78 f.
[560] Vgl. *Arbeitskreis „Finanzierungsrechnung" der Schmalenbach-Gesellschaft* (2005), S. 26 zu Aspekten der Ergebnis- und Methodenidentität zwischen Rentabilitätskennzahlen und operativ-retrospektiv ausgerichteten Wertbeitragskennzahlen.
[561] Vgl. etwa *Coenenberg/Mattner/Schultze* (2003), S. 14 ff. mit einer Beispielsrechnung. Ferner etwa *Kunz/Pfeiffer* (2007), Sp. 1339; *Pfaff* (2007), Sp. 32.
[562] Vgl. bspw. ohne Anspruch auf Vollständigkeit *Faul* (2005), S. 183-190; *Hebertinger* (2002), S. 9-64; *Herter* (1994), S. 145-168; *Klein* (1999a), S. 64-71; *Knorren* (1998), S. 204-209; *Pellens/Crasselt/Rockholtz* (1998), S. 14; *Plaschke* (2003), S. 106-111; *Schultze/Hirsch* (2005), S. 15-104; *Siefke* (1999), S. 53-70; *Weber et al.* (2004), S. 84-104, jeweils m.w.N.
[563] Die Auseinandersetzung mit der Fragestellung einer anreizverträglichen Entscheidungs- und Kontrollrechnung wurde bereits unabhängig von der Diskussion um die Shareholder Value-Maxime geführt. Vgl. etwa *Hax* (1989), S. 153-170; *Schneider* (1988), S. 1181-1192, jeweils m.w.N.
[564] Vgl. *Laux* (2006a), S. 431 ff.

meinen Prinzipien zählen die Entscheidungsverbundenheit, Manipulationsfreiheit, Vergleichbarkeit, Barwertidentität und pareto-effiziente Risikoteilung.

Hiervon sind nach h.M. besonders die Prinzipien der Entscheidungsverbundenheit und Manipulationsfreiheit für die Periodenerfolgsrechnung von maßgeblicher Bedeutung,[565] die jedoch in einem Spannungsverhältnis zueinander stehen.[566] Unter Entscheidungsverbundenheit wird verstanden, daß der Erfolgsausweis in möglichst naher zeitlicher Verbindung mit der den Erfolg verursachenden Entscheidung steht.[567] Manipulationsfreiheit liegt vor, wenn der Entscheidungsträger außerstande ist, das Performancemaß zu ‚verzerren', anhand dessen seine Leistung kontrolliert wird.[568]

Dem Kriterium der Vergleichbarkeit wird genügt, sofern eine Verbesserung (Verschlechterung) des prospektiven Totalerfolgs durch einen höheren (niedrigeren) Periodenerfolg widergespiegelt wird.[569] Eine Äquivalenz des Barwerts der Periodenerfolge und des Kapitalwerts des Investitionsprogramms für jede mögliche Umweltentwicklung wird als Barwertidentität bezeichnet.[570] Schließlich bedeutet die Forderung nach effizienter Risikoteilung, daß ein Entscheidungsträger, dessen Risikoaversion höher ist, als die der Instanz, anhand einer Bemessungsgrundlage mit möglichst geringer Varianz beurteilt werden sollte.[571]

Daß sich diese Grundprinzipien in den gängigen Anforderungskatalogen an wertorientierte Performancemaße widerspiegeln, wird exemplarisch an den nachstehenden drei Abbildungen verdeutlicht:

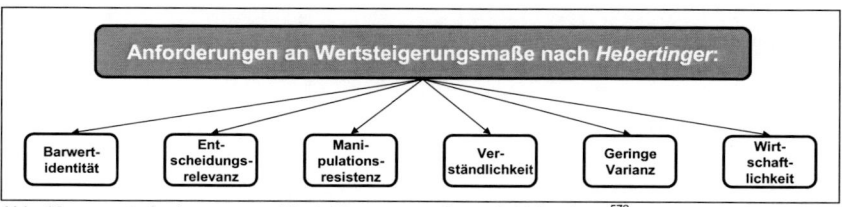

Abb. 16: Anforderungen an Wertsteigerungsmaße nach *Hebertinger*[572]

Die von *Hebertinger* aufgestellten Anforderungen an Wertsteigerungsmaße (vgl. Abb. 16 stimmen weitgehend mit den Prinzipien nach *Laux* überein, wobei das Prinzip der Vergleichbarkeit unter die Entscheidungsverbundenheit subsumiert und

---

[565] Vgl. grundlegend *Hax* (1989), S. 153-170 sowie erneut *Hax* (2004), S. 90. Zu einer vergleichende Analyse von EVA und dem *Shareholder Value Added* (SVA) anhand der Beurteilungskriterien Entscheidungsverbundenheit und Manipulationsfreiheit vgl. etwa *Crasselt* (2001), S. 165-171.
[566] Vgl. etwa *Schultze/Hirsch* (2005), S. 28 ff.
[567] Vgl. *Hax* (2004), S. 90.
[568] Vgl. *Hebertinger* (2002), S. 38 f., m.w.N.
[569] Vgl. bereits *Moxter* (1982), S. 221.
[570] Vgl. *Hebertinger* (2002), S. 36 f., m.w.N.
[571] Vgl. *Hachmeister* (2002), Sp. 1386.
[572] Vgl. *Hebertinger* (2002), S. 16-64, m.w.N.

die Forderung nach einer „geringe[n] Varianz"[573] des Wertsteigerungsmaßes als alternative Bezeichnung für die pareto-effiziente Risikoteilung verwandt wird.

Ergänzt wird diese Auflistung noch durch die Kriterien der Verständlichkeit und Wirtschaftlichkeit[574], die in zahlreichen Anforderungskatalogen an die wertorientierte Unternehmensführung zu finden sind. Dabei soll durch Wirtschaftlichkeitsüberlegungen gewährleistet werden, daß der mit der Berechnung von wertorientierten Performancemaßen einhergehenden ‚Aufwand' nicht dessen ‚Ertrag' übersteigt.[575] Die Anforderung nach Verständlichkeit verlangt, daß die Berechnungsmethode einfach und nachvollziehbar zu gestalten sei.[576]

Zu einer vergleichbaren Auflistung von Anforderungen an Steuerungsrechnungen gelangt *Siefke*, wie in Abb. 17 dargestellt wird:

Anforderungen an Steuerungsrechnungen nach *Siefke*:

- Anreizverträglichkeit
- Entscheidungsverbundenheit
- Unempfindlichkeit
- Verständlichkeit
- Wirtschaftlichkeit

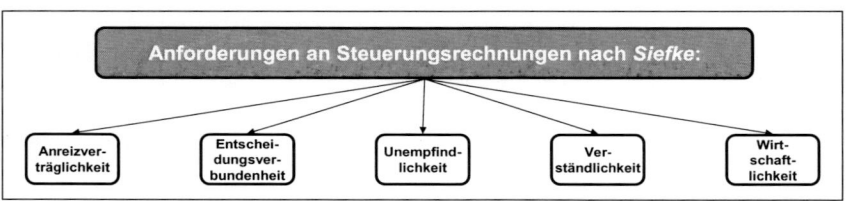

Abb. 17: Anforderungen an Steuerungsrechnungen nach *Siefke*[577]

Die Prinzipien der Barwertidentität, Vergleichbarkeit und pareto-effizienten Risikoteilung werden hierbei in einer generellen Forderung nach Anreizverträglichkeit zusammengefaßt. Die Manipulationsfreiheit erhält die Bezeichnung Unempfindlichkeit. Ansonsten können keine Unterschiede zu den Grundprinzipien von *Laux* festgestellt werden.

Etwas detaillierter erscheint der in Abb. 18, S. 105 dargestellte Anforderungskatalog an Steuerungsgrößen von *Schultze/Hirsch*, der auf einer ersten Ebene prinzipiell zwischen Entscheidungs- und Kontrollrelevanz sowie Wirtschaftlichkeit unterscheidet und diese Kriterien auf einer zweiten Ebene auffächert.

Aber auch hierbei zeigt sich eine große Verwandtschaft zu den grundlegenden Prinzipien von *Laux*: Die Zukunfts- und Risikoorientierung können als Barwertidentität und risiko-effiziente Risikoteilung aufgefaßt werden. Vergleichbarkeit und Manipulationsfreiheit stellen Zielkongruenz und Maßgenauigkeit dar. Es fehlt jedoch – zumindest eine explizite – Forderung nach Entscheidungsverbundenheit. Hingegen hält die Analysefähigkeit Einzug in den Anforderungsverbund, wonach von einer

---

[573] Vgl. *Hebertinger* (2002). S. 59 i.V.m. S. 32 f.
[574] Vgl. zur Wirtschaftlichkeit von Steuerungsrechnungen auch *Coenenberg* (1996), S. 148 f.
[575] Vgl. grundsätzlich zur Forderung nach Wirtschaftlichkeitsüberlegungen im Rechnungswesen *Kosiol* (1976), S. 944.
[576] Vgl. hierzu auch schon *Moxter* (1984), S. 154.
[577] Vgl. *Siefke* (1999), S. 53-69 sowie *Weber et al.* (2004), S. 84-104, jeweils m.w.N.

Steuerungsgröße gefordert wird, daß sie nicht nur die Abweichung zwischen ihrer Ist- und Ziel-Größe, sondern auch deren Ursachen darstellt. Abgerundet wird der Anforderungskatalog von *Schultze/Hirsch* durch die Kriterien der Verständlichkeit und Wirtschaftlichkeit.

```
┌─────────────────────────────────────────────────────────────────────────┐
│              Anforderungen an Steuerungsgrößen nach Schultze/Hirsch:    │
│                                                                         │
│  Zukunfts-  Risiko-   Ziel-      Maßgenauig-  Analyse-   Verständ-  Wirtschaft- │
│  orientierung  orientierung  kongruenz  keit    fähigkeit  lichkeit  lichkeit    │
│                                                                         │
│       Entscheidungsrelevanz              Kontrollrelevanz    Wirtschaft- │
│                                                              lichkeit    │
└─────────────────────────────────────────────────────────────────────────┘
```

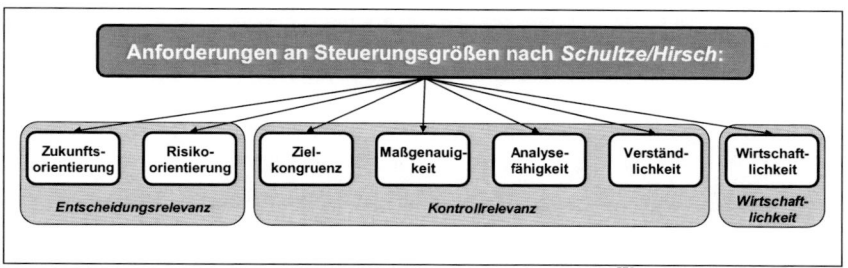

Abb. 18:   Anforderungen an Steuerungsgrößen nach *Schultze/Hirsch*[578]

Anhand dieser exemplarisch aus der Literatur entnommenen Anforderungskataloge zeigt sich bereits die weitgehende Einigkeit im Hinblick auf Art und Umfang der Beurteilungskriterien für Performancemaße.[579] Als wesentlich gelten dabei die von *Laux* formulierten Grundprinzipien für Periodenerfolge, die häufig um Überlegungen der Verständlichkeit und Wirtschaftlichkeit ergänzt werden.

3.3.2 Cashflowbezogenheit und Zukunftsorientierung als konstitutive Merkmale unternehmenswertorientierter Performancemaße

Wenn die nach h.M. an Performancemaße gestellten Anforderungskataloge – entsprechend der Gegenüberstellung im vorherigen Gliederungspunkt – nahezu übereinstimmen, stellt sich die Frage, warum für die hier angestrebte Eignungsanalyse von Performancemaßen im Kontext einer bereichs- und unternehmenswertorientierten Performancemessung ein solcher gerade nicht heranzuziehen ist. Die Antwort auf diese Frage liefern die im folgenden noch aufzuzeigenden, divergierenden Ergebnisse, die bei diesbezüglichen – vornehmlich in der Projektstruktur vorgenommenen – Analysen bisher erzielt wurden.

Trotz der Uniformität der formulierten Anforderungskriterien wird in den einschlägigen Untersuchungen nämlich immer wieder die relative Vorteilhaftigkeit unterschiedlicher Performancemaße herausgestellt. Dieses unbefriedigende Ergebnis resultiert nicht nur aus der unterschiedlichen Gewichtung, die den verschie-

---

[578] Vgl. *Schultze/Hirsch* (2005), S. 15-33, m.w.N. Ähnlich *Coenenberg* (2003), S. 575-580.
[579] A.A. *Faul* (2005), S. 183, die den vorgeschlagenen Anforderungen an Steuerungsgrößen Heterogenität attestiert.

denen Prinzipien – je nach Rechnungszweck[580] – beigemessen wird, sondern maßgeblich aus der mangelnden Operationalisierbarkeit der angesprochenen Beurteilungskriterien. Abgesehen von den Prinzipien der Barwertidentität und der Vergleichbarkeit bereitet die Überprüfung des Erfüllungsgrads der weiteren Anforderungen erhebliche Schwierigkeiten.[581] Wenn aber ein Nachweis des Erfüllungsgrads nicht möglich ist, wird üblicherweise ‚argumentativ' überprüft, ob und inwieweit die besagten Anforderungen eingehalten sind. Hierdurch erhält eine Vielzahl schwer objektivierbarer Werturteile Einlaß in solche Eignungsanalysen, was unweigerlich zu subjektiv geprägten und damit divergierenden Ergebnissen führen muß.

Am deutlichsten tritt die Problematik mangelnder Überprüfbarkeit der Beurteilungskriterien von Performancemaßen im Hinblick auf die Manipulationsfreiheit zutage. Diesem Kriterium kann bei Prognosegrößen und ihren inhärenten „Freiräume[n]"[582], wie sie im Rahmen einer strategisch-prospektiven Performancemessung zwangsläufig auftreten müssen,[583] grundsätzlich nur in einem viel geringeren Maß nachgekommen werden als bei beobachtbaren Ist-Größen.[584] Die Unempfindlichkeit wertorientierter Kennzahlen gegenüber unbeabsichtigten Fehleinschätzungen oder ‚böswilligen' Manipulationen ist weder differenzierbar, noch in irgendeiner Art und Weise meßbar, so daß diesbezügliche Diskurse nicht ohne Wertungen auskommen können.

So vertreten bspw. *Coenenberg/Schultze* die Auffassung, bei diskontierten Residualgewinnen handele es sich um eine maßgenauere Steuerungsgröße als abgezinste *Cashflows*.[585] Ursächlich wird dies damit begründet, daß bei einer residualgewinnorientierten Unternehmensbewertung die Rentabilität des Bewertungsobjekts in der Restwertphase besser zum Ausdruck käme und somit die Transparenz der Planungsannahmen ansteigen ließe.[586] Hingegen sind die DCF-Verfahren bspw. nach Ansicht von *Knorren* deutlich transparenter als der Barwert der Übergewinne, was auf die vielfältigen Modifikationen der Buchwertbasis bei der Berechnung des EVA zurückzuführen sei.[587]

Bereits die Gegenüberstellung dieser konträren Standpunkte verdeutlicht, daß sich das Kriterium der Manipulationsfreiheit *per se* einer ‚intersubjektiven Überprüfbarkeit' entzieht. Darüber hinaus ist abermals darauf hinzuweisen, daß Unternehmensbewertungen auf Basis von Residualgewinnen und *Cashflows* ineinander

---

[580] Vgl. Hax (2004), S. 92-96 zu Überlegungen, inwiefern das Investitions*controlling* ein Vorbild für die Jahresabschlußrechnung sein könnte.
[581] Vgl. zu einer kurzen Erörterung solcher Probleme etwa *Hebertinger* (2002), S. 62-64, m.w.N.
[582] *Weber et al.* (2004), S. 99.
[583] Vgl. etwa *Hachmeister* (2003a), S. 115.
[584] Vgl. *Küpper* (2001), S. 228.
[585] Vgl. *Coenenberg/Schultze* (2002), S. 614; Tab. 5. Ebenso *Schultze* (2003), S. 140, Tab. III.23. Vgl. *Schultze/Hirsch* (2005), S. 103, Tab. 14.
[586] Vgl. bspw. *Schultze/Hirsch* (2005), S. 104.
[587] Vgl. *Knorren* (1998), S. 206.

überführt werden können (vgl. Kap. 2.2.2, S. 15 ff., m.w.N.), weshalb sich weder die Auffassung einer verringerten oder erhöhten Transparenz[588], noch die Behauptung einer geringeren Manipulationsfreiheit abgezinster Residualgewinne formal nachweisen lassen. Im Rahmen einer periodischen Performancemessung könnte der *Cashflow*orientierung zugute gehalten werden, daß Zahlungsströme „beobachtbare Größen [darstellen], während Gewinne ein theoretisches Konstrukt sind."[589] Dies gilt zumindest solange die *Cashflows* auf direktem Weg ermittelt und nicht aus den Zahlen der Rechnungslegung rückgerechnet werden.[590] Andernfalls schlügen sich Fehleinschätzungen oder Manipulationen seitens des Bewertenden aufgrund der gemeinsamen Basis einer integrierten Unternehmensrechnung sowohl auf gewinn- als auch *cashflow*basierte Performancegrößen nieder.

Ähnlich schwierig wie die Abschätzung der Manipulationsfreiheit gestaltet sich die Beurteilung der Wirtschaftlichkeit von Performancemaßen. Zwar ist es einleuchtend, daß der von wertorientierten Performancemaßen ausgehende Nutzen mittel- bis spätestens langfristig dessen Kosten übersteigen sollte.[591] Wie jedoch eine Quantifizierung der von Kennzahlen verursachten ‚Erträge' und ‚Aufwendungen' vorgenommen werden kann, ist in den diesbezüglichen Literaturbeiträgen bislang gänzlich unklar geblieben.[592] Ein allgemeingültiges und nachprüfbares Urteil, welches Performancemaß nach Wirtschaftlichkeitskriterien zu bevorzugen ist, läßt sich darum nicht fällen;[593] allenfalls können situations- respektive unternehmensspezifische Ergebnisse hergeleitet werden.[594] Deshalb wird auch der Kosten-Nutzen-Vergleich von wertorientierten Performancemaßen nicht auf Basis monetärer Größen, sondern „rein argumentativ"[595] durchgeführt. Damit fehlt es dem Maß der Wirtschaftlichkeit zur Beurteilung von wertorientierten Performancemaßen an ausreichender ‚Trennschärfe'; vielmehr haftet ihm durch die in den Vorteilhaftigkeitsvergleich eingehenden Einschätzungen Willkür an.

Eine starke Ermessensabhängigkeit ist auch bei der Heranziehung des Kriteriums der Verständlichkeit zu konstatieren, was abermals anhand von zwei Literaturbeispielen aufgezeigt werden kann. So stellt etwa nach *Schultze/Hirsch* „das DCF-Verfahren grundsätzlich ein relativ komplexes, nicht praktikables und somit schwer verständliches Verfahren"[596] dar, wohingegen insbesondere in der „leichten Verständlichkeit"[597] der Berechnungsarithmetik z.B. *Weber et al.* einen wesentli-

---

[588] Vgl. zu einer ausführlichen Widerlegung der Transparenzhypothese *Schumann* (2005), S. 27-31.
[589] *Ewert/Wagenhofer* (2000), S. 8.
[590] Vgl. *Ewert/Wagenhofer* (2000), S. 8.
[591] Vgl. *Schultze/Hirsch* (2005), S. 31.
[592] Vgl. nur *Siefke* (1999), S. 63 f.
[593] Vgl. bspw. *Weber et al.* (2004), S. 103.
[594] So haben *Pellens/Crasselt/Rockholtz* (1998), S. 14 den Vorschlag unterbreitet, die Bewertung der Wirtschaftlichkeit von Performancemaßen den Aktionären zu überlassen.
[595] *Schultze/Hirsch* (2005), S. 31.
[596] *Schultze/Hirsch* (2005), S. 84-85.
[597] *Weber et al.* (2004), S. 103.

chen Vorteil der DCF-Methoden sehen. Eine ‚objektive' Überprüfung dieser diametralen Einschätzungen ist nicht möglich.[598] Die Eignungsanalyse wertorientierter Performancemaße unter Verständlichkeitsaspekten stützt sich von daher größtenteils auf Werturteile, die ihr aufgrund mangelnder quantifizierbarer Kriterien unabdingbar innewohnen.[599]

Um nicht Gefahr zu laufen, Ergebnisse zu erzielen, die ähnlich stark von vorurteilsbehafteten Einschätzungen abhängen, sollen im Mittelpunkt der nachstehenden Beurteilung wertorientierter Kennzahlen vor allem quantifizierbare Anforderungen stehen.

Deshalb treten Anforderungen an Performancemaße in den Vordergrund, die im wesentlichen auf die Fähigkeit von Kennzahlen abzielen, den ‚Wertbeitrag' einzelner Projekte oder Bereiche zum Unternehmenswert aus der ex ante-Perspektive zu messen und anschließend aus der ex post-Perspektive zu kontrollieren. Grundsätzlich wird somit in dieser Arbeit die These vertreten, daß die Güte eines Performancemaßes von seiner Eignung abhängt, die Entwicklung des Unternehmenswerts abzubilden.[600]

Diesbezüglich ist grundsätzlich sicherzustellen, daß der Kapitalwert des Bewertungsobjekts und der Barwert des Performancemaßes für alle denkbaren Umweltzustände und jeden beliebigen Bewertungszeitpunkt identisch sind.[601] Üblicherweise wird diese Eigenschaft von wertorientierten Performancemaßen als Barwertidentität bezeichnet und kann anhand von Gleichung (3.1) überprüft werden:[602]

(3.1) $$\tilde{C}_t = \sum_{\tau=t+1}^{\infty} \frac{\mu(\tilde{PM}_\tau)}{\prod_{m=1}^{\tau}(1+k_{t+m})}.$$

---

[598] In diesem Zusammenhang wird regelmäßig die Äußerung von *Baumann*, einem ehemaligen Finanzvorstand der *Siemens AG*, im Interview mit *Hillebrand/Jahn* (1997), S. 46 als Beleg für eine geringe Praktikabilität der DCF-Verfahren angeführt: „Wir haben mit Discounted Cash-flow experimentiert – mit wenig Erfolg. Das ist zu abstrakt, zu wenig kontrollierbar, zu weit entfernt von aktueller Berichterstattung und Jahresabschluß."
Dem könnte allerdings entgegengehalten werden, daß bei der *BMW AG* sehr wohl ein unternehmenswertorientiertes *Controlling* auf Basis von DCF-Methoden und dem ökonomischen Gewinn praktiziert wird, wie *Krause/Schmidbauer* (2003), S. 441-449 ebenso positiv wie ausführlich darstellen.

[599] Des weiteren wirkt es ebenso fragwürdig wie anmaßend davon auszugehen, Entscheidungsträger verstünden die Performancemaße nicht, anhand derer sie kontrolliert und ‚incentiviert' werden. Dieser Eindruck entsteht mitunter in der Analyse von *Schultze/Hirsch* (2005), S. 64-105, wohingegen bspw. *Hebertinger* (2002), S. 64 das Kriterium der Verständlichkeit praktikabel auf das Vorliegen „einer eindeutigen Berechnungsformel" reduziert.

[600] *Dinstuhl* (2003), S. 234.
[601] Vgl. *Hebertinger* (2002), S. 36, m.w.N.
[602] Die in der Literatur regelmäßig vorzufindende Fokussierung der Barwertidentität bzw. des Kapitalwertkriteriums auf den Bewertungszeitpunkt 0 ist nicht erforderlich, vgl. *Schneider* (1992), S. 77.

Da Ausgangspunkt der Überlegungen zur wertorientierten Unternehmensführung eine Welt mit unsicheren Erwartungen ist, läßt sich die vorstehende Gleichung in Abhängigkeit der verwendeten Risikokonzeption alternativ als

(3.2) $$\tilde{C}_t = \sum_{\tau=t+1}^{\infty} \frac{S\ddot{A}(\tilde{PM}_\tau)}{\prod_{m=1}^{\tau}(1+r_{t+m}^f)}$$

schreiben.[603] Die mit diesen beiden Gleichungen geforderte Äquivalenz zwischen Performancemaßen und Unternehmens- respektive Kapital(einsatzmehr-)werten eines Bewertungsobjekts kann als notwendige Bedingung interpretiert werden, die an eine wertorientierte Kennzahl zu stellen ist.[604]

Neben dieser Übereinstimmung mit dem Unternehmens- oder Kapitalwert stellen die Messung und Kontrolle der Wertschaffung die hinreichenden Bedingungen dar. Hierfür sollte erstens von dem Vorzeichen eines Performancemaßes in jeder Periode auf die grundsätzliche Vorteilhaftigkeit der Bewertungseinheit geschlossen werden können.[605] Diese Eigenschaft wird anhand von Gleichung (3.3) formalisiert:

(3.3) $\tilde{C}_0 \succ 0 \Rightarrow \tilde{PM}_t \succ 0, \forall\, t$.

Zusätzlich sollte ein wertorientiertes Performancemaß bei der Kontrolle imstande sein, eine Verbesserung bzw. Verschlechterung der wirtschaftlichen Situation des Bewertungsobjekts durch ein Ansteigen oder Fallen zum Ausdruck zu bringen.[606] Hierfür müßte gem. Gleichung (3.4), S. 109 gelten:[607]

(3.4) $$\frac{\partial \tilde{PM}_t}{\partial \tilde{C}_0} \succ 0.$$

Bezüglich des Anforderungskriteriums der Wertsteigerungsabbildung ist fraglich, in welchem Umfang die Veränderung des Erfolgspotentials[608] in einem periodenbezogenen Performancemaß ausgewiesen werden sollte.[609] Grundsätzlich könnte

---

[603] Zu den Vorteilen der Sicherheitsäquivalentmethode im Rahmen der Performancemessung vgl. bspw. *Aders/Schabel* (2003), S. 412 f.
[604] *Hebertinger* (2002), S. 37 spricht vom „zentrale[n] Kriterium zur Beurteilung von Wertsteigerungsmaßen als Bemessungsgrundlage für Zwecke der internen Steuerung."
[605] *Hebertinger* (2002), S. 62 subsumiert diese Eigenschaft unter die Barwertidentität.
[606] Vgl. hierzu nur *Hax* (1989), S. 162 f.; *Hax* (2004), S. 89; *Moxter* (1982), S. 221.
[607] Vgl. *Hebertinger* (2002), S. 62, der unter Gleichung (3.4), S. 109 eine allgemein formulierte Barwertidentität versteht, mit Verweis auf *Itami* (1975), S. 75 f.
[608] Vgl. statt vieler *Gälweiler* (1990), S. 34.
[609] Vgl. *Grinyer* (1985), S. 140.

danach unterschieden werden, ob eine Kennzahl die beobachtete Wertänderung in vollem Umfang im Zeitpunkt der Erwartungsrevision oder anteilig über den Zeitraum der Vereinnahmung ausweist;[610] m.a.W. gilt es den „[p]eriodische[n] Unternehmenserfolg zwischen Realisations- und Antizipationsprinzip"[611] abzuwägen.[612]

Eine Orientierung am ‚Realisationsprinzip' kommt dem Gedanken einer Performanceperiodisierung im eigentlichen Sinne näher und sollte daher für Zwecke einer unternehmensinternen[613] Performancemessung favorisiert werden,[614] wie bereits *Brief/Owen* feststellen:

> „[C]apital gains or losses resulting from changes in expectation and differences between ex ante and ex post net cash flows in a particular period are joint to all periods. These gains or losses are due to the fact that the investment decision is made under conditions of uncertainty; consequently, they are an 'original' error, causally related to the investment (estimation) decision and joint to the time horizon of that decision. Such gains or losses are not controlled by a particular period and there should be shared by all periods in proportion to the original values agreed on for each year."[615]

Die Auflistung der obigen drei Kriterien – Barwertidentität, Vorteilhaftigkeitsanzeige und Wertsteigerungsabbildung – vermag aus literaturüblicher Betrachtungsperspektive auf den ersten Blick überraschen, beinhaltet sie doch bloß grundsätzliche, hauptsächlich den Unternehmenswert sowie dessen Veränderungen betreffende, Anforderungen.[616] Neben diesen auf die Informationsfunktion wertorientierter Kennzahlen ausgerichteten Kriterien, sollten nach h.M. auch deren Steuerungswirkung im Rahmen einer vergleichenden Analyse Beachtung finden (vgl. Kap. 3.1, S. 87 ff.).[617] Hierauf könnte allenfalls im theoretischen Fall kongruenter Interessen und Zielvorstellungen von Managern und der Zentrale bzw. den Eigentümern ver-

---

[610] Vgl. *Kunz/Pfeiffer* (2007), Sp. 1339.
[611] *Hesse* (1996) mit entsprechendem Titel seiner Arbeit.
[612] Vgl. *Crasselt/Schmidt* (2007), S. 226.
[613] Aus Aktionärssicht kann auch eine Bevorzugung am ‚Realisationsprinzip' begründet werden, falls sich die Erwartungsrevisionen idealtypisch in den Preisen ihrer Anteile sofort und vollumfänglich niederschlagen. Dann ist nämlich auch eine sofortige Realisation durch den Verkauf der Papiere erzielbar, wohingegen das Management eine solche ‚Wertsteigerung' erst peu á peu über die Laufzeit der jeweils initiierten Projekte durch die Vereinnahmung der Zahlungsmittelüberschüsse ‚verdienen' muß.
[614] Vgl. *Dirrigl* (2006), S. 781-782; kritisch etwa *Drukarczyk/Schüler* (2000), S. 268.
[615] *Brief/Owen* (1968), S. 367 (Hervorhebungen im Original).
[616] Zu einem – abgesehen von der Manipulationsresistenz – ähnlich reduzierten Anforderungskatalog an das *Value Based Management* vgl. aber *Drukarczyk/Schüler* (2000), S. 257.
[617] Vgl. etwa *Ewert/Wagenhofer* (2000), S. 43. Vgl. zu einer informationsökonomischen Fundierung von Performancemaßen und ihrem Beitrag zur Lösung von Anreizproblemen vor allem *Pfaff* (1998), *Reichelstein* (1997), *Reichelstein* (2000) und *Rogerson* (1997).

zichtet werden.[618] Da Manager im Gegensatz dazu *in praxi* ihre persönlichen Präferenzen verfolgen,[619] was aus Sicht der Aktionäre zu suboptimalen Entscheidungen führen kann, werden die Anreizwirkungen[620] wertorientierter Kennzahlen in der Literatur hinterfragt.[621]

In diesem Zusammenhang wird gewöhnlich die Anreizverträglichkeit wertorientierter Performancemaße für den Typus des „ungeduldigen Manager[s]"[622] untersucht, dessen Entscheidungszeithorizont nur einen Teil des Zeitraums umfaßt, in dem die von ihm veranlaßten Maßnahmen Auswirkungen auf die *Cashflows* haben.[623]

Anstatt sämtliche Verästelungen der *agency*theoretischen Forschung zu thematisieren,[624] sei kurz auf das wesentliche Problem bei der Verhaltenssteuerungsfunktion anhand wertorientierter Kennzahlen hingewiesen.[625] Es besteht darin, daß die propagierten Lösungen sehr spezifisch sind[626] und mitunter sogar von den individuellen Charakteristika[627] der Manager abhängen[628]. Hierdurch wird einerseits ein Vergleich von Performancemaßen erschwert und andererseits kann es bei der praktischen Anwendung zu unterschiedlichen Lösungen für aus Unternehmensperspektive übereinstimmend erscheinende Sachverhalte kommen[629].

---

[618] Vgl. allgemein zur *Principal-Agent*-Theorie bspw. *Pfaff/Zweifel* (1998) sowie zu ihren Defiziten *Meinhövel* (1999), jeweils m.w.N. Zu einer kritischen Analyse für *Controlling*zwecke vgl. *Dirrigl* (1995), S. 130-170.
[619] Vgl. *Ewert/Wagenhofer* (2000), S. 45.
[620] Vgl. zu einem Überblick hinsichtlich Anreizsystemen *Pfaff* (2007), Sp. 30-38, m.w.N.
[621] Vgl. zum *Shareholder Value* als Beurteilungsgröße und Fehlanreizen speziell *Pfaff/Bärtl* (1997), S. 83 ff., m.w.N.
[622] *Bärtl* (2001), S. 69.
[623] Vgl. bspw. *Gillenkirch/Schabel* (2001), S. 216-245, m.w.N. Wie *Pfaff/Bärtl* (1999), S. 108 ff. diesbezüglich zeigen, kann die Zielkonsistenz bei einer Abschreibung nach dem Tragfähigkeitsprinzip für Investitionsauswahlentscheidungen nicht mehr zwingend erreicht werden. Zu einer entsprechenden Erweiterung vgl. jüngst *Mohnen/Bareket* (2007), S. 11 ff.
[624] Vgl. zu einem Überblick hinsichtlich der *Agency*theorie *Ewert* (2007), Sp. 1-10, m.w.N.
[625] Vgl. auch *Hachmeister* (2003a), S. 106 f.; *Laux* (2006b), S. 516 ff.
[626] Nach *Breid* (1995), S. 841, Abb. 6; *Hachmeister* (2003a), S. 103, jeweils m.w.N. kann das Annahmenset der *Agency*-Modelle folgendermaßen zusammengefaßt werden:
- Delegation der Investitionsentscheidung von der Instanz an einen Entscheidungsträger,
- Vorhandensein asymmetrische Informationen über die Vorteilhaftigkeit unterschiedlicher Investitionsprojekte zwischen Instanz und Entscheidungsträger,
- Vorliegen unterschiedlicher Zeitpräferenzen zwischen Instanz und Entscheidungsträger,
- Unkenntnis der Instanz über die Zeitpräferenz des Entscheidungsträgers oder voneinander abweichende Zeitpräferenz von Zentrale und Entscheidungsträger,
- Risikoneutralität von Instanz und Risikoscheu von Entscheidungsträger sowie
- Nichtvorliegen finanzieller Restriktionen.

[627] Zu nennen wären etwa eine Orientierung am Image des Arbeitgebers, ein Interesse an der Vielfältigkeit der ausgeübten Tätigkeit, ein Anstreben von Prestige, die Bevorzugung eines bestimmten Dienstwagens, etc., vgl. Arbeitskreis „Wertorientierte Führung in mittelständischen Unternehmen" der Schmalenbach-Gesellschaft (2006), S. 2066.
[628] Vgl. *Ewert/Wagenhofer* (2000), S. 46; *Pfaff* (1999), S. 68.
[629] Vgl. *Ewert/Wagenhofer* (2000), S. 46.

Dementsprechend wird von einer expliziten Modellierung der Anreizverträglichkeit durch die Annahme bestimmter Zeit- und Ressourcenpräferenzen des Managers nachstehend abgesehen,[630] ohne jedoch auf einen Rückgriff auf die generellen Erkenntnisse dieses Forschungszweigs zu verzichten (vgl. Kap. 3.4.7, S. 164 ff.).[631]

Abb. 19 faßt die hier aufgestellten Kriterien an wertorientierte Performancemaße nochmals zusammen. Demnach sind *Cashflow*bezogenheit[632], Zukunfts- und Risikoorientierung, wie sie in den Anforderungen der Barwertidentität, Vorteilhaftigkeitsanzeige und Wertsteigerungsabbildung gem. der Gleichungen (3.1) bis (3.4), S. 108-109 zum Ausdruck kommen, als die konstitutiven Merkmale wertorientierter Performancemaße anzusehen.[633]

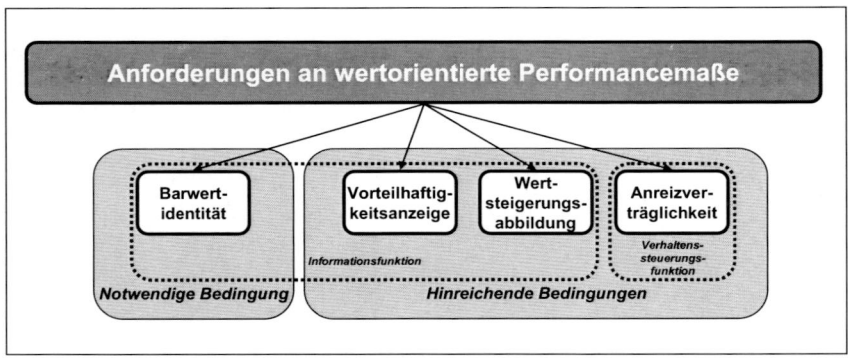

Abb. 19: Anforderungen an wertorientierte Performancemaße

---

[630] Vgl. *Dirrigl* (1995), S. 170 mit der Schlußfolgerung, daß „Principal-Agent-Modelle für spezifische Zwecke" des *Controlling* „aufgrund der noch weitgehend restriktiven Prämissenstruktur" für „eine unmittelbare praktische Verwendung" nicht infrage kommen.
Ähnlich *Breid* (1995), S. 846, wonach „[d]as grundsätzliche Festhalten an der Prämisse des rationalen Verhaltens, die Überbetonung der Anreizproblematik gegenüber den branchen- und unternehmensspezifischen Fähigkeiten des Managements und das hohe Maß an Ungewißheit […] die Relevanz agencytheoretischer Erkenntnisse […] erheblich ein[schränken]."
[631] Vgl. jüngst *Scholze/Wielenberg* (2007) zu einer *agency*theoretischen Modellierung von Performancemaßen unter Berücksichtigung von *Impairment Losses*.
[632] Vgl. *Grinyer/Lyon* (1989), S. 304, wonach sich ein periodisches (Residual-)Gewinnmaß nur so weit von Zahlungsgrößen entfernen sollte, wie dies für eine sinnvolle Abschreibungspolitik erforderlich ist.
[633] Vgl. hierzu auch *Dirrigl* (1998b), S. 547.

3.4 Eignungsanalyse (unternehmens-)wertorientierter Performancemaße

3.4.1 Ausgestaltung der Eignungsanalyse

3.4.1.1 Eignungsanalyse im Überblick

Anhand des gerade formulierten Anforderungskatalogs soll in diesem Unterkapitel eine Eignungsanalyse wertorientierter Performancemaße vorgenommen werden. Die damit verfolgten Ziele sind zum einen in der Erläuterung der Grundkonzeption der jeweiligen Kennzahl zu sehen, was insofern eine Basis für die angestrebte Konvergenzanalyse darstellt (vgl. Kap. 5, S. 281 ff.), als daß dadurch die grundsätzlichen Berührungspunkte zum externen Rechnungswesen aufgezeigt werden. Hierbei könnte es sich bspw. um die Verwendung buchwertbasierter Kapitaleinsatzgrößen, womit eine Verknüpfung zu der Bilanzsumme des betrachteten Unternehmens vorläge, oder um den Einsatz zahlungsstromorientierter Erfolgsgrößen handeln, die möglicherweise ebenso bei der Durchführung einer Werthaltigkeitsüberprüfung verwandt werden. Zum anderen soll die Eignungsanalyse auch dazu dienen, das bei einer Betrachtung aus interner Perspektive ‚beste'[634] Performancemaß herauszukristallisieren.[635]

Die diesbezüglich in der Literatur geführte Diskussion zur Leistungsfähigkeit und komparativen Überlegenheit von Performancemaßen weist den entscheidenden Mangel auf, sich auf die Einzelprojektebene zu beschränken.[636] Ein solcher Untersuchungsrahmen erscheint im Hinblick auf ein bereichs- und unternehmenswertorientiertes *Controlling* ungeeignet. Dies gilt in gleicher Weise für die Untersuchung von Konvergenzaspekten zu *IAS 36*, da sowohl Bereiche als auch *Cash-Generating Units* durch einen Projektverbund gekennzeichnet sind (vgl. Kap. 4.3.2, S. 227 ff.).[637] Deshalb fokussiert die vorgenommene Eignungsanalyse auf die Anwendung von Performancemaßen bei ‚Anlagenkollektiven'.

Im Rahmen der Eignungsanalyse werden die in Abb. 15, S. 101 genannten Performancemaße entsprechend ihrer dortigen Reihenfolge untersucht, wobei darauf hinzuweisen, daß bei einer Erörterung von Performancegrößen mit einer marktlich objektivierten Risikoberücksichtigung durchweg alle Kritikpunkte zu wiederholen sind, die bereits bei der Analyse der Ausgestaltungsmöglichkeiten einer bereichsbezogenen Unternehmensbewertung angeführt wurden (vgl. Kap. 2.4.1, S. 26

---

[634] Allein aus Marketingaspekten müssen Beratungsunternehmen für sich in Anspruch nehmen, die jeweils ‚beste' Kennzahl entwickelt zu haben; des weiteren wird Konkurrenzprodukten in der einschlägigen Literatur die Eignung zur wertorientierten Unternehmensführung abgesprochen.
[635] Kritisch *Albrecht* (1998), S. 86 f., was auch die obigen Anführungszeichen begründet.
[636] Vgl. bereits kritisch *Dirrigl* (1998a), S. 5.
[637] Vgl. *Dirrigl* (2003), S. 154.

ff.).[638] Mit diesem Verweis sollte den entsprechenden Bedenken – Verwendung gleichgewichtiger Kapitalmarktkonzepte als auch deren Kopplung mit den Überlegungen von *Modigliani/Miller* – an dieser Stelle ausreichend Rechnung getragen sein,[639] so daß weitere Aspekte wertorientierter Performancemaße eine angemessene Würdigung erfahren können.

3.4.1.2 Anwendung von Bewertungskalkülen auf der Bereichsebene aus der ex post-Perspektive (Beispielsrechnung Teil II)

3.4.1.2.1 Erweiterung um die ex post-Perspektive

Zu illustrativen und erklärenden Zwecken der Argumentation wird die Beispielsrechnung fortgesetzt (vgl. Kap. 2.5, S. 56 ff.). Dabei dient das bisherige Zahlenwerk als Performanceplanung des Bereichs B1 aus der ex ante-Perspektive.

Des weiteren findet eine ‚Erweiterung' um drei ex post-Perspektiven statt, die im Jahr 2008 alternativ eintreten könnten. Diese drei ex post-Perspektiven variieren lediglich im Hinblick auf die revidierten Planungen der *Value Driver*, während die übrigen Bewertungsparameter vereinfachungsgemäß mit denen aus der ex ante-Perspektive übereinstimmen.[640] Abgesehen von den realisierten *Value Driver* für das Jahr 2008 ist

- die ex post-Perspektive I durch eine Verringerung der für das Jahr 2009 geplanten *Value Driver* gegenüber den ursprünglichen Planungen gekennzeichnet (vgl. Tab. 45, S. 115),
- deren wertmäßiges Absinken aus der ex post-Perspektive II vergleichsweise noch stärker ausfällt (vgl. Tab. 46, S. 115),
- während diese negative Entwicklung des Jahres 2009 in der ex post-Perspektive III durch eine positivere Prognose der *Value Driver* ab dem Jahr 2010 ‚aufgefangen' wird (Tab. 47, S. 116).[641]

---

[638] Vgl. *Hering/Vincenti* (2004), S. 352.
[639] Vgl. zu einem ähnlichen Vorgehen *Hering/Vincenti* (2003), S. 352 f.
[640] Für das angestrebte Untersuchungsziel wird eine ausschließliche Variation der *Value Driver* als ausreichend erachtet. Im Rahmen der Performanceanalyse (vgl. Kap. 3.5, S. 182 ff.) werden weitergehend Veränderungen des Kalkulationszinsfußes, der Risikoparameter und der Investitionsbasis behandelt.
[641] Die integrierten Unternehmensplanungen werden aus Gründen der Übersichtlichkeit im Anhang dargestellt, vgl. Anhang V, Tab. 306 bis Tab. 317, S. 471-476.

Bereichs- und unternehmenswertorientierte Performancemessung

Jahr	2008			2009			2010			2011			2012 ff.		
Szenario	I	II	III	I	II	III	I	II	III	I	II	III	I	II	III
Eintrittswahrscheinlichkeit	0,35	0,40	0,25	0,35	0,40	0,25	0,35	0,40	0,25	0,35	0,40	0,25	0,35	0,40	0,25
Umsatzwachstum (in % zum Vorjahr)	1,00%	1,00%	1,00%	9,00%	10,00%	11,00%	7,00%	8,00%	9,00%	7,00%	6,00%	8,00%	0,00%	0,00%	0,00%
Materialeinsatz (in % der Gesamtleistung)	42,00%	42,00%	42,00%	40,00%	39,50%	38,00%	41,00%	40,00%	39,50%	42,00%	40,00%	39,50%	43,00%	38,50%	37,00%
Personalaufwand (in % der Gesamtleistung)	12,00%	12,00%	12,00%	11,00%	11,50%	12,00%	12,50%	12,00%	11,50%	12,00%	12,50%	12,50%	12,00%	12,50%	12,50%
Sonstiger Aufwand (in % der Gesamtleistung)	6,50%	6,50%	6,50%	7,00%	6,50%	5,50%	8,00%	6,00%	5,00%	10,00%	9,00%	8,00%	10,00%	9,00%	8,00%
Innenumsatzquote (in % des Umsatzes)	5,00%	5,00%	5,00%	5,00%	5,00%	5,00%	5,00%	5,00%	5,00%	5,00%	5,00%	5,00%	5,00%	5,00%	5,00%
Bestand an Vorräten (in % des Umsatzes)	21,00%	21,00%	21,00%	20,50%	21,50%	21,50%	21,50%	22,00%	21,00%	22,00%	23,00%	23,00%	22,00%	23,00%	23,00%
Bestand an FE (in % des Umsatzes)	24,00%	24,00%	24,00%	25,00%	25,00%	22,50%	25,50%	26,00%	25,00%	25,00%	27,00%	25,50%	25,00%	27,00%	25,50%
Forderungen aus LuL (in % des Umsatzes)	9,00%	9,00%	9,00%	11,50%	11,00%	10,00%	10,00%	11,00%	11,50%	9,00%	10,00%	10,50%	9,00%	10,00%	10,50%
Verb. aus LuL (in % des Umsatzes)	6,50%	6,50%	6,50%	5,00%	6,00%	5,50%	5,50%	6,00%	7,00%	6,00%	7,00%	8,00%	6,00%	7,00%	8,00%

Tab. 45: Realisierte und geplante *Value Driver* des Bereichs B1 für die Jahre 2008 bis 2012 ff. aus der ex post-Perspektive I

Jahr	2008			2009			2010			2011			2012 ff.		
Szenario	I	II	III	I	II	III	I	II	III	I	II	III	I	II	III
Eintrittswahrscheinlichkeit	0,35	0,40	0,25	0,35	0,40	0,25	0,35	0,40	0,25	0,35	0,40	0,25	0,35	0,40	0,25
Umsatzwachstum (in % zum Vorjahr)	1,00%	1,00%	1,00%	7,00%	9,00%	10,00%	7,00%	8,00%	9,00%	7,00%	6,00%	8,00%	0,00%	0,00%	0,00%
Materialeinsatz (in % der Gesamtleistung)	42,00%	42,00%	42,00%	39,50%	39,00%	38,50%	41,00%	40,00%	39,50%	42,00%	40,00%	39,50%	43,00%	38,50%	37,00%
Personalaufwand (in % der Gesamtleistung)	12,00%	12,00%	12,00%	11,50%	11,50%	11,50%	12,50%	12,00%	11,50%	12,00%	12,50%	12,50%	12,00%	12,50%	12,50%
Sonstiger Aufwand (in % der Gesamtleistung)	6,50%	6,50%	6,50%	6,50%	6,00%	5,50%	8,00%	6,00%	5,00%	10,00%	9,00%	8,00%	10,00%	9,00%	8,00%
Innenumsatzquote (in % des Umsatzes)	5,00%	5,00%	5,00%	5,00%	5,00%	5,00%	5,00%	5,00%	5,00%	5,00%	5,00%	5,00%	5,00%	5,00%	5,00%
Bestand an Vorräten (in % des Umsatzes)	21,00%	21,00%	21,00%	21,00%	21,00%	21,00%	21,50%	22,00%	21,00%	22,00%	23,00%	23,00%	22,00%	23,00%	23,00%
Bestand an FE (in % des Umsatzes)	24,00%	24,00%	24,00%	25,00%	24,50%	24,00%	25,50%	26,00%	25,00%	25,00%	27,00%	25,50%	25,00%	27,00%	25,50%
Forderungen aus LuL (in % des Umsatzes)	9,00%	9,00%	9,00%	12,00%	11,50%	11,00%	10,00%	11,00%	11,50%	9,00%	10,00%	10,50%	9,00%	10,00%	10,50%
Verb. aus LuL (in % des Umsatzes)	6,50%	6,50%	6,50%	7,00%	6,00%	5,00%	5,50%	6,00%	7,00%	6,00%	7,00%	8,00%	6,00%	7,00%	8,00%

Tab. 46: Realisierte und geplante *Value Driver* des Bereichs B1 für die Jahre 2008 bis 2012 ff. aus der ex post-Perspektive II

Jahr	2008			2009			2010			2011			2012 ff.		
Szenario	I	II	III	I	II	III	I	II	III	I	II	III	I	II	III
Eintrittswahrscheinlichkeit	0,35	0,40	0,25	0,35	0,40	0,25	0,35	0,40	0,25	0,35	0,40	0,25	0,35	0,40	0,25
Umsatzwachstum (in % zum Vorjahr)	1,00%	1,00%	1,00%	7,00%	9,00%	10,00%	13,00%	15,00%	17,00%	7,00%	6,00%	8,00%	0,00%	0,00%	0,00%
Materialeinsatz (in % der Gesamtleistung)	42,00%	42,00%	42,00%	39,50%	39,00%	38,50%	38,00%	37,50%	37,00%	41,00%	39,00%	38,50%	43,00%	38,50%	37,00%
Personalaufwand (in % der Gesamtleistung)	12,00%	12,00%	12,00%	11,50%	11,50%	11,50%	11,00%	10,00%	9,00%	12,00%	12,50%	12,50%	12,00%	12,50%	12,50%
Sonstiger Aufwand (in % der Gesamtleistung)	6,50%	6,50%	6,50%	6,50%	6,00%	5,50%	6,00%	5,50%	5,00%	10,00%	9,00%	8,00%	10,00%	9,00%	8,00%
Innenumsatzquote (in % des Umsatzes)	5,00%	5,00%	5,00%	5,00%	5,00%	5,00%	5,00%	5,00%	5,00%	5,00%	5,00%	5,00%	5,00%	5,00%	5,00%
Bestand an Vorräten (in % des Umsatzes)	21,00%	21,00%	21,00%	21,00%	21,00%	21,00%	20,00%	19,50%	19,00%	22,00%	23,00%	23,00%	22,00%	23,00%	23,00%
Bestand an FE (in % des Umsatzes)	24,00%	24,00%	24,00%	25,00%	24,50%	24,00%	24,00%	23,50%	23,00%	25,00%	27,00%	25,50%	25,00%	27,00%	25,50%
Forderungen aus LuL (in % des Umsatzes)	9,00%	9,00%	9,00%	10,00%	9,50%	9,00%	14,00%	11,00%	10,00%	8,00%	9,00%	9,50%	8,00%	9,00%	9,50%
Verb. aus LuL (in % des Umsatzes)	6,50%	6,50%	6,50%	8,00%	7,00%	5,50%	7,00%	6,00%	5,00%	8,00%	9,00%	10,00%	8,00%	9,00%	10,00%

Tab. 47: Realisierte und geplante *Value Driver* des Bereichs B1 für die Jahre 2008 bis 2012 ff. aus der ex post-Perspektive III

3.4.1.2.2 Leistungswirtschaftliche Bereichsbewertung

Bei einer leistungswirtschaftliche Bewertung des Bereichs B1 können aus den jeweiligen ex post-Perspektiven wechselweise die in den Tab. 48 bis Tab. 50 enthaltenen Ertragswerte bestimmt werden:

Jahr	2007	2008	2009	2010	2011	2012	2013	2014	2015 ff.
μ (NCF_t^{HEV})		2.023,15	1.013,18	1.033,17	1.387,06	2.127,70	2.040,22	2.087,60	2.120,58
σ^2 (NCF_t^{HEV})		0,00	80.427,97	31.434,87	11.781,20	212.339,98	212.339,98	212.339,98	212.339,98
SÄ (NCF_t^{HEV})		2.023,15	964,92	1.014,31	1.380,00	2.000,29	1.912,81	1.960,20	1.993,18
EK_t	41.444,34	41.306,90	42.221,44	43.128,21	43.710,55	43.699,09	43.774,58	43.806,13	

Tab. 48: Bewertung des Bereichs B1 anhand des μ,σ^2-Kriteriums (ex post-Perspektive I)

Jahr	2007	2008	2009	2010	2011	2012	2013	2014	2015 ff.
μ (NCF_t^{HEV})		2.023,15	1.040,57	1.062,89	1.334,63	2.068,83	1.981,35	2.028,73	2.061,71
σ^2 (NCF_t^{HEV})		0,00	1.012,47	131.494,20	15.674,40	224.831,73	224.831,73	224.831,73	224.831,73
SÄ (NCF_t^{HEV})		2.023,15	1.039,96	983,99	1.325,23	1.933,93	1.846,45	1.893,84	1.926,81
EK_t	40.219,88	40.026,73	40.807,99	41.680,76	42.252,01	42.240,54	42.316,04	42.347,58	

Tab. 49: Bewertung des Bereichs B1 anhand des μ,σ^2-Kriteriums (ex post-Perspektive II)

Jahr	2007	2008	2009	2010	2011	2012	2013	2014	2015 ff.
μ (NCF_t^{HEV})		2.023,15	1.560,35	1.523,16	1.866,92	2.383,33	2.295,85	2.343,24	2.376,22
σ^2 (NCF_t^{HEV})		0,00	256,62	324.901,33	71.305,01	288.159,74	288.159,74	288.159,74	288.159,74
SÄ (NCF_t^{HEV})		2.023,15	1.560,19	1.328,22	1.824,14	2.210,44	2.122,96	2.170,34	2.203,32
EK_t	46.500,85	46.593,49	47.153,30	47.970,55	48.329,08	48.317,61	48.393,11	48.424,65	

Tab. 50: Bewertung des Bereichs B1 anhand des μ,σ^2-Kriteriums (ex post-Perspektive III)

3.4.1.2.3 Marktwertorientierte Bereichsbewertung

Im folgenden ist eine Bereichsbewertung bei marktwirtschaftlicher Fundierung dargestellt,[642] wobei eine Beschränkung auf die Bewertungsmethoden vorgenommen wurde, deren Ergebnisse respektive Kapitalkostensätze für die Bestimmung der wertorientierten Kennzahlen notwendig sind:[643]

Jahr	2007	2008	2009	2010	2011	2012	2013	2014	2015 ff.
μ (FCF_t^{HEV})		1.969,37	1.838,82	1.081,99	1.447,18	2.456,44	2.566,44	2.500,44	2.456,44
$UW_t^{UV,S}$	38.211,89	38.528,08	38.993,72	40.244,03	41.203,95	41.212,02	41.110,57	41.069,05	
TS_t^{FK}		53,84	57,98	52,70	55,64	58,64	58,88	56,96	56,17
WB_t^{FK}	1.235,00	1.237,35	1.235,67	1.239,19	1.239,94	1.237,72	1.235,16	1.234,40	
TS_t^{AS}		-79,70	101,60	-56,50	-57,82	-4,64	36,94	15,32	0,00
WB_t^{AS}		-45,33	32,31	-67,81	-14,40	42,76	49,35	14,65	0,00
UW_t	39.401,56	39.797,74	40.161,57	41.468,82	42.486,65	42.499,09	42.360,38	42.303,45	
EK_t	33.471,79	33.412,51	34.356,90	35.341,31	36.028,74	36.014,65	36.087,03	36.117,65	

Tab. 51: Bewertung des Bereichs B1 anhand des APV-Verfahrens (ex post-Perspektive I)

---

[642] Bei der bereichsbezogenen Unternehmensbewertung aus der ex post-Perspektive wird für die Diskontierung auf das Jahr 2007 rückwirkend auf Kalkulationszinsfüße mit verbessertem Informationsstand zurückgegriffen; entsprechendes gilt für Zwecke der bereichs- und unternehmenswertorientierten Performancemessung.

[643] Weitergehend erfolgt nachstehend eine Konzentration auf das WACC I-Verfahren.

Jahr	2007	2008	2009	2010	2011	2012	2013	2014	2015 ff.
µ (NCF_t^{HEV})		2.023,15	1.013,18	1.033,17	1.387,06	2.127,70	2.040,22	2.087,60	2.120,58
$k_{EK,t}^{V,S}$		5,8673%	5,8588%	5,8724%	5,8699%	5,8664%	5,8660%	5,8698%	5,8713%
EK_t	33.471,79	33.412,51	34.356,90	35.341,31	36.028,74	36.014,65	36.087,03	36.117,65	

Tab. 52: Bewertung des Bereichs B1 anhand des NCF-Verfahrens (ex post-Perspektive I)

Jahr	2007	2008	2009	2010	2011	2012	2013	2014	2015 ff.
µ $(FCF_t^{HEV}\ I)$		1.889,66	1.940,42	1.025,50	1.389,36	2.451,80	2.603,38	2.515,76	2.456,44
$wacc_t^S\ I$		5,8014%	5,7899%	5,8084%	5,8048%	5,8000%	5,7994%	5,8046%	5,8067%
UW_t	39.401,56	39.797,74	40.161,57	41.468,82	42.486,65	42.499,09	42.360,38	42.303,45	
EK_t	33.471,79	33.412,51	34.356,90	35.341,31	36.028,74	36.014,65	36.087,03	36.117,65	

Tab. 53: Bewertung des Bereichs B1 anhand des WACC-Verfahrens I (ex post-Perspektive I)

Jahr	2007	2008	2009	2010	2011	2012	2013	2014	2015 ff.
µ (FCF_t^{HEV})		1.969,37	1.866,21	1.111,71	1.394,75	2.397,57	2.507,57	2.441,57	2.397,57
$UW_t^{UV,S}$	37.439,54	37.709,53	38.098,81	39.265,89	40.219,73	40.227,80	40.126,35	40.084,83	
TS_t^{FK}		53,84	57,98	52,70	55,64	58,64	58,88	56,96	56,17
WB_t^{FK}	1.235,00	1.237,35	1.235,67	1.239,19	1.239,94	1.237,72	1.235,16	1.234,40	
$TS_t^{\lambda AS}$		-79,70	101,60	-56,50	-57,82	-4,64	36,94	15,32	0,00
$WB_t^{\lambda AS}$	-45,33	32,31	-67,81	-14,40	42,76	49,35	14,65	0,00	
UW_t	38.629,21	38.979,19	39.266,67	40.490,67	41.502,43	41.514,87	41.376,16	41.319,23	
EK_t	32.699,43	32.593,96	33.462,00	34.363,17	35.044,52	35.030,43	35.102,81	35.133,43	

Tab. 54: Bewertung des Bereichs B1 anhand des APV-Verfahrens (ex post-Perspektive II)

Jahr	2007	2008	2009	2010	2011	2012	2013	2014	2015 ff.
µ (NCF_t^{HEV})		2.023,15	1.040,57	1.062,89	1.334,63	2.068,83	1.981,35	2.028,73	2.061,71
$k_{EK,t}^{V,S}$		5,8646%	5,8557%	5,8695%	5,8667%	5,8632%	5,8627%	5,8666%	5,8682%
EK_t	32.699,43	32.593,96	33.462,00	34.363,17	35.044,52	35.030,43	35.102,81	35.133,43	

Tab. 55: Bewertung des Bereichs B1 anhand des NCF-Verfahrens (ex post-Perspektive II)

Jahr	2007	2008	2009	2010	2011	2012	2013	2014	2015 ff.
µ $(FCF_t^{HEV}\ I)$		1.889,66	1.967,81	1.055,22	1.336,93	2.392,93	2.544,51	2.456,89	2.397,57
$wacc_t^S\ I$		5,7978%	5,7859%	5,8045%	5,8006%	5,7957%	5,7951%	5,8004%	5,8026%
UW_t	38.629,21	38.979,19	39.266,67	40.490,67	41.502,43	41.514,87	41.376,16	41.319,23	
EK_t	32.699,43	32.593,96	33.462,00	34.363,17	35.044,52	35.030,43	35.102,81	35.133,43	

Tab. 56: Bewertung des Bereichs B1 anhand des WACC-Verfahrens I (ex post-Perspektive II)

Jahr	2007	2008	2009	2010	2011	2012	2013	2014	2015 ff.
µ (FCF_t^{HEV})		1.969,37	2.385,99	1.571,98	1.927,03	2.712,08	2.822,08	2.756,08	2.712,08
$UW_t^{UV,S}$	42.878,78	43.474,11	43.688,41	44.729,54	45.477,89	45.485,96	45.384,51	45.342,99	
TS_t^{FK}		53,84	57,98	52,70	55,64	58,64	58,88	56,96	56,17
WB_t^{FK}	1.235,00	1.237,35	1.235,67	1.239,19	1.239,94	1.237,72	1.235,16	1.234,40	
$TS_t^{\lambda AS}$		-79,70	101,60	-56,50	-57,82	-4,64	36,94	15,32	0,00
$WB_t^{\lambda AS}$	-45,33	32,31	-67,81	-14,40	42,76	49,35	14,65	0,00	
UW_t	44.068,45	44.743,77	44.856,26	45.954,32	46.760,59	46.773,02	46.634,32	46.577,39	
EK_t	38.138,68	38.358,54	39.051,59	39.826,81	40.302,68	40.288,58	40.360,97	40.391,59	

Tab. 57: Bewertung des Bereichs B1 anhand des APV-Verfahrens (ex post-Perspektive III)

Jahr	2007	2008	2009	2010	2011	2012	2013	2014	2015 ff.
µ (NCF_t^{HEV})		2.023,15	1.560,35	1.523,16	1.866,92	2.383,33	2.295,85	2.343,24	2.376,22
$k_{EK,t}^{V,S}$		5,8812%	5,8746%	5,8855%	5,8824%	5,8786%	5,8782%	5,8816%	5,8830%
EK_t	38.138,68	38.358,54	39.051,59	39.826,81	40.302,68	40.288,58	40.360,97	40.391,59	

Tab. 58: Bewertung des Bereichs B1 anhand des NCF-Verfahrens (ex post-Perspektive III)

Bereichs- und unternehmenswertorientierte Performancemessung 119

Jahr	2007	2008	2009	2010	2011	2012	2013	2014	2015 ff.
μ (FCF$_t^{HEV}$ I)		1.889,66	2.487,59	1.515,49	1.869,21	2.707,43	2.859,02	2.771,40	2.712,08
wacc$_t^S$ I		5,8204%	5,8111%	5,8265%	5,8220%	5,8166%	5,8160%	5,8208%	5,8227%
UW$_t$	44.068,45	44.743,77	44.856,26	45.954,32	46.760,59	46.773,02	46.634,32	46.577,39	
EK$_t$	38.138,68	38.358,54	39.051,59	39.826,81	40.302,68	40.288,58	40.360,97	40.391,59	

Tab. 59: Bewertung des Bereichs B1 anhand des WACC-Verfahrens I (ex post-Perspektive III)

3.4.1.2.4 Wertänderung aus der ex post-Perspektive

Auf Basis der obigen Bewertungsergebnisse lassen sich für das Jahr 2008 – im Vergleich zur ex ante-Perspektive – folgende Wertänderungen bestimmen (vgl. Tab. 60):[644]

Wertänderung	Marktlich objektivierte Risikoberücksichtigung (CAPM, MM)	Subjektive Risikoberücksichtigung (μ,σ^2-Prinzip)
Ex post-Perspektive I	-3.864,24	-3.278,02
Ex post-Perspektive II	-4.682,79	-4.558,19
Ex post-Perspektive III	1.081,79	2.008,56

Tab. 60: Wertänderung aus der ex post-Perspektive

Diese Werte sollen nachstehend genutzt werden, um zu verdeutlichen, ob und inwiefern die verschiedenen Performancemaße der Anforderung nach Wertsteigerungsabbildung gem. Gleichung (3.4), S. 109 genügen.

Außerdem ist darauf hinzuweisen, daß sich die Eignungsanalyse auf die Performanceplanung und -kontrolle beschränkt; aus Transparenzgründen kann vorerst auf eine Performanceanalyse verzichtet werden, die es aber noch allgemein vorzustellen (Kap. 3.5.1, S. 182 ff.) und anhand der Fortsetzung der Beispielsrechnung zu veranschaulichen gilt (Kap. 3.5.2, S. 185 ff.).

3.4.2 Economic Value Added

3.4.2.1 Economic Value Added im Überblick

Als prominentester Vertreter der von verschiedenen Unternehmensberatungen als wertorientierte Kennzahlen empfohlenen Residualgewinnkonzepte gilt der *Econo-*

---

[644] Bei der Berechnung der periodenbezogenen Wertänderung aus der ex post-Perspektive wird auf die ‚ursprünglich' erwarteten Kalkulationszinsfüße zurückgegriffen, vgl. Tab. 21, S. 73 und Fn. 642, S. 117. So ergibt sich bspw.:
2.023,15 + 33.412,51 − 1,058785 · 37.117,95 ≈ −3.864,24,
2.023,15 + 32.593,96 − 1,058785 · 37.117,95 ≈ −4.682,79,
2.023,15 + 38.358,54 − 1,058785 · 37.117,95 ≈ 1.081,79,
2.023,15 + 46.593,49 − 1,0455 · 41.306,90 ≈ −3.278,02,
2.023,15 + 46.593,49 − 1,0455 · 40.026,73 ≈ −4.558,19,
2.023,15 + 46.593,49 − 1,0455 · 44.579,90 ≈ 2.008,56.

mic Value Added (EVA) von Stern Stewart & Co.[645] Nach Stewart handelt es sich bei EVA um „operating profits less the cost of all of the capital employed to produce those earnings"[646].[647] Die Berechnung von EVA kann entweder durch die sog. Capital Charge-Formel gem. Gleichung (3.5)

(3.5) $\quad EVA_t = EE_t - wacc_t^S \cdot EBV_{t-1}$

oder anhand der durch Gleichung (3.6) repräsentierten Value Spread-Formel

(3.6) $\quad EVA_t = (r_t^{S,Stewart} - wacc_t^S) \cdot EBV_{t-1}$

vorgenommen werden.[648] Demnach ergibt sich EVA aus der Differenz zwischen einer operativen Gewinngröße, den Economic Earnings[649] (EE) und den Kapitalkosten, respektive durch die Multiplikation der Differenz von Vermögensrendite und Kapitalkostensatz mit dem für die Erwirtschaftung der EE eingesetzten Vermögens, dem Economic Book Value[650] (EBV).[651]

Charakteristisch für die EVA-Konzeption sind deren Ursprünge in der Rechnungslegung,[652] die sich darin widerspiegeln, daß – abgesehen vom Kapitalkostensatz – alle Bewertungsparameter durch eine mehr oder weniger große An-

---

[645] Vgl. grundlegend Ehrbar (1998); Stewart (1991) sowie in der deutschsprachigen Literatur Hostettler (1997). Vgl. Koller/Goedhart/Wessels (2005), S. 63 ff. zum Economic Profit (EP) von McKinsey&Company, dessen Unterschiede zu EVA für die Eignungsanalyse so geringfügig erscheinen, daß auf eine separate Darstellung verzichtet werden kann.

[646] Stewart (1991), S. 2.

[647] Die Sekundärliteratur zu EVA ist mittlerweile kaum noch zu überschauen; einen guten Überblick bieten Crasselt/Schremper (2000), S. 813-816. Ansonsten vgl. vor allem Baldenius/Fuhrmann/Reichelstein (1999), S. 53-65; Böcking/Nowak (1999), S. 281-288; Förster/Ruß (2002), S. 2664-2666; Henselmann (2001), S. 159-186; Küting/Eidel (1999), S. 829-838; Pfaff (1999), S. 65-69; Richter/Honold (2000), S. 265-274; Schmidbauer (2003), S. 1408-1414; Schneider (2001b), S. 2509-2514; Schneider (2002), S. 2666-2667.

[648] Vgl. Stewart (1991), S. 136 ff. Die Gleichungen lassen sich einander überführen, da die Vermögensrendite (sog. Stewart's R) als Bruch aus EE_t und EBV_{t-1} definiert ist. Trotz dieser Ergebnis- und Methodenidentität wird in der Literatur mitunter eine der beiden Schreibweisen als vorziehenswürdig erachtet. Schultze/Hirsch (2005), S. 39 f., m.w.N. fassen die in diesem Zusammenhang vorgebrachten Argumente wie folgt zusammen: Während „[d]er Vorteil der value spread-Formel [...] in dem sofort sichtbaren Zusammenhang zwischen Vermögensrendite, Kapitalkosten und Wertbeitrag" liegt, werden auf Basis der Capital Charge-Formel „die drei grundlegenden Komponenten des EVA transparent: NOPAT als Erfolgsgröße[,] NOA als Vermögensgröße [und] WACC als Kapitalkostensatz" (Hervorhebungen im Original).

[649] Vgl. Stewart (1991), S. 142.

[650] Vgl. Stewart (1991), S. 91; kritisch Hebertinger (2002), S. 137.

[651] Das Konzept derartiger Gewinne hat in der Betriebswirtschaft eine lange Tradition und wurde bereits von Preinreich (1939), S. 179 unter den Begriffen „excess earning" und „super profit" thematisiert.

[652] A.A. offensichtlich Baldenius/Fuhrmann/Reichelstein (1999), S. 53.

zahl[653] von unternehmensindividuellen Modifikation aus dem Jahresabschluß hergeleitet werden.[654] Erklärte Absicht dieses Vorgehens ist die Transformation des zugrundeliegenden *Accounting Model* in ein sog. *Economic Model*, das „sich durch eine streng betriebswirtschaftliche und aktionärsorientierte Sichtweise aus[zeichne]"[655],[656].

Hostettler bezeichnet die hierfür vorzunehmenden Anpassungen als „Konversionen"[657] und unterteilt sie grundlegend in vier Gruppen:[658]

- *Operating Conversion* (Eliminierung von Einflüssen nicht betrieblicher Komponenten),
- *Funding Conversion* (vollständige Erfassung aller offenen und versteckten Finanzierungsmittel),
- *Tax Conversion* (Korrekturen zum Zwecke der Konsistenz des Steueraufwands) sowie
- *Shareholder Conversion* (Anpassungen zur vollständigen Erfassung des Eigenkapitals, sog. *Equity Equivalents*[659]).

Prinzipiell setzt sich das als Vermögensbasis fungierende EBV aus der Summe von Anlage- und Umlaufvermögen auf Buchwertbasis zusammen, angepaßt um die besagten Konversionen.[660] Als Paradebeispiele für diese Modifikationen werden immer wieder die Hinzurechnung der Differenz aus der Vorratsbewertung nach *Last-in-First-Out-* und *First-in-First-out*-Verfahren,[661] der kumulierten Abschreibungen derivativer Geschäfts- oder Firmenwerte,[662] der kapitalisierten Aufwendungen für Forschung und Entwicklung sowie Miete und Leasing[663] und passivischen Wertberichtigung auf Forderungen genannt.[664] In Abzug sind hingegen nicht ver-

---

[653] Eine genaue Liste der ‚berühmten' 164 Adjustierungen ist nur für Kunden von *Stern Stewart & Co.* zugänglich, vgl. *Stewart* in einer Diskussion mit *Adimando et al.* (1994), S. 65; *Hostettler* (1997), S. 97, Fn. 437 begründet dies mit Hinweis auf deren integralen Bedeutung für die Beratungstätigkeit von *Stern Stewart & Co.*
Bereits an dieser Stelle ist darauf hinzuweisen, daß das Gros der Anwender des EVA *in praxi* nur eine überschaubare Anzahl dieser Vorschläge umsetzt, vgl. zu einer Übersicht etwa *Hirsch* (2007), S. 165 f.; *Hütten/Lorson* (2002), S. 30, m.w.N.
[654] Vgl. *Stewart* (1991), S. 83 ff.
[655] *Hostettler* (1997), S. 97.
[656] Vgl. *Stewart* (1991), S. 21 ff.
[657] *Hostettler* (1997), S. 98.
[658] *Hostettler* (1997), S. 97-105.
[659] *Stewart* (1991), S. 91 f.
[660] Vgl. zur aktivischen Ermittlung des eingesetzten Kapitals vor allem *Hostettler* (1997), S. 43, der diese Vorgehensweise gegenüber einer passivischen Herleitung der Vermögensgröße vorzieht, „weil es nur den Vermögenswerten (Aktivseite), aber nicht den Finanzierungsobjekten (Passivseite), anzusehen ist, ob sie betrieblich genutzt werden oder nicht." Dahingegen zeigt sich *Stewart* (1991), S. 87 ff. indifferent gegenüber der jeweiligen Berechnungsschritten, die bei entsprechendem Vorgehen zu übereinstimmenden Ergebnissen führen.
[661] Vgl. *Stewart* (1991), S. 95 ff. und bereits *Solomons* (1965), S. 53 ff.
[662] Vgl. *Stewart* (1991), S. 114 f. wie auch *Busse von Colbe* (1995), S. 716.
[663] Vgl. *Stewart* (1991), S. 98 ff.
[664] Vgl. zu einer Übersicht etwa *Günther* (1997), S. 235.

zinsliche, kurzfristige Verbindlichkeiten,[665] marktgängige Wertpapiere sowie Anlagen im Bau[666] zu bringen.[667] Parallel zu diesen Korrekturen auf Ebene des investierten Kapitals sind Adjustierungen bei der Erfolgsgröße durchzuführen.[668] Folglich ergeben sich die EE als Differenz finanzwirksamer betrieblicher Erträge und Aufwendungen, wobei als einziger nicht finanzwirksamer Aufwand Abschreibungen abgezogen werden. Letztere dienen nämlich nach *Stewart* zum einem dem Ersatz abgenutzter Anlagen und sind daher als „true economic expense"[669] anzusehen und müssen zum anderen zur besseren Vergleichbarkeit mit geleasten Vermögensgegenständen berücksichtigt werden.[670]

Hinsichtlich der Ermittlung des gewichteten Kapitalkostensatzes ergeben sich keine Besonderheiten zu der marktwertorientierten Unternehmensbewertung anhand der DCF-Verfahren (vgl. Kap. 2.5.4.1.3, S. 72 ff.).[671]

Bezogen auf die Beispielsrechnung müssen von den skizzierten Modifikationen der bilanziellen Wertansätze nur die Verbindlichkeiten aus Lieferungen und Leistungen (VLL) und deren Veränderungen im Zeitablauf (ΔVLL) beachtet werden.[672] Das investierte Kapital im EVA-Ansatz ergibt sich bei aktivischer Ermittlung, indem gem. Gleichung (3.7) die Buchwerte des Sachanlagevermögens (SA), der Vorräte (V), fertigen Erzeugnisse (FE) und Forderungen aus Lieferungen und Leistungen (FLL) addiert und die Verbindlichkeiten aus Lieferungen und Leistungen subtrahiert werden:[673]

(3.7) $EBV_t = SA_t + V_t + FE_t + FLL_t - VLL_t$.

Alternativ kann das eingesetzte Kapital passivisch aus der Summe von Eigenkapitalbuchwert (EK^{BW}) und zinstragenden Verbindlichkeiten (FK) bestimmt werden:[674]

(3.8) $EBV_t = EK_t^{BW} + FK_t$.

In Abhängigkeit der Berücksichtigung des Ausschüttungsdifferenzeffektes (vgl. Kap. 2.5.4.1.3.3, S. 74 ff.) können die EE aus dem bereits betrachteten NOPAT[675] gem. Gleichung (3.9) und (3.10) bestimmt werden als:

---

[665] Vgl. *Stewart* (1991), S. 93.
[666] Vgl. *Stewart* (1991), S. 183.
[667] Vgl. *Stewart* (1991), S. 742 ff.
[668] Vgl. *Küting/Eidel* (1999), S. 834.
[669] *Stewart* (1991), S. 86.
[670] Vgl. *Stewart* (1991), S. 86.
[671] Vgl. *Lorson* (1999), S. 1335; *Stewart* (1991), S. 431 ff.
[672] Vorbehaltlich Fn. 653, S. 121.
[673] Vgl. *Stewart* (1991), S. 92 f.
[674] Vgl. *Stewart* (1991), S. 92 f.
[675] Vgl. Gleichung (2.26) bis (2.29), alle S. 76.

(3.9) $EE_t^* = NOPAT_t^* - \Delta VLL_t$,

(3.10) $EE_t = NOPAT_t - \Delta VLL_t$.

3.4.2.2 Eignungsanalyse des Economic Value Added

EVA wird von *Stern Stewart & Co.* als ‚Allheilmittel' angepriesen, mit dessen Hilfe gleichzeitig eine vergangenheitsorientierte Leistungsmessung als auch eine zukunftsorientierte Unternehmensbeurteilung möglich sei.[676] Ein periodenbezogener EVA besitzt nach Ansicht von *Hostettler* folgenden, in der beraternahen Literatur und Praxis häufig propagierten Aussagegehalt:

> „Ein positiver EVA bedeutet, dass Aktionärswerte geschaffen wurden. Ein negativer EVA heisst, dass Werte in dem Sinne vernichtet wurden, als die betrieblichen Erträge nicht ausreichten, um die dem Investitionsrisiko entsprechenden Kapitalkosten zu decken."[677]

Aufgrund dieser Fähigkeit, zuverlässig die Wertsteigerung einer vergangenen Periode abzubilden, lasse sich EVA laut *Stewart* unternehmensintern weitergehend als Zielvorgabegröße, zur Ressourcenallokation, bei der Budgetierung und im Rahmen der Leistungsbeurteilung und Entlohnung nutzen.[678] Unternehmensextern könnte EVA hervorragend verwandt werden, um das betriebene *Value Based Management* den Investoren transparent zu machen.[679]

Mit der „zukunftsorientierte[n] Unternehmensbeurteilung"[680] ist EVA als Instrument für Zwecke einer marktwertorientierten Unternehmensbewertung angesprochen.[681] Hierfür werden geplante zukünftige EVA mit den Kapitalkosten auf den Betrachtungszeitpunkt diskontiert und zum sog. Market Value Added (MVA)[682] summiert, der wiederum zum EBV addiert den Gesamtkapitalmarktwert ergeben soll. Im Hinblick auf die Ergebnis- und Methodenidentität von Unternehmensbewertungen anhand von *Cashflows* oder EVA bzw. MVA, verstanden als „spezieller Residualgewinn"[683], bestehen keinerlei Zweifel;[684] die gem. Gleichung (3.1), S. 108

---

[676] Vgl. *Hostettler* (1997), S. 34 mit Verweis auf *Stewart* in der Diskussion mit *Adimando et al.* (1994), S. 64, wonach „EVA is useful looking forward and locking backward".
[677] *Hostettler* (1997), S. 251 mit Verweis auf *Röttger* (1994), S. 1. Ähnlich auch *Böcking/Nowak* (1999), S. 283; *Pape* (2004), S. 137.
[678] Vgl. *Stewart* (1991), S. 4-9; *Förster/Ruß* (2002), S. 2664.
[679] Vgl. *Stewart* (1991), S. 175; *Stern/Stewart/Chew jr.* (1995), S. 33.
[680] *Hostettler* (1997), S. 34.
[681] EVA als Bewertungsinstrument thematisieren *Hostettler* (1997), S. 179 ff.; *Stewart* (1991), S. 38.
[682] Vgl. *Hostettler* (1997), S. 184 f., der diesen Wert als MVA $_{ex\,ante}$ bezeichnet, wohingegen unter dem MVA $_{ex\,post}$ die aktuelle Börsenkapitalisierung abzüglich des investierten Kapitals verstanden wird.
[683] *Hebertinger* (2002), S. 133.

geforderte Barwertidentität kann deshalb als erfüllt gelten und anhand nachstehender Gleichung konkretisiert werden:[685]

$$(3.11) \quad \sum_{\tau=t+1}^{\infty} \frac{\mu[\widetilde{FCF}_\tau^*]}{\prod_{m=1}^{\tau}(1+wacc_{t+m}^S)} = \widetilde{EBV}_t + \sum_{\tau=t+1}^{\infty} \frac{\mu[\widetilde{EVA}_\tau^*]}{\prod_{m=1}^{\tau}(1+wacc_{t+m}^S)}.$$

Die Berechnung des aus der Beispielsrechnung bekannten Eigenkapitalmarktwerts i.H.v. 37.117,95 ist in Tab. 61 dargestellt (vgl. Kap. 2.5.4.1.3, S. 72 ff.):[686]

Jahr	2007	2008	2009	2010	2011	2012	2013	2014	2015 ff.
EE$_t$		2.644,06	2.699,73	3.054,51	2.885,82	2.662,88	2.481,13	2.593,51	2.667,53
CC$_t$		1.170,11	1.205,55	1.222,52	1.330,16	1.405,82	1.405,67	1.387,44	1.380,16
EVA$_t$		1.473,95	1.494,18	1.831,99	1.555,66	1.257,07	1.075,46	1.206,07	1.287,36
EBV$_t$	20.116,67	20.762,33	20.998,02	22.860,68	24.180,15	24.180,15	23.846,82	23.713,49	
MVA$_t$	22.931,05	22.790,92	22.620,07	22.105,04	21.835,57	21.848,01	22.042,64	22.119,04	
UW$_t$	43.047,72	43.553,25	43.618,08	44.965,72	46.015,72	46.028,16	45.889,46	45.832,53	
EK$_t$	37.117,95	37.168,03	37.813,42	38.838,21	39.557,82	39.543,72	39.616,11	39.646,72	

Tab. 61: Performanceplanung des Bereichs B1 anhand des *Economic Value Added* I für die Jahre 2008 bis 2015 ff. (ex ante-Perspektive)

Die Eigenschaft von Residualgewinnen, eine kapitalwertneutrale Periodisierung von Zahlungen zu erlauben,[687] gewährleistet aber noch nicht, daß EVA zuverlässig die Wertsteigerung einer vergangenen Periode anzuzeigen vermag.[688] Hierfür müßten noch die weiteren die Informationsfunktion betreffenden Anforderungen an wertorientierte Performancemaße erfüllt sein.

Außerdem ist darauf hinzuweisen, daß mit der Betrachtung des MVA ein ‚Übergang' der verwendeten Performancemessungskonzeption verbunden ist; im Mittelpunkt stünde keine Performanceperiodisierung mehr, sondern eine Performancemessung auf Basis von Kapital(einsatzmehr-)werten, die sich aus der Summierung marktlich objektivierter Unternehmenswerte mit buchwertorientierten Größen, deren Fortschreibung keinen Zahlungsstrombezug aufweist, hervorginge (vgl. Abb. 13, S. 96, Nummern zwei bis vier). Hierfür bedarf es strenggenommen überhaupt

---

[684] Vgl. zu den Annahmen, die erfüllt sein müssen, damit Unternehmensbewertungen auf Basis von Residualgewinnen und *Cashflows* zu äquivalenten Bewertungsergebnissen führen, bereits Fn. 401, S. 55.
[685] Die Barwertkompatibilität des EVA-Konzepts erachtet *Drukarczyk* (1997), S. 226 als dessen „Beleg der theoretischen Daseinsberechtigung"; kritisch unter „praktisch relevanten Gegebenheiten" *Lorson* (1999), S. 1335.
[686] Alternativ kann eine Berechnung dieses Werts auf Basis von EVA II vorgenommen werden, wie Anhang VI, Tab. 322, S. 479 zeigt. Einziger Unterschied zur residualgewinnorientierten Unternehmensbewertung in Tab. 25, S. 77 ist die Nichtberücksichtigung der Verbindlichkeiten aus Lieferungen und Leistungen in der Kapitalbasis und Erfolgsgröße gem. Gleichung (3.7), S. 122 bis (3.10), S. 123.
[687] Vgl. *Schneider* (1997), S. 58.
[688] A.A. *Stewart* (1991), S. 177.

keiner Ermittlung von EVA-Werten, sondern es reicht aus, von dem mittels der DCF-Verfahren berechneten Gesamtkapitalmarktwert eine entsprechende Buchwertgröße zu subtrahieren. Kritisch ist in diesem Zusammenhang ferner anzumerken, daß für eine adäquate Bestimmung von EVA respektive MVA bei Geltung des Halbeinkünfteverfahrens vorab eine Anwendung *cashflow*orientierter Bewertungskalküle unabdingbar ist, um die benötigten Kapitalkostensätze zu ermitteln.[689]

Demgegenüber wird EVA nachstehend in seiner eigentlichen Intention als operativ-retrospektives Performancemaß verstanden, zumal – wie inzwischen mehrfach von *Schüler* herausgestellt – „die [mit dem MVA ermittelte] Differenz zwischen Unternehmenswert und Buchwert [...] regelmäßig nicht dem Nettokapitalwert entspricht."[690]

Bei einer Analyse der Vorteilhaftigkeitsanzeige gem. Gleichung (3.3), S. 109 offenbart EVA Schwächen: Das Vorzeichen eines periodenbezogenen EVA erlaubt, selbst im einfachsten Fall der Performanceplanung ohne Erwartungswertrevision, keinen zweifelsfreien Rückschluß auf den Kapitalwert eines Bewertungsobjekts und damit den Beitrag zum Gesamtunternehmenswert.[691] So kann mitunter ein „Ausweis negativer (positiver) Erfolge bei wertschaffender (wertvernichtender) Aktivität"[692] erfolgen, was *Richter/Honold* zutreffend und akzentuiert als ‚unattraktiven Charakterzug' von EVA bezeichnen.[693] Ausschlaggebend für diese Problematik, die auch einen weiten Teil der die Verhaltenssteuerungsfunktion thematisierenden Forschungsbemühungen innerhalb der Performancemessung begründet,[694] ist der trotz Gleichung (3.11), S. 124 fehlende „analytische[...] Zusammenhang"[695] zwischen einem isoliert betrachteten EVA und dem als Barwert zukünftiger *Free Cashflows* gemessenen Unternehmenswert.[696]

Dieser Mangel wird besonders offenkundig bei einer projektbezogene Performancemessung mit Hilfe von EVA, wenn die offensichtlich nicht adäquat bemessenen Abschreibungen zusammen mit den kalkulatorischen Zinsen auf das gebundene Kapital im Zeitablauf zu sinkenden Kapitaldiensten führen.[697] Diese ver-

---

[689] Vgl. zu diesem ‚Zirkularitätsproblem' residualgewinnorientierter Unternehmensbewertungen *Schumann* (2005), S. 24 ff.
[690] *Schüler/Krotter* (2004), S. 433, m.w.N.
[691] Vgl. *Dirrigl* (1998a), S. 21 f.; *Hebertinger* (2002), S. 139 f.; *Henselmann* (2001), S. 169; *Richter/Honold* (2000), S. 270; *Schmidbauer* (1999), S. 375; *Schmidbauer* (2003), S. 1412.
[692] *Richter/Honold* (2000), S. 270.
[693] Vgl. *Richter/Honold* (2000), S. 270.
[694] Vgl. zu entsprechenden Literaturhinweise bereits Fn. 617, S. 110.
[695] *Schmidbauer* (1999), S. 375.
[696] Diesbezüglich weist *Hebertinger* (2002), S. 138 darauf hin, daß „[l]ediglich nach Ablauf der gesamten Projektlaufzeit [...] der Zusammenhang zwischen [...] EVA und Wertsteigerung hergestellt werden" kann.
[697] Vgl. *Hebertinger* (2002), S. 140. Es gilt zu betonen, daß in diesem Zusammenhang von *Hebertinger* (2002), 140-155; *Henselmann* (2001), S. 176-181; *Schmidbauer* (2003), S. 1412-1413 vorgenommene Diskussion alternativer Abschreibungsverfahren nicht im Einklang mit der seitens *Stern Stewart & Co.* vorgesehenen Konzeption von EVA stehen. Ausschließlich *Stewart* (1994), S. 80

zerrte Beurteilung ist auf den mit der Buchwertbasierung einhergehenden linearen Abschreibungsverlauf zurückzuführen.[698] Unabhängig von der Anzahl der vorgenommenen Konversionen kann EVA nicht als rein finanz- bzw. liquiditätswirksame Größe angesehen werden,[699] da die unterstellte Kapitalbindung buchwertorientiert bleibt und damit nicht geeignet ist, „eine Kapitalwert-Größe auszuweisen, die mit den Intentionen einer *Shareholder Value*-Zielsetzung harmonisiert."[700]

Die dadurch resultierende fehlende Verläßlichkeit der Vorteilhaftigkeitsanzeige des EVA gilt auch im Zusammenhang einer bereichsorientierten Unternehmensbewertung, wenngleich die Wahrscheinlichkeit für dessen Eintreten im Vergleich zu einer projektbezogenen Performancemessung insofern reduziert ist, als daß die ‚Altersstruktur' des eingesetzten Vermögens ausgeglichen sein dürfte.[701] Daher sind in der Beispielsrechnung (vgl. Tab. 62 bis Tab. 64, S. 127-128) auch durchweg positive EVA zu beobachten.

Nur bei „[s]toßweise"[702] durchgeführter Investitionstätigkeit könnte bei einer bereichsbezogenen Performancemessung anhand von EVA die auf die ‚sprunghaft' gestiegene Kapitaleinsatzgröße zu verrechende *Capital Charge* über dem EE liegen.[703]

Weitergehend ist zu überprüfen, ob und inwiefern EVA eine Wertänderung, wie von Gleichung (3.4), S. 109 gefordert, abbilden kann. Diesbezüglich offenbart EVA ebenfalls Defizite,[704] was sich anhand von Gleichung (3.12) zeigen läßt:[705]

---

[698] weist auf die Vorteilhaftigkeit progressiver Abschreibungen hin und umschreibt unter dem Begriff „Sinking-Fund Depreciation" die Annuitätenmethode.
[699] Vgl. *Schultze/Hirsch* (2005), S. 71 mit Verweis auf *Strack/Villis* (2001), S. 69.
Dies führt zur deutlichen Ablehnung des EVA-Konzepts. So erkennt *Lorson* (1999), S. 1337 eine „[l]atent zunehmende Gefahr der Buchwertorientierung von Shareholder Value-Ansätzen", während *Dirrigl* (1998b), S. 575 betont, daß es „nicht ‚im Sinne des Erfinders' sein [könne], wenn […] für die interne Unternehmensrechnung eine gewinnorientierte Ausrichtung von Steuerungsgrößen propagiert wird, deren Mängel gerade die Notwendigkeit zur Entwicklung einer wertorientierten Unternehmensrechnung haben entstehen lassen." Ähnlich auch *Ballwieser* (2000), S. 164; *Böcking/Nowak* (1999), S. 288; *Faul* (2005), S. 245; *Günther* (1997), S. 238; *Knorren* (1998), S. 71; *Richter/Honold* (2000), S. 270-271; *Schmidbauer* (1999), S. 372; *Schmidbauer* (2003), S. 1411.
[700] *Dirrigl* (2004b), S. 124; ähnlich *Drukarczyk/Schüler* (2000), S. 265; *Schüler/Krotter* (2004), S. 431.
[701] Vgl. *Weber et al.* (2004), S. 90.
[702] *Schneider* (1988), S. 1189.
[703] Folglich weisen *Weber et al.* (2004), S. 90 darauf hin, daß das Phänomen einer sinkenden Kapitalbasis in der Praxis kaum relevant ist.
[704] Vgl. bspw. Arbeitskreis „Finanzierungsrechnung" der Schmalenbach-Gesellschaft (2005), S. 20; *Dirrigl* (1998a), S. 22; *Drukarczyk/Schüler* (2000), S. 263; *Ewert/Wagenhofer* (2000), S. 16; *Fernández* (2003), S. 11; *Gebhardt* (2003), S. 77; *Hachmeister* (2003a), S. 103; *Schultze/Hirsch* (2005), S. 65.
[705] Entsprechendes läßt sich für sämtliche Performancemaße des Typs ‚Residualgewinn' bei einem Einsatz als periodische Beurteilungsgröße zeigen, die regelmäßig außerstande sind, die Wertänderung einer Periode wiederzugeben, vgl. zum Nachweis *Ewert/Wagenhofer* (2000), S. 16; *Gebhardt* (2003), S. 74.

Bereichs- und unternehmenswertorientierte Performancemessung 127

(3.12)
$$\Delta \widetilde{EK}_{t+1}^{[t+1]} = EVA_{t+1}^{[t+1]*} + \widetilde{MVA}_{t+1}^{[t+1]*} - (1 + wacc_{t+1}^{S\,[t]}) \cdot \widetilde{MVA}_{t}^{[t]*}$$
$$+ (wacc_{t+1}^{S\,[t+1]} - wacc_{t+1}^{S\,[t]}) \cdot EBV_t$$
[706]

Demnach werden bei einer operativ-retrospektiven Performancemessung mit EVA sämtliche auf zukünftige Perioden wirkende Wertänderungen[707] außer acht gelassen.[708] Daß von diesen jedoch ein immenser Werteinfluß ausgehen kann,[709] demonstriert die Beispielsrechnung: Während aus der ex post-Perspektive I für das Jahr 2008 eine Wertvernichtung i.H.v. -3.864,24 festzustellen ist (vgl. Tab. 60, S. 119), signalisiert eine Performancekontrolle, die nur auf den ‚realisierten' EVA abstellt, einen ‚Übergewinn' i.H.v. 534,28 (vgl. Tab. 62); die im Rahmen einer operativ-retrospektiven Performancekontrolle ermittelten Erfolgsgrößen werden im weiteren Verlauf dieser Arbeit zur Veranschaulichung stets schwarz hinterlegt:[710]

Jahr	2007	2008	2009	2010	2011	2012	2013	2014	2015 ff.
EE$_t$		1.701,33	2.559,80	2.830,71	2.672,70	2.451,80	2.270,05	2.382,43	2.456,44
CC$_t$		1.167,05	1.153,83	1.193,49	1.297,55	1.370,91	1.370,75	1.352,63	1.345,39
EVA$_t$		**534,28**	1.405,97	1.637,21	1.375,15	1.080,89	899,30	1.029,80	1.111,05
EBV$_t$	20.116,67	19.928,33	20.547,72	22.352,93	23.636,26	23.636,26	23.302,93	23.169,60	
MVA$_t$	19.284,89	19.869,41	19.613,86	19.115,89	18.850,39	18.862,82	19.057,45	19.133,86	
UW$_t$	39.401,56	39.797,74	40.161,57	41.468,82	42.486,65	42.499,09	42.360,38	42.303,45	
EK$_t$	33.471,79	33.412,51	34.356,90	35.341,31	36.028,74	36.014,65	36.087,03	36.117,65	

Tab. 62: Performancekontrolle des Bereichs B 1 anhand des *Economic Value Added* I im Jahr 2008 (ex post-Perspektive I)

Der (Fehl-)Interpretation von *Hostettler* folgend würde im Jahr 2008 also zusätzliches Aktionärsvermögen geschaffen.[711] Daß es hingegen zu einer ‚Vernichtung' von Aktionärsvermögen i.H.v. -3.864,24 in der ex post-Perspektive I kommt, ließe

---

[706] Wie in Fn. 644, S. 119 angemerkt, wird die Performancemessung auf Basis der Kalkulationszinsfüße aus der ex post-Perspektive durchgeführt; folglich ergibt sich die Anpassung bezüglich des EBV, um die in Tab. 60, S. 119 ausgewiesenen Werte zu errechnen.
Die hochgestellten eckigen Klammern bezeichnen den jeweiligen Informationsstand bei der Prognose des unsicheren Faktors.

[707] *Ewert/Wagenhofer* (2000), S. 16; *Hachmeister* (2003a), S. 102 sprechen in diesem Zusammenhang von der Vernachlässigung des *Goodwill* und dessen Änderungen, was in Abgrenzung zum externen Rechnungswesen und dem dort vorherrschenden Begriffsverständnis unglücklich erscheint.

[708] Vgl. selbstkritisch *Copeland/Koller/Murrin* (2000), S. 166 f. bezüglich des *EP*.

[709] Vgl. auch *Dirrigl* (1998b), S. 563. Zu den unwahrscheinlichen Konstellationen, unter denen Residualgewinne die gesamte Wertänderung einer Periode ausdrücken vgl. *O'Hanlon/Peasnell* (1998), S. 427.

[710] Die Berechnungen für die Jahre 2009 bis 2015 ff. dienen ausschließlich dazu, den Einfluß der beschriebenen Wertänderung auf EVA bei einem ansonsten erwartungskonformen Verlauf in der Zukunft aufzuzeigen respektive revidierte Vorgabewerte für die Performanceplanung zu erhalten. Außerdem wird hierdurch abermals die Barwertidentität bestätigt.

[711] Auch die Auffassung von *Ewert/Wagenhofer* (2000), S. 16, daß ein periodenbezogener Residualgewinn „gewissermaßen den in der Periode t ‚realisierten' zusätzlichen Wert" darstelle, erscheint mißverständlich.

sich auch anhand einer Rechnung auf Basis von EVA gem. Gleichung (3.12), S. 127 zeigen.[712] Bei einer Betrachtung aus der ex post-Perspektive II wäre eine Wertänderung i.H.v. -4.682,79 zu konstatieren, was durch ein EVA i.H.v. 535,00 ausgedrückt würde (vgl. Tab. 63),[713] wohingegen die Wertsteigerung 1.081,79 aus der ex post-Perspektive III durch ein EVA i.H.v. 530,45 angezeigt werden sollte (vgl. Tab. 64).[714]

Jahr	2007	2008	2009	2010	2011	2012	2013	2014	2015 ff.
EE_t		1.701,33	2.555,63	2.740,02	2.611,94	2.392,93	2.211,18	2.323,56	2.397,57
CC_t		1.166,32	1.153,03	1.190,85	1.287,78	1.360,60	1.360,45	1.342,36	1.335,13
EVA_t		**535,00**	1.402,60	1.549,17	1.324,16	1.032,33	850,74	981,21	1.062,44
EBV_t	20.116,67	19.928,33	20.516,15	22.200,96	23.475,98	23.475,98	23.142,64	23.009,31	
MVA_t	18.512,54	19.050,85	18.750,52	18.289,71	18.026,45	18.038,89	18.233,52	18.309,92	
UW_t	38.629,21	38.979,19	39.266,67	40.490,67	41.502,43	41.514,87	41.376,16	41.319,23	
EK_t	32.699,43	32.593,96	33.462,00	34.363,17	35.044,52	35.030,43	35.102,81	35.133,43	

Tab. 63: Performancekontrolle des Bereichs B 1 anhand des *Economic Value Added* I im Jahr 2008 (ex post-Perspektive II)

Jahr	2007	2008	2009	2010	2011	2012	2013	2014	2015 ff.
EE_t		1.701,33	2.445,37	3.838,63	3.162,84	2.707,43	2.525,69	2.638,06	2.712,08
CC_t		1.170,88	1.158,05	1.158,66	1.293,03	1.367,07	1.366,92	1.348,64	1.341,34
EVA_t		**530,45**	1.287,33	2.679,96	1.869,81	1.340,37	1.158,76	1.289,42	1.370,74
EBV_t	20.116,67	19.928,33	19.886,12	22.209,25	23.502,88	23.502,88	23.169,54	23.036,21	
MVA_t	23.951,79	24.815,43	24.970,15	23.745,07	23.257,71	23.270,15	23.464,78	23.541,18	
UW_t	44.068,45	44.743,77	44.856,26	45.954,32	46.760,59	46.773,02	46.634,32	46.577,39	
EK_t	38.138,68	38.358,54	39.051,59	39.826,81	40.302,68	40.288,58	40.360,97	40.391,59	

Tab. 64: Performancekontrolle des Bereichs B 1 anhand des *Economic Value Added* I im Jahr 2008 (ex post-Perspektive III)

Die Fortsetzung der Beispielsrechnung offenbart, daß EVA gegenüber Wertänderungen, die zukünftige Perioden tangieren, ‚immun' ist. Die geringfügigen Variationen der berechneten Werte für EVA sind ausschließlich auf Veränderungen des gewichteten Kapitalkostensatzes zurückzuführen.[715] Folglich kann der Zusammenhang zwischen periodenbezogenen Residualgewinnen und Wertänderungen nur als „plakativ"[716] eingestuft werden. Den Hauptzweck einer periodischen Kennzahl, die mit der abgelaufenen Periode einhergehenden Wertänderungen zu messen, kann EVA demnach nicht erfüllen.[717]

---

[712] 534,28 + 19.869,41 - 22.931,05 · 1,05817 + (0,05801 - 0,05817) · 20.116,67 ≈ -3.862,24.
[713] 535,00 + 19.050,85 - 22.931,05 · 1,05817 + (0,05798 - 0,05817) · 20.116,67 ≈ -4.862,79.
[714] 530,45 + 24.815,43 - 22.931,05 · 1,05817 + (0,05820 - 0,05817) · 20.116,67 ≈ 1.081,79.
[715] Bei einem Verzicht auf die Neubestimmung des Kalkulationszinsfußes aus der ex post-Perspektive stimmen die EVA-Werte der drei ex post-Perspektiven gänzlich überein.
[716] *Ewert/Wagenhofer* (2000), S. 15.
[717] Vgl. *Dirrigl* (1998a), S. 23; *Hering/Vincenti* (2004), S. 353; *Lorson* (2004a), S. 326; *Schmidbauer* (1999), S. 375; *Schneider* (2002), S. 2666-2667; *Schultze/Hirsch* (2005), S. 69; *Weber et al.* (2004), S. 89.

Aus diesem Grund ist die in der jüngeren Vergangenheit häufig anzutreffende Relativierung der Auffassung von *Hostettler*, daß „[v]om EVA einer Periode [...] kein direkter Rückschluß auf die Veränderung des Unternehmenswertes aus Sicht der Eigentümer erfolgen"[718] könnte, gleichfalls abzulehnen, da nicht einmal ein indirekter, sondern schlußendlich überhaupt kein Rückschluß auf die Wertänderung möglich ist.[719]

Die Vordergründigkeit des bereits stark kritisierten, von Befürwortern des EVA aber immer wieder vorgetragenen Zeitvergleichs realisierter EVA, läßt sich ebenso anhand der Beispielsrechnung aufzeigen:[720] Obwohl ΔEVA in der ex post-Perspektive I -833,08 für das Jahr 2008 beträgt,[721] also durchaus eine positive Korrelation mit der Wertänderung i.H.v. -3.8624,24 aufweist, ist der Ergebnisausweis nur zufälliger Natur. So würde in der ex post-Perspektive III trotz der besagten Wertsteigerung ein ΔEVA i.H.v. -834,50 ermittelt. Ursächlich hierfür sind abermals die mangelnde Berücksichtigung von Barwertänderungen künftiger Perioden und die inhärente Buchwertorientierung. Bei einer so ausgestalteten Performancemessung könnte auch ein Vergleich von geplanten und realisierten EVA dieses Manko nicht ausmerzen.[722]

Abschließend muß festgehalten werden, daß das Konzept des EVA nur sehr eingeschränkt fähig ist, die Anforderungen an eine wertorientierte Performancemessung zu erfüllen.[723] Der Ansicht, bei EVA handele es sich um „[a] True Measure of Corporate Success"[724], ist deshalb deutlich zu widersprechen.[725]

3.4.3 Earnings less Riskfree Interest Charge

3.4.3.1 Earnings less Riskfree Interest Charge im Überblick

Der jüngste Sproß der von Unternehmensberatungen für Zwecke des *Value Based Management* angepriesenen Konzepte wird *Earnings less Riskfree Interest Charge*

---

[718] Statt vieler *Böhl* (2006), S. 71.
[719] Vgl. bereits *Dirrigl* (1998b), S. 565-576.
[720] In Anlehnung an Gleichung (3.12), S. 127 ließe sich nachweisen, daß ΔEVA nur einen Teil der in einer Periode zu beobachtenden Wertänderung darstellt. Hierfür müßte in der Herleitung bei *Ewert/Wagenhofer* (2000), S. 16 die Unternehmensbewertung mittels Residualgewinnen gegen ein Bewertungskalkül auf Basis von ΔEVA ersetzt werden. Zur Unternehmensbewertung anhand von ΔEVA und ΔCVA vgl. vor allem *Schaefer* (2002), S. 219 ff.
[721] 534,28 - (2.316,15 - 0,058567 · 16.200,00) ≈ -833,08.
[722] So aber etwa *Schultze/Hirsch* (2005), S. 41.
[723] Vgl. bspw. *Ballwieser* (2000), S. 163-164; *Dirrigl* (1998a), S. 20-22; *Dirrigl* (1998b) 567-576; *Dirrigl* (2003), S. 159-161; *Ewert/Wagenhofer* (2000), S. 15-18; *Gebhardt* (2003), S. 79-81; *Hebertinger* (2002), S. 138-160; *Hering/Vincenti* (2004), S. 351-353; *Pfaff* (1999), S. 65-69; *Pfaff/Bärtl* (1999), S. 85-115; *Richter/Honold* (2000), S. 270-274; *Schneider* (2001b), S. 2509-2514; *Schneider* (2002), S. 2666-2667; *Weber et al.* (2004), S. 88-92.
[724] *Stewart* (1991), S. 2.
[725] Vgl. *Richter/Honold* (2000), S. 274. Plakativ *Kröger* (2005), S. 14: „EVA vernichtet Werte". Ferner *Haeseler/Hörmann* (2006a), S. 91 ff.

($E_R IC$) genannt und von der KPMG vertrieben.[726] Als konstitutives Merkmal von $E_R IC$ gilt die Verrechnung ‚risikofreier' Kapitalkosten,[727] worin ein deutliches Abgrenzungsmerkmal gegenüber anderen Performancemaßen gesehen wird:[728]

(3.13) $\quad E_R IC_t = S\ddot{A}(\widetilde{E}BIAT_t) - r^{f,S,E_R IC} \cdot IC_{t-1}$.

Im Rahmen der Performanceplanung[729] ergibt sich $E_R IC$ gem. Gleichung (3.13) als Sicherheitsäquivalent der Earnings before Interest after Taxes ($S\ddot{A}(\widetilde{E}BIAT_t)$) abzüglich der risikofreien Kapitalkosten, die sich als Produkt aus risikofreiem Zinssatz ($r^{f,S,E_R IC}$) und eingesetztem Kapital (IC_{t-1}) berechnen.[730]

Im Gegensatz zu EVA werden weitaus weniger Modifikationen der aus dem externen Rechnungswesen stammenden Ergebnis- und Vermögensgrößen vorgeschlagen,[731] was einerseits mit der zunehmenden Konvergenz des internen und externen Rechnungswesens, die „im Allgemeinen eine Verwendung von Gewinn- und Vermögensgrößen des externen Rechnungswesens für die interne Steuerung"[732] erlaube, und andererseits mit dem für die praktische Umsetzung bedeutsamen Prinzip der „Einfachheit, Transparenz und Verständlichkeit"[733] begründet wird. Grundsätzlich sollen die kapitalisierten Aufwendungen für Forschung und Entwicklung, den Aufbau eines Kundenstamms sowie Miete und Leasing in der Kapitaleinsatzgröße berücksichtigt werden.[734] Weitergehend werden eine Aktivierung bei langfristiger Auftragsfertigung, Anlaufverlusten und Restrukturierungsaufwendungen sowie eine Aufdeckung von stillen Reserven und Lasten bei vorzeitigem Ausscheiden und nachträglichem Eintreten von Managern empfohlen.[735]

Bezüglich der risikofreien Verzinsung ($r^{f,S,E_R IC}$) gilt es darauf hinzuweisen, daß „[d]er risikofreie (Vorsteuer)-Zins im $E_R IC$-Konzept [...] nicht mit dem risikolosen Basiszinssatz, wie er im CAPM oder bei der Unternehmensbewertung verwendet wird, gleichgesetzt werden"[736] kann. Vielmehr ermittelt sich der für $E_R IC$ zu verwendende Zinssatz aus dem landesüblichen Zinsfuß, der der durchschnittlichen

---

[726] Vgl. grundlegend *Velthuis/Wesner* (2005). Außerdem *Aders/Schabel* (2003), S. 403-423; *Hebertinger/Schabel/Velthuis* (2005), S. 159-166; *Velthuis* (2004b), S. 1-36; *Velthuis* (2004c), S. 295-324 sowie zu einer empirischen Studie *Hebertinger/Schabel* (2004), S. 1-50.
[727] Vgl. *Velthuis/Wesner* (2005), S. 42-44; *Velthuis* (2004c), S. 311.
[728] Vgl. *Velthuis/Wesner* (2005), S. 42; *Velthuis* (2004c), S. 311.
[729] *Hebertinger/Schabel/Velthuis* (2005), S. 161 sprechen in diesem Zusammenhang von der „Unternehmensbewertung und Investitionsplanung".
[730] Vgl. *Hebertinger/Schabel/Velthuis* (2005), S. 161; *Velthuis/Wesner* (2005), S. 62.
[731] Vgl. *Velthuis/Wesner* (2005), S. 125-138.
[732] *Velthuis/Wesner* (2005), S. 127. Offensichtlich bezüglich des *Fair Value* a.A. *Velthuis/Wesner/Schabel* (2006a), S. 458-466.
[733] *Velthuis/Wesner* (2005), S. 131 (Hervorhebungen im Original).
[734] Vgl. *Velthuis/Wesner* (2005), S. 132-133.
[735] Vgl. *Velthuis/Wesner* (2005), S. 133-134.
[736] *Velthuis/Wesner* (2005), S. 46.

Umlaufrendite von Staatsanleihen mit einer Restlaufzeit von etwa zehn Jahren entspräche, zuzüglich einer adäquaten Marge, die zum einen Konkurs- und Transaktionskosten, zum anderen eine Prämie für das erwartete Ausfallrisiko des Unternehmens beinhalte;[737] mit ‚risikofrei' ist also insofern ein Zinssatz apostrophiert, der ‚lediglich' keine Prämie für die Eigenkapitalkosten enthält.[738] Außerdem sind korrespondierend zur Erfolgsgröße Ertragsteuern in Abzug zu bringen.[739]

Hinsichtlich der Bestimmung des Sicherheitsäquivalents wird die Berechnung eines impliziten, periodenspezifischen Risikoabschlags (RA_t) auf Basis des CAPM propagiert, der sich für den Detailprognosezeitraum gem. Gleichung (3.14)

(3.14) $$RA_t = \frac{(1+k)^t - (1+r^{f,S,E_R IC})^t}{(1+k)^t} \cdot \mu(\widetilde{CF}_t)$$

und für die ewige Rente als

(3.15) $$RA_T = \frac{k - r^{f,S,E_R IC}}{k} \cdot \mu(\widetilde{CF}_T)$$

ergibt.[740] Bei periodenspezifisch aus dem CAPM hergeleiteten Diskontierungszinssätzen würden sich die Risikoabschläge für einen Brutto-$E_R IC$[741] folgendermaßen bestimmen lassen:

(3.16) $$RA_t^{[0]} = \frac{\prod_{m=1}^{t}(1 + wacc_m^{S,[0]}) - (1+r^{f,S,E_R IC})^t}{\prod_{m=1}^{t}(1 + wacc_m^{S,[0]})} \cdot \mu(\widetilde{FCF}_t^{[0]}),$$

---

[737] Vgl. Velthuis/Wesner (2005), S. 46. Zu einer Beispielsrechnung vgl. Velthuis/Wesner (2005), S. 115-116. Hebertinger/Schabel (2004), S. 34 berechnen etwa für die E.ON AG im Jahr 2003 einen risikofreien Zinssatz nach pauschalierter Besteuerung mit 35% i.H.v. 3,47%, dem ein gewichteter Kapitalkostensatz gem. ihrer Studie i.H.v. 5,03% gegenüberstünde.
[738] Vgl. Velthuis/Wesner (2005), S. 46, Fn. 6.
[739] Vgl. Velthuis/Wesner (2005), S. 46.
[740] Vgl. Velthuis/Wesner (2005), S. 64; Aders/Schabel (2003), S. 412; Hebertinger/Schabel/Velthuis (2005), S. 162; Velthuis (2004b), S. 17. Eine analytische Herleitung mit Verweis auf Robichek/Myers (1976), S. 306 findet sich bei Kesten (2005), S. 4-6; Kesten (2007), S. 89 ff. Derweil beklagt Wolf (2005), S. 205 mit zweifelhaftem Rückgriff auf Ruhnke (2005a), S. 1, daß diese „Berechnungsmethodik [...] nicht nachvollziehbar" sei.
[741] Die Verwendung eines Netto-$E_R IC$ wird vor allem für Unternehmen der Kreditwirtschaft empfohlen, vgl. Velthuis/Wesner (2005), S. 167-188; entsprechend wären Eigenkapitalkostensätzen und Netto Cashflows zu verwenden.

(3.17) $$RA_T^{[0]} = 1 - \frac{r^{f,S,ERIC} \cdot (1+r^{f,S,ERIC})^{T-1}}{wacc_T^{S,[0]} \cdot \prod_{m=1}^{T-1}(1+wacc_m^{S,[0]})} \cdot \mu(\widetilde{FCF}_T^{[0]}).$$

Für Zwecke der Performancekontrolle,[742] die bei E_RIC grundsätzlich operativ-retrospektiv ausgerichtet ist und auf absoluten Größen basiert,[743] wird auf einen Vergleich des Wertbeitrags, der ‚tatsächlich' in der abgelaufenen Periode erzielt wurde, mit einem Wertbeitrag, der fiktiv hätte erwirtschaftet werden können, abgestellt.[744] So berechnet sich die sog. absolute Gewinnperformance (GP_t) eines Unternehmens durch den Vergleich des erwirtschafteten E_RIC mit einem Benchmark-E_RIC ($E_RIC_t^{Benchmark}$), der sich bei einer Verzinsung des investierten Kapitals mit der Vergleichsanlage aus derselben Risikoklasse ergeben hätte:[745]

(3.18) $$GP_t = E_RIC_t - E_RIC_t^{Benchmark}.$$

Da bei der Performancekontrolle keine Unsicherheit bezüglich der Erfolgsgröße herrscht, läßt sich für E_RIC im Gegensatz zu Gleichung (3.13), S. 130 schreiben:[746]

(3.19) $$E_RIC_t = EBIAT_t - r^{f,S,E_RIC} \cdot IC_{t-1}.$$

Das Benchmark-E_RIC ergibt sich aus der realisierten Überrendite der relevanten Vergleichsanlage ($r_t^{Vergleichsanlage} - r^{f,E_RIC}$) multipliziert mit dem am Periodenanfang investierten Kapital:[747]

(3.20) $$E_RIC_t = (r_t^{Vergleichsanlage} - r^{f,S,E_RIC}) \cdot IC_{t-1}.$$

Anhand von Gleichung (3.18), S. 132 ist nach Auffassung der Vertreter von E_RIC die realisierte periodische Werterzielung objektiv zu messen.[748] Von besonderer Bedeutung erscheint in diesem Zusammenhang die im E_RIC-Konzept vorgenom-

---

[742] Velthuis/Wesner (2005), S. 70-84 sprechen von Performancemessung.
[743] Die jeweiligen Wertbeiträge können relativ als Rendite ausgedrückt werden, was Velthuis (2004b), S. 20; Velthuis (2004c), S. 315; Velthuis/Wesner (2005), S. 24-28 und S. 78-79 aufgrund der grundsätzlichen Problematik der Vorgabe von Renditekennzahlen ablehnen, vgl. Fn. 561, S. 102.
[744] Vgl. Velthuis/Wesner (2005), S. 78.
[745] Vgl. Hebertinger/Schabel/Velthuis (2005), S. 165; Velthuis/Wesner (2005), S. 78; Velthuis (2004b), S. 21; Velthuis (2004c), S. 313.
[746] Vgl. Velthuis/Wesner (2005), S. 75.
[747] Vgl. Hebertinger/Schabel/Velthuis (2005), S. 165; Velthuis/Wesner (2005), S. 78; Velthuis (2004b), S. 22; Velthuis (2004c), S. 313.
[748] Vgl. bspw. Velthuis/Wesner (2005), S. 71-72.

mene Differenzierung zwischen Wertschaffung und Werterzielung:[749] Unter Wertschaffung werden Maßnahmen des *Management* verstanden, „die (nachhaltig) eine höhere erwartete Rendite aufweisen als die risikoangepaßte Verzinsung am Markt bzw. deren Gewinne (vor Zinsen und nach Steuern) die risikoangepaßten Kapitalkosten übersteigen"[750]. Weil die „Ermittlung der zukunftsbezogenen Wertschaffung [...] praktisch so gut wie nicht möglich ist"[751] sollte nach Ansicht von *Velthuis/Wesner* die Werterzielung im Rahmen der Performancekontrolle herangezogen werden, die vorläge, „wenn die realisierte Rendite höher ist als die risikofreie Verzinsung am Markt bzw. der realisierte Gewinn (vor Zinsen) die risikofreien Kapitalkosten übersteigt."[752] Darüber hinaus wird einer Performancekontrolle anhand von Gleichung (3.18), S. 132 attestiert, unterscheiden zu können, ob „das Ergebnis von besonders guter *Management*qualität ist oder ob schlichtweg ‚Glück' oder ‚Pech' im Spiel war."[753]

Daneben stellt E_RIC eine anreizkompatible Bemessungsgrundlage für die wertorientierte *Management*lohnung dar.[754]

Bezüglich der Beispielsrechnung haben die vorgeschlagenen Anpassungen der Erfolgs- und Vermögensgrößen im E_RIC-Konzept keinerlei Auswirkungen, so daß für die Ermittlung des Brutto-E_RIC folgende Gleichungen gelten:

(3.21) $\quad IC_{t-1} = GK_{t-1}^{BW} = SA_{t-1} + V_{t-1} + FE_{t-1} + FLL_{t-1}.$

(3.22) $\quad EBIAT_t = NOPAT_t,$

(3.23) $\quad EBIAT_t^* = NOPAT_t^*.$

Hingegen soll nachstehend von einer Bestimmung der absoluten Gewinnperformance in Ermangelung einer geeigneten Benchmark abgesehen werden,[755] ohne aber auf eine entsprechende Würdigung dieser Vorgehensweise der Performancekontrolle im Rahmen der nun folgenden Eignungsanalyse zu verzichten.

---

[749] Vgl. *Hebertinger/Schabel* (2004), S. 15; *Hebertinger/Schabel/Velthuis* (2005), S. 163; *Velthuis/Wesner* (2005), S. 72.
[750] *Velthuis/Wesner* (2005), S. 71 (Hervorhebungen im Original).
[751] *Velthuis/Wesner* (2005), S. 72 (Hervorhebungen im Original).
[752] *Velthuis/Wesner* (2005), S. 72.
[753] *Velthuis/Wesner* (2005), S. 84; ähnlich *Hebertinger/Schabel* (2004), S. 17; *Hebertinger/Schabel/Velthuis* (2005), S. 165.
[754] Vgl. zur praktischen Ausprägung einer Entlohnung auf Basis von E_RIC *Aders/Schabel* (2003), S. 416-421; *Hebertinger/Schabel/Velthuis* (2005), S. 165-166; *Velthuis* (2004b), S. 24-30; *Velthuis* (2004c), S. 317-322; *Velthuis/Wesner* (2005), S. 84. Die theoretischen Grundlagen finden sich vor allem bei *Velthuis* (2003), S. 111-135.
[755] Vgl. zu praktischen Problemen bei der Bestimmung einer geeigneten Benchmark *Velthuis* (2004b), S. 22-24.

3.4.3.2 Eignungsanalyse der Earnings less Riskfree Interest Charge

Ausgangspunkt des *Design* von E_RIC sind die theoretischen Arbeiten von *Velthuis*,[756] der in einem dynamischen Modellrahmen nachweist, daß eine anreizkompatible[757] Entlohnung auf Basis von Residualgewinnen nur möglich ist, wenn der sichere Zinssatz der Anteilseigner als Kapitalkostensatz verwendet wird.[758] Demnach verstießen Residualgewinnkalküle mit risikoangepaßten Kalkulationszinsfüßen gegen das Konzept der Anreizkompatibilität und lösten eine Tendenz zur Unterinvestition aus.[759] Von daher soll E_RIC gegenüber allen anderen Wertbeitragskennzahlen überlegen sein.[760]

In dem seitens *Velthuis* aufgespannten dynamischen Modellrahmen steht die Vorziehenswürdigkeit von Residualgewinnen, die mit Hilfe von risikofreien, im Gegensatz zu risikoadjustierten Kalkulationszinsfüßen bestimmt wurden, für eine *Management*entlohnung außer Zweifel;[761] inwiefern jedoch E_RIC den übrigen Bereichen des *Value Based Management* gerecht wird, soll nun – auch unter praktischen Gesichtspunkten[762] – kritisch analysiert werden.[763]

Die Barwertidentität des Brutto-E_RIC kann anhand von Gleichung (3.24) gezeigt werden, wobei sich keine Unterschiede zu der bereits thematisierten Unternehmensbewertung auf Basis von residualgewinnbasierten Sicherheitsäquivalenten ergeben (vgl. Kap. 2.5.4.1.2.2, S. 70 ff.):

$$(3.24) \quad \sum_{\tau=t+1}^{\infty} \frac{\mu[\widetilde{FCF}_\tau^*]}{\prod_{m=1}^{\tau}(1+wacc_{t+m}^S)} = \widetilde{I}C_t + \sum_{\tau=t+1}^{\infty} \frac{S\ddot{A}^{[t]}(\widetilde{E}BIAT_\tau) - r^{f,S,E_RIC} \cdot IC_{\tau-1}}{(1+r^{f,S,E_RIC})^\tau}.$$

---

[756] Vgl. grundlegend *Velthuis* (2003), S. 111-135.
[757] Vgl. in diesem Zusammenhang zur Definition der Anreizkompatibilität *Velthuis* (2003), S. 115.
[758] Ähnlich auch schon *Christensen/Feltham/Wu* (2002), S. 1-23 und *O'Hanlon/Peasnell* (1998), S. 421-444.
[759] Vgl. grundlegend *Velthuis* (2003), S. 126 sowie *Aders/Schabel* (2003), S. 418-421; *Hebertinger/Schabel/Velthuis* (2005); S. 165-166; *Velthuis* (2004c), S. 320.
[760] Vgl. stellvertretend *Hebertinger/Schabel* (2004), S. 10-19, vgl. auch Fn. 634, S. 113.
[761] Vgl. *Velthuis* (2004a); kritisch jedoch jüngst *Kunz/Pfeiffer/Schneider* (2007), S. 261 ff.; *Pfeiffer* (2006), S. 79 ff.
[762] Vgl. zu den Vorbehalten gegenüber *agency*theoretischen Modellen aus der *Controlling*perspektive Kap. 3.3.2, S. 105 ff.
[763] Bejahend seitens der KPMG bspw. *Hebertinger/Schabel/Velthuis* (2005), S. 160-165; *Velthuis* (2004b), S. 14-24; *Velthuis* (2004c), S. 311-317; *Velthuis/Wesner* (2005), S. 41-151. Die Dichte der diesbezüglichen Sekundärliteratur kann mit *Kesten* (2005), S. 1-14; *Kesten* (2007), S. 88-98 und *Wolf* (2005), S. 201-207 bisher als gering bezeichnet werden, zumal die Arbeiten auf einen Vergleich mit EVA fokussieren. Vgl. mit gleicher Ausrichtung bei einer informationsökonomischen Analyse vor kurzem *Kunz/Pfeiffer/Schneider* (2007), S. 259-277; *Pfeiffer* (2006), S. 79-108.

Dementsprechend läßt sich auch auf Basis von Brutto-E$_R$IC I der bekannte Eigenkapitalmarktwert des Bereichs B1 i.H.v. 37.117,95 ermitteln.[764] In nachstehender Tab. ist die Performanceperiodisierung für die Jahre 2008 bis 2015 ff. aus der ex ante-Perspektive dargestellt:

Jahr	2007	2008	2009	2010	2011	2012	2013	2014	2015 ff.
EBIAT$_t$		3.072,06	2.900,21	3.295,84	3.212,63	2.662,88	2.481,13	2.593,51	2.667,53
CC$_t$		944,88	993,74	1.013,58	1.109,31	1.184,22	1.184,22	1.169,05	1.162,98
E$_R$IC$_t$ [2007]		2.103,25	1.848,07	2.240,02	2.029,70	1.323,19	1.100,95	1.204,20	753,94
IC$_t$	20.766,67	21.840,33	22.276,50	24.380,48	26.026,77	26.026,77	25.693,44	25.560,10	
DE$_R$IC$_t$ [t]	22.281,05	21.712,92	21.341,59	20.585,24	19.988,95	20.001,39	20.196,02	20.272,42	
UW$_t$	43.047,72	43.553,25	43.618,08	44.965,72	46.015,72	46.028,16	45.889,46	45.832,53	
EK$_t$	37.117,95	37.168,03	37.813,42	38.838,21	39.557,82	39.543,72	39.616,11	39.646,72	

Tab. 65: Performanceplanung des Bereichs B1 anhand der Brutto-*Earnings less Riskfree Interest Charge* I für die Jahre 2008 bis 2015 ff. (ex ante-Perspektive)

Diese Rechnung erfolgt jedoch nicht ohne einige praktische Umsetzungsprobleme:[765]

Zum einen ist für die Erfolgsgröße im E$_R$IC-Konzept, die EBIAT, nur eine Belastung mit Gewerbeertrag- und Körperschaftsteuer vorgesehen, da diese „den Ertragsstrom, der den Kapitalgebern zur Verfügung steht, mindern und nicht zur Werterzielung aus Sicht der Kapitalgeber beitragen können."[766] Begründet wird das Absehen von einer Berücksichtigung der Einkommensbesteuerung damit, daß

- die persönlichen Steuerverhältnisse der *Shareholder* dem Unternehmen nicht bekannt seien und durch eine pauschale Steuerberücksichtigung kaum adäquat abgebildet werden könnten,[767]
- eine explizite Modellierung im Rahmen des *Value Based Management* in der Praxis nicht üblich wäre[768] und
- „[d]ie Alternative ‚Ausschüttung der Gewinne an die Anteilseigner' im Vergleich zur Anlage der Mittel im Unternehmen grundsätzlich aus *Shareholder*-Sicht nicht vorteilhaft [sei], sofern zu erwarten ist, dass die Mittel in Zukunft im Unternehmen benötigt werden."[769]

Keines dieser drei Argumente kann überzeugen: Einerseits wurde die Notwendigkeit eines Einbezugs der Besteuerung auf Anteilseignerebene in die Bewertungskalküle des wertorientierten *Controlling* bereits dargelegt, da ansonsten der Idee

---

[764] Vgl. zu den Vorbehalten und Problemen einer ‚Ausweitung' des Anwendungsbereichs operativ-retrospektiver Performancemaße auf sämtliche Performancemessungszeiträume Kap. 3.4.2.2, S. 123 ff.
[765] Vgl. selbstkritisch auch *Velthuis* (2004b), S. 18-19.
[766] *Velthuis/Wesner* (2005), S. 43. Falls der Kreis der *Shareholder* „homogen bzw. klein genug ist, dass individuelle Steuerverhältnisse bekannt sind" kann nach *Velthuis/Wesner* (2005), S. 124 die persönliche Einkommensbesteuerung explizit berücksichtigt werden.
[767] Vgl. *Velthuis/Wesner* (2005), S. 124; *Velthuis* (2004b), S. 19.
[768] Vgl. *Velthuis/Wesner* (2005), S. 124.
[769] *Velthuis/Wesner* (2005), S. 118.

des *Shareholder Value* nur schwerlich zu genügen wäre (Kap. 2.4.2.2, S. 50 ff.). Hierfür bedarf es zwar regelmäßig typisierender Annahmen, deren Fehlsteuerungspotential aber deutlich unter dem einer gänzlichen Abstraktion von der Einkommensbesteuerung liegen dürfte.[770] Andererseits muß prinzipiell von einer positiven Ausschüttungsquote des Bewertungsobjekts innerhalb des Planungszeitraums ausgegangen werden. Denn ein Unternehmen, das niemals ausschüttet, besäße für seine Aktionäre theoretisch keinerlei Wert.[771]. Des weiteren sind Dividendenzahlungen *in praxi* aus einer Vielzahl weiterer Gründe zu beobachten, ohne daß bis dato eine analytische Formel zur Bestimmung der optimalen Dividendenquote entwickelt werden konnte.[772]

In der Diskussion um die Weiterentwicklung des *IDW S 1* werden sogar für die Ermittlung ‚objektivierter' Unternehmenswerte Lösungsvorschläge bezüglich der vorstehenden Problemaspekte, die *Velthuis/Wesner* von einer Integration der Einkommensteuern in ihr unternehmensspezifisch auszugestaltendes Performancemaß abhalten, thematisiert.[773] Deshalb und aus Gründen der Vergleichbarkeit innerhalb der Eignungsanalyse werden die persönlichen Steuern der Anteilseigner nachstehend in die Beispielsrechnung inkorporiert.

Zum anderen läßt sich feststellen, daß die vorgebrachten Begründungen zur Verwendung der Risikoabschlags- gegenüber der Risikozuschlagsmethode im Rahmen der Performancemessung zwar mit den in der theoretischen Literatur zur Unternehmensbewertung seit langem bekannten Vorzügen der Sicherheitsäquivalentmethode übereinstimmen (vgl. Kap. 2.4.1.3, S. 35 ff.), dieses ‚Plädoyer für die Sicherheitsäquivalentmethode' aber solange wirkungslos bleibt, wie an einer Umrechnung der Risikoabschläge aus dem CAPM festgehalten wird.

Letzteres kann sich im übrigen als äußerst umständliche Prozedur erweisen; so ist etwa die Performanceplanung des hier betrachteten Beispiels nicht etwa, wie von *Velthuis/Wesner* behauptet, „lediglich um ‚eine Zeile'"[774],[775] sondern um 16 Zeilen zu erweitern, damit bei Vorliegen periodenspezifischer Kapitalkosten die periodenspezifische Barwertidentität gewährleistet bleibt (vgl. Tab. 66, S. 137).[776] Inwiefern das mit einem solchen Rechenaufwand ‚reproduzierte' Bewertungser-

---

[770] Zu Bedingungen, unter denen ein Verzicht auf eine Einkommensteuerberücksichtigung vertretbar sein könnte, vgl. *Laitenberger/Bahr* (2002), S. 708.
[771] Vgl. *Kruschwitz/Löffler* (1998), S. 1041-1043. Wenngleich bei Geltung des Halbeinkünfteverfahrens eine höhere Thesaurierungsquote zunächst einmal *ceteris paribus* einen Anstieg des Unternehmenswerts bewirkt, vgl. etwa *Laitenberger/Tschöpel* (2003), S. 1365.
[772] Vgl. *Laitenberger/Tschöpel* (2003), S. 1366, m.w.N.
[773] Vgl. etwa *Schwetzler* (2005), S. 601-617; *Wagner et al.* (2004), S. 889-898, jeweils m.w.N.
[774] *Velthuis/Wesner* (2005), S. 65.
[775] Vgl. zur Unternehmensbewertung auf Basis von $E_R IC$ *Velthuis/Wesner* (2005), S. 153 ff.
[776] So berechnet sich $E_R IC_{2013}^{[2009]} = 2.481{,}13 - 2.814{,}47 \cdot 0{,}0470 - 0{,}0455 \cdot 26.026{,}77$ mit

$$0{,}0470 = \frac{1{,}058221 \cdot 1{,}058185 \cdot 1{,}058139 \cdot 1{,}058133 - 1{,}0455^4}{1{,}058221 \cdot 1{,}058185 \cdot 1{,}058139 \cdot 1{,}058133} \approx 1.164{,}52 \,.$$

gebnis zu einer erhöhten Transparenz, einem gesteigerten Risikobewußtsein sowie einer vereinfachten Risikoaggregation beiträgt,[777] muß schleierhaft bleiben:

Jahr	2007	2008	2009	2010	2011	2012	2013	2014	2015 ff.
µ (FCF$_t^{HEV}$)		1.998,39	2.464,05	1.191,85	1.566,34	2.662,88	2.814,47	2.726,85	2.667,53
RA$_t^{[2007]}$		1,20%	2,37%	3,54%	4,70%	5,84%	6,96%	8,08%	28,14%
RA$_t^{[2008]}$			1,19%	2,38%	3,55%	4,70%	5,84%	6,96%	27,27%
RA$_t^{[2009]}$				1,20%	2,39%	3,55%	4,70%	5,85%	26,39%
RA$_t^{[2010]}$					1,20%	2,38%	3,54%	4,70%	25,50%
RA$_t^{[2011]}$						1,19%	2,37%	3,54%	24,59%
RA$_t^{[2012]}$							1,19%	2,38%	23,68%
RA$_t^{[2013]}$								1,20%	22,76%
RA$_t^{[2014]}$									21,82%
EBIAT$_t$		3.072,06	2.900,21	3.295,84	3.212,63	2.662,88	2.481,13	2.593,51	2.667,53
CC$_t$		944,88	993,74	1.013,58	1.109,31	1.184,22	1.184,22	1.169,05	1.162,98
E$_R$IC$_t^{[2007]}$		2.103,25	1.848,07	2.240,02	2.029,70	1.323,19	1.100,95	1.204,20	753,94
E$_R$IC$_t^{[2008]}$			1.877,21	2.253,95	2.047,79	1.353,57	1.132,68	1.234,56	777,17
E$_R$IC$_t^{[2009]}$				2.267,93	2.065,94	1.384,07	1.164,52	1.265,05	800,48
E$_R$IC$_t^{[2010]}$					2.084,55	1.415,32	1.197,16	1.296,29	824,37
E$_R$IC$_t^{[2011]}$						1.446,86	1.230,10	1.327,82	848,49
E$_R$IC$_t^{[2012]}$							1.263,31	1.359,62	872,80
E$_R$IC$_t^{[2013]}$								1.391,78	897,40
E$_R$IC$_t^{[2014]}$									922,40
IC$_t$	20.766,67	21.840,33	22.276,50	24.380,48	26.026,77	26.026,77	25.693,44	25.560,10	
DE$_R$IC$_t^{[t]}$	22.281,05	21.712,92	21.341,59	20.585,24	19.988,95	20.001,39	20.196,02	20.272,42	
UW$_t$	43.047,72	43.553,25	43.618,08	44.965,72	46.015,72	46.028,16	45.889,46	45.832,53	
EK$_t$	37.117,95	37.168,03	37.813,42	38.838,21	39.557,82	39.543,72	39.616,11	39.646,72	

Tab. 66: ‚Aufgefächerte' Performanceplanung des Bereichs B 1 anhand der Brutto-*Earnings less Riskfree Interest Charge* I für die Jahre 2008 bis 2015 ff. (ex ante-Perspektive)

Diese Vorteile könnten hingegen erzielt werden, wenn das Sicherheitsäquivalent nicht nur aus dem marktobjektivierten Risikozuschlag des CAPM ‚transportiert', womit es letzten Endes nur ein ‚Pseudo-Sicherheitsäquivalent' verkörpert, sondern auf Basis der unternehmensspezifischen Risikowahrnehmung bestimmt wird (vgl. Kap. 2.4.1.4, S. 40 ff.).[778]

Für ein Netto-E$_R$IC mit einem gewinnbasierten Sicherheitsäquivalent auf Basis des µ,σ²-Prinzips ließe sich eine Performanceplanung durchführen, die gleichzeitig dem Kriterium der Barwertidentität gerecht wird und den aus der Verwendung eines unternehmenswertorientierten Bewertungskalküls resultierenden Eigenkapitalmarktwert i.H.v. 44.579,70 liefert (vgl. Tab. 67, S. 138):

---

[777] Vgl. Aders/Schabel (2003), S. 412-413; Velthuis (2004b), S. 16-17; Velthuis/Wesner (2005), S. 69.
[778] Vgl. abermals Dirrigl (1998b), S. 553-558; Dirrigl (2003), S. 149-153; Dirrigl (2004b), S. 109-114.

Jahr	2007	2008	2009	2010	2011	2012	2013	2014	2015 ff.
SÄ (G₁)		2.291,57	2.303,91	2.702,79	2.525,51	2.099,96	1.916,77	2.040,61	2.119,37
CC₁		645,50	654,16	691,30	761,36	806,36	805,15	799,59	797,51
E$_R$IC₁		1.646,07	1.649,75	2.011,50	1.764,15	1.293,59	1.111,61	1.241,01	1.321,86
EK₁	14.186,89	14.377,11	15.193,35	16.733,17	17.722,24	17.695,71	17.573,47	17.527,69	
DE$_R$IC₁	30.392,81	30.129,61	29.850,75	29.197,47	28.761,80	28.776,87	28.974,61	29.051,94	
EK₁	44.579,70	44.506,72	45.044,10	45.930,64	46.484,05	46.472,58	46.548,08	46.579,62	

Tab. 67: Performanceplanung des Bereichs B1 anhand der Netto-*Earnings less Riskfree Interest Charge* auf Basis des μ,σ^2-Prinzips für die Jahre 2008 bis 2015 ff. (ex ante-Perspektive)

Der Problematik des CAPM für die Unternehmensbewertung und Performancemessung und damit ihrer eigenen Argumentation scheinen sich *Velthuis/Wesner* durchaus bewußt zu sein, wenn sie feststellen (vgl. Kap. 2.4.1.3, S. 35 ff.):

„Die Ableitung der absoluten Risikoabschläge aus dem CAPM ist dabei nur der ‚erste Schritt' um Risiko transparent zu machen und darauf aufbauend weiterführende Überlegungen zur tatsächlichen Risikostruktur anstellen zu können. Denn neben der Ermittlung des Cash Flow-Risikoabschlags aus dem CAPM [...] kann der Cash Flow-Risikoabschlag auch mittels anderen Modellen oder Heuristiken der Risikoberücksichtigung gebildet werden, was [...] zu einer verbesserten Qualität der Risikoerfassung führen kann."[779]

Wie diese anderen Modelle oder Heuristiken der Risikoberücksichtigung aussehen könnten, wird allerdings in den bisherigen Veröffentlichungen zu E$_R$IC nicht ‚verraten'.

Hinsichtlich der Erfüllung der Vorteilhaftigkeitsanzeige, wie sie gem. Gleichung (3.3), S. 109 von wertorientierten Performancekennzahlen gefordert wird, muß E$_R$IC ein genauso schlechtes Zeugnis wie EVA ausgestellt werden. Zurückzuführen ist dies abermals auf die Buchwertorientierung in Verbindung mit einem linearen Abschreibungsverlauf,[780] was dazu führen kann, daß E$_R$IC bei wertsteigernden Bewertungsobjekten negative Werte annimmt.[781] Die Aussage, E$_R$IC sei *ceteris paribus* „stets größer als eine herkömmliche Wertbeitragskennzahl"[782] gilt im übrigen nur im Bereich einer Performancekontrolle aus der ex post-Perspektive anhand von Gleichung (3.19), S. 132, für die Performancemessung aus der ex ante-Perspektive kann hingegen beobachtet werden, daß E$_R$IC in der 'nahen Zukunft' tendenziell einen höheren Wert annimmt als EVA. Dieser Effekt dreht sich im Zeit-

---

[779] *Velthuis/Wesner* (2005), S. 69.
[780] Wegen der im Vergleich zur Anzahl der für EVA empfohlenen Konversionen gering erscheinende Menge an Modifikationen ist dem E$_R$IC-Konzept eine noch stärkere Buchwertbasierung zu attestieren. Bezogen auf die Beispielsrechnung unterscheiden sich lediglich die Kapitalbasen im Hinblick auf die Berücksichtigung der Verbindlichkeiten aus Lieferungen und Leistungen, wie auch ein Vergleich der Gleichungen (3.7), S. 122 und (3.21), S. 133 zeigt.
[781] Vgl. hierzu auch *Velthuis/Wesner* (2005), S. 76 mit dem Hinweis, dieses ‚Schicksal' sei allen Wertbeitragskennzahlen gemein.
[782] *Hebertinger/Schabel/Velthuis* (2005), S. 161.

ablauf jedoch um, da die Zinskostenvorteile – zumindest in einer Projektstruktur – wegen sinkender Restbuchwerte schrumpfen und die Risikoabschlagsfaktoren ansteigen (vgl. Tab. 68).[783]

Jahr		2008	2009	2010	2011	2012	2013	2014	2015 ff.
E$_R$IC	EBIAT$_t$	3.072,06	2.900,21	3.295,84	3.212,63	2.662,88	2.481,13	2.593,51	2.667,53
	RA$_t^{[2007]}$ absolut	23,92	58,40	42,24	73,62	155,47	195,96	220,27	750,60
	CC$_t$	944,88	993,74	1.013,58	1.109,31	1.184,22	1.184,22	1.169,05	1.162,98
	E$_R$IC$_t^{[2007]}$	2.103,25	1.848,07	2.240,02	2.029,70	1.323,19	1.100,95	1.204,20	753,94
EVA	NOPAT$_t$	2.644,06	2.699,73	3.054,51	2.885,82	2.662,88	2.481,13	2.593,51	2.667,53
	wacc$^{\emptyset}$	5,8166%	5,8064%	5,8221%	5,8185%	5,8139%	5,8133%	5,8181%	5,8202%
	CC$_t$	1.170,11	1.205,55	1.222,52	1.330,16	1.405,82	1.405,67	1.387,44	1.380,16
	EVA$_t$	1.473,95	1.494,18	1.831,99	1.555,66	1.257,07	1.075,46	1.206,07	1.287,36

Tab. 68: Performanceplanung des Bereichs B1 anhand von E$_R$IC und EVA für die Jahre 2008 bis 2015 ff. im Vergleich (ex ante-Perspektive)

Der Forderung nach einer Wertsteigerungsabbildung gem. Gleichung (3.4), S. 109 kann das E$_R$IC-Konzept *per definitionem* mit der ihr eigentümlichen Messung der Werterzielung durch die absolute Gewinnperformance nach Gleichung (3.18), S. 132 nicht nachkommen. Ein periodenspezifischer E$_R$IC gewährt auch im Rahmen der Performancekontrolle keinen Aufschluß über die Wertänderung einer Periode, weshalb *Velthuis/Wesner* die Betrachtung eines über mehrere Perioden gebildeten Durchschnitts-E$_R$IC empfehlen; auf diesem Weg sei es möglich zu überprüfen, ob im Durchschnitt Wert erzielt oder vernichtet wurde.[784]

Diese Argumentation vermag ebensowenig wie der Vergleich mit einem Benchmark-E$_R$IC zu überzeugen, wie auch das Beispiel der *KPMG* bezüglich der *BMW AG* für das Geschäftsjahr 2003 aufzeigt:

BMW AG (Geschäftsjahr 2003)					
IC$_t^{BMW}$	58,49 Mrd. €	r$_t^{f, E_R IC, BMW}$	3,47%	Ø r$_t^{exklusive BMW}$	1,18%
EBIAT$_t^{BMW}$	2,24 Mrd. €	CC$_t^{BMW}$	2,03 Mrd. €	Benchmark-E$_R$IC$_t$	-1,34 Mrd. €
r$_t^{BMW}$	3,83%	E$_R$IC$_t^{BMW}$	0,21 Mrd. €	GP$_t^{BMW}$	1,55 Mrd. €

Tab. 69: Absolute Gewinnperformance der *BMW AG* im Geschäftsjahr 2003[785]

So erzielte die *BMW AG* eine Unternehmensrendite i.H.v. 3,83%, was entsprechend der E$_R$IC-Philosophie insofern – als ‚positive Gewinnperformance' – positiv zu würdigen sei, als daß eine Verzinsung erzielt wurde, die über dem risikofreien Zinssatz als auch der durchschnittlichen Rendite der übrigen Unternehmen der Automobilbranche liegt.[786] Daß es sich bei der auf E$_R$IC basierenden absoluten Gewinnperformance nur um einen ‚einfachen' Branchenvergleich handelt, kann anhand nachstehender Umformungen von Gleichung (3.18), S. 132 dargelegt werden:

---

[783] Vgl. zum Nachweis *Kesten* (2005), S. 9-10; *Kesten* (2007), S. 93.
[784] Vgl. *Velthuis/Wesner* (2005), S. 76-77.
[785] In Anlehnung an *Hebertinger/Schabel* (2004), S. 41.
[786] Vgl. *Hebertinger/Schabel* (2004), S. 41.

(3.25) $\quad GP_t = (r_t^{Unternehmen} - \varnothing r_t^{Branche}) \cdot IC_{t-1}$,

Inwiefern Gleichung (3.25) imstande ist, einen Rückschluß über die erbrachte *Management*leistung einer zurückliegenden Periode,[787] verstanden als Aktionseffekt (vgl. Kap. 3.5, S. 182 ff.),[788] zu liefern, bleibt fraglich. Der erwünschten Differenzierung zwischen „‚Glück' oder ‚Pech'"[789] ist zumindest auf diesem Weg nicht beizukommen. Nach der Interpretation der *KPMG* müßte ein Manager der *BMW AG* im Geschäftsjahr 2003 zur ‚absoluten Gewinnperformance' beigetragen haben,[790] solange die erwirtschaftete Rendite über 1,18% gelegen hätte; m.a.W. würde sogar eine Anlage des von den Anteilseigner und Fremdkapitalgebern zur Verfügung gestellten Kapitals ‚auf dem Sparbuch'[791] als vorteilhaft angesehen. Es bestehen berechtigte Zweifel, ob damit die Ansprüche der Anteileigner befriedigt werden, weshalb in Übereinstimmung mit *Ruhnke* festzustellen ist:

> „Allerdings bleibt offen, warum die risikofreien Kapitalkosten und nicht die risikoangepassten (höheren) Kapitalkosten als Werthürde fungieren: Ein Investor erwartet aufgrund einer spezifischen Risikoeinschätzung eine besondere Rendite; wird diese Erwartung ex post nicht erfüllt, so hätte ein rational handelnder Akteur ex ante ein erwartungsgemäß weniger risikoträchtiges Investment gewählt. Insofern stellt stets die aufgrund eines vorliegenden Risikos gebildete Erwartungshaltung den relevanten Vergleichsmaßstab dafür dar, ob Werte geschaffen wurden oder nicht."[792]

Die Wertänderung einer Periode ließe sich auf Basis des $E_R IC$-Konzepts gem. Gleichung (3.13), S. 130 anhand nachstehender Gleichung aufzeigen:

(3.26)
$$\begin{aligned}\Delta \tilde{E}K_{t+1}^{[t+1]} &= ERIC_{t+1}^{[t+1]*} + \tilde{D}ERIC_{t+1}^{[t+1]*} - (1 + wacc_{t+1}^{S[t]}) \cdot \tilde{D}ERIC_t^{[t]*} \\ &+ (i_{t+1}^{S[t+1]} - wacc_{t+1}^{S[t]}) \cdot GK_t^{BW} + FCF_{t+1}^{[t+1]} \cdot RA_{t+1}^{[t+1]}\end{aligned}$$

---

[787] *Velthuis/Wesner* (2005), S. 84; ähnlich *Hebertinger/Schabel* (2004), S. 17; *Hebertinger/Schabel/Velthuis* (2005), S. 165; siehe auch bereits Fn. 753, S. 133.

[788] Vgl. grundlegend *Laux/Liermann* (1986), S. 84-85; *Breid* (1994), S. 224-225; *Dirrigl* (2002), Sp. 425-429; *Dolny* (2003), S. 220-251; *Schmidbauer* (1998), S. 283-285.

[789] *Velthuis/Wesner* (2005), S. 84; ähnlich *Hebertinger/Schabel* (2004), S. 17; *Hebertinger/Schabel/Velthuis* (2005), S. 165.

[790] Vgl. *Hebertinger/Schabel* (2004), S. 41.

[791] So bot bspw. das 'Citicard Rendite-Sparbuch' der *Citibank Privatkunden AG & Co. KGaA* ab dem 2. Juni 2003 für Einlage ab 10.000 € eine Verzinsung von 2,75% p.a., http://www.citibank.de/ueberuns/pressemitteilungen/1_56.asp?miS ID=BD959025-6DFA-4EB5-9882-D5226D551BFC (14. November 2006).

[792] *Ruhnke* (2005a), S. 1.

Bereichs- und unternehmenswertorientierte Performancemessung 141

Gem. Gleichung (3.26) ist sofort ersichtlich, warum ein einzelner E_RIC auch in diesem Fall die Wertsteigerung nicht abzubilden vermag.[793] Bei der Performancekontrolle würde unabhängig von der ex post-Perspektive jeweils ein E_RIC i.H.v. rund 1.397,00 ausgewiesen (vgl. Tab. 70 bis Tab. 72),[794] so daß unabhängig vom Abzug eines Benchmark-E_RIC die Änderung des Aktionärsvermögen aus der ex post-Perspektive nicht richtig abgebildet werden kann:

Jahr	2007	2008	2009	2010	2011	2012	2013	2014	2015 ff.
$EBIAT_t$		2.364,33	2.473,70	3.060,97	2.985,07	2.451,80	2.270,05	2.382,43	2.456,44
CC_t		944,88	966,48	990,74	1.083,36	1.155,96	1.155,96	1.140,80	1.134,73
$E_RIC_t^{[2007]}$		**1.397,09**	1.461,80	2.034,31	1.837,15	1.154,28	934,81	1.040,62	636,28
IC_t	20.766,67	21.241,33	21.774,61	23.810,09	25.405,79	25.405,79	25.072,46	24.939,13	
$DE_RIC_t^{[l]}$	18.634,89	18.556,41	18.386,96	17.658,74	17.080,86	17.093,30	17.287,92	17.364,33	
UW_t	39.401,56	39.797,74	40.161,57	41.468,82	42.486,65	42.499,09	42.360,38	42.303,45	
EK_t	33.471,79	33.412,51	34.356,90	35.341,31	36.028,74	36.014,65	36.087,03	36.117,65	

Tab. 70: Performancekontrolle des Bereichs B1 anhand der Brutto-*Earnings less Riskfree Interest Charge* I im Jahr 2008 (ex post-Perspektive I)

Jahr	2007	2008	2009	2010	2011	2012	2013	2014	2015 ff.
$EBIAT_t$		2.364,33	2.578,36	2.844,05	2.920,78	2.392,93	2.211,18	2.323,56	2.397,57
CC_t		944,88	966,48	994,26	1.075,65	1.147,72	1.147,72	1.132,55	1.126,48
$E_RIC_t^{[2007]}$		**1.397,16**	1.565,95	1.812,94	1.783,19	1.107,49	888,79	995,31	603,79
IC_t	20.766,67	21.241,33	21.851,88	23.640,71	25.224,56	25.224,56	24.891,23	24.757,89	
$DE_RIC_t^{[l]}$	17.862,54	17.737,85	17.414,79	16.849,96	16.277,87	16.290,31	16.484,94	16.561,34	
UW_t	38.629,21	38.979,19	39.266,67	40.490,67	41.502,43	41.514,87	41.376,16	41.319,23	
EK_t	32.699,43	32.593,96	33.462,00	34.363,17	35.044,52	35.030,43	35.102,81	35.133,43	

Tab. 71: Performancekontrolle des Bereichs B1 anhand der Brutto-*Earnings less Riskfree Interest Charge* I im Jahr 2008 (ex post-Perspektive II)

Jahr	2007	2008	2009	2010	2011	2012	2013	2014	2015 ff.
$EBIAT_t$		2.364,33	2.659,60	3.842,45	4.031,69	2.707,43	2.525,69	2.638,06	2.712,08
CC_t		944,88	966,48	974,31	1.080,18	1.178,58	1.178,58	1.163,41	1.157,34
$E_RIC_t^{[2007]}$		**1.396,76**	1.633,96	2.814,26	2.863,38	1.370,33	1.147,50	1.250,21	790,29
IC_t	20.766,67	21.241,33	21.413,34	23.740,30	25.902,78	25.902,78	25.569,45	25.436,12	
$DE_RIC_t^{[l]}$	23.301,79	23.502,43	23.442,93	22.214,02	20.857,80	20.870,24	21.064,87	21.141,27	
UW_t	44.068,45	44.743,77	44.856,26	45.954,32	46.760,59	46.773,02	46.634,32	46.577,39	
EK_t	38.138,68	38.358,54	39.051,59	39.826,81	40.302,68	40.288,58	40.360,97	40.391,59	

Tab. 72: Performancekontrolle des Bereichs B1 anhand der Brutto-*Earnings less Riskfree Interest Charge* I im Jahr 2008 (ex post-Perspektive III)

Zusammenfassend ist E_RIC lediglich eine mängelbehaftete Erfüllung der Anforderungen an wertorientierte Performancemaße zu attestieren.[795] Selbst wenn Manager, wie in dem theoretischen Modellrahmen von *Velthuis* beschrieben, bei einer

---
[793] Vgl. *Alexis/Pfeiffer/Schneider* (2007), S. 270 ff.
[794] 1.397,09 + 18.556,41 − 22.281,05 · 1,05817 + (0,0455 − 0,05817) · 20.716,67 + 1.969,37 · 0,01183
 ≈ −3.862,24,
 1.397,16 + 17.737,85 − 22.281,05 · 1,05817 + (0,0455 − 0,05817) · 20.716,67 + 1.969,37 · 0,01179
 ≈ −4.682,79,
 1.396,76 + 23.502,43 − 22.281,05 · 1,05817 + (0,0455 − 0,05817) · 20.716,67 + 1.969,37 · 0,01198
 ≈ 1.081,79.
[795] Vgl. mit übereinstimmenden Ergebnis *Alexis/Pfeiffer/Schneider* (2007), S. 272 ff.

Beteiligung seiner Entlohnung an riskanten Wertbeiträgen eine persönliche Risikoprämie berücksichtigten, es also „zu einem doppelten Risikoabschlag und damit zur Unterinvestition"[796] kommen könnte, ist zu fragen, ob das Handeln von Entscheidungsträgern realiter nicht in einem wesentlich stärkeren Umfang von anderen Einflüssen bestimmt wird (vgl. Kap. 3.3.2, S. 105 ff.).[797] Außerdem ist zweifelhaft, daß die ‚risikofreien' Kapitalkosten des für die praktische Anwendung entwickelten $E_R IC$-Konzepts, die über zahlreiche Zuschlägen auf den risikolosen Basiszinssatz ermittelt werden, mit dem „sicheren Zinssatz der Anteilseigner"[798] übereinstimmen. Damit wäre jedoch die Anreizkompatibilität, die das „kardinale Ziel"[799] von $E_R IC$ symbolisiert, infrage gestellt. Des weiteren können sämtliche Vorbehalte, die im Rahmen der Analyse des EVA, gegenüber einer buchwertbasierten Kapitaleinsatzgröße aufgeführt wurden (vgl. Kap. 3.4.2.2, S. 123 ff.), für $E_R IC$ wiederholt werden.

Als äußerst positiv an der $E_R IC$-Konzeption ist hingegen der Versuch einer Etablierung der Sicherheitsäquivalentmethode in der Performancemessung sowie die auch dieser Arbeit zugrundeliegende Trennung zwischen Performanceplanung, -kontrolle und –analyse zu sehen.

3.4.4 Cash Value Added

3.4.4.1 Cash Value Added im Überblick

Beim *Cash Value Added* (CVA) handelt es sich um die von der *Boston Consulting Group* (BCG) vertriebene Spitzenkennzahl zur Umsetzung der wertorientierten Unternehmensführung.[800] Der CVA stellt eine ‚Weiterentwicklung' des ursprünglich propagierten, mitunter stark kritisierten,[801] Konzepts des *Cash Flow Return on Investment* (CFROI) dar.[802] Die Berechnung des CVA erfolgt aus der Summe von CFROI abzüglich gewichteter Kapitalkosten,[803] die mit der Bruttoinvestitionsbasis multipliziert wird:[804]

---

[796] *Velthuis* (2005), S. 1; ähnlich *Velthuis* (2003), S. 126.
[797] Vgl. Fn. 627, S. 111, als auch *Velthuis/Wesner* (2005), S. 85, die trotzdem auf einem $E_R IC$-basierten Entlohnungssystem beharren, weil es keine Fehlanreize aussende.
[798] *Velthuis* (2003), S. 111.
[799] *Wolf* (2005), S. 204
[800] Vgl. statt vieler *Stelter* (1999), S. 233-241, wonach der CVA „eine cash-flow-orientierte Variante des bekannten EVA®-Konzepts" darstelle. Vgl. auch *Roos/Stelter* (1999), S. 303 f. Ähnlich *Hachmeister* (2003a), S. 100; *Lorson* (2004a), S. 333. A.A. *Pfaff/Bärtl* (1999), S. 95 f. Einen guten Überblick hinsichtlich des CVA bieten *Crasselt/Schremper* (2001), S. 271-274.
[801] Vgl. vor allem *Hachmeister* (1997), S. 556-579. Die nächste Stufe der Entwicklung stellen *Strack/Villis* (2001), S. 70 ff. unter dem Namen RAVE™ vor, die jedoch schwerpunktmäßig auf Aspekte des Kunden*controlling* abzielt.
[802] Vgl. *Hebertinger* (2002), S. 166 f. Auf eine explizite Darstellung des ursprünglichen CFROI-Konzepts wird nachstehend verzichtet.
[803] Nach *Lewis* (1994), S. 126 sollten „die Kapitalkosten [beim CFROI noch] vom Markt abgeleitet" werden. Auf den hierfür von *Lewis* (1994), S. 81-84 vorgeschlagenen Weg wird an dieser Stelle

(3.27) $\quad CVA_t = (CFROI_t^S - wacc_t^S) \cdot BIB_{t-1}$.

Dabei bestimmt sich der CFROI als Verhältnis von *Brutto Cashflow* (BCF) abzüglich einer Abschreibung, die von der BCG als ‚ökonomisch', – zur Vermeidung von Verwirrungen – im folgenden jedoch als ‚BCG-Abschreibung' bezeichnet wird,[805] und der Bruttoinvestitionsbasis (BIB):[806]

(3.28) $\quad CFROI_t = \dfrac{BCF_t - AfA_t^{BCG}}{BIB_{t-1}}$.

Der *Brutto Cashflow* wird „unternehmensspezifisch"[807] und retrograd aus dem Jahresüberschuß abgeleitet,[808] wobei außerordentliche Ereignisse bereinigt werden sollen, um die operative Leistung eines Managers beurteilen zu können.[809] Es handelt sich um einen Zahlungsüberschuß vor Zinsen und Investitionen[810], aber nach fiktiven Unternehmenssteuern.[811] Leasingraten, Mieten und Pachten werden zum operativen Gewinn addiert,[812] so daß die in den Aufwendungen enthaltenen Zinsanteile und die ‚Abschreibungen' der so finanzierten Vermögenswerte neutralisiert werden.[813]

In die Bruttoinvestitionsbasis gehen die abnutzbaren Aktiva zu den mit der vergangenen Preissteigerungsrate des Bruttoinlandsprodukts indizierten historischen Anschaffungs- und Herstellungskosten ein.[814] Durch Inflationierung und Addition des übrigen Sachanlage- und Umlaufvermögens berechnet sich ein Wiederbe-

---

nicht eingegangen. Vgl. zu etwaigen Inkonsistenzen *Weber et al.* (2004), S. 84, die von *Lorson* (2004a), S. 332 ff. diskutiert wird. Kritisch auch *Ferstl* (2000), S. 192.

[804] Vgl. zur Berechnungsweise grundsätzlich *Stelter* (1999), S. 238, wobei infolge der hier unterstellten Multi-Asset-Struktur im folgenden eine Indizierung bestimmter Parameter notwendig wird.

[805] Vgl. zu diesem Vorgehen bereits *Hebertinger* (2002), S. 167, der ebenso wie etwa *Lorson* (2004a), S. 331 bemängelt, daß durch die von der BCG gewählte Bezeichnung einen nicht vorhandener Bezug zur Ertragswertabschreibung suggeriert wird, vgl. Kap. 3.4.7.1, S. 164 ff.

[806] Bei einer Berechnung des CFROI gem. seiner ursprünglichen Definition nach *Lewis* (1994), S. 125 ff., der einem internen Zinsfuß entspricht, ergibt sich ein abweichender CVA. Die Unterschiede werden bspw. bei *Crasselt/Pellens/Schremper* (1997), S. 205 ff.; *Lorson* (2004a), S. 334 ff.; *Schultze* (2003), S. 122 ff. diskutiert.

[807] *Stelter* (1999), S. 234.

[808] Vgl. *Stelter* (1999), S. 234 zu einer vereinfachten schematischen Darstellung der Berechnungsschritte.

[809] Vgl. *Busse von Colbe et al.* (2000) zum DVFA/SG-Ergebnis, an dem sich diese Bereinigungsschritte orientieren sollen. Hingegen wird nach *Plaschke* (2003), S. 230 „[i]n der Praxis [...] oft versucht, besonders viele außerordentliche Aufwendungen herauszurechnen und außerordentliche Erträge dagegen nicht zu bereinigen."

[810] Die im Unterschied zum *Free Cashflow* fehlenden Investitionsauszahlungen werden über die BCG-Abschreibung berücksichtigt. Vgl. hierzu auch *Ewert/Wagenhofer* (2000), S. 21.

[811] Vgl. *Hebertinger* (2002), S. 167 i.V.m. S. 162.

[812] Vgl. *Lewis* (1994), S. 41; *Stelter* (1999), S. 234 ff.

[813] Vgl. etwa *Strack/Villis* (2001), S. 69.

[814] Vgl. *Ross/Stelter* (1999), S. 303; *Stelter* (1999), S. 234 ff.; *Strack/Villis* (2001), S. 69 f.

schaffungswert der Aktiva. Weitergehend wird der Barwert zukünftiger Miet- und Leasingaufwendungen der Bruttoinvestitionsbasis zugerechnet,[815] nichtverzinsliches Fremdkapital ist abzuziehen und auf die – teilweise bei Performancekennzahlen übliche – Aktivierung von Ausgaben für Forschung und Entwicklung kann verzichtet werden.[816] Für derivative Geschäfts- oder Firmenwerte wird eine differenzierte Betrachtungsweise vorgeschlagen:[817] Für Zwecke einer Akquisitionsnachrechnung ist der bezahlte *Goodwill* in die Investitionsbasis einzubeziehen, wohingegen eine solche Berücksichtigung für Zwecke der ‚operativen' *Management*beurteilung ausbleiben möge, da „es um die Erfassung der tatsächlichen Performance des akquirierten Geschäfts"[818] ginge (vgl. Kap. 5.4.3.3, S. 400 ff.). Ein originärer *Goodwill* soll grundsätzlich nicht zur Berechnung der Bruttoinvestitionsbasis hinzuaddiert werden.[819]

Die BCG-Abschreibung entspricht bei einer Einzelinvestitionsstruktur einem konstanten Betrag, der einbehalten werden muß, um eine Ersatzinvestition in eine neue Anlage nach der erwarteten Nutzungsdauer[820] (ND) zu ermöglichen.[821] Die Berechnung erfolgt über das Produkt der abschreibbaren Aktiva (AB) mit dem Rückwärtsverteilungsfaktor[822]:[823]

(3.29) $$\text{AfA}^{BCG} = \text{AB} \cdot \frac{\text{wacc}}{(1+\text{wacc})^{ND}-1}.$$

Bei Betrachtung eines Anlagenkollektivs entspricht die BCG-Abschreibung einer Periode der Summe der BCG-Abschreibungen für die in der Bruttoinvestitionsbasis enthaltenden, abschreibbaren jährlichen Investitionsauszahlungen (I_t^{AB}). Gleichung (3.29) ist bei Verwendung periodenspezifischer Diskontierungssätze folgendermaßen anzupassen

(3.30) $$\text{AfA}_t^{BCG} = \sum_{\tau=0}^{ND-1} I_{t-\tau-1}^{AB} \cdot \frac{\text{wacc}_{t-\tau}^S}{(1+\text{wacc}_{t-\tau}^S)^{ND}-1},$$

---

[815] Vgl. *Stelter* (1999), S. 234 ff.
[816] Vgl. *Hebertinger* (2002), S. 167 i.V.m. S. 162.
[817] Vgl. bereits *Lewis* (1994), S. 56-60 sowie zu einer Übersicht *Stelter* (1999), S. 234.
[818] *Lewis* (1994), S. 60.
[819] Vgl. *Lewis* (1994), S. 57-59.
[820] Vgl. *Lewis/Lehmann* (1992), S. 10 f. zur Ermittlung der durchschnittlichen Nutzungsdauer mit Hilfe der historischen Anschaffungs- und Herstellungskosten sowie der Periodenabschreibung. Kritisch *Arbeitskreis „Wertorientierte Führung in mittelständischen Unternehmen"* der Schmalenbach-Gesellschaft (2004), S. 245; *Husmann* (2003), S. 90, weshalb der CVA bei der *Stinnes AG* „aus Praktikabilitätsgründen ohne Abzug der ökonomischen Abschreibungen berechnet" wird.
[821] Vgl. *Stelter* (1999) S. 235.
[822] Vgl. statt vieler *Busse von Colbe/Laßmann* (1990), S. 35.
[823] Vgl. *Stelter* (1999), S. 234.

wobei sich die abschreibbaren Aktiva zum Bewertungszeitpunkt gem. Gleichung (3.31) bestimmen lassen:

(3.31) $\quad AB_t = \sum_{\tau=0}^{ND-1} I_{t-\tau}^{AB}$.

Die Summe der BCG-Abschreibungen einer Einzelinvestition ist wegen der Annahme „eine[r] Verzinsung der ‚angesparten' Abschreibungen"[824] geringer als deren ursprüngliche Anschaffungs- und Herstellungskosten,[825] so daß gilt:[826]

(3.32) $\quad I_t^{AB} = \sum_{\tau=1}^{ND} I_t^{AB} \cdot \dfrac{wacc_{t+1}^S \cdot (1 + wacc_{t+1}^S)^{ND-\tau}}{(1 + wacc_{t+1}^S)^{ND} - 1}$.

Wird Gleichung (3.28) in (3.27), beide S. 143 unter Verwendung von (3.30), S. 144 eingesetzt, so kann der CVA für Anlagenkollektive alternativ als

(3.33) $\quad CVA_t = BCF_t - AfA_t^{BCG} - wacc_t^S \cdot BIB_{t-1}$

geschrieben werden.[827] Dieser Schreibweise zufolge repräsentieren die beiden letztgenannten Terme eine Untergrenze des *Brutto Cashflows*,[828] den es in der betrachteten Periode zu erwirtschaften gilt, um einen positiven Beitrag zur ‚Wertentwicklung' des Unternehmens zu liefern.[829]

Bezogen auf die Beispielsrechnung muß von den vorgeschlagenen Ermittlungsschritten zur Berechnung des CVA einzig der Außerachtlassung der Verbindlichkeiten aus Lieferungen und Leistungen nachgekommen werden; subtrahiert von der Summe aus abschreibbaren Aktiva, Vorräten und fertigen Erzeugnissen berechnet sich die Bruttoinvestitionsbasis folgendermaßen:

(3.34) $\quad BIB_t = AB_t + V_t + FE_t - VLL_t$.

---

[824] *Hebertinger* (2002), S. 167; ähnlich *Hachmeister* (2003a), S. 100; *Schaefer* (2002), S. 169 ff.
[825] Vgl. *Ewert/Wagenhofer* (2000), S. 21.
[826] Vgl. ähnlich *Hebertinger* (2002), S. 168.
[827] Vgl. *Stelter* (1999), S. 238, bei dem die BCG-Abschreibung und die Bruttoinvestitionsbasis über die Nutzungsdauer unverändert bleiben und daher keinen Periodenindex tragen.
[828] Wenn in der Literatur davon ausgegangen wird, die beiden letztgenannten Terme ergäben eine annuitätische Abschreibung, so bedarf es vereinfachender Annahmen. Es müssen z.B. abnutzbare Aktiva und Bruttoinvestitionsbasis übereinstimmen, eine Einzelinvestitionsstruktur sowie konstante Diskontierungssätze vorliegen. Vgl. bspw. *Schultze/Hirsch* (2005), S. 46, m.w.N.
[829] Vgl. *Ewert/Wagenhofer* (2000), S. 21; *Günther* (1997), S. 219; *Hering/Vincenti* (2004), S. 354; *Schaefer* (2002), S. 168. So auch bspw. im Geschäftsbericht der *Bayer AG* (2005), S. 34. *Lewis* (1994), S. 125 spricht vom „Wertzuwachs auf einer Cash-flow-Basis." Kritisch *Weber et al.* (2004), S. 95.

Der *Brutto Cashflow* kann – in Abhängigkeit der Berücksichtigung des Ausschüttungsdifferenzeffekts (vgl. Kap. 2.5.4.1.3.3, S. 74 ff.) – gem. Gleichung (3.35) oder (3.36) berechnet werden als:

(3.35) $\quad BCF_t^* = NOPAT_t^* + AfA_t - \Delta VLL_t = FCF_t^* + I_t - \Delta VLL_t$,

(3.36) $\quad BCF_t = NOPAT_t + AfA_t - \Delta VLL_t = FCF_t + I_t - \Delta VLL_t$.

3.4.4.2 Eignungsanalyse des Cash Value Added

Als wesentlicher Vorteil der Konzeption des CVA wird von den Vertretern der BCG immer wieder dessen starke Orientierung am *Cashflow* sowie – im Vergleich zu anderen Performancemaßen – hohe Korrelation mit der Börsenkapitalisierung herausgestellt. Hierdurch sei die Performancemessung einerseits frei von buchhalterischen Verzerrungen und andererseits würde die ‚externe' Wertschaffung abgebildet.[830]

Das Hauptanwendungsgebiet des CVA liegt nach Vorstellung der BCG in der operativ-retrospektiven Performancemessung,[831] wobei sich theoretisch „[d]ie Wertschaffung einer Periode [...] aus der Differenz der erwarteten CVAs zum realisierten CVA"[832] ergeben sollte. Diese Ansicht entspricht grundsätzlich der vorgeschlagenen Unterteilung der Performancemessung in die Teilbereiche einer Performanceplanung und -kontrolle aus ex ante- und ex post-Perspektive (vgl. Kap. 3.1, S. 87 ff.). Bei der praktischen Umsetzung erfolgt hingegen die bereits stark kritisierte Einengung auf die Veränderungen der jährlich realisierten CVA in Form des ΔCVA.[833]

Daneben erfüllt der CVA aber auch prinzipiell die Anforderungen der Barwertidentität, wie Gleichung (3.37) zeigt.[834] Demnach entspricht der Gesamtkapitalmarktwert in jedem Zeitpunkt t der Summe aus Bruttoinvestitionsbasis und dem Barwert der noch ausstehenden CVA-Werte, von der noch die kumulierten und

---

[830] Vgl. *Lewis* (1994), S. 46 ff.; *Plaschke* (2003), S. 161 ff.; *Roos/Stelter* (1999), S. 303 f.; *Stelter* (1999), S. 237 ff.; *Strack/Villis* (2001), S. 69 f. Kritisch vor allem *Hebertinger* (2002), S. 170 f., der die besagten Korrelationsuntersuchungen wegen fehlender Transparenz hinsichtlich der verwandten Methodik bemängelt und die „immer wieder behauptete ‚Cash-Flow-Orientierung' des CVA [...] [zu Recht als] Etikettierung" bezeichnet. Ähnlich auch *Faul* (2005), S. 254; *Hachmeister* (2003a), S. 99 ff.; *Lorson* (2004a), S. 338 ff.; *Schultze/Hirsch* (2005), S. 96.
[831] Vgl. *Stelter* (1999), S. 239.
[832] *Strack/Villis* (2001), S. 70. So auch *Coenenberg/Salfeld* (2003), S. 269.
[833] Vgl. *Plaschke* (2003), S. 161 ff.; *Stelter* (1999), S. 239 oder *Strack/Villis* (2001), S. 70. Vgl. *Husmann* (2003), S. 84 ff. zum Einsatz des ΔCVA bei der *Stinnes AG*.
[834] *Stelter* (1999), S. 238 f. zeigt die Kompatibilität des CVA mit der DCF-Methode anhand einer projektbezogenen Investitionsrechnung mit einem konstanten Abzinsungsfaktor ohne Modellierung der Besteuerung. Die ursprüngliche CFROI-Definition erfüllte das Kriterium der Barwertidentität noch nicht, wie *Hachmeister* (1997), S. 566 ff.; *Pfaff/Bärtl* (1999), S. 106 f. zeigen.

Bereichs- und unternehmenswertorientierte Performancemessung 147

aufgezinsten BCG-Abschreibungen abgezogen[835] und eine Anpassung bei Variationen des Diskontierungszinsfußes auf die kumulierten und aufgezinsten BCG-Abschreibungen im Zeitablauf durchgeführt werden müssen:

(3.37)
$$\sum_{\tau=t+1}^{\infty}\frac{\mu[\tilde{FCF}^*_\tau]}{\prod_{m=1}^{\tau}(1+wacc^S_{t+m})} = \tilde{BIB}_t + \sum_{\tau=t+1}^{\infty}\frac{\mu[\tilde{CVA}^*_\tau]}{\prod_{m=1}^{\tau}(1+wacc^S_{t+m})}$$

$$-\sum_{\tau=0}^{ND-1} I^{AB}_{t-\tau-1} \cdot \frac{wacc^S_{t-\tau} \cdot \sum_{m=0}^{\tau}(1+wacc^S_{t-\tau})^m}{(1+wacc^S_{t-\tau})^{ND}-1}$$

$$+\sum_{\tau=t+1}^{\infty}\frac{\sum_{p=1}^{ND-1}(wacc^S_\tau - wacc^S_{\tau-p}) \cdot I^{AB}_{\tau-p-1} \cdot \frac{wacc^S_{\tau-p} \cdot \sum_{q=0}^{p-1}(1+wacc^S_{\tau-p})^q}{(1+wacc^S_{\tau-p})^{ND}-1}}{\prod_{m=1}^{\tau}(1+wacc^S_{t+m})}.$$

Wie in Tab. 73 dargestellt berechnet sich der Eigenkapitalmarktwert i.H.v. 37.117,95 für den Bereich B1:[836]

Jahr	2007	2008	2009	2010	2011	2012	2013	2014	2015	2016	2017 ff.
μ (BCF$_t^{HEV}$)		6.977,39	7.699,73	8.054,51	7.752,49	7.662,88	7.814,47	7.726,85	7.667,53	7.667,53	7.667,53
AB$_t$	13.000,00	15.000,00	15.000,00	14.600,00	15.000,00	16.000,00	15.400,00	15.000,00	15.000,00	15.000,00	15.000,00
BIB$_t$	23.450,00	25.429,00	26.664,68	27.527,35	28.713,49	29.713,49	29.113,49	28.713,49	28.713,49	28.713,49	28.713,49
AfA$_t^{BCG}$		4.090,30	4.719,65	4.720,21	4.594,31	4.720,07	5.034,86	4.846,07	4.720,10	4.719,99	4.719,96
CC$_t$		1.364,00	1.476,51	1.552,44	1.601,69	1.669,38	1.727,34	1.693,86	1.671,17	1.671,17	1.671,17
CFROI$_t$		12,31%	11,72%	12,50%	11,47%	10,25%	9,35%	9,89%	10,26%	10,27%	10,27%
CVA$_t$		1.523,09	1.503,56	1.781,86	1.556,49	1.273,43	1.052,27	1.186,91	1.276,26	1.276,36	1.276,39
DCVA$_t$	22.800,15	22.603,25	22.412,13	21.935,13	21.654,94	21.640,51	21.846,28	21.930,41	21.930,54	21.930,57	
Σ AfA$_t^{BCG}$ wacc$_t^S$ I	3.201,19	4.478,01	5.459,45	4.497,06	4.352,69	5.326,11	5.070,80	4.811,67	4.811,56	4.811,53	
Δ wacc$_t^S$ I	-1,24	-0,99	0,73	0,31	-0,02	0,28	0,49	0,30	0,06	0,00	
UW$_t$	43.047,72	43.553,25	43.618,08	44.965,72	46.015,72	46.028,16	45.889,46	45.832,53	45.832,53	45.832,53	
EK$_t$	37.117,95	37.168,03	37.813,42	38.838,21	39.557,82	39.543,72	39.616,11	39.646,72	39.646,72	39.646,72	

Tab. 73: Performanceplanung des Bereichs B1 anhand des *Cash Value Added* I für die Jahre 2008 bis 2017 ff. (ex ante-Perspektive)

Hinsichtlich der Vorteilhaftigkeitsanzeige darf von den Zahlen der Beispielsrechnung (vgl. Tab. 73 bis Tab. 76 S. 147-150) nicht vorschnell auf eine grundsätzliche

---

[835] Vgl. Hebertinger (2002), S. 170; Plaschke (2003), S. 167; Schaefer (2002), S. 209.
[836] Entsprechendes gilt für den CVA-Ansatz II, vgl. Anhang VI, Tab. 334 bis Tab. 337, S. 482-483. Für den Bewertungszeitpunkt 2007 ergibt sich der bekannte Gesamtkapitalmarktwert i.H.v. 43.047,72 beim CVA-Ansatz I wie folgt: 23.450,00 + 22.800,15 - 3.201,19 - 1,24 = 43.047,72. Die Ergebnis- und Methodenidentität gilt freilich nur bei Verwendung desselben Diskontierungszinsfußes, der auf Basis des CAPM bestimmt worden ist. Zu den diesbezüglichen Vorbehalten von *Lewis* und Unstimmigkeiten bei den Vertretern des CVA vgl. erneut Fn. 803, S. 142.

Erfüllung von Gleichung (3.3), S. 109 geschlossen werden. Obwohl sämtliche CVA bis zum Planungshorizont positiv sind, kann es durch die Verrechnung eines Kapitaldienstes in Form der BCG-Abschreibung und Verzinsung der Bruttoinvestitionsbasis, die unabhängig von der jeweiligen Höhe des *Brutto Cashflows* anfallen, bei wertsteigernden Bereichen oder wertsteigernden Maßnahmen des *Management* durchaus zu einem negativen CVA kommen.[837]

Häufig wird dieses Defizit bei einer auf Einzelinvestitionen bezogenen Performancemessung auftreten, wenn der Kapitaldienst die *Brutto Cashflows* in den ersten Jahren übersteigt, wie es für lebenszyklusorientierte Projektverläufe typisch ist.[838]

Entsprechend offenbart sich die Problematik negativer CVA bereits im Zahlenbeispiel von *Stelter*,[839] der hierauf nur lapidar feststellt, „[w]ürden nachhaltig keine positiven CVA erzielt werden, hat man einen Hinweis darauf, daß die Pläne der einstigen Investitionsrechnung nicht erreicht wurden."[840] Auch durch eine Klärung, was unter ‚nachhaltig' zu verstehen ist,[841] kann der CVA die Forderung nach Vorteilhaftigkeitsanzeige und Anreizverträglichkeit nicht vollumfänglich erfüllen. Deshalb zu schlußfolgern, „[s]innvoll angewandt werden kann das [...] Konzept des CVA [...] nur bei konstanten Cash Flows"[842], erscheint vor dem Hintergrund einer bereichsbezogenen Performancemessung zu drastisch. Zwar könnte der beschriebene Effekt bei einem gleichzeitigen Beginn einer Vielzahl von Investitionsprojekten, die für Zwecke der Performancemessung zu einem ‚Anlagenkollektiv' zusammengefaßt werden, noch deutlicher zutage treten; wahrscheinlicher ist jedoch die Situation, daß sich innerhalb eines Bereichs die Einzelinvestitionen in unterschiedlichen Phasen ihres Lebenszyklus befinden, womit die Gefahr einer fehlerhaften Vorteilhaftigkeitsanzeige deutlich vermindert sein dürfte.[843]

Hinsichtlich der Wertsteigerungsabbildung muß analog zu EVA angemerkt werden, daß ein positiver oder erhöhter CVA einer Periode keinen Rückschluß auf eine Steigerung des Unternehmenswerts erlaubt und *vice versa*:[844]

---

[837] Vgl. Arbeitskreis „Wertorientierte Führung in mittelständischen Unternehmen" der Schmalenbach-Gesellschaft (2006), S. 2071.
[838] Vgl. zur wertorientierten Unternehmensführung unter besonderer Berücksichtigung des Lebenszyklus *Pfingsten* (1998), m.w.N.
[839] Vgl. *Stelter* (1999), S. 240, Abb. 23: Trotz eines Kapitalwerts i.H.v. 100 wird in der ersten Periode ein CVA i.H.v. -34 erwirtschaftet, mithin eine ‚Wertvernichtung' signalisiert.
[840] *Stelter* (1999), S. 239.
[841] Vgl. zu dieser Forderung *Hebertinger* (2002), S. 171.
[842] *Hebertinger* (2002), S. 171.
[843] Vgl. *Dirrigl* (1998a), S. 7 zu unterschiedlichen Möglichkeiten zur Ableitung von *Cashflow*-Profilen für Investitionsgesamtheiten.
[844] Vgl. bspw. *Coenenberg/Salfeld* (2003), S. 268; *Hachmeister* (2003a), S. 101 f.; *Hebertinger* (2002), S. 171; *Schultze/Hirsch* (2005), S. 46, jeweils m.w.N. Vgl. Fn. 627, S. 111.

Bereichs- und unternehmenswertorientierte Performancemessung   149

(3.38)
$$\Delta \tilde{EK}_{t+1}^{[t+1]} = CVA_{t+1}^{[t+1]*} + \tilde{D}CVA_{t+1}^{[t+1]*} - (1 + wacc_{t+1}^{S[t]}) \cdot \tilde{D}CVA_t^{[t]*} \\ + (1 + wacc_{t+1}^{S[t+1]}) \cdot \tilde{KB}_t^{[t+1]} - (1 + wacc_{t+1}^{S[t]}) \cdot \tilde{KB}_t^{[t]}$$ [845]

So ist bei der Performancekontrolle aus der ex post-Perspektive I ein Absinken des CVA I von 1.523,09 auf 583,52 zu beobachten (vgl. Tab. 74), was aber weder eine Aussage über die Höhe noch die Richtung der beobachteten Wertänderung zuläßt.[846]

Jahr	2007	2008	2009	2010	2011	2012	2013	2014	2015	2016	2017 ff.
μ (BCF$_t^{HEV}$)		6.034,66	7.559,80	7.830,71	7.539,36	7.451,80	7.603,38	7.515,76	7.456,44	7.456,44	7.456,44
AB$_t$	13.000,00	15.000,00	15.000,00	14.600,00	15.000,00	16.000,00	15.400,00	15.000,00	15.000,00	15.000,00	15.000,00
BIB$_t$	23.450,00	24.595,00	26.214,38	27.019,60	28.169,60	29.169,60	28.569,60	28.169,60	28.169,60	28.169,60	28.169,60
AfA$_t^{BCG}$		4.090,72	4.720,32	4.720,92	4.594,97	4.720,71	5.035,55	4.846,72	4.720,73	4.720,62	4.720,58
CC$_t$		1.360,43	1.424,03	1.522,64	1.568,44	1.633,85	1.691,65	1.658,34	1.635,73	1.635,73	1.635,73
CFROI$_t$		8,29%	11,54%	11,86%	10,90%	9,70%	8,80%	9,34%	9,71%	9,71%	9,71%
CVA$_t$		**583,52**	1.415,45	1.587,15	1.375,95	1.097,25	876,18	1.010,70	1.099,98	1.100,10	1.100,13
DCVA$_t$	19.154,43	19.682,14	19.406,27	18.946,31	18.670,15	18.655,78	18.861,51	18.945,64	18.945,78	18.945,81	
Σ AfA$_t^{BCG}$ wacc$_t^S$ I	3.201,33	4.478,43	5.460,00	4.497,50	4.353,10	5.326,59	5.071,26	4.812,10	4.811,99	4.811,95	
Δ wacc$_t^S$ I		-1,55	-0,97	0,92	0,41	0,00	0,30	0,53	0,32	0,07	0,00
UW$_t$	39.401,56	39.797,74	40.161,57	41.468,82	42.486,65	42.499,09	42.360,38	42.303,45	42.303,45	42.303,45	
EK$_t$	33.471,79	33.412,51	34.356,90	35.341,31	36.028,74	36.014,65	36.087,03	36.117,65	36.117,65	36.117,65	

Tab. 74: Performancekontrolle des Bereichs B1 anhand des *Cash Value Added* I im Jahr 2008 (ex post-Perspektive I)

Dies verdeutlicht auch die Fortführung des Zahlenbeispiels, wenn der CVA I in der ex post-Perspektive II im Vergleich zur ex post-Perspektive I leicht auf 584,26 anstiege (vgl. Tab. 75)[847] oder in der ex post-Perspektive III mit 579,57 den geringsten Wert annähme (vgl. Tab. 76, S. 150)[848], obwohl der Eigenkapitalmarktwert zugenommen hätte.

---

[845] Kapitalbasis (KB) steht für den aus Gleichung (3.37), S. 147 bekannten Term:

$$\tilde{KB}_t = \tilde{BIB}_t - \sum_{\tau=0}^{ND-2} I_{t-\tau-1}^{AB} \cdot \frac{wacc_{t-\tau}^S \cdot \sum_{m=0}^{\tau}(1+wacc_{t-\tau}^S)^m}{(1+wacc_{t-\tau}^S)^{ND}-1} \\ + \sum_{\tau=t+1}^{\infty} \frac{\sum_{n=1}^{ND-1}(wacc_\tau^S - wacc_{\tau-n}^S) \cdot I_{\tau-n-1}^{AB} \cdot \frac{wacc_{\tau-n}^S \cdot \sum_{p=0}^{n-1}(1+wacc_{\tau-n}^S)^p}{(1+wacc_{\tau-n}^S)^{ND}-1}}{\prod_{m=1}^{\tau}(1+wacc_{t+m}^S)}$$

[846] 583,52 + 19.682,14 - 22.800,15 · 1,05817 + 1,05801 · (39.401,56 - 19.154,43) - 1,05817 · (43.047,72-22.800,15) ≈ -3.862,24.
[847] 584,26 + 18.863,75 - 22.800,15 · 1,05817 + 1,05798 · (38.629,21 - 18.382,25) - 1,05817 · (43.047,72-22.800,15) ≈ -4.682,79.
[848] 579,57 + 24.627,70 - 22.800,15 · 1,05817 + 1,05820 · (44.068,45 - 23.820,80) - 1,05817 · (43.047,72 - 22.800,15) ≈ 1.081,79.

Jahr	2007	2008	2009	2010	2011	2012	2013	2014	2015	2016	2017 ff.
µ (BCF$_t^{HEV}$)		6.034,66	7.555,63	7.740,02	7.478,61	7.392,93	7.544,51	7.456,89	7.397,57	7.397,57	7.397,57
AB$_t$	13.000,00	15.000,00	15.000,00	14.600,00	15.000,00	16.000,00	15.400,00	15.000,00	15.000,00	15.000,00	15.000,00
BIB$_t$	23.450,00	24.595,00	26.182,82	26.867,63	28.009,31	29.009,31	28.409,31	28.009,31	28.009,31	28.009,31	28.009,31
AfA$_t^{BCG}$		4.090,81	4.720,49	4.721,10	4.595,16	4.720,90	5.035,76	4.846,93	4.720,93	4.720,81	4.720,78
CC$_t$		1.359,58	1.423,04	1.519,77	1.558,47	1.623,34	1.681,11	1.647,84	1.625,26	1.625,26	1.625,26
CFROI$_t$		8,29%	11,53%	11,53%	10,73%	9,54%	8,65%	9,19%	9,56%	9,56%	9,56%
CVA$_t$		<u>584,26</u>	1.412,11	1.499,15	1.324,98	1.048,69	827,65	962,13	1.051,39	1.051,51	1.051,54
DCVA$_t$	18.382,25	18.863,75	18.543,08	18.120,25	17.846,35	17.831,99	18.037,71	18.121,83	18.121,97	18.122,01	
Σ AfA^{BCG} wacc$_t^S$ I	3.201,36	4.478,53	5.460,13	4.497,61	4.353,23	5.326,74	5.071,40	4.812,24	4.812,12	4.812,08	
Δ wacc$_t^S$ I	-1,68	-1,03	0,90	0,40	0,00	0,31	0,54	0,33	0,07	0,00	
UW$_t$	38.629,21	38.979,19	39.266,67	40.490,67	41.502,43	41.514,87	41.376,16	41.319,23	41.319,23	41.319,23	
EK$_t$	32.699,43	32.593,96	33.462,00	34.363,17	35.044,52	35.030,43	35.102,81	35.133,43	35.133,43	35.133,43	

Tab. 75: Performancekontrolle des Bereichs B1 anhand des *Cash Value Added* I im Jahr 2008 (ex post-Perspektive II)

Zur Wertsteigerungsabbildung bedarf es der Kenntnis aller eventuell in einer ex post-Betrachtung veränderten CVA bis zum Planungshorizont,[849] so wie in den voranstehenden Tabellen dargestellt. Somit wird eine Performancemessung aber nicht mehr auf Basis des CVA, sondern letztendlich mit Hilfe der DCF-Verfahren durchgeführt. Da auf Basis letzterer die intendierte retrospektiv-operative Kontrollrechnung nicht durchgeführt werden soll,[850] erfüllt die Konzeption des CVA die Wertsteigerungsabbildung gem. Gleichung (3.4), S. 109 nicht.

Jahr	2007	2008	2009	2010	2011	2012	2013	2014	2015	2016	2017 ff.
µ (BCF$_t^{HEV}$)		6.034,66	7.445,37	8.838,63	8.029,50	7.707,43	7.859,02	7.771,40	7.712,08	7.712,08	7.712,08
AB$_t$	13.000,00	15.000,00	15.000,00	14.600,00	15.000,00	16.000,00	15.400,00	15.000,00	15.000,00	15.000,00	15.000,00
BIB$_t$	23.450,00	24.595,00	25.552,78	26.875,92	28.036,21	29.036,21	28.436,21	28.036,21	28.036,21	28.036,21	28.036,21
AfA$_t^{BCG}$		4.090,19	4.719,48	4.720,02	4.594,13	4.719,91	5.034,72	4.845,94	4.719,98	4.719,87	4.719,84
CC$_t$		1.364,89	1.429,23	1.488,83	1.564,73	1.630,75	1.688,74	1.655,20	1.632,47	1.632,47	1.632,47
CFROI$_t$		8,29%	11,08%	16,12%	12,78%	10,66%	9,73%	10,29%	10,67%	10,67%	10,67%
CVA$_t$		<u>579,57</u>	1.296,67	2.629,78	1.870,65	1.356,77	1.135,56	1.270,26	1.359,63	1.359,73	1.359,76
DCVA$_t$	23.820,80	24.627,70	24.762,16	23.575,15	23.077,05	23.062,58	23.268,34	23.352,47	23.352,60	23.352,63	
Σ AfA^{BCG} wacc$_t^S$ I	3.201,16	4.477,90	5.459,31	4.496,93	4.352,57	5.326,01	5.070,71	4.811,59	4.811,48	4.811,45	
Δ wacc$_t^S$ I	-1,19	-1,03	0,63	0,18	-0,10	0,24	0,49	0,29	0,06	0,00	
UW$_t$	44.068,45	44.743,77	44.856,26	45.954,32	46.760,59	46.773,02	46.634,32	46.577,39	46.577,39	46.577,39	
EK$_t$	38.138,68	38.358,54	39.051,59	39.826,81	40.302,68	40.288,58	40.360,97	40.391,59	40.391,59	40.391,59	

Tab. 76: Performancekontrolle des Bereichs B1 anhand des *Cash Value Added* I im Jahr 2008 (ex post-Perspektive III)

Letztendlich kann der CVA deswegen nur sehr bedingt für Zwecke des *Value Based Management* empfohlen werden.

---

[849] Sogar *Strack/Villis* (2001), S. 80, Fn. 23 räumen diese Tatsache, wenn auch etwas versteckt, ein.
[850] Nach *Stelter* (1999), S. 239 sind die DCF-Verfahren für „die Beurteilung, ob Wert geschaffen wurde […] nicht geeignet, da hierbei […] Plan mit Plan bzw. Hoffnungen mit Hoffnungen verglichen werden."

3.4.5 Shareholder Value Added

3.4.5.1 Shareholder Value Added im Überblick

Der *Shareholder Value Added* (SVA) von *Rappaport* gehört zu den am wenigsten in Theorie und Praxis thematisierten Performancekennzahlen.[851] Die geringe Popularität dürfte darauf zurückzuführen sein, daß bis dato noch kein Versuch unternommen wurde, den SVA aus dem starren ‚Korsett' der Wertsteigerungsanalyse zu ‚befreien' sowie an deutsche Rahmenbedingungen anzupassen.[852] So beharrt die Analyse des SVA in der Literatur auf einer Definition eines periodenspezifischen *Cashflow*, der lediglich anhand des Umsatzes des Vorjahres, der Wachstumsrate des Umsatzes, eines *Cash*-Gewinnsteuersatz und durch Zusatzinvestitionsraten in Anlage- und Umlaufvermögen bestimmt wird (vgl. Kap. 2.4.2, S. 44 ff.).[853] Weitergehend muß in der Literatur eine starke Anlehnung an die ursprüngliche Beispielsrechnung von *Rappaport*[854] beobachtet werden.[855] Da eine solche „Komplexitätsreduktion"[856] nur für didaktische Zwecke, nicht aber für den praktischen Einsatz sowie die angestrebte vergleichende Analyse der Performancekennzahlen geeignet erscheint, soll nachstehend eine Anpassung des SVA an die integrierte Unternehmensplanung, das Halbeinkünfteverfahren sowie periodenspezifische Kapitalkosten vorgenommen werden.[857]

Hierfür kann problemlos an die grundlegende Idee des SVA angeknüpft werden, wonach der SVA ein Maß für die Veränderung des Unternehmenswerts in der Betrachtungsperiode ist, die durch ein bestimmtes Investitionsverhalten verursacht wird:[858]

---

[851] Vgl. grundlegend zum SVA *Rappaport* (1998), S. 49 ff. und 119 ff. In *Rappaport* (1986), S. 85 ff. finden sich zwar die Grundlagen des SVA, nicht jedoch die Bezeichnung und der Vergleich mit anderen Performancemaßen. Vgl. hierzu auch *Crasselt* (2001), S. 165. Vgl. zur Sekundärliteratur generell *Crasselt* (2001), S. 165-171; *Dirrigl* (2003), S. 161-162; *Dirrigl* (2004b), S. 121-125; *Drukarczyk* (1997), S. 217-226; *Drukarczyk/Schüler* (2000), S. 266-268; *Ewert/Wagenhofer* (2000), S. 22-23; *Ferstl* (2000), S. 172-180; *Günther* (1997), S. 241-250; *Hebertinger* (2002), S. 112-127; *Schultze/Hirsch* (2005), S. 56-61 und S. 98-100.

[852] Die fehlende Anpassung an die deutschen Rahmenbedingungen bemängelt, vor allem im Hinblick auf die deutsche Übersetzung, *Drukarczyk* (1997), S. 218. A.A. *Hebertinger* (2002), S. 127, der die geringe Beachtung des SVA in der „untergeordneten Rolle" des SVA in *Rappaport* (1986) und *Rappaport* (1998) sieht.

[853] Vgl. *Rappaport* (1998), S. 34.

[854] Vgl. *Rappaport* (1998), S. 120, Table 7-1.

[855] So auch *Crasselt* (2001), S. 167. Bei *Hebertinger* (2002), S. 115-124 muß diesbezüglich auch eine 'Bruchstelle' in der Analyse konstatiert werden, da die Berechnungen von SVA, EVA und CVA auf keiner einheitlichen Beispielsrechnung beruhen.

[856] *Drukarczyk* (1997), S. 219 bezüglich der vereinfachenden Annahmen des SVA.

[857] Vgl. *Hebertinger* (2002), S. 121, wonach der SVA unabhängig für jedes Bewertungskalkül berechenbar ist; kritisch allerdings *Crasselt* (2001), S. 170.

[858] Vgl. *Dirrigl* (2003), S. 162, dem zufolge beim SVA „die Berechnung des Kapitalwerts einer Erweiterungsinvestition zum Problem erhoben" wird.

„*Annual SVA is simply operating cash flow plus the end-of-the-year baseline value minus the beginning-of-the-year baseline value.*"[859]

Die ‚Unternehmenswerte' ergeben sich bezogen auf den Bewertungszeitpunkt t=0 ($PV\ SVA_t^*$) aus den Barwertsummen der Free *Cashflows* zuzüglich der Gegenwartswerte ‚normierter Restwerte' gem. Gleichung (3.39):[360]

(3.39)
$$PV\ SVA_t^* = (\sum_{\tau=1}^{t} \frac{FCF_\tau^*}{\prod_{m=1}^{\tau}(1+wacc_m^S)} + \frac{\frac{NOPAT_t^{SVA}}{wacc_t^S}}{\prod_{m=1}^{t}(1+wacc_m^S)})$$
$$-(\sum_{\tau=1}^{t-1} \frac{FCF_t^*}{\prod_{m=1}^{\tau}(1+wacc_m^S)} + \frac{\frac{NOPAT_{t-1}^{SVA}}{wacc_{t-1}^S}}{\prod_{m=1}^{t-1}(1+wacc_m^S)})$$ [861]

Dabei erfährt der Restwert insofern eine Normierung, als daß *Rappaport* unterstellt, das am Ende einer Periode erreichte ‚Erfolgsniveau'[862] könnte ewig fortgeschrieben werden. Das SVA-Konzept basiert also auf der Annahme, daß im Anschluß an die jeweils betrachtete Periode t bzw. t-1 keine wertsteigernden Erweiterungsinvestitionen mehr vorgenommen werden;[863] der operative Erfolg nach *Rappaport* ($NOPAT_t^{SVA}$) kann demnach in dieser ‚Restwertphase' gem. Gleichung (3.40) formalisiert werden:[864]

(3.40)
$$NOPAT_t^{SVA} = (X_t - AfA_t) \cdot (1-s_G) \cdot (1-s_K) \cdot (1-0.5 \cdot s_E)$$
$$= FCF_t^* + (I_t - AfA_t) \cdot (1-0.5 \cdot s_E) + T_t \cdot 0.5 \cdot s_E \ .[865]$$
$$= FCF_t + (I_t - AfA_t) \cdot (1-0.5 \cdot s_E)$$

---

[859] *Rappaport* (1998), S. 123.
[860] Vgl. *Rappaport* (1998), S. 49-51.
[861] Analog ergibt sich der SVA II, vgl. Anhang VI, Tab. 338 bis Tab. 341, alle S. 483.
[862] *Rappaport* (1998), S. 43 betont dabei, daß der „residual value is not based on the assumption that all future cash flows will actually be identical. It simply reflects the fact that the cash flows resulting from future investments will not affect the value of the firm because the overall rate of return earned on those investments is equal to the cost of capital" (Hervorhebungen im Original). Folglich behält Gleichung (3.39) rechnerisch Gültigkeit. *Crasselt* (2001), S. 170 vertritt die Auffassung mit Verweis auf *Lewis* (1995), S. 109 ff., es ließe sich eine Rampingphase auf Basis eines CFROI-Bewertungsmodells in den SVA implementieren.
[863] A.A. *Hebertinger* (2002), S. 113, der generell Erweiterungsinvestitionen in der Rentenphase des SVA-Konzepts ausschließt.
[864] Vgl. *Rappaport* (1998), S. 42. Ähnlich auch *Drukarczyk* (1997), S. 220.
[865] Vgl. *Rappaport* (1998), S. 35.

Durch Umformung und Multiplikation mit $\prod_{m=1}^{t}(1+\text{wacc}_m^S)$ läßt sich Gleichung (3.39), S. 152 verkürzen zu nachstehendem Ausdruck:[866]

(3.41)
$$SVA_t^* = (\frac{NOPAT_t^{SVA}}{wacc_t^S} - \frac{NOPAT_{t-1}^{SVA}}{wacc_{t-1}^S}) \cdot (1+wacc_t^S)$$
$$- (I_t - AfA_t) \cdot (1 - 0{,}5 \cdot s_E) - T_t \cdot 0{,}5 \cdot s_E$$
[867]

Gleichung (3.41) verdeutlicht, daß durch eine nachhaltige Erhöhung des operativen Ergebnisses, das die dafür notwendigen Erweiterungsinvestitionen und Veränderung des Fremdkapitals übersteigt, ein positiver SVA geschaffen wird.[868]

Neben der Fähigkeit, die Wertänderung einer Periode zu erfassen, attestiert *Rappaport* dem SVA, als Grundlage einer wertorientierten Entlohnung geeignet zu sein; der Manager soll dabei eine Prämie in Abhängigkeit des Erreichens eines vorab geplanten SVA erhalten.[869]

Nach dieser kurzen Beschreibung des SVA-Konzept werden nun noch einige Umformungen von Gleichung (3.41) durchgeführt, um den SVA in eine ähnliche ‚Gestalt' wie die anderen Performancekennzahlen zu überführen und damit die vergleichende Analyse zu erleichtern.[870] In einem ersten Schritt wird die Klammer $(1+\text{wacc}_t^S)$ aufgelöst, so daß sich Gleichung (3.41) ergibt als:

(3.42)
$$SVA_t^* = (\frac{NOPAT_t^{SVA}}{wacc_t^S} - \frac{NOPAT_{t-1}^{SVA}}{wacc_{t-1}^S}) + NOPAT_t^{SVA}$$
$$- \frac{NOPAT_{t-1}^{SVA}}{wacc_{t-1}^S} \cdot wacc_t^S - (I_t - AfA_t) \cdot (1 - 0{,}5 \cdot s_E)$$
$$- T_t \cdot 0{,}5 \cdot s_E$$

---

[866] Vgl. ursprünglich *Rappaport* (1998), S. 127.
[867] Auch unter Geltung eines definitiven Steuersystems und zeitinvarianten Kapitalkosten wird der SVA von *Rappaport* nicht formal definiert, vgl. kritisch zu den daraus resultierenden terminologischen Schwierigkeiten *Crasselt* (2001), S. 166, Fn. 8. Gleichung (3.41) läßt sich aus *Rappaport* (1998), S. 120, Table 7-1 herleiten. Vgl. zu dieser Vorgehensweise bereits *Crasselt* (2001), S. 166; *Schultze/Hirsch* (2005), S. 60. Zu einer abweichenden Definition des SVA vgl. *Ewert/Wagenhofer* (2000), S. 23, deren Unterschiede bei *Hebertinger* (2002), S. 120-121 ausführlich diskutiert werden.
[868] Vgl. *Rappaport* (1998), S. 127. Ähnlich auch *Hebertinger* (2002), S. 113.
[869] Vgl. *Rappaport* (1998), S. 119-121. Zu einer kritischen Analyse *Crasselt* (2001), S. 170-171; *Ferstl* (2000), S. 172-180; *Hebertinger* (2002), S. 121-126.
[870] Vgl. zu diesem Vorgehen vor allem *Crasselt* (2001), S. 166, was sich in Teilen auch bei *Schultze/Hirsch* (2005), S. 60-61 findet.

Unter Berücksichtigung von Gleichung (3.40), S. 152 kann Gleichung (3.42) ausgedrückt werden als:

(3.43)
$$SVA_t^* = (\frac{NOPAT_t^{SVA}}{wacc_t^S} - \frac{NOPAT_{t-1}^{SVA}}{wacc_{t-1}^S}) + FCF_t^* - \frac{NOPAT_{t-1}^{SVA}}{wacc_{t-1}^S} \cdot wacc_t^S$$

Wird nun der Wert des Vermögens am Ende bzw. zu Beginn der Periode und der *Free Cashflow* gem. Gleichung (3.44)

(3.44)
$$E_t^{SVA} = (\frac{NOPAT_t^{SVA}}{wacc_t^S} - \frac{NOPAT_{t-1}^{SVA}}{wacc_{t-1}^S}) + FCF_t^*$$

zu einem „speziellen Ergebnis vor Abzug von Zinsen"[871] (E_t^{SVA}) zusammengefaßt, kann der SVA vereinfacht als

(3.45)
$$SVA_t^* = E_t^{SVA} - \frac{NOPAT_{t-1}^{SVA}}{wacc_{t-1}^S} \cdot wacc_t^S$$

geschrieben werden.

3.4.5.2 Eignungsanalyse des Shareholder Value Added

Der periodenbezogene SVA soll den Unternehmenswertzuwachs durch die gewählte Strategie, verstanden als *Management*leistung durch Initiierung bestimmter Investitionsalternativen, im Entscheidungszeitpunkt wiedergeben.[872]

Dem Prinzip der Barwertidentität genügt der SVA,[873] wonach gem. Gleichung (3.46) gilt:[874]

---

[871] *Crasselt* (2001), S. 166, der wegen der Normierungen hinsichtlich des Restwerts auch vom „standardisierten ökonomischen Gewinn" spricht.

[872] Vgl. *Rappaport* (1998), S. 49; *Ferstl* (2000), S. 175; *Hebertinger* (2002), S. 113; *Schultze/Hirsch* (2005), S. 98.

[873] Vgl. *Crasselt* (2001), S. 166-167. Nach *Hebertinger* (2002), S. 121 erübrigt sich sogar eine Überprüfung der Barwertidentität, da „Bemessungsgrundlage und Unternehmenswertsteigerung" identisch seien.

[874] Die Berechnung periodenspezifischer Kapitalkosten im SVA-Konzept ist nicht unproblematisch, wie *Drukarczyk* (1997), S. 226 betont; zur Vermeidung eines ‚Zirkularitätsproblems' kann im Rahmen der Beispielsrechnung auf die bereits bekannten Werte aus der marktorientierten Bereichsbewertung zurückgegriffen werden.

Bereichs- und unternehmensorientierte Performancemessung 155

(3.46) $$\sum_{\tau=t+1}^{\infty} \frac{\mu[\widetilde{FCF}_\tau^*]}{\prod_{m=1}^{\tau}(1+wacc_{t+m}^S)} = \frac{\widetilde{NOPAT}_t^{SVA}}{wacc_t^S} + \sum_{\tau=t+1}^{\infty} \frac{\mu[\widetilde{SVA}_\tau^*]}{\prod_{m=1}^{\tau}(1+wacc_{t+m}^S)}.$$

Angewandt auf die Beispielsrechnung ergibt sich bei einer marktwertorientierten Bewertung des Bereichs B1 anhand des SVA I der bekannte Eigenkapitalmarktwert i.H.v. 37.117,95, wie in nachstehender Tab. dargestellt wird:

Jahr	2007	2008	2009	2010	2011	2012	2013	2014	2015	2016 ff.
μ (FCF$_t^{HEV}$)		1.998,39	2.464,05	1.191,85	1.566,34	2.662,88	2.814,47	2.726,85	2.667,53	2.667,53
Δ NOPAT$_t$ / wacc$_t^S$		10.307,91	-849,03	3.800,16	-1.213,53	-740,59	-2.833,47	1.665,83	1.118,52	0,00
E$_t^{SVA}$		12.306,30	1.615,01	4.992,01	352,81	1.922,29	-19,00	4.392,68	3.786,05	2.667,53
NOPAT$_t$ / wacc$_t^S$	34.576,72	44.884,63	44.035,60	47.835,76	46.622,23	45.881,64	43.048,17	44.714,00	45.832,53	45.832,53
NOPAT$_t$	2.028,84	2.610,77	2.556,89	2.785,04	2.712,73	2.667,53	2.502,53	2.601,53	2.667,53	2.667,53
NOPAT$_{t-1}$ / wacc$_{t-1}^S$ * wacc$_t^S$		2.011,20	2.606,19	2.563,80	2.783,34	2.710,58	2.667,24	2.504,61	2.602,43	2.667,53
SVA$_t$		10.295,10	-991,17	2.428,22	-2.430,53	-788,29	-2.686,24	1.888,07	1.183,62	0,00
DSVA$_t$	8.471,00	-1.331,38	-417,51	-2.870,04	-606,51	146,52	2.841,28	1.118,52	0,00	
UW$_t$	43.047,72	43.553,25	43.618,08	44.965,72	46.015,72	46.028,16	45.889,46	45.832,53	45.832,53	
EK$_t$	37.117,95	37.168,03	37.813,42	38.838,21	39.557,82	39.543,72	39.616,11	39.646,72	39.646,72	

Tab. 77: Performanceplanung des Bereichs B1 anhand des *Shareholder Value Added* I für die Jahre 2008 bis 2016 ff. (ex ante-Perspektive)

Ein genauerer Blick auf Tab. 77 offenbart bereits, daß der SVA eine durchgängige Vorteilhaftigkeitsanzeige nach Gleichung (3.3), S. 109 nicht erfüllt, da in den Jahren 2009 und 2011 bis 2013 ein negativer SVA ausgewiesen wird. Abermals ist diese Problematik auf die Definition des eingesetzten Kapitals zurückzuführen, wenngleich diesmal keine Buchwert-, sondern eine Unternehmenswertorientierung zu konstatieren ist (vgl. Abb. 15, S. 101).[875] Nach Gleichung (3.45), S. 154 werden beim SVA kalkulatorische Zinsen auf den annahmegemäßen Restwert der vorangegangen Periode (NOPAT$_{t-1}^{SVA}$ / wacc$_{t-1}^S$) verrechnet. Obwohl *Rappaport* damit eine Performancemessung intendiert, die weitgehend unabhängig von den individuellen Erwartungen derjenigen sein sollte, die über den Erfolg berichten,[876] wird hierdurch eine hohe Schwankungsbreite der SVA-Werte ausgelöst. Ausschlaggebend hierfür sind – auch kurzfristige – Veränderungen des operativen Ergebnisses, die durch die vorstehende Bestimmung des eingesetzten Kapitals mit der Rentenformel erheblich verstärkt werden.[877] *Crasselt* charakterisiert dies als „Hebelwirkung"[878] der Vermögensbewertung im SVA-Konzept, woraus nach *Drukarczyk* eine Überzeichnung positiver wie negativer Performanceabweichungen resultiert.[879]

---

[875] Vgl. *Crasselt* (2001), S. 168.
[876] Vgl. *Drukarczyk* (1997), S. 220-221.
[877] Vgl. *Crasselt* (2001), S. 170.
[878] *Crasselt* (2001), S. 171.
[879] Vgl. *Drukarczyk* (1997), S. 225; *Hebertinger* (2002), S. 123-125.

Folglich kommt der SVA besonders bei dem für einen Bereichsbezug durchaus typischen schwankenden Verlauf der bewertungsrelevanten *Cashflows* oder im Rahmen einer durch Anlaufverluste gekennzeichneten Einzelinvestition dem Kriterium der Vorteilhaftigkeitsanzeige nicht nach.[880] Dies erkennt offensichtlich auch *Rappaport*, der in solchen Fällen vorschlägt, „to make an adjustment to ‚normalize' the operating profit"[881], ohne diese Handlungsanweisung allerdings zu konkretisieren.[882]

Die ‚Ausschläge' des gem. der SVA-Konzeption eingesetzten Kapitals führen letztlich auch dazu, daß der periodenbezogene SVA die Wertsteigerung gem. Gleichung (3.4), S. 109 nur unzureichend abbildet:[883]

(3.47)
$$\Delta \tilde{E}K_{t+1}^{[t+1]} = SVA_{t+1}^{[t+1]*} + \tilde{D}SVA_{t+1}^{[t+1]*} - (1 + wacc_{t+1}^{S[t]}) \cdot \tilde{D}SVA_{t}^{[t]*}$$
$$+ (1 + wacc_{t+1}^{S[t+1]}) \cdot \frac{NOPAT_{t}^{SVA}}{wacc_{t}^{S[t+1]}}$$
$$- (1 + wacc_{t+1}^{S[t]}) \cdot \frac{NOPAT_{t}^{SVA}}{wacc_{t}^{S[t]}}$$

Weitergehend verdeutlicht Gleichung (3.47), inwiefern das SVA-Konzept die Frage nach dem Ausweis der Veränderung des Erfolgspotentials im periodischen Performancemaß beantwortet, nämlich vollumfänglich im Zeitpunkt der Investitionsauszahlung.[884] Diese Sichtweise ähnelt dem ‚Antizipationsprinzip', wenn auch die Wertänderung erst durch die Investitionstätigkeit manifestiert wird. Deshalb kann der SVA nicht zwingend mit dem Gedanken einer Performanceperiodisierung in Einklang gebracht werden (vgl. Kap. 3.3.2, S. 105 ff.).

So sinken in der Beispielsrechnung in den alternativen ex post-Perspektiven die jeweiligen Restwerte ($NOPAT_{t}^{SVA\,[t+1]}$ / $wacc_{t}^{S\,[t+1]}$) wegen der Annahme, das operative Ergebnis stelle den dauerhaft entziehbaren *Free Cashflow* dar, auf etwa 31.200,00 (vgl. Tab. 78 bis Tab. 80, S. 157-157) ab.

---

[880] Vgl. *Crasselt* (2001), S. 170.
[881] *Rappaport* (1998), S. 43.
[882] Kritisch hierzu auch *Crasselt* (2001), S. 170.
[883] Entsprechendes gilt bei einem Abstellen auf Gleichung (3.39), S. 152.
[884] Vgl. auch *Drukarczyk/Schüler* (2000), S. 266.

Bereichs- und unternehmenswertorientierte Performancemessung 157

Jahr	2007	2008	2009	2010	2011	2012	2013	2014	2015	2016 ff.
$\mu\,(FCF_t^{HEV})$		1.889,66	1.940,42	1.025,50	1.389,36	2.451,80	2.603,38	2.515,76	2.456,44	2.456,44
$\Delta\,NOPAT_t\,/\,wacc_t^S$		-3.373,14	9.316,43	3.683,89	-1.098,63	-817,63	-2.840,31	1.670,24	1.121,28	0,00
E_t^{SVA}		-1.483,48	11.256,85	4.709,38	290,73	1.634,17	-236,93	4.186,01	3.577,72	2.456,44
$NOPAT_t\,/\,wacc_t^S$	34.641,34	31.268,20	40.584,62	44.268,51	43.169,88	42.352,24	39.511,93	41.182,18	42.303,45	42.303,45
$NOPAT_t$	2.028,84	1.813,99	2.349,81	2.571,29	2.505,93	2.456,44	2.291,44	2.390,44	2.456,44	2.456,44
$NOPAT_{t-1}\,/\,wacc_{t-1}^S * wacc_t^S$		2.009,68	1.810,40	2.357,32	2.569,71	2.503,87	2.456,16	2.293,49	2.391,33	2.456,44
SVA_t		**-3.493,16**	9.446,44	2.352,07	-2.278,98	-869,70	-2.693,09	1.892,51	1.186,38	0,00
$DSVA_t$	4.760,22	8.529,54	-423,05	-2.799,69	-683,23	146,84	2.848,45	1.121,28	0,00	
UW_t	39.401,56	39.797,74	40.161,57	41.468,82	42.486,65	42.499,09	42.360,38	42.303,45	42.303,45	
EK_t	33.471,79	33.412,51	34.356,90	35.341,31	36.028,74	36.014,65	36.087,03	36.117,65	36.117,65	

Tab. 78: Performancekontrolle des Bereichs B1 anhand des *Shareholder Value Added* I im Jahr 2008 (ex post-Perspektive I)

Daß in der ex post-Perspektive I und II der SVA nahezu mit der negativen Wertänderung übereinstimmt, ist zufälliger Natur,[885] wie auch eine Performancekontrolle aus der ex post-Perspektive III offenbart: Trotz einer Wertsteigerung i.H.v. 1.081,79 beläuft sich der SVA auf -3.516,70.[886]

Jahr	2007	2008	2009	2010	2011	2012	2013	2014	2015	2016 ff.
$\mu\,(FCF_t^{HEV})$		1.889,66	1.967,81	1.055,22	1.336,93	2.392,93	2.544,51	2.456,89	2.397,57	2.397,57
$\Delta\,NOPAT_t\,/\,wacc_t^S$		-3.369,10	9.348,57	2.463,09	-919,92	-811,41	-2.842,43	1.671,61	1.122,13	0,00
E_t^{SVA}		-1.479,44	11.316,38	3.518,30	417,01	1.581,52	-297,92	4.128,51	3.519,70	2.397,57
$NOPAT_t\,/\,wacc_t^S$	34.656,69	31.287,59	40.636,16	43.099,25	42.179,33	41.367,92	38.525,49	40.197,10	41.319,23	41.319,23
$NOPAT_t$	2.028,84	1.813,99	2.351,17	2.501,68	2.446,63	2.397,57	2.232,57	2.331,57	2.397,57	2.397,57
$NOPAT_{t-1}\,/\,wacc_{t-1}^S * wacc_t^S$		2.009,32	1.810,27	2.358,71	2.499,99	2.444,60	2.397,29	2.234,61	2.332,46	2.397,57
SVA_t		**-3.488,76**	9.506,11	1.159,59	-2.082,98	-863,08	-2.695,21	1.893,89	1.187,24	0,00
$DSVA_t$	3.972,51	7.691,59	-1.369,49	-2.608,57	-676,90	146,94	2.850,67	1.122,13	0,00	
UW_t	38.629,21	38.979,19	39.266,67	40.490,67	41.502,43	41.514,87	41.376,16	41.319,23	41.319,23	
EK_t	32.699,43	32.593,96	33.462,00	34.363,17	35.044,52	35.030,43	35.102,81	35.133,43	35.133,43	

Tab. 79: Performancekontrolle des Bereichs B1 anhand des *Shareholder Value Added* I im Jahr 2008 (ex post-Perspektive II)

Jahr	2007	2008	2009	2010	2011	2012	2013	2014	2015	2016 ff.
$\mu\,(FCF_t^{HEV})$		1.889,66	2.487,59	1.515,49	1.869,21	2.707,43	2.859,02	2.771,40	2.712,08	2.712,08
$\Delta\,NOPAT_t\,/\,wacc_t^S$		-3.394,78	9.294,29	19.414,19	-8.444,36	-4.803,43	-2.832,16	1.664,98	1.118,00	0,00
E_t^{SVA}		-1.505,12	11.781,88	20.929,68	-6.575,14	-2.095,99	26,86	4.436,38	3.830,08	2.712,08
$NOPAT_t\,/\,wacc_t^S$	34.560,66	31.165,87	40.460,16	59.874,35	51.429,99	46.626,56	43.794,41	45.459,39	46.577,39	46.577,39
$NOPAT_t$	2.028,84	1.813,99	2.351,17	3.488,57	2.994,27	2.712,08	2.547,08	2.646,08	2.712,08	2.712,08
$NOPAT_{t-1}\,/\,wacc_{t-1}^S * wacc_t^S$		2.011,58	1.811,07	2.357,41	3.485,91	2.991,47	2.711,80	2.549,16	2.646,98	2.712,08
SVA_t		**-3.516,70**	9.970,81	18.572,27	-10.061,05	-5.087,46	-2.684,93	1.887,22	1.183,10	0,00
$DSVA_t$	9.507,80	13.577,89	4.396,10	-13.920,03	-4.669,40	146,46	2.839,91	1.118,00	0,00	
UW_t	44.068,45	44.743,77	44.856,26	45.954,32	46.760,59	46.773,02	46.634,32	46.577,39	46.577,39	
EK_t	38.138,68	38.358,54	39.051,59	39.826,81	40.302,68	40.288,58	40.360,97	40.391,59	40.391,59	

Tab. 80: Performancekontrolle des Bereichs B1 anhand des *Shareholder Value Added* I im Jahr 2008 (ex post-Perspektive III)

---

[885] -3.493,16 + 8.529,54 - 8.471,00 · 1,05817 + 1,05801 · 34.641,34 - 1,05817 · 34.576,72 ≈ -3.864,24,
-3.488,76 + 7.691,59 - 8.471,00 · 1,05817 + 1,05798 · 34.656,69 - 1,05817 · 34.576,72 ≈ -4.682,79.
[886] -3.516,70 + 13.577,89 - 8.471,00 · 1,05817 + 1,05820 · 34.560,66 - 1,05817 · 34.576,72 ≈ 1.081,79.

Bezüglich des von *Rappaport*, speziell für Zwecke der *Management*entlohnung, favorisierten Vergleichs geplanter und ‚realisierter' SVA-Werte zeigt sich erneut das Überzeichnungsproblem des SVA, wenn für alle drei ex post-Perspektiven eine Wertvernichtung von etwa 13.800,00 angezeigt würde.[887]

Zusammenfassend muß bezüglich der Eignung des SVA für eine bereichsorientierte Performancemessung in den Kanon der kritischen Äußerungen in der Literatur eingestimmt werden.[888] Der SVA erfüllt die Anforderungen der Vorteilhaftigkeitsanzeige und Wertsteigerungsabbildung nicht.[889] Die Loslösung von der Buchwertorientierung bei der Bestimmung des eingesetzten Kapitals ist positiv hervorzuheben, wenngleich viele der beschriebenen Mängel dem Rückgriff auf den ‚standardisierten' Restwert geschuldet sind. Eine generelle Überlegenheit des SVA gegenüber EVA, wie von *Rappaport* behauptet,[890] kann nicht erkannt werden;[891] zumindest wenn der bloße Einsatz strategisch-prospektiver Informationen nicht bereits als Vorteil erkannt wird. Ebenso scheint der SVA wenig geeignet für eine anreizkompatible *Management*entlohnung zu sein.[892]

3.4.6 *Residualer ökonomischer Gewinn*

3.4.6.1 Residualer ökonomischer Gewinn im Überblick

Unter dem Residualen ökonomischen Gewinn (RÖG)[893] wird der ökonomische Gewinn[894] (ÖG) nach Abzug kalkulatorischer Zinsen verstanden,[895] der in der ‚üblichen' Definition des ÖG gem. Gleichung (3.48) nicht vorgesehen ist:[896]

$$(3.48) \quad \ddot{O}G_t^* = FCF_t^* + UW_t - UW_{t-1}.$$

Insoweit stellt der ÖG einen Einnahmenüberschuß dar, der sich entweder aus der an die Aktionäre gezahlten Dividende oder den *Free Cashflows* gem. Gleichung

---

[887] Bspw. für die ex post-Perspektive III ergibt folgender ΔSVA: -3.516,70 - 10.295,10 = -13.811,80.
[888] Vgl. *Dirrigl* (2003), S. 162.
[889] A.A. wohl *Hebertinger* (2002), S. 127, der nach Aufdeckung zahlreicher Schwächen des SVA-Konzepts resümiert, daß der SVA „ein theoretisch solides Periodenmaß für die Wertsteigerung" sei.
[890] Vgl. *Rappaport* (1998), S. 126-133.
[891] Ähnlich *Crasselt* (2001), S. 171.
[892] Vgl. *Ferstl* (2000), S. 172-180; *Hebertinger* (2002), S. 121-126.
[893] Alternativ spricht *Hebertinger* (2002), S. 81 ff. vom „kapitaltheoretischen Residualgewinn", während *Laux* (2006a), S. 120 die Bezeichnung „ökonomischer Gewinn nach (kalkulatorischen) Zinsen" favorisiert.
Vgl. zur Entlohnung auf Basis des RÖG jüngst *Schultze/Weiler* (2007), S. 133-159.
[894] Der ÖG geht zurück auf *Fischer* (1906), S. 51 f. Vgl. im deutschsprachigen Raum vor allem *Schneider* (1963), S. 457-474, wobei *Schneider* (1980), S. 214; *Schneider* (1997), S. 264 den Begriff „kapitaltheoretischer Gewinn" wählt.
[895] Vgl. statt vieler *Laux* (2006a), S. 120 ff.
[896] Vgl. bspw. *Dirrigl* (2003), S. 160.

(3.48) zuzüglich der Wertänderung derselben Periode zusammensetzt.[897] Diese „der Sicht des Kapitalmarkts"[898] entsprechenden Definition des ÖG läßt sich unter Sicherheit bekanntlich in Gleichung (3.49), S. 159 transformieren:[899]

(3.49) $\quad \text{ÖG}_t^* = \text{wacc}_t^S \cdot \text{UW}_{t-1}$.

Folglich stimmt der ÖG mit der Verzinsung des Unternehmenswerts überein,[900] wodurch gewährleistet wird, daß eine Entnahme dieses Einnahmenüberschusses den Unternehmenswert unbeeinflußt läßt.[901] Dies kann gezeigt werden, indem der Unternehmenswert für den Zeitpunkt t als Differenz zwischen dem verzinsten Unternehmenswert der Vorperiode t-1 und dem Zahlungssaldo zwischen Kapitalgebern und dem Unternehmen dargestellt wird:[902]

(3.50) $\quad \text{UW}_t = \text{UW}_{t-1} \cdot (1 + \text{wacc}_t^S) - \text{FCF}_t^*$.

Ausgehend von Gleichung (3.50) kann die Differenz der Unternehmenswerte der Perioden t-1 und t nach Entnahme der Einnahmenüberschüsse (sog. Ertragswertabschreibung[903]) gem. Gleichung (3.51) ausgedrückt werden, was die obige Aussage verdeutlicht, daß bei einem Entzug des ÖG der Unternehmenswert erhalten bliebe:[904]

(3.51) $\quad \text{UW}_{t-1} - \text{UW}_t = \text{FCF}_t^* - \text{wacc}_t^S \cdot \text{UW}_{t-1}$

Durch eine höhere (geringere) Gewinnausschüttung sänke (stiege) der Unternehmenswert.[905]

Problematisch für Zwecke der wertorientierten Unternehmensführung ist an der Konzeption des ÖG der fehlende Bezug zur Kapitaleinsatzgröße.[906] So gibt dieses Performancemaß zwar Aufschluß darüber, was ein Unternehmen unter der idealtypischen Zielsetzung einer sog. Erfolgskapitalerhaltung ausschütten sollte, läßt aber unter Unsicherheit kaum Rückschlüsse auf die Leistung des *Management*

---

[897] Entsprechend gilt für die Eigenkapitalgeber: $\text{ÖG}_t = \text{NCF}_t + \text{EK}_t - \text{EK}_{t-1}$.
[898] *Richter/Honold* (2000), S. 272.
[899] Vgl. *Laux* (2006a), S. 117.
[900] Vgl. etwa *Drukarczyk* (1973), S. 184; *Moxter* (1976a), S. 349-350; *Schneider* (1997), S. 265.
[901] Vgl. bspw. *Drukarczyk* (1973), S. 183-188; *Moxter* (1976a), S. 351; *Münstermann* (1969), S. 45; *Schneider* (1997), S. 41.
[902] Vgl. *Schneider* (1997), S. 265.
[903] Vgl. *Schneider* (1963), S. 462; *Schneider* (1997), S. 264-265.
[904] Vgl. auch *Günther* (1997), S. 22.
[905] Vgl. vor allem *Schneider* (1968), S. 1-29.
[906] Vgl. *Dirrigl* (2003), S. 161.

zu,[907] da ein Teil des ÖG bereits aus dem zeitlichen Näherrücken der nächsten Ausschüttung resultiert.[908] Zur Eliminierung dieses „Zeiteffekt[s]"[909] wird beim RÖG eine Verrechnung kalkulatorischer Zinsen vorgenommen, wobei als Kapitalbasis der Unternehmenswert der Vorperiode herangezogen wird:

(3.52) $$\begin{aligned} RÖG_t^* &= ÖG_t^* - wacc_t^S \cdot UW_{t-1} \\ &= FCF_t^* + UW_t - UW_{t-1} \cdot (1 + wacc_t^S) \end{aligned}$$ [910]

Gem. Gleichung (3.52) nimmt der RÖG der ex ante-Perspektive *per se* den Wert null an.[911] Das Näherrücken zukünftiger Überschüsse ist somit nicht mehr erfolgswirksam.[912]

Für die Performancekontrolle aus der ex post-Perspektive bestimmt sich der RÖG anhand von Gleichung (3.53), wobei sich die Unsicherheit in der Modellierung unterschiedlicher Informationsstände ausdrückt:[913]

(3.53) $$\tilde{RÖG}_t^{[t]*} = FCF_t^{[t]*} + \tilde{UW}_t^{[t]} - \tilde{UW}_{t-1}^{[t-1]} \cdot (1 + wacc_t^{S[t-1]}).$$ [914]

Ein RÖG ungleich null entsteht folglich nur, wenn die ursprünglichen Erwartungen im Hinblick auf die Wertentwicklung nicht realisiert werden; im Vergleich zum ÖG unter Sicherheit ist dies aber eben nicht mehr durch den Zeiteffekt zu begründen, sondern auf Veränderungen des Kalkulationszinsfußes und/oder der Ausschüttungserwartungen zurückzuführen.[915] Dabei resultieren diese Veränderungen aus

---

[907] Vgl. *Hebertinger* (2002), S. 82 mit Verweis auf *Moxter* (1998), S. 218.
[908] Vgl statt vieler *Laux* (2006a), S. 118.
[909] *Moxter* (1982), S. 52.
[910] Konzeptionelle Ähnlichkeit weist hierzu der Refined Economic Value (REVA) von *Bacidore et al.* (1997), S. 11 ff. auf, wenn die Capital Charge auf Basis des Marktwerts des Unternehmens bestimmt wird. Kritisch zum eingesetzten Kapital in Höhe des Unternehmenswerts *Drukarczyk/Schüler* (2000), S. 265.
[911] Vgl. bspw. *Drukarczyk/Schüler* (2000), S. 265; *Hebertinger* (2002), S. 82; *Richter/Honold* (2000), S. 272; *Schultze/Hirsch* (2005), S. 135.
[912] Vgl. *Laux* (2006a), S. 120.
[913] Vgl. *Laux* (2006a), S. 122. Alternativ könnte gem. Abb. 15, S. 101 der RÖG auf Basis der Sicherheitsäquivalentmethode formuliert werden. Vgl. hierzu auch *Dolny* (2003), S. 25-26 sowie einer dementsprechenden Fortführung der Beispielsrechnung im Anhang VI, Tab. 350 bis Tab. 353, S. 486-487.
[914] Vgl. ebenso *Hebertinger* (2002), S. 83, dessen Gleichung (3.19), S. 132 für den RÖG jedoch fehlerhaft ist. Ausgehend von dem Ausdruck
$\tilde{RÖG}_t^{[t]*} = \tilde{UW}_t^{[t-1]} - (1 + wacc_t^{S[t-1]}) \cdot \tilde{UW}_{t-1}^{[t-1]} + (\tilde{UW}_t^{[t]} - \tilde{UW}_t^{[t-1]})$ kann umgeformt werden zu
$\tilde{RÖG}_t^{[t]*} = \tilde{UW}_t^{[t]} - (1 + wacc_t^{S[t-1]}) \cdot \tilde{UW}_{t-1}^{[t-1]}$, wobei im Vergleich zu obiger Gleichung (3.53) das Fehlen von $FCF_t^{[t]*}$ deutlich wird.
[915] Vgl. vor allem *Moxter* (1982), S. 58; *Moxter* (1998), S. 218. Warum *Hebertinger* (2002), S. 83-85 nur bezüglich des RÖG eine „tiefergehende Analyse" der vom Management beeinflußbaren und nicht beeinflußbaren Effekte fordert, bleibt unklar. Die Verweise auf *Ballwieser* (1994), S. 1400 und

neu initiierten Projekten, deren Überschüsse im Unternehmenswert $\tilde{U}W_{t-1}^{[t-1]}$ noch nicht antizipiert worden sind,[916] sowie einem verbesserten Informationsstand zur Prognose und Bewertung der *Free Cashflows* der Zeitpunkte t+1, t+2, ..., T her, was gemeinhin als Aktions- und Informationseffekt bezeichnet wird.[917]

3.4.6.2 Eignungsanalyse des Residualen ökonomischer Gewinns

Der RÖG erfüllt *per definitionem* die Forderung nach Barwertidentität und Wertsteigerungsabbildung gem. Gleichung (3.1), S. 108 und (3.4), S. 109; zwei der drei Anforderungen an wertorientierte Performancemaße sind nach h.M. sozusagen in „'idealer' Weise"[918] erfüllt.

Die Gültigkeit der Barwertidentität kann anhand von Gleichung (3.54) formalisiert werden:

$$(3.54) \qquad \sum_{\tau=t+1}^{\infty} \frac{\mu[\tilde{F}CF_\tau^{[t+1]^*}]}{\prod_{m=1}^{\tau}(1+wacc_{t+m}^S)} = UW_t^{[t]} + \sum_{\tau=t+1}^{\infty} \frac{\mu[\tilde{R}\ddot{O}G_\tau^{[t+1]^*}]}{\prod_{m=1}^{\tau}(1+wacc_{t+m}^S)}.$$

Für Zwecke der Performanceplanung, wenn also aus der ex ante-Perspektive sämtliche RÖG des Planungszeitraums den Wert null annehmen, verkürzt sich die vorstehende Gleichung zum WACC I-Verfahren (vgl. Kap. 2.5.4.1.3.3, S. 74 ff.):

$$(3.55) \qquad \sum_{\tau=t+1}^{\infty} \frac{\mu[\tilde{F}CF_\tau^*]}{\prod_{m=1}^{\tau}(1+wacc_{t+m}^S)} = UW_t^{WACC\,I}.$$

Tab. 81, S. 162 beinhaltet die Performanceplanung auf Basis des RÖG für den Bereich B1:

---

[916] *Moxter* (1982), S. 62 f. überzeugen insofern nicht, als daß sie grundsätzlich für alle Performancemaße gelten. Vgl. hierzu bereits Fn. 508, S. 94 und Fn. 511, S. 94.
Vgl. Arbeitskreis „Wertorientierte Führung in mittelständischen Unternehmen" der Schmalenbach-Gesellschaft (2006), S. 2071.
[917] Vgl. etwa *Laux* (2006a), S. 122-124.
[918] *Laux* (2006a), S. 441.

Jahr	2007	2008	2009	2010	2011	2012	2013	2014	2015 ff.
µ (FCF$_t^{REV}$)		1.998,39	2.464,05	1.191,85	1.566,34	2.662,88	2.814,47	2.726,85	2.667,53
CC$_t$		2.503,92	2.528,88	2.539,49	2.616,35	2.675,32	2.675,76	2.669,92	2.667,53
ΔKB$_t$		505,53	64,83	1.347,64	1.050,00	12,44	-138,70	-56,93	0,00
RÖG$_t$		0,00	0,00	0,00	0,00	0,00	0,00	0,00	0,00
KB$_t$	43.047,72	43.553,25	43.618,08	44.965,72	46.015,72	46.028,16	45.889,46	45.832,53	
DBRÖG$_t$	0,00	0,00	0,00	0,00	0,00	0,00	0,00	0,00	
UW$_t$	43.047,72	43.553,25	43.618,08	44.965,72	46.015,72	46.028,16	45.889,46	45.832,53	
EK$_t$	37.117,95	37.168,03	37.813,42	38.838,21	39.557,82	39.543,72	39.616,11	39.646,72	

Tab. 81: Performanceplanung des Bereichs B1 anhand des Residualen ökonomischen Gewinns (Brutto I) für die Jahre 2008 bis 2015 ff. (ex ante-Perspektive)

Da in den RÖG alle aus *Management*maßnahmen resultierenden positiven wie negativen Erfolgsbeiträge unmittelbar im Zeitpunkt ihrer Entscheidung eingehen,[919] wird die Forderung nach einer Wertsteigerungsabbildung nach Gleichung (3.4), S. 109 erfüllt. Gem. Gleichung (3.56) wird dabei im Rahmen der Performancekontrolle nicht nur die Richtung, sondern der volle Umfang der Wertänderung abgebildet.

(3.56) $\Delta \tilde{E}K_{t+1}^{[t+1]} = R\ddot{O}G_{t+1}^{[t+1]}$.

Von daher wird der periodische Unternehmenserfolg im Konzept des RÖG nach dem ‚Antizipationsprinzip' bestimmt (vgl. Kap. 3.3.2, S. 105 ff.), was gem. einer Performanceperiodisierung im strengen Sinne durchaus kritisch gesehen werden kann,[920] da „schon eine sich abzeichnende Geschäftsidee nach dem ‚Prinzip Hoffnung' den Unternehmenserfolg mitbeeinflu[ßt]."[921]

In der Beispielsrechnung soll der RÖG für die Performancekontrolle nicht auf Basis von Gleichung (3.53), S. 160, sondern anhand von Gleichung (3.57) berechnet werden:

(3.57) $\tilde{R}\ddot{O}G_t^{[t]*} = FCF_t^{[t]*} + \tilde{U}W_t^{[t]} - \tilde{U}W_{t-1}^{[t-1]} \cdot (1 + wacc_t^{S[t]})$.

Der Unterschied der Gleichungen (3.53), S. 160 und (3.56), S. 162 ist in den Kapitalkosten zu suchen; eine Berechnung auf Basis des sich in der jeweiligen ex post-Perspektive ergebenden Zinssatzes gewährleistet, daß sich bei der Performancekontrolle übereinstimmende Unternehmenswerte für alle Versionen des RÖG rückwirkend für das Jahr 2007 berechnen lassen.[922] Es ergeben sich folgende RÖG (vgl. Tab. 82 bis Tab. 84, alle S. 163):

---

[919] Vgl. *Grinyer* (1985), S. 140.
[920] Vgl. *Dirrigl* (2006), S. 782.
[921] *Hesse* (1996), S. 20.
[922] Vgl. zum RÖG auf Basis der Brutto-Methode II, Netto-Methode sowie Sicherheitsäquivalentmethode Anhang VI, Tab. 342 bis Tab. 353, S. 484-487.

Bereichs- und unternehmenswertorientierte Performancemessung

Jahr	2007	2008	2009	2010	2011	2012	2013	2014	2015 ff.
µ (FCF$_t^{HEV}$)		1.889,66	1.940,42	1.025,50	1.389,36	2.451,80	2.603,38	2.515,76	2.456,44
CC$_t$		2.497,37	2.304,25	2.332,74	2.407,19	2.464,24	2.464,68	2.458,83	2.456,44
ΔKB$_t$		-3.249,98	363,83	1.307,25	1.017,83	12,44	-138,70	-56,93	0,00
RÖG$_t$		-3.857,69	0,00	0,00	0,00	0,00	0,00	0,00	0,00
KB$_t$	43.047,72	39.797,74	40.161,57	41.468,82	42.486,65	42.499,09	42.360,38	42.303,45	
DBRÖG$_t$	-3.646,16	0,00	0,00	0,00	0,00	0,00	0,00	0,00	
UW$_t$	39.401,56	39.797,74	40.161,57	41.468,82	42.486,65	42.499,09	42.360,38	42.303,45	
EK$_t$	33.471,79	33.412,51	34.356,90	35.341,31	36.028,74	36.014,65	36.087,03	36.117,65	

Tab. 82: Performancekontrolle des Bereichs B1 anhand des Residualen ökonomischen Gewinns (Brutto I) im Jahr 2008 (ex post-Perspektive I)

Jahr	2007	2008	2009	2010	2011	2012	2013	2014	2015 ff.
µ (FCF$_t^{HEV}$)		1.889,66	1.967,81	1.055,22	1.336,93	2.392,93	2.544,51	2.456,89	2.397,57
CC$_t$		2.495,82	2.255,29	2.279,22	2.348,68	2.405,37	2.405,81	2.399,96	2.397,57
ΔKB$_t$		-4.068,53	287,48	1.224,00	1.011,75	12,44	-138,70	-56,93	0,00
RÖG$_t$		-4.674,69	0,00	0,00	0,00	0,00	0,00	0,00	0,00
KB$_t$	43.047,72	38.979,19	39.266,67	40.490,67	41.502,43	41.514,87	41.376,16	41.319,23	
DBRÖG$_t$	-4.418,51	0,00	0,00	0,00	0,00	0,00	0,00	0,00	
UW$_t$	38.629,21	38.979,19	39.266,67	40.490,67	41.502,43	41.514,87	41.376,16	41.319,23	
EK$_t$	32.699,43	32.593,96	33.462,00	34.363,17	35.044,52	35.030,43	35.102,81	35.133,43	

Tab. 83: Performancekontrolle des Bereichs B1 anhand des Residualen ökonomischen Gewinns (Brutto I) im Jahr 2008 (ex post-Perspektive II)

Jahr	2007	2008	2009	2010	2011	2012	2013	2014	2015 ff.
µ (FCF$_t^{HEV}$)		1.889,66	2.487,59	1.515,49	1.869,21	2.707,43	2.859,02	2.771,40	2.712,08
CC$_t$		2.505,57	2.600,09	2.613,55	2.675,48	2.719,87	2.720,31	2.714,47	2.712,08
ΔKB$_t$		1.696,05	112,50	1.098,06	806,26	12,44	-138,70	-56,93	0,00
RÖG$_t$		1.080,14	0,00	0,00	0,00	0,00	0,00	0,00	0,00
KB$_t$	43.047,72	44.743,77	44.856,26	45.954,32	46.760,59	46.773,02	46.634,32	46.577,39	
DBRÖG$_t$	1.020,73	0,00	0,00	0,00	0,00	0,00	0,00	0,00	
UW$_t$	44.068,45	44.743,77	44.856,26	45.954,32	46.760,59	46.773,02	46.634,32	46.577,39	
EK$_t$	38.138,68	38.358,54	39.051,59	39.826,81	40.302,68	40.288,58	40.360,97	40.391,59	

Tab. 84: Performancekontrolle des Bereichs B1 anhand des Residualen ökonomischen Gewinns (Brutto I) im Jahr 2008 (ex post-Perspektive III)

Durch die nachträgliche Verrechnung von Kapitalkosten auf einem aktualisierten Informationsstand gilt für den Zusammenhang zwischen Wertänderung und RÖG folgende modifizierte Gleichung:

(3.58) $\quad \Delta \widetilde{EK}_{t+1}^{[t+1]} = RÖG_{t+1}^{[t+1]*} + (wacc_{t+1}^{S[t+1]} - wacc_{t+1}^{S[t]}) \cdot \widetilde{UW}_t^{[t]}$.[923]

Ein weiterer Kritikpunkt am RÖG ist die Tatsache, daß von seinem Vorzeichen weder in Performanceplanung noch -kontrolle auf die Vorteilhaftigkeit eines Projekts oder Bereichs geschlossen werden kann.[924] Es liegt diesbezüglich auch keine ‚eingeschränkte' Rückschlußmöglichkeit vor, die den bisher thematisierten Perfor-

---

[923] -3.857,69 + (0,05801 - 0,05817) · 43.047,72 ≈ -3.864,24,
-4.674,69 + (0,05798 - 0,05817) · 43.047,72 ≈ -4.682,79,
1.080,14 + (0,05820 - 0,05817) · 43.047,72 ≈ 1.081,79.
[924] Vgl. *Dirrigl* (2004b), S. 124.

mancemaßen durchaus zugesprochen werden könnte, da es im RÖG ausschließlich zum Ausweis von Erwartungsrevisionen kommt. Insofern muß die Würdigung des RÖG für Zwecke der wertorientierten Performancemessung zwiegespalten ausfallen: Die diskontierten Erfolgsgrößen entsprechen stets dem Unternehmenswert und der periodische RÖG zeigt die Wertänderungsrichtung bei der Performancekontrolle stets korrekt an. Dieser Ausweis erfolgt aber dem Charakter einer Performanceperiodisierung widersprechend vollumfänglich bereits im Entscheidungszeitpunkt, eine Eigenschaft, die überdies durch eine Aufgabe der Vorteilhaftigkeitsanzeige ‚erkauft' ist. Letztendlich stellt sich der RÖG für die Performancemessung als bedingt geeignet heraus.[925]

3.4.7 Earned Economic Income

3.4.7.1 Earned Economic Income im Überblick

In Großbritannien hat *Grinyer* in den späten 80er und frühen 90er Jahren ein Performancemaß namens *Earned Economic Income* (EEI) vorgestellt,[926] dessen Rechenarithmetik bereits prinzipiell in der *Ladelle/Brief/Owen*-Methode[927] angelegt ist[928] und starke Parallelen zu den Residualgewinnkonzepten mit Abschreibungen nach dem Tragfähigkeitsprinzip von *Rogerson* und *Reichelstein*[929] aufweist. Den drei vorgenannten Konzepten ist gemein, daß sich die errechneten Erfolgsgrößen in Abhängigkeit der erwarteten Erfolgsprofile ergeben. Dabei sind die Quotienten aus Kapitaldiensten bzw. Abschreibungen und Periodenüberschüssen konstant. Ihre absoluten Werte hängen vom Kapitalwert des Bewertungsobjekts und der Anschaffungsauszahlung ab. Die Performancemessung erfolgt quasi nach dem Prinzip der ‚Tragfähigkeit',[930] wofür sich in der Literatur auch die Bezeichnungen

---

[925] Vgl. etwa *Hebertinger* (2002), S. 92-101; *Laux* (2006a), S. 441 zu Bedenken gegenüber dem RÖG aus Sicht der Anreizkompatibilität. A.A. *Arbeitskreis „Wertorientierte Führung in mittelständischen Unternehmen" der Schmalenbach-Gesellschaft* (2006), S. 2071, wonach „[a]ls Zielgröße in einem Vergütungssystem [...] der ökonomische Residualgewinn sehr gut geeignet" sei.

[926] Vgl. vor allem *Grinyer* (1985), S. 130-148; *Grinyer* (1987), S. 43-54; *Grinyer/Abdussalam* (1989), S. 327-341; *Grinyer/Lyon* (1989), S. 303-315; *Grinyer* (1993), S. 747-753; *Grinyer* (1995), S. 211-228; *Grinyer* (2000b), S. 115-124.

[927] Nach *Brief* (1967), S. 27-38 finden sich bei *Ladelle* (1890), S. 659 ff. erstmals die allgemeinen Grundzüge einer Abschreibung nach dem sog. Tragfähigkeitsprinzip, die von ihm ‚wiederentdeckt' und durch *Brief/Owen* (1968), S. 367-372 formalisiert wurden, weshalb vollständigerweise von der *Ladelle/Brief/Owen*-Methode gesprochen werden sollte. Vgl. hierzu auch *Skinner* (1993), S. 739, der auf die weitere Diskussion bei *Brief* (1967), S. 27-38 und *Wright* (1968), S. 149-152 verweist. Vgl. auch bereits zu einem ähnlichen Vorgehen *Bierman jr.* (1961), S. 616-617 und *Wright* (1963), S. 87-90.

[928] Vgl. *Schneider* (2001a), S. 800 dazu, daß die Ertragswertabschreibung bereits im frühen 19. Jahrhundert Erwähnung fand.

[929] Vgl. bereits Fn. 617, S. 110 sowie *Dutta/Reichelstein* (2002); *Wagenhofer/Riegler* (1999) zur expliziten Berücksichtigung der Zahlung von *Management*vergütungen.

[930] Vgl. *Pfaff* (1999), S. 66.

„relatives Beitragsverfahren"[931], „Relative Marginal Benefits Allocation Rule"[932] oder „Relative Benefit Depreciation Schedule"[933] finden.[934]

Gem. *Hebertinger* führen die Methoden von *Grinyer*, *Rogerson* und *Reichelstein* sowie *Ladelle*, *Brief* und *Owen* „im Ergebnis zu denselben residualen Überschußgrößen"[935]. Formal läßt sich die Identität dieser Verfahren auf der Projektebene unter vereinfachenden Bedingungen durchaus nachweisen,[936] wenig Beachtung wird bei einer solchen Betrachtungsweise allerdings der Charakteristik der bewertungsrelevanten Parameter in den ursprünglichen Konzepten geschenkt. Ausgangspunkt der Überlegungen von *Rogerson* und *Reichelstein* ist die Suche nach einer optimalen Bemessungsgrundlage für ein *Management*anreizsystem,[937] die sich dadurch auszeichnen soll, daß die ausgewiesenen Erfolgsgrößen nur bei einem positiven Kapitalwert der zugrundeliegenden Investition einen Wert größer null annehmen.[938] Im Vordergrund der Ausarbeitungen steht die Herleitung einer diese Anforderung erfüllenden Abschreibungsregel, so daß den Modellen eine starke Buchwertorientierung attestiert werden muß. Dementsprechend wird die resultierende „Abschreibung nach dem Tragfähigkeitsprinzip"[939] regelmäßig im Rahmen von Eignungsanalysen des EVA diskutiert.[940] Gleichsam zeichnet sich auch die *Ladelle/Brief/Owen*-Methode durch eine entsprechende Buchwertfundierung aus,[941] was vor dem Hintergrund der mit ihr angestrebten Erörterung grundsätzlicher Abschreibungsmöglichkeiten im externen Rechnungswesen, ohne eine Performancemessung oder *Management*entlohnung im eigentliche Sinne anzustreben, nicht zu überraschen vermag. Dahingegen kann dem EEI, vor allem in der für eine bereichsorientierte Performancemessung angepaßten Version nach *Dirrigl*,[942] eine hohe Zahlungsstrombezogenheit zugesprochen werden,[943] da das

---

[931] *Baldenius/Fuhrmann/Reichelstein* (1999), S. 59.
[932] *Rogerson* (1997), S. 790.
[933] *Reichelstein* (1997), S. 168 f.; *Reichelstein* (2000), S. 178.
[934] Vgl. *Henselmann* (2001), S. 178.
[935] *Hebertinger* (2002), S. 150.
[936] Vgl. *Hebertinger* (2002), S. 150-152.
[937] Vgl. etwa *Reichelstein* (1997), S. 161; *Rogerson* (1997), S. 778. Zu Möglichkeiten einer Weiterentwicklung vgl. jüngst *Mohnen/Bareket* (2007), S. 11 ff.
[938] Vgl. bspw. *Reichelstein* (1997), S. 157 sowie die Ähnlichkeit zur Forderung nach Vorteilhaftigkeitsanzeige bei einem Performancemaß gem. Gleichung (3.3), S. 109.
[939] *Hebertinger* (2002), S. 142.
[940] Vgl. statt vieler *Henselmann* (2001), S. 177-179; *Hesse* (1996), S. 139-146. Eine solche ,Vermengung' wird im Rahmen dieser Arbeit aber abgelehnt, vgl. Fn. 697, S. 125.
[941] Vgl. Fn. 927, S. 164. Ferner *Crasselt/Schmidt* (2007), S. 226.
[942] Vgl. grundlegend *Dirrigl* (2003), S. 154 ff. Kritisch bezüglich der Anwendbarkeit der ursprünglichen EEI-Version nach Grinyer (1987), S. 43-54 auf Investitionsgesamtheiten *Peasnell* (1995a), S. 16-22.
[943] Die *Cashflow*orientierung des EEI-Konzepts wird bspw. bei *Grinyer* (1985), S. 135 betont: „A business may then be deemed to be financially successful if it generates at least as much cash as would have been available to the firm if the cash invested in the business had been invested elsewhere at equivalent risk."

Amortisationskapital[944] als Kapitaleinsatz fungiert. Außerdem betonen *Grinyer/Elbadri* hinsichtlich der Zwecksetzung des EEI-Konzepts, „[i]t is important [...] to appreciate that EEI has [...] been proposed only for the monitoring of the financial performance of the management"[945], insofern keine der Rechnungslegung inhärente Ausrichtung auf Buchwerte vorliegt.

Werden diese grundlegenden Unterschiede im Hinblick auf die Definition der Überschußgrößen und des eingesetzten Kapitals sowie dessen Fortschreibung berücksichtigt und der Analyserahmen auf die Bereichsstruktur und Unsicherheit[946] ausgeweitet,[947] kann keine Ergebnisidentität der Methoden von *Grinyer*, *Rogerson* und *Reichelstein* sowie *Ladelle*, *Brief* und *Owen* vorliegen.[948] Da buchwertorientierte Performancemaße im Rahmen dieser Arbeit bereits eine ausreichende Würdigung erfahren haben,[949] soll nachstehend auf die ‚durch und durch' zahlungsstrombezogene Variante des EEI nach *Dirrigl* abgestellt werden.

3.4.7.2 Bereichsbezogene Erweiterung des Earned Economic Income nach *Dirrigl*

Bereits in seiner Grundkonzeption ist das EEI-Konzept nicht auf den Einprojektfall beschränkt,[950] anhand dessen es in der Literatur zumeist untersucht wird.[951] Allerdings unterliegt die Berechnung des EEI nach *Grinyer* im Mehrprojektfall sehr strengen Prämissen:[952] Entweder ist die explizite Kenntnis der projektspezifischen Zahlungsüberschüsse oder die eindeutige Zurechenbarkeit der beobachteten kumulierten Perioden*cashflows* auf die einzelnen Investitionen zwingend erforder-

---

[944] Vgl. nur *Dirrigl* (2004b), S. 104-108.
[945] *Grinyer/Elbadri* (1989), S. 328; ähnlich bspw. *Grinyer* (1993), S. 751.
[946] Vgl. hierzu vor allem *Grinyer* (1993), S. 748-750, der herausstellt, daß im EEI-Konzept im Gegensatz zur *Ladelle/Brief/Owen*-Methode ex post-Anpassungen vorgesehen sind, wodurch der „EEI is likely to be superior to LBO for the purposes of measuring financial performance."
[947] Bei einer Einzelinvestition entsprechen sich Auszahlung, Buchwert und Amortisationskapital zumindest noch im Jahr der Anschaffung.
[948] In Anlehnung an die Überlegungen von *O'Hanlon/Peasnell* (2002), S. 229-245 läßt sich unter den vereinfachenden Annahmen einer projektbezogenen Performancemessung bei übereinstimmender Risikokonzeption und gleichen Kalkulationszinssätze (k) folgende Beziehung zwischen den Kapitaleinsatzgrößen des EVA und EEI herstellen:

(3.59) $\tilde{AK}_t - \tilde{BW}_t = \sum_{\gamma=1}^{t} EEI_\gamma \cdot (1+k)^{t-\gamma} - \sum_{\gamma=1}^{t} EVA_\gamma \cdot (1+k)^{t-\gamma}$.

Demnach kann in dieser Konstellation der Unterschiedsbetrag zwischen Amortisationskapital (AK) und Buchwert (BW) aus der Differenz der bis zum Betrachtungszeitpunkt aufgezinsten Übergewinne berechnet werden.

[949] Vgl. undifferenziert *Crasselt/Schmidt* (2007), S. 226.
[950] Vgl. *Grinyer* (1985), S. 139.
[951] Vgl. etwa die Beispielsrechnung bei *Grinyer* (1985), S. 143-147; *Grinyer* (1987), S. 52-54; *Grinyer/Elbadri* (1987), S. 262-264; *Grinyer/Lyon* (1989), S. 310-314; *Hebertinger* (2002), S. 147-152.
[952] Vgl. etwa *Grinyer* (1985), S. 139.

lich.⁹⁵³ Weitergehend beweist *Peasnell*, daß das EEI-Konzept für Anlagenkollektive nur konsistent anwendbar sei, wenn die summierten EEI der Einzelprojekte mit den auf Basis der kumulierten Investitionsauszahlungen und *Cashflows* berechneten EEI übereinstimmen (sog. Konsistenzbedingung).⁹⁵⁴

Diese Anforderungen können bei einer bereichsorientierten Performancemessung im allgemeinen als nicht erfüllt gelten,⁹⁵⁵ weshalb das ursprüngliche EEI-Konzept von *Dirrigl* dahingehend erweitert worden ist, daß lediglich auf die Kenntnisse der kumulierten Perioden*cashflows* sowie der Investitionszeitpunkte und -volumina zurückgegriffen werden muß.⁹⁵⁶ Außerdem werden von *Dirrigl* nicht nur Projekte mit identischen Investitionszeitpunkten betrachtet,⁹⁵⁷ die ebenso wie die Einschränkung eines mit der Nutzungsdauer des längsten Projekts übereinstimmenden Planungszeitraums prägend für die Primärliteratur des EEI sind.⁹⁵⁸

Von besonderer Bedeutung ist dabei die Bestimmung der Kapitaleinsatzgröße, die mittels der Investitionsauszahlungen innerhalb des Performancemessungshorizonts zu berechnen ist (vgl. Kap. 3.2.1, S. 95 ff.).⁹⁵⁹ Hierfür werden für alle „Investitionsauszahlungs-Jahrgänge"⁹⁶⁰ des Bereichs, die innerhalb des Betrachtungszeitraums Zahlungsmittelrückflüsse generieren, Kapitaldienstannuitäten⁹⁶¹ ($ANNKAPD_t$) anhand der Investitionsauszahlungen und der durchschnittlichen Nutzungsdauer bestimmt (vgl. Kap. 2.5.4.1.1, S. 61 ff).⁹⁶² Investitionen, die über den Planungs- und Kontrollhorizont hinaus Rückflüsse erwarten lassen oder die zum Betrachtungszeitpunkt bereits begonnen wurden, gehen lediglich mit ihren innerhalb des Betrachtungszeitraums liegenden periodenspezifischen Kapitaldienstannuitäten in die Berechnung des eingesetzten Kapitals ein.⁹⁶³ Insgesamt kann die Investitionsbasis damit unter Annahme eines zeitinvarianten risikolosen Zinssatzes wie folgt berechnet werden:

(3.60) $$DANNKAPD_t^{[t]} = \sum_{\tau=t+1}^{\infty} \frac{ANNKAPD_\tau^{[t]}}{(1+r^{f,S})^{\tau-t}}.$$

---

[953] Rigoros von *Skinner* (1993), S. 741 ff.; *Skinner* (1998), S. 98 ff. abgelehnt.
[954] Vgl. *Peasnell* (1995b), S. 231.
[955] Jedes Einzelprojekt müßte über eine übereinstimmende Kapitaleinsatz-Barwert-Relation verfügen.
[956] Vgl. grundlegend *Dirrigl* (2003), S. 143-186.
[957] Vgl. *Dirrigl* (2003), S. 165.
[958] Vgl. etwa *Grinyer* (1995), S. 215 ff.; *Peasnell* (1995b), S. 230.
[959] Vgl. *Dirrigl* (2004b), S. 104-108.
[960] *Dirrigl* (2003), S. 155.
[961] Vgl. auch *Schneider* (1997), S. 440 ff. dazu, daß bspw. bei der Innenfinanzierung von Ersatzinvestitionen der Kapitaldienst annuitätisch zu berechnen sei.
[962] Vgl. *Dirrigl* (2003), S. 155.
[963] Vgl. zu einer Beispielsrechnung *Dirrigl* (2003), S. 169, Tab. 5.

Der EEI nach *Dirrigl* wird anhand der Kapitaleinsatz-Barwert-Relation[964] ($KBR_0^{[t]}$) mit dem Sicherheitsäquivalent des operativen *Cashflows* ($SÄ(OCF_t)$) gem. Gleichung (3.61) berechnet als[965]

(3.61) $\quad \tilde{E}EI_t^{[t]} = (1 - \tilde{K}BR_0^{[t]}) \cdot SÄ(\tilde{O}CF_t)$

und stellt einen residualen Zahlungsüberschuß nach Befriedigung der Kapitalgeberansprüche dar. Die Kapitaleinsatz-Barwert-Relation ergibt sich ihrerseits durch den Quotienten aus diskontierten Kapitaldienstannuitäten ($DANNKAPD_0^{[t]}$) und dem Barwert der Sicherheitsäquivalente des operativen *Cashflows* ($BW_0[SÄ(\tilde{O}CF_t^{[t]})]$):[966]

(3.62) $\quad \tilde{K}BR_0^{[t]} = \dfrac{DANNKAPD_0^{[t]}}{BW_0[SÄ(\tilde{O}CF_t^{[t]})]}.$

Das Sicherheitsäquivalent der operativen *Cashflows* bestimmt sich in der Beispielsrechnung nach Gleichung (3.63):[967]

(3.63)
$SÄ(\tilde{O}CF_t) = [(\tilde{X}_t - \tilde{A}fA_t) \cdot (1 - s_G) - i \cdot FK_{t-1} \cdot (1 - 0,5 \cdot s_G)]$
$\cdot (1 - s_K) - (\tilde{I}_t^{UV} - \tilde{A}fA_t) - T_t - \tilde{N}CF_t^{vE} \cdot 0,5 \cdot s_E$
$- \tilde{I}_t^{AV} \cdot fkq_t - rak \cdot \sigma_{NCF,t}^2$

Demzufolge werden vom Zahlungsmittelüberschuß vor Zinsen, Steuern und Investitionen die Unternehmenssteuern unter Berücksichtigung der Fremdfinanzierung, die Investitionen in das Umlaufvermögen ($\tilde{I}_t^{UV}$), die Tilgung, die auf den *Netto Cashflow* bezogene Einkommensteuer ($\tilde{N}CF_t^{vE} \cdot 0,5 \cdot s_E$), der fremdfinanzierte An-

---

[964] Vgl. *Dirrigl* (2003), S. 164, wohingegen *Henselmann* (2001), S. 178 inhaltsgleich vom „Skalierungsfaktor" spricht.
[965] Vgl. *Dirrigl* (2003), S. 164; *Grinyer* (1985), S. 137 f.
[966] Vgl. *Dirrigl* (2003), S. 164. *Grinyer* (1985), S. 141; *Grinyer/Lyon* (1989), S. 311 verwenden den Begriff "Apportionment Factor". Vgl. auch *Grinyer/Lyon* (1989), S. 311. Was Gleichung (3.62) anbelangt, gilt es darauf hinzuweisen, daß im Ursprungskonzept von *Grinyer* (1985), S. 135 ff. die Gleichungen des EEI auf Basis des Endwerts einer Investition hergeleitet worden sind, die Umstellung des Formalismus auf den Barwert der Zahlungsüberschüsse als Bezugsgröße ab *Grinyer/Elbadri* (1987), S. 262-264 erfolgte.
[967] Vgl. zur Basisstruktur einer mehrstufigen Finanzierungsrechnung *Dirrigl* (2003), S. 171, Abb. 3. Der hier verwendete operative *Cashflow* entspräche der Zahlungsüberschußebene II, also einem Zahlungsüberschuß nach Berücksichtigung der Fremdfinanzierungsebene.

teil (fkq_t) der Investitionen in das Anlagevermögen ($\tilde{I}_t^{AV}$) und der Risikoabschlag auf Basis der Varianz abgezogen,[968] um das Sicherheitsäquivalent der operativen *Cashflows* zu bestimmen.

Gem. Gleichungen (3.61) bis (3.63), S. 168-168 bezieht sich die Performanceperiodisierung des EEI-Konzepts auf den eigenfinanzierten Anteil des abnutzbaren Anlagevermögens;[969] die Kapitaldienstzahlungen ergeben sich aus dem Produkt von Kapitaleinsatz-Barwert-Relation und dem Sicherheitsäquivalent des operativen *Cashflow*:[970]

(3.64) $\quad \tilde{K}APD_t^{[t]} = \tilde{K}BR_0^{[t]} \cdot S\ddot{A}(\tilde{O}CF_t)$.

Die Kapitaldienstzahlungen nach Gleichung (3.64) teilen sich auf Verzinsungsansprüche ($\tilde{C}C_t^{[]}$) und Tilgungsleistungen der Eigenkapitalgeber ($\tilde{T}IL_t^{[]}$) auf,[971] wobei im Rahmen der Beispielsrechnung in Abgrenzung zu den nach CAPM bestimmten Eigenkapitalkosten i.H.v. 5,98125% davon ausgegangen wird, das Amortisationskapital solle sich zu 15% rentieren (i_t^{AK}). Die Kapitalkosten, Tilgungen und die Amortisationskapitalbestände ergeben sich entsprechend der EEI-Logik gem. nachstehenden Gleichungen:

(3.65) $\quad \tilde{C}C_t^{[t]} = i_t^{AK} \cdot \tilde{A}K_{t-1}^{[t]}$.

(3.66) $\quad \tilde{T}IL_t^{[t]} = \tilde{K}APD_t^{[t]} - \tilde{C}C_t^{[t]}$.

(3.67) $\quad \tilde{A}K_t^{[t]} = \tilde{A}K_{t-1}^{[t]} + I_t - \tilde{T}IL_t^{[t]}$.

3.4.7.3 Eignungsanalyse des Earned Economic Income

Während die *Ladelle/Brief/Owen*-Methode kaum nennenswerte Beachtung in der Literatur fand[972] und das EEI-Konzept einer mitunter heftigen Kritik durch *Peasnell*[973] und *Skinner*[974] ausgesetzt war, gelten die Modelle von *Rogerson* und *Rei-*

---

[968] Vgl. die Ähnlichkeit zur Definition des *Netto Cashflows* gem. Gleichung (2.7), S. 70.
[969] Vgl. *Dirrigl* (2003), S. 179. Der EEI könnte grundsätzlich auch auf anderen Ebenen der mehrstufigen Finanzierungsrechnung bestimmt werden, vgl. Fn. 967, S. 168; aus Sicht des *Shareholder Value*-Gedankens erscheint die gewählte Ertragswertebene aber vorziehenswürdig.
[970] Vgl. *Grinyer* (1985), S. 137 f., bei dem sich für Gleichung (3.64) die Bezeichnung „Investment Charge" findet, wohingegen nach *Henselmann* (2001), S. 178 ein „skalierter Anteil der Zahlungsüberschüsse" vorliegt.
[971] Vgl. *Dirrigl* (2003), S. 164.
[972] Vgl. Fn. 927, S. 164.
[973] Vgl. *Peasnell* (1995a), S. 5-33; *Peasnell* (1995b), S. 229-239.

chelstein als ‚*State of the Art*' für die Gestaltung von *Management*anreizsystemen.[975] Diese uneinheitliche Beurteilung muß vor dem Hintergrund des literaturüblichen Analyserahmens einer Projektstruktur unter Sicherheit durchaus irritieren, wenn sich die genannten Verfahren – wie soeben dargestellt –bei einem solchen Prämissenset ineinander überführen lassen.[976]

Für die hier bevorzugte Variante des EEI nach *Dirrigl* sollen die angeführten Kritikpunkte im Rahmen dieser Eignungsanalyse erneut aufgegriffen und auf ihre Gültigkeit untersucht werden.

Zunächst ist festzuhalten, daß der EEI den Anforderungen einer Barwertidentität gem. Gleichung (3.2), S. 109 gerecht wird.[977] Unter Annahme eines zeitinvarianten risikolosen Zinssatz läßt sich für beliebige Bewertungszeitpunkte ab dem Zeitpunkt t=2007 schreiben:

$$(3.68) \quad \sum_{\tau=t+1}^{\infty} \frac{S\ddot{A}[\tilde{N}CF_{\tau}^{[t]}]}{(1+r^{f,S})^{\tau-t}} = \sum_{\tau=t+1}^{\infty} \frac{DANNKAPD_{\tau}^{[t]} - I_{\tau}^{[t]}}{(1+r^{f,S})^{\tau-t}} + \sum_{\tau=t+1}^{\infty} \frac{\widetilde{E}EI_{\tau}^{[t]}}{(1+r^{f,S})^{\tau-t}} + \sum_{m=2007}^{t}(-KAPD_{m}^{[t]} + ANNKAPD_{m}^{[t]}) \cdot (1+r^{f,S})^{t-m}$$

Dementsprechend führt eine Unternehmensbewertung auf Basis des EEI zu dem geläufigen Eigenkapitalwert i.H.v. 44.579,70 (Tab. 85):[978]

Jahr	2007	2008	2009	2010	2011	2012	2013	2014	2015 ff.
SÄ (OCF$_t^{rEV}$)		4.101,36	3.087,68	3.402,97	3.696,44	4.126,49	4.039,01	4.086,39	4.119,37
KAPD$_t$		2.666,48	2.007,44	2.212,43	2.403,22	2.682,82	2.625,95	2.656,75	2.678,20
CC$_t$		599,44	589,38	616,67	713,31	783,82	798,97	824,93	850,15
TIL$_t$		2.067,05	1.418,06	1.595,76	1.689,91	1.899,00	1.826,97	1.831,83	1.828,04
ANNKAPD$_t$		2.277,48	2.627,86	2.627,86	2.557,79	2.627,86	2.803,05	2.697,94	2.627,86
DANNKAPD$_t$	57.546,88	57.887,79	57.893,82	57.900,13	57.976,80	57.986,88	57.822,23	57.755,20	
I$_t$		2.000,00	1.600,00	2.240,00	2.160,00	2.000,00	2.000,00	2.000,00	2.000,00
AK$_t$	3.996,26	3.929,21	4.111,15	4.755,40	5.225,48	5.326,48	5.499,51	5.667,68	5.839,64
-KAPD+ANNKAPD (1+r)$^{t-m}$		-389,00	213,72	638,88	822,51	804,97	1.018,70	1.106,24	1.106,24
EEI$_t$		1.434,87	1.080,23	1.190,54	1.293,21	1.443,67	1.413,06	1.429,64	1.441,18
DDEI$_t$	30.966,84	30.940,96	31.268,54	31.500,72	31.640,79	31.636,78	31.663,19	31.674,22	31.674,05
EK$_t$	44.579,70	44.506,72	45.044,10	45.930,64	46.484,05	46.472,58	46.548,08	46.579,62	

Tab. 85: Performanceplanung des Bereichs B1 anhand des *Earned Economic Income* für die Jahre 2008 bis 2015 ff. (ex ante-Perspektive); KBR ≈ 0,6501

---

[974] Vgl. *Skinner* (1993), S. 737-745; *Skinner* (1998), S. 93-104.
[975] Vgl. auch *Gillenkirch/Schabel* (2001), S. 236-238. Kritisch äußerst sich *Nowak* (1999), S. 112-113 aufgrund des „hohen Maß[es] der Subjektivität" gegenüber der Abschreibung nach dem Tragfähigkeitsprinzip beim praktischen Einsatz bei der *Hoechst AG*. Vgl. auch selbstkritisch die empirischen Studien von *Grinyer/Abdussalam* (1987), S. 247-265; *Grinyer/Kouhy/Elbadri* (1992), S. 249-259.
[976] Vgl. erneut Fn. 936, S. 165.
[977] Vgl. etwa *Peasnell* (1995a), S. 8; *Drukarczyk/Schüler* (2007), S. 459.
[978] Vgl. *Dirrigl* (2003), S. 178-182 zu einer ähnlichen Beispielsrechnung. Der Eigenkapitalwert des Jahres 2009 berechnet sich bspw. folgendermaßen: 57.893,82 - 44.331,98 + 31.268,54 + 213,72 ≈ 45.044,10.

Die vorstehende Tab. zeigt weiterhin auf, daß der Bereichskapitalwert entsprechend der ‚Tragfähigkeit' der Perioden so periodisiert wird,[979] daß ein vorteilhafter Unternehmensbereich auch in jeder Periode einen positiven residualen Zahlungsüberschuß ausweist.[980] Dies ist auf den grundlegenden Periodisierungsalgorithmus gem. Gleichung (3.62), S. 168 i.V.m. (3.61), S. 168 des EEI zurückzuführen, der periodische Vorteilhaftigkeitsaussagen aus der ex ante- und ex post-Perspektive ermöglicht, die mit dem Kapitalwertkriterium jederzeit konsistent sind.[981] Die Forderung nach Vorteilhaftigkeitsanzeige gem. Gleichung (3.3), S. 109 kann durch diese zeitliche Strukturierung durchweg als erfüllt gelten,[982] solange die Sicherheitsäquivalente der operativen *Cashflows* allesamt positiv sind.[983] Diese Prämisse erscheint aber in dem für Bereiche konstitutiven Mehrprojektfall mit sich überschneidenden Anfangsauszahlungen und Lebenszyklen weitaus weniger restriktiv als die der Normalinvestition auf der Projektebene,[984] so daß die vor allem von *Peasnell* vorgetragene Kritik bei einer bereichsorientierten Performancemessung auf Basis des EEI ihre Wirkung einbüßt.[985] Außerdem wird der EEI mit seiner Fähigkeit der Vorteilhaftigkeitsanzeige auch den *agency*theoretischen Anforderungen an ein Performancemaß gerecht.[986] Sowohl die Bedingungen einer starken Zielkongruenz[987] als auch einer Anreizkompatibilität[988] werden erfüllt. Eine auf Basis des EEI ausgestaltete Bemessungsgrundlage für die *Management*entlohnung erzielt damit in jeder Periode die gewünschte Anreizwirkung,[989] wofür *Dutta/Reichelstein* sogar in einem erweiterten *Linear Exponential Normal* (LEN)-Modellrahmen[990] mit *Hidden Action* und *Hidden Information* der Nachweis gelingt.[991]

Konstitutiv für den EEI ist, daß der Erfolgsausweis nicht in der Periode erfolgt, in der sich die Erwartungen hinsichtlich zukünftiger *Cashflows* verändern, sondern zu den Zeitpunkten, in denen die korrespondierenden *Cashflows* tatsächlich ver-

---

[979] *Crasselt/Schmidt* (2007), S. 226 bezeichnen den EEI zutreffend als „durch den operativen Cashflow ‚verdienten' Teil des Kapitalwerts".
[980] Vgl. *Grinyer* (2000b), S. 116 f.
[981] Vgl. *Grinyer* (1985), S. 130 f.
[982] Vgl. *Dirrigl* (2006), S. 782.
[983] Vgl. *Peasnell* (1995a), S. 9 ff.
[984] *Drukarczyk/Schüler* (2000), S. 267 übersehen diese Restriktion offensichtlich, wenn sie in ihrem Zahlenbeispiel ein vorteilhaftes Projekt mit einem negativen *Cashflow* in der Periode t_2 analysieren; ‚folgerichtig' weisen sie dieser Periode einen negativen EEI zu, obwohl der Kapitalwert des Projekts positiv ist. Nach *Grinyer* (1987), S. 46-47 sollten aber alle negativen Zahlungsüberschüsse zukünftiger Perioden als zusätzliche Investitionen interpretiert werden. Zur kritischen Diskussion dieses Lösungsvorschlags vgl. *Peasnell* (1995a), S. 9 ff. sowie *Grinyer* (1995), S. 213 ff.
[985] Vgl. *Peasnell* (1995a), S. 9 ff.
[986] Vgl. Fn. 626, S. 111.
[987] Vgl. etwa *Baldenius/Fuhrmann/Reichelstein* (1999), S. 55.
[988] Vgl. *Gillenkirch/Schabel* (2001), S. 237.
[989] Vgl. bspw. *Reichelstein* (2000), S. 255-259.
[990] Vgl. grundlegend *Holmström/Milgrom* (1987), S. 303-328; *Spremann* (1987), S. 3-37.
[991] Vgl. *Dutta/Reichelstein* (2002), S. 253-281.

einnahmt werden,[992] es also zu einer Realisierung der Bestandteile des Kapitalwerts respektive deren Veränderungen kommt.[993] Zur Begründung der Vorziehenswürdigkeit dieses ‚Realisationsprinzips' ist der Ansicht von *Grinyer* nichts hinzuzufügen:

> „*It takes account of the time value of money; it recognizes gains in the periods in which they are deemed to have been generated by the relaxation of constraints, rather than the periods in which expectations are formed, or changed, as occurs with Economic Income (EI) approaches; it limits the effect of estimates to the allocation of costs; it automatically takes account of inflation; and it provides measurements with defined economic significance. Thus logic suggests that the approach is conceptually superior*".[994]

Bezüglich der Frage, ob vom EEI respektive vom Unterschiedsbetrag zwischen geplanten und ‚realisierten' EEI einer Periode auf die Wertänderung geschlossen werden kann, mithin die Bedingung der Wertsteigerungsabbildung gem. Gleichung (3.4), S. 109 erfüllt ist, läßt sich folgendes festhalten: Da es für das EEI-Konzept charakteristisch ist, für die Festlegung der Kapitaldienstzahlungen auf den zukünftigen Verlauf der Ein- und Auszahlungen abzustellen (vgl. Gleichung (3.64), S. 169),[995] werden mit fortschreitender Zeit die geschätzten Sicherheitsäquivalente und geplanten Investitionsauszahlungen durch realisierte Werte ersetzt.[996] Werden diese Anpassungen auch rückwirkend für vergangene Performancemessungszeiträume durchgeführt,[997] was dem ‚Vorläufigkeitscharakter' der Performancemessung entspräche (vgl. Kap. 3.1.2, S. 92 ff.),[998] resultieren mitunter auch ex post-Anpassungen vergangener Perioden.[999]

Da somit die Kapitaleinsatz-Barwert-Relation gem. Gleichung (3.62), S. 168 ständig auf dem aktuellsten Informationsstand bezüglich des Bewertungsobjekts gehalten wird, erfährt der periodenbezogene EEI ‚automatisch' eine Anpassung in Richtung der beobachteten Wertänderung. Insoweit kommt die Differenz von EEI-Werten aus der ex ante- und ex post-Perspektive der Wertsteigerungsabbildung nach, wenngleich einschränkend darauf hinzuweisen ist, daß Konstellationen ‚konstruierbar' sind, in denen die Veränderung der periodenübergreifenden Kapitaleinsatz-Barwert-Relation durch eine entgegengesetzte Entwicklung des realisierten

---

[992] Vgl. bspw. *Grinyer* (1985), S. 140; *Grinyer* (1987), S. 45. Rigoros ablehnend *Skinner* (1998), S. 98.
[993] Ferner *Crasselt/Schmidt* (2007), S. 226.
[994] *Grinyer* (1987), S. 44.
[995] Vgl. *Pfaff* (1999), S. 66.
[996] Vgl. etwa *Grinyer* (1987), S. 48.
[997] Vgl. zu einer Beispielsrechnung mit „retrospective adjustment[s]" *Grinyer* (1985), S. 143-145. Ferner *Drukarczyk/Schüler* (2007), S. 460.
[998] Andernfalls würde gegebenenfalls die Barwertidentität nicht mehr erfüllt.
[999] Vgl. *Grinyer* (1993), S. 749.

Zahlungsüberschusses einer einzigen Periode überkompensiert wird.[1000] Für Zwecke einer bereichsorientierten Performancemessung erscheint das Eintreten einer solchen Datenkonstellation aber als äußerst unrealistisch.

In Analogie zur bisherigen Eignungsanalyse wertorientierter Performancemaße ließe sich bei der Überprüfung der Wertsteigerungsabbildung des EEI-Konzepts verkürzt[1001] nachstehende Gleichung bestimmen, wobei dieser Darstellung nicht direkt zu entnehmen ist, daß strategisch-prospektive Informationen im periodenbezogenen EEI ‚gespeichert' sind:[1002]

(3.69) $\quad \Delta \tilde{E} K_{t+1}^{[t+1]} = EEI_{t+1}^{[t+1]} + \tilde{D}EEI_{t+1}^{[t+1]} - (1 + i_{t+1}^{S\,[t]}) \cdot \tilde{D}EEI_{t}^{[t]}$.

So kann in der Beispielsrechnung ein Absinken des EEI in den ex post-Perspektiven I und II für das Jahr 2008 um 123,41[1003] bzw. 162,87[1004] beobachtet werden (vgl. Tab. 86 und Tab. 87, S. 173-174), was mit einer Wertvernichtung von -3.278,02 respektive -4.558,19 einhergeht:[1005]

Jahr	2007	2008	2009	2010	2011	2012	2013	2014	2015 ff.
SÄ (OCF$_t^{HEV}$)		4.023,15	2.564,92	3.254,31	3.540,00	4.000,29	3.912,81	3.960,20	3.993,18
KAPD$_t$		2.711,69	1.728,81	2.193,47	2.386,03	2.696,28	2.637,32	2.669,26	2.691,49
CC$_t$		599,44	582,60	650,67	755,25	834,63	855,38	888,09	920,91
TIL$_t$		2.112,26	1.146,21	1.542,81	1.630,79	1.861,66	1.781,94	1.781,17	1.770,58
ANNKAPD$_t$		2.277,48	2.627,86	2.627,86	2.557,79	2.627,86	2.803,05	2.697,94	2.627,86
DANNKAPD$_t$	57.546,88	57.887,79	57.893,82	57.900,13	57.976,80	57.986,88	57.822,23	57.755,20	
I$_t$		2.000,00	1.600,00	2.240,00	2.160,00	2.000,00	2.000,00	2.000,00	2.000,00
AK$_t$	3.996,26	3.884,00	4.337,79	5.034,98	5.564,20	5.702,54	5.920,60	6.139,43	6.368,85
-KAPD+ANNKAPD $(1+r)^{t-m}$		-434,21	445,08	899,72	1.112,41	1.094,60	1.310,13	1.398,42	1.398,42
EEI$_t$		**1.311,46**	836,11	1.060,83	1.153,96	1.304,01	1.275,49	1.290,94	1.301,69
DDEI$_t$	27.831,48	27.786,35	28.214,52	28.437,45	28.577,39	28.573,65	28.598,26	28.608,55	28.608,55
EK$_t$	41.444,34	41.306,90	42.221,44	43.128,21	43.710,55	43.699,09	43.774,58	43.806,13	

Tab. 86: Performancekontrolle des Bereichs B1 anhand des *Earned Economic Income* im Jahr 2008 (ex post-Perspektive I); KBR ≈ 0,6740

[1000] Vgl. auch *Peasnell* (1995b), S. 231-233.
[1001] Die verkürzte Gleichung gilt unter der in der Beispielsrechnung unterstellten Datenkonstellation, vor allem im Hinblick auf die unveränderte Investitionsbasis; eine allgemeine Berechnung findet sich in Fn. 2311, S. 414.
[1002] Von daher zeigt das EEI-Konzept auch Potential bezüglich einer Integration operativer und strategischer Kontrollrechnung auf Basis des *Cashflow*, vgl. *Dirrigl* (1998b), S. 563 f.
[1003] 1.311,46 - 1.434,87 ≈ -123,41.
[1004] 1.227,00 - 1.434,87 ≈ -162,87.
[1005] 1.311,46 + 27.786,35 - 1,0455 · 30.966,84 ≈ -3.278,02,
1.272,00 + 26.545,64 - 1,0455 · 30.966,84 ≈ -4.558,19.

Jahr	2007	2008	2009	2010	2011	2012	2013	2014	2015 ff.
SÄ (OCF$_t^{HEV}$)		4.023,15	2.639,96	3.223,99	3.485,23	3.933,93	3.846,45	3.893,84	3.926,81
KAPD$_t$		2.751,15	1.805,28	2.204,66	2.383,30	2.690,13	2.630,31	2.662,72	2.685,27
CC$_t$		599,44	576,68	632,39	732,55	808,94	826,76	856,23	885,25
TIL$_t$		2.151,71	1.228,60	1.572,27	1.650,75	1.881,20	1.803,55	1.806,49	1.800,02
ANNKAPD$_t$		2.277,48	2.627,86	2.627,86	2.557,79	2.627,86	2.803,05	2.697,94	2.627,86
DANNKAPD$_t$	57.546,88	57.887,79	57.893,82	57.900,13	57.976,80	57.986,88	57.822,23	57.755,20	
I$_t$		2.000,00	1.600,00	2.240,00	2.160,00	2.000,00	2.000,00	2.000,00	2.000,00
AK$_t$	3.996,26	3.844,54	4.215,95	4.883,68	5.392,93	5.511,73	5.708,18	5.901,69	6.101,67
-KAPD+ANNKAPD (1+r)$^{t-m}$		-473,67	327,36	765,46	974,77	956,85	1.173,12	1.261,72	1.261,72
EEI$_t$		1.272,00	834,68	1.019,33	1.101,93	1.243,79	1.216,14	1.231,19	1.241,54
DDEI$_t$	26.607,02	26.545,64	26.918,78	27.124,26	27.256,48	27.252,86	27.276,73	27.286,70	27.286,70
EK$_t$	40.219,88	40.026,73	40.807,99	41.680,76	42.252,01	42.240,54	42.316,04	42.347,58	

Tab. 87: Performancekontrolle des Bereichs B1 anhand des *Earned Economic Income* im Jahr 2008 (ex post-Perspektive II); KBR ≈ 0,6838

Die in der ex post-Perspektive III festzustellende Wertänderung i.H.v. 2.008,56 wird durch einen gegenüber dem Jahr 2008 um 28,21[1006] angestiegenen EEI repräsentiert (vgl. Tab. 88).[1007]

Jahr	2007	2008	2009	2010	2011	2012	2013	2014	2015 ff.
SÄ (OCF$_t^{HEV}$)		4.023,15	3.160,19	3.568,22	3.984,14	4.210,44	4.122,96	4.170,34	4.203,32
KAPD$_t$		2.560,07	2.010,94	2.270,58	2.535,25	2.679,25	2.623,58	2.653,73	2.674,72
CC$_t$		599,44	605,34	634,50	725,09	777,57	792,32	817,63	842,21
TIL$_t$		1.960,64	1.405,60	1.636,08	1.810,15	1.901,68	1.831,27	1.836,11	1.832,51
ANNKAPD$_t$		2.277,48	2.627,86	2.627,86	2.557,79	2.627,86	2.803,05	2.697,94	2.627,86
DANNKAPD$_t$	57.546,88	57.887,79	57.893,82	57.900,13	57.976,80	57.986,88	57.822,23	57.755,20	
I$_t$		2.000,00	1.600,00	2.240,00	2.160,00	2.000,00	2.000,00	2.000,00	2.000,00
AK$_t$	3.996,26	4.035,62	4.230,02	4.833,94	5.183,79	5.282,11	5.450,84	5.614,73	5.782,22
-KAPD+ANNKAPD (1+r)$^{t-m}$		-282,59	321,47	693,37	747,46	730,08	942,77	1.029,87	1.029,87
EEI$_t$		1.463,08	1.149,25	1.297,64	1.448,89	1.531,19	1.499,24	1.516,61	1.528,60
DDEI$_t$	32.887,99	32.921,32	33.269,98	33.486,13	33.560,86	33.556,69	33.584,15	33.595,62	33.595,62
EK$_t$	46.500,85	46.593,49	47.153,30	47.970,55	48.329,08	48.317,61	48.393,11	48.424,65	

Tab. 88: Performancekontrolle des Bereichs B1 anhand des *Earned Economic Income* im Jahr 2008 (ex post-Perspektive III); KBR ≈ 0,6363

Schlußendlich kann also festgehalten werden, daß das EEI-Konzept den beschriebenen Anforderungskatalog an wertorientierte Kennzahlen weitgehend erfüllt: Der Barwertidentität, Vorteilhaftigkeitsanzeige und Wertsteigerungsabbildung wird bei einem Einsatz des EEI im Rahmen der bereichsbezogenen Performancemessung grundsätzlich entsprochen. Eine Vielzahl der von *Peasnell* und *Skinner* vorgebrachten Kritikpunkte verblaßt vor dem Hintergrund einer *Multi-Asset*-Struktur und der von *Dirrigl* vorgenommenen Erweiterungen.[1008]

[1006] 1.463,08 - 1.434,87 ≈ 28,21.
[1007] 1.463,08 + 32.921,32 - 1,0455 · 30.966,84 ≈ 2.008,56.
[1008] Vgl. zu den Kritikpunkten bereits Fn. 973 und Fn. 974, beide S. 170. Die Bedenken von *Skinner* (1998), S. 98 gegenüber der starken Orientierung am *Cashflow* werden in der vorliegenden Arbeit im Kontext einer bereichsbezogenen Performancemessung allerdings als positive Eigenschaft beurteilt.

Häufig wird an der EEI-Systematik der relativ hohe Informationsbedarf kritisiert,[1009] der bei den Modellen von *Rogerson* und *Reichelstein* jedoch nur unwesentlich geringer ist.[1010] Dem ist erneut zu entgegnen, daß ohne Kenntnis zukunftsbezogener Informationen eine zweifelsfreie Abbildung der Vorteilhaftigkeit und Wertsteigerung schlichtweg unmöglich ist.[1011]

3.4.7.4 Exkurs: Begrenzter Planungs- und Kontrollhorizont

Die Problematik der Festlegung eines ‚begrenzten' Planungs- und Kontrollhorizonts im Rahmen der Performancemessung wurde bislang ausgeblendet,[1012] indem auf den zeitlich unbegrenzten Prognosezeitraum der zugrundeliegenden bereichsbezogenen Unternehmensbewertung abgestellt wurde.[1013] Insoweit umfaßte die Performanceplanung und -kontrolle sowohl einen Detail- als auch einen Trendprognosezeitraum, was vor dem Hintergrund des ‚going concern'-Charakters von Bereichen, dem Vorläufigkeitscharakter der Performanceperiodisierung (vgl. Kap. 3.1.2, S. 92 ff.) und der Notwendigkeit des Einbezugs strategisch-prospektiver Informationen für Zwecke einer aussagefähigen Performancemessung gerechtfertigt werden kann.

Andererseits ließe sich der Bedarf einer Begrenzung des Planungs- und Kontrollhorizonts allein aus Gründen der mit der Performancemessung angestrebten Verhaltenssteuerung von Entscheidungsträgern herleiten, die mit den üblicherweise in der Trendprognosephase zum Einsatz kommenden pauschalierenden Annahmen kaum zu erreichen sein dürfte.[1014] Bei der Festlegung von kürzeren, ‚endlichen' Zeiträumen für die Performanceperiodisierung bietet

- die Länge des Detailprognosezeitraums der Unternehmensbewertung, auf der die bereichsorientierte Performancemessung basiert,[1015]
- die Unsicherheitscharakteristik der Erfolgsgrößen und deren Auflösung im Zeitablauf[1016] sowie
- die Vertragslaufzeit des Bereichs*management*

[1009] Vgl. statt vieler *Pfaff* (1999), S. 66.
[1010] Vgl. *Hebertinger* (2002), S. 156, der richtigerweise darauf hinweist, daß die Informationsasymmetrie in den Modellen von *Rogerson* und *Reichelstein* nur in der ersten Periode des zu bewertenden Projekts besteht; danach kann die Zentrale aus den ihr dann vorliegenden Informationen die vom Agenten erwarteten Zahlungsüberschüsse für sämtliche Zeitpunkte berechnen.
[1011] Vgl. erneut nur *Gebhardt* (2003), S. 77.
[1012] Vgl. zur Festlegung des Planungshorizonts *Herter* (1994), S. 52-54.
[1013] Ein ähnliches Vorgehen findet sich bei *Dirrigl* (2003), S. 180-182.
[1014] Besonders gering dürfte die Anreizkompatibilität bei Ramping-Verfahren ausgestaltet sein, vgl. hierzu im Zusammenhang eines Wertgeneratorenmodells *Günther* (1997), S. 147-154, m.w.N.
[1015] Die Detailprognosephase ist wohl bei *Dirrigl* (2003), S. 168 ff. ausschlaggebend für den Zeitraum der Performanceperiodisierung.
[1016] Zur Risikoauflösung im Zeitverlauf vgl. Fn. 284, S. 38.

eine erste Orientierung. Durch die Einarbeitung eines begrenzten Planungs- und Kontrollhorizonts ergeben sich jedoch zwangsläufig Abgrenzungsschwierigkeiten,[1017] speziell im Hinblick auf die Investitions-, Amortisations- und Finanzierungsstruktur.[1018] Diese Problematik soll mit Hilfe einer Fortsetzung der Beispielsrechnung veranschaulicht werden:[1019]

Es wird unterstellt, daß die Performancemessung für einen vierjährigen – die Jahre 2008 bis 2011 umfassenden – Zeitraum erfolgt. Demnach fallen nur noch die in Tab. 89 schwarz unterlegten Investitionsauszahlungen in die Planungs- und Kontrollphase:

Jahr	2005	2006	2007	2008	2009	2010	2011	2012 ff.
Investitionsauszahlung	3.000	4.000	6.000	5.000	4.000	5.600	5.400	5.000

Tab. 89: Investitionsauszahlungen des Bereichs B1 aus der ex ante-Perspektive

Bei der Festlegung der Investitionsbasis für die Performanceperiodisierung darf aber nicht außer acht gelassen werden, daß der Bereich B1 im besagten Zeitraum noch Rückflüsse aus Investitionen früherer Perioden erwartet, deren optimaler Ersatzzeitpunkt noch nicht erreicht worden ist. Die wirtschaftliche Nutzungsdauer des Sachanlagevermögens liegt im Rahmen der Beispielsrechnung annahmegemäß bei durchschnittlich drei Jahren, so daß die Projekte der Jahre 2005 bis 2007 im Performancemessungszeitraum zu dem auf Bereichsebene beobachtbaren Zahlungsmittelüberschuß beitragen. Außerdem generieren die in den Jahren 2008 bis 2011 initiierten Investitionsprojekte *Cashflows*, die jenseits des Planungs- und Kontrollhorizonts liegen.

Für die Lösung dieses Problems wurde von *Dirrigl* der praktikable Vorschlag unterbreitet, auf die in den Jahren der Performancemessung geplanten und realisierten Zahlungsmittelüberschüsse als Erfolgsgröße abzustellen und den Barwert der Kapitaldienstannuitäten als eingesetztes Kapital heranzuziehen.[1020] Tab. 90 weist die jeweiligen Beträge des Amortisationskapitals und die Barwerte der annuitätischen Kapitaldienstzahlungen im Planungs- und Kontrollhorizont entsprechend aus:

In den ersten drei Zeilen von Tab. 90, S. 177 sind nochmals die Amortisationskapitalbeträge des Bereichs B1 dargestellt. Darunter finden sich die auf das Jahr 2007 bezogenen Barwerte der Kapitaldienstannuitäten, die bei einem unendlichen Planungs- und Kontrollhorizont anfallen. Die hiervon im Rahmen der Ermittlung einer Investitionsbasis für eine Performanceperiodisierung der Jahre 2008 bis 2011 abzugrenzenden Teilbeträge der annuitätischen Kapitaldienste, die keine Zah-

---

[1017] Bereits *Rieger* (1928), S. 208 kommt zu der „resignierte[n] Bekenntnis, daß es im Leben der Unternehmung eine wahre und richtige Abrechnung überhaupt nicht gibt."
[1018] Vgl. grundlegend *Dirrigl* (2003), S. 169, Tab. 5.
[1019] Ähnlich *Dirrigl* (2003), S. 166-182.
[1020] Vgl. grundlegend *Dirrigl* (2003), S. 165.

Bereichs- und unternehmenswertorientierte Performancemessung 177

lungswirksamkeit im Performancemessungszeitraum aufweisen, können den Zeilen sechs bis neun entnommen werden.

Jahr	2005	2006	2007	2008	2009	2010	2011	2012	2013	2014	2015 ff.
Amortisationskapital FK	1.800,00	3.654,88	5.929,77	6.385,23	5.804,67	6.127,51	6.457,91	6.484,44	6.273,35	6.185,80	6.185,80
Amortisationskapital EK	1.200,00	2.454,43	3.996,26	4.318,21	3.938,08	4.140,94	4.364,29	4.391,07	4.246,68	4.185,75	4.185,75
ΣAmortisationskapital	3.000,00	6.109,30	9.926,03	10.703,44	9.742,75	10.268,45	10.822,20	10.875,51	10.520,03	10.371,55	10.371,55
BW 2005-2015 ANNKAPD FK	1.979,10	2.638,80	3.958,20	3.154,95	2.414,12	3.232,68	2.981,57	2.640,56	2.525,65	2.415,73	2.310,60
BW 2005-2015 ANNKAPD EK	1.443,42	1.924,56	2.886,84	2.301,00	1.760,69	2.357,69	2.174,55	1.925,84	1.842,03	1.761,87	1.685,19
2008 Abgrenzung FK	1.289,84	840,77									
2008 Abgrenzung EK	940,72	613,20									
2011 Abgrenzung FK					769,18	2.106,83	2.981,57	2.640,56	2.525,65	2.415,73	2.310,60
2011 Abgrenzung EK					560,98	1.536,58	2.174,55	1.925,84	1.842,03	1.761,87	1.685,19
BW 2008-2011 ANNKAPD FK	689,26	1.798,04	3.958,20	3.154,95	1.644,94	1.125,85	0,00	0,00	0,00	0,00	0,00
BW 2008-2011 ANNKAPD EK	502,70	1.311,36	2.886,84	2.301,00	1.199,71	821,11	0,00	0,00	0,00	0,00	0,00

Tab. 90: Auf 2007 bezogene Amortisationsrechnung bei anteiliger Eigen- und Fremdfinanzierung aus der ex ante-Perspektive

Für den eigenfinanzierten (fremdfinanzierten) Anteil der Investitionsauszahlungen ergibt sich ein Barwert i.H.v. 9.022,72 (12.371,24),[1021] der sodann in der Performanceplanung als Kapitaleinsatzgröße fungiert.[1022] Dementsprechend ergibt sich, abweichend von der Beispielsrechnung (vgl. Kap. 3.4.7.3, S. 169 ff.), ceteris paribus folgende Performancemessung für den Bereich B1 (vgl. Tab. 91 bis Tab. 94, S. 177-178):

Jahr	2007	2008	2009	2010	2011
SÄ (OCF$_t^{HEV}$)		4.101,36	3.087,68	3.402,97	3.696,44
KAPD$_t$		2.886,73	2.173,25	2.395,17	2.601,73
CC$_t$		599,44	556,34	553,81	613,60
TIL$_t$		2.287,29	1.616,91	1.841,36	1.988,12
ANN-KAPD$_t$		2.277,48	2.627,86	2.627,86	2.557,79
DANN-KAPD$_t$	9.022,72	7.155,77	4.853,50	2.446,47	0,00
I$_t$		2.000,00	1.600,00	2.240,00	2.160,00
AK$_t$	3.996,26	3.708,96	3.692,05	4.090,69	4.262,57
-KAPD+ANNKAPD (1+r)$^{t-m}$		-609,25	-182,36	42,03	0,00
EEI$_t$		1.214,63	914,42	1.007,80	1.094,71
DDEI$_t$	3.796,42	2.754,53	1.965,44	1.047,07	0,00
EK$_t$	5.674,49	3.831,32	2.517,97	1.469,57	0,00

Tab. 91: Performanceplanung des Bereichs B1 anhand des *Earned Economic Income* für die Jahre 2008 bis 2011 (ex ante-Perspektive); KBR ≈ 0,7038

[1021] Alternativ ließen sich diese Werte über die Diskontierung der periodenbezogenen annuitätischen Kapitaldienstauszahlungen der Jahre 2008 bis 2011 berechnen (vgl. Tab. 85, S. 170):

$$9.022{,}72 = \frac{2.277{,}48}{1{,}0455} + \ldots + \frac{2.557{,}79}{1{,}0455^4} \quad \text{bzw.} \quad 12.371{,}24 = \frac{3.122{,}70}{1{,}0455} + \ldots + \frac{3.507{,}03}{1{,}0455^4}.$$

[1022] Vgl. *Dirrigl* (2003), S. 165.

Jahr	2007	2008	2009	2010	2011
SÄ (OCF$_t^{REV}$)		4.023,15	2.564,92	3.254,31	3.540,00
KAPD$_t$		3.023,70	1.927,73	2.445,86	2.660,57
CC$_t$		599,44	535,80	567,01	621,18
TIL$_t$		2.424,27	1.391,93	1.878,85	2.039,39
ANN-KAPD$_t$		2.277,48	2.627,86	2.627,86	2.557,79
DANN-KAPD$_t$	9.022,72	7.155,77	4.853,50	2.446,47	0,00
I$_t$		2.000,00	1.600,00	2.240,00	2.160,00
AK$_t$	3.996,26	3.571,99	3.780,06	4.141,21	4.261,82
-KAPD+ANNKAPD (1+r)$^{t-m}$		-746,22	-80,05	98,32	0,00
EEI$_t$		**999,45**	637,19	808,45	879,42
DDEI$_t$	2.982,35	2.118,60	1.577,31	841,15	0,00
EK$_t$	**4.860,43**	**3.058,42**	**2.232,56**	**1.319,94**	**0,00**

Tab. 92: Performancekontrolle des Bereichs B1 anhand des *Earned Economic Income* im Jahr 2008 (ex post-Perspektive I); KBR ≈ 0,7516

Jahr	2007	2008	2009	2010	2011
SÄ (OCF$_t^{REV}$)		4.023,15	2.639,96	3.223,99	3.485,23
KAPD$_t$		3.024,64	1.984,74	2.423,82	2.620,22
CC$_t$		599,44	535,66	558,30	614,47
TIL$_t$		2.425,20	1.449,08	1.865,53	2.005,76
ANN-KAPD$_t$		2.277,48	2.627,86	2.627,86	2.557,79
DANN-KAPD$_t$	9.022,72	7.155,77	4.853,50	2.446,47	0,00
I$_t$		2.000,00	1.600,00	2.240,00	2.160,00
AK$_t$	3.996,26	3.571,05	3.721,97	4.096,44	4.250,68
-KAPD+ANNKAPD (1+r)$^{t-m}$		-747,16	-138,04	59,72	0,00
EEI$_t$		**998,51**	655,22	800,17	865,01
DDEI$_t$	2.978,64	2.115,65	1.556,70	827,36	0,00
EK$_t$	**4.856,71**	**3.054,54**	**2.153,56**	**1.267,55**	**0,00**

Tab. 93: Performancekontrolle des Bereichs B1 anhand des *Earned Economic Income* im Jahr 2008 (ex post-Perspektive II); KBR ≈ 0,7518

Jahr	2007	2008	2009	2010	2011
SÄ (OCF$_t^{REV}$)		4.023,15	3.160,19	3.568,22	3.984,14
KAPD$_t$		2.750,80	2.160,76	2.439,74	2.724,12
CC$_t$		599,44	576,73	579,13	636,04
TIL$_t$		2.151,36	1.584,03	1.860,61	2.088,09
ANN-KAPD$_t$		2.277,48	2.627,86	2.627,86	2.557,79
DANN-KAPD$_t$	9.022,72	7.155,77	4.853,50	2.446,47	0,00
I$_t$		2.000,00	1.600,00	2.240,00	2.160,00
AK$_t$	3.996,26	3.844,89	3.860,87	4.240,25	4.312,17
-KAPD+ANNKAPD (1+r)$^{t-m}$		-473,32	-27,76	159,10	0,00
EEI$_t$		**1.272,35**	999,43	1.128,48	1.260,01
DDEI$_t$	4.173,36	3.090,89	2.232,09	1.205,18	0,00
EK$_t$	**6.051,43**	**4.303,61**	**2.939,23**	**1.744,75**	**0,00**

Tab. 94: Performancekontrolle des Bereichs B1 anhand des *Earned Economic Income* im Jahr 2008 (ex post-Perspektive III); KBR ≈ 0,6837

Die Abweichungen gegenüber der bisherigen Beispielsrechnung ergeben sich aus der Vernachlässigung des ab dem Jahr 2012 zu erwartenden Erfolgsniveaus des Bereichs B1; grundsätzlich kann es hierdurch zu Über- und Unterschätzungen im Vergleich zur ‚tatsächlichen' Performance kommen.

Dieser Exkurs zeigt, daß die Ergebnisse der Performancemessung nicht nur von der Wahl des Performancemaßes abhängen, sondern ebenso von der Festlegung der Planungs- und Kontrollperiode determiniert werden.[1023]

3.4.8 Zwischenfazit zur Eignung (unternehmens-)wertorientierter Performancemaße

Die vorstehende Darstellung und Analyse zeigt, daß die verschiedenen Kennzahlen in sehr unterschiedlicher Art und Weise den Anforderungskriterien an ein wertorientiertes Performancemaß genügen. Es konnte herausgearbeitet werden, daß bei der Beurteilung eines (kapital-)wertorientierten Performancemaßes Fähigkeiten im Vordergrund stehen sollten, die zum einen in der Periodisierung des Wertbeitrags in der ex ante-Perspektive und zum anderen in der Kontrolle der eingetretenen Wertänderung in der ex post-Perspektive liegen (vgl. Kap. 3.3.2, S. 105 ff.). Von besonderer Bedeutung ist dabei vor dem Hintergrund des *Shareholder Value*-Gedankens die Eignung einer Performancegröße, die Entwicklung des Unternehmenswerts anzuzeigen.[1024]

Hierzu wurde eigens ein Anforderungskatalog entwickelt, dem die entsprechenden Kennzahlen zu genügen haben und der neben der Barwertidentität als notwendige Bedingung aus der Vorteilhaftigkeitsanzeige und Wertsteigerungsabbildung besteht (vgl. Abb. 19, S. 112). Neben diesen die Informationsfunktion betreffenden hinreichenden Bedingungen werden in der Literatur auch Verhaltenssteuerungsaspekte diskutiert, die aber wegen ihres relativ engen *agency*theoretischen Modellrahmens nicht tiefergehend im Rahmen dieser Arbeit analysiert werden.

Auf die bereits angesprochenen Aspekte einer Performancekontrolle und damit implizierten strategischen Abweichungsanalyse, die zweifelsohne einen integralen Bestanteil im gesamten Prozeß der Performancemessung darstellt,[1025] wird erst im folgenden Unterkapitel eingegangen (vgl. 3.5, S. 182 ff.). Um diesbezüglich überhaupt ein ‚vernünftiges' Analyseergebnis zu erhalten, muß die Ausgangsgröße zuerst den beschriebenen Grundanforderungen gerecht werden.

Zusammenfassend muß diesbezüglich konstatiert werden, daß vor allem die den Unternehmensberatungen entstammenden Konzepte zum *Value Based Management* unisono große Schwächen aufweisen. Zwar erfüllen EVA, E_RIC und CVA die Anforderung einer Barwertidentität, sind jedoch nur bedingt geeignet, um eine Aussage über die Vorteilhaftigkeit des Bewertungsobjekts zu treffen; eine „[u]nattraktive"[1026] Eigenschaft, die bei einer projektbezogenen Performancemes-

---

[1023] Dies ‚muß' toleriert werden, wenn eine ‚abschließende' Performancemessung respektive *Management*entlohnung oder -incentivierung stattfinden soll.
[1024] Vgl. abermals *Dinstuhl* (2003), S. 234.
[1025] Vgl. erneut *Dirrigl* (1998b), S. 576.
[1026] *Richter/Honold* (2000), S. 270.

sung häufiger aufzutreten vermag, als vor dem Bereichshintergrund, aber auch dort nicht gänzlich ausgeschlossen werden kann.

Noch schwerwiegender ist der Mangel vorgenannter Kennzahlen hinsichtlich der Wertsteigerungsabbildung. Sie geben nämlich nicht, wie in der Literatur – inzwischen vorsichtiger als früher – formuliert, die gesamte Wertänderung einer Periode nur unvollständig wieder,[1027] sondern stellen grundsätzlich kein Maß für die in einer Periode erzielte Wertsteigerung dar. Positive Korrelationen zwischen der Ausprägung dieser Kennzahlen und der beobachteten Wertänderung sind zufällig, wie *Fernández* (2003) resümiert:

> „*EVA, EP and CVA do not measure value creation during each period. It is not possible to quantify value creation during a period on the basis of accounting data. Value always depends on expectations.*"[1028]

Hiermit ist nochmals die trotz mitunter zahlreicher Modifikationsvorschläge inhärente Buchwertorientierung von EVA, $E_R IC$ und CVA angesprochen, die zu zahlreichen Verzerrungen bei der Performancemessung führt[1029] und vor dem Hintergrund der *Shareholder Value*-Orientierung *per se* infrage zu stellen ist.[1030]

Diese Problematik umgehen der SVA, RÖG und EEI, indem sie ihre jeweilige Kapitalbasis ausgehend von Zahlungsströmen definieren. Dabei führt die dem SVA innewohnende Logik, das am Ende einer Periode erreichte Erfolgsniveau, gemessen anhand einer bestimmten Definition des *Cashflows*, für zukünftige Perioden als Benchmark vorzugeben, zu enormen Schwankungsbreiten dieses Performancemaßes, so daß damit nicht permanent sichergestellt werden kann, die Anforderungen der Vorteilhaftigkeitsanzeige und Wertsteigerungsabbildung zu erfüllen. Gleichwohl weist der SVA insofern eine höhere Güte im Vergleich zu EVA, $E_R IC$ und CVA auf, als daß Zukunftserwartungen in diesem Performancemaß grundsätzlich Berücksichtigung finden.

Bei einem periodenbezogenen Performanceausweis auf Basis des SVA, RÖG und EEI stellt der Einbezug solcher Informationen den entscheidenden Unterschied gegenüber den anderen Kennzahlen dar, die in ihrer einperiodig-retrospektiven Ausrichtung hiervon abstrahieren. Eine Differenzierung dieser insoweit konzeptionell überlegenden Performancemaße läßt sich folgendermaßen vornehmen: Beim SVA wird der Zeitpunkt des Erfolgsausweises durch die Investiti-

---

[1027] A.A. *Coenenberg/Salfeld* (2003), S. 252, wenn sie bspw. behaupten, EVA und CVA „liefern jeweils eine singuläre Kennzahl, in der sich die Veränderung des Unternehmenswerts über eine bestimmte Periode widerspiegelt." Eher zustimmend hingegen *Coenenberg/Mattner/Schultze* (2003), S. 4, wonach „[e]in Zusammenhang zwischen wertorientierten Kennzahlen und Unternehmenswert […] jedoch nur über die gesamte Laufzeit eines wertsteigernden Projekts [bestünde], nicht für die einzelne Periode."

[1028] *Fernández* (2003), S. 11.

[1029] Vgl. *Hesse* (1996). S. 180, der „eine klare Warnung beim Gebrauch von EVA und Buchrenditen" ausgibt.

[1030] Vgl. statt vieler *Ballwieser* (2000), S. 164-166, *Dirrigl* (1998b), S. 575.

onsauszahlung festgelegt, der RÖG ist durch eine sofortige und vollumfängliche Antizipation von Erwartungsrevisionen gekennzeichnet, während der EEI anhand der *Cashflow*struktur Wertbeiträge und -änderungen vereinnahmt.

Nachteilig am RÖG ist die fehlende Vorteilhaftigkeitsanzeige. In der ex ante-Perspektive nimmt der RÖG stets den Wert null an, wohingegen der RÖG in der ex post-Perspektive nur Informationen über die Richtung und das Ausmaß der Wertänderung zuläßt, nicht aber über die grundsätzliche Vorteilhaftigkeit des Bewertungsobjekts.

Das Vorzeichen eines periodenbezogenen EEI bildet gemeinhin die Vorteilhaftigkeit richtig ab und auch im Hinblick auf die Abbildung der Wertänderung kann im Vergleich zwischen geplanten und realisierten EEI eine hohe positive Korrelation festgestellt werden.

Sollten trotz dieser Erkenntnisse weiterhin Bedenken gegenüber einer Verwendung zukunftsorientierter Daten bei der (bereichs- und unternehmens-)wertorientierten Performancemessung vorgebracht werden, ist nur mit *Schneider* zu antworten:

> *„Die 'Ungewißheit der Daten' ist seit Jahren ein beliebter Einwand gegen die Ansätze der betriebswirtschaftlichen Theorie. Die Ungewißheit ist unbestreitbar, aber der Einwand ist trotzdem verfehlt. [...] Die ‚Ungewißheit der Daten' ist nur dann ein ernst zu nehmender Einwand, wenn nicht alle Methoden der Einengung der Ungewißheit ausgeschöpft worden sind oder wenn es betriebswirtschaftlich vernünftige Lösungen gibt, die auf einzelne ungewisse Daten verzichten können. [...] Es bleibt nur zu prüfen, ob das theoretische Verfahren bei dem gegebenen Informationsstand zu einer besseren Lösung führt."*[1031]

Das Ergebnis einer solchen ‚Prüfung' in Form der vorstehenden Eignungsanalyse wertorientierter Kennzahlen faßt Abb. 20, S. 182 nochmals zusammen.

Obwohl keines der untersuchten Performancemaße den Anforderungskatalog gänzlich erfüllt, insofern also als ‚perfekt' gelten kann, so zeichnet sich das EEI-Konzept, besonders im Vergleich zu anderen Kennzahlen, durch den weitaus höchsten Erfüllungsgrad der genannten Kriterien aus. Deshalb steht dieses Konzept im Mittelpunkt der weiteren Betrachtungen.

[1031] *Schneider* (1968), S. 21.

	Economic Value Added (EVA)	Earnings less risk-free interest charge ($E_{rl}IC$)	Cash Value Added (CVA)	Shareholder Value Added (SVA)	Residualer ökonomischer Gewinn (RÖG)	Earned Economic Income (EEI)
Barwertidentität	erfüllt	erfüllt	erfüllt	erfüllt	erfüllt	erfüllt
Vorteilhaftigkeitsanzeige	teilweise erfüllt	teilweise erfüllt	teilweise erfüllt	teilweise erfüllt	nicht erfüllt	gemeinhin erfüllt
Wertsteigerungsabbildung	nicht erfüllt	nicht erfüllt	nicht erfüllt	teilweise erfüllt	erfüllt	gemeinhin erfüllt

Abb. 20: Zusammenfassende Beurteilung (unternehmens-)wertorientierter Performancemaße

3.5 Performanceanalyse im Sinne einer erfolgspotentialorientierten Abweichungsanalyse

3.5.1 Grundstruktur

Die Zielsetzung der Performanceanalyse ist in der ursachengerechten Zurechnung von Wertdifferenzen zwischen den im Rahmen der Performancekontrolle ‚festgestellten' Performancegrößen und den bei der Performanceplanung prognostizierten Kennzahlen zu suchen. Hierfür wird zunächst die Gesamtabweichung durch die Gegenüberstellung des geplanten mit dem ‚realisierten' Performancemaß errechnet. Anschließend erfolgt die Auswertung der festgestellten Abweichungen betreffend ihrer Ursachen und Verantwortlichkeiten mittels einer kumulativen Abweichungsanalyse, wobei das entscheidende Kriterium für die Abspaltung geeigneter Abweichungen die Beeinflußbarkeit der das Performancemaß determinierenden Faktoren ist. Zur Ermittlung aussagefähiger Abweichungen ist die Konstruktion einer zusätzlichen, fiktiven Performanceperiodisierung notwendig.

Die Systematik der Performanceanalyse basiert auf der Grundstruktur einer erfolgspotentialorientierten Abweichungsanalyse[1032], bei der mit Hilfe verschiedener Kriterien eine Untersuchung der Abweichungen von Erfolgspotentialen erfolgt, die auf Basis unterschiedlicher Informationsstände berechnet wurden.[1033] Dabei wird als Maß für die Erfolgspotentiale der Ertragswert zum jeweiligen Betrachtungszeit-

---

[1032] Vgl. vor allem *Breid* (1994), S. 205-228. Erweiterungen und Anpassungen dieser Grundstruktur finden sich bei *Dirrigl* (1998b), S. 558-564; *Dirrigl* (2002), Sp. 419-431; *Dolny* (2003) 220-252; *Schmidbauer* (1998) 266-295.
[1033] Vgl. grundlegend zu Fragen der strategischen Erfolgskontrolle *Laux/Liermann* (1986), S. 73-108.

punkt herangezogen.[1034] Die Intention dieser Abweichungsanalyse liegt jedoch weniger in der Ermittlung des Betrags der Gesamtabweichungshöhe, als in der Identifikation von Bestimmungsfaktoren für die beobachtete Differenz und der betragsmäßigen Zuordnung dieses Unterschiedsbetrags auf seine jeweiligen Einflußfaktoren.

Die Performanceanalyse soll wie die strategische Abweichungsanalyse zwischen vier Faktoren unterscheiden, auf die die Gesamtabweichung zurückzuführen ist: Zum einen sollen Zinsänderungs-[1035] und Risikoaversionsänderungseffekt[1036] voneinander abgegrenzt werden, um Veränderungen des Kalkulationszinsfußes infolge exogener Faktoren von unternehmensspezifischen Einflüssen auf die Risikobewertung separieren zu können. Zum anderen sind Abweichungen der Erfolgsgrößen und des eingesetzten Kapitals beim Übergang von der ex ante- zur ex post-Perspektive zu differenzieren. Der Schwierigkeit, daß diese Faktoren jeweils das Resultat von exogenen und endogenen Einflüssen sind,[1037] wird durch die ‚Zwischenschaltung' einer Trägheitsprojektion[1038] begegnet.[1039] Hierdurch läßt sich eine Trennung zwischen exogenen und endogenen Einflüssen in Form einer zusätzlichen, fiktiven Performanceperiodisierung erreichen, die vor dem Hintergrund bereits revidierter Umwelteinflüsse unter Beibehaltung aller endogen beeinflußbaren Größen aus der ex ante-Perspektive vorgenommen wird. Bei den auftretenden Abweichungen handelt es sich um den Informationseffekt[1040].[1041] Werden auf Basis des in der Trägheitsprojektion erreichten Erfolgsniveaus Managementmaßnahmen

---

[1034] Vgl. *Laux/Liermann* (1986), S. 82. *Günther* (1997), S. 301-312 hat eine Abweichungsanalyse für das Wertgeneratormodell von *Rappaport* (1998), S. 56 ff. entwickelt; diesbezügliche Hinweise finden sich bereits bei *Herter* (1994), S. 170-179.

[1035] Vgl. bereits *Moxter* (1982), S. 54-57, S. 62 und S. 80-82.

[1036] Vgl. in diesem Zusammenhang zur Vorteilhaftigkeit einer Planung auf Basis des µ,σ²–Prinzips *Dirrigl* (1998b), S. 559.

[1037] Vgl. *Dirrigl* (2002), Sp. 423.

[1038] Vgl. *Ballwieser* (1990), S. 83; *Ballwieser* (1993), S. 154-155.

[1039] Vgl. *Breid* (1994), S. 214; *Dirrigl* (1998b), S. 560; *Dirrigl* (2002), Sp. 424; *Dolny* (2003), S. 227; *Ferstl* (2000), S. 224; *Schmidbauer* (1998), S. 276, wohingegen einzig *Günther* (1997), S. 301-312 auf eine Trägheitsprojektion verzichtet.
Schultze/Hirsch (2005), S. 83 lehnen mit fragwürdigem Verweis auf *Ballwieser* (2000), S. 163 die vorgestellte Unterteilung einer Gesamtabweichung in Zinsänderungs-, Risikoaversionsänderungs-, Informations- und Aktionseffekt rigoros ab: „Allerdings ist es kaum möglich eine – durch den Einfluß guter bzw. schlechter Entscheidungen hervorgerufene – Veränderung des Kapitalwerts von der zu trennen, die lediglich auf die Berücksichtigung neuer Informationen zurückzuführen ist. [...] Aufgrund dieser Untrennbarkeit der vom Management zu vertretenden und der umweltbedingten Kapitalwertänderungen erscheint eine Anbindung der Leistungsbeurteilung nicht sinnvoll." Zwar haben *Breid* (1994), S. 225 *Laux/Liermann* (1986), S. 108 ihrerseits schon auf das Manipulationspotential der angestrebten Differenzierung zwischen Informations- und Aktionseffekt hingewiesen, ohne jedoch die Grundkonzeption einer strategischen Abweichungsanalyse in Zweifel zu ziehen. Dies käme nämlich einer Kapitulation bei der Leistungsbeurteilung und damit Verhaltenssteuerung von Entscheidungsträgern gleich und es müßte die Frage nach der Alternative gestellt werden.

[1040] Vgl. bereits Fn. 917, S. 161.

[1041] Vgl. zum Informationseffekt im Zusammenhang einer strategischen Kontrollrechnung auch *Laux/Liermann* (1990), S. 103-105, m.w.N.

eingeleitet, die zu anderen Performancegrößen aus der ex post-Perspektive führen, so stellen diese endogen steuerbaren Veränderungen den Aktionseffekt[1042] dar.[1043] Anhand des Aktionseffekts[1044] kann der Anteil des Performancemaßes bestimmt werden, der auf die Fähigkeit des *Management* zurückgeht, neue strategische Programme zu initiieren und auf veränderte Umweltbedingungen zu reagieren.[1045]

Abb. 21 dient zur Illustration der soeben beschriebenen Grundstruktur einer Performanceanalyse.

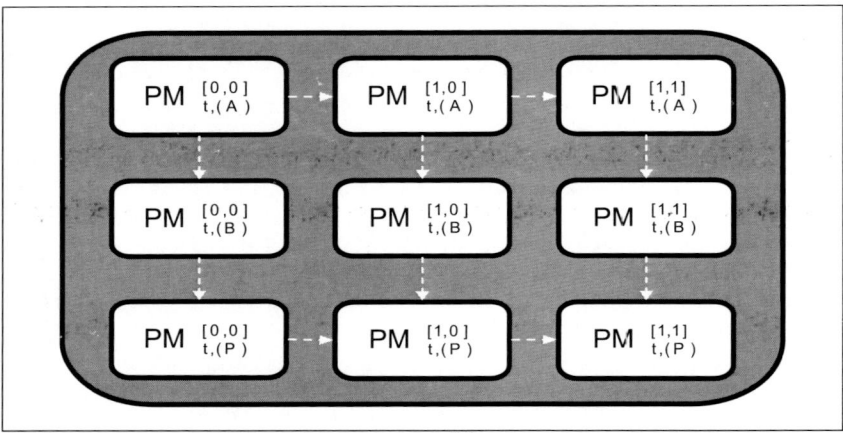

$$
\begin{array}{ccc}
PM_{t,(A)}^{[0,0]} & \rightarrow PM_{t,(A)}^{[1,0]} & \rightarrow PM_{t,(A)}^{[1,1]} \\
\downarrow & \downarrow & \downarrow \\
PM_{t,(B)}^{[0,0]} & PM_{t,(B)}^{[1,0]} & PM_{t,(B)}^{[1,1]} \\
\downarrow & \downarrow & \downarrow \\
PM_{t,(P)}^{[0,0]} & \rightarrow PM_{t,(P)}^{[1,0]} & \rightarrow PM_{t,(P)}^{[1,1]}
\end{array}
$$

Abb. 21: Grundstruktur der Performanceanalyse[1046]

Analog zur Symbolik von *Dirrigl*[1047] steht im Index [0,0] die erste Ziffer für den verwendeten Kalkulationszinsfuß und die zweite Ziffer für den unterstellten Risikoaversionskoeffizienten, wobei beide Größen aus der ex ante-Perspektive (A) mit 0 und aus der ex post-Perspektive (P) mit 1 bezeichnet werden. Die Trägheitsprojektion wird durch (B) repräsentiert.[1048] Grundlage der Performanceanalyse ist jeweils der Zeitpunkt t, in dem die operativ-retrospektive Performancekontrolle durchgeführt wird. Ausgehend vom geplanten Performancemaß aus der ex ante-Perspektive kann anhand alternativer Sequenzen eine sukzessive Separierung der

---

[1042] Vgl. bereits Fn. 917, S. 161.
[1043] Vgl. etwa *Breid* (1994), S. 224-228; *Dirrigl* (1998b), S. 559.
[1044] Zu Interdependenzen von Risiko- und Aktionseffekt vgl. *Breid* (1994), S. 225; *Dolny* (2003), S. 231-234, m.w.N.
[1045] Vgl. *Dolny* (2003), S. 228.
[1046] In Anlehnung an *Dirrigl* (2002), Sp. 425-426.
[1047] Vgl. *Dirrigl* (2002), Sp. 423 ff.
[1048] ‚B' dient als Abkürzung für Beharrung.

Gesamtabweichung zwischen ursprünglich prognostiziertem und ‚realisiertem' Performancemaß vorgenommen werden. An dieser Stelle sei repräsentativ der Pfad beschrieben, der zunächst eine horizontale mit anschließender vertikaler Abspaltung vorsieht. Diese Sequenz ist dadurch charakterisiert, daß möglichst früh die bewertungsrelevanten Parameter der ex post-Perspektive herangezogen werden. Zinsänderungs- ($PM_{t,(A)}^{[1;0]} - PM_{t,(A)}^{[0;0]}$) und Risikoaversionsänderungseffekt ($PM_{t,(A)}^{[1;1]} - PM_{t,(A)}^{[1;0]}$) werden demnach anhand der Erfolgs- und Kapitaleinsatzgrößen aus der ex ante-Perspektive bestimmt. Bei der Berechnung des Informations- ($PM_{t,(B)}^{[1;1]} - PM_{t,(A)}^{[1;1]}$) und Aktionseffekts ($PM_{t,(P)}^{[1;1]} - PM_{t,(B)}^{[1;1]}$) wird sodann bereits auf die Bewertungsparameter aus der ex post-Perspektive zurückgegriffen.

3.5.2 Bereichsbezogene Performancemessung, -kontrolle und -analyse anhand des Earned Economic Income (Beispielsrechnung Teil III)

3.5.2.1 Ergänzende Bewertungsangaben

Die Überlegungen zu bereichs- und (unternehmens-)wertorientierten Performancemessungen sollen anhand der Fortsetzung der Beispielsrechnung auf Basis des EEI-Konzepts veranschaulicht werden (vgl. Kap. 3.4.1.2, S. 114 ff.). Wie bereits im Rahmen der Eignungsanalyse wertorientierter Performancemaße dient die bereichsbezogene Unternehmensbewertung des Bereichs B1 als Fundament der Performanceperiodisierung aus der ex ante-Perspektive. Demgegenüber unterscheidet sich die nun für Zwecke der Performancekontrolle herangezogene ex post-Perspektive IV von der ex post-Perspektive III (Kap. 3.4, S. 113 ff.) durch

- einen Anstieg des Risikoaversionskoeffizienten von 0,0006 auf 0,00065,
- eine Erhöhung des risikolosen Zinssatzes vor Steuern von 7,00% auf 7,50% sowie
- eine veränderte Investitionspolitik, die in nachstehender Tab. abgebildet wird:[1049]

Jahr	2005	2006	2007	2008	2009	2010	2011	2012 ff.
Investitionsauszahlung	3.000	4.000	6.000	5.300	4.500	5.500	5.250	5.000

Tab. 95: Investitionsauszahlungen des Bereichs B1 aus der ex post-Perspektive

---

[1049] Veränderungen der Investitionsauszahlungen wurden bislang aus Gründen der Übersichtlichkeit ausgespart.

Hinsichtlich des Erfolgsniveaus der ex post-Perspektive IV liegen keine Abweichungen zur ex post-Perspektive III vor. Für Zwecke der Performanceanalyse soll die ex post-Perspektive I als Trägheitsprojektion angesehen werden.

Zum Abschluß der Beispielsrechnung erfolgt eine Würdigung der Performancemessung des Bereichs B1 unter Berücksichtigung der Verbundbeziehungen innerhalb des Konzerns K.[1050]

3.5.2.2 Performanceplanung des Bereichs B1 anhand des Earned Economic Income (ex ante Perspektive)

Das Ergebnis der Performanceperiodisierung des Kapitalwerts des Bereichs B1 anhand des EEI-Konzepts ist in Tab. 96, S. 186 dargestellt. Da die einzelnen Berechnungsschritte bereits vorgestellt wurden (vgl. Kap. 3.4.7.2, S. 166 ff.), erscheint die bloße Darstellung dieses Allokationsergebnisses ausreichend. Die berechneten Werte besitzen Vorgabecharakter für zukünftige Perioden. Im Rahmen eines integrierten Steuerungssystems wird es darum gehen, aus der ex ante-Perspektive geplante EEI-Werte ihren auf Basis der ex post-Perspektive berechenbaren Größen gegenüberzustellen (Performancekontrolle) und etwaige Abweichungen auf ihre Bestimmungsfaktoren zu untersuchen (Performanceanalyse). Ausgangspunkt für die Performancekontrolle und -analyse soll der geplante EEI des Jahres 2008 i.H.v. 1.434,87 sein:

Jahr	2007	2008	2009	2010	2011	2012	2013	2014	2015 ff.
SÄ (OCF$_i^{HEV}$)		4.101,36	3.087,68	3.402,97	3.696,44	4.126,49	4.039,01	4.086,39	4.119,37
KAPD$_i$		2.666,48	2.007,44	2.212,43	2.403,22	2.682,82	2.625,95	2.656,75	2.678,20
CC$_i$		599,44	589,38	616,67	713,31	783,82	798,97	824,93	850,15
TIL$_i$		2.067,05	1.418,06	1.595,76	1.689,91	1.899,00	1.826,97	1.831,83	1.828,04
ANNKAPD$_i$		2.277,48	2.627,86	2.627,86	2.557,79	2.627,86	2.803,05	2.697,94	2.627,86
DANNKAPD$_i$	57.546,88	57.887,79	57.893,82	57.900,13	57.976,80	57.986,88	57.822,23	57.755,20	
I$_i$		2.000,00	1.600,00	2.240,00	2.160,00	2.000,00	2.000,00	2.000,00	2.000,00
AK$_i$	3.996,26	3.929,21	4.111,15	4.755,40	5.225,48	5.326,48	5.499,51	5.667,68	5.839,64
-KAPD+ANNKAPD $(1+r)^{i-m}$		-389,00	213,72	638,88	822,51	804,97	1.018,70	1.106,24	1.106,24
EEI$_i$		1.434,87	1.080,23	1.190,54	1.293,21	1.443,67	1.413,06	1.429,64	1.441,18
DDEI$_i$	30.966,84	30.940,96	31.268,54	31.500,72	31.640,79	31.636,78	31.663,19	31.674,22	31.674,22
EK$_i$	44.579,70	44.506,72	45.044,10	45.930,64	46.484,05	46.472,58	46.548,08	46.579,62	

Tab. 96: Performanceplanung des Bereichs B1 anhand des *Earned Economic Income* für die Jahre 2008 bis 2015 ff. (ex ante-Perspektive); KBR ≈ 0,6501[1051]

3.5.2.3 Performancekontrolle des Bereichs B1 anhand des Earned Economic Income (ex post Perspektive)

Bei der Performancekontrolle können durchweg verringerte EEI festgestellt werden (vgl. Tab. 97, S. 187):

[1050] Vgl. *Dirrigl* (1998b), S. 554 f.
[1051] Vgl. bereits Tab. 85, S. 170.

Jahr	2007	2008	2009	2010	2011	2012	2013	2014	2015 ff.
SÄ (OCF$_t^{HEV}$)		4.058,15	3.186,94	3.469,12	3.716,11	4.098,40	4.075,84	4.139,72	4.172,70
KAPD$_t$		2.688,81	2.111,57	2.298,53	2.462,18	2.715,48	2.700,53	2.742,85	2.764,70
CC$_t$		599,44	616,03	685,70	797,78	878,12	908,51	945,71	982,14
TIL$_t$		2.089,37	1.495,54	1.612,83	1.664,41	1.837,36	1.792,02	1.797,14	1.782,57
ANNKAPD$_t$		2.277,48	2.715,46	2.873,13	2.855,61	2.855,61	2.890,65	2.750,50	2.680,42
DANNKAPD$_t$	55.288,79	55.706,64	55.706,88	55.549,46	55.401,89	55.247,12	55.049,77	54.982,95	
I$_t$		2.200,00	1.960,00	2.360,00	2.200,00	2.040,00	2.040,00	2.040,00	2.040,00
AK$_t$	3.996,26	4.106,88	4.571,34	5.318,51	5.854,10	6.056,74	6.304,72	6.547,58	6.805,01
-KAPD+ANNKAPD (1+r)$^{t-m}$		-411,33	172,50	755,51	1.185,76	1.383,70	1.641,27	1.728,93	1.728,93
EEI$_t$		**1.369,34**	1.075,37	1.170,58	1.253,93	1.382,92	1.375,31	1.396,86	1.407,99
DDEI$_t$	28.157,15	28.160,47	28.457,93	28.674,67	28.818,63	28.840,61	28.871,28	28.881,89	28.881,89
EK$_t$	41.110,29	41.256,26	42.040,56	42.980,92	43.560,13	43.625,28	43.716,17	43.747,62	

Tab. 97: Performancekontrolle des Bereichs B 1 anhand des *Earned Economic Income* im Jahr 2008 (ex post-Perspektive IV); KBR ≈ 0,6626

Gem. Gleichung (3.70) beträgt die periodenbezogene Abweichung des EEI -65,53 für das Jahr 2008:

(3.70) $$\Delta EEI_{2008,gesamt} = EEI^{[1,1]}_{2008,(P)} - EEI^{[0,0]}_{2008,(A)}$$
$$= 1.369,34 - 1.434,87 = -65,53$$

Diese Gesamtabweichung läßt den Schluß zu, daß es in der auf das Jahr 2008 bezogenen Kontrollperiode zu einer Verringerung des Unternehmenswerts gekommen ist. Eine Identifizierung der Bestimmungsfaktoren und betragsmäßige Zuordnung dieser Wertänderung auf deren Einflußgrößen erfolgt nachstehend.

3.5.2.4 Performanceanalyse des Bereichs B1 anhand des Earned Economic Income (ex post Perspektive)

Wird bei der Performanceanalyse – wie in der obigen Beschreibung (vgl. Kap. 3.5.1, S. 182 ff.) – der rechten Sequenz gefolgt,[1052] kommt es zunächst zu einer Quantifizierung des Zinsänderungseffekts:

Bei Konstanz der übrigen Einflußgrößen hätte die Erhöhung des Zinsfußes den EEI des Jahres 2008 geringfügig verringert (vgl. Tab. 98, S. 188):

(3.71) $$\Delta EEI_{2008,Zins} = EEI^{[1,0]}_{2008,(A)} - EEI^{[0,0]}_{2008,(A)}$$
$$= 1.431,87 - 1.434,87 = -3,00$$

Die Verstärkung der Risikoaversion hätte *ceteris paribus* einen negativen Einfluß auf den EEI, wie Gleichung (3.72) und Tab. 99, beide S. zeigen:

[1052] Vgl. *Dirrigl* (2002), Sp. 426, der sich in seiner Beispielsrechnung für die mittlere Sequenz entscheidet.

188   Bereichs- und unternehmenswertorientierte Performancemessung

(3.72) $\quad \Delta EEI_{2008,Risiko} = EEI^{[1,1]}_{2008,(A)} - EEI^{[1,0]}_{2008,(A)}$
$$= 1.420{,}90 - 1.431{,}87 = -10{,}97 \ .$$

Jahr	2007	2008	2009	2010	2011	2012	2013	2014	2015 ff.
SÄ (OCF$_t^{HEV}$)		4.101,36	3.087,68	3.402,97	3.696,44	4.126,49	4.039,01	4.086,39	4.119,37
KAPD$_t$		2.669,49	2.009,70	2.214,92	2.405,93	2.685,84	2.628,91	2.659,75	2.681,21
CC$_t$		599,44	588,93	615,81	711,95	781,85	796,25	821,35	845,59
TIL$_t$		2.070,05	1.420,77	1.599,11	1.693,99	1.903,99	1.832,66	1.838,40	1.835,62
ANNKAPD$_t$		2.277,48	2.627,86	2.627,86	2.557,79	2.627,86	2.803,05	2.697,94	2.627,86
DANNKAPD$_t$	53.694,72	54.034,86	54.041,20	54.047,84	54.124,89	54.135,62	53.971,68	53.904,86	
I$_t$		2.000,00	1.600,00	2.240,00	2.160,00	2.000,00	2.000,00	2.000,00	2.000,00
AK$_t$	3.996,26	3.926,20	4.105,43	4.746,32	5.212,34	5.308,34	5.475,69	5.637,29	5.801,67
-KAPD+ANNKAPD (1+r)$^{t-m}$		-392,01	207,04	630,07	812,64	794,27	1.007,14	1.094,42	1.094,42
EEI$_t$		**1.431,87**	1.077,97	1.188,05	1.290,50	1.440,64	1.410,10	1.426,64	1.438,16
DDEI$_t$	28.800,93	28.773,11	29.097,83	29.328,30	29.467,55	29.463,45	29.489,70	29.500,67	29.500,67
EK$_t$	41.493,36	41.414,81	41.946,10	42.828,01	43.379,44	43.367,70	43.442,87	43.474,31	

Tab. 98: Performanceanalyse des Bereichs B1 anhand des *Earned Economic Income* im Jahr 2008 (Zinseffekt); KBR ≈ 0,6509

Jahr	2007	2008	2009	2010	2011	2012	2013	2014	2015 ff.
SÄ (OCF$_t^{HEV}$)		4.098,82	3.083,58	3.399,92	3.694,13	4.108,80	4.021,32	4.068,70	4.101,68
KAPD$_t$		2.677,92	2.014,63	2.221,30	2.413,53	2.684,44	2.627,29	2.658,24	2.679,79
CC$_t$		599,44	587,67	613,62	708,47	776,71	790,55	815,04	838,56
TIL$_t$		2.078,48	1.426,96	1.607,68	1.705,06	1.907,73	1.836,73	1.843,20	1.841,23
ANNKAPD$_t$		2.277,48	2.627,86	2.627,86	2.557,79	2.627,86	2.627,86	2.697,94	2.627,86
DANNKAPD$_t$	53.694,72	54.034,86	54.041,20	54.047,84	54.124,89	54.135,62	53.971,68	53.904,86	
I$_t$		2.000,00	1.600,00	2.240,00	2.160,00	2.000,00	2.000,00	2.000,00	2.000,00
AK$_t$	3.996,26	3.917,78	4.090,82	4.723,13	5.178,08	5.270,35	5.433,62	5.590,41	5.749,18
-KAPD+ANNKAPD (1+r)$^{t-m}$		-400,44	193,28	609,25	783,22	764,82	977,87	1.065,24	1.065,24
EEI$_t$		**1.420,90**	1.068,95	1.178,62	1.280,61	1.424,36	1.394,03	1.410,46	1.421,89
DDEI$_t$	28.490,26	28.458,27	28.776,65	29.000,90	29.134,08	29.130,01	29.156,07	29.166,97	29.166,97
EK$_t$	41.182,69	41.091,54	41.611,17	42.479,79	43.016,55	43.004,81	43.079,97	43.111,42	

Tab. 99: Performanceanalyse des Bereichs B1 anhand des *Earned Economic Income* im Jahr 2008 (Risikoeffekt); KBR ≈ 0,6533

Ein deutlicher Werteinfluß geht hingegen vom Informationseffekt aus. In der Trägheitsprojektion wäre der Eigenkapitalwert auf einen Wert i.H.v. 38.359,96 gesunken, was sich dementsprechend deutlich auf den EEI des Jahres 2008 auswirkt (vgl. Tab. 100, S. 189)

Die auf exogene Einflüsse zurückzuführende Wertänderung beträgt nach Gleichung (3.73) -119,72:

(3.73) $\quad \Delta EEI_{2008,Information} = EEI^{[1,1]}_{2008,(B)} - EEI^{[1,1]}_{2008,(A)}$
$$= 1.301{,}18 - 1.420{,}90 = -119{,}72 \ .$$

Die Maßnahmen des *Management* zur Steigerung des Erfolgsniveaus des Bereichs B1, die sich über eine veränderte Investitionspolitik in den jeweilgen Werttreibern niederschlägt (vgl. Tab. 95, S. 185), steigern den EEI wieder auf den in Tab. 97, S. 187 ausgewiesenen Wert.

(3.74)
$$\Delta EEI_{2008,Aktion} = EEI^{[1,1]}_{2008,(P)} - EEI^{[1,1]}_{2008,(B)}$$
$$= 1.369{,}34 - 1.301{,}18 = 68{,}16 \ .$$

Jahr	2007	2008	2009	2010	2011	2012	2013	2014	2015 ff.
SÄ (OCF$_t^{HEV}$)		4.023,15	2.560,90	3.252,74	3.539,41	3.989,68	3.902,20	3.949,58	3.982,56
KAPD$_t$		2.721,98	1.732,65	2.200,73	2.394,68	2.699,32	2.640,14	2.672,20	2.694,51
CC$_t$		599,44	581,06	648,32	751,46	828,97	848,42	879,66	910,78
TIL$_t$		2.122,54	1.151,59	1.552,41	1.643,22	1.870,35	1.791,72	1.792,53	1.783,73
ANNKAPD$_t$		2.277,48	2.627,86	2.627,86	2.557,79	2.627,86	2.803,05	2.697,94	2.627,86
DANNKAPD$_t$	53.694,72	54.034,86	54.041,20	54.047,84	54.124,89	54.135,62	53.971,68	53.904,86	
I$_t$		2.000,00	1.600,00	2.240,00	2.160,00	2.000,00	2.000,00	2.000,00	2.000,00
AK$_t$	3.996,26	3.873,72	4.322,13	5.009,72	5.526,50	5.656,15	5.864,43	6.071,89	6.288,17
-KAPD+ANNKAPD $(1+r)^{t-m}$		-444,50	429,05	877,10	1.082,96	1.064,29	1.279,09	1.367,18	1.367,18
EEI$_t$		**1.301,18**	828,25	1.052,01	1.144,72	1.290,35	1.262,06	1.277,38	1.288,05
DDEI$_t$	25.667,53	25.617,65	26.038,25	26.255,61	26.390,85	26.387,05	26.411,39	26.421,53	26.421,53
EK$_t$	38.359,96	38.206,86	39.108,54	40.002,35	40.573,06	40.561,32	40.636,49	40.667,93	

Tab. 100: Performanceanalyse des Bereichs B1 anhand des *Earned Economic Income* im Jahr 2008 (Informationseffekt); KBR ≈ 0,6766[1053]

Die entsprechend der Gleichungen (3.71) bis (3.74), S. 187-189 ausgewiesenen Einzelabweichung addieren sich zu der Gesamtabweichung i.H.v. 6,23 gem. Gleichung (3.70), S. 187. In nachstehender Abbildung sind zusätzlich die Teilabweichungen angegeben, die sich bei Wahl einer anderen Abweichungsreihenfolge ergeben hätten (vgl. Abb. 22, S. 190):

Auch ohne tiefergehende Aufspaltung der soeben berechneten Teilabweichungen auf die Werttreiber,[1054] wird anhand des berechneten Aktionseffekts deutlich, daß das *Management* im Jahr 2008 äußerst positiv gehandelt hat; die ergriffenen Maßnahmen führten insgesamt zu einem positiven Werteffekt, der sich anteilig im residualen Zahlungsüberschuß niederschlägt. An dieser Separierung anknüpfend müßte auch die Konzeption eines wertorientierten Vergütungssystems erfolgen,[1055] für das die bereichsbezogen ausgestaltete Unternehmensbewertung und Performancemessung eine adäquate Basis liefert.[1056]

[1053] Der Informationseffekt stimmt mit der Veränderung der *Value Driver* in der ex post-Perspektive I überein. Vgl. hierzu bereits Tab. 92, S. 178; die Wertdifferenzen ergeben sich aufgrund des bereits abgespaltenen Zins- und Risikoaversionsänderungseffekts.
[1054] Die Rechenarithmetik von *Günther* (1997), S. 301-309, ließe sich mit der obigen Performanceanalyse kombinieren.
[1055] Vgl. *Ferstl* (2000), S. 217-263, dessen Vorschlag eines Vergütungssystems „auf Basis einer wertorientierten strategischen Kontrollrechnung und Abweichungsanalyse" jedoch auf die DCF-Verfahren abstellt. Vgl. auch Arbeitskreis „Wertorientierte Führung in mittelständischen Unternehmen" der Schmalenbach-Gesellschaft (2006), S. 2070 zur notwendigen Differenzierung zwischen internen und externen Effekten.
[1056] Vgl. *Dirrigl* (2004b), S. 130.

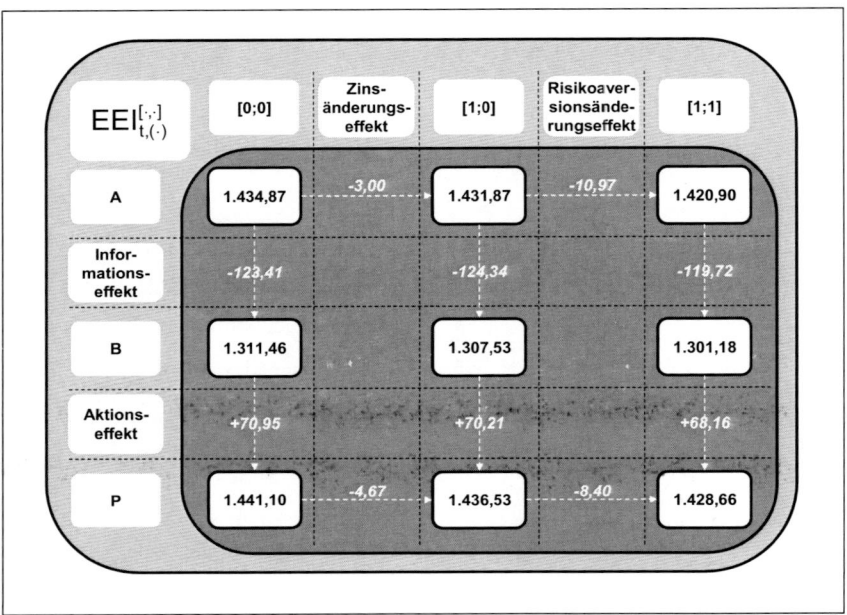

$EEI_{t,(\cdot)}^{[\cdot,\cdot]}$	[0;0]	Zins-änderungs-effekt	[1;0]	Risikoaver-sionsände-rungseffekt	[1;1]
A	1.434,87	-3,00	1.431,87	-10,97	1.420,90
Infor-mations-effekt		-123,41		-124,34		-119,72
B	1.311,46		1.307,53		1.301,18
Aktions-effekt		+70,95		+70,21		+68,16
P	1.441,10	-4,67	1.436,53	-8,40	1.428,66

Abb. 22: Bestands- und Differenzgrößen der Performanceanalyse auf Basis des EEI-Konzepts[1057]

3.5.3 Exkurs: Ergebnisse der Performancemessung des Bereichs B1 im Lichte der Verbundbeziehungen innerhalb des Konzerns K

Eine bereichs- und unternehmenswertorientierte Performancemessung kann erst dann als umfassend gelten, sofern sie neben ihrem eigentlichen Bewertungsobjekt die von den exogenen und endogenen Einflußfaktoren ausgelösten Wechselwirkungen auf das Konzernportefeuille berücksichtigt.[1058] Wenn leistungs- und finanzwirtschaftliche Synergieeffekte auf der Erfolgsebene durch die Bereichsstruktur als ausreichend berücksichtigt angesehen werden können, stehen Aspekte der segment- und konzernbezogenen Risikoposition im Mittelpunkt der Betrachtung.[1059] Insofern ist die Performancemessung auch vor dem Hintergrund der Risikokoordination auf übergelagerten Ebenen zu würdigen;[1060] diese fällt jedoch nicht mehr unter das Tätigkeitsfeld der Bereichsleitung, sondern ist originär bei der *Ma-*

[1057] In Anlehnung an *Dirrigl* (2002), S. 427-428.
[1058] Vgl. *Dirrigl* (2006), S. 780-782.
[1059] Vgl. *Dirrigl* (1998b), S. 553-556.
[1060] Zur Analyse des Risikoverbunds im Beteiligungsportefeuille vgl. etwa *Breid* (1994), S. 205-211; *Dinstuhl* (2003), S. 289-297; *Dirrigl* (1998b), S. 553-558; *Schmidbauer* (1998), S. 258-261.

nagement-Holding respektive einem strategischen Beteiligungs*controlling* anzusiedeln.[1061]

Um die Risiko-Rendite-Position des Konzernportefeuilles auszuloten, bedarf es einer Analyse der Variabilität der Zahlungsströme auf Konzernebene, was gleichzeitig eine Orientierung am Anteilseignerrisiko darstellt,[1062] schließlich ist der Risikoaspekt im Entscheidungsbildungs- und Kontrollprozeß des *Shareholder Value* konstitutiv.[1063]

Für die Quantifizierung des Anteilseignerrisikos wird gemeinhin eine Ausrichtung an Streuungsmaßen vorgeschlagen.[1064] Aus portefeuilletheoretischer Sicht wird das Gesamtrisiko des Konzernportefeuilles von der Korrelation der Bereichs- respektive Segmenterfolge zum Konzernerfolg beeinflußt.[1065] Während der im CAPM unterstellte rationale Anleger das unsystematische Risiko durch Diversifizierung annahmegemäß eliminiert und somit nur das Marktrisiko des betrachteten Bewertungsobjekts entgolten bekommt,[1066] wird im Rahmen dieser Arbeit bei der Risikobewertung und -diversifizierung auf den Bezug zum Kapitalmarkt verzichtet und bei den für die Bestimmung von Sicherheitsäquivalenten vorzunehmenden Abschlag auf die Risikoeinstellung des Anteilseigners sowie die Korrelation der Bereichserfolge abgestellt.[1067]

Die Auswirkungen der Variation der bewertungsrelevanten Parameter beim Übergang von der ex ante- auf die ex post-Perspektive im Bereich B1 können *ceteris paribus* anhand der erfolgspotentialorientierten Abweichungsanalyse gem. Abb. 23, S. 192 dargestellt werden.

Demnach sind die Verringerungen der Unternehmenswerte auf allen Bewertungsebenen des Konzerns K im wesentlichen durch den Anstieg des Kalkulationszinsfußes zu erklären. Weitergehend führt der erhöhte Risikoaversionskoeffizient zu einer entsprechenden Wertänderung bei allen Bewertungsobjekten. Zins- und Risikoaversionsänderungseffekt haben jedoch keinen Werteinfluß auf die durch Kovarianzen ausgedrückte Risiko-Rendite-Position innerhalb des Konzernportefeuilles.

[1061] Vgl. *Dirrigl* (2006), S. 779.
[1062] Vgl. *Schmidbauer* (1998), S. 259, m.w.N.
[1063] Vgl. *Steiner/Bruns* (2002), S. 1 ff.
[1064] Vgl. statt vieler *Schmidt/Terberger* (1997), S. 283-286.
[1065] *Breid* (1994), S. 206 empfiehlt den Variationskoeffizienten, der durch seine Normierung Niveauunterschiede ausgleichen könnte.
[1066] Vgl. *Leuthier* (1988), S. 57; *Schneider* (1992), S. 485 ff. Wegen der marktwertorientierten Risikokonzeption erübrigt sich auch eine Untersuchung von Risikoverbundeffekten bei den Performancemaßen EVA, CVA, E_RIC und SVA.
[1067] Vgl. etwa *Dinstuhl* (2003), S. 290 mit Verweis auf *Ewert* (1993), Sp. 1159.

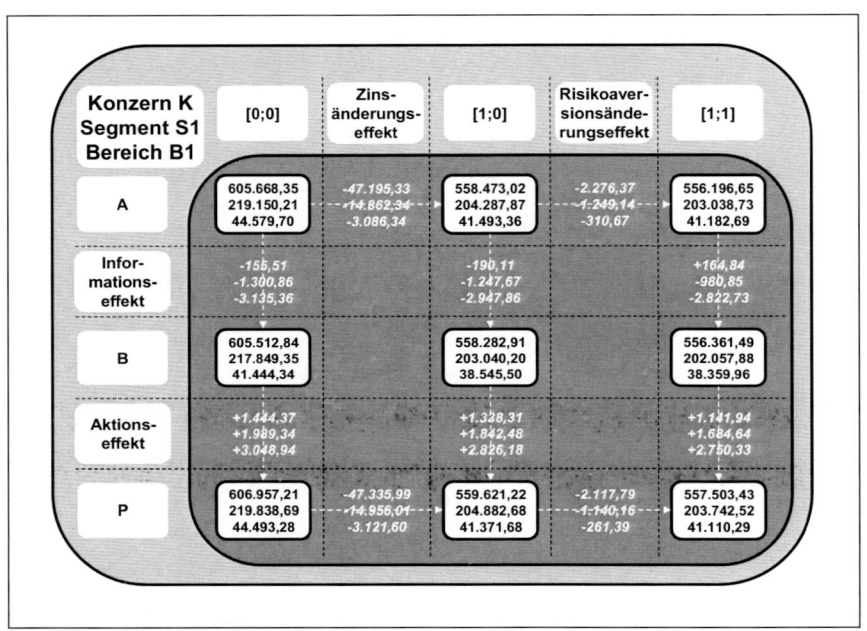

	[0;0]	Zins-änderungs-effekt	[1;0]	Risikoaver-sionsände-rungseffekt	[1;1]
Konzern K **Segment S1** **Bereich B1**					
A	605.668,35 219.150,21 44.579,70	-47.195,33 -14.862,34 -3.086,34	558.473,02 204.287,87 41.493,36	-2.276,37 -1.249,14 -310,67	556.196,65 203.038,73 41.182,69
Infor-mations-effekt		-155,51 -1.300,86 -3.135,36		-190,11 -1.247,67 -2.947,86		+164,84 -980,85 -2.822,73
B	605.512,84 217.849,35 41.444,34		558.282,91 203.040,20 38.545,50		556.361,49 202.057,88 38.359,96
Aktions-effekt		+1.444,37 +1.989,34 +3.048,94		+1.338,31 +1.842,48 +2.826,18		+1.141,94 +1.684,64 +2.750,33
P	606.957,21 219.838,69 44.493,28	-47.335,99 -14.956,01 -3.121,60	559.621,22 204.882,68 41.371,68	-2.117,79 -1.140,16 -261,39	557.503,43 203.742,52 41.110,29

Abb. 23: Bestands- und Differenzgrößen der erfolgspotentialorientierten Abweichungsanalyse auf Ebene des Bereichs B1, des Segments S1 und des Konzerns K[1068]

Diesbezüglich sind die Auswirkungen des Informations- und Aktionseffekts zu erörtern; in Tab. 101, S. 193 sind die periodenbezogenen Kovarianzen von Bereich B1 und Segment S1 sowie von Bereich B1 und Konzern K der Jahre 2008 bis 2015 ff. aufgelistet. Aufgrund des additiven Zusammenhangs zwischen den Kovarianzen der Bereiche, der Finanzierungsgesellschaft, der *Management-Holding* und der Varianz des Konzernportefeuilles,[1069] die eine Maßzahl der konzernbezogenen Risikoposition darstellt, können die bereichsbezogenen Kovarianzen als Beitrag zur Risikokoordination interpretiert werden.[1070]

[1068] In Anlehnung an *Dirrigl* (2002), S. 427-428.
Die dargestellten Berechnungen stellen im übrigen eine unternehmenswertorientierte Performancemessung durch den Vergleich differenzierter Unternehmenswerte dar (vgl. Kap. 3.2.1, S. 95 ff.).

[1069] Vgl. *Dinstuhl* (2003), S. 295, m.w.N.

[1070] Es ließen sich auch noch entsprechende Korrelationskoeffizienten der einzelnen Teileinheiten des Konzerns K berechnen, vgl. etwa *Damodaran* (1997), S. 98; ein zusätzlicher Aussagewert über die Höhe des absoluten Risikobeitrags würde dadurch aber nicht gewonnen, weshalb hierauf verzichtet werden soll.

Bereichs- und unternehmenswertorientierte Performancemessung 193

	Jahr	2008	2009	2010	2011	2012	2013	2014	2015ff
ex ante-Perspektive	Kovarianz Bereichs B1 Segment S1	131.600,23	93.004,77	129.329,65	56.551,64	667.799,29	738.088,19	701.529,89	701.529,89
	Kovarianz Bereichs B1 Konzern K	179.787,38	143.855,84	86.182,12	93.172,86	767.358,00	898.545,91	934.628,03	933.659,90
	Kovarianz Segment S1 Konzern K	505.114,14	167.218,74	183.529,72	117.224,93	1.609.461,45	2.001.232,39	1.931.970,46	1.929.973,57
	Varianz Segment S1	356.347,41	122.190,54	282.396,21	69.592,21	1.344.650,49	1.595.155,62	1.425.124,10	1.425.124,10
	Varianz Konzern K	736.019,57	253.620,16	121.954,75	260.838,40	1.972.484,92	2.571.867,31	2.650.773,92	2.645.305,20
Trägheits-projektion	Kovarianz Bereichs B1 Segment S1	0,00	95.686,19	71.907,94	17.094,05	454.125,70	511.171,37	482.601,89	482.601,82
	Kovarianz Bereichs B1 Konzern K	0,00	142.415,03	48.009,58	35.277,69	529.938,92	636.964,67	664.362,25	663.610,23
	Kovarianz Segment S1 Konzern K	244.603,33	169.912,45	117.424,76	54.114,30	1.299.849,95	1.654.215,50	1.584.257,77	1.582.477,00
	Varianz Segment S1	144.023,75	129.006,48	197.042,08	24.919,15	1.058.784,48	1.282.803,16	1.128.749,13	1.128.749,13
	Varianz Konzern K	427.321,60	252.191,63	75.098,95	179.290,20	1.639.127,94	2.190.186,00	2.251.723,53	2.246.687,03
ex post-Perspektive	Kovarianz Bereichs B1 Segment S1	0,00	-1.601,85	478.908,80	67.773,63	570.975,55	635.373,36	602.288,41	602.288,41
	Kovarianz Bereichs B1 Konzern K	0,00	610,67	373.381,84	103.319,22	660.923,20	780.991,98	813.281,32	812.406,87
	Kovarianz Segment S1 Konzern K	244.603,33	10.978,30	556.849,17	112.438,70	1.472.360,12	1.846.963,51	1.777.267,33	1.775.364,13
	Varianz Segment S1	144.023,75	14.601,73	717.577,35	65.800,77	1.216.664,43	1.455.387,38	1.292.302,54	1.292.302,54
	Varianz Konzern K	427.321,60	48.978,75	432.697,21	255.731,89	1.826.486,82	2.403.431,10	2.474.510,65	2.469.228,04

Tab. 101: Gesamtbetrachtung der Variabilität der *Netto Cashflows* des Bereichs B1 für die Jahre 2008 bis 2015 ff.

Ein Vergleich der Trägheitsprojektion mit der ex ante-Perspektive zeigt, daß durch den Informationseffekt die Risikoposition des Konzerns K, gemessen an der Kovarianz von Bereich B1 und Konzern K sowie den segment- und konzernbezogenen Varianzen, abnimmt. Dies wird jedoch gleichzeitig auf Bereichsebene durch ein Absinken der prognostizierten *Netto Cashflows* überkompensiert (sog. Niveaueffekt),[1071] so daß der Bereichswert fällt.[1072] Auf Segment- und speziell auf Konzernebene ist der Informationseffekt nicht so stark ausgeprägt,[1073] weil die Verringerung der gesamten Risikoposition auf diesen Ebenen des Konzerns K einen stärkeren Werteinfluß auf den Konzernverbund als die Verringerung des *Netto Cashflows* aufweist.

Der vom *Management* initiierte Aktionseffekt führt zwar wieder zu einem Anstieg der Risikoposition im Konzernportefeuille, insgesamt ist der Niveaueffekt aber von der Bereichs- bis zur Konzernebene so ausgeprägt, daß die *Management*leistung als durchweg positiv beurteilt werden kann.[1074]

Diese portefeuilletheoretische Sichtweise auf den Konzern K und die damit einhergehende ‚Neuinterpretation' der bereichs- und unternehmenswertorientierten Performancemessung sollte nicht überstrapaziert werden;[1075] bei der Gestaltung des Konzernportefeuilles lediglich auf möglichst negative Kovarianzen bzw. Korrelationskoeffizienten der Bereichs- und Segmenterfolge als Indikator für eine gelungene Risikodiversifikation abzustellen

- vernachlässigte – wie an der Beispielrechnung leicht abzulesen – den Niveaueffekt,

---

[1071] Vgl. *Dinstuhl* (2003), S. 296, m.w.N.
[1072] -2.822,73 bis -3.135,38 in Abhängigkeit der Abspaltungsreihenfolge, vgl. Abb. 23, S. 192.
[1073] -1.300,86 bis -980,85 respektive -155,51 bis +164,84 in Abhängigkeit der Abspaltungsreihenfolge, vgl. Abb. 23, S. 192.
[1074] +2.276,01 bis +4.212,31 in Abhängigkeit der Abspaltungsreihenfolge, vgl. Abb. 23, S. 192.
[1075] Vgl. *Breid* (1994), S. 210; *Dinstuhl* (2003), S. 296; *Schmidbauer* (1998), S. 261.

- klammerte die Möglichkeit aus, durch aktive Nutzung leistungswirtschaftlicher Synergiepotentiale eine Senkung der Variabilität der einzelnen Zahlungsströme zu erzielen,[1076]
- übersähe die mitunter engen praktischen Grenzen einer Anpassung des Konzernportefeuilles im Hinblick auf den Beteiligungsgrad und die Beteiligungsdauer[1077] und
- verneinte eine übergeordnete strategische Ausrichtung des Konzernführungsunternehmens.[1078]

Folglich trägt eine ergänzende Betrachtung der bereichsbezogenen Performancemessung vor dem Hintergrund der Verbundbeziehungen innerhalb eines Konzerns zu einer Gesamtwürdigung der Ergebnisse der Performanceanalyse bei, während die Verantwortlichkeit für die Einbeziehung von Akquisitionskandidaten und die Veräußerung von Desinvestitionsaspiranten und damit für das Konzernportefeuille und dessen Risikoposition auf Ebene der *Management-Holding* respektive des strategischen Beteiligungs*controlling* verbleibt.[1079]

[1076] Vgl. *Breid* (1994), S. 210.
[1077] Vgl. *Schmidbauer* (1998), S. 261.
[1078] Vgl. *Schmidbauer* (1998), S. 261.
[1079] Vgl. *Schmidbauer* (1998), S. 261.

4 Relevanzaspekte des Impairment of Assets für das bereichs- und unternehmenswertorientierte Controlling

4.1 Zweck- und Zielsetzung der IFRS-Rechnungslegung unter Berücksichtigung des Impairment of Assets nach IAS 36

Einen wesentlichen Bestandteil des notwendigen Grundverständnisses für die Anwendung einzelner Standards stellt die Kenntnis der Zweck- und Zielsetzung der *IFRS*-Rechnungslegung[1080] dar.[1081] Diese gilt es infolgedessen im nächsten Gliederungspunkt kurz vorzustellen. Daran anknüpfend sind die allgemeinen Rechnungslegungsgrundsätze zu skizzieren, die zur Konkretisierung der angestrebten Zweck- und Zielsetzung dienen (vgl. Kap. 4.1.2, S. 200 ff.). Auf dieser Basis lassen sich die mit dem *Impairment of Assets* verfolgten Rechnungsziele erörtern (vgl. Kap. 4.1.3, S. 205 ff.), bevor eine Darstellung des konkreten Inhalts von *IAS* 36 erfolgt (vgl. Kap. 4.2 ff., S. 209 ff.). Dabei werden schwerpunktmäßig die Vorgaben zur Bestimmung von Bewertungseinheiten (vgl. Kap. 4.3, S. 225 ff.) und der anzuwendenden Bewertungsvorschriften (vgl. Kap. 4.4, S. 246 ff.) untersucht.

4.1.1 Zweck- und Zielsetzung der IFRS-Rechnungslegung

Die Zielsetzung der *IFRS*-Rechnungslegung ist in der Vermittlung entscheidungsnützlicher Informationen zu sehen,[1082] was der *Standardsetter* im *Framework for the Preparation and Presentation of Financial Statements*[1083] wie folgt ausdrückt:

> „The objective of financial statements is to provide information about the financial position, performance and changes in financial position of

---

[1080] Vgl. zu den Grundbegriffen und den Zusammenhängen der Rechnungslegung grundlegend *Schneider* (1995a); *Schneider* (1997).
[1081] Vgl. statt vieler *Beyhs* (2002), S. 26.
[1082] Vgl. nur *Streim/Bieker/Leippe* (2001), S. 179; *Wagenhofer* (2005), S. 117.
[1083] Nachfolgend vereinfacht als ‚*Framework*' (F) oder ‚Rahmenkonzept' bezeichnet, das nach *F.2* keinen eigenständigen Standard darstellt und daher im Zweifelsfall gem. *F.3* die Regelungen der *IFRS* vorrangig zu beachten sind.
Aktuell unterliegen die Rahmenkonzepte des *IASB* und *FASB* einem gemeinsamen Überarbeitungsprozeß. Das erste diesbezügliche Diskussionspapier wurde im Juli 2006 vorgestellt. <http://www.iasb.org/NR/rdonlyres/4651ADFC-AB83-4619-A75A-4F279C1750 06/0/DP_ConceptualFramework.pdf> (08. Januar 2007). Ein verpflichtendes, konvergentes *Framework* wird jedoch nicht vor 2009 erwartet, vgl. etwa *Dobler/Hettich* (2007), S. 30; *Hettich* (2007), S. 11.

an entity that is useful to a wide range of users in making economic decisions."[1084]

Das *Financial Statement* zielt also darauf ab, einer Vielzahl von Abschlußadressaten Informationen zur Fundierung ihrer ökonomischen Entscheidungen zur Verfügung zu stellen. Hiermit sind in erster Linie das Halten oder Verkaufen von Unternehmensanteilen, die Kreditvergabe sowie die Messung der erbrachten *Management*leistung angesprochen.[1085] Als potentiell entscheidungsnützlich werden dabei Informationen über die ‚bilanzielle Finanz- und Ertragslage'[1086] sowie die Zahlungsströme des Unternehmens angesehen, die folgende Eigenschaften aufweisen:[1087]

> „To be useful, information must be relevant to the decision-making needs of users. Information has the quality of relevance when it influences the economic decisions of users by helping them evaluate past, present or future events or confirming, or correcting, their past evaluations."[1088]

Demnach besitzt eine Information für den Empfänger Relevanz, wenn sie imstande ist, seinen Entscheidungsprozeß zu beeinflussen, indem eine Aussage über die zukünftige Entwicklung des Unternehmens getroffen, respektive ein Beitrag zur Bestätigung oder Revision bisheriger Annahmen geleistet wird.[1089] Die Zielsetzung des *IFRS*-Abschlusses läßt sich deshalb auch als Bereitstellung von Informationen mit ‚*Predictive Value*' oder ‚*Feedback Value*' kennzeichnen,[1090] die nach Ansicht

---

[1084] *F*.12; ähnlich auch *IAS* 1.13. Eine Anlehnung an die vom *FASB* im *Conceptual Framework* formulierte Zielsetzung kann nicht übersehen werden (vgl. *SFAC* 1.43): „The primary focus of financial reporting is information about an enterprise's performance provided by measures of earnings and its components. Investors, creditors, and others who are concerned with assessing the prospects for enterprise net cash inflows are especially interested in that information. Their interest in an enterprise's future cash flows and its ability to generate favourable cash flows leads primarily to an interest in information about its earnings." Vgl. zu den bereits derzeit vorhandenen Parallelen der Rahmenkonzepte *Epstein/Mirza* (2006), S. 8; *Wagenhofer* (2005), S. 115 f.
[1085] Vgl. *F*.12-14; *IAS* 1.7.
[1086] Zur Unbestimmtheit der Begriffe Vermögens- und Ertragslage vgl. nur *Streim* (1994), S. 391 ff.
[1087] *Hepers* (2005), S. 95 bemängelt die im Schrifttum fehlende Aussage darüber, „welche Informationsinhalte tatsächlich als entscheidungsnützlich für Kapitalanlageentscheidungen qualifiziert werden können." Ähnlich *Ballwieser* (2001a), S. 164; *Böcking* (1998), S. 27.
[1088] *F.* 26. *Ballwieser* (2006a), S. 13 weist in diesem Zusammenhang auf die irritierende Trennung von Nützlichkeit und Relevanz hin und erwähnt mit Verweis auf *Ballwieser* (1985), S. 25 f. das abweichende Begriffsverständnis von Entscheidungsrelevanz zwischen *Framework* und Informationsökonomie.
[1089] Vgl. *Streim/Bieker/Esser* (2003), S. 470; *Streim/Bieker/Esser* (2005), S. 98.
[1090] Vgl. auch etwa *Ruhwedel/Schultze* (2004), S. 494, die im Hinblick auf die Informationsbedürfnisse der Eigenkapitalgeber zwischen „Kontrollrechnungen zur Leistungsbeurteilung" und „Planungsrechnungen zur Ableitung von Entscheidungswerten" differenzieren. Ähnlich *Hepers* (2005), S. 15; *Dirrigl* (1998b), S. 541; *Streim/Bieker/Esser* (2003), S. 470.

des *Standardsetter* zur angemessenen Beurteilung des *Management*erfolgs sowie zur profunden Einschätzung der Unternehmensentwicklung geeignet sind.[1091]

Der dieses Rechnungsziel bestimmende Rechnungszweck geht indessen nur implizit aus dem Regelwerk der *IFRS* hervor, läßt sich aber als ‚*Investor Protection*' herausarbeiten.[1092] Zu den Investoren sind hierbei sowohl aktuelle als auch potentielle Eigen- und Fremdkapitalgeber zu zählen.[1093] Insgesamt kann somit festgestellt werden, daß die *IFRS*-Rechnungslegung den Zweck des Kapitalgeberschutzes über die Vermittlung entscheidungsnützlicher Informationen verfolgt.[1094]

Bevor im nächsten Gliederungspunkt eine Untersuchung der allgemeinen Rechnungslegungsgrundsätze erfolgt, anhand derer das *IASB* gedenkt, die Versorgung der Abschlußadressaten mit entscheidungsrelevanten Informationen sicherzustellen (vgl. Kap. 4.1.2, S. 200 ff.), sollen – trotz des Darstellungscharakters dieses Kapitels – die in der theoretisch geprägten Literatur geäußerten Zweifel zusammengefaßt werden, ob sich die vorgenannte Zielsetzung mittels des *Financial Statement* überhaupt erfüllen läßt.[1095]

Die Bedenken gegenüber der Eignung dieses Instrumentariums[1096] zur entscheidungsnützlichen Informationsversorgung beruhen auf der Überlegung, daß aktuelle und potentielle Gesellschafter unter finanziellen Gesichtspunkten an Informationen über die Breite, zeitliche Struktur und Unsicherheit zukünftiger Ausschüttungen bzw. Entnahmen sowie über die Kursentwicklung ihrer Anteile respektive die Entwicklung möglicher Unternehmenspreise interessiert sind.[1097] Analog wollen Gläubiger Auskünfte über die Wahrscheinlichkeit einer Insolvenz des Un-

---

[1091] Vgl. hierzu auch *IAS* 1.7.
[1092] Vgl. *Streim* (2000), S. 113. A.A. etwa *Strobl* (1996), S. 412. Hinsichtlich der Informationsverarbeitung finden sich im gesamten *IFRS*-Regelwerk keinerlei konkrete Angaben, vgl. auch *Ballwieser* (2006a), S. 17.
[1093] Vgl. *F.* 10, wonach die mitunter divergierenden Informationsbedürfnisse der unterschiedlichen Abschlußadressaten befriedigt werden können, indem sich der *IFRS*-Abschluß primär an den Informationsinteressen der Kapitalinvestoren ausrichtet. Nach *Pellens/Fülbier/Gassen* (2006), S. 106 stellt „der anonyme (Eigen)Kapitalgeber als prototypischer Abschlussadressat im Mittelpunkt der Standardentwicklung und -auslegung". Ein Nachweis über die Gültigkeit dieser Hypothese wird hingegen nicht erbracht, vgl. *Mujkanovic* (2002), S. 24.
[1094] Vgl. *Lopatta* (2006), S. 27; *Streim* (2000), S. 113. Die Bemühungen des *IASB* und *FASB* um ein überstimmendes *Framework* lassen ein Festhalten am Kapitalgeberschutz durch Gewinnermittlung zum Zwecke der Informationsvermittlung erkennen (vgl. Fn. 1084, S. 196), da aktuelle und potentielle Eigen- und Fremdkapitalgeber weiterhin die Hauptadressaten des Abschlusses darstellen, die es mit entscheidungsnützlichen Informationen zu versorgen gilt. Vgl. hierzu auch *Dobler/Hettich* (2007), S. 30; *Hettich* (2007), S. 11.
[1095] Vgl. statt vieler *Streim* (2000), S. 111-131.
[1096] Nach *IAS* 1.8 umfaßt das *Financial Statement* eine Bilanz (*Balance Sheet*), Gewinn- und Verlustrechnung (*Income Statement*), Kapitalflußrechnung (*Cash Flow Statement*), Aufstellung über die Veränderung des Eigenkapitals (*Statement of Changes in Equity*) und einen Anhang (*Notes*) sowie bei kapitalmarktorientierten Unternehmen eine Segmentberichterstattung (aktuell *Segment Reporting*, ab dem 01. Januar 2009 *Operating Segments*).
[1097] Vgl. etwa *Auer* (1999a), S. 215-313; *Auer* (1999b), S. 979-1002; *Ballwieser* (2006a), S. 17; *Ballwieser/Küting/Schildbach* (2004), S. 529; *Bieg/Kußmaul* (2003), S. 431; *Bieker* (2006), S. 21; *Drukarczyk/Schüler* (2005), S. 725; *Moxter* (2000), S. 2146-2417; *Lopatta* (2006), S. 12; *Streim* (2000), S. 120; *Streim/Bieker/Esser* (2003), S. 470; *Streim/Bieker/Esser* (2004), S. 231.

ternehmens und den dann eventuell eintretenden Kreditverlust erlangen, m.a.W. die Fähigkeit eines Unternehmens abschätzen, die vertraglich festgelegten Zins- und Tilgungsleistungen fristgerecht zu erbringen.[1098] Folglich können Investoren durch ein kollektives Interesse an Plangrößen charakterisiert werden.[1099]

Aus diesem Grund möchte das *IASB* die Abschlußadressaten über "the ability of an entity to generate cash and cash equivalents and of the timing and certainty of their generation"[1100] in Kenntnis setzen.[1101] Allerdings wird in der einschlägigen Literatur berechtigterweise die mangelnde Prognosefähigkeit der hierfür eingesetzten Bestandteile der *IFRS*-Rechnungslegung beklagt.[1102] Daß etwa der in der Gewinn- und Verlustrechnung ausgewiesene, buchhalterische Gewinn entsprechend der vom *IASB* propagierten Ansicht, „[i]nformation about performance is useful in predicting the capacity of the entity to generate cash flows from its existing resource base"[1103],[1104] eine geeignete Extrapolationsbasis darstellt, läßt sich weder empirisch-induktiv noch logisch-deduktiv begründen.[1105] Da zugleich „der Kreis der ansatzfähigen Aktiva so eng gezogen wird, dass ein beträchtlicher Teil der unternehmenswertbestimmenden Faktoren von vornherein aus der Bilanz ausgeschlossen wird"[1106], leisten die in einem Abschluß auf Basis der *IFRS* enthaltenen Informationen bestenfalls mittelbar einen Beitrag zur Befriedigung der Investoreninteressen.[1107]

Bezüglich der durch einen *IFRS*-Abschluß angestrebten Entscheidungsnützlichkeit ist im Hinblick auf dessen Kernelemente in Form der Bilanz sowie Gewinn- und Verlustrechnung daher Skepsis angebracht,[1108] was *Streim* in folgendem drastischen Resümee verdeutlicht:

[1098] Vgl. bereits *Busse von Colbe* (1968), S. 94. Ebenso *Lange* (1989), S. 16; *Schildbach* (2002), S. 271; *Streim* (1995), S. 718; *Streim* (2000), S. 120; *Streim/Bieker/Esser* (2003), S. 470; *Streim/Bieker/Esser* (2004), S. 231; *Streim/Bieker/Leippe* (2001), S. 181.
[1099] Vgl. *Baetge/Thiele* (1997), S. 17 f.; *Moxter* (2003), S. 224.
[1100] F.15.
[1101] Vgl. *Epstein/Mirza* (2006), S. 8.
[1102] Vgl. *Ballwieser* (2006a), S. 17; *Bieker* (2006), S. 91-93; *Hepers* (2005), S. 86-93; *Moxter* (2000), S. 2147.
[1103] F.17. So führen bspw. *Bieg et al.* (2006), S. 69; *Bieg/Kußmaul* (2003), S. 445 aus, „[d]ies sind – häufig vergangenheitsbezogene – Informationen, die eine Abschätzung der zukünftigen Nettozahlungseingänge des Unternehmens ermöglichen", ohne den damit unterstellten Prognosebildungsprozeß zu erläutern.
[1104] Vgl. zu „Dividenden als Informationsträger" *Dirrigl/Wagner* (1993), S. 282 f.
[1105] Vgl. *Moxter* (2000), S. 2147; *Streim* (2000), S. 117-127 mit einer umfangreichen Diskussion. Zu den Bedingungen, die erfüllt sein müßten, damit Gewinne entscheidungsnützliche Informationen für Eigenkapitalgeber liefern könnten, vgl. grundlegend *Beaver* (1989), S. 99-107.
[1106] *Bieker* (2006), S. 91. Ähnlich *Hitz* (2005), S. 1023; *Moxter* (2000), S. 2145; *Schildbach* (2007), S. 13.
[1107] Vgl. *Streim* (1995), S. 718. In diesem Sinne auch schon *Moxter* (1966), S. 58: „Die Bilanzgewinne werden zu stark von grundsätzlich irrelevanten Vergangenheitszahlungen geprägt; die den finanziellen Zielstrom bestimmenden künftigen Zahlungen schlagen sich dagegen nur teilweise in ihnen nieder."
[1108] Vgl. *Ballwieser* (2006a), S. 17; *Buchholz* (2005), S. 215; *Kahle* (2002a), S. 101-103; *Moxter* (2000), S. 2147; *Streim/Esser* (2003), S. 840.

"Es ist entweder über die zukünftigen Zahlungsüberschüsse direkt zu informieren oder es sind Daten offenzulegen, die es den Adressaten erlauben, die zukünftigen Zahlungen selbst zu prognostizieren. [...] Das IASC glaubte, sich dies [...] ersparen zu können und auf bekannte Instrumente – balance sheet and income statement – zurückgreifen zu können.

Diese Vorgehensweise ähnelt folgender Situation: Es kommen einige Ingenieure zusammen und vereinbaren nach kurzer Diskussion folgende Zielsetzung: Es soll ein Passagierschiff entwickelt werden, das schneller fahren soll als alle bisher gebauten Schiffe. Zur konzeptionellen Ausarbeitung greifen sie auf Konstruktionszeichnungen römischer Galeeren zurück. Ihr Ziel werden die Ingenieure auf diesem Weg kaum erreichen."[1109]

Diesem grundlegenden ‚Konstruktionsmangel' versucht das *IASB* durch eine sich immer stärker abzeichnende Abkehr von historischen Anschaffungs- und Herstellungskosten als ‚traditionellem' Bewertungsmaßstab hin zu einer umfassenden *Fair Value*-Orientierung beizukommen.[1110] Der zunehmende Einsatz des *Fair Value*[1111] wird bisweilen als erster Schritt zu einer Art ‚Gesamtunternehmenserfolgsrechnung' mit prospektivem Indikationscharakter interpretiert,[1112] was aber nicht darüber hinwegtäuschen darf, daß die beschriebenen Informationsbedürfnisse der Investoren durch das Gebilde einer ‚traditionellen' Bilanz – selbst bei einer vollständigen Fundierung mit *Fair Values* – nicht zu erfüllen sind.[1113]

Hierzu wäre konsequenterweise das Verlassen der Einzelbewertungsbasis notwendig.[1114] Die ‚Bilanz' bestünde nicht mehr aus einzelnen Vermögenswerten und Schulden, sondern aus ‚'Teil-Unternehmenswerten'"[1115] und wiese im Sinne einer ‚Informationsbilanz' *Cashflow*potentiale aus.[1116]

[1109] *Streim* (2000), S. 128. *Ballwieser* (2006a), S. 18 stellt ernüchternd fest, „[d]ie Entscheidungsnützlichkeit ist eher vermutet oder behauptet statt bewiesen."

[1110] Vgl. zum *Fair Value* vor allem Fn. 6, S. 1. *Ballwieser/Küting/Schildbach* (2004), S. 529-549. *Ballwieser* (2006a), S. 26; *Bieker* (2006), S. 134; *Wagenhofer* (2005), S. 116 weisen unisono darauf hin, daß der *Fair Value* nicht einmal explizit im *Framework* genannt wird.
Baetge/Zülch (2001), S. 552 bezeichnen wegen des „Nebeneinander[s] von historischen Werten und fair values" den aktuellen Entwicklungsstand des Fair Value-Accounting als „Mixed-Konzept" (Hervorhebungen im Original); ähnlich *Baetge/Zülch/Matena* (2002), S. 368.

[1111] Vgl. jüngst zum Vorschlag einer standardübergreifenden Vereinheitlichung der Zeitwertbilanzierung *Olbrich/Brösel* (2007), S. 1546-1548.

[1112] Vgl. etwa *Hayn* (2005), S. 427, m.w.N.

[1113] Vgl. *Ballwieser/Küting/Schildbach* (2004), S. 548; *Schildbach* (2004), S. 852; *Streim/Bieker/Esser* (2003), S. 457-479. Ferner *Moxter* (2000), S. 2148, wonach „Bilanzen und GVR [...] nicht mehr länger als zentrale Informationsinstrumente dienen [sollten]; ihnen kommt eine Ergänzungsfunktion zu, nicht mehr."

[1114] Vgl. *Moxter* (2000), S. 2413; *Schildbach* (2007), S. 13.

[1115] *Streim/Bieker/Esser* (2004), S. 235; kritisch bspw. *Ballwieser* (2002b), S. 299.

[1116] Vgl. *Streim/Bieker/Leippe* (2001), S. 191 ff. sowie zu einer ausführlichen Diskussion einer „ZGE-Bilanz" *Bieker* (2006), S. 219-232.

Unabhängig von der Durchsetzbarkeit einer derartigen Bilanzkonzeption[1117] stehen Teile der Theorie und Praxis bereits dem *status quo*[1118] der *Fair Value*-Orientierung des *IASB* kritisch gegenüber,[1119] was meistens mit dem hierdurch verbundenen Verlust an Verläßlichkeit begründet wird.[1120] Es mehren sich sogar mittlerweile Stimmen in der Literatur, die eine Beschränkung des Geltungsbereichs von *Fair Value* – etwa auf finanzielle Bilanzposten[1121] – fordern.[1122]

4.1.2 Allgemeine IFRS-Rechnungslegungsgrundsätze

Die Anforderungen an entscheidungsnützliche Informationen werden vom *IASB* in einem System allgemeiner Rechnungslegungsgrundsätze konkretisiert, das in Abb. 24, S. 201 veranschaulicht wird.

Durch die Einhaltung dieses Anforderungskatalogs und die korrekte Anwendung der einzelnen *IFRS*-Vorschriften soll das *Financial Statement* quasi ‚automatisch'[1123] ein den tatsächlichen Verhältnissen entsprechendes Bild der Vermögens-, Finanz- und Ertragslage sowie des *Cashflows* eines Unternehmens (sog. *True and Fair View/Fair Presentation*) vermitteln.[1124]

Zu den grundsätzlichen Möglichkeiten einer zukunftsbezogenen Bilanzierung auf Basis diskontierter *Cashflows* vgl. auch *Lücke* (2004), S. 301-329.
Alternativ wird in jüngerer Vergangenheit die ‚Umstellung' der Rechnungslegung auf einen Solvenztest zur Ausschüttungsbemessung vorgeschlagen, vgl. *Pellens/Crasselt/Sellhorn* (2007), S. 264-283; *Pellens/Jödicke/Richard* (2006), S. 93-120; *Pellens/Jödicke/Richard* (2005), S. 1393-1401.

[1117] *Streim/Bieker/Esser* (2003), S. 472 sprechen diesbezüglich von einem „Ideal einer Bilanz", von dem „das IASB aber Lichtjahre entfernt" sei.
[1118] Im Hinblick auf das aktuelle Gemeinschaftsprojekt des *IASB* und *FASB* zum *Fair Value Measurements* vgl. etwa *Bieker* (2007), S. 91-97 und S. 132-138; *Hitz* (2007), S. 361-367; *Theile* (2007), S. 1-8; *Zülch/Gebhardt* (2007), S. 147-151.
[1119] Vgl. hingegen das ‚Plädoyer' von *Moxter* (2000), S. 2143-2149 für eine prognoseorientierte Rechnungslegung.
[1120] Vgl. etwa *Kirchner* (2006), S. 61-78; *Schildbach* (2004), S. 848 ff.; *Ballwieser/Küting/Schildbach* (2004), S. 529-549, jeweils m.w.N.
[1121] Vgl. *Schruff* (2005), S. 118-137 kritisch im Hinblick auf *IAS 39: Financial Instruments: Recognition and Measurement*.
[1122] Vgl. bspw. *Ballwieser/Küting/Schildbach* (2004), S. 535; *Hitz* (2005), S. 1027; warnend zur Zeitbewertung bereits *Schildbach* (1997), S. 177-185.
[1123] Zugleich zutreffend und ironisch vergleichen *Lüdenbach/Hoffmann* (2007a), Rz. 71 die Normenhierarchie der *IFRS*-Rechnungslegung mit der vorreformatorischen Verfassung von Normensystemen und titulieren die Rechnungslegungsgrundsätze nach *IFRS* als „Katechismusregeln".
[1124] Vgl. *F*.46; *IAS* 1.13; zu seltenen Ausnahmen vgl. *IAS* 1.17. *Pellens/Fülbier/Gassen* (2006), S. 89 zufolge ist die „oberste Aufgabe der Abschlüsse [...] ‚fair presentation'". Ähnlich *Buchholz* (2005), S. 215. Kritisch führt *Ballwieser* (2006a), S. 18 aus, „[d]ie Darstellung den tatsächlichen Verhältnissen suggeriert, es gäbe eine voraussetzungslose Wahrnehmungsmöglichkeit der Realität. Das widerspricht der Erkenntnis, daß Realität stets abzubilden ist, wobei ein objektiver, für Dritte jederzeit nachvollziehbarer Maßstab fehlt und statt dessen Wertungen nötig werden." *Moxter* (2000), S. 2146 spricht vom „True and Fair view-Mythos". Ferner *Streim* (1994), S. 391-406.

Impairment of Assets nach IAS 36 201

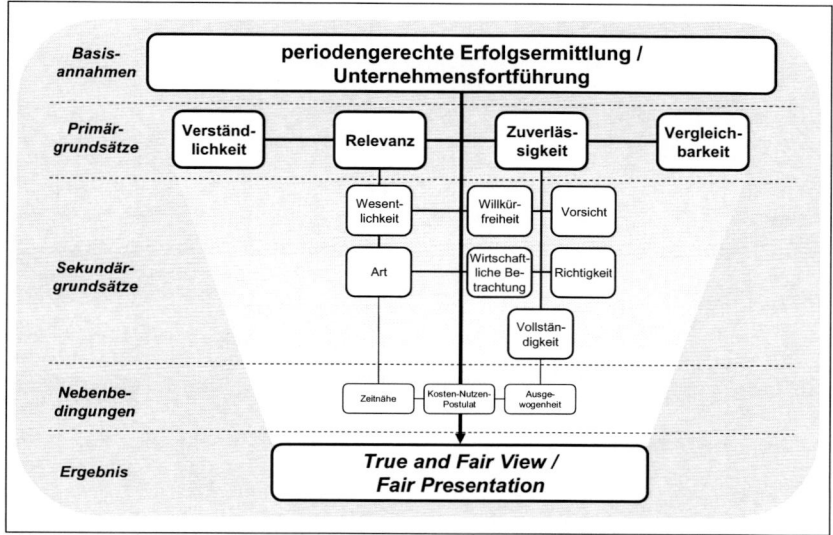

Abb. 24: System der allgemeinen Rechnungslegungsgrundsätze nach *IFRS*[1125]

Diagramm:
- **Basisannahmen:** periodengerechte Erfolgsermittlung / Unternehmensfortführung
- **Primärgrundsätze:** Verständlichkeit – Relevanz – Zuverlässigkeit – Vergleichbarkeit
- **Sekundärgrundsätze:** Wesentlichkeit, Willkürfreiheit, Vorsicht, Art, Wirtschaftliche Betrachtung, Richtigkeit, Vollständigkeit
- **Nebenbedingungen:** Zeitnähe, Kosten-Nutzen-Postulat, Ausgewogenheit
- **Ergebnis:** True and Fair View / Fair Presentation

Als Basisannahmen dieses Normensystems[1126] dienen Prämissen einer

- Unternehmensfortführung (*Going Concern*)[1127] sowie
- Periodenabgrenzung (*Accrual Basis*)[1128].[1129]

Demnach ist bei der Aufstellung des Abschlusses generell von der Fortführung des Unternehmens auszugehen, solange weder die Absicht noch Notwendigkeit einer Liquidation oder eine wesentliche Einschränkung der Geschäftstätigkeit besteht.[1130] Periodenübergreifende Sachverhalte sind ‚periodengerecht'[1131] nach ihrer Erfolgswirksamkeit abzugrenzen.[1132]

[1125] In Anlehnung an *Hayn* (1994), S. 720.
[1126] Vgl. *F*.22 bis *F*.45. *Ballwieser* (2006a), S. 21; *Lüdenbach/Hoffmann* (2007a), Rz. 44-54; *Schildbach* (2003), S. 247-266; *Schildbach* (2005), S. 50 f. stellen berechtigt in Frage, ob mit den im *Framework* beschriebenen Annahmen, Anforderungen und Konzepten bereits eine auf Prinzipien basierende Regulierungsalternative vorliegt.
[1127] Vgl. *F*.23; *IAS* 1.23.
[1128] Vgl. *F*.22; *IAS* 1.25.
[1129] Vgl. *Wagenhofer* (2005), S. 118; *Zülch* (2005), S. 1.
[1130] Vgl. *F*.23; *IAS* 1.23. Kritisch bezüglich der *Going Concern*-Prämisse im Rahmen der *IFRS*-Rechnungslegung *Wollmert/Achleitner* (1997), S. 246-247.
[1131] Vgl. *Schneider* (1997), S. 172 f. zum ‚Leerformelcharakter' der Periodengerechtigkeit.
[1132] Vgl. *F*.22; *IAS* 1.25. Zur Periodenabgrenzung wird in *IAS* 1.26 noch die sachgerechte Abgrenzung von Auszahlungen (*Matching*) gezählt, wonach Aufwendungen im direkten Zusammenhang mit den entsprechenden Ertragspositionen angesetzt werden sollen, vgl. *Bieg et al.* (2006), S. 69; *Wagenhofer* (2005), S. 118.

Zu den Primärgrundsätzen der *IFRS*-Rechnungslegung zählen laut *Framework*

- Verständlichkeit (*Understandability*),[1133]
- Relevanz (*Relevance*),[1134]
- Verläßlichkeit (*Reliability*)[1135] und
- Vergleichbarkeit (*Comparability*),[1136]

die im Folgenden kurz vorgestellt werden. Mit der Forderung nach *Understandability* ist die Übermittlung und Präsentation der Information angesprochen. Es soll grundsätzlich gewährleistet sein, daß sich sachkundige Dritte anhand eines *IFRS*-Abschlusses innerhalb einer angemessenen Zeitspanne einen Überblick über die Lage eines Unternehmens verschaffen können.[1137]

In diesem Zusammenhang ist es nicht unerheblich, ob sich das präsentierte Zahlenwerk sowohl für intertemporäre als auch unternehmensübergreifende Vergleiche eignet. Diese Verwendungsmöglichkeiten werden mit dem Primärgrundsatz der *Comparability* umschrieben.[1138]

Bereits im letzten Gliederungspunkt wurde implizit auf Aspekte der *Relevance* eingegangen. Informationen gelten als relevant, wenn sie von den Abschlußadressaten für Planungs- und Kontrollzwecke genutzt werden können.[1139] In Anbetracht der beschriebenen Informationsbedürfnisse von Investoren manifestiert sich Relevanz vorwiegend in zwei Aspekten: Einerseits ist der mit *Nature* umrissene Aussageinhalt einer Information maßgebend, der möglichst auf die Breite, zeitliche Struktur und Sicherheit zukünftiger Ausschüttungen bzw. Zins- und Tilgungsleistungen abstellen sollte.[1140] Andererseits zeichnet sich eine relevante Information durch ihre *Materiality*[1141] aus,[1142] wonach eine Nichtveröffentlichung oder fehlerhaf-

---

Um die genauen Abgrenzungskriterien zu erheben, müßten die einzelnen *IFRS* analysiert werden, vgl. *Ballwieser* (2006a), S. 22. Zu möglichen Unterschieden der Periodenabgrenzung zwischen HGB und *IFRS* bspw. *Ruhnke* (2005b), S. 221-224 sowie allgemein zum rechnungszweckbedingten Gewinnbegriff *Schneider* (1997), S. 33 ff.

[1133] Vgl. *F*.25.
[1134] Vgl. *F*.26-30.
[1135] Vgl. *F*.31-38.
[1136] Vgl. *F*.39-42.
[1137] Vgl. *Wagenhofer* (2005), S. 118; vgl. grundlegend zur Verständlichkeit *Snavely* (1967), S. 229 f. Auf die Darstellung komplexer, für die Entscheidungsfindung des Abschlußadressaten wichtiger Sachverhalte, darf mit dem Hinweis auf den Grundsatz der Verständlichkeit jedoch nicht verzichtet werden, vgl. *Pellens/Fülbier/Gassen* (2006), S. 108.
[1138] Vgl. *F*.39. Das Kriterium der Vergleichbarkeit drückt sich bspw. im Prinzip der Stetigkeit (*Consistency*) gem. *IAS* 1.27 aus, wonach Ansatz-, Bewertungs-, Ausweis-, und Konsolidierungsmethoden im Zeitablauf beizubehalten und gleichartige Sachverhalte äquivalent zu bilanzieren sind. Vgl. zur *Comparability* grundlegend *Snavely* (1967), S. 230. Kritisch *Moxter* (2000), S. 2144-2145.
[1139] Vgl. *Streim* (1977), S. 30.
[1140] Vgl. *F*.26.
[1141] Vgl. *F*.29-30.
[1142] *Lüdenbach/Hoffmann* (2007a), Rz. 66; *Wagenhofer* (2005), S. 120 arbeiten die Wesentlichkeit als einen der wichtigsten Grundsätze bei der Anwendung der *IFRS* heraus. Zu den aus der Unbestimmtheit dieses Kriteriums erwachsenden Problemen vgl. *Ballwieser* (1982), S. 780-793 sowie

te Darstellung den Entscheidungsprozeß der Adressaten negativ beeinträchtigen könnte.[1143]

Dem Primärgrundsatz der *Reliability* wird neben der Relevanz unisono die zentrale Bedeutung bei der Vermittlung entscheidungsnützlicher Informationen beigemessen.[1144] Im Falle von Zweifeln an der Verläßlichkeit der übermittelten Abschlußdaten verlören die Informationen an Wert für die Adressaten der Rechnungslegung und erschwerten damit die seitens der Investoren angestrebten Planungs- und Kontrollrechnungen.[1145] Um dies zu vermeiden, sollen Informationen möglichst frei von Zufallsfehlern und systematischen Verzerrungen sein[1146] und tatsächlich über das Auskunft geben, worüber sie zu informieren vorgeben.[1147]

Weitergehend werden *Relevance* und *Reliability* durch drei Nebenbedingungen eingeschränkt: Die Berichterstattung soll sich durch Zeitnähe (*Timeliness*)[1148], eine Ausgewogenheit von Kosten und Nutzen (*Balance between Benefit and Cost*)[1149] sowie ein Gleichgewicht der Primär- und Sekundärgrundsätze (*Balance between Qualitative Characteristics*)[1150] auszeichnen.[1151]

Ohne im Rahmen dieser Arbeit eine Analyse der allgemeinen *IFRS*-Rechnungslegungsgrundsätze *en détail* vornehmen zu können,[1152] die nach Lü-

---

[1143] zu Möglichkeiten einer Operationalisierung in Abhängigkeit der Berichtsstruktur vgl. *Streim* (1977), S. 62-90.
[1144] Vgl. *Bieg et al.* (2006), S. 70.
[1145] Vgl. bspw. *Baetge* (2005), S. I.
[1146] Vgl. *Kirchner* (2006), S. 61 ff., m.w.N.
[1147] Vg. F.31.
Vgl. *Streim/Bieker/Leippe* (2001), S. 184. Verläßliche Informationen haben folgenden fünf Subprinzipien zu genügen, vgl. F.33-38: Sie müssen die im Abschluß enthaltenen Sachverhalte glaubwürdig darstellen (*Faithful Representation*), auf den wirtschaftlichen Zusammenhang (*Substance*) anstatt auf die rechtliche Gestaltung (*Form*) abstellen (*Substance over Form*), frei von verzerrenden Einflüssen sein, d.h. Neutralität (*Neutrality*) aufweisen. Des weiteren ist der Sekundärgrundsatz der Vorsicht (*Prudence*) zu erfüllen, wonach Vermögenswerte und Erträge nicht über- sowie Schulden und Aufwendungen nicht unterbewertet im Abschluß ausgewiesen werden. Abschließend genügen Informationen dem Kriterium der Vollständigkeit (*Completeness*), wenn sämtliche Informationen – unter Beachtung ihrer Wesentlichkeit und Kosten – im Abschluß enthalten sind. Vgl. zu einer ausführlichen Darstellung etwa *Pellen/Fülbier/Gassen* (2006), S. 109-110.
[1148] Vgl. F.43.
[1149] Vgl. F.44. Realiter ist der Informationswert von Rechnungslegungssystemen nicht bestimmbar, vgl. *Streim* (1977), S. 16-28, m.w.N.
[1150] Vgl. F.45.
[1151] *Ballwieser* (2006a), S. 25; *Pellens/Fülbier/Gassen* (2006), S. 111 kritisieren die mangelnde Nachprüfbarkeit dieser Anforderungen.
[1152] Vgl. beispielhaft *Ballwieser* (2006a), S. 12-26; *Schildbach* (2007), S. 13. Zu einer Diskussion allgemeiner Kriterien zur Beurteilung von Rechnungslegungssystemen unter dem Aspekt der Informationsfunktion vgl. *Bieker* (2006), S. 68-72.
Das System der allgemeinen Rechnungslegungsgrundsätze nach *IFRS* weist im Vergleich zur Analyse der literaturüblichen Anforderungskataloge an wertorientierte Kennzahlen Parallelen im Hinblick der verwendeten Kriterien und des Konkretisierungsgrads auf, vgl. Kap. 3.3.1, S. 102 ff. Ein wesentlicher Unterschied kann aber darin gesehen werden, daß die Grundsätze und Nebenbedingungen der *IFRS*-Rechnungslegung nicht ‚inhaltsleer' bleiben, da sie innerhalb der Einzelstandards operationalisiert werden. Bspw. manifestiert sich *Materiality* in IFRS 8: *Operating Segments* an einem Schwellenwert von 10%; gem. IFRS 8.13 ist ein Segment berichtspflichtig, sobald

denbach/Hoffmann „eher Ziel- als Ist-Zustände"[1153] beschreiben, sei – vor dem Hintergrund der Themenstellung – zumindest auf das bekannte Spannungsverhältnis von Relevanz und Verläßlichkeit hingewiesen:[1154] Relevante und damit zukunftsorientierte Informationen sind infolge der Unsicherheit der zu erwartenden Entwicklung naturgemäß risikobehaftet, während nachprüfbare Zahlen überwiegend nur aus zurückliegenden und von daher letztendlich wenig relevanten Sachverhalten abgeleitet werden können.[1155]

Besonders deutlich tritt dieser „trade-off"[1156] im Rahmen der Fair Value-Bilanzierung zum Vorschein (vgl. Kap. 4.1.1, S. 195 ff.):[1157] Aufgrund ihres Cashflow-, Risiko- und Zukunftsbezugs,[1158] der eine konzeptionelle Übereinstimmung mit den Zielgrößen der Investoren bedingt, besitzen Fair Values eine tendenziell stark ausgeprägte Relevanz; gleichzeitig zeichnen sie sich durch eine verhältnismäßig geringe Verläßlichkeit aus, was auf die Imponderabilien der Zukunft sowie die Ermessensspielräume bei ihrer Ermittlung zurückzuführen ist.[1159]

Ein Ausweg aus diesem ‚Dilemma' kann auf logisch-deduktivem Wege[1160] allenfalls in einer hierarchischen Anordnung der beiden Kriterien gesehen werden.[1161] Das IASB versucht eine ‚Lösung' durch die „Vernachlässigung von Relevanzgesichtspunkten zugunsten einer Übergewichtung der Verläßlichkeit" zu erzielen,[1162] was das „Defizit einer lückenhaften Erfassung der Cash-Potenziale"[1163] zur Folge hat.[1164] Insgesamt werden somit letzten Endes wiederum die bereits thematisierten

---

es einen höheren Anteil der Erträge, des Ergebnisses oder des Vermögens des Gesamtunternehmens vereinnahmt. Vgl. zur Darstellung von IFRS 8 Alavarez/Büttner (2006), S. 307-318; Fink/Ulbrich (2006), S. 233-243; Fink/Ulbrich (2007), S. 1-6.

[1153] Hoffmann/Lüdenbach (2002), S. 541 ff.; Lüdenbach/Hoffmann (2007a), Rz. 26. Lüdenbach/Hoffmann (2007a), Rz. 72 resümieren bezüglich des Rahmenkonzepts, daß „die internationale Rechnungslegung all dies sein [sollte]; ob sie es wirklich ist, steht auf einem anderen, größtenteils noch unbeschriebenen Blatt." Ähnlich kritisch etwa Schildbach (2005), S. 50 f.

[1154] Vgl. speziell Ballwieser (2006a), S. 14-18; Kuhner (2001), S. 523-542; Moxter (1974), S. 254 ff.; Moxter (2003), S. 16 f.

[1155] Vgl. Kahle (2002b), S. 181; Moxter (2000), S. 2145; Schildbach (2002), S. 61; Schildbach (2007), S. 13.

[1156] Beaver (1998), S. 77
[1157] Vgl. Kirchner (2006), S. 62.
[1158] Vgl. Bieker (2006), S. 21-24.
[1159] Vgl. Streim/Bieker/Esser (2003), S. 458.
[1160] Vgl. Bieker (2006), S. 207 dazu, daß der Problematik auch auf empirisch-induktivem Wege nicht beizukommen ist.

[1161] Vgl. bspw. Wagner (1994), S. 1190. Zülch (2005), S. 2 möchte anhand der Nebenbedingungen „mögliche Zielkonflikte zwischen den qualitativen Anforderungen der Relevanz und der Zuverlässigkeit" ausräumen, ohne aber dieses Vorgehen näher darzustellen.

[1162] Im ‚Konfliktfall' gibt das IASB dem Kriterium der Relevanz nach F.43 den Vorrang, vgl. Streim/Bieker/Leippe (2001), S. 184 sowie ferner Moxter (2000), S. 2149. A.A. Weißenberger (2007b), S. 322.

[1163] Bieker (2006), S. 92 (beide Zitate).

[1164] Von Moxter (2000), S. 2145 mit Bezug auf US-GAAP als „Überobjektivierungsmythos" bezeichnet. Außerdem bedürfte eine „Rechnungslegung, die der Erfüllung von Informationspflichten dient und ihrer Schutzfunktion gegenüber den Informationsadressaten gerecht werden soll, [...] freilich einer gewissen Objektivierung".

Bedenken gegenüber einer Vermittlung entscheidungsnützlicher Informationen anhand von *IFRS*-Abschlüssen gespeist (vgl. Kap. 4.1.1, S. 195 ff.).[1165]

4.1.3 Rechnungsziele des Impairment of Assets

Um den Abschlußadressaten einen *True and Fair View* respektive eine *Fair Presentation* zu gewährleisten, muß grundsätzlich sichergestellt sein, daß die Aktivseite der Bilanz und damit auch das bilanzielle Eigenkapital „nicht durch unrealistisch hohe Bewertungen aufgebläht"[1166] werden. Dementsprechend hält das *IASB* mit den Regelungen von *IAS* 36 ein einheitliches[1167] Instrumentarium bereit, "to ensure that [...] assets are carried at no more than their recoverable amount"[1168].[1169] Unter Zuhilfenahme der in den Werthaltigkeitsüberprüfungen (sog. *Impairment Tests*) vorgesehenen ‚Deckelung' auf den erzielbaren Betrag soll vermieden werden, daß Vermögenswerte überbewertet in den *IFRS*-Abschluß eingehen.[1170]

Hierfür wird bei einem Absinken des *Recoverable Amount* (vgl. Kap. 4.4, S. 246 ff.) eines Bewertungsobjekts (vgl. Kap. 4.3, S. 225 ff.) unter seinen Buchwert vorgeschrieben, unabhängig davon, ob es sich um eine dauerhafte Wertminderung handelt oder nicht, auf den erzielbaren Betrag außerplanmäßig abzuschreiben.[1171] Dieser stellt nach *IAS* 36 einen Vergleichswert dar, in dem sowohl eine veräußerungsorientierte als auch eine an der unternehmensindividuellen Weiternutzung des betreffenden Vermögenswerts angelehnte Verwertungsstrategie Berücksichtigung finden.[1172] Die beiden Wertkonzeptionen verdeutlichen die Ansicht des *IASB*, daß eventuell wertbeeinträchtigte Vermögenswerte einen innerbetrieblichen Entscheidungsprozeß unter der Fragestellung durchlaufen,[1173] ob sie veräußert oder weiterbenutzt werden sollen.[1174] Entsprechend dieses Rationalitätskalküls werden

---

[1165] In diesem Sinne auch *Schildbach* (2007), S. 13.
[1166] *Pellens/Fülbier/Gassen* (2006), S. 244.
[1167] *Haring* (2004), S. 166 weist darauf hin, daß mit *IAS* 36 (rev. 1998) eine Vereinheitlichung und Detaillierung der bis zum damaligen Zeitpunkt noch über eine Vielzahl von Standards verstreuten Vorschriften zur außerplanmäßigen Abschreibung erzielt worden ist.
[1168] *IAS* 36.1.
[1169] Die seit dem 31. März 2004 gültigen Überarbeitungen von *IAS* 36 sind auf die Verabschiedung von *IFRS* 3 zurückzuführen, anhand dessen die Bilanzierung von Unternehmenszusammenschlüssen neu geregelt wurde, vgl. *IAS* 36.IN2-IN4. Signifikante Änderungen zwischen *IAS* 36 (rev. 1998) und *IAS* 36 (rev. 2004) ergeben sich bezüglich der Anwendung des *Impairment Test* auf Geschäfts- oder Firmenwerte sowie *Intangible Assets* mit unbestimmter Nutzungsdauer, vgl. *I-AS* 36.BC130; *Wirth* (2005), S. 1.
[1170] Vgl. *F*.37.
[1171] Vgl. *IAS* 36.59; *Keller* (2002), S. 112.
[1172] Vgl. bspw. *Wirth* (2005), S. 9.
[1173] Kritisch im Hinblick auf diese Verhaltenshypothese *Beyhs* (2002), S. 287; *Brösel/Klassen* (2006), S. 455 ff. Empirisch bestätigt hingegen durch *Eberle* (2000a), S. 195.
[1174] Vgl. *IAS* 36.BCZ22-23; *Epstein/Mirza* (2006), S. 229. *Eberle* (2000a), S. 82-85 untersucht die rechnungslegungstheoretischen Einflüsse auf das Rahmenkonzept und *IAS* 36 (rev. 1998) und arbeitet die entscheidungstheoretische Perspektive als Hauptparameter heraus. Daneben umfaßt das verwandte Klassifikationsschema der Rechnungslegungstheorien die klassische, *Economic-*

Unternehmen ihre Vermögenswerte so disponieren, daß die Antwort über den Verkauf oder die Weiternutzung der Bewertungseinheit von der Generierung größtmöglicher finanzieller Rückflüsse abhängt.[1175] Folglich konkretisiert sich der *Recoverable Amount* in dem höheren der Beträge des beizulegenden Zeitwerts abzüglich Veräußerungskosten (*Fair Value less Costs to sell*) und des Nutzungswerts (*Value in Use*).[1176] Letztgenannter ist als Barwert künftiger Zahlungsüberschüsse definiert, die aus der fortgesetzten Nutzung des Bewertungsobjekts resultieren.[1177]

Sind die Gründe, deren Vorliegen ein *Impairment Loss* ursprünglich verursacht haben, nicht mehr zutreffend, so ist eine entsprechende Zuschreibung der jeweiligen Bilanzposition vorzunehmen (vgl. Kap. 4.2.4, S. 216 ff.).[1178]

Zusammengenommen spiegelt sich in den Vorschriften zum *Impairment of Assets* die im *Framework* vertretende Auffassung des Nutzenpotentials von Vermögenswerten wider,[1179] wonach "[t]he future economic benefit embodied in an asset is the potential to contribute, directly or indirectly, to the flow of cash and cash equivalents to the entity."[1180] Demnach muß der Wertansatz von Vermögenswerten mindestens durch die Rückflüsse zukünftiger *Cashflows* gedeckt sein.[1181]

Diese Skizzierung von *IAS 36* offenbart die mit dem *Impairment Test* verfolgten Rechnungsziele: Einerseits dienen die Wertkonzeptionen des *Fair Value less Costs to sell* und des Nutzungswerts einer Darstellung der ‚bilanziellen Vermögenslage'[1182] und andererseits schlagen sich etwaige außerplanmäßige Abschreibungen oder Wertaufholungen in der ‚bilanziellen Ertragslage' eines Unternehmens nieder.[1183]

Events-, Agency- und Policymaker-Perspektive der externen Unternehmensrechnung, vgl. ausführlich *Eberle* (2000a), S. 30-44.
[1175] Vgl. *IAS* 36.BCZ9, wonach die Entscheidung einer „investment decision based on estimated net future cash flows expected from the asset" gleiche. Ähnlich *IAS* 36.BCZ13 (a).
[1176] Vgl. *IAS* 36.6.
[1177] Vgl. *IAS* 36.6; *IAS* 36.30 ff.
[1178] Vgl. *IAS* 36.109-125, wobei die Obergrenze durch die historisch fortgeführten Anschaffungs- und Herstellungskosten markiert wird.
[1179] Vgl. *Heuser/Theile* (2005), Rz. 700.
[1180] Vgl. *F*.53. Hierin sieht *Eberle* (2000a), S. 83 die Ausprägung der klassischen Perspektive.
[1181] Vgl. *Eberle* (2000a), S. 84 mit Verweis auf *Milburn* (1988), der in einer Studie über den Zeitwert des Geldes nachweist, daß ein auf Basis von diskontierten *Cashflows* berechneter Buchwert eines Darlehens mit dem Modell der historischen Kosten vereinbar ist.
[1182] Vgl. Fn. 1086, S. 196.
[1183] Vgl. *Beyhs* (2002), S. 194. Dahingegen führen die Vorschriften des *IAS* 36 nicht unmittelbar zu Informationen, die sich in *IAS 7: Cash Flow Statements* niederschlagen, vgl. *Beyhs* (2002), S. 192, Fn. 892.

Rechnungsziele IAS 36	‚bilanzielle Vermögenslage'	‚bilanzielle Ertragslage'
	Beizulegender Zeitwert abzüglich Veräußerungskosten, Nutzungswert	Abwertungsverluste, Wertaufholungen

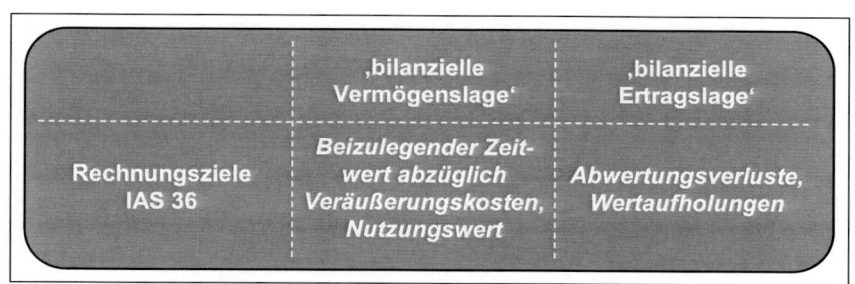

Abb. 25: Systematisierung der Rechnungsziele nach *IAS* 36[1184]

Wenngleich eine Zweckmäßigkeitsanalyse des *IAS* 36 im Hinblick auf die *IFRS*-Rechnungslegung den Rahmen dieser Arbeit bei weitem überschritte,[1185] soll zumindest – wie in den beiden vorangegangen Gliederungspunkten – eine Zusammenfassung einschlägiger Literaturmeinungen erfolgen. Diesbezüglich läßt sich grundsätzlich konstatieren, daß die Diskussion des Werthaltigkeitstests in Theorie und Praxis in starkem Maße von dem Zielkonflikt zwischen *Relevance* und *Reliability* geprägt ist.

Die Kritik einer mangelnden Verläßlichkeit von *Impairment Tests* konzentriert sich auf Ermessensspielräume, die dem Bilanzierenden vor allem aus der Schätzung zukünftiger Zahlungsströme zur Ermittlung des Nutzungswerts erwachsen.[1186] Dies führt speziell im Hinblick auf die Bilanzierung des Geschäfts- oder Firmenwerts i.V.m. *IFRS* 3 zur Mißbilligung.[1187] Zusätzlich wird in diesem Zusammenhang die systemimmanente[1188] Vermengung von derivativem und – grundsätz-

---

[1184] In Anlehnung an *Beyhs* (2002), S. 195.

[1185] Vgl. bezüglich *IAS* 36 (rev. 1998) immer noch grundlegend *Beyhs* (2002), S. 192-305 sowie bezüglich der außerplanmäßigen Folgebewertung von *Intangible Assets* im Lichte der Entscheidungsnützlichkeit speziell *Hepers* (2005), S. 337-348. Im Hinblick auf die *Goodwill*bilanzierung vgl. statt vieler *Streim et al.* (2007), S. 17-27.

[1186] Vgl. bspw. *Beyhs* (2002), S. 269-270; *Dyckerhoff/Lüdenbach/Schulz* (2003), S. 49; *Kümpel* (2003), S. 1494; *Küting/Dawo* (2002), S. 1211-1213; *Küting/Dawo/Wirth* (2003), S. 190; *Küting/Hayn* (2006), S. 1216-1217; *Lienau/Zülch* (2006), S. 329; *Mandl* (2005), S. 155; *Pellens/Fülbier/Gassen* (2006), S. 250-251; *Streim/Bieker/Leippe* (2001), S. 202 ff.

[1187] Vgl. statt vieler *Ballwieser* (2006a), S. 205; *Ballwieser/Küting/Schildbach* (2004), S. 542; *Dobler* (2005), S. 29; *Glaum/Vogel* (2004), S. 51; *Hachmeister/Kunath* (2005), S. 65; *Hepers* (2005), S. 341; *Protzek* (2003), S. 497-498; *Streim et al.* (2007), S. 27; *Zülch* (2004), S. 339. Vgl. zu einer entsprechenden Diskussion vor dem Hintergrund des *SFAS* 141 und 142 z.B. *Baetge/Kümmel* (2003), S. 9 ff.; *Busse von Colbe* (2001a), S. I, *Esser* (2005), S. 226-228; *Hitz/Kuhner* (2002), S. 283; *Hommel* (2001), S. 1948; *Kirsch* (2003b), S. 796-800; *Küting/Weber/Wirth* (2001), S. 192; *Richter* (2004), S. 201; *Sellhorn* (2004), S. 185. Zu einem Vergleich der Regelungen nach *IFRS* und *US-GAAP* etwa *Bausch/Fritz* (2005), S. 302-307; *Fladt/Feige* (2003), S. 249-262; *Lüdenbach/Hoffmann* (2004), S. 1068-1077.

[1188] Vgl. *IAS* 36.BC135 i.V.m. *IFRS* 3.78-84.

lich nicht zu aktivierendem – originären *Goodwill* bei der Folgebewertung, teilweise äußerst vehement,[1189] kritisiert.[1190]

Während somit im Hinblick auf die Verläßlichkeit der auf Basis von *IAS* 36 überprüften Vermögenswerte grundsätzliche Bedenken bestehen, wird dem Verfahren im allgemeinen eine hohe Entscheidungsrelevanz attestiert.[1191] Hierzu trägt nach h.M. vornehmlich die investitionstheoretisch ausgeprägte Grundkonzeption des *Value in Use* bei, die beachtliche Parallelen zu der Entscheidungssituation und den Wissenswünschen der Investoren aufweist.[1192] Als besonders vorteilhaft wird dabei die Orientierung an unternehmensinternen Zahlungsstromprognosen herausgestellt.[1193]

Gleichzeitig zeigt sich jedoch, daß vom *IASB* das in der Wertkategorie des Nutzungswerts liegende Informationspotential nicht vollständig ausgeschöpft wird, da der *Value in Use* lediglich als niedrigerer Korrekturwert in einer für die Investoren weitestgehend unsichtbaren Nebenrechnung zur Anwendung kommt.[1194] Keine einheitliche Meinung konnte sich hingegen in der Literatur bis dato bezüglich der Auswirkungen der bei der Berechnung des Nutzungswerts zu berücksichtigenden Normierungen auf die Relevanz herausbilden.[1195]

Nach dieser rechnungslegungsorientierten Einführung in die generelle Zweck- und Zielsetzung der IFRS-Rechnungslegung und die mit dem Werthaltigkeitstest nach *IAS* 36 angestrebten Rechnungsziele steht nun die Darstellung dieses Standards aus der *Controlling*perspektive im Mittelpunkt der Betrachtung. Schwerpunk-

---

[1189] Besonders akzentuieren bspw. *Hommel/Benkel/Wich* (2004), S. 1267, die „Unwägbarkeiten im Jahresabschluss" erkennen, während nach *Wüstemann/Duhr* (2003), S. 247 eine „Entobjektivierung auf den Spuren des *FASB*" droht, für *Henselmann* (2006), S. 340 „[d]er nächste Bilanzskandal [...] nur eine Frage der Zeit" ist, so daß *Protzek* (2003), S. 495 zu der Erkenntnis gelangt, der Werthaltigkeitstest wäre „[w]ider der Vernunft".

[1190] Vgl. etwa *Ballwieser* (2006a), S. 205; *Dobler* (2005), S. 29; *Gentz/Kauffmann* (2003), S. 98; *Glaum/Vogel* (2004), S. 51; *Heidemann* (2005), S. 120; *Heyd* (2005), S. 275; *Pellens/Fülbier/Gassen* (2006), S. 697; *Wagenhofer* (2005), S. 409-411. Im Hinblick auf *SFAS* 141 und 142 vgl. etwa bereits *Busse von Colbe* (2001b), S. 877; *Esser* (2005), S. 168-172; *Hommel* (2001), S. 1948; *Küting/Weber/Wirth* (2001), S. 192; *Pellens/Crasselt/Schremper* (2002), S. 131; *Pellens/Sellhorn* (2001), S. 1685 f.; *Siegel* (2002), S. 749-751. A.A. *Streim et al.* (2007), S. 27, wonach eine „im Zeitablauf erfolgende[...] Aktivierung originärer Goodwill-Bestandteile aus Sicht der Relevanz als vorteilhaft gegenüber der planmäßigen Abschreibung" anzusehen ist. In diesem Sinne auch *Richter* (2004), S. 55 ff. und S. 226 ff.; *Zimmermann* (2002a), S. 385-390; *Zimmermann* (2002b), S. 751-753.

[1191] Vgl. etwa *Kümpel* (2003), S. 1494, was sogar aus Sicht der Unternehmenspraxis bestätigt wird, vgl. *Gentz/Kauffmann* (2003), S. 98-99. A.A. *Schildbach* (2007), S. 12. Bezüglich *SFAS* 142 statt vieler *Duhr* (2003), S. 977, m.w.N.

[1192] Vgl. *Beyhs* (2002), S. 302; *Hepers* (2005), S. 350; *Streim/Bieker/Esser* (2003), S. 470 ff.; *Streim/Bieker/Esser* (2004), S. 238 ff.; *Streim/Bieker/Esser* (2005), S. 100.

[1193] Vgl. *Buchholz* (2004), S. 299; *Hepers* (2005), S. 312; *Mujkanovic* (2002), S. 202; *Streim/Bieker/Leippe* (2001), S. 202. A.A. *Ballwieser/Küting/Schildbach* (2004), S. 542.

[1194] Vgl. *Streim/Bieker/Esser* (2003), S. 471; *Streim/Bieker/Esser* (2004), S. 239; *Streim/Bieker/Leippe* (2001), S. 202; *Streim et al.* (2007), S. 26.

[1195] Nach *Beyhs* (2002), S. 199 ff. führen Teile der in *IAS* 36.30-57 aufgeführten Vorgaben zur Ermittlung des Nutzungswerts zu Defiziten der *Relevance*, währenddessen *Streim/Bieker/Esser* (2003), S. 476 hierdurch „die Eignung [...] zur Performancemessung begünstigt" sehen.

te bilden dabei die Ermittlung des erzielbaren Betrags und die Ableitung von sog. zahlungsmittelgenerierenden Einheiten.

4.2 Grundkonzeption des Werthaltigkeitstests

4.2.1 Anwendungsbereich des Impairment of Assets

Prinzipiell ist der *Impairment Test* nach *IAS* 36 auf alle bilanziell erfaßten Vermögenswerte anzuwenden,[1196] wovon wegen spezifischer Regelungen in den jeweiligen Einzelstandards

- Vermögenswerte des Vorratsvermögens (vgl. *IAS* 2: *Inventories*),
- Vermögenswerte aus Fertigungsaufträgen (vgl. *IAS* 11: *Constructing Contracts*),
- aktive latente Steuern (vgl. *IAS* 12: *Income Taxes*),
- Vermögenswerte im Zusammenhang mit Zuwendungen an Arbeitnehmer (vgl. *IAS* 19: *Employee Benefits*),
- eine Vielzahl finanzieller Vermögenswerte (vgl. *IAS* 39: *Financial Instruments: Recognition and Measurement*),[1197]
- als Finanzinvestitionen gehaltene Immobilien, die zum *Fair Value* bewertet werden (vgl. *IAS* 40: *Investment Property*),
- landwirtschaftlich genutzte, biologische Vermögenswerte (vgl. *IAS* 41: *Agriculture*),
- Aktiva aus Versicherungsverträgen (vgl. *IFRS* 4: *Insurance Contracts*) und
- als *Held for Sale* klassifizierte langfristige Vermögenswerte (vgl. *IFRS* 5: *Non-current Assets Held for Sale and Discontinued Operations*)

ausgenommen sind.[1198] Entsprechend dieser Negativabgrenzung ist der Werthaltigkeitstest nach *IAS* 36 hauptsächlich auf langlebige materielle und immaterielle Vermögenswerte einschließlich Geschäfts- oder Firmenwerten[1199] anzuwenden.[1200] Zu den Finanzvermögenswerten, die unter den Anwendungsbereich von *IAS* 36 fallen, zählen Beteiligungen an Tochterunternehmen (vgl. *IAS* 27: *Consolidated and Separate Financial Statements*), assoziierten Unternehmen (vgl. *IAS* 28: *Investments in Associates*) und Gemeinschaftsunternehmen (vgl. *IAS* 31: *Interests in Joint Ventures*) im *IFRS*-Einzelabschluß.[1201] Insgesamt bildet der *Impairment of*

[1196] Vgl. *IAS* 36.2.
[1197] Vgl. zum *Impairment Test* für Finanzinstrumente *Hackenberger* (2007), S. 38-45.
[1198] Vgl. *IAS* 36.2; *IAS* 36.3; *IAS* 36.5; *IAS* 36.BCZ4-8. Für Werthaltigkeitsüberprüfungen der nicht zum Anwendungsbereich von *IAS* 36 zählenden Vermögenswerte sind die jeweiligen Vorschriften in den Einzelstandards heranzuziehen.
[1199] Vgl. *IAS* 36.66-108.
[1200] Vgl. etwa *Beyhs* (2002), S. 73; *Pellens/Fülbier/Gassen* (2006), S. 245; *Wirth* (2005), S. 8.
[1201] Vgl. *IAS* 36.4. Ferner *Heuser/Theile* (2005), Rz. 701.

Assets somit „den zentralen Standard in Fragen der außergewöhnlichen Wertminderung von Vermögenswerten"[1202].

4.2.2 Zeitpunkt, Zeitintervall und Durchführungsnotwendigkeit der Werthaltigkeitsüberprüfung

In Abhängigkeit der auf Werthaltigkeit zu überprüfenden Vermögenswerte unterscheiden sich die Vorgaben von *IAS* 36 im Hinblick auf den Zeitpunkt, das Zeitintervall und die Durchführungsnotwendigkeit des *Impairment Test*. Grundsätzlich können die Regelungen zum Werthaltigkeitstest dahingehend differenziert werden, ob *Assets* einer planmäßigen Abschreibung unterliegen oder nicht.[1203]

Für Sachanlagen, Beteiligungen oder planmäßig abzuschreibende immaterielle Vermögenswerte müssen Unternehmen an jedem Bilanzstichtag kontrollieren, ob Anzeichen für eine eventuelle Wertminderung vorliegen.[1204] Bei Vorliegen eines[1205] oder mehrerer solcher Indikatoren sind für die betreffenden Vermögenswerte sodann Werthaltigkeitsüberprüfungen vorzunehmen.[1206] Andernfalls gelten die *Assets* als werthaltig und es ist von einem *Impairment Test* abzusehen.

Zum Erkennen von Anzeichen, die auf eine außerplanmäßige Wertminderung hindeuten können, führt *IAS* 36 einen Beispielskatalog an, in dem zwischen *External* und *Internal Sources of Information* unterschieden wird.[1207] Zu den externen Informationsquellen einer etwaigen Wertminderung gehören

- ein wesentlicher, nicht durch den Zeitablauf oder die übliche Nutzung zu erwartender, Rückgang des Marktwerts eines Vermögenswerts,
- eine bedeutende Veränderung der technologischen, marktbezogenen, wirtschaftlichen oder rechtlichen Rahmenbedingungen, von der ein Unternehmen oder die entsprechenden *Assets* tangiert werden,
- ein Anstieg des Marktzinssatzes oder anderer Markttrenditen, der die Berechnung des Nutzungswerts und damit des erzielbaren Betrags beeinflußt,
- ein über der Markt- bzw. Börsenkapitalisierung liegender Buchwert des Reinvermögens des Unternehmens.[1208]

[1202] *Klingels* (2005), S. 21; zur Bedeutungszunahme des Werthaltigkeitstests vgl. *Hepers* (2005), S. 379 f.
[1203] Vgl. *Heyd/Lutz-Ingold* (2005), S. 91 f.; *Hoffmann* (2007), Rz. 9 ff. differenzieren zwischen „'qualifizierten'" und „'unqualifizierten'" Vermögenswerten.
[1204] Vgl. *IAS* 36.9 i.V.m. *IAS* 36.2-5.
[1205] Der Wortlaut von *IAS* 36.9 legt nahe, daß bereits das Auftreten eines einzelnen Indikators Unternehmen zu einer Überprüfung der Werthaltigkeit anhält: „If any such indication exists, the entity shall estimate the recoverable amount of the asset." Vgl. auch *Beyhs* (2002), S. 83.
[1206] Vgl. *IAS* 36.9; *Epstein/Mirza* (2006), S. 228.
[1207] Vgl. *IAS* 36.12; ausführlich *Beyhs* (2002), S. 80-86.
[1208] Vgl. *IAS* 36.12 (a)-(d).

Als interne Informationsquellen werden

- substantielle Hinweise für eine Überalterung oder einen physischen Schaden eines Vermögenswerts,
- grundlegende Veränderungen bezüglich des Ausmaßes oder der Nutzungsweise eines Vermögenswerts mit nachhaltiger Auswirkung auf das Unternehmen,[1209]
- Anhaltspunkte des innerbetrieblichen Berichtswesens über ein negatives Abweichen von *Cashflow*planungen, die bei der Bestimmung der erwarteten Ertragskraft von *Assets* ursprünglich angenommen wurden,[1210]

aufgelistet.[1211] Dieses Indikatorenset ist nicht abschließend formuliert.[1212] Es stellt den „Mindestumfang"[1213] möglicher Anzeichen dar, die ein Unternehmen zu überwachen hat. Weitere Anhaltspunkte für ein eventuelles *Impairment* sind zu identifizieren und dem beschriebenen Katalog hinzuzufügen.[1214] Als Paradebeispiel für einen Hinweis auf eine mögliche Wertminderung gilt in der einschlägigen Literatur das Ausscheiden wichtigen Personals.[1215]

Hinsichtlich der Vermögenswerte, die einer planmäßigen Abschreibung unterliegen, schreibt *IAS* 36 somit einen rein „indikatorgesteuert[en]"[1216] Werthaltigkeitstest zum Abschlußstichtag vor.[1217]

Dahingegen sind *Intangible Assets*, die über eine unbestimmte Nutzungsdauer verfügen[1218] oder sich noch nicht in einem nutzungsbereiten Zustand befinden[1219], sowie Geschäfts- oder Firmenwerte[1220] verpflichtend einem jährlichen *Impairment Test* zu unterziehen (sog. *Impairment-Only-Approach*).[1221] Dieser kann während des gesamten Geschäftsjahrs, unabhängig vom Abschlußstichtag, vorgenommen

---

[1209] Diese Veränderungen umfassen bspw. die Stillegung des Vermögenswerts oder Pläne, die Unternehmenstätigkeit, denen der *Asset* zuordenbar ist, zu restrukturieren oder nicht fortzuführen. Sobald ein Vermögenswert aber als *Held for Sale* klassifiziert werden sollte, gilt nicht mehr der Anwendungsbereich von *IAS* 36, sondern es ist *IFRS* 5 heranzuziehen, vgl. Kap. 4.2.1, S. 209 ff.
[1210] Vgl. *IAS* 36.14 mit einer dementsprechenden Konkretisierung; ähnlich *Wirth* (2005), S. 21.
[1211] Vgl. *IAS* 36.12 (e)-(g).
[1212] Vgl. *IAS* 36.13; *IAS* 36.BCZ24 (a).
[1213] *Beyhs* (2002), S. 80 (Hervorhebungen im Original).
[1214] Vgl. *IAS* 36.13. *Küting/Dawo* (2002), S. 1207 arbeiten bezüglich der Identifikation möglicher Indikatoren die „Erfahrung der Vergangenheit" heraus. Ferner *Klingels* (2005), S. 61-63.
[1215] Vgl. etwa *Beyhs* (2002), S. 82; *Klingels* (2005), S. 22, jeweils m.w.N.
[1216] *Küting/Dawo/Wirth* (2003), S. 177.
[1217] Deshalb lehnt *Hoffmann* (2007), Rz. 16 sich „beruhigt zurück", da es „[z]u außerplanmäßigen Abschreibungen [...] erfahrungsgemäß nur selten und dann bei wirklich offensichtlichen Fällen – z.B. die anhaltend Not leidende Tochter-Kapitalgesellschaft oder die Stillegung einer ganzen Fabrik – [kommt]". Weniger pointiert *Heuser/Theile* (2005), Rz. 702.
[1218] Vgl. *IAS* 36.10 i.V.m. *IAS* 38.107.
[1219] Vgl. *IAS* 36.10 i.V.m. *IAS* 38.97.
[1220] Vgl. *IAS* 36.10 i.V.m. *IFRS* 3.55.
[1221] Vgl. *IAS* 36.10.

werden,[1222] wobei der einmal gewählte Zeitpunkt den zukünftigen Jahresrhythmus determiniert.[1223] Grundsätzlich wäre es möglich, Werthaltigkeitsüberprüfungen für verschiedene *Assets* verteilt über das Geschäftsjahr vorzunehmen,[1224] wovon in der Praxis jedoch abgesehen und ein zentraler Prüfungstermin gewählt wird.[1225]

Darüber hinaus sind die unter den Anwendungsbereich des *Impairment-Only-Approach* fallenden Vermögenswerte bei jedem Vorliegen von Anhaltspunkten, die auf eine potentielle Wertbeeinträchtigung hinweisen, einer zusätzlichen Werthaltigkeitsüberprüfung zu unterziehen.[1226] Zusammengenommen unterliegen Geschäfts- oder Firmenwerte sowie immaterielle Vermögenswerte mit unbestimmter Nutzungsdauer respektive noch nicht erlangter Gebrauchsfähigkeit demnach mindestens einmal jährlich einem *Impairment Test*.[1227]

Da es sich bei Werthaltigkeitsüberprüfungen um aufwendige Verfahren handelt,[1228] erlaubt *IAS* 36 unter bestimmten Umständen, auf die Ermittlung des erzielbaren Betrags (vgl. Kap. 4.4, S. 246 ff.) zu verzichten. Ersatzweise kann der *Recoverable Amount* des letzten Prüfungstermins herangezogen werden.[1229] Die hierfür zu erfüllenden Bedingungen sind – neben der Forderung nach einem entsprechend großen ‚Bewertungspuffer'[1230] zum *Carrying Amount* bei der letzten Werthaltigkeitsüberprüfung sowie einer weitgehenden Konstanz des Bewertungsumfelds[1231] – jedoch so restriktiv[1232], daß von einer Bestimmung des erzielbaren Be-

---

[1222] *Hoffmann* (2007), Rz. 9 weist darauf hin, daß börsennotierte Gesellschaften häufig zum 30. September Werthaltigkeitstests durchführen, da zu diesem Datum ohnehin ein Zwischenbericht zu erstellen sei und das ermittelte Ergebnis dann noch in die auf das Jahr bezogene Gesamtrechnung einfließen könne. Vgl. hierzu etwa *Telekom AG* (2005), S. 140. A.A. *Küting/Dawo/Wirth* (2003), S. 178, die eine zeitgleiche Durchführung von *Impairment Tests* und Erstellung des Abschlusses für sinnvoll erachten, da für letzteres sowieso eine Vielzahl interner Prognosen und Planungen erstellt werden müßten.
Daß *in praxi* beide Ansichten zutreffen, zeigt eine empirischen Studie von *Pellens et al.* (2005), S. 13, wonach die Unternehmen des deutschen *Prime Standard* die Werthaltigkeitstests ihrer *Goodwill*s zu folgenden Zeitpunkten durchführen: 59% zum Bilanzstichtag, 20% zum Planungszeitpunkt, 14% zum Halbjahresstichtag und 7% zum Quartalsstichtag.
[1223] Vgl. *IAS* 36.10 (a); *IAS* 36.96.
[1224] Vgl. *IAS* 36.96.
[1225] Vgl. Fn. 1222, S. 212.
[1226] Vgl. *IAS* 36.10; *IAS* 36.90; *IFRS* 3.55. In diesem Zusammenhang ist die deutsche Übersetzung von *IAS* 36 zu kritisieren: „*Irrespective*" in *IAS* 36.10 mit „[u]nabhängig" zu übersetzen, erweist sich als mißverständlich. Die Mehrdeutigkeit führt bspw. zu der von *Zülch* (2004), S. 335 fälschlicherweise vertretenden Auffassung, ein *Goodwill* sei nur „einmal jährlich [...] auf seine Werthaltigkeit hin zu überprüfen" (Hervorhebungen im Original). Dem anvisierten Regelungsinhalt hätte eine Übersetzung mit bspw. „ungeachtet" eher entsprochen. Zu einer Diskussion von Fehlern und Unzulänglichkeiten in den Übersetzungen der *IFRS* vgl. *Niehus* (2005), S. 2477-2483.
[1227] Vgl. etwa *Bieker/Esser* (2003), S. 77; *Pellens et al.* (2005), S. 13.
[1228] Vgl. bspw. *Grünberger/Grünberger* (2003), S. 121, die von einer „jährliche[n], kostenintensive[n] Unternehmensbewertung" sprechen.
[1229] Vgl. *IAS* 36.15.
[1230] Vgl. *IAS* 36.15. Zu Recht fragen *Küting/Dawo/Wirth* (2003), S. 179, Fn. 21, wie „significantly greater" auszulegen sei.
[1231] Vgl. *IAS* 36.16.
[1232] Für die konkreten Voraussetzungen bei *Intangible Assets* mit unbestimmter Nutzungsdauer bzw. noch nicht vorliegender Gebrauchsfähigkeit sowie Geschäfts- oder Firmenwerten vgl. *IAS* 36.24;

trags *de facto* nicht abgesehen werden kann. In Abb. 26 sind Zeitpunkt, Zeitintervall und Durchführungsnotwendigkeit des *Impairment Test* nochmals zusammengefaßt:

	Planmäßig abnutzbare Vermögenswerte	Nicht planmäßig abnutzbare Vermögenswerte
Zeitpunkt des Werthaltigkeitstests	*am Abschlußstichtag*	*beliebig im Geschäftsjahr*
Zeitintervall zwischen Werthaltigkeitstests	*minimal ein Jahr*	*maximal ein Jahr*
Durchführungsnotwendigkeit von Werthaltigkeitstests	*indikatorbasiert*	*verpflichtend und indikatorbasiert*

Abb. 26: Zeitpunkt, Zeitintervall und Durchführungsnotwendigkeit des Werthaltigkeitstests gem. *IAS* 36

4.2.3 Grundstruktur des Werthaltigkeitstests

Wenn ein *Impairment Test* aufgrund des Vorliegens entsprechender Wertminderungsindikatoren oder des Erreichens des turnusgemäßen Jahresprüfungszeitpunkts durchgeführt werden muß, ist der erzielbare Betrag (vgl. Kap. 4.4, S. 246 ff.) des betreffenden Bewertungsobjekts zu bestimmen.[1233] Dieser stellt den Vergleichsmaßstab bei der Gegenüberstellung mit dem Buchwert der zu überprüfenden Bewertungseinheit dar, wie Abb. 27, S. 214 verdeutlicht.
Sollte der Buchwert den *Recoverable Amount* übersteigen, hat sich der Verdacht einer Wertbeeinträchtigung bestätigt und es liegt in Höhe der Differenz ein Abwertungsverlust (vgl. Kap. 4.2.4, S. 216 ff.) vor.[1234]

Der erzielbare Betrag signalisiert aufgrund seiner ‚Doppelfunktion', nicht nur eine etwaige Wertbeeinträchtigung dem Grunde nach, sondern bemißt zugleich des-

---

IAS 36.99. Ferner *Bieker/Esser* (2004), S. 452; *Heyd/Lutz-Ingold* (2005), S. 94; *Hoffmann* (2007), Rz. 15.
[1233] Vgl. *IAS* 36.8.
[1234] Vgl. *IAS* 36.59.

sen Höhe,[1235] und verkörpert somit die zentrale Wertgröße von Werthaltigkeitstests. Seine Konkretisierung erfolgt – wie bereits erwähnt – im höheren Wert aus beizulegendem Zeitwert abzüglich Veräußerungskosten und *Value in Use*.[1236]

```
┌─────────────────────────────────────────────────────────────────┐
│     Buchwert          Vergleich      Erzielbarer Betrag         │
│  (Carrying Amount)  ←─────────→    (Recoverable Amount)         │
│                                            ↑                    │
│                          höherer der beiden Werte aus           │
│                                                                 │
│      Beizulegender Zeitwert ab-                                 │
│      züglich Veräußerungskosten        Nutzungswert             │
│      (Fair Value less Costs to Sell)   (Value in Use)           │
└─────────────────────────────────────────────────────────────────┘
```

Abb. 27: Konzeption des Werthaltigkeitstests gem. *IAS 36*[1237]

Der *Fair Value less Costs to sell* ist als "the amount obtainable from the sale of an asset or cash-generating unit in an arm's length transaction between knowledgeable, willing parties, less the costs of disposal"[1238] definiert. Hiernach stimmt der beizulegende Zeitwert abzüglich Veräußerungskosten mit dem aus einem marktüblichen Verkauf des Bewertungsobjekts zu erwartenden Erlös überein, wobei die Verkaufskosten abzuziehen sind.

Hingegen wird der Nutzungswert als Barwert der künftigen Zahlungsströme bestimmt, die das Unternehmen aus der fortgesetzten Nutzung des Bewertungsobjekts und dessen Ausscheiden am Ende der Nutzungsdauer erwartet.[1239]

Für die Ermittlung des *Recoverable Amount* ist es nicht immer erforderlich, sowohl den beizulegenden Zeitwert abzüglich Veräußerungskosten als auch den *Value in Use* zu berechnen. Falls einer der beiden Werte größer als der Buchwert des Bewertungsobjekts sein sollte, liegt keine Wertminderung vor und es kann auf die Bestimmung des jeweils anderen Werts verzichtet werden.[1240]

[1235] Die aufgrund des *Exposure Draft* (*ED*) 3 vorgesehenen Änderungen von *IAS 36* schlugen für die Werthaltigkeitsüberprüfung eines *Goodwill* ein zweistufiges Testverfahren vor. Dabei wäre zwar die Notwendigkeit einer Abschreibung dadurch angezeigt worden, daß der Buchwert über dem erzielbaren Betrag gelegen hätte, für die Bestimmung der Höhe des *Impairment* hätte es jedoch eines Vergleichs zwischen dem Geschäfts- oder Firmenwert und dessen impliziten Wert bedurft. Letzterer berechnete sich als Differenz zwischen *Recoverable Amount* und neubewertetem Buchwert des Bewertungsobjekts. Vgl. bspw. *Bieker/Esser* (2003), S. 78; *Kümpel* (2003), S. 1492; *Küting/Dawo/Wirth* (2003), S. 186-187. Insofern stimmten die Regelungen mit *SFAS* 142 überein, vgl. bereits Fn. 1187, S. 208.
[1236] Vgl. *IAS* 36.6; *IAS* 36.18.
[1237] In Anlehnung an *Beyhs* (2002), S. 88; *Keller* (2002), S. 112.
[1238] Vgl. *IAS* 36.6.
[1239] Vgl. *IAS* 36.6; *IAS* 36.30 ff.
[1240] Vgl. *IAS* 36.19.

Als Bewertungsobjekte für Werthaltigkeitsüberprüfungen kommen neben einzelnen Vermögenswerten auch Gruppen von Vermögenswerten in Frage. Letztere sind zu bilden, sofern es nicht möglich ist, den erzielbaren Betrag eines einzelnen *Asset* zu bestimmen.[1241] Diese Berechnung scheitert auf Einzelvermögenswertebene, wenn das *Asset* keine eindeutigen, von anderen Vermögenswerten abgrenzbaren und unabhängigen Einzahlungsströme generiert;[1242] mithin wäre der *Value in Use* nicht errechenbar. Sollte darüber hinaus kein beizulegender Zeitwert abzüglich Veräußerungskosten für den einzelnen Vermögenswert bestimmbar sein, der den Buchwert übersteigt[1243] oder mit einem ‚hypothetischen' Nutzungswert übereinstimmt,[1244] sind die in einem Funktionszusammenhang stehenden *Assets* so lange zu aggregieren,[1245] bis „the smallest identifiable group of assets [...] generates cash inflows that are largely independent of the cash inflows from other assets or groups of assets"[1246].[1247] Aufgrund ihrer abgrenzbaren und unabhängigen Zahlungsströme werden solche Gruppen von Vermögenswerten als zahlungsmittelgenerierende Einheiten (sog. *Cash-Generating Units*) bezeichnet (vgl. Kap. 4.3, S. 225 ff.).

Weitergehend sehen die Regelungen des *IAS* 36 vor, daß Geschäfts- oder Firmenwerte sowie *Corporate Assets*[1248] grundsätzlich nur auf Ebene zahlungsmittelgenerierender Einheiten oder Gruppen zahlungsmittelgenerierender Einheiten einem Werthaltigkeitstest unterliegen können,[1249] weil *Goodwills* nach Ansicht des *IASB per se* keine *Cashflows* erzeugen, die von anderen Vermögenswerten oder Gruppen von Vermögenswerten unabhängig sind.[1250] Sofern es nicht möglich ist, diese übergeordneten Vermögenswerte für Zwecke des *Impairment Test* einer einzelnen zahlungsmittelgenerierenden Einheit anteilig oder vollständig „on a rea-

---

[1241] Vgl. *IAS* 36.66. *IDW* (2005b), S. 1417; *Wirth* (2005), S. 11 sehen hierin den Einzelbewertungsgrundsatz der *IFRS*-Rechnungslegung bestätigt. A.A. *Hoffmann* (2007), Rz. 41. Differenziert *Beyhs* (2002), S. 95, der die faktische Relevanz des Einzelbewertungsgrundsatzes für die praktische Anwendung des *IAS* 36 hinterfragt.
[1242] Vgl. *IAS* 36.22; *IAS* 36.67 (b).
[1243] Vgl. *IAS* 36.22 (a). Der Vermögenswert könnte i.V.m. *IAS* 36.19 als werthaltig gelten und der *Impairment Test* wäre beendet.
[1244] Vgl. *IAS* 36.22 (b); *IAS* 36.67 (a). Wenn der *Fair Value less Costs to sell* diesem ‚virtuellen' Nutzungswert entspräche, liegt eine Übereinstimmung mit dem erzielbaren Betrag vor und es bedarf keiner Berechnung des *Value in Use* und der Werthaltigkeitstest kann mit dem Vergleich von beizulegendem Zeitwert abzüglich Veräußerungskosten und jeweiligem Buchwert fortgesetzt werden.
[1245] Vgl. *Küting/Dawo/Wirth* (2003), S. 182; *Küting/Wirth* (2003), S. 1848.
[1246] Vgl. *IAS* 36.6.
[1247] *IDW* (2005b), S. 1423 f. betont in diesem Zusammenhang die Bedeutung der Bestimmung des *Fair Value less Costs to sell* in besonderem Maße, indem generell empfohlen wird, den Werthaltigkeitstest stets mit einer Überprüfung der Ermittelbarkeit des beizulegenden Zeitwerts abzüglich Veräußerungskosten auf Einzelbewertungsebene zu beginnen.
[1248] Gemeinschaftliche Vermögenswerte umfassen nach *IAS* 36.100 „group or divisional assets such as the building of a headquarters or a division of the entity, EDP equipment or a research centre."
[1249] Vgl. *Küting/Wirth* (2004), S. 174.
[1250] Vgl. *IAS* 36.81; *IAS* 36.100.

sonable and consistent basis"[1251] zuzuordnen,[1252] müssen die *Cash-Generating Units* solange aggregiert werden, bis eine entsprechende Zurechenbarkeit auf eine Gruppe von zahlungsmittelgenerierenden Einheiten vorliegt.[1253]

Insgesamt können somit acht verschiedenartig zusammengesetzte Bewertungsobjekte gem. den Vorschriften des *IAS* 36 differenziert werden:

- einzelne Vermögenswerte,
- zahlungsmittelgenerierende Einheiten,
- zahlungsmittelgenerierende Einheiten mit zugeordneten *Corporate Assets*,
- Gruppen zahlungsmittelgenerierender Einheiten mit zugeordneten *Corporate Assets*,
- zahlungsmittelgenerierende Einheiten mit zugeordnetem *Goodwill*,
- Gruppen zahlungsmittelgenerierender Einheiten mit zugeordnetem *Goodwill*,
- zahlungsmittelgenerierende Einheiten mit zugeordneten *Corporate Assets* und *Goodwill* sowie
- Gruppen zahlungsmittelgenerierender Einheiten mit zugeordneten *Corporate Assets* und *Goodwill*.

4.2.4 Bilanzielle Erfassung von Wertminderungen und -aufholungen

Die Differenz zwischen *Recoverable Amount* und Buchwert eines Bewertungsobjekts gibt Aufschluß über dessen Werthaltigkeit. Im Falle eines negativen Unterschiedsbetrags ist eine Wertminderung zu verrechnen; ansonsten kommt gegebenenfalls eine Wertaufholung in Betracht.

4.2.4.1 Wertminderungen

Übersteigt der *Carrying Amount* den erzielbaren Betrag, so stellt der Unterschiedsbetrag grundsätzlich einen Abwertungsverlust dar.[1254] Dieses *Impairment Loss* ist sofort erfolgswirksam als Aufwand in der Gewinn- und Verlustrechnung zu erfassen, außer es handelt sich um die seltene[1255] und deshalb im folgenden vernachlässigte Konstellation eines zum Neubewertungsbetrag bilanzierten Vermögens-

---

[1251] *IAS* 36.IN11; *IAS* 36.102 (a).
[1252] Vgl. *Kirsch* (2003a), S. 93; *Kirsch* (2005a), S. 14 f.; kritisch *Henselmann* (2006), S. 331.
Zum Werthaltigkeitstest bei vorhandenen Minderheitenanteilen vgl. grundlegend *Wirth* (2005), S. 225-276.
[1253] Vgl. *IAS* 36.80-81; *IAS* 36.102. *Hoffmann* (2007), Rz. 47 befürchtet eine „notorische Nichtabschreibung" von gemeinschaftlichen Vermögenswerten, solange der Gesamtkapitalmarktwert über dem Buchwert läge und das betreffende *Asset* noch nutzbar sei.
[1254] Vgl. *IAS* 36.59; *IAS* 36.104.
[1255] Nach *von Keitz* (2005), S. 59 wurde die Neubewertungsmethode nur von einem deutschen, börsennotierten Unternehmen in den Jahren 2001 bis 2003 angewendet; im konkreten Fall wurde der betriebsnotwendige Grund und Boden dementsprechend bilanziert.

werts.[1256] In diesem Fall ist der Abwertungsverlust zuerst mit der Neubewertungsrücklage erfolgsneutral zu verrechnen und nur der verbleibende Abwertungsbetrag erfolgswirksam zu erfassen.[1257] Sollte der Abwertungsverlust höher als der Buchwert des betreffenden Vermögenswerts sein, ist das Unternehmen nur dann verpflichtet eine Schuld anzusetzen, wenn dies von einem anderen Standard vorgeschrieben wird.[1258]

Nach Vornahme einer außerplanmäßigen Abschreibung sind die zukünftig anzusetzenden planmäßigen Abschreibungen[1259] sowie latenten Steuern gem. den Vorschriften in IAS 12[1260] anzupassen.

Diese Vorgehensweise gilt sowohl für einzelne Vermögenswerte als auch zahlungsmittelgenerierende Einheiten, denen kein Goodwill zugeordnet wurde. Bei der Verteilung eines auf Ebene einer Cash-Generating Unit festgestellten Wertminderungsaufwands auf die diese Gruppe umfassenden Vermögenswerte gilt es zu beachten, daß einzelne Assets theoretisch nicht unter den höheren Wert aus Recoverable Amount und Null abgeschrieben werden dürfen.[1261] Bei der praktischen Umsetzung erweist es sich als problematisch, daß für die eine zahlungsmittelgenerierende Einheit bildenden Vermögenswerte regelmäßig keine erzielbaren Beträge berechnet werden können;[1262] insofern kommt es zu "an arbitrary allocation"[1263] des Wertminderungsaufwands. In praxi werden als Verteilungsschlüssel für gewöhnlich die Buchwertgrößen der Vermögenswerte gewählt.[1264]

Falls eine zahlungsmittelgenerierende Einheit oder eine Gruppe zahlungsmittelgenerierender Einheiten mit zugerechnetem Geschäfts- oder Firmenwert einen Impairment Loss aufweist, muß zuerst der Buchwert des Goodwill gemindert werden.[1265] Ein nach vollständiger Abschreibung von Geschäfts- oder Firmenwerten eventuell verbleibender Wertminderungsaufwand ist – wie soeben beschrieben – anteilig auf die anderen Vermögenswerte der Bewertungseinheit zu allozieren.[1266]

[1256] Vgl. IAS 36.60; IAS 36.104 i.V.m. IAS 36.60. Als Beispiel können Sachanlagen oder immaterielle Vermögenswerte angeführt werden, die gem. IAS 16.31 bzw. IAS 38.75 in der Folgebewertung wahlrechtlich zum Neubewertungsbetrag angesetzt werden können. Vgl. allgemein statt vieler Streim/Leippe (2001), S. 373-411 sowie zum Zusammenspiel von Impairment Test und Neubewertung gem. IAS 16 Bieker (2006), S. 141-142; Heuser/Theile (2003), Rz. 414.
[1257] Vgl. IAS 36.61; Graumann (2004a), S. 176.
[1258] Vgl. IAS 36.62; IAS 36.108.
[1259] Vgl. IAS 36.63.
[1260] Vgl. IAS 36.64.
[1261] Vgl. IAS 36.105.
[1262] Sonst wäre die Bildung einer Cash-Generating Unit nicht notwendig gewesen, vgl. auch IAS 36.BCZ181.
[1263] IAS 36.106.
[1264] Klingels (2005), S. 29, Fn. 130 kritisiert zu Recht die unzureichende Übersetzung von IAS 36.106, wonach „eine willkürliche Zuordnung des Wertminderaufwands auf die Vermögenswerte der Einheit" erfolgen soll. Diese Allokation stellt indes keinen Akt der Willkür dar, sondern es sollte sich um eine Entscheidung des Management auf Basis sachlicher Überlegungen handeln.
[1265] Vgl. IAS 36.104 (a).
[1266] Vgl. IAS 36.104 (b).

Unterliegen bestimmte Vermögenswerte mehreren, zeitgleich auf verschiedenen Aggregationsstufen durchgeführten, *Impairment Tests*, so sind die jeweiligen *Assets* zunächst auf der niedrigsten Ebene auf ihre Werthaltigkeit zu überprüfen und gegebenenfalls abzuschreiben.[1267] Sodann gehen sie erst in die Werthaltigkeitsüberprüfung auf übergeordneter Ebene ein.

Den beschriebenen Allokationsregeln eines *Impairment Loss* folgend können die acht verschiedenen Bewertungseinheiten des *IAS* 36 (vgl. Kap. 4.2.3, S. 213 ff.) auf folgende vier Konstellationen reduziert werden:[1268]

- einzelne Vermögenswerte,
- zahlungsmittelgenerierende Einheiten,
- zahlungsmittelgenerierende Einheiten mit zugeordnetem *Goodwill* sowie
- Gruppen zahlungsmittelgenerierender Einheiten mit zugeordnetem *Goodwill*.[1269]

Abb. 28, S. 219 faßt die bisherigen Ausführungen zu *IAS* 36 zusammen und gibt einen systematischen Überblick bezüglich der Durchführung von Werthaltigkeitsüberprüfungen.

4.2.4.2 Wertaufholungen

Kam es in vergangenen Perioden zu außerplanmäßigen Abschreibungen, so hat ein Unternehmen an jedem nachfolgenden Bilanzstichtag zu kontrollieren, ob Anhaltspunkte dafür vorliegen, daß sich die Umstände, die zur Abwertung der entsprechenden *Assets* geführt haben, in der Zwischenzeit abgeschwächt haben oder möglicherweise nicht mehr existent sind.[1270]

Zur Erkennung solcher Situationen führt *IAS* 36 ein exemplarisches, nicht abschließendes Wertaufholungsindikatorenset an, das spiegelbildlich zu dem bereits beschriebenen Anzeichenkatalog aufgebaut ist,[1271] der sich auf Wertminderungen bezieht (vgl. Kap. 4.2.2, S. 210 ff.);[1272] auf eine Wiederholung der genannten unternehmensexternen und -internen Informationsquellen kann deshalb verzichtet werden.[1273]

[1267] Vgl. *IAS* 36.97-98; *IAS* 36.102 (b) zu dieser Testreihenfolge für *Goodwills* respektive *Corporate Assets*. Vgl. auch *Beyhs* (2002), S. 161.
[1268] Vgl. statt vieler *IDW* (2005b), S. 1422.
[1269] *Corporate Assets* erfahren wie andere Vermögenswerte eine anteilige Aufteilung des auf Ebene einer zahlungsmittelgenerierenden Einheit oder Gruppe von zahlungsmittelgenerierenden Einheiten festgestellten Wertminderungsaufwands, so daß die Allokationsreihenfolge nicht von dem Vorhandensein gemeinschaftlicher Vermögenswerte beeinflußt wird.
[1270] Vgl. *IAS* 36.110.
[1271] Vgl. *Hoffmann* (2007), Rz. 76.
[1272] Vgl. *IAS* 36.111-112; *Beyhs* (2002), S. 171.
[1273] Vgl. *IAS* 36.111 (a)-(e).

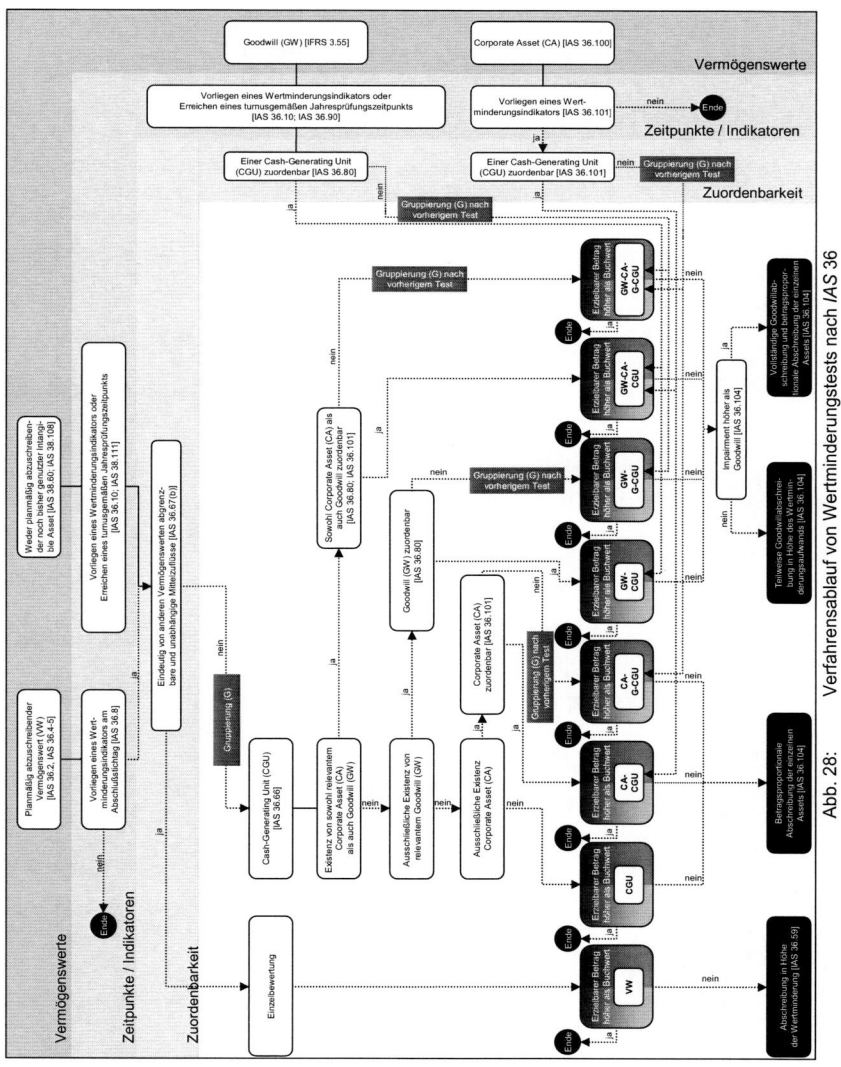

Impairment of Assets nach IAS 36

Abb. 28: Verfahrensablauf von Wertminderungstests nach *IAS 36*

Falls Anzeichen auf eine Werterhöhung von Vermögenswerten hindeuten, die bereits außerplanmäßig abgeschrieben wurden, sind die entsprechenden *Recoverable Amounts* zu bestimmen.[1274] Sollte der erzielbare Betrag bei dem sich anschließenden Vergleich über dem *Carrying Amount* liegen, wird dadurch eine mögliche Wertaufholung signalisiert.[1275] Ein *Reversal of an Impairment Loss* ist aber nur dann vorzunehmen, sofern der Anstieg des *Recoverable Amount* einen "increase in the estimated service potential of an asset, either from use or from sale"[1276] widerspiegelt.[1277]

Ist die Erhöhung des erzielbaren Betrags hingegen in einem reinen Zeiteffekt durch das Näherrücken zukünftiger *Cashflows* begründet, soll von Wertaufholungen abgesehen werden.[1278]

Der Umfang der Wertaufholung eines vorab außerplanmäßig abgeschriebenen Buchwerts auf den *Recoverable Amount* ist auf den fiktiven Buchwert begrenzt, der bei der fortgesetzten Nutzung eines *Assets* oder einer zahlungsmittelgenerierenden Einheit bei einer bis dahin unterstellten ausschließlich planmäßigen Abschreibung angesetzt worden wäre.[1279]

Wertaufholungen sind ebenso wie Wertminderungen entweder erfolgswirksam oder erfolgsneutral in Abhängigkeit davon zu erfassen, ob die zugrundeliegenden Vermögenswerte zu fortgeführten Anschaffungs- oder Herstellungskosten oder nach der Neubewertungsmethode bilanziert werden.[1280] Nach einer Wertzuschreibung sind ebenfalls die Abschreibungspläne zu modifizieren.[1281]

Abschließend gilt es zu betonen, daß eine Wertaufholung für Geschäfts- oder Firmenwerte generell untersagt ist.[1282]

4.2.5 Angabepflichten im Anhang

Der Inhalt und Umfang von Angabepflichten[1283] durchgeführter Werthaltigkeitsüberprüfungen läßt sich in Abhängigkeit der Bewertungseinheiten folgendermaßen kategorisieren:[1284]

[1274] Vgl. *IAS* 36.110.
[1275] Vgl. *IAS* 36.114.
[1276] Vgl. auch *IAS* 36.112.
[1277] Vgl. *IAS* 36.115.
[1278] Vgl. *IAS* 36.116, was in *IAS* 36.BCZ186 mit „practical reasons" begründet wird. Dabei erkennt das *IASB* durchaus an, daß eine entsprechende Separierung der Ursachen für den Anstieg des *Recoverable Amount* mit Schwierigkeiten einhergeht: „However, if a reversal is recognised because assumptions have changed, the discount unwinding effect is included in the amount of the reversal recognised."
[1279] Vgl. *IAS* 36.117; *IAS* 36.123. Diese ‚Deckelung' stimmt mit § 280 Abs. 1 HGB überein.
[1280] Vgl. *IAS* 36.119-120.
[1281] Vgl. *IAS* 36.121.
[1282] Vgl. *IAS* 36.124. Ebenso *IAS* 36.110-111; *IAS* 36.114; *IAS* 36.117-119; *IAS* 36.122-123; *IAS* 36.125.
[1283] Vgl. *IAS* 36.126-137.

Impairment of Assets nach IAS 36 221

- einzelne Vermögenswerte,[1285]
- Klassen von Vermögenswerten, die sich durch eine ähnliche Art und Verwendung im Unternehmen auszeichnen (*Classes of Assets*),[1286]
- *Cash-Generating Units* ohne zugeordneten *Goodwill* oder immaterielle Vermögenswerte mit unbestimmter Nutzungsdauer,[1287]
- zahlungsmittelgenerierende Einheiten mit zugeordneten Geschäfts- oder Firmenwerten bzw. *Intangible Assets* mit unbestimmter Nutzungsdauer sowie[1288]
- berichtspflichtige Segmente.[1289]

4.2.5.1 Einzelne Vermögenswerte

Über außerplanmäßige Abschreibungen oder Wertaufholungen einzelner Vermögenswerte, einschließlich Geschäfts- oder Firmenwerten, muß nur gesondert berichtet werden, falls ein „material impairment loss"[1290] aufgetreten ist. Die Einschätzung, wann Wertverluste und Wertaufholungen eines Vermögenswerts als wesentlich zu klassifizieren sind, wird in Abhängigkeit des Verhältnisses von *Impairment Loss* zum Buchwert des betreffenden Vermögenswerts und vor allem im Hinblick auf dessen Bedeutung für das gesamte bilanzierende Unternehmen zu treffen sein.[1291] Bei Erfüllung dieses Wesentlichkeitskriteriums sind folgende Erläuterungen erforderlich:[1292]

- Ereignisse und Umstände, die zur außerplanmäßigen Abschreibung respektive zur Wertaufholung geführt haben,
- Angaben bezüglich der jeweiligen Höhe der Wertminderung bzw. Wertaufholung,
- Art des Vermögenswerts,
- Zugehörigkeit zum Berichtssegment, sofern eine Segmentberichterstattung gem. *IFRS* 8 vorgenommen wird,
- Angabe darüber, ob sich der erzielbare Betrag im *Fair Value less Costs to sell* oder Nutzungswert konkretisiert hat,

---

[1284] *Bieker/Esser* (2003), S. 81 f.; *Hoffmann* (2007), Rz. 78 beklagen die Unübersichtlichkeit und Angabenfülle des *Disclosure*.
[1285] Vgl. *IAS* 36.130.
[1286] Vgl. *IAS* 36.126-128.
[1287] Vgl. *IAS* 36.130.
[1288] Vgl. *IAS* 36.134-135.
[1289] Vgl. *IAS* 36.129.
[1290] *IAS* 36.130.
[1291] In diesem Sinne wohl auch *Beyhs* (2002), S. 176.
[1292] Vgl. *IAS* 36.130.

- falls der *Recoverable Amount* und beizulegende Zeitwert abzüglich Veräußerungskosten übereinstimmen, Erläuterungen bezüglich dessen Ermittlungsweise,
- wenn der *Recoverable Amount* dem Nutzungswert entspricht, Angaben über die Kalkulationszinsfüße, die bei der gegenwärtigen und einer möglicherweise bereits früher vorgenommenen Bestimmung des *Value in Use* angesetzt wurden.

Sollten die in der Berichtsperiode aufgetretenen Abwertungsverluste und Wertaufholungen lediglich in ihrer Gesamtheit wesentlich sein, gelten weniger ausführliche Angabepflichten.[1293] In diesem Zusammenhang greift *IAS* 36 auf das Konstrukt der „class[es] of assets"[1294] zurück (vgl. Kap. 4.2.5.2, S. 222), die wiederum zu „main classes of assets"[1295] gruppiert werden können. Der Anhang muß Informationen über

- diese „wichtigsten Bereiche von Einzelvermögenswerten"[1296], die von Wertminderungsabschreibungen und Wertminderungszuschreibungen betroffen sind und
- die wesentlichen Ereignisse und Umstände, die zu den außerplanmäßigen Abschreibungen bzw. Wertaufholungen bei diesen Vermögenswerten geführt haben,

bereitstellen.

4.2.5.2 Gruppen von wesens- und verwendungsähnlichen Vermögenswerten

Die soeben angesprochenen Klassen von Vermögenswerten zeichnen sich durch eine Gleichartigkeit bezüglich ihrer Art und Nutzungsmöglichkeit aus.[1297] Für jede Gruppe solcher als wesens- und verwendungsähnlich zu charakterisierenden Vermögenswerte ist

- über die Gesamtbeträge der in der Gewinn- und Verlustrechnung erfaßten Wertminderungsaufwendungen sowie die erfolgswirksam verbuchten Wertaufholungen in der Berichtsperiode unter Angabe der Position in der Gewinn- und Verlustrechnung[1298] als auch

---

[1293] Vgl. *Beyhs* (2002), S. 177.
[1294] *IAS* 36.126.
[1295] *IAS* 36.131.
[1296] *Hoffmann* (2007), Rz. 81. Beyhs (2002), S. 177 spricht von "Hauptklassen".
[1297] Eine *Class of Assets* wird in *IAS* 36.127 als "grouping of assets of similar nature and use in an entity's operations" definiert.
[1298] Vgl. *IAS* 36.126 (a).

- über die Beträge aller außerplanmäßigen Abschreibungen und Wertaufholungszuschreibungen für neu bewertete Vermögenswerte, die direkt im Eigenkapital verbucht worden sind,[1299]

zu berichten.

4.2.5.3 Zahlungsmittelgenerierende Einheiten ohne zugeordnete Geschäfts- oder Firmenwerte respektive immaterielle Vermögenswerte mit unbestimmter Nutzungsdauer

Wurden wesentliche Abwertungsverluste und Wertaufholungen einzelner Vermögenswerte, abgesehen von Geschäfts- oder Firmenwerten respektive immateriellen Vermögenswerten mit unbestimmter Nutzungsdauer, auf Ebene einer *Cash-Generating Unit* festgestellt, gelten im Vergleich zu einer Erfassung auf Einzelvermögensebene folgende ergänzende Angabepflichten (vgl. Kap. 4.2.5.1, S. 221 ff.):

- Beschreibung der zahlungsmittelgenerierenden Einheit,
- Höhe des erfaßten oder aufgehobenen Wertminderungsaufwands, aufgeteilt auf die *Classes of Assets* und gegebenenfalls berichtspflichtigen Segmente sowie
- Darstellung und Begründung einer etwaigen Änderung der Zusammensetzung der *Cash-Generating Unit* seit der letztmaligen Bestimmung des erzielbaren Betrags.

4.2.5.4 Zahlungsmittelgenerierende Einheiten mit zugeordneten Geschäfts- oder Firmenwerten respektive immaterielle Vermögenswerten mit unbestimmter Nutzungsdauer

Die umfangreichsten Angabepflichten schreibt *IAS* 36 für zahlungsmittelgenerierende Einheiten oder Gruppen von zahlungsmittelgenerierenden Einheiten vor, denen *Goodwills* oder immaterielle Vermögenswerte mit unbestimmter Nutzungsdauer zugerechnet werden. Unabhängig vom Auftreten eines *Impairment Loss* sind für diese Bewertungsobjekte des Werthaltigkeitstests, wenn sie „significant in comparison with the entity's total carrying amount of goodwill or intangible assets with indefinite useful lives" sind, folgende Angaben berichtspflichtig:[1300]

- Buchwerte der zugeordneten Geschäfts- oder Firmenwerte sowie immateriellen Vermögenswerte mit unbestimmter Nutzungsdauer,
- Angaben darüber, ob sich der erzielbare Betrag im *Fair Value less Costs to sell* oder Nutzungswert konkretisiert hat,

---

[1299] Vgl. *IAS* 36.126 (b).
[1300] Vgl. *IAS* 36.134.

- falls die Berechnung des *Recoverable Amount* auf dem Nutzungswert beruht, eine detaillierte Beschreibung der wesentlichen[1301] Annahmen der *Cashflow*prognose des *Management*, deren Ermittlungsweise und der Einfluß externer Informationsquellen, des Planungszeitraums, der Kalkulationszinsfüße und etwaig angesetzter Wachstumsraten,[1302]
- falls die Ermittlung des erzielbaren Betrags auf dem beizulegenden Zeitwert abzüglich Veräußerungskosten basiert und dabei keine direkt beobachteten Marktpreise zur Anwendung kamen, Darlegung der Grundannahmen und Vorgehensweise zur Bestimmung des *Fair Value less Costs to sell*, Einfluß externer Informationsquellen und etwaige Abweichungen in der Ermittlungsweise im Vergleich zu möglicherweise bereits für frühere Abschlüsse erstellte Berechnungen des beizulegenden Zeitwerts abzüglich Veräußerungskosten,
- wenn der erzielbare Betrag durch Variation der Bewertungsannahmen unter den *Carrying Amount* sänke, so sind anzugeben:
    o die Höhe des Unterschiedsbetrags,
    o der den Grundannahmen zugeordnete Wert,
    o die Sensitivität, bei der sich erzielbarer Betrag und Buchwert entsprechen.

Die lediglich als nicht signifikant deklarierten Zuordnungsbeträge an *Goodwills* und immateriellen Vermögenswerten mit unbestimmter Nutzungsdauer sind ausschließlich in ihrer Summe anzugeben.[1303] Falls der erzielbare Betrag für die entsprechenden zahlungsmittelgenerierenden Einheiten auf Basis gleicher Grundannahmen bestimmt wurde und die summierten Zurechnungsanteile der Geschäfts- oder Firmenwerte respektive *Intangible Assets* mit unbestimmter Nutzungsdauer insgesamt wieder als wesentlich anzusehen sind, so müssen deren aggregierte Buchwerte angegeben und Informationen bereitgestellt werden, die mit dem soeben vorgestellten Angabenkatalog nahezu kongruent sind.[1304]

4.2.5.5 Berichtspflichtige Segmente

Stellt das bilanzierende Unternehmen eine Segmentberichterstattung nach *IFRS* 8 auf, so sind für sämtliche berichtspflichtige Segmente jeweils erfolgswirksam bzw. -

---

[1301] Als wesentliche Annahmen betrachtet *IAS* 36.134 solche Angaben, "which the unit's (group of units') recoverable amount is most sensitive."
[1302] Vgl. *IAS* 36.134 (d), (i)-(v).
[1303] Vgl. *IAS* 36.135.
[1304] Vgl. *IAS* 36.135. Im Gegensatz zu *IAS* 36.134 können allenfalls geringere Informationspflichten im Hinblick auf die Bestimmung des *Value in Use* und beizulegenden Zeitwerts abzüglich Veräußerungskosten festgestellt werden. Vgl. auch *Hepers* (2005), S. 277.

neutral berücksichtigte Abwertungsverluste und Wertaufholungen des Geschäftsjahrs anzugeben.[1305]

4.3 Zahlungsmittelgenerierende Einheiten als Bewertungsobjekte von Werthaltigkeitsüberprüfungen

4.3.1 Grundkonzeption einer Cash-Generating Unit

Das *IASB* definiert eine zahlungsmittelgenerierende Einheit generell als „the smallest identifiable group of assets that generates cash inflows that are largely independent of the cash inflows from other assets or groups of assets."[1306] Demzufolge handelt es sich hierbei um eine Gruppe von Vermögenswerten, die weitgehend von anderen Vermögenswerten oder *Cash-Generating Units* unabhängige Zahlungsmittelzuflüsse erwirtschaftet.

Der Einsatz solcher Bewertungseinheiten ist auf die vielfach unlösbaren Schwierigkeiten der Zurechnung eigenständiger und abgrenzbarer Zahlungsmittelüberschüsse auf einzelne *Assets* zurückzuführen.[1307] Um in Ermangelung von bewertungsrelevanten Erfolgsgrößen nicht auf eine Durchführung von Werthaltigkeitstests verzichten zu müssen, werden ‚ersatzweise' Gruppen von Vermögenswerten betrachtet, die durch den betrieblichen Leistungserstellungsverbund verknüpft sind und denen sich zumindest gruppenbezogene Einzahlungsüberschüsse zuordnen lassen.[1308] Somit können die Vermögenswerte von zahlungsmittelgenerierenden Einheiten zumindest als Ganzes Werthaltigkeitsüberprüfungen unterliegen. Da dem *IASB* zufolge *Impairment Tests* für *Cash-Generating Units* Rückschlüsse auf die Werthaltigkeit einzelner *Assets* zulassen,[1309] wird hierdurch von der beschriebenen Zurechnungsproblematik abstrahiert.[1310] Gleichwohl verbleiben auch bei der Zuordnung von Zahlungsmittelüberschüssen auf der Ebene von *Cash-Generating Units* Gestaltungsspielräume und praktische Beurteilungsschwierigkeiten.[1311]

[1305] Vgl. *IAS* 36.129.
[1306] *IAS* 36.6; nahezu wortgleich *IAS* 36.68.
[1307] Vgl. grundlegend zu den Schwierigkeiten *Thomas* (1969).
[1308] Vgl. *Hepers* (2005), S. 254.
[1309] Vgl. zu Recht kritisch *Streim/Bieker/Esser* (2003), S. 473.
[1310] Vgl. *Epstein/Mirza* (2006), S. 231; *Haring* (2004), S. 177. A.A. *Wüstemann/Duhr* (2003), S. 251, deren Bemühen, die „wohl unumstößliche Erkenntnis, wonach ein Gesamt-Unternehmenswert nicht willkürfrei auf einzelne Vermögensgegenstände und Schulden aufgeteilt werden kann, mit der Teilwertproblematik" zu begründen, ins Leere läuft. Schließlich erkennt das *IASB* dieses Dilemma und greift gerade deshalb auf die Konstruktion von *Cash-Generating Units* zurück, vgl. *IAS* 36.BCZ143-144: „IASC believed that the concept of cash-generating units is a matter of fact: assets work together to generate cash flow." Vgl. auch *Hoffmann* (2007), Rz. 32, der im *Impairment Test* eine Orientierung zur „(Teil-)Unternehmensbewertung" erkennt (Hervorhebungen im Original). Ferner *Streim/Bieker/Esser* (2003), S. 457-479.
[1311] Vgl. *Hoffmann* (2007), Rz. 35; *Dyckerhoff/Lüdenbach/Schulz* (2003), S. 51; ähnlich *Graumann* (2004b), S. 371.

Aufgrund der Häufigkeit der realiter nicht gelingenden Allokation eigenständiger und abgrenzbarer Zahlungsüberschüsse auf einzelne *Assets* stellen zahlungsmittelgenerierende Einheiten üblicherweise – außer es liegt ein *Fair Value less Costs to sell* auf Einzelvermögenswertebene vor – die relevanten Bewertungsobjekte von Werthaltigkeitstests nach *IAS* 36 dar.[1312]

Die konkreten Vorschriften des *Impairment of Assets* zur Bildung zahlungsmittelgenerierender Einheiten werden jedoch in Theorie und Praxis als „recht knapp"[1313] und „eher verwirrend denn hilfreich"[1314] empfunden. Insgesamt läßt sich diesbezüglich ein Mangel an „eindeutigen Regeln"[1315] feststellen; selbstkritisch räumt das *IASB* sogar ein, es bedürfe eines gewissen „judgement"[1316] seitens des bilanzierenden Unternehmens. Aufgrund dessen werden in den nächsten Gliederungspunkten relevante Kriterien für die Bildung von *Cash-Generating Units* hergeleitet, systematisiert und analysiert.[1317]

Als Separationskriterien[1318] für die Bildung zahlungsmittelgenerierender Einheiten können

- die Erzielung von Zahlungsmittelüberschüssen,
- die weitgehende Unabhängigkeit der erbrachten Einzahlungsüberschüsse,
- das Vorliegen eines *Active Market* sowie
- die niedrigste Aggregationsebene von Vermögenswerten, auf der die drei vorgenannten Eigenschaften erfüllt sind,

dienen.[1319] Neben diese ‚typischen' Abgrenzungsmerkmale von *Cash-Generating Units* treten beim Vorhandensein von Geschäfts- oder Firmenwerten noch weitere ‚spezifische' Separationskriterien.[1320] So muß bei der Identifikation von zahlungsmittelgenerierenden Einheiten oder Gruppen zahlungsmittelgenerierender Einheiten mit zugeordnetem *Goodwill* zusätzlich beachtet werden,[1321] daß

- die aus Unternehmenszusammenschlüssen erwarteten Synergieeffekte zu berücksichtigen sind,[1322]

[1312] Vgl. ausführlich *Beyhs* (2002), S. 94-98. Ferner *Epstein/Mirza* (2006), S. 231; *Schmusch/Laas* (2006), S. 1048; *Telkamp/Bruns* (2000), S. 26.
[1313] *Beyhs* (2002), S. 98.
[1314] *Schmusch/Laas* (2006), S. 1049.
[1315] *Eberle* (2000b), S. 289. In diesem Sinne auch *Hepers* (2005), S. 255; *Heuser/Theile* (2005), Rz. 710; *Hoffmann* (2007), Rz. 37.
[1316] *IAS* 36.68.
[1317] Vgl. zu einer ähnlichen Vorgehensweise *Beyhs* (2002), S. 99 ff.; *Wirth* (2005), S. 11 ff.
[1318] Vgl. zum Begriff des Separationskriteriums *Klingels* (2005), S. 66, Fn. 295.
[1319] Vgl. *IAS* 36.6; *IAS* 36.68; *IAS* 36.70.
[1320] Vgl. *Bieker/Esser* (2004), S. 453.
[1321] Vgl. etwa *Hoffmann* (2007), Rz. 51.
[1322] Vgl. *IAS* 36.80.

- die niedrigste Ebene innerhalb des Unternehmens zu wählen ist, auf der ein Geschäfts- oder Firmenwert „is monitored for internal management purposes"[1323] und
- die Segmentebene nicht überschritten werden darf.

4.3.2 Separationskriterien für zahlungsmittelgenerierende Einheiten

4.3.2.1 Allgemeine Separationskriterien

4.3.2.1.1 Generierung von Zahlungsmittelüberschüssen

Als konstitutives und zugleich namensgebendes Abgrenzungsmerkmal einer *Cash-Generating Unit* dient die Fähigkeit einer Gruppe von *Assets*, Zahlungsmittelzuflüsse aus ihrer fortgesetzten Nutzung zu erzielen.[1324] Die Einzahlungsüberschüsse von Unternehmen resultieren üblicherweise aus Umsatzerlösen, die ihrerseits aus dem Absatz von Produkten oder Dienstleistungen entstehen, für die eine entsprechende Nachfrage vorhanden ist.[1325] Daher gilt es bei der Festsetzung zahlungsmittelgenerierender Einheiten den gesamten innerbetrieblichen „Wertschöpfungsprozess"[1326] zu analysieren.[1327] Hierzu tragen einzelne Vermögenswerte insofern bei, als daß sie bei der Herstellung der Güter als Produktionsfaktoren[1328] verwendet werden.[1329] Für die Gruppierung zahlungsmittelgenerierender Einheiten stellt sich demzufolge die Frage, welche durch einen Funktionszusammenhang verbundenen *Assets* den jeweiligen Output produzieren;[1330] m.a.W. geht die Bildung von *Cash-Generating Units* mit der Identifikation innerbetrieblich abgrenzbarer Produktionsverbunde einher.[1331]

In diesem Sinne ist auch die in der Literatur vorzufindende Gleichsetzung einer zahlungsmittelgenerierenden Einheit mit einem „produktionswirtschaftlichen [...] [und] absatzwirtschaftlichen Verbund"[1332] respektive die Interpretation als „abgrenzbarer operativer Leistungserstellungsverbund"[1333] oder „operative Teileinheit"[1334] eines Unternehmens zu verstehen. Denn jede der vorgenannten Umschreibungen offenbart das Charakteristikum von *Cash-Generating Units*, Leistun-

---

[1323] *IAS* 36.80 (a).
[1324] Vgl. *Beyhs* (2002), S. 100.
[1325] Vgl. F.54.
[1326] *Wirth* (2005), S. 12. Vgl. zu einem Überblick hinsichtlich der Wertschöpfungskette *Delfmann* (2007), Sp. 1965-1977.
[1327] Vgl. bspw. *Klingels* (2005), S. 65.
[1328] Vgl. statt vieler *Busse von Colbe/Laßmann* (1991), S. 76 ff.
[1329] Vgl. *Beyhs* (2002), S. 100.
[1330] Vgl. *Klingels* (2005), S. 65.
[1331] Vgl. *Beyhs* (2002), S. 100; *Haring* (2004), S. 177; *Wirth* (2005), S. 13.
[1332] *Klingels* (2005), S. 14. Ähnlich etwa *Graumann* (2004b), S. 371; *Kirsch* (2003a), S. 95.
[1333] *Küting/Dawo/Wirth* (2003), S. 178; *Wirth* (2005), S. 12.
[1334] *Beyhs* (2002), S. 101 (Hervorhebungen im Original).

gen in einem abgrenzbaren Produktionsverbund zu erstellen, mit denen sich *Cash-flows* generieren lassen.

4.3.2.1.2 Vorliegen eines Active Market

Für die Abgrenzung einer *Cash-Generating Unit* ist es nicht notwendig, daß die ihr zuordenbaren Zahlungsmittelüberschüsse direkt aus Umsatzakten auf Absatzmärkten resultieren, vielmehr genügt das Vorliegen eines sog. *Active Market*, auf dem der von der Gruppe von Vermögenswerten hervorgebrachte Output veräußert werden könnte.[1335] Somit reicht bereits eine potentielle Veräußerungsmöglichkeit der produzierten Erzeugnisse respektive erstellten Dienstleistungen aus, um eine *Cash-Generating Unit* zu identifizieren, „even if some or all of the output is used internally"[1336]. Die Bildung zahlungsmittelgenerierender Einheiten hängt insoweit wesentlich vom Vorhandensein eines ‚aktiven' Marktes[1337] ab.[1338]

Den Vorschriften von *IAS* 36 zufolge zeichnet sich ein *Active Market* dadurch aus, daß

- alle gehandelten Produkte homogen sind,
- jederzeit vertragswillige Käufer und Verkäufer ausfindig gemacht werden können und
- die Preise öffentlich zur Verfügung stehen.[1339]

Ungeklärt ist, ob das *IASB* mit dieser Erläuterung auf das aus der Mikroökonomik bekannte Modell des vollkommenen Markts[1340] abstellt.[1341] Diese Auffassung vertreten Teile der Literatur,[1342] denn der Beschreibung, „the items traded within the market are homogeneous", wird zweifelsfrei durch einen Markt entsprochen, der sich *per definitionem* durch die Einheitlichkeit und Undifferenziertheit seiner Güter auszeichnet. Hiernach kämen in erster Linie Börsen,[1343] auf denen ein Handel der von dem Unternehmen erstellten Produkte und Dienstleistungen stattfindet, als *Active Markets* in Frage.[1344]

Die Zuspitzung auf Produkt- und Wertpapierbörsen begrenzt die Möglichkeiten einer Bildung von zahlungsmittelgenerierenden Einheiten in so starkem Maße, wie

---

[1335] Vgl. *Beyhs* (2002), S. 99.
[1336] *IAS* 36.70.
[1337] In der deutschen Übersetzung von *IAS* 36 findet sich die Bezeichnung „aktiver Markt"; vgl. *I-AS* 36.6; *IAS* 36.70-71.
[1338] Vgl. *Klingels* (2005), S. 68.
[1339] Vgl. *IAS* 36.6; wortgleich *IAS* 38.8.
[1340] Vgl. zum vollkommenen Markt und dessen Eigenschaften respektive Voraussetzungen bspw. *Kortmann* (2006), S. 352 ff.
[1341] Vgl. etwa *Wehrheim* (2000), S. 88, wenn aktive und vollkommene Märkte gleichgesetzt werden.
[1342] Vgl. nur *Klingels* (2005), S. 68 f., m.w.N.
[1343] Vgl. *Kortmann* (2006), S. 352 f.
[1344] Vgl. zu dieser Interpretation *Wirth* (2005), S. 14, m.w.N.; ähnlich *Beyhs* (2002), S. 102-103; *Bucher/Boller/Wildberger* (2003), S. 249.

es vom *IASB* eigentlich nicht beabsichtigt sein kann.[1345] Zumindest stehen die in den *Illustrative Examples* als Beispiele für *Cash-Generating Units* genannten Filialen einer Supermarktkette[1346] oder Zeitschriften eines Verlagshauses[1347] den vorgenannten Bedingungen eines vollkommenen Markts unbestreitbar entgegen.

Um diesen Widerspruch zu vermeiden, bietet es sich an, *Active Markets* als Märkte aufzufassen, auf denen Vermögenswerte gehandelt werden, die hinsichtlich ihrer jeweiligen Beschaffenheit oder Funktion gleichartig sind.[1348] Als gleichartig können Vermögenswerte prinzipiell angesehen werden, wenn sie zu einer übereinstimmenden Warengattung gehören. Eine solche Interpretation ähnelt auch der Begriffsauffassung von *IAS* 40, wonach ein *Active Market* für Immobilien bei "similar property in the same location and condition and subject to similar lease and other contracts"[1349] vorliegt.[1350]

Diesem Verständnis folgend konkretisiert sich das ‚Homogenitätskriterium' eines 'aktiven' Markts im Handel von in ähnlichem oder übereinstimmendem Zustand befindlichen gleichartigen Vermögenswerten.[1351] Für Sachgüter und Dienstleistungen im industriellen Bereich, die sich *per se* durch Produktdifferenzierung auszeichnen, ließen sich somit *Active Markets* abgrenzen,[1352] was dem intendierten Regelungsinhalt von *IAS* 36 entspricht, jedenfalls besser als eine reine Betrachtung von Produkt- und Wertpapierbörsen.

Letzten Endes stellt das *IASB* mit dem Kriterium des *Active Market* die Irrelevanz des Umsatzaktes auf einem Absatzmarkt für die Abgrenzung zahlungsmittelgenerierender Einheiten heraus. Ob der produzierte Output tatsächlich veräußert oder lediglich unternehmensintern, etwa im Rahmen der Weiterverarbeitung, genutzt wird, ist also unerheblich.[1353] Das im vorherigen Gliederungspunkt herausgearbeitete Separationskriterium kann demnach dahingehend präzisiert werden, daß *Cash-Generating Units* als Gruppen von *Assets* zu verstehen sind, die innerhalb eines unternehmensinternen Herstellungsprozesses einen potentiell marktgängigen Beitrag erbringen.[1354]

[1345] Vgl. *Heuser/Theile* (2005), Rz. 715.
[1346] Vgl. *IAS* 36.IE1-4.
[1347] Vgl. *IAS* 36.IE17-19.
[1348] Vgl. *Klingels* (2005), S. 69-70.
[1349] IAS 40.45; kritisch *Engel-Ciric* (2007), Rz. 46. Ferner *Burkhardt/Hachmeister* (2006), S. 357.
[1350] Vgl. *Klingels* (2005), S. 69.
[1351] *Engel-Ciric* (2002), S. 782 sieht die Existenz eines *Active Market* bei Sachanlagen grundsätzlich als gegeben an.
[1352] Vgl *Heuser/Theile* (2005), Rz. 715.
[1353] Vgl. *IAS* 36.69-70; *Beyhs* (2002), S. 102; *Graumann* (2004b), S. 371; *Haring* (2004), S. 179; *Hepers* (2005), S. 259; *Hoffmann* (2007), Rz. 33; *Klingels* (2005), S. 68; *Wirth* (2005), S. 13.
[1354] Vgl. *Beyhs* (2002), S. 100.

4.3.2.1.3 Weitgehende Unabhängigkeit der generierten Zahlungsmittelüberschüsse

Die Fähigkeit einer Gruppe von Vermögenswerten, *Cashflows* zu erzielen,[1355] ist allein betrachtet noch keine hinreichende Bedingung für die Bildung einer zahlungsmittelgenerierenden Einheit.[1356] Daneben müssen die von einem Produktionsverbund erwirtschafteten Mittelzuflüsse „largely independent"[1357] von den *Cashflows* sein, die von anderen Vermögenswerten oder *Cash-Generating Units* des bilanzierenden Unternehmens generiert werden.[1358]

Eine Definition, was unter weitgehend[1359] unabhängigen Zahlungsmittelüberschüssen zu verstehen ist, enthalten die Vorschriften des *Impairment of Assets* nicht; gleiches gilt für weite Teile der einschlägigen Literatur.[1360] Dem Wortlaut von *IAS* 36 kann aber wenigstens entnommen werden, daß bei der Abgrenzung zahlungsmittelgenerierender Einheiten Interdependenzen mit anderen Unternehmensbereichen bis zu einem gewissen Grad als tolerierbar gelten.[1361]

Als Orientierungshilfe für eine dementsprechende Konkretisierung können die in den *Illustrative Examples* enthaltenen Beispiele zur Bildung von *Cash-Generating Units* verwandt werden.[1362] Demnach sind die Mittelzuflüsse einer Gruppe von Vermögenswerten als abhängig von den *Cashflows* anderer Vermögenswerte oder zahlungsmittelgenerierender Einheiten des Unternehmens aufzufassen, „wenn zwischen den jeweiligen asset-Einheiten Interdependenzen bestehen, die einer substantiellen, isolierten Dispositionsfreiheit hinsichtlich der betrachteten Gruppe von assets entgegenstehen."[1363]

Zu Einschränkungen der Dispositionsfreiheit bezüglich eines Produktionsverbunds kann es aus unterschiedlichen Gründen kommen. In der Literatur werden Entscheidungsinterdependenzen vor allem im Zusammenhang mit der Integrationsrichtung des Unternehmens diskutiert,[1364] wobei sowohl aus einer vertikalen als

---

[1355] Vgl. *Brücks/Kerkhoff/Richter* (2005), S. 2.
[1356] Vgl. *Beyhs* (2002), S. 103.
[1357] *IAS* 36.6.
[1358] Vgl. *Beyhs* (2002), S. 103; *Wirth* (2005), S. 15.
[1359] Warum in der deutschen Version von *IAS* 36.6 der Hyperlativ „weitestgehend" zur Anwendung kommt, bleibt unklar.
[1360] Vgl. z.B. *Ballwieser* (2006a), S. 190; *Bieker/Esser* (2004), S. 453; *Bieker/Esser* (2003), S. 79; *Brücks/Wiederhold* (2003), S. 27; *Fladt/Feige* (2003), S. 254; *Graumann* (2004b), S. 371; *Keller* (2002), S. 112; *Kirsch* (2003a), S. 93; *Kümpel* (2003), S. 1492; *Küting/Dawo/Wirth* (2003), S. 178; *Küting/Wirth* (2003), S. 1848; *Siener/Gröner* (2005), S. 343; *Schmusch/Laas* (2006), S. 1049, die unisono auf eine Konkretisierung weitgehend unabhängiger Zahlungsströme verzichten.
[1361] Vgl. *Beyhs* (2002), S. 105; *Dyckerhoff/Lüdenbach/Schulz* (2003), S. 49.
[1362] Vgl. *IAS* 36.IE1-22. Ferner *Dyckerhoff/Lüdenbach/Schulz* (2003), S. 49-52; *Hoffmann* (2007), Rz. 30-39; *Husmann/ Schmidt/Seidel* (2002), S. 4; *Lüdenbach/Frowein* (2003), S. 218 f.
[1363] *Beyhs* (2002), S. 103 mit Verweis auf *Telkamp/Bruns* (2000), S. 26. Wortgleich auch *Brücks/Kerkhoff/Richter* (2005), S. 2.
[1364] Vgl. vor allem *Dyckerhoff/Lüdenbach/Schulz* (2003), S. 49; *Lüdenbach/Frowein* (2003), S. 218; *Hoffmann* (2007), Rz. 35.

auch horizontalen Integration Schwierigkeiten bei der Identifizierung von *Cash-Generating Units* resultieren können.[1365]

Bei vertikal über aufeinander folgende Produktions- und Handelsstufen integrierten Unternehmen gilt das Vorliegen eines *Active Market* auf vorgelagerten Produktionsstufen als starkes Indiz für eine weitgehende Unabhängigkeit der generierten Zahlungsmittelüberschüsse.[1366] Das erneute Heranziehen des im letzten Gliederungspunkt besprochenen Separationskriteriums erweist sich jedoch nicht unter allen Konstellationen als trennscharf.[1367] Zwar verhindert das Fehlen eines ‚aktiven' Markts, daß eine Gruppe von Vermögenswerten als zahlungsmittelgenerierende Einheit klassifiziert wird,[1368] umgekehrt läßt sich aus dem Vorliegen derartiger Absatzmöglichkeiten noch nicht zwingend auf eine Unabhängigkeit der Mittelzuflüsse schließen.[1369] Zu diesem Ergebnis gelangt auch *Klingels* bei dem bisher einzigen in der Literatur unternommenen Versuch, quantitative Kriterien für das Feststellen weitgehend unabhängiger *Cashflows* abzuleiten;[1370] obwohl seinerseits zunächst ein Schwellenwert favorisiert wird, bei dem sich eine weitgehende Unabhängigkeit manifestiert, falls eine Gruppe von Vermögenswerten höchstens 25% ihrer Zahlungsmittelüberschüsse von anderen Vermögenswerten oder *Cash-Generating Units* erziele, wird letzten Endes zutreffend herausgearbeitet, „[e]s bedarf einer individuellen Entscheidung durch das *Management*, wann die weitestgehende Unabhängigkeit von Mittelzuflüssen gegeben ist."[1371]

Auch bei einer horizontalen Integration über gleiche Produktions- und Wertschöpfungsstufen kommt der unternehmensinternen Beurteilung, ob die generierten Zahlungsmittelüberschüsse dem Kriterium der weitgehenden Unabhängigkeit genügen, zentrale Bedeutung zu. Denkbar ist etwa das Vorhandensein von Technologie- und Absatzverbunden,[1372] bei denen für die jeweiligen Gruppen von Vermögenswerten nur bedingt eigenständige unternehmerische Entscheidungen getroffen werden können, so daß die erzielten Zahlungsmittelüberschüsse separater Produktionsverbunde als interdependent anzusehen sind.[1373]

Daneben können Entscheidungsinterdependenzen, die gegen eine weitgehende Unabhängigkeit von Zahlungsmittelüberschüssen sprechen, aus öffentlich-

---

[1365] Vgl. *Dyckerhoff/Lüdenbach/Schulz* (2003), S. 49-52; *Lüdenbach/Frowein* (2003), S. 218; *Heuser/Theile* (2005), Rz. 713 f.; *Hoffmann* (2007), Rz. 35.
[1366] Vgl. speziell *Wirth* (2005), S. 16, m.w.N.
[1367] Vgl. *Beyhs* (2002), S. 105.
[1368] Es ist bspw. an einen vertikalen Produktionsverbund zu denken, dessen Zwischenprodukte eine so hohe Spezifität aufweisen, das sie nur unternehmensintern weiterverarbeitet werden können, vgl. auch *Beyhs* (2002), S. 104.
[1369] Vgl. *Heuser/Theile* (2005), Rz. 715. A.A. *Siener/Gröner* (2005), S. 343.
[1370] Vgl. *Klingels* (2005), S. 73-89.
[1371] *Klingels* (2005), S. 88.
[1372] Vgl. *Heuser/Theile* (2005), Rz. 713.
[1373] Vgl. hierzu etwa das Beispiel von *Lüdenbach/Frowein* (2003), S. 219, in dem ein Telekommunikationsunternehmen einem Großkunden gleichzeitig Festnetz- und Mobilfunkdienstleistungen zu vergünstigten Paketpreisen anbietet. Ferner *Beyhs* (2002), S. 104; *Dyckerhoff/Lüdenbach/Schulz* (2003), S. 51.

rechtlichen Beschränkungen[1374] oder einer zentralen Gesamtproduktionsplanung entstehen,[1375] die den verschiedenen Unternehmensbereichen keine autonome Dispositionsfreiheit ermöglicht.

Somit muß abschließend festgehalten werden, daß die weitgehende Unabhängigkeit der generierten Zahlungsmittelüberschüsse ein „fließendes Kriterium"[1376] darstellt: Je stärker die Dispositionsfreiheit einer Gruppe von Vermögenswerten ausgeprägt ist, desto eher kann von einer *Cash-Generating Unit* ausgegangen werden. So deuten etwa das Vorliegen eines *Active Market* oder einer strategischen Planung des betrachteten Produktionsverbunds auf eine weitgehende Unabhängigkeit der *Cashflows* hin. Allgemeingültige Kriterien lassen sich hingegen nicht herleiten, es bedarf vielmehr fundierter *Management*einschätzungen, um etwaige Entscheidungsinterdependenzen herauszustellen.

4.3.2.1.4 Niedrigste Aggregationsebene

Mit der Bildung zahlungsmittelgenerierender Einheiten geht die Durchbrechung des ansonsten in der *IFRS*-Rechnungslegung gültigen Saldierungsverbots einher.[1377] Mit wachsender Anzahl von Vermögenswerten, die zu einer *Cash-Generating Unit* zusammengefaßt werden, steigt die Wahrscheinlichkeit eines Wertausgleichs innerhalb der Bewertungseinheit; überbewertete Vermögenswerte erfahren keine außerplanmäßige Abschreibung mehr.[1378]

Das *IASB* versucht dieser Problematik Einhalt zu gebieten, indem die Abgrenzung von zahlungsmittelgenerierenden Einheiten auf Basis der kleinstmöglichen Anzahl von *Assets* erfolgen sollte;[1379] es ist grundsätzlich auf die niedrigste Aggregationsebene abzustellen.

[1374] Vgl. *Beyhs* (2002), S. 103 f.; *Heuser/Theile* (2005), Rz. 711; *Klingels* (2005), S. 35 f. Vielzitiert ist das im Anschluß an *IAS* 36.68 befindliche Beispiel einer Busgesellschaft, die verpflichtet ist, fünf verschiedene Routen zu betreiben. Wenngleich eine zweifelsfreie Verteilung sämtlicher *Cashflows* und Vermögenswerte auf die jeweiligen Strecken möglich ist, bildet das gesamte Unternehmen eine zahlungsmittelgenerierende Einheit. Ursächlich hierfür ist die mangelnde unternehmerische Dispositionsfreiheit, das vorgeschriebene Routenprogramm zu erweitern oder zu reduzieren.

[1375] *IAS* 36.IE11-16 beschreibt ein Einproduktunternehmen, dessen feststehende Gesamtproduktionsmenge durch zentrale Plankoordination auf verschiedene Produktionsverbunde verteilt wird; Möglichkeiten zur Beeinflussung des eigenen Absatzverhaltens bestehen für die Produktionsverbunde insofern nicht, so daß sie als eine *Cash-Generating Unit* zusammenzufassen sind. A.A. wohl *Telkamp/Bruns* (2000), S. 26.

[1376] *Lüdenbach/Frowein* (2003), S. 218.

[1377] *IAS* 1.34 erlaubt unter bestimmten Umständen eine Saldierung von Aufwendungen und Erträgen, worunter die Vorschriften von *IAS* 36 gefaßt werden können, vgl. *Beyhs* (2002), S. 106.

[1378] Vgl. bereits grundlegend *Braun/Rohan/Yospe* (1991), S. 63-68. Differenzierter *Wagenhofer* (2005), S. 174, der in den Mittelpunkt des Unternehmensgeschehens den Wertschöpfungsprozeß stellt und von daher die Abbildung des wirtschaftlichen Wertverlusts durch die vollzogene Abkehr von der Einzelbewertung besser gewährleistet sieht.

[1379] Vgl. *IAS* 36.6; *IAS* 36.68; *IAS* 36.BCZ115; *IAS* 36.IE1-22; *Epstein/Mirza* (2006), S. 231.

Trotz dieser Vorgabe zur Identifikation der „smallest group of assets"[1380] lassen sich aus dem *Impairment of Assets* keine allgemeingültigen Kriterien herleiten, deren Beachtung zu einer Abgrenzung zahlungsmittelgenerierender Einheit auf der geringsten Aggregationsstufe führte.[1381]

Eine pragmatische Behebung dieses Mangels liegt in der Interpretation der kleinstmöglichen Gruppe von Vermögenswerten als niedrigste Aggregationsebene, auf der die drei vorgenannten Separationskriterien kumulativ zum ersten Mal innerhalb des Unternehmensverbunds erfüllt sind.[1382]

Die Bezeichnung „smallest"[1383] dürfte also nicht dahingehend mißverstanden werden, daß es sich um eine Gruppe mit einer vorab festgelegten, maximalen Anzahl von Vermögenswerten handele.[1384] Teilweise sind sogar relativ große Bewertungseinheiten für Zwecke des *Impairment Tests* heranzuziehen,[1385] sofern die konstitutiven Merkmale zahlungsmittelgenerierender Einheiten erst auf einer hohen Hierarchieebene erfüllt sind; im Extremfall könnte eine *Cash-Generating Unit* auch ein komplettes Unternehmen umfassen.[1386]

4.3.2.2 Ergänzende Separationskriterien für zahlungsmittelgenerierende Einheiten oder Gruppen zahlungsmittelgenerierender Einheiten mit zugeordnetem Goodwill

4.3.2.2.1 Erwartete Synergieeffekte

Für ihre Werthaltigkeitsüberprüfung sind *Goodwills* in Teilen oder als Ganzes zahlungsmittelgenerierenden Einheiten oder Gruppen zahlungsmittelgenerierender Einheiten zuzurechnen, die erwartungsgemäß von den Synergien[1387] aus dem Unternehmenszusammenschluß profitieren.[1388] Die Zuordnung hat grundsätzlich „on a reasonable and consistent basis"[1389] zu erfolgen,[1390] wobei es unerheblich ist, ob den Bewertungseinheiten Vermögenswerte oder Schulden des erworbenen

---

[1380] *IAS* 36.68.
[1381] Vgl. *Beyhs* (2002), S. 107.
[1382] In diesem Sinne wohl auch *Klingels* (2005), S. 67-68, obwohl die Zuweisung weitgehend unabhängiger Mittelzuflüsse zugleich als maßgebliches Separationskriterium für die Identifikation der niedrigsten Aggregationsstufe angesehen wird.
[1383] *IAS* 36.6; *IAS* 36.68.
[1384] Vgl. *Klingels* (2005), S. 67.
[1385] Vgl. *Hoffmann* (2007), Rz. 38; *Klingels* (2005), S. 67.
[1386] Vgl. *Hoffmann* (2007), Rz. 38; *Küting/Dawo/Wirth* (2003), S. 178. Eine diesbezügliche Abgrenzung dürfte bei kleineren und wenig diversifizierten Unternehmen sowie Non-Profit-Organisationen in Frage kommen, vgl. *Beyhs* (2002), S. 107; *Kümpel* (2003), S. 1492.
[1387] Vgl. zu Synergien Fn. 185, S. 25.
[1388] Vgl. *IAS* 36.80; *Brösel/Klassen* (2006), S. 454.
[1389] *IAS* 36.BC138.
[1390] A.A. *Lopatta* (2006), S. 147, wonach die Allokation des *Goodwill* nicht auf vernünftiger und stetiger Basis erfolgen müßte. Ihre Begründung, daß hiervon erst in der *Basis for Conclusions* die Rede sei, kann nicht überzeugen. Ferner *IAS* 36.BC139.

Unternehmens zugewiesen werden.[1391] Insofern kann – im Gegensatz zu den Regelungen von *IAS* 36 (rev. 1998)[1392] – eine Allokation von Geschäfts- oder Firmenwerten auch auf *Cash-Generating Units* des erwerbenden Unternehmens vorgenommen werden;[1393] schließlich ist der Ursprung der Synergieeffekte nicht allein in den erworbenen *Assets* zu suchen, sondern geht hauptsächlich erst aus der Kombination mit den bereits vorhandenen Vermögenswerten hervor.[1394]

In der Literatur wird hierin eine konzeptionelle Veränderung des Begriffsverständnisses eines *Goodwill* auf Seiten des *IASB* gesehen, das in einer Loslösung von einer rein erwerbs- bzw. transaktionsspezifischen Auffassung zum Ausdruck kommt,[1395] an dessen Stelle eine ganzheitliche, die Integrationsabsichten des erwerbenden *Management* erfassende Sichtweise des Geschäfts- oder Firmenwerts tritt.[1396]

Bezüglich der Vorgehensweise einer synergiebezogenen Abgrenzung von zahlungsmittelgenerierenden Einheiten oder Gruppen zahlungsmittelgenerierender Einheiten sowie einer korrespondierenden Verteilung des *Goodwill* enthält der *Impairment of Assets* keine Vorgaben.[1397] Gleichfalls mangelt es weiten Teilen der einschlägigen Literatur an durchgängigen Lösungsvorschlägen zur Bestimmung geeigneter Zuteilungseinheiten und -schlüsseln für Geschäfts- oder Firmenwerte. So zeichnen sich die entsprechenden Überlegungen in Theorie und Praxis zur Allokation von Geschäfts- oder Firmenwerten durch ein undifferenziertes Nebeneinander aus, das von einer Orientierung an den relativen *Fair Values*[1398], Buchwerten[1399] oder Betriebsergebnissen vor Steuern, Zinsen und sonstigen Aufwandskomponenten[1400] der zahlungsmittelgenerierenden Einheiten oder Gruppen zahlungsmittelgenerierender Einheiten bis hin zu dem Beitrag reicht, den die betreffende Bewertungseinheit „zum Unternehmenswert des erworbenen und des erwerbenden Unternehmens in der Zukunft mehr leiste[t] als vor dem Erwerb"[1401]. Der für die Anwendung dieser Verteilungsmaßstäbe notwendigen und zeitlich vorgeschalteten Abgrenzung adäquater *Cash-Generating Units* oder Gruppen von *Cash-Generating Units* wird nur rudimentäre Bedeutung beigemessen. Insoweit

---

[1391] Vgl. *IAS* 36.80. In der deutschen Fassung wird „acquiree" fälschlicherweise mit „des erwerbenden Unternehmens" übersetzt, vgl. *Ballwieser* (2006a), S. 190.
[1392] Dahingehend lassen sich *IAS* 36.A67-71 (rev. 1998) interpretieren.
[1393] Vgl. *IAS* 36.BC139; *Küting/Wirth* (2004), S. 174 f.; *Schmusch/Laas* (2006), S. 1050.
[1394] Vgl. *Beyhs* (2002), S. 155 f.
[1395] Vgl. *Küting/Dawo/Wirth* (2003), S. 184.
[1396] Vgl. *Hachmeister/Kunath* (2005), S. 62-69; *Wirth* (2005), S. 198; kritisch *Frowein/Lüdenbach* (2003a), S. 66 f.
[1397] Vgl. *Hachmeister/Kunath* (2005), S. 71; *Wirth* (2005), S. 207.
[1398] Bei Umstrukturierung oder Verkauf von Bewertungseinheiten mit zugeordneten Geschäfts- oder Firmenwerten sind *Fair Values* als Verteilungsmaßstab vorgeschrieben, vgl. etwa *Lüdenbach/Frowein* (2003), S. 218; *Heuser/Theile* (2005), Rz. 721.; *Kümpel* (2003), S. 1492; *Pellens/Fülbier/Gassen* (2006), S. 689 f.
[1399] Vgl. *Hepers* (2005), S. 266.
[1400] *Heuser/Theile* (2005), Rz. 721; *IDW* (2005b), S. 1424.
[1401] *Schmusch/Laas* (2006), S. 1050.

können *Hachmeister/Kunath* mit ihrer Ansicht als repräsentativ gelten, „[z]ur erstmaligen Festlegung der CGU-Struktur für Zwecke des Werthaltigkeitstests dürfte es ausreichen, Synergien qualitativ zu erheben" und es sei nicht notwendig, „einen allgemein gültigen, quantitativen Bezugsrahmen vorzuschlagen."[1402]

Dieses Vorgehen ist bereits aufgrund des Rückgriffs auf die Verfahren zur qualitativen Beurteilung von Synergiepotentialen zu kritisieren, denen eine Vielzahl von Schwächen innewohnen und wegen ihrer Pauschalität vielmehr beschreibender als instrumentaler Charakter zukommt;[1403] unter dem Aspekt, daß Bewertungsobjekte von Werthaltigkeitsüberprüfungen periodenstetig abzugrenzen sind,[1404] lassen qualitative Methoden des Synergien*management* daher die notwendige Verläßlichkeit vermissen.

Insgesamt muß festgehalten werden, daß der Synergienbezug zur Festlegung von Bewertungseinheiten für *Impairment Tests* von Geschäfts- oder Firmenwerten in den Vorschriften von *IAS 36* nur wenig präzisiert wird und sich bis dato in Theorie und Praxis noch keine diesbezügliche, einheitliche Meinung herausgebildet hat.[1405]

4.3.2.2.2 Niedrigste Aggregationsebene für Zwecke einer internen Überwachung von Geschäfts- oder Firmenwerten

Neben der Synergienorientierung sollen sich die für Zwecke des *Impairment Test* von Geschäfts- oder Firmenwerten zu bildenden Bewertungseinheiten dadurch auszeichnen, daß sie das „lowest level within the entity at which the goodwill is monitored for internal management purposes"[1406] repräsentieren.

Der Hinweis auf das „lowest level"[1407] stellt eine erneute Betonung des bereits herausgestellten allgemeinen Separationskriteriums dar (vgl. Kap. 4.3.2.1.4, S. 232 ff.), bei einer Werthaltigkeitsüberprüfung auf die niedrigste Aggregationsebene abzustellen. Diese ‚Wiederholung' kann einerseits mit der immensen bilanziellen Bedeutung von *Goodwills* – exemplarisch anhand der DAX 30-Unternehmen für das Geschäftsjahr 2005 in Tab. 102, S. 236 dargestellt[1408] – begründet werden.[1409]

[1402] *Hachmeister/Kunath* (2005), S. 71 (beide Zitate).
[1403] Vgl. statt vieler *Biberacher* (2003), S. 124, m.w.N.
[1404] Vgl. *IAS* 36.72.
[1405] Vgl. auch *Ballwieser* (2006a), S. 192 f.
[1406] *IAS* 36.80 (a).
[1407] *IAS* 36.80 (a).
[1408] Vgl. weitergehend etwa *Bausch/Fritz* (2005), S. 303; *Busse von Colbe* (2004), S. I; *Küting* (2000), S. 97-106; *Küting/Koch* (2003), S. 49-54; *Lachnit et al.* (1999), S. 677-688.
[1409] *Pellens/Fülbier/Gassen* (2006), S. 690 f.

Unternehmen	Goodwill (in Mio. €)	Eigenkapital inklusive anderer Gesellschafter (in Mio. €)	Verhältnis Goodwill zu Eigenkapital	Impairment Loss (in Mio. €)
Adidas AG	436,31	2.712,31	16,09%	0,00
Allianz AG	0,00	29.660,20	0,00%	0,00
Altana AG	209,27	2.013,56	10,39%	0,00
BASF AG	2.138,50	16.460,30	12,99%	0,00
Bayer AG	2.623,00	11.157,00	23,51%	0,00
BMW AG	33,00	16.973,00	0,19%	0,00
Commerzbank AG	758,00	13.650,00	5,55%	0,00
Continental AG	0,00	1.882,80	0,00%	0,00
DaimlerChrysler AG	1.881,00	36.449,00	5,16%	30,00
Deutsche Bank AG	7.045,00	29.936,00	23,53%	0,00
Deutsche Börse AG	1.071,50	2.200,80	48,69%	0,40
Deutsche Post AG	11.281,00	12.540,00	89,96%	434,00
Deutsche Telekom AG	18.375,00	49.582,00	37,06%	1.920,00
E.ON AG	15.363,00	44.484,00	34,54%	0,00
Fresenius AG	4.680,00	5.130,00	91,23%	0,00
Henkel KGaA	3.981,00	4.051,00	98,27%	0,00
HVB AG	0,00	12.131,00	0,00%	0,00
Infineon AG	125,00	5.629,00	2,22%	18,00
Linde AG	2.823,00	4.413,00	63,97%	0,00
Lufthansa AG	591,00	4.522,00	13,07%	300,00
MAN AG	197,00	3.278,00	6,01%	0,00
Metro AG	4.154,00	5.313,00	78,19%	0,00
Münchener Rück AG	3.264,00	24.653,00	13,24%	7,00
RWE AG	14.169,00	13.117,00	108,02%	814,00
SAP AG	626,55	5.782,24	10,84%	0,00
Schering AG	377,00	3.283,00	11,48%	0,00
Siemens AG	8.930,00	27.117,00	32,93%	279,00
ThyssenKrupp AG	4.161,00	8.771,00	47,44%	79,00
TUI AG	3.756,40	4.375,20	85,86%	0,00
Volkswagen AG	238,00	23.647,00	1,01%	0,00
Summe	113.287,53	424.913,41		3.881,40
Durchschnitt	3.776,25	14.163,78	26,66%	129,38

Tab. 102: *Goodwill*, Eigenkapital und dessen Verhältnis sowie *Impairment Loss* im Geschäftsjahr 2005 der DAX 30-Unternehmen

Andererseits finden *Impairment Tests* für Geschäfts- oder Firmenwerte zumeist auf einer höheren Aggregationsebene statt, als es für andere unter den Anwendungsbereich von *IAS* 36 fallende Vermögenswerte notwendig ist. Dies liegt in den im letzten Gliederungspunkt thematisierten Synergieeffekten begründet, die häufig erst durch eine Kombination einer Vielzahl von Vermögenswerten entstehen, weshalb eine Allozierung von Geschäfts- oder Firmenwerten auf verhältnismäßig kleine zahlungsmittelgenerierende Einheiten ausscheidet. Regelmäßig sind sogar größere Gruppen von *Cash-Generating Units* zu bilden, um geeignete Zuteilungseinheiten für den *Impairment Test* von *Goodwills* zu finden;[1410] pointiert kann mit *Hachmeister/Kunath* herausgestellt werden, daß „die 'kleinste' CGU für Zwecke des Werthaltigkeitstests eines Geschäfts- oder Firmenwerts de facto ihre Bedeutung"[1411] einbüßt.[1412]

Die gleichzeitige Akzentuierung der internen Reportingstruktur bei der Abgrenzung solcher Bewertungsobjekte ist hingegen dem Einfluß des *Management Approach*[1413] geschuldet.[1414] Danach haben unternehmensintern verwendete Steuerungs- und Organisationselemente grundsätzliche Bedeutung für externe Adressaten und stellen daher eine geeignete Grundlage für die Berichterstattung dar,[1415] weshalb im Rahmen von *Impairment Tests* auch von einer Implementierung neuer Reportingsysteme abzusehen ist;[1416] vielmehr soll die Werthaltigkeitsüberprüfung des *Goodwill* auf der Ebene stattfinden, die „the way an entity manages its operations"[1417] widerspiegelt.

Die Relevanz einer Verknüpfung des *Impairment of Assets* mit der unternehmensinternen Reportingstruktur wird an mehreren Stellen innerhalb von *IAS* 36 hervorgehoben,[1418] wie folgende Passage aus der *Basis for Conclusions* veranschaulicht:[1419]

> „Rather, there should be a link between the level at which goodwill is tested for impairment and the level of internal reporting that reflects the way an entity manages its operations and with which the goodwill naturally would be associated. Therefore, it was important to the Board that goodwill should be tested for impairment at a level at which information about the operations of an entity and the assets that support them is provided for internal reporting purposes."

Allerdings läßt das *IASB* offen, was es unter der internen Berichtsstruktur versteht.[1420] Die diesbezüglichen Ausführungen sind – wie vorstehende Zitate andeuten – mitunter von Redundanzen geprägt und so allgemein gehalten,[1421] daß sie

---

[1410] Vgl. *IAS* 36.81.
[1411] *Hachmeister/Kunath* (2005), S. 68.
[1412] Vgl. etwa *Hoffmann* (2007), Rz. 51; *Küting/Wirth* (2004), S. 175; *Wagenhofer* (2005), S. 407; *Wirth* (2005), S. 199.
[1413] Vgl. grundlegend *Benecke* (2000).
[1414] Vgl. *Beyhs* (2002), S. 107; *Grünberger/Grünberger* (2003), S. 121; *Haring* (2004), S. 178; *Klingels* (2005), S. 56 f.
[1415] Vgl. Arbeitskreis „Externe Unternehmensrechnung" der Schmalenbach-Gesellschaft (2001), S. 2339; *Fey/Mujkanovic* (1999), S. 263.
[1416] Vgl. *IAS* 36.82. Kritisch *Hachmeister* (2006b), S. 266.
[1417] *IAS* 36.82.
[1418] Vgl. *Bieker/Esser* (2004), S. 454.
[1419] *IAS* 36.BC139.
[1420] Vgl. *Bieker/Esser* (2004), S. 454.
[1421] Vgl. *IAS* 36.80-90; *IAS* 36.BC137-150.

ihrer eigentlichen Intention, „additional guidance"[1422] zu bieten, zuwiderlaufen und letzten Endes „keine wirkliche Hilfestellung"[1423] bei der Bildung von geeigneten Bewertungseinheiten für Werthaltigkeitsüberprüfungen von Geschäfts- oder Firmenwerten darstellen. Daraus resultieren in Theorie und Praxis bisweilen Ungereimtheiten darüber, welche *Management*ebene durch die Vorschriften von *IAS 36* angesprochen sein könnte.[1424] Als Beispiel für diese Problematik kann die folgende Argumentation von *Brücks/Kerkhoff/Richter* gelten:

> „Indikator dafür etwa ist, auf welcher Ebene eines Unternehmens Akquisitionsentscheidungen getroffen werden und welche Ebene des Unternehmens am Erfolg der Akquisition, aus der Goodwill hervorging, gemessen wird. Regelmäßig wird dies das oberste Führungsgremium eines Unternehmens bzw. einer Unternehmensgruppe sein, weil Akquisitionsentscheidungen und demzufolge auch Akquisitionsnachschau von dieser Ebene verantwortet werden."[1425]

Die Auffassung, mit der Ebene eines Unternehmens, auf welcher der Erfolg einer Akquisition sowie der aus einem Unternehmenserwerb resultierende *Goodwill* ‚überwacht' werden, sei die Gesamtunternehmensleitung angesprochen, ist abzulehnen.[1426] Denn hierdurch würde das Bemühen des *IASB* einer möglichst engen Abgrenzung der Bewertungsobjekte eines *Impairment Test* konterkariert und die Verpflichtung übersehen, im Zweifelsfall für die Werthaltigkeitsüberprüfung von Geschäfts- oder Firmenwerten zumindest entsprechende Berichtsstrukturen auf der Stufe operativer Segmente zu schaffen.[1427]

Abschließend kann die Einigkeit in der Literatur herausgestellt werden, daß bei Werthaltigkeitstests von *Goodwills* auf vergleichsweise hohe Aggregationsebenen innerhalb des Unternehmens abzustellen ist. Hinsichtlich der von *IAS 36* geforderten Verbindung zum internen Berichtswesen gilt es dessen fehlende Konkretisierung zu bemängeln.[1428]

[1422] *IAS* 36.BC138.
[1423] *Hepers* (2005), S. 366.
[1424] Vgl. *Ballwieser* (2006a), S. 191; *IAS* 36.BC141. Mit „the lowest level at which management monitors the return on investment in assets that include the goodwill" wurde die interne Reportingstruktur noch in *ED-IAS* 36.73 umschrieben; ob der Fokus auf Synergieeffekte zu einem größeren Verständnis beiträgt, ist aus oben genannten Gründen zweifelhaft, vgl. Kap. 4.3.2.2.1, S. 233 ff.
[1425] *Brücks/Kerkhoff/Richter* (2005), S. 2.
[1426] Vgl. *Hachmeister* (2005), S. 205.
[1427] Vgl. *IAS* 36.BC140.
[1428] *SFAS* 142 greift für den Werthaltigkeitstest von *Goodwills* auf die sog. „reporting unit" zurück, die im Vergleich zu den *IFRS*-Regelungen eindeutiger definiert ist; gem. *SFAS* 142.30 handelt es sich dabei um das „operating segment" der Segmentberichterstattung oder maximal eine Stufe unter dieser Berichtseinheit angesiedeltes Bewertungsobjekt, für das eigenständige Finanzinformationen vorliegen, die von den Entscheidungsträgern des Segments regelmäßig hinsichtlich ihrer Performance überprüft werden. Vergleichende Analysen bieten etwa *Fladt/Feige* (2003), S. 254 f.; *Küting/Wirth* (2003), S. 1849; *Lüdenbach/Hoffmann* (2004), S. 1071-1073; *Lüdenbach/Frowein* (2003), S. 218; *Wüstemann/Duhr* (2003), S. 250 f., wobei gemeinhin davon ausgegangen wird,

4.3.2.2.3 Operative Segmentebene

Um zu gewährleisten, daß Geschäfts- oder Firmenwerte für Zwecke ihrer Werthaltigkeitsüberprüfung nicht auf Gesamtunternehmensebene getestet werden, schreibt *IAS 36* vor, *Goodwills* zumindest auf die Stufe operativer Segmente gem. *IFRS 8* herunterzubrechen.[1429]

Die Beurteilung der Wahl dieser Obergrenze fällt in der Literatur unterschiedlich aus:[1430] Auf der einen Seite wird die Eindeutigkeit der Festlegung einer maximalen Größe für Bewertungseinheiten gelobt.[1431] Besonders vorteilhaft erscheint in diesem Zusammenhang, daß bei der Segmentabgrenzung infolge des *Management Approach* ebenfalls ein Rückgriff auf das interne Berichtswesen erfolgt;[1432] elementare Bedeutung kommt dabei dem Reportingsystem zu, anhand dessen Leitungs- und Kontrollorgane die Ertragskraft der jeweiligen Unternehmenseinheiten überwachen sowie Entscheidungen über die Ressourcenverteilung auf diese Einheiten treffen.[1433] Zwischen der Abgrenzung von *Cash-Generating Units* und berichtspflichtigen Segmenten sind die konzeptionellen Parallelen so stark ausgeprägt, daß letztere die hier diskutierten Separationskriterien stets erfüllen[1434] und bei stringenter Umsetzung des *Management Approach* eine durchgehende Verknüpfung von zahlungsmittelgenerierenden Einheiten und operativen Segmenten denkbar ist.[1435]

Auf der anderen Seite wird an der Beschränkung bei der Zuordnung von Geschäfts- oder Firmenwerten auf operative Segmente zu Recht kritisiert, Synergieeffekte blieben unberücksichtigt, die erst durch den Gesamtunternehmensverbund entstehen.[1436]

---

die Bezugsebene für *Impairment Tests* von Geschäfts- oder Firmenwerten läge nach *US-GAAP* über der nach *IFRS*. So auch empirisch von *Pellens et al.* (2005), S. 13 f. bestätigt. A.A. *Brücks/Wiederhold* (2004), S. 181; *Siener/Gröner* (2005), S. 343.

[1429] Vgl. *IAS 36.80 (b)*; zum fiktiven Segmentzuschnitt bei einem bspw. nicht kapitalmarktorientierten GmbH-Konzern vgl. *Heuser/Theile* (2005), S. 722.
[1430] Vgl. nur *Hachmeister/Kunath* (2005), S. 69-71, m.w.N.
[1431] Vgl. etwa *Ballwieser* (2006a), S. 191.
[1432] Vgl. *IFRS 8.5-10*.
[1433] Vgl *IFRS 8.IN7*; *IFRS 8.IN11*; *IFRS 8.5*. Ähnlich bereits schon in *IAS 14: Segment Reporting*, vgl. bspw. *Hütten* (2007), Rz. 27.
[1434] Vgl. *Kümpel* (2003), S. 1492. Zu einer ausführlichen Analyse vor dem Hintergrund eines allgemeinen Untersuchungsrahmens, der nicht nur auf die Segmentierungskriterien der internationalen Rechnungslegung abstellt, vgl. *Klingels* (2005), S. 150-178.
[1435] Vgl. *Haaker/Paarz* (2005), S. 196 ff.; a.A. *Beyhs* (2002), S. 112.
[1436] Hierunter könnten Risikodiversifikationseffekte oder Finanzsynergien fallen, vgl. zu letzterem *Hachmeister/Kunath* (2005), S. 71.

4.3.3 Bestimmung des Buchwerts einer zahlungsmittelgenerierenden Einheit oder Gruppe zahlungsmittelgenerierender Einheiten

Der Buchwert stellt den Vergleichsmaßstab zum erzielbaren Betrag dar (vgl. 4.2.3, S. 213 ff.); für eine aussagekräftige Gegenüberstellung ist es notwendig, beide Werte in konsistenter Weise zu berechnen.[1437] Hierfür gibt *IAS 36* vor, daß sich die Bestimmung des Buchwerts einer Bewertungseinheit stets an der Ermittlungsweise des *Recoverable Amount* auszurichten hat.[1438] Deshalb rückt bei der Berechnung des Buchwerts einer *Cash-Generating Unit* oder Gruppe von *Cash-Generating Units* die Frage in den Vordergrund, welche Vermögenswerte und gegebenenfalls Schulden zur Generierung der Zahlungsmittelüberschüsse beitragen.[1439] Grundsätzlich sind die Buchwerte sämtlicher Vermögenswerte einzubeziehen, die im direkten Zusammenhang mit der Erzielung der jeweiligen *Cashflows* stehen.[1440] Keine Berücksichtigung bei der Bestimmung des Buchwerts einer zahlungsmittelgenerierenden Einheit finden hingegen Steuerposten oder Finanzschulden, da sie bei der Ermittlung des erzielbaren Betrags nicht miteinbezogen werden dürfen (vgl. Kap. 4.4.2.1.2, S. 260 ff.).[1441] Verbindlichkeiten können vom Buchwert nur abgezogen werden, wenn die Ermittlung des erzielbaren Betrags der Bewertungseinheit nicht ohne Berücksichtigung des durch die Verbindlichkeit verursachten Zahlungsmittelabflusses möglich sein sollte.[1442] Gleiches gilt für Finanzanlagen, die lediglich dann berücksichtigt werden, wenn diese im Zusammenhang mit der betrieblichen Leistungserstellung der Bewertungseinheit stehen.[1443] Neben den Vermögenswerten, die unter den Anwendungsbereich des *Impairment of Assets* fallen, sind Gegenstände des Umlaufvermögens, wie etwa Vorräte oder Forderungen, bei der Bestimmung des Buchwerts zu beachten, wenn die jeweiligen *Cash*zu- und -abflüsse bei der Ermittlung des erzielbaren Betrags Berücksichtigung finden.[1444] Die einzubeziehenden Vermögenswerte und Schulden sind in den Abb. 29 und Abb. 30, S. 241-242 überblicksartig zusammengefaßt:

[1437] Vgl. *IAS* 36.75.
[1438] Vgl. *IAS* 36.75.
[1439] Vgl. *Küting/Dawo/Wirth* (2003), S. 182.
[1440] Vgl. *IAS* 36.75-76 (a).
[1441] Vgl. *IAS* 36.50.
[1442] Vgl. *IAS* 36.76 (b). Hierunter könnten bspw. Abbruch- oder Rekultivierungsverpflichtungen fallen, vgl. *Heuser/Theile* (2005), Rz. 718.
[1443] Vgl. *Schmusch/Laas* (2006), S. 1050.
[1444] Vgl. *Heuser/Theile* (2005), Rz. 718.

Aktiva	Berücksichtigung im Buchwert
Immaterielle Vermögenswerte	Ja
Sachanlagen	Ja
Finanzanlagen	Nein, sofern nicht betriebsnotwendiges Vermögen
Vorräte	Ja, als Teil des Netto--Umlaufvermögens
Forderungen aus Lieferungen und Leistungen	Ja, als Teil des Netto--Umlaufvermögens
Sonstige Vermögenswerte	Ja, sofern nicht Steuern oder nicht betriebsnotwendiges Vermögen
Kasse	Ja, als Teil des Netto-Umlaufvermögens, soweit betriebsnotwendig
Aktive latente Steuern	Nein
Aktive Rechnungsabgrenzungsposten	Ja

Abb. 29: Im Buchwert einer Bewertungseinheit für Zwecke des Werthaltigkeitstests zu berücksichtigende Vermögenswerte[1445]

Die eigentliche Schwierigkeit bei der Bestimmung des Buchwerts einer zahlungsmittelgenerierenden Einheit oder Gruppe zahlungsmittelgenerierender Einheiten geht von Vermögenswerten und Schulden aus, die gleichzeitig bei der Generierung von Zahlungsmittelüberschüssen einer Vielzahl von Bewertungsobjekten mitwirken.[1446] Hierdurch sind neben Geschäft- oder Firmenwerten vor allem gemeinschaftliche Vermögenswerte[1447] charakterisiert, wobei die Suche nach und Anwendung eines vernünftigen und stetigen Verteilungsschlüssels große Probleme bereitet.[1448]

[1445] In Anlehnung an *Schmusch/Laas* (2006), S. 1050.
[1446] Vgl. *Beyhs* (2002), S. 155.
[1447] Vgl. *IAS* 36.100.
[1448] Vgl. *Hepers* (2005), S. 264-266, m.w.N.

Passiva	Berücksichtigung im Buchwert
Rückstellungen für Pensionen	Zuordnung möglich
Steuerrückstellungen	Nein
Sonstige Rückstellungen	Ja
Anleihen	Nein
Verbindlichkeiten gegenüber Kreditinstituten	Nein
Sonstige verzinsliche Verbindlichkeiten	Nein
Erhaltene Anzahlungen	Ja
Verbindlichkeiten aus Lieferungen und Leistungen	Ja, als Teil des Netto-Umlaufvermögens
Sonstige Verbindlichkeiten	Ja, sofern nicht Steuern
Passive latente Steuern	Nein
Passive Rechnungsabgrenzungsposten	Ja

Abb. 30: Im Buchwert einer Bewertungseinheit für Zwecke des Werthaltigkeitstests zu berücksichtigende Schulden[1449]

Zusammenfassend kann das Berechnungsschema für die Ermittlung des Buchwerts einer zahlungsmittelgenerierenden Einheit oder Gruppe zahlungsmittelgenerierender Einheiten mit oder ohne zugewiesenen Geschäfts- oder Firmenwerten respektive gemeinschaftlichen Vermögenswerten in Abb. 31 dargestellt werden:

Summe der bilanziellen Buchwerte aller der Bewertungseinheit direkt zugeordneten Vermögenswerte
+ Anteilige Buchwerte von Geschäfts- oder Firmenwerten, die auf die Bewertungseinheit alloziert werden
+ Anteilige Buchwerte von gemeinschaftlichen Vermögenswerten, die auf die Bewertungseinheit alloziert werden
- Buchwerte der spezifischen Verbindlichkeiten und Rückstellungen der Bewertungseinheit
= Buchwert der Bewertungseinheit für Zwecke des Werthaltigkeitstests

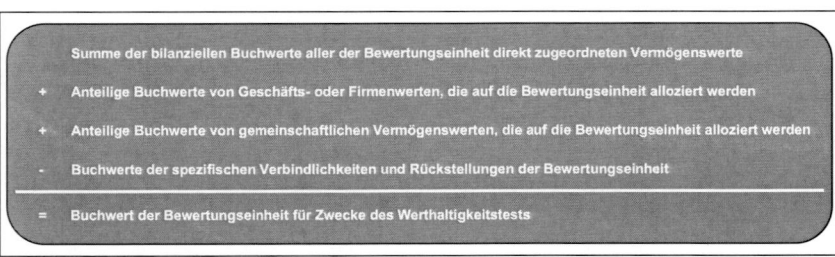

Abb. 31: Berechnungsschema zur Ermittlung des Buchwerts der relevanten Bewertungseinheit für Zwecke des Werthaltigkeitstests[1450]

[1449] In Anlehnung an *Schmusch/Laas* (2006), S. 1051.

4.3.4 Zwischenfazit zur Separierung zahlungsmittelgenerierender Einheiten

In den vorstehenden Ausführungen wurden allgemeine Separationskriterien für die Identifikation zahlungsmittelgenerierender Einheiten herausgearbeitet, die beim Vorhandensein von Geschäfts- oder Firmenwerten um zusätzliche Abgrenzungsmerkmale zu ergänzen sind. Das Untersuchungsergebnis wird in Abb. 32 zusammengefaßt:

Abgrenzung von Bewertungseinheiten für Werthaltigkeitstests

Allgemeine Separationskriterien

Generierung von Zahlungsmittelüberschüssen	Abgrenzbarer Produktionsverbund, der zur Erzeugung der Cashflows direkt oder indirekt beiträgt
Vorliegen eines *Active Market*	Beitrag zu einer auf einem *Active Market* absatzfähigen Leistung innerhalb eines Herstellungsprozesses
Weitgehende Unabhängigkeit der generierten Zahlungsmittelüberschüsse	Vorliegen möglichst uneingeschränkter Dispositionsfreiheit bezüglich der betrachteten Gruppen von Vermögenswerten
Niedrigste Aggregationsebene	Kleinstmögliche Aggregationsebene, auf der die drei vorgenannten Separationskriterien erfüllt sind

Ergänzende Separationskriterien für Geschäfts- oder Firmenwerte

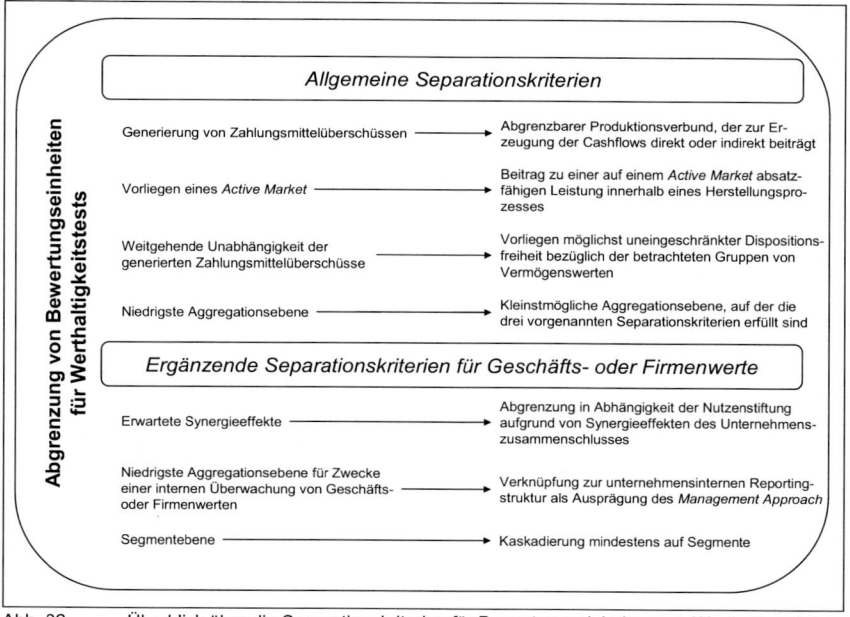

Erwartete Synergieeffekte	Abgrenzung in Abhängigkeit der Nutzenstiftung aufgrund von Synergieeffekten des Unternehmenszusammenschlusses
Niedrigste Aggregationsebene für Zwecke einer internen Überwachung von Geschäfts- oder Firmenwerten	Verknüpfung zur unternehmensinternen Reportingstruktur als Ausprägung des *Management Approach*
Segmentebene	Kaskadierung mindestens auf Segmente

Abb. 32: Überblick über die Separationskriterien für Bewertungseinheiten von Werthaltigkeitstests

Die Unterschiedlichkeit, als auch die dargestellten, verbleibenden Interpretationsspielräume der Separationskriterien führen zusammen mit dem unabdingbaren „judgement"[1451] seitens des Bilanzierenden letztendlich zu situativ und unternehmensindividuell abgegrenzten Bewertungseinheiten.[1452] Der kleinste gemeinsame Nenner, auf den sich diese verschiedenartigen Bewertungsobjekte reduzieren lassen, ist ihr grundlegender Charakterzug einer an der Produktion von Output betei-

---
[1450] In Anlehnung an *Kümpel* (2002b), S. 985.
[1451] *IAS* 36.68.
[1452] Vgl. *Beyhs* (2002), S. 107.

ligten und miteinander verknüpften Gruppe von Vermögenswerten, die im Unternehmensverbund einen gewissen Grad an Dispositionsfreiheit aufweist. Trotzdem lassen sich die Bewertungsobjekte von *Impairment Tests* grundlegend dahingehend differenzieren, ob zu den in Funktionszusammenhängen stehenden Vermögenswerten Geschäfts- oder Firmenwerte hinzugezählt werden oder nicht. Die Bewertungseinheiten mit zugeordneten *Goodwills* zeichnen sich nämlich im Vergleich zu ihren *Pendants* ohne allozierte Geschäfts- oder Firmenwerte durch eine höhere Aggregationsstufe aus.

Die zur Illustration in der Literatur gewählten Beispiele heben in ihrer Mannigfaltigkeit die verschiedenen Abgrenzungsmöglichkeiten von zahlungsmittelgenerierenden Einheiten hervor, die sich ausgehend von der kleinstmöglichen Bewertungseinheit in Form einer Produktionsstraße[1453] über Produktlinien, Geschäftsfelder, einzelne Standorte, Bezirke, regionale Gebiete eines Unternehmens[1454] sowie rechtlich selbständige Tochterunternehmen[1455] bis hin zu operativen Segmenten[1456] erstrecken. Eine Zuordnung von Geschäfts- oder Firmenwerten erfolgt dabei primär auf die letztgenannten Bewertungseinheiten.

Diese theoretischen Überlegungen zur Abgrenzung zahlungsmittelgenerierender Einheiten werden durch die empirische Studie von *Pellens et al.*[1457] bestätigt. Demnach findet die Bestimmung von *Cash-Generating Units* mit zugerechneten Geschäfts- oder Firmenwerten bei der Mehrheit der deutschen Großkonzerne auf (25%) oder eine Stufe unterhalb (36%) der Segmentebene statt.[1458] Außerdem wird die Vermutung belegt, daß die entsprechenden zahlungsmittelgenerierenden Einheiten relativ umfangreich abgesteckt werden, wenn der überwiegende Teil der besagten Unternehmen lediglich über maximal fünf (42%) oder zehn (29%) Bewertungseinheiten mit zugeordnetem *Goodwill* verfügt.[1459] Ferner zeigt sich, daß beim Zuschnitt der Bewertungseinheiten auf die Segmentdefinition (53%) zurückgriffen, als auch eine Orientierung an Produktlinien und Produktgruppen (44%) sowie Regionen (31%) vorgenommen wird.[1460]

Während für Werthaltigkeitsüberprüfungen, bei denen Geschäfts- oder Firmenwerte involviert sind, verhältnismäßig große Bewertungseinheiten beobachtet werden können, zeichnet sich bei den übrigen *Impairment Tests* stellenweise eine

---

[1453] Vgl. *Klingels* (2005), S. 75, Fn. 352.
[1454] Vgl. *IAS* 36.69.
[1455] Vgl. *Wirth* (2005), S. 13.
[1456] Vgl. *Hoffmann* (2007), Rz. 31.
[1457] Vgl. Fn. 1222, S. 212.
[1458] Vgl. *Pellens et al.* (2005), S. 12.
[1459] Vgl. *Pellens et al.* (2005), S. 12.
[1460] Vgl. *Pellens et al.* (2005), S. 12, wobei in diesem Teil der Untersuchung offensichtlich Mehrfachnennungen erlaubt waren. Ferner *Hoffmann* (2007), Rz. 51.

gegenläufige Tendenz ab.[1461] Danach wird die Bildung zahlungsmittelgenerierender Einheiten geradezu gescheut,[1462] wie es *Haring* treffend ausdrückt:

> „Bisweilen spürt man jedoch auch richtiggehend das Unbehagen, das Unternehmen (bzw. deren Wirtschaftsprüfer?!) dabei haben, wenn es darum geht, vom Einzelbewertungsgrundsatz abzuweichen und Bewertungseinheiten zu bilden."[1463]

Schlußendlich muß bezüglich der Abgrenzung adäquater Bewertungsobjekte für Zwecke des Werthaltigkeitstest nach *IAS 36* festgehalten werden, daß ‚die' zahlungsmittelgenerierende Einheit nicht existiert, vielmehr sind die jeweiligen Bewertungseinheiten unter besonderer Berücksichtigung der diskutierten Separationskriterien an die zu überprüfenden Vermögenswerte individuell anzupassen.[1464] Obige Aufzählung der in der Literatur verwandten Beispiele vergegenwärtigt die Heterogenität der Konstruktion von *Cash-Generating Units*. In *Impairment Tests* wird somit auf völlig verschiedenartige Bewertungseinheiten sowie unterschiedlich hoch bzw. tief aggregierte Unternehmensteileinheiten abgestellt.[1465] Die Frage nach dem angemessenen Bewertungsobjekt von Werthaltigkeitsüberprüfungen und dessen Abgrenzung verlagert sich im Endeffekt auf die zugrundeliegenden Vermögenswerte, für die ein *Impairment Test* durchzuführen ist.

Dieses Zwischenergebnis ist insofern unbefriedigend, als die Separierung zahlungsmittelgenerierender Einheiten somit theoretisch und praktisch relativ vage bleibt. Der in diesem Zusammenhang unternommene Versuch, die beschriebenen Unklarheiten zu beseitigen, indem das interne Berichts- und Überwachungssystem[1466] oder die Organisation[1467] eines Unternehmens als wegweisend für die Ermittlung der relevanten Bewertungseinheiten von *Impairment Tests* zu deklarieren, hat zumeist ‚Leerformelcharakter'.[1468] Zwar folgt diese Vorgehensweise strikt dem in *IAS 36* verankerten *Management Approach*, die Literaturbeispiele bleiben, um etwa Profit Center[1469], „Performance-Messung"[1470] oder „marktorientierte Hauptkostenstellen"[1471] zu nennen, so divergent, daß das Gebilde zahlungsmittelgenerierende Einheit dadurch nicht faßbarer wird. Außerdem wird in der Literatur zwischen

---

[1461] Dahingehend kann der bereits in Fn. 1247, S. 215 zitierte Zwischenbefund von *Hoffmann* (2007), Rz. 16 interpretiert werden.
[1462] Diesen Eindruck erweckt auch das Prüfungsschema des *IDW* (2005b), S. 1424, vgl. auch Fn. 1247, S. 215.
[1463] *Haring* (2004), S. 179 bezüglich der Untersuchung österreichischer Geschäftsberichte.
[1464] Vgl. *Schmusch/Laas* (2006), S. 1049.
[1465] Nach *Pellens et al.* (2005), S. 12 werden Werthaltigkeitsüberprüfungen von Geschäfts- oder Firmenwerten bei 30% der deutschen Großkonzerne auf unterschiedlichen Hierarchiestufen innerhalb eines Unternehmens durchgeführt.
[1466] Vgl. *Lüdenbach/Frowein* (2003), S. 219.
[1467] Vgl. *Hoffmann* (2007), Rz. 51.
[1468] Vgl. einzig *Klingels* (2005), S. 214 ff.
[1469] Vgl. *Beyhs* (2002), S. 108; *Graumann* (2004b), S. 371; *Wirth* (2005), S. 17.
[1470] *Bieker/Esser* (2003), S. 79; ähnlich *Heuser/Theile* (2005), Rz. 723.
[1471] *Graumann* (2004b), S. 371.

dem Abstellen auf die erwarteten Synergieeffekte aus einem Unternehmenszusammenschluß und der internen Reportingstruktur bei der Bildung zahlungsmittelgenerierender Einheiten oder Gruppen zahlungsmittelgenerierender Einheiten mit zugeordnetem *Goodwill* teilweise ein Spannungsverhältnis gesehen.[1472]

Hieran anknüpfend wird in der Konvergenzanalyse zwischen dem *Impairment of Assets* sowie dem bereichs- und wertorientierten *Controlling* überprüft (vgl. Kap. 5, S. 281 ff.), ob und inwiefern die jeweiligen Bewertungsobjekte übereinstimmen; mithin gilt es der Frage nachzugehen, wie der „link"[1473] zwischen dem Werthaltigkeitstest und der wertorientierten Planung, Steuerung und Kontrolle ausgestaltet sein könnte.

4.4 Bestimmung des erzielbaren Betrags

4.4.1 Grundsätzliche Ausprägungsformen des erzielbaren Betrags

4.4.1.1 Beizulegender Zeitwert abzüglich Veräußerungskosten

Wie bereits beschrieben kann sich der erzielbare Betrag im beizulegenden Zeitwert abzüglich Veräußerungskosten konkretisieren (vgl. Kap. 4.2.3, S. 213 ff.), der als "the amount obtainable from the sale of an asset or cash-generating unit in an arm's length transaction between knowledgeable, willing parties, less the costs of disposal"[1474] definiert ist.

Die vorstehende Begriffsbestimmung verdeutlicht, daß es sich beim beizulegenden Zeitwert abzüglich Veräußerungskosten um eine Ausprägungsform des *Fair Value* handelt;[1475] im Mittelpunkt steht ein nicht aus einer Zwangslage resultierender Verkauf eines Bewertungsobjekts an einen vertragswilligen, sachverständigen und unabhängigen Geschäftspartner, wobei die aus der Veräußerung resultierenden Kosten noch abzuziehen sind.[1476] Hiernach ist der *Fair Value less Costs to sell* als potentiell zu erzielender Nettoveräußerungserlös zu verstehen,[1477] der in das seitens des *IASB* unterstellte Rationalitätskalkül als Handlungsalternative des bilanzierenden Unternehmens eingeht.[1478] Die dieser Wertkategorie innewohnende

---

[1472] Vgl. grundlegend *Hachmeister/Kunath* (2005); ähnlich *Ballwieser* (2006a), S. 191, *Hoffmann* (2007), Rz. 51; zur Diskussion vgl. Kap. 5.3.2.3, S. 329 ff.
[1473] *IAS* 36.BC139.
[1474] *IAS* 36.6.
[1475] Vgl. bspw. *IAS* 16.7; *IAS* 39.9; *IAS* 41.8; *IFRS* 3 *Appendix A* zur Definition des *Fair Value* als „the amount for which an asset could be exchanged, or a liability settled, between knowledgeable, willing parties in arm's length transaction."
[1476] *Brösel/Klassen* (2006), S. 455 charakterisieren den beizulegenden Zeitwert abzüglich Veräußerungskosten äußerst treffend als Wertansatz, „der aus der (zeitnahen) Liquidation im Sinne einer Verwertung des in Rede stehenden Bewertungsobjekts am Markt resultiert".
[1477] Vgl. *IAS* 36.BCZ31-36; zu den unterschiedlichen Varianten des *Fair Value* vgl. *Ballwieser/Küting/Schildbach* (2004), S. 532 ff.
[1478] Vgl. *IAS* 36.BCZ9.

Veräußerungsperspektive wurde durch die in *IAS* 36 (rev. 1998) verwendete Bezeichnung als „*Net Selling Price*"[1479] stärkerer Ausdruck verliehen; die zwischenzeitliche Umbenennung liegt in der Verabschiedung von *IFRS* 5 begründet, mit dem die Bilanzierung von Veräußerungsvorgängen neu geregelt wurde,[1480] was eine eindeutige, begriffliche Abgrenzung von dem in *IAS* 36 angenommenen, ‚fiktiven Verkaufsakt' notwendig machte.[1481]

Hinsichtlich der Ermittlungsweise des beizulegenden Zeitwerts abzüglich Veräußerungskosten orientieren sich die Vorschriften des *Impairment of Assets* an der üblicherweise zur Bestimmung des *Fair Value* zum Einsatz kommenden Bewertungshierarchie[1482],[1483]:

- Den bestmöglichen Anhaltspunkt für die Berechnung des *Fair Value less Costs to sell* liefern Preise, die sich aus bindenden Verkaufsvereinbarungen zwischen voneinander unabhängigen Geschäftspartnern unter marktüblichen Bedingungen ergeben,[1484]
- ersatzweise kann der beizulegende Zeitwert abzüglich Veräußerungskosten durch den Rückgriff auf einen *Active Market* ermittelt werden, indem auf aktuell gültige Angebotspreise der Bewertungsobjekte abgestellt wird,[1485]
- liegen weder derartige Verträge noch solche Marktpreise vor, so ist zur Wertermittlung der bei der jüngsten Transaktion für das betrachtete Bewertungsobjekt erzielte Marktpreis heranzuziehen, vorausgesetzt, es sind in der Zwischenzeit keine signifikanten, wertbestimmenden Änderungen der wirtschaftlichen Verhältnisse eingetreten,[1486]
- in Ermangelung der drei vorgenannten Ermittlungsalternativen soll die Bestimmung des *Fair Value less Costs to sell* „based on the best information available to reflect the amount that an entity could obtain, at the balance sheet date, from the disposal of the asset"[1487] erfolgen, wobei die jüngsten Transaktionspreise für ähnliche Vermögenswerte innerhalb derselben Branche als Maßstab zu verwenden sind.[1488]

Als wesentliches Charakteristikum der vier vorstehenden Bewertungsmöglichkeiten des beizulegenden Zeitwerts abzüglich Veräußerungskosten ist deren Objektivie-

---

[1479] *IAS* 36.5 (rev. 1998).
[1480] Etwa langfristige Veräußerungswerte, die bspw. nicht durch *IAS* 39 bilanziert werden.
[1481] Vgl. *IFRS* 5.IN6 (b); *IFRS* 5.C10; *Wirth* (2005), S. 23.
[1482] Vgl. zur *Fair Value*-Hierarchie etwa *Baetge/Zülch* (2001), S. 547; *Küting/Hayn* (2006), S. 1211 ff.
[1483] Vgl. *Hepers* (2005), S. 211.
[1484] Vgl. *IAS* 36.25.
[1485] Vgl. *IAS* 36.26.
[1486] Vgl. *IAS* 36.26.
[1487] *IAS* 36.27.
[1488] Vgl. *IAS* 36.27.

rung durch Marktdaten zu sehen,[1489] die sich jedoch bei der praktischen Umsetzung als Hemmschuh erweisen kann. Denn für zahlungsmittelgenerierende Einheiten oder Gruppen zahlungsmittelgenerierender Einheiten mit oder ohne zugewiesenen übergeordneten Vermögenswerten liegen in den seltensten Fällen bindende Kaufpreisvereinbarungen oder auf einem Sekundärmarkt[1490] beobachtbare Marktpreise vor.[1491] Ebenfalls können die ursprünglich für die betreffenden Bewertungsobjekte gezahlten Kaufpreise bereits nach einer kurzen Nutzungsdauer nicht mehr als aktuell erzielbare marktbezogene Verkaufspreise angesetzt werden.[1492] Die Möglichkeiten einer direkten Bestimmung marktpreisorientierter beizulegender Zeitwerte abzüglich Veräußerungskosten sind im allgemeinen nicht gegeben, so daß die Ausprägungsformen des *Fair Value less Costs to sell* realiter auf indirekt marktbezogene Bewertungsverfahren beschränkt sind. Hierfür könnte in erster Linie die Anwendung von Multiplikatorverfahren (vgl. Kap. 2.2, S. 13 ff.) in Erwägung gezogen werden.[1493]

In der jüngeren Vergangenheit ist in Theorie und Praxis eine Diskussion entstanden, ob der beizulegende Zeitwert abzüglich Veräußerungskosten stets aus beobachtbaren Marktdaten hergeleitet werden muß, oder ob eine Berechnung anhand von Barwertkalkülen ebenso zulässig ist.[1494] Da eine diesbezügliche Erörterung (vgl. Kap. 4.4.1.3, S. 250 ff.) mit der Frage einhergeht, welcher der in *Impairment Tests* eingesetzten Wertkonzeptionen eine höhere Relevanz zukommt, bedarf es vor einer Darstellung und kritischen Analyse der in diesem Zusammenhang vorgebrachten Argumente einer Charakterisierung des *Value in Use*.

4.4.1.2 Nutzungswert

Im Vergleich zum *Fair Value less Costs to sell* ist die konkrete Berechnungsweise des Nutzungswerts in den Vorschriften des *Impairment of Assets* detailliert geregelt.[1495] Es besteht keinerlei Zweifel daran, daß sich der *Value in Use* in einer Diskontierung[1496] unternehmensintern zu erwartender Zahlungsströme auf den Bewertungsstichtag manifestiert, die aus der fortgesetzten Nutzung des Bewertungsob-

---

[1489] Vgl. *Schmidt* (1998), S. 811.
[1490] In diesem Zusammenhang läßt sich der Begriff des *Active Market* mit einem stark ausgeprägten Homogenitätskriterium als Börse auffassen, vgl. 4.3.2.1.2, S. 228 ff.
[1491] Vgl. IAS 36.BCZ18. Ferner bspw. *Beyhs* (2002), S. 97; *Streim/Bieker/Esser* (2003), S. 465; *Wirth* (2005), S. 26.
[1492] Vgl. *IAS 36*.BC68-70, wonach gem. *IAS 36*.27 zur Ermittlung des *Fair Value less Costs to sell* explizit ein in einer zeitnahen Transaktion des Bewertungsobjekts gezahlter Kaufpreis angesetzt werden kann.
[1493] Vgl. *Bartels/Jonas* (2006), Rz. 24.
[1494] Vgl. *Dawo* (2004), S. 68; *Hachmeister* (2005), S. 195.
[1495] So sind dem beizulegenden Zeitwert abzüglich Veräußerungskosten lediglich IAS 36.25-29 gewidmet, während der *Value in Use* IAS 36.30-57 als auch Teile der *Basis for Conclusions* und den *Appendix A* vereinnahmt.
[1496] Vgl. grundsätzlich *IAS* 36.30 sowie zur Bestimmung des Kalkulationszinsfußes *IAS* 36.55-57.

jekts und dessen Ausscheiden am Ende seiner jeweiligen Nutzungsdauer resultieren.[1497]

Im Prinzip kann der Nutzungswert als „eines auf die Strukturen der internen Steuerung aufsetzendes, zahlungsstromorientiertes Unternehmensbewertungsverfahren"[1498] verstanden werden. Durch den Einfluß der aus betriebsindividueller Perspektive vorliegenden materiellen und immateriellen Ressourcen sowie die Berücksichtigung von Synergieeffekten als auch der jeweiligen Fähigkeiten der Mitarbeiter[1499] ist der *Value in Use* als unternehmensspezifische Wertgröße zu interpretieren.[1500] Aufgrund des Charakters eines subjektiven Gebrauchswerts läßt sich der Nutzungswert deutlich vom *Fair Value less Costs to sell* abgrenzen,[1501] der keinerlei unternehmensindividuelle Faktoren einbezieht, sondern eine ausschließlich marktbezogene Betrachtung des Bewertungsobjekts aufweist.

Die Anwendung von Barwertkalkülen zur Ermittlung des Nutzungswerts hat also unter der vom *IASB* für das angenommene Rationalitätskalkül intendierten Zwecksetzung zu erfolgen, einen subjektiven, den betriebsindividuellen Verwendungsabsichten entsprechenden Entscheidungswert zu bestimmen.[1502]

Obwohl konzeptionell darin ein Paradebeispiel für die Ausprägung des *Management Approach* in der *IFRS*-Rechnungslegung gesehen werden kann,[1503] beschränken die Vorschriften des *IAS* 36 den prägenden Einfluß der unternehmensindividuellen Perspektive auf die Prognose der bewertungsrelevanten Erfolgsgrößen. Die Herleitung des zu verwendenden Kalkulationszinsfußes orientiert sich derweil an den „market's expectations"[1504],[1505] Das *IASB* erkennt zwar diesen ‚Bruch' in der Wertkonzeption des *Value in Use*, den es aus Gründen der Objektivierung aber als unausweichlich erachtet.[1506] In diesem Sinne enthalten die Regelungen des *IAS* 36 eine Reihe weiterer Normierungen, die den Einsatz ungerechtfertigter Bewertungsparameter bei der Berechnung des Nutzungswerts unterbinden sollen; eine entsprechende Darstellung und Analyse (vgl. Kap. 4.4.2, S. 256

[1497] Nach *IAS* 36.6 ist der Nutzungswert als "present value of the future cash flows expected to be derived from an asset or cash-generating unit" zu verstehen.
[1498] *Wirth* (2005), S. 29.
[1499] Vgl. *Lienau/Zülch* (2006), S. 320.
[1500] Vgl. *IAS* 36.BCZ54; *Haaker* (2005b), S. 427; *Hachmeister* (2006b), S. 259; *Hitz* (2005), S. 1015; *Krüger/Thiere* (2007a), S. 199; *Lienau/Zülch* (2006), S. 319.
[1501] Vgl. *Baumunk/Beyhs* (2005), Rz. 522. Für eine vergleichende Analyse von *Fair Value* und *Value in Use* vgl. statt vieler *Barth/Landsmann* (1999), S. 99 ff.
[1502] Vgl. *IAS* 36.BCZ11; *Wirth* (2005), S. 34.
[1503] Vgl. *Wirth* (2005), S. 31.
[1504] *IAS* 36.BCZ32.
[1505] Vgl. *IAS* 36.BCZ54; *IAS* 36.BC60; *Freiberg/Lüdenbach* (2005), S. 481 f.; *Lienau/Zülch* (2006), S. 321.
[1506] Hierzu heißt es in *IAS* 36.BCZ54: "In principle, value in use should be an enterprise-specific measure determined in accordance with the enterprise's own view of the best use of that asset. Logically, the discount rate should be based on the enterprise's own assessment both of the time value of money and of the risks specific to the future cash flows from the asset. However, IASC believed that such a rate could not be verified objectively."

ff.) schließt sich an die im nächsten Gliederungspunkt folgende Diskussion der Berechnungsmöglichkeiten beizulegender Zeitwerte abzüglich Veräußerungskosten auf Basis von Zahlungsströmen an.

4.4.1.3 Relevante Referenzgröße von Werthaltigkeitsüberprüfungen: Stand und kritische Analyse der Diskussion bezüglich der Ermittlung des beizulegenden Zeitwerts abzüglich Veräußerungskosten anhand von Barwertkalkülen

Die Frage nach der sowohl konkreten als auch standardkonformen Ermittlung des *Fair Value less Costs to sell* anhand der ‚besten verfügbaren Informationen' entzweit Theorie und Praxis. Auf der einen Seite wird die Meinung vertreten, die Vorschriften von *IAS* 36 erlaubten es, den beizulegenden Zeitwert abzüglich Veräußerungskosten durch diskontierte zukünftige Zahlungsströme zu bemessen,[1507] während von der anderen Seite entgegnet wird, die Ermittlung des *Fair Value less Costs to sell* dürfe ausschließlich mit Hilfe beobachtbarer Marktpreise oder vergleichbarer Transaktionen erfolgen.[1508]

Für eine Erörterung dieser Meinungsverschiedenheiten bietet es sich an, den genauen Wortlaut der Vorschrift des *Impairment of Assets* zu zitieren, die den Ausgangspunkt der divergierenden Interpretation bildet:

> „*If there is no binding sale agreement or active market for an asset, fair value less costs to sell is based on the best information available to reflect the amount that an entity could obtain, at the balance sheet date, from the disposal of the asset in an arm's length transaction between knowledgeable, willing parties, after deducting the costs of disposal. In determining this amount, an entity considers the outcome of recent transactions for similar assets within the same industry.*"[1509]

Demzufolge sind, wie bereits ausgeführt (vgl. Kap. 4.4.1.1, S. 246 ff.), beim Nichtvorhandensein einer bindenden Verkaufsvereinbarung oder eines aktiven Markts, dem sich entsprechende Angebotspreise für das Bewertungsobjekt entnehmen ließen, die „best information"[1510] zur Berechnung des beizulegenden Zeitwerts abzüglich Veräußerungskosten heranzuziehen.

[1507] Vgl. etwa *Brücks/Kerkhoff/Richter* (2005), S. 3-7; *IDW* (2005b), S. 1418; *Laas* (2006), S. 460; *Schmusch/Laas* (2006), S. 1051-1052, jeweils m.w.N.
Vgl. kritisch, aber aus Praktikabilitätsgründen legitimierend *Ballwieser* (2006a), S. 205-206; *Freiberg/Lüdenbach* (2005), S. 479-487.
[1508] Vgl. bspw. *Adler/Düring/Schmaltz* (2002), Abschnitt 9, Rz. 123; *Hepers* (2005), S. 238, Fn. 2; *Hoffmann* (2007), Rz. 18, 19 und 64, jeweils m.w.N.
Vgl. abwägend, tendenziell den Nutzungswert als Hauptanwendungsgebiet für Barwertkalküle charakterisierend *Bartels/Jonas* (2006), Rz. 21-22; *Wirth* (2005), S. 28-29.
[1509] *IAS* 36.27.
[1510] *IAS* 36.27.

Genauere Angaben im Hinblick auf die diesbezügliche Ermittlungsweise können den weiteren Ausführungen von *IAS 36* nicht entnommen werden; der im letzten Satz des obigen Zitats enthaltende Hinweis, den beizulegenden Zeitwert abzüglich Veräußerungskosten aus Marktpreisen vergleichbarer Vermögenswerte herzuleiten, wird durch teils unklare und widersprüchliche Aussagen in der *Basis for Conclusions* in Frage gestellt, was letztendlich einen geeigneten Nährboden für die besagte Diskussion bereitet.[1511]

Von den Befürwortern einer Anwendung von Barwertmodellen zur Bestimmung des *Fair Value less Costs to sell* werden folgende Argumente ins Feld geführt:

- Konzeptionell reflektiere der beizulegende Zeitwert abzüglich Veräußerungskosten nach Ansicht des *IASB* die "market's expectation of the present value of the future cash flows to be derived from the asset, less the direct incremental costs to dispose of the asset"[1512], weshalb zu dessen Ermittlung auch Zahlungsstromprognosen verwendet werden könnten,[1513]
- aus methodischer Sicht erfolge keine strikte Beschränkung auf die in den Vorschriften des *Impairment of Assets* benannten Ermittlungsweisen des *Fair Value less Costs to sell*, da die *Basis for Conclusions* eine diesbezügliche ‚Öffnungsklausel' enthalte,[1514] wonach "IAS 36 does not preclude the use of other valuation techniques in estimating fair value less costs to sell"[1515],
- es läge nach Auffassung des *IASB* keine Vorziehenswürdigkeit von Marktannahmen gegenüber unternehmensinternem Wissen vor, eine Bestimmung des beizulegenden Zeitwerts abzüglich Veräußerungskosten könne somit auf Basis von *Cashflow*prognosen des *Management* erfolgen,[1516] weil "no preference should be given to the market's expectation [...] over a reasonable estimate performed by the individual enterprise that owns the asset (basis for fair value when market values are not available and for value in use)"[1517];
- eine terminologische Übereinstimmung von *IAS 36* mit anderen *IFRS*-[1518] und *US-GAAP*-Vorschriften[1519] zu erkennen sei, die ihrerseits Berechnun-

---

[1511] Vgl. *Brösel/Klassen* (2006), S. 461.
[1512] IAS 36.BCZ11; IAS 36.BCZ32.
[1513] Vgl. *Bartels/Jonas* (2006), Rz. 17; *Freiberg/Lüdenbach* (2005), S. 480, *Schmusch/Laas* (2006), S. 1051.
[1514] Vgl. *Brücks/Kerkhoff/Richter* (2005), S. 3-4; *Wirth* (2005), S. 28.
[1515] IAS 36.BC58.
[1516] Vgl. *Bartels/Jonas* (2006), Rz. 19.
[1517] IAS 36.BCZ17 (a).
[1518] Vgl. *Bartels/Jonas* (2006), Rz. 20; *Baumunk/Beyhs* (2005), Rz. 518.
[1519] Vgl. *Brücks/Kerkhoff/Richter* (2005), S. 4; *Laas* (2006), S. 460; *Schmusch/Laas* (2006), S. 1051. Vgl. allgemein zu den US-amerikanischen Grundsätzen der Barwertermittlung, die im *Statement of Financial Accounting Concepts No. 7 (SFAC 7)* festgehalten sind *Ballhaus/Futterlieb* (2003), S. 564-574; *Freidank/Winkler* (2005), S. 37-56; *Hitz/Kuhner* (2000), S. 889-902; *Starbatty* (2001), S. 543-558.

gen des *Fair Value* mit Hilfe von Barwertverfahren vorsehen, so daß sich die Bestimmung des beizulegenden Zeitwerts abzüglich Veräußerungskosten anhand von Barwertkalkülen rechtfertigen ließe.[1520]

Andererseits wird versucht, den ausschließlichen Einsatz von Barwertkalkülen zur Bestimmung des *Value in Use* und einen strikt aus Marktdaten abzuleitenden *Fair Value less Costs to sell* folgendermaßen zu belegen:

- Empirisch fehle es für eine Vielzahl von Vermögenswerten an aktiven Märkten respektive die Spezifität der Bewertungsobjekte sei so hoch, daß ein Mangel an verläßlichen ‚besten verfügbaren Informationen' bestünde; diese hapernden Anwendungsvoraussetzungen zur Berechnung eines *Fair Value less Costs to sell* räume das *IASB* selbstkritisch ein,[1521] denn „[i]f no deep and liquid market exists for an asset, [...] value in use would be a reasonable estimate of fair value. This is likely to happen for many assets within the scope of IAS 36: observable market prices are unlikely to exist for goodwill, most intangible assets and many items of property, plant and equipment"[1522],[1523]

- aus verfahrenstechnischer Perspektive gäbe es die Möglichkeit, auf eine Bestimmung des beizulegenden Zeitwerts abzüglich Veräußerungskosten zu verzichten und auf den *Value in Use* als einzige Determinante des erzielbaren Betrags zurückzugreifen,[1524] denn „sometimes it will not be possible to determine fair value less costs to sell because there is no basis for making a reliable estimate of the amount obtainable from the sale of the asset in an arm's length transaction between knowledgeable and willing parties. In this case, the entity may use the asset's value in use as its recoverable amount"[1525],

- eine wertkategorische Durchmengung der mit dem im Rahmen des *Impairment Test* angenommenen Rationalitätskalkül intendierten Entscheidungsalternativen stattfände, wenn sich der beizulegende Zeitwert abzüglich Veräußerungskosten anhand von Barwertkalkülen bestimmen ließe; schließlich könne realiter nicht gewährleistet werden, daß anstatt von objektivierbaren „market's expectations"[1526] die Berechnungen durch subjek-

---

[1520] Vgl. etwa die Legitimation marktbezogener Barwertberechnungen durch die Vorschriften von *IAS* 38 bei der Bestimmung des *Fair Value* von *Intangible Assets* im Rahmen eines Unternehmenskaufs.
[1521] Unter Umständen kann dennoch ein beizulegender Zeitwert abzüglich Veräußerungskosten bestimmt werden, vgl. *IAS* 36.20.
[1522] *IAS* 36.BCZ18.
[1523] Vgl. *Beyhs* (2002), S. 97; *Bieker/Esser* (2003), S. 80; *Fladt/Feige* (2003), S. 256; *Heuser/Theile* (2005), Rz. 736; *Streim/Bieker/Esser* (2003), S. 465.
[1524] Vgl. *Baumunk/Beyhs* (2002), Rz. 519; *Esser/Hackenberger* (2004), S. 411; *Streim/Bieker/Esser* (2003), S. 465.
[1525] *IAS* 36.20.
[1526] *IAS* 36.BCZ32.

tive, unternehmensinterne Planungen determiniert würden.[1527] Da letztere naturgemäß auf einer Unternehmensfortführung fußen und damit eine Verwendungsabsicht ausdrücken,[1528] könne mit einem darauf basierenden Bewertungskalkül kein stichtagsbezogener Veräußerungspreis ermittelt werden.[1529] Der beizulegende Zeitwert abzüglich Veräußerungskosten stelle somit keine fiktive Veräußerungsabsicht dar, so daß der Vergleich mit dem *Value in Use* ins Leere liefe, da zwei subjektive, durch die *Going Concern*-Prämisse geprägte, Wertansätze miteinander verglichen würden,[1530]

- aus dem definitorischen Betrachtungswinkel beinhalte *IAS* 36 die Verwendung von zahlungsstromorientierten Verfahren zur Berechnung des *Fair Value less Costs to sell* – im Vergleich zu anderen *IFRS*-Vorschriften – nicht,[1531] die Unterschiede zur Wertkategorie des *Fair Value* nach *IFRS*-[1532] und *US-GAAP*-Vorschriften[1533] seien so ausgeprägt und die Regelungen zur Bestimmung des Nutzungswerts wiesen einen solchen Umfang und Detaillierungsgrad auf,[1534] daß das *IASB* nur mit dem *Value in Use* die Anwendung von Barwertkalkülen beabsichtigt haben könne.[1535]

Unter Würdigung der vorstehenden Literaturmeinungen und der Vorschriften des *IAS* 36 kann zunächst einmal herausgestellt werden, daß sich eine Berechnung des *Fair Value less Costs to sell* auf Basis von Barwertkalkülen prinzipiell rechtfertigen ließe.

Als Begründung für diese Ansicht überzeugt die in der *Basis for Conclusions* enthaltene ‚Öffnungsklausel',[1536] wonach letztendlich beliebige Bewertungsverfahren ihre Legitimation finden. Bei einer entsprechenden Bestimmung des beizulegenden Zeitwerts abzüglich Veräußerungskosten ist freilich darauf zu achten, daß das Bewertungsergebnis einen ausschließlich aus Marktannahmen abgeleiteten Nettoveräußerungserlös repräsentieren muß,[1537] um dem vom *IASB* intendierten Charakter des *Fair Value less Costs to sell* gerecht zu werden.

Dies stellt hohe Anforderungen an die Parameter des Bewertungskalküls, die *in praxi* vermutlich nicht erfüllt werden können.[1538] Bei fehlenden Marktdaten ist der Rückgriff auf unternehmensinternes Datenmaterial unausweichlich, was aber

---

[1527] Vgl. *Bartels/Jonas* (2006), Rz. 22.
[1528] Vgl. *Hoffmann* (2007), Rz. 19, Rz. 64.
[1529] Vgl. *Hoffmann* (2007), Rz. 64.
[1530] Vgl. *Wirth* (2005), S. 29.
[1531] Vgl. *Baumunk/Beyhs* (2005), Rz. 519.
[1532] Zur Unterscheidung zwischen den Wertkonzeptionen *Net Selling Price* und *Fair Value* vgl. *Adler/Düring/Schmaltz* (2002), Abschnitt 9, Rz. 124.
[1533] Vgl. *Küting/Wirth* (2004), S. 180; *Lüdenbach/Schulz* (2002), S. 489-499; *Wirth* (2005), S. 31-33.
[1534] Vgl. *Baumunk/Beyhs* (2002), Rz. 519; *Hepers* (2005), S. 238, Fn. 2; *Hoffmann* (2007), Rz. 64.
[1535] Vgl. *Bartels/Jonas* (2006), Rz. 21; *Hoffmann* (2007), Rz. 64.
[1536] Vgl. *IAS* 36.BC58.
[1537] Vgl. *Bartels/Jonas* (2006), Rz. 21.
[1538] Vgl. *IAS* 36.BCZ18; *Krüger/Thiere* (2007a), S. 199.

gleichzeitig und unweigerlich mit dem wertkategorischen Übergang auf den *Value in Use* einhergeht.[1539]

Andernfalls repräsentierte ein barwertorientierter beizulegender Zeitwert abzüglich Veräußerungskosten nämlich nicht mehr ausschließlich die „market's expectations of the future cash flows"[1540] und es käme zu einem Verschwimmen der Grenzen der beiden Wertkonzeptionen.[1541]

Dem diesbezüglichen Versuch, den Einsatz von Planungen des *Management* bei der Berechnung des *Fair Value less Costs to sell* dadurch zu begründen, daß nach Auffassung des *IASB* keine theoretische Vorziehenswürdigkeit von Marktannahmen gegenüber unternehmensinternem Wissen vorliege, ist nicht zu folgen; das weiter oben angeführte Zitat ist insofern irreführend, als daß an dieser Stelle der *Basis for Conclusions* eine grundsätzliche Rechtfertigung des Einsatzes der beiden Wertkategorien beizulegender Zeitwert abzüglich Veräußerungskosten und *Value in Use* im Rahmen von *Impairment Tests* erbracht und diese sodann von der allgemeinen Konzeption des *Fair Value* abgegrenzt werden sollen.[1542] Darüber hinaus ist es falsch, die zitierte Passage mit der Bestimmung des beizulegenden Zeitwerts abzüglich Veräußerungskosten in Verbindung zu bringen, da sie sich auf den *Fair Value* bezieht. Von daher wäre es ebenso mißverständlich, mit dem einleitenden Satz des besagten Zitats zu argumentieren, das *IASB* verböte zahlungsstromorientierte Verfahren zur Berechnung des *Fair Value less Costs to sell*, denn „IASC rejected the proposal that an asset's recoverable amount should be determined by reference to its fair value (based on observable market prices or, if no observable market prices exist, estimated considering prices for similar assets and the results of discounted future cash flow calculations)."[1543]

Ebenso läuft das Heranziehen von *SFAS* 142, demgemäß das *Management* in Ermangelung von Marktdaten eigene Prämissen und Annahmen zur Berechnung des *Fair Value* verwenden darf,[1544] ins Leere; es handelt sich lediglich um eine Ausnahmeregel, die zur Anwendung kommen darf, solange anzunehmen ist, daß sich die unternehmensinternen und marktbezogenen Einschätzungen zukünftiger Erfolgsgrößen entsprechen.[1545] Nicht ohne Grund wird sich das *IASB* deshalb entgegen der bestehenden Konvergenzprozesse beim *Impairment of Assets* für einen

---

[1539] Vgl. vor allem *IAS* 36.20. *Adler/Düring/Schmaltz* (2002), Abschnitt 9, Rz. 123; *Wirth* (2005), S. 29 erachten es regelmäßig für unmöglich, unternehmensunabhängige Markterwartungen bezüglich der *Cashflows* zu bestimmen, weshalb sie den *Value in Use* als relevante Referenzgröße für Werthaltigkeitstests ansehen. Ferner *Haaker* (2005b), S. 427; *Krüger/Thiere* (2007a), S. 199. Nach *Bartels/Jonas* (2006), Rz. 21 gilt, „[j]e höher indes die Aggregationsebene [...], desto unwahrscheinlicher wird es, am Markt solche wertbestimmenden Informationen zu finden. In diesem Fall ist auf den Nutzungswert abzustellen", in diesem Sinn auch *Baetge/Krolak/Thiele* (2002), Rz. 46.

[1540] *IAS* 36.BCZ32.

[1541] Vgl. *Ballwieser* (2006a), S. 199.

[1542] Der intendierte Inhalt erschließt sich einfacher, wenn die Klammern nicht mitgelesen werden.

[1543] *IAS* 36.BCZ17.

[1544] Vgl. *SFAS* 142.24 i.V.m. *SFAS* 142.B155.

[1545] Vgl. zur Kritik Fn. 1519, S. 251.

von den US-amerikanischen Regelungen abweichenden Wortlaut und damit *expressis verbis* für einen divergierenden Regelungsinhalt entschieden haben. Gleiches gilt übrigens für die Gegenüberstellung mit anderen *IFRS*-Vorschriften, da die Einführung der Wertkategorie des *Fair Value less Costs to sell* ansonsten unnötig wäre.

Aus den vorgenannten Gründen ist die hierzu fast spiegelbildlich angelegte Argumentation von *Brücks/Kerkhoff/Richter* für eine Bestimmung des beizulegenden Zeitwerts abzüglich Veräußerungskosten auf Basis unternehmensinterner Planungen des *Cashflows* abzulehnen:

> *„Im Einzelfall ist es schwierig, unternehmensspezifische Annahmen von Marktannahmen zu trennen. Zudem stellt sich das Problem der Ermittlung von Marktannahmen, denn viele Parameter, die in Discounted Cash-flow-Verfahren einfließen, sind nicht unmittelbar Märkten zu entnehmen. Aus diesem Grund läßt SFAS 142.24 für den Fall, dass Marktannahmen nur mit unverhältnismäßigen hohem Aufwand zu ermitteln sind, die Verwendung unternehmensspezifischer Annahmen als Ausnahme zu. Auch wenn diese Ausnahmevorschrift restriktiv auszulegen sein wird, hängt die Ermittlung von Marktannahmen potenzieller Käufer ab. Im Einzelfall ist zu prüfen, ob ein potenzieller Käufer abweichende Annahmen setzen würde. Wenn ein potenzieller Käufer dem derzeitigen Eigner in Produktportfolio, Märkten und strategischer Ausrichtung ähnlich ist, werden [sich] auch die in die Bewertung einfließenden Annahmen oft entsprechen. [...]*
> *Auf Basis der vorstehenden Analyse zur Ermittlung des recoverable amount einer cash generating unit kommt man zu dem Ergebnis, dass Ermittlungen des fair value mit Discounted Cash-flow-Verfahren, wie sie unter SFAS 142 zulässig sind, auch für die Ermittlung des recoverable amount nach IFRS übernommen werden können."*[1546]

Bedenklich an der Präferenz von *Brücks/Kerkhoff/Richter* für eine barwertorientierte Berechnung des *Fair Value less Costs to sell* ist weniger das Abzielen auf eine Bewertungskonzeption, die möglicherweise nicht durch die Vorschriften des *Impairment of Assets* konzediert ist, vielmehr deren eigentliche Zielsetzung, die infolge ihrer detaillierten Beschreibung und geringen Freiheitsparametern als ‚lästig' empfundenen Vorschriften (vgl. Kap. 4.4.2.1.2, S. 260 ff.) zur Ermittlung des Nutzungswerts systematisch auszuhebeln.[1547] Um dieses Ziel zu erreichen, wird ein barwertbezogenes Bewertungskalkül, das sich durch eine Berücksichtigung von Erweiterungsinvestitionen, Steuern[1548] und Finanzierung[1549] auszeichnet, als beizu-

---

[1546] *Brücks/Kerkhoff/Richter* (2005), S. 6.
[1547] Vgl. *Brücks/Kerkhoff/Richter* (2005), S. 3-7.
[1548] Die Berücksichtigung der Besteuerung kann durchaus mit *IAS* 36.BCZ83 begründet werden.
[1549] Ein Abzug von Schulden kann „sometimes" nach *IAS* 36.79 erfolgen.

legender Zeitwert abzüglich Veräußerungskosten ausgegeben, welches darin Begründung findet, daß die vorgenannten Faktoren ‚quasi automatisch' in eine marktorientierte Betrachtung des Bewertungsobjekts einflössen, und die konstitutive These aufgestellt, der *Value in Use* müsse stets kleiner als diese Wertgröße sein, womit im Endeffekt die Ermittlung des Nutzungswerts überflüssig würde.[1550]

Nach *Freiberg/Lüdenbach* stellt diese ‚Interpretation' des *impairment of Assets* mittlerweile keine Einzelmeinung mehr dar:[1551]

> „Die Bestimmung des Nettoveräußerungswerts über ein Barwertkalkül gestaltet sich in der Praxis wegen fehlender Restriktionen i.d.R. als wesentlich einfacher als die Ermittlung des Nutzungswerts. [...]
> Aufgrund des Fehlens entsprechender Reglementierungen zum Nettoveräußerungswert nimmt die Impairment-Praxis daher Barwertberechnungen zunehmend unter der Überschrift ‚Nettoveräußerungswert' vor."[1552]

Gegen das verstärkte Hinzuwenden der Unternehmenspraxis zum *Fair Value less Costs to sell* ist grundsätzlich nichts einzuwenden, sofern die Bewertungsannahmen durch einen strikten Marktbezug gekennzeichnet sind. Auf die diesbezüglichen Erhebungsschwierigkeiten wurde bereits hingewiesen, die letzten Endes in der im Rahmen dieser Arbeit vertretenen Auffassung münden, eine den Regelungen des *IAS 36* konforme Bestimmung des erzielbaren Betrags konkretisiere sich hauptsächlich – abgesehen von der Einzelvermögensebene – im *Value in Use*. Unabhängig von dieser Einschätzung ist hingegen ein aus Perspektive der Rechnungslegung nach Gutdünken berechneter Barwert, der unter dem ‚Deckmantel' des beizulegenden Zeitwerts abzüglich Veräußerungskosten in den Werthaltigkeitstest eingeschleust und dort als einzig relevante Wertgröße deklariert wird, strikt abzulehnen, weil damit die *de lege lata* gültigen Vorschriften und folglich der Regelungsinhalt des *IAS 36* augenscheinlich konterkariert würden.[1553]

4.4.2 Berechnungsvorgaben für die Bestimmung des Value in Use

Entsprechend des dem Nutzungswert vom *IASB* zugedachten Charakters eines unternehmensinternen Entscheidungswerts (vgl. Kap. 4.4.1.2, S. 248 f.) manifestiert sich der *Value in Use* in einer ertragsorientierten Unternehmensbewertungskalkülstruktur[1554].[1555] Für dessen Anwendung sollen grundsätzlich

---

[1550] Vgl. *Brücks/Kerkhoff/Richter* (2005), S. 5-7.
[1551] Verhältnismäßig unkritisch sogar *Ballwieser* (2006a), S. 205 f.
[1552] *Freiberg/Lüdenbach* (2005), S. 486.
[1553] Vgl. zu einer Würdigung dieser Bemühungen aus dem Betrachtungswinkel einer bereichsbezogenen Unternehmensbewertung für interne Zwecke vgl. Kap. 5.3.4, S. 373 ff.
[1554] Verwirrend die Ausführungen von *Ballwieser* (2006a), S. 198, „[e]r ist ein Kapitalwert."
[1555] Vgl. *Hoffmann* (2007), Rz. 22.

- eine Prognose der zukünftig zu erwartenden *Cashflows* aus dem Bewertungsobjekt erstellt,
- Erwartungen über mögliche Abweichungen in der Höhe oder des zeitlichen Anfalls der *Cashflows* berücksichtigt,
- der Zeitwert des Geldes, repräsentiert durch den aktuellen risikolosen Zinssatz am Markt, erfaßt,
- eine Prämie für die Übernahme des dem Bewertungsobjekt innewohnenden Risikos erhoben sowie
- weitere Faktoren, wie z.B. Illiquidität, die anderen Marktteilnehmer bei der Bewertung der künftig zu erwartenden *Cashflows* einbezögen, beachtet werden.[1556]

Diese für eine investitionstheoretisch fundierte Barwertermittlung unter Unsicherheit obligatorischen Bewertungsregeln[1557] erfahren entlang der Vorschriften von *IAS 36* eine ‚Präzisierung',[1558] die es in den folgenden Gliederungspunkten darzustellen gilt.

Als erstes werden die Vorgaben zur Bestimmung der bewertungsrelevanten Erfolgsgrößen thematisiert (vgl. 4.4.2.1, S. 257 ff.). Danach steht die Festlegung des Planungshorizonts und Verwendung von Bewertungsannahmen, die über eine Detailprognosephase hinausgehen, im Mittelpunkt der Betrachtung (vgl. Kap. 4.4.2.2, S. 265 ff.).[1559] Im Anschluß daran erfolgt eine Beschreibung der im *Impairment of Assets* vorgesehenen Möglichkeiten der Unsicherheitsberücksichtigung (vgl. Kap. 4.4.2.3, S. 267 ff.) sowie der Vorschriften zur Ermittlung des Diskontierungszinssatzes (vgl. Kap. 4.4.2.4, S. 271 ff.).[1560]

4.4.2.1 Bewertungsrelevante Erfolgsgrößen

Der soeben angesprochene unspezifische Charakter der Berechnungsvorgaben für den *Value in Use* setzt sich in einer Fülle von pauschalen Hinweisen zur Herleitung der bewertungsrelevanten Erfolgsgrößen fort. So beschreibt das *IASB* ausführlich, daß die Zahlungsstromprognose der Vollständigkeit zu genügen hat, was gewährleistet ist, wenn

- die geplanten *Cashflows* alle aus der weiteren Nutzung des Bewertungsobjekts resultierenden Mittelzuflüsse umfassen,[1561]

[1556] Vgl. *IAS* 36.30 sowie *SFAC* 7.23; *SFAC* 7.39.
[1557] Vgl. etwa *Ballhaus/Futterlieb* (2003), S. 568; *Bieker/Esser* (2003), S. 80; *Bieker/Esser* (2004), S. 456.
[1558] Vgl. *IAS* 36.33-57.
[1559] Vgl. *IAS* 36.33-54.
[1560] Vgl. *IAS* 36.55-57.
[1561] Vgl. *IAS* 36.39 (a).

- sämtliche zukünftige Mittelabflüsse berücksichtigt werden, die bei der fortlaufenden Nutzung oder der Versetzung des Bewertungsobjekts in einen betriebsfähigen Zustand anfallen und diesem auf einer vernünftigen und vertretbaren Basis zugeordnet werden können sowie[1562]
- alle Ein- und Auszahlungen in das Barwertkalkül einbezogen werden, die am Ende der Nutzungsdauer des Bewertungsobjekts anfallen.[1563]

Für den zuletzt angesprochenen Liquidationswert[1564] der Bewertungseinheit ist ein Preis anzusetzen, der sich bei einer Transaktion zwischen sachverständigen, vertragswilligen und voneinander unabhängigen Geschäftspartnern nach Abzug der voraussichtlichen Veräußerungskosten ergeben würde.[1565] Solche marktüblichen Konditionen sind ebenso bei etwaig aus konzerninternen Liefer- und Leistungsverflechtungen resultierenden Zu- oder Abflüssen von Zahlungsmitteln anzusetzen.[1566]

Als weitere allgemeine Regelung sieht *IAS* 36 vor, daß Schätzungen von *Cashflows* zunächst in der Währung vorzunehmen sind, in der sich deren Vereinnahmung erwartungsgemäß vollziehen wird; die anschließende Diskontierung hat mit einem für diese Fremdwährung angemessenen Diskontierungsfuß zu erfolgen, wonach der ermittelte Nutzungswert mit dem an dem Tag des Werthaltigkeitstests gültigen Devisenkassakurs umzurechnen ist.[1567]

Um die Effekte der Inflation zu berücksichtigen, kann die Planungsrechnung nach den Vorgaben des *Impairment of Assets* entweder auf nominalen oder realen Größen basieren, wobei vom IASB die Selbstverständlichkeit herausgestellt wird, daß die Zahlungsstromprognose und der Diskontierungsfuß einheitlich anzupassen sind.[1568]

Die bisher aufgezeigte Präzisierung des Bewertungskalküls durch die Vorschriften von *IAS* 36 ähnelt zeitweilig den Grundsätzen ordnungsmäßiger Unternehmensbewertung;[1569] spezifischere Vorgaben fehlen hingegen, etwa im Hinblick auf anzuwendende Bewertungsverfahren.[1570] Da sich der Wortlaut der Regelungen des *Impairment of Assets* aber auf Zahlungsmittelströme zuspitzt, kommen für eine Berechnung des *Value in Use* nur *cashflow*orientierte Barwertkalküle in Frage.[1571]

[1562] Vgl. *IAS* 36.39 (b); *Baetge/Krolak/Thiele* (2002), Rz. 53; *Beyhs* (2002), S. 118.
[1563] Vgl. *IAS* 36.39 (c).
[1564] Vgl. *Wirth* (2005), S. 48-49.
[1565] Vgl. *IAS* 36.52-53; *Bartels/Jonas* (2006), Rz. 48.
[1566] Vgl. *IAS* 36.70; *Beyhs* (2002), S. 119; *Lienau/Zülch* (2006), S. 322.
[1567] Vgl. *IAS* 36.54; *Baetge/Krolak/Thiele* (2002), Rz. 63; *Bartels/Jonas* (2006), Rz. 47.
[1568] Vgl. *IAS* 36.40; *Adler/Düring/Schmaltz* (2002), Abschnitt 9, Rn. 129; *Wirth* (2005), S. 47-48.
[1569] Vgl. grundlegend *Moxter* (1983).
[1570] Vgl. *Ballwieser* (2006a), S. 199; *Ballwieser* (2006b), S. 275.
[1571] Vgl. *IAS* 36.30-54.
Äquivalente Bewertungsverfahren können hingegen nicht zur Bestimmung des Nutzungswerts herangezogen werden, vgl. *IAS* 36.57 (a) i.V.m. *IAS* 36.58.
Die von *Pellens et al.* (2005), S. 15 bei einem deutschen Großunternehmen im Rahmen des Werthaltigkeitstests von Geschäfts- oder Firmenwerten dokumentierte Verwendung eines Bewertungs-

Hinsichtlich der weiteren Konkretisierung der Zahlungsmittelflüsse verläßt sich das *IASB* hauptsächlich auf die Expertise des *Management*, wie im folgenden Gliederungspunkt gezeigt wird.

4.4.2.1.1 Unternehmensinterne Planungen des Cashflow als Leitfaden

Den unternehmensinternen Planungen mißt *IAS 36* bei der Ermittlung des *Value in Use* zentrale Bedeutung zu, was allein daran abgelesen werden kann, daß die bewertungsrelevanten Erfolgsgrößen „on reasonable and supportable assumptions that represent management's best estimate of the range of economic conditions"[1572] fußen. Dies läßt sich natürlich erneut auf den *Management Approach* zurückführen, wobei das *IASB* die Prognose des bilanzierenden Unternehmens nicht nur für relevant, sondern gleichzeitig für verläßlich erachtet.[1573] Daß „the most recent financial budgets/forecasts approved by management"[1574] unter dem Aspekt der Verifizierung gesehen werden können,[1575] wirkt auf den ersten Blick paradox, wird jedoch mit der Annahme begründet „dass die Unternehmensleitung im Rahmen der internen Finanzplanung ihre Einschätzung der zukünftigen Entwicklung unverfälscht wiedergibt, da diese Daten [ihre eigene] Entscheidungsgrundlage" darstellen, wodurch „eine Objektivierung der Prognose des Nutzungswerts erreicht werden [kann], weil jede unangemessene Ausübung von Ermessensspielräumen zugleich die der Unternehmenssteuerung zugrundeliegenden Zahlen beinflusst."[1576]

Ohne eine Würdigung dieser für die Regelungen des Werthaltigkeitstests elementaren Prämisse in Anbetracht des Darstellungscharakters dieses Kapitels vornehmen zu können, verdeutlicht sich deren Problematik vor dem Hintergrund des Spannungsverhältnisses von *Relevance* und *Reliability* (vgl. Kap. 4.1.2, S. 200 ff.) bereits darin, daß sich das *IASB* zudem entschlossen hat „some safeguards to limit the risk that an enterprise may make an over-optimistic (pessimistic) estimate of recoverable amount"[1577] zu installieren.

Diese Normierungen betreffen vor allem zukünftige Erweiterungsinvestitionen oder Restrukturierungsmaßnahmen, die in der Zahlungsstromprognose keine Berücksichtigung finden dürfen, was im übrigen ebenso für die Besteuerung und Finanzierung gilt. Daneben ist die *Management*einschätzung bezüglich der ökonomi-

---

verfahrens auf Basis von Residualgewinnen ist als nicht standardkonform abzulehnen. Vgl. zu einer Diskussion einer vergleichbaren und fragwürdigen Beschränkung der Unternehmensbewertungsverfahren durch *IDW* (2005a) statt vieler *Prokop* (2004), S. 188-193.

[1572] *IAS* 36.33 (a).
[1573] Vgl. etwa *IAS* 36.BCZ23.
[1574] *IAS* 36.33 (b).
[1575] Vgl. *Adler/Düring/Schmaltz* (2002), Abschnitt 9, Rn. 126.
[1576] *Dawo* (2003), S. 230 (beide Zitate); ähnlich etwa *Adler/Düring/Schmaltz* (2002), Abschnitt 9, Rz. 128; *Hoffmann* (2007), Rz. 86.
[1577] *IAS* 36.BCZ24.

schen Rahmenbedingungen des Bewertungsobjekts mit „external evidence"[1578] in Einklang zu bringen; als unternehmensexterne Informationen können etwa Publikationen von Wirtschaftsforschungsinstituten, vom Statistischen Bundesamt oder von Branchenverbände herangezogen werden.[1579]

Außerdem hat das bilanzierende Unternehmen die Angemessenheit seiner Annahmen, auf denen die Projektion der bewertungsrelevanten *Cashflows* in der Vergangenheit beruhten, zu beurteilen, indem „the causes of differences between past cash flow projections and actual cash flows"[1580] analysiert werden. Mithin könnte dieser Verpflichtung anhand einer Abweichungsanalyse nachgekommen werden;[1581] dies stellt einen Aspekt von *IAS* 36 dar, dem in Theorie und Praxis bislang kaum Aufmerksamkeit zuteil wurde.[1582]

4.4.2.1.2 Explizit ausgeschlossene, zahlungswirksame Einflußgrößen

4.4.2.1.2.1 Nichtberücksichtigung von Steuern

Der Nutzungswert ist nach *IAS* 36 grundsätzlich als Vorsteuerwert konzipiert. In die Zahlungsstromprognose dürfen keine Steuerzahlungen bzw. -erstattungen eingehen,[1583] was für das Bewertungskalkül eine Vernachlässigung sämtlicher Unternehmens- und persönlicher Steuern im Bewertungskalkül impliziert.[1584]

Das *IASB* begründet das Abzielen auf eine Vorsteuerbasis mit der Notwendigkeit, Doppelzählungen steuerlicher Effekte sowie technischer Umsetzungsprobleme bei der Abgrenzung latenter Steuern, die aus einer Nachsteuerrechnung hervorgingen, vermeiden zu wollen.[1585]

Doppelerfassungen von Steuereffekten könnten demnach entstehen, wenn es infolge von „'temporary differences'"[1586] zwischen Buch- und Steuerbilanzwerten von Vermögenswerten verpflichtend zum Ansatz latenter Steuern gem. *IAS* 12 käme und diese Steuereffekte gleichzeitig bei der Ermittlung eines nachsteuerbasierten *Value in Use* einbezogen würden;[1587] eine tendenzielle Unterbewertung der Aktiva wäre die Folge.[1588]

[1578] *IAS* 36.33 (a).
[1579] Vgl. *Beyhs* (2002), S. 119, Fn. 613.
[1580] *IAS* 36.34.
[1581] Vgl. *IAS* 36.BC63-65.
[1582] Allenfalls *Hepers* (2005), S. 245 mit dem Hinweis auf „Soll-Ist-Vergleiche"; a.A. *Haring* (2004), S. 198.
[1583] Vgl. *IAS* 36.50 (b).
[1584] Vgl. *Ballwieser* (2006a), S. 201; korrespondierend im Kalkulationszinsfuß vgl. Kap. 4.4.2.4.1, S. 271 ff.
[1585] Vgl. *IAS* 36.BCZ84.
[1586] *IAS* 36.BCZ81 (a).
[1587] Vgl. *IAS* 36.BCZ81 (a); *IAS* 36.BCZ82; *IAS* 36.BCZ84 (a); *Lienau/Zülch* (2006), S. 321.
[1588] Vgl. *Husmann/Schmidt/Seidel* (2002), S. 16.

Zum anderen führte nach Ansicht des *IASB* eine Nachsteuerbetrachtung zu technischen Schwierigkeiten in Form eines „Zirkularitätsproblem[s]"[1589]: Da Wertminderungen von Vermögenswerten steuerliche Teilwertabschreibungen bewirken können, verringere sich in diesem Fall die Ertragssteuerlast des bilanzierenden Unternehmens, was den Wert des zunächst ermittelten Nutzungswert ansteigen ließe.[1590] Dieser erhöhte *Value in Use* verursachte indes eine geringere steuerliche Abschreibung, wodurch der Nutzungswert wiederum sänke.[1591] Um einer Lösung dieses Anpassungsprozesses durch eine „iterative and possibly complex computation"[1592] aus dem Weg zu gehen, weicht das *IASB* auf eine Vorsteuerbasis aus.[1593] Kritisch muß an dieser Stelle angemerkt werden,[1594] daß es zu befürchten gilt, durch die Vorgabe eines vorsteuerbasierten *Value in Use* könnte das von *IAS* 36 angeführte Rationalitätskalkül eines Unternehmens ebenso wie die Entscheidungsnützlichkeit der vermittelten Informationen in Mitleidenschaft gezogen werden.[1595] Unter der Annahme, der Übergang von einer vor- auf eine nachsteuerbasierte Konzeption hätte – vorbehaltlich einer Berücksichtigung der Finanzierungseffekte – einen negativen Einfluß auf die Höhe des Nutzungswerts,[1596] kommt es hierdurch aktuell zu geringeren außerplanmäßigen Abschreibungen und zu einer Überbewertung der Aktiva.

Weitergehend weisen *Husmann/Schmidt/Seidel* zu Recht darauf hin, daß das beschriebene Zirkularitätsproblem in der aktuell gültigen Fassung von *IAS* 12, das einem statischen Bewertungskonzept folgt, überhaupt nicht existent ist, sondern erst auftrete, wenn der Barwert latenter Steuern von einem Nutzungswert nach Steuern abgegrenzt werden sollte.[1597]

Daß es sich dabei letztendlich nur um ein ‚Pseudo-Zirkularitätsproblem' handelt, räumt das *IASB* ebenso wie das eigentlich bestehende Interesse an einem nachsteuerbasierten *Value in Use* selbst ein,[1598] denn „[i]n principle, value in use should include the present value of the future tax cash flows that would result if the tax base of the asset were equal to its value in use."[1599]

[1589] *Baetge/Krolak/Thiele* (2002), Rz. 61.
[1590] Vgl. *Breitenstein/Hänni* (2005), S. 650 f.
[1591] Vgl. *Zülch/Lienau* (2006), S. 321.
[1592] *IAS* 36.BCZ84 (b).
[1593] Vgl. *IAS* 36.BCZ84.
[1594] *Schmusch/Laas* (2006), S. 1053 erachten die Eliminierung sämtlicher Unternehmenssteuern aus den *Cashflows* als unproblematisch.
[1595] Vgl. *Beyhs* (2002), S. 207.
[1596] Die Beispielsrechnungen von *Husmann/Schmidt/Seidel* (2002), S. 9 ff. können die These durchaus untermauern; a.A. *Haring* (2004), S. 223-227. Vgl. zu einer Diskussion möglicher Werteffekte Kap. 5.3.3.3.2.1, S. 364 ff.
[1597] Vgl. grundlegend *Husmann/Schmidt/Seidel* (2002), S. 16 f.
[1598] Vgl. *IAS* 36.BCZ86-87.
[1599] *IAS* 36.BCZ84. Zur Diskussion vgl. auch *IAS* 36.BC90-94.

4.4.2.1.2.2 Nichtberücksichtigung von Finanzierungsaktivitäten

Ebenso wie von Steuereffekten ist bei der Prognose bewertungsrelevanter *Cashflows* von Mittelzuflüssen und -abflüssen aus der Finanzierungstätigkeit zu abstrahieren.[1600]
Ursächlich für den Ausschluß von Finanzierungszahlungen ist der Grundsatz von *IAS* 36, daß Zahlungen, die bereits in einem anderen Abschlußposten berücksichtigt sind, bei der Berechnung des *Value in Use* keine Beachtung finden, um – wie mehrfach betont – Doppelerfassungen zu unterbinden.[1601] Bezogen auf das bilanzielle Fremdkapital eines Unternehmens folgt hieraus, daß etwa die mit Anleihen, Verbindlichkeiten gegenüber Kreditinstituten und sonstigen verzinslichen Verbindlichkeiten in Verbindung stehenden Zahlungsvorgänge bei der Bestimmung bewertungsrelevanter Erfolgsgrößen des Nutzungswerts unberücksichtigt bleiben.[1602] Ausnahmen von dieser ‚Finanzierungsneutralität' der *Cashflow*prognose sieht das *IASB* für erhaltene Anzahlungen, Verbindlichkeiten aus Lieferungen und Leistungen, sonstige Verbindlichkeiten sowie Rückstellungen vor,[1603] was das *I-ASB* mit „practical reasons"[1604] begründet.[1605] Gleiches kann auch für Pensionsrückstellungen gelten; werden letztere bei der Berechnung des entsprechenden Buchwerts eines Bewertungsobjekts in Abzug gebracht, so bedürfte es keiner Erfassung des mit ihnen korrespondierenden Zahlungsmittelprofils in den Planungen der Erfolgsgröße.[1606]

4.4.2.1.2.3 Nichtberücksichtigung von Erweiterungsinvestitionen und Restrukturierungsmaßnahmen

Die Bestimmung des Nutzungswerts steht unter der grundlegenden Maxime, das Bewertungsobjekt eines *Impairment Test* unter „its current condition"[1607] zu bewerten.[1608]
Damit fokussiert das *IASB* auf eine Ermittlung der am Bewertungsstichtag vorhandenen Ertragskraft;[1609] m.a.W. ist bei der Prognose der Erfolgsgrößen von ei-

---

[1600] Vgl. *IAS* 36.50.
[1601] Vgl. *IAS* 36.43; *Baetge/Krolak/Thiele* (2002), Rz. 57; *Beyhs* (2002), S. 126 ff.
[1602] Vgl. hierzu korrespondierend die Bestimmung des *Carrying Amount* des einer Werthaltigkeitsüberprüfung unterliegenden Bewertungsobjekts Kap. 4.3.3, S. 240 ff.
[1603] Vgl. *Hachmeister* (2005), S. 220; *Heuser/Theile* (2005), Rz. 744.
[1604] *IAS* 36.79.
[1605] Ob der Nutzungswert aufgrund dieses Begründungsstrangs nach Berücksichtigung sämtlicher Fremdfinanzierungseffekte berechnet werden darf, muß bezweifelt werden; a.A. *Wirth* (2005), S. 52.
[1606] Vgl. *IDW* (2005b), S. 1423; *Schmusch/Laas* (2006), S. 1053.
[1607] *IAS* 36.44; *IAS* 36.45; *IAS* 36.49; *IAS* 36.BCZ45; *IAS* 36.BC67; *IAS* 36.BC72; *IAS* 36.BC74.
[1608] Vgl. etwa *IAS* 36.33 (b); *IAS* 36.41; *IAS* 36.44; *IAS* 36.45; *IAS* 36.49; *IAS* 36.BCZ43-45; *I-AS* 36.BC66-75.
[1609] Vgl. *Dyckerhoff/Lüdenbach/Schulz* (2003), S. 52 f.; *Lüdenbach/Hoffmann* (2004), S. 1075.

ner Bewertungseinheit auszugehen, ‚wie sie steht und liegt'.[1610] Abweichungen von dieser Interpretation des Stichtagsprinzips[1611] sehen die Regelungen des *Impairment of Assets* nur bei Anlagen im Bau, regelmäßigen Überholungsaufwendungen und Veräußerungserlösen vor.[1612]

Deswegen ist die Berechnung des *Value in Use* unabhängig von noch nicht eingeleiteten Investitionen durchzuführen, die zu einer verbesserten Leistungsfähigkeit über den aktuellen Zustand des betrachteten Bewertungsobjekts hinaus führen.[1613] Hierzu lassen sich allgemein Maßnahmen zählen, die eine quantitative Steigerung oder qualitative Verbesserung des Output herbeiführen.[1614] Die Prognose der bewertungsrelevanten *Cashflows* hat somit unabhängig von den mit zukünftigen Erweiterungsinvestitionen einhergehenden Zahlungsmittelströmen zu erfolgen.[1615]

Demgegenüber sind Erhaltungsinvestitionen[1616], die einer Bewahrung des am Tag des Werthaltigkeitstests festgestellten *status quo* des Bewertungsobjekts dienen, mit ihren jeweiligen Zahlungsmittelkonsequenzen bei der Berechnung des *Value in Use* zu berücksichtigen.[1617]

Die von *IAS* 36 vorgeschriebene Differenzierung innerhalb der Investitionstätigkeit eines Unternehmens erscheint auf den ersten Blick durchaus schlüssig; mit zunehmender Größe der Bewertungseinheit, speziell beim Vorhandensein von Geschäfts- oder Firmenwerten, können hieraus jedoch erhebliche praktische Umsetzungsschwierigkeiten resultieren.[1618] Als ursächlich für diese Probleme wird der Mangel einer eindeutigen Definition eliminierungspflichtiger Sachverhalte im Rahmen des *Impairment of Assets* empfunden, wobei in diesem Zusammenhang die in Abb. 33, S. 264 dargestellten Auslegungsmöglichkeiten in Theorie und Praxis diskutiert werden:[1619]

[1610] Vgl. *Hachmeister* (2005), S. 216.
[1611] Vgl. grundlegend *Moxter* (1983), S. 168 ff.
[1612] Vgl. *IAS* 36.42; *IAS* 36.49; *IAS* 36.49 (c); *Lüdenbach/Hoffmann* (2004), S. 1075.
[1613] Vgl. *IAS* 36.33 (b); *IAS* 36.44 (b); *IAS* 36.BC66-75.
[1614] Vgl. *Beyhs* (2002), S. 123, m.w.N.
[1615] Vgl. *Hachmeister* (2005), S. 218 zu dem Vorschlag bei Aktiengesellschaften auf die Beschlußfassung der Organe abzustellen.
[1616] Vgl. zum „day-to-day servicing" *IAS* 36.41; *IAS* 36.49; *IAS* 36.BC75.
[1617] Vgl. *IDW* (2005b), S. 1425.
[1618] Vgl. statt vieler *Brücks/Kerkhoff/Richter* (2005), S. 5 f.; *Hoffmann* (2007), Rz. 60 ff.; *Lüdenbach/Hoffmann* (2004), S. 1068 ff.; *Wirth* (2005), S. 50, jeweils m.w.N.
[1619] Vgl. grundlegend *Brücks/Kerkhoff/Richter* (2005), S. 6.

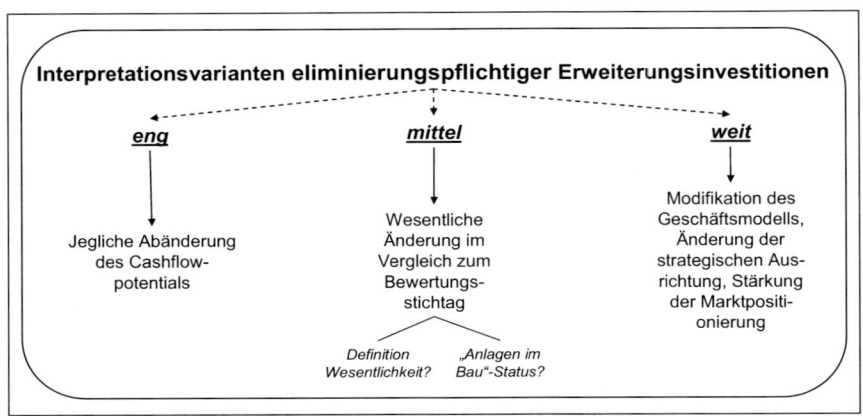

```
┌─────────────────────────────────────────────────────────────────────┐
│  Interpretationsvarianten eliminierungspflichtiger Erweiterungsinvestitionen │
│          ←----------------↓----------------→                        │
│           eng            mittel              weit                   │
│            ↓               ↓                  ↓                     │
│                         Wesentliche      Modifikation des           │
│       Jegliche Abänderung  Änderung im    Geschäftsmodells,         │
│       des Cashflow-     Vergleich zum     Änderung der              │
│       potentials        Bewertungs-       strategischen Aus-        │
│                         stichtag          richtung, Stärkung        │
│                                           der Marktpositi-          │
│                                           onierung                  │
│                         Definition    „Anlagen im                   │
│                         Wesentlichkeit?  Bau"-Status?               │
└─────────────────────────────────────────────────────────────────────┘
```

Abb. 33: Auslegungsmöglichkeiten eliminierungspflichtiger Erweiterungsinvestitionen

Daß eine Unterscheidung zwischen Erhaltungs- und Erweiterungsinvestitionen stets mit großen Interpretationsproblemen verbunden ist, demonstriert auch der von *Lüdenbach/Hoffmann* in die Diskussion eingebrachte Lösungsansatz, nachdem es für eine zweckentsprechende Anwendung von *IAS* 36 zunächst zu überprüfen gilt, ob die Bewertungseinheit einen „'Anlagen im Bau analogen Status'"[1620] aufweist. In diesem Fall lägen keine eliminierungspflichtigen Investitionen vor, bis das Bewertungsobjekt „fertiggestellt"[1621] sei. Die Beantwortung der Frage, wann Bewertungseinheiten einen solchen Status erreicht haben, bleibt – wie die dementsprechenden Beispiele eines Mobilfunkbetreibers, der durch die Errichtung weiterer Sendemasten die Erhöhung seiner Netzabdeckung von 80% auf 90% beabsichtigt, oder eines Tochterunternehmens eines deutschen Automobilhersteller, das sich auf dem chinesischen Wachstumsmarkt bemüht, einen Marktanteil von 15% zu behaupten – höchst diskutabel.[1622]

Vergleichbare Schwierigkeiten ergeben sich aus der Vorgabe von *IAS* 36, daß die aus Restrukturierungsmaßnahmen resultierenden Zahlungskonsequenzen lediglich insoweit bei der Prognose der Erfolgsgrößen berücksichtigt werden dürfen, als diese im Zeitpunkt der Werthaltigkeitsüberprüfung für die Unternehmensleitung bereits verpflichtend sind.[1623] Ab dem Beschluß der Restrukturierungsmaßnahme sind die damit einhergehenden Zahlungsmittelzuflüsse bei der *Cashflow*-prognose einzubeziehen, während von den entsprechenden Zahlungsmittelabflüs-

---

[1620] *Lüdenbach/Hoffmann* (2004), S. 1076; ähnlich *Dyckerhoff/Lüdenbach/Schulz* (2003), S. 54; *Hoffmann* (2007), Rz. 61.
[1621] *Brücks/Kerkhoff/Richter* (2005), S. 6.
[1622] Vgl. auch *Dyckerhoff/Lüdenbach/Schulz* (2003), S. 54; *Hoffmann* (2007), Rz. 64; *Lüdenbach/Hoffmann* (2004), S. 1076.
[1623] Vgl. *IAS* 36.44 (a); *IAS* 36.47; *Beyhs* (2002), S. 121.

sen nur der Teil einzuplanen ist, für den noch keine Rückstellungen gem. *IAS 37: Provisions, Contingent Liabilities and Contingent Assets* gebildet worden sind.[1624]

4.4.2.2 Phasenmodell, Planungshorizont und Berücksichtigung etwaiger Wachstumsraten

Neben dieser Negativabgrenzung von Komponenten der für die Berechnung des *Value in Use* relevanten *Cashflows* sehen die Vorschriften von *IAS* 36 eine phasenorientierte Differenzierung des Bewertungszeitraums vor, die dem in der Unternehmensbewertung zum Einsatz kommenden 2-Phasenmodell entspricht.[1625] So ist neben einem Detailprognosezeitraum eine Restwertphase vorgeschrieben, deren Länge von der Nutzungsdauer des betrachteten Bewertungsobjekts determiniert wird.[1626]

Die Detailprognosephase soll nach Ansicht des *IASB* maximal einen fünfjährigen Zeitraum umfassen,[1627] da „[d]etailed, explicit and reliable financial budgets/forecasts of future cash flows for periods longer than five years are generally not available."[1628] Kann das bilanzierende Unternehmen seine Fähigkeit aufzeigen, verläßliche Planungen von Zahlungsmittelüberschüssen für mehr als fünf Jahre zu erbringen, so ist der Einsatz entsprechend längerer Detailprognosephasen aber durchaus zulässig.[1629] Als Nachweis können in der Vergangenheit aufgestellte Prognosen von Erfolgsgrößen dienen, die sich über einen im Vergleich umfassenderen Zeitraum überwiegend bewahrheitet haben.

Für die Restwertphase sieht *IAS* 36 eine Extrapolation der Erfolgsgrößen anhand von gleichbleibenden oder abnehmenden Wachstumsraten vor.[1630] Deren Höhe ist im allgemeinen auf historische Wachstumsraten zu begrenzen, die in den letzten 20 Jahren für die hergestellten Produkte respektive die Branchen und Länder, in denen das Bewertungsobjekt tätig ist, festgestellt wurden.[1631] In Ausnahmefällen wird sogar der Einsatz steigender Wachstumsraten gestattet, die jedoch durch „objective information about patterns over a product or industry lifecycle"[1632] belegt werden müssen.[1633]

In diesem Zusammenhang muß auf die offensichtlichen Inkonsistenzen der Einzelvorschriften von *IAS* 36 zur Bestimmung des *Value in Use* hingewiesen wer-

---

[1624] Vgl. *IAS* 36.47 (b); *Wirth* (2005), S. 51.
[1625] Vgl. *Ballwieser* (2006a), S. 200, m.w.N.
[1626] Vgl. *IAS* 36.33 (b); *IAS* 36.36; *Beyhs* (2002), S. 129.
[1627] Vgl. *IAS* 36.33 (b).
[1628] *IAS* 36.34.
[1629] Vgl. *IAS* 36.35.
[1630] Vgl. *IAS* 36.36.
[1631] Vgl. *IAS* 36.37, ausführlich *Lienau/Zülch* (2006), S. 327-329.
[1632] *IAS* 36.36.
[1633] Progressiv steigende Zahlungsmittelüberschüssen lassen sich vor allem bei jungen, wachstumsorientierten Unternehmen begründen, vgl. *Beyhs* (2002), S. 129, Fn. 647.

den, denn es drängt sich die Frage auf, woher ein nicht preisbedingtes, nachhaltiges Wachstum in der Restwertphase stammen soll, wenn zugleich noch nicht eingeleitete Erweiterungsinvestitionen als auch Finanzierungseffekte zu vernachlässigen sind.[1634] Die ‚Rettungsversuche' von *Lüdenbach/Hoffmann*, wonach eine positive Wachstumsrate

- aus Erweiterungsinvestitionen, die bei größeren Bewertungsobjekten, speziell mit zugeordneten Geschäfts- oder Firmenwerten, durchaus in der *Cashflow*prognose berücksichtigt werden dürften, oder
- aus vollständiger Fremdfinanzierung, die sich aufgrund der geforderten Finanzierungsneutralität nicht in den geplanten Zahlungsmittelüberschüssen niederschlagen würde,

resultieren könnte, widersprechen dem Wortlaut von *IAS* 36 respektive führen zu „ökonomisch unsinnigen Ergebnissen"[1635].[1636] Ob überhaupt eine schlüssige Interpretation des Zusammenspiels der im *Impairment of Assets* geforderten Nichtberücksichtigung von Erweiterungsinvestitionen sowie Unbeachtlichkeit der Finanzierungstätigkeit mit der Annahme real wachsender Zahlungsmittelüberschüsse gefunden werden kann, ist aus theoretischer Perspektive stark zu bezweifeln.[1637]

Die der Unterteilung des Planungshorizonts und Herleitung der bewertungsrelevanten *Cashflows* vorausgehende Festlegung der Nutzungsdauer des Bewertungsobjekts wird im wesentlichen von dessen Aggregationsniveau geprägt. Für einzelne Vermögenswerte gilt die wirtschaftliche Nutzungsdauer[1638] als maßgebend für den Prognosezeitraum.[1639] In der Literatur werden unterschiedliche Verfahren zur Bestimmung des Prognosezeitraums von *Cash-Generating Units* vorgeschlagen, etwa eine Orientierung an der gewogenen durchschnittlichen Nutzungsdauer[1640] oder dem „predominant asset"[1641].[1642] Mit zunehmender Größe der Bewertungseinheiten erscheinen solche Vorgehensweisen jedoch unpassend[1643] und der funktionale Aspekt des Zusammenwirkens der Vermögenswerte innerhalb des Leistungsverbunds bei der Nutzungsdauerbestimmung rückt in den Vordergrund.[1644] Unter Beachtung der für die *IFRS*-Rechnungslegung grundlegenden

---

[1634] Vgl. *Ballwieser* (2006a), S. 201; *Ballwieser* (2006b), S. 276; *Hachmeister* (2005), S. 219; *Hachmeister* (2006b), S. 265 f.; *Hoffmann* (2007), Rz. 46, jeweils m.w.N.
[1635] *Lüdenbach/Hoffmann* (2004), S. 1075.
[1636] Vgl. selbstkritisch *Hoffmann* (2007), Rz. 60; *Lüdenbach/Hoffmann* (2004), S. 1075 f.
[1637] Vgl. grundlegend *Lüdenbach/Hoffmann* (2004), S. 1075 f.
[1638] Vgl. zur Bestimmung der ökonomischen Nutzungsdauer für geplante Investitionen und optimaler Ersatzzeitpunkte statt vieler *Busse von Colbe/Laßmann* (1990), S. 131 ff.
[1639] Vgl. *IDW* (2005b), S. 1425.
[1640] Vgl. *Kostoglian/Lendez* (1995), S. 89.
[1641] *Kostoglian/Lendez* (1995), S. 89; vgl. auch *IDW* (2005b), S. 1425.
[1642] Vgl. *Klingels* (2005), S. 91-99.
[1643] Vgl. *Beyhs* (2002), S. 114 ff. *Dyckerhoff/Lüdenbach/Schulz* (2003), S. 54 ff.; a.A. *Klingels* (2005), S. 91 ff.; *Wirth* (2005), S. 37 ff., jeweils m.w.N.
[1644] Vgl. *Beyhs* (2002), S. 115.

Going Concern-Prämisse erscheint es beim *Impairment Test* für verhältnismäßig weit abgegrenzte *Cash-Generating Units*, in jedem Fall bei zugerechnetem *Goodwill*, zweckmäßig, von einer unendlichen Nutzungsdauer des Bewertungsobjekts auszugehen.[1645]

4.4.2.3 Möglichkeiten der Unsicherheitsberücksichtigung

Das *IASB* erwartet, daß bei einer Bestimmung des *Value in Use* „the price for bearing the uncertainty"[1646] berücksichtigt wird (vgl. Kap. 4.4.2, S. 256 ff.). Hierfür halten die Vorschriften des *Impairment of Assets* zwei verschiedene Methoden bereit, nämlich den *Traditional Approach*[1647] und *Expected Cashflow Approach*[1648].[1649]

4.4.2.3.1 Traditional Approach

Mit dem *Traditional Approach* umschreibt *IAS* 36 ein Verfahren, das ausgehend von „contractual cash flows"[1650] oder „single most likely cash flow"[1651] versucht, eine Berücksichtigung und Adjustierung der einem Bewertungsobjekt immanenten Unsicherheiten anhand eines risikoangepaßten Zinssatzes zu bewerkstelligen.[1652]

Die Besonderheit dieses Bewertungskalküls liegt in der Fokussierung auf vertraglich vereinbarte *Cashflows* respektive den Modalwert[1653] der als möglich erachteten Zahlungsstromrealisierungen und den daraus resultierenden Konsequenzen für die Wahl eines geeigneten Kalkulationszinsfußes, die das „Kernproblem"[1654] des *Traditional Approach* darstellen. In diesem Zinssatz, der als „'the rate consumerate with the risk'"[1655] bezeichnet wird, müssen sämtliche "expectations about the future cash flows and the appropriate risk premium"[1656] zum Ausdruck kommen.[1657] Die Herleitung einer sich hinter den wahrscheinlichsten *Cashflows* verbergenden Mehrwertigkeit der Zahlungsstromprognose und eines die spezifische Risikoprämie eines Bewertungsobjekts inkorporierenden Diskontierungssatzes hat auf Basis beobachtbarer Marktdaten zu erfolgen.[1658] Hierfür bedarf es eines markt-

---

[1645] Vgl. hierzu *IAS* 1.23 ff.; *Beyhs* (2002), S. 117; a.A. *Wirth* (2005), S. 40 f.
[1646] *IAS* 36.30 (d).
[1647] Vgl. *IAS* 36.A4-A6.
[1648] Vgl. *IAS* 36.A7-A14.
[1649] Vgl. *IAS* 36.A2.
IAS 36.A1-A14 stimmen wörtlich nahezu mit *SFAC* 7.39-53 überein. Vgl. zu letzterem bereits Fn. 1519, S. 251.
[1650] *IAS* 36.A5.
[1651] *IAS* 36.A7.
[1652] Vgl. vor allem *IAS* 36.A6; bezüglich *SFAC* 7 vgl. *Freidank/Winkler* (2005), S. 45.
[1653] Bezüglich *SFAC* 7 vgl. *Ballhaus/Futterlieb* (2003), S. 571.
[1654] *Kümmel* (2002), S. 149 bezüglich *SFAC* 7.
[1655] *IAS* 36.A4.
[1656] *IAS* 36.A44.
[1657] Vgl. *IAS* 36.A4; *Mandl* (2005), S. 143; bezüglich *SFAC* 7 vgl. *Freidank/Winkler* (2005), S. 45.
[1658] Vgl. *IAS* 36.A6.

gehandelten Vergleichsobjekts, das ein dem Bewertungsobjekt ähnliches Zahlungsstromprofil aufweist; mittels Gleichsetzung des Marktpreises und der aus dem Vergleichsobjekt zu erwartenden Zahlungsmittel wird dessen interner Zinsfuß[1659] berechnet, der heranzuziehen ist, um die künftigen *Cashflows* der zu bewertenden Vermögenswerte zu diskontieren.[1660]

Der Hauptanwendungsbereich des *Traditional Approach* liegt in der Bewertung vertraglich fixierter künftiger Zahlungen.[1661] In diesen Fällen ist das Bewertungskalkül „relatively easy to apply"[1662], da vergleichbare finanzielle Vermögenswerte am Markt existent sind.[1663] Bei den Bewertungsobjekten des *Impairment of Assets* nach *IAS* 36 handelt es sich jedoch um nicht-finanzielle Vermögenswerte, für die eine entsprechende Barwertberechnung wegen des Fehlens marktbezogener Vergleichsobjekte nach h.M. abgelehnt wird (vgl. 4.4.1.1, S. 246 ff.).[1664]

Dieser Problematik ist sich offenbar auch das *IASB* bewußt, wenn es selbstkritisch feststellt, „[h]owever, the traditional approach may not appropriately address some complex measurement problems, such as the measurement of non-financial assets for which no market for the item or a comparable item exists"[1665] und folglich auf den *Expected Cashflow Approach* verweist, der "in some situations, a more effective measurement tool than the traditional approach"[1666] darstelle.[1667]

4.4.2.3.2 Expected Cashflow Approach

Das wesentliche Charakteristikum des *Expected Cashflow Approach* ist die Explikation der dem Bewertungsobjekt zugrundeliegenden Risikostruktur. Im Gegensatz zum *Traditional Approach* erfolgt nicht nur die Prognose einzelner Zahlungsströme, sondern es sind für die zu bewertenden Vermögenswerte Szenarien zu entwickeln, die in Abhängigkeit bestimmter Umweltzustände Aufschluß über möglicherweise eintretende *Cashflows* geben. Durch die Gewichtung der periodenspezifisch als denkbar erachteten Zahlungsstromszenarien mit den vom bilanzierenden Unternehmen subjektiv[1668] geschätzten Eintrittswahrscheinlichkeiten wird eine Verdichtung auf die „expected cashflow[s]"[1669] vorgenommen.[1670] Demnach stellt „[t]he use

---

[1659] Vgl. *Busse von Colbe/Laßmann* (1990), S. 105 ff.
[1660] Bezüglich *SFAC* 7 vgl. *Hitz/Kuhner* (2000), S. 895; *Kümmel* (2002), S. 151.
[1661] Bezüglich *SFAC* 7 vgl. *Hitz/Kuhner* (2000), S. 895; *Kümmel* (2002), S. 152; *Richter* (2004), S. 200; *Starbatty* (2001), S. 545, jeweils m.w.N.
[1662] *IAS* 36.A5.
[1663] Bezüglich *SFAC* 7 vgl. *Kümmel* (2002), S. 153; *Richter* (2004), S. 200.
[1664] Vgl. etwa *Mandl* (2005), S. 151; *Wirth* (2005), S. 55, jeweils m.w.N.
[1665] *IAS* 36.A6.
[1666] *IAS* 36.A7.
[1667] Vgl. *SFAC* 7.45, wonach der *Expected Cashflow Approach* "in many situations" effektiver sei als der *Traditional Approach.*
[1668] Vgl. *Kirsch* (2003a), S. 95.
[1669] *IAS* 36.A2.

of probabilities [...] an essential element of the expected cash flow approach"[1671] dar, wofür es einer intensiven Auseinandersetzung mit den Chancen und Risiken der Bewertungseinheit bedarf;[1672] mithin bildet die Szenariotechnik den Grundstein des *Expected Cashflow Approach*.[1673]

Wenn das *IASB* in diesem Zusammenhang dem *Expected Cashflow Approach* gegenüber dem Traditional Approach eine generelle Vorziehenswürdigkeit attestiert, scheint es sich direkt auf *Moxter* zu beziehen, der bezüglich des Mehrwertigkeitsprinzips ausführt:

> *„Ein Unternehmensbewerter, der, statt die Vielfältigkeit von möglichen künftigen Erträgen zu erforschen, von vornherein zum Mittel einwertiger Ertragsprognose greift, macht sich seine Aufgabe zu leicht. Er immunisiert sein Ergebnis; nur ein Wahrsager kann einem Wahrsager widersprechen.*
>
> *Einwertige Ertragsprognosen sind nicht realitätsgerecht: die Ertragserwartungen sind bei Unternehmensbewertungen stets mehrwertig."*[1674]

Im Hinblick auf den Detaillierungsgrad der szenariobasierten Prognose der *Cashflows* wird in *IAS 36* keine Bestimmung einer Unmenge von Einzelszenarien gefordert, die sich aus allen möglichen Umweltszenarien und deren zukünftigen Entwicklungsverläufen ergeben könnten; vielmehr ist eine praktikable Lösung mit einer begrenzten Anzahl von Szenarien anzustreben, die das Spektrum der denkbaren Zukunftsbilder hinreichend gut beschreibt.[1675] „Dabei wird eine Reduktion des Bewertungsproblems auf einen base case, best case und worst case der eher scheingenauen Darstellung einer Vielzahl von denkbaren Cash-flow-Szenarien vorgezogen"[1676],[1677] was auch vor dem Hintergrund der einzuhaltenden *Balance between Benefit and Cost* zu sehen ist.[1678]

Die Adjustierung des sich in der Streuung um den Erwartungswert ausdrückenden Risikos der *Cashflows* kann nach Maßgabe des *Expected Cashflow Approach* entweder als Risikozuschlag auf den risikolosen Zinssatz oder als Abschlag vom

---

[1670] Vgl. *Wirth* (2005), S. 55. Bezüglich *SFAC 7* vgl. *Starbatty* (2001), S. 547. Modalwert und Erwartungswert stimmen bei einer symmetrischen Verteilung der prognostizierten Zahlungsströme überein, so daß sich *Traditional Approach* und *Expected Cashflow Approach* bezüglich der Zählergröße entsprechen.
[1671] *IAS 36.A10.*
[1672] Vgl. *Starbatty* (2001), S. 545.
[1673] Vgl. *Wirth* (2005), S. 55, m.w.N.
[1674] *Moxter* (1983), S. 117.
[1675] Vgl. *IAS 36.A12*; *Wirth* (2005), S. 57, m.w.N.
[1676] *Ballhaus/Futterlieb* (2003), S. 573. Ferner *Trott/Upton* (2001), S. 2 ff.
[1677] Vgl. bereits *Jacob* (1980), S. 34 ff. zu dem Vorschlag, als Grundlage für die Abstimmung der Risikowirkungen für die strategische Geschäftseinheit nicht nur eine, sondern drei Zahlungsstromentwicklungen zu planen.
[1678] Vgl. *IAS 36.A12*; *Mandl* (2005), S. 144; bezüglich *SFAC 7* vgl. *Hitz/Kuhner* (2000), S. 895.

erwarteten Zahlungsstrom erfolgen.[1679] Die mitunter vertretene Auffassung, *IAS 36* schriebe implizit eine Verwendung von Sicherheitsäquivalenten vor,[1680] läßt sich mit einem Verweis auf das in der Zwischenzeit vom *IASB* gemeinsam mit dem *FASB* veröffentlichten Diskussionspapier *Fair Value Measurements* ablehnen;[1681] unter „*expected present value technique*" werden namentlich sowohl die Sicherheitsäquivalent- als auch Risikozuschlagsmethode subsumiert.[1682]

Genauere Angaben zur Risikobewertung enthalten die Vorschriften von *IAS 36* hingegen nicht.[1683] So bleibt die elementare Frage unbeantwortet, ob die anzuwendende Risikokonzeption auf der individuellen Risikoeinstellung des bilanzierenden Unternehmens fußt oder hierfür eine marktorientierte Sichtweise einzunehmen ist.

Zweifelsfrei gilt letzteres für die Bestimmung einer adäquaten Diskontierungsrate (vgl. Kap. 4.4.2.4, S. 271 ff.); inwieweit hiervon aber eine Risikoanpassung der vom *Management* aufgestellten Zahlungsstromszenarien in der Zählergröße des Bewertungskalküls tangiert wird, ist ungeklärt. In *IAS 36* finden sich nämlich keinerlei Vorgaben zur Bildung von Sicherheitsäquivalenten, so daß nicht zwingend von einer ausschließlich marktorientierten Risikoberücksichtigung ausgegangen werden kann. Die Beispielsrechnung[1684] in *Appendix A* trägt auch zu keiner diesbezüglichen Klärung bei,[1685] vielmehr sorgt sie für weitere Verwirrung in der Literatur; *Ballwieser* und *Hachmeister* haben die Berechnung, die eigentlich verdeutlichen soll, daß Unsicherheiten bezüglich des zeitlichen Anfalls der künftigen Zahlungsströme nicht mit dem *Traditional Approach* erfaßt werden können, in jüngerer Vergangenheit sogar als fehlerhaft zurückgewiesen.[1686] Ihrer Kritik wäre zu folgen, wenn das *IASB* risikobehaftete *Cashflows* mit risikolosen Kalkulationszinsfüßen diskontierte. Bei näherer Betrachtung des Zahlenbeispiels stellt sich jedoch heraus, daß die verwendeten Diskontierungssätze risikoadjustiert sein müssen, denn für die vergleichende Anwendung des *Traditional Approach* und *Expected Cash-*

[1679] Vgl. *Ballwieser* (2006a), S. 199 f.; *Ballwieser* (2006b), S. 275; *Esser/Hackenberger* (2004), S. 412; *Hepers* (2005), S. 243; *IDW* (2005b), S. 1419; *Küting/Hayn* (2006), S. 1214; *Lienau/Zülch* (2006), S. 322; *Mandl* (2005), S. 148 ff.; *Wagenhofer* (2005), S. 170; *Wirth* (2005), S. 59; bezüglich SFAC 7 vgl. *Ballhaus/Futterlieb* (2003), S. 571 f.; *Drukarczyk/Schüler* (2005), S. 733; *Freidank/Winkler* (2005), S. 47; *Hitz/Kuhner* (2000), S. 895 f.; *Starbatty* (2001), S. 545 ff.

[1680] Vgl. zu dieser Ansicht bereits vor dem aktuellen Projekt des *Fair Value Measurement* etwa *Esser/Hackenberger* (2004), S. 412. Ferner findet sich vor allem in der zum SFAC 7 einschlägigen Literatur die These, das *FASB* präferiere die Sicherheitsäquivalentmethode, vgl. etwa *Ballhaus/Futterlieb* (2003), S. 571; *Freidank/Winkler* (2005), S. 48; *Hitz/Kuhner* (2000), S. 896; *Starbatty* (2001), S. 546.

[1681] Vgl. Fn. 1118, S. 200.

[1682] Vgl. SFAS 157.B14-19.

[1683] Vgl. *Brösel/Klassen* (2006), S. 458, Fn. 56; bezüglich SFAC 7 vgl. *Drukarczyk/Schüler* (2005), S. 730.

[1684] Vgl. *IAS* 36.A7-10.

[1685] Bezüglich SFAC 7 vgl. *Ballhaus/Futterlieb* (2003), S. 574.

[1686] Vgl. *Ballwieser* (2006a), S. 200; *Hachmeister* (2005), S. 214. Das *IDW* (2005b), S. 1419 unterstellt – entgegen des Wortlauts – sogar, Sicherheitsäquivalente wären gebildet worden.

flow Approach in der zweiten Periode des Zahlenbeispiels werden einheitliche Zinssätze herangezogen. Nach dieser Lesart, die auf die literaturübliche Fehlinterpretation einer Verwendung risikofreier Zinssätze verzichtet, ist die Beispielsrechnung widerspruchsfrei.

Für die praktische Umsetzung des *Expected Cashflow Approach* wird nach h.M. der Einsatz einer marktbezogenen Risikozuschlagsmethode befürwortet, weil sie sich auf empirisch beobachtbare Sachverhalte stütze und damit einer Objektivierung zugänglicher sei als die Sicherheitsäquivalentmethode.[1687] Aus diesem Grund wird im Falle einer ausnahmsweisen Anwendung der Sicherheitsäquivalentmethode auch gefordert, „die Risikonutzenfunktion, die den Grad der Risikoaversion widerspiegelt, in die Bewertung aufzunehmen"[1688].[1689]

4.4.2.4 Bestimmung des Kalkulationszinsfußes

4.4.2.4.1 Allgemeine Vorschriften im Überblick

Den Regelungen des *IAS* 36 kann entnommen werden, daß es sich beim Diskontierungsfuß um einen vorsteuerbasierten Zinssatz handeln muß, der die gegenwärtigen Markteinschätzungen über den Zeitwert des Geldes sowie die spezifischen Risiken des Bewertungsobjekts beinhaltet, die nicht bereits bei der Ermittlung der Zahlungsstromprognose erfaßt wurden.[1690] Der Kapitalmarktbezug dient nach Ansicht des *IASB* der Objektivierung des Nutzungswerts.[1691] Der zu verwendende Diskontierungsfuß soll der Rendite entsprechen, die Kapitalanleger für eine marktgehandelte Investition mit einem vergleichbaren zeitlichen und betragsmäßigen Zahlungsstrom verlangen, die über ein ähnliches Risikoprofil verfügt.[1692] Hierfür findet sich in *IAS* 36 die Bezeichnung „current asset-specific market-determined rate"[1693].

Da solche Zinssätze häufig nicht unmittelbar am Markt abgelesen werden können, sind „surrogates to estimate the discount rate"[1694] vorgesehen. Als Anhaltspunkte für die Bestimmung geeigneter Kalkulationszinsfüße gelten

- der gewichtete Kapitalkostensatz des Unternehmens unter Verwendung des CAPM,

---

[1687] Vgl. bspw. *Freiberg/Lüdenbach* (2005), S. 480; *Hepers* (2005), S. 304; *Lienau/Zülch* (2006), S. 322; *Wagenhofer* (2005), S. 170; *Wirth* (2005), S. 59-60.
[1688] *IDW* (2005b), S. 1419 mit Verweis auf *IAS* 36.A2 i.V.m. *IAS* 36.A1 (d).
[1689] Kritisch *Mandl* (2005), S. 148 mit Verweis auf *Tschöpel* (2004), S. 200-210.
[1690] Vgl. *IAS* 36.55-56; *IAS* 36.A16.
[1691] Vgl. *IAS* 36.BCZ54; *Wirth* (2005), S. 68, m.w.N.; kritisch hingegen *Freiberg/Lüdenbach* (2005), S. 481 f.; *Hachmeister* (2005), S. 221.
[1692] Vgl. *IAS* 36.56; *Wirth* (2005), S. 68; nahezu wortgleich *Lienau/Zülch* (2006), S. 323.
[1693] *IAS* 36.BCZ55
[1694] *IAS* 36.A16.

- die unternehmensbezogenen Grenzkosten für eine zusätzliche Kreditaufnahme oder
- marktübliche Fremdkapitalzinssätze,[1695]

die noch an die Spezifika des Bewertungsobjekts anzupassen sind.[1696] Hierbei gilt es auch Länder-, Währungs- und Kursrisiken zu berücksichtigen;[1697] konkrete Hinweise zur adäquaten Adaption enthält *IAS 36* jedoch nicht.[1698]

Als drittes, neben der Marktorientierung und der Vorsteuerbasis, zentrales Merkmal ist die Forderung des *IASB* zu sehen, wonach der zu verwendende Diskontierungsfuß „independent of the entity's capital structure and the way the entity financed the purchase"[1699] des Bewertungsobjekts sein muß.

Aus den vorstehenden Regelungen zur Bestimmung des Kalkulationszinsfußes ergeben sich bei Anwendung der Sicherheitsäquivalentmethode keine nennenswerten Schwierigkeiten. Der Kapitalzins für festverzinsliche Wertpapiere[1700] kann gemeinhin als marktbezogener, risikoloser Basiszins verwendet werden; von den Einflüssen der Besteuerung und der Kapitalstruktur ließe sich verhältnismäßig einfach abstrahieren.

Letzteres bereitet hingegen bei einer für die Anwendung der Risikozuschlagsmethode erforderlichen Ermittlung gewichteter Kapitalkosten[1701] in Theorie und Praxis erhebliche Probleme,[1702] die im folgenden Gliederungspunkt dargestellt sowie einer kritischen Analyse unterzogen werden sollen.

[1695] Vgl. *IAS* 36.A17.
[1696] Vgl. *IAS* 36.A18.
[1697] Vgl. *IAS* 36.A18.
[1698] Vgl. *Mandl* (2005), S. 152. Zu der einzigen in der Literatur existierenden Beispielsrechnung, die solche Anpassungen vorsieht, indem zu den gewichteten Kapitalkosten des Unternehmens eine spezifische Risikoprämie hinzugerechnet und eine Inflationsanpassung abgezogen wird, vgl. *Bieker/Esser* (2003), S. 82 f. Bezüglich *SFAC 7* vgl. *Drukarczyk/Schüler* (2005), S. 733.
[1699] *IAS* 36.A19.
[1700] Vgl. *Moxter* (1983), S. 146.
[1701] Daß ausschließlich die gewichteten Kapitalkosten eine geeignete Basis zur Ermittlung des nach Maßgabe von *IAS 36* zu bestimmenden Kalkulationszinsfuß darstellen, weisen *Husmann/Schmidt/Seidel* (2006), S. 1-11 nach; auf eine Erörterung von Fremdkapitalzinssätzen als etwaiger Ausgangspunkt für die Herleitung eines Diskontierungsfußes kann deshalb aus den dort genannten Gründen verzichtet werden.
[1702] Vgl. *Ballwieser* (2006a), S. 202-204; *Ballwieser* (2006b), S. 277-278; *Bartels/Jonas* (2006), Rz. 51; *Beyhs* (2002), S. 132-137; *Hachmeister* (2005), S. 219-220; *Heuser/Theile* (2005), Rz. 751; *Hoffmann* (2007), Rz. 24; *Lienau/Zülch* (2006), S. 324; *Mandl* (2005), S. 153-155; *Wirth* (2005), S. 72. Vgl. auch die fehlerhafte Beispielsrechnung von *Wolz* (2005), S. 251 f., in der sich trotz der „Annahme eines Ziel-Verschuldungsgrades von 50%" bei der Berechnung des gewichteten Kapitalkostensatzes der Eigenkapitalmarktwert der betrachteten *Cash-Generating Unit* auf etwa 75,90% des Gesamtkapitalmarktwerts beläuft.

4.4.2.4.2 Gewichtete Kapitalkosten und die Bestimmung eines Nutzungswerts: Relevanz der Irrelevanzthese?

Auf den ersten Blick bietet *IAS 36* eine scheinbar ‚einfache' Möglichkeit zur Herleitung risikoadjustierter Diskontierungszinsfüße durch den Rückgriff auf den unternehmensbezogenen gewichteten Kapitalkostensatz an.[1703] Bei näherer Analyse offenbart sich jedoch ein Widerspruch zu der Forderung des *IASB*, der Kalkulationszinsfuß dürfe nicht von Effekten der Finanzierung oder Besteuerung tangiert werden; die Eigen- und Fremdkapitalquote zu Marktwerten gehen als Gewichtungsfaktoren schließlich ebenso wie die Steuerersparnis aus der Zahlung von Fremdkapitalzinsen in eine ‚reguläre' Berechnung der gewogenen Kapitalkosten ein. Zur ‚Lösung' dieses Problems haben sich unterschiedliche Interpretationsmöglichkeiten in der Literatur herauskristallisiert.

Es könnte grundsätzlich die Auffassung vertreten werden, die verlangte Finanzierungsunabhängigkeit des Diskontierungszinssatzes ließe sich als Annahme eines vollkommen eigenfinanzierten Unternehmens verstehen.[1704] In diesem Fall „degenerieren die gewogenen durchschnittlichen Kapitalkosten zu den Eigenkapitalkosten eines unverschuldeten Unternehmens"[1705],[1706].

Abb. 34, S. 274 beinhaltet die unter gleichzeitiger Beachtung der vorgeschriebenen Vorsteuerrechnung zur Erlangung dieses Resümees notwendigen Umformungsschritte, wobei als Ausgangsbasis die gewichteten Kapitalkosten bei autonomer Finanzierung im Halbbeinkünfteverfahren gewählt wurden (vgl. Kap. 2.5.4.1.3.3, S. 74 ff., vor allem Gleichung (2.21) und (2.22), beide S. 74).

Zweifelsfrei garantiert ein solches Gesamtverständnis der Regelungen des *Impairment of Assets* eine gänzliche Unabhängigkeit des Diskontierungssatzes von der Kapitalstruktur und den Steuern.[1707] Fraglich erscheint indessen, warum das *IASB* mehrfach explizit die gewogenen Kapitalkosten als Ausgangspunkt für die Herleitung eines zur Bestimmung des *Value in Use* gedachten Kalkulationszinsfußes auflistet,[1708] wenn ihm doch eigentlich eine Abzinsung mit den unverschuldeten Eigenkapitalkosten des Bewertungsobjekts vor Steuern vorschwebt.[1709]

[1703] Vgl. *IAS* 36.A17 (a).
[1704] Vgl. grundlegend *Beyhs* (2002), S. 134.
[1705] *Ballwieser* (2006a), S. 202; *Ballwieser* (2006b), S. 277.
[1706] Vgl. *Bartels/Jonas* (2006), Rz. 51; *Freiberg/Lüdenbach* (2005), S. 486; *Hachmeister* (2005), S. 220; *Hoffmann* (2007), Rz. 24; *Laas* (2006), S. 461; *Mandl* (2005), S. 154; *Schmusch/Laas* (2006), S. 1054; *Zülch/Lienau/Willeke* (2005), S. 117.
[1707] Vgl. *Hachmeister* (2005), S. 220.
[1708] Vgl. *IAS* 36.56; *IAS* 36.A17 (a).
[1709] *Ballwieser* (2006a), S. 204; *Ballwieser* (2006b), S. 278 spricht von einer „praktische[n] Mißachtung des WACC".

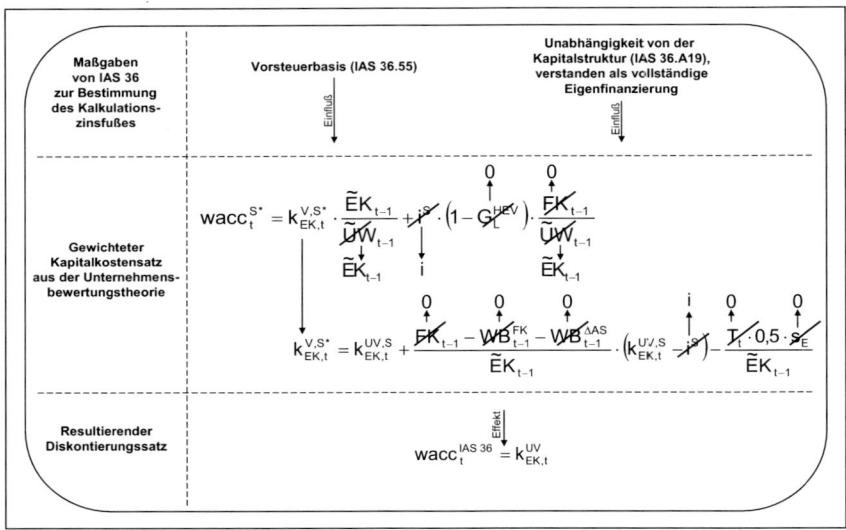

Abb. 34: Interpretation des gewichteten Kapitalkostensatzes als unverschuldete Eigenkapitalkosten[1710]

$$wacc_t^{S^*} = k_{EK,t}^{V,S^*} \cdot \frac{\widetilde{EK}_{t-1}}{\widetilde{UW}_{t-1}} + i^{S} \cdot (1 - G_L^{HEV}) \cdot \frac{FK_{t-1}}{\widetilde{UW}_{t-1}}$$

$$k_{EK,t}^{V,S^*} = k_{EK,t}^{UV,S} + \frac{FK_{t-1} - WB_{t-1}^{FK} - WB_{t-1}^{\Delta AS}}{\widetilde{EK}_{t-1}} \cdot (k_{EK,t}^{UV,S} - i^{S}) - \frac{T_t \cdot 0,5 \cdot s_E}{\widetilde{EK}_{t-1}}$$

Resultierender Diskontierungssatz:

$$wacc_t^{IAS\,36} = k_{EK,t}^{UV}$$

Um dieser Inkonsistenz zu begegnen, wird in Teilen der Literatur befürwortet, an der Kapitalstruktur als Gewichtungsfaktor bei der Bestimmung der durchschnittlichen Kapitalkosten festzuhalten, jedoch nicht das damit einhergehende Kapitalstrukturrisiko in den Kalkulationszinsfuß einfließen zu lassen.[1711] Dementsprechend erfolgt ein abermaliger Rückgriff auf die unverschuldeten Eigenkapitalkosten vor Steuern, die in die Ermittlung gewogener Kapitalkosten auf einer Vorsteuerbasis einfließen,[1712] wie Abb. 35, S. 275 verdeutlicht:

Inwieweit diese Vorgehensweise als sinnvoller Ausweg aus dem beschriebenen Regelungskonflikt erachtet werden kann, muß bezweifelt werden:[1713] Der vorste-

---

[1710] Die geforderte Vorsteuerbasis ist für die abgebildete ‚Verwandlung' der gewichteten Kapitalkosten in die Kapitalkosten eines unverschuldeten Unternehmens ohne Belang; die durchschnittlichen Kapitalkosten stimmen mit den unverschuldeten Eigenkapitalkosten unter der gesetzten Annahme einer vollständigen Eigenfinanzierung ebenso auf einer Nachsteuerbasis überein. Gleiches gilt im übrigen unter der Prämisse einer vollständigen Fremdfinanzierung, die *Beyhs* (2002), S. 134 als weitere Interpretationsmöglichkeit der vorgeschriebenen Finanzierungsunabhängigkeit des Kalkulationszinsfußes anspricht.
[1711] Vgl. *Beyhs* (2002), S. 134-153; *Wirth* (2005), S. 75-76. Vgl. gleichfalls bezüglich *SFAS* 141 und *SFAS* 142 *Richter* (2004), S. 209.
[1712] Vgl. *Beyhs* (2002), S. 134; *Wirth* (2005), S. 75.
[1713] Selbstkritisch zumindest *Beyhs* (2002), S. 134-135, der aber keine andere Umsetzungsmöglichkeit der widersprüchlichen Regelungen von *IAS* 36.55, *IAS* 36.A19 i.V.m. *IAS* 36.A17 (a) sieht, wohingegen *Wirth* (2005), S. 72-82 die mit dieser Interpretation zusammenhängenden Unstimmigkeiten übergeht.

henden Berechnungsarithmetik kann zugute gehalten werden, daß sie eine Möglichkeit zur Berechnung eines durchschnittlichen Kapitalkostensatzes aufzeigt, wohingegen negativ zu Buche schlägt, daß lediglich eine „teilweise"[1714] Konformität bezüglich der vorgeschriebenen Unabhängigkeit des Kalkulationszinsfußes von Finanzierungseinflüssen vorliegt; die Kapitalstruktur wird partiell als Gewichtungsfaktor zur Bestimmung der durchschnittlichen Kapitalkosten berücksichtigt, aber im Hinblick auf die damit verbundenen Risiken ignoriert.[1715]

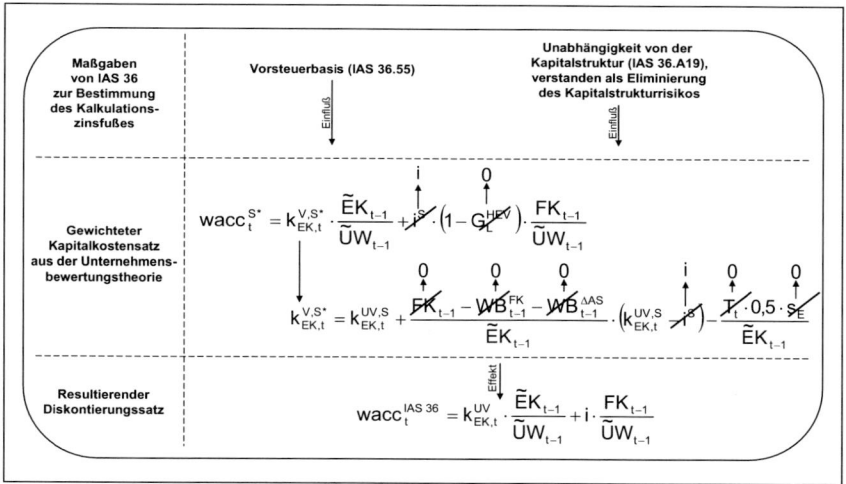

$$wacc_t^{S*} = k_{EK,t}^{V,S*} \cdot \frac{\widetilde{EK}_{t-1}}{\widetilde{UW}_{t-1}} + i^S \cdot (1 - G_L^{HEV}) \cdot \frac{FK_{t-1}}{\widetilde{UW}_{t-1}}$$

$$k_{EK,t}^{V,S*} = k_{EK,t}^{UV,S} + \frac{FK_{t-1} - WB_{t-1}^{FK} - WB_{t-1}^{\Delta AS}}{\widetilde{EK}_{t-1}} \cdot (k_{EK,t}^{UV,S} - i^S) - \frac{T_t \cdot 0{,}5 \cdot s_E}{\widetilde{EK}_{t-1}}$$

$$wacc_t^{IAS\,36} = k_{EK,t}^{UV} \cdot \frac{\widetilde{EK}_{t-1}}{\widetilde{UW}_{t-1}} + i \cdot \frac{FK_{t-1}}{\widetilde{UW}_{t-1}}$$

Abb. 35: Interpretation des gewichteten Kapitalkostensatzes mit unverschuldeten Eigenkapitalkosten als Kapitalkostenbestandteil

Daß mit dieser ‚Eliminierung' des Kapitalstrukturrisikos weiterhin eine Beeinflussung der Höhe des Diskontierungszinssatzes durch die Festlegung der für das Bewertungsobjekt relevanten Finanzierungsstruktur einhergeht, ist offensichtlich. Als äußerst problematisch erweist sich in diesem Zusammenhang die mitunter durch die Berechnung gewogener Kapitalkosten mit unverschuldeten Eigenkapitalkosten auf einer Vorsteuerbasis bewirkte ‚Steigerung' der Abhängigkeit zwischen resultierendem Kalkulationszinsfuß und der angenommenen Finanzierungsstruktur, was durch die Beispielsrechnung in Tab. 103, S. 276 veranschaulicht wird.

Es zeigt sich, daß die von *Beyhs* und *Wirth* bevorzugte Berechnungsart eines durchschnittlichen Kapitalkostensatzes wesentlich stärker als auf ‚gewöhnliche' Weise bestimmte gewogene Kapitalkosten auf Variationen der Zielkapitalstruktur

---

[1714] *Beyhs* (2002), S. 134.
[1715] Vgl. *Beyhs* (2002), S. 134.

reagiert. Besonders eklatant an diesem Effekt ist das massive Absinken des Kalkulationszinsfußes bei Erhöhung des angenommenen Verschuldungsgrads des Bewertungsobjekts. Deshalb muß dieser ‚Lösungsversuch', um der vom *IASB* verlangten Unabhängigkeit des Diskontierungsfuß von der Kapitalstruktur nachzukommen, abgelehnt werden.

Ausgangsdaten der Beispielsrechnung							
i	6,25%	FKQ Vergleichsobjekt					40,00%
Marktrisikoprämie	5,70%	Steuersatz					30,00%
r_{FK} des Bewertungsobjekts	8,50%	$ß^{UV}$ Bewertungsobjekt					0,85
$ß^V$ Vergleichsobjekt	1,41	k_{EK}^{UVS} Bewertungsobjekt					11,07%
EKQ Vergleichsobjekt	60,00%	k_{EK}^{UV} Bewertungsobjekt					15,82%
Ausgangsberechnung *Beyhs*		**Variation des Verschuldungsgrad des Bewertungsobjekts**					
Verschuldungsgrad Bewertungsobjekt	0,5	0,00	0,33	0,67	1,00	1,33	1,67	2,00
wacc *IAS 36* des Bewertungsobjekts	13,38%	15,82%	13,99%	12,89%	12,16%	11,64%	11,24%	10,94%
Berechnung 'gewöhnlicher' gewogener Kapitalkosten							
$ß^V$ Bewertungsobjekt	1,27	0,85	1,13	1,41	1,69	1,97	2,26	2,54
k_{EK}^{VS} Bewertungsobjekt	13,48%	11,07%	12,68%	14,29%	15,89%	17,50%	19,11%	20,72%
k_{EK}^{V} Bewertungsobjekt	19,26%	15,82%	18,11%	20,41%	22,71%	25,00%	27,30%	29,60%
wacc des Bewertungsobjekts	15,67%	15,82%	15,71%	15,65%	15,60%	15,57%	15,55%	15,53%

Tab. 103: Kapitalkostenverläufe der nach *IAS* 36 denkbaren Kalkulationszinsfüße in einer ‚*Modigliani/Miller*-Welt'[1716]

Als weitere Interpretationsmöglichkeit der Regelungen des *Impairment of Assets* könnte die in *IAS* 36 implizit verankerte Annahme der Gültigkeit des MM-Theorems gesehen werden (vgl. Kap. 2.4.1.2, S. 31 ff.),[1717] unter dessen restriktiven Prämissen die Finanzierungsstruktur eines Bewertungsobjekts bekanntlich keinerlei Einfluß auf die gewichteten Kapitalkosten und den Gesamtkapitalmarktwert ausübt.[1718] Die Vorschrift eines vorsteuerbasierten Diskontierungszinsfußes läßt sich zur Bekräftigung dieser Auffassung anführen, stellt die Abstraktion von Steuern doch einen grundlegenden Baustein der MM-Welt dar.[1719]

Dennoch mangelt es auch dieser Sichtweise an Überzeugungskraft. Als disputabel erweist sich gerade eben die konstitutive Annahme einer „'Welt ohne Steuern'"[1720], die als nicht „realitätsgerecht"[1721] zurückgewiesen werden muß und im Spannungsverhältnis[1722] zu den sonstigen Vorschriften von *IAS* 36 steht.[1723] Ver-

---

[1716] In Anlehnung an die Beispielsrechnung von *Beyhs* (2002), S. 149-152, deren eigentümliche Berechnungsweise, etwa im Hinblick auf die Ermittlung unverschuldeter Betafaktoren oder Vorsteuergrößen, beibehalten wurde, um ein größtmögliches Maß an Vergleichbarkeit zu erzielen.
[1717] Vgl. etwa *Baetge/Krolak/Thiele* (2002), Rz. 68; *Haring* (2004), S. 211; *Lienau/Zülch* (2006), S. 324, jeweils m.w.N.
[1718] Vgl. Fn. 245, S. 33.
[1719] Vgl. *Baetge/Krolak/Thiele* (2002), Rz. 68; *Lienau/Zülch* (2006), S. 324.
[1720] *Mandl* (2005), S. 153.
[1721] *Mandl* (2005), S. 153.
[1722] Eine Vorsteuerberechnung muß in einer ansonsten als zutreffend erachteten ‚Welt mit Steuern' zu einem anderen Ergebnis führen als in einer ‚Welt ohne Steuern', vgl. *Olbrich/Brösel* (2007), S. 1545.
[1723] Vgl. *Haring* (2004), S. 211 f.; *Mandl* (2005), S. 153 f.

gleichbare Diskrepanzen bestehen zu weiteren zentralen Voraussetzungen der Irrelevanzthese, wenn etwa bei der Berechnung des Nutzungswerts nachdrücklich darauf hingewiesen wird, „other factors, such as illiquidity"[1724] einzubeziehen.[1725] Solche offenkundigen Verstöße gegen das Prämissenset der Bruttogewinnhypothese lassen sich letzten Endes nicht in Einklang mit der Vorstellung bringen, das *IASB* hätte mit den in *IAS* 36 befindlichen Regelungen die Anwendbarkeit des MM-Theorems im Sinn.

Am Ende dieser Analyse der in Theorie und Praxis vertretenen Auffassungen zu einer nach *IAS* 36 regelkonformen Bestimmung eines gewichteten Kapitalkostensatzes, der sich durch eine Unabhängigkeit von Einflüssen der Kapitalstruktur und Besteuerung auszeichnet, muß ernüchternd festgestellt werden, daß keine der diskutieren Interpretationsmöglichkeiten die Fähigkeit besitzt, diesen ‚gordischen Knoten' zu zerschlagen. Ohne eine Auseinandersetzung mit den zusätzlichen Problemen einer Transformation von empirisch zu beobachtenden Markttrenditen, die zwangsläufig die Besteuerungswirkung inkorporieren, in entsprechende Vorsteuergrößen zu thematisieren,[1726] kann die Herleitung eines auf den durchschnittlichen Kapitalkosten basierenden Diskontierungsfußes aus theoretischer Perspektive als nicht lösbar gelten.

4.4.3 Zwischenfazit zur Berechnung des erzielbaren Betrags

Zusammenfassend kann festgehalten werden, daß sich der *Recoverable Amount* für *Cash-Generating Units* in der überwiegenden Anzahl von Werthaltigkeitsüberprüfungen in der Wertkategorie des *Value in Use* konkretisieren wird.[1727] Dieses Untersuchungsergebnis trifft vor allem für größere Bewertungseinheiten zu, wie die empirische Untersuchung von *Pellens et al.* belegt. Demnach sehen die Hälfte der deutschen Großunternehmen beim *Impairment Test* ihrer Geschäfts- oder Firmenwerte *per se* von einer Berechnung beizulegender Zeitwerte abzüglich Veräußerungskosten ab, was mit dem Fehlen geeigneter Markdaten begründet wird.[1728] Ob bei der anderen Hälfte die für die jeweiligen Bewertungsobjekte potentiell erzielbaren Nettoveräußerungserlöse regelmäßig über deren unternehmensinternen Gebrauchswerten liegen, muß aus konzeptioneller Perspektive dahingestellt bleiben.[1729]

Daß die Frage nach der relevanten Wertkategorie beim *Impairment of Assets* im wesentlichen von der ‚Interpretation' des *Fair Value less Costs to sell* abhängt, wurde mit Bedenken aus Perspektive der Rechnungslegung gegenüber Tenden-

---

[1724] *IAS* 36.IN6 (e); *IAS* 36.30 (e); *IAS* 36.A1 (e).
[1725] Vgl. *IAS* 36.BCZ23.
[1726] Vgl. *Wirth* (2005), S. 76-79; *Lienau/Zülch* (2006), S. 326.
[1727] Vgl. nur *Beyhs* (2002), S. 94; *Haaker* (2005b), S. 427.
[1728] Vgl. *Pellens et al.* (2005), S. 15.
[1729] Vgl. *Haaker* (2005b), S. 434.

zen in der Unternehmenspraxis aufgezeigt, die detaillierten Normierungen bei der Berechnung des Nutzungswerts auszuhöhlen, indem in ein als beizulegender Zeitwert abzüglich Veräußerungskosten qualifiziertes Barwertkalkül sämtliche Effekte der Finanzierungstätigkeit und Besteuerung des Unternehmens, mitunter sogar die Einflüsse aus geplanten Erweiterungsinvestitionen und Restrukturierungsaufwendungen, eingehen.

Außerdem konnten die bereits auf theoretischer Ebene bestehenden Schwierigkeiten einer standardkonformen Ermittlung des *Value in Use* dargelegt werden. Wenngleich die von *IAS* 36 mit etwa der Forderung nach Kaufkraft-[1730] oder Währungsäquivalenz[1731] vorgenommenen Präzisierungen des Bewertungskalküls in ihrer Grundstruktur eine Ähnlichkeit zu den Grundsätzen ordnungsmäßiger Unternehmensbewertung aufweisen,[1732] müssen in einer Gesamtbetrachtung letzten Endes doch eine Vielzahl von Redundanzen, ökonomischen Selbstverständlichkeiten und Inkonsistenzen festgestellt werden.[1733] Dieser Befund gilt vor allem mit zunehmender Größe der Bewertungseinheit eines *Impairment Test*, weshalb in diesem Zusammenhang auch kontrovers darüber diskutiert wird, ob die jeweiligen Regelungen von *IAS* 36 mit Entfernung von der Einzelvermögensebene nicht ‚freier' interpretiert werden dürfen. Das ‚Lösungspotential' einer solchen Vorgehensweise ist derweil begrenzt, weil sie einerseits im Widerspruch zum Wortlaut des *Impairment of Assets* steht[1734] und andererseits keine Hilfe bei der problematischen Differenzierung zwischen Erhaltungs- und Erweiterungsinvestitionen, der theoretischen Fundierung positiven realen Wachstums unter dem Annahmeset von *IAS* 36 sowie den widersprüchlichen Vorgaben zur Bestimmung eines auf den gewichteten Kapitalkosten basierenden Diskontierungssatzes bietet. Die bei der praktischen Umsetzung aus dieser Fülle von Problemen erwachsenden Diskrepanzen lassen sich beispielhaft am Kalkulationszinsfuß aufzeigen. Ein Vergleich der diesbezüglichen Bilanzierungspraxis, die sich anhand der in Tab. 104, S. 280 enthaltenen Auszüge aus den Geschäftsberichten der DAX 30-Unternehmen des Jahres 2005 charakterisieren läßt, mit den korrespondierenden Ergebnissen der Befragung von *Pellens et al.* offenbart folgende Unstimmigkeit:[1735] Dem flächendeckend zu beobachtenden Einsatz von Diskontierungssätzen, die als durchschnittliche Kapitalkosten bezeichnet werden, steht die von 29% der deutschen Großunternehmen getroffene – das offensichtliche Mißverständnis dokumentierende – Aussage gegenüber, die Sicherheitsäquivalentmethode zu verwenden.[1736]

[1730] Vgl. *IAS* 36.40.
[1731] Vgl. *IAS* 36.54.
[1732] Vgl. *Ballwieser* (2006a), S. 199; *Ballwieser* (2006b), S. 275.
[1733] Vgl. *Hoffmann* (2007), Rz. 28 und 60 ff.
[1734] Vgl. *IAS* 36.74.
[1735] Vgl. *Pellens et al.* (2005), S. 16.
[1736] Vgl. *Ballwieser* (2006a), S. 204; *Ballwieser* (2006b), S. 278, der bezüglich einer standardkonformen Umsetzung von *IAS* 36 im Hinblick auf die Bestimmung der Kalkulationszinsfüße „begründete Zweifel" hegt.

Mit dem letzten Punkt sind zugleich die Möglichkeiten der Unsicherheitsberücksichtigung bei der Berechnung des Nutzungswerts angesprochen, die dem *Expected Cashflow Approach* zufolge mit einer szenarioorientierten Explikation der Risikostruktur beginnen, auf deren Basis entweder ein Risikozuschlag im Kalkulationszinsfuß oder ein Risikoabschlag von der Erfolgsgröße erfolgt. Nähere Angaben dazu, ob die Risikoadjustierung aus einem durch Marktdaten objektivierten oder subjektiven Betrachtungswinkel zu erfolgen hat, finden sich in den Vorschriften von *IAS 36* hingegen nicht.

Abschließend kann somit eine ausgeprägte Heterogenität des erzielbaren Betrags im Hinblick auf die anzuwendenden Bewertungskalküle und die zugehörigen Bewertungsparameter herausgestellt werden, was sowohl aus theoretischer Perspektive als auch für die praktische Ausgestaltung gilt.

Darauf aufbauend ist in der sich anschließenden Konvergenzanalyse des *Impairment of Assets* sowie dem bereichs- und unternehmenswertorientierten *Controlling* zu klären, ob und inwiefern diese Bewertungskonzeptionen gleichfalls zur periodischen Performancemessung, Akquisitionsnachrechnung und *Management*entlohnung herangezogen werden können.

Impairment of Assets nach IAS 36

Unternehmen	Anzahl der Berichtseinheiten	Detailprognosephase in Jahren	Wachstumsrate in der Fortführungsphase	Diskontierungszinsfuß	Höhe des Diskontierungszinsfußes
Adidas AG	5			wacc nach Steuern	7,50% - 8,60%
Altana AG	4			wacc nach Steuern	keine Angabe
BASF AG	entspricht der Anzahl der Geschäftseinheiten (57), aber keine weiteren Angaben	3	2,00%	interner Vorsteuerzinssatz im Rahmen eines DCF-Verfahrens	7,50%
Bayer AG	entspricht der Anzahl der strategischen Geschäftseinheiten (7), aber keine weiteren Angaben	5	1,00% - 1,50%	wacc nach Steuern	8,70% - 13,80%
Deutsche Börse AG	keine Angabe	5	0,00 - 2,00%	Diskontierungszinssatz vor Steuern	7,00% - 8,00%
Deutsche Post AG	9	3	keine Angabe	entspricht dem Diskontierungszinssatz des Value Based Management, aber keine genaue Angabe	keine Angabe
Deutsche Telekom AG	keine Angabe	entspricht der internen Planung über 10 Jahre	Ermittlung anhand von Monte Carlo-Simulation, aber keine genaue Angabe	Diskontierungszinssatz im Rahmen eines DCF-Verfahrens	keine Angabe
E.ON AG	keine Angabe	entspricht der Länge der Detailprognosephase, die für interne Berichtszwecke angenommen wird, aber keine genaue Angabe	langfristige Wachstumsrate, aber keine genaue Angabe	Bewertung auf Basis eines DCF-Verfahrens, aber keine genaue Angabe	keine Angabe
Fresenius AG	entspricht der Anzahl interner Berichtseinheiten, aber keine genaue Angabe	3	entspricht einer geeigneten Wachstumsrate, aber keine genaue Angabe	Berichtseinheitenspezifischer wacc, keine Angabe hinsichtlich der Besteuerung	keine Angabe
Henkel KGaA	9	3	entspricht der erwarteten Wachstumsrate, aber keine genaue Angabe	wacc vor Steuern	keine Angabe
Lufthansa AG	4	3 - 4	durchschnittlich 1,00%	keine Angabe	16,10%
MAN AG	5	3	Umsatzwachstumsrate: 2,00% - 5,00%	wacc vor Steuern	keine Angabe
Metro AG	Großteil der Goodwills wird auf 31 Berichtseinheiten aufgeteilt	3 - 5	grundsätzlich 1,00%	wacc vor Steuern	keine Angabe
Münchener Rück AG	Großteil der Goodwills wird auf 2 Berichtseinheiten aufgeteilt	3	0,00% - 1,50%	wacc vor Steuern	keine Angabe
RWE AG	entspricht der Segmenten oder untergeordneten Ebenen, aber keine weiteren Angaben	5	0,00 - 1,00%	keine Angabe	keine Angabe
Schering AG	entspricht den geographischen Segmenten (5)	3	2,00% - 4,00%	Diskontierungszinssatz vor Steuern	konzerneinheitlich 10,00%
TUI AG	entspricht Segmenten oder untergeordneten Ebenen, aber keine weiteren Angaben		*Fair Value less Costs to sell:* 1,00% *Value in Use:* 1,00% - 1,30%	*Fair Value less Costs to sell:* Diskontierungszinssatz nach Steuern *Value in Use:* Diskontierungszinssatz vor Steuern	keine Angabe
Volkswagen AG	keine Angabe	entspricht den aktuellen Planungen, aber keine genaue Angabe	entspricht der Wachstumsrate der Automobilmärkte	entspricht der geforderten Kapitalrendite im Konzern, aber keine genaue Angabe	keine Angabe

Tab. 104: Angaben zur praktischen Ausgestaltung der Werthaltigkeitsüberprüfung von Geschäfts- oder Firmenwerten bei den DAX 30-Unternehmen im Geschäftsjahr 2005[1737]

[1737] Die restlichen zwölf DAX-Unternehmen machten allenfalls allgemeingültige Aussagen zur Überprüfung der Werthaltigkeit des *Goodwill*, wobei sich entsprechende Angaben bei der *Allianz* AG, *Continental* AG sowie *HVB* AG infolge nicht vorhandenen *Goodwills* erübrigen (vgl. Tab. 102, S. 236).

5 Konvergenzaspekte zwischen dem Impairment of Assets sowie dem bereichs- und unternehmenswertorientierten Controlling

5.1 Konvergenzpotentiale in der Unternehmensrechnung

5.1.1 *Systematisierung von Konvergenzprozessen*

5.1.1.1 Konvergenzbereiche im Überblick

Für die angestrebte Untersuchung von Konvergenzaspekten zwischen dem *Impairment of Assets* sowie dem bereichs- und unternehmenswertorientierten *Controlling* ist es notwendig,

- zunächst darzulegen, was unter den Begriffen ‚Konvergenz' sowie ‚Unternehmensrechnung' verstanden werden soll, als auch
- sodann eine Systematisierung von Konvergenzprozessen in der Unternehmensrechnung vorzunehmen.

Die Bezeichnung ‚Unternehmensrechnung' wird im folgenden als Oberbegriff für das externe und interne Rechnungswesen verwendet,[1738] dessen Grundstruktur Abb. 36, S. 282 veranschaulicht. Das externe Rechnungswesen, aufgefaßt als „das Rechnungswesen für außerhalb der Unternehmensleitung Stehende"[1739], unterteilt sich in die Bestandteile des Einzel- und Konzernabschlusses. Letzterem kommt nach deutschem Rechtsverständnis ‚lediglich' eine Informationsfunktion zu, während dem Einzelabschluß sowohl eine Informations- als auch eine Zahlungsbemessungsfunktion zugestanden wird; überdies knüpfen die sonstigen Rechtsfolgen an den handelsrechtlich Einzelabschluß an.[1740] Den Inhalt der Rechnungslegung[1741] determinieren das privatrechtlich organisierte *IASB* respektive gesetzliche Vorschriften.[1742]

[1738] Vgl. etwa *Dirrigl* (1998b), S. 540; *Ewert/Wagenhofer* (2005), S. 4; *Küpper* (2002), Sp. 2031 ff.; *Küpper* (2004), S. 101; *Wagenhofer* (2007), Sp. 1848 ff. Kritisch gegenüber dem Ausdruck Unternehmensrechnung hingegen *Schneider* (1997), S. 4, weil „vom Wortsinn her Betriebe für öffentliche Güter und Haushalte aus[geklammert]" werden.
Die Vorschläge zur Systematisierung der Unternehmensrechnung in der Literatur sind zahlreich, vgl. statt vieler *Busse von Colbe* (1998b), S. 600; *Chmielewicz* (1972), S. 7; *Lücke* (1993), Sp. 1692, jeweils m.w.N.
[1739] *Schneider* (1997), S. 29.
[1740] Vgl. *Pellens/Fülbier/Gassen* (2006), S. 10-13.
[1741] Nach *Schneider* (1997), S. 5 ist Rechnungslegung als „Rechenschaft zur Bemessung von Ansprüchen und Verpflichtungen mit Hilfe eines Rechnungswesens" zu verstehen und wird im folgenden als inhaltsgleich zum externen Rechnungswesen angesehen.
[1742] Vg. *Schneider* (1997), S. 4 ff., der auf die Rechnungswesensverfassung abstellt.

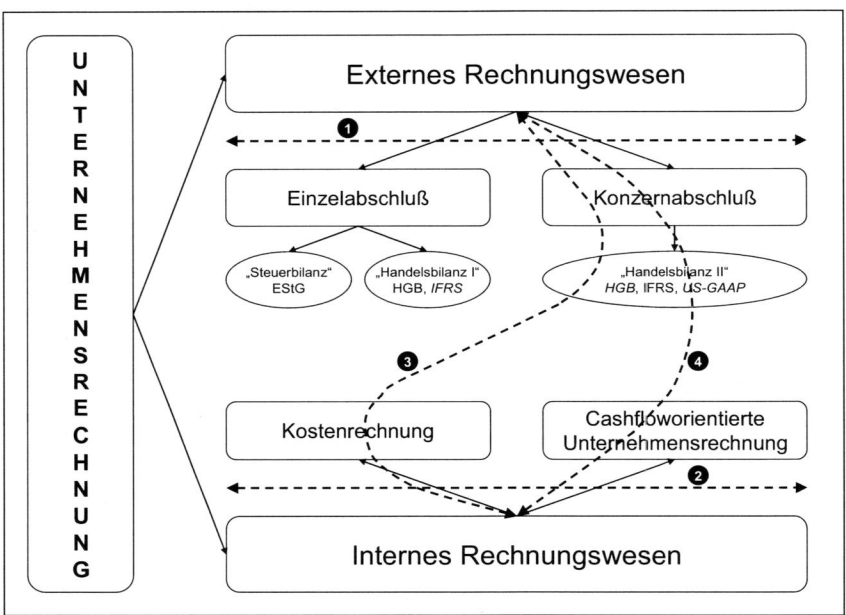

Abb. 36: Systematisierung von Konvergenzprozessen in der Unternehmensrechnung[1743]

Von der Rechnungslegung läßt sich „das Rechnungswesen abgrenzen, dessen beabsichtigter Empfängerkreis die Unternehmensleitung ist"[1744], was demnach als internes Rechnungswesen bezeichnet wird.[1745] Hierzu zählen grundsätzlich alle Rechnungssysteme, die für einen internen Adressatenkreis konzipiert sind.[1746] Prinzipiell besteht das interne Rechnungswesen aus der Kostenrechnung[1747] und einer Mehrzahl zahlungsstromorientierter Rechnungen.[1748] Zu diesen *cashflow*bezogenen Teilsystemen der Unternehmensrechnung zählen die Finanz-, Liquiditäts- und Investitionsrechnung als auch die Bewertungskalküle der wertorientierten Unternehmensführung.[1749]

[1743] In teilweiser Anlehnung an *Küting/Lorson* (1998b), S. 484.
[1744] *Schneider* (1997), S. 30.
[1745] Vgl. *Ewert/Wagenhofer* (2005), S. 5.
[1746] Vgl. *Schneider* (1997), S. 30. Zu einer Systematisierung und Charakterisierung von Teilsystemen des internen Rechnungswesens vgl. bspw. *Küpper* (1994), S. 969 ff.
[1747] Vgl. statt vieler *Coenenberg* (2003).
[1748] Vgl. *Burger/Buchhart* (2001b), S. 806 ff.; *Küting/Lorson* (1998b), S. 489. Zu etwaigen Abgrenzungsschwierigkeiten zur Kapitalflußrechnung vgl. *Dirrigl* (1998b), S. 540 f.
[1749] Vgl. bspw. *Dirrigl* (1998b), S. 540 ff.; zur Ausweitung der Anwendungsgebiete der Unternehmensrechnung *Küpper* (2002), Sp. 2041 f.

Konvergenz zwischen IAS 36 und dem Controlling

Die vorstehende Strukturierung der Unternehmensrechnung beruht auf dem beabsichtigten Empfängerkreis des Rechenwerks. Für eine detaillierte Kennzeichnung ließen sich – in fortgeführter Anlehnung an *Schneider* – die in nachstehender Abb. zusammengefaßten Strukturmerkmale heranziehen.[1750]

Strukturmerkmale der Unternehmensrechnung

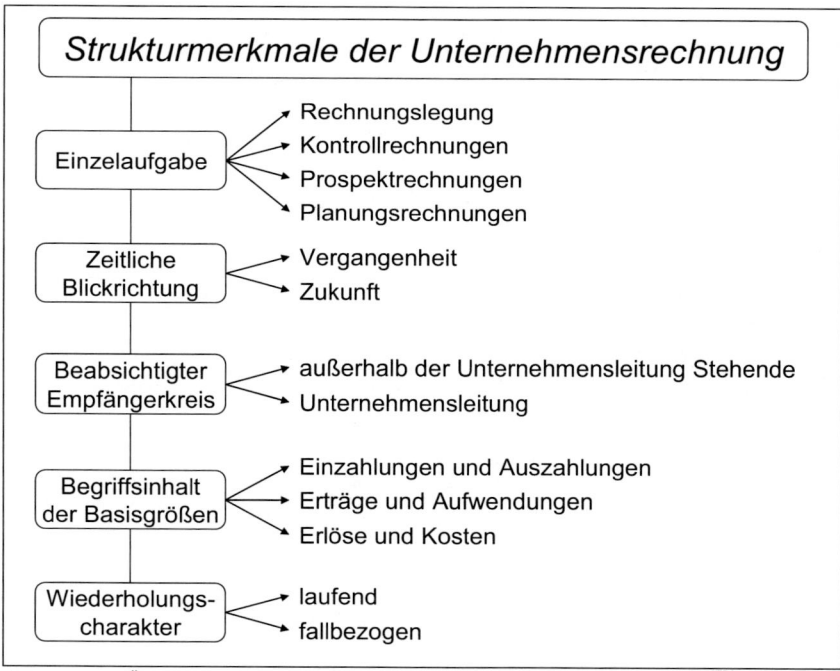

Einzelaufgabe	Rechnungslegung / Kontrollrechnungen / Prospektrechnungen / Planungsrechnungen
Zeitliche Blickrichtung	Vergangenheit / Zukunft
Beabsichtigter Empfängerkreis	außerhalb der Unternehmensleitung Stehende / Unternehmensleitung
Begriffsinhalt der Basisgrößen	Einzahlungen und Auszahlungen / Erträge und Aufwendungen / Erlöse und Kosten
Wiederholungscharakter	laufend / fallbezogen

Abb. 37: Überblick bezüglich der Strukturmerkmale der Unternehmensrechnung[1751]

Auf dieser Basis können die jeweiligen Bestandteile der Unternehmensrechnung als Kombinationen verschiedener, vom jeweiligen Rechungszweck abhängiger Strukturmerkmale charakterisiert werden.[1752] Eine solche Klassifizierung scheint ein geeigneter Ausgangspunkt zu sein, um Konvergenzpotentiale zu untersuchen.[1753]

[1750] Vgl. *Schneider* (1997), S. 27 ff.
[1751] In Anlehnung an *Hebeler* (2003), S. 51; *Müller* (2006), S. 13.
[1752] Vgl. *Schneider* (1997), S. 29 ff.
[1753] Vgl. *Hebeler* (2003), S. 51 ff.; implizit auch *Dirrigl* (1998b), S. 540 ff.

Der *terminus technicus* „Konvergenz"[1754] wird im folgenden als zweckkonforme[1755] Vereinheitlichung[1756] unterschiedlicher Teilsysteme der Unternehmensrechnung begriffen.[1757] Wahlweise[1758] sind hierfür die Bezeichnungen „Integration"[1759] oder „Harmonisierung"[1760] in der Literatur vorzufinden. Ohne eine weitere ‚Pseudodifferenzierung'[1761] dieser – durchaus synonym verwendbaren[1762] – Begriffe vorzunehmen, können grundsätzlich Vereinheitlichungsprozesse auf drei Ebenen innerhalb der Unternehmensrechnung voneinander abgrenzt werden. Dabei handelt es sich um Konvergenztendenzen – jeweils durch eine bezifferte, gestrichelte Linie in Abb. 36, S. 282 gekennzeichnet –

- innerhalb des externen Rechnungswesens (Nummer eins),
- innerhalb des internen Rechnungswesens (Nummer zwei) sowie
- zwischen externem und internem Rechnungswesen (Nummern drei und vier).[1763]

Schon in der Themenstellung der vorliegenden Arbeit erfolgt eine Zuspitzung auf die letztgenannte Konvergenzebene, deren Ausprägungsformen in den nächsten beiden Gliederungspunkten komprimiert wiedergegeben werden sollen (vgl. Kap. 5.1.1.2, S. 286 ff. sowie Kap. 5.1.1.3, S. 288 ff.). Infolge ihres ‚Schnittstellencharakters' bedarf die angestrebte Analyse einer derartigen „Verzahnung"[1764] zwi-

---

[1754] *Dirrigl* (1998b), S. 542 ff.; *Haller* (1997a), S. 272; *Haring/Prantner* (2005), S. 147 ff.; *Klein* (1999a), S. 27 ff.; *Klein* (1999b), S. 67 ff.; *Küting/Lorson* (1998b), S. 483 ff.; *Löw* (1999), S. 87 ff.; *Melcher* (2002), S. 14 ff.; *Ruhwedel/Schultze* (2004), S. 489 ff.

[1755] Mahnend führt *Schneider* (1997), S. 33 diesbezüglich aus: „Gegen ein integriertes Rechnungswesen spricht: Ein integriertes Konzept für das Rechnungswesen verführt leicht dazu, den obersten Grundsatz eines aussagefähigen Rechnungswesens zu mißachten: Aus dem Rechenzweck folge der Rechinhalt. Abweichende Rechnungszwecke dürfen nicht dem Vereinheitlichungsstreben geopfert werden, wie es einem integrierten Konzept innewohnt. Das Verwenden ganzheitlicher Begriffe, wie ‚integriert', offenbart bei betriebswirtschaftlichen Problemen meistens nur einen Mangel an Nachdenken" (Hervorhebungen im Original).

[1756] *Küpper* (1998), S. 143 ff. spricht auch von einer „Angleichung".

[1757] Vgl. zum historischen Hintergrund der Divergenzen zwischen Teilbereichen der Unternehmensrechnung in Deutschland *Hebeler* (2003), S. 21 ff.; *Hoke* (2001), S. 21 ff.; *Klein* (1999a), S. 27 ff.; *Müller* (2006), S. 24 ff.; *Schaier* (2007), S. 39 ff.; *Wussow* (2004), S. 20 ff., jeweils m.w.N.

[1758] Vgl. *Wussow* (2004), S. 7.

[1759] *Dierkes/Klook* (1999), S. 119 ff.; *Hax* (2002), Sp. 758 ff.; *Küpper* (1999), S. 5 ff.

[1760] *Hebeler* (2001), S. 681 ff.; *Hebeler* (2003), S. 13 ff.; *Küting/Lorson* (1999a), S. 47 ff.; *Männel* (1999), S. 13 ff.; *Müller* (2006), S. 1 ff.; *Troßmann/Baumeister* (2005), S. 629 ff.; *Wussow* (2004), S. 7 ff.

[1761] Vgl. beispielhaft *Melcher* (2002), S. 14 ff.; *Müller* (2006), S. 8 f.; *Wussow* (2004), S. 7 f.

[1762] Vgl. *Haring/Prantner* (2005), S. 151 hinsichtlich ‚Harmonisierung' und ‚Konvergenz'; *Küting/Lorson* (1998b), S. 483 ff.; *Küting/Lorson* (1999a), S. 47 ff. bezüglich ‚Konvergenz' und ‚Harmonisierung' oder auch *Wagenhofer* (2006b), S. 18 betreffend ‚Harmonisierung' und ‚Integration'. Zu einer ähnlichen Beobachtung und Auffassung jüngst *Schaier* (2007), S. 109.

[1763] Vgl. auch *Müller* (2004), S. 275.
Kritisch gegenüber einer Unterteilung der Unternehmensrechnung in externes und internes Rechnungswesens vor dem Hintergrund von Konvergenzüberlegungen jüngst *Schaier* (2007), S. 182 mit dem Vorschlag einer „Neuklassifikation des betrieblichen Rechnungswesens".

[1764] *Küting/Lorson* (1998b), S. 489 ff.

schen externem und internem Rechnungswesen vorab einer kurzen Darstellung der beiden anderen Ebenen von Konvergenz:

- Innerhalb der externen Rechnungslegung kann insofern von einer Konvergenz dergestalt gesprochen werden, als eine zunehmende Anwendung der *IFRS*-Rechnungslegung zu beobachten ist;[1765] mußte noch vor zehn Jahren bei der Betrachtung von Konzernabschlüssen deutscher Großunternehmen ein Durch- und Nebeneinander der Anwendung von HGB-, *US-GAAP*- und damaligen *IAS*-Vorschriften konstatiert werden,[1766] so sind nach der sog. „*IAS*-Verordnung"[1767] und deren Umsetzung im Bilanzrechtsreformgesetz (BilReG) bekanntlich alle konzernrechnungslegungspflichtigen, kapitalmarktorientierten Unternehmen verpflichtet, einen Konzernabschluß auf Basis der *IFRS* zu erstellen.[1768] Für Offenlegungszwecke ist es selbst den Unternehmen freigestellt, die keinen Kapitalmarktbezug aufweisen, Einzelabschlüsse auf Basis der *IFRS*-Regelungen zu erstellen.[1769] Die Debatte um eine etwaige Maßgeblichkeit der *IFRS*-Vorschriften für die steuerliche Gewinnermittlung dokumentiert weiteres, einzelabschlußbezogenes Konvergenzpotential im externen Rechnungswesen.[1770] Als neuester Hinweis des Bedeutungszuwachses der *IFRS*-Rechnungslegung für die handels- und steuerrechtliche Bilanzierung ist das Heranziehen eines *IFRS*-basierten Konzernabschlusses als Bestandteil der Steuerbemessungsgrundlage für die nach § 4h EStG-E zu bestimmende Zinsschranke zu interpretieren.[1771] Ein weiterer Konvergenzaspekt in der Rechnungslegung betrifft die Bestrebungen des *IASB*, die weltweit verwendeten Rechnungslegungssysteme, speziell im Hinblick auf die *US-GAAP*, zu vereinheitlichen.[1772]
- Weitaus weniger intensiv wurden in jüngerer Vergangenheit die Verknüpfungsmöglichkeiten innerhalb des internen Rechnungswesens disku-

---

[1765] Von *Weißenberger* (2007a), S. 38 als „Mega-Trend im Finanzbereich" bezeichnet.
[1766] Vgl. zur Entwicklung der Internationalisierung der Rechnungslegung in Deutschland statt vieler *Pellens/Fülbier/Gassen* (2006), S. 46-52.
[1767] Verordnung (EG) Nr. 1606/2002 des Europäischen Parlaments und des Rates vom 19. Juli 2002 betreffend internationalen Rechnungslegungsstandards, ABl.EG Nr. L 243 S. 1; vgl. ausführlich *Müller* (2006), S. 31-33, m.w.N.
[1768] Vgl. etwa *d'Arcy* (2004), S. 119-128; *Neubürger* (2006), S. 3-18, jeweils m.w.N.
[1769] Vgl. bspw. *Ernst* (2001), S. 823-825; *Wendlandt/Knorr* (2005), S. 53-57. Warum hieraus nach Ansicht von *Haring/Prantner* (2005), S. 148 kein Konvergenzpotential erwächst, bleibt unklar.
[1770] Vgl. *Hoke* (2001), S. 28 sowie *Pellens/Fülbier/Gassen* (2006), S. 914 ff. mit Verweis auf die Diskussion zwischen *Oestreicher/Spengel* (1999), S. 593-600 und *Fülbier/Gassen* (1999), S. 1511-1513; grundlegend *Fülbier* (2006).
[1771] Vgl. *Lüdenbach/Hoffmann* (2007b), S. 636-642.
[1772] Vgl. *Berndt/Hommel* (2005), S. 405-415; *Bruns* (2002), S. 174; *Erchinger/Melcher* (2007), S. 245-254; *Leibfried/Meixner* (2006), S. 210-215.

tiert.[1773] In diesem Zusammenhang sind in erster Linie Überlegungen von Belang, wie sich durch den Ansatz kalkulatorischer Zinsen in einer als Planungsinstrument eingesetzten Kostenrechnung Verknüpfungen mit der Investitionsrechnung oder Konzepten der wertorientierten Unternehmensführung herstellen ließen.[1774]

5.1.1.2 Konvergenzüberlegungen zwischen externem und internem Rechnungswesen in den 1990ern

Mögliche Konvergenzprozesse zwischen dem externen und internen Rechnungswesen rückten mit den Ausführungen von *Ziegler* zur „Neuorientierung des internen Rechnungswesens"[1775] bei der *Siemens AG* in den verstärkten Fokus von Theorie und Praxis.[1776] Dort wurde nämlich mit Beginn des Geschäftsjahres 1992/93 nicht nur das externe Rechnungswesen auf das Umsatzkostenverfahren umgestellt, sondern gleichzeitig „die GuV im Umsatzkostenverfahren auch für die interne Rechnungslegung"[1777] als Grundlage herangezogen.[1778] Seitdem kann in der Literatur eine breite theoretisch-konzeptionelle[1779] Diskussion über das Konvergenzpotential zwischen unterschiedlichen Teilbereichen des externen und internen Rechnungswesens beobachtet werden.[1780]

[1773] Vgl. etwa *Busse von Colbe* (1996), S. 20-22; *Dierkes/Kloock* (1999), S. 119-131; *Hofmann* (1999), S. 107-117; *Küpper* (1985), S. 26-46; *Küpper* (1990), S. 253-267; *Küpper* (1991), S. 3-20; *Küpper* (1995), S. 19-50; *Troßmann* (1999), S. 93-104, jeweils m.w.N. Vgl. jüngst *Weiß* (2006).

[1774] Vgl. *Burger/Buchhart* (2001a), S. 553; *Müller* (2004), S. 287 f. sowie ausführlich *Dirrigl* (1998b), S. 550-553.

[1775] *Ziegler* (1994), S. 175.

[1776] Vgl. auch *Sill* (1995), S. 13-31 sowie kritisch *Pfaff* (1994), S. 1065-1084; *Schildbach* (1995), S. 10.

[1777] Vgl. *Ziegler* (1994), S. 177.

[1778] Dieser Vorgehensweise folgte eine Reihe weiterer deutscher Konzerne, wie etwa die *Bayer AG*, *DaimlerChrysler AG*, *Deutsche Lufthansa AG*, *VW AG* oder *Henkel KGaA*, vgl. *Hebeler* (2003), S. 2, Fn. 14, m.w.N. Zu entsprechenden Fallstudien vgl. etwa *Hoke* (2001), S. 44-61.

[1779] Vgl. jüngst mit zunehmend empirischen Schwerpunkt *Haring/Prantner* (2005), S. 147-154; *Hebeler* (2003); *Hoke* (2001), S. 141 ff.; *Kammer* (2005); *Müller* (2006), jeweils m.w.N.; aber auch schon *Horváth/Arnaout* (1997); S. 254-269.

[1780] Vgl. ohne Anspruch auf Vollständigkeit bspw. *Auer* (2002), S. 543-560; *Auer* (2004), S. 4-11; *Bruns* (1998), S. 1-12; *Bruns* (1999), S. 585-603; *Busse von Colbe* (1998a), S. 133-152; *Deleker* (1997), S. 631-636; *Dirrigl* (1998b), S. 540-579; *Haller* (1997a), S. 270-276; *Haller* (1997b), S. 113-131; *Haller/Park* (1999), S. 59-66; *Hax* (2002), Sp. 758-767; *Hebeler* (2003), S. 681-685; *Klein* (1999a); *Klein* (1999b), S. 67-78; *Kümpel* (2002a), S. 343-345; *Küpper* (1995), S. 19-50; *Küpper* (1999), S. 5-11; *Küting/Lorson* (1998a), S. 469-475; *Küting/Lorson* (1998b), S. 483-493; *Küting/Lorson* (1998c), S. 2251-2258 und S. 2303-2309; *Küting/Lorson* (1999a), S. 47-58; *Küting/Lorson* (1999b), S. 215-222; *Löw* (1999), S. 87-92; *Männel* (1999), S. 13-30; *Melcher* (2002); *Nobach/Zirkler* (2006), S. 737-748; *Seelinger/Kaatz* (1998), S. 125-132; *Schaier* (2007); *Schulte-Nölke* (2001); *Schweitzer/Ziolkowski* (1999); *Siefke* (1999); *Weißenberger* (2004), S. 72-77; *Weißenberger/Liekweg* (1999), S. 165-173; *Weißenberger* (2006c), S. 161-172; *Weißenberger und Arbeitskreis „Controller und IFRS" der International Group of Controlling* (2006a), S. 342-364; *Weißenberger und Arbeitskreis „Controller und IFRS" der International Group of Controlling* (2006b), S. 613-622; *Wussow* (2004); *Zirkler/Nohe* (2003), S. 222-225, jeweils m.w.N.

Verhältnismäßig schnell kristallisierte sich dabei – in literaturüblicher Anlehnung an die von *Küting/Lorson* vorgeschlagene Differenzierung von Konvergenzprozessen nach Gegenstand, Grad und Richtung der Anpassung[1781] – als h.M. eine vollständige Übertragung der Ansatz- und Bewertungsvorschriften des Konzernabschlusses in die für Kontrollzwecke eingesetzten Teilbereiche der Kostenrechnung heraus (vgl. Abb. 36, S. 282, Nummer drei).[1782] Die zur Fundierung operativer Planungsprobleme eingesetzten Instrumente der Kostenrechnung wurden von diesem Konvergenzbereich hingegen unisono ausgeklammert, da selbige „sehr spezifische Modellstrukturen erforder[n]"[1783], deren Eingangsparameter nicht aus der Rechnungslegung entnommen werden können.[1784] Ebensowenig fand der nach den Regelungen des HGB aufgestellte Einzelabschluß Eingang in Konvergenzüberlegungen.

Das Gros der deutschen Unternehmen nahm die Umstellung ihrer Konzernrechnungslegung auf die damaligen *IAS*- respektive *US-GAAP*-Regelungen zum Anlaß, etwaiges Konvergenzpotential in der Unternehmensrechnung ‚aufzuspüren'.[1785]

Eine kongruente Übernahme der externen Daten- und Zahlenbasis aus dem Konzernabschluß in eine retrospektiv-operativ ausgerichtete Kontrollrechnung erschien dem damaligen ‚Grundtenor' zufolge als äußerst ‚attraktiv'. Schließlich würde ein anhand internationaler Rechnungslegungsstandards berechnetes Periodenergebnis „nach allgemein anerkannten (betriebswirtschaftlichen) Grundsätzen ermittelt"[1786] und es läge nur eine geringe Anzahl von Bilanzierungswahlrechten und Manipulationsspielräumen vor;[1787] kurzum, es stünden „faire Informationen"[1788] gewissermaßen ‚zum Nulltarif' zur Verfügung.[1789]

Dieses Vorhandensein motivierte weite Teile der Literatur, eine Vielzahl von Einzelstandards der internationalen Rechnungslegung – zuvorderst die Bilanzierung langfristiger Fertigungsaufträge gem. *IAS 11* – auf deren Konvergenzpotential zu einer periodenbezogenen, mit Steuerungs- und Kontrollaufgaben betrauten Ergebnisrechnung zu untersuchen, wobei im Vergleich zu den jeweiligen HGB-Regelungen generell eine erhöhte ‚Zielkongruenz' und ‚Relevanz' herausgestellt

---

[1781] Vgl. *Küting/Lorson* (1998b), S. 487.
[1782] Vgl. exemplarisch *Bruns* (1998), S. 5 f.; *Hebeler* (2001), S. 682; *Klein* (1999a), S. 19; *Klein* (1999b), S. 69; *Küting/Lorson* (1999a), S. 54; *Kütting/Lorson* (1998b), S. 489 ff.; *Küting/Lorson* (1998c), S. 2309; *Küting/Lorson* (1999b), S. 219; *Siefke* (1999), S. 159 ff.
[1783] *Kümpel* (2002a), S. 344.
[1784] Vgl. *Haring/Prantner* (2005), S. 148 *Hoke* (2001), S. 31; sowie Fn. 1782, S. 287.
[1785] Vgl. *Horváth/Arnaout* (1997), S. 267.
[1786] *Menn* (1995), S. 227. Ferner bspw. *Männel* (1999), S. 15.
[1787] Vgl. *Haller* (1997a), S. 271; *Küpper* (2000), S. 449 ff.; *Menn* (1995), S. 227; *Pellens/Tomaszewski/Weber* (2000), S. 1830.
[1788] *Busse von Colbe* (1996), S. 17.
[1789] Vgl. umfassend zu den Beweggründen einer Konvergenz zwischen externem und internem Rechnungswesen *Hebeler* (2003), S. 32-45, m.w.N.; zur empirischen Fundierung dieser Motive auch *Haring/Prantner* (2005), S. 147-154.

wurde.[1790] Aus diesen Gründen wird den internationalen Rechnungslegungsvorschriften eine Schlüsselrolle bei Konvergenzüberlegungen in der Unternehmensrechnung attestiert.[1791]

5.1.1.3 Derzeitige Konvergenzentwicklungen zwischen externem und internem Rechnungswesen

Seit den soeben angeführten ‚ersten' Untersuchungserkenntnissen bezüglich praktikabler Verknüpfungsmöglichkeiten zwischen dem internen Rechnungswesen und der *IFRS*-Rechnungslegung hat gerade letztere einer ‚Flut' von – teilweise gravierenden – Änderungen und Weiterentwicklungen unterlegen. Die hieraus erwachsenden Konvergenzimpulse lassen die Frage einer möglichen Vereinheitlichung regelmäßig aufs neue entstehen. Infolgedessen ist Konvergenz nicht als einmaliges Projekt anzusehen,[1792] sondern stellt einen permanenten Prozeß innerhalb des Rechnungswesens dar.[1793]

Dabei zeigt sich in jüngerer Vergangenheit, daß speziell die hohe ‚Taktzahl' der Veränderungen der *IFRS*-Vorschriften als auch deren inhaltliche Fortentwicklung aus Sicht des an konvergenten Teilbereichen der Unternehmensrechnung interessierten, internen Rechnungswesens zunehmend kritisch beäugt wird.[1794] Die anfängliche ‚Euphorie'[1795] einer generellen Eignung der *IFRS*-basierten Daten- und Zahlenbasis für periodenbezogene, interne Ergebnisrechnungen scheint verflogen zu sein.[1796] In diesem Zusammenhang erweckt vor allem die vermehrte, durch Marktpreise fundierte *Fair Value*-Bewertung den Eindruck, dem Konvergenzpotential zwischen dem externen und internen Rechnungswesen abträglich zu sein,[1797] wie folgende Aussage von *Beißel/Steinke* vergegenwärtigt:

[1790] Vgl. statt vieler *Klein* (1999a), S. 113-204; *Klein* (1999b), S. 71-76; *Küting/Lorson* (1998c), S. 2304 f.; *Schaier* (2007), S. 119 ff.; *Siefke* (1999), S. 135-231; bezüglich *US-GAAP Schulte-Nölke* (2001), S. 81-163.

[1791] *Hebeler* (2003), S. 5 spricht von einem „Katalysator für eine Harmonisierung des internen und externen Rechnungswesens"; ähnlich *Haring/Prantner* (2005), S. 148; *Kley* (2006), S. 151; *Müller/Ordemann/Pampel* (2005), S. 2122; *Troßmann/Baumeister* (2005), S. 637; *Wagenhofer* (2006b), S. 18. Kritisch hinsichtlich mittelständischer Unternehmen *Jahnke/Wielenberg/Schumacher* (2007), S. 375.

[1792] In der Unternehmenspraxis wird der Vereinheitlichungsprozeß derweil mehrheitlich als beendet betrachtet, wie die empirischen Studien von *Haring/Prantner* (2005), S. 151 und *Hoke* (2001), S. 161 dokumentieren.

[1793] Vgl. *Wagenhofer* (2006b), S. 2 f.

[1794] Vgl. *Borchers* (2006), S. 283 ff.; *Fleischer* (2005), S. 195 f.; *Kley* (2006), S. 156; *Nobach/Zirkler* (2006), S. 748.

[1795] Vgl. *Truxius* (2006), S. 394. *Hofmann* (2006), S. 72 stellt bereits die Frage, ob es sich bei den IFRS um den „Spielball der Bilanz-Jongleure" handelt.

[1796] Vgl. bspw. im Hinblick auf angedachten Veränderungen im Bereich der *IFRS*-basierten Ergebnis- und Umsatzrealisierungsvorschriften *Mansch* (2006), S. 120; *Zattler/Michel* (2006), S. 149.

[1797] Vgl. *Diedrich/Rohde* (2005), S. 701 ff.; *Gleich/Kieninger/Kämmler* (2005), S. 43 ff.; *Jakopovic* (2005), S. 11; *Kerkhoff/Diehm* (2007), S. 320; *Kerkhoff/Thun* (2007), S. 459 ff.; *Truxius* (2006), S. 408; *Weißenberger* (2006a), S. 32; *Weißenberger* (2006b), S. 70 ff.; *Weißenberger* (2006c), S. 166

> *„Zum Erhalt der Informations- und Entscheidungsfunktion [eines konvergenten Rechnungswesens] würde bei einer ausgeweiteten Bewertung des Buchvermögens mit fair-values die Konvergenz wieder aufgegeben werden müssen. Es müsste (wieder) ein zweiter Rechnungskreis geschaffen werden, um die Neubewertungsänderungen bei den einzelnen Aufwands- und Ertragsarten getrennt zu erfassen."*[1798]

Ausschlaggebend für eine derartige Ablehnung ist die üblicherweise in der internen Unternehmensrechnung angestrebte ‚Normalisierung' in Form einer Glättung aperiodischer und zufälliger Ergebniselemente,[1799] die durch die mit dem *Fair Value* einhergehende Volatilität und teilweise stattfindende Durchbrechung des Kongruenzprinzips konterkariert wird.[1800] Des weiteren zeichnen sich aus theoretischer Perspektive immer stärkere Zweifel an einer Anreizverträglichkeit von *Fair Values* im Rahmen der Verhaltenssteuerung ab.[1801]

Während von der verstärkten Ausrichtung der Rechnungslegung am *Fair Value* insoweit eher divergente Signale an die interne Unternehmensrechnung ausgesendet werden, eröffnet der Bedeutungszuwachs des *Management Approach* sachlogisch völlig neue Konvergenzpotentiale. Das externe Rechnungswesen wird in Teilen „quasi zum Spiegel des internen Berichtswesens und der internen Steuerungsgrößen."[1802] Hiervon sind besonders die Risiko-[1803] und Segmentberichterstattung sowie der Lagebericht[1804] ‚betroffen'.[1805] Im Hinblick auf die Konvergenzrichtung ist diesbezüglich eine „interne Dominanz"[1806] zu konstatieren,[1807] die *Klein* bereits vor etwa einem Jahrzehnt als langfristige Option für eine Annäherung des externen und internen Rechnungswesens voraussagte.[1808]

Damit einhergehend läßt sich eine Tendenz zur Verschiebung der zeitlichen Blickrichtung der Rechnungslegung von einer Vergangenheits- zu einer Zukunfts-

---

f.; *Weißenberger und Arbeitskreis „Controller und IFRS" der International Group of Controlling* (2006b), S. 354 ff.; *Weißenberger* (2007b), S. 329; *Weißenberger und Arbeitskreis „Controller und IFRS" der International Group of Controlling* (2006b), S. 619.

[1798] *Beißel/Steinke* (2004), S. 69; ähnlich *Dais/Watterott* (2006), S. 472 f.; *Haeger* (2006), S. 255 ff.; *Kerkhoff/Thun* (2007), S. 461; *Kley* (2006), S. 156 f.; *Truxius* (2006), S. 409 f.; *Zattler/Michel* (2006), S. 149.

[1799] Vgl. aber auch im Rahmen der Rechnungslegung Fn. 1192, S. 208.

[1800] Vgl. *Fleischer* (2005), S. 196; ähnlich *Beißel/Steinke* (2004), S. 69; *Horváth* (2006), S. 407; *Kerkhoff/Thun* (2007), S. 459 ff.; *Wagenhofer* (2006b), S. 16.

[1801] Vgl. *Ewert* (2006a), S. 21-47; *Ewert* (2006b), S. 179-207; *Günther/Schiemann* (2005), S. 601-628; *Velthuis/Wesner/Schabel* (2006a), S. 458-466; *Velthuis/Wesner/Schabel* (2006b), S. 875-878.

[1802] *Haller/Park* (1999), S. 64.

[1803] Vgl. *Erdmann/Wünsch/Gommlich* (2007), S. 293-298 zu einer Fallstudie von *IFRS 7: Financial Instruments: Disclosures*.

[1804] Vgl. zum aktuellen Diskussionspapier *Fink* (2006), S. 141-152, m.w.N.

[1805] Vgl. *Fülbier/Hirsch/Meyer* (2006), S. 237; *Hachmeister* (2006), S. 125; *Wagenhofer* (2006b), S. 5 ff.

[1806] *Klein* (1999a), S. 18.

[1807] Vgl. *Jahnke/Wielenberg/Schumacher* (2007), S. 365.

[1808] Vgl. *Klein* (1998a), S. 23 ff.

orientierung erkennen,[1809] was zwangsläufig einen indirekten oder direkten[1810] Rückgriff auf die interne, strategische Unternehmensplanung erforderlich macht.[1811]

Die lange Zeit gültige Aussage von *Küting/Lorson*, wonach „[d]as externe Konzernrechnungswesen [...] die Meßlatte der Angleichung"[1812] bildet, erweist sich aufgrund der gerade skizzierten Entwicklungen im externen Rechnungswesen als nur noch partiell zutreffend. An dessen für Theorie und Praxis prägende Stellung müßte ein breiteres Bild des derzeitigen Zusammenwirkens von *IFRS*-Regelwerk und internem Rechnungswesen treten, das ausreichend Platz für eine differenzierte Kennzeichnung möglicher Konvergenzprozesse in der Unternehmensrechnung bietet. Eine adäquate Beschreibung liefert hierzu etwa *Wagenhofer*:

> „In der Tat wurde die internationale Rechnungslegung zu einem wesentlichen Impulsgeber für das Controlling. Die meisten Überlegungen beziehen sich auf eine Harmonisierung oder Integration des externen und internen Rechnungswesen[s], was allerdings eine einseitige Angleichung des Controlling an die Daten der Rechnungslegung darstellt. [...] [Es zeigt sich], dass die Richtung der Verbindung von Rechnungslegung und Controlling auch – und vor allem zum Teil zwingend – in die andere Richtung geht: Die Rechnungslegung verwendet in manchen Fällen unmittelbar und in vielen Fällen mittelbar Informationen aus dem Controlling."[1813]

Äußerst pointiert faßt *Fleischer* den enormen Stellenwert des internen Rechnungswesens für die *IFRS*-Bilanzierung und damit gleichzeitig für potentielle Verknüpfungsmöglichkeiten zusammen:

> „Eine korrekte Bilanzierung nach IFRS ist [...] bereits heute ohne Controllinginformationen unmöglich."[1814]

Das trotzdem in einigen Untersuchungen von Vereinheitlichungstendenzen in der Unternehmensrechnung in jüngerer Vergangenheit vorzufindende, teilweise stoische Festhalten an dem Postulat einer Dominanz des externen Rechnungswesens[1815] muß daher abgelehnt werden. Aus einer derartig einseitigen Betrach-

---

[1809] Vgl. *Beyhs* (2006), S. 209; *Fülbier/Hirsch/Meyer* (2006), S. 236; *Kirsch/Steinhauer* (2003), S. 431; *Müller/Ordemann/Pampel* (2005), S. 2123.
[1810] Vgl. *Wagenhofer* (2006b), S. 18.
[1811] Vgl. detailliert *Kirsch* (2005a), S. 11-62. Ferner *Kirsch* (2005b), S. 1157 ff.; *Kirsch/Steinhauer* (2003), S. 429; *Müller/Ordemann/Pampel* (2005), S. 2122 ff.; *Wagenhofer* (2006b), S. 7.
[1812] *Küting/Lorson* (1998c), S. 2306.
[1813] *Wagenhofer* (2006b), S. 18.
[1814] *Fleischer* (2005), S. 192; ähnlich *Kley* (2006), S. 150. Dementsprechend fordern *Fülbier/Hirsch/Meyer* (2006), S. 234 ff. eine verstärkte Zusammenarbeit von Wirtschaftsprüfern und *Controlling*.
[1815] Beispielhaft sei das besondere Bemühen von *Wussow* (2004), S. 62 f. herausgestellt, die Anpassungen des internen an das externe Rechnungswesen beim *Management Approach* zu begrün-

tungsweise kann sich im übrigen ein ‚Zirkularitätsproblem'[1816] für Unternehmen ergeben, die seit längerem über eine nahezu gänzlich *IFRS*-basierte Unternehmensrechnung verfügen. Denn der Verwendung einer originär aus dem internen Rechnungswesen stammenden Daten- und Zahlenbasis, die in aktuell verabschiedeten Rechnungslegungsstandards immer häufiger gefordert wird, ließe sich somit nicht mehr nachkommen. Mithin gilt es zu akzeptieren, ein „'durch und durch'"[1817] konvergentes externes und internes Rechnungswesen ist auf dem derzeitigen Stand der *IFRS*-Rechnungslegung nicht zu realisieren.[1818]

Intensiv wird in diesem Zusammenhang momentan das neue ‚Rollenverständnis' des *Controlling* als „Methoden- und Datenlieferant"[1819] in der Literatur diskutiert. Aus Sicht einer detaillierten Konvergenzanalyse muß die hierbei bisweilen festzustellende plakative Aufmachung der entsprechenden Untersuchungsansätze bemängelt werden, ohne daß es *in concreto* zu einer Klärung käme, wie genau die ‚gelieferte' Methoden- und Datenbasis aussieht und welchen Eingang diese in die Rechnungslegung findet.

Diesbezüglich vermag ebensowenig der aktuell von *Weißenberger/Arbeitskreis „Controller unter IFRS" der International Group of Controlling"* vehement[1820] als ‚*State of the Art*' propagierte Ansatz einer „partiell integrierten Rechnungslegung"[1821] zu überzeugen:[1822] Obwohl hierin zwar zunächst allgemein die Bedeu-

---

[1816] den: „Vor diesem Hintergrund stellt sich die Frage, ob nicht auch eine Segmentberichterstattung nach dem Management Approach möglich ist, bei der die externe Berichterstattung der Maßstab für die interne Steuerung und Berichterstattung ist. Für diesen Ansatz spricht, dass aufgrund der stark unterschiedlichen Kostenrechnungssysteme verschiedener Unternehmen die zwischenbetriebliche Vergleichbarkeit der Segmente eingeschränkt wird. Für eine Annäherung der internen Berichterstattung sprechen darüber hinaus Gründe wie für eine Harmonisierung des Rechnungswesens im Allgemeinen, wie z.B. leichtere Verständlichkeit durch eindeutige Normen, höhere Transparenz, das Schaffen eindeutiger Zahlenwerks. Aus den genannten Gründen sollte sich das interne Rechnungswesen auch in der Segmentberichterstattung dem Management Approach an die externe Rechnungslegung angleichen, auch um die Überleitung der Berichtsgrößen zu vereinfachen und um kalkulatorische Abgrenzungen zu vermeiden." Vgl. *Ulbrich* (2006), S. 296. Abzugrenzen ist hiervon die „Zirkularitätseffekt" von *Weißenberger* (2007a), S. 186 f.; *Weißenberger* (2007b), S. 326; *Weißenberger/Maier* (2006), S. 2082 f., der die Gefahr beschreibt, daß die Unternehmensleitung beim *Management Approach* dazu verleitet sei, die internen Steuerungssysteme nach bilanzpolitisch motivierten Überlegungen auszugestalten. Vgl. zu letzterem auch *Wagenhofer* (2006b), S. 4.

[1817] *Hütten/Lorson* (2002), S. 29.

[1818] Nach *Haring/Prantner* (2005), S. 151 sind 80% der Unternehmen an „einer möglichst vollständigen Harmonisierung des Rechnungswesens" interessiert.

[1819] *Wagenhofer* (2006b), S. 7. Vgl. auch *Kerkhoff/Diehm* (2007), S. 317 f.; *Kerkhoff/Thun* (2007), S. 457; *Vanini* (2006), S. 1388; *Weißenberger* (2007a), S. 227 ff.; *Weißenberger und Arbeitskreis „Controller und IFRS" der International Group of Controlling* (2006a), S. 347.

[1820] Vgl. *Weißenberger und Arbeitskreis „Controller und IFRS" der International Group of Controlling* (2006a), S. 356 ff. Jeweils übereinstimmend *Weißenberger* (2006a), S. 32 f.; *Weißenberger* (2006c), S. 167 ff.; *Weißenberger* (2006d), S. 412 ff.; *Weißenberger* (2007a), S. 198 ff.; *Weißenberger* (2007b), S. 327 ff.; *Weißenberger und Arbeitskreis „Controller und IFRS" der International Group of Controlling* (2006b), S. 619 ff.

[1821] *Weißenberger und Arbeitskreis „Controller und IFRS" der International Group of Controlling* (2006a), S. 357. Jeweils übereinstimmend *Weißenberger* (2006c), S. 169; *Weißenberger* (2006d),

tung des *Management Approach* explizit herausgearbeitet wird, umfaßt der letzten Endes präsentierte ‚Lösungsvorschlag' jedoch lediglich eine einperiodische Ergebnisrechnung, die – soweit aus den abstrakten, zur Veranschaulichung herangezogenen Abbildungen ersichtlich – größtenteils der Daten- und Zahlenbasis des externen Rechnungswesen auf Gesamtunternehmens- und Segmentebene ‚treu' bleibt. Dabei „sind einzelne Brückenpositionen erlaubt, um den Einfluß nicht steuerungsgerechter Standards innerhalb der *IFRS* zu eliminieren"[1823]. Solche Überleitungspositionen, deren „Anzahl [...] nicht überhand nehmen darf, um die Aussagekraft der integrierten Rechnungslegung nicht zu beeinträchtigen"[1824], werden obendrein als ‚Lösung' für die Problematik erachtet, daß sich die interne Ergebnisrechnung bei einem verhältnismäßig hohen Konvergenzgrad innerhalb der Unternehmensrechnung quasi als „‚Geisel des IASB'"[1825] jeder Standardänderung sofort und vollständig anpassen müßte.

Auf dieser Daten- und Zahlenbasis sehen es *Weißenberger/Arbeitskreis „Controller unter IFRS" der International Group of Controlling* wiederum als einen der „Erweiterungs- und Anpassungsbedarfe innerhalb des Controllinginstrumentariums" an, zusätzlich „IFRS-basierte Performance-Maße für Zwecke der Steuerung dezentraler Entscheidungsträger"[1826] konzeptionell zu gestalten und zu berechnen.

Unbeachtlich der in den vorstehenden Zitaten zum Ausdruck kommenden mehrfachen Widersprüchlichkeit hinsichtlich

- der zu verwendenden Daten- und Zahlenbasis,
- einer etwaigen Eignung des *IFRS*-Regelwerks zu Steuerungszwecken sowie
- den jeweils angesprochenen Aggregationsebenen eines Gesamtunternehmens

leitet der letzte Punkt zu einem weiteren, derzeit eher ‚stiefmütterlich' beachteten, Aspekt denkbarer Konvergenzprozesse in der Unternehmensrechnung über, nämlich den Einflüssen der zunehmenden Anwendung unternehmenswertorientierter Steuerungssysteme im internen Rechnungswesen.[1827]

S. 413; *Weißenberger und Arbeitskreis „Controller und IFRS" der International Group of Controlling* (2006b), S. 620.

[1822] Nach *Haring/Prantner* (2005), S. 151 streben nur 11% der Unternehmen ein partiell konvergentes Rechnungswesen an, vgl. Fn. 1818.

[1823] *Weißenberger und Arbeitskreis „Controller und IFRS" der International Group of Controlling* (2006a), S. 356.

[1824] *Weißenberger und Arbeitskreis „Controller und IFRS" der International Group of Controlling* (2006a), S. 356.

[1825] *Weißenberger und Arbeitskreis „Controller und IFRS" der International Group of Controlling* (2006a), S. 356. Übereinstimmend *Weißenberger* (2007a), S. 198; *Weißenberger* (2007b), S. 329.

[1826] *Weißenberger und Arbeitskreis „Controller und IFRS" der International Group of Controlling* (2006a), S. 360 (beide Zitate).

[1827] Vgl. aber bereits *Dirrigl* (1998b), S. 541 ff. zu Verknüpfungsüberlegungen einer „Aktionärsrechnung" mit den zahlungsstrombasierten Instrumenten wertorientierter Planung und Kontrolle.

Einerseits ist bei der Ausgestaltung unternehmensinterner Planungs- und Kontrollsysteme eine verstärkte Forderung nach einer *Cashflow*basierung in der Literatur zu erkennen.[1828] Andererseits wird es von Theorie und Praxis in Bezug auf das sich hieraus in Kombination mit dem *Management Approach* und einer stärkeren strategisch-prospektiven Ausrichtung der Rechnungslegung ergebende Konvergenzpotential[1829] vielfach als ‚erschöpfend' empfunden, den Einfluß einzelner *IFRS*-Vorschriften auf die Erfolgs- und Kapitaleinsatzgrößen der operativ-retrospektiv berechneten Performancemaße EVA, E_RIC oder CVA zu untersuchen.[1830] Insoweit erfahren die Möglichkeiten einer „Integration des Rechnungswesens im *Shareholder Value*-Ansatz"[1831] nur eine rudimentäre Erfassung. Den aus solchen Analyseansätzen resultierenden Erkenntnisgewinn erachtet *Kahle* zutreffend als gering:

> *„Angesichts dieser konzeptionellen Grenzen des EVA-Ansatzes ist der in der Literatur angeführte Vorteil internationaler Rechnungslegungsstandards, bei Verfolgung des EVA-Ansatzes gegenüber den Rechnungslegungsregeln des HGB zu einer geringeren Anzahl nötiger Konversionen zu führen, ein schwaches Argument."*[1832]

Zusammenfassend kann also festgehalten werden, daß Konvergenzprozesse in der Unternehmensrechnung auf drei verschiedenen Ebenen[1833] zu beobachten sind. Die für die Themenstellung der vorliegenden Arbeit relevanten Vereinheitlichungsmöglichkeiten zwischen dem externen und internen Rechnungswesen unterliegen einem ständigen Wandel.[1834] Ausschlaggebend dafür sind hauptsächlich die *IFRS*-Rechnungslegungsvorschriften, die kein Datum darstellen,[1835] sondern – zumindest in jüngerer Vergangenheit – einer permanenten und zeitnahen Weiterentwicklung durch das *IASB* unterlagen. Hierdurch werden regelmäßig neue Konvergenz- oder auch Divergenzimpulse ausgelöst. Das über Jahre hinweg vorherrschende Leitbild einer vollständigen Konvergenz einzelner Teilbereiche der Unternehmensrechnung bei ‚Dominanz' des externen Rechnungswesens spiegelt vor dem Hintergrund aktueller Entwicklungen im *IFRS*-Regelwerk die sich insgesamt

---

[1828] Vgl. *Auer* (2002), S. 545; *Burger/Buchhart* (2001b), S. 801 ff.; *Dirrigl* (2003), S. 160 ff.; *Dirrigl* (2004b), S. 93-135; *Hering/Vincenti* (2004), S. 352; *Küpper* (2004), S. 101.
[1829] Vgl. hierzu zumindest teilweise *Auer* (2002), S. 557; *Beyhs* (2006), S. 210; *Fülbier/Hirsch/Meyer* (2006), S. 236; *Troßmann/Baumeister* (2005), S. 641.
[1830] Vgl. beispielhaft *Franz/Winkler* (2006a), S. 93-131; *Franz/Winkler* (2006b), S. 417-423; *Lorson* (2004b), S. 115-147; *Lorson/Schedler* (2002), S. 263-277; *Weißenberger* (2007a), S. 261-293; *Wussow* (2004), S. 182-205.
[1831] *Burger/Buchhart* (2001a), S. 549.
[1832] *Kahle* (2003), S. 778.
[1833] Jeweils innerhalb des externen (vgl. Abb. 36, S. 282, Nummer eins) und internen Rechnungswesens (vgl. Abb. 36, S. 282, Nummer zwei,) sowie an den entsprechenden ‚Schnittstellen' (vgl. Abb. 36, S. 282, Nummern drei und vier).
[1834] Vgl. *Hebeler* (2006), S. 126 für eine Betrachtung aus Sicht der *Henkel KGaA*.
[1835] So noch *Bruns* (1998), S. 5 mit der damals h.M. bezüglich der *US-GAAP*.

ergebenden Konvergenzmöglichkeiten nur noch bedingt wieder. Vielmehr ist das Zusammenwirken von *IFRS*-Regelungen und internem Rechnungswesen derzeit als gegenseitiger Informationsaustausch zu charakterisieren. Deswegen eröffnen sich zwischen den jeweiligen Teilbereichen mitunter sehr spezifische Vereinheitlichungspotentiale.[1836] Dabei gilt es anzumerken, daß gerade dem *Management Approach*, der als Paradebeispiel für den in jüngerer Vergangenheit beträchtlich gestiegenen Stellenwert des internen für das externe Rechnungswesen anzusehen ist, in aktuellen Erörterungen von Konvergenzprozessen die ihm gebührende Aufmerksamkeit nur bedingt zuteil wird.[1837] Außerdem werden die Verknüpfungsmöglichkeiten der *IFRS*-Vorschriften mit der unternehmenswertorientierten Unternehmensführung nur ansatzweise untersucht, weshalb die speziell aus *IAS* 36 und einem entsprechend ausgestalteten *Controlling* erwachsenden Konvergenzpotentiale in den nächsten Gliederungspunkten aufgezeigt und detailliert erörtert werden sollen.

5.1.2 Aus dem Werthaltigkeitstest sowie dem bereichs- und unternehmenswertorientierten Controlling erwachsende spezifische Konvergenzmöglichkeiten

Vorstehend wurde ausgeführt, daß die detaillierte Kennzeichnung der Strukturmerkmale von Teilsystemen der Unternehmensrechnung eine geeignete Ausgangsbasis für die Analyse von Konvergenzpotentialen darstellt (vgl. Kap. 5.1.1.1, S. 281 ff.). Eine dementsprechende Charakterisierung und Gegenüberstellung des bereichs- und unternehmenswertorientierten *Controlling* sowie des Werthaltigkeitstests enthält Abb. 38, S. 295.

Hiernach sind die betrachteten Teilsysteme der Unternehmensrechnung durch konzeptionelle Ähnlichkeiten bezüglich der verfolgten Rechnungsziele, verwendeten Basisgrößen, zeitlichen Blickrichtung sowie des Wiederholungscharakters gekennzeichnet.

Eine besondere Bedeutung wird dabei der *Cashflow*basierung der jeweils vorzunehmenden Berechnungen zuteil. Denn erst die Verwendung von Ein- und Auszahlungen als Basisgrößen des *Impairment of Assets* ebnet den Weg „eine[r] enge[n] Verzahnung von zahlungsstromorientiertem und externem Rechnungswesen"[1838], der bislang insofern „enge Grenzen" gesetzt waren, als daß sich die

---

[1836] Vgl. *Günther/Schiemann* (2005), S. 612, wonach „Pragmatismus und Vereinfachungsbestrebungen" in der aktuellen Konvergenzdebatte aufgegeben werden können.
[1837] Vgl. *Weißenberger/Maier* (2006), S. 2077. Auszunehmen ist hiervon die Untersuchung von *Ulbrich* (2006), S. 237-297, in der die Konvergenzmöglichkeiten von Segmentberichterstattung und Beteiligungs*controlling* auf Basis des internen Rechnungswesens intensiv erörtert werden.
[1838] *Küting/Lorson* (1998b), S. 492.

Rechnungslegung herkömmlich durch „eine Periodisierung [von Zahlungsströmen] zu Erfolgskomponenten"[1839] charakterisierte.

	Bereichsbezogene Unternehmensbewertung	Bereichs- und unternehmenswertorientierte Performancemessung	Impairment of Assets
Rechnungszweck, Einzelaufgabe	Wertermittlung auf unterschiedlichen Aggregationsebenen eines Unternehmens [*Planungsrechnung*]	Planung, Kontrolle, Analyse und Honorierung der Steigerung des bereichsbezogenen Unternehmens- und Kapital(einsatzmehr-)werts [*Planungs- und Kontrollrechnung*]	Sicherstellung der Werthaltigkeit von Vermögenswerten [*Rechnungslegung*]
Beabsichtigter Empfängerkreis	Unternehmensleitung	Unternehmensleitung	außerhalb der Unternehmensleitung Stehende
Rechnungsziel	Ertragswert, Marktpreis auf Basis der DCF-Methoden oder Übergewinnverfahren	Vergleich Unternehmenswerte Vergleich Kapital(einsatzmehr-)werte Performanceperiodisierung	Erzielbarer Betrag / Abwertungsverlust, Wertaufholungen
Basisgröße	‚Ausschüttung' Free Cashflow	Ein- und Auszahlung	Ein- und Auszahlung
Zeitliche Blickrichtung	strategisch-prospektiv	strategisch-prospektiv, operativ-retrospektiv	strategisch-prospektiv
Wiederholungscharakter	laufend	laufend	fallbezogen, laufend

Abb. 38: Strukturmerkmale des bereichs- und unternehmenswertorientierten *Controlling* sowie der Werthaltigkeitsüberprüfungen[1840]

Des weiteren führt die im Vergleich zu den übrigen *IFRS*-Vorschriften bestehende ‚Andersartigkeit' der Regelungen des *IAS 36* zu weiteren Parallelen zum bereichs- und unternehmenswertorientierten *Controlling*. Damit werden zum einem die Loslösung des ansonsten im externen Rechnungswesen als typisch zu erachtenden Einzelbewertungsgrundsatzes[1841] und zum anderen die strategisch-prospektiv Ausrichtung des *Impairment of Assets* angesprochen. Letztere manifestiert sich im Abstellen auf den *Recoverable Amount*, der regelmäßig in Form des *Value in Use* anhand der Diskontierung unternehmensspezifischer Zahlungsströme berechnet wird. Folglich läßt sich die Durchführung eines Werthaltigkeitstests mit einer „'[...] kleinen Unternehmensbewertung'"[1842] gleichsetzen.

[1839] *Dirrigl* (1998b), S. 543 (beide Zitate).
[1840] In teilweiser Anlehnung an *Hebeler* (2003), S. 60.
[1841] Vgl. zu dem mit *IAS 36* verbundenen Übergang von Einzel- auf Gesamtbewertungsverfahren vor dem Hintergrund einer Konvergenz in der Segmentberichterstattung *Ulbrich* (2006), S. 288.
[1842] *Pfeil/Vater* (2002), S. 66.

Bei einer Gesamtbetrachtung des *IFRS*-Regelwerks, das trotz der zunehmenden Orientierung an der Bewertungskonzeption des *Fair Value* einen starken Vergangenheitsbezug aufweist und durch Objektivierungsbemühungen geprägt ist, muß ein solcher Einsatz von Barwertkalkülen nach wie vor als befremdlich empfunden werden.[1843]

Außerdem ähnelt der im Rahmen einer Werthaltigkeitsüberprüfung vorzunehmende Vergleich des *Value in Use* mit dem Buchwert einer Bewertungseinheit von der Systematik her einer auf die Berechnung und Gegenüberstellung von Kapital(einsatzmehr-)werten bezogenen bereichs- und unternehmenswertorientierte Performancemessung (vgl. Abb. 13, S. 96, Nummern zwei bis vier).

Mit dieser kurzen Beschreibung der vorgenannten Strukturmerkmale sind die aus dem Werthaltigkeitstest sowie dem bereichs- und unternehmenswertorientierten *Controlling* erwachsenden spezifischen Konvergenzpotentiale umrissen.

Wie anhand von Abb. 39, S. 298 veranschaulicht ergeben sich insoweit Verknüpfungsmöglichkeiten hinsichtlich

- der jeweils verwendeten Grunddaten (Nummer eins),
- den anhand der Bewertungsvorgaben des internen Rechnungswesens respektive von *IAS* 36 ermittelten Unternehmenswerten (Nummer zwei) sowie
- den hierauf basierenden Varianten der Performancemessung (Nummer drei).

Den Ausgangspunkt und damit die erste Ebene einer etwaigen Konvergenz zwischen Werthaltigkeitsüberprüfungen sowie dem bereichs- und unternehmenswertorientierten *Controlling* bildet die gemeinsame Verwendung von Zahlungsströmen.[1844] Diese werden unter Beachtung bestimmter Bewertungsparameter sowohl im internen als auch im externen Rechnungswesen bei der bereichsbezogenen Wertermittlung zu Barwerten ‚verdichtet'. Die dabei einzunehmende zeitliche Blickrichtung ist nicht nur ungewöhnlich für das externe Rechnungswesen, sondern stellt ein substantielles Abgrenzungsmerkmal gegenüber den bisherigen Vereinheitlichungstendenzen in der Unternehmensrechnung dar.[1845] Hierin könnte in Anlehnung an *Bartelheimer/Kückelhaus/Wohlthat* eine „neue Dimension"[1846] von Kon-

---

[1843] Vgl. *Haring* (2004), S. 3 sowie zu einer tiefergehenden Diskussion die in Fn. 1187, S. 207 angegebene Literatur.

[1844] Vgl. *Bartelheimer/Kückelhaus/Wohlthat* (2004), S. 22 ff.; *Troßmann/Baumeister* (2005), S. 641. Dieses Konvergenzpotential übersieht offenbar *Wussow* (2004), S. 67 ff. in ihrer Untersuchung einer Harmonisierung des internen und externen Rechnungswesens mittels der *IFRS*-Rechnungslegung, wenn sie trotz einer Analyse von *IAS* 36 zahlungsstromorientierte Teilbereiche der interne Unternehmensrechnung explizit aus ihrem Harmonisierungsbereich ausschließt. Die hierauf aufbauende Untersuchung einer Verknüpfung zur wertorientierten Unternehmenssteuerung kann daher nur unvollständig bleiben.

[1845] Vgl. *Kirsch/Steinhauer* (2003), S. 431.

[1846] *Bartelheimer/Kückelhaus/Wohlthat* (2004), S. 23. Vgl. ähnlich *Glaum/Vogel* (2004), S. 51.

vergenzprozessen zwischen externem und internem Rechnungswesen gesehen werden, die sich bis dato hauptsächlich auf eine Übertragung der Ansatz- und Bewertungsvorschriften von Konzernabschlüssen auf operativ-retrospektiv ausgerichtete Kontrollrechnungen innerhalb der Kosten- und Leistungsrechnung beschränkte (vgl. Kap. 5.1.1.2, S. 286 ff.).

Daß einem zahlungsstromorientierten Basisrechensystem die besten Voraussetzungen für eine durchgängige, unternehmenswertorientierte Unternehmensrechnung innewohnen,[1847] legen bereits die bislang im Verlauf der vorliegenden Arbeit gewonnenen Untersuchungsergebnisse nahe. Denn einerseits

- ist die strategisch-prospektive Planungsrechnung des bereichs- und unternehmenswertorientierten *Controlling* zahlungsstromorientiert aufgebaut und erfährt eine Komprimierung in einem bereichsbezogenen Unternehmenswert (vgl. Kap. 2.5.4.1, S. 61 ff.),
- läßt sich korrespondierend eine strategisch-prospektive Performanceplanung und -kontrolle mit anschließender Abweichungsanalyse konzipieren (vgl. Kap. 3.4.1.2, S. 114 ff.) und
- eine Verknüpfung mit einer retrospektiv-operativen Performancekontrolle – zumindest auf Basis des EEI – problemlos erzielen (vgl. Kap. 3.5, S. 182 ff.).[1848]

Diese Grundstruktur des unternehmenswertorientierten *Controlling* ist in der linken und unteren Hälfte von Abb. 39, S. 298 wiedergegeben.

Andererseits schreibt *IAS 36* mit der laufenden sowie fallweisen Bestimmung des *Value in Use* eine in ihrer Grundkonzeption vergleichbare Planungs- und Kontrollrechnung auf *Cashflow*basis im externen Rechnungswesen vor,[1849] wie der schematische Vergleich mit der rechten Hälfte von Abb. 39, S. 298 verdeutlicht.

Somit eröffnen sich auf Ebene der Bestimmung bereichsbezogener Barwerte und der Performancemessung weitere Möglichkeiten einer Konvergenz zwischen den betrachteten Teilsystemen der Unternehmensrechnung. Ersteres stellte *Klein* bereits vor einem knappen Jahrzehnt heraus:

[1847] Vgl. hierzu und im folgenden *Dirrigl* (1998b), S. 574 f. Ähnlich *Küpper* (2004), S. 115 f.; *Troßmann/Baumeister* (2005), S. 641.
[1848] Vgl. auch *Burger/Buchhart* (2001a), S. 553.
[1849] A.A. offensichtlich *Hense* (2006), S. 258; *Schultze/Hirsch* (2005), S. 159, die Bewertungskalküle auf Basis von Residualgewinnen bevorzugen. Zu deren Unvereinbarkeit mit den Vorschriften von *IAS 36*, vgl. Fn. 1571, S. 258.

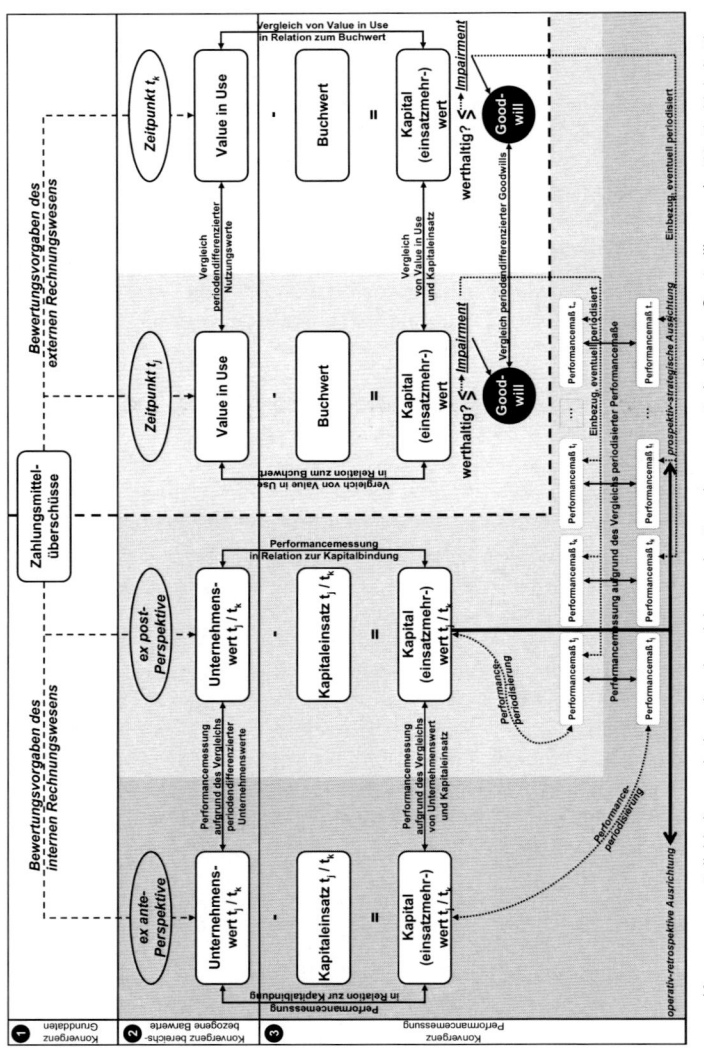

Abb. 39: Konvergenzmöglichkeiten zwischen dem bereichs- und unternehmenswertorientierten *Controlling* sowie Werthaltigkeitsüberprüfungen[1850]

[1850] Vgl. bereits Abb. 13, S. 96, wobei auf die – dort als wesentlich herausgestellte (vgl. Kap. 3.1.3, S. 93 ff.) – Verknüpfung mit Abweichungsanalysen in Abb. 39 aus Gründen der Übersichtlichkeit verzichtet wurde.

> *"Betrachtet man die einzelnen Vorschriften zur Ermittlung des Gebrauchswertes (value in use) aus der Perspektive der Unternehmenssteuerung, so fällt als erstes eine enge Anknüpfung an Instrumente des unternehmerischen Planungs- bzw. Entscheidungsprozesses auf. So ähnelt die Bestimmung des Gebrauchswertes der Durchführung einer Art [...] Unternehmensbewertung für eine umfassende cash generating unit."*[1851]

Von daher besteht die Vermutung, daß die Berechnung bereichsbezogener Unternehmenswerte und die Ermittlung von Nutzungswerten für *Cash-Generating Units* miteinander verknüpft werden könnten. Aus dem Umstand, daß „die Unternehmensbewertung zum ständigen Begleiter auch des externen Rechnungswesens geworden"[1852] ist, resultiert insofern die Arbeitshypothese einer unternehmenswertorientierten Konvergenz in der Unternehmensrechnung. Schließlich kommt es für unterschiedliche Zeitpunkte und Informationsstände im externen und internen Rechnungswesens zu einer simultanen Anwendung von Barwertkalkülen (vgl. Abb. 39, S. 298, Nummer zwei).

Neben dem Vergleich periodendifferenzierter Barwerte bietet die Gegenüberstellung mit Kapitaleinsatzgrößen die dritte Ebene etwaiger Konvergenztendenzen zwischen dem bereichs- und unternehmenswertorientierten Controlling sowie dem *Impairment of Assets*. Obwohl der *Value in Use* mit dem Buchwert eines Bewertungsobjekts nicht unter der Zielsetzung verglichen wird, einen Kapital(einsatzmehr-)wert zu bestimmen, sondern eine Überprüfung der Werthaltigkeit und gegebenenfalls eine Bemessung des *Impairment Loss* vorzunehmen, stimmt die grundsätzliche Heran- und Vorgehensweise mit einer ‚kapitalwertorientierten' Performancemessung überein. Es werden jeweils Barwerte und Kapitaleinsatzgrößen gegenübergestellt. Besonders deutlich tritt diese Ähnlichkeit zutage, wenn im Rahmen des internen Rechnungswesens zur Bemessung des Kapitaleinsatzes Buchwerte herangezogen werden sollten (vgl. Kap. 3.2, S. 95 ff).

In toto läßt die strukturelle Äquivalenz der durchzuführenden Berechnungen die anhand von Abb. 39, S. 298 veranschaulichten und beschriebenen Vereinheitlichungsmöglichkeiten auf drei Ebenen erkennen.

Davon unbeachtet sind bislang Konvergenztendenzen, die sich aus einem Einbezug von Geschäfts- oder Firmenwerten und deren möglichen Abschreibungen im Zeitablauf in eine operativ-retrospektive Performancemessung auf Basis von Wertbeitragskennzahlen ergeben. Die entsprechenden Anknüpfungspunkte finden sich hierzu im unteren Teil von Abb. 39, S. 298.

[1851] *Klein* (1999a), S. 201 f. (Hervorhebungen im Original).
[1852] *Schultze/Hirsch* (2005), S. 3.

Insgesamt kann somit konstatiert werden, daß investitionsrechnerisch aggregierte Zahlungsreihen das Kernelement einer etwaigen Synchronisierung des internen und externen „Steuerungs- und Monitoringsystem[s]"[1853] verkörpern.[1854]

Dies legt zugleich Verknüpfungsmöglichkeiten mit dem *Value Reporting* nahe;[1855] in einer umfassenden „Aktionärsrechnung"[1856] könnte zugleich das ‚Informationspotential'[1857] des Nutzungswerts besser ausgeschöpft werden.

Das Erkennen der vorgenannten Parallelen zwischen den Vorschriften des *Impairment of Assets* sowie dem bereichs- und unternehmenswertorientierten *Controlling*, die vielfach erst durch den enormen Bedeutungszuwachs von *IAS* 36 infolge der Neugestaltung der *Goodwill*bilanzierung nach *IFRS* 3 in den Fokus von Theorie und Praxis gelangten, führte in der Literatur zu teilweise diametralen Einschätzungen bezüglich des sich ergebenden Konvergenzpotentials:[1858] So sehen etwa *Pellens/Sellhorn* in Werthaltigkeitsüberprüfungen „ein ‚ideales Controlling-Instrument'"[1859], während *Brösel/Müller* „vor einer unreflektierten Übernahme der Ergebnisse des Werthaltigkeitstests zur sog. Performancemessung der Unternehmensbereiche eindringlich [...] warnen."[1860]

Als Gemeinsamkeit der bisher durchgeführten Untersuchungen des aufgezeigten Konvergenzbereichs läßt sich deren ‚Insellösungscharakter' herausstellen. Eine umfassende und zusammenhängende Analyse liegt hingegen nicht vor. Dies führt zu folgenden – vor allem aus der Perspektive des bereichs- und unternehmenswertorientierten *Controlling* bestehenden – Defiziten, die es in den nächsten Gliederungspunkten im Rahmen einer durchgängigen Diskussion auszuräumen gilt:

Erstens werden unterschiedliche Ansichten darüber vertreten, ob „[g]eprüfte bereichsbezogene Unternehmenswerte als ‚Service' der IFRS für die wertorientierte Unternehmenssteuerung"[1861] zur Verfügung gestellt werden oder „die Bewertung nach IFRS [...] auf die Daten und Methoden des Controlling zurückgreift"[1862]. Die damit aufgeworfene Frage nach der Konvergenzrichtung ist bislang weder analysiert, noch beantwortet worden (vgl. Kap. 5.3.1, S. 318 ff.).

Zweitens fand bisher nur eine fragmentäre Eignungsanalyse der Bewertungskonzeption des *Value in Use* für denkbare Vereinheitlichungsprozesse in der Un-

---

[1853] *Richter* (1996), S. 5.
[1854] Vgl. *Burger/Buchhart* (2001a), S. 553; *Burger/Buchhart* (2001b), S. 807; *Dirrigl* (1998b), S. 574 f.
[1855] Vgl. *Lorson* (2004b), S. 121 ff., m.w.N.
[1856] Vgl. *Dirrigl* (1998b), S. 541.
[1857] Vgl. Fn. 1194, S. 208.
[1858] Vgl. beispielhaft die kontroverse Diskussion zwischen *Haaker* (2005a), S. 351-357; *Haaker* (2006a), S. 44-47; *Haaker* (2006c), S. 687-695; *Klingelhöfer* (2006), S. 590-597; *Olbrich* (2006a), S. 43-44; *Olbrich* (2006b), S. 685-687, jeweils m.w.N.
[1859] *Pellens/Sellhorn* (2002), S. 114 im Zusammenhang mit *SFAS* 141 und *SFAS* 142. Vgl. ähnlich *Bartelheimer/Kückelhaus/Wohlthat* (2004), S. 22 ff. *Hense* (2006), S. 259.
[1860] *Brösel/Müller* (2007), S. 42. Vgl. ähnlich *Olbrich* (2006a), S. 43 f.; *Klingelhöfer* (2006), S. 590 ff.
[1861] *Haaker* (2005a), S. 351.
[1862] *Wagenhofer* (2006b), S. 10.

ternehmensrechnung statt.[1863] Hierbei müßte eigentlich geklärt werden, ob es dem Nutzungswert in Anbetracht der Fülle von Typisierungen der Einflußfaktoren und der Bewertungsmethodik gelingt, das Spannungsverhältnis zwischen *Relevance* und *Reliability* einer rechnungslegungsorientierten Unternehmensbewertung auszutarieren[1864] und gleichzeitig die Anforderungen an einen unternehmensinternen Entscheidungswert zu erfüllen (vgl. Kap. 5.3.3, S. 331 ff.).[1865]

Drittens bestehen Zweifel daran, in welchem Maße die im Rahmen der wertorientierten Unternehmensführung gebildeten unternehmensinternen Anlagenkollektive als *Cash-Generating Units* herangezogen werden können (vgl. Kap. 5.3.2, S. 322 ff.).[1866]

Viertens ist es noch nicht ausreichend gelungen, die Verknüpfungsmöglichkeiten einer bereichs- und wertorientierten Performancemessung sowie dem *Impairment of Assets* darzulegen, was besonders im Zusammenhang mit der *Goodwill*bilanzierung bemängelt werden muß (vgl. Kap. 5.4, S. 378 ff.).

Fünftens sind kürzlich Analyseinstrumente entwickelt worden, anhand derer sich verschiedene Ursachen eines *Impairment Loss* verdeutlichen lassen und die Aufschluß darüber liefern sollen, inwiefern das Bereichs*management* Verantwortung für eine Wertminderung trägt.[1867] Ein entsprechender Vergleich mit anschließender Würdigung wurde bis dato noch nicht durchgeführt (vgl. Kap. 5.5, S. 420 ff.).

Zur besseren Veranschaulichung der angestrebten Untersuchung wird die Beispielsrechnung im nächsten Unterkapitel fortgesetzt. Im Mittelpunkt der Betrachtung steht dabei ein Unternehmenserwerb (vgl. Kap. 5.2.1, S. 302 ff.) und dessen anschließende Integration (vgl. Kap. 5.2.2, S. 313 ff.). Darauf aufbauend erfolgt im weiteren Verlauf der Arbeit die Fortführung der Beispielsrechnung anhand einer bereichsbezogenen Unternehmensbewertung für interne Zwecke (vgl. Kap. 5.3.3.2.2, S. 336; Kap. 5.3.3.2.3, S. 344 ff.) sowie eines *Impairment Test* des auf den betrachteten Bereich zugeordneten Geschäfts- oder Firmenwerts (vgl. Kap. 5.3.3.2.3.4, S. 355 ff.). Anhand der jeweiligen Berechnungen lassen sich die vorgenannten Problemaspekte hinreichend verdeutlichen und detailliert erörtern.

[1863] Vgl. einzig *Klingelhöfer* (2006), S. 592 ff.; *Trützschler et al.* (2005), S. 396 ff.
[1864] Vgl. *Baetge/Kümmel* (2003), S. 14.
[1865] Vgl. aber *Beyhs* (2002), S. 288-291 für einige kritische Anmerkungen.
[1866] Vgl. kritisch *Hachmeister/Kunath* (2005), S. 69 ff.; *Olbrich* (2006b), S. 685 f.
[1867] Vgl. *Haaker* (2007a), S. 90 ff.; *Pfaff/Schultze* (2006), S. 134-138; *Schultze* (2005b), S. 282-295; *Schultze/Hirsch* (2005), S. 146 ff.

5.2 Unternehmenserwerb und anschließende Integration (Beispielsrechnung Teil IV)

5.2.1 Unternehmenserwerb der E AG

5.2.1.1 Transaktion im Überblick

Der bislang in Rahmen der Beispielsrechnung betrachtete Konzern K ist ausschließlich organisch gewachsen. Zum 31.12.2007 sollen indessen 100% der Anteile an der bis dato konzernfremden E AG erworben werden.[1868] Bei der E AG handelt es sich ihrerseits um einen Konzern, dessen vor der geplanten Übernahme gültige Organisations- und interne Reportingstruktur Abb. 40, S. 304 veranschaulicht. Darin werden ferner die aus dem beabsichtigen *Share Deal*[1869] und der Ein-

---

[1868] Vgl. *Achleitner/Schiereck* (2007), Sp. 1205-1212 zu einem Überblick hinsichtlich *Mergers & Acquisitions*, m.w.N.

[1869] Vgl. etwa *Pluskat* (2001), S. 2215 dazu, daß aufgrund des Verkäuferziels, eine möglichst geringe Steuerbelastung des Veräußerungsgewinns zu erreichen, ein Unternehmenserwerb häufig nur über den Kauf der Kapitalgesellschaftsanteile realisierbar ist. Dies wirkt sich für den Käufer insofern nachteilig aus, als daß die erworbenen Anteile keiner ‚Abnutzung' unterliegen und daher der Kaufpreis nicht abgeschrieben werden kann. Zu 'Lösungsmodellen' dieses Interessenskonflikts vgl. bspw. *Constantin/Rau* (2002), S. 751 ff. Vgl. allgemein zur Unterscheidung zwischen *Asset Deal* und *Share Deal* und etwaigen Mischformen sowie zum Ablauf und Gestaltungsformen des Unternehmenskaufs *Schuppen/Walz* (2005), S. 31-71, m.w.N.
Sollte es aufgrund entsprechender Ausgestaltungen der Unternehmensübernahme möglich sein, den *Goodwill* steuerlich geltend zu machen, muß in die Berechnung des Grenzpreises der hieraus resultierende Steuervorteil einfließen, vgl. etwa *Siepe* (1997), S. 41:

(5.1) $$EW_0^{KE} = \sum_{t=1}^{\infty} \frac{S\ddot{A}[\tilde{N}CF_t^{KE}]}{(1+r^{f,S})^t} + AfA_t^{GoF} \cdot s^{GoF} \cdot RBF_{i=r^{f,S}}^{n=15} .$$

Bezogen auf die Beispielsrechnung ergäbe sich der Ertragswert des Konzerns KE demnach aus dem Barwert der *Netto Cashflows* zuzüglich des Steuervorteils aus der Abschreibung des Geschäfts- oder Firmenwerts (GoF), der annahmegemäß vollumfänglich an die Anteilseigner ausgeschüttet werden soll. Für die Berechnung des Steuervorteils gilt:

(5.2) $$s^{GoF} = [s_G + (1-s_G) \cdot s_K] \cdot (1-0,5 \cdot s_E) ,$$

(5.3) $$RBF_{i=r^{f,S}}^{n=15} = \frac{(1+r^{f,S})^{15}-1}{(1+r^{f,S})^{15} \cdot r^{f,S}} .$$

Wird für den periodischen Abschreibungsbetrag des Geschäfts- oder Firmenwerts (AfA_t^{GoF}) nachstehender Term, wobei die Ertragswertdifferenz des betrachteten Konzerns vor und nach dem Unternehmenskauf ($EW_0^{KE} - EW_0^K$) vereinfachend dem Kaufpreis entsprechen soll,

(5.4) $$AfA_t^{GoF} = \frac{GoF}{15} = \frac{EW_0^{KE} - EW_0^K - EK_0^{BW,E}}{15}$$

gliederung in den Konzernverbund der K AG erwachsenden Änderungen wiedergegeben.

Mit der Akquisition des Konzerns E beabsichtigt die K AG, die hervorragenden Wachstumsaussichten, die der E AG und vor allem ihrem Bereich BA nach derzeitigen Markteinschätzungen in den Jahren 2008 bis 2011 aufgrund einer innovativen Produktpalette zugesprochen werden,[1870] zu ‚übernehmen'. Neben dieser eher operativen Zielsetzung sollen mittel- bis langfristig leistungswirtschaftliche Synergien zwischen den einzelnen Bereichen ‚gehoben' und eine Risikominimierung durch Diversifikation auf Gesamtunternehmensebene erzielt werden.[1871] Da der Konzern K anstrebt, den für die E AG zu entrichtenden Kaufpreis ausschließlich in bar und ohne zusätzliche Aufnahme von Fremdkapital zu leisten,[1872] ist eine Kapitalerhöhung in Form der Ausgabe junger Aktien über die *Holding* der K AG vorgesehen.[1873]

Zur Bestimmung des Grenzpreises nimmt die K AG eine *Due Diligence* vor, aus der die in Tab. 105 bis Tab. 110, S. 305- 308 enthaltenen Informationen über das Übernahmeobjekt resultieren.[1874]

Unter der vereinfachenden Annahme, die für den Konzern K gültigen Bewertungsprämissen (vgl. Kap. 2.5.3, S. 59 ff.) besäßen – im hierzu notwendigen Umfang[1875] – Gültigkeit für die E AG, können die in den beiden folgenden Gliederungspunkten beschriebenen Bewertungen der Transaktion vorgenommen werden.

in die Ausgangsgleichung eingesetzt, offenbart sich eine Interdependenz des Bewertungskalküls. Diese läßt sich jedoch durch einige Umformungsschritte ‚auflösen', so daß gilt:

(5.5) $$EW_0^{KE} = \frac{\sum_{t=1}^{\infty} \frac{S\ddot{A}[\tilde{N}CF_t^{KE}]}{(1+r^{f,S})^t} - \frac{EW_0^K + EK_0^{BW,E}}{15} \cdot s^{GoF} \cdot RBF_{i=r^{f,S}}^{n=15}}{(1 - \frac{s^{GoF}}{15} \cdot RBF_{i=r^{f,S}}^{n=15})}.$$

[1870] Vgl. hierzu auch *Wagner/Rümmele* (1995), S. 437.
[1871] Vgl. Anhang VII, Tab. 354, S. 488.
Vgl. *Bark/Kötzle* (2003), S. 139 f. zu einer empirischen Untersuchung von Akquisitionsmotiven, wobei der Erzielung von Synergieeffekten und Marktmacht sowie der Steigerung der Wachstumsrate die höchste Bedeutung beigemessen wird.
[1872] Vgl. zu Möglichkeiten sowie Vor- und Nachteilen der Kaufpreisfinanzierung durch Aktien- oder Barkauf grundlegend *Rappaport/Sirower* (1999), S. 147-158; *Rudolph* (2000), S. 131-151.
[1873] Die Fremdkapitalausstattung wird im Regelfall über die Finanzierungsgesellschaft abgewickelt, vgl. *Dinstuhl* (2003), S. 160, m.w.N.
Durch die Kapitalerhöhung nimmt der Kassenbestand um 140.000 zu und es kommt zu einem Anstieg des gezeichneten Kapitals um 40.000 sowie der Kapitalrücklagen um 100.000.
[1874] Vgl. zu einer detaillierten Darstellung der E AG Anhang VII, S. 479 ff.
[1875] Damit sind vor allem steuerliche Regelungen sowie Aspekte der marktorientierten Risikoadjustierung angesprochen.

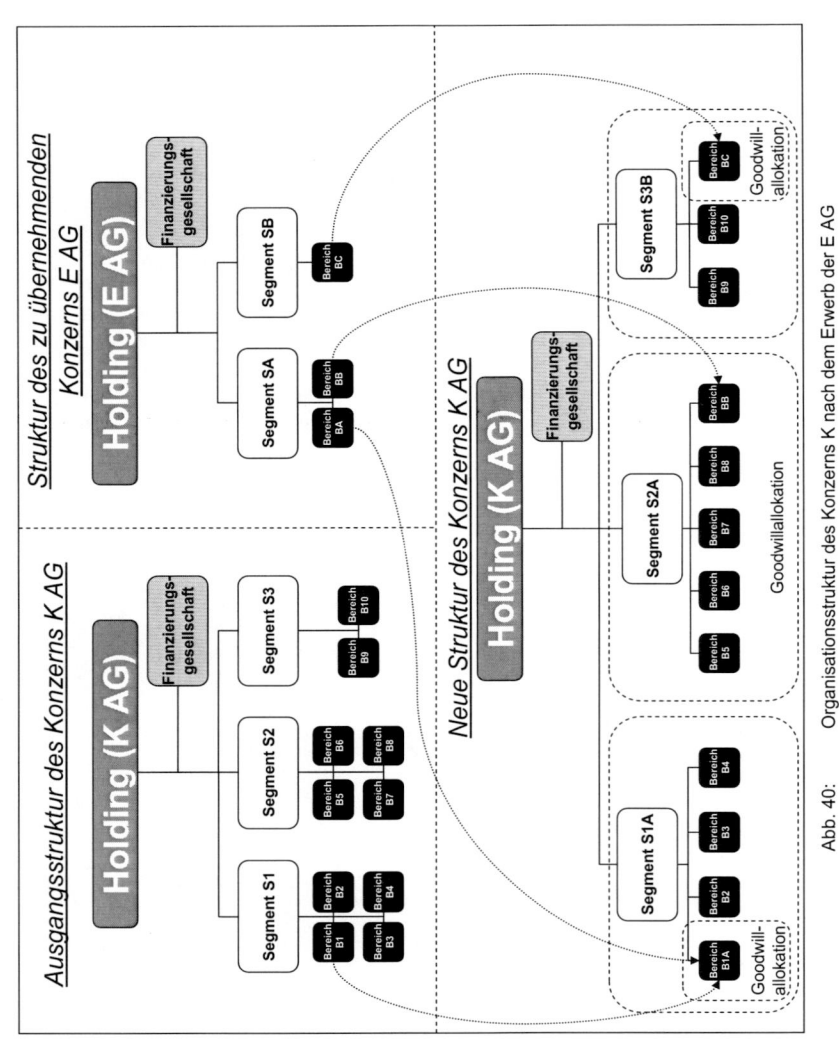

Abb. 40: Organisationsstruktur des Konzerns K nach dem Erwerb der E AG

Konvergenz zwischen IAS 36 und dem Controlling

Jahr	2007	2008			2009			2010			2011		
Szenario		I	II	III	I	II	III	I	II	III	I	II	III
Eintrittswahrscheinlichkeit		0,35	0,40	0,25	0,35	0,40	0,25	0,35	0,40	0,25	0,35	0,40	0,25
Sachanlagen	48.666,67	49.250,00	49.250,00	49.250,00	52.633,33	52.633,33	52.633,33	57.566,67	57.566,67	57.566,67	60.500,00	60.500,00	60.500,00
Vorräte	16.200,00	16.863,77	16.409,55	16.947,82	20.188,06	19.539,09	19.284,62	25.699,22	25.198,80	24.845,51	30.154,89	29.366,13	28.197,42
FE	15.600,00	15.774,55	16.421,00	16.113,60	18.248,20	18.524,88	18.233,86	23.140,78	22.710,10	22.208,79	24.859,62	24.361,04	22.897,60
Forderungen aus LuL	7.250,00	6.968,98	7.001,88	7.442,70	8.613,51	8.998,66	9.384,09	8.487,62	9.262,20	10.538,13	8.749,21	9.559,56	10.224,96
Summe Aktiva	3.000,00	2.500,00	2.500,00	2.500,00	4.000,00	4.000,00	4.000,00	4.500,00	4.500,00	4.500,00	5.000,00	5.000,00	5.000,00
Eigenkapital	90.716,67	91.357,30	91.582,42	92.254,12	103.683,10	103.695,97	103.535,91	119.394,29	119.237,76	119.659,08	129.263,72	128.786,73	126.819,98
Verb. ggü. vU	53.441,23	53.441,23	53.441,23	53.441,23	53.441,23	53.441,23	53.441,23	53.441,23	53.441,23	53.441,23	53.441,23	53.441,23	53.441,23
Verb. aus LuL		182,46	478,94	894,30	10.431,38	8.953,34	8.948,57	20.402,90	19.638,03	18.452,99	27.959,36	27.125,78	24.093,15
Summe Passiva	4.400,00	4.443,60	4.372,25	4.628,58	4.573,71	6.064,62	5.909,33	7.333,84	7.942,18	9.548,55	7.837,83	8.194,42	9.260,30

Tab. 105: Geplante Bilanzen des Konzerns E für die Jahre 2008 bis 2011

Jahr	2012			2013			2014			2015 ff.		
Szenario	I	II	III	I	II	III	I	II	III	I	II	III
Eintrittswahrscheinlichkeit	0,35	0,40	0,25	0,35	0,40	0,25	0,35	0,40	0,25	0,35	0,40	0,25
Sachanlagen	56.316,67	56.316,67	56.316,67	52.866,67	52.866,67	52.866,67	51.200,00	51.200,00	51.200,00	51.200,00	51.200,00	51.200,00
Vorräte	30.894,88	29.481,46	28.787,60	30.894,88	29.481,46	28.787,60	30.894,88	29.481,46	28.787,60	30.894,88	29.481,46	28.787,60
FE	25.214,83	24.296,36	23.596,38	25.214,83	24.296,36	23.596,38	25.214,83	24.296,36	23.596,38	25.214,83	24.296,36	23.596,38
Forderungen aus LuL	9.088,82	8.973,38	8.831,59	9.088,82	8.973,38	8.831,59	9.088,82	8.973,38	8.831,59	9.088,82	8.973,38	8.831,59
Summe Aktiva	6.000,00	6.000,00	6.000,00	6.000,00	6.000,00	6.000,00	6.000,00	6.000,00	6.000,00	6.000,00	6.000,00	6.000,00
Eigenkapital	127.515,19	125.067,86	123.532,25	124.065,19	121.617,86	120.082,25	122.398,52	119.951,20	118.415,58	122.398,52	119.951,20	118.415,58
Verb. ggü. vU	53.441,23	53.441,23	53.441,23	53.441,23	53.441,23	53.441,23	53.441,23	53.441,23	53.441,23	53.441,23	53.441,23	53.441,23
Verb. aus LuL	27.713,91	25.765,09	24.274,46	26.472,69	24.523,86	23.033,23	25.900,36	23.951,54	22.460,91	25.900,36	23.951,54	22.460,91
Summe Passiva	8.836,42	8.337,92	8.292,93	8.836,42	8.337,92	8.292,93	8.836,42	8.337,92	8.292,93	8.836,42	8.337,92	8.292,93

Tab. 106: Geplante Bilanzen des Konzerns E für die Jahre 2012 bis 2015 ff.

Jahr	2007	2008			2009			2010			2011		
Szenario		I	II	III	I	II	III	I	II	III	I	II	III
Eintrittswahrscheinlichkeit		0,35	0,40	0,25	0,35	0,40	0,25	0,35	0,40	0,25	0,35	0,40	0,25
Gesamtumsätze	70.000,00	73.608,60	73.324,02	73.381,70	87.534,13	86.519,08	86.317,60	104.280,54	101.302,74	99.418,42	113.697,83	109.097,96	105.941,26
Innenumsätze		174,55	821,00	513,60	2.473,65	2.103,88	2.120,26	4.892,58	4.185,22	3.974,92	1.718,84	1.650,94	688,81
Bestandsveränderungen FE		-39.269,15	-40.278,19	-40.283,34	-44.378,19	-45.817,14	-46.476,22	-56.326,97	-54.458,89	-54.174,93	-57.696,75	-56.473,51	-56.164,56
Gesamtleistung		-2.671,78	-3.048,26	-3.390,99	-3.948,10	-4.236,22	-5.134,98	-3.334,53	-4.055,56	-5.109,50	-4.276,99	-5.192,06	-6.088,88
Materialeinsatz		31.842,22	30.818,54	30.220,98	41.681,48	38.569,60	36.826,66	49.511,63	46.973,51	44.108,91	53.442,93	49.083,34	44.376,62
Rohertrag		-23.666,67	-23.666,67	-23.666,67	-24.416,67	-24.416,67	-24.416,67	-26.016,67	-26.016,67	-26.016,67	-27.666,67	-27.666,67	-27.666,67
Personalaufwendungen		8.175,55	7.151,88	6.554,31	17.264,82	14.152,93	12.410,00	23.494,96	20.956,84	18.092,24	25.776,26	21.416,67	16.709,96
Sonstiger Aufwendungen		-2.301,28	-2.301,28	-2.301,28	-2.330,30	-2.330,30	-2.330,30	-2.466,58	-2.466,58	-2.466,58	-2.675,14	-2.675,14	-2.675,14
EBITDA		-1.404,98	-1.200,25	-1.080,73	-3.219,93	-2.597,56	-2.248,97	-4.452,33	-3.944,71	-3.371,79	-4.887,74	-4.015,82	-3.074,48
Abschreibungen		-1.117,32	-912,59	-793,07	-2.928,65	-2.306,27	-1.957,68	-4.144,01	-3.636,39	-3.063,47	-4.553,35	-3.681,43	-2.740,08
EBIT		3.351,97	2.737,76	2.379,22	8.785,94	6.918,81	5.873,05	12.432,04	10.909,17	9.190,41	13.660,04	11.044,28	8.220,25
Zinsen		-182,46	-478,94	-894,30	-10.248,92	-8.474,40	-8.054,27	-9.971,52	-10.684,69	-9.504,41	-7.556,46	-7.487,75	-5.640,16
Gewerbesteuer		3.169,51	2.258,82	1.484,92	-1.462,98	-1.555,59	-2.181,22	2.460,52	224,48	-314,01	6.103,58	3.556,53	2.580,09
Körperschaftsteuer	70.000,00	73.608,60	73.324,02	73.381,70	87.534,13	86.519,08	86.317,60	104.280,54	101.302,74	99.418,42	113.697,83	109.097,96	105.941,26
Jahresüberschuß		174,55	821,00	513,60	2.473,65	2.103,88	2.120,26	4.892,58	4.185,22	3.974,92	1.718,84	1.650,94	688,81
Thesaurierung		-39.269,15	-40.278,19	-40.283,34	-44.378,19	-45.817,14	-46.476,22	-56.326,97	-54.458,89	-54.174,93	-57.696,75	-56.473,51	-56.164,56
Ausschüttung		-2.671,78	-3.048,26	-3.390,99	-3.948,10	-4.236,22	-5.134,98	-3.334,53	-4.055,56	-5.109,50	-4.276,99	-5.192,06	-6.088,88

Tab. 107: Geplante Erfolgsrechnungen des Konzerns E für die Jahre 2008 bis 2011

Konvergenz zwischen IAS 36 und dem Controlling

Jahr	2012			2013			2014			2015 ff.		
Szenario	I	II	III	I	II	III	I	II	III	I	II	III
Eintrittswahrscheinlichkeit	0,35	0,40	0,25	0,35	0,40	0,25	0,35	0,40	0,25	0,35	0,40	0,25
Gesamtumsätze	73.608,60	73.324,00	73.381,70	87.534,13	86.519,08	86.317,60	104.280,54	101.302,74	99.418,42	113.697,83	109.097,96	105.941,26
Innenumsätze	174,55	821,00	513,60	2.473,65	2.103,88	2.120,26	4.892,58	4.185,22	3.974,92	1.718,84	1.650,94	688,81
Bestandsveränderungen FE	-39.269,15	-40.278,19	-40.283,34	-44.378,19	-45.817,14	-46.476,22	-56.326,97	-54.458,89	-54.174,93	-57.696,75	-56.473,51	-56.164,56
Gesamtleistung	-2.671,78	-3.048,26	-3.390,99	-3.948,10	-4.236,22	-5.134,98	-3.334,53	-4.055,56	-5.109,50	-4.276,99	-5.192,06	-6.088,88
Materialeinsatz	31.842,22	30.818,54	30.220,98	41.681,48	38.569,60	36.826,66	49.511,63	46.973,51	44.108,91	53.442,93	49.083,34	44.376,62
Rohertrag	-23.666,67	-23.666,67	-23.666,67	-24.416,67	-24.416,67	-24.416,67	-26.016,67	-26.016,67	-26.016,67	-27.666,67	-27.666,67	-27.666,67
Personalaufwendungen	8.175,55	7.151,88	6.554,31	17.264,82	14.152,93	12.410,00	23.494,96	20.956,84	18.092,24	25.776,26	21.416,67	16.709,96
Sonstiger Aufwendungen	-2.301,28	-2.301,28	-2.301,28	-2.330,30	-2.330,30	-2.330,30	-2.466,58	-2.466,58	-2.466,58	-2.675,14	-2.675,14	-2.675,14
EBITDA	-1.404,98	-1.200,25	-1.080,73	-3.219,93	-2.597,56	-2.248,97	-4.452,33	-3.944,71	-3.371,79	-4.887,74	-4.015,82	-3.074,48
Abschreibungen	-1.117,32	-912,59	-793,07	-2.928,65	-2.306,27	-1.957,68	-4.144,01	-3.636,39	-3.063,47	-4.553,35	-3.681,43	-2.740,08
EBIT	3.351,97	2.737,76	2.379,22	8.785,94	6.918,81	5.873,05	12.432,04	10.909,17	9.190,41	13.660,04	11.044,28	8.220,25
Zinsen	-182,46	-478,94	-894,30	-10.248,92	-8.474,40	-8.054,27	-9.971,52	-10.684,69	-9.504,41	-7.556,46	-7.487,75	-5.640,16
Gewerbesteuer	3.169,51	2.258,82	1.484,92	-1.462,98	-1.555,59	-2.181,22	2.460,52	224,48	-314,01	6.103,58	3.556,53	2.580,09
Körperschaftsteuer	73.608,60	73.324,00	73.381,70	87.534,13	86.519,08	86.317,60	104.280,54	101.302,74	99.418,42	113.697,83	109.097,96	105.941,26
Jahresüberschuß	174,55	821,00	513,60	2.473,65	2.103,88	2.120,26	4.892,58	4.185,22	3.974,92	1.718,84	1.650,94	688,81
Thesaurierung	-39.269,15	-40.278,19	-40.283,34	-44.378,19	-45.817,14	-46.476,22	-56.326,97	-54.458,89	-54.174,93	-57.696,75	-56.473,51	-56.164,56
Ausschüttung	-2.671,78	-3.048,26	-3.390,99	-3.948,10	-4.236,22	-5.134,98	-3.334,53	-4.055,56	-5.109,50	-4.276,99	-5.192,06	-6.088,88

Tab. 108: Geplante Erfolgsrechnungen des Konzerns E für die Jahre 2012 bis 2015 ff.

Jahr	2012			2013			2014			2015 ff.		
Szenario	I	II	III	I	II	III	I	II	III	I	II	III
Eintrittswahrscheinlichkeit	0,35	0,40	0,35	0,35	0,40	0,35	0,35	0,40	0,35	0,35	0,40	0,25	0,35
Umsatzeinzahlungen	73.797,23	73.481,13	73.098,70	85.866,49	84.501,49	84.356,86	104.354,46	100.994,48	98.226,01	113.402,75	108.777,12	106.239,62
Materialauszahlungen	-25.726,56	-26.462,32	-26.850,42	-33.445,67	-32.017,24	-31.753,99	-39.238,03	-39.276,95	-37.105,41	-40.806,93	-40.294,82	-39.948,63
Lohnauszahlungen	-14.070,36	-13.962,17	-13.861,86	-14.103,60	-15.216,28	-15.758,94	-19.787,99	-18.919,36	-18.952,80	-20.808,01	-20.070,31	-19.841,30
Sonstige zahlungswirksame Kosten	-2.671,78	-3.048,26	-3.390,99	-3.948,10	-4.236,22	-5.134,98	-3.334,53	-4.055,56	-5.109,50	-4.276,99	-5.192,06	-6.088,88
Zinsen	-2.301,28	-2.301,28	-2.301,28	-2.330,30	-2.330,30	-2.330,30	-2.466,58	-2.466,58	-2.466,58	-2.675,14	-2.675,14	-2.675,14
Gewerbesteuer	-1.404,98	-1.200,25	-1.080,73	-3.219,93	-2.597,56	-2.248,97	-4.452,33	-3.944,71	-3.371,79	-4.887,74	-4.015,82	-3.074,48
Körperschaftsteuer	-1.117,32	-912,59	-793,07	-2.928,65	-2.306,27	-1.957,68	-4.144,01	-3.636,39	-3.063,47	-4.553,35	-3.681,43	-2.740,08
Operativer Cashflow	26.504,94	25.594,25	24.820,35	25.890,24	25.797,63	25.172,00	30.930,98	28.694,94	28.156,46	35.394,59	32.847,54	31.871,11
Cashflow aus Investitionen	-24.250,00	-24.250,00	-24.250,00	-27.800,00	-27.800,00	-27.800,00	-30.950,00	-30.950,00	-30.950,00	-30.600,00	-30.600,00	-30.600,00
Dividendenzahlungen	-3.169,51	-2.258,82	-1.484,92	1.462,98	1.555,59	2.181,22	-2.460,52	-224,48	314,01	-6.103,58	-3.556,53	-2.580,09
Δ Eigenkapital	0,00	0,00	0,00	0,00	0,00	0,00	0,00	0,00	0,00	0,00	0,00	0,00
Δ Fremdkapital	414,57	414,57	414,57	1.946,78	1.946,78	1.946,78	2.979,53	2.979,53	2.979,53	1.808,98	1.808,98	1.808,98
Cashflow aus Finanzierung	-2.754,94	-1.844,25	-1.070,35	3.409,76	3.502,37	4.128,00	519,02	2.755,06	3.293,54	-4.294,59	-1.747,54	-771,11
Free Cashflow	3.554,35	2.803,03	2.164,56	-1.515,37	-1.591,77	-2.107,91	945,39	-899,35	-1.343,60	5.032,76	2.931,44	2.125,88

Tab. 109: Geplante *Free Cashflows* des Konzerns E für die Jahre 2008 bis 2011

Jahr	2012			2013			2014			2015 ff.		
Szenario	I	II	III	I	II	III	I	II	III	I	II	III
Eintrittswahrscheinlichkeit	0,35	0,40	0,35	0,35	0,40	0,35	0,35	0,40	0,35	0,35	0,40	0,25	0,35
Umsatzeinzahlungen	113.358,22	109.684,14	107.334,63	113.697,83	109.097,96	105.941,26	113.697,83	109.097,96	105.941,26	113.697,83	109.097,96	105.941,26
Materialauszahlungen	-39.905,88	-39.548,89	-40.288,68	-39.912,07	-39.513,15	-38.446,29	-39.912,07	-39.513,15	-38.446,29	-39.912,07	-39.513,15	-38.446,29
Lohnauszahlungen	-21.572,29	-20.821,45	-20.368,13	-21.406,35	-20.730,79	-20.201,10	-21.331,43	-20.668,72	-20.151,87	-21.294,09	-20.637,77	-20.127,33
Sonstige zahlungswirksame Kosten	-4.778,24	-5.664,26	-7.148,88	-4.718,04	-5.655,27	-7.073,80	-4.683,79	-5.636,00	-7.056,68	-4.666,72	-5.626,40	-7.048,14
Zinsen	-2.801,77	-2.801,77	-2.801,77	-2.626,65	-2.626,65	-2.626,65	-2.472,04	-2.472,04	-2.472,04	-2.395,44	-2.395,44	-2.395,44
Gewerbesteuer	-3.270,76	-2.357,26	-1.841,54	-3.459,61	-2.567,09	-1.971,35	-3.853,57	-2.955,48	-2.356,75	-4.205,45	-3.304,58	-2.704,36
Körperschaftsteuer	-2.920,54	-2.007,04	-1.491,32	-3.131,28	-2.238,75	-1.643,02	-3.544,56	-2.646,48	-2.047,74	-3.906,02	-3.005,15	-2.404,93
Operativer Cashflow	38.108,74	36.483,48	33.394,31	38.443,83	35.766,26	33.979,05	37.900,36	35.206,10	33.409,89	37.318,05	34.615,46	32.814,78
Cashflow aus Investitionen	-25.600,00	-25.600,00	-25.600,00	-25.600,00	-25.600,00	-25.600,00	-25.600,00	-25.600,00	-25.600,00	-25.600,00	-25.600,00	-25.600,00
Dividendenzahlungen	-9.007,06	-7.381,81	-4.292,64	-10.635,05	-7.957,48	-6.170,27	-11.206,02	-8.511,76	-6.715,55	-11.718,05	-9.015,46	-7.214,78
Δ Eigenkapital	0,00	0,00	0,00	0,00	0,00	0,00	0,00	0,00	0,00	0,00	0,00	0,00
Δ Fremdkapital	-2.501,67	-2.501,67	-2.501,67	-2.208,78	-2.208,78	-2.208,78	-1.094,34	-1.094,34	-1.094,34	0,00	0,00	0,00
Cashflow aus Finanzierung	-11.508,74	-9.883,48	-6.794,31	-12.843,83	-10.166,26	-8.379,05	-12.300,36	-9.606,10	-7.809,89	-11.718,05	-9.015,46	-7.214,78
Free Cashflow	11.054,94	9.714,11	7.165,54	12.058,88	9.849,88	8.375,43	11.524,41	9.301,65	7.819,78	11.001,35	8.771,72	7.286,15

Tab. 110: Geplante *Free Cashflows* des Konzerns E für die Jahre 2012 bis 2015 ff.

5.2.1.2 Marktwertorientierte Bewertung

Bei Anwendung kapitalmarktorientierter Bewertungsverfahren beträgt der Eigenkapitalmarktwert der E AG 98.393,90 (vgl. Tab. 111 bis Tab. 113):[1876]

Jahr	2007	2008	2009	2010	2011	2012	2013	2014	2015 ff.
μ (FCF$_t^{HEV}$)		2.885,28	-1.720,07	-401,30	3.423,23	9.546,26	10.254,42	9.709,15	9.180,70
UW$_t^{UV,S}$	126.615,92	131.303,86	140.877,53	149.705,08	155.236,08	154.974,88	153.989,90	153.491,27	
TS$_t^{FK}$		214,31	217,01	229,70	249,12	260,91	244,61	230,21	223,07
WB$_t^{FK}$	4.968,41	4.980,17	4.989,76	4.987,09	4.964,88	4.929,87	4.909,57	4.902,75	
TS$_t^{\Delta AS}$		-72,55	-340,69	-521,42	-316,57	437,79	386,54	191,51	0,00
WB$_t^{\Delta AS}$	-315,60	-257,41	71,57	596,24	939,94	544,92	183,18	0,00	
UW$_t$	131.268,74	136.026,62	145.938,86	155.288,41	161.140,90	160.449,67	159.082,64	158.394,02	
EK$_t$	98.393,30	102.736,61	110.702,07	117.072,09	121.115,60	122.926,03	123.767,79	124.173,50	

Tab. 111: Bewertung des Konzerns E anhand des APV-Verfahrens

Jahr	2007	2008	2009	2010	2011	2012	2013	2014	2015 ff.
μ (NCF$_t^{HEV}$)		1.945,78	-1.411,66	683,24	3.425,92	5.922,14	6.969,46	7.429,70	7.846,74
k$_{EK,t}^{V,S}$		6,3918%	6,3792%	6,3714%	6,3802%	6,3845%	6,3544%	6,3307%	6,3192%
EK$_t$	98.393,30	102.736,61	110.702,07	117.072,09	121.115,60	122.926,03	123.767,79	124.173,50	

Tab. 112: Bewertung des Konzerns E anhand des NCF-Verfahrens

Jahr	2007	2008	2009	2010	2011	2012	2013	2014	2015 ff.
μ (FCF$_t^{HEV}$ I)		2.812,68	-2.060,81	-922,78	3.106,60	9.983,99	10.640,90	9.900,60	9.180,70
wacc$_t^S$ I		5,7673%	5,7720%	5,7742%	5,7694%	5,7669%	5,7800%	5,7907%	5,7961%
UW$_t$	131.268,74	136.026,62	145.938,86	155.288,41	161.140,90	160.449,67	159.082,64	158.394,02	
EK$_t$	98.393,30	102.736,61	110.702,07	117.072,09	121.115,60	122.926,03	123.767,79	124.173,50	

Tab. 113: Bewertung des Konzerns E anhand des WACC-Verfahrens I

5.2.1.3 Leistungswirtschaftliche Bewertung und Grenzpreisbestimmung

Zur Grenzpreisbestimmung wird das Übernahmeobjekt üblicherweise in einem ersten Schritt auf *stand alone*-Basis bewertet.[1877] Unter Zugrundelegung der ansonsten im Konzernverbund der K AG verwendeten, subjektiven Bewertungsparameter wiese die E AG in ihrem gegenwärtigen Zustand einen Ertragswert i.H.v. 120.975,37 auf (vgl. Tab. 114, S. 309):

Jahr	2007	2008	2009	2010	2011	2012	2013	2014	2015 ff.
μ (NCF$_t^{HEV}$)		1.945,78	-1.411,66	683,24	3.425,92	5.922,14	6.969,46	7.429,70	7.846,74
σ^2 (NCF$_t^{HEV}$)		288.591,30	57.970,54	951.334,78	1.414.473,18	2.224.864,83	2.087.732,71	2.112.170,95	2.124.405,84
SÄ (NCF$_t^{HEV}$)		1.772,62	-1.446,44	112,43	2.577,24	4.587,22	5.716,82	6.162,40	6.572,09
EK$_t$	120.975,37	124.707,13	131.827,74	137.713,47	141.402,19	143.248,77	144.049,77	144.441,64	

Tab. 114: Bewertung des Konzerns E anhand des μ,σ^2-Kriteriums

---

[1876] Aus Gründen der Übersichtlichkeit wird auf eine ‚Reproduktion' des Bewertungsergebnisses anhand des WACC II- oder der Residualgewinnverfahren verzichtet.

[1877] Vgl. *Trützschler et al.* (2005), S. 386 dazu, daß potentielle Käufer und Verkäufer eines Unternehmens zur Ermittlung ihrer jeweiligen Grenzpreise als erstes *stand alone*-Bewertungen vornehmen.

In diesem Barwert sind aber die spezifischen Zielvorstellungen des übernehmenden Konzerns K noch nicht angemessen berücksichtigt.[1878] Für eine Bestimmung der maximalen Zahlungsbereitschaft ist es unerläßlich, sämtliche Werteffekte zu quantifizieren, die aus einer Eingliederung des Akquisitionsobjekts in den Konzernverbund hervorgehen.[1879] Als Ausgangsbasis für deren Berechnung dienen die in den beiden folgenden Tab. wiedergegebenen Prognosen der zu erwartenden *Netto Cashflows* und Ertragswerte der Konzerne auf *stand alone*-Basis:

K AG	Szenario I 35,00%	Szenario II 40,00%	Szenario III 25,00%	µ	σ²	SÄ	BW$_{2007}$
2008	21.974,21	23.158,53	24.196,15	23.003,43	736.019,57	22.561,81	21.579,93
2009	17.621,81	18.210,99	18.939,56	18.186,92	253.620,16	18.034,75	16.499,17
2010	19.288,13	19.341,83	20.121,48	19.517,95	121.954,75	19.444,77	17.014,95
2011	20.950,41	21.236,55	22.247,41	21.389,12	260.838,40	21.232,61	17.770,81
2012	30.547,28	33.437,60	33.573,06	32.459,85	1.972.484,92	31.276,36	25.037,79
2013	28.536,72	29.797,74	32.692,59	30.080,09	2.571.867,31	28.536,97	21.850,62
2014	28.589,39	30.139,68	32.843,27	30.272,97	2.650.773,92	28.682,51	21.006,27
2015ff	28.788,70	30.337,34	33.038,18	30.470,52	2.645.305,20	28.883,34	464.908,82
Ertragswert							605.668,35

Tab. 115: Ertragswert des Konzerns K im Jahr 2007 (stand alone-Basis)

E AG	Szenario I 35,00%	Szenario II 40,00%	Szenario III 25,00%	µ	σ²	SÄ	BW$_{2007}$
2008	2.593,50	1.842,51	1.204,20	1.945,78	288.591,30	1.772,62	1.695,48
2009	-1.233,64	-1.309,19	-1.824,84	-1.411,66	57.970,54	-1.446,44	-1.323,28
2010	1.991,24	149,04	-293,25	683,24	951.334,78	112,43	98,39
2011	4.989,03	2.892,56	2.090,96	3.425,92	1.414.473,18	2.577,24	2.157,04
2012	7.430,83	6.089,99	3.541,43	5.922,14	2.224.864,83	4.587,22	3.672,23
2013	8.773,92	6.564,92	5.090,47	6.969,46	2.087.732,71	5.716,82	4.377,34
2014	9.244,97	7.022,20	5.540,33	7.429,70	2.112.170,95	6.162,40	4.513,17
2015ff	9.667,39	7.437,76	5.952,19	7.846,74	2.124.405,84	6.572,09	105.785,01
Ertragswert							120.975,37

Tab. 116: Ertragswert des Konzerns E im Jahr 2007 (stand alone-Basis)

Durch die Summierung der geplanten Erfolgsgrößen und abermalige Bestimmung des Ertragswerts kann die mit dem Unternehmenszusammenschluß angestrebte Risikodiversifikation, gemessen an der Verringerung des Streuungsparameters, erfaßt werden,[1880] wie Tab. 117, S. 311 zeigt.

Die Gegenläufigkeit der erwarteten Zahlungsüberschüsse der betrachteten Konzerne läßt die Spannbreite der geplanten und addierten Erfolgsgrößen sinken. Bei Anwendung der auf dem µ,σ²-Prinzip basierenden Sicherheitsäquivalentmethode stiege demnach der Ertragswert der K AG durch den Kauf und die Eingliede-

---

[1878] Nach *Coenenberg/Sauter* (1988), S. 691 ff. lassen sich die subjektiven Pläne von Unternehmenserwerbern grundsätzlich in Kapitalstrukturveränderungen, Restrukturierungsmaßnahmen, Realisierung von Synergieeffekten sowie die Durchführung von Erweiterungsinvestitionen oder strategischer Investitionsoptionen unterteilen.
[1879] Vgl. *Wirth* (2005), S. 123 f., m.w.N.
[1880] Vgl. zu einer entsprechenden Erfassung von Risikodiversifikationseffekten *Dinstuhl* (2003), S. 290 ff.

rung der E AG in den Konzernverbund auf 777.299,70. Die Risikoverbundeffekte können folglich mit 50.655,98[1881] beziffert werden.

KE AG	Szenario I 35,00%	Szenario II 40,00%	Szenario III 25,00%	µ	σ²	SÄ	BW$_{2007}$
2008	24.567,71	25.001,04	25.400,35	24.949,20	102.895,36	24.887,47	23.804,37
2009	16.388,17	16.901,80	17.114,72	16.775,26	87.657,36	16.722,66	15.298,80
2010	21.279,37	19.490,86	19.828,23	20.201,18	643.467,06	19.815,10	17.339,01
2011	25.939,44	24.129,11	24.338,37	24.815,04	687.498,47	24.402,54	20.423,91
2012	37.978,10	39.527,59	37.114,49	38.381,99	983.688,41	37.791,78	30.253,61
2013	37.310,64	36.362,66	37.783,06	37.049,55	347.093,52	36.841,30	28.209,19
2014	37.834,35	37.161,87	38.383,60	37.702,67	238.969,99	37.559,29	27.507,37
2015ff	38.456,09	37.775,09	38.990,38	38.317,26	237.594,88	38.174,71	614.463,43
Ertragswert							777.299,70

Tab. 117: Ertragswert des Konzerns KE im Jahr 2007 unter Berücksichtigung von Risikodiversifikationseffekten

Von den beschriebenen leistungswirtschaftlichen Synergieeffekten sollen vordringlich die Bereiche B1A und BC profitieren, wobei erstgenannter entsprechend der internen Reporting- und Organisationsstruktur eine Zusammenführung der bislang getrennt voneinander gesteuerten Bereiche B1 und BA darstellt (vgl. Abb. 40, S. 304).[1882] Die zukünftig vorgenommene gemeinsame Steuerung des Bereichs B1A begründet sich in den vergleichbaren Produkten, die bisher produziert wurden, und einem übereinstimmenden Absatzmarkt. Da der Herstellungsprozeß im Rahmen des Unternehmenszusammenschlusses zusammengeführt wird, scheint eine tiefergehende Differenzierung der erwirtschafteten *Cashflows* in Zukunft nicht mehr möglich. Weitergehend wird infolge dieser Neustrukturierung der Produktion erwartet, daß im Bereich B1A in allen zukünftigen Umweltzuständen die Material- und sonstige Aufwandsquote im Vergleich zu den ursprünglichen Planungen[1883] mittel- bis langfristig um jeweils 0,5 Prozentpunkte p.a. sinke. Außerdem soll eine laufende Verringerung des Personalaufwands um einen Prozentpunkt erzielt werden.[1884] Eine solche Absenkung wird ebenso im Bereich BC angestrebt, für den der Konzern K neben diesem Einsparpotential eine jährliche Steigerung der bisher geplanten Umsatzwachstumsraten um 2,5 Prozentpunkte in den Jahren 2008 bis 2011 für realistisch erachtet.[1885] Ursächlich für dieses leistungswirtschaftliche Synergienpotential ist das produktions- und vertriebsspezifische *Know-how* des Segments S3, das nun auch dem eingegliederten Bereich BC zugute kommt.

[1881] 777.299,70 - (605.668,35 + 120.975,37) ≈ 50.655,98.
[1882] Nach *Hense* (2006), S. 255 stellte es einen „Sonderfall" dar, wenn „die zu bewertende Einheit auch nach dem Erwerb isoliert bleibt."
[1883] Die bisherigen Planungen können als mit den prognostizierten Umsätzen gewichtetes arithmetisches Mittel berechnet werden, vgl. hierzu Anhang VIII, Tab. 383 bis Tab. 388, S. 496-497.
[1884] Vgl. Tab. 127, S. 337 und im Anhang VIII Tab. 398, S. 500.
[1885] Vgl. im Anhang VII Tab. 366, S. 491 und im Anhang VIII Tab. 394, S. 499.

Die durch diese Erfolgsverbundeffekte bewirkte Steigerung des Ertragswerts der K AG um 26.866,32[1886] verdeutlicht Tab. 118.[1887]

KE AG	Szenario I 35,00%	Szenario II 40,00%	Szenario III 25,00%	μ	σ²	SÄ	BW$_{2007}$
2008	24.940,68	25.394,41	25.800,69	25.337,17	110.044,42	25.271,15	24.171,35
2009	16.973,67	17.512,40	17.761,26	17.386,06	101.101,08	17.325,40	15.850,22
2010	22.087,35	20.307,79	20.669,48	21.021,06	632.343,55	20.641,65	18.062,27
2011	27.052,89	25.231,16	25.436,08	25.920,00	697.547,36	25.501,47	21.343,67
2012	39.291,63	40.877,70	38.491,21	39.725,95	977.774,10	39.139,29	31.332,33
2013	38.621,54	37.682,73	39.173,83	38.384,09	372.417,43	38.160,64	29.219,41
2014	39.145,25	38.481,94	39.774,37	39.037,21	263.266,00	38.879,25	28.474,07
2015ff	39.766,99	39.095,16	40.381,15	39.651,80	261.568,84	39.494,86	635.712,70
Ertragswert							804.166,02

Tab. 118: Ertragswert des Konzerns KE im Jahr 2007 unter Berücksichtigung sämtlicher Synergien

Aufgrund der vorstehenden Einschätzungen bezüglich der gegenwärtigen Ertragskraft des Konzerns E sowie der zu erwartenden finanz- und leistungswirtschaftlichen Synergien bestimmt sich ein Barwert des Bewertungsobjekts i.H.v. 198.497,67[1888]. Tab. 119, S. 312 faßt nochmals die unterschiedlichen Barwerte der E AG zusammen; angefangen vom Barwert auf *stand-alone*-Basis bis zum ermittelten Ertragswert, der alle investorspezifischen Einschätzungen und zukünftigen Vorhaben der K AG beinhaltet:[1889]

Ertragswert auf *stand alone*-Basis	120.975,37
Ertragswert unter Berücksichtigung von Risikodiversifikationseffekten	171.631,34
Ertragswert unter Berücksichtigung sämtlicher Erfolgs- und Risikoverbundeffekte	198.497,67

Tab. 119: Barwerte des Konzerns E aus Sicht des Konzerns K

Auf dieser Basis läßt sich der Grenzpreis der E AG bestimmen, indem der Kapitalwert des ‚besten' Vergleichsobjekts vom Barwert der Erfolge des Bewertungsobjekts subtrahiert wird.[1890] Alternativ könnte eine Diskontierung des ermittelten Ertragswert mit der Kapitalwertrate erfolgen, in der sich die ‚Übererfolge' der Alternativanlagemöglichkeiten widerspiegeln.[1891] Unter der Annahme einer Kapitalwertrate i.H.v. 15% beträgt der Grenzpreis 172.606,67.[1892]

[1886] 804.166,02 - 777.299,70 ≈ 26.866,32.
[1887] Etwaige Wechselwirkungen dieser Synergieeffekte auf die Risikodiversifizierung im Konzernverbund werden vereinfachungsgemäß außer acht gelassen.
[1888] 804.166,02 - 605.668,35 ≈ 198.497,67.
[1889] Vgl. hierzu auch die Darstellung bei *Achleitner* (2000), S. 94 ff., die veranschaulicht, wie deutlich Zahlungsbereitschaften aufgrund der individuellen Akquisitionsstrategien voneinander abweichen können.
[1890] Vgl. *Dirrigl* (1988), S. 240; *Dirrigl* (2004a), S. 19. In diesem Sinne vgl. auch jüngst *Ballwieser/Kruschwitz/Löffler* (2007), S. 765, Fn. 2.
[1891] Vgl. hierzu *Dirrigl* (2004a), S. 19 ff.
[1892] 198.497,67 / 1,15 ≈ 172.606,67. Dies entspräche einem Kapitalwert der Alternativanlagemöglichkeit i.H.v. 25.891,00.

Für den Erwerb der E AG muß der Konzern K einen Kaufpreis i.H.v. 130.000 entrichten.[1893]

5.2.2 Goodwillallokation

Die Übernahme der E AG durch die K AG wurde zum 31.12.2007 vollzogen, so daß die Transaktion in den Konzernabschluß der K AG für das Jahr 2007 aufzunehmen ist. Hierfür bedarf es einer sog. *Purchase Price Allocation*[1894], bei der „the cost of a business combination"[1895] auf die Vermögenswerte und Schulden des erworbenen Unternehmens verteilt werden.[1896] Von wesentlicher Bedeutung ist dabei die grundsätzlich einzunehmende Sichtweise der Erwerbsmethode, so daß unabhängig von der spezifischen Gestaltung des Unternehmenszusammenschlusses stets davon auszugehen ist,[1897] die Vermögenswerte und Schulden der übernommenen Gesellschaft wären einzeln erstanden worden.[1898] Der Ablauf einer Kaufpreisallokation läßt sich in folgende Phasen unterteilen:[1899]

- Bestimmung der Anschaffungskosten des Unternehmenserwerbs,[1900] die sich aus dem *Fair Value*[1901] der übertragenden Gegenleistung und den der Akquisition direkt zurechenbaren Kosten zusammensetzen,[1902]
- Identifikation aller Vermögenswerte, Schulden und Eventualverbindlichkeiten zum Erwerbszeitpunkt,[1903]
- Bewertung der erworbenen Vermögenswerte und Schulden mit dem *Fair Value*[1904] und
- Bestimmung des *Goodwill* als Residualgröße.[1905]

[1893] Vgl. zur Argumentationsfunktion und Ermittlung eines Argumentationswerts *Matschke/Brösel* (2006), S. 502 ff. sowie zu einer Übersicht bezüglich der Erwerbsmöglichkeiten einer kontrollierenden Beteiligung an einem Unternehmen *Wirth* (2005), S. 122 f., jeweils m.w.N.

[1894] Vgl. grundlegend *Heidemann* (2005); *Wirth* (2005), S. 140-174; *Zelger* (2005), S. 91-140.

[1895] IFRS 3.36.

[1896] Vgl. IFRS 3.36-59.

[1897] *Heidemann* (2005), S. 44, m.w.N. formuliert zutreffend, daß „[d]ie Erwerbsmethode [...] stets für Ansatz und Bewertung der Vermögenswerte und Schulden einen Unternehmenszusammenschluss in Form eines *asset deal* [unterstellt], obwohl formal auch ein *share deal* oder eine Verschmelzung durch Aufnahme bzw. eine Verschmelzung durch Neugründung vorliegen kann."

[1898] Vgl. IFRS 3.BC44.

[1899] Vgl. *Ballwieser* (2006b), S. 273; *Bucher/Schmidli/Schilling* (2006), S. 597-602, jeweils m.w.N. Prägnant fassen *Brösel/Klassen* (2006), S. 452 zusammen, daß „im Rahmen der Kaufpreisallokation [...] die Bilanz des erworbenen Unternehmens ‚überarbeitet' werden" müsse.

[1900] Vgl. IFRS 3.24-35.

[1901] Als bester Schätzer für den *Fair Value* des Erwerbs der Beteiligung am Akquisitionsobjekt gilt der vereinbarte Kaufpreis, vgl. IFRS 3.27; *Küting/Wirth* (2005), S. 4.

[1902] Vgl. IFRS 3.29.

[1903] Vgl. speziell zu erworbenen immateriellen Vermögenswerten *Kunath* (2005), S. 107-120.

[1904] Vgl. vor allem *Beyer* (2005), S. 141-189; *Mackenstedt/Fladung/Himmel* (2006), S. 1037-1048. *Hitz* (2007), S. 367 spricht von „Bewertungsheuristiken".

Um den Rahmen der Beispielsrechnung nicht zu sprengen, sei vereinfachungsgemäß davon ausgegangen, daß die in Tab. 105 und Tab. 106, beide S. 305 für den Erwerbszeitpunkt ausgewiesenen Bilanzpositionen ihren *Fair Values* entsprechen und keine, noch nicht ausgewiesenen aktivierungsfähigen Vermögenswerte identifiziert werden können.[1906] Weitergehend soll der gezahlte Kaufpreis den beizulegenden Anschaffungskosten entsprechen.[1907] Der Geschäfts- oder Firmenwert beträgt demnach 76.558,57[1908].

Auf die unterschiedlichen, in der Literatur vorgeschlagenen Zuteilungsschlüssel zur *Goodwill*allokation wurde bereits eingegangen (vgl. Kap. 4.3.2.2.1, S. 233 ff.). Anhand der Beispielsrechnung erfahren diese nun eine vergleichende Illustration. Die hierzu benötigte Abgrenzung von *Cash-Generating Units* oder deren Gruppen wird im folgenden Unterkapitel (vgl. Kap. 5.3.2, S. 322 ff.) ausführlich, speziell vor dem Hintergrund einer Konvergenz mit dem bereichs- und unternehmenswertorientierten *Controlling*, thematisiert. Bis dahin können die im vorherigen Gliederungsabschnitt gegebenen Kurzbeschreibungen der Synergieeffekte zur Identifikation entsprechender Zuordnungsobjekte als hinreichend betrachtet werden (vgl. Abb. 40, S. 304).

Daß die Bereiche B1A und BC von dem Unternehmenszusammenschluß profitieren und ihnen deshalb Anteile des Geschäfts- oder Firmenwerts zuzuordnen sind, steht aufgrund der beschriebenen leistungswirtschaftlichen Synergieeffekte, die sich in Kosteneinsparungspotentialen, als auch erhöhten Umsatzwachstumssteigerungsraten niederschlagen, außer Zweifel.

Weitaus schwieriger gestaltet sich die Beantwortung der Frage, wie eine adäquate Zurechnung von in einem *Goodwill* abgegoltenen Risikoverbundeffekten vorzunehmen ist. Denn entsprechende Diversifikationseffekte entfalten sich in voller Höhe erst auf Ebene des Gesamtunternehmens, weshalb sie von der *Management-Holding* respektive vom strategischen Beteiligungscontrolling, das die Strukturierung des Konzernportefeuilles vornimmt, verantwortet werden. Insoweit fallen sie nicht in das Aufgabengebiet des Segment- oder Bereichs*controlling*.[1909] Trotzdem muß nach den Vorschriften von *IAS 36* eine Verteilung der Geschäfts- oder Firmenwerte durchgeführt werden, die mindestens bis auf die Segmentebene reicht.[1910]

[1905] Vgl. *IFRS* 3.51-57. Ferner *Pellens/Basche/Sellhorn* (2003), S. 2 ff.; *Pellens/Sellhorn/Amshoff* (2005), S. 1750 ff. zum etwaigen ‚Hochrechnen' des Geschäfts- oder Firmenwerts nach der *Full Goodwill Method*. Zum Informationsnutzen letzterer *Haaker* (2006b), S. 455 ff.

[1906] Vgl. *Leibfried/Fassnach* (2007), S. 48-57 mit einer ausführlichen Fallstudie zum Unternehmenserwerb und der Kaufpreisallokation gem. *IFRS* 3 i.V.m. *IAS* 38.

[1907] Von Kosten der Rechtsberatung, *Due Diligence* oder der Unternehmensbewertung wird abstrahiert.

[1908] 130.000 - 53.441,43 ≈ 76.558,57.

[1909] Vgl. bereits Fn. 1061, S. 191.

[1910] Vgl. *IAS* 36.80 (b); *Hachmeister/Kunath* (2005), S. 71. Allein hieraus kann das sog. "Sum-of-the-parts-Problem" bei der Werthaltigkeitsüberprüfung von Geschäfts- oder Firmenwerten resultieren, vgl. *Frowein/Lüdenbach* (2003b), S. 261-266.

Zur ‚Lösung' dieses Konflikts wird hier vorgeschlagen, auf Risikoverbundeffekte zurückzuführende Bestandteile von *Goodwills* maximal auf die Segmentebene herunterzubrechen, wohingegen Erfolgsverbundeffekte – in Abhängigkeit ihrer Ursächlichkeit und Zuordenbarkeit – tiefergehend zu verteilen sind. Aus dieser Empfehlung ergibt sich für die Beispielsrechnung eine gestufte Verteilung des Geschäfts- oder Firmenwerts. Diese beginnt mit einer *Goodwill*allokation auf die drei Segmente der K AG, die sich an dem Umfang bemißt, in welchem diese Aggregationsstufe insgesamt durch die Übernahme aufgrund von Risiko- und Erfolgsverbundeffekten der E AG profitiert. Anschließend wird versucht, aus diesen auf Segmentebene heruntergebrochenen Geschäfts- oder Firmenwerten den Anteil zu bestimmen, der allein auf die bereichsbezogenen, leistungswirtschaftlichen Synergieeffekte zurückzuführen ist.[1911]

Entsprechend der am häufigsten in der Literatur vorgeschlagenen Zuteilungsschlüssel – Buchwerte, EBIT oder *Fair Values* – resultieren die in den folgenden drei Tabellen aufgeführten Verteilungen des *Goodwill*:[1912]

Bezugsebene	Verteilungs-schlüssel Buchwert	Allozierter Goodwill	Bezugsebene	Verteilungs-schlüssel Buchwert	Allozierter Goodwill
Segment S1	122.816,67[1913]	24.530,90[1914]	Bereich B1A	40.666,67[1915]	8.122,59[1916]
Segment S2	190.050,00	37.959,81			
Segment S3	70.433,33	14.068,07	Bereich BC	29.050,00	5.802,33
Σ	383.300,00	76.558,77	Σ		13.924,92

Tab. 120: *Goodwill*allokation anhand von Buchwerten[1917]

Bezugsebene	Verteilungs-schlüssel EBIT	Allozierter Goodwill	Bezugsebene	Verteilungs-schlüssel EBIT	Allozierter Goodwill
Segment S1	27.983,58[1918]	28.676,48	Bereich B1A	9.170,88[1919]	9.397,96
Segment S2	33.991,87	34.833,53			
Segment S3	12.733,47	13.048,76	Bereich BC	4.750,27	4.867,89
Σ	74.708,92	76.558,77	Σ		14.265,84

Tab. 121: *Goodwill*allokation anhand von EBIT[1920]

[1911] Ein etwaiger im Geschäfts- oder Firmenwert abgegoltener Risikoverbundeffekt verbliebe insoweit – zumindest approximativ – auf der Segmentebene.
[1912] Vgl. ebenfalls zu einer vergleichendenBeispielsrechnung *Haaker* (2005b), S. 429-434.
[1913] 102.916,67 + 19.900,00 ≈ 122.816,67, vgl. Anhang III Tab. 291, S. 463 und Anhang VII Tab. 355, S. 488 respektive Anhang X Tab. 416, S. 506.
[1914] 122.816,67 / 383.300,00 · 76.558,77 ≈ 24.530,90.
[1915] 23.666,67 + 7.400,00 + 6.600,00 + 3.000,00 ≈ 40.666,67, vgl. Tab. 127, S. 337 respektive Anhang VIII Tab. 384, S. 496 oder Tab. 390, S. 498.
[1916] 40.666,67 / 122.816,68 · 24.530,90 ≈ 8.122,59.
[1917] Vgl. etwa *Hepers* (2005), S. 266.
[1918] 0,35 · 26.707,47 + 0,40 · 27.299,08 + 0,25 · 29.054,08 ≈ 27.983,58, vgl. Anhang X Tab. 417, S. 506.
[1919] 0,35 · 8.871,13 + 0,40 · 9.254,17 + 0,25 · 9.457,27 ≈ 9.170,88, vgl. Tab. 130, S. 338.
[1920] Vgl. bspw. *Heuser/Theile*, Rz. 721.

Bezugsebene	Verteilungs-schlüssel Fair Value	Allozierter Goodwill	Bezugsebene	Verteilungs-Schlüssel Fair Value	Allozierter Goodwill
Segment S1	337.531,70[1921]	30.958,03	Bereich B1A	144.132,60[1922]	13.219,68
Segment S2	375.868,97	34.474,28			
Segment S3	121.310,54	11.126,47	Bereich BC	42.273,30	3.877,26
Σ	834.711,20	76.558,77	Σ		17.096,94

Tab. 122: Goodwillallokation anhand von Fair Values[1923]

Bereits diese drei Ansätze zeichnet eine beachtliche Schwankungsbreite der auf die Segmente und Bereiche zugeordneten Geschäfts- oder Firmenwertanteile aus. Bei einer Allokation der von Pellens/Füllbier/Gassen bevorzugten Variante einer Verteilung von Geschäfts- oder Firmenwerten anhand des impliziten Goodwill ergeben sich die in Tab. 123 abgebildeten Ergebnisse:[1924]

Bezugsebene	Verteilungs-schlüssel impliziter Goodwill	Allozierter Goodwill	Bezugsebene	Verteilungs-schlüssel Impliziter Goodwill	Allozierter Goodwill
Segment S1	214.715,03[1925]	36.415,40	Bereich B1A	103.465,94[1926]	17.547,69
Segment S2	185.818,97	31.514,66			
Segment S3	50.877,20	8.628,71	Bereich BC	29.050,00	4.926,84
Σ	451.411,20	76.558,77	Σ		22.474,54

Tab. 123: Goodwillallokation anhand von impliziten Goodwills[1927]

Nach der von Schmusch/Laas vorgeschlagenen Variante einer Bemessung der Goodwillallokation anhand der durch den Unternehmenszusammenschluß generierten Steigerung des Segment- oder Bereichsunternehmenswerts kommt es zu der in Tab. 124 enthaltenen Schlüsselung:[1928]

Bezugsebene	Verteilungs-schlüssel Synergien	Allozierter Goodwill	Bezugsebene	Verteilungs-schlüssel Synergien	Allozierter Goodwill
Segment S1	50.556,20[1929]	42.292,94	Bereich B1A	12.973,46[1930]	10.852,98
Segment S2	16.613,32	13.897,93			
Segment S3	24.347,41	20.367,90	Bereich BC	14.235,11	17.016,38
Σ	91.516,93	76.558,77	Σ		27.869,36

Tab. 124: Goodwillallokation anhand von Synergien

[1921] Vgl. Anhang X Tab. 419, S. 507. Zur Konkretisierung von Fair Values in einem subjektiven Erfolgswert vgl. Fn. 2045, S. 334.
[1922] Vgl. Tab. 139, S. 344.
[1923] Vgl. exemplarisch Kümpel (2003), S. 1492.
[1924] Vgl. Pellens/Fülbier/Gassen (2006), S. 688 ff.; ähnlich Hachmeister/Kunath (2005), S. 72 ff.
[1925] 337.531,70 - 122.816,67 ≈ 214.715,03, vgl. Anhang X Tab. 419, S. 507 und Fn. 1913, S. 315.
[1926] 144.132,60 - 40.666,67 ≈ 103.465,94, vgl. Tab. 139, S. 344 und Fn. 1915, S. 315.
[1927] Vgl. Pellens/Fülbier/Gassen (2006), S. 689 f.
[1928] Vgl. Schmusch/Laas (2006), S. 1050.
[1929] 337.351,70 - 219.150,21 - 67.825,29 ≈ 50.556,20, vgl. Anhang X Tab. 419, S. 507, Anhang III Tab. 294, S. 464 und Anhang VII Tab. 358, S. 489.
[1930] 144.132,60 - 131.159,15 ≈ 12.973,46, vgl. Tab. 139, S. 344 und Anhang VIII Tab. 387, S. 497.

Zusammenfassend sind die zuvor berechneten, auf die Segment- bzw. Bereichsebene entfallenden Bestandteile des Geschäfts- oder Firmenwerts nochmals gegenübergestellt:

Bezugsebene	Buchwert	EBIT	Fair Value	Impliziter Goodwill	Synergie	φ
Segment S1	24.530,90	28.676,48	30.958,03	36.415,40	42.292,94	32.574,75
Segment S2	37.959,81	34.833,53	34.474,28	31.514,66	13.897,93	30.536,04
Segment S3	14.068,07	13.048,76	11.126,47	8.628,71	20.367,90	13.447,98
Σ	76.558,77	76.558,77	76.558,77	76.558,77	76.558,77	76.558,77

Tab. 125: Überblick über die *Goodwill*allokation auf die Segmente

Bezugsebene	Buchwert	EBIT	Fair Value	Impliziter Goodwill	Synergie	φ
Bereich B1A	8.122,59	9.397,96	13.219,68	17.547,69	10.852,98	11.828,18
Bereich BC	5.802,33	4.867,89	3.877,26	4.926,84	17.016,38	7.298,14
Σ	13.924,92	14.265,84	17.096,94	22.474,54	27.869,36	19.126,32

Tab. 126: Überblick über die *Goodwill*allokation auf die Bereiche B1A und BC

Zunächst fallen die eklatanten Wertdifferenzen auf, zu denen die verschiedenen Zuteilungsmaßstäbe führen. Bezogen auf den Bereich B1A ließen sich *Goodwill*allokationen i.H.v. 8.122,59 bis zu 17.547,69 ‚rechtfertigen'.

Ohne eine detaillierte Würdigung der vorstehenden Ergebnisse vornehmen zu können,[1931] muß deutlich herausgestellt werden, daß einzig der Verteilungsalgorithmus von *Schmusch/Laas* den Anforderungen von *IAS* 36 entspricht. Die übrigen Ansätze unternehmen mitunter nicht einmal den Versuch, dem für die Ausgestaltung des Verteilungsschlüssels maßgeblichen Synergiebezug nachzukommen. Dies kann nur geschehen, wenn die durch einen Unternehmenskauf *ceteris paribus* bewirkte Veränderung der Wertdifferenz zwischen Unternehmens- und Buchwert der jeweiligen Zuteilungseinheit als Allokationsschlüssel herangezogen wird.

Die nachstehenden Berechnungen im Rahmen der Beispielsrechnung beruhen folglich auf diesem Vorschlag zur *Goodwill*allokation, wobei die Fokussierung auf den Bereich B1A beibehalten wird, um eine optimale Vergleichbarkeit mit den bisherigen Untersuchungsergebnissen zu gewährleisten (Kap. 2.5.4.1, S. 61 ff.; Kap. 3.4.1.2, S. 114 ff.; Kap. 3.5.2, S. 185 ff.).

[1931] Vgl. ausführlicher *Haaker* (2005b), S. 430 ff., der darüber hinaus die Allokation eines „negativen Goodwill" fordert.

5.3 Kritische Analyse der Konvergenzpotentiale des Impairment of Assets sowie dem bereichs- und unternehmenswertorientierten Controlling

5.3.1 Konvergenzrichtung zwischen Werthaltigkeitsüberprüfungen und dem bereichsbezogenem Controlling

Bezüglich der Konvergenzrichtung zahlungsstrombezogener Vereinheitlichungsmöglichkeiten zwischen *IAS* 36 sowie dem bereichs- und unternehmenswertorientierten *Controlling* finden sich in Theorie und Praxis divergierende Auffassungen: Entweder wird eine Übertragung der Daten- und Zahlenbasis des externen auf das interne Rechnungswesen befürwortet oder *vice versa*. Angesichts der entscheidenden Bedeutung, die der jeweils eingenommenen Perspektive für den weiteren Verlauf einer Konvergenzanalyse zukommt, muß es verwundern, daß in der Literatur bisher noch keine ausführliche Erörterung dieser gegensätzlichen Standpunkte angestrebt wurde; vielmehr wird häufig von einer bestimmten Konvergenzrichtung ausgegangen.

Zu den Vertretern der ersten Position zählt bspw. *Haaker*, der „[g]eprüfte bereichsbezogene Unternehmenswerte als ‚Service' der IFRS für die wertorientierte Unternehmenssteuerung"[1932] ansieht und „für eine auf den Daten des Goodwill-Impairment-Tests nach IFRS basierende Bereichssteuerung"[1933] plädiert. Eine vergleichbare Arbeitshypothese unterstellen *Schultze/Hirsch*, wenn sie in ihrer Untersuchung des Konvergenzpotentials von *Goodwill*bilanzierung und wertorientiertem *Controlling* beabsichtigen,[1934] „die ohnehin [im Rahmen einer Werthaltigkeitsüberprüfung] notwendigen Berechnungen auch für Zwecke des Controllings zu nutzen."[1935]

Die Stringenz dieser ‚Vormachtstellung', die dem externen Rechnungswesen bei einer Verknüpfung des *Impairment of Assets* mit dem bereichs- und unternehmenswertorientierten *Controlling* zugestanden wird, erscheint bei einer Gesamtbetrachtung der von den vorgenannten Autoren durchgeführten Untersuchungen jedoch disputabel. Während *Haaker* die Frage nach dem Ursprung der bei einem Werthaltigkeitstest verwendeten Daten- und Zahlenbasis konsequent unbeantwortet läßt, respektive implizit von einer originären Ermittlung im externen Rechnungswesen ausgeht, stellen *Schultze/Hirsch* in diesem Zusammenhang übereinstimmend mit den Vorschriften von *IAS* 36 fest, daß „für Zwecke des Impairment-Tests der intern etablierten Struktur des Kontrollsystems"[1936] zu folgen sei.[1937] So-

---

[1932] *Haaker* (2005a), S. 351.
[1933] *Haaker* (2006a), S. 44.
[1934] Vgl. *Schultze/Hirsch* (2005), S. 3 ff.
[1935] *Schultze/Hirsch* (2005), S. 122. Wortgleich *Pfaff/Schultze* (2006), S. 129. Bezüglich *SFAS* 142 vgl. *Pellens/Crasselt/Sellhorn* (2002), S. 145 ff.
[1936] *Schultze/Hirsch* (2005), S. 118.

mit griffe die Rechnungslegung bei einer Werthaltigkeitsüberprüfung zunächst auf die Daten- und Zahlenbasis des internen Rechnungswesens zurück und berechnete mit Hilfe der übermittelten Bewertungsgrößen und -parameter einen *Value in Use*. Dieser würde nach erfolgtem Werthaltigkeitstest dem bereichs- und unternehmenswertorientierten *Controlling* zur Verfügung gestellt, wo sich an dieser Wertgröße anknüpfende Berechnungen und Auswertungen durchführen ließen.[1938]

Besonders ausgeprägt ist ein derart widersprüchliches Verständnis von Konvergenz in der Unternehmensrechnung bei *Glaum/Vogel*, nach deren Ansicht, „die Berechnung zukunftsorientierter Fair Values im Zusammenhang mit Impairment Tests von Goodwill und anderen immateriellen Vermögenswerten nur erfolgen [kann], wenn durch das Controlling entsprechende Plandaten bereitgestellt werden", aber im selben Augenblick die Meinung vertreten wird, „[z]ugleich können die für Zwecke der externen Rechnungslegung generierten Daten für interne Zwecke genutzt werden. Vor allem bietet es sich an, die Bewertung von CGUs, die für den jährlichen Impairment Test des Goodwill erforderlich ist, für ein strategisches Akquisitions- bzw. Beteiligungscontrolling zu nutzen."[1939]

Als unhaltbar erweist sich bei einer solchen Betrachtungsweise die dem internen Rechnungswesen zugedachte ‚Intelligenz', die so ausgeprägt sein müßte, daß zwar alle für einen *Impairment Test* notwendigen Bewertungsgrößen und -parameter problemlos generiert werden können, dem *Controlling* jedoch die Fähigkeiten fehlten, die von ihm gelieferten Zukunftserfolgsgrößen auf den Betrachtungszeitpunkt abzuzinsen.[1940]

Gerade aber diese mangelnden Kenntnisse von Kalkülen der Unternehmensbewertung werfen *Pfaff/Schultze* der internen Unternehmensrechnung *expressis verbis* vor:

> „Umgekehrt dürfte aber auch das Controlling profitieren, weil der Zwang zur regelmäßigen Verwendung von Bewertungsverfahren für Zwecke der externen Rechnungslegung zu erheblichen Lern- und Erfahrungseffekten im Umgang mit solchen Methoden führen kann."[1941]

[1937] Vgl. *IAS* 36.33.
[1938] Vgl. kritisch auch *Bartelheimer/Kückelhaus/Wohlthat* (2004), S. 28.
[1939] *Glaum/Vogel* (2004), S. 52 (beide Zitate).
[1940] Weniger pointiert ausgedrückt wird dem *Controlling* insofern nur ein operativ-retrospektives Analyseinstrumentarium zugestanden.
[1941] *Pfaff/Schultze* (2006), S. 128.
Die Auffassung einer fehlenden Methodenkompetenz findet sich auch bei *Nobach/Zirkler* (2006), S. 740: „So wird der traditionell mit Bestandsgrößen und Erfolgsgrößen im Sinne periodisierter Daten befaßte Controller im Rahmen der Erstellung und Beurteilung von Cash-flow-Kalkülen und Kapitalflussrechnungen künftig vermehrt auch mit zahlungsstromorientierten Unternehmensdaten konfrontiert. [...] Für eine zielkonforme Bestimmung von Abschreibungsbedürfnissen im Sinne der Regelungen des IAS 36 muss der Controller daher neben der methodischen Vorgehensweise auch das Zusammenspiel der einzelnen Bewertungsparameter verstehen."

Dann bliebe allerdings fraglich, warum das Controlling imstande sein sollte, auf den Daten des Werthaltigkeitstests aufbauende Analysen und Berechnungen vornehmen zu können, wenn ihm im Vorfeld aus methodischer Sicht schlechthin die Kompetenz abgesprochen wurde, Barwertberechnungen durchzuführen.

Darüber hinaus sind strukturelle Probleme bei einer ‚externen Dominanz' zu befürchten. So sind die Möglichkeiten einer Verknüpfung der *Goodwill*bilanzierung und Unternehmenssteuerung insoweit begrenzt,[1942] als daß es nach *IAS* 36 nicht vorgesehen ist, neue, unterhalb der Segmentebene liegende Reportingsysteme zu implementieren.[1943] Dementsprechend eröffnet sich die Chance, infolge der Anwendung des *Impairment-Only-Approach* auf Geschäfts- oder Firmenwerte „eine weit verbreitete Lücke im wertorientierten Steuerungssystem zu schließen"[1944] nur für Unternehmen, die eine Ausrichtung am *Shareholder Value* bisher gerade einmal auf Gesamtunternehmensebene praktizierten. In diesem Fall wäre für die Werthaltigkeitsüberprüfung ein segmentbezogenes Informationssystem einzurichten, das gegebenenfalls für bestimmte Instrumente des *Controlling* genutzt werden könnte und somit zu einer konvergenten Unternehmensrechnung beitrüge. Hingegen läßt sich ein tiefer als die Segmentberichterstattung reichendes ‚Herunterbrechen' von Konzepten der wertorientierten Unternehmensführung, etwa auf die Bereichs- oder Projektebene – zumindest originär – nicht mit den Bewertungsvorschriften des *Impairment of Assets* begründen.[1945]

Allein der Hinweis auf den *Management Approach*, für den die Regelungen von *IAS* 36 als Paradebeispiel gelten,[1946] müßte eigentlich ausreichen, um die ‚interne Dominanz' bei einer Verknüpfung von Werthaltigkeitsüberprüfungen mit dem bereichs- und unternehmenswertorientierten Controlling zu belegen.[1947] Wie in der Darstellung des *Impairment of Assets* herausgestellt werden konnte (vgl. 4.4.2, S. 256 ff.), dienen die unternehmensindividuellen Planungen zukünftiger Zahlungsmittelüberschüsse als Grundlage der Ermittlung des *Value in Use*.[1948] Die Generierung einer solcher Daten- und Zahlenbasis fällt seit jeher in den Kompetenzbereich

---

[1942] Nach *Pellens et al.* (2005), S. 17 wird der *Impairment Test* von Geschäfts- oder Firmenwerten nur bei 33% der deutschen Großunternehmen allein vom externen Rechnungswesen vorgenommen.
[1943] Vgl. *IAS* 36.80.
[1944] Bezüglich *SFAS* 142 Pellens/Crasselt/Sellhorn (2002), S. 145; ähnlich *Hachmeister* (2006c), S. 430.
[1945] Fragwürdig auch *Hachmeister* (2006c), S. 430. Als falsch ist von daher auch die Vorstellung von *Weißenberger* (2007a), S. 136 entschieden zurückzuweisen, wonach „für den Controllerbereich gilt, dass für die ZGE, sofern sie nicht ohnehin schon als Planungsobjekte geführt worden sind, beispielsweise unterhalb der Segmentebene eine neue Planungsebene eingerichtet werden muß."
[1946] Vgl. *Hachmeister* (2003b), S. 446 f.
[1947] Vgl. auch *Hachmeister* (2006b), S. 262, demgemäß „die Basis des management approach [...] eine funktionsfähige Unternehmensplanung und ein angemessen ausgebautes Controlling mit dem Ziel der Informationsversorgung und Unterstützung bei der Koordination" ist.
[1948] Nach *Epstein/Pellens/Ruhwedel* (2005), S. 10 – einer nahezu deckungsgleichen Auswertung der empirischen Untersuchungen von *Pellens et al.* (2005), S. 10-18, vgl. Fn. 1222, S. 212 – gilt: „Die interne Planung ist führend."

des unternehmenswertorientierten *Controlling*.[1949] Dies trifft vor allem bezüglich der „Erfassung mehrwertiger Erwartungen"[1950] zu, die entsprechend der Vorgaben von *IAS* 36 den Ausgangspunkt für die Herleitung der bewertungsrelevanten Erfolgsgrößen bilden.[1951] Hierfür bedarf es im Vorfeld einer intensiven Auseinandersetzung mit den Chancen und Risiken der Bewertungseinheit.[1952] Insgesamt setzt der Werthaltigkeitstest also „einen hohen Stand der Unternehmensplanung und der Budgetierung auf unterschiedlichen Ebenen eines Unternehmens" voraus,[1953] bei dessen Vorliegen logischerweise davon auszugehen ist, daß im internen Rechnungswesen ausreichende „Kenntnisse von Investitionsverfahren und Unternehmensbewertungsverfahren"[1954] vorherrschen, um die generierte Daten- und Zahlenbasis auch angemessen verwerten zu können.[1955]

Von daher muß die in der Literatur erörterte Fragestellung, „ob sich der Impairment-Test als Controllingansatz eignet"[1956] bereits an dieser Stelle der Arbeit zurückgewiesen werden.[1957] Die darin ausgedrückte Konvergenzrichtung läßt sich mit der hier vertretenen Auffassung einer ‚internen Dominanz' bei der Verknüpfung von IAS 36 sowie dem bereichs- und unternehmenswertorientierten Controlling nicht in Einklang bringen.

Zusammenfassend kann bezüglich der aus der Durchführung von Werthaltigkeitsüberprüfungen und dem bereichsbezogenen *Controlling* resultierenden Konvergenzrichtung auf das Zitat von *Bartelheimer/Kückelhaus/Wohlthat* zurückgegriffen werden:

> „Das bestehende, vom Controlling vorgehaltene Steuerungsinstrumentarium, insbesondere Instrumente zur Unternehmensbewertung, kann methodisch häufig ohne großen Aufwand adaptiert werden und ist damit für die Value-in-Use-Ermittlung einsetzbar. Zudem liegen dem Controlling zentrale Informationen und das dafür notwendige Verständnis bei Mitarbeitern vor, beispielsweise hinsichtlich der Ermittlung eines adäquaten Diskontierungszinssatzes, und sollten daher

---

[1949] Vgl. etwa *Bartelheimer/Kückelhaus/Wohlthat* (2004), S. 26: *Kirsch* (2003a), S. 92 ff.; *Kirsch/Steinhauer* (2003), S. 429; *Troßmann/Baumeister* (2005), S. 640; *Vanini* (2006), S. 1390; *Wagenhofer* (2006b), S. 10; bezüglich *SFAS* 142 vgl. *Alvarez/Biberacher* (2002), S. 353; *Hütten/Lorson* (2002), S. 28.
[1950] *Kirsch* (2003a), S. 94.
[1951] Vgl. *Wirth* (2005), S. 55, m.w.N.
[1952] Vgl. *Starbatty* (2001), S. 545 bezüglich *SFAC* 7.
[1953] Vgl. *Alvarez/Biberacher* (2002), S. 352, die im Ergebnis gelangen, daß „der Standard die Existenz eines Akquisitionscontrollings unterstellt."
[1954] *Wagenhofer* (2006b), S. 10.
[1955] Vgl. *Ohlms/Tomaszewski/Trützschler* (2002), S. 199.
[1956] *Schultze/Hirsch* (2005), S. 3.
[1957] Nach *Pellens et al.* (2005), S. 17 ist das Controlling bei 60% der deutschen Großunternehmen bei der Überprüfung von Geschäfts- oder Firmenwerten auf Werthaltigkeit involviert.

auch für die Fragestellungen im Rahmen des Impairment nutzbar gemacht werden."[1958]

5.3.2 Abgrenzung von Bewertungseinheiten nach IAS 36 im Kontext eines bereichsbezogenen Controlling

5.3.2.1 Einzel- oder Gesamtbewertung: Wertadditivität vor dem Hintergrund einer bereichsbezogenen Bewertung nach IAS 36

Nachdem die allgemeinen Separationskriterien für die Abgrenzung von *Cash-Generating Units* im Rahmen der Darstellung des *Impairment of Assets* hergeleitet werden konnten (vgl. Kap. 4.3.2.1, S. 227 ff.), gilt es nun der Frage nachzugehen, ob und inwieweit die Bewertungsobjekte von Werthaltigkeitsüberprüfungen mit denen des bereichs- und unternehmenswertorientierten *Controlling* in Einklang gebracht werden können.

Hierzu muß zunächst – wie in den nachstehenden Gliederungspunkten noch häufiger – auf die aktuelle Diskussion zwischen *Haaker*, *Olbrich* und *Klingelhöfer*[1959] eingegangen werden. Um zu einer Würdigung der dort vorgebrachten Argumente zu gelangen, sind nochmals die grundsätzlichen Möglichkeiten und Grenzen eines Bereichsbezugs in der Unternehmensbewertung und dem *Controlling* zu rekurrieren (vgl. Kap. 2.4.1, S. 26 ff.). Hiernach ist eine tiefergehende Untersuchung der Bildung von *Cash-Generating Units* aus der Perspektive einer bereichsbezogenen Unternehmenssteuerung vorzunehmen.

Der Disput vorgenannter Autoren nimmt sich insofern als wenig erhellend aus, als daß weitgehend auf eine Darlegung der divergierenden Ansichten darüber abgestellt wird, inwieweit die „Zerteilung des Unternehmens in zahlungsmittelgenerierende Einheiten einen Verstoß gegen den investitionstheoretischen Grundsatz der Gesamtbewertung dar[stellt]"[1960].[1961] Auslöser des Meinungsstreits ist die mit Nachdruck von *Haaker* vertretende Auffassung, zwischen zahlungsmittelgenerierenden Einheiten oder Gruppen zahlungsmittelgenerierender Einheiten, auf die Geschäfts- oder Firmenwerte verteilt wurden, besäße das Wertadditivitätstheorem Gültigkeit.[1962] Mithin stimme die Summe der nach Maßgabe von *IAS* 36 bewerteten *Cash-Generating Units* und der Gesamtwert eines Unternehmens überein.[1963] Von daher, so die Begründung von *Haaker*, müßte das Konzept zahlungsmittelgenerie-

---

[1958] *Bartelheimer/Kückelhaus/Wohlthat* (2004), S. 28.
[1959] Vgl. bereits Fn. 1858, S. 300.
[1960] *Olbrich* (2006a), S. 43.
[1961] Vgl. bejahend *Klingelhöfer* (2006), S. 595; *Olbrich* (2006b), S. 685 f.; verneinend *Haaker* (2005a), S. 352; *Haaker* (2006a), S. 45; *Haaker* (2006c), S. 693 f.
[1962] Vgl. *Haaker* (2005a), S. 352; *Haaker* (2006a), S. 45; *Haaker* (2006c), S. 693 ff.; *Haaker/Paarz* (2005), S. 196.
[1963] Vgl. *Haaker* (2005a), S. 352; ähnlich *Haaker* (2006a), S. 45 f.; *Haaker* (2006c), S. 694.

render Einheiten „das Ideal eines zu bewertenden Unternehmensbereichs und [...] eine geeignete Basis einer wertorientierten Bereichssteuerung dar[stellen]."[1964]

Daß dieser Argumentation nicht zuzustimmen ist, ergibt sich aus den im Rahmen dieser Arbeit vorgetragenen Überlegungen zur Ausgestaltung einer bereichsbezogenen Unternehmensbewertung (vgl. Kap. 2.4, S. 26 ff.). Demnach liegt keine Wertadditivität vor, sobald die innerhalb eines Unternehmens bestehenden Risiko-, Erfolgs- oder Restriktionsverbundeffekte weder quantifiziert, noch den zu bewertenden Teileinheiten eindeutig zugeordnet werden können.[1965] Hiervon muß – in Abhängigkeit von der Aggregationsebene des Bewertungsobjekts – ausgegangen werden, da eine *Holding* stets darauf bedacht ist, günstigere Finanzierungsmöglichkeiten, Steuervorteile oder Minimierungen des auf das Konzernportefeuille wirkenden Risikos oder ähnliches zu erzielen.[1966] Eine ‚verursachungsgerechte' Aufteilung solcher Verbundeffekte scheidet allerdings regelmäßig aus.

Hinsichtlich zahlungsmittelgenerierender Einheiten steht dabei außer Frage, daß die auf der jeweiligen Aggregationsstufe des Unternehmens vorliegenden, leistungswirtschaftlichen Synergieeffekte sich bisweilen vollständig im *Value in Use* widerspiegeln.[1967] Dagegen bringt das konstitutive Merkmal einer *Cash-Generating Unit*, wonach die bewertungsrelevanten Erfolgsgrößen „largely independent of the cash inflows from other assets or groups of assets"[1968] sein sollen, ebenso deutlich die Vernachlässigung von zwischen den Bewertungsobjekten bestehenden Verbundeffekten zum Ausdruck. Hiervon sind vor allem Risikodiversifikationseffekte tangiert,[1969] wie auch *Klingelhöfer* zutreffend hervorhebt:

„Hat man es darüber hinaus mit riskanten Zahlungsströmen zu tun, so verkennte die isolierte Betrachtung einer ZGE, dass aufgrund vielleicht vorhandener negativer Korrelationen zu den Zahlungsströmen anderer ZGE bezogen auf das gesamte Unternehmen möglicherweise gar kein Risiko besteht."[1970]

[1964] *Haaker* (2005a), S. 352; ähnlich *Haaker* (2006a), S. 45 f.; *Haaker/Paarz* (2005), S. 196 f. Ferner *Ulbrich* (2006), S. 290.
[1965] Vgl. aber auch *Haaker* (2006c), S. 694; a.A. offensichtlich *Olbrich* (2006b), S. 686, wenn er in der Zurechnung von Synergiepotentialen für das beschriebene Problem „kein[en] Ausweg" sieht.
[1966] Vgl. Arbeitskreis „Finanzierung" der Schmalenbach-Gesellschaft (1996), S. 571-573; *Hachmeister/Kunath* (2005), S. 70.
[1967] Vgl. *Wagenhofer* (2006b), S. 10.
[1968] Vgl. *IAS* 36.6.
[1969] In diesem Zusammenhang führt bereits *Beyhs* (2002), S. 203 aus, daß „sich der Unternehmenswert auch nicht indirekt aus der Summe der VIUs aller CGUs berechnen [läßt], weil es ihnen an der Wertadditivitätseigenschaft mangelt. So werden vor allem Synergieeffekte zwischen einzelnen CGUs bei der Bestimmung ihrer VIUs weitgehend vernachlässigt. Insbesondere bleiben in diesem Zusammenhang Diversifikationseffekte aufgrund unterschiedlicher operativer Risiken der einzelnen CGUs eines Unternehmens unberücksichtigt" (Hervorhebungen im Original).
[1970] *Klingelhöfer* (2006), S. 595 (Hervorhebungen im Original); ähnlich *Beyhs* (2002), S. 203 f.

Deshalb kann das Dafürhalten von *Haaker*, mit der unterstellten Gültigkeit des Wertadditivitätstheorems *Cash-Generating Units* als „Ideal eines zu bewertenden Unternehmensbereichs"[1971] zu deklarieren und somit als Ausgangsbasis für die Bereichssteuerung zu legitimieren, nicht überzeugen.[1972]

Folgerichtig lehnt auch *Olbrich* die Ansicht, wonach die Summe der bewerteten zahlungsmittelgenerierenden Einheiten dem Gesamtwert eines Unternehmens entspräche, ab.[1973] Seines Erachtens macht es die Vielzahl „leistungs- und finanzwirtschaftlicher Kombinationseffekte [...] unmöglich, voneinander unabhängige zahlungsmittelgenerierende Einheiten abzugrenzen."[1974] Somit läge keine Gesamt-, sondern nur noch eine Substanzbewertung auf Ebene von *Cash-Generating Units* vor (vgl. Kap. 2.2.1, S. 13 ff.).[1975] Diese Aussage verdeutlicht das enge Begriffsverständnis von *Olbrich* hinsichtlich einer wirtschaftlichen Einheit,[1976] dem *Haaker* in seiner Replik zu Recht entgegnet, daß eine Gesamtbewertung „sowohl auf der Ebene eines rechtlich selbständigen Unternehmens oder auf Konzernebene als auch auf der Ebene einer CGU oder einer Gruppe von CGU erfolgen"[1977] könnte.[1978] Da es beiden Autoren aber an der notwendigen Differenzierung bei der Anwendung von Unternehmensbewertungskalkülen auf verschiedenen Aggregationsebene eines Unternehmens mangelt,[1979] ‚driftet' der Widerstreit dahin ab, was unter einer ‚Gesamtbewertung' zu verstehen ist. Erst *Klingelhöfer* weist auf die in der vorliegenden Arbeit herausgestellte Bedeutung des Standpunkts hin, den der Bewertende einnimmt:

> „Geht es folglich darum, den Wert einer ZGE aus Sicht der ZGE einzeln – d.h. quasi als eigenständiges Unternehmen – zu bewerten, ist dies grundsätzlich möglich und richtig, da so auch die Interdependenzen der einzelnen sie bildenden Vermögensgegenstände erfasst werden. Anders sieht dies jedoch aus theoretischer Perspektive aus, wenn der Bewerter einen übergeordneten Standpunkt einnimmt, wenn die ZGE also nur einen Teil eines größeren Ganzen darstellt, und man ihren Wert für dieses größere Ganze bestimmen möchte. In diesem Fall wäre der Grundsatz der Gesamtbewertung verletzt, denn die ZGE ist bezogen auf das Ganze nur ein Einzelteil und insofern nicht mit einem ganzen Unternehmen als Bewertungsobjekt vergleichbar."[1980]

[1971] Vgl. *Haaker* (2005a), S. 352.
[1972] Vgl. im Ergebnis auch *Klingelhöfer* (2006), S. 597; *Olbrich* (2006a), S. 44; *Olbrich* (2006b), S. 687.
[1973] Vgl. *Olbrich* (2006a), S. 44 f.; *Olbrich* (2006b), S. 685 ff.; ähnlich *Beyhs* (2002), S. 203.
[1974] *Olbrich* (2006a), S. 43.
[1975] Vgl. *Olbrich* (2006a), S. 43; *Olbrich* (2006b), S. 685 ff.
[1976] Vgl. auch *Brösel/Klassen* (2006), S. 472; a.A. hingegen jüngst *Olbrich/Brösel* (2007), S. 1548.
[1977] *Haaker* (2006a), S. 45.
[1978] Vgl. auch *Hachmeister* (2006b), S. 259.
[1979] Vgl. aber *Wagenhofer* (2006b), S. 10, wonach der Nutzungswert „je nach Ebene der Bewertungseinheit bzw. der zahlungsmittelgenerierenden Einheit" auch Synergien enthält.
[1980] *Klingelhöfer* (2006), S. 595. Vgl. implizit bereits *Beyhs* (2002), S. 203.

Abzulehnen ist – aus den bekannten Gründen (vgl. Kap. 2.4.1, S. 26 ff.) – hingegen der weiterführende Vorschlag von *Klingelhöfer*,[1981] eine bereichsbezogene Unternehmensbewertung anhand eines „kleine[n] Totalmodell[s]"[1982] mit der von *Hering*[1983] entwickelten approximativen Dekomposition durchzuführen.[1984] Zusammenfassend kann als ‚Erkenntnisgewinn' der aufgezeigten Diskussion zwischen *Haaker*, *Olbrich* und *Klingelhöfer* bezüglich der Eignung von *Cash-Generating Units* für eine interne Bereichssteuerung im wesentlichen das erneute Herausarbeiten der Zweifelhaftigkeit des Wertadditivitätstheorems konstatiert werden.[1985] Dies wurde im Hinblick auf das Bewertungsobjekt *Cash-Generating Unit* aber bereits von *Beyhs* dargelegt.[1986]

Nach *Olbrich* und *Klingelhöfer* führt dieser ‚Mangel' zwangsläufig zu einer generellen Ablehnung gängiger, bereichsbezogener Steuerungskonzepte. Dieser Auffassung wird in der vorliegenden Arbeit nicht gefolgt,[1987] sondern das aufgezeigte System einer umfassenden Anwendung von Kalkülen der Unternehmensbewertung auf den unterschiedlichen Aggregationsstufen eines Unternehmens für vorteilhaft erachtet. Die auf Segment- und Bereichsebene berechneten Unternehmenswerte können dezentral zur Abschätzung des ‚Wertbeitrags' der betrachteten Bewertungseinheit zum Konzernportefeuille herangezogen und als konsequente Umsetzung der *Shareholder Value*-Maxime angesehen werden. Eine sämtliche Interdependenzeffekte umfassende Bestimmung des konzernbezogenen Unternehmenswerts läßt sich aufgrund der fehlenden Wertadditivität erst auf Gesamtunternehmensebene durchführen. Letzteres bedingt auf nachgelagerten Ebenen allerdings die Verwendung eines Anreizsystems,[1988] mit dessen Hilfe sicherzustellen ist, daß ein aus Bereichsperspektive mit einem positiven Kapitalwert einhergehendes Investitionsprojekt, das auf Konzernebene jedoch einen negativen Kapitalwert verursachte, nicht durchgeführt wird und *vice versa*.[1989]

[1981] Vgl. auch *Haaker* (2006c), S. 695 mit Verweis auf *Burger/Ulbrich* (2005), S. 533.
[1982] *Klingelhöfer* (2006), S. 596.
[1983] Vgl. *Hering* (2003), S. 326 ff.
[1984] Vgl. *Klingelhöfer* (2006), S. 596 f.
[1985] So stellt auch *Haaker* (2006c), S. 694 inzwischen relativierend fest, daß „die abschließende Zuordenbarkeit der Synergiepotenziale" entscheidend sei und die Wertadditivität „nur als beeinträchtigt angesehen werden [sollte], wenn wesentliche Synergiepotenziale nicht zugeordnet werden können." Ferner ließe sich eine adäquate Zuordnung von Verbundeffekten im Rahmen der Allokation des *Goodwill* vornehmen.
Letzteres bleibt in Anbetracht der mehrheitlich in der Literatur in diesem Zusammenhang vorgebrachten Vorschläge fraglich, vgl. Kap. 5.2.2, S. 313 ff.
[1986] Vgl. *Beyhs* (2002), S. 203 f. sowie Fn. 1969, S. 323.
[1987] So auch *Haaker* (2006a), S. 46.
[1988] Vgl. *Dinstuhl* (2003), S. 289 f.
[1989] In diesem Sinne kommen *Hachmeister/Kunath* (2005), S. 70 zu der Erkenntnis, daß „das Zerlegen des Konzerns in mehrere Berichtseinheiten mit je einem verantwortlichen Management nicht zwangsläufig unterstellt, dass bereichsübergreifend keine Synergien realisiert werden. Zwar wird den Bereichsegoismen durch eine Aufteilung in voneinander getrennt berichtende Verantwortungsbereiche Aufschub geleistet, dennoch mag Zielsetzung des übergeordneten Managements die Realisierung von Synergien als einem wesentlichen Teil der Geschäftsfeldstrategie sein."

5.3.2.2 Konkretisierung der für IAS 36 relevanten internen Reportingstruktur

Nach diesem grundsätzlichen Rekurs soll dem konkreten, von *IAS* 36 geforderten „link"[1990] zwischen den Bewertungseinheiten von *Impairment Tests* sowie dem bereichs- und unternehmenswertorientierten *Controlling* nachgegangen werden. Einzelne Vermögenswerte bieten hierfür regelmäßig keinen geeigneten Anknüpfungspunkt,[1991] da ihnen selten eigenständige Zahlungsmittelüberschüsse zugeordnet werden können.[1992] Per definitionem zeichnen sich demgegenüber *Cash-Generating Units* durch eine Zurechenbarkeit entsprechender Erfolgsgrößen aus, weshalb sie im Rahmen der Erläuterung des Regelungsinhalts von Werthaltigkeitsüberprüfungen eine ausführliche Analyse erfuhren (vgl. Kap. 4.3.2, S. 227 ff.). Dabei stellte sich heraus, daß diese Bewertungsobjekte situativ und unternehmensindividuell abgegrenzt werden. Generell sind sie als an der Produktion von Output beteiligte und miteinander verknüpfte Gruppen von Vermögenswerten zu verstehen, die innerhalb des Unternehmensverbunds einen gewissen Grad an Dispositionsfreiheit aufweisen. Dem im Hinblick auf die Abgrenzung solcher Bewertungseinheiten literaturüblichen Hinweis auf ‚die' interne Reportingstruktur kommt häufig ein ‚Leerformelcharakter' bei, für den das *IASB* mit seiner wenig trennscharfen Definition von *Cash-Generating Units* Vorschub leistet. Zwar handelt es sich bei dem Hinweis, „how management monitors the entity's operations"[1993] um eine offenkundige Ausprägung des *Management Approach*,[1994] auf welchen Teilbereich des internen Rechnungswesens damit jedoch konkret zurückgegriffen werden soll, bleibt ungeklärt.[1995]

Zunächst könnten mit der Bezeichnung ‚interne Reportingstruktur' die unterschiedlichen Systeme der Kosten- und Leistungsrechnung gemeint sein.[1996] So lassen sich bspw. konzeptionelle Parallelen zwischen der Festlegung von Kostenstellen, deren Art und Tiefe der Aufgliederung sich insbesondere an dem Produktionsprogramm und der Aufbau- respektive Ablauforganisation orientiert,[1997] und der Abgrenzung zahlungsmittelgenerierender Einheiten erkennen. Weitere Anknüp-

---

[1990] *IAS* 36.BC139.
[1991] Auszunehmen sind hiervon *Intangible Assets*, die – wie die von *IFRS* 3 i.V.m. *IAS* 38 vorgeschriebenen Bewertungskalküle nahelegen – Verknüpfungsmöglichkeiten mit dem bereichs- und unternehmenswertorientierten *Controlling* eröffnen. Von einer tiefergehenden Analyse muß an dieser Stelle jedoch aus Platzgründen abgesehen werden. Für eine ‚allgemeine' Darstellung von immateriellen Vermögenswerten aus der *Controlling*perspektive vgl. etwa *Bruns/Thuy/Zeimes* (2003), S. 137-142; *Daum* (2003), S. 143-153; *Daum* (2005), S. 4-18; *Horváth/Möller* (2005); *Lev* (2003), S. 121-127; *Weber/Kaufmann/Schneider* (2006), jeweils m.w.N.
[1992] Vgl. nur *Küting/Hayn* (2006), S. 1216.
[1993] *IAS* 36.69.
[1994] Vgl. auch *Hense* (2006), S. 260.
[1995] Vgl. *Bieker/Esser* (2004), S. 454.
[1996] Vgl. zu entsprechenden Überlegungen etwa *Kirsch* (2003a), S. 95 ff.; *Kirsch* (2005a), S. 17 ff.; *Klingels* (2005), S. 225 ff.
[1997] Vgl. nur *Coenenberg* (2003), S. 59.

fungsmöglichkeiten für die Bildung von *Cash-Generating Units* werden auch der Kostenträgerrechnung bei der Zurechnung von Periodenerlösen attestiert.[1998]

Bei genauerer Betrachtung kommen jedoch grundlegende Zweifel an der Eignung der Kosten- und Leistungsrechnung als Grundlage für die Herleitung zahlungsmittelgenerierender Einheiten auf.[1999] Denn dazu müßte

- eine permanente Umrechnung der Deckungsbeiträge und Betriebsergebnisse in die nach den Vorschriften von *IAS 36* zu bestimmenden Zahlungsmittelüberschüsse erfolgen,[2000]
- eine weitgehende Unabhängigkeit zwischen den Kosten verschiedener Kostenstellen oder Kostenträger gewährleistet sein,[2001]
- eine Erfassung mehrwertiger Erwartungen erfolgen[2002] sowie
- Synergieeffekte berücksichtigt werden.

Im Regelfall gehen die vorgenannten Eigenschaften deutlich über das von der Kosten- und Leistungsrechnung bereitgestellte Rechenwerk hinaus.[2003] Schließlich ist der zeitliche Rahmen der Kosten- und Leistungsrechnung üblicherweise auf eine kurzfristige – meist auf Monatsbasis ausgelegte – Erfolgsrechnung begrenzt,[2004] die weder eine Planung unterschiedlicher Szenarien vorsieht[2005], noch eine Aussage zur Abhängigkeit der Kosten und Leistungen von anderen Kostenstellen oder Kostenträgern zuläßt.[2006] Das Konvergenzpotential zwischen den Bewertungseinheiten der Kosten- und Leistungsrechnung und dem *Impairment of Assets* ist daher als so gering einzuschätzen, daß von einer ausführlichen Analyse abgesehen werden kann.

Ein ähnlich ernüchterndes Ergebnis fördert eine Analyse der Verknüpfungsmöglichkeiten von *Cash-Generating Units* und der innerbetrieblichen Finanz- und Liquiditätsrechnung – trotz des direkten Zahlungsstrombezugs – zutage.[2007]

Entsprechend dieses Ausschlußverfahrens, was sich hinter der ‚Platitüde' interne Reportingstruktur verbergen könnte, bleibt nur noch das bereichs- und unternehmenswertorientierte *Controlling* als Ausgangspunkt einer Bestimmung zahlungsmittelgenerierender Einheiten übrig. Daß Bereiche geradezu prädestiniert für eine gleichzeitige Verwendung als *Cash-Generating Units* sind, müßte sich in der

---

[1998] Vgl. *Kirsch* (2003a), S. 95 ff.; *Kirsch* (2005a), S. 17 ff.; *Kirsch/Steinhauer* (2003), S. 429.
[1999] A.A. zumindest hinsichtlich der Kostenstellenrechnung *Klingels* (2005), S. 225 ff.
[2000] Vgl. *Kirsch* (2003a), S. 96; *Kirsch* (2005a), S. 20.
[2001] Vgl. *Klingels* (2005), S. 226, der eine Kostenträgerrechnung als Basis zur Ermittlung von *Cash-Generating Units* ablehnt.
[2002] Vgl. *Kirsch* (2003a), S. 94 f.
[2003] Vgl. auch selbstkritisch *Kirsch* (2005a), S. 21, der sodann auf die strategische Unternehmensplanung verweist.
[2004] Vgl. *Kirsch/Steinhauer* (2003), S. 429.
[2005] Vgl. *Kirsch* (2005a), S. 21.
[2006] Vgl. *Klingels* (2005), S. 226.
[2007] A.A. *Klingels* (2005), S. 225, wonach die Finanzplanung als Grundlage der Gestaltung einer zahlungsmittelgenerierenden Einheit eingesetzt werden könnte.

Rückschau der separaten Vorstellung der jeweiligen Bewertungsobjekte im Rahmen der vorliegenden Arbeit erschließen.[2008] Dabei eröffnen sich beachtliche Parallelen beim Vergleich ihrer konstitutiven Bestimmungsmerkmale, nämlich die Existenz eines marktgängigen Produktions- und Absatzprogramms, das Vorliegen einer weitgehenden Autonomie von anderen Teileinheiten sowie die Kaskadierung auf eine möglichst niedrige Aggregationsstufe innerhalb des Gesamtunternehmens.[2009] Darüber hinaus zeichnet sich ein unternehmenswertorientiertes *Controlling per se* durch Aspekte aus, die den anderen, untersuchten Teilbereichen der internen Unternehmensrechnung soeben abgesprochen wurden: die Verwendung eines unbegrenzten Planungshorizonts, durchgängige Orientierung an Zahlungsmittelüberschüssen, Ermittlung denkbarer Szenarien des Geschäftsverlaufs, Bestimmung entsprechender Kapitaleinsatzgrößen sowie Berücksichtigung etwaig aus einem Unternehmenszusammenschluß resultierender Synergien.

Auch bei einer Rekapitulation der Aussage von *Wirth*, demgemäß es für die Identifikation zahlungsmittelgenerierender Einheiten notwendig sei, den gesamten innerbetrieblichen „Wertschöpfungsprozess"[2010] zu ‚durchforsten', offenbaren sich die Gemeinsamkeiten zwischen dem Bereichsbezug des unternehmenswertorientierten *Controlling* und den *Cash-Generating Units*. Schließlich handelt es sich bei der Planung, Kontrolle und Analyse der ‚Wertbeiträge' – von der Einzelinvestitions- bis zur Gesamtunternehmensebene – um die elementare Aufgabe der wertorientierten Performancemessung. Dazu ist eine entsprechende Analyse und Identifikation der Wertreiber und damit des Wertschöpfungsprozesses unerläßlich. Weitergehend scheinen die Ausprägungsformen des unternehmenswertorientierten *Controlling* auf den verschiedenen Aggregationsstufen eines Unternehmens ‚flexibel' genug zu sein, um mit zahlungsmittelgenerierenden Einheiten, die in Abhängigkeit ihrer Größe und der Zuordnung von Geschäfts- oder Firmenwerten oder *Corporate Assets* prinzipiell zwischen der Projekt- und Segmentebene angesiedelt sein können, zu korrespondieren.

Somit lassen sich die in einem idealtypisch ausgestalteten unternehmenswertorientierten *Controlling* „verschieden hoch bzw. tief aggregierte[n] Unternehmens-

---

[2008] Im ED 36 war die Verknüpfung der Bewertungseinheiten des unternehmenswertorientierten *Controlling* und den *Cash-Generating Units*, auf die Geschäfts- oder Firmenwerte verteilt wurden, noch äußerst offensichtlich. Denn die Abgrenzung zahlungsmittelgenerierender Einheiten sollte "on a reasonable and consistent basis only when that unit represents the lowest level at which management monitors the return on investment in assets" erfolgen. Vgl. *IAS* 36.BC139-142 zu den Beweggründen, die zu der derzeit gültigen Fassung ohne Nennung etwaiger Kennzahlen geführt haben.

[2009] Vgl. zu empirischen Bestätigung dieser Ähnlichkeit *Dorfer/Gaber* (2006), S. 27, die in ihrer Untersuchung der nach internationalen Vorschriften bilanzierenden österreichischen Unternehmen konstatieren, daß die Segment- und Geschäftsbereichsabgrenzung „hauptsächlich nach Produktgruppen und nach der internen Ergebnisverantwortlichkeit" erfolgt.
Vgl. ferner *Dirrigl* (1998a), S. 3 ff. zur kollektiven Investitionsrechnung und Unternehmensbewertung.

[2010] *Wirth* (2005), S. 12.

teileinheiten [grundsätzlich] als CGU"[2011] ansehen. Es liegt demnach eine vollständige Konvergenz zwischen den Bewertungseinheiten dieser beiden Teilbereiche der Unternehmensrechnung vor.[2012] Die Separationskriterien zur Abgrenzung zahlungsmittelgenerierender Einheiten werden von den Bewertungsobjekten des unternehmenswertorientierten *Controlling* stets erfüllt.

5.3.2.3 Mangelnde Eignung interner Berichtseinheiten für Werthaltigkeitsüberprüfungen wegen fehlenden Synergienbezugs?

Eine konträre Meinung wird dagegen von *Hachmeister/Kunath* vertreten. Demnach kämen Teilsystemen der internen Unternehmensrechnung bei der Herleitung von *Cash-Generating Units* oder Gruppen von *Cash-Generating Units* mit zugeordnetem Geschäfts- oder Firmenwerten kein „verbindlicher Charakter"[2013] zu. Es sei vielmehr „konzeptionell unsachgemäß und nicht zweckmäßig", die „Berichtseinheiten des Reportingsystems [...] grundsätzlich mit Goodwill-CGUs gleichzusetzen"[2014].

Daß sich für eine angemessene Würdigung dieser Auffassung ein Rückgriff auf die Vorschriften von *IAS* 36 zur Bildung entsprechender Bewertungseinheiten, bei denen es sich prinzipiell um „the lowest level within the entity at which the goodwill is monitored for internal management purposes"[2015] handeln soll, wenig eignet, mußte bereits mehrfach herausgearbeitet werden (vgl. Kap. 4.3.2.2.2, S. 235 ff.). Ersatzweise kann aber als Anknüpfungspunkt die für den von *Hachmeister/Kunath* eingenommenen Blickwinkel als wesentlich einzuschätzende Annahme verwendet werden, die „interne Reportingstruktur"[2016] wäre regelmäßig außerstande, Synergien aus einem Unternehmenszusammenschluß adäquat abzubilden.[2017] Was *Hachmeister/Kunath* faktisch unter dem internen Berichtssystem verstehen, bleibt – wie regelmäßig in der Literatur zu bemängeln – unbestimmt. Angedeutet wird lediglich, es könnte sich dabei um „das monatliche oder das Quartalsreporting"[2018] handeln. Die fehlende Präzisierung ist aber unbeachtlich, da die ablehnende Haltung von *Hachmeister/Kunath* gegenüber der internen Reportingstruktur solange nachvollziehbar erscheint, als – ein wie auch immer ausgestaltetes – unternehmensinternes Informationssystem nicht fähig sein sollte, „Synergien messbar zu machen."[2019] ‚Richtig' abgegrenzte zahlungsmittelgenerierende Einheiten oder Gruppen zahlungsmittelgenerierender Einheiten mit zugeordnetem *Goodwill* müß-

---

[2011] *Beyhs* (2002), S. 108.
[2012] Vgl. implizit *Dirrigl* (2003), S. 147; *Dirrigl* (2006), S. 776.
[2013] *Hachmeister/Kunath* (2005), S. 69.
[2014] *Hachmeister/Kunath* (2005), S. 70.
[2015] Vgl. *IAS* 36.80 (a).
[2016] *Hachmeister/Kunath* (2005), S. 69.
[2017] Vgl. *Hachmeister/Kunath* (2005), S. 69 f.
[2018] *Hachmeister/Kunath* (2005), S. 70.
[2019] *Hachmeister/Kunath* (2005), S. 69.

ten dann konsequenterweise in einem ‚Spannungsverhältnis' zur internen Reportingstruktur stehen, die durch einen mangelnden Einbezug von Verbundeffekten gekennzeichnet ist.[2020]

Dennoch kann der Kennzeichnung von *Hachmeister/Kunath* kein ‚Allgemeingültigkeitscharakter' attestiert werden. Ihre Schlußfolgerung offenbart, daß „es mittelfristig notwendig sei[...], Anpassungen in der bestehenden Reportingstruktur für Zwecke der Werthaltigkeitstests vorzunehmen, wenn festgestellt werden sollte, dass Synergien zwischen einzelnen Einheiten bestehen, diese jedoch im bestehenden Reporting ignoriert werden."[2021] Was anfänglich den Anschein einer logischen Schlußfolgerung erweckt, muß bei näherer Betrachtung aus folgenden Gründen abgelehnt werden: Erstens widerspricht – wie im vorstehenden Gliederungspunkt bereits ausführlich erörtert – die Errichtung zusätzlicher Reportingstrukturen im Rahmen der Werthaltigkeitsüberprüfungen von Geschäfts- oder Firmenwerte den Vorschriften des *Impairment of Assets*, die einen Ausbau der Berichtsstrukturen nur für die Situation vorsehen, daß *Goodwills* nicht mindestens auf die Segmentebene heruntergebrochen werden könnten.[2022] Zweitens bleibt fraglich, warum eine entsprechende Anpassung des Reportingsystems erst „mittelfristig notwendig sein"[2023] sollte und bis dahin die Steuerung des Gesamtunternehmens auf einer fehlerhaften Zahlenbasis erfolgt, während in das externe Rechnungswesen zeitgleich ‚bessere' Informationen einfließen. Drittens – und hierin liegt der entscheidende Ablehnungsgrund – ist nicht nachzuvollziehen, wo überhaupt das Wissen und die Quantifizierung der beschriebenen Synergieeffekte ihren Ursprung haben, wenn das unternehmensinterne Informationssystem nicht in der Lage ist, diesbezügliche Daten- und Zahlen zu generieren.[2024] Insoweit bedürfte es einer zentralen Informationsquelle innerhalb des Unternehmens, die einen Informationsvorsprung bezüglich des Unternehmenszusammenschlusses besitzt, der jedoch dem internen Reportingsystem auf längere Zeit vorenthalten wird.

Dies wiederum erscheint insgesamt wenig einleuchtend, weshalb die von *Hachmeister/Kunath* vertretende Auffassung eines fehlenden „verbindliche[n] Charakter[s]"[2025] der internen Berichtsstruktur für die Abgrenzung von *Cash-Generating Units* oder Gruppen von *Cash-Generating Units* mit zugeordnetem Geschäfts- oder Firmenwert ausschließlich für die von ihnen beschriebene Konstellation eines mangelhaften Reportingsystems zutreffen könnte. Die Ansicht eines generell vorliegenden ‚Spannungsverhältnisses' zwischen den Bewertungsobjekten des *Impairment of Assets* und des internen Rechnungswesen ist von daher abzulehnen,

---

[2020] Vgl. *Hachmeister/Kunath* (2005), S. 69-71.
[2021] *Hachmeister/Kunath* (2005), S. 71 mit einem äußerst fragwürdigem Verweis auf *IAS* 36.BC140.
[2022] Vgl. *IAS* 36.82; *IAS* 36.BC140.
[2023] *Hachmeister/Kunath* (2005), S. 71.
[2024] Vgl. etwa *Wagenhofer* (2006b), S. 10, der diesbezüglich ausführt, „Synergien sind als wesentlicher werterhöhender Faktor auch in der Unternehmensplanung enthalten."
[2025] *Hachmeister/Kunath* (2005), S. 69.

was besonders für das unternehmenswertorientierte *Controlling* gilt. Letzteres ist auf die verschiedenen Aggregationsebenen eines Unternehmens ausgerichtet und besitzt die Fähigkeit, etwaige Synergieeffekte zwischen den unterschiedlichen Teileinheiten adäquat abzubilden (vgl. Abb. 40, S. 304; Kap. 5.2.2, S. 313 ff.).

5.3.3 Value in Use aus dem Blickwinkel einer bereichsbezogenen Unternehmensbewertung für interne Zwecke

Die zu untersuchenden Verknüpfungsmöglichkeiten zwischen Werthaltigkeitsüberprüfungen sowie dem bereichs- und unternehmenswertorientierten *Controlling* hängen in entscheidendem Maße von den Gemeinsamkeiten und Unterschieden der verwendeten Bewertungskalküle ab. Sowohl die nach den Vorschriften von *IAS* 36 zu bestimmenden Nutzungswerte (vgl. Kap. 4.4.2, S. 256 ff.) als auch die für eine interne Unternehmenssteuerung ermittelbaren, bereichsbezogenen Unternehmenswerte (vgl. Kap. 2.4.2, S. 44 ff.) wurden schon ausführlich erörtert. Außerdem erfolgte eine Darstellung der sich aus dem gemeinsamen Abstellen auf zahlungsstrombasierte Kalküle der Unternehmensbewertung ergebenden allgemeinen Anknüpfungspunkte für eine unternehmenswertorientierte Konvergenz in der Unternehmensrechnung (vgl. Kap. 5.1.2, S. 294 ff.). Darauf aufbauend soll anhand der folgenden Synopse eine ausführliche Beurteilung des spezifischen Konvergenzpotentials einer bereichsbezogenen Unternehmensbewertung für interne respektive Zwecke des *Impairment of Assets* vorgenommen werden. Nach einer vergleichenden Darstellung der zugrundeliegenden Bewertungskonzeptionen (vgl. Kap. 5.3.3.1, S. 331 ff.) steht eine Partialanalyse der jeweils bewertungsrelevanten Erfolgsgrößen, vor allem im Hinblick auf die Werteffekte, die aus der Nichtberücksichtigung bestimmter Einflußgrößen bei der Berechnung des *Value in Use* erwachsen, im Mittelpunkt der Betrachtung (vgl. 5.3.3.3, S. 361 ff.). Im Zwischenfazit werden die daraus gewonnenen Teilergebnisse zusammengefügt, um zu einer abschließenden Beurteilung des konkreten Konvergenzpotentials zwischen Nutzungswert und bereichsbezogenem Unternehmenswert zu gelangen (vgl. Kap. 5.3.4, S. 373 ff.). Zur exemplarischen Unterlegung der Ausführungen bietet es sich davor an, die Beispielsrechnung fortzusetzen (vgl. Kap. 5.3.3.2, S. 335 ff.).

5.3.3.1 Zugrundeliegende Bewertungskonzeptionen im Vergleich

Durch einen Vergleich von Nutzungswerten mit den für das wertorientierte *Controlling* berechneten, bereichsbezogenen Unternehmenswerten werden gesetzlichnormierte und normfreie, entscheidungsorientierte Bewertungsaufgaben gegenübergestellt (vgl. Kap. 2.1, S. 9 ff.).

Da die bezüglich der hieraus resultierenden konzeptionellen Auswirkungen auf das Bewertungskalkül von *Haaker*, *Olbrich* und *Klingelhöfer* eingenommenen

Standpunkte äußerst konträr sind, muß abermals auf den bereits mehrfach zitierten Disput zwischen den vorgenannten Autoren Bezug genommen werden:[2026] Die grundlegenden Positionen lassen sich insofern zusammenfassen, als nach der Überzeugung von *Haaker* aus einem übereinstimmenden „Informationsinteresse der internen und externen Adressaten [...] gleichartige Rechnungen"[2027] folgen, während *Klingelhöfer* „den grundsätzlich verschiedenen Adressatenkreis des externen Rechnungswesens und eines wertorientierten Controllings" als Ursache dafür ansieht, daß es „letztlich zu anderen Zielsetzungen und damit auch zu anderen Unternehmenswerten"[2028] kommt.

Zweifelsfrei – und insoweit ist *Haaker* beizupflichten – läßt sich ein gemeinsames Informationsbedürfnis von Investoren und Unternehmensleitung an Plangrößen erkennen, die Auskunft über die Breite, zeitliche Struktur und Unsicherheit zukünftiger Erfolgsgrößen geben (vgl. Kap. 4.1.1, S. 195 ff.).[2029] Ob diese ‚Interessensharmonie' – wie von *Haaker* behauptet, der in Anbetracht der landläufigen *Shareholder Value*-Orientierung eher tautologischer Charakter zuteil wird,[2030] „konsistente Unternehmenswerte als Rechnungsziel impliziert"[2031], muß dahingestellt bleiben. Bekanntlich determiniert der Rechnungszweck über das Rechnungsziel den Rechnungsinhalt.[2032]

Deshalb gilt es zu untersuchen, welche Einflüsse die anhand der Vermittlung entscheidungsnützlicher Informationen mit der *IFRS*-Rechnungslegung bezweckte *Investor Protection* (vgl. Kap. 4.1.1, S. 195 ff.) auf die Ausgestaltung des nach *IAS* 36 anzuwendenden Bewertungsverfahrens sowie die hieraus resultierenden Konvergenzmöglichkeiten mit einem für die Entscheidungsunterstützung im wertorientierten *Controlling* konzipierten Bewertungskalkül hat.

Einen vergleichbaren Untersuchungsansatz wählt *Klingelhöfer*, wenn das mit dem *Value in Use* verfolgte Rechnungsziel als Ermittlung eines „standardisierten, nach außen kommunizierbaren Wert[s]" charakterisiert wird, der bei Kenntnis der zur Berechnung verwendeten Daten- und Zahlenbasis „objektiviert nachprüfbar ist" und „eine Aussage zur Veräußerbarkeit am Markt [...] trifft."[2033] Aufgrund dieser Kennzeichnung und den Vorschriften des *Impairment of Assets*, die zur Bestimmung des Nutzungswerts verwendeten Diskontierungszinsfüße kapitalmarktbezogen herzuleiten,[2034] geht *Klingelhöfer* von einer generellen Anwendung der DCF-

---

[2026] Vgl. *Haaker* (2006a), S. 47; *Haaker* (2006c), S. 692 f.; *Klingelhöfer* (2006), S. 594 f.; *Olbrich* (2006b), S. 686 f.
[2027] *Haaker* (2006c), S. 690.
[2028] *Klingelhöfer* (2006), S. 590 (beide Zitate).
[2029] Vgl. hierzu bereits *Moxter* (1966), S. 38.
[2030] Vgl. in diesem Sinne *Dirrigl* (1998b), S. 541 ff.
[2031] *Haaker* (2006c), S. 690.
[2032] Vgl. *Schneider* (1997), S. 33; so aber auch selbst *Haaker* (2006c), S. 690.
[2033] *Klingelhöfer* (2006), S. 594 f. (sämtliche Zitate).
[2034] Vgl. *IAS* 36.56; *IAS* 36.A16 ff.; *IAS* 36.BCZ55.

Verfahren zur Berechnung des *Value in Use* aus.[2035] Demnach können die Wertansätze von *IAS* 36 allenfalls „hypothetische[...] ‚Marktwert[e]'"[2036] liefern, weshalb sich seines und des Erachtens von *Olbrich per se* keinerlei Anknüpfungspunkte für eine Konvergenz im Hinblick auf die Bewertungskonzeption ergeben. Schließlich sei es für eine interne Steuerung unabdingbar, einen bereichsbezogenen Unternehmenswert zu ermitteln, „der aus Sicht dieses Unternehmen[s] und nicht irgendwelcher anderer Marktteilnehmer unter ganz speziellen und wirklichkeitsfremden Marktbedingungen gilt."[2037]

Obwohl die von *Klingelhöfer* und *Olbrich* vorgebrachte grundlegende Skepsis gegenüber einer Verwendung marktwertorientierter Barwertberechnungen in der internen Unternehmensrechnung im Rahmen dieser Arbeit geteilt wird (vgl. Kap. 2.4.1, S. 26 ff.), kann ihrer rigorosen Verneinung eines Konvergenzpotentials, das aus der Perspektive der den beiden angesprochenen Teilbereichen der Unternehmensrechnung zugrundeliegenden Bewertungskonzeptionen erwächst, angesichts nachstehender Überlegungen nicht zugestimmt werden:

Einerseits ist zu konstatieren, daß es mittlerweile einem erheblichen Anteil von Theorie und Praxis an der notwendigen Sorgfalt bei der Auswahl von Bewertungskalkülen für die jeweiligen Bewertungsaufgaben mangelt.[2038] So sehen nach *Pellens et al.* 93% der deutschen Großunternehmen die Zwecksetzung des *Impairment Test* und der internen Steuerung des Konzerns als kongruent an.[2039] Beispielhaft verdeutlicht diese Entwicklung etwa die im Verlauf der Diskussion von *Haaker* vertretene Auffassung, „[e]ine Mischung subjektiver und objektiver Bewertungsparameter kann folglich positiv gewertet werden."[2040] Dabei sieht eine Vielzahl von Bewertenden die DCF-Methoden – unabhängig von der konkreten Bewertungsaufgabe – offensichtlich als ‚Allzweckwaffe' an,[2041] wobei sich darüber streiten ließe, inwieweit ein Bewußtsein vorhanden ist, daß die auf dieser Basis ermittelten Wertansätze nicht den Anforderungen an eine theoretisch fundierte subjektive Investitionsrechnung entsprechen. Wenngleich die breite praktische Anwendung von bestimmten Bewertungskalkülen noch lange nicht zu ihrer betriebswirtschaftlichen Fundierung beiträgt,[2042] darf das in diesem Zusammenhang sich *in praxi* eröffnende Konvergenzpotential nicht übersehen werden. Dieses liegt in der zeitgleichen Anwendung von marktbezogenen Kalkülen der Unternehmensbewertung im Rahmen des *Impairment of Assets* sowie bereichs- und wertorientierten

---

[2035] Vgl. *Klingelhöfer* (2006), S. 594; ähnlich *Olbrich* (2006a), S. 43 f.; *Olbrich* (2006b), S. 685 ff.
[2036] *Matschke/Brösel* (2006), S. 558 (Hervorhebungen im Original).
[2037] *Klingelhöfer* (2006), S. 595; ähnlich *Olbrich* (2006a), S. 43 f.; *Olbrich* (2006b), S. 685 ff.
[2038] Vgl. auch die in Fn. 225, S. 30 beschriebene Entwicklung.
[2039] Vgl. *Pellens et al.* (2005), S. 17.
[2040] *Haaker* (2006c), S. 692 (beide Zitate).
[2041] Vgl. jüngst zu einer empirischen Studie, die den flächendeckenden Einsatz der DCF-Verfahren dokumentiert *Brösel/Hauttmann* (2007), S. 223-228 und S. 293-308.
[2042] Vgl. *Olbrich* (2006b), S. 687 mit Verweis auf *Brösel/Klassen* (2006), S. 462.

Controlling.[2043] Hierdurch entstehen zwangsläufig entsprechende Verknüpfungsmöglichkeiten; und zwar unabhängig davon, ob eine solche Konvergenz der Bewertungskonzeptionen aus theoretischer Perspektive nicht begrüßt oder sogar als falsch erachtet wird.

Andererseits bieten die Vorschriften von *IAS* 36 hinreichend Anhaltspunkte dafür, den Nutzungswert dahingehend zu interpretieren, daß sich eine Verbindung zu einem subjektiv ausgestalteten Bewertungskalkül herstellen ließe, wie es zur Entscheidungsfindung herangezogen werden müßte.[2044]

Diese These vermag vor dem Hintergrund der mit dem *Impairment of Assets* verfolgten gesetzlich-normierten Bewertungsaufgabe zunächst in Erstaunen zu versetzen, da die Ermittlung hypothetischer, objektiver Marktgleichgewichtspreise aus der Kapitalmarktperspektive nahezuliegen scheint.[2045] Allerdings kann der – neben *Klingelhöfer* von einer Vielzahl von Autoren vorgenommenen – Gleichsetzung der Berechnungsarithmetik des *Value in Use* mit den DCF-Verfahren nicht vorbehaltlos entsprochen werden. Denn trotz der Herleitung des Kalkulationszinsfußes unter Berücksichtigung von „market's expectations"[2046] und einer Reihe weiterer Normierungen, die den Ansatz ungerechtfertigter Bewertungsparameter verhindern sollen, ist der Nutzungswert durch die sich in der Zählergröße ausdrückenden unternehmensindividuellen Erwartungen bezüglich zukünftiger Zahlungsmittelüberschüsse geprägt. Letzteren wird in der Literatur gemeinhin ein solches Gewicht beigemessen, daß der *Value in Use* – ungeachtet seines ‚zwitterartigen'[2047] Charakters – eine Klassifikation als „stark subjektive[r], unternehmensspezifische[r] Wert"[2048] erfährt (vgl. Kap. 4.4.1.2, S. 248 ff.). Wenn infolge der herausgearbeiteten Unmöglichkeit einer im Einklang mit *IAS* 36 stehenden Ermittlung des gewichteten Kapitalkostensatzes (vgl. Kap. 4.4.2.4.2, S. 273 ff.) ‚ersatzweise' Sicherheitsäquivalente (vgl. Kap. 5.3.3.3.1, S. 361 ff.) gebildet werden, zeichnet sich nicht nur ein Rückgriff auf die Fähigkeiten des bereichs- und unternehmenswertorientierten *Controlling* zur Explikation der Risikostruktur, sondern auch eine Vermittlung der Kenntnisse einer diesbezüglichen Risikoadjustierung ab. Damit wäre ebenso ein Übergang auf ein subjektives Bewertungskalkül verbunden. Folglich könnte sich ein entsprechendes konzeptionelles Konvergenzpotential zwischen dem *Impairment of Assets* sowie dem bereichs- und unternehmenswertorientierten

---

[2043] Vgl. nur *Schultze/Hirsch* (2005), S. 105 ff., die eine diesbezügliche Konvergenz auf Ebene der Bewertungskonzeption überhaupt nicht in Frage stellen.

[2044] Wenngleich es sich dabei nicht um den von *Klingelhöfer* für das bereichs- und unternehmenswertorientierte *Controlling* propagierten Einsatz der approximativen Dekomposition (vgl. Kap. 5.3.1, S. 281 ff.) handelt.

[2045] Vgl. aber jüngst *Olbrich/Brösel* (2007), S. 1547, die vorschlagen, *Fair Values* „mittels eines subjektiven Ertragswerts" zu bestimmen.

[2046] IAS 36.BCZ32.

[2047] Von *Haaker* (2006c), S. 692 als „(markt-)typisierte[r] subjektive[r] Erfolgswert" umschrieben.

[2048] *Lienau/Zülch* (2006), S. 319. Ähnlich etwa *Küting/Hayn* (2006), S. 1216; *Wagenhofer* (2006b), S. 10.

Controlling erschließen,[2049] das sich in der gemeinsamen Verwendung der sicherheitsäquivalentbasierten Ertragswertmethode manifestiert.[2050]

Zusammenfassend kann festgehalten werden, daß sich bei einer oberflächlichen Betrachtung der den Werthaltigkeitsüberprüfungen sowie dem bereichs- und unternehmenswertorientierten *Controlling* zugrundeliegenden Bewertungskonzeptionen kein großes Konvergenzpotential zu erschließen scheint. Die Möglichkeiten einer unternehmenswertorientierten Konvergenz in der Unternehmensrechnung erführen somit bereits auf konzeptioneller Ebene eine starke Einschränkung.

Allerdings wurden vorstehend zwei ‚Lösungsvarianten' diskutiert, die eine Konvergenz der Bewertungskonzeptionen entweder durch eine – je nach Betrachtungsperspektive ‚fehlerhafte' – markt- oder unternehmenswertorientierte Fundierung der Bewertungskalküle herbeiführen könnten. Gegen die in weiten Teilen der Literatur befürwortete durchgängige Verwendung der DCF-Verfahren im Rahmen des *Impairment Test* sowie dem bereichs- und unternehmenswertorientierten *Controlling* sprechen vor allem die Bedenken hinsichtlich einer internen Unternehmenssteuerung auf Basis kapitalmarktorientierter Bewertungsmodelle sowie die praktischen Umsetzungsprobleme bei der Berechnung der gewichteten Kapitalkosten nach den Vorgaben des *Impairment of Assets*. Da sich diese Schwierigkeiten durch eine gemeinsame Hinwendung zu einem stärker subjektiv geprägten Bewertungskalkül vermeiden ließen, und eine solche Ausgestaltung des Bewertungskalküls aufgrund des *Management Approach* durchaus legitimiert ist, solange der verwendete Kalkulationszinsfuß gem. den Vorschriften von *IAS 36* eine Objektivierung durch den Kapitalmarkt aufweist,[2051] soll nachstehend von einer konzeptionellen Konvergenz auf Basis eines ertragswertorientierten Bewertungskalküls ausgegangen werden.

5.3.3.2 Anwendung von Bewertungskalkülen auf der Bereichsebene nach dem Unternehmenserwerb aus der ex post-Perspektive (Beispielsrechnung Teil V)

5.3.3.2.1 Berechnungsstruktur im Überblick

Nachdem obige Fortsetzung der Beispielsrechnung die aus dem Erwerb der E AG auf Gesamtunternehmensebene resultierenden Werteffekte und die anschließende *Goodwill*allokation problematisierte (vgl. Kap. 5.2.2, S. 313 ff.), erfolgt nun eine bereichsbezogene Betrachtung.

Dabei beziehen sich die Ausführungen auf den im Zuge der Übernahme entstandenen Bereich B1A, der aus den bislang getrennt voneinander gesteuerten

---

[2049] A.A. *Haaker* (2005a), S. 355.
[2050] Vgl. in diesem Sinne wohl auch *Olbri99.99ch/Brösel* (2007), S. 1545 ff.
[2051] Vgl. zur kapitalmarktorientierten Bestimmung des Basiszinses über die *Svensson*-Methode etwa *Wiese/Gampenrieder* (2007), S. 442-448, m.w.N.

Bereichen B1 und BA hervorgegangen ist (vgl. Abb. 40, S. 304). Neben seiner Relevanz für die interne Reporting- und Organisationsstruktur verkörpert dieser Bereich zugleich eine zahlungsmittelgenerierende Einheit, der ein *Goodwill* i.H.v. 10.852,98 zugeordnet wurde (vgl. Kap. 5.3.2, S. 313 ff., speziell Tab. 124, S. 316).

Damit können bereichsbezogene Unternehmensbewertungen für interne sowie Zwecke des Werthaltigkeitstests gegenübergestellt und miteinander verglichen werden.[2052] Hierfür werden im folgenden die Barwertberechnungen aus der ex ante- und ex post-Perspektive (vgl. Kap. 5.3.3.2.2, S. 336 ff. sowie Kap. 5.3.3.2.3, S. 344 ff.) detailliert, entsprechend des bisherigen Aufbaus der Beispielsrechnung dargestellt. Folglich finden sich nachstehend die *Value Driver*, Bilanzen, Erfolgsrechnungen und bewertungsrelevanten *Cashflows* des Bereichs B1A aus der

- ex ante-Perspektive (vgl. Tab. 127 bis Tab. 138, S. 337-343),
- ex post-Perspektive (vgl. Tab. 143 bis Tab. 154, S. 346-352) und
- für Zwecke des *Impairment Test* (vgl. Tab. 159 bis Tab. 166, S. 356-359).

Neben der Barwertermittlung unter Berücksichtigung verschiedener Informationsstände und Bewertungsvorgaben wird eine erfolgspotentialorientierte Abweichungsanalyse durchgeführt, um die aufgetretenen Wertänderungen aus unternehmensinterner Perspektive zu erläutern (vgl. Kap. 5.3.3.2.3.2, S. 353). Außerdem erfolgt eine Werthaltigkeitsüberprüfung des dem Bereich B1A zugeordneten Geschäfts- oder Firmenwerts (vgl. Kap. 5.3.3.2.3.4, S. 355 ff.).

5.3.3.2.2 Barwertberechnungen aus der ex ante-Perspektive

5.3.3.2.2.1 Erfolgsgrößen und Bewertungsparameter

Die bisher aus der ex ante-Perspektive für den Konzern K unterstellten Bewertungsannahmen behalten Gültigkeit (vgl. Kap. 2.5.3, S. 59 ff.).

[2052] Dabei erfolgt in der Beispielsrechnung eine Einschränkung auf die Anwendung des *Impairment of Assets* auf den zugerechneten *Goodwill*. Die übrigen Vermögenswerte gelten vereinfachungsgemäß als werthaltig, wobei die nachstehend gewonnenen Untersuchungsergebnisse auf *Cash-Generating Units* ohne zugeordnete Geschäfts- oder Firmenwerte übertragen werden können. Diesbezüglich lassen sich keine Unterschiede bei Werthaltigkeitsüberprüfungen unter Einbezug respektive Abstraktion von Synergieeffekten erkennen.

Konvergenz zwischen IAS 36 und dem dem Controlling

Jahr	2008			2009			2010			2011			2012 ff.		
Szenario	I	II	III	I	II	III	I	II	III	I	II	III	I	II	III
Eintrittswahrscheinlichkeit	0,35	0,40	0,25	0,35	0,40	0,25	0,35	0,40	0,25	0,35	0,40	0,25	0,35	0,40	0,25
Umsatzwachstum (in % zum Vorjahr)	12,00%	14,00%	15,00%	34,93%	33,57%	33,06%	26,36%	23,66%	21,42%	14,60%	10,99%	9,06%	0,00%	0,00%	0,00%
Materialeinsatz (in % der Gesamtleistung)	26,48%	27,18%	26,70%	29,21%	29,74%	29,63%	26,58%	28,32%	28,89%	26,65%	28,54%	29,62%	29,08%	28,85%	29,54%
Personalaufwand (in % der Gesamtleistung)	8,11%	8,25%	8,31%	8,46%	9,25%	10,02%	12,98%	12,96%	12,89%	12,24%	12,65%	12,84%	12,83%	13,50%	13,91%
Sonstiger Aufwand (in % der Gesamtleistung)	5,40%	5,50%	5,25%	3,93%	4,00%	3,77%	3,65%	3,54%	3,70%	4,55%	5,04%	5,36%	4,93%	5,36%	6,16%
Innenumsatzquote (in % des Umsatzes)	5,79%	5,76%	5,75%	5,00%	5,00%	5,00%	5,00%	5,00%	5,00%	5,00%	5,00%	5,00%	5,00%	5,00%	5,00%
Bestand an Vorräten (in % des Umsatzes)	23,75%	23,23%	23,68%	23,81%	23,68%	24,13%	25,01%	25,60%	25,25%	26,90%	27,59%	27,82%	26,59%	27,31%	27,82%
Bestand an FE (in % des Umsatzes)	19,86%	21,20%	20,01%	19,65%	20,35%	19,63%	19,65%	20,46%	20,75%	20,10%	21,55%	21,48%	19,49%	20,97%	21,48%
Forderungen aus LuL (in % des Umsatzes)	9,04%	8,86%	9,57%	8,95%	9,29%	9,28%	7,08%	8,51%	9,64%	6,24%	7,70%	8,89%	7,78%	8,56%	9,16%
Verb. aus LuL (in % des Umsatzes)	5,79%	6,14%	6,81%	6,27%	7,47%	7,41%	6,96%	7,66%	8,59%	6,00%	7,00%	8,00%	6,31%	7,00%	7,73%

Tab. 127: Geplante *Value Driver* des Bereichs B1A für die Jahre 2008 bis 2012 ff.

Jahr	2007	2008			2009			2010			2011		
Szenario		I	II	III	I	II	III	I	II	III	I	II	III
Eintrittswahrscheinlichkeit		0,35	0,40	0,25	0,35	0,40	0,25	0,35	0,40	0,25	0,35	0,40	0,25
Sachanlagen	23.666,67	25.333,33	25.333,33	25.333,33	29.000,00	29.000,00	29.000,00	34.600,00	34.600,00	34.600,00	38.800,00	38.800,00	38.800,00
Vorräte	7.400,00	7.980,00	7.945,00	8.169,00	10.795,38	10.817,80	11.075,94	14.326,52	14.462,47	14.073,70	17.658,96	17.300,13	16.912,78
FE	6.600,00	6.672,00	7.250,00	6.903,00	8.908,50	9.295,80	9.013,05	11.258,82	11.556,90	11.566,40	13.197,48	13.508,05	13.059,15
Forderungen aus LuL	3.000,00	3.036,00	3.030,00	3.300,00	4.058,64	4.242,20	4.261,65	4.054,00	4.805,18	5.373,83	4.099,95	4.829,65	5.406,03
Goodwill	10.852,98	10.852,98	10.852,98	10.852,98	10.852,98	10.852,98	10.852,98	10.852,98	10.852,98	10.852,98	10.852,98	10.852,98	10.852,98
Summe Aktiva	51.519,65	53.874,32	54.411,32	54.558,32	63.615,50	64.208,78	64.203,62	75.092,32	76.277,53	76.466,91	84.609,37	85.290,81	85.030,95
Eigenkapital	35.279,75	36.284,97	36.665,97	36.563,97	42.888,12	42.914,10	42.918,51	49.806,17	50.651,07	50.379,03	56.729,83	56.961,65	56.227,28
Verb. ggü. vU	14.589,90	15.645,35	15.645,35	15.645,35	17.883,08	17.883,08	17.883,08	21.297,96	21.297,96	21.297,96	23.940,42	23.940,42	23.940,42
Verb. aus LuL	1.650,00	1.944,00	2.100,00	2.349,00	2.844,30	3.411,60	3.402,03	3.988,19	4.328,50	4.789,92	3.939,12	4.388,74	4.863,25
Summe Passiva	51.519,65	53.874,32	54.411,32	54.558,32	63.615,50	64.208,78	64.203,62	75.092,32	76.277,53	76.466,91	84.609,37	85.290,81	85.030,95

Tab. 128: Geplante Bilanzen des Bereichs B1A für die Jahre 2008 bis 2011 aus der ex ante-Perspektive

338

Jahr		2012			2013			2014			2015 ff.	
Szenario	I	II	III	I	II	III	I	II	III	I	II	III
Eintrittswahrscheinlichkeit	0,35	0,40	0,25	0,35	0,40	0,25	0,35	0,40	0,25	0,35	0,40	0,25
Sachanlagen	35.133,33	35.133,33	35.133,33	31.800,00	31.800,00	31.800,00	30.000,00	30.000,00	30.000,00	30.000,00	30.000,00	30.000,00
Vorräte	17.457,99	17.120,13	16.912,78	17.457,99	17.120,13	16.912,78	17.457,99	17.120,13	16.912,78	17.457,99	17.120,13	16.912,78
FE	12.795,54	13.148,05	13.059,15	12.795,54	13.148,05	13.059,15	12.795,54	13.148,05	13.059,15	12.795,54	13.148,05	13.059,15
Forderungen aus LuL	5.104,80	5.369,64	5.568,86	5.104,80	5.369,64	5.568,86	5.104,80	5.369,64	5.568,86	5.104,80	5.369,64	5.568,86
Goodwill	10.852,98	10.852,98	10.852,98	10.852,98	10.852,98	10.852,98	10.852,98	10.852,98	10.852,98	10.852,98	10.852,98	10.852,98
Summe Aktiva	**81.344,65**	**81.624,14**	**81.527,11**	**78.011,31**	**78.290,81**	**78.193,78**	**76.211,31**	**76.490,81**	**76.393,78**	**76.211,31**	**76.490,81**	**76.393,78**
Eigenkapital	55.381,58	55.412,42	55.003,71	54.131,93	54.162,77	53.754,07	53.513,82	53.544,66	53.135,95	53.513,82	53.544,66	53.135,95
Verb. ggü. vU	21.822,98	21.822,98	21.822,98	19.739,29	19.739,29	19.739,29	18.557,41	18.557,41	18.557,41	18.557,41	18.557,41	18.557,41
Verb. aus LuL	4.140,09	4.388,74	4.700,42	4.140,09	4.388,74	4.700,42	4.140,09	4.388,74	4.700,42	4.140,09	4.388,74	4.700,42
Summe Passiva	**81.344,65**	**81.624,14**	**81.527,11**	**78.011,31**	**78.290,81**	**78.193,78**	**76.211,31**	**76.490,81**	**76.393,78**	**76.211,31**	**76.490,81**	**76.393,78**

Tab. 129: Geplante Bilanzen des Bereichs B1A für die Jahre 2012 bis 2015 ff. aus der ex ante-Perspektive

Jahr	2007		2008			2009			2010			2011		
Szenario		I	II	III	I	II	III	I	II	III	I	II	III
Eintrittswahrscheinlichkeit		0,35	0,40	0,25	0,35	0,40	0,25	0,35	0,40	0,25	0,35	0,40	0,25
Gesamtumsätze	30.000,00	33.600,00	34.200,00	34.500,00	45.336,00	45.680,00	45.906,00	57.287,52	56.489,60	55.739,34	65.652,00	62.696,34	60.790,60
Innenumsätze		1.944,00	1.970,00	1.983,00	2.266,80	2.284,00	2.295,30	2.864,38	2.824,48	2.786,97	3.282,60	3.134,82	3.039,53
Bestandsveränderungen FE		72,00	650,00	303,00	2.236,50	2.045,80	2.110,05	2.350,32	2.261,10	2.553,35	1.938,66	1.951,15	1.492,75
Gesamtleistung		33.672,00	34.850,00	34.803,00	47.572,50	47.725,80	48.016,05	59.637,84	58.750,70	58.292,69	67.590,66	64.647,49	62.283,35
Materialeinsatz		-8.917,38	-9.472,25	-9.292,49	-13.897,24	-14.196,00	-14.227,87	-15.849,08	-16.637,16	-16.840,35	-18.009,66	-18.450,49	-18.446,38
Rohertrag		24.754,62	25.377,75	25.510,52	33.675,26	33.529,76	33.788,18	43.788,76	42.113,54	41.452,34	49.581,00	46.197,00	43.836,97
Personalaufwendungen		-2.730,54	-2.873,50	-2.893,08	-4.023,17	-4.414,31	-4.809,50	-7.741,78	-7.612,22	-7.516,63	-8.271,68	-8.180,28	-7.997,46
Sonstiger Aufwendungen		-1.819,62	-1.916,75	-1.826,84	-1.868,74	-1.908,52	-1.810,47	-2.175,92	-2.081,65	-2.157,87	-3.074,29	-3.257,58	-3.335,45
EBITDA		**20.204,46**	**20.587,50**	**20.790,60**	**27.783,36**	**27.206,93**	**27.168,22**	**33.871,06**	**32.419,67**	**31.777,83**	**38.235,03**	**34.759,14**	**32.504,06**
Abschreibungen		-11.333,33	-11.333,33	-11.333,33	-12.333,33	-12.333,33	-12.333,33	-14.000,00	-14.000,00	-14.000,00	-16.200,00	-16.200,00	-16.200,00
Impairment		0,00	0,00	0,00	0,00	0,00	0,00	0,00	0,00	0,00	0,00	0,00	0,00
EBIT		**8.871,13**	**9.254,17**	**9.457,27**	**15.450,03**	**14.873,60**	**14.834,89**	**19.871,06**	**18.419,67**	**17.777,83**	**22.035,03**	**18.559,14**	**16.304,06**
Zinsen		-1.422,51	-1.422,51	-1.422,51	-1.525,42	-1.525,42	-1.525,42	-1.743,60	-1.743,60	-1.743,60	-2.076,55	-2.076,55	-2.076,55
Gewerbesteuer		1.631,97	1.708,58	1.749,20	2.937,46	2.822,18	2.814,44	3.799,85	3.509,57	3.381,21	4.199,35	3.504,17	3.053,16
Körperschaftsteuer		1.454,16	1.530,77	1.571,39	2.746,79	2.631,50	2.623,76	3.581,90	3.291,62	3.163,26	3.939,78	3.244,60	2.793,59
Jahresüberschuß		**4.362,48**	**4.592,30**	**4.714,16**	**8.240,36**	**7.894,50**	**7.871,27**	**10.745,71**	**9.874,87**	**9.489,77**	**11.819,34**	**9.733,81**	**8.380,76**
Thesaurierung		1.005,21	1.386,21	1.284,21	6.603,15	6.248,13	6.354,54	6.918,05	7.736,97	7.460,52	6.923,66	6.310,58	5.848,25
Ausschüttung		**3.357,26**	**3.206,09**	**3.429,95**	**1.637,21**	**1.646,37**	**1.516,73**	**3.827,66**	**2.137,90**	**2.029,25**	**4.895,68**	**3.423,23**	**2.532,51**

Tab. 130: Geplante Erfolgsrechnungen des Bereichs B1A für die Jahre 2008 bis 2011 aus der ex ante-Perspektive

Konvergenz zwischen IAS 36 und dem dem Controlling

Jahr	2012			2013			2014			2015 ff.		
Szenario	I	II	III	I	II	III	I	II	III	I	II	III
Eintrittswahrscheinlichkeit	0,35	0,40	0,25	0,35	0,40	0,25	0,35	0,40	0,25	0,35	0,40	0,25
Gesamtumsätze	65.652,00	62.696,34	60.790,60	65.652,00	62.696,34	60.790,60	65.652,00	62.696,34	60.790,60	65.652,00	62.696,34	60.790,60
Innenumsätze	3.282,60	3.134,82	3.039,53	3.282,60	3.134,82	3.039,53	3.282,60	3.134,82	3.039,53	3.282,60	3.134,82	3.039,53
Bestandsveränderungen FE	-401,94	-360,00	0,00	0,00	0,00	0,00	0,00	0,00	0,00	0,00	0,00	0,00
Gesamtleistung	65.250,06	62.336,34	60.790,60	65.652,00	62.696,34	60.790,60	65.652,00	62.696,34	60.790,60	65.652,00	62.696,34	60.790,60
Materialeinsatz	-18.977,02	-17.985,47	-17.954,98	-19.059,42	-18.064,67	-17.954,98	-19.059,42	-18.064,67	-17.954,98	-19.059,42	-18.064,67	-17.954,98
Rohertrag	46.273,04	44.350,87	42.835,62	46.592,58	44.631,66	42.835,62	46.592,58	44.631,66	42.835,62	46.592,58	44.631,66	42.835,62
Personalaufwendungen	-8.371,27	-8.416,07	-8.456,39	-8.427,54	-8.470,06	-8.456,39	-8.427,54	-8.470,06	-8.456,39	-8.427,54	-8.470,06	-8.456,39
Sonstiger Aufwendungen	-3.214,35	-3.338,41	-3.745,14	-3.222,39	-3.349,21	-3.745,14	-3.222,39	-3.349,21	-3.745,14	-3.222,39	-3.349,21	-3.745,14
EBITDA	34.687,42	32.596,39	30.634,08	34.942,65	32.812,39	30.634,08	34.942,65	32.812,39	30.634,08	34.942,65	32.812,39	30.634,08
Abschreibungen	-18.666,67	-18.666,67	-18.666,67	-18.333,33	-18.333,33	-18.333,33	-16.800,00	-16.800,00	-16.800,00	-15.000,00	-15.000,00	-15.000,00
Impairment	0,00	0,00	0,00	0,00	0,00	0,00	0,00	0,00	0,00	0,00	0,00	0,00
EBIT	16.020,75	13.929,72	11.967,41	16.609,32	14.479,06	12.300,75	18.142,65	16.012,39	13.834,08	19.942,65	17.812,39	15.634,08
Zinsen	-2.334,19	-2.334,19	-2.334,19	-2.127,74	-2.127,74	-2.127,74	-1.924,58	-1.924,58	-1.924,58	-1.809,35	-1.809,35	-1.809,35
Gewerbesteuer	2.970,73	2.552,53	2.160,06	3.109,09	2.683,04	2.247,38	3.436,07	3.010,02	2.574,36	3.807,60	3.381,54	2.945,88
Körperschaftsteuer	2.678,96	2.260,75	1.868,29	2.843,12	2.417,07	1.981,41	3.195,50	2.769,45	2.333,79	3.581,43	3.155,37	2.719,71
Jahresüberschuß	8.036,87	6.782,26	5.604,87	8.529,36	7.251,21	5.944,22	9.586,50	8.308,34	7.001,36	10.744,28	9.466,12	8.159,14
Thesaurierung	-1.348,26	-1.549,23	-1.223,57	-1.249,65	-1.249,65	-1.249,65	-618,11	-618,11	-618,11	0,00	0,00	0,00
Ausschüttung	9.385,13	8.331,48	6.828,44	9.779,01	8.500,86	7.193,87	10.204,61	8.926,45	7.619,47	10.744,28	9.466,12	8.159,14

Tab. 131: Geplante Erfolgsrechnungen des Bereichs B1A für die Jahre 2012 bis 2015 ff. aus der ex ante-Perspektive

Jahr		2005	2006	2007	2008	2009	2010	2011	2012	2013	2014	2015 ff.
Investitionen		10.000,00	11.000,00	13.000,00	13.000,00	16.000,00	19.600,00	20.400,00	15.000,00	15.000,00	15.000,00	15.000,00
Fremdfinanzierungsquote		60,00%	60,00%	60,00%	60,00%	60,00%	60,00%	60,00%	60,00%	60,00%	60,00%	60,00%
Fremdfinanzierte Investitionen		6.000,00	6.600,00	7.800,00	7.800,00	9.600,00	11.760,00	12.240,00	9.000,00	9.000,00	9.000,00	9.000,00
Investitionsjahrgangsspezifische Entwicklung des Amortisationskapitals	2005	6.000,00	4.182,92	2.188,68								
	2006		6.600,00	4.601,22	2.407,55							
	2007			7.800,00	5.437,80	2.845,28						
	2008				7.800,00	5.437,80	2.845,28					
	2009					9.600,00	6.692,68	3.501,89				
	2010						11.760,00	8.198,53	4.289,81			
	2011							12.240,00	8.533,16	4.464,91		
	2012								9.000,00	6.274,38	3.283,02	
	2013									9.000,00	6.274,38	3.283,02
	2014										9.000,00	6.274,38
	2015 ff.											9.000,00
	Σ	6.000,00	10.782,92	14.589,90	15.645,35	17.883,08	21.297,96	23.940,42	21.822,98	19.739,29	18.557,41	18.557,41
Investitionsjahrgangsspezifische Entwicklung des Kapitaldienstes	2005		2.402,08	2.402,08	2.402,08							
	2006			2.642,28	2.642,28	2.642,28						
	2007				3.122,70	3.122,70	3.122,70					
	2008					3.122,70	3.122,70	3.122,70				
	2009						3.843,32	3.843,32	3.843,32			
	2010							4.708,07	4.708,07	4.708,07		
	2011								4.900,24	4.900,24	4.900,24	
	2012									3.603,12	3.603,12	3.603,12
	2013										3.603,12	3.603,12
	2014											3.603,12
	2015 ff.											
	Σ	2.402,08	5.044,36	8.167,06	8.887,69	10.088,72	11.674,09	13.451,63	13.211,42	12.106,47	10.809,35	

Tab. 132: Geplante Entwicklung des Kapitaldiensts und des Amortisationskapitals des Bereichs B1A für die Jahre 2008 bis 2015 ff. aus der ex ante-Perspektive

Konvergenz zwischen IAS 36 und dem dem Controlling

Jahr	2008			2009			2010			2011		
Szenario	I	II	III	I	II	III	I	II	III	I	II	III
Periode	0,35	0,40	0,25	0,35	0,40	0,25	0,35	0,40	0,25	0,35	0,40	0,25
Investitionen in Sachanlagen	13.000,00	13.000,00	13.000,00	16.000,00	16.000,00	16.000,00	19.600,00	19.600,00	19.600,00	20.400,00	20.400,00	20.400,00
Abschreibungen auf Sachanlagen	11.333,33	11.333,33	11.333,33	13.312,33	13.312,33	13.312,33	14.000,00	14.000,00	14.000,00	16.200,00	16.200,00	16.200,00
Zinsen	9,75%	9,75%	9,75%	9,75%	9,75%	9,75%	9,75%	9,75%	9,75%	9,75%	9,75%	9,75%
Kreditaufnahme	7.800,00	7.800,00	7.800,00	9.600,00	9.600,00	9.600,00	11.760,00	11.760,00	11.760,00	12.240,00	12.240,00	12.240,00
Kredittilgung	6.744,55	6.744,55	6.744,55	7.362,26	7.362,26	7.362,26	8.345,12	8.345,12	8.345,12	9.597,54	9.597,54	9.597,54

Tab. 133: Geplante Investitionen, Abschreibungen, Kreditaufnahme und Tilgung des Bereichs B1A für die Jahre 2008 bis 2011 aus der ex ante-Perspektive

Jahr	2012			2013			2014			2015 ff.		
Szenario	I	II	III	I	II	III	I	II	III	I	II	III
Periode	0,35	0,40	0,25	0,35	0,40	0,25	0,35	0,40	0,25	0,35	0,40	0,25
Investitionen in Sachanlagen	15.000,00	15.000,00	15.000,00	15.000,00	15.000,00	15.000,00	15.000,00	15.000,00	15.000,00	15.000,00	15.000,00	15.000,00
Abschreibungen auf Sachanlagen	18.666,67	18.666,67	18.666,67	18.333,33	18.333,33	18.333,33	16.800,00	16.800,00	16.800,00	15.000,00	15.000,00	15.000,00
Zinsen	9,75%	9,75%	9,75%	9,75%	9,75%	9,75%	9,75%	9,75%	9,75%	9,75%	9,75%	9,75%
Kreditaufnahme	9.000,00	9.000,00	9.000,00	9.000,00	9.000,00	9.000,00	9.000,00	9.000,00	9.000,00	9.000,00	9.000,00	9.000,00
Kredittilgung	11.117,44	11.117,44	11.117,44	11.083,68	11.083,68	11.083,68	10.181,89	10.181,89	10.181,89	9.000,00	9.000,00	9.000,00

Tab. 134: Geplante Investitionen, Abschreibungen, Kreditaufnahme und Tilgung des Bereichs B1A für die Jahre 2012 bis 2015 ff. aus der ex ante-Perspektive

Jahr	2008			2009			2010			2011		
Szenario	I	II	III	I	II	III	I	II	III	I	II	III
Eintrittswahrscheinlichkeit	0,35	0,40	0,25	0,35	0,40	0,25	0,35	0,40	0,25	0,40	0,25	0,35
EBIT	8.871,13	9.254,17	9.457,27	15.450,03	14.873,60	14.834,89	19.871,06	18.419,67	17.777,83	22.035,03	18.559,14	16.304,06
Adaptierte Gewerbesteuer	1.774,23	1.850,83	1.891,45	3.090,01	2.974,72	2.966,98	3.974,21	3.683,93	3.555,57	4.407,01	3.711,83	3.260,81
Adaptierte Körperschaftsteuer	1.774,23	1.850,83	1.891,45	3.090,01	2.974,72	2.966,98	3.974,21	3.683,93	3.555,57	4.407,01	3.711,83	3.260,81
Abschreibungen	-11.333,33	-11.333,33	-11.333,33	-12.333,33	-12.333,33	-12.333,33	-14.000,00	-14.000,00	-14.000,00	-16.200,00	-16.200,00	-16.200,00
Impairment	0,00	0,00	0,00	0,00	0,00	0,00	0,00	0,00	0,00	0,00	0,00	0,00
Δ Nettoumlaufvermögen	-394,00	-775,00	-673,00	-5.174,22	-4.819,20	-4.925,61	-4.732,93	-5.551,85	-5.275,40	-5.366,12	-4.753,03	-4.290,70
Cashflow aus operativer Tätigkeit	16.262,01	16.110,83	16.334,69	16.429,13	16.438,29	16.308,66	21.189,71	19.499,96	19.391,30	24.054,90	22.582,45	21.691,73
Cashflow aus Investitionen	-13.000,00	-13.000,00	-13.000,00	-16.000,00	-16.000,00	-16.000,00	-19.600,00	-19.600,00	-19.600,00	-20.400,00	-20.400,00	-20.400,00
FCF vor adaptierter ESt	3.262,01	3.110,83	3.334,69	429,13	438,29	308,66	1.589,71	-100,04	-208,70	3.654,90	2.182,45	1.291,73
Adaptierte Einkommensteuer	570,85	544,40	583,57	75,10	76,70	54,01	278,20	-17,51	-36,52	639,61	381,93	226,05
FCF nach adaptierter ESt	2.691,16	2.566,44	2.751,12	354,03	361,59	254,64	1.311,51	-82,54	-172,18	3.015,29	1.800,52	1.065,68

Tab. 135: Geplante Free Cashflows des Bereichs B1A für die Jahre 2008 bis 2011 aus der ex ante-Perspektive

Konvergenz zwischen IAS 36 und dem Controlling

Jahr	2012			2013			2014			2015 ff.		
Szenario	I	II	III	I	II	III	I	II	III	I	II	III
Eintrittswahrscheinlichkeit	0,35	0,40	0,25	0,35	0,40	0,25	0,35	0,40	0,25	0,35	0,40	0,25
EBIT	16.020,75	13.929,72	11.967,41	16.609,32	14.479,06	12.300,75	18.142,65	16.012,39	13.834,08	19.942,65	17.812,39	15.634,08
Adaptierte Gewerbesteuer	3.204,15	2.785,94	2.393,48	3.321,86	2.895,81	2.460,15	3.628,53	3.202,48	2.766,82	3.988,53	3.562,48	3.126,82
Adaptierte Körperschaftsteuer	3.204,15	2.785,94	2.393,48	3.321,86	2.895,81	2.460,15	3.628,53	3.202,48	2.766,82	3.988,53	3.562,48	3.126,82
Abschreibungen	-18.666,67	-18.666,67	-18.666,67	-18.333,33	-18.333,33	-18.333,33	-16.800,00	-16.800,00	-16.800,00	-15.000,00	-15.000,00	-15.000,00
Impairment	0,00	0,00	0,00	0,00	0,00	0,00	0,00	0,00	0,00	0,00	0,00	0,00
Δ Nettoumlaufvermögen	-200,97	0,00	-325,66	0,00	0,00	0,00	0,00	0,00	0,00	0,00	0,00	0,00
Cashflow aus operativer Tätigkeit	28.078,15	27.024,50	25.521,45	28.298,92	27.020,77	25.713,78	27.685,59	26.407,43	25.100,45	26.965,59	25.687,43	24.380,45
Cashflow aus Investitionen	-15.000,00	-15.000,00	-15.000,00	-15.000,00	-15.000,00	-15.000,00	-15.000,00	-15.000,00	-15.000,00	-15.000,00	-15.000,00	-15.000,00
FCF vor adaptierter ESt	13.078,15	12.024,50	10.521,45	13.298,92	12.020,77	10.713,78	12.685,59	11.407,43	10.100,45	11.965,59	10.687,43	9.380,45
Adaptierte Einkommensteuer	2.288,68	2.104,29	1.841,25	2.327,31	2.103,63	1.874,91	2.219,98	1.996,30	1.767,58	2.093,98	1.870,30	1.641,58
FCF nach adaptierter ESt	10.789,47	9.920,21	8.680,20	10.971,61	9.917,13	8.838,87	10.465,61	9.411,13	8.332,87	9.871,61	8.817,13	7.738,87

Tab. 136: Geplante *Free Cashflows* des Bereichs B1A für die Jahre 2014 bis 2015 ff. aus der ex ante-Perspektive

Jahr	2008			2009			2010			2011		
Szenario	I	II	III	I	II	III	I	II	III	I	II	III
Eintrittswahrscheinlichkeit	0,35	0,40	0,25	0,35	0,40	0,25	0,35	0,40	0,25	0,35	0,40	0,25
EBIT	8.871,13	9.254,17	9.457,27	14.873,60	14.834,89	15.450,03	19.871,06	18.419,67	17.777,83	22.035,03	18.559,14	16.304,06
Zinsen	-1.422,51	-1.422,51	-1.422,51	-1.525,42	-1.525,42	-1.525,42	-1.743,60	-1.743,60	-1.743,60	-2.076,55	-2.076,55	-2.076,55
Gewerbesteuer	1.631,97	1.708,58	1.749,20	2.937,46	2.822,18	2.814,44	3.799,85	3.509,57	3.381,21	4.199,35	3.504,17	3.053,16
Körperschaftsteuer	1.454,16	1.530,77	1.571,39	2.746,79	2.631,50	2.623,76	3.581,90	3.291,62	3.163,26	3.939,78	3.244,60	2.793,59
Abschreibungen	-11.333,33	-11.333,33	-11.333,33	-12.333,33	-12.333,33	-12.333,33	-14.000,00	-14.000,00	-14.000,00	-16.200,00	-16.200,00	-16.200,00
Impairment	0,00	0,00	0,00	0,00	0,00	0,00	0,00	0,00	0,00	0,00	0,00	0,00
Δ Nettoumlaufvermögen	-394,00	-775,00	-673,00	-5.174,22	-4.819,20	-4.925,61	-4.732,93	-5.551,85	-5.275,40	-5.366,12	-4.753,03	-4.290,70
Cashflow aus operativer Tätigkeit	15.301,81	15.150,64	15.374,50	15.399,47	15.408,63	15.279,00	20.012,78	18.323,03	18.214,37	22.653,22	21.180,78	20.290,06
Cashflow aus Investitionen	-13.000,00	-13.000,00	-13.000,00	-16.000,00	-16.000,00	-16.000,00	-19.600,00	-19.600,00	-19.600,00	-20.400,00	-20.400,00	-20.400,00
Ausschüttung	3.357,26	3.206,09	3.429,95	1.637,21	1.646,37	1.516,73	3.827,66	2.137,90	2.029,25	4.895,68	3.423,23	2.532,51
Thesaurierung	1.005,21	1.386,21	1.284,21	6.603,15	6.248,13	6.354,54	6.918,05	7.736,97	7.460,52	6.923,66	6.310,58	5.848,25
Δ Fremdkapital	1.055,45	1.055,45	1.055,45	2.237,74	2.237,74	2.237,74	3.414,88	3.414,88	3.414,88	2.642,46	2.642,46	2.642,46
Cashflow aus Finanzierung	-1.296,60	-764,42	-1.090,28	7.203,68	6.839,50	7.075,54	6.505,27	9.013,95	8.846,15	4.670,44	5.529,80	5.958,19
Netto Cashflow vor ESt	3.357,26	3.206,09	3.429,95	1.637,21	1.646,37	1.516,73	3.827,66	2.137,90	2.029,25	4.895,68	3.423,23	2.532,51
Einkommensteuer	587,52	561,07	600,24	286,51	288,11	265,43	669,84	374,13	355,12	856,74	599,07	443,19
Netto Cashflow nach ESt	2.769,74	2.645,02	2.829,71	1.350,69	1.358,25	1.251,30	3.157,82	1.763,77	1.674,13	4.038,94	2.824,17	2.089,32

Tab. 137: Geplante *Netto Cashflows* des Bereichs B1A für die Jahre 2008 bis 2011 aus der ex ante-Perspektive

Jahr	2012				2013				2014				2015 ff.			
Szenario	I	II	I	II	I	II	I	II	I	II	I	II	I	II	I	II
Eintrittswahrscheinlichkeit	0,35	0,40	0,35	0,40	0,35	0,40	0,35	0,40	0,35	0,40	0,35	0,40	0,35	0,40	0,35	0,40
EBIT	16.020,75	13.929,72	11.967,41	16.609,32	14.479,06	12.300,75	18.142,65	16.012,39	13.834,08	19.942,65	17.812,39	15.634,08
Zinsen	-2.334,19	-2.334,19	-2.334,19	-2.127,74	-2.127,74	-2.127,74	-1.924,58	-1.924,58	-1.924,58	-1.809,35	-1.809,35	-1.809,35
Gewerbesteuer	2.970,73	2.552,53	2.160,06	3.109,09	2.683,04	2.247,38	3.436,07	3.010,02	2.574,36	3.807,60	3.381,54	2.945,88
Körperschaftsteuer	2.678,96	2.260,75	1.868,29	2.843,12	2.417,07	1.981,41	3.195,50	2.769,45	2.333,79	3.581,43	3.155,37	2.719,71
Abschreibungen	-18.666,67	-18.666,67	-18.666,67	-18.333,33	-18.333,33	-18.333,33	-16.800,00	-16.800,00	-16.800,00	-15.000,00	-15.000,00	-15.000,00
Impairment	0,00	0,00	0,00	0,00	0,00	0,00	0,00	0,00	0,00	0,00	0,00	0,00
Δ Nettoumlaufvermögen	-200,97	0,00	-325,66	0,00	0,00	0,00	0,00	0,00	0,00	0,00	0,00	0,00
Cashflow aus operativer Tätigkeit	26.502,57	25.448,92	23.945,88	26.862,70	25.584,54	24.277,56	26.386,50	25.108,34	23.801,36	25.744,28	24.466,12	23.159,14
Cashflow aus Investitionen	-15.000,00	-15.000,00	-15.000,00	-15.000,00	-15.000,00	-15.000,00	-15.000,00	-15.000,00	-15.000,00	-15.000,00	-15.000,00	-15.000,00
Ausschüttung	9.385,13	8.331,48	6.828,44	9.779,01	8.500,86	7.193,87	10.204,61	8.926,45	7.619,47	10.744,28	9.466,12	8.159,14
Thesaurierung	-1.348,26	-1.549,23	-1.223,57	-1.249,65	-1.249,65	-1.249,65	-618,11	-618,11	-618,11	0,00	0,00	0,00
Δ Fremdkapital	-2.117,44	-2.117,44	-2.117,44	-2.083,68	-2.083,68	-2.083,68	-1.181,89	-1.181,89	-1.181,89	0,00	0,00	0,00
Cashflow aus Finanzierung	-12.850,82	-11.998,15	-10.169,44	-13.112,35	-11.834,19	-10.527,21	-12.004,61	-10.726,45	-9.419,47	-10.744,28	-9.466,12	-8.159,14
Netto Cashflow vor ESt	9.385,13	8.331,48	6.828,44	9.779,01	8.500,86	7.193,87	10.204,61	8.926,45	7.619,47	10.744,28	9.466,12	8.159,14
Einkommensteuer	1.642,40	1.458,01	1.194,98	1.711,33	1.487,65	1.258,93	1.785,81	1.562,13	1.333,41	1.880,25	1.656,57	1.427,85
Netto Cashflow nach ESt	7.742,73	6.873,47	5.633,46	8.067,69	7.013,21	5.934,95	8.418,80	7.364,32	6.286,06	8.864,03	7.809,55	6.731,29

Tab. 138: Geplante *Netto Cashflows* des Bereichs B1A für die Jahre 2012 bis 2015 ff. aus der ex ante-Perspektive

5.3.3.2.2.2 Leistungswirtschaftliche Bewertung

Die bereichsbezogene Unternehmensbewertung anhand des μ,σ^2-Kriteriums liefert für den Bereich B1A zum Ende des Jahres 2007 einen Ertragswert i.H.v. 144.132,60 (vgl. Tab. 139):

Jahr	2007	2008	2009	2010	2011	2012	2013	2014	2015 ff.
μ (NCF$_t^{HEV}$)		2.734,85	1.328,87	2.229,28	3.065,63	6.867,71	7.112,71	7.463,83	7.909,05
σ^2 (NCF$_t^{HEV}$)		5.903,18	2.016,20	465.490,53	593.178,03	648.838,01	669.935,53	669.935,53	669.935,53
SÄ (NCF$_t^{HEV}$)		2.731,30	1.327,66	1.949,98	2.709,72	6.478,41	6.710,75	7.061,86	7.507,09
EK$_t$	144.132,60	147.959,33	153.363,82	158.391,89	162.889,01	163.822,05	164.565,20	164.991,06	

Tab. 139: Bewertung des Bereichs B1A anhand des μ,σ^2-Kriteriums aus der ex ante-Perspektive

Im Vergleich zur Wertermittlung des Bereichs B1 aus der ex ante-Perspektive, dessen Unternehmenswert 44.579,90 betrug (vgl. Tab. 18, S. 70), läßt sich die ‚Werterhöhung' zum einen auf den ‚Kauf' des Bereichs BA mit einem Ertragswert i.H.v. 67.825,29 (vgl. Abb. 40, S. 304; Tab. 354 bis Tab. 358, alle S. 489) und zum anderen mit der erwarteten Realisierung positiver Verbundeffekte begründen (vgl. Tab. 127, S. 337).

5.3.3.2.2.3 Marktwertorientierte Bewertung

Bei einer Anwendung kapitalmarktorientierter Bewertungskalküle läßt sich ein Eigenkapitalmarktwert des Bereichs B1A i.H.v. 113.248,86 berechnen, wie die folgenden drei Tabellen wiedergeben:[2053]

Jahr	2007	2008	2009	2010	2011	2012	2013	2014	2015 ff.
μ (FCF$_t^{HEV}$)		2.656,26	332,21	382,97	2.041,98	9.914,45	10.016,63	9.510,63	8.916,63
UW$_t^{UV,S}$	124.826,61	129.636,54	137.058,22	144.873,04	151.496,28	150.643,20	149.536,92	149.076,44	
TS$_t^{FK}$		132,47	142,05	162,37	193,38	217,37	198,15	179,23	168,50
WB$_t^{FK}$	3.729,71	3.766,94	3.796,28	3.806,64	3.786,46	3.741,37	3.713,46	3.703,20	
TS$_t^{\lambda AS}$		-184,70	-391,60	-597,60	-462,43	370,55	364,64	206,83	0,00
WB$_t^{\lambda AS}$	-717,56	-565,51	-199,64	388,88	869,01	538,00	197,83	0,00	
UW$_t$	127.838,75	132.837,97	140.654,86	149.068,56	156.151,75	154.922,57	153.548,20	152.779,64	
EK$_t$	113.248,86	117.192,62	122.771,78	127.770,60	132.211,33	133.099,60	133.808,91	134.222,23	

Tab. 140: Bewertung des Bereichs B1A anhand des APV-Verfahrens aus der ex ante-Perspektive

Jahr	2007	2008	2009	2010	2011	2012	2013	2014	2015 ff.
μ (NCF$_t^{HEV}$)		2.734,85	1.328,87	2.229,28	3.065,63	6.867,71	7.112,71	7.463,83	7.909,05
k$_{EK,t}^{V,S}$		5,8973%	5,8946%	5,8874%	5,8749%	5,8663%	5,8768%	5,8869%	5,8925%
EK$_t$	113.248,86	117.192,62	122.771,78	127.770,60	132.211,33	133.099,60	133.808,91	134.222,23	

Tab. 141: Bewertung des Bereichs B1A anhand des NCF-Verfahrens aus der ex ante-Perspektive

---

[2053] Erneut wird die Berechnung des Eigenkapitalmarktwerts anhand des APV- und dessen ‚Reproduktion' mit Hilfe des NCF- und WACC I-Verfahrens für ausreichend erachtet, vgl. Fn. 1876, S. 299. Des weiteren liegen hiermit bereits die gegebenenfalls für eine wertorientierte Performancemessung benötigten Kapitalkostensätze vor, vgl. Kap. 4.2.5.2, S. 222 ff.

Jahr	2007	2008	2009	2010	2011	2012	2013	2014	2015 ff.
µ (FCF$_t^{HEV}$ I)		2.471,56	-59,40	-214,63	1.579,55	10.285,00	10.381,28	9.717,46	8.916,63
wacc$_t^S$ I		5,8439%	5,8398%	5,8292%	5,8112%	5,7994%	5,8138%	5,8281%	5,8363%
UW$_t$	127.838,75	132.837,97	140.654,86	149.068,56	156.151,75	154.922,57	153.548,20	152.779,64	
EK$_t$	113.248,86	117.192,62	122.771,78	127.770,60	132.211,33	133.099,60	133.808,91	134.222,23	

Tab. 142: Bewertung des Bereichs B1A anhand des WACC-Verfahrens I aus der ex ante-Perspektive

5.3.3.2.3 Barwertberechnungen aus der ex post-Perspektive

5.3.3.2.3.1 Erfolgsgrößen und Bewertungsparameter für interne Zwecke

Aus der ex post-Perspektive ist ein massiver ‚Umsatzeinbruch' des Bereichs B1A zu beobachten (vgl. Tab. 143, S. 346), der dem Eintritt eines neuen Wettbewerbers in das relevante Geschäftsfeld geschuldet ist. Letzterem gelang es, mit verhältnismäßig preisgünstigen Produkten dem Bereich B1A Marktanteile abzugewinnen. Außerdem ließen sich leistungswirtschaftliche Synergieeffekte nicht in dem gewünschten Umfang realisieren.[2054]

Als Reaktion auf die unerwartete Wettbewerbssituation beginnt das *Management* des Bereichs B1A, den vorhandenen ‚Qualitätsvorsprung' seiner Produkte gegenüber denen der Mitbewerber durch zusätzliche Erweiterungsinvestitionen in das Sachanlagevermögen im Detailprognosezeitraum zu erhöhen (vgl. Tab. 149, S. 350). Nur anhand dieser Maßnahmen erscheint es möglich, die Erreichung eines der grundlegenden Ziele der Akquisition der E AG, nämlich den ‚Zukauf' hervorragender Wachstumsaussichten, sicherzustellen.

Außerdem ist es zu einem Anstieg des risikofreien Zinssatzes um 0,5 Prozentpunkte von 7,00% auf 7,50% sowie zu einer Erhöhung des konzerneinheitlichen Risikoaversionskoeffizienten von 0,0006 auf 0,00065 gekommen.[2055]

[2054] Vgl. zur Trägheitsprojektion Anhang VIII, Tab. 389 bis Tab. 393, S. 497-498.
[2055] Vgl. zu dieser Variation der Bewertungsparameter bereits Kap. 3.5.2.1, S. 185.

Jahr	2007			2008			2009			2010			2011			2012 ff.		
Szenario				I	II	III	I	II	III	I	II	III	I	II	III	I	II	III
Eintrittswahrscheinlichkeit				0,35	0,40	0,25	0,35	0,40	0,25	0,35	0,40	0,25	0,35	0,40	0,25	0,35	0,40	0,25
Umsatzwachstum (in % zum Vorjahr)				-7,00%	-7,00%	-7,00%	45,00%	42,00%	40,00%	55,00%	52,00%	49,00%	25,00%	24,00%	22,00%	0,00%	0,00%	0,00%
Materialeinsatz (in % der Gesamtleistung)				30,00%	30,00%	30,00%	29,21%	29,74%	29,63%	26,58%	28,32%	28,89%	26,65%	28,54%	29,62%	29,08%	28,85%	29,54%
Personalaufwand (in % der Gesamtleistung)				15,00%	15,00%	15,00%	8,46%	9,25%	10,02%	12,98%	12,96%	12,89%	12,24%	12,65%	12,84%	12,83%	13,50%	13,91%
Sonstiger Aufwand (in % der Gesamtleistung)				6,00%	6,00%	6,00%	3,93%	4,00%	3,77%	3,65%	3,54%	3,70%	4,55%	5,04%	5,36%	4,93%	5,36%	6,16%
Innenumsatzquote (in % des Umsatzes)				6,00%	6,00%	6,00%	5,00%	5,00%	5,00%	5,00%	5,00%	5,00%	5,00%	5,00%	5,00%	5,00%	5,00%	5,00%
Bestand an Vorräten (in % des Umsatzes)				25,00%	25,00%	25,00%	23,81%	23,68%	24,13%	25,01%	25,60%	25,25%	26,90%	27,59%	27,82%	26,59%	27,31%	27,82%
Bestand an FE (in % des Umsatzes)				20,00%	20,00%	20,00%	19,65%	20,35%	19,63%	19,65%	20,46%	20,75%	20,10%	21,55%	21,48%	19,49%	20,97%	21,48%
Forderungen aus LuL (in % des Umsatzes)				10,00%	10,00%	10,00%	8,95%	9,29%	9,28%	7,08%	8,51%	9,64%	6,24%	7,70%	8,89%	7,78%	8,56%	9,16%
Verb. aus LuL (in % des Umsatzes)				6,00%	6,00%	6,00%	6,27%	7,47%	7,41%	6,96%	7,66%	8,59%	6,00%	7,00%	8,00%	6,31%	7,00%	7,73%

Tab. 143: Realisierte und geplante *Value Driver* des Bereichs B1A für die Jahre 2008 bis 2012 ff. aus der ex post-Perspektive

Jahr	2007	2008			2009			2010			2011		
Szenario		I	II	III	I	II	III	I	II	III	I	II	III
Eintrittswahrscheinlichkeit		0,35	0,40	0,25	0,35	0,40	0,25	0,35	0,40	0,25	0,35	0,40	0,25
Sachanlagen	23.666,67	27.333,33	27.333,33	27.333,33	39.333,33	39.333,33	39.333,33	51.666,67	51.666,67	51.666,67	56.333,33	56.333,33	56.333,33
Vorräte	7.400,00	6.975,00	6.975,00	6.975,00	9.633,12	9.382,22	9.424,18	15.681,39	15.417,37	14.694,85	21.082,94	20.604,63	19.754,09
FE	6.600,00	5.580,00	5.580,00	5.580,00	7.949,39	8.062,19	7.668,93	12.323,57	12.319,95	12.076,88	15.756,40	16.088,23	15.253,05
Forderungen aus LuL	3.000,00	2.790,00	2.790,00	2.790,00	3.621,68	3.679,24	3.626,11	4.437,39	5.122,44	5.611,01	4.894,91	5.752,16	6.314,23
Goodwill	10.852,98	7.960,39	7.960,39	7.960,39	7.960,39	7.960,39	7.960,39	7.960,39	7.960,39	7.960,39	7.960,39	7.960,39	7.960,39
Summe Aktiva	**51.519,65**	**50.638,72**	**50.638,72**	**50.638,72**	**68.497,90**	**68.417,37**	**68.012,93**	**92.069,41**	**92.486,81**	**92.009,79**	**106.027,97**	**106.738,75**	**105.615,10**
Eigenkapital	35.279,75	32.119,38	32.119,38	32.119,38	41.840,16	41.338,84	40.998,58	55.963,73	56.132,19	55.268,14	66.504,60	66.691,24	65.114,36
Verb. ggü. vU	14.589,90	16.845,35	16.845,35	16.845,35	24.119,67	24.119,67	24.119,67	31.740,33	31.740,33	31.740,33	34.820,47	34.820,47	34.820,47
Verb. aus LuL	1.650,00	1.674,00	1.674,00	1.674,00	2.538,07	2.958,86	2.894,68	4.365,36	4.614,29	5.001,32	4.702,89	5.227,04	5.680,26
Summe Passiva	**51.519,65**	**50.638,72**	**50.638,72**	**50.638,72**	**68.497,90**	**68.417,37**	**68.012,93**	**92.069,41**	**92.486,81**	**92.009,79**	**106.027,97**	**106.738,75**	**105.615,10**

Tab. 144: Realisierte und geplante Bilanzen des Bereichs B1A für die Jahre 2008 bis 2011 aus der ex post-Perspektive[2056]

[2056] In der Bilanz des Bereichs B1A für das Jahr 2008 ist bereits das *Impairment* auf den Geschäfts- oder Firmenwert enthalten, das sich erst aus den im Anschluß darstellten Berechnungen erschließt. Steuerlich ist die Abschreibung des *Goodwill* unbeachtlich (vgl. Kap. 5.2.1, S. 302 ff.). Auch auf die Ausschüttungen hat der *Impairment Loss* keine direkten Auswirkungen, vgl. ausführlich *Moser* (2000), S. 274.

Konvergenz zwischen IAS 36 und dem Controlling

Jahr	2012			2013			2014			2015 ff.		
Szenario	I	II	III	I	II	III	I	II	III	I	II	III
Eintrittswahrscheinlichkeit	0,35	0,40	0,25	0,35	0,40	0,25	0,35	0,40	0,25	0,35	0,40	0,25
Sachanlagen	47.666,67	47.666,67	47.666,67	41.000,00	41.000,00	41.000,00	38.000,00	38.000,00	38.000,00	38.000,00	38.000,00	38.000,00
Vorräte	20.843,00	20.390,25	19.754,09	20.843,00	20.390,25	19.754,09	20.843,00	20.390,25	19.754,09	20.843,00	20.390,25	19.754,09
FE	15.276,52	15.659,47	15.253,05	15.276,52	15.659,47	15.253,05	15.276,52	15.659,47	15.253,05	15.276,52	15.659,47	15.253,05
Forderungen aus LuL	6.094,59	6.395,30	6.504,42	6.094,59	6.395,30	6.504,42	6.094,59	6.395,30	6.504,42	6.094,59	6.395,30	6.504,42
Goodwill	7.960,39	7.960,39	7.960,39	7.960,39	7.960,39	7.960,39	7.960,39	7.960,39	7.960,39	7.960,39	7.960,39	7.960,39
Summe Aktiva	97.841,17	98.072,09	97.138,61	91.174,51	91.405,42	90.471,95	88.174,51	88.405,42	87.471,95	88.174,51	88.405,42	87.471,95
Eigenkapital	63.220,12	63.166,82	61.970,31	60.755,82	60.702,52	59.506,01	59.725,63	59.672,33	58.475,82	59.725,63	59.672,33	58.475,82
Verb. ggü. vU	29.678,23	29.678,23	29.678,23	25.475,86	25.475,86	25.475,86	23.506,05	23.506,05	23.506,05	23.506,05	23.506,05	23.506,05
Verb. aus LuL	4.942,83	5.227,04	5.490,08	4.942,83	5.227,04	5.490,08	4.942,83	5.227,04	5.490,08	4.942,83	5.227,04	5.490,08
Summe Passiva	97.841,17	98.072,09	97.138,61	91.174,51	91.405,42	90.471,95	88.174,51	88.405,42	87.471,95	88.174,51	88.405,42	87.471,95

Tab. 145: Realisierte und geplante Bilanzen des Bereichs B1A für die Jahre 2012 bis 2015 ff. aus der ex post-Perspektive

Jahr	2007	2008			2009			2010			2011		
Szenario		I	II	III	I	II	III	I	II	III	I	II	III
Eintrittswahrscheinlichkeit		0,35	0,40	0,25	0,35	0,40	0,25	0,35	0,40	0,25	0,35	0,40	0,25
Gesamtumsätze	30.000,00	27.900,00	27.900,00	27.900,00	40.455,00	39.618,00	39.060,00	62.705,25	60.219,36	58.199,40	78.381,56	74.672,01	71.003,27
Innenumsätze		1.674,00	1.674,00	1.674,00	2.022,75	1.980,90	1.953,00	3.135,26	3.010,97	2.909,97	3.919,08	3.733,60	3.550,16
Bestandsveränderungen FE		-1.020,00	-1.020,00	-1.020,00	2.369,39	2.482,19	2.088,93	4.374,19	4.257,75	4.407,95	3.432,83	3.768,28	3.176,17
Gesamtleistung		26.880,00	26.880,00	26.880,00	42.824,39	42.100,19	41.148,93	67.079,44	64.477,11	62.607,35	81.814,39	78.440,29	74.179,44
Materialeinsatz		-8.064,00	-8.064,00	-8.064,00	-12.510,18	-12.522,70	-12.193,04	-17.826,72	-18.258,78	-18.086,83	-21.799,60	-22.386,97	-21.969,63
Rohertrag		18.816,00	18.816,00	18.816,00	30.314,20	29.577,49	28.955,89	49.252,72	46.218,34	44.520,53	60.014,79	56.053,32	52.209,81
Personalaufwendungen		-4.032,00	-4.032,00	-4.032,00	-3.621,62	-3.893,98	-4.121,66	-8.707,80	-8.354,18	-8.072,99	-10.012,36	-9.925,57	-9.524,97
Sonstiger Aufwendungen		-1.612,80	-1.612,80	-1.612,80	-1.682,22	-1.683,55	-1.551,54	-2.447,43	-2.284,55	-2.317,59	-3.721,24	-3.952,60	-3.972,52
EBITDA		13.171,20	13.171,20	13.171,20	25.010,36	23.999,96	23.282,70	38.097,49	35.579,61	34.129,94	46.281,18	42.175,14	38.712,32
Abschreibungen		-11.333,33	-11.333,33	-11.333,33	-13.000,00	-13.000,00	-13.000,00	-17.666,67	-17.666,67	-17.666,67	-23.333,33	-23.333,33	-23.333,33
Impairment		-2.892,59	-2.892,59	-2.892,59	0,00	0,00	0,00	0,00	0,00	0,00	0,00	0,00	0,00
EBIT		-1.054,73	-1.054,73	-1.054,73	12.010,36	10.999,96	10.282,70	20.430,82	17.912,95	16.463,28	22.947,84	18.841,81	15.378,99
Zinsen		-1.422,51	-1.422,51	-1.422,51	-1.642,42	-1.642,42	-1.642,42	-2.351,67	-2.351,67	-2.351,67	-3.094,68	-3.094,68	-3.094,68
Gewerbesteuer		225,32	225,32	225,32	2.237,83	2.035,75	1.892,30	3.851,00	3.347,42	3.057,49	4.280,10	3.458,89	2.766,33
Körperschaftsteuer		47,51	47,51	47,51	2.032,53	1.830,45	1.686,99	3.557,04	3.053,46	2.763,53	3.893,27	3.072,06	2.379,49
Jahresüberschuß		-2.750,07	-2.750,07	-2.750,07	6.097,58	5.491,34	5.060,98	10.671,12	9.160,39	8.290,59	11.679,80	9.216,17	7.138,48
Thesaurierung		-3.160,38	-3.160,38	-3.160,38	9.720,79	9.219,46	8.879,21	14.123,57	14.793,36	14.269,56	10.540,87	10.559,05	9.846,23
Ausschüttung		410,31	410,31	410,31	-3.623,20	-3.728,12	-3.818,22	-3.452,45	-5.632,96	-5.978,97	1.138,92	-1.342,87	-2.707,75

Tab. 146: Realisierte und geplante Erfolgsrechnungen des Bereichs B1A für die Jahre 2008 bis 2011 aus der ex post-Perspektive

Jahr	2012			2013			2014			2015 ff.		
Szenario	I	II	III	I	II	III	I	II	III	I	II	III
Eintrittswahrscheinlichkeit	0,35	0,40	0,25	0,35	0,40	0,25	0,35	0,40	0,25	0,35	0,40	0,25
Gesamtumsätze	78.381,56	74.672,01	71.003,27	78.381,56	74.672,01	71.003,27	78.381,56	74.672,01	71.003,27	78.381,56	74.672,01	71.003,27
Innenumsätze	3.919,08	3.733,60	3.550,16	3.919,08	3.733,60	3.550,16	3.919,08	3.733,60	3.550,16	3.919,08	3.733,60	3.550,16
Bestandsveränderungen FE	-479,87	-428,76	0,00	0,00	0,00	0,00	0,00	0,00	0,00	0,00	0,00	0,00
Gesamtleistung	77.901,69	74.243,25	71.003,27	78.381,56	74.672,01	71.003,27	78.381,56	74.672,01	71.003,27	78.381,56	74.672,01	71.003,27
Materialeinsatz	-22.656,56	-21.420,89	-20.971,37	-22.754,94	-21.515,22	-20.971,37	-22.754,94	-21.515,22	-20.971,37	-22.754,94	-21.515,22	-20.971,37
Rohertrag	55.245,13	52.822,36	50.031,89	55.626,63	53.156,79	50.031,89	55.626,63	53.156,79	50.031,89	55.626,63	53.156,79	50.031,89
Personalaufwendungen	-9.994,41	-10.023,62	-9.877,04	-10.061,59	-10.087,94	-9.877,04	-10.061,59	-10.087,94	-9.877,04	-10.061,59	-10.087,94	-9.877,04
Sonstiger Aufwendungen	-3.837,60	-3.976,08	-4.374,32	-3.847,19	-3.988,95	-4.374,32	-3.847,19	-3.988,95	-4.374,32	-3.847,19	-3.988,95	-4.374,32
EBITDA	41.413,12	38.822,65	35.780,53	41.717,84	39.079,91	35.780,53	41.717,84	39.079,91	35.780,53	41.717,84	39.079,91	35.780,53
Abschreibungen	-27.666,67	-27.666,67	-27.666,67	-25.666,67	-25.666,67	-25.666,67	-22.000,00	-22.000,00	-22.000,00	-19.000,00	-19.000,00	-19.000,00
Impairment	0,00	0,00	0,00	0,00	0,00	0,00	0,00	0,00	0,00	0,00	0,00	0,00
EBIT	13.746,45	11.155,98	8.113,86	16.051,17	13.413,24	10.113,86	19.717,84	17.079,91	13.780,53	22.717,84	20.079,91	16.780,53
Zinsen	-3.395,00	-3.395,00	-3.395,00	-2.893,63	-2.893,63	-2.893,63	-2.483,90	-2.483,90	-2.483,90	-2.291,84	-2.291,84	-2.291,84
Gewerbesteuer	2.409,79	1.891,70	1.283,27	2.920,87	2.393,29	1.733,41	3.695,18	3.167,59	2.507,72	4.314,38	3.786,80	3.126,92
Körperschaftsteuer	1.985,42	1.467,32	858,90	2.559,17	2.031,58	1.371,71	3.384,69	2.857,10	2.197,23	4.027,90	3.500,32	2.840,44
Jahresüberschuß	5.956,25	4.401,97	2.576,70	7.677,50	6.094,75	4.115,12	10.154,07	8.571,31	6.591,69	12.083,71	10.500,95	8.521,33
Thesaurierung	-3.284,49	-3.524,42	-3.144,05	-2.464,30	-2.464,30	-2.464,30	-1.030,19	-1.030,19	-1.030,19	0,00	0,00	0,00
Ausschüttung	9.240,73	7.926,39	5.720,75	10.141,80	8.559,05	6.579,42	11.184,26	9.601,50	7.621,88	12.083,71	10.500,95	8.521,33

Tab. 147: Realisierte und geplante Erfolgsrechnungen des Bereichs B1A für die Jahre 2012 bis 2015 ff. aus der ex post-Perspektive

Konvergenz zwischen IAS 36 und dem dem Controlling

Jahr	2005	2006	2007	2008	2009	2010	2011	2012	2013	2014	2015 ff.
Investitionen	10.000,00	11.000,00	13.000,00	15.000,00	25.000,00	30.000,00	28.000,00	19.000,00	19.000,00	19.000,00	19.000,00
Fremdfinanzierungsquote	60,00%	60,00%	60,00%	60,00%	60,00%	60,00%	60,00%	60,00%	60,00%	60,00%	60,00%
Fremdfinanzierte Investitionen	6.000,00	6.600,00	7.800,00	9.000,00	15.000,00	18.000,00	16.800,00	11.400,00	11.400,00	11.400,00	11.400,00
Investitionsjahrgangsspezifische Entwicklung des Amortisationskapitals											
2005	6.000,00	4.182,92	2.188,68								
2006		6.600,00	4.601,22	2.407,55							
2007			7.800,00	5.437,80	2.845,28						
2008				9.000,00	6.274,38	3.283,02					
2009					15.000,00	10.457,31	5.471,70				
2010						18.000,00	12.548,77	6.566,04			
2011							16.800,00	11.712,18	6.128,31		
2012								11.400,00	7.947,55	4.158,49	
2013									11.400,00	7.947,55	4.158,49
2014										11.400,00	7.947,55
2015 ff.											11.400,00
Σ	6.000,00	10.782,92	14.589,90	16.845,35	24.119,67	31.740,33	34.820,47	29.678,23	25.475,86	23.506,05	23.506,05
Investitionsjahrgangsspezifische Entwicklung des Kapitaldienstes											
2005		2.402,08	2.402,08	2.402,08							
2006			2.642,28	2.642,28	2.642,28						
2007				3.122,70	3.122,70	3.122,70					
2008					3.603,12	3.603,12	3.603,12				
2009						6.005,19	6.005,19	6.005,19			
2010							7.206,23	7.206,23	7.206,23		
2011								6.725,82	6.725,82	6.725,82	
2012									4.563,95	4.563,95	4.563,95
2013										4.563,95	4.563,95
2014											4.563,95
2015 ff.											
Σ	2.402,08	5.044,36	8.167,06	9.368,10	12.731,01	16.814,54	19.937,24	18.495,99	15.853,71	13.691,84	

Tab. 148: Realisierte und geplante Entwicklung des Kapitaldienstes und des Amortisationskapitals des Bereichs B1A für die Jahre 2008 bis 2015 ff. aus der ex post-Perspektive

Konvergenz zwischen IAS 36 und dem dem Controlling

Jahr	2008			2009			2010			2011		
Szenario	I	II	III	I	II	III	I	II	III	I	II	III
Periode	0,35	0,40	0,25	0,35	0,40	0,25	0,35	0,40	0,25	0,35	0,40	0,25
Investitionen in Sachanlagen	15.000,00	15.000,00	15.000,00	25.000,00	25.000,00	25.000,00	30.000,00	30.000,00	30.000,00	28.000,00	28.000,00	28.000,00
Abschreibungen auf Sachanlagen	11.333,33	11.333,33	11.333,33	13.000,00	13.000,00	13.000,00	17.666,67	17.666,67	17.666,67	23.333,33	23.333,33	23.333,33
Zinsen	9,75%	9,75%	9,75%	9,75%	9,75%	9,75%	9,75%	9,75%	9,75%	9,75%	9,75%	9,75%
Kreditaufnahme	9.000,00	9.000,00	9.000,00	15.000,00	15.000,00	15.000,00	18.000,00	18.000,00	18.000,00	16.800,00	16.800,00	16.800,00
Kredittilgung	6.744,55	6.744,55	6.744,55	7.725,68	7.725,68	7.725,68	3.410,379	3.410,379	3.410,379	13.719,86	13.719,86	13.719,86

Tab. 149: Realisierte und geplante Investitionen, Abschreibungen, Kreditaufnahme und Tilgung des Bereichs B1A für die Jahre 2008 bis 2011 aus der ex post-Perspektive

Jahr	2012			2013			2014			2015 ff.		
Szenario	I	II	III	I	II	III	I	II	III	I	II	III
Periode	0,35	0,40	0,25	0,35	0,40	0,25	0,35	0,40	0,25	0,35	0,40	0,25
Investitionen in Sachanlagen	19.000,00	19.000,00	19.000,00	19.000,00	19.000,00	19.000,00	19.000,00	19.000,00	19.000,00	19.000,00	19.000,00	19.000,00
Abschreibungen auf Sachanlagen	27.666,67	27.666,67	27.666,67	25.666,67	25.666,67	25.666,67	22.000,00	22.000,00	22.000,00	19.000,00	19.000,00	19.000,00
Zinsen	9,75%	9,75%	9,75%	9,75%	9,75%	9,75%	9,75%	9,75%	9,75%	9,75%	9,75%	9,75%
Kreditaufnahme	11.400,00	11.400,00	11.400,00	11.400,00	11.400,00	11.400,00	11.400,00	11.400,00	11.400,00	11.400,00	11.400,00	11.400,00
Kredittilgung	16.542,24	16.542,24	16.542,24	15.602,37	15.602,37	15.602,37	13.369,81	13.369,81	13.369,81	11.400,00	11.400,00	11.400,00

Tab. 150: Realisierte und geplante Investitionen, Abschreibungen, Kreditaufnahme und Tilgung des Bereichs B1A für die Jahre 2012 bis 2015 ff. aus der ex post-Perspektive

Jahr	2008			2009			2010			2011		
Szenario	I	II	III	I	II	III	I	II	III	I	II	III
Eintrittswahrscheinlichkeit	0,35	0,40	0,25	0,35	0,40	0,25	0,35	0,40	0,25	0,40	0,25	0,35
EBIT	-1.054,73	-1.054,73	-1.054,73	12.010,36	10.999,96	10.282,70	20.430,82	17.912,95	16.463,28	22.947,84	18.841,81	15.378,99
Adaptierte Gewerbesteuer	367,57	367,57	367,57	2.402,07	2.199,99	2.056,54	4.086,16	3.582,59	3.292,66	4.589,57	3.768,36	3.075,80
Adaptierte Körperschaftsteuer	367,57	367,57	367,57	2.402,07	2.199,99	2.056,54	4.086,16	3.582,59	3.292,66	4.589,57	3.768,36	3.075,80
Abschreibungen	-11.333,33	-11.333,33	-11.333,33	-13.000,00	-13.000,00	-13.000,00	-17.666,67	-17.666,67	-17.666,67	-23.333,33	-23.333,33	-23.333,33
Impairment	-2.892,59	-2.892,59	-2.892,59	0,00	0,00	0,00	0,00	0,00	0,00	0,00	0,00	0,00
Δ Nettoumlaufvermögen	1.679,00	1.679,00	1.679,00	-4.995,11	-4.493,78	-4.153,53	-9.410,89	-10.080,68	-9.556,88	-8.954,35	-8.972,52	-8.259,70
Cashflow aus operativer Tätigkeit	14.115,05	14.115,05	14.115,05	15.211,11	15.106,19	15.016,09	20.514,27	18.333,75	17.987,75	28.147,69	25.665,89	24.301,02
Cashflow aus Investitionen	-15.000,00	-15.000,00	-15.000,00	-25.000,00	-25.000,00	-25.000,00	-30.000,00	-30.000,00	-30.000,00	-28.000,00	-28.000,00	-28.000,00
FCF vor adaptierter ESt	-884,95	-884,95	-884,95	-9.788,89	-9.893,81	-9.983,91	-9.485,73	-11.666,25	-12.012,25	147,69	-2.334,11	-3.698,98
Adaptierte Einkommensteuer	-154,87	-154,87	-154,87	-1.713,06	-1.731,42	-1.747,18	-1.660,00	-2.041,59	-2.102,14	25,85	-408,47	-647,32
FCF nach adaptierter ESt	-730,08	-730,08	-730,08	-8.075,83	-8.162,39	-8.236,72	-7.825,73	-9.624,65	-9.910,11	121,84	-1.925,64	-3.051,66

Tab. 151: Realisierte und geplante Free Cashflows des Bereichs B1A für die Jahre 2008 bis 2011 aus der ex post-Perspektive

Konvergenz zwischen IAS 36 und dem Controlling

Jahr	2012			2013			2014			2015 ff.		
Szenario	I	II	III	I	II	III	I	II	III	I	II	III
Eintrittswahrscheinlichkeit	0,35	0,40	0,25	0,35	0,40	0,25	0,35	0,40	0,25	0,35	0,40	0,25
EBIT	16.020,75	13.929,72	11.967,41	16.609,32	14.479,06	12.300,75	19.717,84	17.079,91	13.780,53	22.717,84	20.079,91	16.780,53
Adaptierte Gewerbesteuer	3.204,15	2.785,94	2.393,48	3.321,86	2.895,81	2.460,15	3.943,57	3.415,98	2.756,11	4.543,57	4.015,98	3.356,11
Adaptierte Körperschaftsteuer	3.204,15	2.785,94	2.393,48	3.321,86	2.895,81	2.460,15	3.943,57	3.415,98	2.756,11	4.543,57	4.015,98	3.356,11
Abschreibungen	-18.666,67	-18.666,67	-18.666,67	-18.333,33	-18.333,33	-18.333,33	-22.000,00	-22.000,00	-22.000,00	-19.000,00	-19.000,00	-19.000,00
Impairment	0,00	0,00	0,00	0,00	0,00	0,00	0,00	0,00	0,00	0,00	0,00	0,00
Δ Nettoumlaufvermögen	-200,97	0,00	-325,66	0,00	0,00	0,00	0,00	0,00	0,00	0,00	0,00	0,00
Cashflow aus operativer Tätigkeit	28.078,15	27.024,50	25.521,45	28.298,92	27.020,77	25.713,78	33.830,70	32.247,94	30.268,32	31.047,94	29.068,32	
Cashflow aus Investitionen	-15.000,00	-15.000,00	-15.000,00	-15.000,00	-15.000,00	-15.000,00	-19.000,00	-19.000,00	-19.000,00	-19.000,00	-19.000,00	-19.000,00
FCF vor adaptierter ESt	13.078,15	12.024,50	10.521,45	13.298,92	12.020,77	10.713,78	14.830,70	13.247,94	11.268,32	13.630,70	12.047,94	10.068,32
Adaptierte Einkommensteuer	2.288,68	2.104,29	1.841,25	2.327,31	2.103,63	1.874,91	2.595,37	2.318,39	1.971,96	2.385,37	2.108,39	1.761,96
FCF nach adaptierter ESt	10.789,47	9.920,21	8.680,20	10.971,61	9.917,13	8.838,87	12.235,33	10.929,55	9.296,36	11.245,33	9.939,55	8.306,36

Tab. 152: Realisierte und geplante *Free Cashflows* des Bereichs B1A für die Jahre 2014 bis 2015 ff. aus der ex post-Perspektive

Jahr	2008			2009			2010			2011		
Szenario	I	II	III	I	II	III	I	II	III	I	II	III
Eintrittswahrscheinlichkeit	0,35	0,40	0,25	0,35	0,40	0,25	0,35	0,40	0,25	0,35	0,40	0,25
EBIT	-1.054,73	-1.422,51	-1.054,73	12.010,36	10.999,96	10.282,70	20.430,82	17.912,95	16.463,28	22.947,84	18.841,81	15.378,99
Zinsen	-1.422,51	-1.422,51	-1.422,51	-1.642,42	-1.642,42	-1.642,42	-2.351,67	-2.351,67	-2.351,67	-3.094,68	-3.094,68	-3.094,68
Gewerbesteuer	225,32	225,32	225,32	2.237,83	2.035,75	1.892,30	3.851,00	3.347,42	3.057,49	4.280,10	3.458,89	2.766,33
Körperschaftsteuer	47,51	47,51	47,51	2.032,53	1.830,45	1.686,99	3.557,04	3.053,46	2.763,53	3.893,27	3.072,06	2.379,49
Abschreibungen	-11.333,33	-11.333,33	-11.333,33	-13.000,00	-13.000,00	-13.000,00	-17.666,67	-17.666,67	-17.666,67	-23.333,33	-23.333,33	-23.333,33
Impairment	-2.892,59	-2.892,59	-2.892,59	0,00	0,00	0,00	0,00	0,00	0,00	0,00	0,00	0,00
Δ Nettoumlaufvermögen	1.679,00	1.679,00	1.679,00	-4.995,11	-4.493,78	-4.153,53	-9.410,89	-10.080,68	-9.556,88	-8.954,35	-8.972,52	-8.259,70
Cashflow aus operativer Tätigkeit	13.154,86	13.154,86	13.154,86	14.102,48	13.997,56	13.907,46	18.926,89	16.746,38	16.400,37	26.058,78	23.576,98	22.212,11
Cashflow aus Investitionen	-15.000,00	-15.000,00	-15.000,00	-25.000,00	-25.000,00	-25.000,00	-30.000,00	-30.000,00	-30.000,00	-28.000,00	-28.000,00	-28.000,00
Ausschüttung	410,31	410,31	410,31	-3.623,20	-3.728,12	-3.818,22	-3.452,45	-5.632,96	-5.978,97	1.138,92	-1.342,87	-2.707,75
Thesaurierung	-3.160,38	-3.160,38	-3.160,38	9.720,79	9.219,46	8.879,21	14.123,57	14.793,36	14.269,56	10.540,87	10.559,05	9.846,23
Δ Fremdkapital	2.255,45	2.255,45	2.255,45	7.274,32	7.274,32	7.274,32	7.620,66	7.620,66	7.620,66	3.080,14	3.080,14	3.080,14
Cashflow aus Finanzierung	-1.315,24	-1.315,24	-1.315,24	20.618,31	20.221,91	19.971,75	25.196,68	28.046,98	27.869,18	12.482,09	14.982,06	15.634,12
Netto Cashflow vor ESt	410,31	410,31	410,31	-3.623,20	-3.728,12	-3.818,22	-3.452,45	-5.632,96	-5.978,97	1.138,92	-1.342,87	-2.707,75
Einkommensteuer	71,80	71,80	71,80	-634,06	-652,42	-668,19	-604,18	-985,77	-1.046,32	199,31	-235,00	-473,86
Netto Cashflow nach ESt	338,50	338,50	338,50	-2.989,14	-3.075,70	-3.150,03	-2.848,27	-4.647,20	-4.932,65	939,61	-1.107,87	-2.233,89

Tab. 153: Realisierte und geplante *Netto Cashflows* des Bereichs B1A für die Jahre 2008 bis 2011 aus der ex post-Perspektive

Jahr	2012				2013				2014				2015 ff.			
Szenario	I	II	I	II	I	II	I	II	I	II	I	II	I	II	I	II
Eintrittswahrscheinlichkeit	0,35	0,40	0,35	0,40	0,35	0,40	0,35	0,40	0,35	0,40	0,35	0,40	0,35	0,40	0,35	0,40
EBIT	13.746,45	11.155,98	8.113,86	16.051,17	13.413,24	10.113,86	19.717,84	17.079,91	13.780,53	22.717,84	20.079,91	16.780,53				
Zinsen	-3.395,00	-3.395,00	-3.395,00	-2.893,63	-2.893,63	-2.893,63	-2.483,90	-2.483,90	-2.483,90	-2.291,84	-2.291,84	-2.291,84				
Gewerbesteuer	2.409,79	1.891,70	1.283,27	2.920,87	2.393,29	1.733,41	3.695,18	3.167,59	2.507,72	4.314,38	3.786,80	3.126,92				
Körperschaftsteuer	1.985,42	1.467,32	858,90	2.559,17	2.031,58	1.371,71	3.384,69	2.857,10	2.197,23	4.027,90	3.500,32	2.840,44				
Abschreibungen	-27.666,67	-27.666,67	-27.666,67	-25.666,67	-25.666,67	-25.666,67	-22.000,00	-22.000,00	-22.000,00	-19.000,00	-19.000,00	-19.000,00				
Impairment	0,00	0,00	0,00	0,00	0,00	0,00	0,00	0,00	0,00	0,00	0,00	0,00				
Δ Nettoumlaufvermögen	-239,94	0,00	-380,37	0,00	0,00	0,00	0,00	0,00	0,00	0,00	0,00	0,00				
Cashflow aus operativer Tätigkeit	33.382,98	32.068,63	29.862,99	33.344,17	31.761,41	29.781,79	32.154,07	30.571,31	28.591,69	31.083,71	29.500,95	27.521,33				
Cashflow aus Investitionen	-19.000,00	-19.000,00	-19.000,00	-19.000,00	-19.000,00	-19.000,00	-19.000,00	-19.000,00	-19.000,00	-19.000,00	-19.000,00	-19.000,00				
Ausschüttung	9.240,73	7.926,39	5.720,75	10.141,80	8.559,05	6.579,42	11.184,26	9.601,50	7.621,88	12.083,71	10.500,95	8.521,33				
Thesaurierung	-3.284,49	-3.524,42	-3.144,05	-2.464,30	-2.464,30	-2.464,30	-1.030,19	-1.030,19	-1.030,19	0,00	0,00	0,00				
Δ Fremdkapital	-5.142,24	-5.142,24	-5.142,24	-4.202,37	-4.202,37	-4.202,37	-1.969,81	-1.969,81	-1.969,81	0,00	0,00	0,00				
Cashflow aus Finanzierung	-17.667,46	-16.593,06	-14.007,04	-16.808,47	-15.225,71	-13.246,09	-14.184,26	-12.601,50	-10.621,88	-12.083,71	-10.500,95	-8.521,33				
Netto Cashflow vor ESt	9.240,73	7.926,39	5.720,75	10.141,80	8.559,05	6.579,42	11.184,26	9.601,50	7.621,88	12.083,71	10.500,95	8.521,33				
Einkommensteuer	1.617,13	1.387,12	1.001,13	1.774,82	1.497,83	1.151,40	1.957,25	1.680,26	1.333,83	2.114,65	1.837,67	1.491,23				
Netto Cashflow nach ESt	7.623,61	6.539,27	4.719,62	8.366,99	7.061,21	5.428,02	9.227,01	7.921,24	6.288,05	9.969,06	8.663,29	7.030,09				

Tab. 154: Realisierte und geplante Netto Cashflows des Bereichs B1A für die Jahre 2012 bis 2015 ff. aus der ex post-Perspektive

5.3.3.2.3.2 Leistungswirtschaftliche Bewertung und erfolgspotentialorientierte Abweichungsanalyse

Aus der ex post-Perspektive ergibt sich ein Ertragswert für den Bereich B1A i.H.v. 122.433,75 (vgl. Tab. 155):

Jahr	2007	2008	2009	2010	2011	2012	2013	2014	2015 ff.
μ (NCF$_t^{HEV}$)		338,50	-3.063,99	-4.088,94	-672,76	6.463,88	7.109,94	7.969,96	8.712,01
σ^2 (NCF$_t^{HEV}$)		0,00	3.866,45	841.360,29	1.594.920,42	1.233.624,02	1.261.222,12	1.261.222,12	1.261.222,12
SÄ (NCF$_t^{HEV}$)		338,50	-3.066,50	-4.635,82	-1.709,46	5.662,02	6.290,14	7.150,17	7.892,22
EK$_t$	122.433,75	128.063,89	137.373,51	148.706,28	157.665,17	159.689,33	161.184,04	161.891,59	

Tab. 155: Bewertung des Bereichs B1A anhand des μ,σ^2-Kriteriums aus der ex post-Perspektive

Durch die Gegenüberstellung der aus der ex ante- und der ex post-Perspektive berechneten Ertragswerte kann eine Wertdifferenz i.H.v. -21.698,85[2057] berechnet werden (vgl. Tab. 139, S. 344).

Dieses Ergebnis einer unternehmenswertorientierten Performancemessung aufgrund des Vergleichs periodendifferenzierter Unternehmenswerte (vgl. Abb. 13, S. 96, Nummer eins) läßt sich im Rahmen der nachstehenden erfolgspotentialorientierten Abweichungsanalyse auf die Veränderungen der *Cashflow*prognose sowie der Bewertungsparameter zurückführen (vgl. Abb. 41, S. 354).

Demnach ist die vom *Management* initiierte Investitionspolitik und die damit einhergehende Aufrechterhaltung der positiven Wachstumsaussichten auf Bereichsebene äußerst positiv zu beurteilen (Aktionseffekt),[2058] da ein Großteil der auf die neue Konkurrenzsituation auf dem relevanten Markt zurückzuführenden, negativen Wertentwicklung wettgemacht wird (Informationseffekt)[2059].

Gleiches gilt für eine Beurteilung der Performance im Lichte der Verbundbeziehungen innerhalb des Konzerns K (vgl. Kap. 2.5.4.2, S. 78 ff.), wenngleich sich die jeweiligen Werteffekte infolge der vorhandenen Risikodiversifikationseffekte nahezu verdreifachen.

Außerdem zeigt sich, daß die Zins- und Risikoaversionsänderungseffekte auf allen Ebenen des Gesamtunternehmens negativ zu Buche schlagen.

[2057] 122.433,75 - 144.132,30 ≈ -21.698,85.
[2058] +54.041,32 bis +60.643,25 in Abhängigkeit der Abspaltungsreihenfolge.
[2059] -64.303,23 bis -69.862,79 in Abhängigkeit der Abspaltungsreihenfolge.

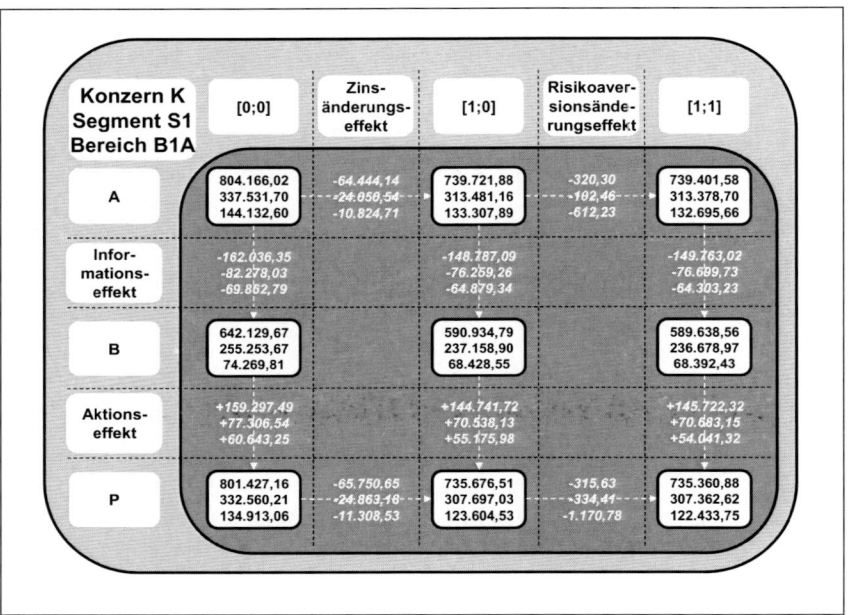

Konzern K Segment S1 Bereich B1A	[0;0]	Zins- änderungs- effekt	[1;0]	Risikoaver- sionsände- rungseffekt	[1;1]
A	804.166,02 337.531,70 144.132,60	-64.444,14 -24.050,54 -10.824,71	739.721,88 313.481,16 133.307,89	-320,30 -102,46 -612,23	739.401,58 313.378,70 132.695,66
Infor- mations- effekt	-162.036,35 -82.278,03 -69.862,79		-148.787,09 -76.259,26 -64.879,34		-149.763,02 -76.699,73 -64.303,23
B	642.129,67 255.253,67 74.269,81		590.934,79 237.158,90 68.428,55		589.638,56 236.678,97 68.392,43
Aktions- effekt	+159.297,49 +77.306,54 +60.643,25		+144.741,72 +70.538,13 +55.175,98		+145.722,32 +70.683,15 +54.041,32
P	801.427,16 332.560,21 134.913,06	-65.750,65 -24.863,18 -11.308,53	735.676,51 307.697,03 123.604,53	-315,63 -334,41 -1.170,78	735.360,88 307.362,62 122.433,75

Abb. 41: Bestands- und Differenzgrößen der erfolgspotentialorientierten Abweichungsanalyse auf Ebene des Bereichs B1A, des Segments S1 und des Konzern K[2060]

5.3.3.2.3.3 Marktwertorientierte Bewertung

Alternativ kann auf Basis der Erfolgsprognose aus der ex post-Perspektive erneut eine kapitalmarktobjektivierte Bewertung des Bereichs B1A durchgeführt werden. Hierbei ermittelt sich ein Eigenkapitalmarktwert i.H.v. 88.570,68, wie Tab. 156 bis Tab. 158, S. 355-355 exemplarisch für das APV-, NCF und WACC I-Verfahren aufzeigen:[2061]

[2060] In Anlehnung an *Dirrigl* (2002), S. 427-428.
[2061] Vgl. Fn. 2053, S. 344.
Die Wertdifferenz zwischen den periodendifferenzierten Eigenkapitalmarktwerten fällt sogar ähnlich hoch wie bei einer ertragswertorientierten Fundierung des Bewertungskalküls aus: 88.570,68 - 113.248,86 ≈ -24.678,18.

Jahr	2007	2008	2009	2010	2011	2012	2013	2014	2015 ff.
µ (FCF$_t^{HEV}$)		-730,08	-8.150,68	-9.066,39	-1.490,52	12.596,82	12.188,28	10.978,28	9.988,28
UW$_t^{UV,S}$	100.338,65	107.898,03	123.392,52	140.857,32	151.934,95	149.679,20	147.678,47	146.751,56	
TS$_t^{FK}$		132,47	152,95	219,00	288,19	316,16	269,47	231,31	213,43
WB$_t^{FK}$	4.448,37	4.532,75	4.600,77	4.606,06	4.542,42	4.447,70	4.395,06	4.378,00	
TS$_t^{IAS}$		-394,70	-1.273,01	-1.333,62	-539,02	899,89	735,41	344,72	0,00
WB$_t^{IAS}$	-1.626,44	-1.311,03	-101,93	1.226,71	1.825,54	1.014,64	328,69	0,00	
UW$_t$	103.160,58	111.119,76	127.891,37	146.690,10	158.302,90	155.141,55	152.402,22	151.129,56	
EK$_t$	88.570,68	94.274,41	103.771,70	114.949,77	123.482,43	125.463,32	126.926,36	127.623,51	

Tab. 156: Bewertung des Bereichs B1A anhand des APV-Verfahrens aus der ex post-Perspektive

Jahr	2007	2008	2009	2010	2011	2012	2013	2014	2015 ff.
µ (NCF$_t^{HEV}$)		338,50	-3.063,99	-4.088,94	-672,76	6.463,88	7.109,94	7.969,96	8.712,01
k$_{EK,t}^{V,S}$		6,8219%	6,8240%	6,8315%	6,8377%	6,8388%	6,8331%	6,8285%	6,8263%
EK$_t$	88.570,68	94.274,41	103.771,70	114.949,77	123.482,43	125.463,32	126.926,36	127.623,51	

Tab. 157: Bewertung des Bereichs B1A anhand des NCF-Verfahrens aus der ex post-Perspektive

Jahr	2007	2008	2009	2010	2011	2012	2013	2014	2015 ff.
µ (FCF$_t^{HEV}$ I)		-1.124,79	-9.423,69	-10.400,01	-2.029,55	13.496,71	12.923,69	11.322,99	9.988,28
wacc$_t^S$ I		6,6250%	6,6126%	6,5671%	6,5330%	6,5288%	6,5646%	6,5946%	6,6091%
UW$_t$	103.160,58	111.119,76	127.891,37	146.690,10	158.302,90	155.141,55	152.402,22	151.129,56	
EK$_t$	88.570,68	94.274,41	103.771,70	114.949,77	123.482,43	125.463,32	126.926,36	127.623,51	

Tab. 158: Bewertung des Bereichs B1A anhand des WACC-Verfahrens I aus der ex ante-Perspektive

5.3.3.2.3.4 Erfolgsgrößen und Bewertungsparameter für die Werthaltigkeitsüberprüfung mit anschließendem Impairment Test

Nachstehend wird die Berechnungsgrundlage für die Werthaltigkeitsüberprüfung des Geschäfts- oder Firmenwerts im Jahr 2008 vorgestellt. Die aus der ex post-Perspektive als realisiert anzusehenden Planungen der *Value Driver*, Bilanz, Erfolgsrechnung sowie Investitionstätigkeit des Bereichs B1A stimmen mit der obigen Daten- und Zahlenbasis überein. In den Folgejahren können aus den Normierungen von *IAS* 36 aber durchaus Abweichungen zwischen den betrachteten Erfolgsprognosen auftreten:[2062]

[2062] Nach *Hoffmann* (2007), § 11, Rz. 60 kommt es „zu einer artifiziellen Planung, die mit dem realen Businessplan kaum noch Berührungspunkte hat."

Jahr	2007			2008			2009			2010			2011			2012 ff.		
Szenario				I	II	III	I	II	III	I	II	III	I	II	III	I	II	III
Eintrittswahrscheinlichkeit				0,35	0,40	0,25	0,35	0,40	0,25	0,35	0,40	0,25	0,35	0,40	0,25	0,35	0,40	0,25
Umsatzwachstum (in % zum Vorjahr)				-7,00%	-7,00%	-7,00%	4,00%	2,00%	1,00%	6,00%	4,00%	3,00%	3,00%	2,00%	1,50%	0,00%	0,00%	0,00%
Materialeinsatz (in % der Gesamtleistung)				30,00%	30,00%	30,00%	30,00%	31,00%	32,00%	28,00%	29,00%	30,00%	28,00%	29,00%	30,00%	30,00%	30,50%	31,00%
Personalaufwand (in % der Gesamtleistung)				15,00%	15,00%	15,00%	10,00%	10,50%	11,00%	14,00%	14,50%	15,00%	13,50%	14,00%	14,50%	14,00%	14,50%	15,00%
Sonstiger Aufwand (in % der Gesamtleistung)				6,00%	6,00%	6,00%	4,00%	4,50%	5,00%	4,00%	4,50%	5,00%	5,00%	5,50%	6,00%	5,50%	6,00%	6,50%
Innenumsatzquote (in % des Umsatzes)				6,00%	6,00%	6,00%	5,00%	5,00%	5,00%	5,00%	5,00%	5,00%	5,00%	5,00%	5,00%	5,00%	5,00%	5,00%
Bestand an Vorräten (in % des Umsatzes)				25,00%	25,00%	25,00%	23,81%	23,68%	24,13%	25,01%	25,60%	25,25%	26,90%	27,59%	27,82%	26,59%	27,31%	27,82%
Bestand an FE (in % des Umsatzes)				20,00%	20,00%	20,00%	19,65%	20,35%	19,63%	19,65%	20,46%	20,75%	20,10%	21,55%	21,48%	19,49%	20,97%	21,48%
Forderungen aus LuL (in % des Umsatzes)				10,00%	10,00%	10,00%	8,95%	9,29%	9,28%	7,08%	8,51%	9,64%	6,24%	7,70%	8,89%	7,78%	8,56%	9,16%
Verb. aus LuL (in % des Umsatzes)				6,00%	6,00%	6,00%	6,27%	7,47%	7,41%	6,96%	7,66%	8,59%	6,00%	7,00%	8,00%	6,31%	7,00%	7,73%

Tab. 159: *Value Driver* des Bereichs B1A für die Jahre 2008 bis 2012 ff. für die Werthaltigkeitsüberprüfung

Jahr	2007	2008			2009			2010			2011		
Szenario		I	II	III	I	II	III	I	II	III	I	II	III
Eintrittswahrscheinlichkeit		0,35	0,40	0,25	0,35	0,40	0,25	0,35	0,40	0,25	0,35	0,40	0,25
Sachanlagen	23.666,67	27.333,33	27.333,33	27.333,33	25.333,33	25.333,33	25.333,33	23.333,33	23.333,33	23.333,33	22.000,00	22.000,00	22.000,00
Vorräte	7.400,00	6.975,00	6.975,00	6.975,00	6.909,27	6.739,34	6.798,87	7.691,73	7.577,25	7.328,40	8.521,14	8.330,00	8.196,10
FE	6.600,00	5.580,00	5.580,00	5.580,00	5.701,63	5.791,15	5.532,58	6.044,72	6.054,95	6.022,81	7.328,40	6.504,12	6.328,59
Forderungen aus LuL	3.000,00	2.790,00	2.790,00	2.790,00	2.597,62	2.642,83	2.615,98	2.176,54	2.517,55	2.798,24	6.368,30	2.325,47	2.619,82
Goodwill	10.852,98	7.960,39	7.960,39	7.960,39	7.960,39	7.960,39	7.960,39	7.960,39	7.960,39	7.960,39	1.978,39	7.960,39	7.960,39
Summe Aktiva	**51.519,65**	**50.638,72**	**50.638,72**	**50.638,72**	**48.502,24**	**48.467,05**	**48.241,15**	**47.206,72**	**47.443,48**	**47.443,17**	**46.828,22**	**47.119,98**	**47.104,91**
Eigenkapital	35.279,75	32.119,38	32.119,38	32.119,38	30.962,16	30.622,00	30.433,18	30.581,27	30.691,43	30.464,75	31.318,68	31.398,04	31.139,36
Verb. ggü. vU	14.589,90	16.845,35	16.845,35	16.845,35	15.719,67	15.719,67	15.719,67	14.484,24	14.484,24	14.484,24	13.608,76	13.608,76	13.608,76
Verb. aus LuL	1.650,00	1.674,00	1.674,00	1.674,00	1.820,41	2.125,38	2.088,31	2.141,21	2.267,81	2.494,19	1.900,78	2.113,18	2.356,78
Summe Passiva	**51.519,65**	**50.638,72**	**50.638,72**	**50.638,72**	**48.502,24**	**48.467,05**	**48.241,15**	**47.206,72**	**47.443,48**	**47.443,17**	**46.828,22**	**47.119,98**	**47.104,91**

Tab. 160: Bilanzen des Bereichs B1A für die Jahre 2008 bis 2011 für die Werthaltigkeitsüberprüfung

Konvergenz zwischen IAS 36 und dem Controlling 357

Jahr	2012			2013			2014			2015 ff.		
Szenario	I	II	III	I	II	III	I	II	III	I	II	III
Eintrittswahrscheinlichkeit	0,35	0,40	0,25	0,35	0,40	0,25	0,35	0,40	0,25	0,35	0,40	0,25
Sachanlagen	22.000,00	22.000,00	22.000,00	22.000,00	22.000,00	22.000,00	22.000,00	22.000,00	22.000,00	22.000,00	22.000,00	22.000,00
Vorräte	8.424,17	8.243,33	8.196,10	8.424,17	8.243,33	8.196,10	8.424,17	8.243,33	8.196,10	8.424,17	8.243,33	8.196,10
FE	6.174,35	6.330,78	6.328,59	6.174,35	6.330,78	6.328,59	6.174,35	6.330,78	6.328,59	6.174,35	6.330,78	6.328,59
Forderungen aus LuL	2.463,27	2.585,48	2.698,73	2.463,27	2.585,48	2.698,73	2.463,27	2.585,48	2.698,73	2.463,27	2.585,48	2.698,73
Goodwill	7.960,39	7.960,39	7.960,39	7.960,39	7.960,39	7.960,39	7.960,39	7.960,39	7.960,39	7.960,39	7.960,39	7.960,39
Summe Aktiva	47.022,17	47.119,98	47.183,82	47.022,17	47.119,98	47.183,82	47.022,17	47.119,98	47.183,82	47.022,17	47.119,98	47.183,82
Eigenkapital	31.415,65	31.398,04	31.297,18	31.415,65	31.398,04	31.297,18	31.415,65	31.398,04	31.297,18	31.415,65	31.398,04	31.297,18
Verb. ggü. vU	13.608,76	13.608,76	13.608,76	13.608,76	13.608,76	13.608,76	13.608,76	13.608,76	13.608,76	13.608,76	13.608,76	13.608,76
Verb. aus LuL	1.997,76	2.113,18	2.277,87	1.997,76	2.113,18	2.277,87	1.997,76	2.113,18	2.277,87	1.997,76	2.113,18	2.277,87
Summe Passiva	47.022,17	47.119,98	47.183,82	47.022,17	47.119,98	47.183,82	47.022,17	47.119,98	47.183,82	47.022,17	47.119,98	47.183,82

Tab. 161: Bilanzen des Bereichs B1A für die Jahre 2012 bis 2015 ff. für die Werthaltigkeitsüberprüfung

Jahr	2007	2008			2009			2010			2011		
Szenario		I	II	III	I	II	III	I	II	III	I	II	III
Eintrittswahrscheinlichkeit		0,35	0,40	0,25	0,35	0,40	0,25	0,35	0,40	0,25	0,35	0,40	0,25
Gesamtumsätze	30.000,00	27.900,00	27.900,00	27.900,00	29.016,00	28.458,00	28.179,00	30.756,96	29.596,32	29.024,37	31.679,67	30.188,25	29.459,74
Innenumsätze		1.674,00	1.674,00	1.674,00	1.450,80	1.422,90	1.408,95	1.537,85	1.479,82	1.451,22	1.583,98	1.509,41	1.472,99
Bestandsveränderungen FE		-1.020,00	-1.020,00	-1.020,00	121,63	211,15	-47,42	343,09	263,79	490,23	323,58	449,17	305,79
Gesamtleistung		26.880,00	26.880,00	26.880,00	29.137,63	28.669,15	28.131,58	31.100,05	29.860,11	29.514,60	32.003,25	30.637,42	29.765,52
Materialeinsatz		-8.064,00	-8.064,00	-8.064,00	-8.741,29	-8.887,44	-9.002,11	-8.708,01	-8.659,43	-8.854,38	-8.960,91	-8.884,85	-8.929,66
Rohertrag		18.816,00	18.816,00	18.816,00	20.396,34	19.781,72	19.129,48	22.392,04	21.200,68	20.660,22	23.042,34	21.752,56	20.835,87
Personalaufwendungen		-4.032,00	-4.032,00	-4.032,00	-2.913,76	-3.010,26	-3.094,47	-4.354,01	-4.329,72	-4.427,19	-4.320,44	-4.289,24	-4.316,00
Sonstiger Aufwendungen		-1.612,80	-1.612,80	-1.612,80	-1.165,51	-1.290,11	-1.406,58	-1.244,00	-1.343,71	-1.475,73	-1.600,16	-1.685,06	-1.785,93
EBITDA		13.171,20	13.171,20	13.171,20	16.317,07	15.481,34	14.628,42	16.794,03	15.527,26	14.757,30	17.121,74	15.778,27	14.733,93
Abschreibungen		-2.892,59	-2.892,59	-2.892,59	-13.000,00	-13.000,00	-13.000,00	-13.000,00	-13.000,00	-13.000,00	-12.333,33	-12.333,33	-12.333,33
Impairment		0,00	0,00	0,00	0,00	0,00	0,00	0,00	0,00	0,00	0,00	0,00	0,00
EBIT		-1.054,73	-1.054,73	-1.054,73	3.317,07	2.481,34	1.628,42	3.794,03	2.527,26	1.757,30	4.788,41	3.444,94	2.400,60

Tab. 162: Erfolgsrechnungen des Bereichs B1A für die Jahre 2008 bis 2011 für die Werthaltigkeitsüberprüfung

Jahr	2012			2013			2014			2015 ff.		
Szenario	I	II	III	I	II	III	I	II	III	I	II	III
Eintrittswahrscheinlichkeit	0,35	0,40	0,25	0,35	0,40	0,25	0,35	0,40	0,25	0,35	0,40	0,25
Gesamtumsätze	31.679,67	30.188,25	29.459,74	31.679,67	30.188,25	29.459,74	31.679,67	30.188,25	29.459,74	31.679,67	30.188,25	29.459,74
Innenumsätze	1.583,98	1.509,41	1.472,99	1.583,98	1.509,41	1.472,99	1.583,98	1.509,41	1.472,99	1.583,98	1.509,41	1.472,99
Bestandsveränderungen FE	-193,95	-173,34	0,00	0,00	0,00	0,00	0,00	0,00	0,00	0,00	0,00	0,00
Gesamtleistung	31.485,72	30.014,91	29.459,74	31.679,67	30.188,25	29.459,74	31.679,67	30.188,25	29.459,74	31.679,67	30.188,25	29.459,74
Materialeinsatz	-9.445,72	-9.154,55	-9.132,52	-9.503,90	-9.207,42	-9.132,52	-9.503,90	-9.207,42	-9.132,52	-9.503,90	-9.207,42	-9.132,52
Rohertrag	22.040,00	20.860,36	20.327,22	22.175,77	20.980,83	20.327,22	22.175,77	20.980,83	20.327,22	22.175,77	20.980,83	20.327,22
Personalaufwendungen	-4.408,00	-4.352,16	-4.418,96	-4.435,15	-4.377,30	-4.418,96	-4.435,15	-4.377,30	-4.418,96	-4.435,15	-4.377,30	-4.418,96
Sonstiger Aufwendungen	-1.731,71	-1.800,89	-1.914,88	-1.742,38	-1.811,29	-1.914,88	-1.742,38	-1.811,29	-1.914,88	-1.742,38	-1.811,29	-1.914,88
EBITDA	15.900,29	14.707,31	13.993,37	15.998,23	14.792,24	13.993,37	15.998,23	14.792,24	13.993,37	15.998,23	14.792,24	13.993,37
Abschreibungen	-11.000,00	-11.000,00	-11.000,00	-11.000,00	-11.000,00	-11.000,00	-11.000,00	-11.000,00	-11.000,00	-11.000,00	-11.000,00	-11.000,00
Impairment	0,00	0,00	0,00	0,00	0,00	0,00	0,00	0,00	0,00	0,00	0,00	0,00
EBIT	4.900,29	3.707,31	2.993,37	4.998,23	3.792,24	2.993,37	4.998,23	3.792,24	2.993,37	4.998,23	3.792,24	2.993,37

Tab. 163: Erfolgsrechnungen des Bereichs B1A für die Jahre 2012 bis 2015 ff. für die Werthaltigkeitsüberprüfung

Jahr	2008	2009	2010	2011	2012 ff.
Investitionen in Sachanlagen	15.000,00	11.000,00	11.000,00	11.000,00	11.000,00
Abschreibungen auf Sachanlagen	11.333,33	13.000,00	13.000,00	12.333,33	11.000,00

Tab. 164: Investitionen und Abschreibungen des Bereichs B1A für die Jahre 2008 bis 2012 ff. für die Werthaltigkeitsüberprüfung

Jahr	2008			2009			2010			2011		
Szenario	worst	base	best	worst	base	best	worst	base	best	worst	base	best
Eintrittswahrscheinlichkeit	0,3	0,5	0,2	0,3	0,5	0,2	0,3	0,5	0,2	0,3	0,5	0,2
EBIT	-1.054,73	-1.054,73	-1.054,73	3.317,07	2.481,34	1.628,42	3.794,03	2.527,26	1.757,30	4.788,41	3.444,94	2.400,60
Adaptierte Gewerbesteuer	0,00	0,00	0,00	0,00	0,00	0,00	0,00	0,00	0,00	0,00	0,00	0,00
Adaptierte Körperschaftsteuer	0,00	0,00	0,00	0,00	0,00	0,00	0,00	0,00	0,00	0,00	0,00	0,00
Abschreibungen	-11.333,33	-11.333,33	-11.333,33	-13.000,00	-13.000,00	-13.000,00	-13.000,00	-13.000,00	-13.000,00	-12.333,33	-12.333,33	-12.333,33
Impairment	-2.892,59	-2.892,59	-2.892,59	0,00	0,00	0,00	0,00	0,00	0,00	0,00	0,00	0,00
Δ Nettoumlaufvermögen	1.679,00	1.679,00	1.679,00	282,90	623,06	811,88	-383,68	-834,00	-796,14	-1.195,27	-1.164,47	-1.132,47
Cashflow aus operativer Tätigkeit	**14.850,20**	**14.850,20**	**14.850,20**	**16.599,97**	**16.104,40**	**15.440,30**	**16.410,35**	**14.693,26**	**13.961,16**	**15.926,47**	**14.613,80**	**13.601,46**
Cashflow aus Investitionen	**-15.000,00**	**-15.000,00**	**-15.000,00**	**-11.000,00**	**-11.000,00**	**-11.000,00**	**-11.000,00**	**-11.000,00**	**-11.000,00**	**-11.000,00**	**-11.000,00**	**-11.000,00**
Cashflow vor adaptierter ESt	-149,80	-149,80	-149,80	5.599,97	5.104,40	4.440,30	5.410,35	3.693,26	2.961,16	4.926,47	3.613,80	2.601,46
Adaptierte ESt	0,00	0,00	0,00	0,00	0,00	0,00	0,00	0,00	0,00	0,00	0,00	0,00
Cashflow IAS 36	**-149,80**	**-149,80**	**-149,80**	**5.599,97**	**5.104,40**	**4.440,30**	**5.410,35**	**3.693,26**	**2.961,16**	**4.926,47**	**3.613,80**	**2.601,46**

Tab. 165: *Cashflows* des Bereichs B1A für die Jahre 2008 bis 2013 für die Werthaltigkeitsüberprüfung

Jahr	2012			2013			2014			2015 ff.		
Szenario	worst	base	best	worst	base	best	worst	base	best	worst	base	best
Eintrittswahrscheinlichkeit	0,3	0,5	0,2	0,3	0,5	0,2	0,3	0,5	0,2	0,3	0,5	0,2
EBIT	-1.054,73	-1.054,73	-1.054,73	3.317,07	2.481,34	1.628,42	3.794,03	2.527,26	1.757,30	4.788,41	3.444,94	2.400,60
Adaptierte Gewerbesteuer	0,00	0,00	0,00	0,00	0,00	0,00	0,00	0,00	0,00	0,00	0,00	0,00
Adaptierte Körperschaftsteuer	0,00	0,00	0,00	0,00	0,00	0,00	0,00	0,00	0,00	0,00	0,00	0,00
Abschreibungen	-11.000,00	-11.000,00	-11.000,00	-11.000,00	-11.000,00	-11.000,00	-11.000,00	-11.000,00	-11.000,00	-11.000,00	-11.000,00	-11.000,00
Impairment	0,00	0,00	0,00	0,00	0,00	0,00	0,00	0,00	0,00	0,00	0,00	0,00
Δ Nettoumlaufvermögen	-96,98	0,00	-157,82	0,00	0,00	0,00	0,00	0,00	0,00	0,00	0,00	0,00
Cashflow aus operativer Tätigkeit	**15.803,31**	**14.707,31**	**13.835,56**	**15.998,23**	**14.792,24**	**13.993,37**	**15.998,23**	**14.792,24**	**13.993,37**	**15.998,23**	**14.792,24**	**13.993,37**
Cashflow aus Investitionen	**-11.000,00**	**-11.000,00**	**-11.000,00**	**-11.000,00**	**-11.000,00**	**-11.000,00**	**-11.000,00**	**-11.000,00**	**-11.000,00**	**-11.000,00**	**-11.000,00**	**-11.000,00**
Cashflow vor adaptierter ESt	4.803,31	3.707,31	2.835,56	4.998,23	3.792,24	2.993,37	4.998,23	3.792,24	2.993,37	4.998,23	3.792,24	2.993,37
Adaptierte ESt	0,00	0,00	0,00	0,00	0,00	0,00	0,00	0,00	0,00	0,00	0,00	0,00
Cashflow IAS 36	**4.803,31**	**3.707,31**	**2.835,56**	**4.998,23**	**3.792,24**	**2.993,37**	**4.998,23**	**3.792,24**	**2.993,37**	**4.998,23**	**3.792,24**	**2.993,37**

Tab. 166: *Cashflows* des Bereichs B1A für die Jahre 2008 bis 2013 für die Werthaltigkeitsüberprüfung

Werden die entsprechend der Vorschriften von *IAS* 36 berechneten Zahlungsmittelüberschüsse[2063] (vgl. Tab. 165 und Tab. 166, beide S. 359) anhand des μ,σ^2-Kriteriums mit dem aus der ex post-Perspektive gültigen konzerneinheitlichen Risikoaversionskoeffizienten zu Sicherheitsäquivalenten ‚verdichtet' (vgl. Kap. 5.3.3.3.1, S. 361 ff.), so ergibt sich bei einer Diskontierung mit dem risikolosen Zinssatz vor Steuern i.H.v. 7,50% für den Bereich B1A ein Nutzungswert i.H.v. 48.964,72 (vgl. Tab. 167):

Jahr	2008	2009	2010	2011	2012	2013 ff.
μ (CF$_t^{IAS\ 36}$)		5.111,82	4.111,21	3.820,15	3.872,97	4.014,62
σ^2 (CF$_t^{IAS\ 36}$)		196.157,75	991.244,56	816.715,72	582.971,99	619.139,58
SÄ (CF$_t^{IAS\ 36}$)		4.984,32	3.466,91	3.289,29	3.494,04	3.612,18
Value in Use$_t$	48.964,72	47.652,76	47.759,81	48.052,51	48.162,41	48.162,41

Tab. 167: Bestimmung des *Value in Use* des Bereichs B1A

Für die Berechnung des Buchwerts der Bewertungseinheit gilt (vgl. Abb. 42):

Berechnung des Buchwerts der Bewertungseinheit	
Sachanlagen	27.333,33
Vorräte	6.975,00
Forderungen aus Lieferungen und Leistung	2.790,00
Fertige Erzeugnisse	5.580,00
Verbindlichkeiten aus Lieferungen und Leistungen	1.674,00
Goodwill	10.852,98
Summe	51.857,32

Abb. 42: Berechnung des Buchwerts des Bereichs B1A im Rahmen der Werthaltigkeitsüberprüfung des Geschäfts- oder Firmenwerts

Der Vergleich von Buchwert und *Value in Use* der zahlungsmittelgenerierenden Einheit inklusive zugeordneten *Goodwill* offenbart, daß ein *Impairment* des Geschäfts- oder Firmenwerts i.H.v. 2.892,59[2064] vorzunehmen ist.

[2063] Die Innenumsätze erfolgen zu marktüblichen Verrechnungspreisen und können von daher in die Berechnung des *Value in Use* einbezogen werden.
[2064] 51.857,32 - 48.964,72 ≈ -2.892,59.

5.3.3.3 Aus den jeweils bewertungsrelevanten Erfolgsgrößen erwachsendes Konvergenzpotential

5.3.3.3.1 Gegenüberstellung der Möglichkeiten der Unsicherheitsberücksichtigung

Die grundsätzlichen Möglichkeiten der Unsicherheitsberücksichtigung bei einer bereichsbezogenen Unternehmensbewertung wurden bereits aufgezeigt (vgl. Kap. 2.4.1.3, S. 35 ff.). Sowohl auf Basis einer DCF-bezogenen als auch ertragswertorientierten Fundierung des Bewertungskalküls ließe sich eine Konvergenz des *Impairment of Assets* sowie dem bereichs- und unternehmenswertorientierten *Controlling* aus konzeptioneller Perspektive erzielen (vgl. Kap. 5.3.3.1, S. 331 ff.).

Daß der Versuch einer durchgängig kapitalmarktobjektivierten Risikoadjustierung bei Werthaltigkeitsüberprüfungen und im *Value Based Management* gang und gäbe ist, konnte genauso ausführlich herausgearbeitet werden wie die damit verbundenen Mängel (vgl. Kap. 2.4.1, S. 26 ff.). Von einer erneuten Darstellung wird darum abgesehen. Die folgenden Ausführungen konzentrieren sich auf die im Rahmen einer bereichsbezogenen Unternehmensbewertung für interne Zwecke als vorziehenswürdig erachtete Sicherheitsäquivalentmethode (vgl. Kap. 2.4.1.5, S. 42 ff.). Der Einsatz letzterer wird gerade in jüngeren Literaturbeiträgen[2065] für die Durchführung von *Impairment Tests* empfohlen,[2066] was die diesbezüglichen Verknüpfungsmöglichkeiten mit dem bereichs- und unternehmenswertorientierten *Controlling* erkennen läßt.[2067] Diese sind bereits insofern in den Vorgaben von IAS 36 ‚verankert', als daß die Szenariotechnik den Grundbaustein des *Expected Cashflow Approach* darstellt (vgl. Kap. 4.4.2.3.2, S. 268 ff.). Aufgrund der vorgeschriebenen Explikation der Risikostruktur drängt sich eine Berechnung streuungsmaßbasierter Sicherheitsäquivalente geradezu auf.[2068] Fraglich erscheint bei einer Anwendung der Sicherheitsäquivalentmethode für Zwecke der Rechnungslegung indessen die Bestimmung eines angemessenen Risikoaversionskoeffizienten.[2069] Dieser spiegelt üblicherweise die individuelle Risikoeinstellung des Bewertenden wider. In seinem System einer unternehmenswertorientierten Rechnungslegung, das auf dem μ,σ-Prinzip beruht,[2070] schlägt *Mujkanovic* deshalb neben einer Angabe der szenariobasierten Zahlungsmittelüberschüsse und des Kal-

---

[2065] Vgl. grundlegend *Mujkanovic* (2002), S. 294 ff.
[2066] Vgl. *Kirsch* (2003b), S. 796; *Kirsch* (2003c), S. 1776 f.; *Kirsch* (2005a), S. 16 f.
[2067] A.A. *Beyhs* (2002), S. 211; *Mandl* (2005), S. 148, wonach bei IAS 36 ausschließlich eine rein marktorientierte Risikoadjustierung möglich sei, vgl. aber Kap. 4.4.2, S. 256 ff.
[2068] Vgl. nur *Dirrigl* (2003), S. 149 ff.
[2069] Vgl. *IDW* (2005b), S. 1419 zur Forderung, „die Risikonutzenfunktion [...] in die Bewertung aufzunehmen."
[2070] Vgl. zur Ablehnung des CAPM vor dem Hintergrund einer strikt an den Informationsbedürfnissen der Investoren ausgerichteten Rechnungslegung *Mujkanovic* (2002), S. 294-298.

kulationszinsfußes eine „allgemeine [...] Festlegung [und Offenlegung] des Risikoaversionskoeffizienten"[2071] vor:

> „Das Problem liegt hier in der Bestimmung des Risikoaversionskoeffizienten a. Im Rahmen der subjektbezogenen Unternehmensbewertung ist diese Größe grundsätzlich individuell für den jeweiligen Investor zu schätzen. Für die (externe) Rechnungslegung muß jedoch wegen der notwendigen Typisierung und Objektivierung mit Vereinfachungen gearbeitet werden. [...]. Hieraus ergibt sich die Forderung nach der allgemeinen Festlegung eines Risikoaversionskoeffizienten. Damit wird jedoch nicht der Einfluß des Risikos nivelliert, sondern nur die Gewichtungsgröße standardisiert. Eine große Streuung der prognostizierten Zahlungsüberschüsse führt bei Anwendung des $\mu;\sigma$-Prinzips zu einer entsprechend großen Korrektur des Erwartungswertes. Dieses Verfahren zeichnet sich durch rechnerische Einfachheit und bei externer Festlegung des Risikoaversionskoeffizienten durch weitgehende Standardisierung der Risikoberücksichtigung aus. Einzig das Prognoseproblem für die möglichen Zahlungsüberschüsse bleibt bestehen."[2072]

Somit wird die der Sicherheitsäquivalentmethode innewohnende Subjektivität ‚eingedämmt' und die Investoren hätten bei einer abweichenden Risikopräferenz die Möglichkeit, auf Basis der gegebenen Informationen eigenständige Berechnungen durchzuführen. Insgesamt zeichnet sich der Vorschlag von *Mujkanovic* durch bemerkenswerte Parallelen zu der in der vorliegenden Arbeit für das unternehmenswertorientierten *Controlling* favorisierten Vorgabe eines konzernweit oder segmentspezifisch festgelegten Risikoaversionskoeffizienten aus.[2073] In Abhängigkeit der jeweils festgesetzten Risikoaversion könnte sich auf diesem Wege eine – mehr oder weniger große – Übereinstimmung zwischen dem *Impairment of Assets* sowie dem bereichs- und unternehmenswertorientierten *Controlling* ergeben. Mithin läge bei einer Übereinstimmung der Risikoaversionskoeffizienten sogar eine vollständige Konvergenz bei der Risikoberücksichtigung vor.

Dieses Teilergebnis erfährt jedoch eine Beeinträchtigung durch diejenigen Vorschriften von *IAS* 36, wonach bestimmte zahlungswirksame Einflußgrößen bei der Berechnung des *Value in Use* explizit auszuschließen sind (vgl. Kap. 5.3.3.3.2, S. 364 ff.). Hieraus kann nämlich eine – im Vergleich zur internen Unternehmenssteuerung – ‚fiktive' Verschiebung der Risikoposition des Bewertungsobjekts resul-

---

[2071] *Mujkanovic* (2002), S. 300.
[2072] *Mujkanovic* (2002), S. 300.
[2073] Vgl. Fn. 413, S. 60 sowie Fn. 431, S. 70.

tieren.[2074] Die Veränderungen können sowohl das leistungs-, als auch finanzwirtschaftliche Risikoprofil betreffen.[2075] Unabhängig von der verwendeten Risikokonzeption muß sich eine anders als im bereichs- und unternehmenswertorientierten *Controlling* ‚wahrgenommene' Risikoposition betragsmäßig in der Risikoadjustierung niederschlagen. So ist bei einer kapitalmarktobjektivierten Risikoadjustierung davon auszugehen, daß es in Abhängigkeit der vorzunehmenden Normierungen zu Divergenzen bei den im Rahmen des *Impairment of Assets* und wertorientierten *Controlling* anzuwendenden ß-Faktoren käme. Bezogen auf die Beispielsrechnung läßt sich diese ‚Problematik' exemplarisch anhand Tab. 168 aufzeigen:

Jahr	2008	2009	2010	2011	2012	2013 ff.
$\sigma^2 (NCF_t^{HEV})$		3.866,45	841.360,29	1.594.920,42	1.233.624,02	1.261.222,12
$\sigma^2 (CF_t^{IAS\ 36})$		196.157,75	991.244,56	816.715,72	582.971,99	619.139,58

Tab. 168: Veränderung der Risikoposition durch die Barwertberechnung entsprechend der Vorgaben von *IAS 36*[2076]

Bei dieser Gegenüberstellung der jeweils auf Basis der Varianz gemessenen Risikopositionen zeigt sich, daß die bei der Bewertung entsprechend der Vorschriften des *Impairment of Assets* festgestellten, ‚hypothetischen' Streuungsbreiten positiv als auch negativ von den ‚realen' Variationen der bewertungsrelevanten Erfolgsgrößen abweichen. Tendenziell dürfte die mit dem *Value in Use* verfolgte „Bewertung der vorhandenen Ertragskraft"[2077] mittel- bis langfristig zu einer Risikoverringerung führen. Dieser Effekt läßt sich auch an der Beispielsrechnung ablesen, in der die vom *Management* geplanten Erweiterungsinvestitionen ein hohes, aber – in Abhängigkeit des Eintritts der möglichen Szenarien – stark schwankendes Wachstum versprechen, das in die Bestimmung des *Value in Use* jedoch nicht einfließen darf.

Demzufolge kann zusammenfassend festgehalten werden, daß ein Einsatz streuungsmaßbezogener Bewertungskalküle im externen Rechnungswesen die gleichen Vorteile birgt, die bereits für das bereichs- und unternehmenswertorientierte *Controlling* herausgestellt wurden; bekanntlich eine einfache und transparente Handhabung, ohne daß auf das Prämissenset der Kapitalmarkttheorie zurückgegriffen werden müßte. Um den Typisierungs- und Objektivierungsaspekten von Werthaltigkeitsüberprüfungen gerecht zu werden, sollte der Risikoaversionskoeffizient – gem. der Überlegungen von *Mujkanovic*[2078] – allgemein festgelegt und veröffentlicht werden. Eine weitreichende Befriedigung der Informationsinteressen der Kapitalgeber bezüglich der Unsicherheitsberücksichtigung ließe sich über eine

---

[2074] Vor diesem Hintergrund ist auch *IAS* 36.A18 zu sehen, der Zu- oder Abschläge an das spezifische Risikoprofil des Bewertungsobjekts fordert, vgl. *Lienau/Zülch* (2006), S. 326; Kap. 4.4.2.4.1, S. 271 ff.
[2075] Vgl. implizit bereits *Beyhs* (2002), S. 211.
[2076] Vgl. zur Definition des für einen Werthaltigkeitstest relevanten Cashflow Fn. 2146, S. 375.
[2077] *Hachmeister* (2005), S. 216.
[2078] *Mujkanovic* (2002), S. 300.

zusätzliche Offenlegung der in der Zukunft für möglich erachteten Zahlungsstromausprägungen und damit des Risikoprofils erzielen. Allerdings können die in I-AS 36 vorgesehenen Normierungen, die es im nächsten Gliederungspunkt noch ausführlich im Hinblick auf ihren Werteinfluß auf die Höhe der bewertungsrelevanten Erfolgsgröße zu untersuchen gilt, Niveauabweichungen bei der aus der Betrachtungsperspektive des *Impairment of Assets* respektive der internen Unternehmenssteuerung vorliegenden Risikoposition verursachen, was die Konvergenzeigenschaften nachhaltig negativ beeinflußte.

5.3.3.3.2 Erörterung explizit ausgeschlossener, zahlungswirksamer Einflußgrößen

5.3.3.3.2.1 Würdigung einer Nichtberücksichtigung von Steuern

Die von Seiten des *IASB* vorgetragenen Begründungen zur Bestimmung des *Value in Use* auf einer Vorsteuerbasis wurden eingehend erörtert und als zweifelhaft erachtet (vgl. Kap. 4.4.2.1.2.1, S. 260 ff.). Da sich der *Standardsetter* der Notwendigkeit eines Einbezugs der Besteuerung durchaus bewußt ist,[2079] um die Zielsetzung einer Vermittlung entscheidungsnützlicher Information erfüllen zu können, wird der Versuch unternommen, die mit der Berücksichtigung von Steuern im Bewertungskalkül verbundenen Werteffekte zu bestreiten.[2080] So findet sich in der *Basis for Conclusions* von *IAS 36* eine ausführliche Beschreibung, daß vor- und nachsteuerbasierte Barwertberechnungen in einer ‚Modellwelt' zu übereinstimmenden Ergebnissen kämen:

> "In theory, discounting post-tax cash flows at a post-tax discount rate and discounting pre-tax cash flows at a pre-tax discount rate should give the same result, as long as the pre-tax discount rate is the post-tax discount rate adjusted to reflect the specific amount and timing of the future tax cash flows. The pre-tax discount rate is not always the post-tax discount rate grossed up by a standard rate of tax."[2081]

Da realiter weder eine solche 'ideale Welt' existiert, noch eine Besteuerung des ökonomischen Gewinns[2082] vorgenommen wird,[2083] gehen mit der Berücksichtigung von Steuern in einem Bewertungskalkül stets Werteffekte einher. Die Bestimmung und Begründung solcher steuerbedingter Werteinflüsse gehört – bis hin

---

[2079] Vgl. etwa *IAS* 36.BCZ84.
[2080] Vgl. *Brücks/Kerkhoff/Richter* (2005), S. 5.
[2081] *IAS* 36.BCZ85; wiederholend *IAS* 36.BC94.
[2082] Vgl. zur steuerneutralen Reihe *Dirrigl* (1988), S. 286 ff.
[2083] Vgl. auch *Beyhs* (2002), S. 207; *Fülbier* (2006), S. 330 ff.

zum Steuerparadoxon[2084] – zu den meistdiskutierten Problemstellungen der betriebswirtschaftlichen Forschung. Um solche Unterschiedsbeträge zwischen vor- und nachsteuerbasierten Nutzungswerten jedoch zu ‚vermeiden', schlägt *IAS 36* die iterative Ermittlung eines Vorsteuerzinsfußes vor, mit dessen Hilfe sich die vom *Standardsetter* gewünschte Wertneutralität der Besteuerung erreichen ließe.[2085] Als ‚Referenznutzungswert' der auf diesem Weg fingierten Ergebnisidentität wird der nachsteuerbasierte *Value in Use* herangezogen.

Bei einer Übertragung dieser Vorgehensweise auf die obige Beispielsrechnung ergibt sich ein grundlegendes Problem aus der Unklarheit, was das *IASB* unter „pre-tax cash flows"[2086] versteht.[2087] Nachfolgend wird davon ausgegangen, daß es sich um Berechnungen vor sämtlicher Besteuerung handelt. Gleichzeitig ist fraglich,[2088] ob eine Nachsteuerbetrachtung aus Sicht des *IAS 36* nur die Besteuerung auf der Unternehmens- oder zusätzlich auch auf der Anteilseignerebene einbeziehen sollte.[2089] Unter der Annahme, ein vorsteuerbasierter *Value in Use* sollte einem Nutzungswert unter Berücksichtigung der Unternehmens- und Einkommensteuer entsprechen, ergäben sich die in der vorletzten Zeile von Tab. 169 ausgewiesenen Diskontierungszinsfüße vor Steuern:

	Jahr	2008	2009	2010	2011	2012	2013 ff.
Ohne Steuern	SÄ (CF$_t^{IAS\,36}$)		4.984,32	3.466,91	3.289,29	3.494,04	3.612,18
	Value in Use$_t$	48.964,72	47.652,76	47.759,81	48.052,51	48.162,41	
Mit Steuern	SÄ (CF$_t^{IAS\,36\,HEV}$)		3.356,95	2.272,85	1.820,27	1.797,77	1.888,63
	Value in Use$_t^{HEV}$	40.356,15	38.966,56	38.593,33	38.654,49	38.741,12	
Iterative Besteuerung	SÄ (CF$_t^{IAS\,36}$)		4.984,32	3.466,91	3.289,29	3.494,04	3.612,18
	Value in Use$_t$	40.356,15	38.966,56	38.593,33	38.654,49	38.741,12	
	Impliziter Zinssatz vor Steuern	8,91%	7,94%	8,68%	9,26%	9,32%	
	Impliziter Steuersatz	45,27%	38,60%	43,85%	47,37%	47,71%	

Tab. 169: Bestimmung des Nutzungswerts vor und nach Unternehmens- und Einkommensteuer sowie bei iterativer Ermittlung der Besteuerung

Eine vergleichbare Berechnung kann für die Prämisse angestellt werden, es sollten ausschließlich Unternehmenssteuern bei der Ermittlung des *Value in Use* Beachtung finden:[2090]

[2084] Vgl. nur *Dirrigl* (2004a), S. 1-26; *Schneider* (1997), S. 246-250.
[2085] Vgl. *IAS* 36.BCZ 85 zu einer Beispielsrechnung.
[2086] Vgl. etwa AS 36.BCZ85.
[2087] Vgl. nur den Wirrsal in *IAS* 36.BC92: "[A]lthough IAS 36 specified discounting pre-tax cash flows at a pre-tax discount rate – with the pre-tax discount rate being the post-tax discount rate adjusted to reflect the specific amount and timing of the future tax cash flows – it did not specify which tax effects the pre-tax rate should include. Arguments could be mounted for various approaches."
[2088] Vgl. kritisch auch *Brücks/Kerkhoff/Richter* (2005), S. 5.
[2089] Den Einbezug persönlicher Steuern bejahend *Husmann/Schmidt/Seidel* (2002), S. 6 ff.; kritisch *Mujkanovic* (2002), S. 293.
[2090] Eine solche Sichtweise vertritt *Klingelhöfer* (2006), S. 592 auch hinsichtlich eines bereichs- und unternehmenswertorientierten *Controlling*, die aber zu Recht von *Haaker* (2006c), S. 690 f. zurückgewiesen wird.

	Jahr	2008	2009	2010	2011	2012	2013 ff.
Ohne Steuern	SÄ (CF$_t^{IAS\,36}$)		4.984,32	3.466,91	3.289,29	3.494,04	3.612,18
	Value in Use$_t$	48.964,72	47.652,76	47.759,81	48.052,51	48.162,41	
Mit Steuern	SÄ (CF$_t^{IAS\,36\,HEV}$)		4.065,10	2.703,00	2.174,11	2.154,66	2.263,89
	Value in Use$_t^{HEV}$	32.086,70	30.428,11	30.007,22	30.083,64	30.185,26	
Iterative Besteuerung	SÄ (CF$_t^{IAS\,36}$)		4.984,32	3.466,91	3.289,29	3.494,04	3.612,18
	Value in Use$_t$	32.086,70	30.428,11	30.007,22	30.083,64	30.185,26	
	Impliziter Zinssatz vor Steuern	10,36%	10,01%	11,22%	11,95%	11,97%	
	Impliziter Steuersatz	27,64%	25,08%	33,13%	37,25%	37,33%	

Tab. 170: Bestimmung des Nutzungswerts vor und nach Unternehmenssteuern sowie bei iterativer Ermittlung der Besteuerung

Unabhängig davon, welche der vorgezeigten ‚Lösungsvarianten' dem *IASB* vorschwebt, muß die Frage nach dem Sinn und Zweck dieser mühsamen[2091] Berechnungsarithmetik erlaubt sein. Der als *"'real' pre-tax discount rate"*[2092] titulierte implizite Zinssatz vor Steuern widerspricht dem in der Beispielsrechnung verwandten risikolosen Zinssatz vor Steuern.[2093] Gleiches gilt für die berechneten impliziten Steuersätze, deren periodenspezifische Variation – verursacht durch den Verlauf der bewertungsrelevanten Zahlungsüberschüsse – zudem äußerst zweifelhaft erscheinen. Ferner wird bei einer iterativen Berechnung des vorsteuerbasierten Nutzungswerts faktisch ein *Value in Use* nach Unternehmenssteuern bestimmt,[2094] was die Überlegungen und Begründungen des *IASB* zur Nichtberücksichtigung der Besteuerung vollends *ad absurdum* führt. Schlußendlich muß konstatiert werden, daß diese Vorschriften des *IAS* 36 im krassen Widerspruch zu den ökonomisch gesicherten Erkenntnissen über die Wirkung der Besteuerung auf Barwertkalküle stehen;[2095] äußerst treffend resümieren *Husmann/Schmidt/Seidel*:

> *"Die Folgerung, dass der iterativ bestimmte Diskontierungssatz die "'real' pre-tax discount rate" sei, ist allerdings fragwürdig. Unserer Ansicht nach ist ein so bestimmter vermögenswertspezifischer Diskontierungssatz vor Steuern ökonomisch gehaltlos und für die Bilanzierungspraxis darüber hinaus auch nutzlos. Wofür sollte man eine „'real' pre-tax discount rate" bestimmen, wenn damit nur ein zuvor bereits berechneter Nutzungswert nach Steuern bestätigt wird?"*[2096]

[2091] A.A. *Bartelheimer/Kückelhaus/Wohlthat* (2004), S. 27, nach denen die „Transformation [...] über den individuellen Steuersatz des Unternehmens erfolgen" kann, ohne daß die genauen Berechnung aufgezeigt wird.
[2092] *IAS* 36.BCZ85.
[2093] Schließlich werden sämtliche Steuereffekte nicht in den *Cashflows*, sondern ausschließlich im Zinssatz berücksichtigt, vgl. *Brücks/Kerkhoff/Richter* (2005), S. 5.
[2094] Vgl. *Castedello* (2006), S. 37.
[2095] Da verwundert es in diesem Zusammenhang doch sehr, daß es mittlerweile Literaturbeiträge gibt, die lang und breit die iterative Bestimmung impliziter Zinssätze vor Steuern aufzeigen, ohne auch nur ein Wort über die betriebswirtschaftliche Unsinnigkeit dieses Vorgehens zu verlieren, vgl. etwa *Breitenstein/Hänni* (2005), S. 650-657.
[2096] *Husmann/Schmidt/Seidel* (2002), S. 15.

Daß aus Perspektive einer Konvergenzanalyse zwischen dem *Impairment of Assets* sowie bereichs- und unternehmenswertorientierten *Controlling* diese ‚Vorstellungen' des *IASB* zur Besteuerungswirkung als verfehlt abgelehnt werden müssen, ist offensichtlich.[2097]

Dementsprechend groß ist die diesbezügliche Kritik aus Theorie und Praxis, worin unisono bemängelt wird, Ertragsteuern seien aufgrund ihrer Entscheidungsrelevanz in den unternehmensinternen Steuerungssystemen seit langem fest implementiert.[2098]

Mittlerweile hat es aber den Anschein, als ob das *IASB* die Notwendigkeit einer diesbezüglichen Anpassung von *IAS* 36 erkannt hätte,[2099] da Abänderungen der Bestimmungen, zumindest mittel- bis langfristig, in Aussicht gestellt werden.[2100] Bis dahin ist die Nichtberücksichtigung von Steuern bei der Bestimmung des Nutzungswerts vom Standpunkt eines bereichs- und unternehmenswertorientierten *Controlling* als höchst unbefriedigend anzusehen.[2101] Entweder werden im unternehmensinternen Planungssystem – wie in der obigen Beispielsrechnung – alle Ertragsteuern mit null angesetzt, was ‚verzerrende' Werteffekte hervorruft, oder es müssen nutzlose Zusatzrechnungen durchgeführt werden, die ein übereinstimmendes Ergebnis zu der bereits vorliegenden Wertermittlung auf Nachsteuerbasis liefern.[2102] Das überzeugende Alternativkonzept zur Bestimmung des *Value in Use* unter Heranziehen der Unternehmens- und Einkommensteuer von *Husmann/Schmidt/Seidel*, was nicht nur eine Verbesserung bei der Vermittlung entscheidungsnützlicher Informationen darstellen würde, sondern obendrein dem Konvergenzpotential äußerst zuträglich wäre, wird derweil nicht weiter vom IASB verfolgt.[2103]

[2097] Vgl. *Olbrich* (2006a), S. 43.
[2098] Vgl. nur *Schaier* (2005), S. 118; *Trützschler et al.* (2005), S. 397; *Wagenhofer* (2006b), S. 10, jeweils m.w.N.
[2099] Vgl. *IAS* 36.BC91, wonach "[t]he Board had not considered these requirements when developing the Exposure Draft. However, some field visit participants and respondents to the Exposure Draft stated that using pre-tax cash flows and pre-tax discount rates would be a significant implementation issue for entities. This is because typically an entity's accounting and strategic decision-making systems are fully integrated and use post-tax cash flows and post-tax discount rates to arrive at present value measures."
[2100] Vgl. *IAS* 36.BC93.
[2101] Vgl. *Beyhs* (2002), S. 207.
[2102] Vgl. *Castedello* (2006), S. 37 dazu, daß die Unternehmenspraxis die iterative Bestimmung eines impliziten Zinsfußes bevorzugt.
[2103] Vgl. auch *Haring* (2004), S. 231 ff.

5.3.3.3.2.2 Bedeutung der Nichtberücksichtigung von Finanzierungsaktivitäten

Die Abstraktion von Finanzierungsaktivitäten in dem nach *IAS* 36 vorgeschriebenen Bewertungsverfahren zur Ermittlung des Nutzungswerts wird gemeinhin mit den aus den DCF-Verfahren geläufigen *Entity*-Ansätze gleichgesetzt.[2104]
Das in der vorliegenden Arbeit zur Fundierung des bereichs- und unternehmenswertorientierten *Controlling* favorisierte Ertragswertkalkül fokussiert aber bekanntlich auf die den Eigenkapitalgebern zufließenden Zahlungsströme. Diese Diskrepanz spricht gegen ein besonders stark ausgeprägtes Konvergenzpotential,[2105] da potentielle Bemühungen, Nutzungs- und Ertragswerte durch entsprechende Überleitungsrechnungen zu verknüpfen, wenig Erfolg versprechen. Hierzu bedürfte es eines modularen, ertragswertorientierten Bewertungsverfahren ‚à la APV-Ansatz', anhand dessen eine Rückrechnung sämtlicher aus dem Zusammenwirken von Finanzierung und Besteuerung resultierender Werteffekte sowie möglicher Wechselbeziehungen mit den weiteren, im *Impairment of Assets* vorgesehenen Normierungen der Erfolgsgrößen als auch der Risikoadjustierung möglich ist. Ein derartiges Bewertungsverfahren ist aktuell weder existent, noch kann angesichts der erforderlichen, komplexen Dekomposition davon ausgegangen werden, daß es sich überhaupt herleiten ließe.

An dieser Stelle könnte der trügerische Eindruck entstehen, die an die *Entity*-Ansätze erinnernde Berechnung des *Value in Use* wäre allenfalls einer Konvergenz abträglich, die sich auf eine unternehmensinterne Steuerung anhand des Ertragswertverfahrens bezieht. Schließlich müßte bei einer kapitalmarktorientierten Ausgestaltung des bereichs- und unternehmenswertorientierten *Controlling* von dem durch den Nutzungswert ausgedrückten Gesamtbereichswert nur der Marktwert des zugeordneten Fremdkapitals abgezogen werden, um den aus Perspektive der Anteilseigner interessierenden, bereichsbezogenen Eigenkapitalmarktwert zu erhalten.

Eine solche Auffassung setzt voraus, daß der *Value in Use* einem anhand von DCF-Verfahren ermittelbaren Marktwert des Gesamtkapitals auf Ebene der *Cash-Generating Unit* entspräche, woran allerdings aufgrund des Zusammenwirkens der in *IAS* 36 vorgesehenen Bewertungsvorgaben gezweifelt werden muß. Ausgehend von der ‚Ausklammerung' der Finanzierungstätigkeit aus den bewertungsrelevanten Erfolgsgrößen könnte der Nutzungswert grundsätzlich anhand des APV- oder WACC-Ansatzes berechnet werden. Für letzteren spricht die explizite Bezugnahme auf den gewichteten Kapitalkostensatz, die den Hinweisen zur Ermittlung des Kalkulationszinsfußes im *Appendix A* des *Impairment of Assets* entnommen werden kann.[2106] Da sich dem Wortlaut von *IAS* 36 zufolge die ‚Finanzierungsneutrali-

---

[2104] Vgl. etwa *Beyhs* (2002), S. 204 ff.
[2105] Kritisch auch *Beyhs* (2002), S. 205.
[2106] Vgl. *IAS* 36.A17 (a).

tät' ebenso auf den Diskontierungszinssatz erstreckt,[2107] aber die Berücksichtigung von Finanzierungseinflüssen gerade den integralen Bestandteil eines ‚richtig' bestimmten, gewichteten Kapitalkostensatzes ausmacht,[2108] ist aufgrund dieser Normierung nicht nur eine entsprechende Berechnung des Kalkulationszinsfußes (vgl. Kap. 4.4.2.4.2, S. 273 ff.), sondern damit auch die Ermittlung des bereichsbezogenen Marktwerts des Gesamtkapitals unmöglich.

Dem könnte entgegnet werden, daß es sich bei dem in *IAS* 36 vorgesehenen Diskontierungszinssatz um den unverschuldeten Eigenkapitalkostensatz der Bewertungseinheit handele, und folglich eine Verknüpfung mit dem APV-Verfahren in Betracht käme. Dieser Einwand abstrahiert wiederum davon, daß bei einer standardkonformen Anwendung des *Impairment of Assets* der Wertbeitrag des Fremdkapitals vernachlässigt wird.[2109] Weitergehend sind noch nicht hinreichend konkretisierte Erweiterungsinvestitionen und Restrukturierungsmaßnahmen (vgl. Kap. 5.3.3.3.2.3, S. 369 ff.) sowie sonstige Steuereffekte (vgl. Kap. 5.3.3.3.2.1, S. 364 ff.) außer acht zu lassen. Dies bedingt mit den sich hieraus ergebenden Wechselwirkungen eine veränderte Risikoposition der Bewertungseinheiten bei einer Barwertberechnung entsprechend der Vorgaben von *IAS* 36 (vgl. Kap. 5.3.3.3.1, S. 361 ff.). Eine ‚imaginäre' Verschiebung des demnach zu verwendenden unverschuldeten ß-Faktors des Bewertungsobjekts wäre die Folge; an den dazu notwendige Bewertungsgleichungen mangelt es in der Literatur.[2110] Von daher kann der unbedachte Abzug des Fremdkapitalmarktwerts von einem auf diesem Weg bestimmten Nutzungswert nicht zu dem gesuchten Marktwert des Eigenkapitals führen.[2111]

Insgesamt ist somit festzustellen, daß sich die in den Vorschriften von *IAS* 36 vorgesehene Nichtberücksichtigung von Finanzierungsaktivitäten äußerst negativ auf das Konvergenzpotential zwischen Werthaltigkeitsüberprüfungen sowie dem bereichs- und unternehmenswertorientierten *Controlling* auswirkt.

5.3.3.3.2.3 Untersuchung der Auswirkungen einer Nichtberücksichtigung von Erweiterungs- und Restrukturierungsmaßnahmen

Der weitgehend fehlende Einbezug von Zahlungsmittelzu- und abflüssen aus Erweiterungsinvestitionen und Restrukturierungsmaßnahmen führt nicht nur zu gravierenden Abgrenzungsschwierigkeiten bei der praktischen Durchführung von Werthaltigkeitsüberprüfungen (vgl. Kap. 4.4.2.1.2.3, S. 262 ff.), sondern hat auch enorme Auswirkungen auf das Konvergenzpotential zwischen dem *Impairment of*

[2107] Vgl. *IAS* 36.A19.
[2108] Vgl. nur *Dinstuhl* (2003), S. 35 ff., m.w.N.
[2109] Vgl. implizit *Beyhs* (2002), S. 207.
[2110] Bereits die Ermittlung des systematischen Risikos der operativen Erfolge eines eigenfinanzierten Unternehmens bereitet ohne die Bewertungsvorgaben von *IAS* 36 regelmäßige Probleme. Vgl. diesbezüglich *Ballwieser* (2007a), S. 133 ff., m.w.N.
[2111] A.A. *Brücks/Kerkhoff/Richter* (2005), S. 7.

Assets sowie dem bereichs- und unternehmenswertorientierten *Controlling*. Eine dementsprechende Untersuchung mündet – wie der Meinungsstreit von *Haaker*, *Olbrich* und *Klingelhöfer* aufzeigt[2112] – in der Fragestellung, ob eine Übernahme der von Seiten des *IASB* für die Berechnung des *Value in Use* vorgesehene Gewichtung von *Relevance* und *Reliability* in die interne Unternehmenssteuerung zu befürworten ist. Dabei gilt es letztlich zu klären, ob die diesbezüglichen ‚Objektivierungen' des Barwertkalküls nach *IAS* 36 als Grundlage eines bereichs- und unternehmenswertorientierten *Controlling* dienen können.[2113]

In diesem Zusammenhang vertritt *Haaker* die Auffassung, eine „gewisse Grundobjektivierung" der internen Unternehmensrechnung sei zwingend notwendig, über dessen „zweckmäßigen Grad sich [aber] sicherlich streiten"[2114] ließe. Als Begründung für diese Position reicht seines Erachtens die Überlegung aus, daß Objektivierungsmaßnahmen in der Rechnungslegung gemeinhin eine hohe Akzeptanz genössen, weshalb entsprechende Normierungen wegen der „strukturelle[n] Gleichartigkeit der Delegationsverhältnisse und der damit verbundenen Prinzipal-Agenten-Probleme"[2115] im externen und internem Rechnungswesen zwingend eine Anerkennung bei der wertorientierten Unternehmensführung finden müßten.

Diese Argumentation zielt vor allem auf die Kritik von *Klingelhöfer* ab, dem *Haaker* versucht, strukturelles Unverständnis von Auftragsbeziehungen in einem Gesamtunternehmen nachzuweisen. Erstgenannter hatte nämlich herausgestellt, im Rahmen der internen Steuerung stünde „das eigene Wohl (und Wehe) im Vordergrund"[2116]. Folglich sei der Einsatz finanzierungstheoretischer Bewertungskonzeptionen im bereichs- und unternehmenswertorientierten *Controlling* zweifelhaft und eine Konkretisierung des Barwertkalküls in einem subjektiven Erfolgswert zu bevorzugen (vgl. Kap. 2.4.1, S. 26 ff.; Kap. 5.3.3.1, S. 331 ff.). Dagegen bemüht sich *Haaker*, ohne Bezug auf die zugrundeliegende Bewertungskonzeption seine Zielsetzung einer „umfassenden ‚Objektivierungsstrategie', welche auch die Akzeptanz und das Vertrauen in eine Steuerungsrechnung erhöht"[2117] zu verfolgen. Was das betrifft werden kapitalmarktbezogene Kalkulationszinsfüße grundsätzlich als ein geeignetes Instrumentarium angesehen.[2118] Weitergehend erachtet *Haaker* die durchgängige Eliminierung von Erweiterungsinvestitionen und Restrukturierungen für die interne Unternehmenssteuerung als „akzeptabel"[2119].

[2112] Vgl. *Haaker* (2006c), S. 692 ff.; *Klingelhöfer* (2006), S. 592 ff.; *Olbrich* (2006b), S. 686 f.
[2113] Vgl. auch *Troßmann/Baumeister* (2005), S. 639.
[2114] *Haaker* (2006c), S. 693.
[2115] *Haaker* (2006c), S. 693.
[2116] *Klingelhöfer* (2006), S. 595.
[2117] *Haaker* (2006c), S. 693, was durch *Hense* (2006), S. 261 Bestätigung fände.
[2118] Zu den sich vor dem Hintergrund von *IAS* 36 ergebenden Ermessensspielräumen vgl. *Hachmeister* (2005), S. 221; *Hachmeister* (2006c), S. 430; *Mandl* (2005), S. 156.
[2119] *Haaker* (2005a), S. 355, wobei der Verweis auf *Gebhardt* (2003), S. 76, wonach „auch bei einer originär zu Steuerungszwecken erstellten periodischen Unternehmenswertrechnung entsprechende Vereinfachungen notwendig" seien, offensichtlich unzutreffend ist.

Mit der letzten Aussage stellt *Haaker* jedoch seine eigene Begründungskette in Frage. Denn es wird seinerseits verkannt, daß Unternehmensbewertungen für das interne Rechnungswesen „der Selbstinformation desjenigen dienen sollen, der die Rechnung durchführt oder induziert. In derartigen Situation bestehen keine divergierenden Informationsinteressen zwischen Sender (Ersteller) und Empfänger einer Information wie in der klassischen Rechnungslegungssituation."[2120] Insoweit liegt auch keine vergleichbare Notwendigkeit einer „umfassenden ‚Objektivierungsstrategie'"[2121] vor, zumal bereits die fortlaufende Ermittlung von Unternehmenswerten zu einer weitgehenden Objektivierung im *Value Based Management* beiträgt.[2122] Darüber hinaus verfügen unternehmensinterne Adressaten von Barwertkalkülen über Auswertungsmöglichkeiten,[2123] die Bilanzlesern mit ihrer komprimierten Informationsbasis vorenthalten sind. Um einer Ausnutzung etwaig verbleibender unternehmensinterner Informationsasymmetrien entgegenzuwirken, ist sodann auf Anreizsysteme zurückzugreifen, die von der *agency*theoretischen Forschung zur Verhaltenssteuerung entwickelt worden sind (vgl. Kap. 3.2.2, S. 99 ff.).

Nach den dortigen Erkenntnissen mutet es aber unvereinbar an, auf eine wahrheitsgemäße und „unverzerrte"[2124] Wiedergabe von Informationen durch dezentrale Entscheidungsträgern hinzuwirken, indem generell davon abgesehen wird, die Zahlungsmittelkonsequenzen zukünftiger Erweiterungsinvestitionen und Restrukturierungsmaßnahmen in die Bewertungskalküle einer bereichsbezogenen Unternehmensbewertung für interne Zwecke einzubeziehen. Die auf einer solchen Daten- und Zahlenbasis berechneten Kennzahlen können die Anforderungen der Anreizverträglichkeit in keiner Weise erfüllen; wie *Beyhs* in seiner Analyse des Nutzungswerts aus der Unternehmensbewertungstheorie äußerst treffend formuliert,[2125] bewirken die Normierungen von *IAS* 36 eine systematische Negierung bewertungsrelevanten Wissens:[2126]

„Bewertungsrelevantes Wissen wird durch die Vorschriften von IAS 36 unterdrückt. Dies bewirkt – geht man davon aus, daß Erweiterungsin-

---

[2120] *Beyhs* (2002), S. 201 (Hervorhebungen im Original).
[2121] *Haaker* (2006c), S. 693.
[2122] Vgl. *Schneider* (1971), S. 615, demgemäß „[d]ie jährliche Wiederholung der Ertragswertrechnung [...] dem mißbräuchlichen Ermessen bei der Ertragswertrechnung Grenzen [setzt]. Der Vorstand, der über Jahre hinweg für seine Firma einen sehr niedrigen Ertragswert errechnet, spricht seinen eigenen Fähigkeiten ein Armutszeugnis aus und widerlegt sich selbst, wenn über Jahre hinweg nominelle realisierte Gewinne entstehen, er aber nie einen Ertragswertzuwachs für seine Firma und damit einen entsprechend hohen ausschüttungsfähigen Betrag errechnet." Inkonsistenterweise verweist *Haaker* (2005a), S. 355 auch auf die diese Quelle.
[2123] Vgl. *Wagenhofer* (2006b), S. 15.
[2124] *Haaker* (2006c), S. 693.
[2125] *Ballwieser* (2006b), S. 280 empfiehlt aufgrund entsprechender Mängel dem *IASB* pointiert, „bei der Vorbereitung technisch komplexer Standards auf die Kompetenz entsprechender Fachleute zurückzugreifen."
[2126] Vgl. auch *Ballwieser* (2006a), S. 201; *Ballwieser* (2006b), S. 276 sowie selbstkritisch *Haaker* (2006c), S. 689.

vestitionen, Restrukturierungsmaßnahmen und andere Realoptionen nur dann beabsichtigt bzw. ernsthaft in einer Unternehmensplanung berücksichtigt werden, wenn sie sich als investitionstheoretisch vorteilhaft darstellen – eine Negierung positiver Kapitalwertbeiträge bei der VIU-Berechnung. Der VIU einer CGU wird um diese positiven Zielbeiträge zu niedrig ermittelt.[2127]

Die sich hieraus ergebenden Verzerrungen können exemplarisch anhand der Beispielsrechnung aufgezeigt werden: Eines der wesentlichen von der K AG mit dem Unternehmenskauf verfolgten Ziele stellte die ‚Übernahme' der dem Bereich BA zugesprochenen, positiven Wachstumsaussichten dar (vgl. Kap. 5.2.1.1, S. 302 ff.). Das Bewertungsumfeld des ein Jahr später vorzunehmende *Impairment Test* ist durch den Eintritt eines neuen Wettbewerbers auf den relevanten Markt gekennzeichnet (vgl. Kap. 5.3.3.2.3, S. 344 ff.).[2128] Der Bereich B1A büßte hierdurch 7% des Vorjahresumsatzes ein. Zur Erreichung der im Zeitpunkt der Akquisition ursprünglich anvisierten Wachstumsziele beschloß das *Management* im Jahr 2008, die in der letzten Zeile von Tab. 171 dargestellte Ausweitung der Investitionsplanungen:

Jahr	2008	2009	2010	2011	2012 ff.
Investitionsplanung (ex ante-Perspektive)	13.000,00	16.000,00	19.600,00	20.400,00	15.000,00
Investitionsplanung (IAS 36)	15.000,00	11.000,00	11.000,00	11.000,00	11.000,00
Investitionsplanung (ex post-Perspektive)	15.000,00	25.000,00	30.000,00	28.000,00	19.000,00

Tab. 171: Investitionsplanung des Bereichs B1A aus ex ante-, ex post- und Perspektive der Werthaltigkeitsüberprüfung im Jahr 2008

Dem Wortlaut von *IAS 36* folgend dürfen die damit zukünftig verbundenen Zahlungsmittelab- und zuflüsse bei der Berechnung des *Value in Use* nicht berücksichtigt werden;[2129] für eine standardkonforme Bewertung des Bereichs B1A, ‚wie er steht und liegt', ist eine fortlaufende Investitionstätigkeit i.H.v. 11.000,00 p.a. als ausreichend zu erachten.[2130] Erst in den Folgejahren fließen die mit den jeweiligen Investitionsjahrgängen verbundenen Zahlungsmittelkonsequenzen *peu à peu* in die Bestimmung des Nutzungswerts ein.[2131] In einer solchen „artifiziellen Planung"[2132] können sich weder die im bereichs- und unternehmenswertorientierten *Controlling* ursprünglich geplanten, noch revidierten *Value Driver* in voller Höhe niederschlagen, was bezogen auf die Umsatzwachstumsrate in Tab. 172, S. 373 abgebildet ist:

[2127] *Beyhs* (2002), S. 206 (Hervorhebungen im Original).
[2128] Von einer unterjähriger Werthaltigkeitsüberprüfung sei vereinfachgemäß abgesehen.
[2129] Vgl. IAS 36.33 (b).
[2130] Das „Prognoseproblem" wird mit den Worten von *Hachmeister* (2006b), S. 260 „auf die erwartete Entwicklung jener Erfolgsfaktoren [...] begrenz[t], die bereits in der Vergangenheit von Bedeutung waren und unabhängig von zukünftigen Entwicklungen sind.
[2131] Vgl. *Ulbrich* (2006), S. 289.
[2132] *Hoffmann* (2007), § 11, Rz. 60.

Jahr	2009			2010			2011		
Szenario	I	II	III	I	II	III	I	II	III
Wahrscheinlichkeit	0,35	0,40	0,25	0,35	0,40	0,25	0,35	0,40	0,25
Umsatzwachstum (ex ante-Perspektive)	34,93%	33,57%	33,06%	26,36%	23,66%	21,42%	14,60%	10,99%	9,06%
Umsatzwachstum (*IAS* 36)	4,00%	2,00%	1,00%	6,00%	4,00%	3,00%	3,00%	2,00%	1,50%
Umsatzwachstum (ex-post-Perspektive)	45,00%	42,00%	40,00%	55,00%	52,00%	49,00%	25,00%	24,00%	22,00%

Tab. 172: Umsatzwachstumsplanung des Bereichs B1A aus ex ante-, ex post- und Perspektive der Werthaltigkeitsüberprüfung im Jahr 2008

Insoweit zeichnet sich die Beispielsrechnung durch eine stark ausgeprägte Divergenz zwischen unternehmensintern prognostizierten und im Rahmen des *Impairment Test* anzusetzenden bewertungsrelevanten Erfolgsgrößen aus.[2133]

Selbst wenn es nicht möglich ist, die genauen Werteffekte einer Nichtberücksichtigung von Erweiterungsinvestitionen und Restrukturierungsmaßnahmen generell zu quantifizieren,[2134] was auch wesentlich von der Definition eliminierungspflichtiger Sachverhalte bedingt wird,[2135] muß eine solche Normierung aus Perspektive eines bereichs- und unternehmenswertorientierten *Controlling* als schwerwiegendes Defizit des Bewertungskalküls von *IAS* 36 angesehen werden.[2136] Da es mit einer solchen Bewertungsvorgabe aussichtslos erscheint, einen Unternehmenswert zu bestimmen, der sich zur Entscheidungsunterstützung heranziehen ließe oder auf dessen Basis Kennzahlen bestimmt werden könnten, die die aufgestellten Kriterien an wertorientierte Performancemaße erfüllten (vgl. Kap. 3.3.2, S. 105 ff.), wird – im Gegensatz zu *Haaker* – die Eliminierung von Erweiterungsinvestitionen und Restrukturierungen im Rahmen von Barwertberechnungen für die interne Unternehmensführung als nicht vertretbar zurückgewiesen.[2137]

5.3.4 Zwischenfazit hinsichtlich der Konvergenzeigenschaften des Nutzungswerts für die interne Unternehmenssteuerung

Jede einzelne der in den vorstehenden Gliederungspunkten partiell diskutierten Normierungen des Barwertkalküls zur Bestimmung des *Value in Use* beeinflußt die Konvergenzmöglichkeiten zwischen Werthaltigkeitsüberprüfungen sowie dem bereichs- und unternehmenswertorientierten *Controlling*.[2138] Während sich hinsicht-

---

[2133] Die aus der ex ante-Perspektive vorliegende Investitionsplanung ist zwar teilweise in die Bestimmung des Grenzpreises der E AG eingeflossen, darf jedoch bei der Ermittlung des Nutzungswerts nur mit den Erhaltungsinvestitionen einbezogen werden, da zukünftige Erweiterungsinvestitionen durch einen Unternehmenserwerb nicht automatisch an *Reliability* gewinnen, vgl. *Weißenberger* (2007a), S. 315.
[2134] Vgl. *Beyhs* (2002), S. 207.
[2135] Vgl. zu den Abgrenzungsschwierigkeiten zwischen Erhaltungs- und Erweiterungsinvestitionen *Hachmeister* (2006c), S. 431; *Pfaff/Schultze* (2006), S. 128; *Trützschler et al.* (2005), S. 397; *Wagenhofer* (2006b), S. 10; *Weißenberger* (2007a), S. 320.
[2136] Vgl. *Beyhs* (2002), S. 212; *Trützschler et al.* (2005), S. 396 ff.
[2137] Nach *Wirth* (2005), S. 51 mit Verweis auf *IAS* 36.BC72 ist eine Überarbeitung der Nichtberücksichtigung von Erweiterungsinvestitionen und Restrukturierungsmaßnahmen geplant.
[2138] Vgl. ähnlich *Trützschler et al.* (2005), S. 397.

lich der zu verwendenden Bewertungskonzeptionen noch eine Übereinstimmung erzielen läßt, limitieren vor allem die in *IAS* 36 vorgesehene Nichtberücksichtigung von Finanzierungs- und Steuerwirkungen sowie noch nicht eingeleiteter Erweiterungsinvestitionen und Restrukturierungsmaßnahmen die Verknüpfungsmöglichkeiten in erheblichem Maße. Des weiteren wirkt die sich hieraus ergebende ‚fiktive' Verschiebung der mit dem betrachteten Bewertungsobjekt einhergehenden Risikoposition negativ auf das Konvergenzpotential aus.

Daß *Haaker* zu einem konträren Untersuchungsergebnis gelangt, wonach *Impairment Test* und interne Unternehmenssteuerung eine weitgehende Konvergenz auszeichnen, verwundert kaum. Die im Rahmen dieser Arbeit herausgearbeiteten Divergenzen zwischen den bewertungsrelevanten Erfolgsgrößen werden in seinen Abhandelungen größtenteils ausgeklammert, wie nachstehendes Zitat belegt:

> „Hierbei soll nur auf die tragenden Kernelemente eingegangen werden; ermittlungstechnische Details sollen ausgespart bleiben."[2139]

Streckenweise erweckt die Argumentation von *Haaker* allerdings auch den Eindruck, als sei das Wissen um die Abträglichkeit der dem Normzweck geschuldeten Bewertungsvorgaben zur Bestimmung des *Value in Use* für eine Verknüpfung mit der bereichsbezogenen Unternehmensbewertung durchaus vorhanden:

> „Stehen hingegen Teilunternehmenswerte bereits in geprüfter Form als ‚Service' der IFRS zur Verfügung, dann sollten diese (auch wenn sie keine ‚absolute theoretische Richtigkeit' aufweisen) grundsätzlich intern genutzt werden."[2140]

Warum ungeachtet dieser Erkenntnis einer aus Sicht der Unternehmensbewertungslehre vorliegenden ‚Fehlerhaftigkeit' des Nutzungswerts im Rahmen der internen Unternehmenssteuerung auf dieses Bewertungskalkül zurückgegriffen werden sollte, bleibt unklar. Die angeführten „Vereinfachungs- und Kostengesichtspunkte"[2141] können die zu erwartenden ‚Fehlsteuerungsimpulse' bei weitem nicht aufwiegen.[2142] Als besonders irreführend müssen deshalb die von *Haaker* vorgenommenen, suggestiven ‚Verniedlichungen', der Value in Use entspräche nicht „dem theoretischen Ideal einer (strategischen) Unternehmensbewertung",[2143] erachtet werden. Laut *Ulbrich* erhielte eine bereichsbezogene Unternehmensbewertung für interne Zwecke sogar eine besondere „Wertschätzung"[2144] durch die Vor-

---

[2139] *Haaker* (2006c), S. 688.
[2140] *Haaker* (2006c), S. 694.
[2141] *Haaker* (2007a), S. 87.
[2142] Weitergehend muß der rudimentäre Entwicklungstand von Ansätzen zur Bewertung von Teilsystemen der Unternehmensrechnung angemerkt werden, vgl. *Küpper* (2002), Sp. 2035, m.w.N.
[2143] Hierzu bedürfte es zunächst einer Klärung, was unter einer strategischen Unternehmensbewertung verstanden werden soll. Vgl. grundlegend *Dirrigl* (1994), S. 409-432; kritisch auch *Hering* (2006), S. 232 ff.; *Matschke/Brösel* (2006), S. 109 ff.
[2144] *Ulbrich* (2006), S. 290.

schriften von *IAS 36*. Welche quantitativen Auswirkungen von einer solchen ‚Anerkennung' seitens der Rechnungslegung ausgehen, läßt sich an der in Tab. 173 enthaltenen Gegenüberstellung der bewertungsrelevanten Erfolgsgrößen der Beispielsrechnung zeigen:[2145]

Jahr	2009	2010	2011	2012	2013	2014	2015 ff.
SÄ (NCF_t^{HEV}) (ex ante-Perspektive)	1.327,66	1.949,98	2.709,72	6.478,41	6.710,75	7.061,86	7.507,09
SÄ (CF_t^{IAS36}) (*IAS 36*)	4.984,32	3.466,91	3.289,29	3.494,04	3.612,18	3.612,18	3.612,18
SÄ (NCF_t^{HEV}) (ex post-Perspektive)	-3.066,50	-4.635,82	-1.709,46	5.662,02	6.290,14	7.150,17	7.892,22

Tab. 173: Bewertungsrelevante *Cashflows* aus ex ante-, ex post- und Perspektive der Werthaltigkeitsüberprüfung im Jahr 2008

Zwar müssen die geplanten Zahlungsmittelüberschüsse *in praxi* nicht generell in dem aufgezeigten Umfang auseinanderklaffen, eine Übereinstimmung dürfte indessen rein zufälliger Natur sein.[2146] Dabei erweist sich auch die Vorstellung als trügerisch, anhand der Bewertungsvorgaben des *Impairment of Assets* könne insofern eine „Objektivierung"[2147] des Barwertkalküls erfolgen, als daß die Erhöhung der *Relevance* mit einer betragsmäßigen Minderung des *Value in Use* im Vergleich zu einem bereichsbezogenen Unternehmenswert für interne Zwecke einherginge. *Ceteris paribus* verursacht der fehlende Einbezug zukünftiger Erweiterungsinvestitionen zweifelsfrei eine Verringerung des Nutzungswerts um die damit einhergehenden positiven Ertragswerteinflüsse.[2148] Dagegen dokumentiert schon die Diskussion um das Steuerparadoxon hinlänglich, daß die Berücksichtigung von Steuern in Barwertkalkülen zu einer verhältnismäßigen Erhöhung, Verringerung oder Beibehaltung des Bewertungsergebnisses führen kann.[2149] Das ‚Herausrechnen' der Besteuerung muß demnach spiegelbildliche Werteffekte zur Folge haben, die eine zusätzliche ‚Ergänzung' um die Konsequenzen aus dem fehlenden Einbezug von Finanzierungsaktivitäten sowie die ‚imaginäre' Veränderung der Risikoposition finden.

Über den aus dem Zusammenwirken dieser Normierungen insgesamt resultierenden Werteinfluß kann folglich keine allgemeingültige Aussage getroffen werden,

---

[2145] Vgl. zu einer ähnlichen divergenten Beispielsrechnung *Troßmann/Baumeister* (2005), S. 641 ff.
[2146] An den Bezeichnungen in Tab. 173 kann auch abgelesen werden, daß es sich beim bewertungsrelevanten *Cashflow* (CF_t^{IAS36}) entgegen literaturüblicher Unterstellungen nicht um einen *Free Cashflow* handelt. Beide Zahlungsmittelüberschüsse sind zwar so konzipiert, daß sie sich durch den fehlenden Einbezug von Finanzierungsaktivitäten charakterisieren lassen, jedoch steht die Berücksichtigung der Besteuerung und von Erweiterungsinvestitionen in der Bewertungskonzeption des *Free Cashflow* außer Frage. Vgl. kritisch auch *Ballwieser* (2006a), S. 204; *Ballwieser* (2006b), S. 278. Gleichsam erscheint es in diesem Zusammenhang irritierend von einer ‚Vollausschüttungshypothese' zu sprechen, wenn die nach den Vorschriften von *IAS 36* bestimmte Erfolgsgröße betragsmäßig in keinem Zusammenhang mit dem Jahresüberschuß steht. Vgl. sogar *Ballwieser* (2006a), S. 201; *Hachmeister* (2005), S. 218 f.; *Hachmeister* (2006b), S. 261.
[2147] *Ulbrich* (2006), S. 290.
[2148] Vgl. *Beyhs* (2002), S. 206; *Brücks/Kerkhoff/Richter* (2005), S. 6; *Trützschler et al.* (2005), S. 397.
[2149] Vgl. nur *Wagner* (1979), S. 69-72.

so daß die Höhe und Richtung der Abweichung zwischen dem Nutzungswert und einem im unternehmenswertorientierten *Controlling* bestimmten bereichsbezogenen Ertragswert prinzipiell offen bleibt.

Eine unternehmenswertorientierte Performancemessung im eigentlichen Sinne durch den Vergleich periodendifferenzierter Unternehmenswerte (vgl. Kap. 3.2.1, S. 95 ff.; Abb. 39, S. 298, Nummer zwei), die unter Beachtung der Bewertungsvorgaben des *Impairment of Assets* berechnet worden sind, scheidet aufgrund dieser inhärenten Wertdifferenzen aus. Gleiches muß im übrigen für die auf dieser Basis bestimmten Kapital(einsatzmehr-)werte gelten, und zwar unabhängig davon, wie das eingesetzte Kapital bestimmt worden ist (vgl. Abb. 39, S. 298, Nummer drei).

Vor diesem Hintergrund erzeugt es Erstaunen, wenn 93% der in der empirischen Untersuchung von *Pellens et al.* befragten deutschen Großunternehmen angeben, die Daten- und Zahlenbasis von *Impairment Tests* und der internen Steuerung des Konzerns stimme gänzlich überein.[2150] Die Beantwortung der Frage, ob sich dieser Befund dahingehend konkretisiert, daß entweder nicht standardkonforme Zahlungsmittelüberschußprognosen und Bewertungsparameter in Werthaltigkeitsüberprüfungen einfließen oder es in der Unternehmensführung zu einer Adaption der Bewertungsvorschriften des *Value in Use* kommt, war nicht Gegenstand der Studie.

Aufgrund der vorstehenden Überlegungen muß nicht zuletzt deshalb dringend von einer Übertragung der Bewertungsvorschriften des *Impairment of Assets* auf das bereichs- und unternehmenswertorientierte *Controlling* abgeraten werden.[2151] Anders lautende Empfehlungen, gerade der beraternahen Literatur, die eine „vollständige Anpassung der internen Steuerungsprozesse an die Anforderungen, die sich aus *IAS 36* ableiten"[2152], als erstrebenswert suggerieren, sind wegen des hieraus resultierenden ‚Fehlsteuerungspotentials' als fahrlässig zurückzuweisen.[2153]

Äußerst kritisch müssen auch die von der Theorie und Praxis angeregten „Anpassungsmaßnahmen" oder „Überleitungsrechnungen"[2154] gesehen werden,[2155] die eine einfache Umrechnung des *Value in Use* in einen bereichsbezogenen Ertragswert und *vice versa* suggerieren.[2156] Daß eine solche Transformation keineswegs mühelos vonstatten gehen dürfte,[2157] demonstriert die beschriebene Vielzahl und

---

[2150] Vgl. *Pellens et al.* (2005), S. 17.
[2151] Vgl. *Brösel/Müller* (2007), S. 42.
[2152] *Bartelheimer/Kückelhaus/Wohlthat* (2004), S. 23. Mißverständlich auch *Weißenberger* (2007a), S. 319.
[2153] *Hense* (2006), S. 257 zufolge sieht die *Thyssen Krupp AG* Werthaltigkeitsüberprüfungen von Goodwills „grundsätzlich als Grundlage für die Unternehmenssteuerung" an. Ferner *Dais/Watterott* (2006), S. 468 für die *Robert Bosch GmbH*.
[2154] *Weißenberger* (2007a), S. 320 (beide Zitate).
[2155] Vgl. *Haaker* (2005a), S. 353, der sogar gedenkt, den „Anpassungsbedarf […] im Spannungsfeld von Kosten und Nutzen abzuwägen". Ferner *Haaker* (2006a), S. 45 f.; *Hachmeister* (2006c), S. 431.
[2156] Vgl. kritisch auch *Pfaff/Schultze* (2006), S. 128; *Wagenhofer* (2006b), S. 10.
[2157] Vgl. selbstkritisch *Weißenberger* (2007a), S. 320.

Komplexität der sich aus den Normierungen auftuenden Werteffekte. Vermutlich mangelt es deshalb bislang auch an einer entsprechenden Konkretisierung dieser Vorschläge. Solange die Anpassungsrechnungen aber noch nicht ausreichend präzisiert sind, müssen ernste Zweifel an deren praktischen Umsetzungsmöglichkeit geäußert werden.

Aus diesen Gründen ist derzeit nur die Beibehaltung einer autarken Daten- und Zahlenbasis für das bereichs- und unternehmenswertorientierten *Controlling* anzuraten.[2158] Eine Angleichung des hierfür verwendeten Unternehmensbewertungskalküls an die Vorschriften des Nutzungswerts wäre hingegen mit erheblichen Qualitätseinbußen verbunden,[2159] wie sich abschließend mit dem Resümee von *Wagenhofer* allgemein herausstellen läßt:

> *„Geht man davon aus, dass das Controlling aus interner Sicht optimal gewählt war, so muß eine Angleichung von Controllinginstrumenten an die internationale Rechnungslegung deren Nutzen vermindern (oder bestenfalls gleich belassen). [...]*
> *Der wesentliche Nachteil besteht darin, dass bei einer Angleichung Informationen der Rechnungslegung ins Controlling übernommen werden, die durch die Anwendung von Standards generiert werden, die vorwiegend einem anderen Zweck dienen. Rechnungslegungsstandards sind weiter nicht immer konsistent (z.B. die Abzinsung von Rückstellungen, nicht aber von latenten Steuern) oder erwachsen aus einem Kompromiss (z.B. erfolgsneutrale Zeitbewertung). Sie entstehen aus einer Abwägung zwischen Relevanz und Verläßlichkeit von Informationen, die an den Möglichkeiten externer Adressaten ausgerichtet sind. Interne Adressaten verfügen häufig über ergänzende organisatorische Maßnahmen, die eine andere Wertung ermöglichen."*[2160]

Angesichts dieses ernüchternden Ergebnisses[2161] der Analyse des Nutzungswerts aus dem Blickwinkel einer bereichsbezogenen Unternehmensbewertung für interne Zwecke erscheinen die kreativen Bemühungen, die Regelungen des *Impairment of Assets* auszuhebeln, sei es durch eine bewußte „Fehletikettierung"[2162] des *Fair Value less Cost to sell* oder die Fiktion eines „'Anlagen im Bau'-analogen Sta-

---

[2158] Vgl. generell *Truxius* (2006), S. 410 sowie speziell *Trützschler et al.* (2005), S. 405.
[2159] Vgl. *Trützschler et al.* (2005), S. 404. Vor einer unbedarften Übertragung der Daten- und Zahlenbasis des Akquisitions*controlling* auf Werthaltigkeitsüberprüfungen wird hingegen gewarnt, vgl. etwa *Pfaff/Schultze* (2006), S. 128; ähnlich *Hachmeister* (2006c), S. 431. A.A. wohl *Hense* (2006), S. 258 ff.
[2160] *Wagenhofer* (2006b), S. 15; ähnlich *Günther/Schiemann* (2005), S. 621.
[2161] Vgl. allgemein auch *Troßmann/Baumeister* (2005), S. 647 die im „Fair Value keinen entscheidenden Durchbruch für eine Harmonisierung von externem und internem Rechnungswesen" sehen (Hervorhebungen im Original).
[2162] *Hoffmann* (2007), § 11, Rz. 64; vgl. ferner *Freiberg/Lüdenbach* (2005), S. 479.

tus[']"[2163], in einem anderen Licht: Es kann hierin das Bestreben gesehen werden, den *Recoverable Amount* an bestehende, unternehmensinterne Steuerungskonzepte anzupassen.[2164]

Dies kann freilich nicht darüber hinwegtäuschen, daß der Normzweck des erzielbaren Betrags *de lege lata* und eine standardkonforme Anwendung des *Impairment of Assets* trotz alledem einer Konvergenz mit Bewertungskalkülen entgegenstehen, die für ein bereichs- und unternehmenswertorientiertes *Controlling* genutzt werden sollten.[2165] *De lege ferenda* ließe sich, in Abhängigkeit von entsprechenden Veränderungen der im Rahmen des *Impairment Test* anzuwendenden Bewertungskonzeption, ein positiveres Zwischenfazit ziehen, wenn etwa das *IASB* die Gestaltungsempfehlungen von *Trützschler et al.* zur *Goodwill*bilanzierung beherzigte:

> „Wünschenswert wäre daher aus Unternehmenssicht eine Überarbeitung bzw. Interpretation der bestehenden Regelungen, die zum einen den konzeptionellen Wissensstand zum Thema Unternehmensbewertung besser berücksichtigt, zum anderen den Aufwand für Unternehmen vermindert und damit unter Umständen auch die Ziele der Standardsetter besser erreicht. Hier gilt ausnahmsweise nicht der Grundsatz ‚Lieber ungefähr richtig als genau falsch'. Vielmehr sollte der Maxime ‚Entweder konsequent richtig oder gar nicht' gefolgt werden. ‚Konsequent richtig' könnte z.B. für IFRS durch eine auch nach dem Wortlaut konsequente Zulassung einer Nachsteuerbetrachtung unter Einschluß aller wertsteigernden geplanten Maßnahmen erreicht werden. ‚Gar nicht' würde wieder zu einer planmäßigen Abschreibung der Geschäfts- oder Firmenwerte zurückführen."[2166]

5.4 Berücksichtigung von Goodwills und deren etwaigen Abschreibungen im Rahmen der (unternehmens-)wertorientierten Performancemessung

5.4.1 Weiteres Vorgehen

Strenggenommen müßte die Erörterung einer unternehmenswertorientierten Konvergenz in der Unternehmensrechnung angesichts des vorstehenden Analyseergebnisses beendet werden. Es fehlt an einer übereinstimmenden Daten- und Zahlenbasis zwischen den Vorschriften des *Impairment of Assets* sowie dem bereichs- und unternehmenswertorientierten *Controlling*. Eine Konvergenz der Grunddaten

---

[2163] *Hoffmann* (2007), § 11, Rz. 61.
[2164] Vgl. so wohl *Brücks/Kerkhoff/Richter* (2005), S. 4 ff.
[2165] Vgl. kritisch auch *Dirrigl* (2006), S. 777.
[2166] *Trützschler et al.* (2005), S. 405.

sowie der bereichsbezogenen Barwerte scheidet daher aus (vgl. Abb. 39, S. 298, Nummern eins und zwei).
Als ‚Triebfeder' einer Fortsetzung der Untersuchung diesbezüglicher Verknüpfungsmöglichkeiten könnten

- entweder das Interesse an einer Abhandlung über eine ‚idealtypische' Vereinheitlichung der vorgenannten Teilsysteme der Unternehmensrechnung, wofür von den in *IAS 36* enthaltenen Bewertungsvorgaben zu abstrahieren und die für das externe und interne Rechnungswesen zu verwendenden Zahlungsströme und Kalkulationszinsfüße gleichzusetzen wären,
- oder die Zielsetzung betrachtet werden, die unterschiedlichen Möglichkeiten des Einbezugs von *Goodwills* und deren etwaigen Abschreibungen in die wertorientierte Performancemessung zu analysieren (vgl. Abb. 39, S. 298, als Teilbereich[2167] von Nummer drei).

Von der erstgenannten Untersuchungsvariante wird nachstehend Abstand genommen. Ein solcher Diskurs zöge vor allem Reformvorschläge hinsichtlich des externen Rechnungswesens nach sich, die hauptsächlich mit dem von *Bieker* entwickelten Lösungsansatz zur Erfüllung der von den *IFRS* verfolgten Informationsfunktion übereinstimmten; es wäre also ein kombiniertes Modell vorzuschlagen, das aus einer Informationsbilanz auf Basis zahlungsmittelgenerierender Einheiten, einer einzelbewertungsbezogenen Veräußerungsbilanz zur Simulation der im Liquidationsfall vorhandenen Haftungsmasse sowie einer stark ausgeweiteten Prognose- und Prämissenpublizität im Rahmen der sonstigen Informationsvermittlung besteht.[2168] Trotz der nachhaltigen bilanztheoretischen Bedeutung dieses oder gleichgerichteter Vorschläge[2169] dürfte der praktische Nutzen einer derartigen Erörterung für eine realiter durchzuführende Verknüpfung zwischen der Rechnungslegung sowie dem bereichs- und wertorientierten *Controlling* – zumindest aktuell – begrenzt sein. Denn auf absehbare Zeit ist nicht davon auszugehen, daß das *IASB* eine derart grundlegende Umgestaltung seiner Rechenwerke anstrebt.[2170]

Deshalb zeichnet sich gegenwärtig die Fragestellung einer adäquaten Beachtung von Geschäfts- oder Firmenwerten und den hierauf möglicherweise zu verrechnenden Wertminderungen bei der Bestimmung von Kennzahlen im Rahmen der Performanceperiodisierung durch einen weitaus größeren Forschungsbedarf aus.[2171] Dieser läßt sich schon an der verhältnismäßig hohen Anzahl einschlägiger

---

[2167] Eine ‚Performancemessung' aufgrund des Vergleichs periodendifferenzierter Nutzungswerte oder in Relation zu den jeweiligen Buchwerten wird aufgrund der mangelnden Konvergenzeigenschaften infolge der aus Perspektive des internen Rechnungswesens ‚verzerrenden' Bewertungsvorgaben von *IAS 36* nicht explizit diskutiert, vgl. 5.3.4, S. 373 ff.
[2168] Vgl. grundlegend *Bieker* (2006), S. 219-232.
[2169] Vgl. auch *Haaker* (2007b), S. 335-340; *Mujkanovic* (2002), S. 265-359.
[2170] In diesem Sinne wohl auch *Haaker* (2007b), S. 340 f.
[2171] Vgl. *Arnsfeld/Schremper* (2005), S. 499 ff., die trotz der – auch ihrerseits erwähnten – grundsätzlichen Divergenz von *Impairment of Assets* und wertorientiertem *Controlling* verschiedene Varianten

Literaturbeiträge ablesen.[2172] Da sich hierbei bisher jedoch noch keine h.M. herausbilden konnte, erfolgt eine entsprechende Untersuchung dieses Problemkomplexes in den nachstehenden Gliederungspunkten. Eng damit verknüpft ist auch die Fragestellung, wie außerplanmäßige Abschreibungen des *Goodwill* in die Leistungsbeurteilung des *Management* einbezogen werden sollten. Eine entsprechende Erörterung wird im nächsten Unterkapitel vorgenommen (vgl. Kap. 5.5, S. 420 ff.).[2173]

5.4.2 Von Theorie und Praxis vorgebrachte Überlegungen einer Behandlung von Goodwills und deren möglichen Abschreibungen bei wertorientierten Performancemaßen

Die Vorschläge zum Umgang mit Geschäfts- oder Firmenwerten bei der wertorientierten Performancemessung sind mannigfaltig.[2174] Sie ähneln zu einem Großteil den prinzipiell denkbaren Möglichkeiten einer bilanziellen Erfassung von *Goodwills*. Wie Abb. 43, S. 381 veranschaulicht, werden neben einer vollständigen Außerachtlassung[2175] (Nummer eins) verschiedene Varianten[2176] des Einbezugs von Geschäfts- oder Firmenwerten in die Kapitaleinsatzgröße von Performancemaßen in Betracht gezogen:

Letztere unterscheiden sich bezüglich der anzusetzenden Werthöhe, wobei entweder eine unveränderte Beibehaltung[2177] des ursprünglichen Kapitalisierungsmehrwerts (Nummer zwei) oder entsprechende Verringerungen im Zeitablauf angedacht sind. Selbige werden wiederum üblicherweise anhand planmäßiger[2178] Abschreibungen (Nummer drei) respektive *Impairments*[2179] (Nummer vier) bemessen.

Neben dieser als bilanzorientiert zu charakterisierenden Betrachtungsweise von *Goodwills* können noch Empfehlungen zur Berücksichtigung sämtlicher originärer

---

eines Einbezugs von Geschäfts- oder Firmenwerten bei der Performancemessung anhand von Residualgewinnkonzepten diskutieren.

[2172] Vgl. bspw. jüngst nur *Arnsfeld/Schremper* (2005), S. 500 ff.; *Ellis* (2001), S. 105 ff.; *Franz/Winkler* (2006b), S. 419 ff.; *Hense* (2006), S. 250 ff.; *Hütten/Lorson* (2002), S. 29 ff.; *Lorson* (2004b), S. 131; *Lorson/Heiden* (2002), S. 379; *Pellens/Crasselt/Schremper* (2002), S. 125 ff.; *Pellens/Crasselt/Sellhorn* (2002), S. 143 ff.; *Weißenberger* (2007a), S. 327 ff.; *Wussow* (2004), S. 183 ff.

[2173] Vgl. *Haaker* (2007a), S. 83-108; *Pfaff/Schultze* (2006), S. 134 ff.; *Schultze* (2005b), S. 292 ff.; *Schultze/Hirsch* (2005), S. 151 ff.

[2174] Vgl. *Ewert/Wagenhofer* (2000), S. 49; *Günther* (2007), S. 339.

[2175] Vgl. bspw. *Lewis* (1994), S. 60, was nach *Ewert/Wagenhofer* (2000), S. 48 f. mit der nach HGB zulässigen erfolgsneutralen Verrechnung von Geschäfts- oder Firmenwerten gegen die Gewinnrücklagen begründet werden kann.

[2176] Vgl. etwa *Lewis* (1994), S. 59 f.; *Stewart* (1991), S. 91 ff.; *Schultze/Hirsch* (2005), S. 152 f.; *Weißenberger* (2007a), S. 328 f.

[2177] Vgl. etwa *Stern* in der Diskussion mit *Adimando et al.* (1994), S. 48.

[2178] Vgl. *Hense* (2006), S. 253 ff.

[2179] Vgl. *Velthuis/Wesner* (2005), S. 110; *Wussow* (2004), S. 192.

Komponenten von Geschäfts- oder Firmenwerten bei der Bestimmung von Kapitaleinsatzgrößen für die Performancemessung[2180] bis hin zu Konzeptionen eines eigenständigen „Goodwill-Controlling"[2181] beobachtet werden.

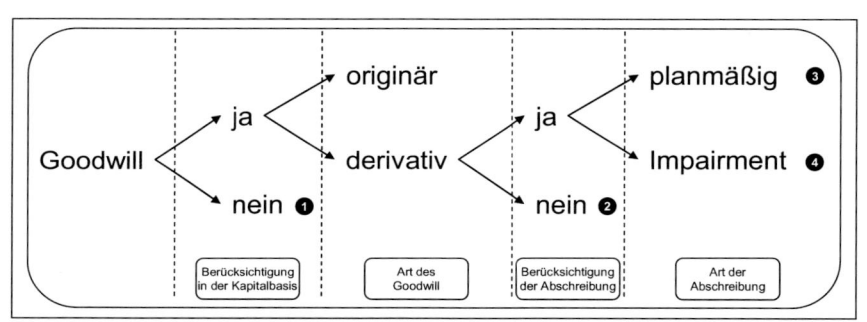

```
                    ┌─► originär              ┌─► planmäßig  ❸
              ┌─ ja ┤                   ┌─ ja ┤
   Goodwill ──┤     └─► derivativ ──────┤     └─► Impairment ❹
              └─ nein ❶                 └─ nein ❷

              [Berücksichtigung]  [Art des    ]  [Berücksichtigung]  [Art der    ]
              [in der Kapitalbasis] [Goodwill ]  [der Abschreibung]  [Abschreibung]
```

Abb. 43:   Möglichkeiten der Behandlung von Geschäfts- oder Firmenwerten

Häufig genug findet sich in den jeweiligen Literaturbeiträgen ein Nebeneinander der soeben angeführten Lösungsansätze, ohne daß es zu einer Herausstellung der grundsätzlichen Vorteilhaftigkeit einer bestimmten der genannten Varianten käme.

Diese ‚Unentschlossenheit' kann beispielhaft an den jüngsten Überlegungen von *Weißenberger* aufgezeigt werden, die zunächst für einen generellen Einsatz derivativer *Goodwills* bei der Performancemessung plädiert,[2182] jedoch „für einen kleinen Kreis betroffener Manager" die „nicht auf betriebswirtschaftliche Wertminderungen, sondern auf regulatorische Gegebenheiten des *IAS* 36 zurückzuführen[den]"[2183] Abschreibungen des Geschäfts- oder Firmenwerts in der Erfolgs- und Kapitalgröße des verwendeten Performancemaßes unberücksichtigt wissen möchte,[2184] ehe sie im unmittelbaren Anschluß daran die Auffassung vertritt, daß bei Unternehmen, die „intern und extern wachsende Einheiten" besäßen, „der originäre Goodwill für Zwecke der Performance-Messung zu ermitteln"[2185] und einzubeziehen sei.[2186]

Da letzteres automatisch auf jedes Unternehmen zutrifft, das jemals eine Akquisition getätigt haben sollte, könnte die Argumentation von *Weißenberger* dahin-

---

[2180] In dieser Hinsicht kann der REVA von *Bacidore et al.* (1997), S. 11 ff. verstanden werden, wohingegen die Ausführungen von *Stewart* (1991), S. 114 f. zum „unrecorded goodwill" im Zusammenhang mit der inzwischen abgeschafften *Pooling-of-Interest Method* zu sehen sind. Vgl. zu letzterer statt vieler *Pellens/Fülbier/Gassen* (2006), S. 676 ff.
[2181] *Schultze/Hirsch* (2005), S. 122; *Weißenberger* (2007a), S. 321.
[2182] Vgl. *Weißenberger* (2007a), S. 328.
[2183] *Weißenberger* (2007a), S. 328 (beide Zitate).
[2184] Derartige Anpassungen der Daten aus der Rechnungslegung stellt der Arbeitskreis „Finanzierungsrechnung" der Schmalenbach-Gesellschaft (2005), S. 42 generell in Frage.
[2185] *Weißenberger* (2007a), S. 329 (beide Zitate).
[2186] Vgl. differenzierter *Lewis* (1994), S. 57 f.

gehend interpretiert werden, daß bei einer Bestimmung von Performancemaßen innerhalb eines Konzerns stets der originäre Geschäfts- oder Firmenwert in die Kapitaleinsatzgröße einfließen sollte. Hiergegen spricht gleichwohl ihre ablehnende Haltung bezüglich REVA.[2187] Schlußendlich muß somit unklar bleiben, wie eine Performancemessung unter Einbezug von *Goodwills* nach der Ansicht von *Weißenberger* auszugestalten ist.

Einer solchen Verwirrung versucht *Lewis* entgegenzutreten,[2188] indem eine Differenzierung der einer Performancemessung zugrundeliegenden Anwendungsfälle angestrebt wird:[2189] Bei einer „Akquisitionsbeurteilung"[2190] sei demnach der bezahlte *Goodwill* stets der Investitionsbasis zuzurechnen,[2191] da „eine Aussage über die Berechtigung des gezahlten Preises"[2192] und die intendierte Wertsteigerung getroffen werden soll.[2193] Für „Zwecke der Ressourcenallokation und Beurteilung des Managementerfolges"[2194] als auch „im Rahmen der Portfoliosteuerung"[2195] empfähle es sich hingegen, den Geschäfts- oder Firmenwert nicht als Teil der Kapitalbasis zu berücksichtigen.[2196] Einzig und allein auf diesem Weg wäre eine Beurteilung der „inhärente[n] operative[n] Performance"[2197] der Bewertungseinheit möglich, ohne daß „Verzerrungen durch [den] Goodwill"[2198] einträten.

Seit über einem Jahrzehnt wird diese Einschätzung ebenso regelmäßig wie unkritisch reproduziert.[2199] Daß sich die Argumentation ursprünglich auf die Berechnung des CFROI bezog, gerät dabei offensichtlich zunehmend in Vergessenheit.

Aus der Perspektive eines bereichs- und unternehmenswertorientierten *Controlling* steht jedoch die Beurteilung des *Management*erfolgs anhand einer erfolgspotentialorientierten Abweichungsanalyse, die Steuerung des Konzernportefeuilles

---

[2187] Vgl. Fn. 2180, S. 380, wobei die von *Weißenberger* (2007a), S. 278 zur Begründung ihrer Auffassung angeführte Beispielsrechnung als fehlerhaft zurückgewiesen werden muß. Ursächlich für die angeblich verzerrte Beurteilung von Investitionsobjekten ist nicht die Bewertungskonzeption des REVA als solches, sondern deren anhand der Verrechnung buchwertbasierter Abschreibungen dokumentierte unzutreffende Anwendung. Mit Hilfe einer ‚Ertragswertabschreibung' ließe sich selbstredend ein äquivalenter Kapitalwert berechnen. Alternativ könnten die Überlegungen von *Krotter* (2006), S. 13 ff. zur Bewertung bei Durchbrechung des Kongruenzprinzips herangezogen werden, um zu einer adäquaten Investitionsentscheidung zu gelangen.

[2188] Es bleibt insofern bereits bei einem Versuch, als daß *Lewis* (1994), S. 254 im Glossar feststellt, „[b]eim Wertmanagement-Ansatz bleibt der Goodwill in der Investitionsbasis im allgemeinen unberücksichtigt."

[2189] Vgl. *Lewis* (1994), S. 60.
[2190] *Plaschke* (2003), S. 241.
[2191] Vgl. *Baetge* (1997), S. 448-468 zum Akquisitions*controlling*.
[2192] *Lewis* (1994), S. 60.
[2193] Vgl. *Köster/König* (1998), S. 51.
[2194] *Lewis* (1994), S. 60.
[2195] *Plaschke* (2003), S. 241.
[2196] Vgl. *Lewis* (1994), S. 60.
[2197] *Plaschke* (2003), S. 241.
[2198] *Lewis* (1994), S. 60.
[2199] Vgl. etwa *Pellens/Crasselt/Schremper* (2002), S. 128 ff.; *Pellens/Crasselt/Sellhorn* (2002), S. 143. Differenzierter *Ewert/Wagenhofer* (2000), S. 50 f.; Arbeitskreis „Finanzierungsrechnung" der Schmalenbach-Gesellschaft (2005), S. 101.

mittels Unternehmensbewertungen auf unterschiedlichen Aggregationsebenen des Gesamtunternehmens sowie das Heranziehen des Kapital(einsatzmehr-)werts als Allokationskriterium für eine Verteilung begrenzter finanzieller Mittel auf die von den jeweiligen Geschäftseinheiten geplanten Projekte außer Frage. Eine diesbezügliche Verwendung von Rentabilitätskennzahlen würde dagegen erhebliche Fehlsteuerungsimpulse auslösen und dürfte von daher aus theoretischer Sicht nicht mehr ernsthaft für diese Bewertungsaufgaben in Erwägung gezogen werden.[2200] Vielmehr ist auf die Ermittlung operativ-retrospektiver sowie strategisch-prospektiver Performancemaße abzustellen, bei denen die Berechnung der genauen Höhe des eingesetzten Kapitals in den Mittelpunkt der Betrachtung rückt.[2201] Um die mit dem Kapitaleinsatz verbundenen Zins- und Tilgungsansprüche adäquat zu bemessen (vgl. Kap. 3.4.7.2, S. 166 ff.),[2202] ist im Zeitpunkt der Erwerbsvorgänge grundsätzlich der Einbezug bezahlter[2203] *Goodwills* bei der (kapital-)wertorientierten Performancemessung zu fordern.[2204]

Hiergegen wird häufig die Vorstellung angeführt, „[d]iejenige Geschäftseinheit, der das akquirierte Unternehmen zugerechnet wird, sollte nicht dafür ‚bestraft' werden, dass ein hoher Preis bezahlt wurde."[2205] Als ‚Bestrafung' gilt dabei der durch die Verrechnung höherer Kapitalkosten *ceteris paribus* bedingte Ausweis geringerer Wertbeiträge, der „das Geschäft optisch weniger profitabel"[2206] erscheinen ließe. Eine entsprechende Zurechnung von Geschäfts- oder Firmenwerten sollte deshalb erst auf der Aggregationsstufe des Gesamtunternehmens erfolgen, die sich für die Akquisitionsentscheidung respektive Kaufpreisverhandlung verantwortlich zeigt.[2207] Dieser Argumentation ist aus folgenden Gründen nicht zuzustimmen:

Erstens kann entgegnet werden, daß ein „hoher Preis"[2208] als solcher solange vollkommen unproblematisch ist, bis der Kaufpreis den Grenzpreis überstiege. Hierdurch ginge ein Unternehmenserwerb bereits im Akquisitionszeitpunkt – und nicht erst durch die spätere Verfehlung bestimmter Zielvorgaben – mit einem nega-

---

[2200] Vgl. nur *Kunz/Pfeiffer* (2007), Sp. 1339, wonach [r]entabilitätaorientierte Wertmaße […] weder zielkonsistent noch anreizverträglich [sind], sondern […] zu Unterinvestitionen [führen]; speziell motivieren sie dazu, Projekte mit höchsten Rentabilitäten durchzuführen und andere kapitalwertpositive Projekte mit geringerer Rentabilität zu unterlassen […]. Problematisch ist zudem, dass Risiko-, Zeit- und Ressourcenpräferenzprobleme […] nicht gesteuert werden können". Ähnlich *Pfaff* (2007), Sp. 32 sowie Kap. 3.2.2, S. 99 ff.
[2201] Vgl. *Arnsfeld/Schremper* (2005), S. 499.
[2202] Vgl. *Dirrigl* (2004b), S. 104 ff.
[2203] Vorbehaltlich der einer Anwendung der *Full Goodwill Method* geschuldeten Anteile des Geschäfts- oder Firmenwerts, vgl. Fn. 1905, S. 314.
[2204] Vgl. *Gebhardt* (2003), S. 80; *Schultze/Hirsch* (2005), S. 152 f. So auch wiederum *Plaschke* (2003), S. 242 die die Einrechnung von Goodwills „aus idealtypischer Sicht der Investoren" auf jeden Fall für notwendig erachtet.
[2205] *Plaschke* (2003), S. 241.
[2206] *Lewis* (1994), S. 60.
[2207] Vgl. *Plaschke* (2003), S. 242.
[2208] *Plaschke* (2003), S. 241.

tiven Kapital(einsatzmehr-)wert einher, wovon bei einem im Vorfeld der Übernahme korrekt ermittelten Entscheidungswert, der die maximale Konzessionsbereitschaft zum Ausdruck brächte, nicht ausgegangen werden kann.[2209] Des weiteren sieht *IFRS* 3 vor, daß ökonomisch nicht zu rechtfertigende Kaufpreisüberzahlungen nicht in den Bilanzansatz eines Geschäfts- oder Firmenwerts einfließen dürfen.[2210]

Zweitens wird gerade durch den Einbezug von *Goodwills* in die Performancemessung den Bereichen und „Managern, die ‚richtige Messlatte' für Erfolg bzw. Misserfolg vorgegeben"[2211]. Die Angemessenheit einer erhöhten *Benchmark* läßt sich bereits auf die durch die Bereitstellung des gezahlten Kaufpreises gestiegenen Zins- und Tilgungsansprüchen der Kapitalgeber zurückführen, die es zu erfüllen gilt.[2212]

Drittens können hieraus bei einer angemessenen Allokation von Geschäfts- oder Firmenwerten die beschriebenen ‚Motivationsprobleme' durch die Verrechnung höherer Kapitalkosten generell nicht mehr[2213] entstehen.[2214] Schließlich wird mit der Zuteilung von *Goodwills* auf *Cash-Generating Units* oder Gruppen von *Cash-Generating Units* nur der auf Synergieeffekte zurückzuführende Anteil der durch den Unternehmenserwerb bewirkten bereichsbezogenen Werterhöhung ‚abgegolten'.[2215] Liegt der Kaufpreis unterhalb des Grenzpreises, wird in den entsprechenden Bewertungseinheiten infolge der Akquisition sogar eine Erhöhung ihres bereichsbezogenen Kapital(einsatzmehr)werts erzielt. Da dieser in der Performancemessung Berücksichtigung findet, ist die Vorstellung einer in diesem Zusammenhang vorliegenden ‚Bestrafung' irrig; ein entsprechend ‚verzerrter' Performanceausweis könnte nur noch mit der Anwendung einer unzureichend zur Performanceperiodisierung geeigneten Methode begründet werden.

Nach der Darlegung der hier vertretenden Ansicht, daß derivative Geschäfts- oder Firmenwerte in die Kapitalbasis einer auf die Bestimmung von Kapi-

---

[2209] In der folgenden Analyse wird, wie in der zugrundeliegenden Beispielsrechnung, grundsätzlich ein rationaler Käufer unterstellt, vgl. zur Rechtfertigung auch *Brösel/Müller* (2007), S. 41. Da eine anreizkompatible Steuerung entsprechend des *Shareholder Value*-Gedankens bei einer bewußten Kaufpreisüberzahlung sowieso *ad acta* gelegt werden müßte, kann auf eine Diskussion, ob in diesem Zusammenhang zumindest der ‚gerechtfertigte' Teil des Kaufpreises in die Kapitalbasis einfließen sollte, verzichtet werden. Zu den Ursachen einer absichtlichen Überbezahlung vgl. statt vieler *Streim et al.* (2007), S. 23. Zu einer Analyse „'schlechte[r] Unternehmenskäufe" vgl. *Borowicz* (2006), S. 45 ff.
[2210] Vgl. *IFRS* 3.BC133-135. Ferner *Hachmeister/Kunath* (2005), S. 65. Hinsichtlich der praktischen Umsetzbarkeit mögen aus verschiedenen Gründen Zweifel angebracht sein.
[2211] *Pellens/Crasselt/Schremper* (2002), S. 130.
[2212] Vgl. *Schultze/Hirsch* (2005), S. 152 f. Ferner *Arbeitskreis „Finanzierungsrechnung" der Schmalenbach-Gesellschaft* (2005), S. 101.
[2213] Vgl. *Hachmeister/Kunath* (2005), S. 62-69 zu der mit *IAS* 36 im Gegensatz zu *IAS* 36 (rev. 1998) einhergehenden Loslösung von einer erwerbs- und transaktionsspezifischen Betrachtung des *Goodwill*, vgl. Kap. 4.3.2.2.1, S. 233 ff.
[2214] Dies unterstreicht die Wichtigkeit der *Goodwill*allokation für die bereichs- und unternehmenswertorientierte Performancemessung, vgl. Kap. 5.2.2, S. 313.
[2215] Vgl. implizit *Arbeitskreis „Finanzierungsrechnung" der Schmalenbach-Gesellschaft* (2005), S. 101.

tal(einsatzmehr-)werten ausgerichteten Performancemessung einzubeziehen sind, stellt sich die Frage, wie die Fortschreibung der damit repräsentierten Kapitalbindung im Zeitverlauf ausgestaltet sein sollte. Die diesbezüglichen Vorschläge aus Theorie und Praxis variieren zwischen Kapitaleinsatzgrößen, die *Goodwills* dauerhaft, in unveränderter Höhe beibehalten oder eine Kapitalfreisetzung unterstellen, die sich an der planmäßigen respektive durch den *Impairment Test* nach *IAS* 36 vorgesehenen Abschreibung orientiert (vgl. Abb. 43, S. 381, Nummern drei und vier). An einer solchen Abschreibungsverrechnung, die vereinfachend die Veränderung der Kapitalbindung abbilden soll, muß – wie im Vorfeld für das übrige abnutzbare Sachanlagevermögen[2216] – der fehlende gleichzeitige Zahlungsmittelabfluß kritisiert werden. Zu betonen gilt es, daß dieser Mangel auch auf ein *Impairment* zutrifft, da ein Absinken des Nutzungswerts unter den *Carrying Amount* nicht mit einer Befriedigung der aus Sicht des *Value Based Management* bestehenden Verzinsungs- und Tilgungsansprüche der Investoren gleichgesetzt werden darf. Der „Nichtabschreibung" eines in der Kapitalbasis angesetzten *Goodwill* wird in der Literatur zugute gehalten, daß hierdurch „die Aussage ins Zentrum [gestellt würde], wie die Unternehmensleitung die ihnen anvertrauten und von ihnen investierten Gelder bewirtschaftet"[2217].[2218] Offenkundig wird bei dieser ‚Bewirtschaftung' der Kapitalrückführung keinerlei Bedeutung zugestanden, was nur sehr schwierig mit den Konzepten eines (kapital)wertorientierten *Controlling* in Einklang gebracht werden kann.[2219]

Insofern muß es überraschen, daß in jüngerer Vergangenheit hinsichtlich der Berücksichtigung des derivativen Geschäfts- oder Firmenwerts in der Performancemessung noch keine „zahlungsstrombezogen definierte Repräsentation der Kapitalbindung" in Erwägung gezogen wurde,[2220] obwohl diese sich als einzige „eignet, eine Kapitalwert-Größe auszuweisen, die mit den Intentionen einer Shareholder Value-Zielsetzung harmoniert."[2221] Für eine Prognose des zu amortisierenden Kapitals, das sich hinter dem in der Folgebilanzierung ausgewiesenen Geschäfts- oder Firmenwert ‚verbirgt', bedarf es expliziter Annahmen bezüglich der Verzinsungsansprüche und Kapitalrückführungsstruktur. Diese können verschieden ausgestaltet sein,[2222] wobei sich konzeptionell vergleichbare Prämissen anbieten, die für das abnutzbare Sachanlagevermögen bei der Berechnung des EEI unterstellt

---

[2216] Vgl. *Dirrigl* (2004b), S. 105 f.
[2217] *Hostettler* (1997), S. 147 (beide Zitate).
[2218] Vgl. auch *Lewis* (1994), S. 60.
[2219] Zur etwaig dadurch verursachten „Demotivation des verantwortlichen Managements", vgl. *Arnsfeld/Schremper* (2005), S. 503.
[2220] Einzig *Truxius* (2006), S. 401 stellt vor dem Hintergrund der *IFRS*-Bilanzierung und der wertorientierten Performancemessung bezüglich der anzusetzenden Kapitalbasis allgemein fest, es käme auf die „tatsächlich zu leistenden Anschaffungsausgaben und die späteren Zahlungsmittelrückflüsse" an.
[2221] *Dirrigl* (2004b), S. 124 (beide Zitate).
[2222] Vgl. *Dirrigl* (2004b), S. 106.

werden (vgl. Kap. 3.4.7.2, S. 166 ff.).[2223] Hierdurch wäre – alternativ zu den bisherigen Literaturvorschlägen – ein Einbezug von *Goodwills* in die wertorientierte Performancemessung möglich, der frei von bilanziellen Verzerrungen ist.

Im folgenden Unterkapital werden – aufgrund ihrer immensen Bedeutung in der Unternehmenspraxis und der aktuellen theoretischen Diskussion – sämtliche gerade angesprochenen Möglichkeiten einer Verknüpfung von Geschäfts- oder Firmenwerten und wertorientierten Performancemaßen systematisch anhand der Beispielsrechnung konkretisiert sowie einer tiefergehenden und vergleichenden Analyse unterzogen.

5.4.3 Integrationsmöglichkeiten der Ergebnisse einer Werthaltigkeitsüberprüfung von Geschäfts- oder Firmenwerten in grundlegende Performancemaße

5.4.3.1 Economic Value Added

Laut *Stewart* soll die im jeweiligen *Accounting Model* vorgesehene Behandlung von Geschäfts- oder Firmenwerten bei der Berechnung des EVA durchweg ‚rückgängig' gemacht werden. Dies geschieht, indem einerseits bei der Berechnung der Erfolgsgröße die „[g]oodwill amortization"[2224] zu den EE hinzugezählt wird und andererseits die Bestimmung der Kapitalbasis durch eine Erhöhung des Buchwerts der Bewertungseinheit um die „[c]umulative goodwill amortization"[2225] zu erfolgen hat. Als Begründung für die Vorziehenswürdigkeit dieser Anpassungsmaßnahmen wird angeführt, bei einer Abschreibung des *Goodwill* handele es um eine „non-cash, non-tax-deductible expense", die „per se is of no consequence in the economic model of valuation"[2226]. Die Bilanzierungsregeln für Geschäfts- oder Firmenwerte stellten *Stewart* zufolge insoweit einen „nonissue"[2227] für die wertorientierte Performancemessung dar. Durch die Aufhebung der dementsprechenden Rechnungslegungsvorschriften ließe sich gewährleisten,[2228] daß die auf dieser Basis ermittelte „rate of return will more properly reflect the true cash-on-cash yield that is of interest to shareholders."[2229]

[2223] Vgl. *Fröhlich* (2004), S. 147 zu dem Vorschlag einer Verwendung ‚annuitätisch progressiver Abschreibungen' in der Rechnungslegung.
[2224] *Stewart* (1991), S. 112.
[2225] *Stewart* (1991), S. 112.
[2226] *Stewart* (1991), S. 25 (beide Zitate).
[2227] *Stewart* (1991), S. 114.
[2228] So ist auch die Aussage von *Hütten/Lorson* (2002), S. 30 f. zu sehen, daß sich durch den Übergang von einer planmäßigen Abschreibung von Geschäfts- oder Firmenwerten zum *Impairment-Only-Approach* beim EVA „keine Auswirkungen auf die Kennzahlen, sondern nur auf die Häufigkeit der Aufbereitungsmaßnahmen" ergeben. Pointiert faßt *Ellis* (2001), S. 103 diesbezüglich in seiner Überschrift zusammen: „Goodwill Accounting: Everything has changed and nothing has changed".
[2229] *Stewart* (1991), S. 114.

Allerdings weichen 75% der deutschen Großunternehmen – aus welchen Veranlassungen auch immer – von der vorgenannten Empfehlung von *Stewart* ab.[2230] Ursächlich könnte hierfür auch *Stern* sein, der augenscheinlich eine konträre Auffassung vertritt, wonach eine Verringerung des in die Kapitaleinsatzgröße eingegangenen *Goodwill* vorzunehmen sei, „when a true deterioration in economic value has occurred"[2231].[2232] Eine Antwort auf die hieraus resultierende Frage, was unter einem solchen „real decline of economic value"[2233] zu verstehen ist, bleibt *Stern* jedoch schuldig.[2234]

Von daher ist es auch wenig verwunderlich, daß derzeit eine besonders intensive Diskussion bezüglich unterschiedlicher Varianten eines Einbezugs von Geschäfts- oder Firmenwerten und denkbarer Abschreibungsverläufe in die wertorientierte Unternehmenssteuerung im Rahmen der Sekundärliteratur zum EVA stattfindet.[2235] Mitunter wird dabei eine außerplanmäßige Abschreibung des Geschäfts- oder Firmenwerts nach *IAS* 36 mit dem von *Stern* beschriebenen „real decline of economic value"[2236] gleichgesetzt.[2237]

Die zahlenmäßigen Konsequenzen der verschiedenen Einbezugsmöglichkeiten werden nun unter Zuhilfenahme der fortgesetzten Beispielsrechnung für den Bereich 1A aufgezeigt, wobei als Ausgangspunkt eine Performanceperiodisierung aus der ex ante-Perspektive ohne Beachtung des zugeordneten Geschäfts- oder Firmenwerts (GW$_t$) in der Kapitalbasis dient (vgl. Tab. 174, S. 388):[2238]

[2230] Vgl. *Hütten/Lorson* (2002), S. 30 f., m.w.N. Ferner *Bartelheimer/Kückelhaus/Wohlthat* (2004), S. 27.
[2231] Nach *Hostettler* (1997), S. 147.
[2232] Vgl. *Stern* in der Diskussion mit *Adimando et al.* (1994), S. 48.
[2233] *Stern* in der Diskussion mit *Adimando et al.* (1994), S. 48.
[2234] Entsprechenden Erläuterungen fehlen auch bei *Hostettler* (1997), S. 144 ff.
[2235] Vgl. *Arnsfeld/Schremper* (2005), S. 499 ff.; *Franz/Winkler* (2006b), S. 418 ff.; *Hense* (2006), S. 250 ff.; *Hütten/Lorson* (2002), S. 30 ff.; *Lorson/Heiden* (2002), S. 384 ff.; *Pellens/Crasselt/Schremper* (2002), S. 127 f.; *Pellens/Crasselt/Sellhorn* (2002), S. 142 f.; *Wussow* (2004), S. 192. Ferner *Kahle* (2003), S. 776 ff.
[2236] *Stern* in der Diskussion mit *Adimando et al.* (1994), S. 48.
[2237] In diesem Sinne wohl auch *Wussow* (2004), S. 192.
[2238] Vgl. zur „Entwicklung einer IFRS-basierten, intern-extern harmonisierten EVA-Kennzahl" *Lorson* (2004b), S. 127 ff.

Jahr	2007	2008	2009	2010	2011	2012	2013	2014	2015 ff.
EE_t		4.754,37	8.577,33	10.581,48	10.631,58	6.770,09	7.047,95	7.917,46	8.916,63
CC_t		2.280,10	2.411,81	2.910,89	3.529,30	4.047,06	3.852,78	3.667,96	3.568,07
EVA_t		2.474,28	6.165,52	7.670,59	7.102,28	2.723,04	3.195,16	4.249,51	5.348,57
EBV_t	39.016,67	41.299,48	49.936,21	60.732,32	69.784,35	66.269,44	62.936,11	61.136,11	
MVA_t		88.822,09	91.538,49	90.718,65	88.336,24	86.367,40	88.653,13	90.612,10	91.643,53
UW_t		127.838,75	132.837,97	140.654,86	149.068,56	156.151,75	154.922,57	153.548,20	152.779,64
EK_t	113.248,86	117.192,62	122.771,78	127.770,60	132.211,33	133.099,60	133.808,91	134.222,23	

Tab. 174: Performanceplanung des Bereichs B1A anhand des *Economic Value Added* I für die Jahre 2008 bis 2015 ff. (ex ante-Perspektive; Goodwill nicht in der Kapitalbasis berücksichtigt)[2239]

Die Auswirkungen der von *Stewart* empfohlenen „konsequenten Aktivierung" des *Goodwill* und dessen „Nichtabschreibung"[2240] im Zeitablauf sind in Tab. 175 dargestellt. Die Werte gelten in der Beispielsrechnung gleichzeitig für etwaige Verringerungen der Kapitaleinsatzgröße infolge von *Impairments*, die aus der ex ante-Perspektive bei einem erwartungskonformen Verlauf nicht vorzunehmen sind:

Jahr	2007	2008	2009	2010	2011	2012	2013	2014	2015 ff.
EE_t		4.754,37	8.577,33	10.581,48	10.631,58	6.770,09	7.047,95	7.917,46	8.916,63
CC_t		2.914,33	3.045,61	3.543,53	4.160,00	4.676,46	4.483,76	4.300,48	4.201,48
EVA_t		1.840,04	5.531,72	7.037,95	6.471,58	2.093,63	2.564,19	3.616,99	4.715,16
EBV_t	39.016,67	41.299,48	49.936,21	60.732,32	69.784,35	66.269,44	62.936,11	61.136,11	
GW_t		10.852,98	10.852,98	10.852,98	10.852,98	10.852,98	10.852,98	10.852,98	
MVA_t		77.969,10	80.685,50	79.865,67	77.483,26	75.514,41	77.800,15	79.759,11	80.790,54
UW_t		127.838,75	132.837,97	140.654,86	149.068,56	156.151,75	154.922,57	153.548,20	152.779,64
EK_t	113.248,86	117.192,62	122.771,78	127.770,60	132.211,33	133.099,60	133.808,91	134.222,23	

Tab. 175: Performanceplanung des Bereichs B1A anhand des *Economic Value Added* I für die Jahre 2008 bis 2015 ff. (ex ante-Perspektive; Goodwill in der Kapitalbasis berücksichtigt)

Sollte hingegen eine „planmäßige Geschäftswertabschreibung"[2241] bevorzugt werden, so ergäben sich für einen bspw. unterstellten Abschreibungszeitraum von sechs Jahren die in Tab. 176 ausgewiesenen EVA-Werte:

Jahr	2007	2008	2009	2010	2011	2012	2013	2014	2015 ff.
EE_t		2.945,54	6.768,50	8.772,65	8.822,75	4.961,26	5.239,12	7.917,46	8.916,63
CC_t		2.914,33	2.939,98	3.332,65	3.844,65	4.256,86	3.957,94	3.667,96	3.568,07
EVA_t		31,21	3.828,52	5.440,00	4.978,10	704,40	1.281,17	4.249,51	5.348,57
EBV_t	39.016,67	41.299,48	49.936,21	60.732,32	69.784,35	66.269,44	62.936,11	61.136,11	
GW_t		10.852,98	9.044,15	7.235,32	5.426,49	3.617,66	1.808,83	0,00	0,00
MVA_t		77.969,10	82.494,33	83.483,33	82.909,75	82.749,74	86.844,30	90.612,10	91.643,53
UW_t		127.838,75	132.837,97	140.654,86	149.068,56	156.151,75	154.922,57	153.548,20	152.779,64
EK_t	113.248,86	117.192,62	122.771,78	127.770,60	132.211,33	133.099,60	133.808,91	134.222,23	

Tab. 176: Performanceplanung des Bereichs B1A anhand des *Economic Value Added* I für die Jahre 2008 bis 2015 ff. (ex ante-Perspektive; Goodwill in der Kapitalbasis über 6 Jahre abgeschrieben)

[2239] Vgl. zur ex ante-Perspektive Tab. 127 bis Tab. 138, S. 337-343 sowie zur marktwertorientierten Bewertung Tab. 140 bis Tab. 142, S. 344-344.
[2240] *Hostettler* (1997), S. 146 f. (beide Zitate).
[2241] *Hense* (2006), S. 253.

Entsprechende Berechnungen wären bei der Performancekontrolle aus der ex post-Perspektive durchzuführen, wobei es unabhängig von der Berücksichtigung des *Goodwill* und der Wertminderung stets zu einem negativen Wertbeitrag für das Jahr 2008 käme.
So beträgt der EVA bei einer vollständigen Abstraktion vom Geschäfts- oder Firmenwert -1.721,98 (vgl. Tab. 177):

Jahr	2007	2008	2009	2010	2011	2012	2013	2014	2015 ff.
EE_t		862,88	7.160,50	11.648,63	11.795,14	5.009,11	6.257,03	8.322,99	9.988,28
CC_t		2.584,86	2.711,46	3.781,88	5.161,67	6.077,82	5.553,89	5.139,68	4.952,68
EVA_t		**-1.721,98**	4.449,04	7.866,75	6.633,47	-1.068,71	703,13	3.183,32	5.035,60
EBV_t	39.016,67	41.004,33	57.588,52	79.637,15	93.091,78	84.604,18	77.937,52	74.937,52	
MVA_t	64.143,91	70.115,43	70.302,85	67.052,94	65.211,13	70.537,37	74.464,70	76.192,04	
UW_t	103.160,58	111.119,76	127.891,37	146.690,10	158.302,90	155.141,55	152.402,22	151.129,56	
EK_t	88.570,68	94.274,41	103.771,70	114.949,77	123.482,43	125.463,32	126.926,36	127.623,51	

Tab. 177: Performancekontrolle des Bereichs B1A anhand des *Economic Value Added* I im Jahr 2008 (ex post-Perspektive; Goodwill nicht in der Kapitalbasis berücksichtigt)[2242]

Sofern der *Goodwill* demgegenüber dauerhaft in unveränderter Höhe in der Kapitalbasis berücksichtigt würde, fiele der EVA um die hierauf zu verrechnenden Kapitalkosten niedriger aus (vgl. Tab. 178):[2243]

Jahr	2007	2008	2009	2010	2011	2012	2013	2014	2015 ff.
EE_t		862,88	7.160,50	11.648,63	11.795,14	5.009,11	6.257,03	8.322,99	9.988,28
CC_t		3.303,87	3.429,12	4.494,61	5.871,04	6.786,39	6.266,34	5.855,39	5.669,97
EVA_t		**-2.440,99**	3.731,37	7.154,02	5.924,10	-1.777,28	-9,32	2.467,61	4.318,31
GW_t	10.852,98	10.852,98	10.852,98	10.852,98	10.852,98	10.852,98	10.852,98	10.852,98	
EBV_t	39.016,67	41.004,33	57.588,52	79.637,15	93.091,78	84.604,18	77.937,52	74.937,52	
MVA_t	53.290,93	59.262,44	59.449,87	56.199,96	54.358,14	59.684,38	63.611,72	65.339,06	
UW_t	103.160,58	111.119,76	127.891,37	146.690,10	158.302,90	155.141,55	152.402,22	151.129,56	
EK_t	88.570,68	94.274,41	103.771,70	114.949,77	123.482,43	125.463,32	126.926,36	127.623,51	

Tab. 178: Performancekontrolle des Bereichs B1A anhand des *Economic Value Added* I im Jahr 2008 (ex post-Perspektive; Goodwill in der Kapitalbasis berücksichtigt)

Bei der oben beschriebenen linearen Abschreibung nähme der EVA für das Jahr 2008 einen Wert i.H.v. -4.249,82 aus der ex post-Perspektive ein, wie Tab. 179, S. 390 zeigt:

[2242] Vgl. zur ex post-Perspektive Tab. 143 bis Tab. 154, S. 346-352 sowie zu einer marktwertorientierten Bewertung Tab. 156 bis Tab. 158, S. 355-355.
[2243] Die für das Jahr 2008 auf den Geschäfts- oder Firmenwert zu verrechnenden Kapitalkosten bestimmen sich wie folgt: $10.852,98 \cdot 0,06625 \approx 719,01$. In den Folgejahren variiert diese *Capital Charge* in Abhängigkeit der Entwicklung des gewichteten Kapitalkostensatzes geringfügig, vgl. Tab. 158, S. 355.

Jahr	2007	2008	2009	2010	2011	2012	2013	2014	2015 ff.
EE_t		-945,95	5.351,66	9.839,80	9.616,24	3.200,28	4.448,19	8.322,99	9.988,28
CC_t		3.303,87	3.309,51	4.257,03	5.557,20	6.314,01	5.672,63	5.139,68	4.952,68
EVA_t		**-4.249,82**	2.042,15	5.582,77	4.059,04	-3.113,73	-1.224,44	3.183,32	5.035,60
GW_t	10.852,98	9.044,15	7.235,32	5.426,49	3.617,66	1.808,83	0,00	0,00	
EBV_t	39.016,67	41.004,33	57.588,52	79.637,15	93.091,78	84.604,18	77.937,52	74.937,52	
MVA_t	53.290,93	61.071,27	63.067,53	61.626,45	61.593,46	68.728,53	74.464,70	76.192,04	
UW_t	103.160,58	111.119,76	127.891,37	146.690,10	158.302,90	155.141,55	152.402,22	151.129,56	
EK_t	88.570,68	94.274,41	103.771,70	114.949,77	123.482,43	125.463,32	126.926,36	127.623,51	

Tab. 179: Performancekontrolle des Bereichs B1A anhand des *Economic Value Added* I im Jahr 2008 (ex post-Perspektive; Goodwill in der Kapitalbasis über 6 Jahre abgeschrieben)

Durch einen Einbezug des *Impairment Loss* i.H.v. 2.892,59[2244] in die operativ-retrospektive Performancemessung anhand des EVA käme es zu einem Performanceausweis i.H.v. -5.336,58:

Jahr	2007	2008	2009	2010	2011	2012	2013	2014	2015 ff.
EE_t		-2.029,71	7.160,50	11.648,63	11.425,08	5.009,11	6.257,03	8.322,99	9.988,28
CC_t		3.303,87	3.237,85	4.304,65	5.722,74	6.597,54	6.076,46	5.664,63	5.478,79
EVA_t		**-5.333,58**	3.922,65	7.343,98	5.702,33	-1.588,43	180,57	2.658,36	4.509,49
GW_t	10.852,98	7.960,39	7.960,39	7.960,39	7.960,39	7.960,39	7.960,39	7.960,39	
EBV_t	39.016,67	41.004,33	57.588,52	79.637,15	93.091,78	84.604,18	77.937,52	74.937,52	
MVA_t	53.290,93	62.155,04	62.342,46	59.092,55	57.250,74	62.576,97	68.576,87	68.231,65	
UW_t	103.160,58	111.119,76	127.891,37	146.690,10	158.302,90	155.141,55	152.402,22	151.129,56	
EK_t	88.570,68	94.274,41	103.771,70	114.949,77	123.482,43	125.463,32	126.926,36	127.623,51	

Tab. 180: Performancekontrolle des Bereichs B1A anhand des *Economic Value Added* I im Jahr 2008 (ex post-Perspektive; *Impairment* berücksichtigt)

Bei einer Gesamtbetrachtung der vorstehenden Tabellen ist festzustellen, daß eine prospektiv ausgerichtete Berechnung des EVA bei sämtlichen Integrationsmöglichkeiten eines *Goodwill* und etwaigen Wertminderungen im Zeitablauf dem Kriterium der Barwertidentität genügt. Vor dem Hintergrund des Kongruenzprinzips ist dieses Untersuchungsergebnis ebenso wie die Beobachtung vorauszusehen, daß mit einem betragsmäßig verstärkten Einbezug des Geschäfts- oder Firmenwerts in die Kapitalbasis *ceteris paribus* geringere Wertbeiträge einhergingen.[2245]

Im Hinblick auf die bei einer Performancekontrolle auf Basis des EVA einzunehmende operativ-retrospektive Sichtweise zeigen sich jedoch bei den vorgestellten Ausgestaltungsvarianten eklatante Wertdifferenzen, die im wesentlichen auf die unterschiedliche ‚Abschreibungsverrechnung' zurückzuführen sind. Dabei ist es nicht möglich, aufgrund der jeweiligen Höhe der ausgewiesenen Wertbeiträge eine der Berechnungsarithmetiken als eindeutig vorziehenswürdig für die interne Unternehmenssteuerung herauszustellen; als zu groß müssen die generellen Bedenken

---

[2244] Vgl. zur Werthaltigkeitsüberprüfung und den Ergebnissen des *Impairment Test* Tab. 159 bis Tab. 166, S. 356-359.
[2245] Im Vergleich zu den EVA-Werten des Bereichs B1 kann – abgesehen von der fiktiven sechsjährigen Abschreibung des Geschäfts- oder Firmenwerts – eine Erhöhung des Performanceausweises aus der ex-ante Perspektive festgestellt werden, vgl. Tab. 174 respektive Tab. 175, beide S. 388 mit Tab. 137, S. 342.

erachtet werden, die bereits gegenüber der Grundkonzeption einer wertorientierten Performancemessung mit Hilfe des EVA formuliert wurden (vgl. Kap. 3.4.2.2, S. 123 ff.). Zwar ist die Forderung nach Wertsteigerungsabbildung in diesem Teil der Beispielsrechnung durchgängig eingehalten,[2246] wohingegen die mangelnde Vorteilhaftigkeitsanzeige aber erneut zum Ausdruck kommt.

Schwierigkeiten bezüglich der Erfüllung der beiden vorgenannten Kriterien können sich bei einem operativ-retrospektiv ausgerichteten Performancemaß nicht nur aus der Verrechnung erhöhter Kapitalkosten aufgrund des Einbezugs des Geschäfts- oder Firmenwerts in die Kapitalbasis ergeben, sondern auch aus der möglicherweise ‚verzerrenden' Wirkung eines *Impairment Loss* auf den Performanceausweis.[2247] Sollte die Abschreibung eines *Goodwill* ursächlich nicht nur auf die betrachtete Kontrollperiode zuzuordnen sein, sondern sich – wie in der Vielzahl der Fälle – auf einen mehrere Jahre umfassenden Zeitraum beziehen, ist die vollumfängliche Berücksichtigung einer entsprechenden Wertminderung in einem einzigen Abrechnungszeitraum aus Sicht der Performanceperiodisierung kritisch zu hinterfragen. Hierin könnte nämlich eine konzeptionelle Ungleichbehandlung gesehen werden.[2248] Diese ließe sich jedoch durch eine Periodisierung der *Goodwill*abschreibung ‚rückgängig machen',[2249] indem der damit einhergehende negative Wertbeitrag auf den Verursachungszeitraum verteilt würde. Hierfür böte sich als Allokationsschlüssel eine ratierliche oder annuitätische Verteilung des *Impairment Loss* respektive eine Orientierung an den aus der ex post-Perspektive realisierten und geplanten periodenspezifischen Veränderungen der Erfolgsgrößen an.

Eine auf die Beispielsrechnung bezogene Übersicht hinsichtlich des periodisierten *Impairment Loss* ($PIMP_t$) bietet Tab. 181, S. 392. Ausschlaggebend für die Wahl eines vierjährigen Periodisierungszeitraums ist die Übereinstimmung zwischen ursprünglich geplanten und revidierten *Value Drivern* des Bereichs B1A, die sich annahmegemäß nach einem Zeitraum von vier Jahren wieder entsprechen.[2250]

[2246] Die aus der ex post-Perspektive vorliegende Wertvernichtung i.H.v. -25.314,55 kann in Abhängigkeit der *Goodwill*berücksichtigung folgendermaßen bestimmt werden:
-1.721,98 + 70.115,43 - 88.822,09 · 1,05844 + (0,06625 - 0,05844) · 39.016,67 ≈ -25.314,55;
-2.440,99 + 59.262,44 - 77.969,10 · 1,05844 + (0,06625 - 0,05844) · (39.016,67 + 10.852,98) ≈ -25.314,55;
-4.249,82 + 61.071,27 - 77.969,10 · 1,05844 + (0,06625 - 0,05844) · (39.016,67 + 10.852,98) ≈ -25.314,55;
-5.333,58 + 62.155,04 - 77.969,10 · 1,05844 + (0,06625 - 0,05844) · (39.016,67 + 10.852,98) ≈ -25.314,55.

[2247] Vgl. *Hense* (2006), S. 257.

[2248] Hierbei handelt es sich erneut um eine Unterscheidung von ‚Realisationsprinzip' und ‚Antizipationsprinzip' in der Performancemessung, wobei ersteres für das EVA-Konzept prägend ist, während mit einem *Impairment Loss* antizipative Wirkungen verbunden sind.

[2249] Vgl. auch *Hense* (2006), S. 261, der „[e]ine Korrektur der außerplanmäßigen Abschreibungen aus dem Impairment-Test für Steuerungszwecke […] in Erwägung" zieht, die hierfür notwendigen Berechnung aber nicht thematisiert.

[2250] Vgl. Tab. 127, S. 337 und Tab. 143, S. 346.

	ratierliche Periodisierung des *Impairment Loss*				annuitätische Periodisierung des *Impairment Loss*				cashfloworientierte Periodisierung des *Impairment Loss*			
Jahr	2008	2009	2010	2011	2008	2009	2010	2011	2008	2009	2010	2011
PIMP$_t$	723,15	723,15	723,15	723,15	654,67	698,32	745,20	794,41	433,83	1.019,35	1.065,51	373,90
Σ IMP$_t$	723,15	1.446,30	2.169,45	2.892,59	654,67	1.352,99	2.098,19	2.892,59	433,83	1.453,18	2.518,69	2.892,59
Δ CC$_t$	191,63	143,46	94,98	47,24	191,63	147,99	101,11	51,90	191,63	162,59	94,53	24,43
ΔEVA$_t$	914,78	866,61	818,13	770,39	846,30	846,30	846,30	846,30	625,46	1.181,94	1.160,04	398,33

Tab. 181: Möglichkeiten einer vierjährigen Periodisierung des *Impairment Loss* aus der ex post-Perspektive im Vergleich

Die Verrechnung einer ratierlichen Periodisierung der *Goodwill*abschreibung führt im Jahr 2008 zu einem EVA i.H.v. -3.164,14:

Jahr	2007	2008	2009	2010	2011	2012	2013	2014	2015 ff.
EE$_t$		139,73	6.437,35	10.925,48	10.701,93	5.009,11	6.257,03	8.322,99	9.988,28
CC$_t$		3.303,87	3.381,30	4.399,63	5.769,99	6.597,54	6.076,46	5.664,63	5.478,79
EVA$_t$		**-3.164,14**	3.056,04	6.525,86	4.931,94	-1.588,43	180,57	2.658,36	4.509,49
GW$_t$	10.852,98	10.129,84	9.406,69	8.683,54	7.960,39	7.960,39	7.960,39	7.960,39	
EBV$_t$	39.016,67	41.004,33	57.588,52	79.637,15	93.091,78	84.604,18	77.937,52	74.937,52	
MVA$_t$	53.290,93	59.985,59	60.896,16	58.369,41	57.250,74	62.576,97	66.504,31	68.231,65	
UW$_t$	103.160,58	111.119,76	127.891,37	146.690,10	158.302,90	155.141,55	152.402,22	151.129,56	
EK$_t$	88.570,68	94.274,41	103.771,70	114.949,77	123.482,43	125.463,32	126.926,36	127.623,51	

Tab. 182: Performancekontrolle des Bereichs B1A anhand des *Economic Value Added* I im Jahr 2008 (ex post-Perspektive; *Impairment* ratierlich berücksichtigt)

Bei einer annuitätischen Verrechnung des *Impairment Loss* wird der Performanceausweis im zugedachten Verursachungszeitraum in gleichem Maße mit 846,30 p.a. belastet. Somit läßt sich für das Jahr 2008 ein EVA i.H.v. -3.095,66 errechen (vgl. Tab. 183):

Jahr	2007	2008	2009	2010	2011	2012	2013	2014	2015 ff.
EE$_t$		208,21	6.462,18	10.903,43	10.630,67	5.009,11	6.257,03	8.322,99	9.988,28
CC$_t$		3.303,87	3.385,83	4.405,75	5.774,64	6.597,54	6.076,46	5.664,63	5.478,79
EVA$_t$		**-3.095,66**	3.076,34	6.497,68	4.856,03	-1.588,43	180,57	2.658,36	4.509,49
GW$_t$	10.852,98	10.198,31	9.499,99	8.754,80	7.960,39	7.960,39	7.960,39	7.960,39	
EBV$_t$	39.016,67	41.004,33	57.588,52	79.637,15	93.091,78	84.604,18	77.937,52	74.937,52	
MVA$_t$	53.290,93	59.917,11	60.802,86	58.298,15	57.250,74	62.576,97	66.504,31	68.231,65	
UW$_t$	103.160,58	111.119,76	127.891,37	146.690,10	158.302,90	155.141,55	152.402,22	151.129,56	
EK$_t$	88.570,68	94.274,41	103.771,70	114.949,77	123.482,43	125.463,32	126.926,36	127.623,51	

Tab. 183: Performancekontrolle des Bereichs B1A anhand des *Economic Value Added* I im Jahr 2008 (ex post-Perspektive; *Impairment* annuitätisch berücksichtigt)

Des weiteren könnte eine Verteilung der *Goodwill*abschreibung an den bei einem Vergleich aus ex ante- und ex post-Perspektive für den besagten Zeitraum festzustellenden Differenzen der bewertungsrelevanten Zahlungsmittelüberschüsse erfolgen.[2251] Hierzu wäre es vergleichbar mit der beim EEI-Konzept verwendeten Methodik notwendig (vgl. Kap. 3.4.7.2, S. 166 ff.), den Barwert der *Cashflow*abweichungen[2252] zu berechnen und mit dem *Impairment Loss* ins Verhältnis zu setzen.

[2251] Alternativ ließen sich zur Bemessung der Periodisierung bspw. Residualgewinne heranziehen.
[2252] Der Barwert der *Cashflow*abweichungen berechnet sich anhand folgender Gleichung:

Der auf diesem Weg ermittelte Skalierungsfaktor $(SKF_t)^{2253}$ dient der Allokation des Abschreibungsaufwand auf die Jahre 2008 bis 2011,[2254] so daß sich die in Tab. 181, S. 392 dargestellte Zuordnung des Abschreibungsbetrags ergibt. Bezogen auf die Performancekontrolle ergeben sich folgende Ergebnisauswirkungen (vgl. Tab. 184):

Jahr	2007	2008	2009	2010	2011	2012	2013	2014	2015 ff.
EE_t		429,05	6.141,14	10.583,12	11.051,18	5.009,11	6.257,03	8.322,99	9.988,28
CC_t		3.303,87	3.400,44	4.399,17	5.747,17	6.597,54	6.076,46	5.664,63	5.478,79
EVA_t		-2.874,82	2.740,71	6.183,94	5.304,01	-1.588,43	180,57	2.658,36	4.509,49
GW_t	10.852,98	10.419,15	9.399,80	8.334,29	7.960,39	7.960,39	7.960,39	7.960,39	
EBV_t	39.016,67	41.004,33	57.588,52	79.637,15	93.091,78	84.604,18	77.937,52	74.937,52	
MVA_t	53.290,93	59.696,27	60.903,05	58.718,65	57.250,74	62.576,97	66.504,31	68.231,65	
UW_t	103.160,58	111.119,76	127.891,37	146.690,10	158.302,90	155.141,55	152.402,22	151.129,56	
EK_t	88.570,68	94.274,41	103.771,70	114.949,77	123.482,43	125.463,32	126.926,36	127.623,51	

Tab. 184: Performancekontrolle des Bereichs B1A anhand des *Economic Value Added* I im Jahr 2008 (ex post-Perspektive; *Impairment cashflow*orientiert berücksichtigt)

(5.6) $$BW\Delta FCF = \sum_{\tau=t}^{b} \frac{\mu[\widetilde{F}CF_\tau^{*[\tau]}] - \mu[\widetilde{F}CF_\tau^{*[\tau-1]}]}{\prod_{m=0}^{\tau}(1+wacc_{t+m}^S)}.$$

Bezogen auf das Jahr 2008 ergibt sich hieraus ein Wert i.H.v. -21.175,81:

$$BW\Delta FCF = -21.175,81 \approx -\frac{3.386,34}{1,0663} - ... - \frac{3.532,50}{1,0663 \cdot ... \cdot 1,0653}.$$

[2253] Vgl. zu den Ausgangsdaten jeweils Tab. 135, S. 341 und Tab. 143, S. 346. Für die Ermittlung des Skalierungsfaktors gilt folgende Gleichung:

(5.7) $$SKF_t = \frac{IMP_t}{BW\Delta FCF},$$

wobei für das Jahr 2008 ein Wert i.H.v. -0,1366 bestimmt werden kann:

$$SKF_{2008} = -\frac{2.892,59}{21.175,81} \approx -0,1366.$$

[2254] Für die Bestimmung der periodisierten Goodwillabschreibung ist Gleichung (5.8) zu verwenden:

(5.8) $$PIMP_t = SKF_t \cdot \frac{\mu[\widetilde{F}CF_t^{*[t]}] - \mu[\widetilde{F}CF_t^{*[t-1]}]}{\prod_{m=0}^{t}(1+wacc_{t+m}^S)}.$$

Auf das Jahr 2010 werden damit 1.065,51 des *Impairment Loss* des Jahres 2008 alloziert:

$$PIMP_{2010} \approx -0,1366 \cdot (-7.800,31) \approx 1.065,51.$$

Von den aufgezeigten Varianten der Periodisierung einer *Goodwill*abschreibung vermag eine *cashflow*orientierte Verteilung insofern zu überzeugen, als daß es zu einer Verringerung des Performanceausweises in dem Maße kommt, wie die einzelnen Perioden zu dem *Impairment Loss* beigetragen haben. Daher ist in der Beispielsrechnung mit einem für das Jahr 2008 ausgewiesenen EVA i.H.v. -2.874,82 eine verhältnismäßig geringe Verringerung der Performancegröße zu beobachten, während auf die Jahre 2009 und 2010 größere Anteile der *Goodwill*abschreibung verrechnet werden.

Falls eine ursächliche Zuteilung von Abschreibungen des Geschäfts- oder Firmenwerts nicht möglich sein sollte, stellt der annuitätische Verteilungsalgorithmus eine praktikable Alternative dar. Die gleichmäßige Verringerung des Performancemaßes in den jeweiligen Perioden scheint in diesem Fall die überzeugendere Lösung zu sein als die ratierliche Allokation einer *Goodwill*abschreibung, die *per se* dadurch charakterisiert ist, daß die ‚Belastung' des Performanceausweises im Zeitablauf kontinuierlich abnimmt.[2255]

An den vorstehenden Überlegungen wird deutlich, daß aufgrund des *Impairment Test* Zukunftsinformationen unweigerlich auch in ein operativ-retrospektiv berechnetes EVA einfließen; sei es in der Kapitaleinsatzgröße, die bei Einbezug von Geschäfts- oder Firmenwerten zumindest teilweise durch den Barwert zukünftiger Zahlungsmittelüberschüsse berechnet wird, oder infolge der Berücksichtigung eines *Impairment Loss* mit etwaiger Periodisierung in der Erfolgsgröße. Hierdurch erfährt die von den Befürwortern des EVA-Konzepts ‚vielgerühmte Verläßlichkeit'[2256] dieses Performancemaßes eine erhebliche Beeinträchtigung. In Anbetracht der Tatsache, daß selbst das IASB strategisch-prospektiv ausgerichtete *Cashflow*kalküle als ausreichend verläßlich für Bilanzierungszwecke erachtet, müßte die obige Diskussion um eine mögliche Integration der Ergebnisse von Werthaltigkeitsüberprüfungen in den EVA und die damit einhergehenden Schwierigkeiten eigentlich ausreichend Impulse setzen, um eine Abkehr von dieser Performancemessungskonzeption ‚endgültig' in Erwägung zu ziehen.

Abschließend gilt es noch auf die Möglichkeiten der Berücksichtigung von Geschäfts- oder Firmenwerten und deren etwaigen Wertminderungen im Zeitverlauf bei einer Verwendung des ΔEVA einzugehen; *Arnsfeld/Schremper* sprechen sich hinsichtlich dieser in der Unternehmenspraxis als Bemessungsgrundlage für Vergütungssysteme beliebten Kennzahl – in Anlehnung an Stewart – für eine „Neutralisierung"[2257] sämtlicher Effekte eines *Impairment* von *Goodwills* auf die Erfolgs-

---

[2255] In diesem Sinne ließe sich einer linearen Abschreibung eines *Goodwill* zugute halten (vgl. Tab. 179, S. 390), daß sie dem Gedanken einer am ‚Realisationsprinzip" orientierten Performancemessung sowie der Entwicklung des zu amortisierenden Kapitals – in Abhängigkeit des Abschreibungszeitraums und der Notwendigkeit einer Wertminderung – zumindest in heuristischer Weise nahekommen kann, vgl. auch *Hense* (2006), S. 253.
[2256] Vgl. nur *Schultze/Hirsch* (2005), S. 74.
[2257] *Arnsfeld/Schremper* (2005), S. 502.

und Kapitaleinsatzgröße aus. Andernfalls käme es zu dem „rein ‚technische[n]' Effekt"[2258], daß eine außerplanmäßige Abschreibung eines Geschäfts- oder Firmenwerts ein stark negatives ΔEVA im Jahr des *Impairment Loss* bewirkt, was ohne eine „operative [...] Verbesserung"[2259] ein ausgeprägtes, positives ΔEVA im Folgejahr auslöst.[2260] Bezogen auf die Beispielsrechnung ergäben sich folgende Auswirkungen (vgl. Tab. 185 und Tab. 186):

ΔEVA	2008	2009	2010	2011	2012	2013	2014	2015 ff.
Goodwill nicht in der Kapitalbasis	2.474,28	3.691,24	1.505,08	-568,32	-4.379,24	472,13	1.054,34	1.099,06
Goodwill vollständig in der Kapitalbasis	1.840,04	3.691,68	1.506,23	-566,37	-4.377,95	470,56	1.052,80	1.098,17
Goodwill Impairment	1.840,04	3.691,68	1.506,23	-566,37	-4.377,95	470,56	1.052,80	1.098,17
Goodwill über 6 Jahre abgeschrieben	31,21	3.797,31	1.611,48	-461,90	-4.273,70	576,77	2.968,33	1.099,06

Tab. 185: Δ *Economic Value Added* I für den Bereich B1A in den Jahren 2008 bis 2015 ff. (ex ante-Perspektive)

ΔEVA	2008	2009	2010	2011	2012	2013	2014	2015 ff.
Goodwill nicht in der Kapitalbasis	-1.721,98	6.171,01	3.417,71	-1.644,36	-7.291,09	1.771,84	2.480,19	1.852,28
Goodwill vollständig in der Kapitalbasis	-2.440,99	6.172,36	3.422,65	-1.640,67	-7.290,64	1.767,96	2.476,92	1.850,71
Goodwill Impairment	-5.333,58	9.256,23	3.421,34	-1.641,65	-7.290,76	1.769,00	2.477,79	1.851,13
Goodwill über 6 Jahre abgeschrieben	-4.249,82	6.291,97	3.540,62	-1.523,73	-7.172,77	1.889,29	4.407,76	1.852,28

Tab. 186: Δ *Economic Value Added* I für den Bereich B1A in den Jahren 2008 bis 2015 ff. (ex post-Perspektive)

Aus der ex post-Perspektive kann das bemängelte ‚Ab und Auf' des ΔEVA für die Jahre 2008 und 2009 bestätigt werden. Die von *Arnsfeld/Schremper* präferierte Variante eines dauerhaften, in der Höhe unveränderten Einbezugs von *Goodwills* in die Kapitalbasis bewirkt eine ‚Problemlösung', die ebensogut bei einer planmäßigen Abschreibung[2261] respektive vollständigen Abstraktion von Geschäfts- oder Firmenwerten in der Kapitaleinsatzgröße hätte erreicht werden können. Dies vermag aber keinesfalls darüber hinwegtäuschen, daß ΔEVA für eine wertorientierte Performancemessung ungeeignet ist (vgl. Kap. 3.4.2.2, S. 123 ff.), da die Kriterien der Vorteilhaftigkeitsanzeige und Wertsteigerungsabbildung durchgängig nicht erfüllt sind, was die Berechnungen in den vorstehenden Tabellen nochmals belegen.

[2258] *Arnsfeld/Schremper* (2005), S. 502.
[2259] *Arnsfeld/Schremper* (2005), S. 502, womit ein erwartungskonformer Verlauf bei einem unveränderten Informationsstand gemeint ist. Auf eine entsprechende Differenzierung zwischen Performanceplanung und -kontrolle verzichten *Arnsfeld/Schremper* (2005), S. 500 ff., was ihrer Beispielsrechnung und damit Teilen ihrer Argumentation nicht zugute kommt. So bleibt es vollkommen unklar, warum in Tab. 1 ein *Impairment* i.H.v. 1.500,00 vorgenommen wird, ohne daß sich die operativen *Cashflows* oder der Kalkulationszinsfuß geändert hätten. Als Erklärung böten sich die Normierungen von *IAS 36* oder eine Verringerung des marktbasierten *Fair Value less Costs to sell* an, was jedoch keinen Einbezug in die internen Steuerungssysteme fraglich erscheinen ließe.
[2260] Vgl. *Arnsfeld/Schremper* (2005), S. 502.
[2261] Zu beachten ist lediglich ein ‚Einmaleffekt' am Ende des Abschreibungszeitraums, vgl. implizit auch *Arnsfeld/Schremper* (2005), S. 501.

5.4.3.2 Earnings less Riskfree Interest Charge

Ein grundlegendes Charakteristikum von E_RIC kann in der verhältnismäßig geringen Anzahl von empfohlenen Modifikationen der Daten- und Zahlenbasis der Rechnungslegung gesehen werden, die somit unverändert in die dementsprechende Performancemessung einfließt.[2262] Nach der Auffassung von *Velthuis/Wesner* trüge die fast vollständige Übereinstimmung zwischen externem und internem Rechnungswesen zu einem Komplexitätsabbau der Steuerungssysteme und von daher zu deren erhöhten Akzeptanz bei.[2263] In diesem Zusammenhang ist es auch nicht angedacht, von einer Berücksichtigung der Ergebnisse von *Impairment Tests* bei den zur Performanceplanung und -kontrolle verwendeten Erfolgs- und Kapitaleinsatzgrößen zu verzichten oder etwaige Anpassungsmaßnahmen vorzunehmen.[2264]

Dies impliziert natürlich vorab den Einbezug eines derivativen Geschäfts- oder Firmenwerts in die Kapitalbasis, der neben dem Konvergenzbestreben damit legitimiert wird, daß es um die Abbildung des „tatsächlich investierten Kapital[s], auf das langfristig Verzinsansprüche erhoben werden"[2265], ginge. Als besonderen Vorteil der Verrechnung einer außerplanmäßigen Abschreibung des *Goodwill* bei der Bestimmung von E_RIC stellen *Velthuis/Wesner* weitergehend heraus, daß „diesen außerordentlichen Verlustbestandteil [...] das Management in seiner Steuerungs- und Kontrollrechnung ebenso zu tragen [hätte], wie die Anteilseigner in der Gewinnermittlung des Unternehmens". Hierin sei gleichzeitig „das Erreichen einer Win-Win-Situation zwischen Entscheidungsträgern und Anteilseignern"[2266] zu sehen.

Es fällt äußerst schwer, diese von *Velthuis/Wesner* zur Untermauerung ihrer Argumentation beschriebene ‚Gewinn-Situation' überhaupt nachzuvollziehen, zumal es an einer Konkretisierung des unterstellten Steuerungs- und Kontrollsystems mangelt. Sollte damit E_RIC angesprochen sein, könnten sich grundsätzlich sämtliche seitens der Rechnungslegung vorgegebenen Abschreibungsverläufe für Geschäfts- oder Firmenwerte darin niederschlagen, ohne daß eine Abweichung zu einer korrespondierend ermittelten Gewinngröße vorläge. Dies läßt sich auf die immanente Buchwertorientierung des E_RIC-Konzepts zurückführen, wobei es vor dem Hintergrund von Handlungsempfehlungen zur Ausgestaltung eines mit den Prinzipien des *Shareholder Value* konformen Performancemaßes als bedenklich empfunden werden muß, die Interessen der Anteilseigner – wie vorstehendes Zitat belegt – auf eine Gewinngröße zu reduzieren.[2267]

[2262] Vgl. *Velthuis/Wesner* (2005), S. 127 ff.
[2263] Vgl. *Velthuis/Wesner* (2005), S. 48 f.
[2264] Vgl. *Velthuis/Wesner* (2005), S. 110.
[2265] *Velthuis/Wesner* (2005), S. 110.
[2266] *Velthuis/Wesner* (2005), S. 110.
[2267] Vgl. nur *Mandl/Rabel* (1997), S. 32 ff., m.w.N.

Noch problematischer erscheint es aber gerade hinsichtlich der Anreizkompatibilität, die das „kardinale Ziel"[2268] von E_RIC darstellt, die Ergebnisse des durch eine Normzwecksetzung geprägten *Impairment-Only-Approach* unbesehen in das Performancemaß zu übernehmen (vgl. Kap. 5.3.3.3.2.3, S. 369 ff.). Vermutlich vertreten *Velthuis/Wesner* eine – mit der Position von *Stern* übereinstimmende – Auffassung, wonach ein in der Kapitalbasis enthaltender Geschäfts- oder Firmenwert erst bei einem „real decline of economic value"[2269] zu vermindern sei; vereinfachend wird davon ausgegangen, daß sich letzteres in einem *Impairment* ausdrückt, wofür das *Management* die volle Verantwortung zu übernehmen hätte.[2270]

Offensichtlich verkennen *Velthuis/Wesner* dabei die in der vorliegenden Arbeit herausgestellten, teilweise eklatanten Unterschiede zwischen den bewertungsrelevanten Erfolgsgrößen des *Impairment of Assets* sowie bereichs- und unternehmenswertorientierten *Controlling*, die zweifelsfrei in dem von *Velthuis* beschriebenen theoretischen Modellrahmen[2271] ungleich höhere Fehlanreize bewirken dürften als die Diskontierung mit einem risikoadjustierten Zinssatz.

Wegen dieser generellen Zweifel an einer Vorziehenswürdigkeit der von *Velthuis/Wesner* vorgeschlagenen Behandlung von Geschäfts- oder Firmenwerten bei einer Performancemessung auf Basis von E_RIC werden in Analogie zur Vorgehensweise beim EVA in den folgenden Tab. sämtliche Möglichkeiten eines bilanziellen Einbezugs von *Goodwills* dargestellt (vgl. Tab. 187 bis Tab. 193, S. 397-399):

Jahr	2007	2008	2009	2010	2011	2012	2013	2014	2015 ff.
$EBIAT_t$		5.212,02	9.680,33	11.695,57	10.656,84	6.799,72	7.047,95	7.917,46	8.916,63
CC_t		1.850,33	1.975,02	2.418,18	2.960,10	3.373,11	3.214,53	3.062,87	2.980,97
$E_RIC_t^{[2007]}$		3.331,48	7.706,75	9.285,13	7.621,64	2.821,92	3.106,36	4.064,90	3.405,59
IC_t	40.666,67	43.407,13	53.146,86	65.057,07	74.134,36	70.649,08	67.315,74	65.515,74	
$DE_RIC_t^{[t]}$	87.172,09	89.430,84	87.508,00	84.011,50	82.017,40	84.273,50	86.232,46	87.263,89	
UW_t	127.838,75	132.837,97	140.654,86	149.068,56	156.151,75	154.922,57	153.548,20	152.779,64	
EK_t	113.248,86	117.192,62	122.771,78	127.770,60	132.211,33	133.099,60	133.808,91	134.222,23	

Tab. 187: Performanceplanung des Bereichs B1A anhand der Brutto-*Earnings less Riskfree Interest Charge* I für die Jahre 2008 bis 2015 ff. (ex ante-Perspektive, Goodwill nicht in der Kapitalbasis berücksichtigt)

[2268] *Wolf* (2005), S. 204.
[2269] *Stern* in der Diskussion mit *Adimando et al.* (1994), S. 48.
[2270] In diesem Sinne *Velthuis/Wesner* (2005), S. 110.
[2271] Vgl. grundlegend *Velthuis* (2003), S. 111-135.

Jahr	2007	2008	2009	2010	2011	2012	2013	2014	2015 ff.
EBIAT$_t$		5.212,02	9.680,33	11.695,57	10.656,84	6.799,72	7.047,95	7.917,46	8.916,63
CC$_t$		2.344,14	2.468,84	2.911,99	3.453,91	3.866,92	3.708,34	3.556,68	3.474,78
E$_R$IC$_t$ [2007]		2.837,67	7.212,94	8.791,32	7.127,83	2.328,10	2.612,55	3.571,08	2.911,78
IC$_t$	40.666,67	43.407,13	53.146,86	65.057,07	74.134,36	70.649,08	67.315,74	65.515,74	
GW$_t$	10.852,98	10.852,98	10.852,98	10.852,98	10.852,98	10.852,98	10.852,98	10.852,98	
DE$_R$IC$_t$ [t]	76.319,10	78.577,85	76.655,02	73.158,51	71.164,41	73.420,51	75.379,48	76.410,91	
UW$_t$	127.838,75	132.837,97	140.654,86	149.068,56	156.151,75	154.922,57	153.548,20	152.779,64	
EK$_t$	113.248,86	117.192,62	122.771,78	127.770,60	132.211,33	133.099,60	133.808,91	134.222,23	

Tab. 188: Performanceplanung des Bereichs B1A anhand der Brutto-*Earnings less Riskfree Interest Charge* I für die Jahre 2008 bis 2015 ff. (ex ante-Perspektive, Goodwill in der Kapitalbasis berücksichtigt)

Jahr	2007	2008	2009	2010	2011	2012	2013	2014	2015 ff.
EBIAT$_t$		3.403,19	7.871,50	9.886,74	8.848,01	4.990,89	5.239,12	7.917,46	8.916,63
CC$_t$		2.344,14	2.386,53	2.747,39	3.207,00	3.537,72	3.296,83	3.062,87	2.980,97
E$_R$IC$_t$ [2007]		1.028,83	5.486,41	7.147,09	5.565,90	848,48	1.215,22	4.064,90	3.405,59
IC$_t$	40.666,67	43.407,13	53.146,86	65.057,07	74.134,36	70.649,08	67.315,74	65.515,74	
GW$_t$	10.852,98	9.044,15	7.235,32	5.426,49	3.617,66	1.808,83	0,00	0,00	
DE$_R$IC$_t$ [t]	76.319,10	80.386,68	80.272,68	78.585,00	78.399,73	82.464,67	86.232,46	87.263,89	
UW$_t$	127.838,75	132.837,97	140.654,86	149.068,56	156.151,75	154.922,57	153.548,20	152.779,64	
EK$_t$	113.248,86	117.192,62	122.771,78	127.770,60	132.211,33	133.099,60	133.808,91	134.222,23	

Tab. 189: Performanceplanung des Bereichs B1A anhand der Brutto-*Earnings less Riskfree Interest Charge* I für die Jahre 2008 bis 2015 ff. (ex ante-Perspektive, Goodwill in der Kapitalbasis über 6 Jahre abgeschrieben)

Jahr	2007	2008	2009	2010	2011	2012	2013	2014	2015 ff.
EBIAT$_t$		886,88	8.282,04	13.477,01	11.958,05	5.045,54	6.257,03	8.322,99	9.988,28
CC$_t$		1.982,50	2.080,57	2.943,72	4.107,73	4.789,62	4.377,63	4.052,63	3.906,38
E$_R$IC$_t$ [2007]		-1.077,16	6.507,21	11.030,47	7.977,42	-785,73	692,88	3.064,91	2.676,83
IC$_t$	40.666,67	42.678,33	60.384,06	84.261,07	98.248,67	89.797,51	83.130,84	80.130,84	
GW$_t$	62.493,91	68.441,43	67.507,31	62.429,02	60.054,23	65.344,04	69.271,37	70.998,72	
DE$_R$IC$_t$ [t]	103.160,58	111.119,76	127.891,37	146.690,10	158.302,90	155.141,55	152.402,22	151.129,56	
UW$_t$	88.570,68	94.274,41	103.771,70	114.949,77	123.482,43	125.463,32	126.926,39	127.623,51	

Tab. 190: Performancekontrolle des Bereichs B1A anhand der Brutto-*Earnings less Riskfree Interest Charge* I im Jahr 2008 (ex post-Perspektive, Goodwill nicht in der Kapitalbasis berücksichtigt)

Jahr	2007	2008	2009	2010	2011	2012	2013	2014	2015 ff.
EBIAT$_t$		886,88	8.282,04	13.477,01	12.328,11	5.045,54	6.257,03	8.322,99	9.988,28
CC$_t$		2.511,58	2.609,65	3.472,81	4.604,31	5.318,71	4.906,71	4.581,71	4.435,46
E$_R$IC$_t$ [2007]		-1.606,24	5.978,12	10.501,39	7.869,98	-1.317,06	161,12	2.533,52	2.146,25
IC$_t$	40.666,67	42.678,33	60.384,06	84.261,07	98.248,67	89.797,51	83.130,84	80.130,84	
GW$_t$	10.852,98	10.852,98	10.852,98	10.852,98	10.852,98	10.852,98	10.852,98	10.852,98	
DE$_R$IC$_t$ [t]	51.640,93	57.588,44	56.654,33	51.576,04	49.201,25	54.491,06	58.418,39	60.145,73	
UW$_t$	103.160,58	111.119,76	127.891,37	146.690,10	158.302,90	155.141,55	152.402,22	151.129,56	
EK$_t$	88.570,68	94.274,41	103.771,70	114.949,77	123.482,43	125.463,32	126.926,39	127.623,51	

Tab. 191: Performancekontrolle des Bereichs B1A anhand der Brutto-*Earnings less Riskfree Interest Charge* I im Jahr 2008 (ex post-Perspektive, Goodwill in der Kapitalbasis berücksichtigt)

Konvergenz zwischen IAS 36 und dem Controlling

Jahr	2007	2008	2009	2010	2011	2012	2013	2014	2015 ff.
EBIAT$_t$		-921,95	6.473,21	11.668,18	10.519,28	3.236,71	4.448,19	8.322,99	9.988,28
CC$_t$		2.511,58	2.521,47	3.296,44	4.339,77	4.965,98	4.465,81	4.052,63	3.906,38
E$_R$IC$_t$ [2007]		-3.415,07	4.257,47	8.868,92	6.325,69	-2.773,77	-1.206,81	3.062,61	2.675,33
IC$_t$	40.666,67	42.678,33	60.384,06	84.261,07	98.248,67	89.797,51	83.130,84	80.130,84	
GW$_t$	10.852,98	9.044,15	7.235,32	5.426,49	3.617,66	1.808,83	0,00	0,00	
DE$_R$IC$_t$ [t]	51.640,93	59.397,27	60.271,99	57.002,53	56.436,57	63.535,21	69.271,37	70.998,72	
UW$_t$	103.160,58	111.119,76	127.891,37	146.690,10	158.302,90	155.141,55	152.402,22	151.129,56	
EK$_t$	88.570,68	94.274,41	103.771,70	114.949,77	123.482,43	125.463,32	126.926,36	127.623,51	

Tab. 192: Performancekontrolle des Bereichs B1A anhand der Brutto-*Earnings less Riskfree Interest Charge* I im Jahr 2008 (ex post-Perspektive, Goodwill in der Kapitalbasis über 6 Jahre abgeschrieben)

Jahr	2007	2008	2009	2010	2011	2012	2013	2014	2015 ff.
EBIAT$_t$		-2.005,71	8.282,04	13.477,01	12.328,11	5.045,54	6.257,03	8.322,99	9.988,28
CC$_t$		2.511,58	2.468,64	3.331,79	4.463,30	5.177,69	4.765,70	4.440,70	4.294,45
E$_R$IC$_t$ [2007]		-4.498,83	6.119,14	10.642,40	8.010,99	-1.176,64	302,13	2.674,54	2.287,26
IC$_t$	40.666,67	42.678,33	60.384,06	84.261,07	98.248,67	89.797,51	83.130,84	80.130,84	
GW$_t$	10.852,98	7.960,39	7.960,39	7.960,39	7.960,39	7.960,39	7.960,39	7.960,39	
DE$_R$IC$_t$ [t]	51.640,93	60.481,04	59.546,92	54.468,63	52.093,84	57.383,65	61.310,98	63.038,33	
UW$_t$	103.160,58	111.119,76	127.891,37	146.690,10	158.302,90	155.141,55	152.402,22	151.129,56	
EK$_t$	88.570,68	94.274,41	103.771,70	114.949,77	123.482,43	125.463,32	126.926,36	127.623,51	

Tab. 193: Performancekontrolle des Bereichs B1A anhand der Brutto-*Earnings less Riskfree Interest Charge* I im Jahr 2008 (ex post-Perspektive, *Impairment* berücksichtigt)

Die vorstehenden Ergebnisse zeichnen sich durch hohe konzeptionelle Ähnlichkeit zu den bei einer Berücksichtigung von Geschäfts- oder Firmenwerten im Rahmen der Performancekontrolle anhand von EVA gewonnen Untersuchungserkenntnissen aus. Grundsätzlich sind *Goodwills* demnach in die Kapitaleinsatzgröße aufzunehmen und gegebenenfalls ist eine strategisch-prospektive Ausrichtung der Performancemessung anzustreben. Bezüglich einer operativ-retrospektiven Performancekontrolle mit Hilfe von E$_R$IC mutet die Empfehlung eines bestimmten Abschreibungsverlaufs zweifelhaft an, da die Anforderungskriterien an ein wertorientiertes Performancemaß ohnehin nicht erfüllt werden können (vgl. Kap. 3.3.2, S. 105 ff.).[2272]

Im Rahmen einer Berücksichtigung etwaiger *Impairments* sollte – entgegen der Ansicht von *Velthuis/Wesner* – eine Periodisierung des Abschreibungsaufwands überdacht werden. Für diesen Zweck kämen die bereits diskutierten Möglichkeiten einer ratierlichen, annuitätischen oder cashfloworientierten Verrechnung der *Goodwill*abschreibung in Frage (vgl. Tab. 181, S. 392).

[2272] Im Hinblick auf die aus der ex post-Perspektive festzustellende Wertvernichtung gilt:
-1.077,16 + 68.441,43 - 87.172,09 · 1,05844 + (0,04875 - 0,05844) · 40.666,67 - 1.124,79 · 0,01641
≈ -25.314,55;
-1.606,24 + 57.588,44 - 76.319,70 · 1,05844 + (0,04875 - 0,05844) · (40.666,67 + 10.852,98) - 1.124,79 · 0,01641 ≈ -25.314,55;
-3.415,07 + 59.397,27 - 76.319,70 · 1,05844 + (0,04875 - 0,05844) · (40.666,67 + 10.852,98) - 1.124,79 · 0,01641 ≈ -25.314,55;
-4.498,83 + 60.481,04 - 77.319,70 · 1,05844 + (0,06625 - 0,05844) · (40.666,67 + 10.852,98) - 1.124,79 · 0,01641 ≈ -25.314,55.

Bei einer entsprechenden Periodisierung des *Impairment Loss* in der Beispielsrechnung ergeben sich die in Tab. 194 bis Tab. 196 enthaltenen Ergebnisse einer Performancekontrolle:

Jahr	2007	2008	2009	2010	2011	2012	2013	2014	2015 ff.
$EBIAT_t$		163,73	7.558,89	12.753,86	11.234,90	5.045,54	6.257,03	8.322,99	9.988,28
CC_t		2.511,58	2.574,40	3.402,30	4.531,05	5.177,69	4.765,70	4.440,70	4.294,45
$E_RIC_t^{[2007]}$		-2.329,39	5.290,23	9.848,75	6.830,95	-1.173,80	304,81	2.676,84	2.288,76
IC_t	40.666,67	42.678,33	60.384,06	84.261,07	98.248,67	89.797,51	83.130,84	80.130,84	
GW_t	10.852,98	10.129,84	9.406,69	8.683,54	7.960,39	7.960,39	7.960,39	7.960,39	
$DE_RIC_t^{[t]}$	51.640,93	58.311,59	58.100,62	53.745,49	52.093,84	57.383,65	61.310,98	63.038,33	
UW_t	103.160,58	111.119,76	127.891,37	146.690,10	158.302,90	155.141,55	152.402,22	151.129,56	
EK_t	88.570,68	94.274,41	103.771,70	114.949,77	123.482,43	125.463,32	126.926,36	127.623,51	

Tab. 194: Performancekontrolle des Bereichs B1A anhand der Brutto-*Earnings less Riskfree Interest Charge* I im Jahr 2008 (ex post-Perspektive, *Impairment* ratierlich berücksichtigt)

Jahr	2007	2008	2009	2010	2011	2012	2013	2014	2015 ff.
$EBIAT_t$		232,21	7.583,72	12.731,81	11.163,64	5.045,54	6.257,03	8.322,99	9.988,28
CC_t		2.511,58	2.577,74	3.406,85	4.534,52	5.177,69	4.765,70	4.440,70	4.294,45
$E_RIC_t^{[2007]}$		-2.260,91	5.311,72	9.822,15	6.756,22	-1.173,80	304,81	2.676,84	2.288,76
IC_t	40.666,67	42.678,33	60.384,06	84.261,07	98.248,67	89.797,51	83.130,84	80.130,84	
GW_t	10.852,98	10.198,31	9.499,99	8.754,80	7.960,39	7.960,39	7.960,39	7.960,39	
$DE_RIC_t^{[t]}$	51.640,93	58.243,11	58.007,32	53.674,23	52.093,84	57.383,65	61.310,98	63.038,33	
UW_t	103.160,58	111.119,76	127.891,37	146.690,10	158.302,90	155.141,55	152.402,22	151.129,56	
EK_t	88.570,68	94.274,41	103.771,70	114.949,77	123.482,43	125.463,32	126.926,36	127.623,51	

Tab. 195: Performancekontrolle des Bereichs B1A anhand der Brutto-*Earnings less Riskfree Interest Charge* I im Jahr 2008 (ex post-Perspektive, *Impairment* annuitätisch berücksichtigt)

Jahr	2007	2008	2009	2010	2011	2012	2013	2014	2015 ff.
$EBIAT_t$		453,05	7.262,69	12.411,49	11.584,15	5.045,54	6.257,03	8.322,99	9.988,28
CC_t		2.511,58	2.588,50	3.401,96	4.514,02	5.177,69	4.765,70	4.440,70	4.294,45
$E_RIC_t^{[2007]}$		-2.040,07	4.979,92	9.506,72	7.197,23	-1.173,80	304,81	2.676,84	2.288,76
IC_t	40.666,67	42.678,33	60.384,06	84.261,07	98.248,67	89.797,51	83.130,84	80.130,84	
GW_t	10.852,98	10.419,15	9.399,80	8.334,29	7.960,39	7.960,39	7.960,39	7.960,39	
$DE_RIC_t^{[t]}$	51.640,93	58.022,27	58.107,51	54.094,73	52.093,84	57.383,65	61.310,98	63.038,33	
UW_t	103.160,58	111.119,76	127.891,37	146.690,10	158.302,90	155.141,55	152.402,22	151.129,56	
EK_t	88.570,68	94.274,41	103.771,70	114.949,77	123.482,43	125.463,32	126.926,36	127.623,51	

Tab. 196: Performancekontrolle des Bereichs B1A anhand der Brutto-*Earnings less Riskfree Interest Charge* I im Jahr 2008 (ex post-Perspektive, *Impairment* cashfloworientiert berücksichtigt)

Abermals zeigt sich, daß bei einer ‚verursachungsgerechten', an den Veränderungen der bewertungsrelevanten Zahlungsströme bemessenen Periodisierung der *Goodwill*abschreibung der Performanceausweis mit einem E_RIC i.H.v. -2.040,07 verhältnismäßig positiv ausfällt.

5.4.3.3 Cash Value Added

Daß der Einbezug von *Goodwills* im Rahmen des Wert*managements* bei Anwendung des CVA nach der Vorstellung von *Lewis* davon abhängen soll, ob eine Beurteilung der getätigten Akquisition oder die Steuerung des Konzernportefeuilles respektive eine Beurteilung des *Management*erfolgs angestrebt wird, wurde bereits aufgezeigt (vgl. Kap. 5.4.2, S. 380 ff.).[2273]

Wie sich ebenfalls herausstellen ließ, bestehen aus theoretischer Perspektive erhebliche Zweifel an einer derartigen Differenzierung, zumal sie von einem für die vorgenannten Bewertungsaufgaben unpassenden Abstellen auf – wie auch immer definierte – Rentabilitätskennzahlen herrührt. Der in diesem Zusammenhang regelmäßig vorgebrachte Vergleich zweier völlig identischer Teilbereiche eines Unternehmens, die nur dahingehend differenziert werden können, daß sie entweder aus internem Wachstum oder einem Unternehmenskauf resultieren,[2274] vermag realiter nicht zu überzeugen; es müßte *in praxi* schon – wie *Hense* zutreffend argumentiert – ein hypothetischer „Sonderfall" vorliegen, wenn „die zu bewertende Einheit auch nach dem Erwerb isoliert bleibt"[2275]. Deshalb wird die Berücksichtigung von *Goodwills* bei einer wertorientierten Performancemessung anhand des CVA seitens der Unternehmenspraxis nicht bezweifelt,[2276] wenngleich divergierende Meinungen hinsichtlich der Fortschreibung der damit repräsentierten Kapitalbindung im Zeitverlauf vertreten werden:[2277] So sollten nach *Borchers* und *Husmann* Geschäfts- oder Firmenwerte dauerhaft zu Anschaffungskosten in der Kapitaleinsatzgröße fortgeführt werden,[2278] während *Dais/Watterott* empfehlen, ein etwaiges *Impairment* direkt und unverändert in die Bestimmung des CVA einzubeziehen.[2279]

Zur Verdeutlichung der beschriebenen Vorschläge können die Berechnungen in Tab. 197 bis Tab. 203, S. 402-404 herangezogen werden:

[2273] Vgl. auch *Plaschke* (2003), S. 241 f. A.A. *Hütten/Lorson* (2002), S. 31, die fälschlicherweise davon ausgehen, der derivative Geschäfts- oder Firmenwert sei beim CVA stets aus der Kapitalbasis zu eliminieren, wohingegen eine analoge Korrektur der Erfolgsgröße nicht vorgesehen wäre.
[2274] Vgl. bspw. *Pellens/Crasselt/Sellhorn* (2002), S. 143.
[2275] *Hense* (2006), S. 255 (beide Zitate).
[2276] Vgl. etwa *Borchers* (2006), S. 278 f.; *Dais/Watterott* (2006), S. 468; *Husmann* (2003), S. 86.
[2277] Vgl. ferner *Franz/Winkler* (2006b), S. 419 ff.
[2278] Vgl. *Borchers* (2006), S. 278, *Husmann* (2003), S. 85.
[2279] Vgl. *Dais/Watterott* (2006), S. 468, die weitergehend feststellen: „Die Goodwill-Behandlung ist somit unter IFRS extern und intern identisch, also vollständig harmonisiert." Ähnlich *Watterott* (2006), S. 145 ff.

Jahr	2007	2008	2009	2010	2011	2012	2013	2014	2015	2016	2017 ff.
μ (BCF$_t^{HEV}$)		16.087,71	20.910,66	24.581,48	26.831,58	25.436,76	25.381,28	24.717,46	23.916,63	23.916,63	23.916,63
AB$_t$	34.000,00	37.000,00	42.000,00	48.600,00	56.000,00	55.000,00	50.400,00	45.000,00	45.000,00	45.000,00	45.000,00
BIB$_t$	49.350,00	52.966,15	62.936,21	74.732,32	86.984,35	86.136,11	81.536,11	76.136,11	76.136,11	76.136,11	76.136,11
AfA$_t^{BCG}$		10.696,61	11.639,19	13.213,70	15.291,98	17.622,59	17.308,67	15.860,31	14.159,07	14.158,03	14.157,65
CC$_t$		2.883,97	3.093,13	3.668,68	4.342,88	5.044,55	5.007,79	4.751,98	4.443,51	4.443,51	4.443,51
CFROI$_t$		10,92%	17,50%	18,06%	15,44%	8,98%	9,37%	10,86%	12,82%	12,82%	12,82%
CVA$_t$		2.507,13	6.178,35	7.699,09	7.196,73	2.769,62	3.064,82	4.105,18	5.314,06	5.315,10	5.315,48
DCVA$_t$	88.426,49	91.086,92	90.227,89	87.788,37	85.693,24	87.893,29	89.938,42	91.074,92	91.076,24	91.076,60	
Σ AfA$_t^{BCG}$ wacc$_t^S$ I	9.936,73	11.212,04	12.508,20	13.452,71	16.529,77	19.114,80	17.933,51	14.434,53	14.433,47	14.433,07	
Δ wacc$_t^S$ I		-1,01	-3,06	-1,03	0,58	3,92	7,97	7,18	3,14	0,75	0,00
UW$_t$	127.838,75	132.837,97	140.654,86	149.068,56	156.151,75	154.922,57	153.548,20	152.779,64	152.779,64	152.779,64	
EK$_t$	113.248,86	117.192,62	122.771,78	127.770,60	132.211,33	133.099,60	133.808,91	134.222,23	134.222,23	134.222,23	

Tab. 197: Performanceplanung des Bereichs B1A anhand des *Cash Value Added* I für die Jahre 2008 bis 2017 ff. (ex ante-Perspektive, Goodwill nicht in der Kapitalbasis berücksichtigt)

Jahr	2007	2008	2009	2010	2011	2012	2013	2014	2015	2016	2017 ff.
μ (BCF$_t^{HEV}$)		16.087,71	20.910,66	24.581,48	26.831,58	25.436,76	25.381,28	24.717,46	23.916,63	23.916,63	23.916,63
AB$_t$	34.000,00	37.000,00	42.000,00	48.600,00	56.000,00	55.000,00	50.400,00	45.000,00	45.000,00	45.000,00	45.000,00
BIB$_t$	49.350,00	52.966,15	62.936,21	74.732,32	86.984,35	86.136,11	81.536,11	76.136,11	76.136,11	76.136,11	76.136,11
GW$_t$	10.852,98	10.852,98	10.852,98	10.852,98	10.852,98	10.852,98	10.852,98	10.852,98	10.852,98	10.852,98	10.852,98
AfA$_t^{BCG}$		10.696,61	11.639,19	13.213,70	15.291,98	17.622,59	17.308,67	15.860,31	14.159,07	14.158,03	14.157,65
CC$_t$		3.518,20	3.726,92	4.301,33	4.973,57	5.673,95	5.638,77	5.384,50	5.076,92	5.076,92	5.076,92
CFROI$_t$		8,95%	14,53%	15,41%	13,48%	7,99%	8,32%	9,59%	11,22%	11,22%	11,22%
CVA$_t$		1.872,89	5.544,55	7.066,45	6.566,03	2.140,21	2.433,85	3.472,66	4.680,65	4.681,69	4.682,07
DCVA$_t$	77.573,51	80.233,94	79.374,90	76.935,38	74.840,25	77.040,31	79.085,44	80.221,94	80.223,26	80.223,61	
Σ AfA$_t^{BCG}$ wacc$_t^S$ I	9.936,73	11.212,04	12.508,20	13.452,71	16.529,77	19.114,80	17.933,51	14.434,53	14.433,47	14.433,07	
Δ wacc$_t^S$ I		-1,01	-3,06	-1,03	0,58	3,92	7,97	7,18	3,14	0,75	0,00
UW$_t$	127.838,75	132.837,97	140.654,86	149.068,56	156.151,75	154.922,57	153.548,20	152.779,64	152.779,64	152.779,64	
EK$_t$	113.248,86	117.192,62	122.771,78	127.770,60	132.211,33	133.099,60	133.808,91	134.222,23	134.222,23	134.222,23	

Tab. 198: Performanceplanung des Bereichs B1A anhand des *Cash Value Added* I für die Jahre 2008 bis 2017 ff. (ex ante-Perspektive, Goodwill in der Kapitalbasis berücksichtigt)

Für die Übernahme der bilanziellen Behandlung von Geschäfts- oder Firmenwerten in das CVA-Konzept, bedarf es „manuelle[r], nicht-systemkonforme[r] Eingriffe"[2280]. Demgemäß ist in nachstehenden Tab. abgebildet, wie planmäßige Abschreibungen des *Goodwill* als auch eine im Einklang dazu stehende Berechnung von Kapitalkosten bei der Bestimmung des CVA in Abzug gebracht werden könnten (vgl. Tab. 199 sowie Tab. 202 und Tab. 203, beide S. 404):

[2280] *Borchers* (2006), S. 278, Fn. 16.

Konvergenz zwischen IAS 36 und dem Controlling

Jahr	2007	2008	2009	2010	2011	2012	2013	2014	2015	2016	2017 ff.
µ (BCF$_t^{HEV}$)		16.087,71	20.910,66	24.581,48	26.831,58	25.436,76	25.381,28	24.717,46	23.916,63	23.916,63	23.916,63
AB$_t$	34.000,00	37.000,00	42.000,00	48.600,00	56.000,00	55.000,00	50.400,00	45.000,00	45.000,00	45.000,00	45.000,00
BIB$_t$	49.350,00	52.966,15	62.936,21	74.732,32	86.984,35	86.136,11	81.536,11	76.136,11	76.136,11	76.136,11	76.136,11
GW	10.852,98	9.044,15	7.235,32	5.426,49	3.617,66	1.808,83	0,00	0,00	0,00	0,00	0,00
AfA$_e^{BCG}$		10.696,61	11.639,19	13.213,70	15.291,98	17.622,59	17.308,67	15.860,31	14.159,07	14.158,03	14.157,65
AfA$_e^{GW}$		1.808,83	1.808,83	1.808,83	1.808,83	1.808,83	0,00	0,00	0,00	0,00	0,00
CC$_t$		3.518,20	3.621,29	4.090,45	4.658,22	5.254,35	5.112,96	4.751,98	4.443,51	4.443,51	4.443,51
CFROI$_t$		8,95%	14,95%	16,20%	14,40%	8,62%	9,18%	10,86%	12,82%	12,82%	12,82%
CVA$_t$		64,06	3.841,35	5.468,50	5.072,55	750,99	1.150,83	4.105,18	5.314,06	5.315,10	5.315,48
DCVA$_t$	77.573,51	82.042,77	82.992,56	82.361,88	82.075,58	86.084,46	89.938,42	91.074,92	91.076,24	91.076,60	
Σ AfA$_e^{BCG}$ wacc$_t^S$ l	9.936,73	11.212,04	12.508,20	13.452,71	16.529,77	19.114,80	17.933,51	14.434,53	14.433,47	14.433,07	
Δ wacc$_t^S$ l	-1,01	-3,06	-1,03	0,58	3,92	7,97	7,18	3,14	0,75	0,00	
UW$_t$	127.838,75	132.837,97	140.654,86	149.068,56	156.151,75	154.922,57	153.548,20	152.779,64	152.779,64	152.779,64	
EK$_t$	113.248,86	117.192,62	122.771,78	127.770,60	132.211,33	133.099,60	133.808,91	134.222,23	134.222,23	134.222,23	

Tab. 199: Performanceplanung des Bereichs B1A anhand des *Cash Value Added* I für die Jahre 2008 bis 2017 ff. (ex ante-Perspektive, Goodwill in der Kapitalbasis über 6 Jahre abgeschrieben)

Jahr	2007	2008	2009	2010	2011	2012	2013	2014	2015	2016	2017 ff.
µ (BCF$_t^{HEV}$)		12.196,21	20.160,50	29.315,30	34.461,80	32.675,78	31.923,69	30.322,99	28.988,28	28.988,28	28.988,28
AB$_t$	34.000,00	39.000,00	53.000,00	70.000,00	83.000,00	77.000,00	66.000,00	57.000,00	57.000,00	57.000,00	57.000,00
BIB$_t$	49.350,00	52.671,00	71.255,18	97.970,49	119.758,44	113.937,52	102.937,52	93.937,52	93.937,52	93.937,52	93.937,52
AfA$_e^{BCG}$		10.638,89	12.175,10	16.551,26	21.241,20	25.932,32	24.058,79	20.618,28	17.801,24	17.798,65	17.797,81
CC$_t$		3.269,44	3.482,93	4.679,38	6.272,82	7.818,84	7.479,50	6.788,33	6.208,41	6.208,41	6.208,41
CFROI$_t$		3,16%	15,16%	17,91%	13,78%	5,63%	6,90%	9,43%	11,91%	11,91%	11,91%
CVA$_t$		**-1.712,11**	4.502,47	8.084,66	6.947,79	-1.075,39	385,40	2.916,38	4.978,63	4.981,22	4.982,06
DCVA$_t$	63.673,46	69.603,95	69.704,12	66.196,98	64.031,66	69.287,58	73.450,60	75.378,00	75.381,16	75.381,95	
Σ AfA$_e^{BCG}$ wacc$_t^S$ l	9.910,17	11.153,22	13.069,39	17.485,91	25.504,75	28.110,25	24.005,74	18.193,44	18.190,78	18.189,90	
Δ wacc$_t^S$ l	47,29	-1,96	1,45	8,54	17,55	26,71	19,85	7,49	1,66	0,00	
UW$_t$	103.160,58	111.119,76	127.891,37	146.690,10	158.302,90	155.141,55	152.402,22	151.129,56	151.129,56	151.129,56	
EK$_t$	88.570,68	94.274,41	103.771,70	114.949,77	123.482,43	125.463,32	126.926,36	127.623,51	127.623,51	127.623,51	

Tab. 200: Performancekontrolle des Bereichs B1A anhand des *Cash Value Added* I im Jahr 2008 (ex post-Perspektive, Goodwill nicht in der Kapitalbasis berücksichtigt)

Jahr	2007	2008	2009	2010	2011	2012	2013	2014	2015	2016	2017 ff.
µ (BCF$_t^{HEV}$)		12.196,21	20.160,50	29.315,30	34.758,41	32.675,78	31.923,69	30.322,99	28.988,28	28.988,28	28.988,28
AB$_t$	34.000,00	39.000,00	53.000,00	70.000,00	83.000,00	77.000,00	66.000,00	57.000,00	57.000,00	57.000,00	57.000,00
BIB$_t$	49.350,00	52.671,00	71.255,18	97.970,49	119.758,44	113.937,52	102.937,52	93.937,52	93.937,52	93.937,52	93.937,52
GW$_t$	10.852,98	10.852,98	10.852,98	10.852,98	10.852,98	10.852,98	10.852,98	10.852,98	10.852,98	10.852,98	10.852,98
AfA$_e^{BCG}$		10.638,89	12.175,10	16.551,26	21.866,98	25.933,16	24.059,04	20.618,28	17.801,24	17.798,65	17.797,81
CC$_t$		3.988,45	4.200,59	5.392,11	7.109,45	8.527,42	8.191,95	7.504,04	6.925,69	6.925,69	6.925,69
CFROI$_t$		2,59%	12,57%	15,55%	11,85%	5,16%	6,30%	8,53%	10,68%	10,68%	10,68%
CVA$_t$		**-2.431,13**	3.784,80	7.371,93	5.781,99	-1.784,80	-327,34	2.200,67	4.261,35	4.263,93	4.264,77
DCVA$_t$	52.820,48	58.750,96	58.851,13	55.344,00	53.177,63	58.434,32	62.597,61	64.525,01	64.528,17	64.528,96	
Σ AfA$_e^{BCG}$ wacc$_t^S$ l	9.910,17	11.153,22	13.069,39	17.485,91	25.505,62	28.110,56	24.005,74	18.193,44	18.190,78	18.189,90	
Δ wacc$_t^S$ l	47,29	-1,96	1,45	8,54	19,46	27,29	19,85	7,49	1,66	0,00	
UW$_t$	103.160,58	111.119,76	127.891,37	146.690,10	158.302,90	155.141,55	152.402,22	151.129,56	151.129,56	151.129,56	
EK$_t$	88.570,68	94.274,41	103.771,70	114.949,77	123.482,43	125.463,32	126.926,36	127.623,51	127.623,51	127.623,51	

Tab. 201: Performancekontrolle des Bereichs B1A anhand des *Cash Value Added* I im Jahr 2008 (ex post-Perspektive, Goodwill in der Kapitalbasis berücksichtigt)

Jahr	2007	2008	2009	2010	2011	2012	2013	2014	2015	2016	2017 ff.
μ (BCF$_t^{HEV}$)		12.196,21	20.160,50	29.315,30	34.758,41	32.675,78	31.923,39	30.322,99	28.988,28	28.988,28	28.988,28
AB$_t$	34.000,00	39.000,00	53.000,00	70.000,00	83.000,00	77.000,00	66.000,00	57.000,00	57.000,00	57.000,00	57.000,00
BIB$_t$	49.350,00	52.671,00	71.255,18	97.970,49	119.758,44	113.937,52	102.937,52	93.937,52	93.937,52	93.937,52	93.937,52
GW	10.852,98	9.044,15	7.235,32	5.426,49	3.617,66	1.808,83	0,00	0,00	0,00	0,00	0,00
AfA$_t^{BCG}$		10.638,89	12.175,10	16.551,26	21.866,98	25.933,16	24.059,08	20.618,28	17.801,24	17.798,65	17.797,81
AfA$_t^{GW}$		1.808,83	1.808,83	1.808,83	1.808,83	1.808,83	1.808,33	0,00	0,00	0,00	0,00
CC$_t$		3.988,45	4.080,98	5.154,53	6.754,92	8.055,03	7.598,24	6.788,33	6.208,41	6.208,41	6.208,41
CFROI$_t$		2,59%	12,94%	16,26%	12,47%	5,47%	6,79%	9,43%	11,91%	11,91%	11,91%
CVA$_t$		-4.239,96	2.095,58	5.800,68	4.327,67	-3.121,25	-1.542,46	2.916,38	4.978,63	4.981,22	4.982,06
DCVA$_t$	52.820,48	60.559,79	62.468,80	60.770,49	60.412,95	67.478,47	73.450,30	75.378,00	75.381,16	75.381,95	
Σ AfA$_t^{BCG}$ wacc$_t^S$ I	9.910,17	11.153,22	13.069,39	17.485,91	25.505,62	28.110,56	24.005,74	18.193,44	18.190,78	18.189,90	
Δ wacc$_t^S$ I	47,29	-1,96	1,45	8,54	19,46	27,29	19,35	7,49	1,66	0,00	
UW$_t$	103.160,58	111.119,76	127.891,37	146.690,10	158.302,90	155.141,55	152.402,22	151.129,56	151.129,56	151.129,56	
EK$_t$	88.570,68	94.274,41	103.771,70	114.949,77	123.482,43	125.463,32	126.926,36	127.623,51	127.623,51	127.623,51	

Tab. 202: Performancekontrolle des Bereichs B1A anhand des *Cash Value Added* I im Jahr 2008 (ex post-Perspektive, Goodwill in der Kapitalbasis über 6 Jahre abgeschrieben)

Jahr	2007	2008	2009	2010	2011	2012	2013	2014	2015	2016	2017 ff.
μ (BCF$_t^{HEV}$)		12.196,21	20.160,50	29.315,30	34.758,41	32.675,78	31.923,69	30.322,99	28.988,28	28.988,28	28.988,28
AB$_t$	34.000,00	39.000,00	53.000,00	70.000,00	83.000,00	77.000,00	66.000,00	57.000,00	57.000,00	57.000,00	57.000,00
BIB$_t$	49.350,00	52.671,00	71.255,18	97.970,49	119.758,44	113.937,52	102.937,52	93.937,52	93.937,52	93.937,52	93.937,52
GW	10.852,98	7.960,39	7.960,39	7.960,39	7.960,39	7.960,39	7.960,39	7.960,39	7.960,39	7.960,39	7.960,39
AfA$_t^{BCG}$		10.638,89	12.175,10	16.551,26	21.866,98	25.933,16	24.059,08	20.618,28	17.801,24	17.798,65	17.797,81
CC$_t$		3.988,45	4.009,32	5.202,15	6.920,46	8.338,56	8.002,06	7.313,29	6.734,52	6.734,52	6.734,52
IMPt^{GW}		2.892,59	0,00	0,00	0,00	0,00	0,00	0,00	0,00	0,00	0,00
CFROI$_t$		2,59%	13,17%	16,11%	12,17%	5,28%	6,45%	8,75%	10,98%	10,98%	10,98%
CVA$_t$		-5.323,72	3.976,08	7.561,89	5.970,96	-1.595,95	-137,45	2.391,42	4.452,52	4.455,11	4.455,95
DCVA$_t$	52.820,48	61.643,56	61.743,73	58.236,59	56.070,22	61.326,91	65.490,21	67.417,61	67.420,77	67.421,56	
Σ AfA$_t^{BCG}$ wacc$_t^S$ I	9.910,17	11.153,22	13.069,39	17.485,91	25.505,62	28.110,56	24.005,74	18.193,44	18.190,78	18.189,90	
Δ wacc$_t^S$ I	47,29	-1,96	1,45	8,54	19,46	27,29	19,85	7,49	1,66	0,00	
UW$_t$	103.160,58	111.119,76	127.891,37	146.690,10	158.302,90	155.141,55	152.402,22	151.129,56	151.129,56	151.129,56	
EK$_t$	88.570,68	94.274,41	103.771,70	114.949,77	123.482,43	125.463,32	126.926,36	127.623,51	127.623,51	127.623,51	

Tab. 203: Performancekontrolle des Bereichs B1A anhand des *Cash Value Added* I im Jahr 2008 (ex post-Perspektive, *Impairment* berücksichtigt)[2281]

Die obigen Berechnungen und die damit erlangten Untersuchungsergebnisse stimmen im wesentlichen mit den Erkenntnissen eines Einbezugs von Geschäfts- oder Firmenwerten in die Performancemaße EVA oder E$_R$IC überein.[2282] Ein retrospektiv-operativ ausgerichteter CVA erfüllt die Anforderungen an wertorientierte Kennzahlen nur sehr bedingt (vgl. Kap. 3.3.2, S. 105 ff.),[2283] was durch die aufge-

---

[2281] Die Berechnungsarithmetik gleicht dem Vorgehen bei einer ‚Integration' einer linearen Abschreibung von Geschäfts- oder Firmenwerten in das CVA-Konzept, vgl. implizit auch *Dais/Watterott* (2006), S. 468.

[2282] Gleiches gilt im übrigen für ΔCVA, so daß auf eine erneute kritische Analyse der diesbezüglichen Argumentation von *Arnsfeld/Schremper* (2005), S. 503 verzichtet werden kann.

[2283] Im Hinblick auf die aus der ex post-Perspektive festzustellende Wertvernichtung gilt:
-1.712,11 + 69.603,95 - 88.426,49 · 1,05844 + (103.160,58 - 63.673,46) · 1,06625 - (127.838,75 - 88.426,49) · 1,05844 ≈ -25.314,55;
-2.431,13 + 58.750,96 - 77.573,51 · 1,05844 + (103.160,58 - 52.820,48) · 1,06625 - (127.838,75 - 77.573,51) · 1,05844 ≈ -25.314,55;
-4.239,96 + 60.559,79 - 77.573,51 · 1,05844 + (103.160,58 - 52.820,48) · 1,06625 - (127.838,75 - 77.573,51) · 1,05844 ≈ -25.314,55;

Konvergenz zwischen IAS 36 und dem Controlling 405

zeigten Möglichkeiten einer *Goodwill*berücksichtigung generell nicht verbessert werden kann. Anstelle eines vollumfänglichen Einbezugs des *Impairment Loss* im Jahr 2008 könnte abermals über eine entsprechende Periodisierung nachgedacht werden; bei den hierfür aufgezeigten Möglichkeiten ergäben sich alternativ folgende Ergebnisse (vgl. Tab. 204 bis Tab. 206, S. 405-406):

Jahr	2007	2008	2009	2010	2011	2012	2013	2014	2015	2016	2017 ff.
µ (BCF$_t^{HEV}$)		11.473,07	19.437,35	28.592,15	34.035,26	32.675,78	31.923,69	30.322,99	28.988,28	28.988,28	28.988,28
AB$_t$	34.000,00	39.000,00	53.000,00	70.000,00	83.000,00	77.000,00	66.000,00	57.000,00	57.000,00	57.000,00	57.000,00
BIB$_t$	49.350,00	52.671,00	71.255,18	97.970,49	119.758,44	113.937,52	102.937,52	93.937,52	93.937,52	93.937,52	93.937,52
GW	10.852,98	10.129,84	9.406,69	8.683,54	7.960,39	7.960,39	7.960,39	7.960,39	7.960,39	7.960,39	7.960,39
AfA$_t^{BCG}$		10.638,89	12.175,10	16.551,26	21.866,98	25.933,16	24.059,08	20.618,28	17.801,24	17.798,65	17.797,81
CC$_t$		3.988,45	4.152,78	5.297,13	6.967,70	8.338,56	8.002,06	7.313,29	6.734,52	6.734,52	6.734,52
CFROI$_t$		1,39%	11,56%	14,93%	11,41%	5,28%	6,45%	8,75%	10,98%	10,98%	10,98%
CVA$_t$		**-3.154,27**	3.109,47	6.743,76	5.200,57	-1.595,95	-137,45	2.391,42	4.452,52	4.455,11	4.455,95
DCVA$_t$	52.820,48	59.474,11	60.297,43	57.513,45	56.070,22	61.326,91	65.490,21	67.417,61	67.420,77	67.421,56	
Σ AfA$_t^{BCG}$ wacc$_t^{S}$ I	9.910,17	11.153,22	13.069,39	17.485,91	25.505,62	28.110,56	24.005,74	18.193,44	18.190,78	18.189,90	
Δ wacc$_t^{S}$ I	47,29	-1,96	1,45	8,54	19,46	27,29	19,85	7,49	1,66	0,00	
UW$_t$	103.160,58	111.119,76	127.891,37	146.690,10	158.302,90	155.141,55	152.402,22	151.129,56	151.129,56	151.129,56	
EK$_t$	88.570,68	94.274,41	103.771,70	114.949,77	123.482,43	125.463,32	126.926,36	127.623,51	127.623,51	127.623,51	

Tab. 204: Performancekontrolle des Bereichs B1A anhand des *Cash Value Added* I im Jahr 2008 (ex post-Perspektive, *Impairment* ratierlich berücksichtigt)

Jahr	2007	2008	2009	2010	2011	2012	2013	2014	2015	2016	2017 ff.
µ (BCF$_t^{HEV}$)		11.541,54	19.462,18	28.570,10	33.964,00	32.675,78	31.923,69	30.322,99	28.988,28	28.988,28	28.988,28
AB$_t$	34.000,00	39.000,00	53.000,00	70.000,00	83.000,00	77.000,00	66.000,00	57.000,00	57.000,00	57.000,00	57.000,00
BIB$_t$	49.350,00	52.671,00	71.255,18	97.970,49	119.758,44	113.937,52	102.937,52	93.937,52	93.937,52	93.937,52	93.937,52
GW	10.852,98	10.198,31	9.499,99	8.754,80	7.960,39	7.960,39	7.960,39	7.960,39	7.960,39	7.960,39	7.960,39
AfA$_t^{BCG}$		10.638,89	12.175,10	16.551,26	21.866,98	25.933,16	24.059,08	20.618,28	17.801,24	17.798,65	17.797,81
CC$_t$		3.988,45	4.157,30	5.303,25	6.972,36	8.338,56	8.002,06	7.313,29	6.734,52	6.734,52	6.734,52
CFROI$_t$		1,50%	11,59%	14,88%	11,33%	5,28%	6,45%	8,75%	10,98%	10,98%	10,98%
CVA$_t$		**-3.085,80**	3.129,77	6.715,59	5.124,66	-1.595,95	-137,45	2.391,42	4.452,52	4.455,11	4.455,95
DCVA$_t$	52.820,48	59.405,63	60.204,12	57.442,19	56.070,22	61.326,91	65.490,21	67.417,61	67.420,77	67.421,56	
Σ AfA$_t^{BCG}$ wacc$_t^{S}$ I	9.910,17	11.153,22	13.069,39	17.485,91	25.505,62	28.110,56	24.005,74	18.193,44	18.190,78	18.189,90	
Δ wacc$_t^{S}$ I	47,29	-1,96	1,45	8,54	19,46	27,29	19,85	7,49	1,66	0,00	
UW$_t$	103.160,58	111.119,76	127.891,37	146.690,10	158.302,90	155.141,55	152.402,22	151.129,56	151.129,56	151.129,56	
EK$_t$	88.570,68	94.274,41	103.771,70	114.949,77	123.482,43	125.463,32	126.926,36	127.623,51	127.623,51	127.623,51	

Tab. 205: Performancekontrolle des Bereichs B1A anhand des *Cash Value Added* I im Jahr 2008 (ex post-Perspektive, *Impairment* annuitätisch berücksichtigt)

-5.323,72 + 61.643,56 - 77.573,51 · 1,05844 + (103.160,58 - 52.820,48) · 1,06625 - (127.838,75 - 77.573,51) · 1,05844 ≈ -25.314,55.

Jahr	2007	2008	2009	2010	2011	2012	2013	2014	2015	2016	2017 ff.
μ (BCF$_t^{NEV}$)		11.762,39	19.141,14	28.249,78	34.384,51	32.675,78	31.923,69	30.322,99	28.988,28	28.988,28	28.988,28
AB$_t$	34.000,00	39.000,00	53.000,00	70.000,00	83.000,00	77.000,00	66.000,00	57.000,00	57.000,00	57.000,00	57.000,00
BIB$_t$	49.350,00	52.671,00	71.255,18	97.970,49	119.758,44	113.937,52	102.937,52	93.937,52	93.937,52	93.937,52	93.937,52
GW	10.852,98	10.419,15	9.399,80	8.334,29	7.960,39	7.960,39	7.960,39	7.960,39	7.960,39	7.960,39	7.960,39
AfA$_t^{BCG}$		10.638,89	12.175,10	16.551,26	21.866,98	25.933,16	24.059,08	20.618,28	17.801,24	17.798,65	17.797,81
CC$_t$		3.988,45	4.171,91	5.296,67	6.944,89	8.338,56	8.002,06	7.313,29	6.734,52	6.734,52	6.734,52
CFROI$_t$		1,87%	11,04%	14,50%	11,78%	5,28%	6,45%	8,75%	10,98%	10,98%	10,98%
CVA$_t$		**-2.864,96**	2.794,14	6.401,85	5.572,64	-1.595,95	-137,45	2.391,42	4.452,52	4.455,11	4.455,95
DCVA$_t$	52.820,48	59.184,79	60.304,31	57.862,69	56.070,22	61.326,91	65.490,21	67.417,61	67.420,77	67.421,56	
Σ AfA$_t^{BCG}$ wacc$_t^S$ I	9.910,17	11.153,22	13.069,39	17.485,91	25.505,62	28.110,56	24.005,74	18.193,44	18.190,78	18.189,90	
Δ wacc$_t^S$ I	47,29	-1,96	1,45	8,54	19,46	27,29	19,85	7,49	1,66	0,00	
UW$_t$	103.160,58	111.119,76	127.891,37	146.690,10	158.302,90	155.141,55	152.402,22	151.129,56	151.129,56	151.129,56	
EK$_t$	88.570,68	94.274,41	103.771,70	114.949,77	123.482,43	125.463,32	126.926,36	127.623,51	127.623,51	127.623,51	

Tab. 206: Performancekontrolle des Bereichs B1A anhand des *Cash Value Added* I im Jahr 2008 (ex post-Perspektive, *Impairment cashflow*orientiert berücksichtigt)

Trotz der durch eine solche Allokation weitaus stärkeren Ausrichtung am ‚Realisationsprinzip' widerspricht die Subtraktion buchhalterisch geprägter Abschreibungen von in der Kapitalbasis enthaltenden Geschäfts- oder Firmenwerten prinzipiell der Grundidee des CVA.[2284]

Daher könnte ausgehend von der Berechnungssystematik des CVA darüber nachgedacht werden, *Goodwills* zu ihren Anschaffungskosten in die Kapitaleinsatzgröße einzubeziehen und eine BCG-Abschreibung vorzunehmen, bis die mit ihnen verbundenen Verzinsungs- und Tilgungsansprüche befriedigt worden sind.[2285] Zur Abgrenzung von der vorstehend angenommenen sechsjährigen, bilanziellen Abschreibung des Geschäfts- oder Firmenwerts wird in den beiden folgenden Tabellen unterstellt, die Investoren würden eine Kapitalrückführung binnen der nächsten sieben Jahren erwarten:[2286]

[2284] Vgl. *Lewis* (1994), S. 40 ff. Ganz offensichtlich a.A. *Dais/Watterott* (2006), S. 468; *Watterott* (2006), S. 148.
[2285] Vgl. zu diesem Vorgehen vor der Umstellung der Rechnungslegung auf *IFRS Dais/Watterott* (2006), S. 468.
[2286] Zu Überlegungen zur Festlegung eines solchen Zeitraums vgl. Kap. 5.4.3.6, S. 413 ff.

Konvergenz zwischen IAS 36 und dem Controlling 407

Jahr	2007	2008	2009	2010	2011	2012	2013	2014	2015	2016	2017 ff.
µ (BCF$_t^{HEV}$)		16.087,71	20.910,66	24.581,48	26.831,58	25.436,76	25.381,28	24.717,46	23.916,63	23.916,63	23.916,63
AB$_t$	34.000,00	37.000,00	42.000,00	48.600,00	56.000,00	55.000,00	50.400,00	45.000,00	45.000,00	45.000,00	45.000,00
BIB$_t$	49.350,00	52.966,15	62.936,21	74.732,32	86.984,35	86.136,11	81.536,11	76.136,11	76.136,11	76.136,11	76.136,11
GW$_t$	10.852,98	10.852,98	10.852,98	10.852,98	10.852,98	10.852,98	10.852,98	0,00	0,00	0,00	0,00
AfA$_t^{BCG}$		11.995,75	12.938,33	14.512,84	16.591,12	18.921,73	18.607,80	17.159,44	14.159,07	14.158,03	14.157,65
CC$_t$		3.518,20	3.726,92	4.301,33	4.973,57	5.673,95	5.638,77	5.384,50	4.443,51	4.443,51	4.443,51
CFROI$_t$		6,80%	12,49%	13,65%	11,97%	6,66%	6,98%	8,18%	12,82%	12,82%	12,82%
CVA$_t$		573,75	4.245,41	5.767,31	5.266,89	841,08	1.134,71	2.173,52	5.314,06	5.315,10	5.315,48
DCVA$_t$		81.539,30	82.055,64	81.071,52	80.515,89	84.344,23	88.113,14	91.074,92	91.076,24	91.076,60	
Σ AfA^{BCG} wacc$_t^S$ I	77.579,39										
	9.936,73	12.511,18	15.182,40	17.582,32	22.199,85	26.415,38	26.959,87	14.434,53	14.433,47	14.433,07	
Δ wacc$_t^S$ I	-6,89	-9,29	-7,57	-5,95	-1,63	4,62	7,18	3,14	0,75	0,00	
UW$_t$	127.838,75	132.837,97	140.654,86	149.068,56	156.151,75	154.922,57	153.548,20	152.779,64	152.779,64	152.779,64	
EK$_t$	113.248,86	117.192,62	122.771,78	127.770,60	132.211,33	133.099,60	133.808,91	134.222,23	134.222,23	134.222,23	

Tab. 207: Performanceplanung des Bereichs B1A anhand des *Cash Value Added* I für die Jahre 2008 bis 2017 ff. (ex ante-Perspektive, Goodwill für sechs Jahre bei einer BCG-Abschreibung in der Kapitalbasis berücksichtigt)

Jahr	2007	2008	2009	2010	2011	2012	2013	2014	2015	2016	2017 ff.
µ (BCF$_t^{HEV}$)		12.196,21	20.160,50	29.315,30	34.758,41	32.675,78	31.923,69	30.322,99	28.988,28	28.988,28	28.988,28
AB$_t$	34.000,00	39.000,00	53.000,00	70.000,00	83.000,00	77.000,00	66.000,00	57.000,00	57.000,00	57.000,00	57.000,00
BIB$_t$	49.350,00	52.671,00	71.255,18	97.970,49	119.758,44	113.937,52	102.937,52	93.937,52	93.937,52	93.937,52	93.937,52
GW$_t$	10.852,98	10.852,98	10.852,98	10.852,98	10.852,98	10.852,98	10.852,98	0,00			
AfA$_t^{BCG}$		11.907,43	13.443,64	17.819,80	23.135,53	27.201,71	25.327,63	21.886,83	17.801,24	17.798,65	17.797,81
CC$_t$		3.988,45	4.200,59	5.392,11	7.109,43	8.527,42	8.191,95	7.504,04	6.208,41	6.208,41	6.208,41
CFROI$_t$		0,48%	10,57%	14,00%	10,68%	4,19%	5,29%	7,41%	11,91%	11,91%	11,91%
CVA$_t$		**-3.699,67**	2.516,26	6.103,39	4.513,45	-3.053,35	-1.595,88	932,12	4.978,63	4.981,22	4.982,06
DCVA$_t$	52.833,42	60.033,31	61.486,82	59.421,32	58.789,87	65.681,51	71.589,10	75.378,00	75.381,16	75.381,95	
Σ AfA^{BCG} wacc$_t^S$ I	9.910,17	12.421,77	15.690,52	21.549,24	31.106,68	35.351,24	32.994,66	18.193,44	18.190,78	18.189,90	
Δ wacc$_t^S$ I	34,35	-15,76	-13,10	-5,45	8,29	20,78	19,85	7,49	1,66	0,00	
UW$_t$	103.160,58	111.119,76	127.891,37	146.690,10	158.302,90	155.141,55	152.402,22	151.129,56	151.129,56	151.129,56	
EK$_t$	88.570,68	94.274,41	103.771,70	114.949,77	123.482,43	125.463,32	126.926,36	127.623,51	127.623,51	127.623,51	

Tab. 208: Performancekontrolle des Bereichs B1A anhand des *Cash Value Added* I im Jahr 2008 (ex post-Perspektive, Goodwill für sechs Jahre bei einer BCG-Abschreibung in der Kapitalbasis berücksichtigt)

Ein Vorteil dieser Vorgehensweise ist darin zu sehen, daß sich die durch die Kaufpreiszahlung ausgedrückte Kapitalbindung im Zeitablauf zahlungsstromorientiert sowie unabhängig von bilanziellen Einflüssen und den Berechnungsvorgaben des *IAS* 36 bestimmen ließe; des weiteren könnte ihr eine vergleichsweise höhere Vereinbarkeit mit der Bewertungsphilosophie des CVA attestiert werden. Wenn – entgegen dem hier geäußerten grundsätzlichen Bedenken – eine unternehmensinterne Steuerung anhand des CVA erfolgt, so erscheint die vorgestellte Möglichkeit, *Goodwills* in der Kapitaleinsatzgröße zu ‚aktivieren' und die Verzinsungs- und Tilgungsansprüche der Kapitalgeber über eine BCG-Abschreibung zu modellieren, den bestehenden Alternativlösungen zumindest komparativ überlegen.

5.4.3.4 Shareholder Value Added

Angesichts des essentiellen Anliegens von *Rappaport*, ein Performancemaß zu kreieren, das sich durch eine vollständige „'Emanzipation' vom externen Rechnungswesen"[2287] auszeichnet, ist die Diskussion einer möglichen Berücksichtigung von Geschäfts- oder Firmenwerten bei der Bestimmung des SVA faktisch obsolet. Es läßt sich unabhängig von der Behandlung von *Goodwills* in der Rechnungslegung eine Performanceplanung und -kontrolle durchführen (vgl. Kap. 3.4.5.1, S. 151 ff.), mit deren Hilfe die aus dem Unternehmenskauf und der organisatorischen Neustrukturierung des Bereichs B1A erwachsenden Werteffekte dargestellt werden können (vgl. Tab. 209 und Tab. 210):

Jahr	2007	2008	2009	2010	2011	2012	2013	2014	2015	2016 ff.
μ (FCF$_i^{HEV}$)	-4.524,25	2.471,56	-59,40	-214,63	1.579,55	10.285,00	10.381,28	9.717,46	8.916,63	8.916,63
Δ NOPAT$_i$ / wacc$_i^S$		56.964,58	50.020,31	31.664,69	4.280,96	-42.691,39	4.033,82	12.717,50	15.073,05	0,00
E$_i^{SVA}$		59.436,14	49.960,92	31.450,06	5.860,51	-32.406,39	14.415,10	22.434,96	23.989,69	8.916,63
NOPAT$_i$ / wacc$_i^S$	20.716,12	77.680,70	127.701,01	159.365,70	163.646,66	120.955,27	124.989,09	137.706,58	152.779,64	152.779,64
NOPAT$_i$	1.215,72	4.539,58	7.457,51	9.289,76	9.509,90	7.014,65	7.266,63	8.025,63	8.916,63	8.916,63
NOPAT$_{i-1}$ / wacc$_{i-1}^S$ * wacc$_i^S$		1.210,63	4.536,41	7.443,96	9.261,13	9.490,48	7.032,12	7.284,45	8.036,93	8.916,63
SVA$_i$		58.225,51	45.424,51	24.006,10	-3.400,62	-41.896,87	7.382,98	15.150,51	15.952,76	0,00
DSVA$_i$	107.122,63	55.157,27	12.953,85	-10.297,14	-7.494,91	33.967,30	28.559,12	15.073,05	0,00	
UW$_i$	127.838,75	132.837,97	140.654,86	149.068,56	156.151,75	154.922,57	153.548,20	152.779,64	152.779,64	
EK$_i$	113.248,86	117.192,62	122.771,78	127.770,60	132.211,33	133.099,60	133.808,91	134.222,23	134.222,23	

Tab. 209: Performanceplanung des Bereichs B1A anhand des *Shareholder Value Added* I für die Jahre 2008 bis 2016 ff. (ex ante-Perspektive)

Jahr	2007	2008	2009	2010	2011	2012	2013	2014	2015	2016 ff.
μ (FCF$_i^{HEV}$)	-4.524,25	-1.124,79	-9.423,69	-10.400,01	-2.029,55	13.496,71	12.953,69	11.322,99	9.988,28	9.988,28
Δ NOPAT$_i$ / wacc$_i^S$		-4.534,40	69.915,30	55.284,17	8.160,98	-61.402,71	16.194,91	27.058,18	22.186,76	0,00
E$_i^{SVA}$		-5.659,18	60.491,62	44.884,16	6.131,44	-47.906,01	29.118,60	38.381,17	32.175,04	9.988,28
NOPAT$_i$ / wacc$_i^S$	18.266,37	13.731,97	83.647,27	138.931,44	147.092,43	85.689,71	101.884,62	128.942,80	151.129,56	151.129,56
NOPAT$_i$	1.215,72	909,74	5.531,27	9.123,73	9.609,54	5.594,55	6.688,28	8.503,29	9.988,28	9.988,28
NOPAT$_{i-1}$ / wacc$_{i-1}^S$ * wacc$_i^S$		1.210,15	908,04	5.493,18	9.076,38	9.603,43	5.625,15	6.718,90	8.521,94	9.988,28
SVA$_i$		-6.869,33	59.583,58	39.390,98	-2.944,25	-57.509,44	23.493,45	31.662,27	23.653,10	0,00
DSVA$_i$	84.894,21	97.387,79	44.244,09	7.758,66	11.210,48	69.451,84	50.517,60	22.186,76	0,00	
UW$_i$	103.160,58	111.119,76	127.891,37	146.690,10	158.302,90	155.141,55	152.402,22	151.129,56	151.129,56	
EK$_i$	88.570,68	94.274,41	103.771,70	114.949,77	123.482,43	125.463,32	126.926,36	127.623,51	127.623,51	

Tab. 210: Performancekontrolle des Bereichs B1A anhand des *Shareholder Value Added* I im Jahr 2008 (ex post-Perspektive)

Die Berechnungen offenbaren erneut die mangelnde Erfüllung der Vorteilhaftigkeitsanzeige sowie Wertsteigerungsabbildung[2288] und damit die Vorbehalte gegenüber einer wertorientierten Steuerung auf Basis des SVA.

Es muß allerdings darauf hingewiesen werden, daß entgegen der Intention von *Rappaport* eine Beeinflussung des SVA durch die *Goodwill*bilanzierung fingiert werden könnte. Sollte es bei der Ermittlung der als Kapitaleinsatzgröße fungierenden ewigen Rente (NOPAT^{SVA}) zum – bewußten oder unbewußten – Abzug einer Abschreibung des Geschäfts- oder Firmenwerts kommen, resultierten die in Tab. 211 bis Tab. 213, alle S. 409 ausgewiesenen SVA-Werte:

[2287] *Dirrigl* (2004b), S. 125.
[2288] -6.869,33 + 97.387,79 - 107.122,63 · 1,05844 + 1,06625 · 18.266,37 - 1,05844 · 20.716,12 ≈ -25.314,55.

Jahr	2007	2008	2009	2010	2011	2012	2013	2014	2015	2016 ff.
$\mu\,(FCF_t^{HEV})$	-4.524,25	2.471,56	-59,40	-214,63	1.579,55	10.285,00	10.381,28	9.717,46	8.916,63	8.916,63
$\Delta\,NOPAT_t\,/\,wacc_t^S$		26.012,14	49.998,66	31.608,33	4.185,01	-42.755,10	4.111,29	43.830,13	15.073,05	0,00
E_t^{SVA}		28.483,69	49.939,27	31.393,70	5.764,56	-32.470,09	14.492,57	53.547,59	23.989,69	8.916,63
$NOPAT_t\,/\,wacc_t^S$	20.716,12	46.728,25	96.726,92	128.335,25	132.520,26	89.765,16	93.876,46	137.706,58	152.779,64	152.779,64
$NOPAT_t$	1.215,72	2.730,75	5.648,68	7.480,93	7.701,07	5.205,82	5.457,80	8.025,63	8.916,63	8.916,63
$NOPAT_{t-1}\,/\,wacc_{t-1}^S\,*\,wacc_t^S$		1.210,63	2.728,85	5.638,42	7.457,87	7.685,35	5.218,78	5.471,18	8.036,93	8.916,63
GW_t	10.852,98	9.044,15	7.235,32	5.426,49	3.617,66	1.808,83	0,00	0,00	0,00	0,00
SVA_t		27.273,06	47.210,42	25.755,28	-1.693,31	-40.155,44	9.273,79	48.076,41	15.952,76	0,00
$DSVA_t$	107.122,63	86.109,71	43.927,94	20.733,31	23.631,49	65.157,41	59.671,75	15.073,05	0,00	
UW_t	127.838,75	132.837,97	140.654,86	149.068,56	156.151,75	154.922,57	153.548,20	152.779,64	152.779,64	
EK_t	113.248,86	117.192,62	122.771,78	127.770,60	132.211,33	133.099,60	133.808,91	134.222,23	134.222,23	

Tab. 211: Performanceplanung des Bereichs B1A anhand des *Shareholder Value Added* I für die Jahre 2008 bis 2016 ff. (ex ante-Perspektive, Goodwill über 6 Jahre abgeschrieben)

Jahr	2007	2008	2009	2010	2011	2012	2013	2014	2015	2016 ff.
$\mu\,(FCF_t^{HEV})$	-4.524,25	-1.124,79	-9.423,69	-10.400,01	-2.029,55	13.496,71	12.923,69	11.322,99	9.988,28	9.988,28
$\Delta\,NOPAT_t\,/\,wacc_t^S$		-31.837,47	69.864,12	55.094,49	8.017,30	-61.420,31	16.345,64	54.612,66	22.186,76	0,00
E_t^{SVA}		-32.962,25	60.440,44	44.694,48	5.987,75	-47.923,61	29.269,34	65.935,65	32.175,04	9.988,28
$NOPAT_t\,/\,wacc_t^S$	18.266,37	-13.571,10	56.293,02	111.387,51	119.404,81	57.984,49	74.330,14	128.942,80	151.129,56	151.129,56
$NOPAT_t$	1.215,72	-899,09	3.722,44	7.314,90	7.800,71	3.785,72	4.879,45	8.503,28	9.988,28	9.988,28
$NOPAT_{t-1}\,/\,wacc_{t-1}^S\,*\,wacc_t^S$		1.210,15	-897,40	3.696,81	7.276,94	7.795,75	3.806,43	4.901,78	8.521,94	9.988,28
GW_t	10.852,98	9.044,15	7.235,32	5.426,49	3.617,66	1.808,83	0,00	0,00	0,00	0,00
SVA_t		**-34.172,40**	61.337,84	40.997,68	-1.289,19	-55.719,36	25.462,91	61.033,87	23.653,10	0,00
$DSVA_t$	84.894,21	124.690,86	71.598,35	35.302,59	38.898,10	97.157,05	78.072,08	22.186,76	0,00	
UW_t	103.160,58	111.119,76	127.891,37	146.690,10	158.302,90	155.141,55	152.402,22	151.129,56	151.129,56	
EK_t	88.570,68	94.274,41	103.771,70	114.949,77	123.482,43	125.463,32	126.926,36	127.623,51	127.623,51	

Tab. 212: Performancekontrolle des Bereichs B1A anhand des *Shareholder Value Added* I im Jahr 2008 (ex ante-Perspektive, Goodwill über 6 Jahre abgeschrieben)

Jahr	2007	2008	2009	2010	2011	2012	2013	2014	2015	2016 ff.
$\mu\,(FCF_t^{HEV})$	-4.524,25	-1.124,79	-9.423,69	-10.400,01	-2.029,55	13.496,71	12.923,69	11.322,99	9.988,28	9.988,28
$\Delta\,NOPAT_t\,/\,wacc_t^S$		-48.196,14	113.577,05	55.284,17	8.160,98	-61.402,71	16.194,91	27.058,18	22.186,76	0,00
E_t^{SVA}		-49.320,92	104.153,36	44.884,16	6.131,44	-47.906,01	29.118,60	38.381,17	32.175,04	9.988,28
$NOPAT_t\,/\,wacc_t^S$	18.266,37	-29.929,77	83.647,27	138.931,44	147.092,43	85.689,71	101.884,62	128.942,80	151.129,56	151.129,56
$NOPAT_t$	1.215,72	-1.982,85	5.531,27	9.123,73	9.609,54	5.594,55	6.688,28	8.503,28	9.988,28	9.988,28
$NOPAT_{t-1}\,/\,wacc_{t-1}^S\,*\,wacc_t^S$		1.210,15	-1.979,14	5.493,18	9.076,38	9.603,44	5.625,15	6.718,90	8.521,94	9.988,28
GW_t	10.852,98	7.960,39	7.960,39	7.960,39	7.960,39	7.960,39	7.960,39	7.960,39	7.960,39	7.960,39
SVA_t		**-50.531,07**	106.132,50	39.390,98	-2.944,95	-57.509,44	23.493,45	31.662,27	23.653,10	0,00
$DSVA_t$	84.894,21	141.049,53	44.244,09	7.758,66	11.210,48	60.451,84	50.517,60	22.186,76	0,00	
UW_t	103.160,58	111.119,76	127.891,37	146.690,10	158.302,90	155.141,55	152.402,22	151.129,56	151.129,56	
EK_t	88.570,68	94.274,41	103.771,70	114.949,77	123.482,43	125.463,32	126.926,36	127.623,51	127.623,51	

Tab. 213: Performancekontrolle des Bereichs B1A anhand des *Shareholder Value Added* I im Jahr 2008 (ex ante-Perspektive, *Impairment* berücksichtigt)

Diese Ermittlungsart des SVA ist eindeutig abzulehnen, weil sie zu einer Verstärkung der bereits kritisierten Schwankungsneigung der ausgewiesenen Performance führt, und aus konzeptioneller Perspektive eingewendet werden muß, daß die Berücksichtigung zeitlich begrenzter Abschreibungen des Geschäfts- oder Firmenwerts bei der Bestimmung des eingesetzten Kapitals im deutlichen Widerspruch zu dem von *Rappaport* hierfür eigentlich vorgesehenen ‚standardisierten Restwert' steht.[2289]

5.4.3.5 Residualer ökonomischer Gewinn

Da der RÖG ein rein zahlungsstrombasiertes Performancemaß ist – als Erfolgsgrößen dienen bei einer Kapitalmarktorientierung *Free* oder *Netto Cashflows* und als Kapitaleinsatzgrößen werden Gesamtkapital- respektive Eigenkapitalmarktwerte herangezogen – ergibt sich folgende, von sämtlichen Effekten der *Goodwill*behandlung in der Rechnungslegung unbeeinflußbare Performancemessung aus der ex ante- und ex post-Perspektive (vgl. Tab. 214 und Tab. 215, S. 410-411):[2290]

Dessen ungeachtet erfahren ÖG[2291] und RÖG[2292] im Rahmen der Diskussion um eine Verknüpfung von Werthaltigkeitsüberprüfungen und der wertorientierten Performancemessung eine besondere Aufmerksamkeit. Die entsprechenden Untersuchungsansätze können neben der Unterstellung einer fragwürdigen Konvergenzrichtung (vgl. Kap. 5.3.1, S. 318 ff.) dadurch charakterisiert werden, daß sie von den in der vorliegenden Arbeit dargelegten Divergenzen zwischen den bewertungsrelevanten Zahlungsmittelüberschüssen des *Impairment of Assets* sowie bereichs- und unternehmenswertorientierten *Controlling* abstrahieren.

Jahr	2007	2008	2009	2010	2011	2012	2013	2014	2015 ff.
$\mu\,(FCF_t^{HEV})$		2.471,56	-59,40	-214,63	1.579,55	10.285,00	10.381,28	9.717,46	8.916,63
CC_t		7.470,77	7.757,50	8.199,07	8.662,74	9.055,82	9.006,91	8.948,90	8.916,63
ΔKB_t		4.999,22	7.816,89	8.413,70	7.083,19	-1.229,18	-1.374,37	-768,57	0,00
$RÖG_t$		0,00	0,00	0,00	0,00	0,00	0,00	0,00	0,00
KB_t	127.838,75	132.837,97	140.654,86	149.068,56	156.151,75	154.922,57	153.548,20	152.779,64	
$DBRÖG_t$	0,00	0,00	0,00	0,00	0,00	0,00	0,00	0,00	
UW_t	127.838,75	132.837,97	140.654,86	149.068,56	156.151,75	154.922,57	153.548,20	152.779,64	
EK_t	113.248,86	117.192,62	122.771,78	127.770,60	132.211,33	133.099,60	133.808,91	134.222,23	

Tab. 214: Performanceplanung des Bereichs B1A anhand des Residualen ökonomischen Gewinns (Brutto I) für die Jahre 2008 bis 2015 ff. (ex ante-Perspektive)

[2289] Vgl. *Rappaport* (1998), S. 49 ff.
[2290] Die aus der ex post-Perspektive festzustellende Wertänderung kann wie folgt bestimmt werden: -26.313,11 + (0,06625 - 0,05844) · 127.838,75 ≈ -25.314,55.
[2291] Vgl. *Haaker* (2005a), S. 353; *Pellens/Crasselt/Sellhorn* (2002), S. 147 f.
[2292] Vgl. *Arnegger/Feldhaus* (2007), S. 205 ff.; *Haaker* (2005a), S. 354; *Schultze/Hirsch* (2005), S. 141 ff.

Konvergenz zwischen IAS 36 und dem Controlling

Jahr	2007	2008	2009	2010	2011	2012	2013	2014	2015 ff.
µ (FCF$_t^{HEV}$)		-1.124,79	-9.423,69	-10.400,01	-2.029,55	13.496,71	12.923,69	11.322,99	9.988,28
CC$_t$		8.469,33	7.347,92	8.398,72	9.583,26	10.335,35	10.184,36	10.050,34	9.988,28
ΔKB$_t$		-16.718,99	16.771,61	18.798,73	11.612,81	-3.161,36	-2.739,33	-1.272,66	0,00
RÖG$_t$		**-26.313,11**	0,00	0,00	0,00	0,00	0,00	0,00	0,00
KB$_t$	127.838,75	111.119,76	127.891,37	146.690,10	158.302,90	155.141,55	152.402,22	151.129,56	0,00
DBRÖG$_t$	-24.678,17	0,00	0,00	0,00	0,00	0,00	0,00	0,00	0,00
UW$_t$	103.160,58	111.119,76	127.891,37	146.690,10	158.302,90	155.141,55	152.402,22	151.129,56	
EK$_t$	88.570,68	94.274,41	103.771,70	114.949,77	123.482,43	125.463,32	126.926,36	127.623,51	

Tab. 215: Performancekontrolle des Bereichs B1A anhand des Residualen ökonomischen Gewinns (Brutto I) im Jahr 2008 (ex post-Perspektive)

Da sich zumeist nicht einmal ein Hinweis auf derartige Wertunterschiede der Erfolgsgrößen in den jeweiligen Literaturbeiträgen findet, ist zu befürchten, daß es an einem diesbezüglichen Bewußtsein fehlt. Nicht anders kann die von *Arnegger/Feldhaus* propagierte Auffassung eingeordnet werden, nach der ein auf der Daten- und Zahlenbasis des *IAS* 36 berechneter RÖG zur Verhaltenssteuerung genutzt werden könnte (vgl. Kap. 5.3.3.3.2.3, S. 369 ff.; Kap. 5.4.3.2, S. 396 ff.).[2293]

Insoweit müssen solche Analysen richtigerweise ausschließlich als Erörterungen ‚idealtypischer' Konvergenzpotentiale angesehen werden (vgl. Kap. 5.4.1, S. 378 ff.).[2294] Daß ihr praktischer Nutzen hingegen stark begrenzt ist, zeigt die von *Schultze/Hirsch* vorgeschlagene Umformung eines zahlungsstrombasierten RÖG (vgl. Gleichung (5.9)) in eine ‚übereinstimmende' Performancegröße (vgl. Gleichung (5.11)), die mit Hilfe von Residualgewinnen und der Veränderungen von *Goodwills* bestimmt werden soll:[2295]

(5.9) $\quad \tilde{RÖG}_t^{[t]*} = FCF_t^{[t]} + \tilde{UW}_t^{[t]} - \tilde{UW}_{t-1}^{[t-1]} \cdot (1 + wacc_t^{S[t]})$

(5.10) $\quad \tilde{RÖG}_t^{[t]*} = RG_t^{[t]*} + \Delta \tilde{GW}_t^{[t]} - wacc_t^{S[t]} \cdot \tilde{GW}_{t-1}^{[t-1]}$

(5.11) $\quad \tilde{RÖG}_t^{[t]*} = RG_t^{[t]*} + (\Delta^- \tilde{GW}_t^{[t]} - wacc_t^{S[t]} \cdot \tilde{GW}_{t-1}^{[t-1]}) + \Delta^+ \tilde{GW}_t^{[t]}$

[2293] Die Deckungsgleichheit zur Analyse von *Schultze/Hirsch* (2005), S. 141 ff. ist unübersehbar, wenngleich die Berechnungen dort nicht explizit zur Verhaltenssteuerung empfohlen werden. Selbst bei einer Abstraktion von den Ermittlungsvorschriften des *Value in Use* zeichnet sich die Untersuchung von *Arnegger/Feldhaus* (2007), S. 205 ff. durch weitere Schwächen aus. Diese können beispielhaft an der eklatanten Widersprüchlichkeit der Prämissen zur angenommenen Risikokonzeption ausgemacht werden, wenn *Arnegger/Feldhaus* (2007), S. 205, Fn. 7 zufolge „unterstellt [wird], dass alle Beteiligten risikoneutral sind", der zur Diskontierung herangezogene Zinssatz nach *Arnegger/Feldhaus* (2007), S. 210, Fn. 53 aber „den gewogenen Kapitalkosten" entspricht. Allein hierdurch würde eine anreizkompatible Steuerung zunichte gemacht.
Empirisch läßt sich die Verwendung der für den *Impairment-Only-Approach* von Geschäfts- oder Firmenwerten benötigten *IFRS*-Daten zur Incentivierung des *Management* jedoch bei 21% der deutschen Großunternehmen nachweisen, vgl. *Pellens et al.* (2005), S. 17.
[2294] Die vorgestellten Berechnungen stellen indessen häufig ‚alten Wein in neuen Schläuchen' dar, wofür *IAS* 36 als Deckmantel dient; vgl. zum ÖG grundlegend *Schneider* (1963), S. 457-474.
[2295] Vgl. *Schultze/Hirsch* (2005), S. 142.

Der zu Gleichung (5.10) führende Umformungsschritt setzt, abgesehen von einer übereinstimmenden Daten- und Zahlenbasis zwischen dem *Impairment of Assets* sowie dem bereichs- und unternehmenswertorientierten *Controlling*, implizit voraus, daß Geschäfts- oder Firmenwerte entgegen gängiger Rechnungslegungsvorschriften nicht nur bis zu ihrem ursprünglichen Wertansatz, sondern auch darüber hinaus zugeschrieben werden dürfen.[2296] Bei dem Geschäfts- oder Firmenwert gem. Gleichung (5.10) handelt es sich also um die Summe aus derivativem und originärem *Goodwill*.[2297] Hieran anknüpfend erfolgt mit der aus dem zweiten Umformungsschritt resultierenden Gleichung (5.11), S. 411 eine zusätzliche Differenzierung hinsichtlich ‚altem' und ‚neu geschaffenem' Geschäfts- oder Firmenwert.[2298]

Ohne auf die Fragwürdigkeit der Annahmen des ersten Umformungsschritts überhaupt vertiefend eingehen zu müssen,[2299] zeigt sich die mangelnde Umsetzbarkeit eines solchen Vorschlags zur Nutzung des *Impairment of Assets* im Rahmen der unternehmensinternen Steuerung schon in der von seiten der Unternehmenspraxis mehrfach beschriebenen Unmöglichkeit, im Zeitablauf zwischen derivativen und originären Bestandteilen von *Goodwills* unterscheiden zu können.[2300] Zu einem übereinstimmenden Ergebnis,[2301] das schließlich erst die Konzeption des *Impairment-Only-Approach* in seiner jetzigen Form zur Überprüfung von Geschäfts- oder Firmenwerten begründete,[2302] gelangt das *IASB*:

> "Moreover, goodwill acquired in a business combination and goodwill generated after that business combination cannot be separately identified, because they contribute jointly to the same cash flows."[2303]

[2296] *Bartelheimer/Kückelhaus/Wohlthat* (2004), S. 29 f. stellen derweil zu Recht fest, daß „[i]n Verbindung mit dem Zuschreibungsverbot des IAS 36 [...] eine Beschränkung der Berücksichtigung von Wertzuwächsen und damit einer echten Ertragswertorientierten Unternehmenssteuerung [erfolgt]. Es bleibt bei einem nur scheinbaren Sieg des Ertragswerts über den Substanzwert."

[2297] Vgl. Fn. 707, S. 127.

[2298] Vgl. auch *Arnegger/Feldhaus* (2007), S. 209 ff.

[2299] Mit Verweis auf Tab. 174, S. 388 und Tab. 180, S. 390 ließe sich folgende Berechnung anhand von Gleichung (5.10) vornehmen:
-5.333,58 - 2.892,59 - 0,05844 · 10.852,98 ≈ -8.860,41.
Die Wertunterschiede erschließen sich bei einem Vergleich mit den in Fn. 2246, S. 391 durchgeführten Berechnungen als Vernachlässigung der periodenspezifischen Kapital(einsatzmehr-)werte und der Variation des Kalkulationszinsfußes. Dieses ‚Fehlsteuerungspotential' trifft unisono auf die Ansätze von *Arnegger/Feldhaus* (2007), S. 205 ff.; *Haaker* (2005a), S. 353 und *Pellens/Crasselt/Sellhorn* (2002), S. 147 f. zu.

[2300] Vgl. nur *Ohlms/Tomaszewski/Trützschler* (2002), S. 199. Ferner *Brösel/Klassen* (2006), S. 470; *Lorson/Heiden* (2002), S. 386; *Krüger/Thiere* (2007a), S. 201.

[2301] Als bezeichnend kann es auch gesehen werden, daß *Pfaff/Schultze* (2006), S. 133 auf diese Umformungen verzichten und *Schultze/Weiler* (2007), S. 153 f. derartige Verknüpfungsmöglichkeiten mittlerweile nur noch andeuten.

[2302] Vgl. *IFRS* 3.BC136-142.

[2303] *IAS* 36.BC134.

De facto beschreiben die vorgenannten Ansätze einer Bestimmung des RÖG anhand der Daten- und Zahlenbasis von *IAS 36* lediglich ein theoretisches Idealbild; Anknüpfungspunkte für eine realiter vorliegende Konvergenz zwischen dem *Impairment of Assets* und der wertorientierten Performancemessung ergeben sich hieraus nicht.

5.4.3.6 Earned Economic Income

Die bereichsbezogene Variante der Performancemessungskonzeption des EEI nach *Dirrigl* stellt auf eine konsequent zahlungsstromorientierte Kapitaleinsatzgröße ab.[2304] Deren Berechnung erfolgt anhand der Auszahlungen, die im Performancemessungszeitraum für die Investitionstätigkeit zu leisten sind (vgl. Kap. 3.4.7.2, S. 166 ff.).[2305] Hieraus erwächst im Zuge von Unternehmensübernahmen die bislang nicht diskutierte Möglichkeit einer Periodisierung der Investitionsauszahlung, die mit dem im Erwerbszeitpunkt bilanziell ausgewiesenen Geschäfts- oder Firmenwert übereinstimmt (vgl. Kap. 5.4.2, S. 380 ff.).[2306] Für einen so verstandenen Einbezug von *Goodwills* in die (kapital-)wertorientierte Performancemessung, der sich deutlich von den unisono bilanziell geprägten Vorschlägen einer Berücksichtigung von Geschäfts- oder Firmenwerten beim EVA, E_RIC oder CVA abgrenzt, bedarf es expliziter Annahmen bezüglich der Verzinsungs- und Tilgungsansprüche der Kapitalgeber. Konzeptionell kann hierbei auf die bereits dargestellte Vorgehensweise zur Bestimmung einer dementsprechenden Investitionsbasis ohne Akquisitionshintergrund zurückgegriffen werden (vgl. Kap. 3.4.7.2, S. 166 ff.).

Die einzige in diesem Zusammenhang auftretende Schwierigkeit ließe sich in der Festlegung des zu unterstellenden Amortisierungszeitraums sehen, weil eine vereinfachende Gleichsetzung mit der geplanten Nutzungsdauer[2307] des zurückzuführenden Vermögenswerts aufgrund der Besonderheiten des Wertkonglomerats *Goodwill* ausscheidet.[2308] Dabei sollte es aber ohne verhältnismäßig große Mühe möglich sein, für den fremdfinanzierten Anteil des Kaufpreises auf die jeweiligen Laufzeiten der zur Finanzierung verwendeten Instrumente abzustellen. Für die

---

[2304] Vgl. *Dirrigl* (2003), S. 161 ff.
[2305] Vgl. *Dirrigl* (2004b), S. 104 ff.
[2306] Grundsätzlich stellt jedoch bereits *Preinreich* (1937), S. 212 fest: „The cost of any capital asset may be analyzed into the present worth of its ultimate selling price plus the present worth of an annuity, each item of which consists of the cost of that unit of service to be rendered. The proper figure at which the asset should be stated in successive balance sheets is therefore obtained by discounting both the remaining service-costs and the ultimate selling price down to the successive dates."
[2307] Für das abnutzbare Sachanlagevermögen kann hierin eine gangbare Prämisse gesehen werden, vgl. *Dirrigl* (2003), S. 155.
[2308] Vgl. zur hieraus folgenden Begründung der Anwendung des *Impairment-Only-Approach* auf Geschäfts- oder Firmenwerte *IFRS* 3.BC139, wonach „the useful life of acquired goodwill cannot be predicted with a satisfactory level of reliability, nor can the pattern in which that goodwill diminishes be known." Vgl. ferner *IFRS* 3.BC136-142.

Ermittlung der Amortisationsdauer des Eigenkapitaleinsatzes könnte auf den pragmatischen Vorschlag von *Hense* abgestellt werden, „[d]ie Amortisationsperiode für die Investition in den Goodwill" mit „dem Zeitraum [gleichzusetzen], der für den Aufbau der internen Alternative anzusetzen wäre."[2309] Wahlweise könnte diesbezüglich auch auf anderweitige sinnvolle interne Schätzungen zurückgegriffen werden.

Durch die Offenlegung der mit dem Geschäfts- oder Firmenwert einhergehenden Zins- und Tilgungsansprüche der Kapitalgeber kommt es zu einer durchgehend *cashflow*basierten Darstellung der Kapitalbindung im Zeitablauf.[2310] Somit wird eine kapitalwertorientierte Performancemessung anhand des EEI ohne die verzerrende Wirkung der Werthaltigkeitsüberprüfung nach *IAS 36* erst ermöglicht.

Für die Illustration anhand der Beispielsrechnung sei angenommen, die Eigenkapitalgeber erwarteten für ihren durch den Geschäfts- oder Firmenwert i.H.v. 10.852,98 repräsentierten Kapitaleinsatz eine Amortisation binnen der nächsten sieben Jahren (vgl. Kap. 5.4.3.3, S. 400 ff.), wie sie in Tab. 216 dargestellt wird:

Jahr	2007	2008	2009	2010	2011	2012	2013	2014
ANN-KAPD$_t$		2.608,63	2.608,63	2.608,63	2.608,63	2.608,63	2.608,63	2.608,63
GW$_t$	10.852,98	9.872,30	8.744,52	7.447,57	5.956,08	4.240,87	2.268,37	0,00
CC$_t$		1.627,95	1.480,85	1.311,68	1.117,14	893,41	636,13	340,26
TIL$_t$		980,68	1.127,78	1.296,95	1.491,49	1.715,21	1.972,50	2.268,37

Tab. 216: Durch die Berücksichtigung des Geschäfts- oder Firmenwerts ausgelöste Veränderung des Kapitaldienstannuitäten

Hiermit lassen sich auch die Werteffekte erklären, die aus einer Aufnahme des *Goodwill* in die Kapitaleinsatzgröße des EEI bei einer Performanceperiodisierung aus der ex ante-Perspektive resultieren (vgl. Tab. 217 und Tab. 218, S. 414-415):

Jahr	2007	2008	2009	2010	2011	2012	2013	2014	2015 ff.
SÄ (OCF$_t^{HEV}$)		7.931,30	7.727,66	9.789,98	10.869,72	12.478,41	12.710,75	13.061,86	13.507,09
KAPD$_t$		4.939,95	4.813,12	6.097,62	6.770,12	7.772,08	7.916,79	8.135,48	8.412,79
CC$_t$		1.478,44	1.739,22	2.238,13	2.835,21	3.468,98	3.723,51	3.994,52	4.273,37
TIL$_t$		3.461,51	3.073,90	3.859,48	3.934,91	4.303,11	4.193,28	4.140,97	4.139,42
ANN-KAPD$_t$		5.956,49	6.482,06	7.358,01	8.514,27	9.810,68	9.635,49	8.829,62	7.883,59
DANN-KAPD$_t$	173.785,13	175.735,87	177.249,79	177.956,64	177.539,40	175.806,76	174.170,47	173.265,61	
I$_t$		5.200,00	6.400,00	7.840,00	8.160,00	6.000,00	6.000,00	6.000,00	6.000,00
AK$_t$	9.856,30	11.594,79	14.920,89	18.901,41	23.126,50	24.823,40	26.630,11	28.489,14	30.349,72
EEI$_t$		2.991,35	2.914,55	3.692,37	4.099,60	4.706,32	4.793,95	4.926,38	5.094,30
DEEI$_t$	105.234,27	107.031,07	108.986,44	110.252,96	111.169,87	111.521,78	111.802,06	111.962,68	111.962,68
EK$_t$	144.132,60	147.959,33	153.363,82	158.391,89	162.889,01	163.822,05	164.565,20	164.991,06	

Tab. 217: Performanceplanung des Bereichs B1A anhand des *Earned Economic Income* für die Jahre 2008 bis 2015 ff. (ex ante-Perspektive, Auszahlung für Goodwill in Kapitalbasis nicht berücksichtigt); KBR ≈ 0,6228

[2309] *Hense* (2006), S. 251 (beide Zitate).
[2310] Entsprechend der Ausführungen von *Berndt* (2006), S. 192 wird bei der *Henkel KGaA* die „Amortisationsnotwendigkeit der Erwerbsvorgänge [...] den operativen Einheiten über erhöhte Kapitalrendite-Ziele und EVA-Vorgaben deutlich vor Augen" geführt.

Konvergenz zwischen IAS 36 und dem Controlling

Jahr	2007	2008	2009	2010	2011	2012	2013	2014	2015 ff.
SÄ (OCF$_t^{HEV}$)		7.931,30	7.727,66	9.789,98	10.869,72	12.478,41	12.710,75	13.061,86	13.507,09
KAPD$_t$		5.376,11	5.238,07	6.635,98	7.367,87	8.458,29	8.615,78	8.853,78	9.155,57
CC$_t$		3.106,39	3.545,93	4.252,11	5.070,53	5.949,93	6.473,68	7.052,36	7.682,15
TIL$_t$		2.269,72	1.692,14	2.383,87	2.297,33	2.508,36	2.142,10	1.801,41	1.473,42
ANN-KAPD$_t$		8.565,11	9.090,69	9.966,64	11.122,90	12.419,31	12.244,12	11.438,24	7.883,59
DANN-KAPD$_t$	189.128,90	189.169,15	188.685,66	187.304,22	184.703,66	180.688,37	176.665,57	173.265,61	
I$_t$		5.200,00	6.400,00	7.840,00	8.160,00	6.000,00	6.000,00	6.000,00	6.000,00
AK$_t$		20.709,28	23.639,57	28.347,43	33.803,56	39.666,22	43.157,87	47.015,76	51.214,35	55.740,93
EEI$_t$		2.555,19	2.489,69	3.154,00	3.501,85	4.020,12	4.094,97	4.208,09	4.351,52
DEEI$_t$	89.890,49	91.425,32	93.095,58	94.177,43	94.960,65	95.261,25	95.500,67	95.637,86	95.637,86
EK$_t$	144.132,60	147.959,33	153.363,82	158.391,89	162.889,01	163.822,05	164.565,20	164.991,06	

Tab. 218: Performanceplanung des Bereichs B1A anhand des *Earned Economic Income* für die Jahre 2008 bis 2015 ff. (ex ante-Perspektive, Auszahlung für Goodwill in Kapitalbasis berücksichtigt); KBR ≈ 0,6778

Übereinstimmende Auswirkungen hat die Berücksichtigung des Geschäfts- oder Firmenwerts auf die Performancekontrolle auf Basis des EEI, wie Tab. 219 und Tab. 220 zeigen:

Jahr	2007	2008	2009	2010	2011	2012	2013	2014	2015 ff.
SÄ (OCF$_t^{HEV}$)		6.338,50	6.933,50	7.364,18	9.490,54	13.262,02	13.890,14	14.750,17	15.492,22
KAPD$_t$		4.585,85	5.016,33	5.327,92	6.866,33	9.594,96	10.049,40	10.671,62	11.208,49
CC$_t$		1.478,44	1.912,33	2.946,73	4.389,56	5.698,04	6.253,50	6.824,12	7.386,99
TIL$_t$		3.107,41	3.103,99	2.381,19	2.476,77	3.896,92	3.795,90	3.847,50	3.821,49
ANN-KAPD$_t$		5.956,49	6.832,44	9.285,11	12.263,35	14.540,84	13.489,69	11.562,59	9.985,87
DANN-KAPD$_t$	206.757,95	210.880,91	214.328,91	215.492,34	213.734,23	209.612,94	206.341,88	204.838,46	
I$_t$		6.000,00	10.000,00	12.000,00	11.200,00	7.600,00	7.600,00	7.600,00	7.600,00
AK$_t$	9.856,30	12.748,89	19.644,90	29.263,71	37.986,94	41.690,02	45.494,12	49.246,62	53.025,13
EEI$_t$		**1.752,65**	1.917,17	2.036,26	2.624,22	3.667,06	3.840,74	4.078,55	4.283,73
DEEI$_t$	79.020,04	81.119,62	83.157,03	85.174,68	86.702,73	87.675,72	87.871,37	87.871,37	
EK$_t$	122.433,75	128.063,89	137.373,51	148.706,28	157.665,17	159.689,33	161.184,04	161.891,59	

Tab. 219: Performancekontrolle des Bereichs B1A anhand des *Earned Economic Income* Jahr 2008 (ex post-Perspektive, Auszahlung für Goodwill in Kapitalbasis nicht berücksichtigt); KBR ≈ 0,7196

Jahr	2007	2008	2009	2010	2011	2012	2013	2014	2015 ff.
SÄ (OCF$_t^{HEV}$)		6.338,50	6.933,50	7.364,18	9.490,54	13.262,02	13.890,14	14.750,17	15.492,22
KAPD$_t$		4.922,17	5.384,21	5.718,66	7.369,89	10.298,63	10.786,40	11.454,25	12.030,49
CC$_t$		3.106,39	3.734,03	4.986,50	6.676,67	8.252,69	9.085,80	9.970,71	10.888,18
TIL$_t$		1.815,78	1.650,19	732,16	693,21	2.045,94	1.700,60	1.483,54	1.142,31
ANN-KAPD$_t$		8.565,11	9.441,07	11.893,74	14.871,98	17.149,46	16.098,32	14.171,22	9.985,87
DANN-KAPD$_t$	221.921,05	224.174,59	225.662,04	224.769,32	220.854,84	214.472,05	208.829,25	204.838,46	
I$_t$		6.000,00	10.000,00	12.000,00	11.200,00	7.600,00	7.600,00	7.600,00	7.600,00
AK$_t$	20.709,28	24.893,51	33.243,32	44.511,16	55.017,95	60.572,01	66.471,42	72.587,88	79.045,57
EEI$_t$		**1.416,34**	1.549,29	1.645,52	2.120,66	2.963,39	3.103,74	3.295,92	3.461,73
DEEI$_t$	63.856,93	65.553,62	67.200,08	68.830,56	70.065,39	70.517,69	70.851,68	71.009,78	71.009,78
EK$_t$	122.433,75	128.063,89	137.373,51	148.706,28	157.665,17	159.689,33	161.184,04	161.891,59	

Tab. 220: Performancekontrolle des Bereichs B1A anhand des *Earned Economic Income* Jahr 2008 (ex post-Perspektive, Auszahlung für Goodwill in Kapitalbasis nicht berücksichtigt); KBR ≈ 0,7226

Durch die Beachtung des *Goodwill* in der Investitionsbasis steigt die Kapitaleinsatz-Barwert-Relation *ceteris paribus* an, was ein Absinken der periodenbezogenen Erfolgsgrößen bei der Performanceplanung und -kontrolle bewirkt. Aus ökonomischer Perspektive handelt es sich hierbei um die von der EEI-Struktur vorgegebene flexible Kapitalfreisetzung für die mit der Investitionsauszahlung des Geschäfts- oder Firmenwerts verbundenen Amortisationsansprüche der Investoren.

Insgesamt zeichnet sich die vorgestellte Lösungsalternative einer Performancemessung unter Einbezug der mit einem *Goodwill* in Verbindung stehenden Kapitalzu- und -abflüsse anhand des EEI dadurch aus, daß sämtliche Vorzüge dieses Performancemaßes erhalten bleiben. Neben der Barwertidentität, die bei allen in den vorstehenden Gliederungspunkten erörterten Kennzahlen problemlos hergestellt werden kann, erfüllt der EEI im Gegensatz dazu weiterhin die Kriterien der Vorteilhaftigkeitsanzeige und Wertsteigerungsabbildung[2311]. Ursächlich muß die hierin liegende Vorziehenswürdigkeit auf den strikten Verzicht buchwertbasierter Elemente in der verwendeten Kapitaleinsatzgröße zurückgeführt werden. Dadurch klaffen ein nach *IFRS* bilanzierter Geschäfts- oder Firmenwert und dessen zahlungsstrombasierte Kapitalbindung, die im Rahmen einer entsprechenden Performancemessung im Zeitablauf betrachtet wird, zwangsläufig auseinander. Dies mag aus Perspektive der Konvergenzüberlegungen zwar ein unbefriedigendes Ergebnis darstellen, jedoch läßt sich eine kapitalwertorientierte Performancemessung, die frei von buchhalterischen Verzerrungen sein soll, auf einem anderen Weg nicht erzielen. Abschließend kann wie bisher eine Performanceanalyse der EEI-Werte für das Jahr 2008 durchgeführt werden, die in folgender Abb. zusammengefaßt sind:

[2311] Die auf die Richtung der Wertänderung hinweisende Veränderung des EEI zwischen Performanceplanung und -kontrolle läßt sich wie folgt bestimmen:
1.416,34 - 2.555,19 ≈ -1.138,85.
Für eine diesbezügliche Berechnung der ‚Wertvernichtung' gilt:
1.416,34 + 65.553,62 - 89.890,49 · 1,04875 - 189.128,90 · 1,04875 + 224.174,59 + 8.565,11 + 134.886,79 · 1,04875 - 165.307,27 - 6.000,00 ≈ -22.756,67.

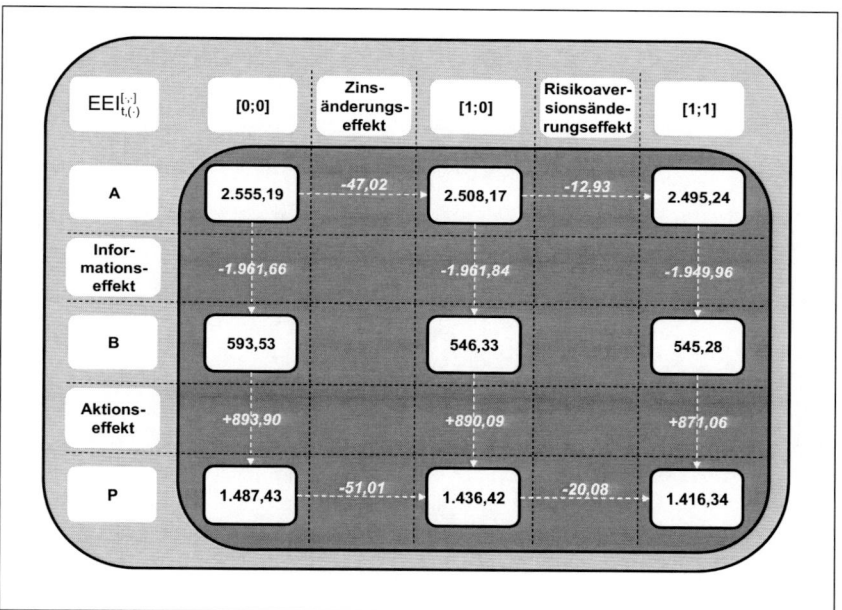

$EEI_{t,(\cdot)}^{[\cdot,\cdot]}$	[0;0]	Zins-änderungs-effekt	[1;0]	Risikoaver-sionsände-rungseffekt	[1;1]
A	2.555,19	−47,02	2.508,17	−12,93	2.495,24
Infor-mations-effekt	−1.961,66		−1.961,84		−1.949,96
B	593,53		546,33		545,28
Aktions-effekt	+893,90		+890,09		+871,06
P	1.487,43	−51,01	1.436,42	−20,08	1.416,34

Abb. 44: Bestands- und Differenzgrößen der Performanceanalyse auf Basis des EEI-Konzepts[2312]

5.4.4 Zwischenfazit zur Performancemessung bei Vorliegen von Geschäfts- oder Firmenwerten

In der vorstehenden Analyse konnten die Auswirkung der potentiellen Möglichkeiten eines Einbezugs von Geschäfts- oder Firmenwerten auf unterschiedliche Konzepte der (unternehmens-)wertorientierten Performancemessung dargelegt werden.

Für die konkreten Ausprägungen „'[z]weiseitig' unternehmenswert-orientiert[er]"[2313] Performancemaße, wie den SVA oder RÖG, sind dem *IFRS*-Rechenwerk zu entnehmenden *Goodwills* ohne Belang, da ihre jeweiligen Kapitaleinsatzgrößen in entsprechend definierten Unternehmenswerten ausgedrückt werden. Die in jüngerer Vergangenheit bezüglich des RÖG unternommenen Versuche, die unternehmenswertorientierte Kapitalbasis wiederum in buchwertbezogene Kapitaleinsätze und Geschäfts- oder Firmenwerte aufzuteilen,[2314] müssen aus Perspektive einer Konvergenzanalyse äußerst kritisch gesehen werden. Denn hierfür

---
[2312] In Anlehnung an *Dirrigl* (2002), S. 427-428.
[2313] *Dirrigl* (2003), S. 157.
[2314] Vgl. *Arnegger/Feldhaus* (2007), S. 210; *Schultze/Hirsch* (2005), S. 141 ff.

sind Annahmen notwendig – vor allem Kongruenz der bewertungsrelevanten Erfolgsgrößen und sämtlicher Bewertungsparameter zwischen *IAS* 36 sowie dem bereichs- und unternehmenswertorientierten *Controlling*, als auch ein über den erstmaligen Bilanzansatz hinausgehendes Zuschreibungsgebot für *Goodwills* –, die nicht annähernd von der aktuellen *IFRS*-Rechnungslegung erfüllt sind. Realiter kann also durch solche Vorschläge eine Verknüpfung der Rechenwerke nicht erreicht werden.

Die Übernahme bilanzieller Wertansätze und Abschreibungen von Geschäfts- oder Firmenwerten bei einer Performancemessung anhand von EVA, $E_R IC$ oder CVA geht mit einer verstärkten Buchwertorientierung einher, die vor dem Hintergrund der *Shareholder Value*-Maxime zu problematisieren ist.[2315] Dabei stellt sich heraus, daß die Auswirkungen einer Berücksichtigung von *Goodwills* in den Kapitalbasen und deren Wertänderungen in den Erfolgsgrößen auf die Eignung zur Vorteilhaftigkeitsanzeige und Wertsteigerungsabbildung der vorgenannten Wertbeitragskennzahlen nicht verallgemeinert werden können. Besondere Schwierigkeiten erwachsen in diesem Zusammenhang aus dem *Impairment-Only-Approach*, sofern aufgrund von Normierungen bei der Bestimmung des *Value in Use* Konstellationen eintreten,[2316] in denen trotz einer unternehmensintern festzustellenden Wertsteigerung eine außerplanmäßige Abschreibung vorzunehmen ist oder *vice versa*.[2317] In solchen Fällen ist der Auffassung von *Schultze/Hirsch* zu folgen, wonach ein *Impairment* des Geschäfts- oder Firmenwerts nur dann in die Erfolgsbeurteilung eingehen sollte, „wenn es einen Indikator für eine mangelnde Management-Performance repräsentier[t]"[2318]. Dementsprechende Berechnungsmöglichkeiten werden im nächsten Unterkapitel vorgestellt (vgl. Kap. 5.5.2, S. 423 ff.). Außerdem erscheint es nicht unwahrscheinlich, daß *Goodwill*abschreibungen ursächlich nicht auf die jeweils zurückliegende Performancemessungsperiode, sondern auf einen mehrere Jahre umfassenden, vor allem sich auf die Zukunft beziehenden Zeitraum zurückzuführen sind. Unter diesen Voraussetzungen offerieren die vorgestellten Varianten einer Performanceperiodisierung des *Impairment Loss* eine Möglichkeit, um der am ‚Realisationsprinzip' orientierten, retrospektiv-operativen Performancemessung auf Basis von EVA, $E_R IC$ oder CVA gerecht zu werden. Hierfür kommen neben einer auf die Revision der zu erwartenden Zahlungsströme abstellenden – und von daher als verursachungsgerecht anzusehenden – Verrechnung eine annuitätische oder ratierliche Verteilung des Abschreibungsaufwands über den Verursachungszeitraum in Frage, um der sonst eintretenden bilanziellen und konzeptionellen Verzerrung Einhalt zu gebieten.

[2315] Vgl. Fn. 699, S. 126.
[2316] Vgl. zu weiteren Ursachen eines *Impairment* statt vieler Schultze (2005b), S. 287 ff.
[2317] Vgl. nur *Trützschler et al.* (2005), S. 205.
[2318] *Schultze/Hirsch* (2005), S. 152. Ferner *Arnegger/Feldhaus* (2007), S. 208; *Weißenberger* (2007a), S. 328.

Eine vollständige und undifferenzierte Übernahme von Abschreibungen des Geschäfts- oder Firmenwerts in unternehmensinterne Steuerungssysteme, für die sich *Velthuis/Wesner* insbesondere bei der Konzeption von E_RIC aussprechen,[2319] muß aufgrund der vorstehenden Untersuchungsergebnisse insgesamt als zweifelhaft erachtet werden. Vielmehr zeigen die Regelungen des *Impairment of Assets* gerade die Notwendigkeit der beschriebenen Anpassungsmaßnahmen auf.[2320]

Dabei darf jedoch nicht außer acht gelassen werden, daß mit Abschreibungsverrechnungen – unabhängig von ihrer spezifischen Modellierung – „keine direkten finanziellen Konsequenzen verbunden [sind]. Ohne gleichzeitigen Zahlungsmittelabfluss führt die Abschreibungsverrechnung […] nicht zu einer Veränderung der Kapitalbindung"[2321], was *Stewart* bereits vor über fünfzehn Jahren zu seinem vorstehend zitierten, drastischen Resümee veranlaßt haben dürfte, eine Abschreibung des Geschäfts- oder Firmenwerts sei eine „non-cash, non-tax-deductible expense", die „per se is of no consequence in the economic model of valuation"[2322].[2323]

Die seitens *Stewart* und *Lewis* aufgrund dieser Erkenntnis vorgebrachten Alternativlösungen einer dauerhaften Beibehaltung der durch *Goodwills* im Erwerbszeitpunkt repräsentierten Kapitalbindung vermögen nicht zu überzeugen. In Anbetracht der damit einhergehenden Verzinsungs- und Tilgungsansprüche der Kapitalgeber erweist sich die Unterstellung einer ewigen Überlassung der zur Verfügung gestellten finanziellen Mittel als wenig sachgerecht. Da die Bestimmung des eingesetzten Kapitals in einer adäquat ausgestalteten kapitalwertorientierten Performancemessung anhand der Fortschreibung von Kapitalzu- und -abflüssen erfolgen sollte,[2324] bedarf es für die durch Geschäfts- oder Firmenwerte repräsentierten Investitionsauszahlungen zahlungsstrombezogener Rückführungsstrukturen. Hierfür kommen verschiedene Prämissen in Betracht, die allesamt verhältnismäßig einfach in die Berechnungssystematik des EEI eingebettet werden können. Im Ergebnis gewährleistet diese zahlungsstrombezogene Erfassung der mit *Goodwills* einhergehenden Kapitalbindung eine bereichs- und kapitalwertorientierte Performancemessung, die frei von bilanziellen Verzerrungen ist, was auch bedingt, daß die an wertorientierte Performancemaße zu stellenden Anforderungskriterien weiterhin erfüllt werden.

Der mögliche Einwand, eine solche Performancemessung erfordere zusätzliche Annahmen, weitere Berechnungen und es käme zu einer Abweichung zwischen dem bilanziell ausgewiesenen *Goodwill* und der im Rahmen der internen Unternehmenssteuerung beobachteten *cashflow*basierten Kapitalbindung, vermag nicht

---

[2319] Vgl. *Velthuis/Wesner* (2005), S. 110.
[2320] *Hense* (2006), S. 253 ff.; *Schultze/Hirsch* (2005), S. 149 f. bevorzugen hingegen eine pauschale lineare Abschreibung des Geschäfts- oder Firmenwerts, was der vorgeschlagenen Periodisierung unter Umständen in heuristischer Weise entsprechen kann.
[2321] *Dirrigl* (2004a), S. 106.
[2322] *Stewart* (1991), S. 25 (beide Zitate).
[2323] Vgl. zumindest mit Bezug auf eine Akquisitionsnachrechnung auch *Lewis* (1994), S. 60.
[2324] Vgl. *Dirrigl* (2004b), S. 124.

zu überzeugen. Denn für die – soeben thematisierte – sich bei einer Performancemessung auf Basis des EVA, E$_R$IC oder CVA als sinnvoll erweisende „Nicht-Berücksichtigung von Goodwill-Impairments", die „auf regulatorische Gegebenheiten des *IAS* 36 zurückzuführen"[2325] sind, oder eine Periodisierung von ursächlich mehreren Perioden zuzuordnenden *Impairment Losses*, trifft das Gleiche zu. Es müssen ebenso ergänzende Prämissen getroffen und erneute Kalkulationen durchgeführt werden, woraus letzten Endes gleichfalls – neben einem teilweisen Einbezug von Zukunftsinformationen sowie subjektiven Komponenten – eine fortwährende Divergenz der in der Bilanzierung und Performancemessung betrachteten *Goodwill*positionen resultiert.

Abschließend ist somit abermals die Vorziehenswürdigkeit des EEI herauszustellen, die sich bei den erörterten Performancemessungskonzeptionen an dem mit Abstand höchsten Erfüllungsgrad der an ein Performancemaß zu stellenden Anforderungskriterien manifestiert (vgl. Kap. 3.3.2, S. 105 ff.). Im Vergleich zu EVA, E$_R$IC und CVA erwirbt der EEI diese positiven Eigenschaften durch eine stringente Berücksichtigung zukünftiger Informationen und absoluten Zahlungsstrombezug.

Den beschriebenen Schwierigkeiten, die aus einem Einbezug von *Goodwills* in die vorgenannten Wertbeitragskennzahlen erwachsen, stehen aus konzeptioneller Perspektive jedoch zwei positive Aspekte des *Impairment-Only-Approach* für die Performancemessung gegenüber: Erstens müßte die strategisch-prospektive Ausrichtung der Bewertungskalküle bei der Bestimmung des *Value in Use* weite Teile der Theorie und Praxis endgültig ermutigen, sich von der Fixierung auf eine ausschließlich operativ-retrospektive Ermittlung von Performancemaßen zu lösen. Zweitens fördern turnusgemäß wiederkehrende Werthaltigkeitsüberprüfungen die Bedeutung von Kontrollrechnungen,[2326] so daß die Gelegenheit bestünde, die seit langem überfällige Differenzierung zwischen Performanceplanung (ex ante-Perspektive) und Performancekontrolle (ex post-Perspektive) auf breiter Basis zu etablieren. Infolgedessen kann in der Grundstruktur von Werthaltigkeitsüberprüfungen immerhin ein Impuls gesehen werden, grundlegende Mängel von *in praxi* vorzufindender und in der Literatur propagierter Systeme zur wertorientierten Performancemessung zu beheben (vgl. Kap. 3.1, S. 87 ff.).

5.5 Interpretation außerplanmäßiger Abschreibungen von Goodwills anhand einer strategischen Abweichungsanalyse

5.5.1 Analyseansätze in Theorie und Praxis

Bislang sind zwei verschiedene Ansätze zur Interpretation außerplanmäßiger Abschreibungen von *Goodwills* in der Literatur vorgestellt worden: Zum einen brachte

---

[2325] Vgl. *Weißenberger* (2007a), S. 328 (beide Zitate).
[2326] Vgl. schon *Klein* (1999a), S. 233.

Schultze seine Überlegungen einer ökonomischen Analyse des *Impairment*[2327] ein und zum anderen zeigte *Haaker* grundsätzliche Verknüpfungsmöglichkeiten des *Value in Use* mit einer strategischen Abweichungsanalyse[2328] auf.

Im Interpretationsansatz von *Schultze* sind fünf verschiedene Konstellationen vorgesehen, in denen es zu einer außerplanmäßigen Abschreibung des Geschäfts- oder Firmenwerts kommen kann. Dabei handelt es sich um *Impairments* infolge einer Überbezahlung, des „planmäßige[n] Verzehr[s] von Überrenditen"[2329], verschlechterter Zukunftsaussichten, der Durchführung von Investitionen sowie des Anstiegs von Buchwerten.[2330] Hiervon sind nach Ansicht von *Schultze* ausnahmslos die bei einem erwartungskonformen Verlauf auftretenden Wertminderungen von *Goodwills* in die Leistungsbeurteilung aufzunehmen. Sie hätten ihren Ursprung in einer „erosion of excess returns"[2331] und glichen einer „amortization of a wasting asset"[2332]. *Impairments*, die aus „overpayments"[2333] oder dem „Anstieg des Buchwerts relativ zum Marktwert"[2334] resultieren, lägen hingegen außerhalb der Verantwortlichkeit des Bereichs*management* und sollten bei dessen Beurteilung unberücksichtigt bleiben. Eine differenzierte Betrachtung sei demgegenüber notwendig, falls „actual returns in later periods will differ from the original expectations"[2335], wofür im Falle einer durch den „außerplanmäßige[n] Verzehr von Überrenditen [oder die] Schaffung neuer Überrenditen"[2336] verursachten Abschreibung des *Goodwill* eine – nicht näher erläuterte[2337] – Abweichungsanalyse gefordert wird.

Um die Konkretisierung einer solchen Abweichungsanalyse bemüht sich *Haaker* in seinem Vorschlag einer Kontrollrechnung mittels des ökonomischen Gewinns einer *Cash-Generating Unit*, dessen Berechnung auf Basis des *Value in Use* erfolgt.[2338] Hierzu wird auf die Grundsystematik der Erfolgspotentialrechnung zurückgegriffen, wobei eine Konzentration auf die Abspaltung von Abweichungsursachen festzustellen ist, die sich aus einer Veränderung der Zahlungsmittelprognosen herleiten.[2339] Insofern findet ‚lediglich' eine Separierung von Informations- und Aktionseffekten statt. „Auf dieser Grundlage kann [der Auffassung von *Haaker*

[2327] Vgl. *Schultze* (2005b), S. 292 ff. Die Grundgedanken finden sich des weiteren bei *Pfaff/Schultze* (2006), S. 134 ff.; *Schultze/Hirsch* (2005), S. 151 ff.
[2328] Vgl. *Haaker* (2007a), S. 83-108.
[2329] *Pfaff/Schultze* (2006), S. 137.
[2330] Vgl. *Pfaff/Schultze* (2006), S. 134 ff.; *Schultze* (2005b), S. 282 ff.; *Schultze/Hirsch* (2005), S. 148 ff.
[2331] *Schultze* (2005b), S. 283.
[2332] *Schultze* (2005b), S. 286.
[2333] *Schultze* (2005b), S. 282.
[2334] *Pfaff/Schultze* (2006), S. 137.
[2335] *Schultze* (2005b), S. 286.
[2336] Vgl. *Pfaff/Schultze* (2006), S. 137.
[2337] Bei *Pfaff/Schultze* (2006), S. 136 heißt es nur, daß „[i]m Rahmen einer Abweichungsanalyse [...] daher zu prüfen [ist], ob die Ursachen bei dem BU liegen, welche der Goodwill und die Goodwill-Abschreibung zugerechnet werden."
[2338] Vgl. *Haaker* (2007a), S. 90 ff.
[2339] Vgl. *Haaker* (2007a), S. 95 ff.

zufolge] eine sachgerechte Beurteilung der Leistung einer CGU oder des CGU-Management erfolgen und ein eventueller Handlungsbedarf abgeleitet werden."[2340]

Die vorstehend skizzierten Ansätze zur Analyse außerplanmäßiger Abschreibungen von Geschäfts- oder Firmenwerten zeichnen sich durch eine Reihe positiver Merkmale aus. So gelingt es speziell *Schultze*, die möglichen ökonomischen Determinanten eines *Impairment* herauszuarbeiten. Das Verdienst von *Haaker* liegt darin, die Strukturgleichheit von Werthaltigkeitsüberprüfungen und der dem internen Rechnungswesen zuzurechnenden strategischen Abweichungsanalyse erkannt zu haben, und die Verwendung einer Trägheitsprognose auch hinsichtlich des externen Zahlenwerks zu unterstützen.[2341]

Allerdings weisen beide Analysemethoden gleichermaßen Schwächen auf. Es fehlt ihnen prinzipiell an der notwendigen Differenzierung zwischen den bewertungsrelevanten Erfolgsgrößen des *Impairment of Assets* sowie dem bereichs- und unternehmenswertorientierten *Controlling*. Während *Pfaff/Schultze* hierauf in jüngerer Vergangenheit zumindest deutlich hinweisen,[2342] gesteht *Haaker* der Daten- und Zahlenbasis des *IASB* mit erneutem Nachdruck die Eignung für die wertorientierte Bereichssteuerung zu.[2343]

Diese Problematik kann in der vorliegenden Arbeit als ausreichend thematisiert erachtet werden (vgl. Kap. 5.3.3, S. 331 ff.); aufgrund der Unterdrückung „bewertungsrelevante[n] Wissen[s]"[2344] können auf dem *Value in Use* beruhende Berechnungen kaum für eine vollumfängliche und ‚sachgerechte' *Management*beurteilung herangezogen werden. Hieraus folgt, daß das Einsatzgebiet derartiger Vorschläge vielmehr im Bereich des *Value Reporting* anzusiedeln ist,[2345] wo sie für Interessenten an der Entwicklung des bilanziell ausgewiesenen *Goodwill* eine geeignete Informationsgelegenheit böten. Darüber hinaus könnten sich weitere Anwendungsmöglichkeiten in der Bestimmung der bei einer Performancemessung anhand von EVA, E_RIC oder CVA propagierten Elimination ‚ungerechtfertigter' Bestandteile eines *Impairment* (vgl. Kap. 5.4.4, S. 417 ff.) oder des nach *Weißenberger* zu installierenden „laufende[n] Reporting goodwillbezogener Kennzahlen"[2346] ergeben.

Weitergehend muß es als unbefriedigend empfunden werden, daß sowohl *Schultze* als auch *Haaker* Veränderungen des Kalkulationszinsfußes und der Risikoadjustierung durch ihre jeweiligen Untersuchungsansätze *per se* als Einflußgrö-

---

[2340] *Haaker* (2007a), S. 104.
[2341] Vgl. auch *Haaker* (2007b), S. 340.
[2342] Vgl. *Pfaff/Schultze* (2006), S. 128.
[2343] Vgl. *Haaker* (2007a), S. 86-88.
[2344] Vgl. *Beyhs* (2002), S. 206.
[2345] Vgl. zu einem breiten Überblick hinsichtlich der Facetten des *Value Reporting* etwa *Böcking/Dutzi* (2003), S. 213-239; *Gamper/Volkart/Wilde* (2006), S. 642-647; *Heumann* (2006), S. 259-266; *Kley* (2003), S. 840-843; *Nonnenmacher* (2004), S. 149-163; *Pellens/Hillebrandt/Tomaszewski* (2000), S. 177-207; *Ruhwedel/Schultze* (2002), S. 602-632; *Ruhwedel/Schultze* (2004), S. 489-495; *Volkart/Schön/Labhart* (2005), S. 517-542.
[2346] Vgl. *Weißenberger* (2007a), S. 321 sowie nahezu deckungsgleich *Weißenberger/Haas/Wolf* (2007), S. 149-156.

ßen einer außerplanmäßigen Abschreibung des *Goodwill* ausschließen. Problematisch erscheint an der von *Schultze* vorgenommenen „[ö]konomische[n] Analyse des Impairments"[2347] des weiteren ihre fehlende Operationalisierung, die eine eindeutige Anwendung *in praxi* erschweren dürfte. Sie kann eher als theoretischer Modellrahmen aufgefaßt werden. Die Berechnungsarithmetik von *Haaker* ist dagegen auch in ihrer Ausführlichkeit zu begrüßen, was jedoch nicht über einen grundlegenden Konstruktionsmangel hinwegtäuschen kann, der in der vollkommenen Abstraktion vom *Carrying Amount* der Bewertungseinheit liegt. Hiermit können schlußendlich nicht die Veränderungen des Geschäfts- oder Firmenwerts im Zeitablauf erklärt werden, sondern ‚nur' die des *Value in Use*. Insoweit stellt dieser Vorschlag die Anwendung einer im Umfang reduzierten und von der Daten- und Zahlenbasis des bereichs- und unternehmenswertorientierten *Controlling* abweichenden Erfolgspotentialrechnung dar.[2348]

Im nächsten Gliederungspunkt wird eine Erweiterung der von *Haaker* und *Schultze* vorgeschlagenen Analyseinstrumente angestrebt, anhand derer es möglich sein soll, etwaige Veränderungen eines nach den *IFRS*-Rechnungslegungsvorschriften bilanzierten Geschäfts- oder Firmenwerts zu erklären. Dabei sollen auch Effekte aus Veränderungen des Kalkulationszinsfußes, der Risikoeinstellung sowie Kapitalbasis explizit miteinbezogen werden.

5.5.2 *Goodwillveränderungsrechnung als Analyse- und Informationsinstrument*

Die *Goodwill*veränderungsrechnung ist als Analyse- und Informationsinstrument zur quantitativen Erfassung der Einflußgrößen und Veränderungen eines nach *IFRS* 3 i.V.m. *IAS* 36 bilanzierten Geschäfts- oder Firmenwerts konzipiert. Von ihrer Grundstruktur her erlaubt dieses Rechenwerk, die sich unter verschiedenen Informationsständen und Bewertungsparametern ergebenden *Goodwills* zu bestimmen, sowie die Ursachen für etwaige Abweichungen abzuspalten. Abb. 45 veranschaulicht die strukturellen Übereinstimmungen der *Goodwill*veränderungsrechnung mit der im Rahmen dieser Arbeit bislang mehrfach herangezogenen strategischen Abweichungsanalyse:

[2347] *Schultze/Hirsch* (2005), S. 152.
[2348] Vgl. Fn. 2294, S. 411.

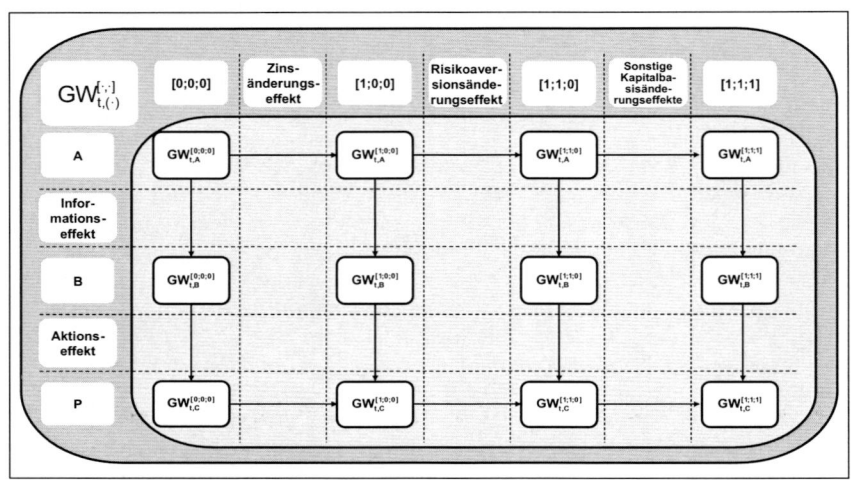

Abb. 45: Grundstruktur einer *Goodwill*veränderungsrechnung

Aus konzeptioneller Perspektive liegt somit eine Abweichungsanalyse für die bei einer Performancemessung aufgrund des Vergleich periodendifferenzierter Kapital(einsatzmehr-)werte festgestellte Wertdifferenz vor (vgl. Abb. Abb. 13, S. 96, Nummer zwei), wobei als Barwertgröße der *Value in Use* und als Kapitaleinsatz der Buchwert der *Cash-Generating Unit* herangezogen werden.

In Entsprechung zu Abb. 45 werden in vertikaler Ebene Geschäfts- oder Firmenwerte unter Geltung verschiedener Informationsstände projiziert. Dagegen tritt in horizontaler Ausrichtung neben die bekannten Zins- und Risikoaversionsänderungseffekte ein Kapitalbasisänderungseffekt. Letzterer ist auf den Einfluß des *Carrying Amount* zurückzuführen, aus dessen Anstieg bei einer unveränderten *Cashflow*prognose eine außerplanmäßige Abschreibung des *Goodwill* resultieren kann und *vice versa*.[2349] Entsprechende Veränderungen des Buchwerts einer Bewertungseinheit können aus einer Vielzahl von Ursachen herrühren.[2350] Hierzu zählen bspw. Neubewertungen, außerplanmäßige Abschreibungen oder die *Fair Value*-Bewertung der eine *Cash-Generating Unit* oder Gruppe von *Cash-Generating Unit* bildenden Vermögenswerte. Daneben können Veränderungen der Kapitalbasis aber auch ‚direkt' mit dem Informations- und Aktionseffekt zusammenhängen: Wenn etwa im Zeitpunkt der Berechnung des Nutzungswerts Erweiterungsinvestitionen initiiert werden, steigen sowohl die zukünftige Erfolgsgrößen als auch der aktuelle Buchwert des Bewertungsobjekts an. Ursächlich läßt sich dabei jedoch keine Separierung der einzelnen Werteffekte vornehmen, so daß die be-

---

[2349] Vgl. mit einer Beispielsrechnung *Schultze* (2005b), S. 291 f.
[2350] *Schultze/Hirsch* (2005), S. 152 beschränken sich auf Werteffekte aus der Neubewertung.

wirkte ‚Nettoveränderung' des Geschäfts- oder Firmenwerts dem Bereichsverantwortlichen oder der Umfeldentwicklung komplett zuzurechnen ist.[2351]

Insgesamt zeichnen sich buchwertorientierte Kapitalbasisänderungseffekte durch eine Vielzahl von Ursachen aus.[2352] Aufgrund ihres Einzelfallcharakters lassen sie sich nicht generalisieren und erfordern eine detaillierte Betrachtung, die über den hier vorgestellten Umfang hinausgeht; entsprechende Erweiterungen können aber problemlos in die vorgeschlagene Analysetechnik integriert werden.

Abb. 46 zeigt die Ergebnisse, die aus einer Anwendung der Goodwillveränderungsrechnung im Rahmen der Beispielsrechnung resultieren:

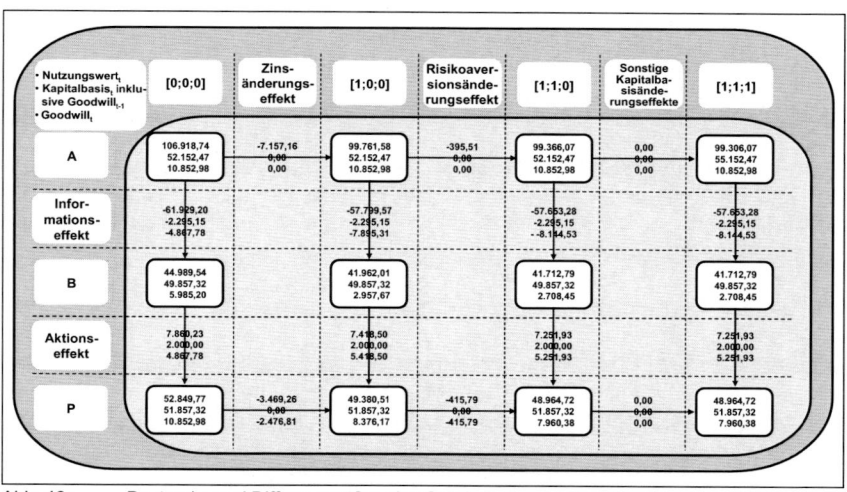

	• Nutzungswert$_t$ • Kapitalbasis$_t$ inklusive Goodwill$_{t-1}$ • Goodwill$_t$	[0;0;0]	Zinsänderungseffekt	[1;0;0]	Risikoaversionsänderungseffekt	[1;1;0]	Sonstige Kapitalbasisänderungseffekte	[1;1;1]
A		106.918,74 52.152,47 10.852,98	-7.157,16 0,00 0,00	99.761,58 52.152,47 10.852,98	-395,51 0,00 0,00	99.366,07 52.152,47 10.852,98	0,00 0,00 0,00	99.306,07 55.152,47 10.852,98
Informationseffekt		-61.929,20 -2.295,15 -4.867,78		-57.799,57 -2.295,15 -7.895,31		-57.653,28 -2.295,15 -8.144,53		-57.653,28 -2.295,15 -8.144,53
B		44.989,54 49.857,32 5.985,20		41.962,01 49.857,32 2.957,67		41.712,79 49.857,32 2.708,45		41.712,79 49.857,32 2.708,45
Aktionseffekt		7.860,23 2.000,00 4.867,78		7.418,50 2.000,00 5.418,50		7.251,93 2.000,00 5.251,93		7.251,93 2.000,00 5.251,93
P		52.849,77 51.857,32 10.852,98	-3.469,26 0,00 -2.476,81	49.380,51 51.857,32 8.376,17	-415,79 0,00 -415,79	48.964,72 51.857,32 7.960,38	0,00 0,00 0,00	48.964,72 51.857,32 7.960,38

Abb. 46: Bestands- und Differenzgrößen der Goodwillveränderungsrechnung

Die außerplanmäßige Abschreibung des Goodwill i.H.v. 2.892,60 läßt sich im wesentlichen durch den Eintritt des neuen Wettbewerbers erklären. Dieser Informationseffekt löste bei isolierter Betrachtung in Abhängigkeit der Abspaltungsreihenfolge ein Absinken des Goodwill zwischen -4.867,78 und -8.144,53 aus. Auf Zins- und Risikoaversionsänderungseffekt kann des weiteren eine negative Wertabweichung von bis zu -2.476,81 respektive -415,79 abgespalten werden. Hinsichtlich des dem Bereichsmanagement zuzuordnenden Aktionseffekts ist eine ‚Verminderung' des vorzunehmenden Impairment zu beobachten. Diese geht auf die durch

---

[2351] A.A. wohl Paff/Schultze (2006), S. 137, Tab. 1, wonach ein Anstieg des Buchwerts aufgrund von Investitionstätigkeit nicht in den Verantwortungsbereich des Management fiele.

[2352] Im Rahmen einer Performanceanalyse des EEI ist die Abspaltung buchwertorientierter Kapitalbasisänderungseffekte selbstredend unerheblich, vgl. Kap. 3.5.2, S. 185 ff.; die zahlungsstrombasierten Veränderungen des Amortisationskapitals gehen ‚direkt' mit den Differenzgrößen einher, so daß es keiner entsprechenden Separierung bedarf.

die Investitionstätigkeit ausgelöste Schaffung eines neuen, originären Geschäfts- oder Firmenwerts zurück, der positive Werte von 4.867,78 bis 5.418,50 annimmt. Sonstige Kapitalbasisänderungseffekte sind annahmegemäß nicht aufgetreten.

Somit verkörpert die *Goodwill*veränderungsrechnung eine Möglichkeit, quantitative Separierungen von *Impairments* auf ihrer Abweichungsursachen vorzunehmen. Die generierten Informationen könnten zur Erläuterung in den Konzernanhang oder Lagebericht aufgenommen werden respektive unter Angabe weiterer Rechnungsdetails im Rahmen des *Value Reporting* Verwendung finden.[2353] Des weiteren erscheint die *Goodwill*veränderungsrechnung konzeptionell geeignet, ‚bereinigte', in die Performancemessung anhand von EVA, E_RIC oder CVA einfließende *Impairments* zu bemessen.

Dabei muß allerdings beachtet werden, daß die Beschränkung des Bilanzansatzes von Geschäfts- oder Firmenwerten auf ihre ursprünglichen Anschaffungskosten in Kombination mit den nicht vorgesehenen Wertaufholungen[2354] außerplanmäßiger Abschreibungen[2355] zu einem erheblichen Bedeutungszuwachs der Abspaltungsreihenfolge führt. Wie die vorstehenden Berechnungen nämlich offenbaren, könnten der Zins- und Risikoaversionsänderungseffekt bei einer zuerst horizontalen Separierung nahezu ‚verschluckt' werden. Verantwortlich ist hierfür in der Beispielsrechnung ein hoher, nicht bilanzierter ‚Bewertungspuffer', ausgedrückt durch das Verhältnis von *Value in Use* zur Kapitalbasis.[2356] Dieser originäre Geschäfts- oder Firmenwert wird bei einer Verringerung des Nutzungswerts zunächst ‚aufgezehrt', ohne eine entsprechende Abschreibung zu verursachen. Folglich ist es für eine angemessene Beurteilung des Ausmaßes der herausgestellten Abweichungsgründe empfehlenswert, die entsprechenden Veränderungen des Nutzungswerts mit in die Interpretation einzubeziehen. Mit Bezug auf die Beispielsrechnung stiege etwa damit das Bewußtsein für den extrem negativen Werteinfluß des Informationseffekts, der sich in der *Goodwill*veränderung nur andeutungsweise widerspiegelt.

Darüber hinaus zeigt sich sehr deutlich, daß der berechnete Aktionseffekt nicht zu einer Performancehonorierung herangezogen werden kann. Er bietet ausschließlich die Möglichkeit, einen aufgrund der Bewertungsvorgaben von *IAS* 36 nicht näher präzisierbaren Anteil der *Management*leistung der abgelaufenen Peri-

---

[2353] Vgl. zu einer Nutzung im Konzept einer unternehmenswertorientierten Rechnungslegung *Mujkanovic* (2002), S. 302. Vgl. 2070, S. 361. Zu entsprechenden Verknüpfungsmöglichkeiten vgl. auch *Dirrigl* (2006), S. 778.
[2354] Vgl. *IFRS* 3.54.
[2355] Vgl. *IAS* 36.124.
[2356] Vgl. *Weißenberger* (2007a), S. 322 ff.; *Weißenberger/Haas/Wolf* (2007), S. 154 ff. mit dem Ausweis residualer *Goodwill*größen, „die den Entscheidungsträger über den Anteil des Goodwills informier[en], der nicht bilanziell aktiviert ist." Die Berechnung dieser „Goodwill-Sicherheitskoeffizient[en]" erfolgt jedoch ohne eine Unterscheidung zwischen der Daten- und Zahlenbasis des *Impairment of Assets* sowie dem bereichs- und unternehmenswertorientierten *Controlling*.

ode auf die Veränderung des bilanzierten Geschäfts- oder Firmenwerts abzuschätzen. Die durch die Normierungen des Bewertungskalküls hervorgerufenen bilanziellen Verzerrungen sind – im Vergleich zu dem auf der Daten- und Zahlenbasis der internen Unternehmensrechnung ermittelten Aktionseffekt (vgl. Abb. 41, S. 354) – im Kombination mit der Beschränkung auf den derivativen *Goodwill* erwartungsgemäß eklatant.[2357] Folglich darf die *Goodwill*veränderungsrechnung nicht als Akquisitionsnachrechnung fehlinterpretiert werden; hierzu bedürfte es einer Kontrolle des Kapital(einsatzmehr-)werts auf Basis unternehmensinterner Wertansätze.[2358]

[2357] Eine entsprechende Verwendung dieser oder ähnlicher Rechnungen im Rahmen der internen Unternehmenssteuerung wurde bereits aufgrund des Abweichens von Barwert- und Kapitaleinsatzgröße zwischen *Impairment of Assets* und einem adäquat ausgestalteten kapitalwertorientierten Controlling abgelehnt, vgl. 5.3.4, S. 373 ff.

[2358] Als Anknüpfungspunkte können diesbezüglich i.V.m. der Grenzpreisbestimmung in Kap. 5.2.1.3, S. 309 ff. die Berechnungen in Kap. 5.3.3.2.3.2, S. 353 f. sowie Abb. 41, S. 354 herhalten.

6 Zusammenfassung und Ausblick

Gegenstand der vorliegenden Arbeit war die Untersuchung des *Impairment of Assets* aus der *Controlling*perspektive. Die Vorschriften zur Überprüfung der Werthaltigkeit von Vermögenswerten bieten insofern eine Reihe geeigneter Anknüpfungspunkte für eine Untersuchung von Konvergenzaspekten, als daß sie sich vom sonstigen IFRS-Rechnungslegungssystem, das trotz zunehmender *Fair Value*-Orientierung durch einen starken Vergangenheitsbezug, den Einzelbewertungsgrundsatz sowie eine Übergewichtung der *Reliability* gegenüber der *Relevance* geprägt ist, abzugrenzen vermögen. Als ausschlaggebend muß es hierfür angesehen werden, daß der *Impairment Test* regelmäßig für eine Mehrzahl von zu *Cash-Generating Units* aggregierten Vermögenswerten durchgeführt wird, wobei der durch die Diskontierung unternehmensspezifischer Zahlungsmittelüberschüsse bestimmte Nutzungswert den zentralen Wertmaßstab verkörpert.

Diese bereichsbezogene Anwendung von Unternehmensbewertungskalkülen in der Rechnungslegung stellt eine unternehmenswertorientierte Konvergenz in der Unternehmensrechnung in Aussicht. In Theorie und Praxis werden Werthaltigkeitsüberprüfungen deshalb bereits, von einigen wenigen Literaturbeiträgen abgesehen, als *Controlling*ansätze propagiert.

Die diesbezüglichen Untersuchungen zeichnen sich bisher ausnahmslos durch einen mehr oder weniger stark ausgeprägten Partialcharakter aus, weshalb es noch zu keiner endgültigen Klärung kommen konnte, welche Konvergenzrichtung bei einer Untersuchung von Verknüpfungsmöglichkeiten zwischen *Impairment of Assets* und bereichsbezogenem *Controlling* einzunehmen ist, und inwiefern der spezifischen Normzwecken unterliegende *Value in Use* ein adäquates Bewertungskalkül für eine bereichsbezogene Unternehmensbewertung für interne Zwecke darstellt. Außerdem werden divergierende Meinungen zum Problemkomplex eines Einbezugs von Geschäfts- oder Firmenwerten in die wertorientierte Performancemessung vertreten und es mangelt an einem geeigneten Analyseinstrument, das Aufschluß darüber gibt, ob und in welchem Umfang das *Management* für ein *Impairment* verantwortlich gemacht werden kann.

Den vorgenannten Fragestellungen galt es im Rahmen einer umfassenden Analyse nachzugehen, wobei die Erörterung in zwei Untersuchungskomplexe unterteilt war. Zunächst wurde dabei ein bereichs- und unternehmenswertorientiertes *Controlling* konzipiert, das im weiteren Verlauf der Arbeit als Referenzrahmen diente, um die Gemeinsamkeiten und Unterschiede sowie die sich hieraus ergebenden Verknüpfungsmöglichkeiten zu *IAS* 36 analysieren zu können. Grundsätzlich wird unter einem unternehmenswertorientierten *Controlling* die Entwicklung und Bereitstellung eines Instrumentariums verstanden, das geeignet ist, die Unternehmensführung beim Treffen fundierter Entscheidungen im Rahmen der Verfolgung des

Shareholder Value-Ansatzes zu unterstützen. Von zentraler Bedeutung sind dabei die bereichsbezogene Unternehmensbewertung sowie eine darauf aufbauende bereichs- und unternehmenswertorientierte Performancemessung.

Im Hinblick auf eine Anwendung von Unternehmensbewertungsverfahren auf nachgelagerten Aggregationsstufen eines Unternehmens konnte der prägende Einfluß des Bereichsbezugs auf die anzuwendende Kalkülstruktur herausgearbeitet werden. Einem unternehmensinternen Bewertenden liegt hierbei eine detaillierte Informationsbasis, vor allem in Bezug auf die *Cashflow*-, Risiko-, Investitions-, Finanzierungs- und Amortisationsstruktur, vor. Deren angemessene ‚Verwertung' gelingt regelmäßig besser anhand einer ertragswertorientierten Bewertungskonzeption als auf Basis der nach h.M. bevorzugten DCF-Methoden, wie eine ausführliche Analyse der Barwertkalküle aufzeigen konnte. Entscheidend für dieses Untersuchungsergebnis waren die aus Perspektive der Zwecksetzung, des Prämissensets als auch der Risikoadjustierung bestehenden theoretischen Bedenken gegenüber DCF-orientierten Barwertkalkülen. Trotz der hier vertretenden Ansicht einer grundlegenden Vorziehenswürdigkeit des Ertragswertverfahrens für eine bereichsbezogene Unternehmensbewertung konnten die kapitalmarktorientierten Bewertungsmodelle wegen ihrer Dominanz in Theorie und Praxis, der Bedeutung für eine wertorientierte Performancemessung sowie etwaiger Vereinheitlichungsmöglichkeiten mit *IAS* 36 vom Fortgang der Untersuchung nicht ausgeschlossen werden, so daß beide Bewertungskonzeptionen eine konsequente, parallele Anwendung fanden.

Auf dieser Grundlage läßt sich eine bereichs- und unternehmenswertorientierte Performancemessung konzipieren. Es wurde herausgestellt, daß die in weiten Teilen der einschlägigen Literatur vorgestellten Konzepte zur wertorientierten Performancemessung allenfalls eingeschränkt ihre Zielsetzung erfüllen können.

Zum einen wird dies durch eine weitgehend mangelnde Differenzierung verschiedener Informationsstände bedingt. Folglich wurde vorgeschlagen, die Performancemessung als System aus einer Performancemessung, die aus der ex ante-Perspektive erfolgt, sowie einer Performancekontrolle, Performanceanalyse und Performancehonorierung zu verstehen, wobei die letztgenannten Teilgebiete allesamt aus der ex post-Perspektive vorzunehmen sind. Prägend für die Performancemessung ist der Vorläufigkeitscharakter, der ihr schlußendlich bis zur Beendigung des Unternehmens innewohnt.

Zum anderen ließ sich anhand der herausgearbeiteten Anforderungskriterien an wertorientierten Performancemaße, die sich in der Barwertidentität, Vorteilhaftigkeitsanzeige und Wertsteigerungsabbildung konkretisieren, aufzeigen, daß EVA, E_RIC, CVA und SVA nur äußerst bedingt für die Performancemessung eingesetzt werden können.

Streng retrospektiv-operativ ausgerichtete Kennzahlen sind außerstande, die periodische Wertänderung auszudrücken. Es fehlt ihnen am Einbezug zukünftiger

Zusammenfassung und Ausblick 431

Informationen. Selbst bei einer Berechnung der vorgenannten Residualgewinne bis zum Planungshorizont – was im übrigen einen ‚Übergang' bei der betrachteten Performancemessungskonzeption bedingt – verbleibt aber ihr grundlegendes Problem einer inhärenten Buchwertorientierung, das sich auch durch die mitunter umfangreichen Adjustierungen nicht ‚vertuschen' läßt.

Eine konsequente Alternative stellt die mit dem EEI-Konzept gegebene Möglichkeit einer zahlungsstrombasierten Kapitalbasis dar, das die vorgenannten Kriterien an unternehmenswertorientierte Performancemaße am besten erfüllt. Folglich wird der EEI für eine unternehmenswertorientierte Performancemessung als anderen Verfahren überlegen erachtet. Ebenso wie für alle anderen vorgestellten Kennzahlen wurde eine Erweiterung um das Halbeinkünfteverfahren vorgenommen.

Zu Beginn des zweiten Untersuchungskomplexes stand die Darstellung des *Impairment of Assets* aus der *Controlling*perspektive im Fokus der Betrachtung. Von besonderer Bedeutung waren dabei neben einer kurzen Einführung in die Zweck- und Zielsetzung der *IFRS*-Rechnungslegung und einer Erörterung des Anwendungsbereichs und der Grundkonzeption von *IAS* 36 hauptsächlich die Definition der Bewertungseinheiten und das anzuwendende Bewertungskalkül. Bezüglich der Bewertungsobjekte von Werthaltigkeitsüberprüfungen konnte dargelegt werden, daß der kleinste gemeinsame Nenner, auf den sich zahlungsmittelgenerierende Einheiten reduzieren lassen, ihr grundlegender Charakterzug einer an der Produktion von Output beteiligten und miteinander verknüpften Gruppe von Vermögenswerten ist, die im Unternehmensverbund einen gewissen Grad an Dispositionsfreiheit aufweisen.

Zur Identifikation solcher Bewertungseinheiten wurden unterschiedliche Separationskriterien hergeleitet, die sich im wesentlichen dahingehend differenzieren, ob zu den in Funktionszusammenhängen stehenden Vermögenswerten Geschäfts- oder Firmenwerte hinzugezählt werden oder nicht. Die Bewertungsobjekte mit zugeordnetem *Goodwills* zeichnen sich im Vergleich zu ihren *Pendants* ohne allozierte Geschäfts- oder Firmenwerten durch eine höhere Aggregationsstufe aus. Hinsichtlich des *Recoverable Amount*, der sich im höheren Wert aus *Fair Value less Costs to sell* und Nutzungswert konkretisiert, wurde die Auffassung vertreten, daß aufgrund fehlender Marktdaten in der überwiegenden Anzahl der Fälle der *Value in Use* die ausschlaggebende Wertkategorie einnimmt.

Hierin begründet sich auch die im weiteren Verlauf der Arbeit vorgenommene Konzentration auf diese Bewertungskonzeption. Die seitens der Praxis vorgenommenen Aushöhlungsversuche, den beizulegenden Zeitwert abzüglich Veräußerungskosten mittels eines auf einer internen Daten- und Zahlenbasis basierenden DCF-Verfahrens zu bestimmen, wobei Steuern, Erweiterungsinvestitionen und Finanzierungseffekte in die Berechnung einfließen, wurden abgelehnt. Bei einer standkonformen Auslegung der Regelungen des *Impairment of Assets* wurde für eine solche Interpretation kein Raum gesehen, zumal sich der Nutzungswert gerade durch eine relativ starke Normierung der vorab aufgezählten Bewertungseinflüsse auszeichnet.

Bezüglich des *Value in Use* ließ sich weiterhin aufzeigen, daß es sich um einen unternehmensinternen Erfolgswert handelt, für dessen Ermittlung das *IASB* grundsätzlich eine szenariobasierte Planung der zukünftigen Erfolgsgrößen fordert. Die hieran anknüpfende Risikoadjustierung erfährt in den Vorschriften des *IAS* 36 nahezu keine weitere Vorgabe. Entgegen der landläufigen Annahme, in diesem Zusammenhang sei die Anwendung der Risikozuschlagsmethode am einfachsten zu gestalten, konnte die theoretische Unmöglichkeit einer Berechnung des gewichteten Kapitalkostensatzes dargelegt werden, die im Einklang mit den Vorgaben zur Werthaltigkeitsüberprüfung steht.

Diese Erkenntnisse über die Ausgestaltung eines bereichs- und unternehmenswertorientierten *Controlling* sowie die Anwendung des *Impairment of Assets* wurden abschließend zusammengeführt, um die aufgestellten Ausgangsfragen zu beantworten.

Hierfür wurde zuvorderst nochmals beschrieben, welche grundsätzlichen Konvergenzmöglichkeiten diese beiden Teilbereiche der Unternehmensrechnung eröffnen. Im Gegensatz zu den Mitte der 90er Jahre diskutierten Vereinheitlichungstendenzen im externen und internen Rechnungswesen zeichnen sich *IAS* 36 sowie das unternehmenswertorientierte *Controlling* durch einen konzeptionell vergleichbaren Zukunfts- und Zahlungsstrombezug sowie Ähnlichkeiten bei der Risikoadjustierung aus.

Da aber gerade diese Aspekte seit jeher die Domäne des bereichs- und unternehmenswertorientierten *Controlling* ausmachen, mußte die vielfach vorzufindende Arbeitshypothese, daß die im Rahmen des Werthaltigkeitstests verwendeten Daten einer ‚Zweitverwertung' zur internen Unternehmensführung zugänglich gemacht werden könnten, zurückgewiesen werden. Vielmehr ist die Konvergenzrichtung als ‚interne Dominanz' zu beschreiben.

Was *Cash-Generating Units* oder Gruppen von *Cash-Generating Units* mit zugeordneten Geschäfts- oder Firmenwerten oder *Corporate Assets* anbelangt, ließ sich keine Diskrepanz zu den Steuerungsobjekten der internen Unternehmensführung feststellen.

Die für die zu untersuchende unternehmenswertorientierte Konvergenz in der Unternehmensrechnung zu stellende Kardinalsfrage, ob der *Value in Use* den an ein rechnungslegungsorientiertes Kalkül der Unternehmensbewertung zu stellenden Anforderungen nachkommt und gleichzeitig für Zwecke des bereichs- und unternehmenswertorientierten *Controlling* eingesetzt werden kann, mußte negativ beantwortet werden. Jede einzelne der detailliert untersuchten Normierungen kann eine deutliche Abweichung zu einem bereichsbezogenen, für unternehmensinterne Zwecke bestimmten Unternehmenswert verursachen; in ihren Wechselwirkungen ist auch keine einfache Überleitungs- oder Anpassungsrechnung mehr möglich.

Für einen *Impairment Test* bedarf es in Abhängigkeit der geplanten Erweiterungsinvestitionen und Restrukturierungsmaßnahmen einer mehr oder weniger stark ausgeprägten Schattenplanung. Vor einer unbedarften Gleichsetzung oder einer von der beraternahen Literatur empfohlenen Übernahme der Bewertungsregeln des *Impairment of Assets* in das interne Rechnungswesen mußte eindrücklich gewarnt werden. Konvergenzmöglichkeiten bezüglich der Grunddaten respektive der jeweils berechneten Unternehmenswerte eröffnen sich von daher nicht.

Gleiches gilt somit für weite Teile einer Konvergenz im Bereich der Performancemessung; der bilanziell geprägte *Value in Use* respektive der Unterschiedsbetrag zu dem anhand des Buchwerts der Bewertungseinheit bemessenen Kapitaleinsatz kann keinen Ausgangspunkt für eine unternehmenswertorientierte Performancemessung liefern.

Im Rahmen der Untersuchung eines Einbezugs von Geschäfts- oder Firmenwerten in die Performancemessung wurde die grundsätzliche Position vertreten, daß selbige hierbei stets zu berücksichtigen seien. Ausgehend von den an (unternehmens-)wertorientierte Performancemaße zu stellenden Anforderungen der Barwertidentität, Vorteilhaftigkeitsanzeige und Wertsteigerungsabbildung sollte auf eine zahlungsstrombezogene Modellierung der mit den *Goodwills* in Verbindung stehenden Zins- und Tilgungsansprüche der Kapitalgeber abgestellt werden. Bei einer konsequenten Umsetzung dieses Ansatzes, wofür sich die Performancemessung anhand des EEI anbietet, sind die Verknüpfungsmöglichkeiten mit den Regelungen und Wertansätzen von *IAS* 36 jedoch begrenzt.

Falls Performancemessung dagegen als Bestimmung streng operativ-retrospektiv ausgerichteter Wertbeitragskennzahlen wie etwa EVA, E_RIC oder CVA verstanden wird, führt eine Integration der durch den *Impairment of Assets* vorgebenden Wertansätze für Geschäfts- oder Firmenwerte zu einer Verstärkung der Buchwertorientierung dieser Performancemaße. Damit sind zusätzliche bilanzielle Verzerrungen der unternehmensinternen Steuerungsgrößen vorprogrammiert, etwa durch die diskutierten Normierungen bei der Berechnung des *Value in Use* oder die Berücksichtigung eines mehrere Jahre betreffenden *Impairment Loss* in einem einzigen Performancemessungszeitpunkt. Dies erfordert entsprechende Anpassungen, wobei sich für den letztgenannten – *in praxi* relativ häufig auftretenden – Problemaspekt verschiedene Varianten einer Periodisierung aufzeigen ließen, die imstande sind, das bei einer unbedarften Übernahme bilanzieller Wertansätze andernfalls zu befürchtende Fehlsteuerungspotential zumindest abzuschwächen.

Darüber hinaus wurde zur Erklärung der Veränderungen bilanzieller Geschäfts- oder Firmenwerte ein Analyseinstrument vorgestellt, das es erlaubt, verschiedene Ursachen von *Impairment Losses* zu separieren. Der Verwendungszweck der sog. *Goodwill*veränderungsrechnung, die eine einfache Erweiterung der Erfolgspotentialrechnung um Kapitalbasisänderungseffekte darstellt, ist im *Value Reporting* zu sehen, wo es den Bilanzadressaten zusätzliche Informationen über außerplanmäßige Abschreibung von *Goodwills* liefern kann. Daneben vermag sie Aufschlüsse bezüglich der Bemessung für die soeben angesprochenen Anpassungen geben, die bei einer Verknüpfung des *Impairment of Assets* mit EVA, E_RIC oder CVA aufgrund regulatorische Gegebenheiten notwendig sein können. Für eine Akquisitionsnachrechnung ist die *Goodwill*veränderungsrechnung – aufgrund der abweichenden Daten- und Zahlenbasis – hingegen nicht geeignet.

Abschließend kann somit festgehalten werden, daß der *Impairment of Assets* einen Schritt in Richtung einer unternehmenswertorientierten Konvergenz in der Unternehmensrechnung darstellt. Schließlich lassen sich *IAS 36* sowie das bereichs- und unternehmenswertorientierten *Controlling* durch eine Vielzahl von Parallelen kennzeichnen, die vor allem im Zahlungsstrombezug und der Zukunftsorientierung zu sehen sind.

Eine ausführliche Analyse des nach den Vorgaben der Werthaltigkeitsüberprüfung zu bestimmenden Barwertkalküls zeigt jedoch wesentliche Divergenzen zu einer bereichsbezogenen Unternehmensbewertung im Rahmen des *Controlling*. Diese Unterschiede sind letzten Endes der jeweiligen Zwecksetzung, Ermittlung eines Entscheidungswerts *versus* Bestimmung eines durch Normierungen objektivierten Barwerts, geschuldet.

Stimmten die bewertungsrelevanten Erfolgsgrößen und Kalkulationszinsfüße hingegen überein, stünde einer vollständigen Konvergenz nichts im Wege, es ließe sich ein ‚ideales' wertorientiertes Steuerungs- und Kontrollsystem für interne und externe Zwecke installieren.

De lege lata, ist Unternehmen mit der Werthaltigkeitsüberprüfung aber kein „ideales Controlling-Instrument' verordnet"[2359] worden.

[2359] Bejahend *Pellens/Sellhorn* (2002), S. 114 im Zusammenhang mit *SFAS* 141 und *SFAS* 142.

Anhang

Inhaltsverzeichnis des Anhangs

Inhaltsverzeichnis des Anhangs 435
Tabellenverzeichnis des Anhangs 436
Anhang I: Bereichsbezogene Bewertung des Konzerns K 443
Anhang II: Bewertung des Konzerns K 460
Anhang III: Segmentbezogene Bewertung des Konzerns K 463
Anhang IV: Modelltheoretische Fundierung der für die residualgewinnorientierte Unternehmensbewertung genutzten Bewertungsformeln 469
Anhang V: Integrierte Planungen des Bereichs B1 aus der ex post-Perspektive 471
Anhang VI: Performanceplanung- und kontrolle des Bereichs B1 479
Anhang VII: Bereichsbezogene Bewertung des Konzerns E 488
Anhang VIII: Bereichsbezogene Bewertung des Konzerns KE 496
Anhang IX: Bewertung des Konzerns KE 504
Anhang X: Segmentbezogene Bewertung des Konzerns KE 506

Tabellenverzeichnis des Anhangs

Tab. 221: Geplante *Value Driver* des Bereichs B2 für die Jahre 2008 bis 2012 ff. 443
Tab. 222: Geplante Bilanzen des Bereichs B2 für die Jahre 2008 bis 2010 sowie 2015 ff. 443
Tab. 223: Geplante Erfolgsrechnungen des Bereichs B2 für die Jahre 2008 bis 2010 sowie 2015 ff. ... 443
Tab. 224: Geplante Investitionen, Kreditaufnahme und -tilgung des Bereichs B2 für die Jahre 2008 bis 2015 ff. 444
Tab. 225: Bewertung des Bereichs B2 anhand des μ,σ^2-Kriteriums 444
Tab. 226: Bewertung des Bereichs B2 anhand des APV-Verfahrens 444
Tab. 227: Geplante *Value Driver* des Bereichs B3 für die Jahre 2008 bis 2012 ff. 444
Tab. 228: Geplante Bilanzen des Bereichs B3 für die Jahre 2008 bis 2010 sowie 2015 ff. 444
Tab. 229: Geplante Erfolgsrechnungen des Bereichs B3 für die Jahre 2008 bis 2010 sowie 2015 ff. ... 445
Tab. 230: Geplante Investitionen, Kreditaufnahme und -tilgung des Bereichs B3 für die Jahre 2008 bis 2015 ff. 445
Tab. 231: Bewertung des Bereichs B3 anhand des μ,σ^2-Kriteriums 445
Tab. 232: Bewertung des Bereichs B3 anhand des APV-Verfahrens 445
Tab. 233: Geplante *Value Driver* des Bereichs B4 für die Jahre 2008 bis 2012 ff. 446
Tab. 234: Geplante Bilanzen des Bereichs B4 für die Jahre 2008 bis 2010 sowie 2015 ff. 446
Tab. 235: Geplante Erfolgsrechnungen des Bereichs B4 für die Jahre 2008 bis 2010 sowie 2015 ff. ... 446
Tab. 236: Geplante Investitionen, Kreditaufnahme und -tilgung des Bereichs B4 für die Jahre 2008 bis 2015 ff. 447
Tab. 237: Bewertung des Bereichs B4 anhand des μ,σ^2-Kriteriums 447
Tab. 238: Bewertung des Bereichs B4 anhand des APV-Verfahrens 447
Tab. 239: Geplante *Value Driver* des Bereichs B5 für die Jahre 2008 bis 2012 ff. 447
Tab. 240: Geplante Bilanzen des Bereichs B5 für die Jahre 2008 bis 2010 sowie 2015 ff. 447
Tab. 241: Geplante Erfolgsrechnungen des Bereichs B5 für die Jahre 2008 bis 2010 sowie 2015 ff. ... 448
Tab. 242: Geplante Investitionen, Kreditaufnahme und -tilgung des Bereichs B5 für die Jahre 2008 bis 2015 ff. 448
Tab. 243: Bewertung des Bereichs B5 anhand des μ,σ^2-Kriteriums 448
Tab. 244: Bewertung des Bereichs B5 anhand des APV-Verfahrens 448
Tab. 245: Geplante *Value Driver* des Bereichs B6 für die Jahre 2008 bis 2012 ff. 449
Tab. 246: Geplante Bilanzen des Bereichs B6 für die Jahre 2008 bis 2010 sowie 2015 ff. 449
Tab. 247: Geplante Erfolgsrechnungen des Bereichs B6 für die Jahre 2008 bis 2010 sowie 2015 ff. 449
Tab. 248: Geplante Investitionen, Kreditaufnahme und -tilgung des Bereichs B6 für die Jahre 2008 bis 2015 ff. 450
Tab. 249: Bewertung des Bereichs B6 anhand des μ,σ^2-Kriteriums 450
Tab. 250: Bewertung des Bereichs B6 anhand des APV-Verfahrens 450
Tab. 251: Geplante *Value Driver* des Bereichs B7 für die Jahre 2008 bis 2012 ff. 450
Tab. 252: Geplante Bilanzen des Bereichs B7 für die Jahre 2008 bis 2010 sowie 2015 ff. 450
Tab. 253: Geplante Erfolgsrechnungen des Bereichs B7 für die Jahre 2008 bis 2010 sowie 2015 ff. ... 451
Tab. 254: Geplante Investitionen, Kreditaufnahme und -tilgung des Bereichs B7 für die Jahre 2008 bis 2015 ff. 451
Tab. 255: Bewertung des Bereichs B7 anhand des μ,σ^2-Kriteriums 451
Tab. 256: Bewertung des Bereichs B7 anhand des APV-Verfahrens 451
Tab. 257: Geplante *Value Driver* des Bereichs B8 für die Jahre 2008 bis 2012 ff. 452
Tab. 258: Geplante Bilanzen des Bereichs B8 für die Jahre 2008 bis 2010 sowie 2015 ff. 452
Tab. 259: Geplante Erfolgsrechnungen des Bereichs B8 für die Jahre 2008 bis 2010 sowie 2015 ff. ... 452
Tab. 260: Geplante Investitionen, Kreditaufnahme und -tilgung des Bereichs B8 für die Jahre 2008 bis 2015 ff. 453
Tab. 261: Bewertung des Bereichs B8 anhand des μ,σ^2-Kriteriums 453
Tab. 262: Bewertung des Bereichs B8 anhand des APV-Verfahrens 453

Tab. 263: Geplante *Value Driver* des Bereichs B9 für die Jahre 2008 bis 2012 ff. 453
Tab. 264: Geplante Bilanzen des Bereichs B9 für die Jahre 2008 bis 2010 sowie 2015 ff. 453
Tab. 265: Geplante Erfolgsrechnungen des Bereichs B9 für die Jahre 2008 bis 2010 sowie 2015 ff...454
Tab. 266: Geplante Investitionen, Kreditaufnahme und -tilgung des Bereichs B9 für die Jahre 2008 bis 2015 ff. 454
Tab. 267: Bewertung des Bereichs B9 anhand des μ,σ^2-Kriteriums 454
Tab. 268: Bewertung des Bereichs B9 anhand des APV-Verfahrens 454
Tab. 269: Geplante *Value Driver* des Bereichs B10 für die Jahre 2008 bis 2012 ff. 455
Tab. 270: Geplante Bilanzen des Bereichs B10 für die Jahre 2008 bis 2010 sowie 2015 ff. 455
Tab. 271: Geplante Erfolgsrechnungen des Bereichs B10 für die Jahre 2008 bis 2010 sowie 2015 ff. 455
Tab. 272: Geplante Investitionen, Kreditaufnahme und -tilgung des Bereichs B10 für die Jahre 2008 bis 2015 ff. 456
Tab. 273: Bewertung des Bereichs B10 anhand des μ,σ^2-Kriteriums 456
Tab. 274: Bewertung des Bereichs B10 anhand des APV-Verfahrens 456
Tab. 275: Geplante *Value Driver* der Finanzierungsgesellschaft für die Jahre 2008 bis 2012 ff. 456
Tab. 276: Geplante Bilanzen der Finanzierungsgesellschaft für die Jahre 2008 bis 2010 sowie 2015 ff. 456
Tab. 277: Geplante Erfolgsrechnungen der Finanzierungsgesellschaft für die Jahre 2008 bis 2010 sowie 2015 ff. 457
Tab. 278: Geplante Investitionen, Kreditaufnahme und -tilgung der Finanzierungsgesellschaft für die Jahre 2008 bis 2015 ff. 457
Tab. 279: Bewertung der Finanzierungsgesellschaft anhand des μ,σ^2-Kriteriums 457
Tab. 280: Bewertung der Finanzierungsgesellschaft anhand des APV-Verfahrens 457
Tab. 281: Geplante *Value Driver* der *Holding* für die Jahre 2008 bis 2012 ff. 458
Tab. 282: Geplante Bilanzen der *Holding* für die Jahre 2008 bis 2009 sowie 2015 ff. 458
Tab. 283: Geplante Erfolgsrechnungen der *Holding* für die Jahre 2008 bis 2010 sowie 2015 ff. 458
Tab. 284: Bewertung der *Holding* anhand des μ,σ^2-Kriteriums 459
Tab. 285: Bewertung der *Holding* anhand des APV-Verfahrens 459
Tab. 286: Geplante, konsolidierte Bilanzen des Konzerns K für die Jahre 2008 und 2009 sowie 2015 ff. 460
Tab. 287: Geplante, konsolidierte Erfolgsrechnungen des Konzerns K für die Jahre 2008 und 2009 sowie 2015 ff. 461
Tab. 288: Geplante *Netto* und *Free Cashflows* des Konzerns K für die Jahre 2008 und 2009 sowie 2015 ff. 461
Tab. 289: Bewertung des Konzerns K anhand des μ,σ^2-Kriteriums 462
Tab. 290: Bewertung des Konzerns K anhand des APV-Verfahrens 462
Tab. 291: Geplante, konsoldierte Bilanzen des Segments S1 für die Jahre 2008 und 2009 sowie 2015 ff. 463
Tab. 292: Geplante, konsolidierte Erfolgsrechnungen des Segments S1 für die Jahre 2008 und 2009 sowie 2015 ff. 463
Tab. 293: Geplante *Netto* und *Free Cashflows* des Segments S1 für die Jahre 2008 und 2009 sowie 2015 ff. 464
Tab. 294: Bewertung des Segments S1 anhand des μ,σ^2-Kriteriums 464
Tab. 295: Bewertung des Segments S1 anhand des APV-Verfahrens 464
Tab. 296: Geplante, konsolidierte Bilanzen des Segments S2 für die Jahre 2008 und 2009 sowie 2015 ff. 465
Tab. 297: Geplante, konsolidierte Erfolgsrechnungen des Segments S2 für die Jahre 2008 und 2009 sowie 2015 ff. 465
Tab. 298: Geplante *Netto* und *Free Cashflows* des Segments S2 für die Jahre 2008 und 2009 sowie 2015 ff. 466
Tab. 299: Bewertung des Segments S2 anhand des μ,σ^2-Kriteriums 466
Tab. 300: Bewertung des Segments S2 anhand des APV-Verfahrens 466

Tab. 301: Geplante, konsoldierte Bilanzen des Segments S3 für die Jahre 2008 und 2009 sowie 2015 ff. 467
Tab. 302: Geplante, konsolidierte Erfolgsrechnungen des Segments S3 für die Jahre 2008 und 2009 sowie 2015 ff. 467
Tab. 303: Geplante *Netto* und *Free Cashflows* des Segments S3 für die Jahre 2008 und 2009 sowie 2015 ff. 468
Tab. 304: Bewertung des Segments S3 anhand des μ,σ^2-Kriteriums 468
Tab. 305: Bewertung des Segments S3 anhand des APV-Verfahrens 468
Tab. 306: Revidierte und realisierte Bilanzen des Bereichs B1 für die Jahre 2008 bis 2010 sowie 2015 ff. aus der ex post-Perspektive I 471
Tab. 307: Revidierte und realisierte Erfolgsrechnungen des Bereichs B1 für die Jahre 2008 bis 2009 sowie 2015 ff. aus der ex post-Perspektive I 471
Tab. 308: Revidierte und realisierte *Free Cashflows* des Bereichs B1 für die Jahre 2008 bis 2009 sowie 2015 ff. aus der ex post-Perspektive I 472
Tab. 309: Revidierte und realisierte *Netto Cashflows* des Bereichs B1 für die Jahre 2008 bis 2009 sowie 2015 ff. aus der ex post-Perspektive I 472
Tab. 310: Revidierte und realisierte Bilanzen des Bereichs B1 für die Jahre 2008 bis 2010 sowie 2015 ff. aus der ex post-Perspektive II 472
Tab. 311: Revidierte und realisierte Erfolgsrechnungen des Bereichs B1 für die Jahre 2008 bis 2009 sowie 2015 ff. aus der ex post-Perspektive II 473
Tab. 312: Revidierte und realisierte *Free Cashflows* des Bereichs B1 für die Jahre 2008 bis 2009 sowie 2015 ff. aus der ex post-Perspektive II 473
Tab. 313: Revidierte und realisierte *Netto Cashflows* des Bereichs B1 für die Jahre 2008 bis 2009 sowie 2015 ff. aus der ex post-Perspektive II 474
Tab. 314: Revidierte und realisierte Bilanzen des Bereichs B1 für die Jahre 2008 bis 2010 sowie 2015 ff. aus der ex post-Perspektive III 474
Tab. 315: Revidierte und realisierte Erfolgsrechnungen des Bereichs B1 für die Jahre 2008 bis 2009 sowie 2015 ff. aus der ex post-Perspektive III 475
Tab. 316: Revidierte und realisierte *Free Cashflows* des Bereichs B1 für die Jahre 2008 bis 2009 sowie 2015 ff. aus der ex post-Perspektive III 475
Tab. 317: Revidierte und realisierte *Netto Cashflows* des Bereichs B1 für die Jahre 2008 bis 2009 sowie 2015 ff. aus der ex post-Perspektive III 476
Tab. 318: Revidierte und realisierte Bilanzen des Bereichs B1 für die Jahre 2008 bis 2010 sowie 2015 ff. aus der ex post-Perspektive IV 476
Tab. 319: Revidierte und realisierte Erfolgsrechnungen des Bereichs B1 für die Jahre 2008 bis 2009 sowie 2015 ff. aus der ex post-Perspektive IV 477
Tab. 320: Revidierte und realisierte *Free Cashflows* des Bereichs B1 für die Jahre 2008 bis 2009 sowie 2015 ff. aus der ex post-Perspektive IV 477
Tab. 321: Revidierte und realisierte *Netto Cashflows* des Bereichs B1 für die Jahre 2008 bis 2009 sowie 2015 ff. aus der ex post-Perspektive IV 478
Tab. 322: Performanceplanung des Bereichs B1 anhand des *Economic Value Added* II für die Jahre 2008 bis 2015 ff. (ex ante-Perspektive) 479
Tab. 323: Performancekontrolle des Bereichs B1 anhand des *Economic Value Added* II im Jahr 2008 (ex post-Perspektive I) 479
Tab. 324: Performancekontrolle des Bereichs B1 anhand des *Economic Value Added* II im Jahr 2008 (ex post-Perspektive II) 479
Tab. 325: Performancekontrolle des Bereichs B1 anhand des *Economic Value Added* II im Jahr 2008 (ex post-Perspektive III) 479
Tab. 326: Performanceplanung des Bereichs B1 anhand der Netto-*Earnings less Riskfree Interest Charge* für die Jahre 2008 bis 2015 ff. (ex ante-Perspektive) 480
Tab. 327: Performancekontrolle des Bereichs B1 anhand der Netto-*Earnings less Riskfree Interest Charge* im Jahr 2008 (ex post-Perspektive I) 480

Tab. 328: Performancekontrolle des Bereichs B1 anhand der Netto-*Earnings less Riskfree Interest Charge* im Jahr 2008 (ex post-Perspektive II)..480
Tab. 329: Performancekontrolle des Bereichs B1 anhand der Netto-*Earnings less Riskfree Interest Charge* im Jahr 2008 (ex post-Perspektive III)...480
Tab. 330: Performanceplanung des Bereichs B1 anhand der Brutto-*Earnings less Riskfree Interest Charge* II für die Jahre 2008 bis 2015 ff. (ex ante-Perspektive)...481
Tab. 331: Performancekontrolle des Bereichs B1 anhand der Brutto-*Earnings less Riskfree Interest Charge* II im Jahr 2008 (ex post-Perspektive I)...481
Tab. 332: Performancekontrolle des Bereichs B1 anhand der Brutto-*Earnings less Riskfree Interest Charge* II im Jahr 2008 (ex post-Perspektive II)..481
Tab. 333: Performancekontrolle des Bereichs B1 anhand der Brutto-*Earnings less Riskfree Interest Charge* II im Jahr 2008 (ex post-Perspektive III)...481
Tab. 334: Performanceplanung des Bereichs B1 anhand des *Cash Value Added* II für die Jahre 2008 bis 2017 ff. (ex ante-Perspektive)..482
Tab. 335: Performancekontrolle des Bereichs B1 anhand des *Cash Value Added* II im Jahr 2008 (ex post-Perspektive I)...482
Tab. 336: Performancekontrolle des Bereichs B1 anhand des *Cash Value Added* II im Jahr 2008 (ex post-Perspektive II)..482
Tab. 337: Performancekontrolle des Bereichs B1 anhand des *Cash Value Added* II im Jahr 2008 (ex post-Perspektive III)...483
Tab. 338: Performanceplanung des Bereichs B1 anhand des *Shareholder Value Added* II für die Jahre 2008 bis 2016 ff. (ex ante-Perspektive)..483
Tab. 339: Performancekontrolle des Bereichs B1 anhand des *Shareholder Value* Added II im Jahr 2008 (ex post-Perspektive I)...483
Tab. 340: Performancekontrolle des Bereichs B1 anhand des *Shareholder Value Added* II im Jahr 2008 (ex post-Perspektive II)...484
Tab. 341: Performancekontrolle des Bereichs B1 anhand des *Shareholder Value Added* II im Jahr 2008 (ex post-Perspektive III)..484
Tab. 342: Performanceplanung des Bereichs B1 anhand des Residualen ökonomischen Gewinns (Brutto II) für die Jahre 2008 bis 2015 ff. (ex ante-Perspektive)..484
Tab. 343: Performancekontrolle des Bereichs B1 anhand des Residualen ökonomischen Gewinns (Brutto II) im Jahr 2008 (ex post-Perspektive I)...484
Tab. 344: Performancekontrolle des Bereichs B1 anhand des Residualen ökonomischen Gewinns (Brutto II) im Jahr 2008 (ex post-Perspektive II)..485
Tab. 345: Performancekontrolle des Bereichs B1 anhand des Residualen ökonomischen Gewinns (Brutto II) im Jahr 2008 (ex post-Perspektive III)...485
Tab. 346: Performanceplanung des Bereichs B1 anhand des Residualen ökonomischen Gewinns (Netto) für die Jahre 2008 bis 2015 ff. (ex ante-Perspektive)...485
Tab. 347: Performancekontrolle des Bereichs B1 anhand des Residualen ökonomischen Gewinns (Netto) im Jahr 2008 (ex post-Perspektive I)...485
Tab. 348: Performancekontrolle des Bereichs B1 anhand des Residualen ökonomischen Gewinns (Netto) im Jahr 2008 (ex post-Perspektive II)...486
Tab. 349: Performancekontrolle des Bereichs B1 anhand des Residualen ökonomischen Gewinns (Netto) im Jahr 2008 (ex post-Perspektive III)..486
Tab. 350: Performanceplanung des Bereichs B1 anhand des Residualen ökonomischen Gewinns (Sicherheitsäquivalent) für die Jahre 2008 bis 2015 ff. (ex ante-Perspektive).......................486
Tab. 351: Performancekontrolle des Bereichs B1 anhand des Residualen ökonomischen Gewinns (Sicherheitsäquivalent) im Jahr 2008 (ex post-Perspektive I)...486
Tab. 352: Performancekontrolle des Bereichs B1 anhand des Residualen ökonomischen Gewinns (Sicherheitsäquivalent) im Jahr 2008 (ex post-Perspektive II)..487
Tab. 353: Performancekontrolle des Bereichs B1 anhand des Residualen ökonomischen Gewinns (Sicherheitsäquivalent) im Jahr 2008 (ex post-Perspektive III)...487

Tab. 354: Geplante *Value Driver* des Bereichs BA für die Jahre 2008 bis 2012 ff. ...488
Tab. 355: Geplante Bilanzen des Bereichs BA für die Jahre 2008 bis 2010 sowie 2015 ff. ...488
Tab. 356: Geplante Erfolgsrechnungen des Bereichs BA für die Jahre 2008 bis 2010 sowie 2015 ff. ..488
Tab. 357: Geplante Investitionen, Kreditaufnahme und -tilgung des Bereichs BA für die Jahre 2008 bis 2015 ff. ...489
Tab. 358: Bewertung des Bereichs BA anhand des μ,σ^2-Kriteriums ...489
Tab. 359: Bewertung des Bereichs BA anhand des APV-Verfahrens ...489
Tab. 360: Geplante *Value Driver* des Bereichs BB für die Jahre 2008 bis 2012 ff. ...489
Tab. 361: Geplante Bilanzen des Bereichs BB für die Jahre 2008 bis 2010 sowie 2015 ff. ...490
Tab. 362: Geplante Erfolgsrechnungen des Bereichs BB für die Jahre 2008 bis 2010 sowie 2015 ff. ..490
Tab. 363: Geplante Investitionen, Kreditaufnahme und -tilgung des Bereichs BB für die Jahre 2008 bis 2015 ff. ...490
Tab. 364: Bewertung des Bereichs BB anhand des μ,σ^2-Kriteriums ...490
Tab. 365: Bewertung des Bereichs BB anhand des APV-Verfahrens ...491
Tab. 366: Geplante *Value Driver* des Bereichs BC für die Jahre 2008 bis 2012 ff. ...491
Tab. 367: Geplante Bilanzen des Bereichs BC für die Jahre 2008 bis 2010 sowie 2015 ff. ...491
Tab. 368: Geplante Erfolgsrechnungen des Bereichs BC für die Jahre 2008 bis 2010 sowie 2015 ff. ..492
Tab. 369: Geplante Investitionen, Kreditaufnahme und -tilgung des Bereichs BC für die Jahre 2008 bis 2015 ff. ...492
Tab. 370: Bewertung des Bereichs BC anhand des μ,σ^2-Kriteriums ...492
Tab. 371: Bewertung des Bereichs BC anhand des APV-Verfahrens ...492
Tab. 372: Geplante *Value Driver* der Finanzierungsgesellschaft für die Jahre 2008 bis 2012 ff. ...493
Tab. 373: Geplante Bilanzen der Finanzierungsgesellschaft für die Jahre 2008 bis 2010 sowie 2015 ff. ...493
Tab. 374: Geplante Erfolgsrechnungen der Finanzierungsgesellschaft für die Jahre 2008 bis 2010 sowie 2015 ff. ...493
Tab. 375: Geplante Investitionen, Kreditaufnahme und -tilgung der Finanzierungsgesellschaft für die Jahre 2008 bis 2015 ff. ...494
Tab. 376: Bewertung der Finanzierungsgesellschaft anhand des μ,σ^2-Kriteriums ...494
Tab. 377: Bewertung der Finanzierungsgesellschaft anhand des APV-Verfahrens ...494
Tab. 378: Geplante *Value Driver* der *Holding* für die Jahre 2008 bis 2012 ff. ...494
Tab. 379: Geplante Bilanzen der *Holding* für die Jahre 2008 bis 2010 sowie 2015 ff. ...494
Tab. 380: Geplante Erfolgsrechnungen der *Holding* für die Jahre 2008 bis 2010 sowie 2015 ff. ...495
Tab. 381: Bewertung der *Holding* anhand des μ,σ^2-Kriteriums ...495
Tab. 382: Bewertung der *Holding* anhand des APV-Verfahrens ...495
Tab. 383: Geplante *Value Driver* des Bereichs B1A für die Jahre 2008 bis 2012 ff. (arithmetisches Mittel der Bereiche B1 und BA) ...496
Tab. 384: Geplante Bilanzen des Bereichs B1A für die Jahre 2008 bis 2010 sowie 2015 ff. ...496
Tab. 385: Geplante Erfolgsrechnungen des Bereichs B1A für die Jahre 2008 bis 2010 sowie 2015 ff. ...496
Tab. 386: Geplante Investitionen, Kreditaufnahme und -tilgung des Bereichs B1A für die Jahre 2008 bis 2015 ff. ...497
Tab. 387: Bewertung des Bereichs B1A anhand des μ,σ^2-Kriteriums ...497
Tab. 388: Bewertung des Bereichs B1A anhand des APV-Verfahrens ...497
Tab. 389: Geplante *Value Driver* des Bereichs B1A für die Jahre 2008 bis 2012 ff. (Trägheitsprojektion) ...497
Tab. 390: Geplante Bilanzen des Bereichs B1A für die Jahre 2008 bis 2010 sowie 2015 ff. (Trägheitsprojektion) ...498
Tab. 391: Geplante Erfolgsrechnungen des Bereichs B1A für die Jahre 2008 bis 2010 sowie 2015 ff. (Trägheitsprojektion) ...498
Tab. 392: Geplante Investitionen, Kreditaufnahme und -tilgung des Bereichs B1A für die Jahre 2008 bis 2015 ff. (Trägheitsprojektion) ...498

Tab. 393: Bewertung des Bereichs B1A anhand des μ,σ^2-Kriteriums (Trägheitsprojektion) 498
Tab. 394: Geplante *Value Driver* des Bereichs BC für die Jahre 2008 bis 2012 ff. 499
Tab. 395: Geplante Bilanzen des Bereichs BC für die Jahre 2008 bis 2010 sowie 2015 ff. 499
Tab. 396: Geplante Erfolgsrechnungen des Bereichs BC für die Jahre 2008 bis 2010 sowie 2015 ff. .. 499
Tab. 397: Geplante Investitionen, Kreditaufnahme und -tilgung des Bereichs BC für die Jahre 2008 bis 2015 ff. 500
Tab. 398: Bewertung des Bereichs BC anhand des μ,σ^2-Kriteriums 500
Tab. 399: Bewertung des Bereichs BC anhand des APV-Verfahrens 500
Tab. 400: Geplante *Value Driver* der Finanzierungsgesellschaft für die Jahre 2008 bis 2012 ff. 500
Tab. 401: Geplante Bilanzen der Finanzierungsgesellschaft für die Jahre 2008 bis 2009 sowie 2015 ff. 500
Tab. 402: Geplante Erfolgsrechnungen der Finanzierungsgesellschaft für die Jahre 2008 bis 2010 sowie 2015 ff. 501
Tab. 403: Geplante Investitionen, Kreditaufnahme und -tilgung der Finanzierungsgesellschaft für die Jahre 2008 bis 2015 ff. 501
Tab. 404: Bewertung der Finanzierungsgesellschaft anhand des μ,σ^2-Kriteriums 501
Tab. 405: Bewertung der Finanzierungsgesellschaft anhand des APV-Verfahrens 501
Tab. 406: Geplante *Value Driver* der *Holding* für die Jahre 2008 bis 2012 ff. 502
Tab. 407: Geplante Bilanzen der *Holding* für die Jahre 2008 bis 2009 sowie 2015 ff. 502
Tab. 408: Geplante Erfolgsrechnungen der *Holding* für die Jahre 2008 bis 2010 sowie 2015 ff. 502
Tab. 409: Bewertung der *Holding* anhand des μ,σ^2-Kriteriums 503
Tab. 410: Bewertung der *Holding* anhand des APV-Verfahrens 503
Tab. 411: Geplante, konsolidierte Bilanzen des Konzerns KE für die Jahre 2008 bis 2009 sowie 2015 ff. 504
Tab. 412: Geplante, konsolidierte Erfolgsrechnungen des Konzerns KE für die Jahre 2008 bis 2010 sowie 2015 ff. 504
Tab. 413: Geplante *Netto* und *Free Cashflows* des Konzerns KE für die Jahre 2008 bis 2009 sowie 2015 ff. 505
Tab. 414: Bewertung des Konzerns KE anhand des μ,σ^2-Kriteriums 505
Tab. 415: Bewertung des Konzerns KE anhand des APV-Verfahrens 505
Tab. 416: Geplante, konsolidierte Bilanzen des Segments S1A für die Jahre 2008 bis 2010 sowie 2015 ff. 506
Tab. 417: Geplante, konsolidierte Erfolgsrechnungen des Segments S1A für die Jahre 2008 bis 2009 sowie 2015 ff. 506
Tab. 418: Geplante *Netto* und *Free Cashflows* des Segments S1A für die Jahre 2008 bis 2010 sowie 2015 ff. 507
Tab. 419: Bewertung des Segments S1A anhand des μ,σ^2-Kriteriums 507
Tab. 420: Bewertung des Segments S1A anhand des APV-Verfahrens 507
Tab. 421: Geplante, konsolidierte Bilanzen des Segments S2A für die Jahre 2008 bis 2009 sowie 2015 ff. 508
Tab. 422: Geplante, konsolidierte Erfolgsrechnungen des Segments S2A für die Jahre 2008 bis 2009 sowie 2015 ff. 508
Tab. 423: Geplante *Netto* und *Free Cashflows* des Segments S2A für die Jahre 2008 bis 2010 sowie 2015 ff. 509
Tab. 424: Bewertung des Segments S2A anhand des μ,σ^2-Kriteriums 509
Tab. 425: Bewertung des Segments S2A anhand des APV-Verfahrens 509
Tab. 426: Geplante, konsolidierte Bilanzen des Segments S3B für die Jahre 2008 bis 2010 sowie 2015 ff. 510
Tab. 427: Geplante, konsolidierte Erfolgsrechnungen des Segments S3B für die Jahre 2008 bis 2010 sowie 2015 ff. 510

Tab. 428: Geplante *Netto* und *Free Cashflows* des Segments S3B für die Jahre 2008 bis 2009 sowie 2015 ff. 511
Tab. 429: Bewertung des Segments S3B anhand des μ,σ^2-Kriteriums... 511
Tab. 430: Bewertung des Segments S3B anhand des APV-Verfahrens............511

Anhang I: Bereichsbezogene Bewertung des Konzerns K

Bereich B2

Jahr	2008			2009			2010			2011			2012 ff.		
Szenario	I	II	III	I	II	III	I	II	III	I	II	III	I	II	III
Eintrittswahrscheinlichkeit	0,35	0,40	0,25	0,35	0,40	0,25	0,35	0,40	0,25	0,35	0,40	0,25	0,35	0,40	0,25
Umsatzwachstum (in % zum Vorjahr)	1,00%	3,00%	5,00%	5,00%	7,00%	8,00%	6,00%	7,00%	8,00%	2,00%	3,00%	4,00%	0,00%	0,00%	0,00%
Materialeinsatz (in % der Gesamtleistung)	38,50%	38,00%	37,50%	39,00%	38,50%	38,00%	40,50%	39,00%	39,50%	41,00%	39,00%	38,50%	42,00%	41,00%	40,50%
Personalaufwand (in % der Gesamtleistung)	11,50%	11,00%	10,50%	10,00%	12,50%	13,00%	14,00%	13,00%	12,50%	11,00%	11,50%	11,50%	12,50%	15,00%	15,50%
Sonstiger Aufwand (in % der Gesamtleistung)	5,50%	5,00%	4,00%	8,00%	7,50%	6,50%	9,00%	6,50%	6,00%	11,00%	10,00%	9,50%	10,50%	8,00%	5,50%
Innenumsatzquote (in % des Umsatzes)	0,00%	0,00%	0,00%	0,00%	0,00%	0,00%	0,00%	0,00%	0,00%	0,00%	0,00%	0,00%	0,00%	0,00%	0,00%
Bestand an Vorräten (in % des Umsatzes)	20,00%	19,00%	19,50%	21,00%	21,00%	21,00%	22,50%	22,50%	22,00%	22,50%	23,50%	23,50%	22,50%	23,00%	24,00%
Bestand an FE (in % des Umsatzes)	24,00%	26,00%	24,00%	25,50%	25,50%	23,00%	26,50%	27,00%	26,00%	24,50%	25,00%	25,00%	25,50%	26,00%	26,50%
Forderungen aus LuL (in % des Umsatzes)	10,50%	9,50%	10,50%	11,00%	10,50%	10,50%	9,00%	10,00%	12,50%	8,50%	9,50%	10,00%	7,00%	8,00%	8,50%
Verb. aus LuL (in % des Umsatzes)	5,00%	5,00%	5,50%	4,50%	5,50%	6,00%	4,50%	5,00%	8,00%	6,50%	7,50%	8,50%	6,00%	7,00%	8,00%

Tab. 221: Geplante *Value Driver* des Bereichs B2 für die Jahre 2008 bis 2012 ff.

Jahr	2007	2008			2009			2010			...	2015 ff.		
Szenario		I	II	III	I	II	III	I	II	III		I	II	III
Eintrittswahrscheinlichkeit		0,35	0,40	0,25	0,35	0,40	0,25	0,35	0,40	0,25		0,35	0,40	0,25
Sachanlagen	14.166,67	14.333,33	14.333,33	14.333,33	13.833,33	13.833,33	13.833,33	13.666,67	13.666,67	13.666,67	...	14.400,00	14.400,00	14.400,00
Vorräte	7.000,00	7.070,00	6.849,50	7.166,25	7.794,68	8.100,44	8.334,90	8.852,52	9.286,57	9.430,34		9.029,57	9.777,73	10.476,25
FE	9.000,00	8.484,00	9.373,00	8.820,00	9.464,96	9.836,24	9.128,70	10.426,31	11.143,88	11.144,95		10.233,52	11.053,08	11.813,65
Forderungen aus LuL	3.400,00	3.711,75	3.424,75	3.675,00	4.082,93	4.050,22	4.167,45	3.541,01	4.127,36	5.358,15		2.809,20	3.400,95	3.789,28
Summe Aktiva	**33.566,67**	**33.599,08**	**33.980,58**	**33.994,58**	**35.175,90**	**35.820,23**	**35.464,38**	**36.486,51**	**38.224,49**	**39.600,11**		**36.472,29**	**38.631,76**	**40.479,19**
Eigenkapital	23.761,97	23.710,33	24.056,83	23.852,08	25.641,53	25.834,61	25.218,91	26.969,27	28.414,27	28.424,17		25.899,15	27.490,67	28.747,54
Verb. ggü. vU	8.004,70	8.121,25	8.121,25	8.121,25	7.864,07	7.864,07	7.864,07	7.746,23	7.746,73	7.746,23		8.165,26	8.165,26	8.165,26
Verb. aus LuL	1.800,00	1.767,50	1.802,50	2.021,25	1.670,29	2.121,54	2.381,40	1.770,50	2.063,68	3.429,22		2.407,89	2.975,83	3.566,38
Summe Passiva	**33.566,67**	**33.599,08**	**33.980,58**	**33.994,58**	**35.175,90**	**35.820,23**	**35.464,38**	**36.486,51**	**38.224,49**	**39.600,11**		**36.472,29**	**38.631,76**	**40.479,19**

Tab. 222: Geplante Bilanzen des Bereichs B2 für die Jahre 2008 bis 2010 sowie 2015 ff.

Jahr	2007	2008			2009			2010			...	2015 ff.		
Szenario		I	II	III	I	II	III	I	II	III		I	II	III
Wahrscheinlichkeit		0,35	0,40	0,25	0,35	0,40	0,25	0,35	0,40	0,25		0,35	0,40	0,25
Gesamtumsätze	35.000,00	35.350,00	36.050,00	36.750,00	37.117,50	38.573,50	39.690,00	39.344,55	41.273,65	42.865,20	...	40.131,44	42.511,85	44.579,81
Innenumsätze		0,00	0,00	0,00	0,00	0,00	0,00	0,00	0,00	0,00		0,00	0,00	0,00
Δ FE		-516,00	373,00	-180,00	980,96	463,24	308,70	961,34	1.307,64	2.016,25		0,00	0,00	0,00
Gesamtleistung		34.834,00	36.423,00	36.570,00	38.098,46	39.036,74	39.998,70	40.305,89	42.581,29	44.881,45		40.131,44	42.511,85	44.579,81
Materialeinsatz		-13.411,09	-13.840,74	-13.713,75	-14.858,40	-15.029,15	-15.199,51	-16.323,89	-16.606,70	-17.728,17		-16.855,21	-17.429,86	-18.054,82
Rohertrag		21.422,91	22.582,26	22.856,25	23.240,06	24.007,60	24.799,19	23.982,01	25.974,58	27.153,28		23.276,24	25.081,99	26.524,99
Personalaufw.		-4.005,91	-4.006,53	-3.839,85	-3.809,85	-4.879,59	-5.199,83	-5.642,83	-5.535,57	-5.610,18		-5.016,43	-6.376,78	-6.909,87
Sonstiger Aufw.		-1.915,87	-1.821,15	-1.462,80	-3.047,88	-2.927,76	-2.599,92	-3.627,53	-2.767,78	-2.692,89		-4.213,80	-3.400,95	-2.451,89
EBITDA		**15.501,13**	**16.754,58**	**17.553,60**	**16.382,34**	**16.200,25**	**16.999,45**	**14.711,65**	**17.671,23**	**18.850,21**		**14.046,00**	**15.304,27**	**17.163,23**
Abschreibungen		-6.833,33	-6.833,33	-6.833,33	-7.000,00	-7.000,00	-7.000,00	-7.166,67	-7.166,67	-7.166,67		-7.200,00	-7.200,00	-7.200,00
EBIT		**8.667,80**	**9.921,25**	**10.720,27**	**9.382,34**	**9.200,25**	**9.999,45**	**7.544,98**	**10.504,57**	**11.683,54**		**6.846,00**	**8.104,27**	**9.963,23**
Zinsen		-780,46	-780,46	-780,46	-791,82	-791,82	-791,82	-766,75	-766,75	-766,75		-796,11	-796,11	-796,11
Gewerbesteuer		1.655,51	1.906,20	2.066,01	1.797,29	1.760,87	1.920,71	1.432,52	2.024,24	2.260,03		1.289,59	1.541,24	1.913,03
Körperschaftsteuer		1.557,96	1.808,65	1.968,45	1.698,31	1.661,89	1.821,73	1.336,48	1.928,40	2.164,19		1.190,08	1.441,73	1.813,52
Jahresüberschuß		**4.673,87**	**5.425,94**	**5.905,35**	**5.094,92**	**4.985,67**	**5.465,19**	**4.009,44**	**5.785,19**	**6.492,57**		**3.570,23**	**4.325,18**	**5.440,56**
Thesaurierung		-51,64	294,86	90,11	1.931,20	1.777,78	1.366,83	1.327,74	2.579,46	3.205,26		0,00	0,00	0,00
Ausschüttung		**4.725,51**	**5.131,08**	**5.815,24**	**3.163,72**	**3.207,89**	**4.098,36**	**2.681,70**	**3.205,72**	**3.287,31**		**3.570,23**	**4.325,18**	**5.440,56**

Tab. 223: Geplante Erfolgsrechnungen des Bereichs B2 für die Jahre 2008 bis 2010 sowie 2015 ff.

Jahr	2005	2006	2007	2008	2009	2010	2011	2012	2013	2014	2015 ff.
Investitionen in Sachanlagen	6.500,00	6.000,00	8.000,00	7.000,00	6.500,00	7.000,00	7.500,00	7.200,00	7.200,00	7.200,00	7.200,00
Kreditaufnahme (konzernintern)	3.575,00	3.300,00	4.400,00	3.850,00	3.850,00	3.850,00	4.125,00	3.960,00	3.960,00	3.960,00	3.960,00
Kredittilgung (konzernintern)			1.082,68	2.187,63	3.733,45	3.832,18	3.967,35	3.758,60	3.832,97	3.974,72	4.020,19	3.960,00

Tab. 224: Geplante Investitionen, Kreditaufnahme und -tilgung des Bereichs B2 für die Jahre 2008 bis 2015 ff.

Jahr	2007	2008	2009	2010	2011	2012	2013	2014	2015 ff.
$\mu (NCF_t^{HEV})$		4.257,14	2.817,42	2.510,24	4.624,41	3.851,64	3.621,09	3.560,41	3.580,33
$\sigma^2 (NCF_t^{HEV})$		118.254,23	106.179,54	48.462,05	77.987,86	340.395,86	437.154,67	347.315,12	347.315,12
$SÄ (NCF_t^{HEV})$		4.186,19	2.753,71	2.481,16	4.577,61	3.647,40	3.358,80	3.352,02	3.371,94
EK_t	74.747,28	73.962,10	74.573,67	75.485,61	74.342,59	74.077,78	74.089,52	74.108,57	

Tab. 225: Bewertung des Bereichs B2 anhand des μ,σ^2-Kriteriums

Jahr	2007	2008	2009	2010	2011	2012	2013	2014	2015 ff.
$\mu (FCF_t^{HEV})$		4.595,60	3.470,53	3.034,03	4.742,73	4.187,34	4.080,64	4.056,66	4.023,66
$UW_t^{UV,S}$	67.241,71	66.668,00	67.185,05	68.169,53	67.504,18	67.354,43	67.302,43	67.271,30	
TS_t^{FK}		72,68	73,74	71,40	70,34	73,66	74,82	74,68	74,14
WB_t^{FK}	1.622,62	1.623,76	1.623,91	1.626,39	1.630,05	1.630,56	1.629,93	1.629,41	
TS_t^{IAS}		-20,40	45,01	20,54	-64,12	-22,23	2,58	10,53	0,00
WB_t^{IAS}	-22,14	-2,75	-47,88	-70,60	-9,69	12,10	50,00		
UW_t	68.842,18	68.289,01	68.761,07	69.725,32	69.124,54	68.997,09	68.942,44	68.900,70	
EK_t	60.837,48	60.167,76	60.897,00	61.978,59	61.011,41	60.756,93	60.716,99	60.735,45	

Tab. 226: Bewertung des Bereichs B2 anhand des APV-Verfahrens

Bereich B3

Jahr	2008			2009			2010			2011			2012 ff.		
Szenario	I	II	III	I	II	III	I	II	III	I	II	III	I	II	III
Eintrittswahrscheinlichkeit	0,35	0,40	0,25	0,35	0,40	0,25	0,35	0,40	0,25	0,35	0,40	0,25	0,35	0,40	0,25
Umsatzwachstum (in % zum Vorjahr)	-1,00%	0,00%	2,00%	1,00%	2,00%	3,00%	2,00%	3,00%	4,00%	1,50%	2,00%	2,50%	0,00%	0,00%	0,00%
Materialeinsatz (in % der Gesamtleistung)	0,00%	0,00%	0,00%	0,00%	0,00%	0,00%	0,00%	0,00%	0,00%	0,00%	0,00%	0,00%	0,00%	0,00%	0,00%
Personalaufwand (in % der Gesamtleistung)	29,50%	29,50%	28,50%	30,00%	29,50%	29,00%	31,00%	30,00%	29,50%	32,00%	30,00%	29,00%	29,00%	28,00%	26,00%
Sonstiger Aufwand (in % der Gesamtleistung)	16,50%	16,50%	15,50%	17,00%	17,50%	18,00%	18,50%	18,00%	17,50%	19,00%	18,50%	18,50%	17,00%	16,00%	14,00%
Innenumsatzquote (in % des Umsatzes)	20,00%	20,00%	20,00%	20,00%	20,00%	20,00%	20,00%	20,00%	20,00%	20,00%	20,00%	20,00%	20,00%	20,00%	20,00%
Bestand an Vorräten (in % des Umsatzes)	23,00%	22,00%	22,50%	22,50%	22,50%	23,50%	23,50%	23,00%	23,00%	24,00%	25,00%	25,00%	25,00%	26,00%	27,00%
Bestand an FE (in % des Umsatzes)	22,50%	22,00%	21,50%	22,00%	21,50%	21,00%	23,00%	23,50%	24,00%	21,50%	23,00%	24,00%	23,50%	24,00%	25,00%
Forderungen aus LuL (in % des Umsatzes)	10,00%	9,00%	11,00%	12,50%	12,00%	11,00%	10,00%	11,00%	11,50%	10,00%	11,00%	11,50%	8,50%	9,00%	9,50%
Verb. aus LuL (in % des Umsatzes)	6,00%	6,00%	6,50%	6,00%	7,00%	4,50%	5,50%	6,00%	7,00%	6,50%	7,50%	8,00%	5,50%	6,00%	6,50%

Tab. 227: Geplante *Value Driver* des Bereichs B3 für die Jahre 2008 bis 2012 ff.

Jahr	2007	2008			2009			2010			...	2015 ff.		
Szenario		I	II	III	I	II	III	I	II	III		I	II	III
Eintrittswahrscheinlichkeit		0,35	0,40	0,25	0,35	0,40	0,25	0,35	0,40	0,25		0,35	0,40	0,25
Sachanlagen	13.000,00	13.166,67	13.166,67	13.166,67	12.666,67	12.666,67	12.666,67	12.966,67	12.966,67	12.966,67	...	13.000,00	13.000,00	13.000,00
Vorräte	5.500,00	5.692,50	5.500,00	5.737,50	5.624,44	5.737,50	6.172,28	5.991,90	6.040,95	6.282,59	...	6.469,98	6.965,48	7.559,59
FE	5.500,00	5.568,75	5.500,00	5.482,50	5.499,45	5.482,50	5.515,65	5.864,41	6.172,28	6.555,74	...	6.081,78	6.429,67	6.999,62
Forderungen aus LuL	2.250,00	2.475,00	2.250,00	2.805,00	3.124,69	3.060,00	2.889,15	2.549,75	2.885,15	3.141,29	...	2.199,79	2.411,13	2.659,86
Summe Aktiva	**26.250,00**	**26.902,92**	**26.416,67**	**27.191,67**	**26.915,24**	**26.946,67**	**27.243,74**	**27.372,73**	**28.069,04**	**28.946,29**	...	**27.751,55**	**28.806,28**	**30.219,07**
Eigenkapital	15.389,88	15.919,79	15.418,54	16.036,04	16.255,92	16.002,19	16.902,34	16.622,57	17.145,35	17.686,41	...	16.946,36	17.817,06	19.017,37
Verb. ggü. vU	9.360,12	9.498,13	9.498,13	9.498,13	9.159,47	9.159,47	9.159,47	9.347,80	9.347,80	9.347,80	...	9.381,80	9.381,80	9.381,80
Verb. aus LuL	1.500,00	1.485,00	1.500,00	1.657,50	1.499,85	1.785,00	1.181,93	1.402,36	1.575,90	1.912,09	...	1.423,40	1.607,42	1.819,90
Summe Passiva	**26.250,00**	**26.902,92**	**26.416,67**	**27.191,67**	**26.915,24**	**26.946,67**	**27.243,74**	**27.372,73**	**28.069,04**	**28.946,29**	...	**27.751,55**	**28.806,28**	**30.219,07**

Tab. 228: Geplante Bilanzen des Bereichs B3 für die Jahre 2008 bis 2010 sowie 2015 ff.

Anhang   445

Jahr	2007	2008			2009			2010			...	2015 ff.		
Szenario		I	II	III	I	II	III	I	II	III		I	II	III
Wahrscheinlichkeit		0,35	0,40	0,25	0,35	0,40	0,25	0,35	0,40	0,25		0,35	0,40	0,25
Gesamtumsätze	25.000,00	24.750,00	25.000,00	25.500,00	24.997,50	25.500,00	26.265,00	25.497,45	26.265,00	27.315,60	...	25.879,91	26.790,30	27.998,49
Innenumsätze		4.950,00	5.000,00	5.100,00	4.999,50	5.100,00	5.253,00	5.099,49	5.253,00	5.463,12	...	5.175,98	5.358,06	5.599,70
Δ FE		68,75	0,00	-17,50	-69,30	-17,50	33,15	364,96	689,78	1.040,09	...	0,00	0,00	0,00
Gesamtleistung		24.818,75	25.000,00	25.482,50	24.928,20	25.482,50	26.298,15	25.862,41	26.954,78	28.355,69	...	25.879,91	26.790,30	27.998,49
Materialeinsatz		-7.321,53	-7.375,00	-7.262,51	-7.478,46	-7.517,34	-7.626,46	-8.017,35	-8.086,43	-8.364,93	...	-7.505,17	-7.501,28	-7.279,61
Rohertrag		17.497,22	17.625,00	18.219,99	17.449,74	17.965,16	18.671,69	17.845,07	18.868,34	19.990,76	...	18.374,74	19.289,02	20.718,88
Personalaufw.		-4.095,09	-4.125,00	-3.949,79	-4.237,79	-4.459,44	-4.733,67	-4.784,55	-4.851,86	-4.962,25	...	-4.399,58	-4.286,45	-3.919,79
Sonstiger Aufw.		-1.489,13	-1.500,00	-1.146,71	-1.620,33	-1.528,95	-1.314,91	-1.939,68	-1.482,51	-1.276,01	...	-2.329,19	-1.741,37	-1.679,91
EBITDA		**11.913,00**	**12.000,00**	**13.123,49**	**11.591,61**	**11.976,78**	**12.623,11**	**11.120,84**	**12.533,97**	**13.752,51**	...	**11.645,96**	**13.261,20**	**15.119,18**
Abschreibungen		-6.333,33	-6.333,33	-6.333,33	-6.500,00	-6.500,00	-6.500,00	-6.500,00	-6.500,00	-6.500,00		-6.500,00	-6.500,00	-6.500,00
EBIT		**5.579,67**	**5.666,67**	**6.790,15**	**5.091,61**	**5.476,78**	**6.123,11**	**4.620,84**	**6.033,97**	**7.252,51**	...	**5.145,96**	**6.761,20**	**8.619,18**
Zinsen		-912,61	-912,61	-912,61	-926,07	-926,07	-926,07	-893,05	-893,05	-893,05	...	-914,73	-914,73	-914,73
Gewerbesteuer		1.024,67	1.042,07	1.266,77	925,72	1.002,75	1.132,02	834,86	1.117,49	1.361,20	...	937,72	1.260,77	1.632,36
Körperschaftsteuer		910,60	928,00	1.152,69	809,96	886,99	1.016,54	723,24	1.005,86	1.249,57	...	823,38	1.146,43	1.518,02
Jahresüberschuß		**2.731,79**	**2.783,99**	**3.458,08**	**2.429,87**	**2.660,97**	**3.048,77**	**2.169,69**	**3.017,57**	**3.748,70**	...	**2.470,14**	**3.439,28**	**4.554,07**
Thesaurierung		529,91	28,66	646,16	336,13	583,66	866,31	366,65	1.143,15	784,06	...	0,00	0,00	0,00
Ausschüttung		**2.201,88**	**2.755,33**	**2.811,92**	**2.093,74**	**2.077,31**	**2.182,46**	**1.803,04**	**1.874,42**	**2.964,64**	...	**2.470,14**	**3.439,28**	**4.554,07**

Tab. 229:   Geplante Erfolgsrechnungen des Bereichs B3 für die Jahre 2008 bis 2010 sowie 2015 ff.

Jahr	2005	2006	2007	2008	2009	2010	2011	2012	2013	2014	2015 ff.
Investitionen in Sachanlagen	6.000,00	6.000,00	7.000,00	6.500,00	6.500,00	6.800,00	6.700,00	6.500,00	6.500,00	6.500,00	6.500,00
Kreditaufnahme (konzernintern)	4.200,00	4.900,00	4.900,00	4.550,00	4.200,00	4.760,00	4.690,00	3.960,00	3.960,00	3.960,00	3.960,00
Kredittilgung (konzernintern)		1.271,95	2.667,92	4.411,99	4.538,66	4.571,68	4.497,27	3.832,97	3.974,72	4.020,19	3.960,00

Tab. 230:   Geplante Investitionen, Kreditaufnahme und -tilgung des Bereichs B3 für die Jahre 2008 bis 2015 ff.

Jahr	2007	2008	2009	2010	2011	2012	2013	2014	2015 ff.
μ (NCF$_t^{HEV}$)		2.125,01	1.740,21	1.750,64	1.701,57	2.413,16	2.731,45	2.764,59	2.787,49
σ^2 (NCF$_t^{HEV}$)		51.568,59	1.247,10	161.739,84	59.688,52	407.496,37	432.716,13	432.716,13	432.716,13
SÄ (NCF$_t^{HEV}$)		2.094,07	1.739,46	1.653,60	1.665,76	2.168,66	2.471,82	2.504,96	2.527,86
EK$_t$	52.587,42	52.886,08	53.552,93	54.335,99	55.142,52	55.482,84	55.535,49	55.557,40	

Tab. 231:   Bewertung des Bereichs B3 anhand des μ,σ^2-Kriteriums

Jahr	2007	2008	2009	2010	2011	2012	2013	2014	2015 ff.
μ (FCF$_t^{HEV}$)		2.519,36	2.535,31	2.092,59	2.050,11	2.918,40	3.351,88	3.318,88	3.296,88
UW$_t^{UV,S}$	51.479,02	52.038,75	52.616,01	53.670,51	54.830,56	55.191,72	55.140,99	55.120,23	
TS$_t^{FK}$		84,99	86,24	83,17	84,88	86,63	86,77	85,65	85,18
WB$_t^{FK}$	1.873,63	1.873,89	1.872,91	1.874,97	1.875,40	1.874,71	1.872,62	1.872,17	
TS$_t^{\Delta AS}$		-24,15	59,27	-32,96	-33,73	-2,71	21,55	8,94	0,00
WB$_t^{\Delta AS}$	-5,07	18,85	-39,56	-8,40	24,94	28,79	8,55	0,00	
UW$_t$	53.347,58	53.931,49	54.449,36	55.537,07	56.730,91	57.094,61	57.022,16	56.992,41	
EK$_t$	43.987,46	44.433,36	45.289,89	46.189,28	47.190,38	47.538,61	47.589,29	47.610,61	

Tab. 232:   Bewertung des Bereichs B3 anhand des APV-Verfahrens

Bereich B4

Jahr	2008			2009			2010			2011			2012 ff.		
Szenario	I	II	III	I	II	III	I	II	III	I	II	III	I	II	III
Eintrittswahrscheinlichkeit	0,35	0,40	0,25	0,35	0,40	0,25	0,35	0,40	0,25	0,35	0,40	0,25	0,35	0,40	0,25
Umsatzwachstum (in % zum Vorjahr)	4,00%	3,00%	1,00%	7,00%	5,00%	2,00%	9,00%	8,00%	7,00%	4,00%	3,50%	3,00%	0,00%	0,00%	0,00%
Materialeinsatz (in % der Gesamtleistung)	0,00%	0,00%	0,00%	0,00%	0,00%	0,00%	0,00%	0,00%	0,00%	0,00%	0,00%	0,00%	0,00%	0,00%	0,00%
Personalaufwand (in % der Gesamtleistung)	27,00%	28,50%	29,50%	28,00%	29,50%	32,00%	26,50%	29,50%	31,00%	27,00%	28,00%	30,00%	27,00%	29,00%	30,50%
Sonstiger Aufwand (in % der Gesamtleistung)	7,50%	8,00%	8,00%	6,00%	6,50%	7,00%	10,00%	9,25%	8,50%	8,00%	10,50%	13,00%	7,00%	10,00%	12,00%
Innenumsatzquote (in % des Umsatzes)	60,00%	60,00%	60,00%	60,00%	60,00%	60,00%	60,00%	60,00%	60,00%	60,00%	60,00%	60,00%	60,00%	60,00%	60,00%
Bestand an Vorräten (in % des Umsatzes)	20,00%	20,50%	21,00%	20,00%	20,00%	20,00%	20,50%	20,50%	21,50%	22,00%	23,00%	23,00%	24,00%	25,00%	24,50%
Bestand an FE (in % des Umsatzes)	23,00%	23,50%	24,00%	24,00%	24,00%	25,00%	25,00%	25,00%	25,00%	25,00%	25,00%	25,50%	26,50%	27,50%	28,00%
Forderungen aus LuL (in % des Umsatzes)	10,50%	10,00%	9,50%	10,00%	11,00%	11,00%	11,50%	11,00%	11,00%	9,00%	9,00%	10,50%	8,00%	9,00%	9,50%
Verb. aus LuL (in % des Umsatzes)	5,50%	5,00%	5,00%	5,50%	5,50%	5,50%	7,00%	6,00%	5,50%	6,00%	7,00%	8,00%	5,00%	6,00%	7,00%

Tab. 233: Geplante *Value Driver* des Bereichs B4 für die Jahre 2008 bis 2012 ff.

Jahr	2007	2008			2009			2010			...	2015 ff.		
Szenario		I	II	III	I	II	III	I	II	III		I	II	III
Eintrittswahrscheinlichkeit		0,35	0,40	0,25	0,35	0,40	0,25	0,35	0,40	0,25		0,35	0,40	0,25
Sachanlagen	12.833,33	12.666,67	12.666,67	12.666,67	11.166,67	11.166,67	11.166,67	10.733,33	10.733,33	10.733,33		12.000,00	12.000,00	12.000,00
Vorräte	3.500,00	3.640,00	3.695,13	3.711,75	3.894,80	3.785,25	3.605,70	4.351,47	4.190,27	4.147,46		5.298,17	5.288,94	4.867,96
FE	4.200,00	4.186,00	4.235,88	4.242,00	4.673,76	4.542,30	4.507,13	5.306,67	5.110,09	4.726,17		5.850,07	5.288,94	5.563,38
Forderungen aus LuL	1.800,00	1.911,00	1.802,50	1.679,13	1.947,40	2.081,89	1.983,14	2.441,07	2.248,44	2.121,95		1.766,06	1.904,02	1.887,57
Summe Aktiva	22.333,33	22.403,67	22.400,17	22.299,54	21.682,63	21.576,10	21.262,63	22.832,53	22.282,13	21.728,92		24.914,30	24.481,90	24.318,91
Eigenkapital	16.051,74	16.168,68	16.264,93	16.181,81	15.989,96	15.913,56	15.649,46	16.916,88	16.625,93	16.238,16		18.861,87	18.263,91	17.979,42
Verb. ggü. vU	5.281,59	5.233,98	5.233,98	5.233,98	4.621,60	4.621,60	4.621,60	4.429,78	4.429,78	4.429,78		4.948,64	4.948,64	4.948,64
Verb. aus LuL	1.000,00	1.001,00	901,25	883,75	1.071,07	1.040,94	991,57	1.485,87	1.226,42	1.060,98		1.103,79	1.269,35	1.390,84
Summe Passiva	22.333,33	22.403,67	22.400,17	22.299,54	21.682,63	21.576,10	21.262,63	22.832,53	22.282,13	21.728,92		24.914,30	24.481,90	24.318,91

Tab. 234: Geplante Bilanzen des Bereichs B4 für die Jahre 2008 bis 2010 sowie 2015 ff.

Jahr	2007	2008			2009			2010			...	2015 ff.		
Szenario		I	II	III	I	II	III	I	II	III		I	II	III
Wahrscheinlichkeit		0,35	0,40	0,25	0,35	0,40	0,25	0,35	0,40	0,25		0,35	0,40	0,25
Gesamtumsätze	17.500,00	18.200,00	18.025,00	17.675,00	19.474,00	18.926,25	18.028,50	21.226,66	20.440,35	19.290,50		22.075,73	21.155,76	19.869,21
Innenumsätze		10.920,00	10.815,00	10.605,00	11.684,40	11.355,75	10.817,10	12.736,00	12.264,21	11.574,30		13.245,44	12.693,46	11.921,53
Δ FE		-14,00	35,88	42,00	487,76	306,43	265,13	632,91	567,79	219,05		0,00	0,00	0,00
Gesamtleistung		18.186,00	18.060,88	17.717,00	19.961,76	19.232,68	18.293,63	21.859,57	21.008,14	19.509,54		22.075,73	21.155,76	19.869,21
Materialeinsatz		-4.910,22	-5.147,35	-5.226,52	-5.589,29	-5.673,64	-5.853,96	-5.792,78	-6.197,40	-6.047,96		-5.960,45	-6.135,17	-6.060,11
Rohertrag		13.275,78	12.913,53	12.490,49	14.372,47	13.559,04	12.439,67	16.066,78	14.810,74	13.461,58		16.115,28	15.020,59	13.809,10
Personalaufw.		-1.363,95	-1.444,87	-1.417,36	-1.197,71	-1.250,12	-1.280,55	-2.185,96	-1.943,25	-1.658,31		-1.545,30	-2.115,58	-2.384,31
Sonstiger Aufw.		-909,30	-903,04	-885,85	-998,09	-865,47	-1.006,15	-874,38	-735,28	-780,38		-1.766,06	-1.904,02	-1.986,92
EBITDA		11.002,53	10.565,61	10.187,28	12.176,67	11.443,44	10.152,96	13.006,44	12.132,20	11.022,89		12.803,92	11.001,00	9.437,87
Abschreibungen		-6.166,67	-6.166,67	-6.166,67	-6.500,00	-6.500,00	-6.500,00	-5.833,33	-5.833,33	-5.833,33		-6.000,00	-6.000,00	-6.000,00
EBIT		4.835,86	4.398,95	4.020,61	5.676,67	4.943,44	3.652,96	7.173,11	6.298,87	5.189,56		6.803,92	5.001,00	3.437,87
Zinsen		-514,96	-514,96	-514,96	-510,31	-510,31	-510,31	-450,61	-450,61	-450,61		-482,49	-482,49	-482,49
Gewerbesteuer		915,68	828,29	752,63	1.084,30	937,66	679,56	1.389,56	1.214,71	992,85		1.312,54	951,95	639,33
Körperschaftsteuer		851,37	763,92	688,26	1.020,51	873,87	615,77	1.333,24	1.158,39	936,53		1.252,22	891,64	579,01
Jahresüberschuß		2.553,92	2.291,77	2.064,77	3.061,54	2.621,60	1.847,32	3.999,71	3.475,16	2.809,58		3.756,67	2.674,92	1.737,04
Thesaurierung		116,94	213,19	130,06	-178,72	-351,37	-532,35	926,92	712,37	588,70		0,00	0,00	0,00
Ausschüttung		2.436,98	2.078,58	1.934,71	3.240,27	2.972,97	2.379,66	3.072,78	2.762,79	2.220,88		3.756,67	2.674,92	1.737,04

Tab. 235: Geplante Erfolgsrechnungen des Bereichs B4 für die Jahre 2008 bis 2010 sowie 2015 ff.

Anhang 447

Jahr	2005	2006	2007	2008	2009	2010	2011	2012	2013	2014	2015 ff.
Investitionen in Sachanlagen	5.000,00	7.000,00	6.500,00	6.000,00	5.000,00	5.400,00	5.400,00	6.000,00	6.000,00	6.000,00	6.000,00
Kreditaufnahme (konzernintern)	2.000,00	2.800,00	2.600,00	2.400,00	2.000,00	2.160,00	2.160,00	2.400,00	2.400,00	2.400,00	2.400,00
Kredittilgung (konzernintern)			605,69	1.512,72	2.447,61	2.612,39	2.351,82	2.194,37	2.101,64	2.232,68	2.312,45	2.400,00

Tab. 236: Geplante Investitionen, Kreditaufnahme und -tilgung des Bereichs B4 für die Jahre 2008 bis 2015 ff.

Jahr	2007	2008	2009	2010	2011	2012	2013	2014	2015 ff.
μ (NCF$_t^{HEV}$)		1.788,64	2.407,51	2.257,04	2.582,31	1.825,92	2.345,60	2.336,71	2.325,73
σ^2 (NCF$_t^{HEV}$)		28.673,38	74.875,73	72.365,54	216.398,34	411.027,17	414.290,46	414.290,46	414.290,46
SÄ (NCF$_t^{HEV}$)		1.771,44	2.362,59	2.213,62	2.452,47	1.579,30	2.097,03	2.088,13	2.077,15
EK$_t$	45.678,66	45.985,60	45.715,36	45.581,79	45.203,29	45.680,73	45.662,18	45.651,68	

Tab. 237: Bewertung des Bereichs B4 anhand des μ,σ^2-Kriteriums

Jahr	2007	2008	2009	2010	2011	2012	2013	2014	2015 ff.
μ (FCF$_t^{HEV}$)		2.114,69	3.196,91	2.666,22	2.851,18	1.818,42	2.462,41	2.528,41	2.594,41
UW$_t^{UV,S}$	43.005,90	43.463,51	42.866,26	42.763,97	42.470,61	43.192,47	43.313,50	43.375,78	
TS$_t^{FK}$		47,96	47,52	41,96	40,22	39,91	42,62	44,14	44,93
WB$_t^{FK}$	979,86	976,49	973,40	975,73	979,90	984,58	986,76	987,52	
TS$_t^{JAS}$		8,33	107,17	33,57	6,01	-52,21	-29,28	-15,32	0,00
WB$_t^{JAS}$	64,98	59,60	-44,85	-80,46	-90,14	-42,02	-14,65	0,00	
UW$_t$	44.050,75	44.499,61	43.794,81	43.659,24	43.360,38	44.135,02	44.285,61	44.363,30	
EK$_t$	38.769,16	39.265,62	39.173,21	39.229,46	38.964,97	39.441,24	39.424,51	39.414,65	

Tab. 238: Bewertung des Bereichs B4 anhand des APV-Verfahrens

Bereich B5

Jahr		2008			2009			2010			2011			2012 ff.		
Szenario		I	II	III	I	II	III	I	II	III	I	II	III	I	II	III
Eintrittswahrscheinlichkeit		0,35	0,40	0,25	0,35	0,40	0,25	0,35	0,40	0,25	0,35	0,40	0,25	0,35	0,40	0,25
Umsatzwachstum (in % zum Vorjahr)		4,00%	6,00%	8,00%	9,00%	10,00%	11,00%	7,50%	8,00%	8,50%	3,50%	4,00%	4,50%	0,00%	0,00%	0,00%
Materialeinsatz (in % der Gesamtleistung)		0,00%	0,00%	0,00%	0,00%	0,00%	0,00%	0,00%	0,00%	0,00%	0,00%	0,00%	0,00%	0,00%	0,00%	0,00%
Personalaufwand (in % der Gesamtleistung)		28,50%	29,00%	29,50%	30,00%	29,50%	29,00%	32,00%	31,00%	31,00%	33,00%	30,00%	30,00%	30,50%	30,50%	30,00%
Sonstiger Aufwand (in % der Gesamtleistung)		10,50%	10,00%	9,50%	11,00%	11,50%	12,00%	11,50%	12,00%	13,00%	12,00%	12,50%	12,50%	11,50%	11,50%	10,50%
Innenumsatzquote (in % des Umsatzes)		0,00%	0,00%	0,00%	0,00%	0,00%	0,00%	0,00%	0,00%	0,00%	0,00%	0,00%	0,00%	0,00%	0,00%	0,00%
Bestand an Vorräten (in % des Umsatzes)		21,00%	20,00%	20,50%	20,50%	20,50%	21,50%	22,50%	21,50%	21,00%	23,00%	23,00%	23,00%	22,50%	24,00%	25,50%
Bestand an FE (in % des Umsatzes)		23,00%	25,00%	23,00%	25,00%	24,50%	23,50%	26,00%	26,00%	26,00%	27,50%	27,00%	25,50%	25,50%	26,00%	27,00%
Forderungen aus LuL (in % des Umsatzes)		11,00%	10,00%	10,50%	10,00%	10,50%	11,00%	10,00%	10,00%	10,00%	10,50%	10,00%	9,50%	8,00%	9,00%	10,00%
Verb. aus LuL (in % des Umsatzes)		6,00%	5,50%	5,00%	5,50%	5,50%	5,50%	7,00%	6,00%	5,00%	8,00%	7,00%	6,00%	5,50%	7,00%	8,50%

Tab. 239: Geplante *Value Driver* des Bereichs B5 für die Jahre 2008 bis 2012 ff.

Jahr	2007	2008			2009			2010			...	2015 ff.		
Szenario		I	II	III	I	II	III	I	II	III		I	II	III
Eintrittswahrscheinlichkeit		0,35	0,40	0,25	0,35	0,40	0,25	0,35	0,40	0,25		0,35	0,40	0,25
Sachanlagen	29.666,67	30.666,67	30.666,67	30.666,67	30.000,00	30.000,00	30.000,00	30.933,33	30.933,33	30.933,33		30.400,00	30.400,00	30.400,00
Vorräte	8.800,00	8.736,00	8.480,00	8.856,00	9.295,52	9.561,20	10.309,68	10.967,58	10.829,81	10.925,86		11.351,45	12.572,65	13.864,14
FE	9.500,00	9.568,00	10.600,00	9.936,00	11.336,00	11.426,80	11.268,72	12.673,65	13.096,51	13.527,26		12.864,97	13.620,37	14.679,68
Forderungen aus LuL	4.500,00	4.576,80	4.240,00	4.536,00	4.534,40	4.897,20	5.274,72	4.874,48	5.037,12	5.202,79		4.036,07	4.714,74	5.436,92
Summe Aktiva	52.466,67	53.546,67	53.986,67	53.994,67	55.165,92	55.885,20	56.853,12	59.449,04	59.896,77	60.589,25		58.652,49	61.307,77	64.380,74
Eigenkapital	39.530,02	39.992,35	40.596,35	40.776,35	41.836,01	42.484,01	43.379,77	44.884,92	45.722,51	46.835,86		44.908,20	46.671,26	48.789,87
Verb. ggü. vU	10.686,64	11.058,32	11.058,32	11.058,32	10.835,99	10.835,99	10.835,99	11.151,99	11.151,99	11.151,99		10.969,49	10.969,49	10.969,49
Verb. aus LuL	2.250,00	2.496,00	2.332,00	2.160,00	2.493,92	2.565,20	2.637,36	3.412,14	3.022,27	2.601,40		2.774,80	3.667,02	4.621,38
Summe Passiva	52.466,67	53.546,67	53.986,67	53.994,67	55.165,92	55.885,20	56.853,12	59.449,04	59.896,77	60.589,25		58.652,49	61.307,77	64.380,74

Tab. 240: Geplante Bilanzen des Bereichs B5 für die Jahre 2008 bis 2010 sowie 2015 ff.

Jahr	2007	2008			2009			2010			...	2015 ff.		
Szenario		I	II	III	I	II	III	I	II	III		I	II	III
Wahrscheinlichkeit		0,35	0,40	0,25	0,35	0,40	0,25	0,35	0,40	0,25		0,35	0,40	0,25
Gesamtumsätze	40.000,00	41.600,00	42.400,00	43.200,00	45.344,00	46.640,00	47.952,00	48.744,80	50.371,20	52.027,92	...	50.450,87	52.386,05	54.369,18
Innenumsätze		0,00	0,00	0,00	0,00	0,00	0,00	0,00	0,00	0,00		0,00	0,00	0,00
Δ FE		68,00	1.100,00	436,00	1.768,00	826,80	1.332,72	1.337,65	1.669,71	2.258,54		0,00	0,00	0,00
Gesamtleistung		41.668,00	43.500,00	43.636,00	47.112,00	47.466,80	49.284,72	50.082,45	52.040,91	54.286,46		50.450,87	52.386,05	54.369,18
Materialeinsatz		-11.875,38	-12.615,00	-12.872,62	-14.133,60	-14.002,71	-14.292,57	-16.026,38	-16.132,68	-16.828,80		-15.387,51	-15.977,74	-16.310,75
Rohertrag		29.792,62	30.885,00	30.763,38	32.978,40	33.464,09	34.992,15	34.056,06	35.908,23	37.457,66		35.063,35	36.408,30	38.058,42
Personalaufw.		-4.375,14	-4.350,00	-4.145,42	-5.182,32	-5.458,68	-5.914,17	-5.759,48	-6.244,91	-7.057,24		-5.801,85	-6.024,40	-5.708,76
Sonstiger Aufw.		-2.708,42	-2.610,00	-2.181,80	-3.297,84	-3.085,34	-2.710,66	-2.754,53	-2.862,25	-2.985,76		-4.036,07	-2.881,23	-2.718,46
EBITDA		**22.709,06**	**23.925,00**	**24.436,16**	**24.498,24**	**24.920,07**	**26.367,33**	**25.542,05**	**26.801,07**	**27.414,66**		**25.225,43**	**27.502,68**	**29.631,20**
Abschreibungen		-14.500,00	-14.500,00	-14.500,00	-15.166,67	-15.166,67	-15.166,67	-15.166,67	-15.166,67	-15.166,67	...	-15.200,00	-15.200,00	-15.200,00
EBIT		**8.209,06**	**9.425,00**	**9.936,16**	**9.331,57**	**9.753,40**	**11.200,66**	**10.375,38**	**11.634,40**	**12.248,00**		**10.025,43**	**12.302,68**	**14.431,20**
Zinsen		-1.041,95	-1.041,95	-1.041,95	-1.078,19	-1.078,19	-1.078,19	-1.056,51	-1.056,51	-1.056,51		-1.069,53	-1.069,53	-1.069,53
Gewerbesteuer		1.537,62	1.780,81	1.883,04	1.758,50	1.842,86	2.132,31	1.969,43	2.221,23	2.343,95	...	1.898,13	2.353,58	2.779,29
Körperschaftsteuer		1.407,37	1.650,56	1.752,79	1.623,72	1.708,09	1.997,54	1.837,36	2.089,17	2.211,88	...	1.764,44	2.219,89	2.645,60
Jahresüberschuß		**4.222,12**	**4.951,69**	**5.258,38**	**4.871,17**	**5.124,27**	**5.992,62**	**5.512,09**	**6.267,50**	**6.635,65**	...	**5.293,33**	**6.659,68**	**7.936,79**
Thesaurierung		462,32	1.066,32	1.246,32	1.843,66	1.887,66	2.603,42	3.048,91	3.238,51	3.456,10	...	0,00	0,00	0,00
Ausschüttung		3.759,80	3.885,36	4.012,06	3.027,51	3.236,61	3.389,20	2.463,18	3.028,99	3.179,56	...	5.293,33	6.659,68	7.936,79

Tab. 241: Geplante Erfolgsrechnungen des Bereichs B5 für die Jahre 2008 bis 2010 sowie 2015 ff.

Jahr	2005	2006	2007	2008	2009	2010	2011	2012	2013	2014	2015 ff.
Investitionen in Sachanlagen	13.500,00	14.500,00	15.500,00	15.500,00	14.500,00	16.100,00	15.900,00	15.200,00	15.200,00	15.200,00	15.200,00
Kreditaufnahme (konzernintern)	4.725,00	5.075,00	5.425,00	5.425,00	5.075,00	5.635,00	5.565,00	5.320,00	5.320,00	5.320,00	5.320,00
Kredittilgung (konzernintern)		1.430,95	3.107,41	5.053,32	5.297,33	5.319,00	5.372,27	5.409,52	5.516,34	5.409,37	5.320,00

Tab. 242: Geplante Investitionen, Kreditaufnahme und -tilgung des Bereichs B5 für die Jahre 2008 bis 2015 ff.

Jahr	2007	2008	2009	2010	2011	2012	2013	2014	2015 ff.
μ (NCF$_t^{HEV}$)		3.195,30	2.641,30	2.366,59	2.667,02	5.593,81	5.361,61	5.361,52	5.363,11
σ^2 (NCF$_t^{HEV}$)		6.384,63	13.541,94	62.612,74	141.341,57	101.126,37	705.064,76	705.064,76	705.064,76
SÄ (NCF$_t^{HEV}$)		3.191,47	2.633,17	2.329,03	2.582,21	5.533,13	4.938,58	4.938,48	4.940,07
EK$_t$	101.004,20	102.408,42	104.434,83	106.857,59	109.137,40	108.570,02	108.571,38	108.572,89	

Tab. 243: Bewertung des Bereichs B5 anhand des μ, σ^2-Kriteriums

Jahr	2007	2008	2009	2010	2011	2012	2013	2014	2015 ff.
μ (FCF$_t^{HEV}$)		3.468,90	3.425,13	2.694,24	3.113,51	6.283,63	6.134,70	6.035,70	5.958,70
UW$_t^{UV,S}$	90.438,90	92.379,37	94.479,68	97.436,51	100.150,92	99.857,56	99.695,60	99.622,94	
TS$_t^{FK}$		97,03	100,41	98,39	101,26	103,01	102,19	100,41	99,60
WB$_t^{FK}$	2.192,92	2.195,66	2.195,16	2.196,05	2.195,34	2.192,22	2.189,78	2.189,00	
TS$_t^{IAS}$		-65,04	38,91	-55,30	-33,73	15,67	34,36	15,64	0,00
WB$_t^{IAS}$	-52,93	9,70	-28,76	25,23	60,10	47,17	14,96	0,00	
UW$_t$	92.578,88	94.584,74	96.646,08	99.658,39	102.406,37	102.096,96	101.900,33	101.811,94	
EK$_t$	81.892,24	83.526,42	85.810,09	88.506,40	91.061,64	90.841,76	90.841,47	90.842,45	

Tab. 244: Bewertung des Bereichs B5 anhand des APV-Verfahrens

Bereich B6

Jahr	2008			2009			2010			2011			2012 ff.		
Szenario	I	II	III	I	II	III	I	II	III	I	II	III	I	II	III
Eintrittswahrscheinlichkeit	0,35	0,40	0,25	0,35	0,40	0,25	0,35	0,40	0,25	0,35	0,40	0,25	0,35	0,40	0,25
Umsatzwachstum (in % zum Vorjahr)	12,00%	6,00%	2,00%	8,00%	3,00%	1,00%	9,00%	8,00%	3,00%	8,00%	6,00%	2,00%	0,00%	0,00%	0,00%
Materialeinsatz (in % der Gesamtleistung)	0,00%	0,00%	0,00%	0,00%	0,00%	0,00%	0,00%	0,00%	0,00%	0,00%	0,00%	0,00%	0,00%	0,00%	0,00%
Personalaufwand (in % der Gesamtleistung)	24,50%	25,00%	26,00%	25,50%	26,00%	27,00%	26,50%	27,00%	28,00%	22,00%	23,00%	26,00%	20,50%	19,00%	19,50%
Sonstiger Aufwand (in % der Gesamtleistung)	20,50%	20,00%	19,50%	22,00%	21,50%	21,00%	23,00%	20,50%	19,50%	22,00%	22,50%	22,50%	23,00%	23,00%	23,50%
Innenumsatzquote (in % des Umsatzes)	35,00%	35,00%	35,00%	35,00%	35,00%	35,00%	35,00%	35,00%	35,00%	35,00%	35,00%	35,00%	35,00%	35,00%	35,00%
Bestand an Vorräten (in % des Umsatzes)	10,50%	10,00%	11,00%	11,00%	10,50%	11,50%	10,50%	10,00%	11,00%	10,50%	10,00%	11,00%	11,00%	10,50%	11,00%
Bestand an FE (in % des Umsatzes)	13,00%	15,00%	17,00%	13,50%	15,50%	17,50%	12,00%	14,00%	16,50%	13,00%	15,00%	17,00%	17,00%	15,00%	13,00%
Forderungen aus LuL (in % des Umsatzes)	8,00%	8,50%	9,00%	7,50%	8,00%	8,50%	8,00%	8,50%	9,00%	8,00%	8,50%	9,00%	8,00%	8,50%	9,00%
Verb. aus LuL (in % des Umsatzes)	5,00%	5,00%	5,50%	5,50%	5,50%	6,00%	6,00%	5,00%	4,00%	5,00%	5,00%	5,50%	5,00%	5,00%	5,50%

Tab. 245: Geplante *Value Driver* des Bereichs B6 für die Jahre 2008 bis 2012 ff.

Jahr	2007	2008			2009			2010			...	2015 ff.		
Szenario		I	II	III	I	II	III	I	II	III		I	II	III
Eintrittswahrscheinlichkeit		0,35	0,40	0,25	0,35	0,40	0,25	0,35	0,40	0,25		0,35	0,40	0,25
Sachanlagen	13.666,67	14.333,33	14.333,33	14.333,33	13.333,33	13.333,33	13.333,33	13.933,33	13.933,33	13.933,33	...	14.000,00	14.000,00	14.000,00
Vorräte	2.000,00	2.940,00	2.650,00	2.805,00	3.326,40	2.865,98	2.961,83	3.460,97	2.947,86	2.918,04	...	3.559,85	3.280,97	2.976,40
FE	2.500,00	3.640,00	3.975,00	4.335,00	4.082,40	4.230,73	4.507,13	3.955,39	4.127,00	4.377,06	...	6.051,75	4.687,10	3.517,57
Forderungen aus LuL	1.600,00	2.240,00	2.252,50	2.295,00	2.268,00	2.183,60	2.189,18	2.636,93	2.505,68	2.387,49	...	2.847,88	2.656,02	2.435,24
Summe Aktiva	**19.766,67**	**23.153,33**	**23.210,83**	**23.768,33**	**23.010,13**	**22.613,63**	**22.991,46**	**23.986,62**	**23.513,88**	**23.615,93**	...	**26.459,48**	**24.624,09**	**22.929,21**
Eigenkapital	8.961,89	11.417,20	11.549,70	12.029,70	11.688,11	11.453,59	11.787,34	11.973,46	12.004,48	12.519,35	...	14.576,08	12.958,25	11.337,53
Verb. ggü. vU	9.804,78	10.336,14	10.336,14	10.336,14	9.658,82	9.658,82	9.658,62	10.035,47	10.035,47	10.035,47	...	10.103,48	10.103,48	10.103,48
Verb. aus LuL	1.000,00	1.400,00	1.325,00	1.402,50	1.663,20	1.501,23	1.545,30	1.977,70	1.473,93	1.061,11	...	1.779,93	1.562,37	1.488,20
Summe Passiva	**19.766,67**	**23.153,33**	**23.210,83**	**23.768,33**	**23.010,13**	**22.613,63**	**22.991,46**	**23.986,62**	**23.513,88**	**23.615,93**	...	**26.459,48**	**24.624,09**	**22.929,21**

Tab. 246: Geplante Bilanzen des Bereichs B6 für die Jahre 2008 bis 2010 sowie 2015 ff.

Jahr	2007	2008			2009			2010			...	2015 ff.		
Szenario		I	II	III	I	II	III	I	II	III		I	II	III
Wahrscheinlichkeit		0,35	0,40	0,25	0,35	0,40	0,25	0,35	0,40	0,25		0,35	0,40	0,25
Gesamtumsätze	25.000,00	28.000,00	26.500,00	25.500,00	30.240,00	27.295,00	25.755,00	32.961,60	29.478,60	26.527,65	...	35.598,53	31.247,32	27.058,20
Innenumsätze		9.800,00	9.275,00	8.925,00	10.584,00	9.553,25	9.014,25	11.536,56	10.317,51	9.284,68	...	12.459,48	10.936,56	9.470,37
Δ FE		1.140,00	1.475,00	1.835,00	442,40	255,73	172,13	-127,01	-103,72	-130,06	...	0,00	0,00	0,00
Gesamtleistung		29.140,00	27.975,00	27.335,00	30.682,40	27.550,73	25.927,13	32.834,59	29.374,88	26.397,59	...	35.598,53	31.247,32	27.058,20
Materialeinsatz		-7.139,30	-6.993,75	-7.107,10	-7.824,01	-7.163,19	-7.000,32	-8.701,17	-7.931,22	-7.391,32	...	-7.297,70	-5.936,99	-5.276,35
Rohertrag		22.000,70	20.981,25	20.227,90	22.858,39	20.387,54	18.926,80	24.133,43	21.443,66	19.006,26	...	28.300,83	25.310,33	21.781,85
Personalaufw.		-5.973,70	-5.595,00	-5.330,33	-6.750,13	-5.923,41	-5.444,70	-7.551,96	-6.021,85	-5.147,53	...	-8.187,66	-7.186,88	-6.358,68
Sonstiger Aufw.		-1.894,10	-1.678,50	-1.366,75	-2.147,77	-1.790,80	-1.425,99	-2.626,77	-1.615,62	-1.319,88	...	-2.135,91	-1.874,84	-1.623,49
EBITDA		**14.132,90**	**13.707,75**	**13.530,83**	**13.960,49**	**12.673,33**	**12.056,11**	**13.954,70**	**13.806,19**	**12.538,85**	...	**17.977,26**	**16.248,60**	**13.799,68**
Abschreibungen		-6.333,33	-6.333,33	-6.333,33	-7.000,00	-7.000,00	-7.000,00	-7.000,00	-7.000,00	-7.000,00	...	-7.000,00	-7.000,00	-7.000,00
EBIT		**7.799,57**	**7.374,42**	**7.197,49**	**6.960,49**	**5.673,33**	**5.056,11**	**6.954,70**	**6.806,19**	**5.538,85**	...	**10.977,26**	**9.248,60**	**6.799,68**
Zinsen		-955,97	-955,97	-955,97	-1.007,77	-1.007,77	-1.007,77	-941,74	-941,74	-941,74	...	-985,09	-985,09	-985,09
Gewerbesteuer		1.464,32	1.379,29	1.343,90	1.291,32	1.033,89	910,45	1.296,77	1.267,07	1.013,60	...	2.096,94	1.751,21	1.261,43
Körperschaftsteuer		1.344,82	1.259,79	1.224,41	1.165,35	907,92	784,47	1.179,05	1.149,35	895,88	...	1.973,81	1.628,08	1.138,29
Jahresüberschuß		**4.034,46**	**3.779,37**	**3.673,22**	**3.496,05**	**2.723,75**	**2.353,42**	**3.537,15**	**3.448,04**	**2.687,64**	...	**5.921,42**	**4.884,23**	**3.414,88**
Thesaurierung		2.455,31	2.587,81	3.067,81	270,92	-96,11	-242,36	285,35	550,89	732,02	...	0,00	0,00	0,00
Ausschüttung		**1.579,16**	**1.191,57**	**605,41**	**3.225,13**	**2.819,86**	**2.595,78**	**3.251,80**	**2.897,15**	**1.955,63**	...	**5.921,42**	**4.884,23**	**3.414,88**

Tab. 247: Geplante Erfolgsrechnungen des Bereichs B6 für die Jahre 2008 bis 2010 sowie 2015 ff.

Jahr	2005	2006	2007	2008	2009	2010	2011	2012	2013	2014	2015 ff.
Investitionen in Sachanlagen	5.000,00	6.000,00	8.000,00	7.000,00	6.000,00	7.600,00	7.400,00	7.000,00	7.000,00	7.000,00	7.000,00
Kreditaufnahme (konzernintern)	3.500,00	4.200,00	5.600,00	4.900,00	4.200,00	5.320,00	5.180,00	4.900,00	4.900,00	4.900,00	4.900,00
Kredittilgung (konzernintern)		1.059,96	2.435,26	4.368,64	4.877,32	4.943,35	4.734,53	4.869,05	5.146,27	5.002,14	4.900,00

Tab. 248: Geplante Investitionen, Kreditaufnahme und -tilgung des Bereichs B6 für die Jahre 2008 bis 2015 ff.

Jahr	2007	2008	2009	2010	2011	2012	2013	2014	2015 ff.
μ (NCF$_t^{HEV}$)		974,07	2.397,19	2.298,37	2.523,33	3.799,6	4.016,62	3.980,11	4.025,92
σ^2 (NCF$_t^{HEV}$)		94.167,94	42.656,68	172.376,90	208.937,79	41.921,92	819.889,61	623.621,70	623.621,70
SÄ (NCF$_t^{HEV}$)		917,56	2.371,60	2.194,94	2.397,97	3.774,46	3.524,69	3.605,94	3.651,75
EK$_t$	74.115,15	76.569,83	77.682,16	79.021,76	80.219,28	80.094,80	80.214,42	80.258,24	

Tab. 249: Bewertung des Bereichs B6 anhand des μ,σ^2-Kriteriums

Jahr	2007	2008	2009	2010	2011	2012	2013	2014	2015 ff.
μ (FCF$_t^{HEV}$)		1.068,05	3.517,18	2.512,06	2.750,20	4.339,88	4.787,28	4.618,49	4.574,49
UW$_t^{UV,S}$	69.056,07	72.118,44	72.914,84	74.764,00	76.485,61	76.720.53	76.522,09	76.480,57	
TS$_t^{FK}$		89,02	93,85	87,70	91,12	94,62	94,90	92,66	91,74
WB$_t^{FK}$	2.016,88	2.019,63	2.017,67	2.021,78	2.022,65	2.020,06	2.017,07	2.016,18	
TS$_t^{IAS}$		-92,99	118,53	-65,91	-67,46	-5,42	43,10	17,87	0,00
WB$_t^{IAS}$	-52,88	37,70	-79,12	-16,80	49,89	57,57	17,10	0,00	
UW$_t$	71.020,06	74.175,76	74.853,39	76.768,97	78.558,15	78.798,16	78.556,26	78.496,76	
EK$_t$	61.215,29	63.839,62	65.194,57	66.733,50	68.137,21	68.346,27	68.350,64	68.393,28	

Tab. 250: Bewertung des Bereichs B6 anhand des APV-Verfahrens

Bereich B7

Jahr	2008			2009			2010			2011			2012 ff.		
Szenario	I	II	III	I	II	III	I	II	III	I	II	III	I	II	III
Eintrittswahrscheinlichkeit	0,35	0,40	0,25	0,35	0,40	0,25	0,35	0,40	0,25	0,35	0,40	0,25	0,35	0,40	0,25
Umsatzwachstum (in % zum Vorjahr)	5,00%	6,00%	8,00%	9,50%	10,00%	12,00%	5,50%	6,00%	7,00%	3,50%	4,00%	4,50%	0,00%	0,00%	0,00%
Materialeinsatz (in % der Gesamtleistung)	29,50%	29,00%	28,50%	30,00%	29,50%	29,00%	31,00%	30,00%	30,00%	32,00%	30,00%	30,00%	30,00%	28,00%	27,00%
Personalaufwand (in % der Gesamtleistung)	10,50%	10,00%	9,50%	11,00%	11,50%	13,00%	11,50%	12,50%	13,00%	12,00%	12,50%	12,50%	10,50%	11,50%	13,00%
Sonstiger Aufwand (in % der Gesamtleistung)	2,50%	2,00%	1,50%	3,00%	2,50%	2,00%	4,00%	2,00%	1,50%	6,00%	5,00%	4,50%	5,00%	3,50%	4,00%
Innenumsatzquote (in % des Umsatzes)	0,00%	0,00%	0,00%	0,00%	0,00%	0,00%	0,00%	0,00%	0,00%	0,00%	0,00%	0,00%	0,00%	0,00%	0,00%
Bestand an Vorräten (in % des Umsatzes)	11,00%	10,00%	11,00%	10,50%	10,50%	12,50%	11,50%	11,50%	11,00%	12,00%	13,00%	13,00%	13,00%	14,50%	15,00%
Bestand an FE (in % des Umsatzes)	23,00%	25,00%	23,00%	25,00%	25,00%	22,50%	25,50%	26,00%	25,50%	25,00%	27,00%	28,00%	25,50%	26,50%	27,00%
Forderungen aus LuL (in % des Umsatzes)	21,00%	20,00%	20,50%	21,50%	21,00%	20,00%	20,00%	21,00%	23,00%	19,00%	20,00%	21,00%	18,00%	19,00%	19,50%
Verb. aus LuL (in % des Umsatzes)	15,00%	15,00%	15,50%	15,00%	16,00%	16,50%	15,00%	16,00%	17,00%	16,00%	17,50%	19,00%	17,00%	17,50%	18,00%

Tab. 251: Geplante *Value Driver* des Bereichs B7 für die Jahre 2008 bis 2012 ff.

Jahr	2007	2008			2009			2010			...	2015 ff.		
Szenario		I	II	III	I	II	III	I	II	III	...	I	II	III
Eintrittswahrscheinlichkeit		0,35	0,40	0,25	0,35	0,40	0,25	0,35	0,40	0,25	...	0,35	0,40	0,25
Sachanlagen	41.833,33	43.166,67	43.166,67	43.166,67	44.333,33	43.333,33	43.333,33	44.666,67	44.666,67	44.666,67	...	43.000,00	43.000,00	43.000,00
Vorräte	5.000,00	5.775,00	5.300,00	5.940,00	6.036,19	6.121,50	7.560,00	6.974,67	7.106,77	7.118,50	...	8.160,36	9.319,14	10.143,86
FE	11.500,00	12.075,00	13.250,00	12.420,00	14.371,88	14.575,00	13.608,00	15.465,57	16.067,48	16.501,97	...	16.006,87	17.031,53	18.258,94
Forderungen aus LuL	10.500,00	11.025,00	10.600,00	11.070,00	12.359,81	12.243,00	12.096,00	12.129,86	12.977,58	14.884,13	...	11.298,97	12.211,28	13.187,01
Summe Aktiva	**68.833,33**	**72.041,67**	**72.316,67**	**72.596,67**	**76.101,21**	**76.272,83**	**76.597,33**	**79.236,77**	**80.818,50**	**83.171,26**	**...**	**78.466,20**	**81.561,95**	**84.589,81**
Eigenkapital	41.944,07	44.156,61	44.356,61	44.216,61	47.372,01	46.838,76	46.512,06	49.433,09	50.224,53	51.463,66	...	47.845,74	50.365,51	52.467,97
Verb. ggü. vU	19.389,27	20.010,06	20.010,06	20.010,06	20.106,07	20.106,07	20.106,07	20.706,29	20.706,29	20.706,29	...	19.949,21	19.949,21	19.949,21
Verb. aus LuL	7.500,00	7.875,00	7.950,00	8.370,00	8.623,13	9.328,00	9.979,20	9.097,40	9.887,58	11.001,31	...	10.671,25	11.247,24	12.172,63
Summe Passiva	**68.833,33**	**72.041,67**	**72.316,67**	**72.596,67**	**76.101,21**	**76.272,83**	**76.597,33**	**79.236,77**	**80.818,50**	**83.171,26**	**...**	**78.466,20**	**81.561,95**	**84.589,81**

Tab. 252: Geplante Bilanzen des Bereichs B7 für die Jahre 2008 bis 2010 sowie 2015 ff.

Anhang 451

Jahr	2007	2008			2009			2010			...	2015 ff.		
Szenario		I	II	III	I	II	III	I	II	III		I	II	III
Wahrscheinlichkeit		0,35	0,40	0,25	0,35	0,40	0,25	0,35	0,40	0,25	...	0,35	0,40	0,25
Gesamtumsätze	50.000,00	52.500,00	53.000,00	54.000,00	57.487,50	58.300,00	60.480,00	60.649,31	61.798,00	64.713,60	...	62.772,04	64.269,92	67.625,71
Innenumsätze		0,00	0,00	0,00	0,00	0,00	0,00	0,00	0,00	0,00	...	0,00	0,00	0,00
Δ FE		575,00	1.750,00	920,00	2.296,88	1.325,00	1.188,00	1.093,70	1.492,48	2.893,97	...	0,00	0,00	0,00
Gesamtleistung		53.075,00	54.750,00	54.920,00	59.784,38	59.625,00	61.668,00	61.743,01	63.290,48	67.607,57	...	62.772,04	64.269,92	67.625,71
Materialeinsatz		-15.657,13	-15.877,50	-15.652,20	-17.935,31	-17.589,38	-17.883,72	-19.140,33	-18.987,14	-20.282,27	...	-18.831,61	-17.995,58	-18.258,94
Rohertrag		37.417,88	38.872,50	39.267,80	41.849,06	42.035,63	43.784,28	42.602,68	44.303,34	47.325,30	...	43.940,43	46.274,34	49.366,77
Personalaufw.		-5.572,88	-5.475,00	-5.217,40	-6.576,28	-6.856,88	-8.016,84	-7.100,45	-7.911,31	-8.788,98	...	-6.591,60	-7.391,04	-8.791,34
Sonstiger Aufw.		-1.326,88	-1.095,00	-823,80	-1.793,53	-1.490,63	-1.233,36	-2.469,72	-1.265,81	-1.014,11	...	-3.138,60	-2.892,15	-2.705,03
EBITDA		**30.518,13**	**32.302,50**	**33.226,60**	**33.479,25**	**33.688,13**	**34.534,08**	**33.032,51**	**35.126,22**	**37.522,20**	...	**34.210,76**	**35.991,16**	**37.870,40**
Abschreibungen		-20.666,67	-20.666,67	-20.666,67	-21.333,33	-21.333,33	-21.333,33	-21.666,67	-21.666,67	-21.666,67	...	-21.500,00	-21.500,00	-21.500,00
EBIT		**9.851,46**	**11.635,83**	**12.559,93**	**12.145,92**	**12.354,79**	**13.200,75**	**11.365,84**	**13.459,55**	**15.855,53**	...	**12.710,76**	**14.491,16**	**16.370,40**
Zinsen		-1.890,45	-1.890,45	-1.890,45	-1.950,98	-1.950,98	-1.950,98	-1.960,34	-1.960,34	-1.960,34	...	-1.945,05	-1.945,05	-1.945,05
Gewerbesteuer		1.781,25	2.138,12	2.322,94	2.234,09	2.275,86	2.445,05	2.077,13	2.495,88	2.975,07	...	2.347,65	2.703,73	3.079,57
Körperschaftsteuer		1.544,94	1.901,81	2.086,63	1.990,21	2.031,99	2.201,18	1.832,09	2.250,83	2.730,03	...	2.104,52	2.460,60	2.836,44
Jahresüberschuß		**4.634,82**	**5.705,44**	**6.259,90**	**5.970,64**	**6.095,96**	**6.603,54**	**5.496,28**	**6.752,50**	**8.190,09**	...	**6.313,55**	**7.381,79**	**8.509,33**
Thesaurierung		2.212,54	2.412,54	2.272,54	3.215,41	2.482,16	2.295,46	2.061,08	3.385,77	4.951,60	...	0,00	0,00	0,00
Ausschüttung		2.422,28	3.292,91	3.987,37	2.755,23	3.613,81	4.308,08	3.435,20	3.366,73	3.238,49	...	6.313,55	7.381,79	8.509,33

Tab. 253: Geplante Erfolgsrechnungen des Bereichs B7 für die Jahre 2008 bis 2010 sowie 2015 ff.

Jahr	2005	2006	2007	2008	2009	2010	2011	2012	2013	2014	2015 ff.
Investitionen in Sachanlagen	20.000,00	20.500,00	21.500,00	22.000,00	21.500,00	23.000,00	22.400,00	21.500,00	21.500,00	21.500,00	21.500,00
Kreditaufnahme (konzernintern)	9.000,00	9.225,00	9.675,00	9.900,00	9.675,00	10.350,00	10.080,00	9.675,00	9.675,00	9.675,00	9.675,00
Kredittilgung (konzernintern)		2.725,62	5.785,12	9.279,21	9.578,99	9.749,78	9.961,50	10.022,00	10.055,84	9.822,74	9.675,00

Tab. 254: Geplante Investitionen, Kreditaufnahme und -tilgung des Bereichs B7 für die Jahre 2008 bis 2015 ff.

Jahr	2007	2008	2009	2010	2011	2012	2013	2014	2015 ff.
μ (NCF_t^{HEV})		2.608,49	2.876,67	2.770,57	4.108,69	6.038,90	5.935,19	5.983,17	6.014,08
σ^2 (NCF_t^{HEV})		250.930,27	246.654,84	3.870,34	216.990,75	175.313,46	482.407,95	482.407,95	482.407,95
SÄ (NCF_t^{HEV})		2.457,93	2.728,68	2.768,55	3.978,50	5.933,71	5.645,74	5.693,73	5.724,63
EK_t	115.986,89	118.806,36	121.483,37	124.242,32	125.916,85	125.712,35	125.786,52	125.816,08	

Tab. 255: Bewertung des Bereichs B7 anhand des μ,σ^2-Kriteriums

Jahr	2007	2008	2009	2010	2011	2012	2013	2014	2015 ff.
μ (FCF_t^{HEV})		3.149,08	3.883,91	3.367,36	5.135,18	7.455,87	7.361,22	7.196,22	7.097,22
$UW_t^{UV,S}$	107.903,63	111.208,54	113.976,28	117.426,13	119.314,50	118.995,13	118.751,30	118.657,89	
TS_t^{FK}		176,05	181,69	182,56	188,01	189,08	185,93	182,47	181,13
WB_t^{FK}	3.994,60	4.000,31	4.000,63	4.000,11	3.994,10	3.986,75	3.982,22	3.980,94	
$TS_t^{\Delta AS}$		-108,64	-16,80	-105,04	-20,74	60,73	66,65	25,85	0,00
$WB_t^{\Delta AS}$	-109,97	-6,34	10,18	115,68	141,68	87,40	24,73	0,00	
UW_t	111.788,26	115.202,51	117.987,10	121.541,91	123.450,28	123.069,28	122.758,25	122.638,82	
EK_t	92.398,99	95.192,45	97.881,02	100.835,63	102.625,49	102.591,50	102.661,30	102.689,61	

Tab. 256: Bewertung des Bereichs B7 anhand des APV-Verfahrens

Bereich B8

Jahr	2008			2009			2010			2011			2012 ff.		
Szenario	I	II	III	I	II	III	I	II	III	I	II	III	I	II	III
Eintrittswahrscheinlichkeit	0,35	0,40	0,25	0,35	0,40	0,25	0,35	0,40	0,25	0,35	0,40	0,25	0,35	0,40	0,25
Umsatzwachstum (in % zum Vorjahr)	4,00%	5,00%	6,00%	7,00%	8,00%	13,00%	5,00%	6,00%	8,50%	4,00%	4,50%	5,00%	0,00%	0,00%	0,00%
Materialeinsatz (in % der Gesamtleistung)	42,50%	42,00%	41,50%	43,00%	42,50%	42,00%	44,50%	43,00%	42,50%	45,00%	43,00%	42,00%	44,00%	43,50%	42,00%
Personalaufwand (in % der Gesamtleistung)	5,50%	5,00%	4,50%	6,00%	6,50%	7,00%	7,50%	7,00%	6,50%	9,00%	7,50%	7,50%	9,00%	9,00%	7,00%
Sonstiger Aufwand (in % der Gesamtleistung)	10,50%	10,00%	9,00%	11,00%	10,50%	9,50%	12,00%	9,50%	9,00%	14,00%	13,00%	12,00%	12,00%	11,00%	10,00%
Innenumsatzquote (in % des Umsatzes)	9,00%	9,00%	9,00%	9,00%	9,00%	9,00%	9,00%	9,00%	9,00%	9,00%	9,00%	9,00%	9,00%	9,00%	9,00%
Bestand an Vorräten (in % des Umsatzes)	19,50%	18,50%	19,00%	19,00%	19,00%	20,00%	20,00%	20,50%	19,50%	20,50%	21,50%	21,50%	21,50%	22,50%	23,50%
Bestand an FE (in % des Umsatzes)	15,00%	17,00%	15,00%	17,00%	17,00%	14,50%	17,50%	18,00%	17,00%	17,00%	19,00%	17,50%	17,50%	18,00%	19,00%
Forderungen aus LuL (in % des Umsatzes)	13,50%	12,50%	13,00%	14,00%	13,50%	12,50%	12,50%	13,50%	14,00%	11,50%	12,50%	13,00%	10,50%	11,50%	12,00%
Verb. aus LuL (in % des Umsatzes)	11,50%	11,50%	12,00%	11,50%	12,50%	12,00%	12,00%	12,50%	13,50%	12,50%	13,50%	14,50%	11,50%	12,50%	13,50%

Tab. 257: Geplante *Value Driver* des Bereichs B8 für die Jahre 2008 bis 2012 ff.

Jahr	2007	2008			2009			2010			...	2015 ff.		
Szenario		I	II	III	I	II	III	I	II	III		I	II	III
Eintrittswahrscheinlichkeit		0,35	0,40	0,25	0,35	0,40	0,25	0,35	0,40	0,25		0,35	0,40	0,25
Sachanlagen	4.333,33	5.333,33	5.333,33	5.333,33	6.333,33	6.333,33	6.333,33	7.333,33	7.333,33	7.333,33		7.600,00	7.600,00	7.600,00
Vorräte	3.000,00	3.042,00	2.913,75	3.021,00	3.171,48	3.231,90	3.593,40	3.505,32	3.696,27	3.801,37		3.918,95	4.239,44	4.810,19
FE	2.600,00	2.340,00	2.677,50	2.385,00	2.837,64	2.891,70	2.605,22	3.067,16	3.245,51	3.314,01		3.189,84	3.391,56	3.889,09
Forderungen aus LuL	1.950,00	2.106,00	1.968,75	2.067,00	2.336,88	2.296,35	2.245,88	2.190,83	2.434,13	2.729,19		1.913,90	2.166,83	2.456,27
Summe Aktiva	**11.883,33**	**12.821,33**	**12.893,33**	**12.806,33**	**14.679,33**	**14.753,28**	**14.777,82**	**16.096,63**	**16.709,25**	**17.177,90**		**16.622,69**	**17.397,83**	**18.755,55**
Eigenkapital	7.862,59	8.291,11	8.345,86	8.162,11	9.508,05	9.375,33	9.370,08	10.226,25	10.688,23	10.779,00		10.608,84	11.124,91	12.074,58
Verb. ggü. vU	2.220,74	2.736,22	2.736,22	2.736,22	3.251,71	3.251,71	3.251,71	3.767,19	3.767,19	3.767,19		3.917,67	3.917,67	3.917,67
Verb. aus LuL	1.800,00	1.794,00	1.811,25	1.908,00	1.919,58	2.126,25	2.156,04	2.103,19	2.253,83	2.631,72		2.096,18	2.355,25	2.763,30
Summe Passiva	**11.883,33**	**12.821,33**	**12.893,33**	**12.806,33**	**14.679,33**	**14.753,28**	**14.777,82**	**16.096,63**	**16.709,25**	**17.177,90**		**16.622,69**	**17.397,83**	**18.755,55**

Tab. 258: Geplante Bilanzen des Bereichs B8 für die Jahre 2008 bis 2010 sowie 2015 ff.

Jahr	2007	2008			2009			2010			...	2015 ff.		
Szenario		I	II	III	I	II	III	I	II	III		I	II	III
Wahrscheinlichkeit		0,35	0,40	0,25	0,35	0,40	0,25	0,35	0,40	0,25		0,35	0,40	0,25
Gesamtumsätze	15.000,00	15.600,00	15.750,00	15.900,00	16.692,00	17.010,00	17.967,00	17.526,60	18.030,60	19.494,20		18.227,66	18.841,98	20.468,90
Innenumsätze		1.404,00	1.417,50	1.431,00	1.502,28	1.530,90	1.617,03	1.577,39	1.622,75	1.754,48		1.640,49	1.695,78	1.842,20
Δ FE		-260,00	77,50	-215,00	497,64	214,20	220,22	229,52	353,81	708,80		0,00	0,00	0,00
Gesamtleistung		15.340,00	15.827,50	15.685,00	17.189,64	17.224,20	18.187,22	17.756,12	18.384,41	20.202,99		18.227,66	18.841,98	20.468,90
Materialeinsatz		-6.519,50	-6.647,55	-6.509,28	-7.391,55	-7.320,29	-7.638,63	-7.901,47	-7.905,30	-8.586,27		-8.020,17	-8.196,26	-8.596,94
Rohertrag		8.820,50	9.179,95	9.175,73	9.798,09	9.903,92	10.548,58	9.854,64	10.479,11	11.616,72		10.207,49	10.645,72	11.871,96
Personalaufw.		-843,70	-791,38	-705,83	-1.031,38	-1.119,57	-1.273,11	-1.331,71	-1.286,91	-1.313,19		-1.640,49	-1.695,78	-1.432,82
Sonstiger Aufw.		-1.610,70	-1.582,75	-1.411,65	-1.890,86	-1.808,54	-1.727,79	-2.130,73	-1.746,52	-1.818,27		-2.187,32	-2.072,62	-2.046,89
EBITDA		**6.366,10**	**6.805,83**	**7.058,25**	**6.875,86**	**6.975,80**	**7.547,69**	**6.392,20**	**7.445,69**	**8.485,26**		**6.379,68**	**6.877,32**	**8.392,25**
Abschreibungen		-2.000,00	-2.000,00	-2.000,00	-2.500,00	-2.500,00	-2.500,00	-3.000,00	-3.000,00	-3.000,00		-3.800,00	-3.800,00	-3.800,00
EBIT		**4.366,10**	**4.805,83**	**5.058,25**	**4.375,86**	**4.475,80**	**5.047,69**	**3.392,20**	**4.445,69**	**5.485,26**		**2.579,68**	**3.077,32**	**4.592,25**
Zinsen		-216,52	-216,52	-216,52	-266,78	-266,78	-266,78	-317,04	-317,04	-317,04		-381,97	-381,97	-381,97
Gewerbesteuer		851,57	939,51	990,00	848,49	868,48	982,65	646,74	857,43	1.065,35		477,74	577,27	880,25
Körperschaftsteuer		824,50	912,45	962,93	815,15	835,13	949,51	607,11	817,80	1.025,72		429,99	529,52	832,51
Jahresüberschuß		**2.473,51**	**2.737,34**	**2.888,80**	**2.445,44**	**2.505,40**	**2.848,54**	**1.821,32**	**2.453,41**	**3.077,15**		**1.289,98**	**1.588,56**	**2.497,52**
Thesaurierung		428,52	483,27	299,52	1.216,94	1.029,47	1.207,97	718,20	1.312,90	1.408,92		0,00	0,00	0,00
Ausschüttung		**2.044,99**	**2.254,08**	**2.589,28**	**1.228,50**	**1.475,94**	**1.640,55**	**1.103,11**	**1.140,50**	**1.668,23**		**1.289,98**	**1.588,56**	**2.497,52**

Tab. 259: Geplante Erfolgsrechnungen des Bereichs B8 für die Jahre 2008 bis 2010 sowie 2015 ff.

Anhang 453

Jahr	2005	2006	2007	2008	2009	2010	2011	2012	2013	2014	2015 ff.
Investitionen in Sachanlagen	1.500,00	2.000,00	2.500,00	3.000,00	3.500,00	4.000,00	3.800,00	3.800,00	3.800,00	3.800,00	3.800,00
Kreditaufnahme (konzernintern)	750,00	1.000,00	1.250,00	1.500,00	1.750,00	2.000,00	1.900,00	1.900,00	1.900,00	1.900,00	1.900,00
Kredittilgung (konzernintern)			227,13	552,13	984,52	1.234,52	1.484,52	1.734,52	1.878,52	1.936,48	1.900,00

Tab. 260: Geplante Investitionen, Kreditaufnahme und -tilgung des Bereichs B8 für die Jahre 2008 bis 2015 ff.

Jahr	2007	2008	2009	2010	2011	2012	2013	2014	2015 ff.
μ (NCF_t^{HEV})		1.868,38	1.180,16	1.038,96	1.138,91	1.198,50	1.401,74	1.411,82	1.411,82
σ^2 (NCF_t^{HEV})		29.456,48	17.791,45	38.107,79	65.962,77	71.588,59	151.568,59	151.568,59	151.568,59
SÄ (NCF_t^{HEV})		1.850,70	1.169,68	1.016,10	1.099,33	1.155,55	1.310,80	1.320,88	1.320,88
EK_t	28.806,37	28.266,36	28.382,99	28.658,32	28.862,94	29.020,65	29.030,29	29.030,29	

Tab. 261: Bewertung des Bereichs B8 anhand des μ,σ^2-Kriteriums

Jahr	2007	2008	2009	2010	2011	2012	2013	2014	2015 ff.
μ (FCF_t^{HEV})		1.563,68	903,45	790,24	1.206,93	1.394,31	1.646,53	1.624,53	1.624,53
$UW_t^{UV,S}$	25.272,45	25.220,18	25.825,43	26.579,87	26.962,75	27.181,15	27.160,39	27.160,39	
TS_t^{FK}		20,16	24,84	29,52	34,20	35,71	35,90	35,57	35,57
WB_t^{FK}	751,16	765,18	775,15	780,89	782,22	782,10	781,79	781,79	
$TS_t^{\Delta AS}$		-90,21	-90,21	-90,21	-28,96	-3,76	6,38	0,00	0,00
$WB_t^{\Delta AS}$	-270,11	-192,19	-110,72	-25,55	2,24	6,11	0,00	0,00	
UW_t	25.753,50	25.793,37	26.489,85	27.335,21	27.747,21	27.969,35	27.942,17	27.942,17	
EK_t	23.532,76	23.057,14	23.238,14	23.568,02	23.814,54	24.015,20	24.024,50	24.024,50	

Tab. 262: Bewertung des Bereichs B8 anhand des APV-Verfahrens

Bereich B9

Jahr		2008			2009			2010			2011			2012 ff.		
Szenario		I	II	III	I	II	III	I	II	III	I	II	III	I	II	III
Eintrittswahrscheinlichkeit		0,35	0,40	0,25	0,35	0,40	0,25	0,35	0,40	0,25	0,35	0,40	0,25	0,35	0,40	0,25
Umsatzwachstum (in % zum Vorjahr)		5,00%	2,50%	1,50%	5,00%	3,00%	2,00%	5,00%	4,00%	3,00%	6,00%	3,00%	2,50%	0,00%	0,00%	0,00%
Materialeinsatz (in % der Gesamtleistung)		28,50%	29,00%	29,00%	29,00%	29,50%	30,00%	29,50%	30,00%	31,00%	29,00%	25,00%	32,00%	21,00%	26,50%	30,00%
Personalaufwand (in % der Gesamtleistung)		6,50%	7,00%	7,50%	9,00%	8,50%	8,00%	9,00%	9,50%	8,50%	9,00%	9,50%	10,00%	13,00%	12,00%	11,00%
Sonstiger Aufwand (in % der Gesamtleistung)		3,00%	4,00%	4,50%	3,50%	4,50%	5,00%	3,00%	4,00%	6,00%	6,00%	6,50%	8,00%	7,00%	7,50%	8,00%
Innenumsatzquote (in % des Umsatzes)		20,00%	20,00%	20,00%	20,00%	20,00%	20,00%	20,00%	20,00%	20,00%	20,00%	20,00%	20,00%	20,00%	20,00%	20,00%
Bestand an Vorräten (in % des Umsatzes)		10,50%	10,00%	11,00%	12,00%	12,50%	13,00%	13,00%	13,50%	14,00%	12,50%	13,00%	13,50%	11,50%	12,50%	13,00%
Bestand an FE (in % des Umsatzes)		13,00%	15,00%	13,00%	12,50%	15,00%	15,00%	15,00%	16,00%	15,50%	15,50%	17,00%	15,00%	16,50%	16,00%	15,50%
Forderungen aus LuL (in % des Umsatzes)		20,50%	20,00%	21,00%	20,00%	21,00%	21,50%	21,50%	21,00%	20,00%	20,50%	20,00%	19,00%	19,50%	19,00%	18,00%
Verb. aus LuL (in % des Umsatzes)		15,00%	15,00%	15,50%	16,50%	16,00%	15,00%	17,00%	16,00%	15,00%	19,00%	17,50%	16,00%	18,00%	17,50%	17,00%

Tab. 263: Geplante *Value Driver* des Bereichs B9 für die Jahre 2008 bis 2012 ff.

Jahr	2007	2008			2009			2010			...	2015 ff.		
Szenario		I	II	III	I	II	III	I	II	III	...	I	II	III
Eintrittswahrscheinlichkeit		0,35	0,40	0,25	0,35	0,40	0,25	0,35	0,40	0,25	...	0,35	0,40	0,25
Sachanlagen	8.166,67	7.666,67	7.666,67	7.666,67	7.666,67	7.666,67	7.666,67	8.333,33	8.333,33	8.333,33	...	8.600,00	8.600,00	8.600,00
Vorräte	1.000,00	1.102,50	1.025,00	1.116,50	1.323,00	1.319,69	1.345,89	1.504,91	1.482,27	1.492,90	...	1.411,14	1.413,65	1.420,92
FE	1.550,00	1.365,00	1.537,50	1.319,50	1.378,13	1.583,63	1.552,95	1.736,44	1.756,77	1.652,86	...	2.024,69	1.809,47	1.694,18
Forderungen aus LuL	2.000,00	2.152,50	2.050,00	2.131,50	2.205,00	2.217,08	2.225,90	2.488,89	2.305,76	2.132,72	...	2.392,81	2.148,75	1.967,43
Summe Aktiva	12.716,67	12.286,67	12.279,17	12.234,17	12.572,79	12.787,05	12.791,40	14.063,58	13.878,13	13.611,81	...	14.428,64	13.971,87	13.682,53
Eigenkapital	5.747,62	5.557,08	5.587,08	5.506,33	5.619,21	5.963,40	6.104,00	6.528,14	6.553,89	6.444,35	...	6.456,79	6.229,65	6.061,30
Verb. ggü. vU	5.469,05	5.154,33	5.154,58	5.154,58	5.134,45	5.134,45	5.134,45	5.567,47	5.567,47	5.567,47	...	5.763,11	5.763,11	5.763,11
Verb. aus LuL	1.500,00	1.575,00	1.537,50	1.573,25	1.819,13	1.689,20	1.552,95	1.967,96	1.756,77	1.599,54	...	2.208,75	1.979,11	1.858,13
Summe Passiva	12.716,67	12.286,67	12.279,17	12.234,17	12.572,79	12.787,05	12.791,40	14.063,58	13.878,13	13.611,81	...	14.428,64	13.971,87	13.682,53

Tab. 264: Geplante Bilanzen des Bereichs B9 für die Jahre 2008 bis 2010 sowie 2015 ff.

Jahr	2007	2008			2009			2010			...	2015 ff.		
Szenario		I	II	III	I	II	III	I	II	III		I	II	III
Wahrscheinlichkeit		0,35	0,40	0,25	0,35	0,40	0,25	0,35	0,40	0,25		0,35	0,40	0,25
Gesamtumsätze	10.000,00	10.500,00	10.250,00	10.150,00	11.025,00	10.557,50	10.353,00	11.576,25	10.979,80	10.663,59	...	12.270,83	11.309,19	10.930,18
Innenumsätze		2.100,00	2.050,00	2.030,00	2.205,00	2.111,50	2.070,60	2.315,25	2.195,96	2.132,72	...	2.454,17	2.261,84	2.186,04
Δ FE		-185,00	-12,50	-230,50	13,13	46,13	233,45	358,31	173,14	99,91	...	0,00	0,00	0,00
Gesamtleistung		10.315,00	10.237,50	9.919,50	11.038,13	10.603,63	10.586,45	11.934,56	11.152,94	10.763,50	...	12.270,83	11.309,19	10.930,18
Materialeinsatz		-2.939,78	-2.968,88	-2.876,66	-3.201,06	-3.128,07	-3.175,94	-3.520,70	-3.345,88	-3.336,68	...	-2.576,87	-2.996,94	-3.279,05
Rohertrag		7.375,23	7.268,63	7.042,85	7.837,07	7.475,56	7.410,52	8.413,87	7.807,06	7.426,81	...	9.693,95	8.312,26	7.651,13
Personalaufw.		-670,48	-716,63	-743,96	-993,43	-901,31	-846,92	-1.074,11	-1.059,53	-914,90	...	-1.595,21	-1.357,10	-1.202,32
Sonstiger Aufw.		-309,45	-409,50	-446,38	-386,25	-477,16	-529,32	-358,04	-446,12	-645,81	...	-858,96	-848,19	-874,41
EBITDA		6.395,30	6.142,50	5.852,51	6.457,30	6.097,08	6.034,28	6.981,72	6.301,41	5.866,11	...	7.239,79	6.106,96	5.574,39
Abschreibungen		-4.000,00	-4.000,00	-4.000,00	-4.000,00	-4.000,00	-4.000,00	-3.833,33	-3.833,33	-3.833,33	...	-4.300,00	-4.300,00	-4.300,00
EBIT		2.395,30	2.142,50	1.852,51	2.457,30	2.097,08	2.034,28	3.148,39	2.468,08	2.032,77	...	2.939,79	1.806,96	1.274,39
Zinsen		-533,23	-533,23	-533,23	-502,57	-502,57	-502,57	-500,61	-500,61	-500,61	...	-561,90	-561,90	-561,90
Gewerbesteuer		425,74	375,18	317,18	441,20	369,16	356,60	579,62	443,55	356,49	...	531,77	305,20	198,69
Körperschaftsteuer		359,08	308,52	250,52	378,38	306,34	293,78	517,04	380,98	293,92	...	461,53	234,96	128,45
Jahresüberschuß		1.077,25	925,57	751,57	1.135,15	919,01	881,33	1.551,12	1.142,94	881,75	...	1.384,59	704,89	385,35
Thesaurierung		-190,53	-160,53	-241,28	62,13	376,32	597,66	908,93	590,49	340,80	...	0,00	0,00	0,00
Ausschüttung		1.267,78	1.086,10	992,85	1.073,02	542,70	283,67	642,19	552,45	540,95	...	1.384,59	704,89	385,35

Tab. 265: Geplante Erfolgsrechnungen des Bereichs B9 für die Jahre 2008 bis 2010 sowie 2015 ff.

Jahr	2005	2006	2007	2008	2009	2010	2011	2012	2013	2014	2015 ff.
Investitionen in Sachanlagen	3.500,00	4.500,00	4.000,00	3.500,00	4.000,00	4.500,00	4.800,00	4.300,00	4.300,00	4.300,00	4.300,00
Kreditaufnahme (konzernintern)	2.275,00	2.925,00	2.600,00	2.275,00	2.600,00	2.925,00	3.120,00	2.795,00	2.795,00	2.795,00	2.795,00
Kredittilgung (konzernintern)			688,98	1.641,98	2.589,47	2.620,13	2.491,98	2.579,87	2.865,50	2.950,44	2.913,55	2.795,00

Tab. 266: Geplante Investitionen, Kreditaufnahme und -tilgung des Bereichs B9 für die Jahre 2008 bis 2015 ff.

Jahr	2007	2008	2009	2010	2011	2012	2013	2014	2015 ff.
$\mu(NCF_t^{HEV})$		929,26	547,43	479,31	750,56	821,31	645,78	662,65	711,89
$\sigma^2(NCF_t^{HEV})$		8.238,45	68.472,34	1.386,88	67.425,20	67.928,86	110.434,78	110.434,78	110.434,78
$SÄ(NCF_t^{HEV})$		924,32	506,35	478,48	710,10	780,56	579,52	596,39	645,63
EK_t	14.257,87	13.982,29	14.112,13	14.275,75	14.215,20	14.081,44	14.142,52	14.189,73	

Tab. 267: Bewertung des Bereichs B9 anhand des μ,σ^2-Kriteriums

Jahr	2007	2008	2009	2010	2011	2012	2013	2014	2015 ff.
$\mu(FCF_t^{HEV})$		1.485,64	843,91	400,85	607,24	1.211,09	1.101,80	1.079,80	1.024,80
UW_t^U	16.782,51	16.300,67	16.431,75	17.013,73	17.424,13	17.255,21	17.185,49	17.133,59	
TS_t^{FK}		49,66	46,80	46,62	50,55	55,46	54,81	53,40	52,33
WB_t^{FK}	1.141,16	1.143,42	1.148,64	1.154,29	1.156,26	1.153,41	1.151,08	1.150,05	
$TS_t^{\Delta AS}$		55,03	3,52	-75,78	-94,52	12,34	27,20	20,75	0,00
$WB_t^{\Delta AS}$	-43,66	-100,68	-108,78	-37,95	54,84	45,00	19,84	0,00	
UW_t	17.880,00	17.343,41	17.471,61	18.130,06	18.635,22	18.453,63	18.356,41	18.283,64	
EK_t	12.410,95	12.188,83	12.337,16	12.562,59	12.527,62	12.416,52	12.474,75	12.520,54	

Tab. 268: Bewertung des Bereichs B9 anhand des APV-Verfahrens

Bereich B10

Jahr	2008			2009			2010			2011			2012 ff.		
Szenario	I	II	III	I	II	III	I	II	III	I	II	III	I	II	III
Eintrittswahrscheinlichkeit	0,35	0,40	0,25	0,35	0,40	0,25	0,35	0,40	0,25	0,35	0,40	0,25	0,35	0,40	0,25
Umsatzwachstum (in % zum Vorjahr)	10,50%	6,00%	4,00%	9,00%	7,00%	6,00%	8,00%	5,00%	3,00%	6,00%	3,00%	1,00%	0,00%	0,00%	0,00%
Materialeinsatz (in % der Gesamtleistung)	28,00%	26,50%	27,00%	28,00%	27,00%	27,50%	28,50%	27,50%	28,50%	28,50%	27,50%	29,50%	26,50%	27,50%	28,50%
Personalaufwand (in % der Gesamtleistung)	21,00%	21,50%	22,00%	23,50%	23,00%	22,50%	23,50%	24,00%	23,00%	24,00%	24,00%	23,50%	25,00%	24,00%	23,50%
Sonstiger Aufwand (in % der Gesamtleistung)	7,50%	8,00%	8,50%	8,00%	8,50%	9,00%	7,00%	8,00%	10,00%	10,00%	11,00%	12,00%	10,50%	11,00%	12,00%
Innenumsatzquote (in % des Umsatzes)	0,00%	0,00%	0,00%	0,00%	0,00%	0,00%	0,00%	0,00%	0,00%	0,00%	0,00%	0,00%	0,00%	0,00%	0,00%
Bestand an Vorräten (in % des Umsatzes)	9,00%	10,00%	10,50%	9,50%	10,50%	11,00%	9,00%	10,00%	12,00%	12,00%	13,00%	14,00%	12,00%	13,00%	14,00%
Bestand an FE (in % des Umsatzes)	24,50%	25,00%	25,00%	25,00%	25,50%	26,00%	26,50%	27,50%	27,00%	27,00%	28,50%	26,50%	27,00%	28,50%	26,50%
Forderungen aus LuL (in % des Umsatzes)	5,50%	5,00%	6,00%	5,00%	6,00%	6,50%	6,50%	6,00%	5,00%	5,50%	5,00%	4,00%	5,50%	5,00%	4,00%
Verb. aus LuL (in % des Umsatzes)	8,50%	8,00%	8,00%	8,50%	9,00%	8,00%	10,00%	9,00%	8,50%	11,00%	10,00%	9,00%	11,00%	10,00%	9,00%

Tab. 269: Geplante *Value Driver* des Bereichs B10 für die Jahre 2008 bis 2012 ff.

Jahr	2007	2008			2009			2010			...	2015 ff.		
Szenario		I	II	III	I	II	III	I	II	III		I	II	III
Eintrittswahrscheinlichkeit		0,35	0,40	0,25	0,35	0,40	0,25	0,35	0,40	0,25		0,35	0,40	0,25
Sachanlagen	16.166,67	15.666,67	15.666,67	15.666,67	15.666,67	15.666,67	15.666,67	16.333,33	16.333,33	16.333,33	...	14.000,00	14.000,00	14.000,00
Vorräte	3.000,00	2.983,50	3.180,00	3.276,00	3.432,68	3.572,73	3.637,92	3.512,18	3.572,73	4.087,70		4.963,88	4.783,89	4.816,67
FE	7.950,00	8.121,75	7.950,00	7.800,00	9.033,38	8.676,63	8.598,72	10.341,41	9.825,01	9.197,32		11.168,72	10.487,75	9.117,27
Forderungen aus LuL	1.550,00	1.823,25	1.590,00	1.872,00	1.806,68	2.041,56	2.149,68	2.536,57	2.143,64	1.703,21		2.275,11	1.839,96	1.376,19
Summe Aktiva	**28.666,67**	**28.595,17**	**28.386,67**	**28.614,67**	**29.939,40**	**29.957,59**	**30.052,99**	**32.723,49**	**31.874,71**	**31.321,56**		**32.407,71**	**31.111,59**	**29.310,14**
Eigenkapital	16.169,67	16.070,70	16.135,95	16.411,95	17.179,91	17.207,11	17.719,09	18.733,22	18.571,40	18.338,26		19.197,36	18.771,56	17.553,58
Verb. ggü. vU	9.997,00	9.706,72	9.706,72	9.706,72	9.688,14	9.688,14	9.688,14	10.087,85	10.087,85	10.087,85		8.660,12	8.660,12	8.660,12
Verb. aus LuL	2.500,00	2.817,75	2.544,00	2.496,00	3.071,35	3.062,34	2.645,76	3.902,42	3.215,46	2.895,45		4.550,22	3.679,91	3.096,43
Summe Passiva	**28.666,67**	**28.595,17**	**28.386,67**	**28.614,67**	**29.939,40**	**29.957,59**	**30.052,99**	**32.723,49**	**31.874,71**	**31.321,56**		**32.407,71**	**31.111,59**	**29.310,14**

Tab. 270: Geplante Bilanzen des Bereichs B10 für die Jahre 2008 bis 2010 sowie 2015 ff.

Jahr	2007	2008			2009			2010			...	2015 ff.		
Szenario		I	II	III	I	II	III	I	II	III		I	II	III
Wahrscheinlichkeit		0,35	0,40	0,25	0,35	0,40	0,25	0,35	0,40	0,25		0,35	0,40	0,25
Gesamtumsätze	30.000,00	33.150,00	31.800,00	31.200,00	36.133,50	34.026,00	33.072,00	39.024,18	35.727,30	34.064,16	...	41.365,63	36.799,12	34.404,80
Innenumsätze		0,00	0,00	0,00	0,00	0,00	0,00	0,00	0,00	0,00		0,00	0,00	0,00
Δ FE		171,75	0,00	-150,00	911,63	726,63	798,72	1.308,03	1.148,38	598,60		0,00	0,00	0,00
Gesamtleistung		33.321,75	31.800,00	31.050,00	37.045,13	34.752,63	33.870,72	40.332,21	36.875,68	34.662,76		41.365,63	36.799,12	34.404,80
Materialeinsatz		-9.330,09	-8.427,00	-8.383,50	-10.372,64	-9.383,21	-9.314,45	-11.494,68	-10.140,81	-9.878,89		-10.961,89	-10.119,76	-9.805,37
Rohertrag		23.991,66	23.373,00	22.666,50	26.672,49	25.369,42	24.556,27	28.837,53	26.734,87	24.783,88		30.403,74	26.679,36	24.599,43
Personalaufw.		-6.997,57	-6.837,00	-6.831,00	-8.705,60	-7.993,10	-7.620,91	-9.478,07	-8.850,16	-7.972,44		-10.341,41	-8.831,79	-8.085,13
Sonstiger Aufw.		-2.499,13	-2.544,00	-2.639,25	-2.963,61	-2.953,97	-3.048,36	-2.823,25	-2.950,05	-3.466,28		-4.343,39	-4.047,90	-4.128,58
EBITDA		**14.494,96**	**13.992,00**	**13.196,25**	**15.003,28**	**14.422,34**	**13.887,00**	**16.536,21**	**14.934,65**	**13.345,16**		**15.718,94**	**13.799,67**	**12.385,73**
Abschreibungen		-8.000,00	-8.000,00	-8.000,00	-8.000,00	-8.000,00	-8.000,00	-7.833,33	-7.833,33	-7.833,33		-7.000,00	-7.000,00	-7.000,00
EBIT		**6.494,96**	**5.992,00**	**5.196,25**	**7.003,28**	**6.422,34**	**5.887,00**	**8.702,87**	**7.101,32**	**5.511,83**		**8.718,94**	**6.799,67**	**5.385,73**
Zinsen		-974,71	-974,71	-974,71	-946,40	-946,40	-946,40	-944,59	-944,59	-944,59		-844,36	-844,36	-844,36
Gewerbesteuer		1.201,52	1.100,93	941,78	1.306,01	1.189,83	1.082,57	1.646,12	1.325,80	1.007,91		1.659,35	1.275,50	992,71
Körperschaftsteuer		1.079,68	979,09	819,94	1.187,71	1.071,53	964,46	1.528,04	1.207,73	889,83		1.553,81	1.169,95	887,16
Jahresüberschuß		**3.239,05**	**2.937,27**	**2.459,82**	**3.563,14**	**3.214,58**	**2.893,37**	**4.584,12**	**3.623,19**	**2.669,50**		**4.661,42**	**3.509,86**	**2.661,49**
Thesaurierung		-98,97	-33,72	242,28	1.109,21	1.071,16	1.307,14	1.553,31	1.364,29	619,17		0,00	0,00	0,00
Ausschüttung		**3.338,02**	**2.970,99**	**2.217,54**	**2.453,93**	**2.143,42**	**1.586,23**	**3.030,82**	**2.258,90**	**2.050,33**		**4.661,42**	**3.509,86**	**2.661,49**

Tab. 271: Geplante Erfolgsrechnungen des Bereichs B10 für die Jahre 2008 bis 2010 sowie 2015 ff.

Jahr	2005	2006	2007	2008	2009	2010	2011	2012	2013	2014	2015 ff.
Investitionen in Sachanlagen	7.500,00	8.500,00	8.000,00	7.500,00	8.000,00	8.500,00	7.000,00	7.000,00	7.000,00	7.000,00	7.000,00
Kreditaufnahme (konzernintern)	4.500,00	5.100,00	4.800,00	4.500,00	4.800,00	5.100,00	4.200,00	4.200,00	4.200,00	4.200,00	4.200,00
Kredittilgung (konzernintern)			1.362,81	3.040,20	4.790,28	4.818,58	4.700,29	4.781,42	4.718,00	4.528,30	4.200,00	4.200,00

Tab. 272: Geplante Investitionen, Kreditaufnahme und -tilgung des Bereichs B10 für die Jahre 2008 bis 2015 ff.

Jahr	2007	2008	2009	2010	2011	2012	2013	2014	2015 ff.
μ (NCF$_t^{HEV}$)		2.401,65	1.743,06	2.043,46	2.061,71	2.854,87	2.929,50	3.053,17	3.053,17
σ^2 (NCF$_t^{HEV}$)		126.243,25	75.155,80	116.992,51	128.816,63	413.547,69	413.547,69	413.547,69	413.547,69
SÄ (NCF$_t^{HEV}$)		2.325,90	1.697,97	1.973,27	1.984,42	2.606,74	2.681,37	2.805,04	2.805,04
EK$_t$	58.510,07	58.846,37	59.825,91	60.574,72	61.346,46	61.530,99	61.649,28	61.649,28	

Tab. 273: Bewertung des Bereichs B10 anhand des μ,σ^2-Kriteriums

Jahr	2007	2008	2009	2010	2011	2012	2013	2014	2015 ff.
μ (FCF$_t^{HEV}$)		3.183,92	2.285,42	2.239,72	3.089,10	3.798,37	3.688,37	3.523,37	3.523,37
UW$_t^{UV,S}$	56.384,07	56.572,62	57.670,96	58.880,68	59.313,38	59.062,69	58.907,00	58.907,00	
TS$_t^{FK}$		90,77	88,13	87,97	91,59	86,32	81,61	78,63	78,63
WB$_t^{FK}$	1.775,91	1.765,95	1.758,16	1.750,20	1.738,24	1.731,01	1.728,16	1.728,16	
TS$_t^{IAS}$		50,80	3,25	-69,95	101,75	90,65	57,45	0,00	0,00
WB$_t^{IAS}$	192,07	150,01	153,59	230,53	139,27	54,95	0,00	0,00	
UW$_t$	58.352,06	58.488,59	59.582,71	60.861,40	61.190,88	60.348,65	60.635,16	60.635,16	
EK$_t$	48.355,06	48.781,87	49.894,57	50.773,55	51.684,45	51.360,22	51.975,03	51.975,03	

Tab. 274: Bewertung des Bereichs B10 anhand des APV-Verfahrens

Finanzierungsgesellschaft

Jahr	2008			2009			2010			2011			2012 ff.		
Szenario	I	II	III	I	II	III	I	II	III	I	II	III	I	II	III
Eintrittswahrscheinlichkeit	0,35	0,40	0,25	0,35	0,40	0,25	0,35	0,40	0,25	0,35	0,40	0,25	0,35	0,40	0,25
Umsatzwachstum (in % zum Vorjahr)	0,00%	0,00%	0,00%	0,00%	0,00%	0,00%	0,00%	0,00%	0,00%	0,00%	0,00%	0,00%	0,00%	0,00%	0,00%
Materialeinsatz (in % der Gesamtleistung)	0,00%	0,00%	0,00%	0,00%	0,00%	0,00%	0,00%	0,00%	0,00%	0,00%	0,00%	0,00%	0,00%	0,00%	0,00%
Personalaufwand (in % der Gesamtleistung)	39,00%	33,00%	28,00%	38,00%	32,00%	34,00%	38,50%	34,00%	33,00%	40,00%	37,00%	33,00%	42,00%	40,00%	34,00%
Sonstiger Aufwand (in % der Gesamtleistung)	10,00%	8,00%	5,00%	11,00%	8,50%	5,50%	12,00%	8,00%	4,00%	15,00%	11,00%	9,00%	15,00%	11,00%	7,00%
Innenumsatzquote (in % des Umsatzes)	0,00%	0,00%	0,00%	0,00%	0,00%	0,00%	0,00%	0,00%	0,00%	0,00%	0,00%	0,00%	0,00%	0,00%	0,00%
Bestand an Vorräten (in % des Umsatzes)	0,00%	0,00%	0,00%	0,00%	0,00%	0,00%	0,00%	0,00%	0,00%	0,00%	0,00%	0,00%	0,00%	0,00%	0,00%
Bestand an FE (in % des Umsatzes)	0,00%	0,00%	0,00%	0,00%	0,00%	0,00%	0,00%	0,00%	0,00%	0,00%	0,00%	0,00%	0,00%	0,00%	0,00%
Forderungen aus LuL (in % des Umsatzes)	0,00%	0,00%	0,00%	0,00%	0,00%	0,00%	0,00%	0,00%	0,00%	0,00%	0,00%	0,00%	0,00%	0,00%	0,00%
Verb. aus LuL (in % des Umsatzes)	0,00%	0,00%	0,00%	0,00%	0,00%	0,00%	0,00%	0,00%	0,00%	0,00%	0,00%	0,00%	0,00%	0,00%	0,00%

Tab. 275: Geplante *Value Driver* der Finanzierungsgesellschaft für die Jahre 2008 bis 2012 ff.

Jahr	2007	2008			2009			2010			...	2015 ff.		
Szenario		I	II	III	I	II	III	I	II	III		I	II	III
Eintrittswahrscheinlichkeit		0,35	0,40	0,25	0,35	0,40	0,25	0,35	0,40	0,25		0,35	0,40	0,25
Sachanlagen	1.666,67	1.416,67	1.416,67	1.416,67	1.266,67	1.266,67	1.266,67	1.300,00	1.300,00	1.300,00	...	1.200,00	1.200,00	1.200,00
Vorräte	0,00	0,00	0,00	0,00	0,00	0,00	0,00	0,00	0,00	0,00		0,00	0,00	0,00
FE	0,00	0,00	0,00	0,00	0,00	0,00	0,00	0,00	0,00	0,00	...	0,00	0,00	0,00
Ausleihungen an vU	86.143,65	88.240,63	88.240,63	88.240,63	86.124,99	86.124,99	86.124,99	88.968,07	88.968,07	88.968,07		88.044,58	88.044,58	88.044,58
Summe Aktiva	**87.810,32**	**89.657,30**	**89.657,30**	**89.657,30**	**87.391,66**	**87.391,66**	**87.391,66**	**90.268,07**	**90.268,07**	**90.268,07**		**89.244,58**	**89.244,58**	**89.244,58**
Eigenkapital	374,32	328,72	328,72	328,72	295,59	295,59	295,59	302,15	302,15	302,15	...	279,72	279,72	279,72
Verb. ggü Kreditinstituten	1.292,35	1.087,95	1.087,95	1.087,95	971,08	971,08	971,08	997,85	997,85	997,85	...	920,28	920,28	920,28
Verb. ggü Kreditinstituten	86.143,65	88.240,63	88.240,63	88.240,63	86.124,99	86.124,99	86.124,99	88.968,07	88.968,07	88.968,07	...	88.044,58	88.044,58	88.044,58
Summe Passiva	**87.810,32**	**89.657,30**	**89.657,30**	**89.657,30**	**87.391,66**	**87.391,66**	**87.391,66**	**90.268,07**	**90.268,07**	**90.268,07**		**89.244,58**	**89.244,58**	**89.244,58**

Tab. 276: Geplante Bilanzen der Finanzierungsgesellschaft für die Jahre 2008 bis 2010 sowie 2015 ff.

Anhang

Jahr	2008			2009			2010			...	2015 ff.		
Szenario	I	II	III	I	II	III	I	II	III		I	II	III
Wahrscheinlichkeit	0,35	0,40	0,25	0,35	0,40	0,25	0,35	0,40	0,25		0,35	0,40	0,25
Gesamtumsätze	8.399,01	8.399,01	8.399,01	8.603,46	8.603,46	8.603,46	8.397,19	8.397,19	8.397,19	...	8.584,35	8.584,35	8.837,80
Innenumsätze	0,00	0,00	0,00	0,00	0,00	0,00	0,00	0,00	0,00		0,00	0,00	0,00
Δ FE	0,00	0,00	0,00	0,00	0,00	0,00	0,00	0,00	0,00	...	0,00	0,00	0,00
Gesamtleistung	8.399,01	8.399,01	8.399,01	8.603,46	8.603,46	8.603,46	8.397,19	8.397,19	8.397,19		8.584,35	8.584,35	8.837,80
Materialeinsatz	0,00	0,00	0,00	0,00	0,00	0,00	0,00	0,00	0,00		0,00	0,00	0,00
Rohertrag	8.399,01	8.399,01	8.399,01	8.603,46	8.603,46	8.603,46	8.397,19	8.397,19	8.397,19	...	8.584,35	8.584,35	8.837,80
Personalaufw.	-3.275,61	-2.771,67	-2.351,72	-3.269,32	-2.753,11	-2.925,18	-3.232,92	-2.855,04	-2.771,07	...	-3.433,74	-2.918,68	-3.535,12
Sonstiger Aufw.	-839,90	-671,92	-419,95	-946,38	-731,29	-473,19	-1.007,66	-671,77	-335,89	...	-944,28	-600,90	-972,16
EBITDA	4.283,49	4.955,41	5.627,33	4.387,77	5.119,06	5.205,09	4.156,61	4.870,37	5.290,23	...	4.206,33	5.064,76	4.330,52
Abschreibungen	-1.000,00	-1.000,00	-1.000,00	-750,00	-750,00	-750,00	-616,67	-616,67	-616,67	...	-600,00	-600,00	-616,67
EBIT	3.283,49	3.955,41	4.627,33	3.637,77	4.369,06	4.455,09	3.539,94	4.253,70	4.673,56	...	3.606,33	4.464,76	3.713,86
Zinsen	-90,46	-90,46	-90,46	-76,16	-76,16	-76,16	-67,98	-67,98	-67,98	...	-64,42	-64,42	-66,23
Gewerbesteuer	-6.030,06	-6.030,06	-6.030,06	-6.176,84	-6.176,84	-6.176,84	-6.028,75	-6.028,75	-6.028,75	...	-6.163,12	-6.163,12	-6.345,09
Körperschaftsteuer	44,65	179,03	313,41	102,25	248,51	265,72	98,32	241,07	325,04	...	-4,50	98,51	270,20
Jahresüberschuß	-720,42	-586,03	-451,65	-679,37	-533,11	-515,91	-663,77	-521,02	-437,05	...	-782,94	-679,93	-530,24
Thesaurierung	629,93	629,93	629,93	645,26	645,26	645,26	629,79	629,79	629,79	...	643,83	643,83	643,83
Ausschüttung	-1.531,33	-1.128,18	-725,03	-1.392,86	-954,08	-902,46	-1.361,54	-933,28	-681,36	...	-1.705,00	-1.395,97	-880,91
	-45,60	-45,60	-45,60	-33,13	-33,13	-33,13	6,57	6,57	6,57		0,00	0,00	0,00
	-1.485,73	-1.082,58	-679,43	-1.359,72	-920,95	-869,33	-1.368,10	-939,85	-687,93	...	-1.705,00	-1.395,97	-880,91

Tab. 277: Geplante Erfolgsrechnungen der Finanzierungsgesellschaft für die Jahre 2008 bis 2010 sowie 2015 ff.

Jahr	2005	2006	2007	2008	2009	2010	2011	2012	2013	2014	2015 ff.
Investitionen in Sachanlagen	1.500,00	1.000,00	500,00	750,00	600,00	650,00	600,00	600,00	600,00	600,00	600,00
Kreditaufnahme (konzernintern)	1.125,00	750,00	375,00	562,50	450,00	487,50	450,00	450,00	450,00	450,00	450,00
Kredittilgung (konzernintern)			349,93	607,72	766,90	566,87	460,73	501,73	462,48	463,35	450,00	450,00

Tab. 278: Geplante Investitionen, Kreditaufnahme und -tilgung der Finanzierungsgesellschaft für die Jahre 2008 bis 2015 ff.

Jahr	2007	2008	2009	2010	2011	2012	2013	2014	2015 ff.
μ (NCF$_t^{HEV}$)		-926,39	-875,83	-847,07	-1.095,94	-1.164,15	-1.159,79	-1.139,86	-1.134,67
σ^2 (NCF$_t^{HEV}$)		65.267,68	32.848,85	49.347,46	46.548,57	71.653,08	70.856,60	68.478,87	67.602,18
SÄ (NCF$_t^{HEV}$)		-965,55	-895,54	-876,68	-1.123,87	-1.207,14	-1.202,30	-1.180,94	-1.175,24
EK$_t$	-25.119,13	-25.296,50	-25.551,95	-25.837,88	-25.889,64	-25.860,47	-25.834,83	-25.829,37	

Tab. 279: Bewertung der Finanzierungsgesellschaft anhand des μ,σ^2-Kriteriums

Jahr	2007	2008	2009	2010	2011	2012	2013	2014	2015 ff.
μ (FCF$_t^{HEV}$)		-2.026,59	-2.088,33	-2.150,23	-2.376,83	-2.505,10	-2.492,77	-2.461,02	-2.447,12
UW$_t^{UV,S}$	-39.976,67	-40.341,19	-40.665,77	-40.947,86	-41.020,23	-40.968,65	-40.926,32	-40.913,21	
TS$_t^{FK}$		-212,18	-218,89	-214,23	-221,34	-225,97	-224,75	-220,93	-219,48
WB$_t^{FK}$	-4.823,43	-4.830,72	-4.831,63	-4.837,23	-4.835,99	-4.830,06	-4.825,08	-4.823,68	
TS$_t^{\Delta AS}$		35,77	20,45	-4,68	9,05	2,18	2,34	0,00	0,00
WB$_t^{\Delta AS}$		59,94	26,90	7,67	12,70	4,23	2,24	0,00	0,00
UW$_t$	-44.740,17	-45.145,19	-45.489,73	-45.772,40	-45.852,00	-45.796,48	-45.751,40	-45.736,89	
EK$_t$	-46.032,52	-46.232,96	-46.460,81	-46.770,24	-46.798,11	-46.730,11	-46.671,68	-46.657,17	

Tab. 280: Bewertung der Finanzierungsgesellschaft anhand des APV-Verfahrens

Holding

Jahr	2008			2009			2010			2011			2012 ff.		
Szenario	I	II	III	I	II	III	I	II	III	I	II	III	I	II	III
Eintrittswahrscheinlichkeit	0,35	0,40	0,25	0,35	0,40	0,25	0,35	0,40	0,25	0,35	0,40	0,25	0,35	0,40	0,25
Umsatzwachstum (in % zum Vorjahr)	0,00%	0,00%	0,00%	0,00%	0,00%	0,00%	0,00%	0,00%	0,00%	0,00%	0,00%	0,00%	0,00%	0,00%	0,00%
Materialeinsatz (in % der Gesamtleistung)	0,00%	0,00%	0,00%	0,00%	0,00%	0,00%	0,00%	0,00%	0,00%	0,00%	0,00%	0,00%	0,00%	0,00%	0,00%
Personalaufwand (in % der Gesamtleistung)	0,00%	0,00%	0,00%	0,00%	0,00%	0,00%	0,00%	0,00%	0,00%	0,00%	0,00%	0,00%	0,00%	0,00%	0,00%
Sonstiger Aufwand (in % der Gesamtleistung)	0,00%	0,00%	0,00%	0,00%	0,00%	0,00%	0,00%	0,00%	0,00%	0,00%	0,00%	0,00%	0,00%	0,00%	0,00%
Innenumsatzquote (in % des Umsatzes)	0,00%	0,00%	0,00%	0,00%	0,00%	0,00%	0,00%	0,00%	0,00%	0,00%	0,00%	0,00%	0,00%	0,00%	0,00%
Bestand an Vorräten (in % des Umsatzes)	0,00%	0,00%	0,00%	0,00%	0,00%	0,00%	0,00%	0,00%	0,00%	0,00%	0,00%	0,00%	0,00%	0,00%	0,00%
Bestand an FE (in % des Umsatzes)	0,00%	0,00%	0,00%	0,00%	0,00%	0,00%	0,00%	0,00%	0,00%	0,00%	0,00%	0,00%	0,00%	0,00%	0,00%
Forderungen aus LuL (in % des Umsatzes)	0,00%	0,00%	0,00%	0,00%	0,00%	0,00%	0,00%	0,00%	0,00%	0,00%	0,00%	0,00%	0,00%	0,00%	0,00%
Verb. aus LuL (in % des Umsatzes)	0,00%	0,00%	0,00%	0,00%	0,00%	0,00%	0,00%	0,00%	0,00%	0,00%	0,00%	0,00%	0,00%	0,00%	0,00%

Tab. 281: Geplante *Value Driver* der *Holding* für die Jahre 2008 bis 2012 ff.

Jahr	2007	2008			2009			...	2015 ff.		
Szenario		I	II	III	I	II	III		I	II	III
Wahrscheinlichkeit		0,35	0,40	0,25	0,35	0,40	0,25	...	0,35	0,40	0,25
Sachanlagen	0,00	0,00	0,00	0,00	0,00	0,00	0,00	...	0,00	0,00	0,00
Finanzanlagen	189.980,67	195.760,67	197.188,67	197.925,80	206.477,69	206.673,41	208.095,66	...	222.123,31	227.935,95	232.517,60
Ausleihungen an vU	0,00	0,00	0,00	0,00	0,00	0,00	0,00	...	0,00	0,00	0,00
Kasse	15.000,00	13.000,00	13.000,00	13.000,00	14.000,00	14.000,00	14.000,00	...	10.000,00	10.000,00	10.000,00
Summe Aktiva	204.980,67	208.760,67	210.188,67	210.925,80	220.477,69	220.673,41	222.095,66	...	232.123,31	237.935,95	242.517,60
Eigenkapital	204.980,67	208.760,67	210.188,67	210.925,80	220.477,69	220.673,41	222.095,66	...	232.123,31	237.935,95	242.517,60
Verb. ggü vU	0,00	0,00	0,00	0,00	0,00	0,00	0,00	...	0,00	0,00	0,00
Verb. ggü Kreditinstituten	0,00	0,00	0,00	0,00	0,00	0,00	0,00	...	0,00	0,00	0,00
Summe Passiva	204.980,67	208.760,67	210.188,67	210.925,80	220.477,69	220.673,41	222.095,66	...	232.123,31	237.935,95	242.517,60

Tab. 282: Geplante Bilanzen der *Holding* für die Jahre 2008 bis 2009 sowie 2015 ff.

Jahr	2008			2009			2010			...	2015 ff.		
Szenario	I	II	III	I	II	III	I	II	III		I	II	III
Wahrscheinlichkeit	0,35	0,40	0,25	0,35	0,40	0,25	0,35	0,40	0,25	...	0,35	0,40	0,25
Beteiligungsergebnis	24.635,41	26.070,95	27.328,67	22.359,77	23.073,92	23.957,04	21.379,55	21.444,64	22.389,67	...	34.895,39	36.772,53	40.046,28
Gesamt- und Innenumsätze	0,00	0,00	0,00	0,00	0,00	0,00	0,00	0,00	0,00	...	0,00	0,00	0,00
Δ FE	0,00	0,00	0,00	0,00	0,00	0,00	0,00	0,00	0,00	...	0,00	0,00	0,00
Gesamtleistung	24.635,41	26.070,95	27.328,67	22.359,77	23.073,92	23.957,04	21.379,55	21.444,64	22.389,67	...	34.895,39	36.772,53	40.046,28
Materialeinsatz	0,00	0,00	0,00	0,00	0,00	0,00	0,00	0,00	0,00	...	0,00	0,00	0,00
Rohertrag	24.635,41	26.070,95	27.328,67	22.359,77	23.073,92	23.957,04	21.379,55	21.444,64	22.389,67	...	34.895,39	36.772,53	40.046,28
Personalaufw.	0,00	0,00	0,00	0,00	0,00	0,00	0,00	0,00	0,00	...	0,00	0,00	0,00
Sonstiger Aufw.	0,00	0,00	0,00	0,00	0,00	0,00	0,00	0,00	0,00	...	0,00	0,00	0,00
EBITDA	24.635,41	26.070,95	27.328,67	22.359,77	23.073,92	23.957,04	21.379,55	21.444,64	22.389,67	...	34.895,39	36.772,53	40.046,28
Abschreibungen	0,00	0,00	0,00	0,00	0,00	0,00	0,00	0,00	0,00	...	0,00	0,00	0,00
EBIT	24.635,41	26.070,95	27.328,67	22.359,77	23.073,92	23.957,04	21.379,55	21.444,64	22.389,67	...	34.895,39	36.772,53	40.046,28
Zinsen	0,00	0,00	0,00	0,00	0,00	0,00	0,00	0,00	0,00	...	0,00	0,00	0,00
Gewerbesteuer	0,00	0,00	0,00	0,00	0,00	0,00	0,00	0,00	0,00	...	0,00	0,00	0,00
Körperschaftsteuer	0,00	0,00	0,00	0,00	0,00	0,00	0,00	0,00	0,00	...	0,00	0,00	0,00
Jahresüberschuß	24.635,41	26.070,95	27.328,67	22.359,77	23.073,92	23.957,04	21.379,55	21.444,64	22.389,67	...	34.895,39	36.772,53	40.046,28
Thesaurierung	3.780,01	5.208,01	5.945,13	11.717,02	10.484,74	11.169,86	10.171,24	14.733,33	15.939,57	...	0,00	0,00	0,00
Ausschüttung	20.855,40	20.862,94	21.383,54	10.642,75	12.589,18	12.787,18	11.208,31	6.711,31	6.450,10	...	34.895,39	36.772,53	40.046,28

Tab. 283: Geplante Erfolgsrechnungen der *Holding* für die Jahre 2008 bis 2010 sowie 2015 ff.

Jahr	2007	2008	2009	2010	2011	2012	2013	2014	2015 ff.
μ (NCF$_t^{HEV}$)		1.650,00	-825,00	1.650,00	-1.237,50	2.887,50	0,00	0,00	0,00
σ² (NCF$_t^{HEV}$)		0,00	0,00	0,00	0,00	0,00	0,00	0,00	0,00
SÄ (NCF$_t^{HEV}$)		1.650,00	-825,00	1.650,00	-1.237,50	2.887,50	0,00	0,00	0,00
EK$_t$	3.543,06	2.054,27	2.972,74	1.458,00	2.761,84	0,00	0,00	0,00	

Tab. 284: Bewertung der *Holding* anhand des μ,σ²-Kriteriums

Jahr	2007	2008	2009	2010	2011	2012	2013	2014	2015 ff.
μ (FCF$_t^{HEV}$)		1.650,00	-825,00	1.650,00	-1.237,50	2.887,50	0,00	0,00	0,00
UW$_t^U$	3.387,19	1.939,78	2.880,81	1.403,11	2.724,54	0,00	0,00	0,00	
TS$_t^{FK}$		0,00	0,00	0,00	0,00	0,00	0,00	0,00	0,00
WB$_t^{FK}$	0,00	0,00	0,00	0,00	0,00	0,00	0,00	0,00	
TS$_t^{\text{IAS}}$		0,00	0,00	0,00	0,00	0,00	0,00	0,00	0,00
WB$_t^{\text{IAS}}$	0,00	0,00	0,00	0,00	0,00	0,00	0,00	0,00	
UW$_t$	3.387,19	1.939,78	2.880,81	1.403,11	2.724,54	0,00	0,00	0,00	
EK$_t$	3.387,19	1.939,78	2.880,81	1.403,11	2.724,54	0,00	0,00	0,00	

Tab. 285: Bewertung der *Holding* anhand des APV-Verfahrens

Anhang II: Bewertung des Konzerns K

Die Unternehmensbewertung des Konzerns K basiert auf den bereits dargestellten integrierten Planungsrechnungen der Bereiche B1 bis B10.[2360] Neben den bisherigen Bewertungsprämissen sind für die Erstellung der konsolidierten Planungsrechnungen nachstehende Informationen notwendig:

- Die konzernbezogenen Herstellungskosten berechnen sich aus den bereichsbezogenen Herstellungskosten abzüglich der um die Veränderung der nicht realisierten Zwischengewinne verminderten Innenumsätze. Vereinfachgemäß werden einheitlich für den gesamten Konzern K produktbezogene Zwischengewinne i.H.v. 5,00% des Innenumsatzes sowie vorratsbezogene Zwischengewinne i.H.v. 2,00% des Innenumsatzes angesetzt.
- Für die konzerninternen Forderungen bzw. Verbindlichkeiten aus Lieferungen und Leistungen werden pauschal 10,00% des Innenumsatzes unterstellt.

Jahr	2007	2008			2009			...	2015 ff.		
Szenario		I	II	III	I	II	III		I	II	III
Eintrittswahrscheinlichkeit		0,35	0,40	0,25	0,35	0,40	0,25		0,35	0,40	0,25
Sachanlagen	165.166,67	168.750,00	168.750,00	168.750,00	164.600,00	164.600,00	164.600,00	...	168.200,00	168.200,00	168.200,00
Vorräte	43.000,00	44.661,62	43.241,03	45.474,58	47.211,94	47.868,08	51.493,59	...	57.104,44	61.229,57	64.965,86
FE	59.100,00	58.530,80	62.918,00	60.249,45	65.122,54	66.053,78	63.729,72	...	73.187,51	74.626,18	76.576,20
Forderungen aus LuL	31.650,00	31.245,10	29.336,75	31.481,53	34.014,22	34.554,35	34.621,60	...	30.206,17	32.695,30	34.916,25
Kasse	15.000,00	13.000,00	13.000,00	13.000,00	14.000,00	14.000,00	14.000,00	...	10.000,00	10.000,00	10.000,00
Summe Aktiva	**313.916,67**	**316.187,52**	**317.245,78**	**318.955,56**	**324.948,70**	**327.076,21**	**328.444,91**	...	**338.698,13**	**346.751,05**	**354.658,31**
Gezeichnetes Kapital	204.980,67	204.980,67	204.980,67	204.980,67	204.980,67	204.980,67	204.980,67	...	204.980,67	204.980,67	204.980,67
Rücklagen		1.666,43	3.134,78	3.903,16	11.137,36	11.462,30	12.975,07	...	17.833,78	24.021,31	28.920,72
Verb. aus LuL	21.500,00	20.211,85	19.801,75	20.743,15	21.734,61	23.537,16	23.393,10	...	26.918,82	28.784,21	31.792,06
Verb. ggü Kreditinstituten	87.436,00	89.328,58	89.328,58	89.328,58	87.096,07	87.096,07	87.096,07	...	88.964,86	88.964,86	88.964,86
Summe Passiva	**313.916,67**	**316.187,52**	**317.245,78**	**318.955,56**	**324.948,70**	**327.076,21**	**328.444,91**	...	**338.698,13**	**346.751,05**	**354.658,31**

Tab. 286: Geplante, konsoldierte Bilanzen des Konzerns K für die Jahre 2008 und 2009 sowie 2015 ff.

[2360] Vgl. zum grundsätzlichen Vorgehen *Dinstuhl* (2003), S. 219 ff. Weitergehend vgl. auch *Meichelbeck* (1997) sowie *Meichelbeck* (2005), S. 429-457.

Anhang

Jahr	2007	2008			2009			...	2015 ff.		
Szenario		I	II	III	I	II	III		I	II	III
Wahrscheinlichkeit		0,35	0,40	0,25	0,35	0,40	0,25		0,35	0,40	0,25
Umsatzerlöse	267.500,00	246.836,60	247.395,75	249.386,90	265.451,32	266.249,11	270.570,64	...	294.357,33	294.299,64	299.854,87
Δ FE		-569,20	3.818,00	1.149,45	6.591,74	3.135,78	3.480,27	...	0,00	0,00	0,00
Herstellungskosten		-93.814,51	-94.651,94	-92.863,06	-107.666,71	-107.282,88	-111.074,28	...	-116.249,60	-116.895,86	-118.930,63
Sonstige Aufw.		-16.821,85	-16.117,86	-13.873,34	-20.709,83	-19.210,16	-17.411,79	...	-28.842,75	-25.010,25	-23.074,45
EBITDA		**135.631,03**	**140.443,95**	**143.799,95**	**143.666,52**	**142.891,85**	**145.564,84**	...	**149.264,97**	**152.393,53**	**157.849,79**
Abschreibungen		-80.166,67	-80.166,67	-80.166,67	-83.750,00	-83.750,00	-83.750,00	...	-84.100,00	-84.100,00	-84.100,00
EBIT		**55.464,37**	**60.277,28**	**63.633,28**	**59.916,52**	**59.141,85**	**61.814,84**	...	**65.164,97**	**68.293,53**	**73.749,79**
Zinsen		-6.120,52	-6.120,52	-6.120,52	-6.253,00	-6.253,00	-6.253,00	...	-6.227,54	-6.227,54	-6.227,54
Gewerbesteuer		-10.480,82	-11.443,40	-12.114,60	-11.358,00	-11.203,07	-11.737,67	...	-12.410,24	-13.035,95	-14.127,20
Körperschaftsteuer		-9.715,76	-10.678,34	-11.349,54	-10.576,38	-10.421,44	-10.956,04	...	-11.631,80	-12.257,51	-13.348,76
Jahresüberschuß		**29.147,27**	**32.035,02**	**34.048,62**	**31.729,14**	**31.264,33**	**32.868,13**	...	**34.895,39**	**36.772,53**	**40.046,28**
Thesaurierung		-1.666,43	-3.134,78	-3.903,16	-9.470,93	-8.327,52	-9.071,91	...	0,00	0,00	0,00
Ausschüttung		**27.480,84**	**28.900,24**	**30.145,46**	**22.258,21**	**22.936,81**	**23.796,22**	...	**34.895,39**	**36.772,53**	**40.046,28**

Tab. 287: Geplante, konsolidierte Erfolgsrechnungen des Konzerns K für die Jahre 2008 und 2009 sowie 2015 ff.

Jahr	2008			2009			...	2015 ff.		
Szenario	I	II	III	I	II	III		I	II	III
Eintrittswahrscheinlichkeit	0,35	0,40	0,25	0,35	0,40	0,25	...	0,35	0,40	0,25
Umsatzeinzahlungen	244.222,10	246.747,25	246.638,28	262.492,90	260.911,52	267.350,59	...	294.357,33	294.299,64	299.854,87
Materialauszahlungen	-54.440,20	-55.346,39	-56.576,78	-64.209,84	-63.716,57	-68.179,18	...	-64.470,22	-64.859,24	-67.690,86
Lohnauszahlungen	-39.304,68	-38.283,07	-36.600,61	-44.295,13	-44.337,96	-46.184,18	...	-51.779,38	-52.036,62	-51.239,77
Sonstige zahlungswirksame Kosten	-16.821,85	-16.117,86	-13.873,34	-20.709,83	-19.210,16	-17.411,79	...	-28.842,75	-25.010,25	-23.074,45
Zinsen	-6.120,52	-6.120,52	-6.120,52	-6.253,00	-6.253,00	-6.253,00	...	-6.227,54	-6.227,54	-6.227,54
Gewerbesteuer	-10.480,82	-11.443,40	-12.114,60	-11.358,00	-11.203,07	-11.737,67	...	-12.410,24	-13.035,95	-14.127,20
Körperschaftsteuer	-9.715,76	-10.678,34	-11.349,54	-10.576,38	-10.421,44	-10.956,04	...	-11.631,80	-12.257,51	-13.348,76
Cashflow aus operativer Tätigkeit	**107.338,27**	**108.757,66**	**110.002,88**	**105.090,71**	**105.769,31**	**106.628,73**	...	**118.995,39**	**120.872,53**	**124.146,29**
Cashflow aus Investitionen	**-83.750,00**	**-83.750,00**	**-83.750,00**	**-79.600,00**	**-79.600,00**	**-79.600,00**	...	**-84.100,00**	**-84.100,00**	**-84.100,00**
Dividendenzahlungen	-27.480,84	-28.900,24	-30.145,46	-22.258,21	-22.936,81	-23.796,22	...	-34.895,39	-36.772,53	-40.046,28
Veränderungen des Eigenkapitals	0,00	0,00	0,00	0,00	0,00	0,00	...	0,00	0,00	0,00
Veränderungen des Fremdkapitals	1.892,58	1.892,58	1.892,58	-2.232,50	-2.232,50	-2.232,50	...	0,00	0,00	0,00
Cashflow aus Finanzierung	**-25.588,27**	**-27.007,66**	**-28.252,88**	**-24.490,71**	**-25.169,31**	**-26.028,73**	...	**-34.895,39**	**-36.772,53**	**-40.046,28**
Netto Cahflow	22.671,70	23.842,70	24.870,00	18.363,02	18.922,87	19.631,88	...	28.788,70	30.337,34	33.038,18
Free Cashflow	**24.518,68**	**25.689,68**	**26.716,99**	**23.686,97**	**24.246,82**	**24.955,84**	...	**32.256,50**	**33.805,30**	**36.506,15**

Tab. 288: Geplante *Netto* und *Free Cashflows* des Konzerns K für die Jahre 2008 und 2009 sowie 2015 ff.

Daß konsolidierte *Free* oder *Netto Cashflows* (vgl. Tab. 288) nur bedingt für eine konzernbezogene Unternehmensbewertung geeignet sind, [2361] begründet Dinstuhl folgendermaßen:

> *"Wichtig ist die Feststellung, daß die additive Wertermittlung das richtige Ergebnis zeigt, in der konsolidierten Planungsrechnung wird die Konzernbesteuerung fehlerhaft abgebildet."*[2362]

[2361] Vgl. grundlegend zur konzernbezogenen Unternehmensbewertung *Dinstuhl* (2003), S. 155-228.
[2362] *Dinstuhl* (2003), S. 177.

Dementsprechend ergäbe sich bei einer kapitalmarktorientierten Bewertung des Konzerns K auf Basis konsolidierte Erfolgsgrößen ein Unternehmenswert i.H.v. 460.432,33 der um 2.560,31[2363] zu ‚hoch' ausfällt.

Jahr	2007	2008	2009	2010	2011	2012	2013	2014	2015 ff.
μ (NCF$_t^{HEV}$)		23.003,43	18.186,92	19.517,95	21.389,12	32.459,85	30.080,09	30.272,97	30.470,52
σ^2 (NCF$_t^{HEV}$)		736.019,57	253.620,16	121.954,75	260.838,40	1.972.484,92	2.571.867,31	2.650.773,92	2.645.305,20
SÄ (NCF$_t^{HEV}$)		22.561,81	18.034,75	19.444,77	21.232,61	31.276,36	28.536,97	28.682,51	28.883,34
EK$_t$	605.668,35	610.664,45	620.414,93	629.199,04	636.594,98	634.283,69	634.606,63	634.798,72	

Tab. 289: Bewertung des Konzerns K anhand des μ,σ^2-Kriteriums

Jahr	2007	2008	2009	2010	2011	2012	2013	2014	2015 ff.
μ (FCF$_t^{HEV}$)		24.850,41	23.510,87	20.545,44	23.556,02	36.457,24	34.899,60	34.232,59	33.938,49
UW$_t^{UV,S}$	532.832,82	539.852,47	548.631,52	560.901,10	570.893,97	568.583,33	567.692,11	567.414,61	
TS$_t^{FK}$		569,97	582,31	567,76	586,47	597,05	593,68	583,65	579,94
WB$_t^{FK}$	12.760,30	12.770,92	12.769,69	12.782,95	12.778,11	12.762,46	12.749,48	12.745,93	
TS$_t^{IAS}$		-331,20	390,69	-502,22	-284,26	90,59	269,26	99,58	0,00
WB$_t^{IAS}$	-285,11	33,12	-356,06	129,96	420,13	348,65	95,25	0,00	
UW$_t$	545.308,01	552.656,51	561.045,15	573.814,01	584.092,21	581.694,44	580.536,84	580.160,54	
EK$_t$	457.872,01	463.327,93	473.949,07	483.848,10	492.501,97	490.621,87	491.002,92	491.195,68	

Tab. 290: Bewertung des Konzerns K anhand des APV-Verfahrens

[2363] $460.432{,}33 - 457.872{,}01 \approx 2.560{,}32$ bzw.

$$2.560{,}32 \approx \frac{686{,}25}{1{,}059813} + \frac{717{,}26}{1{,}059813^2} + \frac{764{,}68}{1{,}059813^3} + \frac{797{,}11}{1{,}059813^4}$$

Anhang III: Segmentbezogene Bewertung des Konzerns K

Segment S1

Jahr	2007	2008			2009			...	2015 ff.		
Szenario		I	II	III	I	II	III		I	II	III
Eintrittswahrscheinlichkeit		0,35	0,40	0,25	0,35	0,40	0,25	...	0,35	0,40	0,25
Sachanlagen	49.666,67	50.500,00	50.500,00	50.500,00	47.000,00	47.000,00	47.000,00	...	49.400,00	49.400,00	49.400,00
Finanzanlagen	0,00	0,00	0,00	0,00	0,00	0,00	0,00	...	0,00	0,00	0,00
Vorräte	20.200,00	20.348,70	19.947,13	20.707,80	21.178,58	21.713,85	22.586,64	...	24.930,38	26.719,20	27.968,84
FE	23.500,00	22.086,25	23.565,13	22.673,25	23.462,89	23.966,21	22.843,38	...	24.859,61	26.346,83	28.007,39
Forderungen aus LuL	9.550,00	8.652,75	7.909,75	8.748,63	9.932,58	9.995,13	9.710,45	...	7.096,84	8.447,13	9.407,05
Summe Aktiva	**102.916,67**	**101.587,70**	**101.922,00**	**102.629,68**	**101.574,05**	**102.675,19**	**102.140,46**	...	**106.286,83**	**110.913,17**	**114.783,27**
Gezeichnetes Kapital	69.390,48	69.390,48	69.390,48	69.390,48	69.390,48	69.390,48	69.390,48	...	69.390,48	69.390,48	69.390,48
Rücklagen		-625,87	-283,32	-71,40	1.160,31	1.250,38	1.153,48	...	3.721,73	7.058,45	9.569,44
Verb. aus LuL	4.950,00	3.584,50	3.576,25	4.072,00	3.573,44	4.584,51	4.146,68	...	4.493,12	5.782,73	7.141,85
Verb. ggü. vU	28.576,18	29.238,59	29.238,59	29.238,59	27.449,81	27.449,81	27.449,81	...	28.681,50	28.681,50	28.681,50
Summe Passiva	**102.916,67**	**101.587,70**	**101.922,00**	**102.629,68**	**101.574,05**	**102.675,19**	**102.140,46**	...	**106.286,83**	**110.913,17**	**114.783,27**

Tab. 291: Geplante, konsoldierte Bilanzen des Segments S1 für die Jahre 2008 und 2009 sowie 2015 ff.

Jahr	2007	2008			2009			...	2015 ff.		
Szenario		I	II	III	I	II	III		I	II	III
Wahrscheinlichkeit		0,35	0,40	0,25	0,35	0,40	0,25	...	0,35	0,40	0,25
Umsatzerlöse	97.500,00	80.121,00	81.712,50	83.061,50	84.249,73	86.935,83	88.963,71	...	91.881,33	95.829,66	99.846,36
Δ FE		-1.413,75	65,13	-826,75	1.376,64	401,08	170,13	...	0,00	0,00	0,00
Herstellungskosten		-27.012,60	-28.347,49	-27.512,94	-29.734,67	-31.941,29	-33.444,87	...	-33.620,29	-36.135,46	-37.753,96
Sonstige Aufw.		-5.633,28	-5.526,19	-4.583,76	-7.283,51	-6.872,43	-6.263,12	...	-10.854,85	-9.449,04	-8.376,68
EBITDA		**46.061,38**	**47.903,94**	**50.138,05**	**48.608,19**	**48.523,19**	**49.425,86**	...	**47.406,18**	**50.245,16**	**53.715,72**
Abschreibungen		-23.666,67	-23.666,67	-23.666,67	-25.000,00	-25.000,00	-25.000,00	...	-24.700,00	-24.700,00	-24.700,00
EBIT		**22.394,71**	**24.237,28**	**26.471,39**	**23.608,19**	**23.523,19**	**24.425,86**	...	**22.706,18**	**25.545,16**	**29.015,72**
Zinsen		-2.786,18	-2.786,18	-2.786,18	-2.850,76	-2.850,76	-2.850,76	...	-2.796,45	-2.796,45	-2.796,45
Gewerbesteuer		-4.200,32	-4.568,84	-5.015,66	-4.436,56	-4.419,56	-4.600,09	...	-4.261,59	-4.829,39	-5.523,50
Körperschaftsteuer		-3.852,05	-4.220,57	-4.667,39	-4.080,22	-4.063,22	-4.243,75	...	-3.912,04	-4.479,83	-5.173,94
Jahresüberschuß		**11.556,16**	**12.661,70**	**14.002,16**	**12.240,65**	**12.189,65**	**12.731,25**	...	**11.736,11**	**13.439,49**	**15.521,83**
Thesaurierung		625,87	283,32	71,40	-1.786,19	-1.533,70	-1.224,88	...	0,00	0,00	0,00
Ausschüttung		**12.182,03**	**12.945,02**	**14.073,56**	**10.454,46**	**10.655,95**	**11.506,37**	...	**11.736,11**	**13.439,49**	**15.521,83**

Tab. 292: Geplante, konsolidierte Erfolgsrechnungen des Segments S1 für die Jahre 2008 und 2009 sowie 2015 ff.

Jahr	2008			2009			...	2015 ff.		
Szenario	I	II	III	I	II	III	...	I	II	III
Eintrittswahrscheinlichkeit	0,35	0,40	0,25	0,35	0,40	0,25	...	0,35	0,40	0,25
Umsatzeinzahlungen	79.329,25	81.665,25	82.184,38	82.879,33	84.775,77	87.953,50	...	91.881,33	95.829,66	99.846,36
Materialauszahlungen	-15.242,18	-16.034,46	-15.945,28	-18.698,37	-19.293,17	-21.058,27	...	-19.604,01	-20.019,57	-21.011,92
Lohnauszahlungen	-11.595,61	-11.746,40	-11.274,96	-11.786,68	-13.331,90	-14.142,36	...	-14.016,28	-16.115,89	-16.742,03
Sonstige zahlungswirksame Kosten	-5.633,28	-5.526,19	-4.583,76	-7.283,51	-6.872,43	-6.263,12	...	-10.854,85	-9.449,04	-8.376,68
Zinsen	-2.786,18	-2.786,18	-2.786,18	-2.850,76	-2.850,76	-2.850,76	...	-2.796,45	-2.796,45	-2.796,45
Gewerbesteuer	-4.200,32	-4.568,84	-5.015,66	-4.436,56	-4.419,56	-4.600,09	...	-4.261,59	-4.829,39	-5.523,50
Körperschaftsteuer	-3.852,05	-4.220,57	-4.667,39	-4.080,22	-4.063,22	-4.243,75	...	-3.912,04	-4.479,83	-5.173,94
Cashflow aus operativer Tätigkeit	36.019,62	36.782,61	37.911,15	33.743,24	33.944,73	34.795,14	...	36.436,11	38.139,49	40.221,83
Cashflow aus Investitionen	-24.500,00	-24.500,00	-24.500,00	-21.500,00	-21.500,00	-21.500,00	...	-24.700,00	-24.700,00	-24.700,00
Dividendenzahlungen	-12.182,03	-12.945,02	-14.073,56	-10.454,46	-10.655,95	-11.506,37	...	-11.736,11	-13.439,49	-15.521,83
Veränderungen des Eigenkapitals	0,00	0,00	0,00	0,00	0,00	0,00	...	0,00	0,00	0,00
Veränderungen des Fremdkapitals	662,41	662,41	662,41	-1.788,78	-1.788,78	-1.788,78	...	0,00	0,00	0,00
Cashflow aus Finanzierung	-11.519,62	-12.282,61	-13.411,15	-12.243,24	-12.444,73	-13.295,14	...	-11.736,11	-13.439,49	-15.521,83
Netto Cahflow	10.050,18	10.679,64	11.610,69	8.624,93	8.791,16	9.492,75	...	9.682,29	11.087,58	12.805,51
Free Cashflow	11.055,24	11.684,71	12.615,75	11.688,19	11.854,42	12.556,01	...	11.239,56	12.644,85	14.362,78

Tab. 293: Geplante *Netto* und *Free Cashflows* des Segments S1 für die Jahre 2008 und 2009 sowie 2015 ff.

Jahr	2007	2008	2009	2010	2011	2012	2013	2014	2015 ff.
$\mu(NCF_t^{HEV})$		10.302,68	8.501,95	7.717,45	10.472,34	10.429,50	10.949,44	10.960,38	11.025,21
$\sigma^2(NCF_t^{HEV})$		356.347,41	122.190,54	282.396,21	69.592,21	1.344.650,49	1.595.155,62	1.425.124,10	1.425.124,10
$S\ddot{A}(NCF_t^{HEV})$		10.088,87	8.428,63	7.548,01	10.430,58	9.622,71	9.992,35	10.105,31	10.170,14
EK_t	219.150,21	219.032,68	220.570,03	223.057,96	222.776,51	223.290,14	223.457,49	223.519,50	

Tab. 294: Bewertung des Segments S1 anhand des μ,σ^2-Kriteriums

Jahr	2007	2008	2009	2010	2011	2012	2013	2014	2015 ff.
$\mu(FCF_t^{HEV})$		11.307,74	11.565,21	9.041,20	11.268,19	11.591,69	12.672,46	12.615,48	12.582,48
$UW_t^{UV,S}$	203.584,68	204.453,85	205.117,54	208.344,94	209.538,38	210.479,71	210.396,57	210.365,44	
TS_t^{FK}		259,46	265,48	249,24	251,07	258,83	263,08	261,43	260,42
WB_t^{FK}	5.711,11	5.711,50	5.705,89	5.716,28	5.725,30	5.726,96	5.724,46	5.723,50	
$TS_t^{\Delta AS}$		-115,92	313,04	-35,35	-149,65	-81,80	31,78	19,47	0,00
$WB_t^{\Delta AS}$	-7,56	108,01	-200,11	-173,86	-32,12	48,21	18,62	0,00	
UW_t	209.288,22	210.273,36	210.623,33	213.887,35	215.231,56	216.254,89	216.139,66	216.088,93	
EK_t	180.712,04	181.034,77	183.173,51	186.235,54	186.724,58	187.280,50	187.346,90	187.407,43	

Tab. 295: Bewertung des Segments S1 anhand des APV-Verfahrens

Segment S2

Jahr	2007	2008			2009			...	2015 ff.		
Szenario		I	II	III	I	II	III		I	II	III
Eintrittswahrscheinlichkeit		0,35	0,40	0,25	0,35	0,40	0,25	...	0,35	0,40	0,25
Sachanlagen	89.500,00	93.500,00	93.500,00	93.500,00	93.000,00	93.000,00	93.000,00	...	95.000,00	95.000,00	95.000,00
Finanzanlagen	0,00	0,00	0,00	0,00	0,00	0,00	0,00	...	0,00	0,00	0,00
Vorräte	18.800,00	20.268,92	19.129,90	20.414,88	21.363,78	21.345,04	24.005,16	...	25.980,53	28.485,22	30.927,81
FE	26.100,00	27.062,80	29.967,88	28.558,20	31.463,40	32.035,39	30.939,70	...	35.588,22	36.413,09	38.178,33
Forderungen aus LuL	18.550,00	18.826,60	17.992,00	18.932,40	20.290,46	20.511,74	20.742,64	...	18.686,83	20.485,64	22.384,18
Summe Aktiva	**152.950,00**	**159.658,32**	**160.589,78**	**161.405,48**	**166.117,65**	**166.892,17**	**168.687,50**	...	**175.255,57**	**180.383,95**	**186.490,32**
Gezeichnetes Kapital	98.298,58	98.298,58	98.298,58	98.298,58	98.298,58	98.298,58	98.298,58	...	98.298,58	98.298,58	98.298,58
Rücklagen		4.774,40	5.801,46	6.161,26	10.475,28	10.328,74	11.281,56	...	16.104,99	19.576,89	23.337,64
Verb. aus LuL	12.550,00	12.444,60	12.349,00	12.804,90	13.491,20	14.412,26	15.254,77	...	15.912,15	17.568,64	19.914,25
Verb. ggü. vU	42.101,42	44.140,74	44.140,74	44.140,74	43.852,59	43.852,59	43.852,59	...	44.939,85	44.939,85	44.939,85
Summe Passiva	**152.950,00**	**159.658,32**	**160.589,78**	**161.405,48**	**166.117,65**	**166.892,17**	**168.687,50**	...	**175.255,57**	**180.383,95**	**186.490,32**

Tab. 296: Geplante, konsoldierte Bilanzen des Segments S2 für die Jahre 2008 und 2009 sowie 2015 ff.

Jahr	2007	2008			2009			...	2015 ff.		
Szenario		I	II	III	I	II	III	...	I	II	III
Wahrscheinlichkeit		0,35	0,40	0,25	0,35	0,40	0,25	...	0,35	0,40	0,25
Umsatzerlöse	130.000,00	125.375,60	125.888,25	127.208,40	136.468,59	137.052,44	140.459,59	...	151.539,13	152.849,69	157.078,17
Δ FE		962,80	3.867,88	2.458,20	4.400,60	2.067,52	2.381,50	...	0,00	0,00	0,00
Herstellungskosten		-45.856,40	-46.797,28	-46.355,69	-53.771,39	-53.463,21	-55.982,27	...	-56.248,09	-56.509,10	-58.290,76
Sonstige Aufw.		-7.540,10	-6.966,25	-5.784,00	-9.130,00	-8.175,31	-7.097,80	...	-11.497,90	-9.720,84	-9.093,87
EBITDA		**72.941,91**	**75.992,60**	**77.526,92**	**77.967,80**	**77.481,44**	**79.761,02**	...	**83.793,13**	**86.619,76**	**89.693,53**
Abschreibungen		-43.500,00	-43.500,00	-43.500,00	-46.000,00	-46.000,00	-46.000,00	...	-47.500,00	-47.500,00	-47.500,00
EBIT		**29.441,91**	**32.492,60**	**34.026,92**	**31.967,80**	**31.481,44**	**33.761,02**	...	**36.293,13**	**39.119,76**	**42.193,53**
Zinsen		-4.104,89	-4.104,89	-4.104,89	-4.303,72	-4.303,72	-4.303,72	...	-4.381,64	-4.381,64	-4.381,64
Gewerbesteuer		-5.477,89	-6.088,03	-6.394,89	-5.963,19	-5.865,92	-6.321,83	...	-6.820,46	-7.385,79	-8.000,54
Körperschaftsteuer		-4.964,77	-5.574,82	-5.881,78	-5.425,22	-5.327,95	-5.783,87	...	-6.272,76	-6.838,08	-7.452,84
Jahresüberschuß		**14.894,34**	**16.724,78**	**17.645,35**	**16.275,67**	**15.983,85**	**17.351,60**	...	**18.818,28**	**20.514,25**	**22.358,52**
Thesaurierung		-4.774,40	-5.801,46	-6.161,26	-5.700,88	-4.527,28	-5.120,29	...	0,00	0,00	0,00
Ausschüttung		**10.119,94**	**10.923,30**	**11.484,09**	**10.574,79**	**11.456,57**	**12.231,31**	...	**18.818,28**	**20.514,25**	**22.358,52**

Tab. 297: Geplante, konsolidierte Erfolgsrechnungen des Segments S2 für die Jahre 2008 und 2009 sowie 2015 ff.

Jahr	2008			2009			...	2015 ff.		
Szenario	I	II	III	I	II	III	...	I	II	III
Eintrittswahrscheinlichkeit	0,35	0,40	0,25	0,35	0,40	0,25	...	0,35	0,40	0,25
Umsatzeinzahlungen	123.978,60	125.377,00	125.790,40	134.916,50	134.493,54	138.621,82	...	151.539,13	152.849,69	157.078,17
Materialauszahlungen	-29.544,91	-30.047,55	-31.281,10	-34.191,32	-34.217,39	-36.446,34	...	-34.027,02	-34.211,00	-35.999,16
Lohnauszahlungen	-16.765,42	-16.211,38	-15.398,97	-19.540,11	-19.358,54	-20.648,81	...	-22.221,07	-22.298,10	-22.291,61
Sonstige zahlungswirksame Kosten	-7.540,10	-6.966,25	-5.784,00	-9.130,00	-8.175,31	-7.097,80	...	-11.497,90	-9.720,84	-9.093,87
Zinsen	-4.104,89	-4.104,89	-4.104,89	-4.303,72	-4.303,72	-4.303,72	...	-4.381,64	-4.381,64	-4.381,64
Gewerbesteuer	-5.477,89	-6.088,03	-6.394,89	-5.963,19	-5.865,92	-6.321,83	...	-6.820,46	-7.385,79	-8.000,54
Körperschaftsteuer	-4.964,78	-5.574,92	-5.881,78	-5.425,22	-5.327,95	-5.783,87	...	-6.272,76	-6.838,08	-7.452,84
Cashflow aus operativer Tätigkeit	55.580,62	56.383,99	56.944,77	56.362,94	57.244,72	58.019,46	...	66.318,28	68.014,25	69.858,52
Cashflow aus Investitionen	-47.500,00	-47.500,00	-47.500,00	-45.500,00	-45.500,00	-45.500,00	...	-47.500,00	-47.500,00	-47.500,00
Dividendenzahlungen	-10.119,94	-10.923,30	-11.484,09	-10.574,79	-11.456,57	-12.231,31	...	-18.818,28	-20.514,25	-22.358,52
Veränderungen des Eigenkapitals	0,00	0,00	0,00	0,00	0,00	0,00	...	0,00	0,00	0,00
Veränderungen des Fremdkapitals	2.039,32	2.039,32	2.039,32	-288,15	-288,15	-288,15	...	0,00	0,00	0,00
Cashflow aus Finanzierung	-8.080,62	-8.883,99	-9.444,77	-10.862,94	-11.744,72	-12.519,46	...	-18.818,28	-20.514,25	-22.358,52
Netto Cahflow	8.348,95	9.011,72	9.474,37	8.724,20	9.451,67	10.090,83	...	15.525,08	16.924,26	18.445,78
Free Cashflow	8.952,42	9.615,20	10.077,84	11.358,56	12.086,03	12.725,19	...	17.965,10	19.364,28	20.885,80

Tab. 298: Geplante *Netto* und *Free Cashflows* des Segments S2 für die Jahre 2008 und 2009 sowie 2015 ff.

Jahr	2007	2008	2009	2010	2011	2012	2013	2014	2015 ff.
$\mu(NCF_t^{HEV})$		8.646,23	9.095,31	8.474,80	10.437,95	16.630,83	16.715,17	16.736,63	16.814,92
$\sigma^2(NCF_t^{HEV})$		200.555,94	292.639,24	16.182,00	372.500,91	774.084,40	1.006.451,08	1.251.997,05	1.251.997,05
$SÄ(NCF_t^{HEV})$		8.525,89	8.919,73	8.465,09	10.214,45	16.166,38	16.111,30	15.985,43	16.063,73
EK_t	327.819,96	334.209,88	340.496,70	347.524,21	353.122,11	353.022,79	352.974,03	353.048,92	

Tab. 299: Bewertung des Segments S2 anhand des μ,σ^2-Kriteriums

Jahr	2007	2008	2009	2010	2011	2012	2013	2014	2015 ff.
$\mu(FCF_t^{HEV})$		9.249,70	11.729,67	9.363,91	12.205,83	19.473,69	19.929,74	19.474,95	19.254,91
$UW_t^{UV,S}$	292.671,04	300.926,73	307.196,23	316.206,50	322.913,78	322.754,37	322.129,37	321.921,79	
TS_t^{FK}		382,27	400,78	398,17	414,59	422,42	418,93	411,12	408,04
WB_t^{FK}	8.955,56	8.980,77	8.988,61	8.999,43	8.994,31	8.981,14	8.970,85	8.967,91	
TS_t^{sAS}		-356,88	50,43	-316,46	-150,88	67,22	150,49	59,37	0,00
WB_t^{sAS}	-485,90	-151,13	-208,43	98,55	253,91	158,25	56,78	0,00	
UW_t	301.140,70	309.756,37	315.976,42	325.304,48	332.162,01	331.933,76	331.157,01	330.889,70	
EK_t	259.039,28	265.615,63	272.123,83	279.643,55	285.638,89	285.794,74	285.877,92	285.949,85	

Tab. 300: Bewertung des Segments S2 anhand des APV-Verfahrens

Segment S3

Jahr	2007	2008			2009			...	2015 ff.		
Szenario		I	II	III	I	II	III		I	II	III
Eintrittswahrscheinlichkeit		0,35	0,40	0,25	0,35	0,40	0,25		0,35	0,40	0,25
Sachanlagen	24.333,33	23.333,33	23.333,33	23.333,33	23.333,33	23.333,33	23.333,33	...	22.600,00	22.600,00	22.600,00
Finanzanlagen	0,00	0,00	0,00	0,00	0,00	0,00	0,00		0,00	0,00	0,00
Vorräte	4.000,00	4.044,00	4.164,00	4.351,90	4.669,58	4.809,19	4.901,80	...	6.193,53	6.025,15	6.069,21
FE	9.500,00	9.381,75	9.385,00	9.018,00	10.196,25	10.052,18	9.946,64	...	12.739,69	11.866,26	10.390,48
Forderungen aus LuL	3.550,00	3.765,75	3.435,00	3.800,50	3.791,18	4.047,49	4.168,52		4.422,50	3.762,52	3.125,02
Summe Aktiva	**41.383,33**	**40.524,83**	**40.317,33**	**40.503,73**	**41.990,34**	**42.242,19**	**42.350,29**	...	**45.955,72**	**44.253,92**	**42.184,71**
Gezeichnetes Kapital	21.917,29	21.917,29	21.917,29	21.917,29	21.917,29	21.917,29	21.917,29		21.917,29	21.917,29	21.917,29
Rücklagen		-436,50	-337,75	-141,10	580,49	961,92	1.618,76		3.101,65	2.480,57	1.108,24
Verb. aus LuL	4.000,00	4.182,75	3.876,50	3.866,25	4.669,97	4.540,39	3.991,65	...	6.513,55	5.432,84	4.735,96
Verb. ggü. vU	15.466,04	14.861,30	14.861,30	14.861,30	14.822,59	14.822,59	14.822,59		14.423,23	14.423,23	14.423,23
Summe Passiva	**41.383,33**	**40.524,83**	**40.317,33**	**40.503,73**	**41.990,34**	**42.242,19**	**42.350,29**	...	**45.955,72**	**44.253,92**	**42.184,71**

Tab. 301: Geplante, konsoldierte Bilanzen des Segments S3 für die Jahre 2008 und 2009 sowie 2015 ff.

Jahr	2007	2008			2009			...	2015 ff.		
Szenario		I	II	III	I	II	III		I	II	III
Wahrscheinlichkeit		0,35	0,40	0,25	0,35	0,40	0,25		0,35	0,40	0,25
Umsatzerlöse	40.000,00	41.340,00	39.795,00	39.117,00	44.733,00	42.260,85	41.147,34	...	50.936,87	45.620,29	42.930,34
Δ FE		-118,25	-115,00	-482,00	814,50	667,18	928,64		0,00	0,00	0,00
Herstellungskosten		-17.669,91	-16.735,50	-16.642,72	-20.891,33	-19.125,27	-18.721,96	...	-22.775,80	-20.817,56	-19.967,23
Sonstige Aufw.		-2.808,58	-2.953,50	-3.085,63	-3.349,94	-3.431,14	-3.577,69	...	-5.202,35	-4.896,09	-5.002,99
EBITDA	**20.743,26**	**19.991,00**	**18.906,66**	**21.306,23**	**20.371,62**	**19.776,33**		...	**22.958,73**	**19.906,63**	**17.960,12**
Abschreibungen		-12.000,00	-12.000,00	-12.000,00	-12.000,00	-12.000,00	-12.000,00	...	-11.300,00	-11.300,00	-11.300,00
EBIT	**8.743,26**	**7.991,00**	**6.906,66**	**9.306,23**	**8.371,62**	**7.776,33**		...	**11.658,73**	**8.606,63**	**6.660,12**
Zinsen		-1.507,94	-1.507,94	-1.507,94	-1.507,94	-1.507,94	-1.507,94		-1.507,94	-1.507,94	-1.507,94
Gewerbesteuer		-1.597,86	-1.447,41	-1.230,54	-1.710,45	-1.523,53	-1.404,47	...	-2.180,95	-1.570,53	-1.181,23
Körperschaftsteuer		-1.409,37	-1.258,91	-1.042,04	-1.521,96	-1.335,04	-1.215,98	...	-1.992,46	-1.382,04	-992,74
Jahresüberschuß		**4.228,10**	**3.776,74**	**3.126,13**	**4.565,88**	**4.005,11**	**3.647,94**		**5.977,38**	**4.146,12**	**2.978,21**
Thesaurierung		436,50	337,75	141,10	-1.016,99	-1.299,67	-1.759,86		0,00	0,00	0,00
Ausschüttung		**4.664,60**	**4.114,49**	**3.267,24**	**3.548,88**	**2.705,44**	**1.888,08**	...	**5.977,38**	**4.146,12**	**2.978,21**

Tab. 302: Geplante, konsoldierte Erfolgsrechnungen des Segments S3 für die Jahre 2008 und 2009 sowie 2015 ff.

Jahr	2008			2009			...	2015 ff.		
Szenario	I	II	III	I	II	III		I	II	III
Eintrittswahrscheinlichkeit	0,35	0,40	0,25	0,35	0,40	0,25		0,35	0,40	0,25
Umsatzeinzahlungen	40.914,25	39.705,00	38.663,50	44.697,08	41.642,22	40.775,27	...	50.936,87	45.620,29	42.930,34
Materialauszahlungen	-9.653,12	-9.264,38	-9.350,41	-11.320,15	-10.206,0	-10.674,57	...	-10.839,18	-10.628,67	-10.679,78
Lohnauszahlungen	-7.668,04	-7.553,63	-7.574,96	-9.699,04	-8.894,4	-8.467,83	...	-11.936,61	-10.188,89	-9.287,45
Sonstige zahlungswirksame Kosten	-2.808,58	-2.953,50	-3.085,63	-3.349,94	-3.431,14	-3.577,69	...	-5.202,35	-4.896,09	-5.002,99
Zinsen	-1.507,94	-1.507,94	-1.507,94	-1.507,94	-1.507,94	-1.507,94		-1.507,94	-1.507,94	-1.507,94
Gewerbesteuer	-1.597,86	-1.447,41	-1.230,54	-1.710,45	-1.523,52	-1.404,47	...	-2.180,95	-1.570,53	-1.181,23
Körperschaftsteuer	-1.409,37	-1.258,91	-1.042,04	-1.521,96	-1.335,04	-1.215,98	...	-1.992,46	-1.382,04	-992,74
Cashflow aus operativer Tätigkeit	16.269,35	15.719,24	14.871,98	15.587,59	14.744,15	13.926,79	...	17.277,38	15.446,12	14.278,21
Cashflow aus Investitionen	-11.000,00	-11.000,00	-11.000,00	-12.000,00	-12.000,00	-12.000,00		-11.300,00	-11.300,00	-11.300,00
Dividendenzahlungen	-4.664,60	-4.114,49	-3.267,24	-3.548,88	-2.705,44	-1.888,08	...	-5.977,38	-4.146,52	-2.978,17
Veränderungen des Eigenkapitals	0,00	0,00	0,00	0,00	0,00	0,00		0,00	0,00	0,00
Veränderungen des Fremdkapitals	-604,75	-604,75	-604,75	-38,71	-38,71	-38,71		0,00	0,00	0,00
Cashflow aus Finanzierung	-5.269,35	-4.719,24	-3.871,98	-3.587,59	-2.744,15	-1.926,79	...	-5.977,38	-4.146,52	-2.978,17
Netto Cahflow	3.848,30	3.394,46	2.695,47	2.960,66	2.264,82	1.590,50	...	4.987,96	3.477,17	2.513,65
Free Cashflow	5.186,95	4.733,11	4.034,12	3.799,50	3.103,66	2.429,33	...	5.771,07	4.260,25	3.296,76

Tab. 303: Geplante *Netto* und *Free Cashflows* des Segments S3 für die Jahre 2008 und 2009 sowie 2015 ff.

Jahr	2007	2008	2009	2010	2011	2012	2013	2014	2015 ff.
μ (NCF$_t^{HEV}$)		3.330,91	2.290,49	2.522,78	2.812,26	3.676,18	3.575,27	3.715,82	3.765,06
σ^2 (NCF$_t^{HEV}$)		193.444,80	276.236,13	143.731,58	377.184,53	816.631,54	948.077,58	948.077,58	948.077,58
SÄ (NCF$_t^{HEV}$)		3.214,84	2.124,75	2.436,54	2.585,95	3.186,20	3.006,43	3.146,97	3.196,22
EK$_t$	67.919,20	67.794,68	68.754,58	69.446,38	70.020,24	70.019,96	70.199,44	70.246,54	

Tab. 304: Bewertung des Segments S3 anhand des μ,σ^2-Kriteriums

Jahr	2007	2008	2009	2010	2011	2012	2013	2014	2015 ff.
μ (FCF$_t$)		4.669,56	3.129,33	2.640,57	3.696,34	5.009,47	4.790,18	4.603,18	4.548,18
UW$_t^{UV,S}$	73.166,58	72.873,30	74.102,71	75.894,41	76.737,50	76.517,90	76.092,49	76.040,59	
TS$_t^{FK}$		140,43	134,94	134,58	142,15	141,77	136,43	132,03	130,96
WB$_t^{FK}$	2.917,07	2.909,37	2.906,81	2.904,48	2.894,49	2.884,42	2.879,24	2.878,21	
TS$_t^{IAS}$		105,83	6,77	-145,73	7,23	102,99	84,66	20,75	0,00
WB$_t^{IAS}$	148,41	49,33	44,81	192,57	194,11	99,95	19,84	0,00	
UW$_t$	76.232,06	75.832,00	77.054,32	78.991,46	79.826,11	79.502,27	78.991,57	78.918,80	
EK$_t$	60.766,02	60.970,70	62.231,73	63.336,14	64.212,07	64.276,75	64.449,79	64.495,57	

Tab. 305: Bewertung des Segments S3 anhand des APV-Verfahrens

Anhang IV: Modelltheoretische Fundierung der für die residualgewinnorientierte Unternehmensbewertung genutzten Bewertungsformeln

Ausgehend von der Herleitung von Gleichung (9) bei *Dausend/Lenz* (2006), S. 728 f. läßt sich die Äquivalenz zu den Bewertungsgleichungen (11) i.V.m. (2) von *Schumann* (2005), S. 23-25 zeigen. In der Nomenklatur von *Dausend/Lenz* sind dafür die folgenden Umformungsschritte notwendig:

Aus

(1) $V_t = \left(1 - \frac{1}{2} \cdot s\right) \sum_{\tau=1}^{N} g_{t+\tau} \left(JÜ_{t+\tau} + TX_{t+\tau-1} - TX_{t+\tau}\right)$
$+ \sum_{\tau=1}^{N} g_{t+\tau} \left(KE_{t+\tau-1} - KE_{t+\tau}\right) + \left(1 - \frac{1}{2} \cdot s\right) g_{t+N} TVTX_{t+N} + g_{t+N} TVKE_{t+N}$

folgt

(2) $V_t = \left(1 - \frac{1}{2} \cdot s\right) \sum_{\tau=1}^{N} g_{t+\tau} JÜ_{t+\tau} - \frac{1}{2} \cdot s \cdot (TX_{t+\tau-1} - TX_{t+\tau}) + \sum_{\tau=1}^{N} (TX_{t+\tau-1} - TX_{t+\tau})$
$+ \sum_{\tau=1}^{N} (g_{t+\tau} - g_{t+\tau-1}) TX_{t+\tau-1} + g_{t+N} (TVTX_{t+N} - TX_{t+N}) + TX_t - \frac{1}{2} \cdot s \cdot g_{t+N} TVTX_{t+N}$
$+ TX_t + \sum_{\tau=1}^{N} (g_{t+\tau} - g_{t+\tau-1}) KE_{t+\tau-1} + g_{t+N} (TVKE_{t+N} - KE_{t+N}) + KE_t$

und

(3) $V_t = \left(1 - \frac{1}{2} \cdot s\right) \sum_{\tau=1}^{N} g_{t+\tau} \left(JÜ_{t+\tau} - \frac{1}{2} \cdot s \cdot (TX_{t+\tau-1} - TX_{t+\tau}) - i_{t+\tau} \cdot TX_{t+\tau-1}\right)$
$+ g_{t+N} (TVTX_{t+N} - TX_{t+N}) + TX_t - \frac{1}{2} \cdot s \cdot g_{t+N} TVTX_{t+N} + \sum_{\tau=1}^{N} -i_{t+\tau} \cdot KE_{t+\tau-1}$
$+ g_{t+N} (TVKE_{t+N} - KE_{t+N}) + KE_t$

Läuft N gegen unendlich, so gilt:

(4) $V_t = KE_t + TX_t$

$$+\sum_{\tau=1}^{\infty}\left[g_{t+\tau}\left[\left(1-\frac{1}{2}\cdot s\right)\cdot J\ddot{U}_{t+\tau}+\frac{1}{2}\cdot s\cdot\left(TX_{t+\tau}-TX_{t+\tau-1}\right)-i_{t+\tau}\cdot\left(TX_{t+\tau+1}+KE_{t+\tau-1}\right)\right]\right]$$

Folglich stimmen

(5) $\quad V_t = KE_t + \left(1-\frac{1}{2}\cdot s\right)\cdot TX_t$

$$+\sum_{\tau=1}^{\infty}\left[g_{t+\tau}\left[\left(1-\frac{1}{2}\cdot s\right)\cdot J\ddot{U}_{t+\tau}-i_{t+\tau}\cdot\left[\left(1-\frac{1}{2}\cdot s\right)\cdot TX_{t+\tau+1}+KE_{t+\tau-1}\right]\right]\right]$$

– wie von *Dausend/Lenz* (2006), S. 728 f. aus (1) hergeleitet – und (4) überein.

An Bewertungsgleichung (4) kann leicht abgelesen werden, daß es sich unter den von *Schumann* (2005), S. 24 gesetzten Annahmen ausschließlich um eine andere Schreibweise für

(6) $\quad EK_0 = EK_0^{BW} + \sum_{t=1}^{\infty}\frac{G_t - k_{EK}\cdot EK_{t-1}^{BW}}{(1+k_{EK})^t}$ i.V.m.

(7) $\quad G_t = \left[\left[(X_t - AfA_t)\cdot(1-s_{GE}) - i\cdot FK_{t-1}\cdot(1-0{,}5\cdot s_{GE})\right]\cdot(1-s_K)\right]\cdot(1-0{,}5\cdot s_E)$
$\qquad + \left[(I_t - AfA_t) + T_t\right]\cdot 0{,}5\cdot s_E = J\ddot{U}_t\cdot(1-0{,}5\cdot s_E) + Th_t\cdot 0{,}5\cdot s_E$

respektive

(8) $\quad G_t = \left[\left[(X_t - AfA_t)\cdot(1-s_{GE}) - i\cdot FK_{t-1}\cdot(1-0{,}5\cdot s_{GE})\right]\cdot(1-s_K) - (I_t - AfA_t) - T_t\right]$
$\qquad \cdot(1-0{,}5\cdot s_E) + (I_t - AfA_t) + T_t = NCF_t + Th_t$

und

(9) $\quad EK_t^{BW} = EK_{t-1}^{BW} + I_t - AfA_t + T_t = EK_{t-1}^{BW} + Th_t$

handelt.

Insofern weisen die von *Dausend/Lenz* (2006) und *Schumann* (2005) genutzten Bewertungsgleichungen einen übereinstimmenden modelltheoretischen Fundierungsgrad auf; m.a.W. die Kritik von *Dausend/Lenz* (2006), S. 721, Fn. 24 ist gegenstandslos.

Anhang V: Integrierte Planungen des Bereichs B1 aus der ex post-Perspektive

Ex post-Perspektive I

Jahr	2008			2009			2010			...	2015 ff.		
Szenario	I	II	III	I	II	III	I	II	III		I	II	III
Eintrittswahrscheinlichkeit	0,35	0,40	0,25	0,35	0,40	0,25	0,35	0,40	0,25		0,35	0,40	0,25
Sachanlagen	10.333,33	10.333,33	10.333,33	9.333,33	9.333,33	9.333,33	9.933,33	9.933,33	9.933,33	...	10.000,00	10.000,00	10.000,00
Vorräte	4.242,00	4.242,00	4.242,00	4.513,69	4.555,10	4.820,73	5.065,24	5.279,47	5.132,40	...	5.545,85	5.850,61	6.070,89
FE	4.848,00	4.848,00	4.848,00	5.504,50	5.555,00	5.044,95	6.007,61	6.239,38	6.110,00	...	6.302,10	6.868,11	6.730,77
Forderungen aus LuL	1.818,00	1.818,00	1.818,00	2.532,07	2.444,20	2.242,20	2.355,93	2.639,74	2.810,60	...	2.268,76	2.543,75	2.771,49
Summe Aktiva	**21.241,33**	**21.241,33**	**21.241,33**	**21.883,59**	**21.887,63**	**21.441,21**	**23.362,11**	**24.091,92**	**23.986,32**	...	**24.116,71**	**25.262,47**	**25.573,16**
Eigenkapital	13.543,11	13.543,11	13.543,11	14.978,02	14.749,76	14.403,33	15.938,84	16.524,55	16.148,01	...	16.418,40	17.296,05	17.275,74
Verb. ggü. vU	6.385,23	6.385,23	6.385,23	5.804,67	5.804,67	5.804,67	6.127,51	6.127,51	6.127,51	...	6.185,80	6.185,80	6.185,80
Verb. aus LuL	1.313,00	1.313,00	1.313,00	1.100,90	1.333,20	1.233,21	1.295,76	1.439,86	1.710,80	...	1.512,50	1.780,62	2.111,61
Summe Passiva	**21.241,33**	**21.241,33**	**21.241,33**	**21.883,59**	**21.887,63**	**21.441,21**	**23.362,11**	**24.091,92**	**23.986,32**	...	**24.116,71**	**25.262,47**	**25.573,16**

Tab. 306: Revidierte und realisierte Bilanzen des Bereichs B1 für die Jahre 2008 bis 2010 sowie 2015 ff. aus der ex post-Perspektive I

Jahr	2008			2009			...	2015 ff.		
Szenario	I	II	III	I	II	III	...	I	II	III
Wahrscheinlichkeit	0,35	0,40	0,25	0,35	0,40	0,25	...	0,35	0,40	0,25
Gesamtumsätze	20.200,00	20.200,00	20.200,00	22.018,00	22.220,00	22.422,00	...	25.208,41	25.437,46	26.395,18
Innenumsätze	1.010,00	1.010,00	1.010,00	1.100,90	1.111,00	1.121,10	...	1.260,42	1.271,87	1.319,76
Δ FE	48,00	48,00	48,00	656,50	707,00	196,95	...			
Gesamtleistung	20.248,00	20.248,00	20.248,00	22.674,50	22.927,00	22.618,95	...	25.208,41	25.437,46	26.395,18
Materialeinsatz	-8.504,16	-8.504,16	-8.504,16	-9.069,80	-9.056,17	-8.595,20	...	-10.839,62	-9.793,42	-9.766,22
Rohertrag	11.743,84	11.743,84	11.743,84	13.604,70	13.870,84	14.023,75	...	14.368,79	15.644,04	16.628,96
Personalaufw.	-2.429,76	-2.429,76	-2.429,76	-2.494,20	-2.636,61	-2.714,27	...	-3.025,01	-3.179,68	-3.299,40
Sonstiger Aufw.	-1.316,12	-1.316,12	-1.316,12	-1.587,22	-1.490,26	-1.244,04	...	-2.520,84	-2.289,37	-2.111,61
EBITDA	**7.997,96**	**7.997,96**	**7.997,96**	**9.523,29**	**9.743,98**	**10.065,43**	...	**8.822,94**	**10.174,98**	**11.217,95**
Abschreibungen	-4.333,33	-4.333,33	-4.333,33	-5.000,00	-5.000,00	-5.000,00	...	-5.000,00	-5.000,00	-5.000,00
EBIT	**3.664,63**	**3.664,63**	**3.664,63**	**4.523,29**	**4.743,98**	**5.065,43**	...	**3.822,94**	**5.174,98**	**6.217,95**
Zinsen (konzernintern)	-578,15	-578,15	-578,15	-622,56	-622,56	-622,56	...	-603,12	-603,12	-603,12
Gewerbesteuer	675,11	675,11	675,11	842,40	886,54	950,83	...	704,28	974,68	1.183,28
Körperschaftsteuer	602,84	602,84	602,84	764,58	808,72	873,01	...	628,89	899,30	1.107,89
EBT	**1.808,52**	**1.808,52**	**1.808,52**	**2.293,75**	**2.426,16**	**2.619,03**	...	**1.886,66**	**2.697,89**	**3.323,67**
Thesaurierung	-643,79	-643,79	-643,79	1.434,92	1.206,66	860,23	...	0,00	0,00	0,00
Ausschüttung	**2.452,31**	**2.452,31**	**2.452,31**	**858,83**	**1.219,50**	**1.758,81**	...	**1.886,66**	**2.697,89**	**3.323,67**

Tab. 307: Revidierte und realisierte Erfolgsrechnungen des Bereichs B1 für die Jahre 2008 bis 2009 sowie 2015 ff. aus der ex post-Perspektive I

Jahr	2008			2009			...	2015 ff.		
Szenario	I	II	III	I	II	III	...	I	II	III
Eintrittswahrscheinlichkeit	0,35	0,40	0,25	0,35	0,40	0,25	...	0,35	0,40	0,25
EBIT	3.664,63	3.664,63	3.664,63	4.523,29	4.743,98	5.065,43	...	3.822,94	5.174,98	6.217,95
Adaptierte Gewerbesteuer	732,93	732,93	732,93	904,66	948,80	1.013,09	...	764,59	1.035,00	1.243,59
Adaptierte Körperschaftsteuer	732,93	732,93	732,93	904,66	948,80	1.013,09	...	764,59	1.035,00	1.243,59
Abschreibungen	-4.333,33	-4.333,33	-4.333,33	-5.000,00	-5.000,00	-5.000,00	...	-5.000,00	-5.000,00	-5.000,00
Δ Nettoumlaufvermögen	855,00	855,00	855,00	-1.854,36	-1.626,10	-1.279,67	...	0,00	0,00	0,00
Cashflow aus operativer Tätigkeit	7.387,11	7.387,11	7.387,11	5.859,61	6.220,29	6.759,59	...	7.293,77	8.104,99	8.730,77
Cashflow aus Investitionen	-5.000,00	-5.000,00	-5.000,00	-4.000,00	-4.000,00	-4.000,00	...	-5.000,00	-5.000,00	-5.000,00
FCF vor adaptierter ESt	2.387,11	2.387,11	2.387,11	1.859,61	2.220,29	2.759,59	...	2.293,77	3.104,99	3.730,77
Adaptierte Einkommensteuer	417,74	417,74	417,74	325,43	388,55	482,93	...	401,41	543,37	652,88
FCF nach adaptierter ESt	1.969,37	1.969,37	1.969,37	1.534,18	1.831,74	2.276,66	...	1.892,36	2.561,62	3.077,89

Tab. 308: Revidierte und realisierte *Free Cashflows* des Bereichs B1 für die Jahre 2008 bis 2009 sowie 2015 ff. aus der ex post-Perspektive I

Jahr	2008			2009			...	2015 ff.		
Szenario	I	II	III	I	II	III	...	I	II	III
Eintrittswahrscheinlichkeit	0,35	0,40	0,25	0,35	0,40	0,25	...	0,35	0,40	0,25
EBIT	3.664,63	3.664,63	3.664,63	4.523,29	4.743,98	5.065,43	...	3.822,94	5.174,98	6.217,95
Zinsen (konzernintern)	-578,15	-578,15	-578,15	-622,56	-622,56	-622,56	...	-603,12	-603,12	-603,12
Gewerbesteuer	675,11	675,11	675,11	842,40	886,54	950,83	...	704,28	974,68	1.183,28
Körperschaftsteuer	602,84	602,84	602,84	764,58	808,72	873,01	...	628,89	899,30	1.107,89
Abschreibungen	-4.333,33	-4.333,33	-4.333,33	-5.000,00	-5.000,00	-5.000,00	...	-5.000,00	-5.000,00	-5.000,00
Δ Nettoumlaufvermögen	855,00	855,00	855,00	-1.854,36	-1.626,10	-1.279,67	...	0,00	0,00	0,00
Cashflow aus operativer Tätigkeit	6.996,86	6.996,86	6.996,86	5.439,39	5.800,06	6.339,36	...	6.886,66	7.697,89	8.323,67
Cashflow aus Investitionen	-5.000,00	-5.000,00	-5.000,00	-4.000,00	-4.000,00	-4.000,00	...	-5.000,00	-5.000,00	-5.000,00
Ausschüttung	2.452,31	2.452,31	2.452,31	858,83	1.219,50	1.758,81	...	1.886,66	2.697,89	3.323,67
Thesaurierung	-643,79	-643,79	-643,79	1.434,92	1.206,66	860,23	...	0,00	0,00	0,00
Δ Fremdkapital	455,45	455,45	455,45	-580,56	-580,56	-580,56	...	0,00	0,00	0,00
Cashflow aus Finanzierung	-2.640,64	-2.640,64	-2.640,64	-4,47	-593,40	-1.479,14	...	-1.886,66	-2.697,89	-3.323,67
Netto Cashflow vor ESt	2.452,31	2.452,31	2.452,31	858,83	1.219,50	1.758,81	...	1.886,66	2.697,89	3.323,67
Einkommensteuer	429,15	429,15	429,15	150,30	213,41	307,79	...	330,17	472,13	581,64
Netto Cashflow nach ESt	2.023,15	2.023,15	2.023,15	708,53	1.006,09	1.451,01	...	1.556,50	2.225,76	2.742,03

Tab. 309: Revidierte und realisierte *Netto Cashflows* des Bereichs B1 für die Jahre 2008 bis 2009 sowie 2015 ff. aus der ex post-Perspektive I

Ex post-Perspektive II

Jahr	2008			2009			2010			...	2015 ff.		
Szenario	I	II	III	I	II	III	I	II	III	...	I	II	III
Eintrittswahrscheinlichkeit	0,35	0,40	0,25	0,35	0,40	0,25	0,35	0,40	0,25	...	0,35	0,40	0,25
Sachanlagen	10.333,33	10.333,33	10.333,33	9.333,33	9.333,33	9.333,33	9.933,33	9.933,33	9.933,33	...	10.000,00	10.000,00	10.000,00
Vorräte	4.242,00	4.242,00	4.242,00	4.538,94	4.623,78	4.666,20	4.972,30	5.231,48	5.086,16	...	5.444,09	5.797,43	6.016,20
FE	4.848,00	4.848,00	4.848,00	5.403,50	5.394,41	5.332,80	5.897,33	6.182,65	6.054,95	...	6.186,47	6.805,68	6.670,13
Forderungen aus LuL	1.818,00	1.818,00	1.818,00	2.593,68	2.532,07	2.444,20	2.312,70	2.615,74	2.785,28	...	2.227,13	2.520,62	2.746,53
Summe Aktiva	21.241,33	21.241,33	21.241,33	21.869,45	21.883,59	21.776,53	23.115,71	23.963,20	23.859,72	...	23.857,69	25.123,72	25.432,86
Eigenkapital	13.543,11	13.543,11	13.543,11	14.551,80	14.757,84	14.860,86	15.716,22	16.408,93	16.036,82	...	16.187,13	17.173,49	17.154,46
Verb. ggü. vU	6.385,23	6.385,23	6.385,23	5.804,67	5.804,67	5.804,67	6.127,51	6.127,51	6.127,51	...	6.185,80	6.185,80	6.185,80
Verb. aus LuL	1.313,00	1.313,00	1.313,00	1.512,98	1.321,08	1.111,00	1.271,98	1.426,77	1.695,39	...	1.484,75	1.764,43	2.092,59
Summe Passiva	21.241,33	21.241,33	21.241,33	21.869,45	21.883,59	21.776,53	23.115,71	23.963,20	23.859,72	...	23.857,69	25.123,72	25.432,86

Tab. 310: Revidierte und realisierte Bilanzen des Bereichs B1 für die Jahre 2008 bis 2010 sowie 2015 ff. aus der ex post-Perspektive II

Anhang   473

Jahr	2008			2009			...	2015 ff.		
Szenario	I	II	III	I	II	III	...	I	II	III
Wahrscheinlichkeit	0,35	0,40	0,25	0,35	0,40	0,25	...	0,35	0,40	0,25
Gesamtumsätze	20.200,00	20.200,00	20.200,00	21.614,00	22.018,00	22.220,00	...	24.745,87	25.206,21	26.157,38
Innenumsätze	1.010,00	1.010,00	1.010,00	1.080,70	1.100,90	1.111,00	...	1.237,29	1.260,31	1.307,87
Δ FE	48,00	48,00	48,00	555,50	546,41	484,80	...	0,00	0,00	0,00
Gesamtleistung	20.248,00	20.248,00	20.248,00	22.169,50	22.564,41	22.704,80	...	24.745,87	25.206,21	26.157,38
Materialeinsatz	-8.504,16	-8.504,16	-8.504,16	-8.756,95	-8.800,12	-8.741,35	...	-10.640,72	-9.704,39	-9.678,23
Rohertrag	11.743,84	11.743,84	11.743,84	13.412,55	13.764,29	13.963,45	...	14.105,15	15.501,82	16.479,15
Personalaufw.	-2.429,76	-2.429,76	-2.429,76	-2.549,49	-2.594,91	-2.611,05	...	-2.969,50	-3.150,78	-3.269,67
Sonstiger Aufw.	-1.316,12	-1.316,12	-1.316,12	-1.441,02	-1.353,86	-1.248,76	...	-2.474,59	-2.268,56	-2.092,59
EBITDA	**7.997,96**	**7.997,96**	**7.997,96**	**9.422,04**	**9.815,52**	**10.103,64**	...	**8.661,05**	**10.082,48**	**11.116,89**
Abschreibungen	-4.333,33	-4.333,33	-4.333,33	-5.000,00	-5.000,00	-5.000,00	...	-5.000,00	-5.000,00	-5.000,00
EBIT	**3.664,63**	**3.664,63**	**3.664,63**	**4.422,04**	**4.815,52**	**5.103,64**	...	**3.661,05**	**5.082,48**	**6.116,89**
Zinsen (konzernintern)	-578,15	-578,15	-578,15	-622,56	-622,56	-622,56	...	-603,12	-603,12	-603,12
Gewerbesteuer	675,11	675,11	675,11	822,15	900,85	958,47	...	671,90	956,18	1.163,07
Körperschaftsteuer	602,84	602,84	602,84	744,33	823,03	880,65	...	596,51	880,80	1.087,68
EBT	**1.808,52**	**1.808,52**	**1.808,52**	**2.232,99**	**2.469,08**	**2.641,95**	...	**1.789,53**	**2.642,39**	**3.263,03**
Thesaurierung	-643,79	-643,79	-643,79	1.008,70	1.214,74	1.317,76	...			
Ausschüttung	**2.452,31**	**2.452,31**	**2.452,31**	**1.224,30**	**1.254,35**	**1.324,20**	...	**1.789,53**	**2.642,39**	**3.263,03**

Tab. 311: Revidierte und realisierte Erfolgsrechnungen des Bereichs B1 für die Jahre 2008 bis 2009 sowie 2015 ff. aus der ex post-Perspektive II

Jahr	2008			2009			...	2015 ff.		
Szenario	I	II	III	I	II	III	...	I	II	III
Eintrittswahrscheinlichkeit	0,35	0,40	0,25	0,35	0,40	0,25	...	0,35	0,40	0,25
EBIT	**3.664,63**	**3.664,63**	**3.664,63**	**4.422,04**	**4.815,52**	**5.103,64**	...	**3.661,05**	**5.082,48**	**6.116,89**
Adaptierte Gewerbesteuer	732,93	732,93	732,93	884,41	963,10	1.020,73	...	732,21	1.016,50	1.223,38
Adaptierte Körperschaftsteuer	732,93	732,93	732,93	884,41	963,10	1.020,73	...	732,21	1.016,50	1.223,38
Abschreibungen	-4.333,33	-4.333,33	-4.333,33	-5.000,00	-5.000,00	-5.000,00	...	-5.000,00	-5.000,00	-5.000,00
Δ Nettoumlaufvermögen	855,00	855,00	855,00	-1.428,14	-1.634,18	-1.737,20	...	0,00	0,00	0,00
Cashflow aus operativer Tätigkeit	**7.387,11**	**7.387,11**	**7.387,11**	**6.225,08**	**6.255,13**	**6.324,98**	...	**7.196,63**	**8.049,49**	**8.670,13**
Cashflow aus Investitionen	**-5.000,00**	**-5.000,00**	**-5.000,00**	**-4.000,00**	**-4.000,00**	**-4.000,00**	...	**-5.000,00**	**-5.000,00**	**-5.000,00**
FCF vor adaptierter ESt	2.387,11	2.387,11	2.387,11	2.225,08	2.255,13	2.324,98	...	2.196,63	3.049,49	3.670,13
Adaptierte Einkommensteuer	417,74	417,74	417,74	389,39	394,65	406,87	...	384,41	533,66	642,27
FCF nach adaptierter ESt	**1.969,37**	**1.969,37**	**1.969,37**	**1.835,69**	**1.860,48**	**1.918,11**	...	**1.812,22**	**2.515,83**	**3.027,86**

Tab. 312: Revidierte und realisierte *Free Cashflows* des Bereichs B1 für die Jahre 2008 bis 2009 sowie 2015 ff. aus der ex post-Perspektive II

Jahr	2008			2009			...	2015 ff.		
Szenario	I	II	III	I	II	III	...	I	II	III
Eintrittswahrscheinlichkeit	0,35	0,40	0,25	0,35	0,40	0,25	...	0,35	0,40	0,25
EBIT	3.664,63	3.664,63	3.664,63	4.422,04	4.815,52	5.103,64	...	3.661,05	5.082,48	6.116,89
Zinsen (konzernintern)	-578,15	-578,15	-578,15	-622,56	-622,56	-622,56	...	-603,12	-603,12	-603,12
Gewerbesteuer	675,11	675,11	675,11	822,15	900,85	958,47	...	671,90	956,18	1.163,07
Körperschaftsteuer	602,84	602,84	602,84	744,33	823,03	880,85	...	596,51	880,80	1.087,68
Abschreibungen	-4.333,33	-4.333,33	-4.333,33	-5.000,00	-5.000,00	-5.000,00	...	-5.000,00	-5.000,00	-5.000,00
Δ Nettoumlaufvermögen	855,00	855,00	855,00	-1.428,14	-1.634,18	-1.737,20	...	0,00	0,00	0,00
Cashflow aus operativer Tätigkeit	**6.996,86**	**6.996,86**	**6.996,86**	**5.804,85**	**5.834,90**	**5.904,75**	...	**6.789,53**	**7.642,39**	**8.263,03**
Cashflow aus Investitionen	**-5.000,00**	**-5.000,00**	**-5.000,00**	**-4.000,00**	**-4.000,00**	**-4.000,00**	...	**-5.000,00**	**-5.000,00**	**-5.000,00**
Ausschüttung	2.452,31	2.452,31	2.452,31	1.224,30	1.254,35	1.324,20	...	1.789,53	2.642,39	3.263,03
Thesaurierung	-643,79	-643,79	-643,79	1.008,70	1.214,74	1.317,76	...	0,00	0,00	0,00
Δ Fremdkapital	455,45	455,45	455,45	-580,56	-580,56	-580,56	...	0,00	0,00	0,00
Cashflow aus Finanzierung	**-2.640,64**	**-2.640,64**	**-2.640,64**	**-796,16**	**-620,17**	**-587,00**	...	**-1.789,53**	**-2.642,39**	**-3.263,03**
Netto Cashflow vor ESt	2.452,31	2.452,31	2.452,31	1.224,30	1.254,35	1.324,20	...	1.789,53	2.642,39	3.263,03
Einkommensteuer	429,15	429,15	429,15	214,25	219,51	231,73	...	313,17	462,42	571,03
Netto Cashflow nach ESt	**2.023,15**	**2.023,15**	**2.023,15**	**1.010,05**	**1.034,84**	**1.092,46**	...	**1.476,36**	**2.179,97**	**2.692,00**

Tab. 313: Revidierte und realisierte *Netto Cashflows* des Bereichs B1 für die Jahre 2008 bis 2009 sowie 2015 ff. aus der ex post-Perspektive II

Ex post-Perspektive III

Jahr	2008			2009			2010			...	2015 ff.		
Szenario	I	II	III	I	II	III	I	II	III	...	I	II	III
Eintrittswahrscheinlichkeit	0,35	0,40	0,25	0,35	0,40	0,25	0,35	0,40	0,25	...	0,35	0,40	0,25
Sachanlagen	10.333,33	10.333,33	10.333,33	9.333,33	9.333,33	9.333,33	9.933,33	9.933,33	9.933,33	...	10.000,00	10.000,00	10.000,00
Vorräte	4.242,00	4.242,00	4.242,00	4.538,94	4.623,78	4.666,20	4.884,76	4.937,54	4.939,51	...	5.749,37	6.173,19	6.457,75
FE	4.848,00	4.848,00	4.848,00	5.403,50	5.394,41	5.332,80	5.861,72	5.950,36	5.979,40	...	6.533,37	7.246,78	7.159,68
Forderungen aus LuL	1.818,00	1.818,00	1.818,00	2.161,40	2.091,71	1.999,80	3.419,33	2.785,28	2.599,74	...	2.090,68	2.415,59	2.667,33
Summe Aktiva	**21.241,33**	**21.241,33**	**21.241,33**	**21.437,17**	**21.443,23**	**21.332,13**	**24.099,15**	**23.606,51**	**23.451,98**	...	**24.373,42**	**25.835,57**	**26.284,77**
Eigenkapital	13.543,11	13.543,11	13.543,11	13.903,38	14.097,30	14.305,36	16.261,97	15.959,76	16.024,60	...	16.096,94	17.234,17	17.291,25
Verb. ggü. vU	6.385,23	6.385,23	6.385,23	5.804,67	5.804,67	5.804,67	6.127,51	6.127,51	6.127,51	...	6.185,80	6.185,80	6.185,80
Verb. aus LuL	1.313,00	1.313,00	1.313,00	1.729,12	1.541,26	1.222,10	1.709,67	1.519,24	1.299,87	...	2.090,68	2.415,59	2.807,72
Summe Passiva	**21.241,33**	**21.241,33**	**21.241,33**	**21.437,17**	**21.443,23**	**21.332,13**	**24.099,15**	**23.606,51**	**23.451,98**	...	**24.373,42**	**25.835,57**	**26.284,77**

Tab. 314: Revidierte und realisierte Bilanzen des Bereichs B1 für die Jahre 2008 bis 2010 sowie 2015 ff. aus der ex post-Perspektive III

Anhang 475

Jahr	2008			2009			...	2015 ff.		
Szenario	I	II	III	I	II	III	...	I	II	III
Wahrscheinlichkeit	0,35	0,40	0,25	0,35	0,40	0,25	...	0,35	0,40	0,25
Gesamtumsätze	20.200,00	20.200,00	20.200,00	21.614,00	22.018,00	22.220,00	...	26.133,49	26.839,94	28.077,19
Innenumsätze	1.010,00	1.010,00	1.010,00	1.080,70	1.100,90	1.111,00	...	1.306,67	1.342,00	1.403,86
Δ FE	48,00	48,00	48,00	555,50	546,41	484,80	...	0,00	0,00	0,00
Gesamtleistung	20.248,00	20.248,00	20.248,00	22.169,50	22.564,41	22.704,80	...	26.133,49	26.839,94	28.077,19
Materialeinsatz	-8.504,16	-8.504,16	-8.504,16	-8.756,95	-8.800,12	-8.741,35	...	-11.237,40	-10.333,38	-10.388,56
Rohertrag	11.743,84	11.743,84	11.743,84	13.412,55	13.764,29	13.963,45	...	14.896,09	16.506,56	17.688,63
Personalaufw.	-2.429,76	-2.429,76	-2.429,76	-2.549,49	-2.594,91	-2.611,05	...	-3.136,02	-3.354,99	-3.509,65
Sonstiger Aufw.	-1.316,12	-1.316,12	-1.316,12	-1.441,02	-1.353,86	-1.248,76	...	-2.613,35	-2.415,59	-2.246,18
EBITDA	**7.997,96**	**7.997,96**	**7.997,96**	**9.422,04**	**9.815,52**	**10.103,64**	...	**9.146,72**	**10.735,98**	**11.932,81**
Abschreibungen	-4.333,33	-4.333,33	-4.333,33	-5.000,00	-5.000,00	-5.000,00	...	-5.000,00	-5.000,00	-5.000,00
EBIT	**3.664,63**	**3.664,63**	**3.664,63**	**4.422,04**	**4.815,52**	**5.103,64**	...	**4.146,72**	**5.735,98**	**6.932,81**
Zinsen (konzernintern)	-578,15	-578,15	-578,15	-622,56	-622,56	-622,56	...	-603,12	-603,12	-603,12
Gewerbesteuer	675,11	675,11	675,11	822,15	900,85	958,47	...	769,03	1.086,88	1.326,25
Körperschaftsteuer	602,84	602,84	602,84	744,33	823,03	880,65	...	693,64	1.011,49	1.250,86
EBT	**1.808,52**	**1.808,52**	**1.808,52**	**2.232,99**	**2.469,08**	**2.641,95**	...	**2.080,93**	**3.034,48**	**3.752,58**
Thesaurierung	-643,79	-643,79	-643,79	360,28	554,20	762,26	...	0,00	0,00	0,00
Ausschüttung	**2.452,31**	**2.452,31**	**2.452,31**	**1.872,72**	**1.914,89**	**1.879,70**	...	**2.080,93**	**3.034,48**	**3.752,58**

Tab. 315: Revidierte und realisierte Erfolgsrechnungen des Bereichs B1 für die Jahre 2008 bis 2009 sowie 2015 ff. aus der ex post-Perspektive III

Jahr	2008			2009			...	2015 ff.		
Szenario	I	II	III	I	II	III	...	I	II	III
Eintrittswahrscheinlichkeit	0,35	0,40	0,25	0,35	0,40	0,25	...	0,35	0,40	0,25
EBIT	3.664,63	3.664,63	3.664,63	4.422,04	4.815,52	5.103,64	...	4.146,72	5.735,98	6.932,81
Adaptierte Gewerbesteuer	732,93	732,93	732,93	884,41	963,10	1.020,73	...	829,34	1.147,20	1.386,56
Adaptierte Körperschaftsteuer	732,93	732,93	732,93	884,41	963,10	1.020,73	...	829,34	1.147,20	1.386,56
Abschreibungen	-4.333,33	-4.333,33	-4.333,33	-5.000,00	-5.000,00	-5.000,00	...	-5.000,00	-5.000,00	-5.000,00
Δ Nettoumlaufvermögen	855,00	855,00	855,00	-779,50	-973,60	-1.181,70	...	0,00	0,00	0,00
Cashflow aus operativer Tätigkeit	**7.387,11**	**7.387,11**	**7.387,11**	**6.873,50**	**6.915,67**	**6.880,48**	...	**7.488,03**	**8.441,59**	**9.159,68**
Cashflow aus Investitionen	**-5.000,00**	**-5.000,00**	**-5.000,00**	**-4.000,00**	**-4.000,00**	**-4.000,00**	...	**-5.000,00**	**-5.000,00**	**-5.000,00**
FCF vor adaptierter ESt	2.387,11	2.387,11	2.387,11	2.873,50	2.915,67	2.880,48	...	2.488,03	3.441,59	4.159,68
Adaptierte Einkommensteuer	417,74	417,74	417,74	502,86	510,24	504,08	...	435,41	602,28	727,94
FCF nach adaptierter ESt	**1.969,37**	**1.969,37**	**1.969,37**	**2.370,64**	**2.405,43**	**2.376,40**	...	**2.052,63**	**2.839,31**	**3.431,74**

Tab. 316: Revidierte und realisierte *Free Cashflows* des Bereichs B1 für die Jahre 2008 bis 2009 sowie 2015 ff. aus der ex post-Perspektive III

Jahr	2008			2009			...	2015 ff.		
Szenario	I	II	III	I	II	II	...	I	II	III
Eintrittswahrscheinlichkeit	0,35	0,40	0,25	0,35	0,40	0,25	...	0,35	0,40	0,25
EBIT	3.664,63	3.664,63	3.664,63	4.422,04	4.815,52	5.103,64	...	4.146,72	5.735,98	6.932,81
Zinsen (konzernintern)	-578,15	-578,15	-578,15	-622,56	-622,56	-622,56	...	-603,12	-603,12	-603,12
Gewerbesteuer	675,11	675,11	675,11	822,15	900,85	958,47	...	769,03	1.086,88	1.326,25
Körperschaftsteuer	602,84	602,84	602,84	744,33	823,03	880,65	...	693,64	1.011,49	1.250,86
Abschreibungen	-4.333,33	-4.333,33	-4.333,33	-5.000,00	-5.000,00	-5.000,00	...	-5.000,00	-5.000,00	-5.000,00
Δ Nettoumlaufvermögen	855,00	855,00	855,00	-779,72	-973,64	-1.181,70	...	0,00	0,00	0,00
Cashflow aus operativer Tätigkeit	6.996,86	6.996,86	6.996,86	6.453,27	6.495,44	6.460,25	...	7.080,93	8.034,48	8.752,58
Cashflow aus Investitionen	-5.000,00	-5.000,00	-5.000,00	-4.000,00	-4.000,00	-4.000,00	...	-5.000,00	-5.000,00	-5.000,00
Ausschüttung	2.452,31	2.452,31	2.452,31	1.872,72	1.914,89	1.879,70	...	2.080,93	3.034,48	3.752,58
Thesaurierung	-643,79	-643,79	-643,79	360,28	554,20	762,26	...	0,00	0,00	0,00
Δ Fremdkapital	455,45	455,45	455,45	-580,56	-580,56	-580,56	...	0,00	0,00	0,00
Cashflow aus Finanzierung	-2.640,64	-2.640,64	-2.640,64	-2.093,00	-1.941,25	-1.698,00	...	-2.080,93	-3.034,48	-3.752,58
Netto Cashflow vor ESt	2.452,31	2.452,31	2.452,31	1.872,72	1.914,89	1.879,70	...	2.080,93	3.034,48	3.752,58
Einkommensteuer	429,15	429,15	429,15	327,73	335,11	328,95	...	364,16	531,03	656,70
Netto Cashflow nach ESt	2.023,15	2.023,15	2.023,15	1.544,99	1.579,78	1.550,75	...	1.716,77	2.503,45	3.095,88

Tab. 317: Revidierte und realisierte *Netto Cashflows* des Bereichs B1 für die Jahre 2008 bis 2009 sowie 2015 ff. aus der ex post-Perspektive III

Ex post-Perspektive IV

Jahr	2008			2009			2010			...	2015 ff.		
Szenario	I	II	III	I	II	III	I	II	III	...	I	II	III
Eintrittswahrscheinlichkeit	0,35	0,40	0,25	0,35	0,40	0,25	0,35	0,40	0,25	...	0,35	0,40	0,25
Sachanlagen	10.833,33	10.833,33	10.833,33	10.566,67	10.566,67	10.566,67	11.000,00	11.000,00	11.000,00	...	10.200,00	10.200,00	10.200,00
Vorräte	4.242,00	4.242,00	4.242,00	4.538,94	4.623,78	4.666,20	4.884,76	4.937,54	4.939,51	...	5.749,37	6.173,19	6.457,75
FE	4.848,00	4.848,00	4.848,00	5.403,50	5.394,41	5.332,80	5.861,72	5.950,36	5.979,40	...	6.533,37	7.246,78	7.159,68
Forderungen aus LuL	1.818,00	1.818,00	1.818,00	2.161,40	2.091,71	1.999,80	3.419,33	2.785,28	2.599,74	...	2.090,68	2.415,59	2.667,33
Summe Aktiva	21.741,33	21.741,33	21.741,33	22.670,51	22.676,57	22.565,47	25.165,82	24.673,18	24.518,65	...	24.573,42	26.035,57	26.484,77
Eigenkapital	13.743,11	13.743,11	13.743,11	14.387,57	14.581,49	14.789,55	16.662,74	16.360,53	16.425,37	...	16.173,22	17.310,45	17.367,53
Verb. ggü. vU	6.685,23	6.685,23	6.685,23	6.553,82	6.553,82	6.553,82	6.793,41	6.793,41	6.793,41	...	6.309,52	6.309,52	6.309,52
Verb. aus LuL	1.313,00	1.313,00	1.313,00	1.729,12	1.541,26	1.222,10	1.709,67	1.519,24	1.299,87	...	2.090,68	2.415,59	2.807,72
Summe Passiva	21.741,33	21.741,33	21.741,33	22.670,51	22.676,57	22.565,47	25.165,82	24.673,18	24.518,65	...	24.573,42	26.035,57	26.484,77

Tab. 318: Revidierte und realisierte Bilanzen des Bereichs B1 für die Jahre 2008 bis 2010 sowie 2015 ff. aus der ex post-Perspektive IV

Anhang 477

Jahr	2008			2009			...	2015 ff.		
Szenario	I	II	III	I	II	III	...	I	II	III
Wahrscheinlichkeit	0,35	0,40	0,25	0,35	0,40	0,25	...	0,35	0,40	0,25
Gesamtumsätze	20.200,00	20.200,00	20.200,00	21.614,00	22.018,00	22.220,00	...	26.133,49	26.839,94	28.077,19
Innenumsätze	1.010,00	1.010,00	1.010,00	1.080,70	1.100,90	1.111,00	...	1.306,67	1.342,00	1.403,86
Δ FE	48,00	48,00	48,00	555,50	546,41	484,80	...	0,00	0,00	0,00
Gesamtleistung	20.248,00	20.248,00	20.248,00	22.169,50	22.564,41	22.704,80	...	26.133,49	26.839,94	28.077,19
Materialeinsatz	-8.504,16	-8.504,16	-8.504,16	-8.756,95	-8.800,12	-8.741,35	...	-11.237,40	-10.333,38	-10.388,56
Rohertrag	11.743,84	11.743,84	11.743,84	13.412,55	13.764,29	13.963,45	...	14.896,09	16.506,56	17.688,63
Personalaufw.	-2.429,76	-2.429,76	-2.429,76	-2.549,49	-2.594,91	-2.611,05	...	-3.136,02	-3.354,99	-3.509,65
Sonstiger Aufw.	-1.316,12	-1.316,12	-1.316,12	-1.441,02	-1.353,86	-1.248,76	...	-2.613,35	-2.415,59	-2.246,18
EBITDA	7.997,96	7.997,96	7.997,96	9.422,04	9.815,52	10.103,64	...	9.146,72	10.735,98	11.932,81
Abschreibungen	-4.333,33	-4.333,33	-4.333,33	-5.166,67	-5.166,67	-5.166,67	...	-5.100,00	-5.100,00	-5.100,00
EBIT	3.664,63	3.664,63	3.664,63	4.255,37	4.648,85	4.936,97	...	4.046,72	5.635,98	6.832,81
Zinsen (konzernintern)	-578,15	-578,15	-578,15	-651,81	-651,81	-651,81	...	-615,18	-615,18	-615,18
Gewerbesteuer	675,11	675,11	675,11	785,89	864,59	922,21	...	747,83	1.065,68	1.305,04
Körperschaftsteuer	602,84	602,84	602,84	704,42	783,11	840,74	...	670,93	988,78	1.228,15
EBT	1.808,52	1.808,52	1.808,52	2.113,25	2.349,34	2.522,21	...	2.012,79	2.966,34	3.684,44
Thesaurierung	-443,79	-443,79	-443,79	644,46	838,38	1.046,44	...	0,00	0,00	0,00
Ausschüttung	2.252,31	2.252,31	2.252,31	1.468,79	1.510,96	1.475,77	...	2.012,79	2.966,34	3.684,44

Tab. 319: Revidierte und realisierte Erfolgsrechnungen des Bereichs B1 für die Jahre 2008 bis 2009 sowie 2015 ff. aus der ex post-Perspektive IV

Jahr	2008			2009			...	2015 ff.		
Szenario	I	II	III	I	II	III	...	I	II	III
Eintrittswahrscheinlichkeit	0,35	0,40	0,25	0,35	0,40	0,25	...	0,35	0,40	0,25
EBIT	3.664,63	3.664,63	3.664,63	4.255,37	4.648,85	4.936,97	...	4.046,72	5.635,98	6.832,81
Adaptierte Gewerbesteuer	732,93	732,93	732,93	851,07	929,77	987,39	...	809,34	1.127,20	1.366,56
Adaptierte Körperschaftsteuer	732,93	732,93	732,93	851,07	929,77	987,39	...	809,34	1.127,20	1.366,56
Abschreibungen	-4.333,33	-4.333,33	-4.333,33	-5.166,67	-5.166,67	-5.166,67	...	-5.100,00	-5.100,00	-5.100,00
Δ Nettoumlaufvermögen	855,00	855,00	855,00	-779,52	-973,64	-1.181,70	...	0,00	0,00	0,00
Cashflow aus operativer Tätigkeit	7.387,11	7.387,11	7.387,11	6.940,17	6.982,34	6.947,15	...	7.528,03	8.481,59	9.199,68
Cashflow aus Investitionen	-5.500,00	-5.500,00	-5.500,00	-4.900,00	-4.900,00	-4.900,00	...	-5.100,00	-5.100,00	-5.100,00
FCF vor adaptierter ESt	1.887,11	1.887,11	1.887,11	2.040,17	2.082,34	2.047,15	...	2.428,03	3.381,59	4.099,68
Adaptierte Einkommensteuer	330,24	330,24	330,24	357,03	364,41	358,25	...	424,91	591,78	717,44
FCF nach adaptierter ESt	1.556,87	1.556,87	1.556,87	1.683,14	1.717,93	1.688,90	...	2.003,13	2.789,81	3.382,24

Tab. 320: Revidierte und realisierte *Free Cashflows* des Bereichs B1 für die Jahre 2008 bis 2009 sowie 2015 ff. aus der ex post-Perspektive IV

Jahr	2008			2009			...	2015 ff.		
Szenario	I	II	III	I	II	III	...	I	II	III
Eintrittswahrscheinlichkeit	0,35	0,40	0,25	0,35	0,40	0,25	...	0,35	0,40	0,25
EBIT	**3.664,63**	**3.664,63**	**3.664,63**	**4.255,37**	**4.648,85**	**4.936,97**	...	**4.046,72**	**5.635,98**	**6.832,81**
Zinsen (konzernintern)	-578,15	-578,15	-578,15	-651,81	-651,81	-651,81	...	-615,18	-615,18	-615,18
Gewerbesteuer	675,11	675,11	675,11	785,89	864,59	922,21	...	747,83	1.065,68	1.305,04
Körperschaftsteuer	602,84	602,84	602,84	704,42	783,11	840,74	...	670,93	988,78	1.228,15
Abschreibungen	-4.333,33	-4.333,33	-4.333,33	-5.166,67	-5.166,67	-5.166,67	...	-5.100,00	-5.100,00	-5.100,00
Δ Nettoumlaufvermögen	855,00	855,00	855,00	-779,72	-973,64	-1.181,70	...	0,00	0,00	0,00
Cashflow aus operativer Tätigkeit	**6.996,86**	**6.996,86**	**6.996,86**	**6.500,20**	**6.542,37**	**6.507,18**	...	**7.112,79**	**8.066,34**	**8.784,44**
Cashflow aus Investitionen	**-5.500,00**	**-5.500,00**	**-5.500,00**	**-4.900,00**	**-4.900,00**	**-4.900,00**	...	**-5.100,00**	**-5.100,00**	**-5.100,00**
Ausschüttung	2.252,31	2.252,31	2.252,31	1.468,79	1.510,96	1.475,77	...	2.012,79	2.966,34	3.684,44
Thesaurierung	-443,79	-443,79	-443,79	644,46	838,38	1.046,44	...	0,00	0,00	0,00
Δ Fremdkapital	755,45	755,45	755,45	-131,41	-131,41	-131,41	...	0,00	0,00	0,00
Cashflow aus Finanzierung	**-1.940,64**	**-1.940,64**	**-1.940,64**	**-955,73**	**-803,98**	**-560,73**	...	**-2.012,79**	**-2.966,34**	**-3.684,44**
Netto Cashflow vor ESt	2.252,31	2.252,31	2.252,31	1.468,79	1.510,96	1.475,77	...	2.012,79	2.966,34	3.684,44
Einkommensteuer	394,15	394,15	394,15	257,04	264,42	258,26	...	352,24	519,11	644,78
Netto Cashflow nach ESt	**1.858,15**	**1.858,15**	**1.858,15**	**1.211,75**	**1.246,54**	**1.217,51**	...	**1.660,55**	**2.447,23**	**3.039,66**

Tab. 321: Revidierte und realisierte *Netto Cashflows* des Bereichs B1 für die Jahre 2008 bis 2009 sowie 2015 ff. aus der ex post-Perspektive IV

Anhang VI: Performanceplanung- und kontrolle des Bereichs B1

Economic Value Added II

Jahr	2007	2008	2009	2010	2011	2012	2013	2014	2015 ff.
EE_t		2.723,76	2.598,13	3.111,01	2.943,64	2.667,53	2.444,19	2.578,19	2.667,53
CC_t		1.207,36	1.157,11	1.249,72	1.359,55	1.408,26	1.386,26	1.379,48	1.380,16
EVA_t		1.516,40	1.441,02	1.861,29	1.584,09	1.259,27	1.057,93	1.198,71	1.287,36
EBV_t	20.116,67	20.762,33	20.998,02	22.860,68	24.180,15	24.180,15	23.846,82	23.713,49	
MVA_t	22.931,05	22.790,92	22.620,07	22.105,04	21.835,57	21.848,01	22.042,64	22.119,04	
UW_t	43.047,72	43.553,25	43.618,08	44.965,72	46.015,72	46.028,16	45.889,46	45.832,53	
EK_t	37.117,95	37.168,03	37.813,42	38.838,21	39.557,82	39.543,72	39.616,11	39.646,72	

Tab. 322: Performanceplanung des Bereichs B1 anhand des *Economic Value Added* II für die Jahre 2008 bis 2015 ff. (ex ante-Perspektive)

Jahr	2007	2008	2009	2010	2011	2012	2013	2014	2015 ff.
EE_t		1.781,03	2.458,21	2.887,20	2.730,52	2.456,44	2.233,11	2.367,11	2.456,44
CC_t		1.207,74	1.102,96	1.222,40	1.328,71	1.373,49	1.350,21	1.344,20	1.345,39
EVA_t		**573,29**	1.355,25	1.664,81	1.401,80	1.082,95	882,90	1.022,91	1.111,05
EBV_t	20.116,67	19.928,33	20.547,72	22.352,93	23.636,26	23.636,26	23.302,93	23.169,60	
MVA_t	19.284,89	19.869,41	19.613,86	19.115,89	18.850,39	18.862,82	19.057,45	19.133,86	
UW_t	39.401,56	39.797,74	40.161,57	41.468,82	42.486,65	42.499,09	42.360,38	42.303,45	
EK_t	33.471,79	33.412,51	34.356,90	35.341,31	36.028,74	36.014,65	36.087,03	36.117,65	

Tab. 323: Performancekontrolle des Bereichs B1 anhand des *Economic Value Added* II im Jahr 2008 (ex post-Perspektive I)

Jahr	2007	2008	2009	2010	2011	2012	2013	2014	2015 ff.
EE_t		1.781,03	2.454,03	2.796,52	2.669,76	2.397,57	2.174,24	2.308,24	2.397,57
CC_t		1.207,83	1.101,09	1.220,37	1.319,48	1.363,23	1.339,56	1.333,79	1.335,13
EVA_t		**573,20**	1.352,94	1.576,15	1.350,28	1.034,34	834,68	974,45	1.062,44
EBV_t	20.116,67	19.928,33	20.516,15	22.200,96	23.475,98	23.475,98	23.142,64	23.009,31	
MVA_t	18.512,54	19.050,85	18.750,52	18.289,71	18.026,45	18.038,89	18.233,52	18.309,92	
UW_t	38.629,21	38.979,19	39.266,67	40.490,67	41.502,43	41.514,87	41.376,16	41.319,23	
EK_t	32.699,43	32.593,96	33.462,00	34.363,17	35.044,52	35.030,43	35.102,81	35.133,43	

Tab. 324: Performancekontrolle des Bereichs B1 anhand des *Economic Value Added* II im Jahr 2008 (ex post-Perspektive II)

Jahr	2007	2008	2009	2010	2011	2012	2013	2014	2015 ff.
EE_t		1.781,03	2.343,78	3.895,12	3.220,66	2.712,08	2.488,74	2.622,74	2.712,08
CC_t		1.207,26	1.112,80	1.183,71	1.320,97	1.369,40	1.348,36	1.341,03	1.341,34
EVA_t		**573,77**	1.230,98	2.711,41	1.899,68	1.342,68	1.140,38	1.281,71	1.370,74
EBV_t	20.116,67	19.928,33	19.886,12	22.209,25	23.502,88	23.502,88	23.169,54	23.036,21	
MVA_t	23.951,79	24.815,43	24.970,15	23.745,07	23.257,71	23.270,15	23.464,78	23.541,18	
UW_t	44.068,45	44.743,77	44.856,26	45.954,32	46.760,59	46.773,02	46.634,32	46.577,39	
EK_t	38.138,68	38.358,54	39.051,59	39.826,81	40.302,68	40.288,58	40.360,97	40.391,59	

Tab. 325: Performancekontrolle des Bereichs B1 anhand des *Economic Value Added* II im Jahr 2008 (ex post-Perspektive III)

Netto-Earnings less Riskfree Interest Charge

Jahr	2007	2008	2009	2010	2011	2012	2013	2014	2015 ff.
EBIAT$_t$		2.322,10	2.353,04	2.739,35	2.553,12	2.312,25	2.129,06	2.252,90	2.331,67
CC$_t$		645,50	654,16	691,30	761,36	806,36	805,15	799,59	797,51
E$_R$IC$_t$ $^{[2007]}$		1.649,85	1.660,66	2.003,50	1.714,76	1.362,88	1.159,77	1.258,95	853,89
IC$_t$	14.186,89	14.377,11	15.193,35	16.733,17	17.722,24	17.695,71	17.573,47	17.527,69	
DE$_R$IC$_t$ $^{[l]}$	22.931,05	22.790,92	22.620,07	22.105,04	21.835,57	21.848,01	22.042,64	22.119,04	
EK$_t$	37.117,95	37.168,03	37.813,42	38.838,21	39.557,82	39.543,72	39.616,11	39.646,72	

Tab. 326: Performanceplanung des Bereichs B1 anhand der Netto-*Earnings less Riskfree Interest Charge* für die Jahre 2008 bis 2015 ff. (ex ante-Perspektive)

Jahr	2007	2008	2009	2010	2011	2012	2013	2014	2015 ff.
EBIAT$_t$		1.379,37	2.213,12	2.515,54	2.340,00	2.101,17	1.917,98	2.041,82	2.120,58
CC$_t$		645,50	616,21	670,81	738,26	781,62	780,41	774,85	772,76
E$_R$IC$_t$ $^{[2007]}$		**708,69**	1.571,93	1.806,68	1.534,00	1.190,46	989,96	1.091,80	732,70
IC$_t$	14.186,89	13.543,11	14.743,05	16.225,42	17.178,35	17.151,82	17.029,58	16.983,80	
DE$_R$IC$_t$ $^{[l]}$	19.284,89	19.869,41	19.613,86	19.115,89	18.850,39	18.862,82	19.057,45	19.133,86	
EK$_t$	33.471,79	33.412,51	34.356,90	35.341,31	36.028,74	36.014,65	36.087,03	36.117,65	

Tab. 327: Performancekontrolle des Bereichs B1 anhand der Netto-*Earnings less Riskfree Interest Charge* im Jahr 2008 (ex post-Perspektive I)

Jahr	2007	2008	2009	2010	2011	2012	2013	2014	2015 ff.
EBIAT$_t$		1.379,37	2.208,94	2.424,86	2.279,25	2.042,30	1.859,11	1.982,95	2.061,71
CC$_t$		645,50	616,21	669,37	731,34	774,32	773,11	767,55	765,47
E$_R$IC$_t$ $^{[2007]}$		**708,74**	1.567,14	1.716,42	1.482,86	1.142,74	942,97	1.045,54	699,26
IC$_t$	14.186,89	13.541,48	14.711,48	16.073,45	17.018,07	16.991,54	16.869,29	16.823,51	
DE$_R$IC$_t$ $^{[l]}$	18.512,54	19.050,85	18.750,52	18.289,71	18.026,45	18.038,89	18.233,52	18.309,92	
EK$_t$	32.699,43	32.593,96	33.462,00	34.363,17	35.044,52	35.030,43	35.102,81	35.133,43	

Tab. 328: Performancekontrolle des Bereichs B1 anhand der Netto-*Earnings less Riskfree Interest Charge* im Jahr 2008 (ex post-Perspektive II)

Jahr	2007	2008	2009	2010	2011	2012	2013	2014	2015 ff.
EBIAT$_t$		1.379,37	2.098,69	3.523,46	2.830,14	2.356,80	2.173,61	2.297,45	2.376,22
CC$_t$		645,50	616,21	640,71	731,72	775,55	774,34	768,78	766,69
E$_R$IC$_t$ $^{[2007]}$		**708,43**	1.443,58	2.826,05	2.006,31	1.435,23	1.231,57	1.330,20	915,46
IC$_t$	14.186,89	13.543,11	14.081,45	16.081,74	17.044,97	17.018,44	16.896,19	16.850,41	
DE$_R$IC$_t$ $^{[l]}$	23.951,79	24.815,43	24.970,15	23.745,07	23.257,71	23.270,15	23.464,78	23.541,18	
EK$_t$	38.138,68	38.358,54	39.051,59	39.826,81	40.302,68	40.288,58	40.360,97	40.391,59	

Tab. 329: Performancekontrolle des Bereichs B1 anhand der Netto-*Earnings less Riskfree Interest Charge* im Jahr 2008 (ex post-Perspektive III)

Brutto-Earnings less Riskfree Interest Charge II

Jahr	2007	2008	2009	2010	2011	2012	2013	2014	2015 ff.
$EBIAT_t$		3.151,76	2.798,61	3.352,33	3.270,45	2.667,53	2.444,19	2.578,19	2.667,53
CC_t		944,88	993,74	1.013,58	1.109,31	1.184,22	1.184,22	1.169,05	1.162,98
$E_RIC_t^{[2007]}$		2.178,42	1.749,94	2.293,59	2.081,74	1.322,36	1.063,19	1.187,62	752,03
IC_t	20.766,67	21.840,33	22.276,50	24.380,48	26.026,77	26.026,77	25.693,44	25.560,10	
$DE_RIC_t^{[t]}$	22.281,05	21.712,92	21.341,59	20.585,24	19.988,95	20.001,39	20.196,02	20.272,42	
UW_t	43.047,72	43.553,25	43.618,08	44.965,72	46.015,72	46.028,16	45.889,46	45.832,53	
EK_t	37.117,95	37.168,03	37.813,42	38.838,21	39.557,82	39.543,72	39.616,11	39.646,72	

Tab. 330: Performanceplanung des Bereichs B1 anhand der Brutto-*Earnings less Riskfree Interest Charge* II für die Jahre 2008 bis 2015 ff. (ex ante-Perspektive)

Jahr	2007	2008	2009	2010	2011	2012	2013	2014	2015 ff.
$EBIAT_t$		2.444,03	2.372,10	3.117,46	3.042,89	2.456,44	2.233,11	2.367,11	2.456,44
CC_t		944,88	966,48	990,74	1.083,36	1.155,96	1.155,96	1.140,80	1.134,73
$E_RIC_t^{[2007]}$		**1.472,14**	1.363,49	2.087,96	1.889,33	1.153,47	897,02	1.024,04	634,37
IC_t	20.766,67	21.241,33	21.774,61	23.810,09	25.405,79	25.405,79	25.072,46	24.939,13	
$DE_RIC_t^{[t]}$	18.634,89	18.556,41	18.386,96	17.658,74	17.080,86	17.093,30	17.287,92	17.364,33	
UW_t	39.401,56	39.797,74	40.161,57	41.468,82	42.486,65	42.499,09	42.360,38	42.303,45	
EK_t	33.471,79	33.412,51	34.356,90	35.341,31	36.028,74	36.014,65	36.087,03	36.117,65	

Tab. 331: Performancekontrolle des Bereichs B1 anhand der Brutto-*Earnings less Riskfree Interest Charge* II im Jahr 2008 (ex post-Perspektive I)

Jahr	2007	2008	2009	2010	2011	2012	2013	2014	2015 ff.
$EBIAT_t$		2.444,03	2.476,76	2.900,54	2.978,60	2.397,57	2.174,24	2.308,24	2.397,57
CC_t		944,88	966,48	994,26	1.075,65	1.147,72	1.147,72	1.132,55	1.126,48
$E_RIC_t^{[2007]}$		**1.472,13**	1.467,67	1.866,56	1.835,42	1.106,68	850,99	978,73	601,88
IC_t	20.766,67	21.241,33	21.851,88	23.640,71	25.224,56	25.224,56	24.891,23	24.757,89	
$DE_RIC_t^{[t]}$	17.862,54	17.737,85	17.414,79	16.849,96	16.277,87	16.290,31	16.484,94	16.561,34	
UW_t	38.629,21	38.979,19	39.266,67	40.490,67	41.502,43	41.514,87	41.376,16	41.319,23	
EK_t	32.699,43	32.593,96	33.462,00	34.363,17	35.044,52	35.030,43	35.102,81	35.133,43	

Tab. 332: Performancekontrolle des Bereichs B1 anhand der Brutto-*Earnings less Riskfree Interest Charge* II im Jahr 2008 (ex post-Perspektive II)

Jahr	2007	2008	2009	2010	2011	2012	2013	2014	2015 ff.
$EBIAT_t$		2.444,03	2.558,00	3.898,95	4.089,51	2.712,08	2.488,74	2.622,74	2.712,08
CC_t		944,88	966,48	974,31	1.080,18	1.178,58	1.178,58	1.163,41	1.157,34
$E_RIC_t^{[2007]}$		**1.472,19**	1.535,80	2.867,61	2.914,92	1.369,52	1.109,77	1.233,66	788,40
IC_t	20.766,67	21.241,33	21.413,34	23.740,30	25.902,78	25.902,78	25.569,45	25.436,12	
$DE_RIC_t^{[t]}$	23.301,79	23.502,43	23.442,93	22.214,02	20.857,80	20.870,24	21.064,87	21.141,27	
UW_t	44.068,45	44.743,77	44.856,26	45.954,32	46.760,59	46.773,02	46.634,32	46.577,39	
EK_t	38.138,68	38.358,54	39.051,59	39.826,81	40.302,68	40.288,58	40.360,97	40.391,59	

Tab. 333: Performancekontrolle des Bereichs B1 anhand der Brutto-*Earnings less Riskfree Interest Charge* II im Jahr 2008 (ex post-Perspektive III)

Cash Value Added II

Jahr	2007	2008	2009	2010	2011	2012	2013	2014	2015	2016	2017 ff.
μ (BCF$_t^{HEV}$)		7.057,10	7.598,13	8.111,01	7.810,31	7.667,53	7.777,53	7.711,53	7.667,53	7.667,53	7.667,53
AB$_t$	13.000,00	15.000,00	15.000,00	14.600,00	15.000,00	16.000,00	15.400,00	15.000,00	15.000,00	15.000,00	15.000,00
BIB$_t$	23.450,00	25.429,00	26.664,68	27.527,35	28.713,49	29.713,49	29.113,49	28.713,49	28.713,49	28.713,49	28.713,49
AfA$_t^{BCG}$		4.074,42	4.707,37	4.718,80	4.594,10	4.716,08	5.033,71	4.847,65	4.721,85	4.720,51	4.719,96
CC$_t$		1.407,42	1.417,19	1.586,98	1.637,08	1.672,28	1.703,49	1.684,14	1.671,17	1.671,17	1.671,17
CFROI$_t$		12,72%	11,37%	12,72%	11,68%	10,28%	9,23%	9,84%	10,26%	10,26%	10,27%
CVA$_t$		1.575,26	1.473,56	1.805,23	1.579,12	1.279,16	1.040,32	1.179,73	1.274,50	1.275,85	1.276,39
DCVA$_t$	22.825,82	22.620,51	22.407,62	21.936,00	21.661,44	21.643,85	21.844,38	21.928,30	21.930,05	21.930,57	
Σ AfA$_t^{oa}$ wacc$_t^S$ II	3.188,73	4.461,60	5.459,50	4.499,21	4.348,81	5.323,64	5.071,87	4.813,47	4.812,10	4.811,53	
Δ wacc$_t^S$ II	-39,37	-34,65	5,29	1,58	-10,39	-5,53	3,46	4,22	1,08	0,00	
UW$_t$	43.047,72	43.553,25	43.618,08	44.965,72	46.015,72	46.028,16	45.889,46	45.832,53	45.832,53	45.832,53	
EK$_t$	37.117,95	37.168,03	37.813,42	38.838,21	39.557,82	39.543,72	39.616,11	39.646,72	39.646,72	39.646,72	

Tab. 334: Performanceplanung des Bereichs B1 anhand des *Cash Value Added* II für die Jahre 2008 bis 2017 ff. (ex ante-Perspektive)

Jahr	2007	2008	2009	2010	2011	2012	2013	2014	2015	2016	2017 ff.
μ (BCF$_t^{HEV}$)		6.114,37	7.458,21	7.887,20	7.597,18	7.456,44	7.566,44	7.500,44	7.456,44	7.456,44	7.456,44
AB$_t$	13.000,00	15.000,00	15.000,00	14.600,00	15.000,00	16.000,00	15.400,00	15.000,00	15.000,00	15.000,00	15.000,00
BIB$_t$	23.450,00	24.595,00	26.214,38	27.019,60	28.169,60	29.169,60	28.569,60	28.169,60	28.169,60	28.169,60	28.169,60
AfA$_t^{BCG}$		4.073,74	4.706,88	4.719,39	4.594,78	4.716,36	5.034,30	4.848,44	4.722,63	4.721,17	4.720,58
CC$_t$		1.407,86	1.361,24	1.559,51	1.606,11	1.636,92	1.666,30	1.648,01	1.635,73	1.635,73	1.635,73
CFROI$_t$		8,70%	11,19%	12,08%	11,11%	9,73%	8,68%	9,28%	9,70%	9,71%	9,71%
CVA$_t$		**633,18**	1.390,09	1.608,30	1.396,29	1.103,14	865,85	1.004,00	1.098,08	1.099,54	1.100,13
DCVA$_t$	19.182,56	19.701,04	19.401,33	18.947,23	18.677,20	18.659,39	18.859,45	18.943,35	18.945,25	18.945,81	
Σ AfA$_t^{oa}$ wacc$_t^S$ II	3.187,67	4.460,46	5.460,06	4.499,86	4.348,89	5.323,91	5.072,41	4.814,06	4.812,57	4.811,95	
Δ wacc$_t^S$ II	-43,32	-37,84	5,92	1,85	-11,26	-5,99	3,74	4,57	1,17	0,00	
UW$_t$	39.401,56	39.797,74	40.161,57	41.468,82	42.486,65	42.499,09	42.360,38	42.303,45	42.303,45	42.303,45	
EK$_t$	33.471,79	33.412,51	34.356,90	35.341,31	36.028,74	36.014,65	36.087,03	36.117,65	36.117,65	36.117,65	

Tab. 335: Performancekontrolle des Bereichs B1 anhand des *Cash Value Added* II im Jahr 2008 (ex post-Perspektive I)

Jahr	2007	2008	2009	2010	2011	2012	2013	2014	2015	2016	2017 ff.
μ (BCF$_t^{HEV}$)		6.114,37	7.454,03	7.796,52	7.536,43	7.397,57	7.507,57	7.441,57	7.397,57	7.397,57	7.397,57
AB$_t$	13.000,00	15.000,00	15.000,00	14.600,00	15.000,00	16.000,00	15.400,00	15.000,00	15.000,00	15.000,00	15.000,00
BIB$_t$	23.450,00	24.595,00	26.182,82	26.867,63	28.009,31	29.009,31	28.409,31	28.009,31	28.009,31	28.009,31	28.009,31
AfA$_t^{BCG}$		4.073,06	4.706,76	4.719,54	4.594,95	4.716,47	5.034,48	4.848,69	4.722,87	4.721,38	4.720,78
CC$_t$		1.407,97	1.358,94	1.557,44	1.596,84	1.626,48	1.655,29	1.637,32	1.625,26	1.625,26	1.625,26
CFROI$_t$		8,70%	11,75%	11,75%	10,95%	9,57%	8,53%	9,13%	9,55%	9,55%	9,56%
CVA$_t$		**633,33**	1.388,34	1.519,54	1.344,64	1.054,62	817,80	955,57	1.049,45	1.050,94	1.051,54
DCVA$_t$	18.410,95	18.883,04	18.538,04	18.121,20	17.853,57	17.835,69	18.035,60	13.119,49	18.121,43	18.122,01	
Σ AfA$_t^{oa}$ wacc$_t^S$ II	3.187,42	4.460,19	5.460,20	4.500,02	4.348,92	5.323,99	5.072,58	4.814,24	4.812,71	4.812,08	
Δ wacc$_t^S$ II	-44,33	-38,66	6,01	1,86	-11,53	-6,13	3,83	4,67	1,20	0,00	
UW$_t$	38.629,21	38.979,19	39.266,67	40.490,67	41.502,43	41.514,87	41.376,16	41.319,23	41.319,23	41.319,23	
EK$_t$	32.699,43	32.593,96	33.462,00	34.363,17	35.044,52	35.030,43	35.102,81	35.133,43	35.133,43	35.133,43	

Tab. 336: Performancekontrolle des Bereichs B1 anhand des *Cash Value Added* II im Jahr 2008 (ex post-Perspektive II)

Anhang 483

Jahr	2007	2008	2009	2010	2011	2012	2013	2014	2015	2016	2017 ff.
μ (BCF$_t^{HEV}$)		6.114,37	7.343,78	8.895,12	8.087,32	7.712,08	7.822,08	7.756,08	7.712,08	7.712,08	7.712,08
AB$_t$	13.000,00	15.000,00	15.000,00	14.600,00	15.000,00	16.000,00	15.400,00	15.000,00	15.000,00	15.000,00	15.000,00
BIB$_t$	23.450,00	24.595,00	25.552,78	26.875,92	28.036,21	29.036,21	28.436,21	28.036,21	28.036,21	28.036,21	28.036,21
AfA$_t^{BCG}$		4.074,69	4.707,48	4.718,63	4.593,91	4.716,02	5.033,60	4.847,50	4.721,70	4.720,38	4.719,84
CC$_t$		1.407,31	1.373,38	1.521,01	1.598,54	1.633,54	1.665,81	1.645,86	1.632,47	1.632,47	1.632,47
CFROI$_t$		8,70%	10,72%	16,34%	13,00%	10,69%	9,60%	10,23%	10,67%	10,67%	10,67%
CVA$_t$		**632,37**	1.262,91	2.655,48	1.894,87	1.362,52	1.122,67	1.262,72	1.357,90	1.359,22	1.359,76
DCVA$_t$	23.845,87	24.644,56	24.757,80	23.576,01	23.083,41	23.065,85	23.266,47	23.350,39	23.352,12	23.352,63	
Σ AfA$_t^{Sk}$ wacc$_t^S$ II	3.189,00	4.461,89	5.459,34	4.499,02	4.348,79	5.323,59	5.071,76	4.813,36	4.812,01	4.811,45	
Δ wacc$_t^S$ II	-38,42	-33,91	5,02	1,41	-10,25	-5,45	3,40	4,15	1,07	0,00	
UW$_t$	44.068,45	44.743,77	44.856,26	45.954,32	46.760,59	46.773,02	46.634,32	46.577,39	46.577,39		
EK$_t$	38.138,68	38.358,54	39.051,59	39.826,81	40.302,68	40.288,58	40.360,97	40.391,59	40.391,59		

Tab. 337: Performancekontrolle des Bereichs B1 anhand des *Cash Value Added* II im Jahr 2008 (ex post-Perspektive III)

Shareholder Value Added II

Jahr	2007	2008	2009	2010	2011	2012	2013	2014	2015	2016 ff.
μ (FCF$_t^{HEV}$)		2.078,10	2.362,45	1.248,35	1.624,16	2.667,53	2.777,53	2.711,53	2.667,53	2.667,53
Δ NOPAT$_t$ / wacc$_t^S$		14.030,37	2.378,82	915,93	-1.180,52	187,97	-2.151,35	1.321,26	860,46	0,00
E$_t^{SVA}$		16.108,47	4.741,27	2.164,28	443,64	2.855,50	626,18	4.032,79	3.527,99	2.667,53
NOPAT$_t$ / wacc$_t^S$	29.469,58	43.499,95	45.878,77	46.794,70	45.614,18	45.802,15	43.650,81	44.972,07	45.832,53	45.832,53
NOPAT$_t$	2.028,84	2.610,77	2.556,89	2.785,04	2.712,73	2.667,53	2.502,53	2.601,53	2.667,53	2.667,53
SVA$_t$		13.497,70	2.184,38	-620,76	-2.269,09	187,97	-1.876,35	1.431,26	860,46	0,00
DSVA$_t$	13.578,14	53,30	-2.260,68	-1.828,98	401,54	226,01	2.238,65	860,46	0,00	
UW$_t$	43.047,72	43.553,25	43.618,08	44.965,72	46.015,72	46.028,16	45.889,46	45.832,53	45.832,53	
EK$_t$	37.117,95	37.168,03	37.813,42	38.838,21	39.557,82	39.543,72	39.616,11	39.646,72	39.646,72	

Tab. 338: Performanceplanung des Bereichs B1 anhand des *Shareholder Value Added* II für die Jahre 2008 bis 2016 ff. (ex ante-Perspektive)

Jahr	2007	2008	2009	2010	2011	2012	2013	2014	2015	2016 ff.
μ (FCF$_t^{HEV}$)		1.969,37	1.838,82	1.081,99	1.447,18	2.456,44	2.566,44	2.500,44	2.456,44	2.456,44
Δ NOPAT$_t$ / wacc$_t^S$		1.112,93	12.241,93	765,14	-1.064,45	115,33	-2.159,45	1.327,23	863,06	0,00
E$_t^{SVA}$		3.082,30	14.080,76	1.847,13	382,73	2.571,77	407,00	3.827,68	3.319,51	2.456,44
NOPAT$_t$ / wacc$_t^S$	29.101,72	30.214,65	42.456,59	43.221,72	42.157,27	42.272,60	40.113,15	41.440,39	42.303,45	42.303,45
NOPAT$_t$	2.028,84	1.813,99	2.349,81	2.571,29	2.505,93	2.456,44	2.291,44	2.390,44	2.456,44	2.456,44
SVA$_t$		**1.268,31**	11.730,94	-724,16	-2.123,20	115,33	-1.884,45	1.437,23	863,06	0,00
DSVA$_t$	10.299,84	9.583,09	-2.295,01	-1.752,90	329,38	226,49	2.247,23	863,06	0,00	
UW$_t$	39.401,56	39.797,74	40.161,57	41.468,82	42.486,65	42.499,09	42.360,38	42.303,45	42.303,45	
EK$_t$	33.471,79	33.412,51	34.356,90	35.341,31	36.028,74	36.014,65	36.087,03	36.117,65	36.117,65	

Tab. 339: Performancekontrolle des Bereichs B1 anhand des *Shareholder Value Added* II im Jahr 2008 (ex post-Perspektive I)

Jahr	2007	2008	2009	2010	2011	2012	2013	2014	2015	2016 ff.
μ (FCF$_t^{HEV}$)		1.969,37	1.866,21	1.111,71	1.394,75	2.397,57	2.507,57	2.441,57	2.397,57	2.397,57
Δ NOPAT$_t$ / wacc$_t^S$		1.196,54	12.340,71	-496,36	-890,84	122,32	-2.161,96	1.329,09	863,87	0,00
E$_t^{SVA}$		3.165,91	14.206,93	615,35	503,90	2.519,90	345,61	3.770,66	3.261,45	2.397,57
NOPAT$_t$ / wacc$_t^S$	29.015,85	30.212,40	42.553,11	42.056,75	41.165,91	41.288,23	39.126,27	40.455,36	41.319,23	41.319,23
NOPAT$_t$	2.028,84	1.813,99	2.351,17	2.501,68	2.446,63	2.397,57	2.232,57	2.331,57	2.397,57	2.397,57
SVA$_t$		**1.351,92**	11.855,76	-1.886,32	-1.942,73	122,32	-1.886,96	1.439,09	863,87	0,00
DSVA$_t$	9.613,35	8.766,79	-3.286,44	-1.566,08	336,52	226,64	2.249,89	863,87	0,00	
UW$_t$	38.629,21	38.979,19	39.266,67	40.490,67	41.502,43	41.514,87	41.376,16	41.319,23	41.319,23	
EK$_t$	32.699,43	32.593,96	33.462,00	34.363,17	35.044,52	35.030,43	35.102,81	35.133,43	35.133,43	

Tab. 340: Performancekontrolle des Bereichs B1 anhand des *Shareholder Value Added* II im Jahr 2008 (ex post-Perspektive II)

Jahr	2007	2008	2009	2010	2011	2012	2013	2014	2015	2016 ff.
μ (FCF$_t^{HEV}$)		1.969,37	2.385,99	1.571,98	1.927,03	2.712,08	2.822,08	2.756,08	2.712,08	2.712,08
Δ NOPAT$_t$ / wacc$_t^S$		663,90	11.878,80	16.502,02	-8.265,39	-3.794,94	-2.149,80	1.320,12	859,96	0,00
E$_t^{SVA}$		2.633,26	14.264,79	18.074,01	-6.338,36	-1.082,86	672,28	4.076,20	3.572,04	2.712,08
NOPAT$_t$ / wacc$_t^S$	29.562,71	30.226,61	42.105,41	58.607,43	50.342,04	46.547,11	44.397,30	45.717,43	46.577,39	46.577,39
NOPAT$_t$	2.028,84	1.813,99	2.351,17	3.488,57	2.994,27	2.712,08	2.547,08	2.646,08	2.712,08	2.712,08
SVA$_t$		**1.774,15**	1.687,85	2.506,30	3.485,89	2.933,19	2.670,41	2.569,67	2.662,00	2.712,08
DSVA$_t$		859,12	12.576,94	15.567,71	-9.824,24	-4.016,05	-1.998,14	1.506,53	910,04	0,00
UW$_t$	14.505,74	14.517,16	2.750,85	-12.653,11	-3.581,46	225,92	2.237,01	859,96	0,00	
EK$_t$	44.068,45	44.743,77	44.856,26	45.954,32	46.760,59	46.773,02	46.634,32	46.577,39	46.577,39	

Tab. 341: Performancekontrolle des Bereichs B1 anhand des *Shareholder Value Added* II im Jahr 2008 (ex post-Perspektive III)

Residualer ökonomischer Gewinn II

Jahr	2007	2008	2009	2010	2011	2012	2013	2014	2015 ff.
μ (FCF$_t^{HEV}$)		1.998,39	2.464,05	1.191,85	1.566,34	2.662,88	2.814,47	2.726,85	2.667,53
CC$_t$		2.503,92	2.528,88	2.539,49	2.616,35	2.675,32	2.675,76	2.669,92	2.667,53
ΔKB$_t$		505,53	64,83	1.347,64	1.050,00	12,44	-138,70	-56,93	0,00
RÖG$_t$		0,00	0,00	0,00	0,00	0,00	0,00	0,00	0,00
KB$_t$	43.047,72	43.553,25	43.618,08	44.965,72	46.015,72	46.028,16	45.889,46	45.832,53	
DRÖG$_t$	0,00	0,00	0,00	0,00	0,00	0,00	0,00	0,00	
UW$_t$	43.047,72	43.553,25	43.618,08	44.965,72	46.015,72	46.028,16	45.889,46	45.832,53	
EK$_t$	37.117,95	37.168,03	37.813,42	38.838,21	39.557,82	39.543,72	39.616,11	39.646,72	

Tab. 342: Performanceplanung des Bereichs B1 anhand des Residualen ökonomischen Gewinns (Brutto II) für die Jahre 2008 bis 2015 ff. (ex ante-Perspektive)

Jahr	2007	2008	2009	2010	2011	2012	2013	2014	2015 ff.
μ (FCF$_t^{HEV}$)		1.969,37	1.838,82	1.081,99	1.447,18	2.456,44	2.566,44	2.500,44	2.456,44
CC$_t$		2.584,45	2.202,66	2.389,24	2.465,01	2.468,88	2.427,74	2.443,51	2.456,44
ΔKB$_t$		-3.249,98	363,83	1.307,25	1.017,83	12,44	-138,70	-56,93	0,00
RÖG$_t$		-3.865,06	0,00	0,00	0,00	0,00	0,00	0,00	0,00
KB$_t$	43.047,72	39.797,74	40.161,57	41.468,82	42.486,65	42.499,09	42.360,38	42.303,45	
DRÖG$_t$	-3.646,16	0,00	0,00	0,00	0,00	0,00	0,00	0,00	
UW$_t$	39.401,56	39.797,74	40.161,57	41.468,82	42.486,65	42.499,09	42.360,38	42.303,45	
EK$_t$	33.471,79	33.412,51	34.356,90	35.341,31	36.028,74	36.014,65	36.087,03	36.117,65	

Tab. 343: Performancekontrolle des Bereichs B1 anhand des Residualen ökonomischen Gewinns (Brutto II) im Jahr 2008 (ex post-Perspektive I)

Anhang 485

Jahr	2007	2008	2009	2010	2011	2012	2013	2014	2015 ff.
μ (FCF$_t^{HEV}$)		1.969,37	1.866,21	1.111,71	1.394,75	2.397,57	2.507,57	2.441,57	2.397,57
CC$_t$		2.584,64	2.153,70	2.335,72	2.406,50	2.410,01	2.368,87	2.384,64	2.397,57
ΔKB$_t$		-4.068,53	287,48	1.224,00	1.011,75	12,44	-138,70	-56,93	0,00
RÖG$_t$		-4.683,81	0,00	0,00	0,00	0,00	0,00	0,00	0,00
KB$_t$	43.047,72	38.979,19	39.266,67	40.490,67	41.502,43	41.514,87	41.376,16	41.319,23	
DRÖG$_t$	-4.418,51	0,00	0,00	0,00	0,00	0,00	0,00	0,00	
UW$_t$	38.629,21	38.979,19	39.266,67	40.490,67	41.502,43	41.514,87	41.376,16	41.319,23	
EK$_t$	32.699,43	32.593,96	33.462,00	34.363,17	35.044,52	35.030,43	35.102,81	35.133,43	

Tab. 344: Performancekontrolle des Bereichs B1 anhand des Residualen ökonomischen Gewinns (Brutto II) im Jahr 2008 (ex post-Perspektive II)

Jahr	2007	2008	2009	2010	2011	2012	2013	2014	2015 ff.
μ (FCF$_t^{HEV}$)		1.969,37	2.385,99	1.571,98	1.927,03	2.712,08	2.822,08	2.756,08	2.712,08
CC$_t$		2.583,42	2.498,49	2.670,04	2.733,30	2.724,52	2.683,37	2.699,15	2.712,08
ΔKB$_t$		1.696,05	112,50	1.098,06	806,26	12,44	-138,70	-56,93	0,00
RÖG$_t$		1.081,99	0,00	0,00	0,00	0,00	0,00	0,00	0,00
KB$_t$	43.047,72	44.743,77	44.856,26	45.954,32	46.760,59	46.773,02	46.634,32	46.577,39	
DRÖG$_t$	1.020,73	0,00	0,00	0,00	0,00	0,00	0,00	0,00	
UW$_t$	44.068,45	44.743,77	44.856,26	45.954,32	46.760,59	46.773,02	46.634,32	46.577,39	
EK$_t$	38.138,68	38.358,54	39.051,59	39.826,81	40.302,68	40.288,58	40.360,97	40.391,59	

Tab. 345: Performancekontrolle des Bereichs B1 anhand des Residualen ökonomischen Gewinns (Brutto II) im Jahr 2008 (ex post-Perspektive III)

Residualer ökonomischer Gewinn (Netto)

Jahr	2007	2008	2009	2010	2011	2012	2013	2014	2015 ff.
μ (NCF$_t^{HEV}$)		2.131,88	1.536,80	1.199,52	1.564,05	2.338,78	2.251,30	2.298,69	2.331,67
CC$_t$		2.181,97	2.182,19	2.224,32	2.283,65	2.324,69	2.323,69	2.329,30	2.331,67
ΔKB$_t$		50,08	645,39	1.024,80	719,60	-14,09	72,39	30,62	0,00
RÖG$_t$		0,00	0,00	0,00	0,00	0,00	0,00	0,00	0,00
KB$_t$	37.117,95	37.168,03	37.813,42	38.838,21	39.557,82	39.543,72	39.616,11	39.646,72	
DRÖG$_t$	0,00	0,00	0,00	0,00	0,00	0,00	0,00	0,00	
EK$_t$	37.117,95	37.168,03	37.813,42	38.838,21	39.557,82	39.543,72	39.616,11	39.646,72	

Tab. 346: Performanceplanung des Bereichs B1 anhand des Residualen ökonomischen Gewinns (Netto) für die Jahre 2008 bis 2015 ff. (ex ante-Perspektive)

Jahr	2007	2008	2009	2010	2011	2012	2013	2014	2015 ff.
μ (NCF$_t^{HEV}$)		2.023,15	1.013,18	1.033,17	1.387,06	2.127,70	2.040,22	2.087,60	2.120,58
CC$_t$		2.177,81	1.957,57	2.017,58	2.074,49	2.113,60	2.112,60	2.118,22	2.120,58
ΔKB$_t$		-3.705,43	944,39	984,41	687,43	-14,09	72,39	30,62	0,00
RÖG$_t$		-3.860,09	0,00	0,00	0,00	0,00	0,00	0,00	0,00
KB$_t$	37.117,95	33.412,51	34.356,90	35.341,31	36.028,74	36.014,65	36.087,03	36.117,65	
DRÖG$_t$	-3.646,16	0,00	0,00	0,00	0,00	0,00	0,00	0,00	
EK$_t$	33.471,79	33.412,51	34.356,90	35.341,31	36.028,74	36.014,65	36.087,03	36.117,65	

Tab. 347: Performancekontrolle des Bereichs B1 anhand des Residualen ökonomischen Gewinns (Netto) im Jahr 2008 (ex post-Perspektive I)

Jahr	2007	2008	2009	2010	2011	2012	2013	2014	2015 ff.
µ (NCF$_t^{HEV}$)		2.023,15	1.040,57	1.062,89	1.334,63	2.068,83	1.981,35	2.028,73	2.061,71
CC$_t$		2.176,81	1.908,61	1.964,05	2.015,99	2.054,74	2.053,74	2.059,35	2.061,71
ΔKB$_t$		-4.523,98	868,04	901,16	681,35	-14,09	72,39	30,62	0,00
RÖG$_t$		**-4.677,64**	0,00	0,00	0,00	0,00	0,00	0,00	0,00
KB$_t$	37.117,95	32.593,96	33.462,00	34.363,17	35.044,52	35.030,43	35.102,81	35.133,43	
DRÖG$_t$	-4.418,51	0,00	0,00	0,00	0,00	0,00	0,00	0,00	
EK$_t$	32.699,43	32.593,96	33.462,00	34.363,17	35.044,52	35.030,43	35.102,81	35.133,43	

Tab. 348: Performancekontrolle des Bereichs B1 anhand des Residualen ökonomischen Gewinns (Netto) im Jahr 2008 (ex post-Perspektive II)

Jahr	2007	2008	2009	2010	2011	2012	2013	2014	2015 ff.
µ (NCF$_t^{HEV}$)		2.023,15	1.560,35	1.523,16	1.866,92	2.383,33	2.295,85	2.343,24	2.376,22
CC$_t$		2.182,99	2.253,40	2.298,38	2.342,78	2.369,24	2.368,24	2.373,85	2.376,22
ΔKB$_t$		1.240,60	693,05	775,22	475,86	-14,09	72,39	30,62	0,00
RÖG$_t$		**1.080,76**	0,00	0,00	0,00	0,00	0,00	0,00	0,00
KB$_t$	37.117,95	38.358,54	39.051,59	39.826,81	40.302,68	40.288,58	40.360,97	40.391,59	
DRÖG$_t$	1.020,73	0,00	0,00	0,00	0,00	0,00	0,00	0,00	
EK$_t$	38.138,68	38.358,54	39.051,59	39.826,81	40.302,68	40.288,58	40.360,97	40.391,59	

Tab. 349: Performancekontrolle des Bereichs B1 anhand des Residualen ökonomischen Gewinns (Netto) im Jahr 2008 (ex post-Perspektive III)

Residualer ökonomischer Gewinn (Sicherheitsäquivalent)

Jahr	2007	2008	2009	2010	2011	2012	2013	2014	2015 ff.
SÄ (NCF$_t^{HEV}$)		2.101,36	1.487,68	1.162,97	1.536,44	2.126,49	2.039,01	2.086,39	2.119,37
CC$_t$		2.028,38	2.025,06	2.049,51	2.089,84	2.115,02	2.114,50	2.117,94	2.119,37
ΔKB$_t$		-72,98	537,38	886,54	553,41	-11,46	75,49	31,54	0,00
RÖG$_t$		0,00	0,00	0,00	0,00	0,00	0,00	0,00	0,00
KB$_t$	44.579,70	44.506,72	45.044,10	45.930,64	46.484,05	46.472,58	46.548,08	46.579,62	
DSÄRÖG$_t$	0,00	0,00	0,00	0,00	0,00	0,00	0,00	0,00	
EK$_t$	44.579,70	44.506,72	45.044,10	45.930,64	46.484,05	46.472,58	46.548,08	46.579,62	

Tab. 350: Performanceplanung des Bereichs B1 anhand des Residualen ökonomischen Gewinns (Sicherheitsäquivalent) für die Jahre 2008 bis 2015 ff. (ex ante-Perspektive)

Jahr	2007	2008	2009	2010	2011	2012	2013	2014	2015 ff.
SÄ (NCF$_t^{HEV}$)		2.023,15	964,92	1.014,31	1.380,00	2.000,29	1.912,81	1.960,20	1.993,18
CC$_t$		2.028,38	1.879,46	1.921,08	1.962,33	1.988,83	1.988,31	1.991,74	1.993,18
ΔKB$_t$		-3.272,80	914,54	906,77	582,34	-11,46	75,49	31,54	0,00
RÖG$_t$		**-3.278,02**	0,00	0,00	0,00	0,00	0,00	0,00	0,00
KB$_t$	44.579,70	41.306,90	42.221,44	43.128,21	43.710,55	43.699,09	43.774,58	43.806,13	
DSÄRÖG$_t$	-3.135,36	0,00	0,00	0,00	0,00	0,00	0,00	0,00	
EK$_t$	41.444,34	41.306,90	42.221,44	43.128,21	43.710,55	43.699,09	43.774,58	43.806,13	

Tab. 351: Performancekontrolle des Bereichs B1 anhand des Residualen ökonomischen Gewinns (Sicherheitsäquivalent) im Jahr 2008 (ex post-Perspektive I)

Anhang 487

Jahr	2007	2008	2009	2010	2011	2012	2013	2014	2015 ff.
SÄ (NCF$_i^{HEV}$)		2.023,15	1.039,96	983,99	1.325,23	1.933,93	1.846,45	1.893,84	1.926,81
CC$_i$		2.028,38	1.821,22	1.856,76	1.896,47	1.922,47	1.921,94	1.925,38	1.926,81
ΔKB$_i$		-4.552,97	781,26	872,77	571,25	-11,46	75,49	31,54	0,00
RÖG$_i$		**-4.558,19**	0,00	0,00	0,00	0,00	0,00	0,00	0,00
KB$_i$	44.579,70	40.026,73	40.807,99	41.680,76	42.252,01	42.240,54	42.316,04	42.347,58	
DSÄRÖG$_i$	-4.359,82	0,00	0,00	0,00	0,00	0,00	0,00	0,00	
EK$_t$	**40.219,88**	**40.026,73**	**40.807,99**	**41.680,76**	**42.252,01**	**42.240,54**	**42.316,04**	**42.347,58**	

Tab. 352: Performancekontrolle des Bereichs B1 anhand des Residualen ökonomischen Gewinns (Sicherheitsäquivalent) im Jahr 2008 (ex post-Perspektive II)

Jahr	2007	2008	2009	2010	2011	2012	2013	2014	2015 ff.
SÄ (NCF$_i^{HEV}$)		2.023,15	1.560,19	1.328,22	1.824,14	2.210,44	2.122,96	2.170,34	2.203,32
CC$_i$		2.028,38	2.120,00	2.145,47	2.182,66	2.198,97	2.198,45	2.201,89	2.203,32
ΔKB$_i$		2.013,79	559,81	817,26	358,52	-11,46	75,49	31,54	0,00
RÖG$_i$		**2.008,56**	0,00	0,00	0,00	0,00	0,00	0,00	0,00
KB$_i$	44.579,70	46.593,49	47.153,30	47.970,55	48.329,08	48.317,61	48.393,11	48.424,65	
DSÄRÖG$_i$	1.921,15	0,00	0,00	0,00	0,00	0,00	0,00	0,00	
EK$_t$	**46.500,85**	**46.593,49**	**47.153,30**	**47.970,55**	**48.329,08**	**48.317,61**	**48.393,11**	**48.424,65**	

Tab. 353: Performancekontrolle des Bereichs B1 anhand des Residualen ökonomischen Gewinns (Sicherheitsäquivalent) im Jahr 2008 (ex post-Perspektive III)

Anhang VII: Bereichsbezogene Bewertung des Konzerns E

Bereich BA

Jahr	2008			2009			2010			2011			2012 ff.		
Szenario	I	II	III	I	II	III	I	II	III	I	II	III	I	II	III
Eintrittswahrscheinlichkeit	0,35	0,40	0,25	0,35	0,40	0,25	0,35	0,40	0,25	0,35	0,40	0,25	0,35	0,40	0,25
Umsatzwachstum (in % zum Vorjahr)	32,00%	30,00%	29,00%	75,00%	72,00%	70,00%	45,00%	40,00%	35,00%	20,00%	15,00%	10,00%	0,00%	0,00%	0,00%
Materialeinsatz (in % der Gesamtleistung)	8,00%	9,00%	10,00%	20,00%	21,00%	22,00%	17,50%	20,00%	20,50%	18,00%	21,00%	22,00%	21,00%	22,50%	24,00%
Personalaufwand (in % der Gesamtleistung)	7,00%	8,00%	9,00%	8,00%	9,00%	10,00%	15,00%	15,50%	16,00%	14,00%	14,50%	15,00%	15,00%	16,00%	17,00%
Sonstiger Aufwand (in % der Gesamtleistung)	5,00%	6,00%	7,00%	2,00%	2,50%	3,00%	1,50%	2,50%	3,50%	2,00%	3,00%	4,00%	2,50%	3,50%	5,50%
Innenumsatzquote (in % des Umsatzes)	7,00%	7,00%	7,00%	5,00%	5,00%	5,00%	5,00%	5,00%	5,00%	5,00%	5,00%	5,00%	5,00%	5,00%	5,00%
Bestand an Vorräten (in % des Umsatzes)	28,00%	28,50%	29,00%	27,00%	27,00%	27,00%	27,50%	28,50%	29,00%	30,00%	31,00%	32,00%	29,50%	30,50%	32,00%
Bestand an FE (in % des Umsatzes)	15,00%	15,00%	15,00%	14,50%	15,50%	16,50%	15,50%	16,00%	17,00%	17,00%	17,50%	18,00%	16,00%	16,50%	18,00%
Forderungen aus LuL (in % des Umsatzes)	6,00%	7,00%	8,00%	6,50%	7,50%	8,50%	5,00%	6,50%	8,00%	4,50%	6,00%	7,50%	7,00%	7,50%	8,00%
Verb. aus LuL (in % des Umsatzes)	7,00%	8,00%	9,00%	7,50%	9,00%	9,50%	8,00%	9,00%	10,00%	6,00%	7,00%	8,00%	6,50%	7,00%	7,50%

Tab. 354: Geplante *Value Driver* des Bereichs BA für die Jahre 2008 bis 2012 ff.

Jahr	2007	2008			2009			2010			...	2015 ff.		
Szenario		I	II	III	I	II	III	I	II	III		I	II	III
Eintrittswahrscheinlichkeit		0,35	0,40	0,25	0,35	0,40	0,25	0,35	0,40	0,25		0,35	0,40	0,25
Sachanlagen	14.000,00	15.000,00	15.000,00	15.000,00	19.666,67	19.666,67	19.666,67	24.666,67	24.666,67	24.666,67		20.000,00	20.000,00	20.000,00
Vorräte	3.200,00	3.696,00	3.705,00	3.741,00	6.237,00	6.037,20	5.921,10	9.211,13	8.92',64	8.585,60		11.857,23	10.979,88	10.421,14
FE	1.800,00	1.980,00	1.950,00	1.935,00	3.349,50	3.465,80	3.618,45	5.191,73	5.006,64	5.032,94		6.431,04	5.939,93	5.861,89
Forderungen aus LuL	900,00	792,00	910,00	1.032,00	1.501,50	1.677,00	1.864,05	1.674,75	2.034,76	2.368,44		2.813,58	2.699,97	2.605,28
Summe Aktiva	19.900,00	21.468,00	21.565,00	21.708,00	30.754,67	30.846,67	31.070,27	40.744,27	40.631,71	40.653,64		41.101,85	39.619,78	38.888,31
Eigenkapital	10.239,88	11.283,88	11.264,88	11.286,88	16.943,75	16.755,85	16.908,50	22.894,21	22.643,89	22.522,63		26.117,64	24.728,21	24.074,25
Verbindlichkeiten ggü. vU	8.660,12	9.260,12	9.260,12	9.260,12	12.078,41	12.078,41	12.078,41	15.170,45	15.170,45	15.170,45		12.371,60	12.371,60	12.371,60
Verb. aus LuL	1.000,00	924,00	1.040,00	1.161,00	1.732,50	2.012,40	2.083,35	2.679,60	2.817,36	2.960,55		2.612,61	2.519,97	2.442,45
Summe Passiva	19.900,00	21.468,00	21.565,00	21.708,00	30.754,67	30.846,67	31.070,27	40.744,27	40.631,71	40.653,64		41.101,85	39.619,78	38.888,31

Tab. 355: Geplante Bilanzen des Bereichs BA für die Jahre 2008 bis 2010 sowie 2015 ff.

Jahr	2007	2008			2009			2010			...	2015 ff.		
Szenario		I	II	III	I	II	III	I	II	III		I	II	III
Wahrscheinlichkeit		0,35	0,40	0,25	0,35	0,40	0,25	0,35	0,40	0,25		0,35	0,40	0,25
Gesamtumsätze	10.000,00	13.200,00	13.000,00	12.900,00	23.100,00	22.360,00	21.930,00	33.495,00	31.304,00	29.605,50		40.194,00	35.999,60	32.566,05
Innenumsätze		924,00	910,00	903,00	1.155,00	1.118,00	1.096,50	1.674,75	1.565,20	1.480,28		2.009,70	1.799,98	1.628,30
Δ FE		180,00	150,00	135,00	1.369,50	1.515,80	1.683,45	1.842,23	1.542,84	1.414,49		0,00	0,00	0,00
Gesamtleistung		13.380,00	13.150,00	13.035,00	24.469,50	23.875,80	23.613,45	35.337,23	32.846,84	31.019,99		40.194,00	35.999,60	32.566,05
Materialeinsatz		-1.070,40	-1.183,50	-1.303,50	-4.893,90	-5.013,92	-5.194,96	-6.184,01	-6.569,37	-6.359,10		-8.440,74	-8.099,91	-7.815,85
Rohertrag		12.309,60	11.966,50	11.731,50	19.575,60	18.861,88	18.418,49	29.153,21	26.277,47	24.660,89		31.753,26	27.899,69	24.750,20
Personalaufw.		-936,60	-1.052,00	-1.173,15	-1.957,56	-2.148,82	-2.361,35	-5.300,58	-5.091,26	-4.963,20		-6.029,10	-5.759,94	-5.536,23
Sonstiger Aufw.		-669,00	-789,00	-912,45	-489,39	-596,90	-708,40	-530,06	-821,17	-1.085,70		-1.004,85	-1.259,99	-1.791,13
EBITDA		10.704,00	10.125,50	9.645,90	17.128,65	16.116,17	15.348,74	23.322,57	20.365,04	18.611,99		24.719,31	20.879,77	17.422,84
Abschreibungen		-7.000,00	-7.000,00	-7.000,00	-7.333,33	-7.333,33	-7.333,33	-9.000,00	-9.000,00	-9.000,00		-10.000,00	-10.000,00	-10.000,00
EBIT		3.704,00	3.125,50	2.645,90	9.795,32	8.782,83	8.015,41	14.322,57	11.365,04	9.611,99		14.719,31	10.879,77	7.422,84
Zinsen		-844,36	-844,36	-844,36	-902,86	-902,86	-902,86	-1.177,65	-1.177,65	-1.177,65		-1.206,23	-1.206,23	-1.206,23
Gewerbesteuer		656,36	540,66	444,74	1.868,78	1.666,28	1.512,80	2.746,75	2.155,24	1.804,63		2.823,24	2.055,33	1.363,94
Körperschaftsteuer		550,82	435,12	339,20	1.755,92	1.553,42	1.399,94	2.599,54	2.008,04	1.657,43		2.672,46	1.904,55	1.213,17
Jahresüberschuß		1.652,46	1.305,36	1.017,60	5.267,76	4.660,27	4.199,81	7.798,63	6.024,11	4.972,28		8.017,38	5.713,65	3.639,50
Thesaurierung		1.044,00	1.025,00	1.047,00	5.659,87	5.490,97	5.621,62	5.950,46	5.888,04	5.614,13		0,00	0,00	0,00
Ausschüttung		608,46	280,36	-29,40	-392,12	-830,71	-1.421,81	1.848,17	136,07	-641,85		2.823,24	2.055,33	1.363,94

Tab. 356: Geplante Erfolgsrechnungen des Bereichs BA für die Jahre 2008 bis 2010 sowie 2015 ff.

Anhang   489

Jahr	2005	2006	2007	2008	2009	2010	2011	2012	2013	2014	2015 ff.
Investitionen in Sachanlagen	7.000,00	7.000,00	7.000,00	8.000,00	12.000,00	14.000,00	15.000,00	10.000,00	10.000,00	10.000,00	10.000,00
Kreditaufnahme (konzernintern)	4.200,00	4.200,00	4.200,00	4.800,00	7.200,00	8.400,00	9.000,00	6.000,00	6.000,00	6.000,00	6.000,00
Kredittilgung (konzernintern)			1.271,95	2.667,92	4.200,00	4.381,71	5.307,96	6.687,94	8.143,97	7.872,59	7.094,34	6.000,00

Tab. 357: Geplante Investitionen, Kreditaufnahme und -tilgung des Bereichs BA für die Jahre 2008 bis 2015 ff.

Jahr	2007	2008	2009	2010	2011	2012	2013	2014	2015 ff.
μ (NCF$_t^{HEV}$)		262,14	-680,61	446,18	857,22	3.905,53	4.235,19	4.538,92	4.951,17
σ^2 (NCF$_t^{HEV}$)		41.019,09	105.255,06	689.752,42	929.734,18	1.893.394,92	1.939.936,34	1.939.936,34	1.939.936,34
SÄ (NCF$_t^{HEV}$)		237,53	-743,76	32,33	299,38	2.769,49	3.071,23	3.374,96	3.787,21
EK$_t$	67.825,29	70.673,81	74.633,23	77.996,71	81.246,18	82.173,39	82.841,05	83.235,36	

Tab. 358: Bewertung des Bereichs BA anhand des μ,σ^2-Kriteriums

Jahr	2007	2008	2009	2010	2011	2012	2013	2014	2015 ff.
μ (FCF$_t^{HEV}$)		237,35	-2.502,92	-1.448,95	-226,54	6.623,52	6.612,89	6.172,89	5.622,89
UW$_t^{UV,S}$	72.928,42	77.053,10	84.164,76	90.647,81	96.296,23	95.432,42	94.527,58	94.008,62	
TS$_t^{FK}$		78,63	84,08	109,67	137,74	158,74	139,27	122,27	112,33
WB$_t^{FK}$	2.494,71	2.529,59	2.560,61	2.567,45	2.546,52	2.503,65	2.478,30	2.468,80	
TS$_t^{\Lambda AS}$		-105,00	-493,20	-541,11	-404,61	375,20	327,70	191,51	0,00
WB$_t^{\Lambda AS}$	-672,24	-597,82	-131,82	403,29	826,25	488,65	183,18	0,00	
UW$_t$	74.750,90	78.984,87	86.593,54	93.618,54	99.669,00	98.424,72	97.189,06	96.477,42	
EK$_t$	66.090,77	69.724,75	74.515,13	78.448,09	82.186,49	83.086,18	83.723,11	84.105,81	

Tab. 359: Bewertung des Bereichs BA anhand des APV-Verfahrens

Bereich BB

Jahr	2008			2009			2010			2011			2012 ff.		
Szenario	I	II	III	I	II	III	I	II	III	I	II	III	I	II	III
Eintrittswahrscheinlichkeit	0,35	0,40	0,25	0,35	0,40	0,25	0,35	0,40	0,25	0,35	0,40	0,25	0,35	0,40	0,25
Umsatzwachstum (in % zum Vorjahr)	3,00%	2,00%	1,00%	8,00%	6,00%	5,00%	14,00%	12,00%	10,00%	6,00%	5,50%	5,00%	0,00%	0,00%	0,00%
Materialeinsatz (in % der Gesamtleistung)	41,50%	44,00%	44,50%	39,00%	41,00%	41,50%	41,50%	42,00%	43,50%	39,50%	40,00%	42,00%	46,00%	46,50%	47,00%
Personalaufwand (in % der Gesamtleistung)	25,00%	25,50%	26,00%	20,00%	24,00%	26,00%	20,00%	20,50%	22,00%	21,00%	22,00%	23,00%	21,50%	22,00%	22,50%
Sonstiger Aufwand (in % der Gesamtleistung)	1,00%	1,50%	2,00%	2,00%	2,50%	4,00%	1,50%	2,00%	3,00%	2,00%	3,00%	4,00%	1,50%	3,00%	4,50%
Innenumsatzquote (in % des Umsatzes)	0,00%	0,00%	0,00%	0,00%	0,00%	0,00%	0,00%	0,00%	0,00%	0,00%	0,00%	0,00%	0,00%	0,00%	0,00%
Bestand an Vorräten (in % des Umsatzes)	22,50%	22,00%	23,00%	21,50%	20,50%	20,00%	23,00%	23,00%	23,50%	25,00%	25,00%	24,00%	27,00%	26,00%	25,00%
Bestand an FE (in % des Umsatzes)	21,50%	22,00%	22,50%	21,00%	21,50%	22,00%	24,00%	23,50%	23,00%	24,00%	23,00%	21,50%	25,00%	24,00%	22,00%
Forderungen aus LuL (in % des Umsatzes)	10,00%	10,50%	11,00%	11,00%	12,00%	12,50%	10,00%	10,50%	11,00%	10,00%	10,50%	11,00%	9,50%	9,00%	8,50%
Verb. aus LuL (in % des Umsatzes)	6,50%	6,00%	6,00%	4,50%	7,00%	6,00%	8,00%	9,00%	10,50%	8,00%	8,00%	9,50%	10,00%	9,00%	8,00%

Tab. 360: Geplante *Value Driver* des Bereichs BB für die Jahre 2008 bis 2012 ff.

Jahr	2007	2008			2009			2010			...	2015 ff.		
Szenario		I	II	III	I	II	III	I	II	III		I	II	III
Eintrittswahrscheinlichkeit		0,35	0,40	0,25	0,35	0,40	0,25	0,35	0,40	0,25		0,35	0,40	0,25
Sachanlagen	17.500,00	18.000,00	18.000,00	18.000,00	17.366,67	17.366,67	17.366,67	17.266,67	17.266,67	17.266,67	...	16.000,00	16.000,00	16.000,00
Vorräte	8.000,00	8.111,25	7.854,00	8.130,50	8.370,81	7.757,61	7.423,50	10.208,49	9.748,10	9.594,87	...	12.702,92	11.625,67	10.717,68
FE	7.800,00	7.750,75	7.854,00	7.953,75	8.176,14	8.136,03	8.165,85	10.652,34	9.960,01	9.390,73	...	11.761,96	10.731,39	9.431,56
Forderungen aus LuL	3.800,00	3.605,00	3.748,50	3.888,50	4.282,74	4.541,04	4.639,69	4.438,48	4.450,22	4.491,22	...	4.469,55	4.024,27	3.644,01
Summe Aktiva	37.100,00	37.467,00	37.456,50	37.972,75	38.196,36	37.801,35	37.595,70	42.565,98	41.425,00	40.743,49	...	44.934,43	42.381,32	39.793,25
Eigenkapital	22.303,17	22.144,91	22.335,66	22.872,91	23.886,47	22.594,55	22.810,80	26.554,22	25.150,75	23.996,64	...	28.682,81	26.810,22	24.816,76
Verbindlichkeiten ggü. vU	12.596,83	12.978,84	12.978,84	12.978,84	12.557,86	12.557,86	12.557,86	12.459,78	12.459,78	12.459,78	...	11.546,83	11.546,83	11.546,83
Verb. aus LuL	2.200,00	2.343,25	2.142,00	2.121,00	1.752,03	2.648,94	2.227,05	3.550,78	3.814,47	4.287,07	...	4.704,78	4.024,27	3.429,66
Summe Passiva	37.100,00	37.467,00	37.456,50	37.972,75	38.196,36	37.801,35	37.595,70	42.565,98	41.425,00	40.743,49	...	44.934,43	42.381,32	39.793,25

Tab. 361: Geplante Bilanzen des Bereichs BB für die Jahre 2008 bis 2010 sowie 2015 ff.

Jahr	2007	2008			2009			2010			...	2015 ff.		
Szenario		I	II	III	I	II	III	I	II	III		I	II	III
Wahrscheinlichkeit		0,35	0,40	0,25	0,35	0,40	0,25	0,35	0,40	0,25		0,35	0,40	0,25
Gesamtumsätze	35.000,00	36.050,00	35.700,00	35.350,00	38.934,00	37.842,00	37.117,50	44.384,76	42.383,04	40.829,25	...	47.047,85	44.714,11	42.870,71
Innenumsätze		0,00	0,00	0,00	0,00	0,00	0,00	0,00	0,00	0,00		0,00	0,00	0,00
Δ FE		-49,25	54,00	153,75	425,39	282,03	212,10	2.476,20	1.823,93	1.224,88	...	0,00	0,00	0,00
Gesamtleistung		36.000,75	35.754,00	35.503,75	39.359,39	38.124,03	37.329,60	46.860,96	44.207,02	42.054,13	...	47.047,85	44.714,11	42.870,71
Materialeinsatz		-14.940,31	-15.731,76	-15.799,17	-15.350,16	-15.630,85	-15.329,84	-19.447,30	-18.566,95	-18.293,55	...	-21.642,01	-20.792,06	-20.144,23
Rohertrag		21.060,44	20.022,24	19.704,58	24.009,23	22.493,18	21.837,82	27.413,66	25.640,07	23.760,58	...	25.405,84	23.922,05	22.721,48
Personalaufw.		-9.000,19	-9.117,27	-9.230,98	-7.871,48	-9.149,77	-9.705,70	-9.372,19	-9.062,44	-9.251,91	...	-10.115,29	-9.837,10	-9.645,91
Sonstiger Aufw.		-360,01	-536,31	-710,08	-787,19	-953,10	-1.493,18	-702,91	-884,14	-1.261,62	...	-705,72	-1.341,42	-1.929,18
EBITDA		11.700,24	10.368,66	9.763,53	15.350,16	12.390,31	10.638,94	17.338,56	15.693,49	13.247,05	...	14.584,83	12.743,52	11.146,39
Abschreibungen		-8.500,00	-8.500,00	-8.500,00	-8.833,33	-8.833,33	-8.833,33	-8.900,00	-8.900,00	-8.900,00	...	-8.000,00	-8.000,00	-8.000,00
EBIT		3.200,24	1.868,66	1.263,53	6.516,83	3.556,98	1.805,60	8.438,56	6.793,49	4.347,05	...	6.584,83	4.743,52	3.146,39
Zinsen		-1.228,19	-1.228,19	-1.228,19	-1.265,44	-1.265,44	-1.265,44	-1.224,29	-1.224,29	-1.224,29	...	-1.125,82	-1.125,82	-1.125,82
Gewerbesteuer		517,23	250,91	129,89	1.176,82	584,85	234,58	1.565,27	1.236,26	746,97	...	1.204,38	836,12	516,70
Körperschaftsteuer		363,71	97,39	-23,64	1.018,64	426,67	76,40	1.412,22	1.083,21	593,92	...	1.063,66	695,40	375,57
Jahresüberschuß		1.091,12	292,17	-70,91	3.055,93	1.280,02	229,19	4.236,67	3.249,63	1.781,77	...	3.190,97	2.086,19	1.127,91
Thesaurierung		-158,26	32,49	569,74	1.741,56	258,89	-62,11	2.668,95	2.556,20	1.185,84	...	0,00	0,00	0,00
Ausschüttung		1.249,38	259,68	-640,65	1.314,37	1.021,12	291,30	1.567,72	693,43	595,93	...	3.190,97	2.086,19	1.127,91

Tab. 362: Geplante Erfolgsrechnungen des Bereichs BB für die Jahre 2008 bis 2010 sowie 2015 ff.

Jahr	2005	2006	2007	2008	2009	2010	2011	2012	2013	2014	2015 ff.
Investitionen in Sachanlagen	8.000,00	8.000,00	9.500,00	9.000,00	8.200,00	8.800,00	8.000,00	8.000,00	8.000,00	8.000,00	8.000,00
Kreditaufnahme (konzernintern)	5.600,00	5.600,00	6.650,00	6.300,00	5.740,00	6.160,00	5.600,00	5.600,00	5.600,00	5.600,00	5.600,00
Kredittilgung (konzernintern)			1.695,94	3.557,23	5.917,99	6.160,90	6.258,08	6.071,47	5.837,20	5.804,28	5.600,00

Tab. 363: Geplante Investitionen, Kreditaufnahme und -tilgung des Bereichs BB für die Jahre 2008 bis 2015 ff.

Jahr	2007	2008	2009	2010	2011	2012	2013	2014	2015 ff.
μ (NCF$_t^{HEV}$)		314,32	776,58	804,42	1.467,30	1.751,85	1.750,85	1.842,47	1.842,47
σ^2 (NCF$_t^{HEV}$)		361.246,95	106.780,02	129.724,44	290.018,90	443.816,46	432.285,19	432.285,19	432.285,19
SÄ (NCF$_t^{HEV}$)		97,57	712,51	726,59	1.293,29	1.485,56	1.491,47	1.583,09	1.583,09
EK$_t$	31.435,68	32.768,43	33.546,89	34.346,89	34.616,18	34.705,65	34.793,76	34.793,76	

Tab. 364: Bewertung des Bereichs BB anhand des μ,σ^2-Kriteriums

Anhang   491

Jahr	2007	2008	2009	2010	2011	2012	2013	2014	2015 ff.
$\mu(FCF_t^{HEV})$		683,11	1.828,58	1.567,17	2.532,77	2.598,44	2.557,40	2.469,40	2.469,40
$UW_t^{UV,S}$	38.480,64	40.099,16	40.669,01	41.534,36	41.485,86	41.368,79	41.285,76	41.285,76	
TS_t^{FK}		114,38	117,84	114,02	113,13	108,85	106,70	104,84	104,84
WB_t^{FK}	2.344,82	2.337,14	2.325,63	2.317,43	2.309,74	2.305,99	2.304,21	2.304,21	
$TS_t^{\Delta AS}$		-66,85	73,67	17,16	82,51	41,51	35,75	0,00	0,00
$WB_t^{\Delta AS}$	148,13	221,73	158,14	148,17	72,41	34,19	0,00	0,00	
UW_t	40.973,60	42.658,03	43.152,79	43.999,96	43.868,01	43.708,97	43.589,97	43.589,97	
EK_t	28.376,77	29.679,18	30.594,93	31.540,18	31.879,71	31.957,86	32.043,14	32.043,14	

Tab. 365: Bewertung des Bereichs BB anhand des APV-Verfahrens

Bereich BC

Jahr	2008			2009			2010			2011			2012 ff.		
Szenario	I	II	III	I	II	III	I	II	III	I	II	III	I	II	III
Eintrittswahrscheinlichkeit	0,35	0,40	0,25	0,35	0,40	0,25	0,35	0,40	0,25	0,35	0,40	0,25	0,35	0,40	0,25
Umsatzwachstum (in % zum Vorjahr)	1,50%	2,50%	4,50%	5,50%	7,50%	9,00%	5,50%	6,50%	7,50%	1,50%	3,50%	5,50%	0,00%	0,00%	0,00%
Materialeinsatz (in % der Gesamtleistung)	40,00%	39,50%	39,00%	41,00%	40,00%	39,00%	44,00%	40,00%	38,00%	45,00%	41,00%	39,50%	40,00%	39,50%	39,00%
Personalaufwand (in % der Gesamtleistung)	12,00%	11,50%	11,00%	12,00%	11,00%	10,00%	14,00%	13,00%	12,50%	13,00%	12,50%	13,00%	12,00%	11,50%	11,00%
Sonstiger Aufwand (in % der Gesamtleistung)	5,00%	5,50%	6,00%	8,00%	8,50%	9,00%	6,00%	7,00%	8,00%	6,50%	7,50%	8,50%	5,00%	5,50%	6,00%
Innenumsatzquote (in % des Umsatzes)	0,00%	0,00%	0,00%	0,00%	0,00%	0,00%	0,00%	0,00%	0,00%	0,00%	0,00%	0,00%	0,00%	0,00%	0,00%
Bestand an Vorräten (in % des Umsatzes)	20,00%	19,00%	19,50%	21,00%	21,00%	21,00%	22,50%	22,50%	22,00%	22,50%	23,50%	23,50%	20,00%	19,00%	19,50%
Bestand an FE (in % des Umsatzes)	24,00%	26,00%	24,00%	25,50%	25,50%	23,00%	26,50%	27,00%	26,00%	24,50%	26,50%	25,00%	24,00%	26,00%	24,00%
Forderungen aus LuL (in % des Umsatzes)	10,50%	9,50%	10,00%	11,00%	11,50%	10,50%	9,00%	10,00%	12,50%	8,50%	9,50%	10,00%	10,50%	9,50%	10,00%
Verb. aus LuL (in % des Umsatzes)	5,00%	5,00%	5,50%	4,50%	5,50%	6,00%	4,50%	5,00%	8,00%	6,50%	7,50%	8,50%	5,00%	5,00%	5,50%

Tab. 366: Geplante *Value Driver* des Bereichs BC für die Jahre 2008 bis 2012 ff.

Jahr	2007	2008			2009			2010			...	2015 ff.		
Szenario		I	II	III	I	II	III	I	II	III		I	II	III
Eintrittswahrscheinlichkeit		0,35	0,40	0,25	0,35	0,40	0,25	0,35	0,40	0,25		0,35	0,40	0,25
Sachanlagen	15.500,00	14.833,33	14.833,33	14.833,33	14.333,33	14.333,33	14.333,33	14.333,33	14.333,33	14.333,33		14.000,00	14.000,00	14.000,00
Vorräte	5.000,00	5.075,00	4.868,75	5.094,38	5.621,83	5.784,84	5.980,17	6.354,68	6.600,92	6.734,63		6.450,00	6.983,77	7.750,95
FE	6.000,00	6.090,00	6.662,50	6.270,00	6.826,51	7.024,45	6.549,54	7.484,40	7.921,10	7.959,11		7.310,00	7.894,70	8.558,34
Forderungen aus LuL	2.550,00	2.664,38	2.434,38	2.612,50	2.944,77	2.892,42	2.990,01	2.541,87	2.933,74	3.826,50		2.006,67	2.429,14	2.745,13
Summe Aktiva	29.050,00	28.662,71	28.798,81	28.810,21	29.726,44	30.035,05	29.852,89	30.714,28	31.789,10	32.853,57		29.766,66	31.307,61	33.054,42
Eigenkapital	17.523,86	17.430,86	17.554,61	17.410,23	18.892,33	18.890,54	18.514,88	19.855,10	20.733,98	20.816,37		18.664,86	19.952,14	21.088,97
Verbindlichkeiten ggü. vU	10.326,14	9.963,10	9.963,10	9.963,10	9.629,44	9.629,44	9.629,44	9.588,25	9.588,25	9.588,25		9.381,80	9.381,80	9.381,80
Verb. aus LuL	1.200,00	1.268,75	1.281,25	1.436,88	1.204,68	1.515,08	1.708,58	1.270,94	1.466,87	2.448,96		1.720,00	1.973,68	2.583,65
Summe Passiva	29.050,00	28.662,71	28.798,81	28.810,21	29.726,44	30.035,05	29.852,89	30.714,28	31.789,10	32.853,57		29.766,66	31.307,61	33.054,42

Tab. 367: Geplante Bilanzen des Bereichs BC für die Jahre 2008 bis 2010 sowie 2015 ff.

Jahr	2007	2008			2009			2010			...	2015 ff.		
Szenario		I	II	III	I	II	III	I	II	III		I	II	III
Wahrscheinlichkeit		0,35	0,40	0,25	0,35	0,40	0,25	0,35	0,40	0,25		0,35	0,40	0,25
Gesamtumsätze	25.000,00	25.375,00	25.625,00	26.125,00	26.770,63	27.546,88	28.476,25	28.243,01	29.337,42	30.611,97	...	28.666,65	30.364,23	32.295,63
Innenumsätze		0,00	0,00	0,00	0,00	0,00	0,00	0,00	0,00	0,00		0,00	0,00	0,00
Δ FE		90,00	662,50	270,00	736,51	361,95	279,54	657,89	896,65	1.409,57	...	0,00	0,00	0,00
Gesamtleistung		25.465,00	26.287,50	26.395,00	27.507,13	27.908,83	28.755,79	28.900,90	30.234,07	32.021,54	...	28.666,65	30.364,23	32.295,63
Materialeinsatz		-10.186,00	-10.383,56	-10.294,05	-11.277,93	-11.163,53	-11.214,76	-12.716,39	-12.093,63	-12.168,19	...	-12.039,99	-12.601,16	-12.272,34
Rohertrag		15.279,00	15.903,94	16.100,95	16.229,21	16.745,30	17.541,03	16.184,50	18.140,44	19.853,36	...	16.626,66	17.763,08	20.023,29
Personalaufw.		-3.055,80	-3.023,06	-2.903,45	-3.300,86	-3.069,97	-2.875,58	-4.046,13	-3.930,43	-4.002,69	...	-4.013,33	-4.099,17	-4.198,43
Sonstiger Aufw.		-1.273,25	-1.445,81	-1.583,70	-2.200,57	-2.372,25	-2.588,02	-1.734,05	-2.116,39	-2.561,72	...	-2.436,67	-2.732,78	-3.068,08
EBITDA		**10.949,95**	**11.435,06**	**11.613,80**	**10.727,78**	**11.303,08**	**12.077,43**	**10.404,32**	**12.093,63**	**13.288,94**	...	**10.176,66**	**10.931,12**	**12.756,77**
Abschreibungen		-7.166,67	-7.166,67	-7.166,67	-7.500,00	-7.500,00	-7.500,00	-7.500,00	-7.500,00	-7.500,00	...	-7.000,00	-7.000,00	-7.000,00
EBIT		**3.783,28**	**4.268,40**	**4.447,13**	**3.227,78**	**3.803,08**	**4.577,43**	**2.904,32**	**4.593,63**	**5.788,94**	...	**3.176,66**	**3.931,12**	**5.756,77**
Zinsen		-1.006,80	-1.006,80	-1.006,80	-971,40	-971,40	-971,40	-938,87	-938,87	-938,87	...	-914,73	-914,73	-914,73
Gewerbesteuer		655,98	753,00	788,75	548,42	663,47	818,35	486,98	824,84	1.063,90	...	543,86	694,75	1.059,88
Körperschaftsteuer		530,13	627,15	662,90	426,99	542,05	696,92	369,62	707,48	946,54	...	429,52	580,41	945,54
Jahresüberschuß		**1.590,38**	**1.881,45**	**1.988,69**	**1.280,97**	**1.626,15**	**2.090,76**	**1.108,86**	**2.122,44**	**2.839,63**	...	**1.288,56**	**1.741,23**	**2.836,62**
Thesaurierung		-93,00	30,75	-113,63	1.461,47	1.335,93	1.104,64	962,77	1.843,45	2.301,50	...	0,00	0,00	0,00
Ausschüttung		**1.683,38**	**1.850,70**	**2.102,32**	**-180,49**	**290,22**	**986,12**	**146,08**	**278,99**	**538,13**	...	**1.288,56**	**1.741,23**	**2.836,62**

Tab. 368: Geplante Erfolgsrechnungen des Bereichs BC für die Jahre 2008 bis 2010 sowie 2015 ff.

Jahr	2005	2006	2007	2008	2009	2010	2011	2012	2013	2014	2015 ff.
Investitionen in Sachanlagen	5.500,00	7.000,00	9.000,00	6.500,00	7.000,00	7.500,00	7.000,00	7.000,00	7.000,00	7.000,00	7.000,00
Kreditaufnahme (konzernintern)	3.575,00	4.550,00	5.850,00	4.225,00	4.550,00	4.875,00	4.550,00	4.550,00	4.550,00	4.550,00	4.550,00
Kredittilgung (konzernintern)		1.082,68	2.566,19	4.588,04	4.883,66	4.916,19	4.529,87	4.658,02	4.668,55	4.550,00	4.550,00

Tab. 369: Geplante Investitionen, Kreditaufnahme und -tilgung des Bereichs BC für die Jahre 2008 bis 2015 ff.

Jahr	2007	2008	2009	2010	2011	2012	2013	2014	2015 ff.
μ (NCF$_t^{HEV}$)		1.530,41	247,04	245,24	2.041,47	1.599,49	1.482,49	1.531,73	1.531,73
σ^2 (NCF$_t^{HEV}$)		17.428,95	135.127,32	15.407,40	19.975,21	175.272,29	243.916,00	243.916,00	243.916,00
SÄ (NCF$_t^{HEV}$)		1.519,95	165,97	235,99	2.029,48	1.494,33	1.336,14	1.385,38	1.385,38
EK$_t$	29.043,93	28.845,48	29.991,98	31.120,62	30.507,12	30.400,87	30.447,97	30.447,97	

Tab. 370: Bewertung des Bereichs BC anhand des μ,σ^2-Kriteriums

Jahr	2007	2008	2009	2010	2011	2012	2013	2014	2015 ff.
μ (FCF$_t^{HEV}$)		2.390,58	1.063,26	802,06	2.545,46	2.210,30	2.096,12	2.041,12	2.041,12
UW$_t^{UV,S}$	33.108,67	32.698,40	33.590,91	34.798,01	34.333,91	34.177,20	34.125,30	34.125,30	
TS$_t^{FK}$		93,76	90,46	87,43	87,06	87,24	86,26	85,18	85,18
WB$_t^{FK}$	1.891,21	1.883,50	1.878,74	1.876,79	1.875,12	1.873,20	1.872,17	1.872,17	
TS$_t^{IAS}$		63,53	58,39	7,21	-3,52	18,90	20,75	0,00	0,00
WB$_t^{IAS}$	148,56	91,79	37,58	32,08	37,06	19,84	0,00	0,00	
UW$_t$	35.148,44	34.673,69	35.507,23	36.706,88	36.246,09	36.070,25	35.997,48	35.997,48	
EK$_t$	24.822,30	24.710,59	25.877,79	27.118,63	26.637,72	26.569,89	26.615,68	26.615,68	

Tab. 371: Bewertung des Bereichs BC anhand des APV-Verfahrens

Finanzierungsgesellschaft

Jahr	2008			2009			2010			2011			2012 ff.		
Szenario	I	II	III	I	II	III	I	II	III	I	II	III	I	II	III
Eintrittswahrscheinlichkeit	0,35	0,40	0,25	0,35	0,40	0,25	0,35	0,40	0,25	0,35	0,40	0,25	0,35	0,40	0,25
Umsatzwachstum (in % zum Vorjahr)	0,00%	0,00%	0,00%	0,00%	0,00%	0,00%	0,00%	0,00%	0,00%	0,00%	0,00%	0,00%	0,00%	0,00%	0,00%
Materialeinsatz (in % der Gesamtleistung)	0,00%	0,00%	0,00%	0,00%	0,00%	0,00%	0,00%	0,00%	0,00%	0,00%	0,00%	0,00%	0,00%	0,00%	0,00%
Personalaufwand (in % der Gesamtleistung)	35,00%	25,00%	18,00%	31,00%	27,00%	26,00%	32,00%	25,00%	22,00%	35,00%	26,00%	22,00%	35,00%	29,00%	23,00%
Sonstiger Aufwand (in % der Gesamtleistung)	12,00%	9,00%	6,00%	15,00%	10,00%	11,00%	11,00%	7,00%	6,00%	18,00%	12,00%	8,00%	16,00%	9,00%	8,00%
Innenumsatzquote (in % des Umsatzes)	0,00%	0,00%	0,00%	0,00%	0,00%	0,00%	0,00%	0,00%	0,00%	0,00%	0,00%	0,00%	0,00%	0,00%	0,00%
Bestand an Vorräten (in % des Umsatzes)	0,00%	0,00%	0,00%	0,00%	0,00%	0,00%	0,00%	0,00%	0,00%	0,00%	0,00%	0,00%	0,00%	0,00%	0,00%
Bestand an FE (in % des Umsatzes)	0,00%	0,00%	0,00%	0,00%	0,00%	0,00%	0,00%	0,00%	0,00%	0,00%	0,00%	0,00%	0,00%	0,00%	0,00%
Forderungen aus LuL (in % des Umsatzes)	0,00%	0,00%	0,00%	0,00%	0,00%	0,00%	0,00%	0,00%	0,00%	0,00%	0,00%	0,00%	0,00%	0,00%	0,00%
Verb. aus LuL (in % des Umsatzes)	0,00%	0,00%	0,00%	0,00%	0,00%	0,00%	0,00%	0,00%	0,00%	0,00%	0,00%	0,00%	0,00%	0,00%	0,00%

Tab. 372: Geplante *Value Driver* der Finanzierungsgesellschaft für die Jahre 2008 bis 2012 ff.

Jahr	2007	2008			2009			2010			...	2015 ff.		
Szenario		I	II	III	I	II	III	I	II	III		I	II	III
Eintrittswahrscheinlichkeit		0,35	0,40	0,25	0,35	0,40	0,25	0,35	0,40	0,25		0,35	0,40	0,25
Sachanlagen	1.666,67	1.416,67	1.416,67	1.416,67	1.266,67	1.266,67	1.266,67	1.300,00	1.300,00	1.300,00		1.200,00	1.200,00	1.200,00
Vorräte	0,00	0,00	0,00	0,00	0,00	0,00	0,00	0,00	0,00	0,00		0,00	0,00	0,00
Fertige Erzeugnisse	0,00	0,00	0,00	0,00	0,00	0,00	0,00	0,00	0,00	0,00		0,00	0,00	0,00
Ausleihungen an vU	31.583,09	32.202,06	32.202,06	32.202,06	34.265,71	34.265,71	34.265,71	37.218,48	37.218,48	37.218,48		33.300,23	33.300,23	33.300,23
Summe Aktiva	**33.249,76**	**33.618,73**	**33.618,73**	**33.618,73**	**35.532,38**	**35.532,38**	**35.532,38**	**38.518,48**	**38.518,48**	**38.518,48**		**34.500,23**	**34.500,23**	**34.500,23**
Eigenkapital	374,32	328,72	328,72	328,72	295,59	295,59	295,59	302,15	302,15	302,15		279,72	279,72	279,72
Verb. ggü. Kreditinstituten	1.292,35	1.087,95	1.087,95	1.087,95	971,08	971,08	971,08	997,85	997,85	997,85		920,28	920,28	920,28
Verb. ggü. Kreditinstituten	31.583,09	32.202,06	32.202,06	32.202,06	34.265,71	34.265,71	34.265,71	37.218,48	37.218,48	37.218,48		33.300,23	33.300,23	33.300,23
Summe Passiva	**33.249,76**	**33.618,73**	**33.618,73**	**33.618,73**	**35.532,38**	**35.532,38**	**35.532,38**	**38.518,48**	**38.518,48**	**38.518,48**		**34.500,23**	**34.500,23**	**34.500,23**

Tab. 373: Geplante Bilanzen der Finanzierungsgesellschaft für die Jahre 2008 bis 2010 sowie 2015 ff.

Jahr	2008			2009			2010			...	2015 ff.		
Szenario	I	II	III	I	II	III	I	II	III		I	II	III
Wahrscheinlichkeit	0,35	0,40	0,25	0,35	0,40	0,25	0,35	0,40	0,25		0,35	0,40	0,25
Zinsertrag (konzernintern)	3.079,35	3.079,35	3.079,35	3.139,70	3.139,70	3.139,70	3.340,91	3.340,91	3.340,91		3.246,77	3.246,77	3.246,77
Gesamt- und Innenumsätze	0,00	0,00	0,00	0,00	0,00	0,00	0,00	0,00	0,00		0,00	0,00	0,00
Δ FE	0,00	0,00	0,00	0,00	0,00	0,00	0,00	0,00	0,00		0,00	0,00	0,00
Gesamtleistung	3.079,35	3.079,35	3.079,35	3.139,70	3.139,70	3.139,70	3.340,91	3.340,91	3.340,91		3.246,77	3.246,77	3.246,77
Materialeinsatz	0,00	0,00	0,00	0,00	0,00	0,00	0,00	0,00	0,00		0,00	0,00	0,00
Rohertrag	3.079,35	3.079,35	3.079,35	3.139,70	3.139,70	3.139,70	3.340,91	3.340,91	3.340,91		3.246,77	3.246,77	3.246,77
Personalaufw.	-1.077,77	-769,84	-554,28	-973,31	-847,72	-816,32	-1.069,09	-835,23	-735,00		-1.136,37	-941,56	-746,76
Sonstiger Aufw.	-369,52	-277,14	-184,76	-470,96	-313,97	-345,37	-367,50	-233,86	-200,45		-519,48	-292,21	-259,74
EBITDA	**1.632,06**	**2.032,37**	**2.340,31**	**1.695,44**	**1.978,01**	**1.978,01**	**1.904,32**	**2.271,82**	**2.405,45**		**1.590,92**	**2.013,00**	**2.240,27**
Abschreibungen	-1.000,00	-1.000,00	-1.000,00	-750,00	-750,00	-750,00	-616,67	-616,67	-616,67		-600,00	-600,00	-600,00
EBIT	**632,06**	**1.032,37**	**1.340,31**	**945,44**	**1.228,01**	**1.228,01**	**1.287,65**	**1.655,15**	**1.788,79**		**990,92**	**1.413,00**	**1.640,27**
Zinsen (Verb. aus Sachanlagevermögen)	-90,46	-90,46	-90,46	-76,16	-76,16	-76,16	-67,98	-67,98	-67,98		-64,42	-64,42	-64,42
Zinsen (Verb. aus Ausleihungen)	-2.210,82	-2.210,82	-2.210,82	-2.254,14	-2.254,14	-2.254,14	-2.398,60	-2.398,60	-2.398,60		-2.331,02	-2.331,02	-2.331,02
Gewerbesteuer	-103,72	-23,65	37,93	-43,94	12,57	12,57	10,87	84,37	111,10		-41,36	43,06	88,51
Körperschaftsteuer	-391,38	-311,31	-249,73	-335,23	-278,72	-278,72	-297,45	-223,95	-197,22		-340,79	-256,37	-210,92
Steuervorteil Organschaft	230,95	230,95	230,95	235,48	235,48	235,48	250,57	250,57	250,57		243,51	243,51	243,51
Jahresüberschuß	**-943,18**	**-702,99**	**-518,23**	**-770,21**	**-600,67**	**-600,67**	**-641,78**	**-421,28**	**-341,10**		**-778,86**	**-525,61**	**-389,25**
Thesaurierung	-45,60	-45,60	-45,60	-33,13	-33,13	-33,13	6,57	6,57	6,57		0,00	0,00	0,00
Ausschüttung	-897,58	-657,39	-472,63	-737,08	-567,54	-567,54	-648,35	-427,85	-347,67		-778,86	-525,61	-389,25

Tab. 374: Geplante Erfolgsrechnungen der Finanzierungsgesellschaft für die Jahre 2008 bis 2010 sowie 2015 ff.

Jahr	2005	2006	2007	2008	2009	2010	2011	2012	2013	2014	2015 ff.
Investitionen in Sachanlagen	1.500,00	1.000,00	500,00	750,00	600,00	650,00	600,00	600,00	600,00	600,00	600,00
Kreditaufnahme (konzernintern)	1.125,00	750,00	375,00	562,50	450,00	487,50	450,00	450,00	450,00	450,00	450,00
Kredittilgung (konzernintern)		349,93	607,72	766,90	566,87	460,73	501.73	462,48	463,35	450,00	450,00

Tab. 375: Geplante Investitionen, Kreditaufnahme und -tilgung der Finanzierungsgesellschaft für die Jahre 2008 bis 2015 ff.

Jahr	2007	2008	2009	2010	2011	2012	2013	2014	2015 ff.
μ (NCF$_t^{HEV}$)		-573,60	-517,17	-400,11	-527,56	-509,73	-499,07	-483,42	-478,63
σ^2 (NCF$_t^{HEV}$)		18.575,21	4.450,96	10.454,78	27.163,42	22.609,69	19.821,12	17.513,92	16.417,16
SÄ (NCF$_t^{HEV}$)		-584,74	-519,84	-406,38	-543,86	-523,29	-510,96	-493,93	-488,48
EK$_t$	-10.880,18	-10.790,49	-10.761,61	-10.844,88	-10.794,47	-10.762,32	-10.741,04	-10.735,83	

Tab. 376: Bewertung der Finanzierungsgesellschaft anhand des μ,σ^2-Kriteriums

Jahr	2007	2008	2009	2010	2011	2012	2013	2014	2015 ff.
μ (FCF$_t^{HEV}$)		-838.25	-871,49	-909,08	-1.015,96	-1.061,01	-1.012,00	-974,27	-952,72
UW$_t^{UV,S}$	-15.898,74	-16.011,43	-16.097,62	-16.151,38	-16.101,47	-16.003,53	-15.948,75	-15.928,41	
TS$_t^{FK}$		-72,46	-75,38	-81,42	-88,81	-93,91	-87,62	-82,08	-79,28
WB$_t^{FK}$	-1.762,33	-1.770,06	-1.775,22	-1.774,57	-1.766,51	-1.752,97	-1.745,11	-1.742,43	
TS$_t^{JAS}$		35,77	20,45	-4,68	9,05	2,18	2,34	0,00	0,00
WB$_t^{JAS}$	59,94	26,90	7,67	12,70	4,23	2,24	0,00		
UW$_t$	-17.601,13	-17.754,59	-17.865,17	-17.913,25	-17.863,76	-17.754,27	-17.693,86	-17.670,85	
EK$_t$	-18.893,48	-18.842,54	-18.836,25	-18.911,10	-18.809,87	-18.687,91	-18.614,14	-18.591,13	

Tab. 377: Bewertung der Finanzierungsgesellschaft anhand des APV-Verfahrens

Holding

Jahr	2008			2009			2010			2011			2012 ff.		
Szenario	I	II	III	I	II	III	I	II	III	I	II	III	I	II	III
Eintrittswahrscheinlichkeit	0,35	0,40	0,25	0,35	0,40	0,25	0,35	0,40	0,25	0,35	0,40	0,25	0,35	0,40	0,25
Umsatzwachstum (in % zum Vorjahr)	0,00%	0,00%	0,00%	0,00%	0,00%	0,00%	0,00%	0,00%	0,00%	0,00%	0,00%	0,00%	0,00%	0,00%	0,00%
Materialeinsatz (in % der Gesamtleistung)	0,00%	0,00%	0,00%	0,00%	0,00%	0,00%	0,00%	0,00%	0,00%	0,00%	0,00%	0,00%	0,00%	0,00%	0,00%
Personalaufwand (in % der Gesamtleistung)	0,00%	0,00%	0,00%	0,00%	0,00%	0,00%	0,00%	0,00%	0,00%	0,00%	0,00%	0,00%	0,00%	0,00%	0,00%
Sonstiger Aufwand (in % der Gesamtleistung)	0,00%	0,00%	0,00%	0,00%	0,00%	0,00%	0,00%	0,00%	0,00%	0,00%	0,00%	0,00%	0,00%	0,00%	0,00%
Innenumsatzquote (in % des Umsatzes)	0,00%	0,00%	0,00%	0,00%	0,00%	0,00%	0,00%	0,00%	0,00%	0,00%	0,00%	0,00%	0,00%	0,00%	0,00%
Bestand an Vorräten (in % des Umsatzes)	0,00%	0,00%	0,00%	0,00%	0,00%	0,00%	0,00%	0,00%	0,00%	0,00%	0,00%	0,00%	0,00%	0,00%	0,00%
Bestand an FE (in % des Umsatzes)	0,00%	0,00%	0,00%	0,00%	0,00%	0,00%	0,00%	0,00%	0,00%	0,00%	0,00%	0,00%	0,00%	0,00%	0,00%
Forderungen aus LuL (in % des Umsatzes)	0,00%	0,00%	0,00%	0,00%	0,00%	0,00%	0,00%	0,00%	0,00%	0,00%	0,00%	0,00%	0,00%	0,00%	0,00%
Verb. aus LuL (in % des Umsatzes)	0,00%	0,00%	0,00%	0,00%	0,00%	0,00%	0,00%	0,00%	0,00%	0,00%	0,00%	0,00%	0,00%	0,00%	0,00%

Tab. 378: Geplante *Value Driver* der *Holding* für die Jahre 2008 bis 2012 ff.

Jahr	2007	2008			2009			2010			...	2015 ff.		
Szenario		I	II	III	I	II	III	I	II	III		I	II	III
Wahrscheinlichkeit		0,35	0,40	0,25	0,35	0,40	0,25	0,35	0,40	0,25		0,35	0,40	0,25
Sachanlagen	0,00	0,00	0,00	0,00	0,00	0,00	0,00	0,00	0,00	0,00	...	0,00	0,00	0,00
Finanzanlagen	50.441,23	51.188,36	51.483,86	51.898,74	60.018,13	58.536,52	58.529,76	69.606,89	68.830,78	67.637,80	...	73.745,03	71.770,29	70.259,70
Ausleihungen an vU	0,00	0,00	0,00	0,00	0,00	0,00	0,00	0,00	0,00	0,00	...	0,00	0,00	0,00
Kasse	3.000,00	2.500,00	2.500,00	2.500,00	4.000,00	4.000,00	4.000,00	4.500,00	4.500,00	4.500,00	...	6.000,00	6.000,00	6.000,00
Summe Aktiva	53.441,23	53.688,36	53.983,86	54.398,74	64.018,13	62.536,52	62.529,76	74.106,89	73.330,78	72.137,80	...	79.745,03	77.770,29	76.259,70
Eigenkapital	53.441,23	53.688,36	53.983,86	54.398,74	64.018,13	62.536,52	62.529,76	74.106,89	73.330,78	72.137,80	...	79.745,03	77.770,29	76.259,70
Verb. ggü. vU	0,00	0,00	0,00	0,00	0,00	0,00	0,00	0,00	0,00	0,00	...	0,00	0,00	0,00
Verb. ggü. Kreditinstituten	0,00	0,00	0,00	0,00	0,00	0,00	0,00	0,00	0,00	0,00	...	0,00	0,00	0,00
Summe Passiva	53.441,23	53.688,36	53.983,86	54.398,74	64.018,13	62.536,52	62.529,76	74.106,89	73.330,78	72.137,80	...	79.745,03	77.770,29	76.259,70

Tab. 379: Geplante Bilanzen der *Holding* für die Jahre 2008 bis 2010 sowie 2015 ff.

Anhang   495

Jahr	2008			2009			2010			...	2015 ff.		
Szenario	I	II	III	I	II	III	I	II	III	...	I	II	III
Wahrscheinlichkeit	0,35	0,40	0,25	0,35	0,40	0,25	0,35	0,40	0,25	...	0,35	0,40	0,25
Gesamtumsätze	2.643,64	1.733,34	959,63	4,68	-86,90	-711,92	2.913,62	680,65	144,54	...	11.718,05	9.015,46	7.214,78
Innenumsätze	0,00	0,00	0,00	0,00	0,00	0,00	0,00	0,00	0,00	...	0,00	0,00	0,00
Δ FE	0,00	0,00	0,00	0,00	0,00	0,00	0,00	0,00	0,00	...	0,00	0,00	0,00
Gesamtleistung	2.643,64	1.733,34	959,63	4,68	-86,90	-711,92	2.913,62	680,65	144,54	...	11.718,05	9.015,46	7.214,78
Materialeinsatz	0,00	0,00	0,00	0,00	0,00	0,00	0,00	0,00	0,00	...	0,00	0,00	0,00
Rohertrag	2.643,64	1.733,34	959,63	4,68	-86,90	-711,92	2.913,62	680,65	144,54	...	11.718,05	9.015,46	7.214,78
Personalaufw.	0,00	0,00	0,00	0,00	0,00	0,00	0,00	0,00	0,00	...	0,00	0,00	0,00
Sonstiger Aufw.	0,00	0,00	0,00	0,00	0,00	0,00	0,00	0,00	0,00	...	0,00	0,00	0,00
EBITDA	**2.643,64**	**1.733,34**	**959,63**	**4,68**	**-86,90**	**-711,92**	**2.913,62**	**680,65**	**144,54**	...	**11.718,05**	**9.015,46**	**7.214,78**
Abschreibungen	0,00	0,00	0,00	0,00	0,00	0,00	0,00	0,00	0,00	...	0,00	0,00	0,00
EBIT	**2.643,64**	**1.733,34**	**959,63**	**4,68**	**-86,90**	**-711,92**	**2.913,62**	**680,65**	**144,54**	...	**11.718,05**	**9.015,46**	**7.214,78**
Zinsen	0,00	0,00	0,00	0,00	0,00	0,00	0,00	0,00	0,00	...	0,00	0,00	0,00
Gewerbesteuer	0,00	0,00	0,00	0,00	0,00	0,00	0,00	0,00	0,00	...	0,00	0,00	0,00
Körperschaftsteuer	0,00	0,00	0,00	0,00	0,00	0,00	0,00	0,00	0,00	...	0,00	0,00	0,00
Jahresüberschuß	**2.643,64**	**1.733,34**	**959,63**	**4,68**	**-86,90**	**-711,92**	**2.913,62**	**680,65**	**144,54**	...	**11.718,05**	**9.015,46**	**7.214,78**
Thesaurierung	247,14	542,64	957,51	10.329,77	8.552,66	8.131,02	10.088,75	10.794,26	9.608,03	...	0,00	0,00	0,00
Ausschüttung	2.396,50	1.190,71	2,12	-10.325,10	-8.639,56	-8.842,95	-7.175,13	-10.113,60	-9.463,49	...	11.718,05	9.015,46	7.214,78

Tab. 380:   Geplante Erfolgsrechnungen der *Holding* für die Jahre 2008 bis 2010 sowie 2015 ff.

Jahr	2007	2008	2009	2010	2011	2012	2013	2014	2015 ff.
μ (NCF$_t^{HEV}$)		412,50	-1.237,50	-412,50	-412,50	-825,00	0,00	0,00	0,00
σ^2 (NCF$_t^{HEV}$)		0,00	0,00	0,00	0,00	0,00	0,00	0,00	0,00
SÄ (NCF$_t^{HEV}$)		412,50	-1.237,50	-412,50	-412,50	-825,00	0,00	0,00	0,00
EK$_t$	-2.104,22	-2.612,47	-1.493,83	-1.149,30	-789,10	0,00	0,00	0,00	

Tab. 381:   Bewertung der *Holding* anhand des μ,σ^2-Kriteriums

Jahr	2007	2008	2009	2010	2011	2012	2013	2014	2015 ff.
μ (FCF$_t^{HEV}$)		412,50	-1.237,50	-412,50	-412,50	-825,00	0,00	0,00	0,00
UW$_t^{UV,S}$	-2.003,07	-2.535,38	-1.449,53	-1.123,73	-778,44	0,00	0,00	0,00	
TS$_t^{FK}$		0,00	0,00	0,00	0,00	0,00	0,00	0,00	
WB$_t^{FK}$	0,00	0,00	0,00	0,00	0,00	0,00	0,00	0,00	
TS$_t^{\Delta AS}$		0,00	0,00	0,00	0,00	0,00	0,00	0,00	0,00
WB$_t^{\Delta AS}$	0,00	0,00	0,00	0,00	0,00	0,00	0,00	0,00	
UW$_t$	-2.003,07	-2.535,38	-1.449,53	-1.123,73	-778,44	0,00	0,00	0,00	
EK$_t$	-2.003,07	-2.535,38	-1.449,53	-1.123,73	-778,44	0,00	0,00	0,00	

Tab. 382:   Bewertung der *Holding* anhand des APV-Verfahrens

Anhang VIII: Bereichsbezogene Bewertung des Konzerns KE

Bereich B1A (ohne leistungswirtschaftliche Synergieeffekte)

Jahr	2008			2009			2010			2011			2012 ff.		
Szenario	I	II	III	I	II	III	I	II	III	I	II	III	I	II	III
Eintrittswahrscheinlichkeit	0,35	0,40	0,25	0,35	0,40	0,25	0,35	0,40	0,25	0,35	0,40	0,25	0,35	0,40	0,25
Umsatzwachstum (in % zum Vorjahr)	12,00%	14,00%	15,00%	34,93%	33,57%	33,06%	26,36%	23,66%	21,42%	14,60%	10,99%	9,06%	0,00%	0,00%	0,00%
Materialeinsatz (in % der Gesamtleistung)	26,98%	27,68%	27,20%	29,71%	30,24%	30,13%	27,08%	28,82%	29,39%	27,15%	29,04%	30,12%	29,58%	29,35%	30,04%
Personalaufwand (in % der Gesamtleistung)	9,11%	9,25%	9,31%	9,46%	10,25%	11,02%	13,98%	13,96%	13,89%	13,24%	13,65%	13,84%	13,83%	14,50%	14,91%
Sonstiger Aufwand (in % der Gesamtleistung)	5,90%	6,00%	5,75%	4,43%	4,50%	4,27%	4,15%	4,04%	4,20%	5,05%	5,54%	5,86%	5,43%	5,86%	6,66%
Innenumsatzquote (in % des Umsatzes)	5,79%	5,76%	5,75%	5,00%	5,00%	5,00%	5,00%	5,00%	5,00%	5,00%	5,00%	5,00%	5,00%	5,00%	5,00%
Bestand an Vorräten (in % des Umsatzes)	23,75%	23,23%	23,68%	23,81%	23,68%	24,13%	25,01%	25,60%	25,25%	26,90%	27,59%	27,82%	26,59%	27,31%	27,82%
Bestand an FE (in % des Umsatzes)	19,86%	21,20%	20,01%	19,65%	20,35%	19,63%	19,65%	20,46%	20,75%	20,10%	21,55%	21,48%	19,49%	20,97%	21,48%
Forderungen aus LuL (in % des Umsatzes)	9,04%	8,86%	9,57%	8,95%	9,29%	9,28%	7,08%	8,51%	9,64%	6,24%	7,70%	8,89%	7,78%	8,56%	9,16%
Verb. aus LuL (in % des Umsatzes)	5,79%	6,14%	6,81%	6,27%	7,47%	7,41%	6,96%	7,66%	8,59%	6,00%	7,00%	8,00%	6,31%	7,00%	7,73%

Tab. 383: Geplante *Value Driver* des Bereichs B1A für die Jahre 2008 bis 2012 ff. (arithmetisches Mittel der Bereiche B1 und BA)

Jahr	2007	2008			2009			2010			...	2015 ff.		
Szenario		I	II	III	I	II	III	I	II	III		I	II	III
Eintrittswahrscheinlichkeit		0,35	0,40	0,25	0,35	0,40	0,25	0,35	0,40	0,25		0,35	0,40	0,25
Sachanlagen	23.666,67	25.333,33	25.333,33	25.333,33	29.000,00	29.000,00	29.000,00	34.600,00	34.600,00	34.600,00	...	30.000,00	30.000,00	30.000,00
Vorräte	7.400,00	7.980,00	7.945,00	8.169,00	10.795,38	10.817,80	11.075,94	14.326,52	14.462,47	14.073,70	...	17.457,99	17.120,13	16.912,78
FE	6.600,00	6.672,00	7.250,00	6.903,00	8.908,50	9.295,80	9.013,05	11.258,82	11.556,90	11.566,40	...	12.795,54	13.148,05	13.059,15
Forderungen aus LuL	3.000,00	3.036,00	3.030,00	3.300,00	4.058,64	4.242,20	4.261,65	4.054,00	4.805,18	5.373,83	...	5.104,80	5.369,64	5.568,86
Summe Aktiva	40.666,67	43.021,33	43.558,33	43.705,33	52.762,52	53.355,80	53.350,64	64.239,34	65.424,54	65.613,93	...	65.358,33	65.637,82	65.540,79
Eigenkapital	24.426,77	25.431,98	25.812,98	25.710,98	32.035,14	32.061,12	32.065,53	38.953,19	39.798,09	39.526,05	...	42.660,83	42.691,67	42.282,97
Verbindlichkeiten ggü. vU	14.589,90	15.645,35	15.645,35	15.645,35	17.883,08	17.883,08	17.883,08	21.297,96	21.297,96	21.297,96	...	18.557,41	18.557,41	18.557,41
Verb. aus LuL	1.650,00	1.944,00	2.100,00	2.349,00	2.844,30	3.411,60	3.402,03	3.988,19	4.328,50	4.789,92	...	4.140,09	4.388,74	4.700,42
Summe Passiva	40.666,67	43.021,33	43.558,33	43.705,33	52.762,52	53.355,80	53.350,64	64.239,34	65.424,54	65.613,93	...	65.358,33	65.637,82	65.540,79

Tab. 384: Geplante Bilanzen des Bereichs B1A für die Jahre 2008 bis 2010 sowie 2015 ff.

Jahr	2007	2008			2009			2010			...	2015 ff.		
Szenario		I	II	III	I	II	III	I	II	III		I	II	III
Wahrscheinlichkeit		0,35	0,40	0,25	0,35	0,40	0,25	0,35	0,40	0,25		0,35	0,40	0,25
Gesamtumsätze	30.000,00	33.600,00	34.200,00	34.500,00	45.336,00	45.680,00	45.906,00	57.287,52	56.489,60	55.739,34	...	65.652,00	62.696,34	60.790,60
Innenumsätze		1.944,00	1.970,00	1.983,00	2.266,80	2.284,00	2.295,30	2.864,38	2.824,48	2.786,97	...	3.282,60	3.134,82	3.039,53
Δ FE		72,00	650,00	303,00	2.236,50	2.045,80	2.110,05	2.350,32	2.261,10	2.553,35	...			
Gesamtleistung		33.672,00	34.850,00	34.803,00	47.572,50	47.725,80	48.016,05	59.637,84	58.750,70	58.292,69	...	65.652,00	62.696,34	60.790,60
Materialeinsatz		-9.085,74	-9.646,50	-9.466,50	-14.135,10	-14.434,67	-14.467,95	-16.147,27	-16.930,91	-17.131,81	...	-19.387,68	-18.378,15	-18.258,93
Rohertrag		24.586,26	25.203,50	25.336,50	33.437,40	33.291,13	33.548,10	43.490,57	41.819,79	41.160,87	...	46.264,32	44.318,18	42.531,66
Personalaufw.		-3.067,26	-3.222,00	-3.241,11	-4.498,89	-4.891,57	-5.289,66	-8.338,16	-8.199,72	-8.099,56	...	-9.084,06	-9.097,03	-9.064,30
Sonstiger Aufw.		-1.987,98	-2.091,00	-2.000,85	-2.106,60	-2.147,15	-2.050,55	-2.474,11	-2.375,40	-2.449,33	...	-3.550,65	-3.662,69	-4.049,10
EBITDA		**19.531,02**	**19.890,50**	**20.094,54**	**26.831,91**	**26.252,42**	**26.207,90**	**32.678,30**	**31.244,66**	**30.611,98**	...	**33.629,61**	**31.558,46**	**29.418,27**
Abschreibungen		-11.333,33	-11.333,33	-11.333,33	-12.333,33	-12.333,33	-12.333,33	-14.000,00	-14.000,00	-14.000,00	...	-15.000,00	-15.000,00	-15.000,00
EBIT		**8.197,69**	**8.557,17**	**8.761,21**	**14.498,58**	**13.919,08**	**13.874,57**	**18.678,30**	**17.244,66**	**16.611,98**	...	**18.629,61**	**16.558,46**	**14.418,27**
Zinsen		-1.422,51	-1.422,51	-1.422,51	-1.525,42	-1.525,42	-1.525,42	-1.743,60	-1.743,60	-1.743,60	...	-1.809,35	-1.809,35	-1.809,35
Gewerbesteuer		1.497,29	1.569,18	1.609,99	2.747,17	2.631,27	2.622,37	3.561,30	3.274,57	3.148,04	...	3.544,99	3.130,76	2.702,72
Körperschaftsteuer		1.319,47	1.391,37	1.432,18	2.556,50	2.440,60	2.431,69	3.343,35	3.056,62	2.930,09	...	3.318,82	2.904,59	2.476,55
Jahresüberschuß		**3.958,41**	**4.174,10**	**4.296,53**	**7.669,49**	**7.321,79**	**7.295,08**	**10.030,05**	**9.169,87**	**8.790,26**	...	**9.956,46**	**8.713,77**	**7.429,65**
Thesaurierung		1.005,21	1.386,21	1.284,21	6.603,15	6.248,13	6.354,53	6.918,05	7.736,97	7.460,52	...	0,00	0,00	0,00
Ausschüttung		**2.953,20**	**2.787,89**	**3.012,31**	**1.066,34**	**1.073,66**	**940,55**	**3.112,00**	**1.432,89**	**1.329,73**	...	**9.956,46**	**8.713,77**	**7.429,65**

Tab. 385: Geplante Erfolgsrechnungen des Bereichs B1A für die Jahre 2008 bis 2010 sowie 2015 ff.

Anhang   497

Jahr	2005	2006	2007	2008	2009	2010	2011	2012	2013	2014	2015 ff.
Investitionen in Sachanlagen	10.000,00	11.000,00	13.000,00	13.000,00	16.000,00	19.600,00	20.400,00	15.000,00	15.000,00	15.000,00	15.000,00
Kreditaufnahme (konzernintern)	6.000,00	6.600,00	7.800,00	7.800,00	9.600,00	11.760,00	12.240,00	9.000,00	9.000,00	9.000,00	9.000,00
Kredittilgung (konzernintern)		1.817,08	3.993,03	6.744,55	7.362,26	8.345,12	9.597,54	11.117,44	11.083,68	10.181,89	9.000,00

Tab. 386: Geplante Investitionen, Kreditaufnahme und -tilgung des Bereichs B1A für die Jahre 2008 bis 2015 ff.

Jahr	2007	2008	2009	2010	2011	2012	2013	2014	2015 ff.
μ (NCF$_t^{HEV}$)		2.394,03	856,20	1.645,70	2.421,27	6.244,31	6.486,49	6.837,61	7.282,84
σ^2 (NCF$_t^{HEV}$)		6.240,16	2.153,66	458.551,74	562.316,29	622.036,22	639.622,81	639.622,81	639.622,81
SÄ (NCF$_t^{HEV}$)		2.390,29	854,91	1.370,57	2.083,88	5.871,09	6.102,72	6.453,83	6.899,06
EK$_t$	131.159,15	134.736,60	140.012,21	145.012,20	149.526,37	150.458,74	151.201,89	151.627,74	

Tab. 387: Bewertung des Bereichs B1A anhand des μ,σ^2-Kriteriums

Jahr	2007	2008	2009	2010	2011	2012	2013	2014	2015 ff.
μ (FCF$_t^{HEV}$)		2.315,44	-140,46	-200,60	1.397,62	9.291,05	9.390,42	8.884,42	8.290,42
UW$_t^{UV,S}$	114.786,47	119.336,69	126.614,98	134.388,75	141.029,25	140.173,51	139.167,22	138.606,75	
TS$_t^{FK}$		132,47	142,05	162,37	193,38	217,37	198,15	179,23	168,50
WB$_t^{FK}$	3.729,71	3.766,94	3.796,28	3.806,64	3.786,46	3.741,37	3.713,46	3.703,20	
TS$_t^{IAS}$		-184,70	-391,60	-597,60	-462,43	370,55	364,64	206,83	0,00
WB$_t^{IAS}$	-717,56	-565,51	-199,64	388,88	869,01	538,00	197,83	0,00	
UW$_t$	117.798,62	122.538,12	130.211,63	138.584,27	145.684,72	144.452,88	143.078,51	142.309,94	
EK$_t$	103.208,72	106.892,77	112.328,54	117.286,31	121.744,30	122.629,90	123.339,22	123.752,54	

Tab. 388: Bewertung des Bereichs B1A anhand des APV-Verfahrens

Bereich B1A (Trägheitsprojektion)

Jahr	2008			2009			2010			2011			2012 ff.		
Szenario	I	II	III	I	II	III	I	II	III	I	II	III	I	II	III
Eintrittswahrscheinlichkeit	0,35	0,40	0,25	0,35	0,40	0,25	0,35	0,40	0,25	0,35	0,40	0,25	0,35	0,40	0,25
Umsatzwachstum (in % zum Vorjahr)	-7,00%	-7,00%	-7,00%	28,00%	29,00%	32,00%	21,00%	22,00%	25,00%	10,00%	11,00%	12,00%	0,00%	0,00%	0,00%
Materialeinsatz (in % der Gesamtleistung)	30,00%	30,00%	30,00%	30,00%	30,00%	29,50%	26,50%	28,50%	29,00%	27,00%	28,00%	29,00%	29,00%	29,50%	30,00%
Personalaufwand (in % der Gesamtleistung)	15,00%	15,00%	15,00%	9,00%	9,50%	10,00%	12,00%	12,50%	13,00%	11,00%	12,00%	13,00%	13,00%	13,50%	14,00%
Sonstiger Aufwand (in % der Gesamtleistung)	6,00%	6,00%	6,00%	4,00%	4,00%	3,50%	4,00%	3,50%	3,00%	4,50%	5,00%	5,50%	5,00%	5,50%	6,00%
Innenumsatzquote (in % des Umsatzes)	6,00%	6,00%	6,00%	5,00%	5,00%	5,00%	5,00%	5,00%	5,00%	5,00%	5,00%	5,00%	5,00%	5,00%	5,00%
Bestand an Vorräten (in % des Umsatzes)	25,00%	25,00%	25,00%	23,81%	23,68%	24,13%	25,01%	25,60%	25,25%	26,90%	27,59%	27,82%	26,59%	27,31%	27,82%
Bestand an FE (in % des Umsatzes)	20,00%	20,00%	20,00%	19,65%	20,35%	19,63%	19,65%	20,46%	20,75%	20,10%	21,55%	21,48%	19,49%	20,97%	21,48%
Forderungen aus LuL (in % des Umsatzes)	10,00%	10,00%	10,00%	8,95%	9,29%	9,28%	7,08%	8,51%	9,64%	6,24%	7,70%	8,89%	7,78%	8,56%	9,16%
Verb. aus LuL (in % des Umsatzes)	6,00%	6,00%	6,00%	6,27%	7,47%	7,41%	6,96%	7,66%	8,59%	6,00%	7,00%	8,00%	6,31%	7,00%	7,73%

Tab. 389: Geplante *Value Driver* des Bereichs B1A für die Jahre 2008 bis 2012 ff. (Trägheitsprojektion)

Jahr	2007	2008			2009			2010			...	2015 ff.		
Szenario		I	II	III	I	II	III	I	II	III	...	I	II	III
Eintrittswahrscheinlichkeit		0,35	0,40	0,25	0,35	0,40	0,25	0,35	0,40	0,25	...	0,35	0,40	0,25
Sachanlagen	23.666,67	25.333,33	25.333,33	25.333,33	29.000,00	29.000,00	29.000,00	34.600,00	34.600,00	34.600,00	...	30.000,00	30.000,00	30.000,00
Vorräte	7.400,00	6.975,00	6.975,00	6.975,00	8.503,72	8.523,28	8.885,65	10.806,38	11.241,59	11.623,44	...	12.639,75	13.308,88	14.344,48
FE	6.600,00	5.580,00	5.580,00	5.580,00	7.017,39	7.324,11	7.230,70	8.492,44	8.983,10	9.552,66	...	9.264,09	10.221,06	11.076,04
Forderungen aus LuL	3.000,00	2.790,00	2.790,00	2.790,00	3.197,07	3.342,40	3.418,90	3.057,90	3.735,03	4.438,24	...	3.695,92	4.174,27	4.723,20
Summe Aktiva	40.666,67	40.678,33	40.678,33	40.678,33	47.718,17	48.189,79	48.535,25	56.956,72	58.559,73	60.214,34	...	55.599,77	57.704,21	60.143,72
Eigenkapital	24.426,77	23.358,98	23.358,98	23.358,98	27.594,58	27.618,73	27.922,90	32.650,49	33.897,25	34.960,39	...	34.044,90	35.735,07	37.599,68
Verbindlichkeiten ggü. vU	14.589,90	15.645,35	15.645,35	15.645,35	17.883,08	17.883,08	17.883,08	21.297,96	21.297,96	21.297,96	...	18.557,41	18.557,41	18.557,41
Verb. aus LuL	1.650,00	1.674,00	1.674,00	1.674,00	2.240,51	2.687,98	2.729,27	3.008,26	3.364,51	3.955,98	...	2.997,46	3.411,73	3.986,63
Summe Passiva	40.666,67	40.678,33	40.678,33	40.678,33	47.718,17	48.189,79	48.535,25	56.956,72	58.559,73	60.214,34	...	55.599,77	57.704,21	60.143,72

Tab. 390: Geplante Bilanzen des Bereichs B1A für die Jahre 2008 bis 2010 sowie 2015 ff. (Trägheitsprojektion)

Jahr	2007	2008			2009			2010			...	2015 ff.		
Szenario		I	II	III	I	II	III	I	II	III	...	I	II	III
Wahrscheinlichkeit		0,35	0,40	0,25	0,35	0,40	0,25	0,35	0,40	0,25	...	0,35	0,40	0,25
Gesamtumsätze	30.000,00	27.900,00	27.900,00	27.900,00	35.712,00	35.991,00	36.828,00	43.211,52	43.909,02	46.035,00	...	47.532,67	48.739,01	51.559,20
Innenumsätze		1.674,00	1.674,00	1.674,00	1.785,60	1.799,55	1.841,40	2.160,58	2.195,45	2.301,75	...	2.376,63	2.436,95	2.577,96
Δ FE		-1.020,00	-1.020,00	-1.020,00	1.437,39	1.744,11	1.650,70	1.475,05	1.659,00	2.321,96	...	0,00	0,00	0,00
Gesamtleistung		26.880,00	26.880,00	26.880,00	37.149,39	37.735,11	38.478,70	44.686,57	45.568,02	48.356,96	...	47.532,67	48.739,01	51.559,20
Materialeinsatz		-8.064,00	-8.064,00	-8.064,00	-11.144,82	-11.320,53	-11.351,22	-11.841,94	-12.986,99	-14.023,52	...	-13.784,47	-14.378,01	-15.467,29
Rohertrag		18.816,00	18.816,00	18.816,00	26.004,57	26.414,57	27.127,48	32.844,63	32.581,13	34.333,44	...	33.748,20	34.361,00	36.091,44
Personalaufw.		-4.032,00	-4.032,00	-4.032,00	-3.343,45	-3.584,84	-3.847,87	-5.362,39	-5.696,00	-6.286,40	...	-6.179,25	-6.580,28	-7.218,29
Sonstiger Aufw.		-1.612,80	-1.612,80	-1.612,80	-1.485,98	-1.509,00	-1.346,75	-1.787,46	-1.594,88	-1.450,71	...	-2.376,63	-2.680,65	-3.093,55
EBITDA		13.171,20	13.171,20	13.171,20	21.175,15	21.320,74	21.932,86	25.694,78	25.290,25	26.596,33	...	25.192,32	25.100,08	25.779,60
Abschreibungen		-11.333,33	-11.333,33	-11.333,33	-12.333,33	-12.333,33	-12.333,33	-14.000,00	-14.000,00	-14.000,00	...	-15.000,00	-15.000,00	-15.000,00
EBIT		1.837,87	1.837,87	1.837,87	8.841,82	8.987,41	9.599,53	11.694,78	11.290,25	12.596,33	...	10.192,32	10.100,08	10.779,60
Zinsen		-1.422,51	-1.422,51	-1.422,51	-1.525,42	-1.525,42	-1.525,42	-1.743,60	-1.743,60	-1.743,60	...	-1.809,35	-1.809,35	-1.809,35
Gewerbesteuer		225,21	225,21	225,21	1.615,82	1.644,94	1.767,36	2.164,60	2.083,69	2.344,91	...	1.857,53	1.839,08	1.974,99
Körperschaftsteuer		47,51	47,51	47,51	1.425,14	1.454,26	1.576,69	1.946,65	1.865,74	2.126,96	...	1.631,36	1.612,91	1.748,82
Jahresüberschuß		142,52	142,52	142,52	4.275,43	4.362,79	4.730,06	5.839,94	5.597,22	6.380,87	...	4.894,08	4.838,74	5.246,45
Thesaurierung		-1.067,79	-1.067,79	-1.067,79	4.235,60	4.259,74	4.563,91	5.055,91	6.278,53	7.037,49	...	0,00	0,00	0,00
Ausschüttung		1.210,31	1.210,31	1.210,31	39,83	103,05	166,14	784,02	-681,31	-656,63	...	4.894,08	4.838,74	5.246,45

Tab. 391: Geplante Erfolgsrechnungen des Bereichs B1A für die Jahre 2008 bis 2010 sowie 2015 ff. (Trägheitsprojektion)

Jahr	2005	2006	2007	2008	2009	2010	2011	2012	2013	2014	2015 ff.
Investitionen in Sachanlagen	10.000,00	11.000,00	13.000,00	13.000,00	16.000,00	19.600,00	20.400,00	15.000,00	15.000,00	15.000,00	15.000,00
Kreditaufnahme (konzernintern)	6.000,00	6.600,00	7.800,00	7.800,00	9.600,00	11.760,00	12.240,00	9.000,00	9.000,00	9.000,00	9.000,00
Kredittilgung (konzernintern)			1.817,08	3.993,03	6.744,55	7.362,26	8.345,12	9.597,54	11.117,44	11.083,68	10.181,89	9.000,00

Tab. 392: Geplante Investitionen, Kreditaufnahme und -tilgung des Bereichs B1A für die Jahre 2008 bis 2015 ff. (Trägheitsprojektion)

Jahr	2007	2008	2009	2010	2011	2012	2013	2014	2015 ff.
$\mu(NCF_t^{HEV})$		998,50	79,77	-133,88	313,80	3.108,63	3.295,68	3.646,80	4.092,03
$\sigma^2(NCF_t^{HEV})$		0,00	1.601,85	328.246,15	146.669,46	9.996,00	19.000,57	19.000,57	19.000,57
$SÄ(NCF_t^{HEV})$		998,50	78,81	-330,82	225,80	3.102,63	3.284,28	3.635,40	4.080,63
EK_t	74.269,81	76.650,58	80.059,36	84.032,59	87.630,58	88.515,14	89.258,30	89.684,15	

Tab. 393: Bewertung des Bereichs B1A anhand des μ,σ^2-Kriteriums (Trägheitsprojektion)

Anhang 499

Bereich BC

Jahr	2008			2009			2010			2011			2012 ff.		
Szenario	I	II	III	I	II	III	I	II	III	I	II	III	I	II	III
Eintrittswahrscheinlichkeit	0,35	0,40	0,25	0,35	0,40	0,25	0,35	0,40	0,25	0,35	0,40	0,25	0,35	0,40	0,25
Umsatzwachstum (in % zum Vorjahr)	4,00%	5,00%	7,00%	8,00%	10,00%	11,50%	8,00%	9,00%	10,00%	4,00%	6,00%	8,00%	0,00%	0,00%	0,00%
Materialeinsatz (in % der Gesamtleistung)	40,00%	39,50%	39,00%	41,00%	40,00%	39,00%	44,00%	40,00%	38,00%	45,00%	41,00%	39,50%	42,00%	41,50%	38,00%
Personalaufwand (in % der Gesamtleistung)	11,00%	10,50%	10,00%	11,00%	10,00%	9,00%	13,00%	12,00%	11,50%	12,00%	11,50%	12,00%	13,00%	12,50%	12,00%
Sonstiger Aufwand (in % der Gesamtleistung)	5,00%	5,50%	6,00%	8,00%	8,50%	9,00%	6,00%	7,00%	8,00%	6,50%	7,50%	8,50%	8,50%	9,00%	9,50%
Innenumsatzquote (in % des Umsatzes)	0,00%	0,00%	0,00%	0,00%	0,00%	0,00%	0,00%	0,00%	0,00%	0,00%	0,00%	0,00%	0,00%	0,00%	0,00%
Bestand an Vorräten (in % des Umsatzes)	20,00%	19,00%	19,50%	21,00%	21,00%	21,00%	22,50%	22,50%	22,00%	22,50%	23,50%	23,50%	22,50%	23,00%	24,00%
Bestand an FE (in % des Umsatzes)	24,00%	26,00%	24,00%	25,50%	25,50%	23,00%	26,50%	27,00%	26,00%	24,50%	25,00%	25,00%	25,50%	26,00%	26,50%
Forderungen aus LuL (in % des Umsatzes)	10,50%	9,50%	10,00%	11,00%	10,50%	10,50%	9,00%	10,00%	12,50%	8,50%	9,50%	10,00%	7,00%	8,00%	8,50%
Verb. aus LuL (in % des Umsatzes)	5,00%	5,00%	5,50%	4,50%	5,50%	6,00%	4,50%	5,00%	8,00%	6,50%	7,50%	8,50%	6,00%	6,50%	8,00%

Tab. 394: Geplante *Value Driver* des Bereichs BC für die Jahre 2008 bis 2012 ff.

Jahr	2007	2008			2009			2010			...	2015 ff.		
Szenario		I	II	III	I	II	III	I	II	III		I	II	III
Eintrittswahrscheinlichkeit		0,35	0,40	0,25	0,35	0,40	0,25	0,35	0,40	0,25		0,35	0,40	0,25
Sachanlagen	15.500,00	14.833,33	14.833,33	14.833,33	14.333,33	14.333,33	14.333,33	14.333,33	14.333,33	14.333,33		14.000,00	14.000,00	14.000,00
Vorräte	5.000,00	5.200,00	4.987,50	5.216,25	5.896,80	6.063,75	6.263,51	6.823,44	7.081,59	7.217,95		7.096,38	7.673,30	8.504,06
FE	6.000,00	6.240,00	6.825,00	6.420,00	7.160,40	7.363,13	6.860,04	8.036,50	8.497,91	8.530,31		8.042,56	8.674,17	9.389,90
Forderungen aus LuL	2.550,00	2.730,00	2.493,75	2.675,00	3.088,80	3.031,88	3.131,76	2.729,38	3.147,38	4.101,11		2.207,76	2.668,97	3.011,85
Summe Aktiva	17.016,38	17.016,38	17.016,38	17.016,38	17.016,38	17.016,38	17.016,38	17.016,38	17.016,38	17.016,38		17.016,38	17.016,38	17.016,38
Eigenkapital	46.066,38	46.019,71	46.155,96	46.160,96	47.495,71	47.808,46	47.605,02	48.939,03	50.076,59	51.199,08		48.363,08	50.032,82	51.922,19
Verbindlichkeiten ggü. vU	34.540,24	34.756,61	34.880,36	34.726,61	36.602,67	36.590,90	36.186,01	37.986,09	38.914,66	38.986,13		37.088,91	38.482,48	39.705,71
Verb. aus LuL	10.326,14	9.963,19	9.963,10	9.963,19	9.629,44	9.629,44	9.629,44	9.588,25	9.588,25	9.588,25		9.381,80	9.381,80	9.381,80
Summe Passiva	1.200,00	1.300,00	1.312,50	1.471,25	1.263,60	1.588,13	1.789,58	1.364,69	1.573,69	2.624,71		1.892,37	2.168,54	2.834,69
	46.066,38	46.019,71	46.155,96	46.160,96	47.495,71	47.808,46	47.605,02	48.939,03	50.076,59	51.199,08		48.363,08	50.032,82	51.922,19

Tab. 395: Geplante Bilanzen des Bereichs BC für die Jahre 2008 bis 2010 sowie 2015 ff.

Jahr	2007	2008			2009			2010			...	2015 ff.		
Szenario		I	II	III	I	II	III	I	II	III		I	II	III
Wahrscheinlichkeit		0,35	0,40	0,25	0,35	0,40	0,25	0,35	0,40	0,25		0,35	0,40	0,25
Gesamtumsätze	25.000,00	26.000,00	26.250,00	26.750,00	28.080,00	28.875,00	29.826,25	30.326,40	31.473,75	32.808,88		31.539,46	33.362,18	35.433,59
Innenumsätze		0,00	0,00	0,00	0,00	0,00	0,00	0,00	0,00	0,00		0,00	0,00	0,00
Δ FE		240,00	825,00	420,00	920,40	538,13	440,04	876,10	1.134,79	1.670,27		0,00	0,00	0,00
Gesamtleistung		26.240,00	27.075,00	27.170,00	29.000,40	29.413,13	30.266,29	31.202,50	32.608,54	34.479,15		31.539,46	33.362,18	35.433,59
Materialeinsatz		-10.496,00	-10.694,63	-10.596,30	-11.890,16	-11.765,25	-11.803,85	-13.729,10	-13.043,42	-13.102,08		-13.246,57	-13.845,30	-13.464,76
Rohertrag		15.744,00	16.380,38	16.573,70	17.110,24	17.647,88	18.462,44	17.473,40	19.565,12	21.377,07		18.292,88	19.516,87	21.968,82
Personalaufw.		-2.886,40	-2.842,88	-2.717,00	-3.190,04	-2.941,31	-2.723,97	-4.056,32	-3.913,02	-3.965,10		-4.100,13	-4.170,27	-4.252,03
Sonstiger Aufw.		-1.312,00	-1.489,13	-1.630,20	-2.320,03	-2.500,12	-2.723,97	-1.872,15	-2.282,60	-2.758,33		-2.680,85	-3.002,60	-3.366,19
EBITDA		11.545,60	12.048,38	12.226,50	11.600,16	12.206,45	13.014,50	11.544,92	13.369,50	14.653,64		11.511,90	12.344,00	14.350,60
Abschreibungen		-7.166,67	-7.166,67	-7.166,67	-7.500,00	-7.500,00	-7.500,00	-7.500,00	-7.500,00	-7.500,00		-7.000,00	-7.000,00	-7.000,00
EBIT		4.378,93	4.881,71	5.059,83	4.100,16	4.706,45	5.514,50	4.044,92	5.869,50	7.153,64		4.511,90	5.344,00	7.350,60
Zinsen		-1.006,80	-1.006,80	-1.006,80	-971,40	-971,40	-971,40	-938,87	-938,87	-938,87		-914,73	-914,73	-914,73
Gewerbesteuer		775,11	875,66	911,29	722,89	844,15	1.005,76	711,05	1.077,33	1.336,84		810,91	977,33	1.378,65
Körperschaftsteuer		649,26	749,81	785,44	601,47	722,72	884,34	597,74	962,65	1.219,48		696,57	862,99	1.264,31
Jahresüberschuß		1.947,77	2.249,44	2.356,31	1.804,40	2.168,17	2.653,01	1.793,22	2.887,96	3.658,44		2.089,70	2.588,96	3.792,92
Thesaurierung		216,37	340,12	186,37	1.846,05	1.710,54	1.459,35	1.383,42	2.323,76	2.800,12		0,00	0,00	0,00
Ausschüttung		1.731,40	1.909,45	2.169,94	-41,64	457,64	1.193,67	409,80	564,20	858,32		2.089,70	2.588,96	3.792,92

Tab. 396: Geplante Erfolgsrechnungen des Bereichs BC für die Jahre 2008 bis 2010 sowie 2015 ff.

Jahr	2005	2006	2007	2008	2009	2010	2011	2012	2013	2014	2015 ff.
Investitionen in Sachanlagen	5.500,00	7.000,00	9.000,00	6.500,00	7.000,00	7.500,00	7.000,00	7.000,00	7.000,00	7.000,00	7.000,00
Kreditaufnahme (konzernintern)	3.575,00	4.550,00	5.850,00	4.225,00	4.550,00	4.875,00	4.550,00	4.550,00	4.550,00	4.550,00	4.550,00
Kredittilgung (konzernintern)		1.082,68	2.566,19	4.588,04	4.883,66	4.916,19	4.529,87	4.658,02	4.668,55	4.550,00	4.550,00

Tab. 397: Geplante Investitionen, Kreditaufnahme und -tilgung des Bereichs BC für die Jahre 2008 bis 2015 ff.

Jahr	2007	2008	2009	2010	2011	2012	2013	2014	2015 ff.
μ (NCF$_t^{HEV}$)		1.577,56	385,17	481,55	2.502,07	2.320,05	2.190,81	2.240,05	2.240,05
σ^2 (NCF$_t^{HEV}$)		19.092,78	151.496,65	20.140,41	24.115,74	212.393,39	295.174,99	295.174,99	295.174,99
SÄ (NCF$_t^{HEV}$)		1.566,11	294,27	469,46	2.487,60	2.192,62	2.013,70	2.062,94	2.062,94
EK$_t$	42.273,30	42.630,63	44.276,05	45.821,15	45.418,41	45.292,33	45.339,43	45.339,43	

Tab. 398: Bewertung des Bereichs BC anhand des μ,σ^2-Kriteriums

Jahr	2007	2008	2009	2010	2011	2012	2013	2014	2015 ff.
μ (FCF$_t^{HEV}$)		2.437,73	1.201,39	1.038,36	3.006,06	2.930,86	2.804,44	2.749,44	2.749,44
UW$_t^{UV,S}$	43.235,74	43.384,05	44.777,47	46.187,75	46.187,75	46.019,49	45.967,60	45.967,60	
TS$_t^{FK}$		93,76	90,46	87,43	87,06	87,24	86,26	85,18	85,18
WB$_t^{FK}$	1.891,21	1.883,50	1.878,74	1.876,79	1.875,12	1.873,20	1.872,17	1.872,17	
TS$_t^{IAS}$		63,53	58,39	7,21	-3,52	18,90	20,75	0,00	0,00
WB$_t^{IAS}$	148,56	91,79	37,58	32,08	37,06	19,84	0,00	0,00	
UW$_t$	45.275,52	45.359,34	46.693,88	48.326,33	48.099,93	47.912,54	47.839,77	47.839,77	
EK$_t$	34.949,38	35.396,24	37.064,44	38.738,08	38.491,56	38.412,18	38.457,97	38.457,97	

Tab. 399: Bewertung des Bereichs BC anhand des APV-Verfahrens

Finanzierungsgesellschaft

Jahr	2008			2009			2010			2011			2012 ff.		
Szenario	I	II	III	I	II	III	I	II	III	I	II	III	I	II	III
Eintrittswahrscheinlichkeit	0,35	0,40	0,25	0,35	0,40	0,25	0,35	0,40	0,25	0,35	0,40	0,25	0,35	0,40	0,25
Sachanlagen	0,00%	0,00%	0,00%	0,00%	0,00%	0,00%	0,00%	0,00%	0,00%	0,00%	0,00%	0,00%	0,00%	0,00%	0,00%
Vorräte	0,00%	0,00%	0,00%	0,00%	0,00%	0,00%	0,00%	0,00%	0,00%	0,00%	0,00%	0,00%	0,00%	0,00%	0,00%
Fertige Erzeugnisse	37,93%	30,85%	25,32%	36,13%	30,66%	31,86%	36,65%	31,44%	29,87%	38,53%	33,76%	29,76%	39,89%	36,69%	30,69%
Ausleihungen an vU	10,54%	8,27%	5,27%	12,07%	8,90%	6,97%	11,72%	7,72%	4,57%	15,88%	11,29%	8,71%	15,30%	10,40%	7,30%
Summe Aktiva	0,00%	0,00%	0,00%	0,00%	0,00%	0,00%	0,00%	0,00%	0,00%	0,00%	0,00%	0,00%	0,00%	0,00%	0,00%
Eigenkapital	0,00%	0,00%	0,00%	0,00%	0,00%	0,00%	0,00%	0,00%	0,00%	0,00%	0,00%	0,00%	0,00%	0,00%	0,00%
Verb. ggü. Kreditinstituten	0,00%	0,00%	0,00%	0,00%	0,00%	0,00%	0,00%	0,00%	0,00%	0,00%	0,00%	0,00%	0,00%	0,00%	0,00%
Verb. ggü Kreditinstituten	0,00%	0,00%	0,00%	0,00%	0,00%	0,00%	0,00%	0,00%	0,00%	0,00%	0,00%	0,00%	0,00%	0,00%	0,00%
Summe Passiva	0,00%	0,00%	0,00%	0,00%	0,00%	0,00%	0,00%	0,00%	0,00%	0,00%	0,00%	0,00%	0,00%	0,00%	0,00%

Tab. 400: Geplante *Value Driver* der Finanzierungsgesellschaft für die Jahre 2008 bis 2012 ff.

Jahr	2007	2008			2009			...	2015 ff.		
Szenario		I	II	III	I	II	III		I	II	III
Eintrittswahrscheinlichkeit		0,35	0,40	0,25	0,35	0,40	0,25		0,35	0,40	0,25
Sachanlagen	3.333,33	2.833,33	2.833,33	2.833,33	2.533,33	2.533,33	2.533,33	...	2.400,00	2.400,00	2.400,00
Vorräte	0,00	0,00	0,00	0,00	0,00	0,00	0,00	...	0,00	0,00	0,00
Fertige Erzeugnisse	0,00	0,00	0,00	0,00	0,00	0,00	0,00	...	0,00	0,00	0,00
Ausleihungen an vU	117.726,74	120.442,69	120.442,69	120.442,69	120.390,71	120.390,71	120.390,71	...	121.344,81	121.344,81	121.344,81
Summe Aktiva	121.060,07	123.276,03	123.276,03	123.276,03	122.924,04	122.924,04	122.924,04	...	123.744,81	123.744,81	123.744,81
Eigenkapital	748,63	657,44	657,44	657,44	591,17	591,17	591,17	...	559,44	559,44	559,44
Verb. ggü. Kreditinstituten	2.584,70	2.175,90	2.175,90	2.175,90	1.942,16	1.942,16	1.942,16	...	1.840,56	1.840,56	1.840,56
Verb. ggü Kreditinstituten	117.726,74	120.442,69	120.442,69	120.442,69	120.390,71	120.390,71	120.390,71	...	121.344,81	121.344,81	121.344,81
Summe Passiva	121.060,07	123.276,03	123.276,03	123.276,03	122.924,04	122.924,04	122.924,04	...	123.744,81	123.744,81	123.744,81

Tab. 401: Geplante Bilanzen der Finanzierungsgesellschaft für die Jahre 2008 bis 2009 sowie 2015 ff.

Anhang   501

Jahr	2008			2009			2010			...	2015 ff.		
Szenario	I	II	III	I	II	III	I	II	III		I	II	III
Wahrscheinlichkeit	0,35	0,40	0,25	0,35	0,40	0,25	0,35	0,40	0,25		0,35	0,40	0,25
Zinsertrag (konzernintern)	11.478,36	11.478,36	11.478,36	11.743,16	11.743,16	11.743,16	11.738,09	11.738,09	11.738,09	...	11.831,12	11.831,12	11.831,12
Gesamt- und Innenumsätze	0,00	0,00	0,00	0,00	0,00	0,00	0,00	0,00	0,00		0,00	0,00	0,00
Δ FE	0,00	0,00	0,00	0,00	0,00	0,00	0,00	0,00	0,00		0,00	0,00	0,00
Gesamtleistung	11.478,36	11.478,36	11.478,36	11.743,16	11.743,16	11.743,16	11.738,09	11.738,09	11.738,09	...	11.831,12	11.831,12	11.831,12
Materialeinsatz	0,00	0,00	0,00	0,00	0,00	0,00	0,00	0,00	0,00		0,00	0,00	0,00
Rohertrag	11.478,36	11.478,36	11.478,36	11.743,16	11.743,16	11.743,16	11.738,09	11.738,09	11.738,09	...	11.831,12	11.831,12	11.831,12
Personalaufw.	-4.353,39	-3.541,51	-2.906,00	-4.242,62	-3.600,83	-3.741,50	-4.302,01	-3.690,27	-3.506,07	...	-4.741,80	-4.375,30	-3.665,44
Sonstiger Aufw.	-1.209,42	-949,06	-604,71	-1.417,34	-1.045,26	-818,56	-1.375,16	-905,64	-536,34	...	-1.807,14	-1.236,49	-860,65
EBITDA	**5.915,55**	**6.987,79**	**7.967,64**	**6.083,20**	**7.097,07**	**7.183,11**	**6.060,92**	**7.142,19**	**7.695,68**	...	**5.282,19**	**6.219,33**	**7.305,04**
Abschreibungen	-2.000,00	-2.000,00	-2.000,00	-1.500,00	-1.500,00	-1.500,00	-1.233,33	-1.233,33	-1.233,33	...	-1.200,00	-1.200,00	-1.200,00
EBIT	**3.915,55**	**4.987,79**	**5.967,64**	**4.583,20**	**5.597,07**	**5.683,11**	**4.827,59**	**5.908,85**	**6.462,35**	...	**4.082,19**	**5.019,33**	**6.105,04**
Zinsen (Verb. aus Sachanlagevermögen)	-180,93	-180,93	-180,93	-152,31	-152,31	-152,31	-135,95	-135,95	-135,95	...	-128,84	-128,84	-128,84
Zinsen (Verb. aus Ausleihungen)	-8.240,87	-8.240,87	-8.240,87	-8.430,99	-8.430,99	-8.430,99	-8.427,35	-8.427,35	-8.427,35	...	-8.494,14	-8.494,14	-8.494,14
Gewerbesteuer	-59,07	155,38	351,35	58,31	261,08	278,29	109,19	325,44	436,14	...	-45,86	141,57	358,71
Körperschaftsteuer	-1.111,80	-897,35	-701,38	-1.014,60	-811,83	-794,62	-961,22	-744,97	-634,27	...	-1.123,73	-936,30	-719,16
Steuervorteil Organschaft	860,88	860,88	860,88	880,74	880,74	880,74	880,36	880,36	880,36	...	887,33	887,33	887,33
Jahresüberschuß	**-2.474,51**	**-1.831,17**	**-1.243,25**	**-2.163,07**	**-1.554,75**	**-1.503,13**	**-2.003,32**	**-1.354,56**	**-1.022,46**	...	**-2.483,86**	**-1.921,58**	**-1.270,15**
Thesaurierung	-91,20	-91,20	-91,20	-66,26	-66,26	-66,26	13,13	13,13	13,13	...	0,00	0,00	0,00
Ausschüttung	**-2.383,31**	**-1.739,97**	**-1.152,06**	**-2.096,81**	**-1.488,49**	**-1.436,86**	**-2.016,45**	**-1.367,69**	**-1.035,60**	...	**-2.483,86**	**-1.921,58**	**-1.270,15**

Tab. 402: Geplante Erfolgsrechnungen der Finanzierungsgesellschaft für die Jahre 2008 bis 2010 sowie 2015 ff.

Jahr	2005	2006	2007	2008	2009	2010	2011	2012	2013	2014	2015 ff.
Investitionen in Sachanlagen	3.000,00	2.000,00	1.000,00	1.500,00	1.200,00	1.300,00	1.200,00	1.200,00	1.200,00	1.200,00	1.200,00
Kreditaufnahme (konzernintern)	2.250,00	1.500,00	750,00	1.125,00	900,00	975,00	900,00	900,00	900,00	900,00	900,00
Kredittilgung (konzernintern)		699,87	1.215,43	1.533,80	1.133,74	921,47	1.003,46	924,96	926,71	900,00	900,00

Tab. 403: Geplante Investitionen, Kreditaufnahme und -tilgung der Finanzierungsgesellschaft für die Jahre 2008 bis 2015 ff.

Jahr	2007	2008	2009	2010	2011	2012	2013	2014	2015 ff.
μ (NCF$_t^{HEV}$)		-1.499,98	-1.393,01	-1.247,18	-1.623,50	-1.673,88	-1.658,85	-1.623,28	-1.613,30
σ^2 (NCF$_t^{HEV}$)		153.247,92	61.380,25	104.907,61	144.149,18	170.039,65	161.232,48	151.191,95	146.738,67
SÄ (NCF$_t^{HEV}$)		-1.591,93	-1.429,83	-1.310,13	-1.709,99	-1.775,90	-1.755,59	-1.713,99	-1.701,35
EK$_t$	**-36.814,59**	**-36.897,72**	**-37.146,74**	**-37.526,79**	**-37.524,27**	**-37.455,72**	**-37.404,36**	**-37.392,27**	

Tab. 404: Bewertung der Finanzierungsgesellschaft anhand des μ,σ^2-Kriteriums

Jahr	2007	2008	2009	2010	2011	2012	2013	2014	2015 ff.
μ (FCF$_t^{HEV}$)		-2.864,84	-2.959,82	-3.059,31	-3.392,78	-3.566,12	-3.504,76	-3.435,29	-3.399,84
UW$_t^{UV,S}$	-55.875,41	-56.352,62	-56.763,39	-57.099,24	-57.121,71	-56.972,18	-56.875,07	-56.841,62	
TS$_t^{FK}$		-284,64	-294,26	-295,65	-310,15	-319,88	-312,37	-303,02	-298,76
WB$_t^{FK}$	-6.585,77	-6.600,78	-6.606,85	-6.611,81	-6.602,50	-6.583,04	-6.570,19	-6.566,12	
TS$_t^{IAS}$		71,54	40,90	-9,37	18,10	4,37	4,67	0,00	0,00
WB$_t^{IAS}$	119,88	53,79	15,34	25,40	8,45	4,47	0,00	0,00	
UW$_t$	**-62.341,30**	**-62.899,60**	**-63.354,90**	**-63.685,65**	**-63.715,75**	**-63.550,75**	**-63.445,26**	**-63.407,74**	
EK$_t$	**-64.926,00**	**-65.075,50**	**-65.297,06**	**-65.681,34**	**-65.607,99**	**-65.418,02**	**-65.285,82**	**-65.248,30**	

Tab. 405: Bewertung der Finanzierungsgesellschaft anhand des APV-Verfahrens

Holding

Jahr	2008			2009			2010			2011			2012 ff.		
Szenario	I	II	III	I	II	III	I	II	III	I	II	III	I	II	III
Eintrittswahrscheinlichkeit	0,35	0,40	0,25	0,35	0,40	0,25	0,35	0,40	0,25	0,35	0,40	0,25	0,35	0,40	0,25
Umsatzwachstum (in % zum Vorjahr)	0,00%	0,00%	0,00%	0,00%	0,00%	0,00%	0,00%	0,00%	0,00%	0,00%	0,00%	0,00%	0,00%	0,00%	0,00%
Materialeinsatz (in % der Gesamtleistung)	0,00%	0,00%	0,00%	0,00%	0,00%	0,00%	0,00%	0,00%	0,00%	0,00%	0,00%	0,00%	0,00%	0,00%	0,00%
Personalaufwand (in % der Gesamtleistung)	0,00%	0,00%	0,00%	0,00%	0,00%	0,00%	0,00%	0,00%	0,00%	0,00%	0,00%	0,00%	0,00%	0,00%	0,00%
Sonstiger Aufwand (in % der Gesamtleistung)	0,00%	0,00%	0,00%	0,00%	0,00%	0,00%	0,00%	0,00%	0,00%	0,00%	0,00%	0,00%	0,00%	0,00%	0,00%
Innenumsatzquote (in % des Umsatzes)	0,00%	0,00%	0,00%	0,00%	0,00%	0,00%	0,00%	0,00%	0,00%	0,00%	0,00%	0,00%	0,00%	0,00%	0,00%
Bestand an Vorräten (in % des Umsatzes)	0,00%	0,00%	0,00%	0,00%	0,00%	0,00%	0,00%	0,00%	0,00%	0,00%	0,00%	0,00%	0,00%	0,00%	0,00%
Bestand an FE (in % des Umsatzes)	0,00%	0,00%	0,00%	0,00%	0,00%	0,00%	0,00%	0,00%	0,00%	0,00%	0,00%	0,00%	0,00%	0,00%	0,00%
Forderungen aus LuL (in % des Umsatzes)	0,00%	0,00%	0,00%	0,00%	0,00%	0,00%	0,00%	0,00%	0,00%	0,00%	0,00%	0,00%	0,00%	0,00%	0,00%
Verb. aus LuL (in % des Umsatzes)	0,00%	0,00%	0,00%	0,00%	0,00%	0,00%	0,00%	0,00%	0,00%	0,00%	0,00%	0,00%	0,00%	0,00%	0,00%

Tab. 406: Geplante *Value Driver* der *Holding* für die Jahre 2008 bis 2012 ff.

Jahr	2007	2008			2009			...	2015 ff.		
Szenario		I	II	III	I	II	III		I	II	III
Wahrscheinlichkeit		0,35	0,40	0,25	0,35	0,40	0,25		0,35	0,40	0,25
Sachanlagen	0,00	0,00	0,00	0,00	0,00	0,00	0,00	...	0,00	0,00	0,00
Finanzanlagen	316.980,67	323.817,19	325.540,69	326.683,31	343.748,57	342.452,70	343.838,94	...	373.834,78	377.778,97	380.936,43
Ausleihungen an vU	0,00	0,00	0,00	0,00	0,00	0,00	0,00	...	0,00	0,00	0,00
Kasse	28.000,00	25.500,00	25.500,00	25.500,00	28.000,00	28.000,00	28.000,00	...	26.000,00	26.000,00	26.000,00
Summe Aktiva	**344.980,67**	**349.317,19**	**351.040,69**	**352.183,31**	**371.748,57**	**370.452,70**	**371.833,94**	...	**399.834,78**	**403.778,97**	**406.936,43**
Eigenkapital	344.980,67	349.317,19	351.040,69	352.183,31	371.748,57	370.452,70	371.833,94	...	399.834,78	403.778,97	406.936,43
Verb. ggü. vU	0,00	0,00	0,00	0,00	0,00	0,00	0,00	...	0,00	0,00	0,00
Verb. ggü. Kreditinstituten	0,00	0,00	0,00	0,00	0,00	0,00	0,00	...	0,00	0,00	0,00
Summe Passiva	**344.980,67**	**349.317,19**	**351.040,69**	**352.183,31**	**371.748,57**	**370.452,70**	**371.833,94**	...	**399.834,78**	**403.778,97**	**406.936,43**

Tab. 407: Geplante Bilanzen der *Holding* für die Jahre 2008 bis 2009 sowie 2015 ff.

Jahr	2008			2009			2010			...	2015 ff.		
Szenario	I	II	III	I	II	III	I	II	III		I	II	III
Wahrscheinlichkeit	0,35	0,40	0,25	0,35	0,40	0,25	0,35	0,40	0,25		0,35	0,40	0,25
Gesamtumsätze	27.731,13	28.281,10	28.773,56	23.074,15	23.727,15	24.028,80	25.272,55	23.115,51	23.553,92	...	48.202,41	47.388,08	48.946,85
Innenumsätze	0,00	0,00	0,00	0,00	0,00	0,00	0,00	0,00	0,00	...	0,00	0,00	0,00
Δ FE	0,00	0,00	0,00	0,00	0,00	0,00	0,00	0,00	0,00	...	0,00	0,00	0,00
Gesamtleistung	27.731,13	28.281,10	28.773,56	23.074,15	23.727,15	24.028,80	25.272,55	23.115,51	23.553,92	...	48.202,41	47.388,08	48.946,85
Materialeinsatz	0,00	0,00	0,00	0,00	0,00	0,00	0,00	0,00	0,00	...	0,00	0,00	0,00
Rohertrag	27.731,13	28.281,10	28.773,56	23.074,15	23.727,15	24.028,80	25.272,55	23.115,51	23.553,92	...	48.202,41	47.388,08	48.946,85
Personalaufw.	0,00	0,00	0,00	0,00	0,00	0,00	0,00	0,00	0,00	...	0,00	0,00	0,00
Sonstiger Aufw.	0,00	0,00	0,00	0,00	0,00	0,00	0,00	0,00	0,00	...	0,00	0,00	0,00
EBITDA	**27.731,13**	**28.281,10**	**28.773,56**	**23.074,15**	**23.727,15**	**24.028,80**	**25.272,55**	**23.115,51**	**23.553,92**	...	**48.202,41**	**47.388,08**	**48.946,85**
Abschreibungen	0,00	0,00	0,00	0,00	0,00	0,00	0,00	0,00	0,00	...	0,00	0,00	0,00
EBIT	**27.731,13**	**28.281,10**	**28.773,56**	**23.074,15**	**23.727,15**	**24.028,80**	**25.272,55**	**23.115,51**	**23.553,92**	...	**48.202,41**	**47.388,08**	**48.946,85**
Zinsen	0,00	0,00	0,00	0,00	0,00	0,00	0,00	0,00	0,00	...	0,00	0,00	0,00
Gewerbesteuer	0,00	0,00	0,00	0,00	0,00	0,00	0,00	0,00	0,00	...	0,00	0,00	0,00
Körperschaftsteuer	0,00	0,00	0,00	0,00	0,00	0,00	0,00	0,00	0,00	...	0,00	0,00	0,00
Jahresüberschuß	**27.731,13**	**28.281,10**	**28.773,56**	**23.074,15**	**23.727,15**	**24.028,80**	**25.272,55**	**23.115,51**	**23.553,92**	...	**48.202,41**	**47.388,08**	**48.946,85**
Thesaurierung	4.336,52	6.060,02	7.202,64	22.431,38	19.412,01	19.655,63	20.680,64	26.007,90	26.046,23	...	0,00	0,00	0,00
Ausschüttung	**23.394,61**	**22.221,08**	**21.570,92**	**642,77**	**4.315,14**	**4.373,17**	**4.591,91**	**-2.892,39**	**-2.492,31**	...	**48.202,41**	**47.388,08**	**48.946,85**

Tab. 408: Geplante Erfolgsrechnungen der *Holding* für die Jahre 2008 bis 2010 sowie 2015 ff.

Jahr	2007	2008	2009	2010	2011	2012	2013	2014	2015 ff.
$\mu\,(NCF_t^{HEV})$		2.062,50	-2.062,50	1.237,50	-1.650,00	2.062,50	0,00	0,00	0,00
$\sigma^2\,(NCF_t^{HEV})$		0,00	0,00	0,00	0,00	0,00	0,00	0,00	0,00
$SÄ\,(NCF_t^{HEV})$		2.062,50	-2.062,50	1.237,50	-1.650,00	2.062,50	0,00	0,00	0,00
EK_t	1.438,84	-558,20	1.478,90	308,69	1.972,74	0,00	0,00	0,00	

Tab. 409: Bewertung der *Holding* anhand des μ,σ^2-Kriteriums

Jahr	2007	2008	2009	2010	2011	2012	2013	2014	2015 ff.
$\mu\,(FCF_t^{HEV})$		2.062,50	-2.062,50	1.237,50	-1.650,00	2.062,50	0,00	0,00	0,00
$UW_t^{UV,S}$	1.384,12	-595,60	1.431,28	279,39	1.946,10	0,00	0,00	0,00	
TS_t^{FK}		0,00	0,00	0,00	0,00	0,00	0,00	0,00	0,00
WB_t^{FK}	0,00	0,00	0,00	0,00	0,00	0,00	0,00	0,00	
$TS_t^{\Delta AS}$		0,00	0,00	0,00	0,00	0,00	0,00	0,00	0,00
$WB_t^{\Delta AS}$	0,00	0,00	0,00	0,00	0,00	0,00	0,00	0,00	
UW_t	1.384,12	-595,60	1.431,28	279,39	1.946,10	0,00	0,00	0,00	
EK_t	1.384,12	-595,60	1.431,28	279,39	1.946,10	0,00	0,00	0,00	

Tab. 410: Bewertung der *Holding* anhand des APV-Verfahrens

Anhang IX: Bewertung des Konzerns KE

Jahr	2007	2008			2009			...	2015 ff.		
Szenario		I	II	III	I	II	III		I	II	III
Eintrittswahrscheinlichkeit		0,35	0,40	0,25	0,35	0,40	0,25		0,35	0,40	0,25
Sachanlagen	213.833,33	218.000,00	218.000,00	218.000,00	217.233,33	217.233,33	217.233,33	...	219.400,00	219.400,00	219.400,00
Vorräte	59.200,00	61.650,39	59.769,33	62.544,27	67.674,97	67.686,08	71.061,72	...	88.645,70	91.400,55	94.506,57
FE	74.700,00	74.455,35	79.501,50	76.513,05	83.704,63	84.917,33	82.274,08	...	99.134,90	99.702,01	101.004,14
Ford. aus LuL	38.900,00	38.279,70	36.398,00	38.986,73	42.771,76	43.692,47	44.147,45	...	39.496,09	41.908,51	44.014,57
Goodwill	76.558,77	76.558,77	76.558,77	76.558,77	76.558,77	76.558,77	76.558,77	...	76.558,77	76.558,77	76.558,77
Kasse	28.000,00	25.500,00	25.500,00	25.500,00	28.000,00	28.000,00	28.000,00	...	26.000,00	26.000,00	26.000,00
Summe Aktiva	**491.192,11**	**494.444,21**	**495.727,60**	**498.102,82**	**515.943,47**	**518.087,98**	**519.275,35**	...	**549.235,46**	**554.969,84**	**561.484,06**
Gezeichnetes Kapital	244.980,67	244.980,67	244.980,67	244.980,67	244.980,67	244.980,67	244.980,67	...	244.980,67	244.980,67	244.980,67
Rücklagen	100.000,00	102.158,26	103.923,09	105.097,46	122.262,70	121.099,63	122.578,39	...	145.141,81	149.486,81	152.981,98
Verb. aus LuL	25.900,00	24.686,70	24.205,25	25.406,10	26.367,24	29.674,83	29.383,43	...	35.927,61	37.316,99	40.336,03
Verb. ggü. Kreditinstituten	120.311,44	122.618,59	122.618,59	122.618,59	122.332,86	122.332,86	122.332,86	...	123.185,38	123.185,38	123.185,38
Summe Passiva	**491.192,11**	**494.444,21**	**495.727,60**	**498.102,82**	**515.943,47**	**518.087,98**	**519.275,35**	...	**549.235,46**	**554.969,84**	**561.484,06**

Tab. 411: Geplante, konsoldierte Bilanzen des Konzerns KE für die Jahre 2008 bis 2009 sowie 2015 ff.

Jahr	2007	2008			2009			...	2015 ff.		
Szenario		I	II	III	I	II	III		I	II	III
Eintrittswahrscheinlichkeit		0,35	0,40	0,25	0,35	0,40	0,25		0,35	0,40	0,25
Umsatzerlöse	337.500,00	321.070,20	321.344,75	323.393,60	354.294,82	354.096,31	358.238,24	...	410.927,96	406.395,55	408.934,08
Δ FE		-244,65	4.801,50	1.813,05	9.249,28	5.415,83	5.761,03	...	0,00	0,00	0,00
Herstellungskosten		-132.719,19	-134.538,25	-132.740,15	-151.832,74	-152.857,19	-157.267,74	...	-177.764,36	-177.421,59	-177.838,41
Sonstige Aufw.		-19.364,02	-19.035,19	-17.136,81	-24.539,54	-23.335,61	-22.442,63	...	-33.425,40	-30.592,98	-30.116,74
EBITDA		**168.742,34**	**172.572,80**	**175.329,69**	**187.171,83**	**183.319,34**	**184.288,90**	...	**199.738,20**	**198.380,98**	**200.978,93**
Abschreibungen		-103.833,33	-103.833,33	-103.833,33	-108.166,67	-108.166,67	-108.166,67	...	-109.700,00	-109.700,00	-109.700,00
Impairment		0,00	0,00	0,00	0,00	0,00	0,00	...	0,00	0,00	0,00
EBIT		**64.909,01**	**68.739,47**	**71.496,35**	**79.005,16**	**75.152,67**	**76.122,23**	...	**90.038,20**	**88.680,98**	**91.278,93**
Zinsen		-8.421,80	-8.421,80	-8.421,80	-8.583,30	-8.583,30	-8.583,30	...	-8.622,98	-8.622,98	-8.622,98
Gewerbesteuer		-12.139,62	-12.905,71	-13.457,09	-14.942,70	-14.172,20	-14.366,12	...	-17.145,34	-16.873,90	-17.393,49
Körperschaftsteuer		-11.086,90	-11.852,99	-12.404,37	-13.869,79	-13.099,29	-13.293,20	...	-16.067,47	-15.796,03	-16.315,62
Jahresüberschuß		**33.260,69**	**35.558,97**	**37.213,10**	**41.609,37**	**39.297,87**	**39.879,61**	...	**48.202,41**	**47.388,08**	**48.946,85**
Thesaurierung		-2.158,26	-3.923,09	-5.097,46	-20.104,44	-17.176,53	-17.480,92	...	0,00	0,00	0,00
Ausschüttung		**31.102,43**	**31.635,87**	**32.115,63**	**21.504,92**	**22.121,34**	**22.398,69**	...	**48.202,41**	**47.388,08**	**48.946,85**

Tab. 412: Geplante, konsolidierte Erfolgsrechnungen des Konzerns KE für die Jahre 2008 bis 2010 sowie 2015 ff.

Anhang 505

Jahr	2008			2009			...	2015 ff.		
Szenario	I	II	III	I	II	III	...	I	II	III
Eintrittswahrscheinlichkeit	0,35	0,40	0,25	0,35	0,40	0,25	...	0,35	0,40	0,25
Umsatzeinzahlungen	318.578,70	320.794,00	320.299,48	349.590,36	346.661,06	352.978,19	...	410.927,96	406.395,55	408.934,08
Materialauszahlungen	-80.402,15	-82.033,02	-83.642,93	-98.152,19	-96.215,25	-100.397,19	...	-105.260,61	-105.303,05	-107.025,63
Lohnauszahlungen	-52.868,92	-51.716,55	-49.927,99	-57.812,20	-58.948,32	-61.311,34	...	-72.503,75	-72.118,53	-70.812,79
Sonstige zahlungswirksame Kosten	-19.364,02	-19.035,19	-17.136,81	-24.539,54	-23.335,61	-22.442,63	...	-33.425,40	-30.592,98	-30.116,74
Zinsen	-8.421,80	-8.421,80	-8.421,80	-8.583,30	-8.583,30	-8.583,30	...	-8.622,98	-8.622,98	-8.622,98
Gewerbesteuer	-12.139,62	-12.905,71	-13.457,09	-14.942,70	-14.172,20	-14.366,12	...	-17.145,34	-16.873,90	-17.393,49
Körperschaftsteuer	-11.086,90	-11.852,99	-12.404,37	-13.869,79	-13.099,29	-13.293,20	...	-16.067,47	-15.796,03	-16.315,62
Cashflow aus operativer Tätigkeit	134.295,28	134.828,73	135.308,49	131.690,65	132.307,07	132.584,41	...	157.902,41	157.088,08	158.646,85
Cashflow aus Investitionen	-108.000,00	-108.000,00	-108.000,00	-107.400,00	-107.400,00	-107.400,00	...	-109.700,00	-109.700,00	-109.700,00
Dividendenzahlungen	-31.102,43	-31.635,87	-32.115,63	-21.504,92	-22.121,34	-22.398,69	...	-48.202,41	-47.388,08	-48.946,85
Veränderungen des Eigenkapitals	0,00	0,00	0,00	0,00	0,00	0,00	...	0,00	0,00	0,00
Veränderungen des Fremdkapitals	2.307,15	2.307,15	2.307,15	-285,72	-285,72	-285,72	...	0,00	0,00	0,00
Cashflow aus Finanzierung	-28.795,28	-29.328,73	-29.808,49	-21.790,65	-22.407,07	-22.684,41	...	-48.202,41	-47.388,08	-48.946,85
Netto Cahflow	25.659,51	26.099,60	26.495,40	17.741,56	18.250,11	18.478,92	...	39.766,99	39.095,16	40.381,15
Free Cashflow	28.446,00	28.886,09	29.281,89	22.757,11	23.265,66	23.494,47	...	44.568,91	43.897,08	45.183,07

Tab. 413: Geplante *Netto* und *Free Cashflows* des Konzerns KE für die Jahre 2008 bis 2009 sowie 2015 ff.

Jahr	2007	2008	2009	2010	2011	2012	2013	2014	2015 ff.
$\mu(NCF_t^{HEV})$		25.337,17	17.386,06	21.021,06	25.920,00	39.725,95	38.384,09	39.037,21	39.651,80
$\sigma^2(NCF_t^{HEV})$		110.044,42	101.101,08	632.343,55	697.547,36	977.774,10	372.417,43	263.266,00	261.568,84
$S\ddot{A}(NCF_t^{HEV})$		25.271,15	17.325,40	20.641,65	25.501,47	39.139,29	38.160,64	38.879,25	39.494,86
EK_t	804.166,02	815.484,43	835.263,57	852.626,41	865.919,44	866.179,49	867.430,02	868.018,84	

Tab. 414: Bewertung des Konzerns KE anhand des μ,σ^2-Kriteriums

Jahr	2007	2008	2009	2010	2011	2012	2013	2014	2015 ff.
$\mu(FCF_t^{HEV})$		28.123,67	22.401,61	20.964,02	28.084,21	47.347,46	46.488,56	45.276,27	44.453,72
$UW_t^{UV,S}$	679.615,96	692.141,82	711.138,94	732.709,92	748.450,93	745.870,19	743.993,99	743.217,86	
TS_t^{FK}		784,28	799,32	797,46	835,59	857,97	838,29	813,86	803,01
WB_t^{FK}	17.728,72	17.751,09	17.759,45	17.770,04	17.742,99	17.692,33	17.659,05	17.648,67	
TS_t^{IAS}		-403,75	50,00	-1.023,64	-600,83	528,39	655,80	291,09	0,00
WB_t^{IAS}	-600,71	-224,29	-284,50	726,20	1.360,07	893,57	278,43	0,00	
UW_t	696.743,97	709.668,62	728.613,89	751.206,17	767.553,99	764.456,09	761.931,46	760.866,54	
EK_t	576.432,52	587.050,03	606.281,03	623.023,93	635.938,44	635.859,89	637.082,69	637.681,16	

Tab. 415: Bewertung des Konzerns KE anhand des APV-Verfahrens

Anhang X: Segmentbezogene Bewertung des Konzerns KE

Segment S1A

Jahr	2007	2008			2009			...	2015 ff.		
Szenario		I	II	III	I	II	III		I	II	III
Eintrittswahrscheinlichkeit		0,35	0,40	0,25	0,35	0,40	0,25		0,35	0,40	0,25
Sachanlagen	63.666,67	65.500,00	65.500,00	65.500,00	66.666,67	66.666,67	66.666,67	...	69.400,00	69.400,00	69.400,00
Vorräte	23.400,00	24.026,22	23.633,93	24.430,74	27.374,00	27.710,49	28.467,75	...	36.672,34	37.591,22	38.287,81
FE	25.300,00	24.020,05	25.469,63	24.563,10	26.708,44	27.330,61	26.361,86	...	31.002,47	32.017,11	33.613,87
Ford. aus LuL	10.450,00	9.352,35	8.728,75	9.690,33	11.318,58	11.560,33	11.464,85	...	9.709,45	10.967,10	11.849,50
Goodwill	42.292,94	42.292,94	42.292,94	42.292,94	42.292,94	42.292,94	42.292,94	...	42.292,94	42.292,94	42.292,94
Summe Aktiva	165.109,61	165.191,56	165.625,24	166.477,11	174.360,63	175.561,04	175.254,06	...	189.077,21	192.268,37	195.444,13
Eigenkapital	121.923,31	122.276,75	122.601,28	122.835,70	129.641,96	129.547,70	129.605,45	...	141.119,35	143.092,57	144.969,55
Verb. aus LuL	5.950,00	4.416,10	4.525,25	5.142,70	5.190,44	6.485,11	6.120,38	...	6.904,76	8.122,70	9.421,47
Verb. ggü. vU	37.236,31	38.498,71	38.498,71	38.498,71	39.528,23	39.528,23	39.528,23	...	41.053,10	41.053,10	41.053,10
Summe Passiva	165.109,61	165.191,56	165.625,24	166.477,11	174.360,63	175.561,04	175.254,06	...	189.077,21	192.268,37	195.444,13

Tab. 416: Geplante, konsolidierte Bilanzen des Segments S1A für die Jahre 2008 bis 2010 sowie 2015 ff.

Jahr	2007	2008			2009			...	2015 ff.		
Szenario		I	II	III	I	II	III		I	II	III
Eintrittswahrscheinlichkeit		0,35	0,40	0,25	0,35	0,40	0,25		0,35	0,40	0,25
Umsatzerlöse	107.500,00	92.304,60	93.711,50	94.968,20	106.079,23	108.066,03	109.687,56	...	129.864,66	129.849,29	130.621,28
Δ FE		-1.279,95	169,63	-736,90	2.688,39	1.860,98	1.798,76	...	0,00	0,00	0,00
Herstellungskosten		-27.516,60	-29.077,44	-28.492,30	-34.625,15	-37.180,70	-39.096,71	...	-44.894,68	-47.074,89	-48.403,05
Sonstige Aufw.		-6.133,92	-6.140,94	-5.322,20	-7.535,04	-7.230,69	-6.731,44	...	-11.531,44	-10.395,55	-9.863,86
EBITDA		57.374,14	58.662,74	60.416,80	66.607,44	65.515,61	65.658,16	...	73.438,53	72.378,85	72.354,37
Abschreibungen		-30.666,67	-30.666,67	-30.666,67	-32.333,33	-32.333,33	-32.333,33	...	-34.700,00	-34.700,00	-34.700,00
Impairment		0,00	0,00	0,00	0,00	0,00	0,00	...	0,00	0,00	0,00
EBIT		26.707,47	27.996,08	29.750,14	34.274,10	33.182,28	33.324,83	...	38.738,53	37.678,85	37.654,37
Zinsen		-3.630,54	-3.630,54	-3.630,54	-3.753,62	-3.753,62	-3.753,62	...	-4.002,68	-4.002,68	-4.002,68
Gewerbesteuer		-4.978,44	-5.236,16	-5.586,97	-6.479,46	-6.261,09	-6.289,60	...	-7.347,44	-7.135,50	-7.130,61
Körperschaftsteuer		-4.524,62	-4.782,34	-5.133,16	-6.010,26	-5.791,89	-5.820,40	...	-6.847,10	-6.635,17	-6.630,27
Jahresüberschuß		13.573,87	14.347,03	15.399,47	18.030,77	17.375,67	17.461,20	...	20.541,31	19.905,50	19.890,81
Thesaurierung		-353,45	-677,98	-912,39	-7.365,21	-6.946,42	-6.769,75	...	0,00	0,00	0,00
Ausschüttung		13.220,42	13.669,06	14.487,08	10.665,55	10.429,26	10.691,45	...	20.541,31	19.905,50	19.890,81

Tab. 417: Geplante, konsolidierte Erfolgsrechnungen des Segments S1A für die Jahre 2008 bis 2009 sowie 2015 ff.

Jahr	2008			2009			...	2015 ff.		
Szenario	I	II	III	I	II	III	...	I	II	III
Eintrittswahrscheinlichkeit	0,35	0,40	0,25	0,35	0,40	0,25	...	0,35	0,40	0,25
Umsatzeinzahlungen	91.620,85	93.654,25	93.959,08	103.999,33	105.138,97	107.845,30	...	129.864,66	129.849,29	130.621,28
Materialauszahlungen	-15.699,82	-16.507,71	-16.461,46	-23.816,41	-24.198,46	-26.064,75	...	-25.505,82	-25.826,02	-26.732,69
Lohnauszahlungen	-12.195,49	-12.449,90	-12.100,08	-13.268,51	-15.003,47	-16.023,55	...	-19.388,86	-21.248,87	-21.670,35
Sonstige zahlungswirksame Kosten	-6.133,92	-6.140,94	-5.322,20	-7.535,04	-7.230,69	-6.731,44	...	-11.531,44	-10.395,55	-9.863,86
Zinsen	-3.630,54	-3.630,54	-3.630,54	-3.753,62	-3.753,62	-3.753,62	...	-4.002,68	-4.002,68	-4.002,68
Gewerbesteuer	-4.978,44	-5.236,16	-5.586,97	-6.479,46	-6.261,09	-6.289,60	...	-7.347,44	-7.135,50	-7.130,61
Körperschaftsteuer	-4.524,62	-4.782,34	-5.133,16	-6.010,26	-5.791,89	-5.820,40	...	-6.847,10	-6.635,17	-6.630,27
Cashflow aus operativer Tätigkeit	44.458,02	44.906,65	45.724,67	43.136,04	42.899,74	43.161,94	...	55.241,31	54.605,50	54.590,81
Cashflow aus Investitionen	-32.500,00	-32.500,00	-32.500,00	-33.500,00	-33.500,00	-33.500,00	...	-34.700,00	-34.700,00	-34.700,00
Dividendenzahlungen	-13.220,42	-13.669,06	-14.487,08	-10.665,55	-10.429,26	-10.691,45	...	-20.541,31	-19.905,50	-19.890,81
Veränderungen des Eigenkapitals	0,00	0,00	0,00	0,00	0,00	0,00	...	0,00	0,00	0,00
Veränderungen des Fremdkapitals	1.262,41	1.262,41	1.262,41	1.029,52	1.029,52	1.029,52	...	0,00	0,00	0,00
Cashflow aus Finanzierung	-11.958,02	-12.406,65	-13.224,67	-9.636,04	-9.399,74	-9.661,94	...	-20.541,31	-19.905,50	-19.890,81
Netto Cahflow	10.906,85	11.276,97	11.951,84	8.799,08	8.604,14	8.820,45	...	16.946,58	16.422,04	16.409,92
Free Cashflow	11.887,12	12.257,24	12.932,11	10.040,03	9.845,09	10.061,40	...	19.175,57	18.651,03	18.638,91

Tab. 418: Geplante *Netto* und *Free Cashflows* des Segments S1A für die Jahre 2008 bis 2010 sowie 2015 ff.

Jahr	2007	2008	2009	2010	2011	2012	2013	2014	2015 ff.
μ (NCF$_t^{HEV}$)		10.905,64	8.294,01	8.747,20	11.973,91	14.958,43	15.810,85	16.125,52	16.602,60
σ^2 (NCF$_t^{HEV}$)		161.178,62	10.224,93	252.858,69	519.419,54	273.720,57	52.360,09	63.735,70	63.735,70
SÄ (NCF$_t^{HEV}$)		10.808,93	8.287,88	8.595,49	11.662,26	14.794,20	15.779,43	16.087,28	16.564,36
EK$_t$	337.531,70	342.080,46	349.357,24	356.657,51	361.223,17	362.864,63	363.595,53	364.051,85	

Tab. 419: Bewertung des Segments S1A anhand des μ,σ^2-Kriteriums

Jahr	2007	2008	2009	2010	2011	2012	2013	2014	2015 ff.
μ (FCF$_t^{HEV}$)		11.885,91	9.534,96	8.175,82	11.686,00	18.838,61	19.911,56	19.414,59	18.831,59
UW$_t^{UV,S}$	286.553,24	291.806,80	299.725,53	309.477,05	316.301,64	316.381,82	315.393,84	314.843,75	
TS$_t^{FK}$		338,09	349,56	358,90	388,81	417,57	402,35	383,70	372,75
WB$_t^{FK}$	8.205,82	8.241,09	8.266,50	8.283,72	8.271,82	8.230,62	8.202,76	8.192,29	
TS$_t^{IAS}$		-220,92	-180,17	-576,46	-554,26	293,40	359,49	210,98	0,00
WB$_t^{IAS}$	-679,80	-489,81	-331,93	229,42	794,13	536,86	201,80	0,00	
UW$_t$	294.079,26	299.558,08	307.660,10	317.990,19	325.367,59	325.149,30	323.798,41	323.036,04	
EK$_t$	256.842,95	261.059,36	268.131,87	275.167,93	279.378,10	280.836,38	281.539,70	281.982,94	

Tab. 420: Bewertung des Segments S1A anhand des APV-Verfahrens

Segment S2A

Jahr	2007	2008			2009			...	2015 ff.		
Szenario		I	II	III	I	II	III		I	II	III
Eintrittswahrscheinlichkeit		0,35	0,40	0,25	0,35	0,40	0,25		0,35	0,40	0,25
Sachanlagen	107.000,00	111.500,00	111.500,00	111.500,00	110.366,67	110.366,67	110.366,67	...	111.000,00	111.000,00	111.000,00
Vorräte	26.800,00	28.380,17	26.983,90	28.545,38	29.734,59	29.102,65	31.428,66	...	38.683,44	40.110,89	41.645,49
Fertige Erzeugnisse	33.900,00	34.813,55	37.821,88	36.511,95	39.639,54	40.171,42	39.105,55	...	47.350,18	47.144,48	47.609,88
Ford. LuL	22.350,00	22.431,60	21.740,50	22.820,90	24.573,20	25.052,78	25.382,33	...	23.156,37	24.509,91	26.028,19
Goodwill	13.897,93	13.897,93	13.897,93	13.897,93	13.897,93	13.897,93	13.897,93	...	13.897,93	13.897,93	13.897,93
Summe Aktiva	203.947,93	211.023,25	211.944,20	213.276,16	218.211,93	218.591,44	220.181,13	...	234.087,93	236.663,21	240.181,49
Eigenkapital	134.499,68	139.115,82	140.333,62	141.230,68	146.558,26	145.119,80	146.288,86	...	156.984,31	158.583,62	160.350,90
Verb. aus LuL	14.750,00	14.787,85	14.491,00	14.925,90	15.243,23	17.061,20	17.481,82	...	20.616,94	21.592,91	23.343,91
Verb. ggü. vU	54.698,25	57.119,58	57.119,58	57.119,58	56.410,45	56.410,45	56.410,45	...	56.486,68	56.486,68	56.486,68
Summe Passiva	203.947,93	211.023,25	211.944,20	213.276,16	218.211,93	218.591,44	220.181,13	...	234.087,93	236.663,21	240.181,49

Tab. 421: Geplante, konsoldierte Bilanzen des Segments S2A für die Jahre 2008 bis 2009 sowie 2015 ff.

Jahr	2007	2008			2009			...	2015 ff.		
Szenario		I	II	III	I	II	III		I	II	III
Eintrittswahrscheinlichkeit		0,35	0,40	0,25	0,35	0,40	0,25		0,35	0,40	0,25
Umsatzerlöse	165.000,00	161.425,60	161.588,25	162.558,40	175.402,59	174.894,44	177.577,09	...	198.586,97	197.563,80	199.948,88
Δ FE		913,55	3.921,88	2.611,95	4.825,99	2.349,55	2.593,60	...	0,00	0,00	0,00
Herstellungskosten		-69.796,90	-71.646,31	-71.385,83	-76.993,44	-78.243,83	-81.179,75	...	-88.005,39	-87.138,26	-88.085,91
Sonstige Aufw.		-7.900,10	-7.502,56	-6.494,08	-9.917,19	-9.128,41	-8.590,98	...	-12.203,62	-11.062,26	-11.023,05
EBITDA		84.642,15	86.361,26	87.290,45	93.317,96	89.871,75	90.399,96	...	98.377,97	99.363,28	100.839,92
Abschreibungen		-52.000,00	-52.000,00	-52.000,00	-54.833,33	-54.833,33	-54.833,33	...	-55.500,00	-55.500,00	-55.500,00
Impairment		0,00	0,00	0,00	0,00	0,00	0,00	...	0,00	0,00	0,00
EBIT		32.642,15	34.361,26	35.290,45	38.484,63	35.038,42	35.566,63	...	42.877,97	43.863,28	45.339,92
Zinsen		-5.333,08	-5.333,08	-5.333,08	-5.569,16	-5.569,16	-5.569,16	...	-5.507,45	-5.507,45	-5.507,45
Gewerbesteuer		-5.995,12	-6.338,94	-6.524,78	-7.140,01	-6.450,77	-6.556,41	...	-8.024,85	-8.221,91	-8.517,24
Körperschaftsteuer		-5.328,49	-5.672,31	-5.858,15	-6.443,86	-5.754,62	-5.860,26	...	-7.336,42	-7.533,48	-7.828,81
Jahresüberschuß		15.985,46	17.016,93	17.574,44	19.331,59	17.263,87	17.580,79	...	22.009,25	22.600,44	23.486,42
Thesaurierung		-4.616,14	-5.833,95	-6.731,00	-7.442,44	-4.786,71	-5.058,18	...	0,00	0,00	0,00
Ausschüttung		11.369,32	11.182,98	10.843,44	11.889,15	12.477,69	12.522,61	...	22.009,25	22.600,44	23.486,42

Tab. 422: Geplante, konsolidierte Erfolgsrechnungen des Segments S2A für die Jahre 2008 bis 2009 sowie 2015 ff.

Anhang

Jahr	2008			2009			...	2015 ff.		
Szenario	I	II	III	I	II	III		I	II	III
Eintrittswahrscheinlichkeit	0,35	0,40	0,25	0,35	0,40	0,25		0,35	0,40	0,25
Umsatzeinzahlungen	160.223,60	161.128,50	161.051,90	173.172,76	171.543,00	174.988,13	...	198.586,97	197.563,80	199.948,88
Materialauszahlungen	-44.453,22	-45.691,31	-47.289,76	-50.392,59	-49.244,91	-51.125,07	...	-55.669,03	-55.003,06	-56.148,39
Lohnauszahlungen	-25.765,60	-25.328,65	-24.629,95	-27.411,99	-28.508,30	-30.354,50	...	-32.336,75	-32.135,20	-31.937,52
Sonstige zahlungswirksame Kosten	-7.900,10	-7.502,56	-6.494,08	-9.917,19	-9.128,41	-8.590,98	...	-12.203,62	-11.062,26	-11.023,05
Zinsen	-5.333,08	-5.333,08	-5.333,08	-5.569,16	-5.569,16	-5.569,16	...	-5.507,45	-5.507,45	-5.507,45
Gewerbesteuer	-5.995,12	-6.338,94	-6.524,78	-7.140,01	-6.450,77	-6.556,41	...	-8.024,85	-8.221,91	-8.517,24
Körperschaftsteuer	-5.328,49	-5.672,31	-5.858,15	-6.443,86	-5.754,62	-5.860,26	...	-7.336,42	-7.533,48	-7.828,81
Cashflow aus operativer Tätigkeit	65.447,99	65.261,65	64.922,11	66.298,29	66.886,83	66.931,74	...	77.509,25	78.100,44	78.986,42
Cashflow aus Investitionen	-56.500,00	-56.500,00	-56.500,00	-53.700,00	-53.700,00	-53.700,00	...	-55.500,00	-55.500,00	-55.500,00
Dividendenzahlungen	-11.369,32	-11.182,98	-10.843,44	-11.889,15	-12.477,69	-12.522,61	...	-22.009,25	-22.600,44	-23.486,42
Veränderungen des Eigenkapitals	0,00	0,00	0,00	0,00	0,00	0,00	...	0,00	0,00	0,00
Veränderungen des Fremdkapitals	2.421,33	2.421,33	2.421,33	-709,13	-709,13	-709,13	...	0,00	0,00	0,00
Cashflow aus Finanzierung	-8.947,99	-8.761,65	-8.422,11	-12.598,29	-13.186,83	-13.231,74	...	-22.009,25	-22.600,44	-23.486,42
Netto Cahflow	9.379,69	9.225,96	8.945,84	9.808,55	10.294,10	10.331,15	...	18.157,63	18.645,36	19.376,30
Free Cashflow	10.351,95	10.198,22	9.918,10	13.494,91	13.980,46	14.017,51	...	21.224,59	21.712,32	22.443,26

Tab. 423: Geplante *Netto* und *Free Cashflows* des Segments S2A für die Jahre 2008 bis 2010 sowie 2015 ff.

Jahr	2007	2008	2009	2010	2011	2012	2013	2014	2015 ff.
$\mu(NCF_t^{HEV})$		8.960,54	9.871,89	9.279,22	11.905,25	18.382,67	18.466,01	18.579,09	18.657,39
$\sigma^2(NCF_t^{HEV})$		25.253,21	63.523,56	145.564,03	101.810,76	341.049,67	133.562,13	216.680,73	216.680,73
$S\ddot{A}(NCF_t^{HEV})$		8.945,39	9.833,78	9.191,88	11.844,17	18.178,04	18.385,88	18.449,08	18.527,38
EK_t	375.868,97	384.025,61	391.665,00	400.293,88	406.663,08	406.988,21	407.120,30	407.195,19	

Tab. 424: Bewertung des Segments S2A anhand des μ,σ^2-Kriteriums

Jahr	2007	2008	2009	2010	2011	2012	2013	2014	2015 ff.
$\mu(FCF_t^{HEV})$		9.932,81	13.558,25	10.931,07	14.738,60	22.072,14	22.487,14	21.944,35	21.724,59
$UW_t^{UV,S}$	331.151,68	341.025,89	347.865,25	357.740,86	364.399,64	364.123,16	363.415,13	363.207,55	
TS_t^{FK}		496,64	518,63	512,19	527,72	531,27	525,62	515,96	512,88
WB_t^{FK}	11.300,39	11.317,91	11.314,25	11.316,86	11.304,06	11.287,13	11.275,06	11.272,12	
TS_t^{MAS}		-423,73	124,10	-299,30	-68,37	108,73	186,24	59,37	0,00
WB_t^{MAS}	-337,76	70,60	-50,29	246,72	326,32	232,44	56,78	0,00	
UW_t	342.114,31	352.414,40	359.129,21	369.304,44	376.030,02	375.642,73	374.746,98	374.479,67	
EK_t	287.416,05	295.294,82	302.718,76	311.183,73	317.518,60	317.752,60	317.921,06	317.992,99	

Tab. 425: Bewertung des Segments S2A anhand des APV-Verfahrens

Segment S3B

Jahr	2007	2008			2009			2010			...	2015 ff.		
Szenario		I	II	III	I	II	III	I	II	III		I	II	III
Eintrittswahrscheinlichkeit		0,35	0,40	0,25	0,35	0,40	0,25	0,35	0,40	0,25		0,35	0,40	0,25
Sachanlagen	39.833,33	38.166,67	38.166,67	38.166,67	37.666,67	37.666,67	37.666,67	39.000,00	39.000,00	39.000,00	...	36.600,00	36.600,00	36.600,00
Vorräte	9.000,00	9.244,00	9.151,50	9.568,15	10.566,38	10.872,94	11.165,31	11.708,12	12.009,45	12.673,89	...	13.289,91	13.698,45	14.573,27
Fertige Erzeugnisse	15.500,00	15.621,75	16.210,00	15.438,00	17.356,65	17.415,31	16.806,68	19.783,33	19.761,82	19.068,82	...	20.782,25	20.540,42	19.780,38
Ford. LuL	6.100,00	6.495,75	5.928,75	6.475,50	6.879,98	7.079,36	7.300,27	7.523,32	7.377,18	7.723,76	...	6.630,27	6.431,49	6.136,88
Goodwill	20.367,90	20.367,90	20.367,90	20.367,90	20.367,90	20.367,90	20.367,90	20.367,90	20.367,90	20.367,90	...	20.367,90	20.367,90	20.367,90
Summe Aktiva	90.801,24	89.896,07	89.824,82	90.016,22	92.837,58	93.402,17	93.306,83	98.382,67	98.516,34	98.834,37	...	97.670,32	97.638,26	97.458,43
Eigenkapital	59.809,05	59.588,92	59.811,42	59.854,32	62.451,98	62.821,63	63.073,57	66.135,56	66.946,45	66.684,38	...	65.459,38	66.231,86	66.082,76
Verb. aus LuL	5.200,00	5.482,75	5.189,00	5.337,50	5.933,57	6.128,52	5.781,23	7.003,54	6.326,32	6.906,43	...	8.405,92	7.601,38	7.570,65
Verb. ggü. vU	25.792,18	24.824,40	24.824,40	24.824,40	24.452,03	24.452,03	24.452,03	25.243,57	25.243,57	25.243,57	...	23.805,03	23.805,03	23.805,03
Summe Passiva	90.801,24	89.896,07	89.824,82	90.016,22	92.837,58	93.402,17	93.306,83	98.382,67	98.516,34	98.834,37	...	97.670,32	97.638,26	97.458,43

Tab. 426: Geplante, konsoldierte Bilanzen des Segments S3B für die Jahre 2008 bis 2010 sowie 2015 ff.

Jahr	2007	2008			2009			2010			...	2015 ff.		
Szenario		I	II	III	I	II	III	I	II	III		I	II	III
Eintrittswahrscheinlichkeit		0,35	0,40	0,25	0,35	0,40	0,25	0,35	0,40	0,25		0,35	0,40	0,25
Umsatzerlöse	65.000,00	67.340,00	66.045,00	65.867,00	72.813,00	71.135,85	70.973,59	78.380,06	75.765,29	75.190,64	...	82.476,33	78.982,47	78.363,93
Δ FE		121,75	710,00	-62,00	1.734,90	1.205,31	1.368,68	2.426,68	2.346,51	2.262,14	...	0,00	0,00	0,00
Herstellungskosten		-31.052,31	-30.273,00	-29.956,02	-35.971,53	-33.831,84	-33.249,78	-40.852,51	-37.981,19	-36.866,75	...	-40.122,50	-38.833,14	-37.684,02
Sonstige Aufw.		-4.120,58	-4.442,63	-4.715,83	-5.669,98	-5.931,25	-6.301,65	-5.053,44	-5.678,77	-6.870,42	...	-7.883,20	-7.898,69	-8.369,18
EBITDA		32.288,86	32.039,38	31.133,16	32.906,39	32.578,07	32.790,83	34.900,78	34.451,85	33.715,62	...	34.470,63	32.250,64	32.310,72
Abschreibungen		-19.166,67	-19.166,67	-19.166,67	-19.500,00	-19.500,00	-19.500,00	-19.166,67	-19.166,67	-19.166,67	...	-18.300,00	-18.300,00	-18.300,00
Impairment		0,00	0,00	0,00	0,00	0,00	0,00	0,00	0,00	0,00	...	0,00	0,00	0,00
EBIT		13.122,19	12.872,71	11.966,49	13.406,39	13.078,07	13.290,83	15.734,12	15.285,18	14.548,95	...	16.170,63	13.950,64	14.010,72
Zinsen		-2.514,74	-2.514,74	-2.514,74	-2.514,74	-2.514,74	-2.514,74	-2.514,74	-2.514,74	-2.514,74	...	-2.514,74	-2.514,74	-2.514,74
Gewerbesteuer		-2.372,97	-2.323,07	-2.141,82	-2.429,80	-2.364,14	-2.406,69	-2.895,35	-2.805,56	-2.658,32	...	-2.982,65	-2.538,65	-2.550,67
Körperschaftsteuer		-2.058,62	-2.008,73	-1.827,48	-2.115,46	-2.049,80	-2.092,35	-2.581,01	-2.491,22	-2.343,97	...	-2.668,31	-2.224,31	-2.236,33
Jahresüberschuß		6.175,87	6.026,18	5.482,44	6.346,39	6.149,39	6.277,05	7.743,02	7.473,66	7.031,92	...	8.004,93	6.672,94	6.708,99
Thesaurierung		220,13	-2,37	-45,27	-2.863,05	-3.010,21	-3.219,25	-3.683,58	-4.124,83	-3.610,80	...	0,00	0,00	0,00
Ausschüttung		6.396,00	6.023,81	5.437,18	3.483,33	3.139,19	3.057,80	4.059,44	3.348,83	3.421,12	...	8.004,93	6.672,94	6.708,99

Tab. 427: Geplante, konsolidierte Erfolgsrechnungen des Segments S3B für die Jahre 2008 bis 2010 sowie 2015 ff.

Anhang

Jahr	2008			2009			...	2015 ff.		
Szenario	I	II	III	I	II	III		I	II	III
Eintrittswahrscheinlichkeit	0,35	0,40	0,25	0,35	0,40	0,25		0,35	0,40	0,25
Umsatzeinzahlungen	66.734,25	66.011,25	65.288,50	72.418,28	69.979,09	70.144,76	...	82.476,33	78.982,47	78.363,93
Materialauszahlungen	-20.249,12	-19.834,00	-19.891,71	-23.943,52	-22.771,88	-23.207,36	...	-24.085,76	-24.473,97	-24.144,55
Lohnauszahlungen	-10.554,44	-10.396,50	-10.291,96	-12.889,08	-11.835,73	-11.191,79	...	-16.036,74	-14.359,16	-13.539,48
Sonstige zahlungswirksame Kosten	-4.120,58	-4.442,63	-4.715,83	-5.669,98	-5.931,25	-6.301,65	...	-7.883,20	-7.898,69	-8.369,18
Zinsen	-2.514,74	-2.514,74	-2.514,74	-2.514,74	-2.514,74	-2.514,74	...	-2.514,74	-2.514,74	-2.514,74
Gewerbesteuer	-2.372,97	-2.323,07	-2.141,82	-2.429,80	-2.364,14	-2.406,69	...	-2.982,65	-2.538,65	-2.550,67
Körperschaftsteuer	-2.058,62	-2.008,73	-1.827,48	-2.115,46	-2.049,80	-2.092,35	...	-2.668,31	-2.224,31	-2.236,33
Cashflow aus operativer Tätigkeit	24.863,79	24.491,59	23.904,96	22.855,70	22.511,56	22.430,17	...	26.304,93	24.972,94	25.008,99
Cashflow aus Investitionen	-17.500,00	-17.500,00	-17.500,00	-19.000,00	-19.000,00	-19.000,00	...	-18.300,00	-18.300,00	-18.300,00
Dividendenzahlungen	-6.396,00	-6.023,81	-5.437,18	-3.483,33	-3.139,19	-3.057,80	...	-8.004,93	-6.672,94	-6.708,99
Veränderungen des Eigenkapitals	0,00	0,00	0,00	0,00	0,00	0,00	...	0,00	0,00	0,00
Veränderungen des Fremdkapitals	-967,79	-967,79	-967,79	-372,37	-372,37	-372,37	...	0,00	0,00	0,00
Cashflow aus Finanzierung	-7.363,79	-6.991,59	-6.404,96	-3.855,70	-3.511,56	-3.430,17	...	-8.004,93	-6.672,94	-6.708,99
Netto Cahflow	5.276,70	4.969,64	4.485,67	2.926,29	2.642,37	2.575,23	...	6.711,96	5.613,06	5.642,81
Free Cashflow	7.475,52	7.168,46	6.684,49	4.581,35	4.297,43	4.230,28	...	8.004,46	6.905,57	6.935,31

Tab. 428: Geplante *Netto* und *Free Cashflows* des Segments S3B für die Jahre 2008 bis 2009 sowie 2015 ff.

Jahr	2007	2008	2009	2010	2011	2012	2013	2014	2015 ff.
μ (NCF$_t^{HEV}$)		4.908,48	2.675,66	3.004,32	5.314,33	5.996,23	5.766,08	5.955,87	6.005,11
σ^2 (NCF$_t^{HEV}$)		91.006,45	22.146,79	71.916,91	211.624,04	197.868,40	269.168,38	269.168,38	269.168,38
SÄ (NCF$_t^{HEV}$)		4.853,87	2.662,38	2.961,17	5.187,35	5.877,51	5.604,58	5.794,37	5.843,61
EK$_t$	121.310,54	121.976,29	124.863,84	127.583,97	128.201,69	128.157,36	128.383,94	128.431,04	

Tab. 429: Bewertung des Segments S3B anhand des μ,σ^2-Kriteriums

Jahr	2007	2008	2009	2010	2011	2012	2013	2014	2015 ff.
μ (FCF$_t^{HEV}$)		7.107,29	4.330,72	3.678,93	6.702,39	7.940,33	7.594,61	7.352,61	7.297,61
UW$_t^{UV,S}$	116.402,33	116.257,35	118.880,27	122.311,87	122.925,25	122.337,39	122.060,08	122.008,19	
TS$_t^{FK}$		234,18	225,40	222,02	229,20	229,01	222,69	217,22	216,14
WB$_t^{FK}$	4.808,28	4.792,87	4.785,55	4.781,27	4.769,62	4.757,62	4.751,41	4.750,38	
TS$_t^{SAS}$		169,36	65,16	-138,52	3,70	121,89	105,40	20,75	0,00
WB$_t^{SAS}$	296,98	141,13	82,38	224,65	231,17	119,80	19,84	0,00	
UW$_t$	121.507,58	121.191,34	123.748,20	127.317,79	127.926,04	127.214,81	126.831,33	126.758,57	
EK$_t$	95.715,40	96.366,95	99.296,17	102.074,22	102.703,63	102.688,93	102.907,75	102.953,54	

Tab. 430: Bewertung des Segments S3B anhand des APV-Verfahrens

Symbolverzeichnis

Symbolverzeichnis 2. Kapitel

$\widetilde{AfA}_t$	Unsichere Abschreibung der Periode t
β	Betafaktor
β_j	Betafaktor des Wertpapiers j
CC_t	*Capital Charge* der Periode t
$\widetilde{CF}$	unsicherer *Cashflow*
$cov(r_j; r_M)$	Kovarianz der Renditeerwartung der Wertpapiere des Unternehmens j mit der Renditeerwartung des Marktportefeuilles
$EBIT_t$	Ergebnis vor Zinsen und Steuern der Periode t
$\widetilde{EK}_t^{BW}$	Unsicherer Eigenkapitalbuchwert der Periode t
$\widetilde{EK}_t^{NCF}$	Unsicherer Eigenkapitalmarktwert auf Basis von *Netto Cashflows* der Periode t
$\widetilde{EK}_t^{NRG}$	Unsicherer Eigenkapitalmarkt auf Basis von Netto-Residualgewinnen der Periode t
$\widetilde{EK}_{t-1}$	Unsicherer Eigenkapitalmarktwert der Periode t-1
$\widetilde{EK}_{t-1}^{BW}$	Unsicherer Eigenkapitalbuchwert der Periode t-1
EW_t	Ertragswert der Periode t
EW_0	Ertragswert der Periode 0
$\widetilde{FCF}_t$	Unsicherer *Free Cashflow* der Periode t
$\widetilde{FCF}_t^*$	Unsicherer *Free Cashflow* der Periode t (mit Ausschüttungsdifferenzeffekt)
FK_{t-1}	Fremdkapitalbestand der Periode t-1
G_L^{HEV}	Effektiver Vorteil der Fremdfinanzierung bei Gültigkeit des Halbeinkünfteverfahrens (*Gain from Leverage*)
$\widetilde{G}_t$	Unsicherer Gewinn der Periode t
$\widetilde{GK}_t^{BW}$	Unsicherer Gesamtkapitalbuchwertwert der Periode t
i	Fremdkapitalzinssatz
i^{ke}	konzernexterner Fremdkapitalzinssatz
i^{ki}	konzerninterner Fremdkapitalzinssatz
$i^{ki,S}$	konzerninterner Fremdkapitalzinssatz nach persönlichen Steuern
$\widetilde{I}_t$	Unsichere Investitionen der Periode t
$\widetilde{JÜ}_t$	Unsicherer Jahresüberschuß der Periode t
$k_{EK}^{UV,S}$	Eigenkapitalkosten eines unverschuldeten Unternehmens nach persönlichen Steuern
$k_{EK,t}^{V,S}$	Eigenkapitalkosten eines verschuldeten Konzerns nach persönlichen Steuern der Periode t

$k_{EK,t}^{V,S*}$	Eigenkapitalkosten eines verschuldeten Konzerns nach persönlichen Steuern der Periode t (mit Ausschüttungsdifferenzeffekt)
KB_t	Kapitalbasis der Periode t
λ	Risikopreis
μ	Erwartungswert
$\mu(\widetilde{CF})$	Erwartungswert des unsicheren *Cashflow*
$\mu(\widetilde{FCF}_t)$	Erwartungswert des unsicheren *Free Cashflow* der Periode t
$\mu(\widetilde{G}_t)$	Erwartungswert des unsicheren Gewinns der Periode t
$\mu(\widetilde{NCF}_t)$	Erwartungswert des unsicheren *Netto Cashflow* der Periode t
$\mu[u(\widetilde{CF})]$	Erwartungswert des Risikonutzens des unsicheren *Cashflow*
MVA_t	*Market Value Added* der Periode t
$\widetilde{NCF}_t$	Unsicherer *Netto Cashflow* der Periode t
$\widetilde{NOPAT}_t$	Unsicherer *Net Operating Profit after Taxes* der Periode t
$\widetilde{NOPAT}_t^*$	Unsicherer *Net Operating Profit after Taxes* der Periode t (mit Ausschüttungsdifferenzeffekt)
$r^{f,S}$	risikoloser Zinssatz nach persönlichen Steuern
r_f	risikoloser Zinssatz
r_j	Renditeerwartung der Wertpapiere des Unternehmens j
r_M	erwartete Marktrendite
$\widetilde{r}_{M,t}^S$	Unsichere Marktrendite nach persönlichen Steuern der Periode t
r_{t+m}^f	risikoloser Zinssatz der Periode t+m
ρ_{jM}	Korrelationskoeffizient der Renditeerwartung der Wertpapiere des Unternehmens j mit der Renditeerwartung des Marktportefeuilles
rak	Risikoaversionskoeffizient
RG_t	Residualgewinn der Periode t
s_G	effektiver Gewerbesteuersatz
s_K	Körperschaftsteuersatz
s_E	Einkommensteuersatz
σ_j	Standardabweichung der erwarteten Rendite der Wertpapiere des Unternehmens j
σ_M	Standardabweichung der erwarteten Marktrendite
σ_M^2	Varianz der erwarteten Marktrendite
$\sigma^2(\widetilde{CF})$	Varianz des unsicheren *Cashflow*
$SÄ[\widetilde{CF}_t]$	Sicherheitsäquivalent des unsicheren *Cashflow* der Periode t
$SÄ[\widetilde{CF}_\tau]$	Sicherheitsäquivalent des unsicheren *Cashflow* der Periode τ
$SÄ(\widetilde{FCF}_t)$	Sicherheitsäquivalent des unsicheren *Free Cashflow* der Periode t

Symbolverzeichnis

$SÄ(\tilde{G}_t)$	Sicherheitsäquivalent des unsicheren Gewinns der Periode t
$SÄ(\tilde{NCF}_t)$	Sicherheitsäquivalent des unsicheren *Netto Cashflow* der Periode t
T_t	Veränderung der Fremdkapitalbestand der Periode t
$\tilde{Th}_t$	Unsichere Rücklagenzufuhr der Periode t
TS_t^{FK}	periodischer Steuervorteil der Fremdfinanzierung der Periode t
$TS_t^{\Delta AS}$	periodischer Steuervorteil des Ausschüttungsdifferenzeffekts der Periode t
tsm^{HEV}	*Tax Shield* Multiplikator bei Gültigkeit des Halbeinkünfteverfahrens
$u^{-1}\mu[u(\tilde{CF})]$	Umkehrfunktion des erwarteten Risikonutzens des unsicheren *Cashflow*
$UW_t^{UV,S}$	Gesamtkapitalmarktwert des unverschuldeten Unternehmens
$\tilde{UW}_{t-1}$	Unsicherer Gesamtkapitalmarktwert der Periode t-1
$\tilde{UW}_t^{BRGI}$	Unsicherer Gesamtkapitalmarktwert auf Basis des Brutto-Residualgewinnverfahrens I der Periode t
$\tilde{UW}_t^{WACC\,I}$	Unsicherer Gesamtkapitalmarktwert auf Basis des WACC I-Verfahrens der Periode t
$\tilde{UW}_t^{WACC\,II}$	Unsicherer Gesamtkapitalmarktwert auf Basis des WACC II-Verfahrens der Periode t
$\tilde{UW}_t^{WL,UV,S}$	Unsicherer Gesamtkapitalmarkwert des unverschuldeten Unternehmens nach *Weston/Lee* der Periode t
$\tilde{UW}_{t-1}^{WL,UV,S}$	Unsicherer Gesamtkapitalmarktwert des unverschuldeten Unternehmens nach *Weston/Lee* der Periode t-1
$var(r_M)$	Varianz der erwarteten Marktrendite
$wacc_t^S$	Gewichteter Kapitalkostensatz nach persönlichen Steuern der Periode t
$wacc_t^{S*}$	Gewichteter Kapitalkostensatz nach persönlichen Steuern der Periode t (mit Ausschüttungsdifferenzeffekt)
WB_{t-1}^{FK}	Wertbeitrag des Fremdkapitals der Periode t-1
$WB_{t-1}^{\Delta AS}$	Wertbeitrag des Ausschüttungsdifferenzeffekts der Periode t-1
$\tilde{X}_t$	Unsicherer Zahlungsüberschuß vor Zinsen, Steuern und Investitionen der Periode t

Symbolverzeichnis 3. Kapitel

AfA_t	Abschreibungen der Periode t
$\widetilde{AfA}_t$	Unsichere Abschreibungen der Periode t
AfA_t^{BCG}	BCG-Abschreibung der Periode t
$\widetilde{AK}_t$	Unsicheres Amortisationskapital der Periode t
$\widetilde{AK}_t^{[t]}$	Unsicheres Amortisationskapital der Periode t aus Perspektive der Periode t
$\widetilde{AK}_{t-1}^{[t]}$	Unsicheres Amortisationskapital der Periode t-1 aus Perspektive der Periode t
$ANNKAPD_m^{[t]}$	Kapitaldienstannuitäten der Periode m aus Perspektive der Periode t
$ANNKAPD_t$	Kapitaldienstannuitäten der Periode t
$ANNKAPD_\tau^{[t]}$	Kapitaldienstannuitäten der Periode τ aus Perspektive der Periode t
B	abschreibbare Aktiva
B_t	abschreibbare Aktiva der Periode t
BCF_t	*Brutto Cashflow* der Periode t
BCF_t^*	*Brutto Cashflow* der Periode t (mit Ausschüttungsdifferenzeffekt)
$\widetilde{BIB}_t$	Unsichere Bruttoinvestitionsbasis der Periode t
BIB_{t-1}	Bruttoinvestitionsbasis der Periode t-1
$\widetilde{BW}_t$	Unsicherer Buchwert der Periode t
$BW_0[SÄ(\widetilde{OCF}_t^{[t]})]$	Barwert der Periode 0 der Sicherheitsäquivalente der operativen *Cashflows* aus Perspektive der Periode t
$\widetilde{C}_t$	Unsicherer Kapitalwert der Periode t
$\widetilde{C}_0$	Unsicherer Kapitalwert der Periode 0
CC_t	*Capital Charge* der Periode t
$\widetilde{CC}_t^{[t]}$	Unsicherer Kapitaldienst der Periode t aus Perspektive der Periode t
$CFROI_t^S$	*Cashflow Return on Investment* nach persönlichen Steuern in der Periode t
CVA_t	*Cash Value Added* der Periode t
$CVA_{t+1}^{[t+1]*}$	*Cash Value Added* der Periode t+1 aus Perspektive der Periode t+1 (mit Ausschüttungsdifferenzeffekt)
$DANNKAPD_t^{[t]}$	Barwert der Periode t der Kapitaldienstannuitäten aus Perspektive der Periode t
$DANNKAPD_\tau^{[t]}$	Barwert der Periode τ der Kapitaldienstannuitäten aus Perspektive der Periode t
$DANNKAPD_0^{[t]}$	Barwert der Periode 0 der Kapitaldienstannuitäten aus Perspektive der Periode t
$\widetilde{DCVA}_t^{[t]*}$	Unsicherer Barwert der Periode t der *Cash Value Addeds* aus Perspektive der Periode t (mit Ausschüttungsdifferenzeffekt)
$\widetilde{DCVA}_{t+1}^{[t+1]*}$	Unsicherer Barwert der Periode t+1 der *Cash Value Addeds* aus Perspektive der Periode t+1 (mit Ausschüttungsdifferenzeffekt)

Symbolverzeichnis

$\tilde{D}EEI_t^{[t]}$	Unsicherer Barwert der Periode t der *Earned Economic Incomes* aus Perspektive der Periode t
$\tilde{D}EEI_{t+1}^{[t+1]}$	Unsicherer Barwert der Periode t+1 der *Earned Economic Incomes* aus Perspektive der Periode t+1
$\tilde{D}ERIC_t^{[t]*}$	Unsicherer Barwert der Periode t der *Earnings less Riskfree Interest Charge* aus Perspektive der Periode t (mit Ausschüttungsdifferenzeffekt)
$\tilde{D}ERIC_{t+1}^{[t+1]*}$	Unsicherer der Periode t+1 Barwert der *Earnings less Riskfree Interest Charge* aus Perspektive der Periode t+1 (mit Ausschüttungsdifferenzeffekt)
$\tilde{D}SVA_t^{[t]*}$	Unsicherer Barwert der Periode t der *Shareholder Value Addeds* aus Perspektive der Periode t (mit Ausschüttungsdifferenzeffekt)
$\tilde{D}SVA_{t+1}^{[t+1]*}$	Unsicherer Barwert der Periode t+1 der *Shareholder Value Addeds* aus Perspektive der Periode t+1 (mit Ausschüttungsdifferenzeffekt)
$\Delta EEI_{2008,gesamt}$	Gesamte Veränderung des *Earned Economic Income* im Jahr 2008
$\Delta EEI_{2008,Zins}$	Zinssatzbedingte Veränderung des *Earned Economic Income* im Jahr 2008
$\Delta EEI_{2008,Risiko}$	Risikobedingte Veränderung des *Earned Economic Income* im Jahr 2008
$\Delta EEI_{2008,Information}$	Informationsbedingte Veränderung des *Earned Economic Income* im Jahr 2008
$\Delta EEI_{2008,Aktion}$	Aktionsbedingte Veränderung des *Earned Economic Income* im Jahr 2008
$\Delta \tilde{E}K_{t+1}^{[t+1]}$	Veränderung des Aktionärsvermögens der Periode t+1 aus Perspektive der Periode t+1
ΔVLL_t	Veränderungen der Verbindlichkeiten aus Lieferungen und Leistungen der Periode t
E_t^{SVA}	Spezielles Ergebnis vor Abzugs von Zinsen der Periode t gemäß des *Shareholder Value Added*
$EBIAT_t$	*Earnings before Interest after Taxes* der Periode t
$EBIAT_t^*$	*Earnings before Interest after Taxes* der Periode t (mit Ausschüttungsdifferenzeffekt)
$\tilde{E}BV_t$	Unsicherer *Economic Book Value* der Periode t
EBV_{t-1}	*Economic Book Value* der Periode t-1
EE_t	*Economic Earnings* der Periode t
EE_t^*	*Economic Earnings* der Periode t (mit Ausschüttungsdifferenzeffekt)
EEI_t	*Earned Economic Income* der Periode t
$\tilde{E}EI_t^{[t]}$	Unsicherer *Earned Economic Income* der Periode t aus Perspektive der Periode t
$EEI_{t+1}^{[t+1]}$	*Earned Economic Income* der Periode t+1 aus Perspektive der Periode t+1
$\tilde{E}EI_\tau^{[t]}$	Unsicherer *Earned Economic Income* der Periode τ aus Perspektive der Periode t
$EEI_{2008,(P)}^{[t,]}$	*Earned Economic Income* im Jahr 2008 aus der ex post-Perspektive bei Geltung des revidierten Kalkulationszinsfußes und Risikoaversionskoeffizienten

Symbol	Bedeutung
$EEI_{2008,(A)}^{[0,0]}$	Earned Economic Income im Jahr 2008 aus der ex ante-Perspektive bei Geltung des ursprünglichen Kalkulationszinsfußes und Risikoaversionskoeffizienten
$EEI_{2008,(A)}^{[1,0]}$	Earned Economic Income im Jahr 2008 aus der ex ante-Perspektive bei Geltung des revidierten Kalkulationszinsfußes und ursprünglichen Risikoaversionskoeffizienten
$EEI_{2008,(A)}^{[1,1]}$	Earned Economic Income im Jahr 2008 aus der ex ante-Perspektive bei Geltung des revidierten Kalkulationszinsfußes und Risikoaversionskoeffizienten
$EEI_{2008,(B)}^{[1,1]}$	Earned Economic Income im Jahr 2008 aus der Trägheitsprojektion bei Geltung des revidierten Kalkulationszinsfußes und Risikoaversionskoeffizienten
$EEI_{2008,(P)}^{[1,1]}$	Earned Economic Income im Jahr 2008 aus der ex post-Perspektive bei Geltung des revidierten Kalkulationszinsfußes und Risikoaversionskoeffizienten
EK_t^{BW}	Eigenkapitalbuchwert der Periode t
EK_t	Eigenkapitalmarktwert der Periode t
EK_{t-1}	Eigenkapitalmarktwert der Periode t-1
$E_R IC_t$	Earnings less Riskfree Interest Charge der Periode t
$E_R IC_t^{Benchmark}$	Benchmark Earnings less Riskfree Interest Charge der Periode t
$ERIC_{t+1}^{[t+1]*}$	Earnings less Riskfree Interest Charge der Periode t+1 aus Perspektive der Periode t+1 (mit Ausschüttungsdifferenzeffekt)
EVA_t	Economic Value Added der Periode t
$EVA_{t+1}^{[t+1]*}$	Economic Value Added der Periode t+1 aus Perspektive der Periode t+1 (mit Ausschüttungsdifferenzeffekt)
FCF_t	Free Cashflow der Periode t
FCF_t^*	Free Cashflow in der Periode t (mit Ausschüttungsdifferenzeffekt)
$FCF_t^{[t]*}$	Free Cashflow der Periode t aus Perspektive der Periode t (mit Ausschüttungsdifferenzeffekt)
$FCF_{t+1}^{[t+1]}$	Free Cashflow der Periode t+1 aus Perspektive der Periode t+1
FE_t	Fertige Erzeugnisse der Periode t
FK_t	Fremdkapital der Periode t
FK_{t-1}	Fremdkapital der Periode t-1
fkq_t	Fremdkapitalquote der Periode t
FLL_t	Forderungen aus Lieferungen und Leistungen der Periode t
GP_t	Gewinnperformance der Periode t
GK_t^{BW}	Gesamtkapitalbuchwert der Periode t
GK_{t-1}^{BW}	Gesamtkapitalbuchwert der Periode t-1
I_t	Investitionen der Periode t
I_t^{AB}	abschreibbare jährliche Investitionsauszahlungen der Periode t
$I_{t-\tau-1}^{AB}$	abschreibbare jährliche Investitionsauszahlungen der Periode t-τ-1

Symbolverzeichnis 519

$I^{AB}_{\tau-p-1}$	abschreibbare jährliche Investitionsauszahlungen der Periode t-p-1
i^{AK}_t	Verzinsung des Amortisationskapitals der Periode t
$\tilde{I}^{AV}_t$	Unsichere Investitionen ins Anlagevermögen der Periode t
$\tilde{I}^{UV}_t$	Unsichere Investitionen ins Umlaufvermögen der Periode t
$I^{[t]}_\tau$	Investitionsauszahlung der Periode τ aus Perspektive der Periode t
$i^{S[t]}_{t+1}$	Risikofreier Zinssatz nach persönlichen Steuern der Periode t+1 aus Perspektive der Periode t
$i^{S[t+1]}_{t+1}$	Risikofreier Zinssatz nach persönlichen Steuern der Periode t+1 aus Perspektive der Periode t+1
$\tilde{I}C_t$	Unsicherer Kapitaleinsatz der Periode t
IC_{t-1}	eingesetztes Kapital der Periode t-1
k	Kapitalisierungszinssatz
k_{t+m}	Kapitalisierungszinssatz in der Periode t+m
$\tilde{K}APD^{[t]}_t$	Unsicherer Kapitaldienst der Periode t aus Perspektive der Periode t
$KAPD^{[t]}_m$	Kapitaldienst der Periode m aus Perspektive der Periode t
KB_t	Kapitalbasis in der Periode t
$\tilde{K}B^{[t+1]}_t$	Unsichere Kapitalbasis der Periode t aus Perspektive der Periode t+1
$KBR^{[t]}_0$	Kapitaleinsatz-Barwert-Relation der Periode 0 aus Perspektive der Periode t
$\tilde{K}BR^{[t]}_0$	Unsichere Kapitaleinsatz-Barwert-Relation der Periode 0 aus Perspektive der Periode t
MVA_t	*Market Value Added* der Periode t
$\tilde{M}VA^{[t]*}_t$	Unsicherer *Markt Value Added* der Periode t aus Perspektive der Periode t (mit Ausschüttungsdifferenzeffekt)
$\tilde{M}VA^{[t+1]*}_{t+1}$	Unsicherer *Markt Value Added* der Periode t+1 aus Perspektive der Periode t+1 (mit Ausschüttungsdifferenzeffekt)
$\mu(\tilde{C}F_t)$	Erwartungswert der unsicheren *Cashflows* der Periode t
$\mu(\tilde{C}F_T)$	Erwartungswert der unsicheren Cashflows der Periode T
$\mu[\tilde{C}VA^*_\tau]$	Erwartungswert des unsicheren *Cash Value Added* der Periode τ (mit Ausschüttungsdifferenzeffekt)
$\mu[\tilde{E}VA^*_\tau]$	Erwartungswert des unsicheren *Economic Value Added* der Periode t (mit Ausschüttungsdifferenzeffekt)
$\mu[\tilde{F}CF^*_\tau]$	Erwartungswert des unsicheren *Free Cashflow* der Periode τ (mit Ausschüttungsdifferenzeffekt)
$\mu(\tilde{F}CF^{[0]}_t)$	Erwartungswert des unsicheren *Free Cashflow* der Periode t aus Perspektive der Periode 0

$\mu(\tilde{FCF}_T^{[0]})$	Erwartungswert des unsicheren *Free Cashflow* der Periode T aus Perspektive der Periode 0
$\mu[\tilde{FCF}_\tau^{[t+1]^*}]$	Erwartungswert der unsicheren *Free Cashflow* der Periode τ aus Perspektive der Periode t+1 (mit Ausschüttungsdifferenzeffekt)
$\mu(\tilde{NOPAT}_t)$	Erwartungswert des unsicheren *Net Operating Profit after Taxes* der Periode t
$\mu(\tilde{PM}_t)$	Erwartungswert des unsicheren Performancemaßes der Periode t
$\mu[\tilde{RÖG}_\tau^{[t+1]^*}]$	Erwartungswert des unsicheren Residualen ökonomischen Gewinns der Periode τ aus Perspektive der Periode t+1 (mit Ausschüttungsdifferenzeffekt)
$\mu(\tilde{SVA}_t)$	Erwartungswert des unsicheren *Shareholder Value Added* der Periode t
NCF_t	*Netto Cashflow* der Periode t
$\tilde{NCF}_t^{vE}$	Unsicherer *Netto Cashflow* vor persönlichen Steuern der Periode t
$NOPAT_t^*$	*Net Operating Profit after Taxes* der Periode t (mit Ausschüttungsdifferenzeffekt)
$NOPAT_t^{SVA}$	operativer Erfolg nach *Rappaport* der Periode t
$NOPAT_{t-1}^{SVA}$	operativer Erfolg nach *Rappaport* der Periode t-1
$ÖG_t^*$	Ökonomischer Gewinn der Periode t (mit Ausschüttungsdifferenzeffekt)
$\tilde{PM}_t$	Unsicheres Performancemaß der Periode t
$PM_{t,(A)}^{[0;0]}$	Performancemaß der Periode t aus der ex ante-Perspektive bei Geltung des ursprünglichen Kalkulationszinsfußes und Risikoaversionskoeffizienten
$PM_{t,(A)}^{[1;0]}$	Performancemaß der Periode t aus der ex ante-Perspektive bei Geltung des revidierten Kalkulationszinsfußes und ursprünglichen Risikoaversionskoeffizienten
$PM_{t,(A)}^{[1;1]}$	Performancemaß der Periode t aus der ex ante-Perspektive bei Geltung des revidierten Kalkulationszinsfußes und Risikoaversionskoeffizienten
$PM_{t,(B)}^{[0;0]}$	Performancemaß der Periode t aus der Trägheitsprojektion bei Geltung des ursprünglichen Kalkulationszinsfußes und Risikoaversionskoeffizienten
$PM_{t,(B)}^{[1;0]}$	Performancemaß der Periode t aus der Trägheitsprojektion bei Geltung des revidierten Kalkulationszinsfußes und ursprünglichen Risikoaversionskoeffizienten
$PM_{t,(B)}^{[1;1]}$	Performancemaß der Periode t aus der Trägheitsprojektion bei Geltung des revidierten Kalkulationszinsfußes und Risikoaversionskoeffizienten
$PM_{t,(P)}^{[0;0]}$	Performancemaß der Periode t aus der ex post-Perspektive bei Geltung des ursprünglichen Kalkulationszinsfußes und Risikoaversionskoeffizienten
$PM_{t,(P)}^{[1;0]}$	Performancemaß der Periode t aus der ex post-Perspektive bei Geltung des revidierten Kalkulationszinsfußes und ursprünglichen Risikoaversionskoeffizienten
$PM_{t,(P)}^{[1;1]}$	Performancemaß der Periode t aus der ex post-Perspektive bei Geltung des revidierten Kalkulationszinsfußes und Risikoaversionskoeffizienten
$PV\ SVA_t^*$	Barwert des *Shareholder Value Added* (mit Ausschüttungsdifferenzeffekt)
$r^{f,S}$	risikoloser Zinssatz nach persönlichen Steuern
$r^{f,S,E_R IC}$	risikofreier Zinssatz beim *Earnings less Riskfree Interest Charge*

Symbolverzeichnis

Symbol	Bedeutung
$r_t^{S,Stewart}$	*Stewart's R* nach persönlichen Steuern der Periode t
$r_t^{Unternehmen}$	Unternehmensrendite der Periode t
$r_t^{Vergleichsanlage}$	Rendite der Vergleichsanlage der Periode t
$\varnothing r_t^{Branche}$	durchschnittliche Rendite der Branche exklusive des betrachteten Unternehmens der Periode t
r_{t+m}^f	risikoloser Zinssatz der Periode t+m
RA_t	Risikoabschlag der Periode t
RA_T	Risikoabschlag der Periode T
$RA_t^{[0]}$	Risikoabschlag der Periode t aus Perspektive der Periode 0
$RA_{t+1}^{[t+1]}$	Risikoabschlag der Periode t+1 aus Perspektive der Periode t+1
$RA_T^{[0]}$	Risikoabschlag der Periode T aus Perspektive der Periode 0
rak	Risikoaversionskoeffizient
RG_t	Residualgewinn in der Periode t
$RÖG_t^*$	Residualer ökonomischer Gewinn der Periode t (mit Ausschüttungsdifferenzeffekt)
$\widetilde{RÖG}_t^{[t]*}$	Unsicherer Residualer ökonomischer Gewinn der Periode t aus Perspektive der Periode t (mit Ausschüttungsdifferenzeffekt)
$\widetilde{RÖG}_{t+1}^{[t+1]*}$	Unsicherer Residualer ökonomischer Gewinn der Periode t+1 aus Perspektive der Periode t+1 (mit Ausschüttungsdifferenzeffekt)
s_G	effektiver Gewerbesteuersatz
s_K	Körperschaftsteuersatz
s_E	Einkommensteuersatz
SA_t	Sachanlagevermögen der Periode t
$SÄ(\widetilde{EBIAT}_t)$	Sicherheitsäquivalent der unsicheren *Earnings before Interest after Taxes* der Periode t
$SÄ^{[t]}(\widetilde{EBIAT}_\tau)$	Sicherheitsäquivalent aus Perspektive der Periode t der unsicheren *Earnings before Interest after Taxes* der Periode τ
$SÄ[\widetilde{NCF}_\tau^{[t]}]$	Sicherheitsäquivalent der unsicheren *Netto Cashflows* der Periode τ aus Perspektive der Periode t
$SÄ(OCF_t)$	Sicherheitsäquivalent der operativen *Cashflow* der Periode t
$SÄ(\widetilde{OCF}_t)$	Sicherheitsäquivalent der unsicheren operativen *Cashflow* der Periode t
$SÄ(\widetilde{PM}_t)$	Sicherheitsäquivalent des unsicheren Performancemaßes der Periode t
SVA_t	*Shareholder Value Added* der Periode t
SVA_t^*	*Shareholder Value Added* der Periode t (mit Ausschüttungsdifferenzeffekt)
$SVA_{t+1}^{[t+1]*}$	*Shareholder Value Added* der Periode t+1 aus Perspektive t+1 (mit Ausschüttungsdifferenzeffekt)
$\sigma_{NCF,t}^2$	Varianz der *Netto Cashflows* der Periode t

T_t	Veränderung des Fremdkapitalbestands der Periode t
$\tilde{T}IL_t^{[t]}$	Unsichere Tilgungen der Periode t aus Perspektive der Periode t
TS_t^{FK}	periodischer Steuervorteil der Fremdfinanzierung der Periode t
$TS_t^{\Delta AS}$	periodischer Steuervorteil des Ausschüttungsdifferenzeffekts der Periode t
UW_t	Gesamtkapitalmarktwert der Periode t
$UW_t^{WACC\,I}$	Gesamtkapitalmarktwert auf Basis des WACC I-Verfahrens der Periode t
$\tilde{U}W_t^{[t]}$	Unsicherer Gesamtkapitalmarktwert der Periode t aus Perspektive der Periode t
UW_{t-1}	Gesamtkapitalmarktwert der Periode t-1
$\tilde{U}W_{t-1}^{[t-1]}$	Unsicherer Gesamtunternehmenswert der Periode t-1 aus Perspektive der Periode t-1
V_t	Vorräte in der Periode t
VLL_t	Verbindlichkeiten aus Lieferungen und Leistungen der Periode t
$wacc_m^S$	Gewichteter Kapitalkostensatz nach persönlichen Steuern der Periode m
$wacc_m^{S,[0]}$	Gewichteter Kapitalkostensatz nach persönlichen Steuern der Periode m aus Perspektive der Periode 0
$wacc_t^S$	Gewichteter Kapitalkostensatz nach persönlichen Steuern der Periode t
$wacc_t^{S[t-1]}$	Gewichteter Kapitalkostensatz nach persönlichen Steuern der Periode t aus Perspektive der Periode t-1
$wacc_T^{S,[0]}$	Gewichteter Kapitalkostensatz nach persönlichen Steuern am Ende der Detailprognosephase aus Perspektive der Periode 0
$wacc_{t+m}^S$	Gewichteter Kapitalkostensatz nach persönlichen Steuern der Periode t+m
$wacc_{t+1}^{S[t]}$	Gewichtete Kapitalkosten nach persönlichen Steuern der Periode t+1 aus Perspektive der Periode t
$wacc_{t+1}^{S[t+1]}$	Gewichtete Kapitalkosten nach persönlichen Steuern der Periode t+1 aus Perspektive der Periode t+1
$wacc_{t-p}^S$	Gewichteter Kapitalkostensatz nach persönlichen Steuern der Periode t-p
$wacc_{t-\tau}^S$	Gewichteter Kapitalkostensatz nach persönlichen Steuern der Periode t-τ
$wacc_{t-1}^S$	Gewichtete Kapitalkosten nach persönlichen Steuern der Periode t-1
$wacc_{\tau-p}^S$	Gewichteter Kapitalkostensatz nach persönlichen Steuern der Periode τ-p
$\tilde{X}_t$	Unsicherer Zahlungsmittelüberschuß vor Zinsen, Steuern und Investitionen der Periode t

Symbolverzeichnis 4. Kapitel

β^{UV}	Betafaktor des unverschuldeten Unternehmens
β^{V}	Betafaktor des verschuldeten Unternehmens
€	Euro
$\widetilde{EK}_{t-1}$	Unsicherer Eigenkapitalmarktwert der Periode t-1
FK_{t-1}	Fremdkapitalbestand der Periode t-1
G_L^{HEV}	Effektiver Vorteil der Fremdfinanzierung bei Gültigkeit des Halbeinkünfteverfahrens (*Gain from Leverage*)
i	Risikoloser Zinssatz
i^S	Risikoloser Zinssatz nach persönlichen Steuern
$k_{EK,t}^{UV}$	Eigenkapitalkosten des unverschuldeten Unternehmen der Periode t
$k_{EK,t}^{UV,S}$	Eigenkapitalkosten des unverschuldeten Unternehmen nach persönlichen Steuern der Periode t
$k_{EK,t}^{V,S^*}$	Eigenkapitalkosten des verschuldeten Unternehmen nach persönlichen Steuern der Periode t (mit Ausschüttungsdifferenzeffekt)
T_t	Veränderung des Fremdkapitalbestands der Periode t
$\widetilde{UW}_{t-1}$	Unsicherer Gesamtkapitalmarktwert der Periode t-1
$wacc_t^{IAS\ 36}$	Gewichteter Kapitalkostensatz der Periode t nach *IAS* 36
$wacc_t^{S^*}$	Gewichtete Kapitalkosten nach persönlichen Steuern der Periode t (mit Ausschüttungsdifferenzeffekt)
$WB_{t-1}^{\Delta AS}$	Wertbeitrag des Ausschüttungsdifferenzeffekts der Periode t-1
WB_{t-1}^{FK}	Wertbeitrag des Fremdkapitals der Periode t-1

Symbolverzeichnis 5. Kapitel

AfA_t^{GoF}	Abschreibung des Geschäfts- oder Firmenwerts der Periode t
$BW\Delta FCF$	Barwert der periodenspezifischen Differenz der bewertungsrelevanten *Free Cashflows*
$\Delta \tilde{GW}_t^{[t]}$	Veränderung des *Goodwill* der Periode t aus Perspektive der Periode t
$\Delta^+ \tilde{GW}_t^{[t]}$	Erhöhung des originären Geschäfts- oder Firmenwerts der Periode t aus Perspektive der Periode t
$\Delta^- \tilde{GW}_t^{[t]}$	Veränderung des derivativen Geschäfts- oder Firmenwerts der Periode t aus Perspektive der Periode t
$EK_0^{BW,E}$	Eigenkapitalbuchwert der E AG der Periode 0
EW_0^K	Ertragswert des Konzern K der Periode 0
EW_0^{KE}	Ertragswert der Konzerns K nach der Übernahme der E AG der Periode 0
$FCF_t^{[t]*}$	*Free Cashflow* der Periode t aus Perspektive der Periode t (mit Ausschüttungsdifferenzeffekt)
$\tilde{GW}_{t-1}^{[t-1]}$	Unsicherer *Goodwill* der Periode t-1 aus Perspektive der Periode t-1
IMP_t	*Impairment Loss* des Geschäfts- oder Firmenwerts der Periode t
$\mu[\tilde{FCF}_\tau^{*[\tau]}]$	Erwartungswert der *Free Cashflow* der Periode τ aus Perspektive der Periode τ (mit Ausschüttungsdifferenzeffekt)
$\mu[\tilde{FCF}_\tau^{*[\tau-1]}]$	Erwartungswert der *Free Cashflow* der Periode τ aus Perspektive der Periode $\tau-1$ (mit Ausschüttungsdifferenzeffekt)
$PIMP_t$	Periodisierte Abschreibung des Geschäfts- oder Firmenwerts der Periode t
$r^{f,S}$	risikofreier Zinssatz nach persönlichen Steuern
$RBF_{i=r^{f,S}}^{n=15}$	Rentenbarwertfaktor für einen Zeitraum von 15 Jahren bei einem risikofreien Zinssatz unter persönlichen Steuern
$RG_t^{[t]*}$	Residualgewinn der Periode t aus Perspektive der Periode t (mit Ausschüttungsdifferenzeffekt)
$\tilde{RÖG}_t^{[t]*}$	Unsicherer Residualer ökonomischer Gewinn der Periode t aus Perspektive der Periode t (mit Ausschüttungsdifferenzeffekt)
s_G	Effektiver Gewerbesteuersatz
s_K	Körperschaftsteuersatz
s_E	Einkommensteuersatz
s^{GoF}	Steuersatz der *Goodwill*abschreibung
$SÄ[\tilde{NCF}_t^{KE}]$	Sicherheitsäquivalent der unsicheren *Netto Cashflows* des Konzern K nach der Übernahme der E AG in der Periode t
SKF_t	Skalierungsfaktor der Periode t
SKF_{2008}	Skalierungsfaktor im Jahr 2008
$\tilde{ÜW}_t^{[t]}$	Unsicherer Gesamtkapitalmarktwert der Periode t aus Perspektive der Periode t

Symbolverzeichnis

$\tilde{UW}_{t-1}^{[t-1]}$	Unsicherer Gesamtkapitalmarktwert der Periode t-1 aus Perspektive der Periode t-1
$wacc_t^{S[t]}$	Gewichteter Kapitalkostensatz nach persönlichen Steuern der Periode t aus Perspektive der Periode t
$wacc_{t+m}^{S}$	Gewichteter Kapitalkostensatz nach persönlichen Steuern der Periode t+m

Literaturverzeichnis

Achleitner, Ann-Kristin/Schiereck, Dirk (2007): Mergers & Acquisitions, in: Köhler, Richard/Küpper, Hans-Ulrich/Pfingsten, Andreas (Hrsg.): Handwörterbuch der Betriebswirtschaft, 6. Aufl., Stuttgart 2007, Sp. 1205-1212.

Achleitner, Paul (2000): Bewertung von Akquisitionen, in: Picot, Arnold/Nordmeyer, Andreas/Pribilla, Peter (Hrsg.): Management von Akquisitionen, Stuttgart 2000, S. 93-104.

Adam, Dietrich (2001): Investitionsrechnungen bei Unsicherheit, in: Gerke, Wolfgang/Steiner, Manfred (Hrsg.): Handwörterbuch des Bank- und Finanzwesens, 3. Aufl., Stuttgart 2001, Sp. 1140-1157.

Aders, Christian (2007): Auswirkungen der Unternehmensteuerreform auf die Ertragswertmethode und objektivierten Unternehmenswerte, in: FinanzBetrieb, 9. Jg. 2007, Beilage Bewertungspraktiker 1/2007, S. 2-7.

Aders, Christian et al. (2003): Shareholder Value-Konzepte – Umsetzung bei den DAX100-Unternehmen, in: FinanzBetrieb, 5. Jg. 2003, S. 719-725.

Aders, Christian/Hebertinger, Martin/Wiedemann, Florian (2003): Value Based Management (VBM): Lösungsansätze zur Schließung von Implementierungslücken, in: FinanzBetrieb, 5. Jg. 2003, S. 356-372.

Aders, Christian/Schabel, Matthias M. (2003): Wertorientierte Investitionsplanung und Managementlohnung in der Praxis, in: Wiedmann, Klaus-Peter/Heckemüller, Carsten (Hrsg.): Ganzheitliches Corporate Finance Management, Wiesbaden 2003, S. 403-423.

Adimando, Carm et al. (1994): Stern Stewart EVA™ Roundtable, in: Journal of Applied Corporate Finance, Vol. 7 (2) 1994, S. 46-70.

Adler, Hans/Düring, Walther/Schmaltz, Kurt (2002): Rechnungslegung nach internationalen Standards, Stuttgart 2002.

Albrecht, Thomas (1998): The Search for the Best Financial Performance Measure: A Comment, in: Financial Analysts Journal, Vol. 54 (1) 1998, S. 86-87.

Alvarez, Manuel (2004): Segmentberichterstattung und Segmentanalyse, Wiesbaden 2004, zugl. Diss., Augsburg 2003.

Alvarez, Manuel/Biberacher, Johannes (2002): Goodwill-Bilanzierung nach US-GAAP – Anforderungen an Unternehmenssteuerung und -berichterstattung, in: Betriebs-Berater, 57. Jg. 2002, S. 346-353.

Alvarez, Manuel/Büttner, Manuel (2006): ED 8 Operating Segments, in: Internationale und kapitalmarktorientierte Rechnungslegung, 6. Jg. 2006, S. 307-318.

Arbeitskreis „Externe Unternehmensrechnung" der Schmalenbach-Gesellschaft (2001): Grundsätze für das Value Reporting, in: Der Betrieb, 54. Jg. 2001, S. 2337-2340.

Arbeitskreis „Finanzierung" der Schmalenbach-Gesellschaft (1996): Wertorientierte Unternehmenssteuerung mit differenzierten Kapitalkosten, in: Zeitschrift für betriebswirtschaftliche Forschung, 48. Jg. 1996, S. 543-578.

Arbeitskreis „Finanzierungsrechnung" der Schmalenbach-Gesellschaft (2005): Wertorientierte Unternehmenssteuerung in Theorie und Praxis, hrsg. von Gebhardt, Günter/Mansch, Helmut (Zeitschrift für betriebswirtschaftliche Forschung, 57. Jg. 2005, Sonderheft 53), Düsseldorf/Frankfurt a.M. 2005.

Arbeitskreis „Wertorientierte Führung in mittelständischen Unternehmen" der Schmalenbach-Gesellschaft (2004): Möglichkeiten zur Ermittlung periodischer Erfolgsgrößen in Kompatibilität zum Unternehmenswert, in: FinanzBetrieb, 6. Jg. 2004, S. 241-253.

Arbeitskreis „Wertorientierte Führung in mittelständischen Unternehmen" der Schmalenbach-Gesellschaft (2006): Gestaltung wertorientierter Vergütungssysteme für mittelständische Unternehmen, in: Betriebs-Berater, 61. Jg. 2006, S. 2066-2076.

Arnegger, Martin/Feldhaus, Christina (2007): Relevanz des Goodwill-Impairment-Tests nach IAS 36 für die Verhaltenssteuerung, in: Zeitschrift für Internationale Rechnungslegung, 2. Jg. 2007, S. 205-213.

Arnsfeld, Torsten/Schremper, Ralf (2005): Konsequenzen des Goodwill-Impairment nach IFRS 3 für die wertorientierte Unternehmenssteuerung, in: Internationale und kapitalmarktorientierte Rechnungslegung, 5. Jg. 2005, S. 498-503.

Auer, Kurt V. (1999a): International harmonisierte Rechnungslegungsstandards aus Sicht der Aktionäre: Vergleich von EG-Richtlinien, US-GAAP und IAS, 2. Aufl., Wiesbaden 1999.

Auer, Kurt V. (1999b): Mythos und Realität von US-GAAP und IAS, in: Zeitschrift für Betriebswirtschaft, 69. Jg. 1999, S. 979-1002.

Auer, Kurt V. (2002): US-GAAP/IAS als Chance für die Unternehmenssteuerung?, in: Seicht, Gerhard (Hrsg.): Jahrbuch für Controlling und Rechnungswesen 2002, Wien 2002, S. 543-560.

Auer, Kurt V. (2004): IAS 14 (Segment Reporting): Inhalte/Schnittstellen zum Controlling, in: Weißenberger, Barbara E. (Hrsg.): IFRS und Controlling (Zeitschrift für Management und Controlling, 48. Jg. 2004, Sonderheft 3), Wiesbaden 2004, S. 4-11.

Bacidore, Jeffrey M. et al. (1997): The Search for the Best Financial Performance Measure, in: Financial Analysts Journal, Vol. 53 (3) 1997, S. 11-20.

Baetge, Jörg (1997): Akquisitionscontrolling: Wie ist der Erfolg einer Akquisition zu ermitteln?, in: Claussen, Carsten P./Hahn, Oswald/Krauss, Willy (Hrsg.): Umbruch und Wandel (FS Carl Zimmer), München/Wien 1997, S. 448-468.

Baetge, Jörg (2005): Januskopf: DCF-Verfahren in der Unternehmensbewertung und in der Bilanzierung, in: Betriebs-Berater, 60. Jg. 2005, Beilage 7/2005, S. I.

Baetge, Jörg/Krause, Clemens (1994): Die Berücksichtigung des Risikos bei der Unternehmensbewertung, in: Betriebswirtschaftliche Forschung und Praxis, 46. Jg. 1994, S. 433-456.

Baetge, Jörg/Krolak, Thomas/Thiele, Stefan (2002): IAS 36 Wertminderung von Vermögenswerten (Impairment of Assets), in: Baetge, Jörg et al. (Hrsg.): Rechnungslegung nach IFRS, 2. Aufl., Stuttgart 2002, S. 1-58.

Baetge, Jörg/Kümmel, Jens (2003): Unternehmensbewertung in der externen Rechnungslegung, in: Richter, Frank/Schüler, Andreas/Schwetzler, Bernhard (Hrsg.): Kapitalgeberansprüche, Marktwertorientierung und Unternehmenswert (FS Jochen Drukarczyk), München 2003, S. 1-17.

Baetge, Jörg/Thiele, Stefan (1997): Gesellschafterschutz versus Gläubigerschutz – Rechenschaft versus Kapitalerhaltung – Zu den Zwecken des deutschen Einzelabschlusses vor dem Hintergrund der internationalen Harmonisierung, in: Budde, Wolfgang D./Moxter, Adolf/Offerhaus,

Literaturverzeichnis

Klaus (Hrsg.): Handelsbilanzen und Steuerbilanzen (FS Heinrich Beisse), Düsseldorf 1997, S. 11-24.

Baetge, Jörg/Zülch, Henning (2001): Fair Value-Accounting, in: Betriebswirtschaftliche Forschung und Praxis, 53. Jg. 2001, S. 543-562.

Baetge, Jörg/Zülch, Henning/Matena, Sonja (2002): Fair Value-Accounting, in: Steuern und Bilanzen, 4. Jg. 2002, S. 365-372 (Teil I) und S. 417-422 (Teil II).

Baldenius, Tim/Fuhrmann, Gregor/Reichelstein, Stefan (1999): Zurück zu EVA, in: Betriebswirtschaftliche Forschung und Praxis, 51. Jg. 1999, S. 53-65.

Ballhaus, Werner/Futterlieb, Christian (2003): Fair Value Accounting auf Basis diskontierter Cash-flows gemäß Concept Statement No. 7, in: Internationale und kapitalmarktorientierte Rechnungslegung, 3. Jg. 2003, S. 564-574.

Ballwieser, Wolfgang (1982): Zur Begründbarkeit informationsorientierter Jahresabschlußverbesserungen, in: Zeitschrift für betriebswirtschaftliche Forschung, 34. Jg. 1982, S. 772-793.

Ballwieser, Wolfgang (1985): Ergebnisse der Informationsökonomie zur Informationsfunktion der Rechnungslegung, in: Stöppler, Sigmar (Hrsg.): Information und Produktion (FS Waldemar Wittmann), Stuttgart 1985, S. 21-40.

Ballwieser, Wolfgang (1990): Unternehmensbewertung und Komplexitätsreduktion, 3. Aufl., Wiesbaden 1990.

Ballwieser, Wolfgang (1993): Methoden der Unternehmensbewertung, in: Gebhardt, Günter/Gerke, Wolfgang/Steiner, Manfred (Hrsg.): Handbuch des Finanzmanagements, München 1993, S. 151-176.

Ballwieser, Wolfgang (1994): Adolf Moxter und der Shareholder Value-Ansatz, in: Ballwieser, Wolfgang et al. (Hrsg.): Bilanzrecht und Kapitalmarkt (FS Adolf Moxter), Düsseldorf 1994, S. 1377-1405.

Ballwieser, Wolfgang (2000): Wertorientierte Unternehmensführung: Grundlagen, in: Zeitschrift für betriebswirtschaftliche Forschung, 52. Jg. 2000, S. 160-166.

Ballwieser, Wolfgang (2001a): Anforderungen des Kapitalmarkts an Bilanzansatz- und Bewertungsregeln, in: Internationale und kapitalmarktorientierte Rechnungslegung, 1. Jg. 2001, S. 160-164.

Ballwieser, Wolfgang (2001b): Verbindungen von Ertragswert- und Discounted-Cashflow-Verfahren, in: Peemöller, Volker H. (Hrsg.): Praxishandbuch der Unternehmensbewertung, Herne/Berlin 2001, S. 361-373.

Ballwieser, Wolfgang (2002a): Wertorientierung und Betriebswirtschaftslehre: Von Schmalenbach bis heute, in: Macharzina, Klaus/Neubürger, Heinz-Joachim (Hrsg.): Wertorientierte Unternehmensführung: Strategien – Strukturen – Controlling, Stuttgart 2002, S. 69-98.

Ballwieser, Wolfgang (2002b): Rechnungslegung im Umbruch, in: Der Schweizer Treuhänder, 76. Jg. 2002, S. 295-304.

Ballwieser, Wolfgang (2002c): Verbindungen von Ertragswert- und Discounted-Cashflow-Verfahren, in: Peemöller, Volker H. (Hrsg.): Praxishandbuch der Unternehmensbewertung, 2. Aufl., Herne/Berlin 2002, S. 361-373.

Ballwieser, Wolfgang (2002d): Der Kalkulationszinsfuß in der Unternehmensbewertung: Komponenten und Ermittlungsprobleme, in: Die Wirtschaftsprüfung, 55. Jg. 2002, S. 736-743.

Ballwieser, Wolfgang (2003): Ballwiesers Missverständnisse der DCF-Verfahren: Ein Mißverständnis?, in: FinanzBetrieb, 5. Jg. 2003, S. 734-735.

Ballwieser, Wolfgang (2006a): IFRS Rechnungslegung, München 2006.

Ballwieser, Wolfgang (2006b): Unternehmensbewertung in der IFRS-Rechnungslegung, in: Börsig, Clemens/Wagenhofer, Alfred (Hrsg.): IFRS in Rechnungswesen und Controlling, Stuttgart 2006, S. 265-282.

Ballwieser, Wolfgang (2007a): Unternehmensbewertung, 2. Aufl., Stuttgart 2007.

Ballwieser, Wolfgang (2007b): Unternehmensbewertung, in: Köhler, Richard/Küpper, Hans-Ulrich/Pfingsten, Andreas (Hrsg.): Handwörterbuch der Betriebswirtschaft, 6. Aufl., Stuttgart 2007, Sp. 1781-1789.

Ballwieser, Wolfgang/Coenenberg, Adolf G./Schultze, Wolfgang (2002): Unternehmensbewertung, erfolgsorientierte, in: Ballwieser, Wolfgang/Coenenberg, Adolf G./Wysocki, Klaus von (Hrsg.): Handwörterbuch der Rechnungslegung und Prüfung, 3. Aufl., Stuttgart 2002, Sp. 2412-2432.

Ballwieser, Wolfgang/Küting, Karlheinz/Schildbach, Thomas (2004): Fair value – erstrebenswerter Wertansatz im Rahmen einer Reform der handelsrechtlichen Rechnungslegung?, in: Betriebswirtschaftliche Forschung und Praxis, 56. Jg. 2004, S. 529-549.

Ballwieser,Wolfgang/Kuhner, Christoph (2000): Risk Adjusted Return On Capital, in: Riekeberg, Marcus/Stenke, Karin (Hrsg.): Banking 2000 (FS Hermann Meyer zu Selhausen), Wiesbaden 2000, S. 367-381.

Ballwieser, Wolfgang/Kruschwitz, Lutz/Löffler, Andreas (2007): Einkommensteuer und Unternehmensbewertung – Probleme mit der Steuerreform 2008, in: Die Wirtschaftsprüfung, 60. Jg. 2007, S. 765-769.

Bamberg, Günter (2007): Entscheidungstheorie, normative, in: Köhler, Richard/Küpper, Hans-Ulrich/Pfingsten, Andreas (Hrsg.): Handwörterbuch der Betriebswirtschaft, 6. Aufl., Stuttgart 2007, Sp. 383-394.

Bamberg, Günter/Coenenberg, Adolf G. (2006): Betriebswirtschaftliche Entscheidungslehre, 13. Aufl., München 2006.

Bamberg, Günter/Dorfleitner, Gregor/Krapp, Michael (2004): Zur Bewertung risikobehafteter Zahlungsströme mit intertemporaler Abhängigkeitsstruktur, in: Betriebswirtschaftliche Forschung und Praxis, 56. Jg. 2004, S. 101-118.

Bamberg, Günter/Dorfleitner, Gregor/Krapp, Michael (2006): Unternehmensbewertung unter Unsicherheit: Zur entscheidungstheoretischen Fundierung der Risikoanalyse, in: Zeitschrift für Betriebswirtschaft, 76. Jg. 2006, S. 287-307.

Bark, Cyrus/Kötzle, Alfred (2003). Erfolgsfaktoren der Post-Merger-Integrations-Phase – Ergebnisse einer empirischen Studie, in: FinanzBetrieb, 5. Jg. 2003, S. 133-146.

Bartelheimer, Jörn/Kückelhaus, Markus/Wohlthat, Andreas (2004): Auswirkungen des Impairment of Assets auf die interne Steuerung, in: Weißenberger, Barbara E. (Hrsg.): IFRS und Controlling (Zeitschrift für Controlling & Management, 48. Jg. 2004, Sonderheft 2), Wiesbaden 2004, S. 22-30.

Bartels, Peter/Jonas, Martin (2006): § 27 Wertminderungen, in: Bohl, Werner/Riese, Joachim/Schlüter, Jörg (Hrsg.): Beck'sches IFRS-Handbuch, 2. Aufl., München/Wien/Bern 2006, S. 739-772.

Barth, Mary E./Landsmann, Wayne R. (1995): Fundamental Issues Related to Using Fair Value Accounting for Financial Reporting, in: Accounting Horizons, Vol. 9 1995, S. 97-117.

Barth, Thomas A./Allmendinger, Daniela (2001): Auswirkungen von Basel II auf das Controlling, in: Controlling, 13. Jg. 2001, S. 545-552.

Literaturverzeichnis

Barthel, Carl W. (1994): Unternehmenswert: Handlungsalternativen bei der Abgrenzung von Bewertungseinheiten – Zur Fragwürdigkeit des sog. „Grundsatzes der wirtschaftlichen Unternehmenseinheit" –, in: Deutsches Steuerrecht, 32. Jg. 1994, S. 1321-1328.

Barthel, Carl W. (2005): Unternehmenswert: Dominanz der Argumentationsfunktion, in: FinanzBetrieb, 7. Jg. 2005, S. 32-38.

Barthel, Carl W. (2007): Unternehmenswert: Der systematische Fehler in der Nach-Steuer-Rechnung, in: Deutsches Steuerrecht, 45. Jg. 2007, S. 83-86.

Bärtl, Oliver (2001): Wertorientierte Unternehmenssteuerung, Frankfurt a.M. et al. 2001, zugl. Diss., Zürich 1999.

Baumunk, Henrik/Beyhs, Oliver (2005): Wertminderung von Immobilien (IAS 36), in: Weber, Ernst/Baumunk, Henrik (Hrsg.): IFRS Immobilien, München/Unterschleißheim 2005, S. 119-152.

Bausch, Andreas/Fritz, Thomas (2005): Behandlung des derivativen Goodwill nach US-GAAP und IFRS, in: Wirtschaftswissenschaftliches Studium, 34. Jg. 2005, S. 302-307.

Bayer AG (2005): Geschäftsbericht 2005.

Beaver, William H. (1989): Financial reporting: An Accounting Revolution, 2. Aufl., Englewood Cliffs 1989.

Behrens, Stefan (2007): Neuregelung der Besteuerung der Einkünfte aus Kapitalvermögen ab 2009 nach dem Regierungsentwurf eines Unternehmenssteuerreformgesetzes vom 14.3.2007, in: Betriebs-Berater, 62. Jg. 2007, S. 1025-1031.

Beine, Frank (1999): Ausländische Einkünfte in der Unternehmensbewertung, in: Betriebs-Berater, 54. Jg. 1999, S. 1967-1972.

Beißel, Jörg/Steinke, Karl-Heinz (2004): Integriertes Reporting unter IFRS bei der Lufthansa, in: Weißenberger, Barbara E. (Hrsg.): IFRS und Controlling (Zeitschrift für Management und Controlling, 48. Jg. 2004, Sonderheft 3), Wiesbaden 2004, S. 63-70.

Benecke, Birka (2000): Internationale Rechnungslegung und Management Approach: Bilanzierung derivativer Finanzinstrumente und Segmentberichterstattung, Wiesbaden 2000, zugl. Diss., Mannheim 1999.

Berens, Wolfgang (2007): Bereichscontrolling, in: Köhler, Richard/Küpper, Hans-Ulrich/Pfingsten, Andreas (Hrsg.): Handwörterbuch der Betriebswirtschaft, 6. Aufl., Stuttgart 2007, Sp. 95-103.

Berger, Philip G./Ofek, Eli (1995): Diversification's Effect on Firm Value, in: Journal of Financial Economics, Vol. 37 1995, S. 39-65.

Bergmann, Jörg (1996): Shareholder-value-orientierte Beurteilung von Teileinheiten im internationalen Konzern, Aachen 1996, zugl. Diss., Münster 1994.

Bernasconi, Mario/Fässler, André (2003): Aktuelle Bewertungsmethoden und Überlegungen, in: Der Schweizer Treuhänder, 77. Jg. 2003, S. 617-628.

Berndt, Helmut (2006): Auswirkungen von IFRS auf die Unternehmenssteuerung bei Henkel, in: Franz, Klaus-Peter/Winkler, Carsten (Hrsg.): Unternehmenssteuerung und IFRS, München 2006, S. 167-195.

Berndt, Thomas/Hommel, Michael (2005): Konzernrechnungslegung zwischen Konvergenz und Wettbewerb – US-GAAP, IFRS oder Euro-IFRS?, in: Betriebswirtschaftliche Forschung und Praxis, 57. Jg. 2005, S. 407-423.

Beyer, Sven (2000): Kapitalstruktur, Unternehmenswert und Cash-Flow-at-risk, in: Arnold, Hansjörg/Englert, Joachim/Eube, Steffen: Werte messen – Werte schaffen: von der Unternehmensbewertung zum Shareholder-Value-Management (FS Karl-Heinz Maul), Wiesbaden 2000, S. 301-321.

Beyer, Sven (2005): Fair Value-Bewertung von Vermögenswerten und Schulden, in: Ballwieser, Wolfgang/Beyer, Sven/Zelger, Hansjörg (Hrsg.): Unternehmenskauf nach IFRS und US-GAAP – Purchase Price Allocation, Goodwill und Impairment-Test, Stuttgart 2005, S. 141-189.

Beyhs, Oliver (2002): Impairment of Assets nach International Accounting Standards, Frankfurt a.M. et al. 2002, zugl. Diss., Bochum 2001.

Beyhs, Oliver (2006): „Controlling-Wissen wird für Wirtschaftsprüfer aufgrund der IFRS immer wichtiger!", in: Zeitschrift für Controlling & Management, 50. Jg. 2006, S. 208-210.

Biberacher, Johannes (2003): Synergiemanagement und Synergiecontrolling, München 2003, zugl. Diss., Augsburg 2002/2003.

Bieg, Hartmut et al. (2006): Handbuch der Rechnungslegung nach IFRS, Düsseldorf 2006.

Bieg, Hartmut/Kußmaul, Heinz (2003): Externes Rechnungswesen, 3. Aufl., München/Wien 2003.

Bieker, Marcus (2006): Ökonomische Analyse des Fair Value Accounting, Frankfurt a.M. et al. 2006, zugl. Diss., Bochum 2005.

Bieker, Marcus (2007): Ende des Bilanzierungschaos in Sicht? – Stellungnahme zum IASB-Diskussionspapier „Fair Value Measurements", in: Praxis der internationalen Rechnungslegung, 3. Jg. 2007, S. 91-97 (Teil I) und S. 132-138 (Teil II).

Bieker, Marcus/Esser, Maik (2003): Goodwillbilanzierung nach ED 3 „Business Combinations", in: Internationale und kapitalmarktorientierte Rechnungslegung, 3. Jg. 2003, S. 75-84.

Bieker, Marcus/Esser, Maik (2004): Der Impairment-Only-Ansatz des IASB: Goodwillbilanzierung nach IFRS 3 „Business Combinations", in: Steuern und Bilanzen, 6. Jg. 2004, S. 449-458.

Bierman jr., Harold (1961): Depreciable Assets – Timing of Expense Recognition, in: The Accounting Review, Vol. 36 1961, S. 613-618.

Bitz, Michael (1998): Bernoulli-Prinzip und Risikoeinstellung, in: Zeitschrift für betriebswirtschaftliche Forschung und Praxis, 50. Jg. 1998, S. 916-932.

Böcking, Hans-Joachim (1998): Zum Verhältnis von Rechnungslegung und Kapitalmarkt: Vom „financial accounting" zum „business reporting", in: Ballwieser, Wolfgang/Schildbach, Thomas (Hrsg.): Rechnungslegung und Steuern international (Zeitschrift für betriebswirtschaftliche Forschung, 50. Jg. 1998, Sonderheft 40), Düsseldorf/Frankfurt a.M. 1998, S. 17-53.

Böcking, Hans-Joachim/Dutzi, Andreas (2003): Corporate Governance und Value Reporting, in: Seicht, Gerhard (Hrsg.): Jahrbuch für Controlling und Rechnungswesen 2003, Wien 2003, S. 213-239.

Böcking, Hans-Joachim/Nowak, Karsten (1999): Das Konzept des Economic Value Added, in: Finanz-Betrieb, 1. Jg. 1999, S. 281-288.

Böhl, Susan (2006): Wertorientiertes Controlling, Hamburg 2006, zugl. Diss., Rostock 2006.

Borchers, Stefan (2006): Integriertes Wertmanagement im Bayer-Konzern, in: Wagenhofer, Alfred (Hrsg.): Controlling und IFRS-Rechnungslegung, Berlin 2006, S. 267-288.

Borowicz, Frank (2006): Wenn gute Manager schlechte Unternehmen kaufen – Interessenskonflikte und deren Management bei Akquisitionen, in: Keuper, Frank/Häfner, Michael/von Glahn, Carsten (Hrsg.): Der M&A-Prozess, Wiesbaden 2006, S. 33-60.

Börsig, Clemens (2000): Wertorientierte Unternehmensführung bei RWE, in: Zeitschrift für betriebswirtschaftliche Forschung, 52. Jg. 2000, S. 167-175.

Braun, Inga (2005): Discounted Cashflow-Verfahren und der Einfluß von Steuern, Wiesbaden 2005, zugl. Diss., Frankfurt a.M. 2004.

Braun, Stephen/Rohan, Paul/Yopse, Joseph F. (1991): Asset Writeoffs: A Matter of Grouping?, in: Journal of Accountancy, Vol. 171 1991, S. 63-68.

Breid, Volker (1994): Erfolgspotentialrechnung – Konzeption im System einer finanztheoretisch fundierten, strategischen Erfolgsrechnung, Stuttgart 1994, zugl. Diss., München 1994.

Breid, Volker (1995): Aussagefähigkeit agencytheoretischer Ansätze im Hinblick auf die Verhaltenssteuerung von Entscheidungsträgern, in: Zeitschrift für betriebswirtschaftliche Forschung, 47. Jg. 1995, S. 821-854.

Breitenstein, Urs/Hänni, Cyrill (2005): Impairment-Test und der Pre-Tax-Diskontsatz nach IAS 36, in: Der Schweizer Treuhänder, 79. Jg. 2005, S. 650-657.

Brennan, Michael J. (1970): Taxes, market valuation and corporate financial policy, in: National Tax Journal, Vol. 23 1970, S. 417-427.

Bretzke, Wolf-Rüdiger (1975): Das Prognoseproblem bei der Unternehmensbewertung, Düsseldorf 1975.

Brief, Richard P. (1967): A Late Nineteenth Century Contribution to the Theory of Depreciation, in: Journal of Accounting Research, Vol. 5 1967, S. 27-38.

Brief, Richard P. (1968): Depreciation Theory and Capital Gains, in: Journal of Accounting Research, Vol. 6 1968, S. 149-152.

Brief, Richard P./Owen, Joel (1968): Depreciation and Capital Gains: A "New" Approach, in: The Accounting Review, Vol. 43 1968, S. 367-372.

Brockhoff, Klaus (1999): Produktpolitik, 4. Aufl., Stuttgart 1999.

Brösel, Gerrit (2006): Eine Systematisierung der Nebenfunktionen der funktionalen Unternehmensbewertungstheorie, in: Betriebswirtschaftliche Forschung und Praxis, 58. Jg. 2006, S. 128-143.

Brösel, Gerrit/Hauttmann, Richard (2007): Einsatz von Unternehmensbewertungsverfahren zur Bestimmung von Konzessionsgrenzen sowie in Verhandlungssituationen, in: FinanzBetrieb, 9. Jg. 2007, S. 223-238 (Teil I) und S. 293-309 (Teil II).

Brösel, Gerrit/Klassen, Thomas R. (2006): Zu möglichen Auswirkungen des IFRS 3 und des IAS 36 auf das M&A-Management, in: Keuper, Frank/Häfner, Michael/von Glahn, Carsten (Hrsg.): Der M&A-Prozess, Wiesbaden 2006, S. 445-476.

Brösel, Gerrit/Müller, Sven (2007): Goodwillbilanzierung nach IFRS aus Sicht des Beteiligungscontrollings, in: Internationale und kapitalmarktorientierte Rechnungslegung, 7. Jg. 2007, S. 34-42.

Brücks, Michael/Kerkhoff, Guido/Richter, Michael (2005): Impairmenttest für den Goodwill nach IFRS, in: Internationale und kapitalmarktorientierte Rechnungslegung, 5. Jg. 2005, S. 2-7.

Brücks, Michael/Wiederhold, Philipp (2003): Exposure Draft 3 „Business Combinations" des IASB, in: Internationale und kapitalmarktorientierte Rechnungslegung, 3. Jg. 2003, S. 21-29.

Brücks, Michael/Wiederhold, Philipp (2004): IFRS 3 Business Combinations, in: Internationale und kapitalmarktorientierte Rechnungslegung, 4. Jg. 2004, S.177-185.

Bruns, Georg-Hans/Thuy, Michael G./Zeimes, Markus (2003): Die Bilanzierung von immateriellen Vermögenswerten des Anlagevermögens und Goodwill im Konzernabschluss, in: Controlling, 15. Jg. 2003, S. 137-142.

Bruns, Hans-Georg (1998): Rechnungslegung nach US-GAAP als Basis für ein abschlußorientiertes Controlling dargestellt am Beispiel der Daimler-Benz AG, in: Horváth, Péter/Gleich, Ronald (Hrsg.): Innovative Controlling-Tools und Konzepte von Spitzenunternehmen, Stuttgart 1998, S. 1-12.

Bruns, Hans-Georg (1999): Harmonisierung des externen und internen Rechnungswesens auf Basis internationaler Bilanzierungsvorschriften, in: Küting, Karlheinz/Langenbucher, Günther (Hrsg.): Internationale Rechnungslegung (FS Claus-Peter Weber), Stuttgart 1999, S. 585-603.

Bruns, Hans-Georg (2002): International vergleichbare und qualitativ hochwertige deutsche Jahresabschlüsse durch Anwendung der IAS/IFRS, in: Zeitschrift für betriebswirtschaftliche Forschung, 4. Jg. 2002, S. 173-180.

Bucher, Markus H./Boller, Claudio/Wildberger, Thomas (2003): Unternehmenszusammenschlüsse nach IFRS in der Praxis, in: Der Schweizer Treuhänder, 77. Jg. 2003, S. 247-252.

Bucher, Markus/Schmidli, Marc/Schilling, Martin (2006): Praxiserfahrung mit IFRS 3 Business Combinations, in: Der Schweizer Treuhänder, 80. Jg. 2006, S. 597-602.

Buchholz, Rainer (2004): Unternehmensbewertung und Bilanzierung: Verbindungen bei der Sachanlagenbewertung nach IAS 16 und 36, in: Unternehmensbewertung & Management, 2. Jg. 2004, S. 299-304.

Buchholz, Rainer (2005): Grundzüge des Jahresabschlusses nach HGB und IFRS, 3. Aufl., München 2005.

Bühner, Rolf/Tuschke, Anja (1999): Wertmanagement – Rechnen wie ein Unternehmer, in: Bühner, Rolf/Sulzbach, Klaus (Hrsg.): Wertorientierte Steuerungs- und Führungssysteme, Stuttgart 1999, S. 3-41.

Burger, Anton/Buchhart, Anton (2001a): Integration des Rechnungswesens im Shareholder Value-Ansatz, in: Der Betrieb, 54. Jg. 2001, S. 549-554.

Burger, Anton/Buchhart, Anton (2001b): Der Cash Flow in einer integrierten Unternehmensrechnung, in: Die Wirtschaftsprüfung, 54. Jg. 2001, S. 801-809.

Burger, Anton/Ulbrich, Philipp R. (2005): Beteiligungscontrolling, München/Wien 2005.

Burkhardt, Katja/Hachmeister, Dirk (2006): Bilanzierung von Investment Properties nach den Vorschriften des IAS 40, in: Zeitschrift für Controlling & Management, 50. Jg. 2006, S. 354-359.

Busse von Colbe, Walther (1957): Der Zukunftserfolg – Die Ermittlung des künftigen Unternehmenserfolges und seine Bedeutung für die Bewertung von Industrieunternehmen, Wiesbaden 1957.

Busse von Colbe, Walther (1968): Prognosepublizität von Aktiengesellschaften, in: Angehrn, Otto/Künzi, Hans P. (Hrsg.): Beiträge zur Lehre von der Unternehmung (FS Karl Käfer), Stuttgart 1968, S. 91-118.

Busse von Colbe, Walther (1981): Gesamtwert der Unternehmung, in: Kosiol, Erich/ Chmielewicz, Klaus/Schweitzer, Marcell (Hrsg.): Handwörterbuch des Rechnungswesens, 2. Aufl., Stuttgart 1981, Sp. 595-606.

Busse von Colbe, Walther (1995): Das Rechnungswesen im Dienste einer kapitalmarktorientierten Unternehmensführung, in: Die Wirtschaftsprüfung, 48. Jg. 1995, S. 713-720.

Busse von Colbe, Walther (1996): Das Rechnungswesen im Dienste einer kapitalmarktorientierten Unternehmensführung, in: Schmalenbach-Gesellschaft e.V. (Hrsg.): Globale Finanzmärkte: Konsequenzen für Finanzierung und Unternehmensrechnung, Stuttgart 1996, S. 15-36.

Busse von Colbe, Walther (1998a): Geprüfte Konzernabschlüsse als Grundlage des Controllings und der externen Überwachung von Konzernen, in: Möller, Hans-Peter/Schmidt, Franz (Hrsg.): Rechnungswesen als Instrument für Führungsentscheidungen (FS Adolf Coenenberg), Stuttgart 1998, S. 133-152.

Busse von Colbe, Walther (1998b): Rechnungswesen, in: Busse von Colbe, Walther/Pellens, Bernhard (Hrsg.): Lexikon des Rechnungswesens, 4. Aufl., München/Wien 1998, S. 599-602.

Busse von Colbe, Walther (2001a): Bilanzierung des Goodwill – FASB bläst zum Rückzug, in: Betriebs-Berater, 56. Jg. 2001, Heft 9, S. I.

Busse von Colbe, Walther (2001b): Ist die Bilanzierung des Firmenwerts nach dem Nonamortization-Impairment-Ansatz des SFAS-Entwurfs von 2001 mit § 292a HGB vereinbar?, in: Der Betrieb, 54. Jg. 2001, S. 877-879.

Busse von Colbe, Walther (2004): Goodwill: eine unendliche Geschichte, in: Betriebs-Berater, 59. Jg. 2004, Heft 2, S. I.

Busse von Colbe, Walther et al. (2000): Ergebnis je Aktie nach DVFA/SG, 3. Aufl., Stuttgart 2000.

Busse von Colbe, Walther/Laßmann, Gert (1990): Betriebswirtschaftstheorie, Bd. 3: Investitionstheorie, 3. Aufl., Berlin et al. 1990.

Busse von Colbe, Walther/Laßmann, Gert (1991): Betriebswirtschaftstheorie, Bd. 1: Grundlagen, Produktions- und Kostentheorie, 5. Aufl., Berlin et al. 1991.

Casey, Christopher (2000): Unternehmensbewertung und Marktpreisfindung, Wiesbaden 2000, zugl. Diss., Paderborn 1998.

Casey, Christopher (2006): Kapitalmarkttheoretische Unternehmensbewertung – Theoretische Fundierung, Vorteilhaftigkeit der Methoden und ökonomische Würdigung, in: Betriebswirtschaftliche Forschung und Praxis, 58. Jg. 2006, S. 180-198.

Castedello, Marc (2006): Goodwill Controlling – Keine Überraschung beim IAS Impairment Test, in: ControllerNews, 9. Jg. 2006, S. 35-37.

Chmielewicz, Klaus (1972): Integrierte Finanz- und Erfolgsrechnung, Stuttgart 1972.

Chmielewicz, Klaus (1976): Finanz- und Erfolgsplanung, integrierte, in: Büschgen, Hans E. (Hrsg.): Handwörterbuch der Finanzwirtschaft, Stuttgart 1976, Sp. 616-630.

Christensen, Peter O./Feltham, Gerald A./Wu, Martin G. (2002): „Cost of Capital" in Residual Income for Performance Evaluation, in: The Accounting Review, Vol. 77 2002, S. 1-23.

Coenenberg, Adolf G. (1981): Unternehmensbewertung aus der Sicht der Hochschule, in: IDW (Hrsg.): 50 Jahre Wirtschaftsprüferberuf, Düsseldorf 1981, S. 221-245.

Coenenberg, Adolf G. (1996): Einheitlichkeit oder Differenzierung von internem und externem Rechnungswesen: Die Anforderungen der internen Steuerung, in: Schmalenbach-Gesellschaft/Deutsche Gesellschaft für Betriebswirtschaft e.V. (Hrsg.): Globale Finanzmärkte, Stuttgart 1996, S. 137-161.

Coenenberg, Adolf G. (2003): Kostenrechnung und Kostenanalyse, 5. Aufl., Stuttgart 2003.

Coenenberg, Adolf G./Mattner, Gerhard R./Schultze, Wolfgang (2003): Wertorientierte Steuerung: Anforderungen, Konzepte, Anwendungsprobleme, in: Rathgeber, Andreas/Tebroke, Josef/Wallmeier, Martin (Hrsg.): Finanzwirtschaft, Kapitalmarkt und Banken (FS Manfred Steiner), Stuttgart 2003, S. 1-24.

Coenenberg, Adolf G./Salfeld, Rainer (2003): Wertorientierte Unternehmensführung, Stuttgart 2003.

Coenenberg, Adolf G./Sauter, Michael G. (1988): Strategische und finanzielle Bewertung von Unternehmensakquisitionen, in: Die Betriebswirtschaft, 48. Jg. 1988, S. 691-710.

Coenenberg, Adolf G./Schultze, Wolfgang (2002): Unternehmensbewertung: Konzeptionen und Perspektiven, in: Die Betriebswirtschaft, 62. Jg. 2002, S. 597-621.

Coenenberg, Adolf G./Schultze, Wolfgang (2003): Residualgewinn- vs. Ertragswertmethode in der Unternehmensbewertung, in: Richter, Frank/Schüler, Andreas/Schwetzler, Bernhard (Hrsg.): Kapitalgeberansprüche, Marktwertorientierung und Unternehmenswert (FS Jochen Drukarczyk), München 2003, S. 117-141.

Coenenberg, Adolf G./Sieben, Günter (1976): Unternehmensbewertung, in: Grochla, Erwin/Wittmann, Waldemar (Hrsg.): Handwörterbuch der Betriebswirtschaft, Bd. 3, 4. Aufl., Stuttgart 1976, Sp. 4062-4079.

Constantin, Stefan/Rau, Helge (2002): Buy-out-Strategien, in: Hommel, Ulrich/Knecht, Thomas C. (Hrsg.): Wertorientiertes Start-Up-Management, München 2002, S. 741-763.

Copeland, Thomas E./Koller, Tim/Murrin, Jack (1993): Unternehmenswert, Frankfurt a.M./New York 1993.

Copeland, Thomas E./Koller, Tim/Murrin, Jack (1998): Unternehmenswert, 2. Aufl., Frankfurt a.M./New York 1998.

Copeland, Thomas E./Koller, Tim/Murrin, Jack (2000): Valuation, 3. Aufl. New York et al. 2000.

Copeland, Tomas E./Koller, Tim/Murrin, Jack (2002): Unternehmenswert, 3. Aufl., Frankfurt a.M./New York 2002.

Crasselt, Nils (2001): Rappaports Shareholder Value Added, in: FinanzBetrieb, 3. Jg. 2001, S. 165-171.

Crasselt, Nils (2003): Wertorientierte Managemententlohnung, Unternehmensrechnung und Investitionssteuerung: Analyse unter Berücksichtigung von Realoptionen, Frankfurt a.M. 2003, zugl. Diss., Bochum 2002.

Crasselt, Nils (2004): Managementvergütung auf Basis von Residualgewinnen, in: FinanzBetrieb, 6. Jg. 2004, S. 121-129.

Crasselt, Nils/Nölte, Uwe (2007): Aktienbewertung mit dem Abnormal Earnings Growth Model, in: FinanzBetrieb, 9. Jg. 2007, S. 523-531.

Crasselt, Nils/Pellens, Bernhard/Schremper, Ralf (1997): Konvergenz wertorientierter Erfolgskennzahlen, in: Das Wirtschaftsstudium, 29. Jg. 2000, S. 72-78 (Teil I) und S. 205-208 (Teil II).

Crasselt, Nils/Schmidt, André (2007): Ökonomische Fundierung buchwertbasierter Performancekennzahlen, in: Wirtschaftswissenschaftliches Studium, 36. Jg. 2007, S. 222-227.

Crasselt, Nils/Schremper, Ralf (2000): Economic Value Added, in: Die Betriebswirtschaft, 60. Jg. 2000, S. 813-816.

Crasselt, Nils/Schremper, Ralf (2001): Cash Flow Return on Investment und Cash Value Added, in: Die Betriebswirtschaft, 61. Jg. 2001, S. 271-274.

d'Arcy, Anne (2004): Aktuelle Entwicklungen in der Rechnungslegung und Auswirkungen auf das Controlling, in: Weißenberger, Barbara E. (Hrsg.): IFRS und Controlling (Zeitschrift für Management und Controlling, 48. Jg. 2004, Sonderheft 3), Wiesbaden 2004, S. 119-128.

Dais, Martin/Watterott, Richard (2006): Umstellung des externen und internen Rechnungswesens der Bosch-Gruppe auf IFRS, in: Controlling, 18. Jg. 2006, S. 465-473.

Dambrowski, Jürgen (1986): Budgetierungssysteme in der deutschen Unternehmenspraxis, Darmstadt 1986, zugl. Diss., Stuttgart 1985.

Damodaran, Aswath (1997): Corporate Finance – Theory and Practice, New York et al. 1997.

Daske, Holger/Gebhardt, Günther (2006): Zukunftsorientierte Bestimmung von Risikoprämien und Eigenkapitalkosten für die Unternehmensbewertung, Zeitschrift für betriebswirtschaftliche Forschung, 58. Jg. 2006, S. 530-551.

Daum, Jürgen H. (2003): Intellectual Capital Statements: Basis für ein Rechnungswesen- und Reportingmodell der Zukunft?, in: Controlling, 15. Jg. 2003, S. 143-153.

Daum, Jürgen H. (2005): Intangible Asset Management: Wettbewerbskraft stärken und den Unternehmenswert nachhaltig steigern – Ansätze für das Controlling, in: Hachmeister, Dirk (Hrsg.): Controlling und Management von Intangibles (Zeitschrift für Controlling & Management, 49. Jg. 2005, Sonderheft 3), Wiesbaden 2005, S. 4-18.

Dausend, Florian/Lenz, Hansrudi (2006): Unternehmensbewertung mit dem Residualgewinnmodell unter Einschluss persönlicher Steuern, in: Die Wirtschaftsprüfung, 59. Jg. 2006, S. 719-729.

Dausend, Florian/Schmitt, Dirk (2007): Abgeltungssteuern und die Zukunft des IDW S 1, in: FinanzBetrieb, 9. Jg. 2007, S. 287-292.

Dawo, Sascha (2003): Immaterielle Güter in der Rechnungslegung nach HGB, IAS/IFRS und US-GAAP, Herne/Berlin 2003, zugl. Diss., Saarbrücken 2002/2003.

Dawo, Sascha (2004): Fair Value-Bewertung nicht finanzieller Positionen – der Weg zur entobjektivierten Bilanz?, in: Küting, Karlheinz/Pfitzer, Norbert/Weber, Claus-Peter (Hrsg.), Herausforderungen und Chancen durch weltweite Rechnungslegungsstandards: Kapitalmarktorientierte Rechnungslegung und integrierte Unternehmenssteuerung, Stuttgart 2004, S. 43-77.

Deleker, Oliver (1997): Zur Möglichkeit einer Konzernführung auf Basis vereinheitlichter Steuerungsgrößen, in: Deutsches Steuerrecht, 35. Jg. 1997, S. 631-636.

Delfmann, Werner (2007): Wertschöpfungskette, in: Köhler, Richard/Küpper, Hans-Ulrich/Pfingsten, Andreas (Hrsg.): Handwörterbuch der Betriebswirtschaft, 6. Aufl., Stuttgart 2007, Sp. 1965-1977.

Diedrich, Ralf (2003): Die Sicherheitsäquivalentmethode der Unternehmensbewertung: Ein (auch) entscheidungstheoretisch wohlbegründetes Verfahren, Zeitschrift für betriebswirtschaftliche Forschung, 55. Jg. 2003, S. 281-286.

Diedrich, Ralf/Rohde, Claudia (2005): Unternehmensführung und -kontrolle auf Basis von Fair Value im Rechnungswesen, in: Bieg, Hartmut/Heyd, Reinhard (Hrsg.): Fair Value, München 2005, S. 701-717.

Dierkes, Stefan/Kloock, Josef (1999): Integration von Investitionsrechnung und kalkulatorischer Erfolgsrechnung, in: Männel, Wolfgang/Küpper, Hans-Ulrich (Hrsg.): Integration der Unternehmensrechnung (Kostenrechnungspraxis, 43. Jg. 1999, Sonderheft 3), Wiesbaden 1999, S. 119-131.

Dinstuhl, Volkmar (2002): Discounted-Cash-flow-Methoden im Halbeinkünfteverfahren, in: FinanzBetrieb, 4. Jg. 2002, S. 79-90.

Dinstuhl, Volkmar (2003): Konzernbezogene Unternehmensbewertung, Wiesbaden 2003, zugl. Diss., Bochum 2002.

Dirrigl, Hans (1988): Die Bewertung von Beteiligungen an Kapitalgesellschaften, Hamburg 1988, zugl. Diss., Hohenheim 1988.

Dirrigl, Hans (1990): Synergieeffekte beim Unternehmenszusammenschluß und Bestimmung des Umtauschverhältnisses, in: Der Betrieb, 43. Jg. 1990, S. 185-192.

Dirrigl, Hans (1994): Konzepte, Anwendungsbereiche und Grenzen einer strategischen. Unternehmensbewertung, in: Betriebswirtschaftliche Forschung und Praxis, 46. Jg. 1994, S. 409-432.

Dirrigl, Hans (1995): Koordinationsfunktion und Principal-Agent-Theorie als Fundierung des Controlling? – Konsequenzen und Perspektiven –, in: Elschen, Rainer/Siegel, Theodor/Wagner, Franz W. (Hrsg.): Unternehmenstheorie und Besteuerung (FS Dieter Schneider), Wiesbaden 1995, S. 130-170.

Dirrigl, Hans (1998a): Kollektive Investitionsrechnung und Unternehmensbewertung, in: Kruschwitz, Lutz/Löffler, Andreas (Hrsg.): Ergebnisse des Berliner Workshops "Unternehmensbewertung" vom 7. Februar 1998, Berlin 1998, S. 3-24.

Dirrigl, Hans (1998b): Wertorientierung und Konvergenz in der Unternehmensrechnung, in: Betriebswirtschaftliche Forschung und Praxis, 50. Jg. 1998, S. 540-579.

Dirrigl, Hans (2001): Schütt-aus-hol-zurück-Verfahren, in: Gerke, Wolfgang/Steiner, Manfred (Hrsg.): Handwörterbuch des Bank- und Finanzwesens, 3. Aufl., Stuttgart 2001, Sp. 1899-1906.

Dirrigl, Hans (2002): Erfolgspotenzialrechnung, in: Küpper, Hans-Ulrich/Wagenhofer, Alfred (Hrsg.): Handwörterbuch Unternehmensrechnung und Controlling, 4. Aufl., Stuttgart 2002, Sp. 419-431.

Dirrigl, Hans (2003): Unternehmensbewertung als Fundament bereichsbezogener Performancemessung in: Richter, Frank/Schüler, Andreas/Schwetzler, Bernhard (Hrsg.): Kapitalgeberansprüche, Marktwertorientierung und Unternehmenswert (FS Jochen Drukarczyk), München 2003, S. 143-186.

Dirrigl, Hans (2004a): Die Besteuerung in Kalkülen zur Unternehmensbewertung bei Wachstum und Risiko, in: Dirrigl, Hans/Wellisch, Dietmar/Wenger, Ekkehard (Hrsg.): Steuern, Rechnungslegung und Kapitalmarkt (FS Franz Wagner), Wiesbaden 2004, S. 1-26.

Dirrigl, Hans (2004b): Entwicklungsperspektiven unternehmenswertorientierter Steuerungssysteme, in: Ballwieser, Wolfgang (Hrsg.): Shareholder Value-Orientierung bei Unternehmenssteuerung, Anreizgestaltung, Leistungsmessung und Rechnungslegung (Zeitschrift für betriebswirtschaftliche Forschung, 56. Jg. 2004, Sonderheft 51), Düsseldorf/Frankfurt a.M. 2004, S. 93-135.

Dirrigl, Hans (2006): Beteiligungscontrolling, in: Handelsblatt (Hrsg.): Wirtschafts-Lexikon, Stuttgart 2006, S. 774-783.

Dirrigl, Hans/Wagner, Franz W. (1993): Ausschüttungspolitik unter Berücksichtigung der Besteuerung, in: Gebhardt, Günther/Gerke, Wolfgang/Steiner, Manfred (Hrsg.): Handwörterbuch des Bank- und Finanzwesens, München 1993, S. 261-286.

Dobler, Michael (2005): Folgebewertung des Goodwill nach IFRS 3 und IAS 36, in: Praxis der internationalen Rechnungslegung, 1. Jg. 2005, S. 24-29.

Dobler, Michael/Hettich, Silvia (2007): Geplante Änderungen der Rahmenkonzepte von IASB und FASB, in: Zeitschrift für Internationale Rechnungslegung, 2. Jg. 2007, S. 29-36.

Dolny, Oliver (2003): Controlling von Beteiligungen auf Basis einer integrierten Unternehmenswertrechnung, Büren 2003, zugl. Diss., Bochum 2002.

Dorfer, Alexandra/Gaber, Thomas (2006): Controlling und Reporting vor dem Hintergrund der Anforderungen von Internationalen Rechnungslegungsstandards, hrsg. von Wagenhofer, Alfred/Engelbrechtsmüller, Christian/KPMG Linz, Graz/Linz 2006. URL: http://www.uni-graz.at/car/downloads/Controlling_und Reporting.pdf (23. Juli 2007).

Dörfler, Harald/Vogl, Andreas (2007): Unternehmensteuerreform 2008: Auswirkungen der geplanten Zinsschranke anhand ausgewählter Beispiele, in: Betriebs-Berater, 62. Jg. 2007, S. 1084-1087.

Dörschell, Andreas/Schulte, Jörn (2002): Bewertung von Beteiligungen für bilanzielle Zwecke, in: Der Betrieb, 55. Jg. 2002, S. 1669-1675.

Drukarczyk, Jochen (1973): Zur Brauchbarkeit des „ökonomischen Gewinns", in: Die Wirtschaftsprüfung, 26. Jg. 1973, S. 183-188.

Drukarczyk, Jochen (1975): Probleme individueller Entscheidungsrechnung, Wiesbaden 1975, zugl. Habil., Frankfurt a.M. 1973.

Drukarczyk, Jochen (1995): DCF-Methoden und Ertragswertmethode – einige klärende Anmerkungen, in: Die Wirtschaftsprüfung, 48. Jg. 1995, S. 329-334.

Drukarczyk, Jochen (1997): Wertorientierte Unternehmenssteuerung, in: Zeitschrift für Bankrecht und Bankwirtschaft, 9. Jg. 1997, S. 217-226.

Drukarczyk, Jochen (1998): Unternehmensbewertung, 2. Aufl., München 1998.

Drukarczyk, Jochen (2003): Unternehmensbewertung, 4. Aufl., München 2003.

Drukarczyk, Jochen/Schüler, Andreas (2000): Approaches to Value-based Performance-Measurement, in: Glen, Arnold/Matt, Davies (Hrsg.): Value-based Management: Context and Application, Chichester, New York 2000, S. 255-303.

Drukarczyk, Jochen/Schüler, Andreas (2005): Finanzwirtschaftliche Modelle zur Bestimmung des Fair Value, in: Bieg, Hartmut/Heyd, Reinhard (Hrsg.): Fair Value, München 2005, S. 721-740.

Drukarczyk, Jochen/Schüler, Andreas (2007): Unternehmensbewertung, 5. Aufl., München 2007.

Duhr, Andreas (2003): Grundsätze ordnungsmäßiger Geschäftswertberichterstattung: Berichtspflichten durch Bilanzierung und Erläuterung nach HGB und US-GAAP, in: Zeitschrift für Betriebswirtschaft, 73. Jg. 2003, S. 963-988.

Dutta, Sunil/Reichelstein, Stefan (2002): Controlling Investment Decisions: Depreciation- and Capital Charges, in: Review of Accounting Studies, Vol. 7 2002, S. 253-281.

Dyckerhoff, Christian/Lüdenbach, Norbert/Schulz, Roland (2003): Praktische Probleme bei der Durchführung von Impairment-Tests im Sachanlagevermögen, in: von Werder, Axel/Wiedmann, Harald (Hrsg.): Internationalisierung der Rechnungslegung und Corporate Governance (FS Klaus Pohle), Stuttgart 2003, S. 33-59.

Eberle, Reto (2000a): Impairment of Assets / Wertbeeinträchtigung von Vermögensgegenständen, Zürich 2000, zugl. Diss., St. Gallen 2000.

Eberle, Reto (2000b): Wertbeeinträchtigung von Vermögensgegenständen nach IAS 36 „Impairment of Assets", in: Der Schweizer Treuhänder, 74. Jg. 2000, S. 287-292.

Edwards, Edgar O./Bell, Philipp W. (1961): The theory and measurement of business income, Berkeley, California et al. 1961.

Ehrbar, Al (1998): EVA, New York et al. 1998.

Eisenführ, Franz/Weber, Martin (1999): Rationales Entscheiden, 3.Aufl., Berlin et al. 1999.

Ellis, Martin (2001): Goodwill Accounting: Everything has changed and nothing has changed, in: Journal of Applied Corporate Finance, Vol. 14 (3) 2001, S. 103-112.

Elschen, Rainer (1993): Eigen- und Fremdfinanzierung – Steuerliche Vorteilhaftigkeit und betriebliche Risikopolitik, in: Gebhardt, Günther/Gerke, Wolfgang/Steiner, Manfred (Hrsg.): Handbuch des Finanzmanagements, München 1993, S. 585-617.

Endres, Dieter/Spengel, Christoph/Reister, Timo (2007): Neu Maß nehmen: Auswirkungen der Unternehmensteuerreform 2008, in: Die Wirtschaftsprüfung, 60. Jg. 2007, S. 478-489.

Engel-Ciric, Dejan (2002): Einschränkung der Aussagekraft des Jahresabschlusses nach IAS durch bilanzpolitische Spielräume, in: Deutsches Steuerrecht, 40. Jg. 2002, S. 780-784.

Engel-Ciric, Dejan (2007): § 16 Als Finanzinvestitionen gehaltene Immobilien (Investment Properties), in: Lüdenbach, Norbert/Hoffmann, Wolf-Dieter (Hrsg.) (2007): Haufe IFRS-Kommentar, 5. Aufl., Freiburg i.Br. et al. 2007, S. 703-748.

Engels, Wolfram (1962): Die gewinnabhängigen Steuern in der Kalkulation, der Unternehmens-Ertragswertberechnung und der Wirtschaftlichkeitsrechnung, in: Die Wirtschaftsprüfung, 15. Jg. 1962, S. 553-558.

Epstein, Barry J./Mirza, Abbas A. (2006): Wiley IFRS 2006, Hoboken 2006.

Epstein, Rolf/Pellens, Bernhard/Ruhwedel, Peter (2005): Goodwill bilanzieren und steuern, hrsg. von Deloitte, München 2005. URL: http://www.iasplus.de/documents/goodwill.pdf (11. April 2007).

Erchinger, Holger/Melcher, Winfried (2007): Stand der Konvergenz zwischen US-GAAP und IFRS: Anerkennung der IFRS durch die SEC, in: Internationale und kapitalmarktorientierte Rechnungslegung, 7. Jg. 2007, S. 245-254.

Erdmann, Mark-Ken/Wünsch, Martin/Gommlich, Yvonne (2007): IFRS 7 Financial Instruments: Disclosures, in: Internationale und kapitalmarktorientierte Rechnungslegung, 7. Jg. 2007, S. 293-298.

Ernst, Christoph (2001): EU-Verordnungsentwurf zur Anwendung von IAS: Europäisches Bilanzrecht vor weitreichenden Änderungen, in: Betriebs-Berater, 56. Jg. 2001, S. 823-825.

Esser, Klaus (2000): Wertorientierte Unternehmensführung bei Mannesmann, in: Zeitschrift für betriebswirtschaftliche Forschung, 52. Jg. 2000, S. 176-187.

Esser, Maik (2005): Goodwillbilanzierung nach SFAS 141/142, Frankfurt a.M. et al. 2005, zugl. Diss., Bochum 2004.

Esser, Maik/Hackenberger, Jens (2004): Bilanzierung immaterieller Vermögenswerte des Anlagevermögens nach IFRS und US-GAAP, in: Internationale und kapitalmarktorientierte Rechnungslegung, 4. Jg. 2004, S. 402-414.

Essler, Wolfgang/Kruschwitz, Lutz/Löffler, Andreas (2004): Zur Anwendung des WACC-Verfahrens bei vorgegebener bilanzieller Verschuldung, in: Betriebswirtschaftliche Forschung und Praxis, 56. Jg. 2004, S. 134-147.

Ewert, Ralf (1993): Finanzwirtschaft und Leistungswirtschaft, in: Wittmann, Waldemar et al. (Hrsg.): Handwörterbuch der Betriebswirtschaft, Bd. 1, 5. Aufl., Stuttgart 1993, Sp. 1150-1161.

Ewert, Ralf (2006a): Fair Value und deren Verwendung im Controlling, in: Wagenhofer, Alfred (Hrsg.): Controlling und IFRS-Rechnungslegung, Berlin 2006, S. 21-47.

Ewert, Ralf (2006b): Fair Value-Bewertung und Performancemessung, in: Börsig, Clemens/Wagenhofer, Alfred (Hrsg.): IFRS im Rechnungswesen und Controlling, Stuttgart 2006, S. 179-207.

Ewert, Ralf (2007): Agencytheorie, in: Köhler, Richard/Küpper, Hans-Ulrich/Pfingsten, Andreas (Hrsg.): Handwörterbuch der Betriebswirtschaft, 6. Aufl., Stuttgart 2007, Sp. 1-10.

Ewert, Ralf/Wagenhofer, Alfred (2000): Rechnungslegung und Kennzahlen für das wertorientierte Management, in: Wagenhofer, Alfred/Hrebicek, Gerhard (Hrsg.): Wertorientiertes Management, Stuttgart 2000, S. 3-64.

Ewert, Ralf/Wagenhofer, Alfred (2005): Interne Unternehmensrechnung, 6. Aufl., Berlin et al. 2005.

Fama, Eugene F. (1970): Efficient capital markets, in: Journal of Finance, Vol. 25 1970, S. 383-417.

Fama, Eugene F./French, Kenneth R. (1992): The Cross-Section of Expected Stock Returns, in: Journal of Finance, Vol. 47 1992, S. 427-465.

Faul, Katja (2005): Wertorientiertes Controlling, Hamburg 2005, zugl. Diss., Erlangen-Nürnberg 2004.

Fernández, Pablo (2003): Three residual income valuation methods and discounted cash flow valuations, Arbeitspapier Nr. 487, IESE Business School University of Navarra 2003. URL: http://www.iese.edu/research/pdfs/DI-0487-E.pdf (23. August 2006).

Fernández, Pablo (2004a): Equivalence of ten different discounted cash flow valuation methods, Arbeitspapier Nr. 548, IESE Business School University of Navarra 2004. URL: http://www.iese.edu/research/pdfs/DI-0549-E.pdf (23. August 2006).

Fernández, Pablo (2004b): Are calculated betas good for anything? Arbeitspapier Nr. 555, IESE Business School University of Navarra 2004. URL: http://www.iese.edu/research/pdfs/DI-0555-E.pdf (23. August 2006).

Fernández, Pablo (2006a): The correct value of tax shields: An analysis of 23 theories, Arbeitspapier Nr. 628, IESE Business School University of Navarra 2006. URL: http://www.iese.edu/research/pdfs/DI-0628-E.pdf (23. August 2006).

Fernández, Pablo (2006b): Cash flow is cash and is fact: Net income is just an opinion, Arbeitspapier Nr. 629, IESE Business School University of Navarra 2006. URL: http://www.iese.edu/research/pdfs/DI-0629-E.pdf (23. August 2006).

Ferstl, Jürgen (2000): Managementvergütung und Shareholder Value, Wiesbaden 2000, zugl. Diss., Regensburg 1999.

Fey, Gerd/Mujkanovic, Robin (1999): Segmentberichterstattung im internationalen Umfeld, Analyse der aktuellen FASB- und IAS-Bestimmungen, in: Die Betriebswirtschaft, 59. Jg. 1999, S. 262-275.

Fink, Christian (2006): Management Commentary: Eine Diskussionsgrundlage zur internationalen Lageberichterstattung, in: Internationale und kapitalmarktorientierte Rechnungslegung, 6. Jg. 2006, S. 141-152.

Fink, Christian/Ulbrich, Philipp (2006): Segmentberichterstattung nach ED 8 – Operating Segments, in: Internationale und kapitalmarktorientierte Rechnungslegung, 6. Jg. 2006, S. 233-243.

Fink, Christian/Ulbrich, Philipp (2007): Verabschiedung des IFRS 8 – Neuregelung der Segmentberichterstattung nach dem Vorbild der US-GAAP, in: Internationale und kapitalmarktorientierte Rechnungslegung, 7. Jg. 2007, S. 1-6.

Fischer, Irving (1906): The Nature of Capital and Income (Faksimile der Erstausgabe, Stuttgart 1991), New York 1906.

Fladt, Guido/Feige, Peter (2003): Der Exposure Draft 3 „Business Combinations" des IASB – Konvergenz mit den US-GAAP?, in: Die Wirtschaftsprüfung, 56. Jg. 2003, S. 249-262.

Fleischer, Werner (2005): Rolle des Controllings im Spannungsfeld internes und externes Controlling, in: Horváth, Péter (Hrsg.): Organisationsstrukturen und Geschäftsprozesse wirkungsvoll steuern, Stuttgart 2005, S. 189-200.

Förster, Heinrich H./Ruß, Oliver (2002): "... das schönste Weib, EVA im Paradies": Wertorientierte Unternehmenssteuerung mit EVA®, in: Der Betrieb, 55. Jg. 2002, S. 2664-2666.

Frank, Björn (1998): Haben Unternehmen eine Bernoulli-Nutzenfunktion? Manager auch nicht, in: Zeitschrift für Planung, 9. Jg. 1998, S. 285-292.

Franke, Reimund/Kötzle, Alfred (1995): Controlling der Unternehmensbereiche, Frankfurt a.M. 1995.

Franz, Klaus-Peter/Winkler, Carsten (2006a): Unternehmenssteuerung und IFRS, München 2006.

Franz, Klaus-Peter/Winkler, Carsten (2006b): IFRS und wertorientiertes Controlling, in: Controlling, 18. Jg. 2006, S. 417-423.

Freiberg, Jens/Lüdenbach, Norbert (2005): Ermittlung des Diskontierungszinssatzes nach IAS 36, in: Internationale und kapitalmarktorientierte Rechnungslegung, 5. Jg. 2005, S. 479-487.

Freidank, Carl-Christian/Winkler, Heidi (2005): Fair Value-Ermittlung unter der Berücksichtigung von SFAC 7 – konzeptionelle Fragen und praktische Anwendungsprobleme, in: Bieg, Hartmut/Heyd, Reinhard (Hrsg.): Fair Value, München 2005, S. 37-56.

Freiling, Jörg (2007): Erfolgspotenziale, in: Köhler, Richard/Küpper, Hans-Ulrich/Pfingsten, Andreas (Hrsg.): Handwörterbuch der Betriebswirtschaft, 6. Aufl., Stuttgart 2007, Sp. 402-412.

Frese, Erich (2005): Grundlagen der Organisation, 9. Aufl. Wiesbaden 2005.

Freygang, Winfried (1993): Kapitalallokation in diversifizierten Unternehmen: Ermittlung divisionaler Eigenkapitalkosten, Wiesbaden 1993, zugl. Diss., Köln 1993.

Friedl, Birgit (1993): Anforderungen des Profit-Center-Konzepts an Führungssystem und Führungsinstrumente, in: Das Wirtschaftsstudium, 22. Jg. 1993, S. 830-842.

Friedl, Birgit (2003): Controlling, Stuttgart 2003.

Fröhlich, Christoph (2004): Ist die Zeit reif für die annuitätisch progressive Abschreibung?, in: Österreichische Zeitung für Recht und Rechnungswesen, 14. Jg. 2004, S. 147-153.

Fröhling, Oliver (2000a): KonTraG und Controlling, München 2000.

Fröhling, Oliver (2000b): Reward and Risk-Controlling, in: Controlling, 12. Jg. 2000, S. 5-13.

Frowein, Nils/Lüdenbach, Norbert (2003a): Der Goodwill-Impairment-Test aus Sicht der Bewertungspraxis, in: Finanz-Betrieb, 5. Jg. 2003, S. 65-72.

Frowein, Nils/Lüdenbach, Norbert (2003b): Das Sum-of-the-parts-Problem beim Goodwill Impairment-Test – Marktbewertung als Programm oder Ideologie?, in: Internationale und kapitalmarktorientierte Rechnungslegung, 3. Jg. 2003, S. 261-266.

Fülbier, Rolf U. (2006): Konzernbesteuerung nach IFRS, Frankfurt a.M. et al., zugl. Habil, Bochum 2005.

Fülbier, Rolf U./Gassen, Joachim (1999): Wider die Maßgeblichkeit der International Accounting Standards für die steuerliche Gewinnermittlung, in: Der Betrieb, 52. Jg. 1999, S. 1511-1513.

Fülbier, Rolf U./Hirsch, Bernhard/Meyer, Matthias (2006): Wirtschaftsprüfung und Controlling – Verstärkte Zusammenarbeit zwischen zwei zentralen Institutionen des Rechnungswesens, in: Zeitschrift für Controlling & Management, 50. Jg. 2006, S. 234-241.

Gälweiler, Aloys (1979): Strategische Geschäftseinheiten und Aufbauorganisation der Unternehmung, Zeitschrift für Organisation, 48. Jg. 1979, S. 252-260.

Gälweiler, Aloys (1990): Strategische Unternehmensführung, 2. Aufl., Frankfurt a.M. 1990.

Gamper, Philipp C./Volkart, Rudolf/Wilde, Marisa (2006): Value Reporting und aktive Investor Relations, in: Der Schweizer Treuhänder, 80. Jg. 2006, S. 642-647.

Gebhardt, Günther (2003): Formulierung konsistenter periodischer Beurteilungsgrößen für die wertorientierte Unternehmensführung, in: Rathgeber, Andreas/Tebroke, Josef/Wallmeier, Martin (Hrsg.): Finanzwirtschaft, Kapitalmarkt und Banken (FS Manfred Steiner), Stuttgart 2003, S. 67-83.

Geiger, Thomas (2001): Shareholder-orientierte Segmentberichterstattung: Entwicklung eines Konzeptes für internationale Konzerne, München 2001, zugl. Diss., Erlangen/Nürnberg 2001.

Gentz, Manfred/Kauffmann, Herbert (2003): Impairment-Only-Approach, in: von Werder, Axel/Wiedmann, Harald (Hrsg.): Internationalisierung der Rechnungslegung und Corporate Governance (FS Klaus Pohle), Stuttgart 2003, S. 61-102.

Gillenkirch, Robert M./Schabel, Matthias M. (2001): Investitionssteuerung, Motivation und Periodenerfolgsrechnung bei ungleichen Zeitpräferenzen, in: Zeitschrift für betriebswirtschaftliche Forschung, 53. Jg. 2001, S. 216-245.

Gillenkirch, Robert M./Velthuis, Louis J. (2007): Zielsysteme, in: Köhler, Richard/Küpper, Hans-Ulrich/Pfingsten, Andreas (Hrsg.): Handwörterbuch der Betriebswirtschaft, 6. Aufl., Stuttgart 2007, Sp. 2029-2037.

Glaum, Martin/Vogel, Silvia (2004): Bilanzierung von Unternehmenszusammenschlüssen nach IFRS 3, in: Weißenberger, Barbara E. (Hrsg.): IFRS und Controlling (Zeitschrift für Controlling & Management, 48. Jg. 2004, Sonderheft 2), Wiesbaden 2004, S. 43-53.

Gleich, Ronald/Kieninger, Michael/Kämmler, Andrea (2005): Auswirkungen der Fair Value-Bewertung nach IAS/IFRS auf das Performance Measurement, in: Bieg, Hartmut/Heyd, Reinhard (Hrsg.): Fair Value, München 2005, S. 649-676.

Gleißner, Werner (2005a): Der Kern des wertorientierten Managements: Erträge und Risiken abwägen, in: ControllerNews, 8. Jg. 2005, S. 17-19.

Gleißner, Werner (2005b): Wertorientierte Unternehmensführung, Strategie und Risikomanagement – Die Kapitalkosten als Bindeglied, in: Romeike, Frank (Hrsg.): Modernes Risikomanagement, Weinheim 2005, S. 33-51.

Gleißner, Werner (2005c): Kapitalkosten: Der Schwachpunkt bei der Unternehmensbewertung und im wertorientierten Management, in: FinanzBetrieb, 7. Jg. 2005, S. 217-229.

Gleißner, Werner/Heyd, Reinhard (2006): Rechnungslegung nach IFRS, in: Zeitschrift für Internationale Rechnungslegung, 1. Jg. 2006, S. 103-112.

Graumann, Matthias (2004a): Die Durchführung des Wertminderungstests auf Sachanlagen nach IAS 36, in: Unternehmensbewertung & Management, 2. Jg. 2004, S. 171-176.

Graumann, Matthias (2004b): Die Durchführung des Wertminderungstests auf zahlungsmittelgenerierende Einheiten nach IAS 36, in: Unternehmensbewertung & Management, 2. Jg. 2004, S. 370-376.

Green, Christopher D./Grinyer, John R./Michaelson, Rosa (2002): A Possible Economic Rationale for Straight-Line Depreciation, in: Abacus, Vol. 38 2002, S. 91-120.

Grinyer John R. (1985): Earned Economic Income – A Theory for Matching, in: Abacus, Vol. 21 1985, S. 130-148.

Grinyer, John R. (1987): A New Approach to Depreciation, in: Abacus, Vol. 23 1987, S. 43-54.

Grinyer, John R. (1993): The Concept and Computation of Earned Economic Income: A Reply, in: Journal of Business Finance & Accounting, Vol. 20 1993, S. 747-753.

Grinyer, John R. (1995): Analytical Properties of Earned Economic Income – A Response and Extension, in: British Accounting Review, Vol. 27 1995, S. 211-228.

Grinyer, John R. (2000a): Residual Income – An Extension, Arbeitspapier December 2000, University of Dundee 2000. URL: http://www.dundee.ac.uk/accountancy/papers/011.doc (22. November 2003).

Grinyer, John R. (2000b): The Logic of Earned Economic Income – A Reply, in: British Accounting Review, Vol. 32 2000, S. 115-124.

Grinyer, John R./ Elbadri, Abdussalam M. (1987): Empirically Testing a New Accounting Model, in: British Accounting Review, Vol. 19 1987, S. 247-265.

Grinyer, John R./Elbadri, Abdussalam E. (1989): A Case Study on Interest Adjusted Accounting Using EEI, in: Accounting and Business Research, Vol. 19 1989, S. 327-341.

Grinyer, John R./Kouhy, Reza/Elbadri, Abdussalam A. (1992): Managers' Responses on EEI, in: Accounting and Business Research, Vol. 22 1992, S. 249-259.

Grinyer, John R./Lyon, Robert A. (1989): The need for ex post EEI, Journal of Business Finance & Accounting, Vol. 16 1989, S. 303-315.

Großfeld, Bernhard/Stöver, Rüdiger/Tönnes, Achim (2005): Neue Unternehmensbewertung, in: Betriebs-Berater, 60. Jg. 2005, Beilage 7/2005, S. 2-13.

Grünberger, David/Grünberger, Herbert (2003): Business Combinations: IFRS-Entwürfe zur Kapitalkonsolidierung und Firmenwertbilanzierung, in: Steuern und Bilanzen, 5. Jg. 2003, S. 118-122.

Gundel, Günter (1998): Steuergestaltung bei der Einschaltung internationaler Finanzierungsgesellschaften in die Finanzierung deutscher internationaler Konzerne, in: Schaumburg, Harald (Hrsg.): Steuerrecht und steuerorientierte Gestaltungen im Konzern, Köln 1998, S. 131-175.

Günther, Thomas (1997): Unternehmenswertorientiertes Controlling, München 1997.

Günther, Thomas (2007): Zur Abbildung immaterieller Ressourcen im Controlling und in der Rechnungslegung, in: Der Konzern, 5. Jg. 2007, S. 331-343.

Günther, Thomas/Schiemann, Frank (2005): Entscheidungsorientierung von Fair Value-Ansätzen im internen und externen Rechnungswesen, in: Bieg, Hartmut/Heyd, Reinhard (Hrsg.): Fair Value, München 2005, S. 601-628.

Haaker, Andreas (2005a): IFRS und wertorientiertes Controlling, in: Internationale und kapitalmarktorientierte Rechnungslegung, 5. Jg. 2005, S. 351-357.

Haaker, Andreas (2005b): Die Zuordnung des Goodwill auf Cash-Generating Units zum Zweck des Impairment-Tests nach IFRS, in: Internationale und kapitalmarktorientierte Rechnungslegung, 5. Jg. 2005, S. 426-434.

Haaker, Andreas (2006a): Der Value in Use einer Cash Generating Unit als adäquate Basis einer wertorientierten Bereichssteuerung, in: Internationale und kapitalmarktorientierte Rechnungslegung, 6. Jg. 2006, S. 44-47.

Haaker, Andreas (2006b): Einheitstheorie und Fair Value-Orientierung: Informationsnutzen der full goodwill method nach ED IFRS 3 und mögliche Auswirkungen auf die investororientierte Bilanzanalyse, in: Internationale und kapitalmarktorientierte Rechnungslegung, 6. Jg. 2006, S. 451-458.

Haaker, Andreas (2006c): Da capo: Zur Eignung des value in use einer cash generating unit gemäß IAS 36 als Basis einer wertorientierten Bereichssteuerung, in: Internationale und kapitalmarktorientierte Rechnungslegung, 6. Jg. 2006, S. 687-695.

Haaker, Andreas (2007a): Wertorientierte Kontrolle und Abweichungsanalyse auf Basis des Goodwill-Impairment-Tests nach IFRS, in: Zeitschrift für Planung & Unternehmenssteuerung, 18. Jg. 2007, S. 83-108.

Haaker, Andreas (2007b): Grundgedanken zu einer Reform der Bilanzierung immaterieller Vermögenswerte nach IAS 38 und zur zweckadäquaten Ausgestaltung einer „IFRS-Informationsbilanz", in: Internationale und kapitalmarktorientierte Rechnungslegung, 7. Jg. 2007, S. 254-262 (Teil I) und S. 332-341 (Teil II).

Haaker, Andreas/Paarz, Michael (2005): Die Segmentberichterstattung als Informationsinstrument, in: Internationale und kapitalmarktorientierte Rechnungslegung, 5. Jg. 2005, S. 194-199.

Haase, Klaus D. (1974): Segment-Bilanzen: Rechnungslegung diversifizierter Industrieunternehmen, Wiesbaden 1974, zugl. Diss., Köln 1970.

Hachmeister, Dirk (1995): Der Discounted Cash Flow als Maß der Unternehmenswertsteigerung, Frankfurt a.M. et al. 1995, zugl. Diss., München 1994.

Hachmeister, Dirk (1997): Der Cash Flow Return on Investment als Erfolgsgröße einer wertorientierten Unternehmensführung, in: Zeitschrift für betriebswirtschaftliche Forschung, 48. Jg. 1997, S. 556-579.

Hachmeister, Dirk (2000): Der Discounted Cash Flow als Maß der Unternehmenswertsteigerung, 4. Aufl., Frankfurt a.M. et al. 2000.

Hachmeister, Dirk (2002): Performancemaße, erfolgsorientierte, in: Küpper, Hans-Ulrich/Wagenhofer, Alfred (Hrsg.): Handwörterbuch der Unternehmensrechnung und Controlling, 4. Aufl., Stuttgart 2002, Sp. 1385-1395.

Hachmeister, Dirk (2003a): Gestaltung von Wertbeitragkennzahlen in der Theorie der Unternehmensrechnung, in: Franck, Egon/Arnoldussen, Ludger/Jungwirth, Carola (Hrsg.): Marktwertorientierte Unternehmensführung – Anreiz- und Kommunikationsaspekte (Zeitschrift für betriebswirtschaftliche Forschung, 55. Jg. 2003, Sonderheft 50), Düsseldorf/Frankfurt a.M. 2003, S. 97-119.

Hachmeister, Dirk (2003b): Das Controlling als Objekt der handelsrechtlichen Abschlussprüfung, in: Zeitschrift für Planung & Unternehmenssteuerung, 14. Jg. 2003, S. 437-456.

Hachmeister, Dirk (2005): Impairment-Test nach IFRS und US-GAAP, in: Ballwieser, Wolfgang/Beyer, Sven/Zelger, Hansjörg (Hrsg.): Unternehmenskauf nach IFRS und US-GAAP – Purchase Price Allocation, Goodwill und Impairment-Test, Stuttgart 2005, S. 191-223.

Hachmeister, Dirk (2006a): Finanzcontrolling, in: Zeitschrift für Controlling & Management, 50. Jg. 2006, S. 125.

Hachmeister, Dirk (2006b): Analyse der Regelungen zur Cashflow-Schätzung beim Goodwill Impairment Test vor dem Hintergrund der Grundsätze ordnungsmäßiger Prognose und Prüfung, in: Siegel, Theodor et al. (Hrsg.): Unternehmungen, Versicherungen und Rechnungswesen (FS Dieter Rückle), Berlin 2006, S. 257-276.

Hachmeister, Dirk (2006c): Auswirkungen der Goodwill-Bilanzierung auf das Controlling, in: Controlling, 18. Jg. 2006, S. 425-432.

Hachmeister, Dirk (2007): Kennzahlensysteme, in: Köhler, Richard/Küpper, Hans-Ulrich/Pfingsten, Andreas (Hrsg.): Handwörterbuch der Betriebswirtschaft, 6. Aufl., Stuttgart 2007, Sp. 887-897.

Hachmeister, Dirk/Kunath, Oliver (2005): Die Bilanzierung des Geschäfts- oder Firmenwerts im Übergang auf IFRS 3, in: Internationale und kapitalmarktorientierte Rechnungslegung, 5. Jg. 2005, S. 62-75.

Hackenberger, Jens (2007): Der Werthaltigkeitstest für Finanzinstrumente im IFRS-Abschluss, in: Praxis der internationalen Rechnungslegung, 3. Jg. 2007, S. 38-45.

Haeger, Bernd (2006): Harmonisierung von Rechnungswesen und Controlling bei E.ON, in: Wagenhofer, Alfred (Hrsg.): Controlling und IFRS-Rechnungslegung, Berlin 2006, S. 243-266.

Haeseler, Herbert R./Hörmann, Franz (2006a): Das EVA-Modell – der Weisheit letzter Schluß?, in: Seicht, Gerhard (Hrsg.): Jahrbuch für Controlling und Rechnungswesen 2006, Wien 2006, S. 91-95.

Haeseler, Herbert R./Hörmann, Franz (2006b): Wertorientierte Steuerung von Unternehmen und Konzernen mittels Kennzahlen, in: Seicht, Gerhard (Hrsg.): Jahrbuch für Controlling und Rechnungswesen 2006, Wien 2006, S. 115-130.

Haller, Axel (1997a): Zur Eignung der US-GAAP für Zwecke des internen Rechnungswesens, in: Controlling, 9. Jg. 1997, S. 270-276.

Haller, Axel (1997b): Herausforderungen an das Controlling durch die Internationalisierung der externen Rechnungslegung, in: Horváth, Péter (Hrsg.): Das neue Steuerungssystem des Controllers, Stuttgart 1997, S. 113-131.

Haller, Axel/Park, Peter (1999): Segmentberichterstattung auf Basis des „Management Approach" – Inhalt und Konsequenzen, in: Männel, Wolfgang/Küpper, Hans-Ulrich (Hrsg.): Integration der Unternehmensrechnung (Kostenrechnungspraxis, 43. Jg. 1999, Sonderheft 3), Wiesbaden 1999, S. 59-66.

Haring, Nikolai (2004): Zur Abbildung von Kapitalkosten und Steuern beim impairment of assets gemäß IAS 36, elektronisch veröffentlichte Diss., Wien 2004. URL: http://epub.wu-wien.ac.at/dyn/virlib/diss/mediate/epub-wu-01_691.pdf?ID=epub-wu-01_691 (2. Februar 2006).

Haring, Nikolai/Prantner, Renate (2005): Konvergenz des Rechnungswesens, in: Controlling, 17. Jg. 2005, S. 147-154.

Hartmann, Peter (1974): Divisionsorganisation in Produktionsunternehmen, Bochum 1974, zugl. Diss., Bochum 1974.

Hauschild, Jürgen (1993): Cash-Flow, in: Wittmann, Waldemar et al. (Hrsg.): Handwörterbuch der Betriebswirtschaft, Bd. 1, 5. Aufl., Stuttgart 1993, Sp. 637-647.

Hax, Herbert (1989): Investitionsrechnung und Periodenerfolgsrechnung, in: Delfmann, Werner (Hrsg.): Der Integrationsgedanke in der Betriebswirtschaftslehre (FS Helmut Koch), Wiesbaden 2003, S. 153-170.

Hax, Herbert (2002): Integration externer und interner Unternehmensrechnung, in: Küpper, Hans-Ulrich/Wagenhofer, Alfred (Hrsg.): Unternehmensrechnung und Controlling, 4. Aufl., Stuttgart 2002, Sp. 758-767.

Hax, Herbert (2004): Was bedeutet Performancemessung?, in: Gillenkirch, Robert M. et al. (Hrsg.): Wertorientierte Unternehmenssteuerung (FS Helmut Laux), Berlin/Heidelberg 2004, S. 77-98.

Hayn, Sven (1994): Die International Accounting Standards, in: Die Wirtschaftsprüfung, 47. Jg. 1994, S. 713-721 (Teil I) und S. 749-755 (Teil II).

Hayn, Sven (2005): Entwicklungstendenzen im Rahmen der Anwendung von IFRS in der Konzernrechnungslegung, in: Betriebswirtschaftliche Forschung und Praxis, 57. Jg. 2005, S. 424-439.

Hebeler, Christian (2001): Harmonisierung des internen und externen Rechnungswesens, in Steuern und Bilanzen, 3. Jg. 2001, S. 681-685.

Hebeler, Christian (2003): Harmonisierung des internen und externen Rechnungswesens, Wiesbaden 2003, zugl. Diss., Darmstadt 2002.

Hebeler, Christian (2006): Harmonisierung des internen und externen Rechnungswesens bei Henkel, in: Horváth, Péter (Hrsg.): Controlling und Finance Excellence, Stuttgart 2006, S. 111-127.

Hebertinger, Martin (2002): Wertsteigerungsmaße – Eine kritische Analyse, Frankfurt a.M. et al. 2002, zugl. Diss., München 2001.

Hebertinger, Martin/Schabel, Matthias M. (2004): Werterzielung deutscher Unternehmen. $E_RIC^®$-Performance-Studie 2004, hrsg. von Velthuis, Louis J./Wesner, Peter, Frankfurt a.M. 2004, S. 1-50. URL: http://www.kpmg.de/library/pdf/041104_ERIC Performance_ Studie 2004_de.pdf (10. November 2006).

Hebertinger, Martin/Schabel, Matthias M./Velthuis, Louis J. (2005): Risikoangepasste oder risikofreie Kapitalkosten in Wertbeitragskonzepten?, in: FinanzBetrieb, 7. Jg. 2005, S. 159-166.

Heidemann, Christian (2005): Die Kaufpreisallokation bei einem Unternehmenszusammenschluss nach IFRS 3, Düsseldorf 2005, zugl. Diss., Münster 2005.

Hense, Heinz (2006): Goodwill und Unternehmenssteuerung, in: Börsig, Clemens/Wagenhofer, Alfred (Hrsg.): IFRS im Rechnungswesen und Controlling, Stuttgart 2006, S. 249-263.

Henselmann, Klaus (1999): Unternehmensrechnungen und Unternehmenswert, Aachen 1999, zugl. Habil., Bayreuth 1997.

Henselmann, Klaus (2001): Economic Value Added – Königsweg zur Integration des Rechnungswesens?, in: Zeitschrift für Planung, 12. Jg. 2001, S. 159-186.

Henselmann, Klaus (2006): Die Prüfung von bilanziellen Firmenwerten, in: Seicht, Gerhard (Hrsg.): Jahrbuch für Controlling und Rechnungswesen 2006, Wien 2006, S. 327-343.

Henselmann, Klaus/Kniest, Wolfgang (2001): Unternehmensbewertung: Praxisfälle mit Lösungen, 2. Aufl., Herne/Berlin 2001.

Hepers, Lars (2005): Entscheidungsnützlichkeit der Bilanzierung von Intangible Assets in den IFRS, Lohmar 2005, zugl. Diss. Hannover 2005.

Hering, Thomas (1999): Finanzwirtschaftliche Unternehmensbewertung, Wiesbaden 1999, zugl. Habil., Greifswald 1998.

Hering, Thomas (2000): Konzeptionen der Unternehmensbewertung und ihre Eignung für mittelständische Unternehmen, in: Betriebswirtschaftliche Forschung und Praxis, 52. Jg. 2000, S. 433-453.

Hering, Thomas (2003): Investitionstheorie, 2. Aufl., München/Wien 2003.

Hering, Thomas (2006): Unternehmensbewertung, 2. Aufl., München/Wien 2006.

Hering, Thomas/Olbrich, Michael (2004): Der Ansatz des "fair value" bei der Bilanzierung von Beteiligungen nach IAS 39 und seine Konsequenzen für das Beteiligungscontrolling, in: Littkemann, Jörn/Zündorf, Horst (Hrsg.): Beteiligungscontrolling, Herne/Berlin 2004, S. 707-720.

Hering, Thomas/Vincenti Aurelio J. (2004): Investitions- und finanzierungstheoretische Grundlagen des wertorientierten Controllings, in: Scherm, Ewald/Pietsch, Gotthard (Hrsg.): Controlling – Theorien und Konzeptionen, München 2004, S. 342-363.

Herter, Ronald N. (1994): Unternehmenswertorientiertes Management (UwM): strategische Erfolgsbeurteilung von dezentralen Organisationseinheiten auf der Basis der Wertsteigerungsanalyse, München 1994, zugl. Diss., Stuttgart 1994.

Herzig, Norbert (2004): IAS/IFRS und steuerliche Gewinnermittlung, Düsseldorf 2004.

Hesse, Thomas (1996): Periodischer Unternehmenserfolg zwischen Realisations- und Antizipationsprinzip, Bern/Stuttgart/Wien 1996, zugl. Diss., St. Gallen 1996.

Hettich, Silvia (2007): Mängel und Inkonsistenzen in den derzeitigen Rechnungslegungsregeln nach IFRS – Beseitigung durch Neuregelungen?, in: Internationale und kapitalmarktorientierte Rechnungslegung, 7. Jg. 2007, S. 6-14.

Heumann, Rainer (2006): Möglichkeiten zur praktischen Umsetzung eines Value Reporting in Geschäftsberichten, in: Internationale und kapitalmarktorientierte Rechnungslegung, 6. Jg. 2006, S. 259-266.

Heuser, Paul J./Theile, Carsten (2003): IAS Handbuch, Köln 2003.

Heuser, Paul J./Theile, Carsten (2005): IAS/IFRS Handbuch, 2. Aufl., Köln 2005.

Heyd, Reinhard (2005): Fair-Value-Bewertung von Intangibles sowie die bilanzielle Behandlung des Goodwill im Rahmen von Business Combinations, in: Bieg, Hartmut/Heyd, Reinhard (Hrsg.): Fair Value, München 2005, S. 269-281.

Heyd, Reinhard/Lutz-Ingold, Martin (2005): Immaterielle Vermögenswerte und Goodwill nach IFRS, München 2005.

Hillebrand, Walter/Jahn, Thomas (1997): Ein Interview mit Karl-Hermann Baumann, in: Capital, 36. Jg. 1997, Heft 11, S. 46-48.

Hirsch, Bernhard (2007): Wertorientiertes Berichtswesen – Theoretisches Konzept versus praktische Umsetzung, in: Zeitschrift für Planung & Unternehmenssteuerung, 18. Jg. 2007, S. 161-185.

Hitz, Jörg-Markus (2005): Fair Value in der IFRS-Rechnungslegung – Konzeption, Inhalt und Zweckmäßigkeit –, in: Die Wirtschaftsprüfung, 58. Jg. 2005, S. 1013-1027.

Hitz, Jörg-Markus (2007): Das Diskussionspapier „Fair Value Measurements" des IASB – Inhalt und Bedeutung, in: Die Wirtschaftsprüfung, 60. Jg. 2007, S. 361-367.

Hitz, Jörg-Markus/Kuhner, Christoph (2000): Erweiterung des US-amerikanischen conceptual framework um Grundsätze der Barwertermittlung, in: Die Wirtschaftsprüfung, 53. Jg. 2000, S. 889-902.

Hitz, Jörg-Markus/Kuhner, Christoph (2002): Die Neuregelung zur Bilanzierung des derivativen Goodwill nach SFAS 141 und 142 auf dem Prüfstand, in: Die Wirtschaftsprüfung, 55. Jg. 2002, S. 273-287.

Hoffmann, Friedrich (1992): Konzernorganisationsformen, in: Wirtschaftswissenschaftliches Studium, 21. Jg. 1992, S. 552-556.

Hoffmann, Wolf-Dieter (2007): § 11 Ausserplanmäßige Abschreibungen, Wertaufholungen, in: Lüdenbach, Norbert/Hoffmann, Wolf-Dieter (Hrsg.) (2007): Haufe IFRS-Kommentar, 5. Aufl., Freiburg i.Br. et al. 2007, S. 405-477.

Hoffmann, Wolf-Dieter/Lüdenbach, Norbert (2002): Internationale Rechnungslegung, kapitalmarkt- oder managerorientiert, in: Steuern und Bilanzen, 4. Jg. 2002, S. 541-547.

Hofmann, Christian (1999): Ermittlung des gebundenen Kapitals für eine kalkulatorische Zinsrechnung, in: Männel, Wolfgang/Küpper, Hans-Ulrich (Hrsg.): Integration der Unternehmensrechnung (Kostenrechnungspraxis, 43. Jg. 1999, Sonderheft 3), Wiesbaden 1999, S. 107-117.

Hofmann, Christian (2007): Controlling, in: Köhler, Richard/Küpper, Hans-Ulrich/Pfingsten, Andreas (Hrsg.): Handwörterbuch der Betriebswirtschaft, 6. Aufl., Stuttgart 2007, Sp. 211-221.

Hofmann, Stefan (2006): IFRS als „Spielball der Bilanz-Jongleure"?, in: Zeitschrift für Corporate Governance, 1. Jg. 2006, S. 72-78.

Hoke, Michaela (2001): Konzernsteuerung auf Basis eines intern und extern vereinheitlichten Rechnungswesens, Bamberg 2001, zugl. Diss., St. Gallen 2001.

Hoke, Michaela (2002): Unternehmensbewertung auf Basis EVA, in: Der Schweizer Treuhänder, 76. Jg. 2002, S. 765-770.

Holmström, Bengt R./Milgrom, Paul (1987): Aggregation and Linearity in the Provision of Intertemporal Incentives, in: Econometrica, Vol. 55 1987, S. 303-328.

Homburg, Carsten (2007): Integrierte Unternehmensplanung, in: Köhler, Richard/Küpper, Hans-Ulrich/Pfingsten, Andreas (Hrsg.): Handwörterbuch der Betriebswirtschaft, 6. Aufl., Stuttgart 2007, Sp. 798-806.

Homburg, Carsten/Stephan, Jörg/Weiß, Matthias (2004): Unternehmensbewertung bei atmender Finanzierung und Insolvenzrisiko, in: Die Betriebswirtschaft, 64. Jg. 2004, S. 276-295.

Homburg, Stefan (2007): Die Abgeltungsteuer als Instrument der Unternehmensfinanzierung, in: Deutsches Steuerrecht, 45. Jg. 2007, S. 686-690.

Homburg, Stefan/Houben, Henriette/Maiterth, Ralf (2007): Rechtsform und Finanzierung nach der Unternehmensteuerreform 2008, in: Die Wirtschaftsprüfung, 60. Jg. 2007, S. 376-381.

Hommel, Michael (2001): Neue Goodwillbilanzierung – das FASB auf dem Weg zur entobjektivierten Bilanz?, in: Der Betriebs-Berater, 56. Jg. 2001, S. 1943-1949.

Hommel, Michael/Benkel, Muriel/Wich, Stefan (2004): IFRS 3 Business Combinations: Neue Unwägbarkeiten im Jahresabschluß, in: Betriebs-Berater, 59. Jg. 2004, S. 1267-1273.

Hommel, Michael/Dehmel, Inga/Pauly, Denise (2005): Unternehmensbewertung unter dem Postulat der Steueräquivalenz, in: Betriebs-Berater, 60. Jg. 2005, Beilage 7/2005, S. 13-18.

Hommel, Michael/Pauly, Denise (2007): Unternehmensteuerreform 2008: Auswirkungen auf die Unternehmensbewertung, 62. Jg. 2007, S. 1155-1161.

Horváth, Péter (2006): IFRS – Chancen und Risiken für den Controller, in: Controlling, 18. Jg. 2006, S. 407.

Horváth, Péter/Arnaout, Ali (1997): Internationale Rechnungslegung und Einheit des Rechnungswesens, in: Controlling, 9. Jg. 1997, S. 254-269.

Horváth, Péter/Möller, Klaus (2005): Intangibles in der Unternehmenssteuerung, München 2005.

Hostettler, Stephan (1997): Economic Value Added, 2. Aufl., Bern/Stuttgart/Wien 1997.

Husmann, Christoph (2003): Wertorientierte Unternehmensführung in einem fokussierten Logistik-Konzern, in: Franck, Egon/Arnoldussen, Ludger/Jungwirth, Carola (Hrsg.): Marktwertorientierte Unternehmensführung – Anreiz- und Kommunikationsaspekte (Zeitschrift für betriebswirtschaftliche Forschung, 55. Jg. 2003, Sonderheft 50), Düsseldorf/Frankfurt a.M. 2003, S. 77-96.

Husmann, Sven/Kruschwitz, Lutz/Löffler, Andreas (2002): Unternehmensbewertung unter deutschen Steuern, in: Die Betriebswirtschaft, 62. Jg. 2002, S. 24-42.

Husmann, Sven/Schmidt, Martin/Seidel, Thorsten (2002): Eine Kritik am Niederstwerttest nach IAS 36, Arbeitspapier Nr. 2002-17, Fachbereich Wirtschaftswissenschaft der Freien Universität Berlin 2002.

Husmann, Sven/Schmidt, Martin/Seidel, Thorsten (2006): The Discount Rate: A Note on IAS 36, Arbeitspapier Nr. 246 February 2006, European University Viadrina Frankfurt (Oder) 2006.

Hütten, Christoph (2007): § 36 Segmentberichterstattung (Segment Reporting), in: Lüdenbach, Norbert/Hoffmann, Wolf-Dieter (Hrsg.) (2007): Haufe IFRS-Kommentar, 5. Aufl., Freiburg i.Br. et al. 2007, S. 1925-1977.

Hütten, Christoph/Lorson, Peter (2002): Überlegungen zur neuen Goodwillbilanzierung nach SFAS 142 aus Controlling-Perspektive, in: Internationale und kapitalmarktorientierte Rechnungslegung, 2. Jg. 2002, S. 25-33.

Inselbag, Isik/Kaufold, Howard (1997): Two Approaches for Valuing Companies under Alternative Financing Strategies (and How to Choose Between Them), in: Journal of Applied Corporate Finance, Vol. 10 (1) 1997, S. 114-122.

Institut der Wirtschaftsprüfer (2000): Grundsätze zur Durchführung von Unternehmensbewertungen, in: Die Wirtschaftsprüfung, 53. Jg. 2000, S. 825-842.

Institut der Wirtschaftsprüfer (2005a): Grundsätze zur Durchführung von Unternehmensbewertungen, in: Die Wirtschaftsprüfung, 58. Jg. 2005, S. 1303-1321.

Institut der Wirtschaftsprüfer (2005b): IDW Stellungnahme zur Rechnungslegung: Bewertungen bei der Abbildung von Unternehmenserwerben und bei Werthaltigkeitsprüfungen nach IFRS, in: Die Wirtschaftsprüfung, 58. Jg. 2005, S. 1415-1426.

Itami, Hiroyuki (1975): Evaluation Measures and Goal Congruence Under Uncertainty, in: Journal of Accounting Research, Vol. 13 1975, S. 73-96.

Jacob, Herbert (1960): Die Methoden zur Ermittlung des Gesamtwerts einer Unternehmung. Eine vergleichende Betrachtung, in: Zeitschrift für Betriebswirtschaft, 30. Jg. 1960, S. 131-147 (Teil I) und S. 209-222 (Teil II).

Jacob, Herbert (1980): Quantifizierungsprobleme im Rahmen der strategischen Unternehmensplanung, in: Hahn, Dietger (Hrsg.): Führungsprobleme industrieller Unternehmen (FS Friedrich Thomée), Berlin/New York 1980, S. 19-45.

Jahnke, Hermann/Wielenberg, Stefan/Schumacher, Heinrich (2007): Ist die Integration des Rechnungswesens tatsächlich ein Motiv für die Einführung der IFRS in mittelständischen Unternehmen?, in: Internationale und kapitalmarktorientierte Rechnungslegung, 7. Jg. 2007, S. 365-376.

Jakopovic, Sabine (2005): IFRS im Rechnungswesen und Controlling – Einen Schritt vor oder einen zurück?, in: Accounting, 5. Jg. 2005, S. 10-12.

Jenner, Thomas (2006): Szenario-Technik und Unternehmensplanung, in: Das Wirtschaftsstudium, 35. Jg. 2006, S. 650-654.

Johanning, Lutz (1998): Value at Risk zur Marktrisikosteuerung und Eigenkapitalallokation, Bad Soden 1998, zugl. Diss., München 1998.

Jonas, Martin/Löffler, Andreas/Wiese, Jörg (2004): Das CAPM mit deutscher Einkommensteuer, in: Die Wirtschaftsprüfung, 57. Jg. 2004, S. 898-906.

Kahle, Holger (2002a): Informationsversorgung des Kapitalmarktes über internationale Rechnungslegungsstandards, in: Internationale und kapitalmarktorientierte Rechnungslegung, 2. Jg. 2002, S. 95-107.

Kahle, Holger (2002b): Maßgeblichkeitsgrundsatz auf Basis der IAS, in: Die Wirtschaftsprüfung, 55. Jg. 2002, S. 178-188.

Kahle, Holger (2003): Unternehmenssteuerung auf Basis internationaler Rechnungslegungsstandards?, in: Zeitschrift für betriebswirtschaftliche Forschung, 55. Jg. 2003, S. 773-789.

Kammer, Karsten (2005): Reporting internationaler Unternehmen, Wiesbaden 2005, zugl. Diss., Bamberg 2005.

Keller, Kalina (2002): Impairment Test, in: Die Betriebswirtschaft, 62. Jg. 2002, S. 111-116.

Kengelbach, Jens (2000): Unternehmensbewertung bei internationalen Transaktionen, Frankfurt a.M. et al. 2000, zugl. Diss., München 2000.

Kerkhoff, Guido/Diehm, Sven (2007): Controller und Accountant – Zwei Seiten einer Medaille!, in: Der Konzern, 5. Jg. 2007, S. 316-320.

Kerkhoff, Guido/Thun, Soenke (2007): Integration von internem und externem Rechnungswesen, Controlling, 19. Jg. 2007, S. 455-461.

Kesten, Ralf (2005): ERIC versus EVA: Zwei wertorientierte Controllingkennzahlen im kritischen Vergleich, Arbeitspapier Nr. 2005-02, Nordakademie 2005. URL: http://www.nordakademie.de/index.php?id=ap (10. November 2006).

Kesten, Ralf (2007): Unternehmensbewertung und Performancemessung mit dem Robichek/Myers-Sicherheitsäquivalentmodell, in: FinanzBetrieb, 9. Jg. 2007, S. 88-98.

Kilger, Wolfgang (1986): Industriebetriebslehre, Bd. 1, Wiesbaden 1986.

Kilger, Wolfgang (1993): Flexible Plankostenrechnung und Deckungsbeitragsrechnung, bearbeitet von Kurt Vikas, 10. Aufl., Wiesbaden 1993.

Kind, Alexander (2000): Segment-Rechnung und -Bewertung, Bern/Stuttgart/Wien 2000, zugl. Diss., St. Gallen 2000.

Kirchner, Christian (2006): Probleme von Ermessensspielräumen in der fair value-Bewertung nach Internationalen Rechnungslegungsstandards, in: Küpper, Hans-Ulrich (Hrsg.): Rechnungslegung, Kapitalmarkt und Unternehmensführung (Zeitschrift für betriebswirtschaftliche Forschung, 58. Jg. 2006, Sonderheft 55), Düsseldorf/Frankfurt a.M. 2006, S. 61-78.

Kirsch, Hanno (2003a): Anforderungen der Asset Impairment Tests nach Exposure Draft zu IAS 36 an das interne Rechnungswesen, in: Unternehmensbewertung & Management, 1. Jg. 2003, S. 92-99.

Kirsch, Hanno (2003b): Konzeption und Gestaltungsspielräume des Asset-Impairment-Approachs, in: Betrieb und Wirtschaft, 57. Jg. 2003, S. 793-800.

Kirsch, Hanno (2003c): Cashflow-Planungen zur Durchführung des Asset-Impairment-Test nach US-GAAP, in: Betriebs-Berater, 58. Jg. 2003, S. 1775-1781.

Kirsch, Hanno (2005a): Informationsmanagement für den IFRS-Abschluss, München 2005.

Kirsch, Hanno (2005b): Ausgestaltung des Informationsmanagements zur Erstellung des IFRS-Abschlusses, in: Betriebs-Berater, 60. Jg. 2005, S. 1155-1160.

Kirsch, Hans-Jürgen/Steinhauer, Leif (2003): Zum Einfluß der internationalen Rechnungslegung auf das Controlling, in: Zeitschrift für Planung & Unternehmenssteuerung, 14. Jg. 2003, S. 415-435.

Klein, Georg A. (1999a): Unternehmenssteuerung auf Basis der International Accounting Standards, München 1999, zugl. Diss., Augsburg 1998/1999.

Klein, Georg A. (1999b): Konvergenz von internem und externem Rechnungswesen auf Basis der International Accounting Standards (IAS), in: Männel, Wolfgang/Küpper, Hans-Ulrich (Hrsg.): Integration der Unternehmensrechnung (Kostenrechnungspraxis, 43. Jg. 1999, Sonderheft 3), Wiesbaden 1999, S. 67-78.

Kley, Karl-Ludwig (2003): Informationsvermittlung durch Value Reporting?, in: Der Betrieb, 56. Jg. 2003, S. 840-843.

Kley, Karl-Ludwig (2006): IFRS – Möglichkeiten und Grenzen ihrer Abbildung im Controlling, in: Zeitschrift für Controlling & Management, 50. Jg. 2006, S. 150-157.

Klingelhöfer, Heinz E. (2006): Wertorientiertes Controlling auf der Grundlage von Werten nach IAS 36?, in: Internationale und kapitalmarktorientierte Rechnungslegung, 6. Jg. 2006, S. 590-597.

Klingels, Bernd (2005): Die cash generating unit nach IAS 36 im IFRS-Jahresabschluss, Berlin 2005, zugl. Diss., Hamburg 2005.

Klook, Josef (1975): Zur Anwendung ein- und mehrperiodiger ROI-Verfahren im Rahmen der Spartenerfolgsrechnung, in: Betriebswirtschaftliche Forschung und Praxis, 27. Jg. 1995, S. 235-253.

Knirsch, Deborah (2007): Lohnt sich eine detaillierte Steuerplanung für Unternehmen, in: Zeitschrift für betriebswirtschaftliche Forschung, 59. Jg. 2007, S. 487-507.

Knoll, Leonhard (2007): Der Risikozuschlag in der Unternehmensbewertung: Was erscheint plausibel?, in: Deutsches Steuerrecht, 45. Jg. 2007, S. 1053-1058.

Knoll, Leonhard/Wenger, Ekkehard (2005): Unternehmensbewertung: Ist noch weniger noch objektiver?, in: Wirtschaftswissenschaftliches Studium, 34. Jg. 2005, S. 241 und S. 257.

Knoll, Leonhard/Wenger, Ekkehard (2007): Shareholder/Stakeholder-Ansatz, in: Köhler, Richard/Küpper, Hans-Ulrich/Pfingsten, Andreas (Hrsg.): Handwörterbuch der Betriebswirtschaft, 6. Aufl., Stuttgart 2007, Sp. 1614-1623.

Knorren, Norbert (1998): Wertorientierte Gestaltung der Unternehmensführung, Wiesbaden 1998, zugl. Diss., Koblenz 1998.

Kohl, Torsten/Schulte, Jörn (2000): Ertragswertverfahren und DCF-Verfahren – Ein Überblick vor dem Hintergrund der Anforderungen des IDW S1, in: Die Wirtschaftsprüfung, 53. Jg. 2000, S. 1147-1164.

Koller, Tim/Goedhart, Marc/Wessels, David (2005): Valuation, 4. Aufl., New York et al. 2005.

Kortmann, Walter (2006): Mikroökonomik, 4. Aufl., Heidelberg 2006.

Kosiol, Erich (1976): Organisation der Unternehmung, 2. Aufl., Wiesbaden 1976.

Köster, Hansgeorg/König, Thomas (1998): Wertorientierte Unternehmenssteuerung bei VEBA, in: Horváth, Péter (Hrsg.): Innovative Controlling-Tools und Konzepte von Spitzenunternehmen, Stuttgart 1998, S. 43-68.

Kostoglian, Aram/Lendez, Anthony M. (1995): FAS 121: some questions and answers on accounting for impairment of long-lived assets, in: The Journal of Corporate Accounting & Finance, Vol. 7 (2) 1995, S. 85-93.

Kramarsch, Michael H. (2000): Aktienkursbasierte Managementvergütung, Stuttgart 2000.

Kramer, Dominik/Keilus, Michael (2007): Investitionskontrolle in Abhängigkeit von Planungsmethodik und Investitionszyklus, in: Zeitschrift für Controlling & Management, 51. Jg. 2007, S. 276-288.

Krause, Stefan/Schmidbauer, Rainer (2003): Umsetzung des (unternehmens-)wertorientierten Controllings bei der BMW Group, in: Controlling, 15. Jg. 2003, S. 441-449.

Kröger, Fritz (2005): EVA vernichtet Werte, in: Harvard Business Manager, 28. Jg. 2005, S. 14-16.

Krotter, Simon (2006): Durchbrechungen des Kongruenzprinzips und Residualgewinne, Arbeitspapier Nr. 411, Universität Regensburg 2006. URL: http://www.opus-bayern.de/uni-regensburg/volltexte/2006/638/pdf/Krotter_Nr411.pdf (28. September 2006).

Krüger, Holm/Thiere, Mathias (2007a): Erfordern die Dependenzen zwischen IFRS-Abschluss und Risikobericht eine Anpassung der Risikoberichterstattungsnormen?, in: Zeitschrift für Internationale Rechnungslegung, 2. Jg. 2007, S. 195-203.

Krüger, Holm/Thiere, Mathias (2007b): Gestaltungen im Bereich der Rechnungslegung als Reaktion auf die Einführung einer Zinsschranke, in: Internationale und kapitalmarktorientierte Rechnungslegung, 7. Jg. 2007, S. 470-477.

Kruschwitz, Lutz (1995): Finanzmathematik, 2. Aufl., München 1995.

Kruschwitz, Lutz (2001): Risikoabschläge, Risikozuschläge und Risikoprämien in der Unternehmensbewertung, in: Der Betrieb, 54. Jg. 2001, S. 2409-2413.

Kruschwitz, Lutz (2007): 1- τ , in: Winkeljohann, Norbert et al. (Hrsg.): Rechnungslegung, Eigenkapital und Besteuerung (FS Dieter Schneeloch), München 2007, S. 49-67.

Kruschwitz, Lutz/Lodowicks, Arnd/Löffler, Andreas (2005): Zur Bewertung insolvenzbedrohter Unternehmen, in: Die Betriebswirtschaft, 65. Jg. 2005, S. 221-236.

Kruschwitz, Lutz/Löffler, Andreas (1998): Unendliche Probleme bei der Unternehmensbewertung, in: Der Betrieb, 51. Jg. 1998, S. 1041-1043.

Kruschwitz, Lutz/Löffler, Andreas (1999): Erwiderung auf: Frank Richter, Unternehmensbewertung bei variablem Verschuldungsgrad, in: Zeitschrift für Bankrecht und Bankwirtschaft, 11. Jg. 1999, S. 83-84.

Kruschwitz, Lutz/Löffler, Andreas (2003a): DCF = APV + (FTE&TCF&WACC)?, in: Richter, Frank/Schüler, Andreas/Schwetzler, Bernhard (Hrsg.): Kapitalgeberansprüche, Marktwertorientierung und Unternehmenswert (FS Jochen Drukarczyk), München 2003, S. 235-253.

Kruschwitz, Lutz/Löffler, Andreas (2003b): Fünf typische Missverständnisse im Zusammenhang mit DCF-Verfahren, in: FinanzBetrieb, 5. Jg. 2003, S. 731-733.

Kruschwitz, Lutz/Löffler, Andreas (2003c): Semi-subjektive Bewertung, in: Zeitschrift für Betriebswirtschaft, 73. Jg. 2003, S. 1335-1345.

Kruschwitz, Lutz/Löffler, Andreas (2005): Discounted cash flow, Chichester 2005.

Kuhner, Christoph (2001): Das Spannungsverhältnis zwischen Einzelfallgerechtigkeit und Willkürfreiheit – im Recht und in der Rechnungslegung, in: Betriebswirtschaftliche Forschung und Praxis, 53. Jg. 2001, S. 523-542.

Kümmel, Jens (2002): Grundsätze für die Fair Value-Ermittlung mit Barwertkalkülen, Düsseldorf 2002, zugl. Diss., Münster 2002.

Kümpel, Thomas (2002a): Vereinheitlichung von internem und externem Rechnungswesen, in: Wirtschaftswissenschaftliches Studium, 31. Jg. 2002, S. 343-345.

Kümpel, Thomas (2002b): Bilanzielle Behandlung von Wertminderungen bei Vermögenswerten nach IAS 36, in: Betriebs-Berater, 57. Jg. 2002, S. 983-988.

Kümpel, Thomas (2003): Geplante Änderungen der bilanziellen Behandlung von Wertminderungen bei Vermögenswerten nach ED-IAS 36, in: Betriebs-Berater, 58. Jg. 2003, S. 1491-1494.

Kunath, Oliver (2005): Kaufpreisallokation, Bilanzierung erworbener immaterieller Vermögenswerte nach IFRS 3 (2004)/IAS 38 (rev. 2004) und ED IFRS 3 (amend. 2005), in: Hachmeister, Dirk (Hrsg.): Controlling und Management von Intangible Assets (Zeitschrift für Controlling & Management, 49. Jg. 2005, Sonderheft 3), Wiesbaden 2005, S. 107-120.

Kunz, Alexis H./Pfeiffer, Thomas (2007): Performancemaße, in: Köhler, Richard/Küpper, Hans-Ulrich/Pfingsten, Andreas (Hrsg.): Handwörterbuch der Betriebswirtschaft, 6. Aufl., Stuttgart 2007, Sp. 1335-1343.

Kunz, Alexis H./Pfeiffer, Thomas/Schneider, Georg (2007): E_RIC^{TM} versus EVA^{TM}, in: Die Betriebswirtschaft, 67. Jg. 2007, S. 259-277.

Küpper, Hans-Ulrich (1985): Investitionstheoretische Fundierung der Kostenrechnung, in: Zeitschrift für betriebswirtschaftliche Forschung, 37. Jg. 1985, S. 26-46.

Küpper, Hans-Ulrich (1990): Verknüpfung von Investitions- und Kostenrechnung als Kern einer umfassenden Planungs- und Kontrollrechnung, in: Betriebswirtschaftliche Forschung und Praxis, 42. Jg. 1990, S. 253-267.

Küpper, Hans-Ulrich (1991): Bestands- und zahlungsstromorientierte Berechnung von Zinsen in der Kosten- und Leistungsrechnung, in: Zeitschrift für betriebswirtschaftliche Forschung, 43. Jg. 1991, S. 3-20.

Küpper, Hans-Ulrich (1994): Interne Unternehmensrechnung auf kapitaltheoretischer Basis, in: Ballwieser, Wolfgang et al. (Hrsg.): Bilanzrecht und Kapitalmarkt (FS Adolf Moxter), Düsseldorf 1994, S. 967-1002.

Küpper, Hans-Ulrich (1995): Unternehmensplanung und -steuerung mit pagatorischen oder kalkulatorischen Erfolgsrechnungen, in: Wagner, Franz W./Schildbach, Thomas (Hrsg.): Unternehmensrechnung als Instrument der internen Steuerung (Zeitschrift für betriebswirtschaftliche Forschung, 47. Jg. 1995, Sonderheft 34) Düsseldorf/Frankfurt a.M. 1995, S. 19-50.

Küpper, Hans-Ulrich (1998): Angleichung des externen und internen Rechnungswesens, in: Börsig, Clemens/Coenenberg, Adolf G. (Hrsg.): Controlling und Rechnungswesen im internationalen Wettbewerb, Stuttgart 1998, S. 143-162.

Küpper, Hans-Ulrich (1999): Zweckmäßigkeit, Grenzen und Ansatzpunkte einer Integration der Unternehmensrechnung, in: Männel, Wolfgang/Küpper, Hans-Ulrich (Hrsg.): Integration der Unternehmensrechnung (Kostenrechnungspraxis, 43. Jg. 1999, Sonderheft 3), Wiesbaden 1999, S. 5-11.

Küpper, Hans-Ulrich (2000): Bedeutung der Buchhaltung für Planungs- und Steuerungszwecke der Unternehmung, in: Altenburger, Otto A./Janschek, Otto/Müller, Heinrich (Hrsg.): Fortschritte im Rechnungswesen, 2. Aufl., Wiesbaden 2000, S. 443-466.

Küpper, Hans-Ulrich (2001): Controlling – Konzeption, Aufgaben, Instrumente, 3. Aufl., Stuttgart 2001.

Küpper, Hans-Ulrich (2002): Unternehmensrechnung, Struktur und Teilsysteme, in: Küpper, Hans-Ulrich/Wagenhofer, Alfred (Hrsg.): Handwörterbuch Unternehmensrechnung und Controlling, 4. Aufl., Stuttgart 2002, Sp. 2030-2043.

Küpper, Hans-Ulrich (2004): Cash Flow und/oder Vermögen als Basis von Unternehmensrechnung und Besteuerung?, in: Dirrigl, Hans/Wellisch, Dietmar/Wenger, Ekkehard (Hrsg.): Steuern, Rechnungslegung und Kapitalmarkt (FS Franz W. Wagner), Wiesbaden 2004, S. 101-126.

Kürsten, Wolfgang (2002): „Unternehmensbewertung unter Unsicherheit", oder: Theoriedefizit einer künstlichen Diskussion über Sicherheitsäquivalent- und Risikozuschlagsmethode, in: Zeitschrift für betriebswirtschaftliche Forschung, 54. Jg. 2002, S. 128-144.

Kürsten, Wolfgang (2003): Grenzen und Reformbedarfe der Sicherheitsäquivalentmethode in der (traditionellen) Unternehmensbewertung, in: Zeitschrift für betriebswirtschaftliche Forschung, 55. Jg. 2003, S. 306-314.

Küting, Karlheinz (1985): Die spartenorientierte Rentabilitäts-(Kapitalergebnis-)Rechnung als Instrument der Unternehmensführung, in: Betriebs-Berater, 40. Jg. 1985, Beilage 8/1985, S. 1-31.

Küting, Karlheinz (2000): Der Geschäfts- oder Firmenwert – ein Spielball der Bilanzpolitik in deutschen Konzernen, in: Die Aktiengesellschaft, 45. Jg. 2000, S. 97-106.

Küting, Karlheinz/Dawo, Sascha (2002): Bilanzpolitische Gestaltungspotenziale im Rahmen der International Accounting Standards (IFRS), in: Steuern und Bilanzen, 4. Jg. 2002, S. 1205-1213.

Küting, Karlheinz/Dawo, Sascha/Wirth, Johannes (2003): Konzeption der außerplanmäßigen Abschreibung im Reformprojekt des IASB, in: Internationale und kapitalmarktorientierte Rechnungslegung, 3. Jg. 2003, S. 177-190.

Küting, Karlheinz/Eidel, Ulrike (1999): Performance Messung und Unternehmensbewertung auf Basis von EVA, in: Die Wirtschaftsprüfung, 52. Jg. 1999, S. 829-838.

Küting, Karlheinz/Hayn, Marc (2006): Anwendungsgrenzen des Gesamtbewertungskonzepts in der IFRS-Rechnungslegung, in: Betriebs-Berater, 61. Jg. 2006, S. 1211-1217.

Küting, Karlheinz/Koch, Christian (2003): Der Goodwill in der deutschen Bilanzierungspraxis, in: Steuern und Bilanzen, 5. Jg. 2003, S. 49-54.

Küting, Karlheinz/Lorson, Peter (1997): Messung der Profitabilität strategischer Geschäftsfelder, in: Controlling, 9. Jg. 1997, S. 4-13.

Küting, Karlheinz/Lorson, Peter (1998a): Anmerkungen zum Spannungsfeld zwischen externen Zielgrößen und internen Steuerungsinstrumenten, in: Betriebs-Berater, 53. Jg. 1998, S. 469-475.

Küting, Karlheinz/Lorson, Peter (1998b): Konvergenz von internem und externem Rechnungswesen: Anmerkungen zu Strategien und Konfliktfeldern, in: Die Wirtschaftsprüfung, 51. Jg. 1998, S. 483-493.

Küting, Karlheinz/Lorson, Peter (1998c): Grundsätze eines Konzernsteuerungskonzepts auf "externer" Basis, in: Betriebs-Berater, 53. Jg. 1998 S. 2251-2258 (Teil I) und S. 2303-2309 (Teil II).

Küting, Karlheinz/Lorson, Peter (1999a): Harmonisierung des Rechnungswesens aus Sicht der externen Rechnungslegung, in: Männel, Wolfgang/Küpper, Hans-Ulrich (Hrsg.): Integration der Unternehmensrechnung (Kostenrechnungspraxis, 43. Jg. 1999. Sonderheft 3), Wiesbaden 1999, S. 47-58.

Küting, Karlheinz/Lorson, Peter (1999b): Konzernrechnungslegung: Ein neues Aufgabengebiet des Controllers?, in: Controlling, 11. Jg. 1999, S. 215-222.

Küting, Karlheinz/Ranker, Daniel/Wohlgemuth, Frank (2004): Auswirkungen von Basel II auf die Praxis der Rechnungslegung, in: FinanzBetrieb, 4. Jg. 2002, S. 93-104.

Küting, Karlheinz/Weber, Claus-Peter/Wirth, Johannes (2001): Die neue Goodwillbilanzierung nach SFAS 142, in: Internationale und kapitalmarktorientierte Rechnungslegung, 1. Jg. 2001, S. 185-198.

Küting, Karlheinz/Wirth, Johannes (2003): Richtungswechsel bei der Überarbeitung des Werthaltigkeitstests nach IAS 36, in: Deutsches Steuerrecht, 41. Jg. 2003, S. 1848-1852.

Küting, Karlheinz/Wirth, Johannes (2004): Bilanzierung von Unternehmenszusammenschlüssen nach IFRS 3, in: Internationale und kapitalmarktorientierte Rechnungslegung, 4. Jg. 2004, S. 167-177.

Küting, Karlheinz/Wirth, Johannes (2005): Full Goodwill Approach des Exposure Draft zu IFRS 3, in: Betriebs-Berater, 60. Jg., Beilage 10/2005, S. 2-9.

Laas, Tim (2004): Steuerung internationaler Konzerne, Frankfurt a.M. et al. 2004, zugl. Diss., Mannheim 2003.

Laas, Tim (2006): Werthaltigkeitsprüfungen für Unternehmensanteile in der Rechnungslegung, in: Der Betrieb, 59. Jg. 2006, S. 457-464.

Lachnit, Laurenz et al. (1999): Geschäfts- oder Firmenwert als Problem der Konzernabschlußanalyse, in: Die Wirtschafsprüfung, 52. Jg. 1999, S. 677-688.

Lachnit, Laurenz/Ammann, Helmut (2003): Erhöhte Klarheit über die Erfolgslage von Unternehmen durch neuere Erfolgsbegriffe?, in: Controlling, 15. Jg. 2003, S. 389-398.

Laitenberger, Jörg (2003): Kapitalkosten, Finanzierungsprämissen und Einkommensteuer, in: Zeitschrift für Betriebswirtschaft, 73. Jg. 2003, S. 1221-1239.

Laitenberger, Jörg (2004): Semi-subjektive Bewertung und intertemporales Hedging, Eine Anmerkung zu dem Beitrag „Semi-subjektive Bewertung" von Lutz Kruschwitz und Andreas Löffler, in: Zeitschrift für Betriebswirtschaft, 74. Jg. 2004, S. 1103-1112.

Laitenberger, Jörg/Bahr, Christian (2002): Die Bedeutung der Einkommensteuer bei der Unternehmensbewertung, in: FinanzBetrieb, 4. Jg. 2002, S. 703-708.

Laitenberger, Jörg/Tschöpel, Andreas (2003): Vollausschüttung und Halbeinkünfteverfahren, in: Die Wirtschaftsprüfung, 56. Jg. 2003, S. 1357-1367.

Lange, Christoph (1989): Jahresabschlußinformationen und Unternehmensbeurteilung, Stuttgart 1989, zugl. Habil., Dortmund 1989.

Lattwein, Johannes (2002): Wertorientierte strategische Steuerung, Wiesbaden 2002, zugl. Diss., Dortmund 2001.

Laux, Helmut (2006a): Unternehmensrechnung, Anreiz und Kontrolle, 3. Aufl., Berlin et al. 2006.

Laux, Helmut (2006b): Wertorientierte Unternehmenssteuerung und Kapitalmarkt, 2. Aufl., Berlin et al. 2006.

Laux, Helmut/Liermann, Felix (1986): Grundfragen der Erfolgskontrolle, Berlin et al. 1986.

Laux, Helmut/Liermann, Felix (1990): Grundlagen der Organisation, 2. Aufl., Berlin et al. 1990.

Leibfried, Peter/Fassnach, Andreas (2007): Unternehmenserwerb und Kaufpreisallokation, in: Internationale und kapitalmarktorientierte Rechnungslegung, 7. Jg. 2007, S. 48-57.

Leibfried, Peter/Meixner, Philipp (2006): Konvergenz der Rechnungslegung, in: Der Schweizer Treuhänder, 80. Jg. 2006, S. 210-215.

Leuthier, Rainer (1988): Das Interdependenzproblem bei der Unternehmensbewertung, Frankfurt a.M. et al. 1988, zugl. Diss., Hannover 1988.

Lev, Baruch (2003): Intangibles at a Crossroads, in: Controlling, 15. Jg. 2003, S. 121-127.

Lewis, Thomas G. (1994): Steigerung des Unternehmenswertes, Landsberg a.L. 1994.

Lewis, Thomas G. (1995): Steigerung des Unternehmenswertes, 2. Aufl., Landsberg a.L. 1995.

Lewis, Thomas G./Lehmann, Steffen (1992): Überlegene Investitionsentscheidungen durch CFROI, in: Betriebswirtschaftliche Forschung und Praxis, 44. Jg. 1992, S. 1-13.

Liedl, Reinhard (1988): Eigenkapitalorientierte Investitionsrechnung bei Bertelsmann, in: Zeitschrift für betriebswirtschaftliche Forschung, 40. Jg. 1988, S. 172-182.

Lienau, Achim/Zülch, Henning (2006): Die Ermittlung des value in use nach IFRS, in: Internationale und kapitalmarktorientierte Rechnungslegung, 6. Jg. 2006, S. 319-329.

Linsmeier, Thomas J./Pearson, Neil D. (2000): Value at Risk, in: Financial Analysts Journal, Vol. 56 (2) 2000, S. 47-67.

Lintner, John (1965): The Valuation of Risk Assets and the Selection of Risky Investments in Stock Portfolios and Capital Budgets, in: The Review of Economics and Statistics, Vol. 47 1965, S. 13-37.

Lobe, Sebastian (2006): Unternehmensbewertung und terminal value, Frankfurt a.M. et al. 2006, zugl. Diss., Regensburg 2004.

Löffler, Andreas (2001): A μ-σ-Risk Aversion Paradox and Wealth Dependent Utility, in: Journal of Risk and Uncertainty, Vol. 22 2001, S. 57-73.

Löhr, Dirk (1994): Die Grenzen des Ertragswertverfahrens: Kritik und Perspektiven, Frankfurt a.M. et al. 1994, zugl. Diss., Bochum 1993.

Lopatta, Kerstin (2006): Goodwillbilanzierung und Informationsvermittlung nach internationalen Rechnungslegungsstandards, Wiesbaden 2006, zugl. Diss., Frankfurt a.M. 2005.

Lorson, Peter (1999): Shareholder Value-Ansätze, in: Der Betrieb, 52. Jg. 1999, S. 1329-1339.

Lorson, Peter (2004a): Auswirkungen von Shareholder-Value-Konzepten auf die Bewertung und Steuerung ganzer Unternehmen, Herne/Berlin 2004, zugl. Habil., Saarbrücken 2003.

Lorson, Peter (2004b): IFRS-basierte Wertberichterstattung – Ein Beitrag zu einer intern-extern harmonisierten Shareholder Value-Konzeption, in: Küting, Karlheinz (Hrsg.): Herausforderungen und Chancen durch weltweite Rechnungslegungsstandards: Kapitalmarktorientierte Rechnungslegung und integrierte Unternehmenssteuerung, Stuttgart 2004, S. 115-147.

Lorson, Peter C./Heiden, Matthias (2002): Intellectual Capital Statement und Goodwill-Impairment, in: Seicht, Gerhard (Hrsg.), Jahrbuch für Controlling und Rechnungswesen 2002, Wien 2002, S. 369-403.

Lorson, Peter/Schedler, Jens (2002): Unternehmenswertorientierung von Unternehmensrechnung, Finanzberichterstattung und Jahresabschlussanalyse, in: Küting, Karlheinz/Weber, Claus-Peter (Hrsg.): Das Rechnungswesen im Konzern – Vom Financial Accounting zum Business Reporting, Stuttgart 2002, S. 253-294.

Löw, Edgar (1999): Einfluß des Shareholder Value-Denkens auf die Konvergenz von externem und internem Rechnungswesen, in: Männel, Wolfgang/Küpper, Hans-Ulrich (Hrsg.): Integration der Unternehmensrechnung (Kostenrechnungspraxis, 43. Jg. 1999, Sonderheft 3), Wiesbaden 1999, S. 87-92.

Lücke, Wolfgang (1955): Investitionsrechnungen auf der Grundlage von Ausgaben oder Kosten?, in: Zeitschrift für handelswissenschaftliche Forschung, 7. Jg. 1955, S. 310-324.

Lücke, Wolfgang (1993): Rechnungswesen, in: Chmielewicz, Klaus/Schweitzer, Marcell (Hrsg.): Handwörterbuch des Rechnungswesens, 3. Aufl., Stuttgart 1993, Sp. 1686-1703.

Lücke, Wolfgang (2004): Möglichkeiten einer zukunftsbezogenen Bilanzierung aus diskontierten Cash Flows, in: Seicht, Gerhard (Hrsg.): Jahrbuch für Controlling und Rechnungswesen 2004, Wien 2004, S. 301-329.

Lüdenbach, Norbert/Frowein, Nils (2003): Der Goodwill-Impairment-Test aus Sicht der Rechnungslegungspraxis, in: Der Betrieb, 56. Jg. 2003, S. 217-223.

Lüdenbach, Norbert/Hoffmann, Wolf-Dieter (2004): Strukturelle Probleme bei der Implementierung des Goodwill-Impairment-Tests – Der Ansatz von IAS 36 im Vergleich zu US-GAAP –, in: Die Wirtschaftsprüfung, 57. Jg. 2004, S. 1068-1077.

Lüdenbach, Norbert/Hoffmann, Wolf-Dieter (2007a): § 1 Rahmenkonzept (Framework), in: Lüdenbach, Norbert/Hoffmann, Wolf-Dieter (Hrsg.) (2007): Haufe IFRS-Kommentar, 5. Aufl., Freiburg i.Br. et al. 2007, S. 27-84.

Lüdenbach, Norbert/Hoffmann, Wolf-Dieter (2007b): Der IFRS-Konzernabschluss als Bestandteil der Steuerbemessungsgrundlage für die Zinsschranke nach § 4h EStG-E, in: Deutsches Steuerrecht, 45. Jg. 2007, S. 636-642.

Lüdenbach, Norbert/Schulz, Robert (2002): Unternehmensbewertung für Bilanzierungszwecke – Neue Herausforderungen für den Berufsstand durch den impairment-Ansatz von FAS 142? –, in: Die Wirtschaftsprüfung, 55. Jg. 2002, S. 489-499.

Lüder, Klaus (1969): Investment-Center-Kontrollverfahren zur Steuerung dezentralisierter Großunternehmen, in: Layer, Manfred/Strebel, Heinz (Hrsg.): Rechnungswesen und Betriebswirtschaftspolitik (FS Gerhard Krüger), Berlin 1969, S. 305-319.

Lühn, Andreas/Lühn, Michael (2007): Vergleich der Besteuerung von Personenunternehmen und Kapitalgesellschaften nach der Unternehmenssteuerreform 2008, in: Steuern und Bilanzen, 9. Jg. 2007, S. 253-259.

Mackenstedt, Andreas/Fladung, Hans-Dieter/Himmel, Holger (2006): Ausgewählte Aspekte bei der Bestimmung beizulegender Zeitwerte nach IFRS 3, in: Die Wirtschaftsprüfung, 59. Jg. 2006, S. 1037-1048.

Madrian, Jens/Auerbach, Jan (2004): Zum Risikokalkül in der Unternehmensbewertung, in: Littkemann, Jörn/Zündorf, Horst (Hrsg.): Beteiligungscontrolling, Herne/Berlin 2004, S. 381-404.

Madrian, Jens/Schulte, Klaus (2004): M&A-Valuation im Akquisitionsprozess in: Littkemann, Jörn/Zündorf, Horst (Hrsg.): Beteiligungscontrolling, Herne/Berlin 2004, S. 307-336.

Mag, Wolfgang (1995): Unternehmensplanung, München 1995.

Mai, Jan M. (2006): Mehrperiodige Bewertung mit dem TAX-CAPM und Kapitalkostenkonzept, in: Zeitschrift für Betriebswirtschaft, 76. Jg. 2006, S. 1225-1253.

Maleri, Rudolf (1997): Grundlagen der Dienstleistungsproduktion, 4. Aufl., Berlin/Heidelberg 1997.

Mandl, Gerwald (2005): Zur Berücksichtigung des Risikos bei der Ermittlung des Nutzungswerts gemäß IAS 36: Darstellung und Kritik, in: Schneider, Dieter et al. (Hrsg.): Kritisches zu Rechnungslegung und Unternehmensbesteuerung (FS Theodor Siegel), Berlin 2005, S. 139-159.

Mandl, Gerwald/Rabel, Klaus (1997): Unternehmensbewertung, Wien 1997.

Mandl, Gerwald/Rabel, Klaus (2005a): Der objektivierte Unternehmenswert im Lichte einer normorientierten Bewertung, in: Siegel, Theodor et al. (Hrsg.): Unternehmungen, Versicherungen und Rechnungswesen (FS Dieter Rückle), Berlin 2005, S. 45-66.

Mandl, Gerwald/Rabel, Klaus (2005b): Methoden der Unternehmensbewertung, in: Peemöller, Volker H. (Hrsg.): Praxishandbuch der Unternehmensbewertung, 3. Aufl., Herne/Berlin 2005, S. 47-88.

Männel, Wolfgang (1999): Harmonisierung des Rechnungswesens für ein integriertes Ergebniscontrolling, in: Männel, Wolfgang/Küpper, Hans-Ulrich (Hrsg.): Integration der Unternehmensrechnung (Kostenrechnungspraxis, 43. Jg. 1999, Sonderheft 3), Wiesbaden 1999, S. 13-30.

Männel, Wolfgang/Küpper, Hans-Ulrich (1999): Integration der Unternehmensrechnung (Kostenrechnungspraxis, 46. Jg. 1999, Sonderheft 3), Wiesbaden 1999.

Mansch, Helmut (2006): Bilanzierung und Controlling im Rahmen der langfristigen Auftragsfertigung, in: Wagenhofer, Alfred (Hrsg.): Controlling und IFRS-Rechnungslegung, Berlin 2006, S. 105-122.

Markowitz, Harry M. (1952): Portfolio Selection, in: Journal of Finance, Vol. 7 1952, S. 77-91.

Matschke, Manfred J. (1969): Der Kompromiß als betriebswirtschaftliches Problem bei der Preisfestsetzung eines Gutachters im Rahmen der Unternehmensbewertung, in: Zeitschrift für betriebswirtschaftliche Forschung, 21. Jg. 1969, S. 57-77.

Matschke, Manfred J. (1971): Der Arbitrium- oder Schiedsspruchwert der Unternehmung – Zur Vermittlerfunktion eines unparteiischen Gutachters bei der Unternehmensbewertung, in: Betriebswirtschaftliche Forschung und Praxis, 23. Jg. 1971, S. 508-520.

Matschke, Manfred J. (1975): Der Entscheidungswert der Unternehmung, Wiesbaden 1975.

Matschke, Manfred J. (1979): Funktionale Unternehmensbewertung, Bd. II, Der Arbitriumwert der Unternehmung, Wiesbaden 1979.

Matschke, Manfred J./Brösel, Gerrit (2005): Unternehmensbewertung, Wiesbaden 2005.

Matschke, Manfred J./Brösel, Gerrit (2006): Unternehmensbewertung, 2. Aufl., Wiesbaden 2006.

McNulty, James J./Yeh, Tony D./Lubatkin, Michael H. (2003): Wie hoch sind Ihre Kapitalkosten wirklich?, Harvard Business Manager, 26. Jg. 2003, S. 68-77.

Meffert, Heribert (2000): Marketing: Grundlagen marktorientierter Unternehmensführung, Konzepte – Instrumente – Praxisbeispiele, 9. Aufl., Wiesbaden 2000.

Meichelbeck, Andrea (1997): Unternehmensbewertung im Konzern: Rahmenbedingungen und Konzeption einer entscheidungsorientierten konzerndimensionalen Unternehmensbewertung, München 1997, zugl. Diss., Erlangen/Nürnberg 1997.

Meichelbeck, Andrea (2005): Unternehmensbewertung im Konzern, in: Peemöller, Volker H. (Hrsg.): Praxishandbuch der Unternehmensbewertung, 3. Aufl., Herne/Berlin 2005, S. 429-457.

Meier, Hanno (2001): Wertorientiertes Beteiligungs-Controlling, Wiesbaden 2001, zugl. Diss., Bremen 2001.

Meinhövel, Harald (1999): Defizite der Principal-Agent-Theorie, Lohmar et al. 1999, zugl. Diss., Bochum 1998.

Melcher, Winfried (2002): Konvergenz von internem und externem Rechnungswesen, Hamburg 2002, zugl. Diss., Rostock 2002.

Menn, Bernd-Joachim (1995): Spartenorientierte Kapitalergebnisrechnung im Bayer-Konzern, in: Küting, Karlheinz/Weber, Claus-Peter (Hrsg.): Das Rechnungswesen im Konzern, Intern-Extern, Stuttgart 1995, S. 217-234.

Merker, Christian (2007): Überblick über den Regierungsentwurf des Unternehmensteuerreformgesetzes 2008, in: Steuern und Bilanzen, 9. Jg. 2007, S. 247-252.

Middelmann, Ulrich (2000): Wertmanagement in einem internationalen Konzern, in: Berens, Wolfgang/Born, Axel/Hoffjan, Andreas (Hrsg.): Controlling international tätiger Unternehmen, Stuttgart 2000, S. 321-342.

Milburn, Alex J. (1988): Incorporating the time value of money within financial accounting, Toronto 1988.

Modigliani, Franco/Miller, Merton H. (1958): The Cost of Capital, Corporation Finance and the Theory of Investment, in: The American Economic Review, Vol. 48 1958, S. 261-297.

Modigliani, Franco/Miller, Merton H. (1963): Corporate Income Taxes and the Cost of Capital: A Correction, in: The American Economic Review, Vol. 53 1963, S. 433-443.

Mohnen, Alwine/Bareket, Moshe (2007): Performance measurement for investment decisions under capital constraints, in: Review of Accounting Studies, Vol. 12 (1), S. 1-22.

Moser, Ulrich (2000): Unternehmensbewertung: Die Bewertung von Konzernen auf Basis konsolidierter Planungsrechnungen, in: FinanzBetrieb, 2. Jg. 2000, S. 274-284.

Moser, Ulrich/Auge-Dickhut, Stefanie (2003): Unternehmensbewertung: Zum Zusammenhang zwischen Vergleichsverfahren und DCF-Verfahren, in: FinanzBetrieb, 5. Jg. 2003, S. 213-223.

Moxter, Adolf (1966): Die Grundsätze ordnungsgemäßer Bilanzierung und der Stand der Bilanztheorie, in: Zeitschrift für betriebswirtschaftliche Forschung, 18. Jg. 1966, S. 28-59.

Moxter, Adolf (1974): Bilanzlehre, Wiesbaden 1974.

Moxter, Adolf (1976a): Bilanzlehre, 2. Aufl., Wiesbaden 1976.

Moxter, Adolf (1976b): Grundsätze ordnungsmäßiger Unternehmensbewertung, Wiesbaden 1976.

Moxter, Adolf (1982): Betriebswirtschaftliche Gewinnermittlung, Tübingen 1982.

Moxter, Adolf (1983): Grundsätze ordnungsgemäßer Unternehmensbewertung, 2. Aufl., Wiesbaden 1983.

Moxter, Adolf (1984): Bilanzlehre, Bd. 1, Einführung in die Bilanztheorie, 3. Aufl., Wiesbaden 1984.

Moxter, Adolf (1998): Zum Verhältnis von rechtlichen und betriebswirtschaftlichen Gewinnkonzeptionen, in: Woratschek, Herbert (Hrsg.): Perspektiven ökonomischen Denkens (FS Rudolf Gümbel), Frankfurt a.M. 1998, S. 217-225.

Moxter, Adolf (1999): Bilanzrechtsprechung, 5. Aufl., Tübingen 1999.

Moxter, Adolf (2000): Rechnungslegungsmythen, in: Betriebs-Berater, 55. Jg. 2000, S. 2143-2149.

Moxter, Adolf (2003): Grundsätze ordnungsgemäßer Rechnungslegung, Düsseldorf 2003.

Mujkanovic, Robin (2002): Fair Value im Financial Statement nach International Accounting Standards, Stuttgart 2002.

Müller, Martin (2006): Harmonisierung des externen und internen Rechnungswesens, Wiesbaden 2006, zugl. Diss., Ulm 2006.

Müller, Stefan (2004): Konvergente Ausgestaltung eines Führungskennzahlensystems, in: Seicht, Gerhard (Hrsg.): Jahrbuch für Controlling und Rechnungswesen 2004, Wien 2004, S. 273-300.

Müller, Stefan/Ordemann, Tammo/Pampel, Jochen R. (2005): Handlungsempfehlungen für die Anwendung der IFRS im Controlling mittelständischer Unternehmen, in: Betriebs-Berater, 60. Jg. 2005, S. 2119-2125.

Müller, Stefan/Peskes, Markus (2006): Konsequenzen der geplanten Änderungen der Segmentberichterstattung nach IFRS für Abschlußerstellung und Unternehmenssteuerung, in: Betriebs-Berater, 61. Jg. 2006, S. 819-825.

Münstermann, Hans (1966): Wert und Bewertung der Unternehmung, Wiesbaden 1966.

Münstermann, Hans (1969) Unternehmensrechnung, Wiesbaden 1969.

Münstermann, Hans (1970): Wert und Bewertung der Unternehmung, 3. Aufl., Wiesbaden 1970.

Myers, Stewart C. (1968): Procedures for Capital Budgeting under Uncertainty, in: Industrial Management Review, Vol. 9 (3) 1968, S. 1-19.

Neubürger, Heinz-Joachim (2000): Wertorientierte Unternehmensführung bei Siemens, in: Zeitschrift für betriebswirtschaftliche Forschung, 52. Jg. 2000, S. 188-196.

Neubürger, Heinz-Joachim (2006): Konvergieren IFRS und US-GAAP? – Erfahrungen aus dem Übergang von US-GAAP auf IFRS, in: Börsig, Clemens/Wagenhofer, Alfred (Hrsg.): IFRS im Rechnungswesen und Controlling, Stuttgart 2006, S. 3-18.

Neus, Werner (2007): Unsicherheitstheorie, in: Köhler, Richard/Küpper, Hans-Ulrich/Pfingsten, Andreas (Hrsg.): Handwörterbuch der Betriebswirtschaft, 6. Aufl., Stuttgart 2007, Sp. 1770-1781.

Niehus, Rudolf J. (2005): Die IFRS auf Deutsch – Fehler und Unzulänglichkeiten in der Übersetzung, Der Betrieb, 58. Jg. 2005, S. 2477-2483.

Nobach, Kai/Zirkler, Bernd (2006): Bedeutung der IFRS für das Controlling, in: Internationale und kapitalmarktorientierte Rechnungslegung, 6. Jg. 2006, S. 737-748.

Nonnenmacher, Rolf (2004): Value Reporting als Erweiterung der internationalen Rechnungslegung? – Zur finanziellen Berichterstattung deutscher Unternehmen –, in: Dirrigl, Hans/Wellisch, Dietmar/Wenger, Ekkehard (Hrsg.): Steuern, Rechnungslegung und Kapitalmarkt (FS Franz W. Wagner), Wiesbaden 2004, S. 149-163.

Nowak, Karsten (2000): Marktorientierte Unternehmensbewertung: Discounted Cash-Flow, Realoption, Economic Value Added und der Direct Comparison Approach, Wiesbaden 2000, zugl. Diss., Mannheim 2000.

Nowak, Thomas (1999): Strategischer Managementprozeß bei Hoechst, in: Rolf Bühner/Klaus Sulzbach (Hrsg.): Wertorientierte Steuerungs- und Führungssysteme, Stuttgart 1999, S. 95-119.

O'Hanlon, John/Peasnell, Ken V. (1998): Wall Street's Contribution to Management Accounting: The Stern Stewart EVA® Financial Management System, in: Management Accounting Research, Vol. 9 1998, S. 421-444.

O'Hanlon, John/Peasnell, Ken V. (2002): Residual Income and Value-Creation: The Missing Link, in: Review of Accounting Studies, Vol. 7, S. 229-245.

Oestreicher, Andreas/Spengel, Christoph (1999): International Accounting Standards, Maßgeblichkeitsprinzip und Besteuerung, in: Der Betrieb, 52. Jg. 1999, S. 593-600.

Ohlms, Dirk/Tomaszewski, Claude/Trützschler, Klaus (2002): Entwicklungstendenzen der Rechnungslegung aus Sicht des Familienunternehmens Haniel, in: Zeitschrift für betriebswirtschaftliche Forschung und Praxis, 54. Jg. 2002, S. 191-203.

Ohlson, James A. (1995): Earnings, Book Values and Dividends in Equity Valuation, in: Contemporary Accounting Research, Vol. 11 1995, S. 661-687.

Ohlson, James A. (2002): Discussion of „Residual Income and Value-Creation: The Missing Link", in: Review of Accounting Studies, Vol. 7, S. 247-251.

Oho, Wolfgang/Eberbach, Christian (2001): Konzernfinanzierung durch Cash-Pooling, in: Der Betrieb, 54. Jg. 2001, S. 825-830.

Olbrich, Michael (2006a): Wertorientiertes Controlling auf Basis des IAS 36?, in: Internationale und kapitalmarktorientierte Rechnungslegung, 6. Jg. 2006, S. 43-44.

Olbrich, Michael (2006b): Nochmals: Zur Fragwürdigkeit eines wertorientierten Controllings auf Basis des IAS 36, in: Internationale und kapitalmarktorientierte Rechnungslegung, 6. Jg. 2006, S. 685-687.

Olbrich, Michael/Brösel, Gerrit (2007): Inkonsistenzen der Zeitwertbilanzierung nach IFRS: Kritik und Abhilfe, in: Der Betrieb, 60. Jg. 2007, S. 1543-1548.

Pape, Ulrich (2004): Wertorientierte Unternehmensführung und Controlling, 3. Aufl., Sternenfels 2004.

Paul, Stephan/Stein, Stefan/Kaltofen, Daniel (2002): Herausforderungen für das Controlling in Kreditinstituten und Unternehmen, in: Controlling, 14. Jg. 2002, S. 533-540.

Peasnell, Ken V. (1982): Some formal connections between economic values and yields and accounting numbers, in: Journal of business finance & accounting, Vol. 9 1982, S. 361-381.

Peasnell, Ken V. (1995a): Analytical Properties of Earned Economic Income, in: British Accounting Review, Vol. 27 1995, S. 5-33.

Peasnell, Ken V. (1995b): Second Thoughts on the Analytical Properties of Earned Economic Income, in: British Accounting Review, Vol. 27 1995, S. 229-239.

Peemöller, Volker H./Beckmann, Christoph/Meitner, Matthias (2005): Einsatz eines Nachsteuer-CAPM bei der Bestimmung objektivierter Unternehmenswerte – eine kritische Analyse des IDW ES 1 n.F., in: Betriebs-Berater, 60. Jg. 2005, S. 90-96.

Peemöller, Volker/Bömelburg, Peter/Denkmann, Andreas (1994): Unternehmensbewertung in Deutschland – Eine empirische Erhebung, Die Wirtschaftsprüfung, 47. Jg. 1994, S. 741-749.

Pellens, Bernhard et al. (2005): Goodwill Impairment Test – ein empirischer Vergleich der IFRS- und US-GAAP-Bilanzierer im deutschen Prime Standard, in: Betriebs-Berater, 60. Jg. 2005, Beilage 10/2005, S. 10-18.

Pellens, Bernhard/Basche, Kerstin/Sellhorn, Thorsten (2003): Full Goodwill Method, in: Internationale und kapitalmarktorientierte Rechnungslegung, 3. Jg. 2003, S. 1-4.

Pellens, Bernhard/Crasselt, Nils/Rockholtz, Carsten (1998): Wertorientierte Entlohnungssysteme für Führungskräfte – Anforderungen und empirische Evidenz, in Pellens, Bernhard (Hrsg.): Unternehmenswertorientierte Entlohnungssysteme, Stuttgart 1998, S. 1-28.

Pellens, Bernhard/Crasselt, Nils/Schremper, Ralf (2002): Berücksichtigung von Geschäftsbereichs-Goodwills bei der wertorientierten Unternehmensführung, in: Böhler, Heymo (Hrsg.): Marketing-Management und Unternehmensführung (FS Richard Köhler), Stuttgart 2002, S. 121-135.

Pellens, Bernhard/Crasselt, Nils/Sellhorn, Thorsten (2002): Bedeutung der neuen Goodwill-Bilanzierung nach US-GAAP für die wertorientierte Unternehmensführung, in: Horváth, Péter, (Hrsg.): Performance Controlling, Stuttgart 2002, S. 131-152.

Pellens, Bernhard/Crasselt, Nils/Sellhorn, Thorsten (2007): Solvenztest zur Ausschüttungsbemessung – Berücksichtigung unsicherer Zukunftserwartungen, in: Zeitschrift für betriebswirtschaftliche Forschung, 59. Jg. 2007, S. 264-283.

Pellens, Bernhard/Fülbier, Rolf U./Gassen, Joachim (2006): Internationale Rechnungslegung, 6. Aufl., Stuttgart 2006.

Pellens, Bernhard/Hillebrandt, Franca/Tomaszewski, Claude (2000): Value Reporting – Eine empirische Analyse der DAX-Unternehmen, in: Wagenhofer, Alfred/Hrebicek, Gerhard (Hrsg.): Wertorientiertes Management – Konzepte und Umsetzungen zur Unternehmenswertsteigerung, Stuttgart 2000, S. 177-207.

Pellens, Bernhard/Jödicke, Dirk/Richard, Marc (2005): Solvenztests als Alternative zur bilanziellen Kapitalerhaltung?, in: Der Betrieb, 58. Jg. 2005, S. 1393-1401.

Pellens, Bernhard/Jödicke, Dirk/Richard, Marc (2006): Solvenztest als Alternative zur bilanziellen Kapitalerhaltung?, in: Winkeljohann, Norbert/Herzig, Norbert (Hrsg.), IFRS für den Mittelstand, Stuttgart, 2006, S. 93-120.

Pellens, Bernhard/Rockholtz, Carsten/Stienemann, Marc (1997): Marktwertorientiertes Konzerncontrolling in Deutschland, in: Der Betrieb, 50. Jg. 1997, S. 1933-1939.

Pellens, Bernhard/Sellhorn, Thorsten (2001): Goodwill-Bilanzierung nach SFAS 141 und 142 für deutsche Unternehmen, in: Der Betrieb, 54. Jg. 2001, S. 1681-1689.

Pellens, Bernhard/Sellhorn, Thorsten (2002): Neue US-Goodwillbilanzierung steht deutschen Unternehmen nun offen, in: Internationale und kapitalmarktorientierte Rechnungslegung, 2. Jg. 2002, S. 113-114.

Pellens, Bernhard/Sellhorn, Thorsten/Amshoff, Holger (2005): Reform der Konzernbilanzierung – Neufassung von IFRS 3 "Business Combinations", in: Der Betrieb, 58. Jg. 2005, S. 1749-1755.

Pellens, Bernhard/Tomaszewski, Claude/Weber, Nicolas (2000): Wertorientierte Unternehmensführung in Deutschland, in: Der Betrieb, 53. Jg. 2000, S. 1825-1833.

Perridon, Louis/Steiner, Manfred (2002): Finanzwirtschaft der Unternehmung, 11. Aufl., München 2002.

Pfaff, Dieter (1994): Zur Notwendigkeit einer eigenständigen Kostenrechnung, in: Zeitschrift für betriebswirtschaftliche Forschung, 46. Jg. 1994, S. 1065-1084.

Pfaff, Dieter (1998): Wertorientierte Unternehmenssteuerung, Investitionsentscheidungen und Anreizprobleme, in: Betriebswirtschaftliche Forschung und Praxis, 50. Jg. 1998, S. 491-516.

Pfaff, Dieter (1999): Kommentar – Residualgewinne und die Steuerung von Anlageninvestitionen, in: Betriebswirtschaftliche Forschung und Praxis, 51. Jg. 1999, S. 65-69.

Pfaff, Dieter (2007): Anreizsysteme, in: Köhler, Richard/Küpper, Hans-Ulrich/Pfingsten, Andreas (Hrsg.): Handwörterbuch der Betriebswirtschaft, 6. Aufl., Stuttgart 2007, Sp. 30-38.

Pfaff, Dieter/Bärtl, Oliver (1997): Shareholder-Value – Eine geeignete Größe für die Beurteilung von Managern?, in: Freidank, Carl-Christian et al. (Hrsg.): Kostenmanagement, Berlin et al. 1997, S. 79-94.

Pfaff, Dieter/Bärtl, Oliver (1999): Wertorientierte Unternehmensführung – ein kritischer Vergleich ausgewählter Konzepte, in: Gebhardt, Günter/Pellens, Bernhard (Hrsg.): Rechnungswesen und Kapitalmarkt (Zeitschrift für betriebswirtschaftliche Forschung, 51. Jg. 1999, Sonderheft 41), Düsseldorf/Frankfurt a.M. 2003, S. 85-115.

Pfaff, Dieter/Schultze, Wolfgang (2006): Beteiligungscontrolling, in: Wagenhofer, Alfred (Hrsg.): Controlling und IFRS-Rechnungslegung, Berlin 2006, S. 123-142.

Pfaff, Dieter/Stefani, Ulrike (2003): Wertorientierte Unternehmensführung, Residualgewinne und Anreizprobleme, in: Franck, Egon/Arnoldussen, Ludger/Jungwirth, Carola (Hrsg.): Marktwertorientierte Unternehmensführung – Anreiz- und Kommunikationsaspekte (Zeitschrift für betriebswirtschaftliche Forschung, 55. Jg. 2003, Sonderheft 50), Düsseldorf/Frankfurt a.M. 2003, S. 51-76.

Pfaff, Dieter/Zweifel, Dieter (1998): Die Principal-Agent Theorie, in: Das Wirtschaftsstudium, 27. Jg. 1998, S. 184-190.

Pfeiffer, Thomas (2006): Zur „Doppelzählungsproblematik" bei der Kapitalkostenbestimmung bei internem Risikoverbund und Kapitalmarktinteraktion, in: Küpper, Hans-Ullrich (Hrsg.): Rechnungslegung, Kapitalmarkt und Unternehmensführung (Zeitschrift für betriebswirtschaftliche Forschung, 58. Jg. 2006, Sonderheft 55), Düsseldorf/Frankfurt a.M. 2006, S. 79-108.

Pfeil, Oliver P./Vater, Hendrik J. (2002): "Die kleine Unternehmensbewertung" oder die neuen Vorschriften zur Goodwill- und Intangible-Bilanzierung nach SFAS No. 141 und SFAS No. 142, in: Internationale und kapitalmarktorientierte Rechnungslegung, 2. Jg. 2002, S. 66-81.

Pfingsten, Florian (1998): Shareholder-Value im Lebenszyklus, Wiesbaden 2003, zugl. Diss., München 1998.

Pfister, Christian (2003): Divisionale Kapitalkosten, Bern/Stuttgart/Wien 2003, zugl. Diss., Zürich 2003.

Pirchegger, Barbara (2001): Aktienkursabhängige Entlohnungssysteme und ihre Anreizwirkungen, Wiesbaden 2001, zugl. Diss., Graz 2001.

Plaschke, Frank J. (2003): Wertorientierte Management-Incentivesysteme als Basis interner Wertkennzahlen, Wiesbaden 2003, zugl. Diss., Dresden 2002.

Plinke, Wulff/Rese, Mario (2006): Industrielle Kostenrechnung, 7. Aufl., Berlin et al. 2006.

Pluskat, Sorika (2001): Akquisitionsmodelle beim Erwerb einer Kapitalgesellschaft nach der Unternehmenssteuerreform, in: Der Betrieb, 54. Jg. 2001, S. 2215-2222.

Poensgen, Otto H. (1973): Geschäftsbereichsorganisation, Opladen 1973.

Preinreich, Gabriel A. (1937): Valuation and Amortization, in: The Accounting Review, Vol. 12 1937, S. 209-226.

Preinreich, Gabriel A. (1938): Annual Survey of Economic Theory: The Theory of Depreciation, in: Econometrica, Vol. 6 1938, S. 219-241.

Preinreich, Gabriel A. (1939): Economic Theories of Goodwill, in: Journal of Accountancy, Vol. 68 1939, S. 169-180.

Prokop, Jörg (2004): Der Einsatz des Residualgewinnmodells im Rahmen der Unternehmensbewertung nach IDW S 1, in: FinanzBetrieb, 6. Jg. 2004, S. 188-193.

Protzek, Heribert (2003): Der Impairment Only-Ansatz – Wider der Vernunft, in: Internationale und kapitalmarktorientierte Rechnungslegung, 3. Jg. 2003, S. 495-502.

Ramsey, Frank P. (1931): The foundations of mathematics and other logical essays, London 1931.

Rapp, Marc S./Schwetzler, Bernhard (2007): Das Nachsteuer-CAPM im Mehrperiodenkontext, in: FinanzBetrieb, 9. Jg. 2007, S. 108-116.

Rappaport, Alfred (1986): Creating Shareholder Value, New York 1986.

Rappaport, Alfred (1995): Shareholder Value: Wertsteigerung als Maßstab für die Unternehmensführung, Stuttgart 1995.

Rappaport, Alfred (1998): Creating Shareholder Value, 2. Aufl., New York 1998.

Rappaport, Alfred/Sirower, Mark L. (1999): Stock or Cash? The Trade-Offs for Buyers and Sellers in Mergers and Acquisitions, in: Harvard Business Review, Vol. 77 (6) 1999, S. 147-158.

Reichelstein, Stefan (1997): Investment Decisions and Managerial Performance Evaluation, in: Review of Accounting Studies, Vol. 2 1997, S. 157-180.

Reichelstein, Stefan (2000): Providing Managerial Incentives: Cash Flows versus Accrual Accounting, in: Journal of Accounting Research, Vol. 38 2000, S. 243-269.

Reichling, Peter/Spengler, Thomas/Vogt, Bodo (2006): Sicherheitsäquivalente, Wertadditivität und Risikoneutralität, in: Zeitschrift für Betriebswirtschaft, 76. Jg. 2006. S. 759-769.

Reichmann, Thomas (2006): Controlling mit Kennzahlen und Management-Tools, München 2006.

Reuter, Axel L. (1970): Die Berücksichtigung des Risikos bei der Bewertung von Unternehmen, in: Die Wirtschaftsprüfung, 23. Jg. 1970, S. 265-270.

Richter, Frank (1996): Konzeption eines marktwertorientierten Steuerungs- und Monitoringsystems, Frankfurt a.M. et al. 1996, zugl. Diss., Regensburg 1996.

Richter, Frank (1998): Unternehmensbewertung bei variablem Verschuldungsgrad, in: Zeitschrift für Bankrecht und Bankwirtschaft, 10. Jg. 1998, S. 379-389.

Richter, Frank (2002a): Kapitalmarktorientierte Unternehmensbewertung, Frankfurt a.M. 2002.

Richter, Frank (2002b): Erfolgspotenzial, in: Küpper, Hans-Ulrich/Wagenhofer, Alfred (Hrsg.): Handwörterbuch Unternehmensrechnung und Controlling, 4. Aufl., Stuttgart 2002, Sp. 411-419.

Richter, Frank (2003): Relativer Unternehmenswert und Einkommensteuer oder: Was ist paradox am Steuerparadoxon?, in: Richter, Frank/Schüler, Andreas/Schwetzler, Bernhard (Hrsg.): Kapitalgeberansprüche, Marktwertorientierung und Unternehmenswert (FS Jochen Drukarczyk), München 2003, S. 307-329.

Richter, Frank (2004): Valuation with or without personal income taxes?, in: schmalenbach business review, 56. Jg. 2004, S. 20-45.

Richter, Frank (2005): Mergers & Acquisitions, München 2005.

Richter, Frank/Honold, Dirk (2000): Das Schöne, das Unattraktive und das Hässliche an EVA & Co., in: FinanzBetrieb, 2. Jg. 2000, S. 265-274.

Richter, Michael (2004): Die Bewertung des Goodwill nach SFAS No. 141 und SFAS No. 142, Düsseldorf 2004, zugl. Diss., Münster 2003.

Riedl, Jens B. (2000): Unternehmungswertorientiertes Performance Measurement, Wiesbaden 2000, zugl. Diss., Oestrich-Winkel 2000.

Rieger, Wilhelm (1928): Einführung in die Privatwirtschaftslehre, Nürnberg 1928.

Robichek, Alexander A./Myers, Stewart C. (1976): Conceptual Problems in the Use of Risk-Adjusted Discounted Rates, in: Myers, Stewart C. (Hrsg.): Modern Developments in Financial Management, New York 1976, S. 306-309.

Röder, Klaus/Müller, Sarah (2001): Mehrperiodige Anwendung des CAPM im Rahmen von DCF-Verfahren, in: FinanzBetrieb, 3. Jg. 2001, S. 225-233.

Rogerson, William P. (1997): Intertemporal Cost Allocation and Managerial Investment Incentives: A Theory Explaining the Use of Economic Value Added as a Performance Measure, in: Journal of Political Economy, Vol. 105 1997, S. 770-795.

Roos, Alexander/Stelter, Daniel (1999): Die Komponenten eines integrierten Wertmanagementsystems, in: Controlling, 11. Jg. 1999, S. 301-307.

Röttger, Bernhard (1994): Das Konzept des Added Value als Maßstab für finanzielle Performance, Kiel 1994, zugl. Diss., Kiel 1993.

Rückle, Dieter (2005): Transparenzdefizite in der Anlegerinformation, in: Schneider, Dieter et al. (Hrsg.): Kritisches zu Rechnungslegung und Unternehmensbesteuerung (FS Theodor Siegel), Berlin 2005, S. 275-297.

Rudolph, Bernd (2000): Ökonomische Gesichtspunkte für die Wahl der Akquisitionswährung und Akquisitionsfinanzierung, in: Picot, Arnold/Nordmeyer, Andreas/Pribilla, Peter (Hrsg.): Management von Akquisitionen, Stuttgart 2000, S. 131-151.

Ruhnke, Klaus (2005a): ERIC: Neue Kennzahl, neues Glück?, in: Betriebs-Berater, 60. Jg. 2005, Heft 9, S. 1.

Ruhnke, Klaus (2005b): Rechnungslegung nach IFRS und HGB, Stuttgart 2005.

Ruhser, Anne-Kathrin (2004): Zweifelsfragen des §8a KStG bei Cash Pooling im Konzern, in: Deutsches Steuerrecht, 42. Jg. 2004, S. 2034-2038.

Ruhwedel, Franca/Schultze, Wolfgang (2002): Value Reporting – Theoretische Konzeption und Umsetzung bei den DAX100-Unternehmen, in: Zeitschrift für betriebswirtschaftliche Forschung, 54. Jg. 2002, S. 602-632.

Ruhwedel, Franca/Schultze, Wolfgang (2004): Konzeption des Value Reporting und Beitrag zur Konvergenz im Rechnungswesen, in: Controlling, 16. Jg. 2004, S. 489-495.

Schaefer, Otto M. (2002): Performance Measures in Value Management, Berlin 2002, zugl. Diss., Hamburg 2001.

Schäffer, Utz (2007): Kontrolle, in: Köhler, Richard/Küpper, Hans-Ulrich/Pfingsten, Andreas (Hrsg.): Handwörterbuch der Betriebswirtschaft, 6. Aufl., Stuttgart 2007, Sp. 937-945.

Schäffer, Utz/Weber Jürgen (2005): Bereichscontrolling, Stuttgart 2005.

Schaier, Sven (2005): „IAS/IFRS im Controlling", in: Zeitschrift für Controlling & Management, 49. Jg. 2005, S. 118-119.

Schaier, Sven (2007): Konvergenz von internem und externem Rechnungswesen, Wiesbaden 2007, zugl. Diss., Koblenz 2007.

Schall, Lawrence D. (1972): Asset valuation, firm investment, and firm diversification, in Journal of Business, Vol. 45 1972, S. 11-28.

Schauenberg, Bernd (1985): Jenseits von Logik und Empirie: Anmerkungen zur Pragmatik betriebswirtschaftlicher Entscheidungstheorie, in: Stöppler, Siegmar (Hrsg.): Information und Produktion (FS Waldemar Wittmann), Stuttgart 1985, S. 277-292.

Scheunemann, Marc P./Socher, Oliver (2007): Zinsschranke beim Leveraged Buy-out, in: Betriebs-Berater, 62. Jg. 2007, S. 1144-1151.

Schildbach, Thomas (1995): Entwicklungslinien in der Kosten- und internen Unternehmensrechnung, in: Wagner, Franz W./Schildbach, Thomas (Hrsg.): Unternehmensrechnung als Instrument der internen Steuerung (Zeitschrift für betriebswirtschaftliche Forschung, 47. Jg. 1995, Sonderheft 34) Düsseldorf/Frankfurt a.M. 1995, S. 1-18.

Schildbach, Thomas (1997): Zeitbewertung, Gewinnkonzeptionen und Informationsgehalt – Stellungnahme zu „Financial Assets and Liabilities – Fair Value or Historical Cost?", in: Die Wirtschaftsprüfung, 52. Jg. 1999, S. 177-185.

Schildbach, Thomas (1998): Ist die Kölner Funktionenlehre der Unternehmensbewertung durch die Discounted Cash-flow-Verfahren überholt?, in: Matschke, Manfred J./Schildbach, Thomas (Hrsg.): Unternehmensberatung und Wirtschaftsprüfung (FS Günter Sieben), Stuttgart 1998, S. 301-322.

Schildbach, Thomas (2002): US-GAAP: Amerikanische Rechnungslegung und ihre Grundlagen, 2. Aufl., München 2002.

Schildbach, Thomas (2003): Prinzipienorientierung – wirksamer Schutz gegen Enronitis?, in: Betriebswirtschaftliche Forschung und Praxis, 55. Jg. 2003, S. 247-266.

Schildbach, Thomas (2004): Bilanzierung zum „fair value" – Zukunft der Rechnungslegung, in: Wildemann, Horst (Hrsg.): Personal und Organisation (FS Rolf Bühner), München 2004, S. 845-863.

Schildbach, Thomas (2005): Das System der IAS/IFRS in der EU: Charakter und Probleme, in: Schneider, Dieter et al. (Hrsg.): Kritisches zu Rechnungslegung und Unternehmensbesteuerung (FS Theodor Siegel), Berlin 2005, S. 45-63.

Schildbach, Thomas (2007): IFRS – Irre Führendes Rechnungslegungs-System, in: Zeitschrift für Internationale Rechnungslegung, 2. Jg. 2007, S. 9-16 (Teil I) und S. 91-98 (Teil II).

Schmalenbach, Eugen (1934): Selbstkostenrechnung und Preispolitik, 6. Aufl., Leipzig 1934.

Schmalenbach, Eugen (1962): Dynamische Bilanz, 13. Aufl., Köln/Opladen 1962

Schmidbauer, Rainer (1998): Konzeption eines unternehmenswertorientierten Beteiligungs-Controlling im Konzern, Frankfurt a.M. et al. 1998, zugl. Diss., Frankfurt a.d.O. 1998.

Schmidbauer, Rainer (1999): Vergleich der wertorientierten Steuerungskonzepte im Hinblick auf die Anwendbarkeit im Konzern-Controlling, in: FinanzBetrieb, 1. Jg. 1999, S. 365-377.

Schmidbauer, Rainer (2000): Risikomanagement im Kontext wertorientierter Unternehmensführung, in: Der Betrieb, 53. Jg. 2000, S. 153-162.

Schmidbauer, Rainer (2003): Das EVA-Konzept: Attraktiv oder hässlich im Sinne einer unternehmenswertorientierten Unternehmenssteuerung?, in: Deutsches Steuerrecht, 41. Jg. 2003, S. 1408-1414.

Schmidbauer, Rainer (2004): Marktbewertung mithilfe von Multiplikatoren im Spiegel des Discounted-Cashflow-Ansatzes, in: Betriebs-Berater, 59. Jg. 2004, S. 148-153.

Schmidt, Johannes G. (1995): Die Discounted Cash-flow-Methode – nur eine kleine Abwandlung der Ertragswertmethode?, in: Zeitschrift für betriebswirtschaftliche Forschung, 47. Jg. 1995, S. 1088-1118.

Schmidt, Matthias (1998): Die Folgebewertung des Sachanlagevermögens nach den International Accounting Standards, in: Die Wirtschaftsprüfung, 51. Jg. 1998, S. 808-816.

Schmidt, Reinhard H./Terberger, Eva (1997): Grundzüge der Investitions- und Finanzierungstheorie, 4. Aufl., Wiesbaden 1997.

Schmitt, Dirk/Dausend, Florian (2006): Unternehmensbewertung mit dem TAX CAPM, in: FinanzBetrieb, 8. Jg. 2006, S. 233-242.

Schmusch, Matthias/Laas, Tim (2006): Werthaltigkeitsprüfungen nach IAS in der Interpretation von IDW RS HFA 16, in: Die Wirtschaftsprüfung, 59. Jg. 2006, S. 1048-1060.

Schneeweiß, Hans (1967): Entscheidungskriterien bei Risiko, Berlin et al. 1967, zugl. Habil., Saarbrücken 1964.

Schneider, Dieter (1963): Bilanzgewinn und ökonomische Theorie, in: Zeitschrift für handelswissenschaftliche Forschung, 15. Jg. 1963, S. 457-474.

Schneider, Dieter (1968): Ausschüttungsfähiger Gewinn und das Minimum an Selbstfinanzierung, in: Zeitschrift für betriebswirtschaftliche Forschung, 20. Jg. 1968, S. 1-29.

Schneider, Dieter (1971): Aktienrechtlicher Gewinn und ausschüttungsfähiger Betrag, in: Die Wirtschaftsprüfung, 24. Jg. 1971, S. 607-617.

Schneider, Dieter (1980): Investition und Finanzierung, 5. Aufl., Wiesbaden 1980.

Schneider, Dieter (1988): Grundsätze anreizverträglicher innerbetrieblicher Erfolgsrechnung zur Steuerung und Kontrolle von Fertigungs- und Vertriebsentscheidungen, in: Zeitschrift für Betriebswirtschaft, 58. Jg. 1988, S. 1181-1192.

Schneider, Dieter (1992): Investition, Finanzierung und Besteuerung, 7. Aufl., Wiesbaden 1992.

Schneider, Dieter (1995a): Betriebswirtschaftslehre, Bd. 1: Grundlagen, 2. Aufl., München, Wien 1995.

Schneider, Dieter (1995b): Unternehmensdimensionierung und Unsicherheitsverringerung, in: Bühner, Rolf/Haase, Klaus D./Wilhelm, Jochen (Hrsg.): Die Dimensionierung des Unternehmens, Stuttgart 1995, S. 45-59.

Schneider, Dieter (1997): Betriebswirtschaftslehre, Bd. 2: Rechnungswesen, 2. Aufl., München/Wien 1997.

Schneider, Dieter (1998): Marktwertorientierte Unternehmensrechnung: Pegasus mit Klumpfuß, in: Der Betrieb, 51. Jg. 1998, S. 1473-1478.

Schneider, Dieter (2001a): Betriebswirtschaftslehre, Bd. 4: Geschichte und Methoden der Wirtschaftswissenschaft, München/Wien 2001.

Schneider, Dieter (2001b): Oh, EVA, EVA, schlimmes Weib: Zur Fragwürdigkeit einer Zielvorgabe-Kennzahl nach Steuern im Konzerncontrolling, in: Der Betrieb, 54. Jg. 2001, S. 2509-2514.

Schneider, Dieter (2002): EVA als gegen Shareholder Value gerichtetes Sprücheklopfen zur Unternehmenssteuerung, in: Der Betrieb, 55. Jg., 2002, S. 2666-2667.

Scholze, Andreas/Wielenberg, Stefan (2007): Depreciation and Impairment: A Tradeoff in a Stewardship Setting, Diskussionspapiere der Fakultät für Wirtschaftswissenschaften Universität Bielefeld, Nr. 566 / Juni 2007. URL: http://bieson.ub.uni-bielefeld.de/volltexte/2007/1115/pdf/SchoWie_26062007.pdf (26.09.2007).

Schreiber, Ulrich/Ruf, Martin (2007): Reform der Unternehmensbesteuerung: ökonomische Auswirkungen bei Unternehmen mit inländischer Geschäftstätigkeit, in: Betriebs-Berater, 62. Jg. 2007, S. 1099-1105.

Schröder, Ernst F. (2001): Wertorientiertes Controlling, in: Freidank, Carl-Christian/Mayer, Elmar (Hrsg.): Controlling-Konzepte, 5. Aufl., Wiesbaden 2001, S. 187-224.

Schruff, Wienand (2005): Die Zeitwertbilanzierung nach IFRS/IAS – ein zukunftsweisendes Konzept oder ein fundamentaler Irrtum?, in: Schneider, Dieter et al. (Hrsg.): Kritisches zu Rechnungslegung und Unternehmensbesteuerung (FS Theodor Siegel), Berlin 2005, S. 111-137.

Schüler, Andreas (1998): Performance-Messung und Eigentümerorientierung, Frankfurt a.M. et al. 1998, zugl. Diss., Regensburg 1997.

Schüler, Andreas (2001): Jahresabschlussdaten und Performance-Messung, in: Seicht, Gerhard (Hrsg.): Jahrbuch für Controlling und Rechnungswesen 2001, Wien 2001, S. 141-158.

Schüler, Andreas/Krotter, Simon (2004): Konzeption wertorientierter Steuerungsgrößen: Performance-Messung mit Discounted Cash-flows und Residualgewinnen ex ante und ex post, in: Finanz-Betrieb, 6. Jg. 2004, S. 430-437.

Schüler, Andreas/Lampenius, Niklas (2007): Wachstumsannahmen in der Bewertungspraxis: eine empirische Untersuchung ihrer Implikationen, in: Betriebswirtschaftliche Forschung und Praxis, 59. Jg. 2007, S. 232-248.

Schulte-Nölke, Wolfgang (2001): US-GAAP als Steuerungsgrundlage für Unternehmen, Wiesbaden 2001, zugl. Diss., Paderborn 2000.

Schultze, Wolfgang (2003): Methoden der Unternehmensbewertung, 2. Aufl., Düsseldorf 2003.

Schultze, Wolfgang (2004): Valuation, Tax Shields and the Cost-of-Capital with Personal Taxes: A Framework for Incorporating Taxes, in: International Journal of Theoretical and Applied Finance, Vol. 7 2004, S. 769-804.

Schultze, Wolfgang (2005a): Unternehmensbewertung und Halbeinkünfteverfahren: Steuervorteile aus der Finanzierung deutscher Kapitalgesellschaften, in: Die Betriebswirtschaft, 75. Jg. 2005, S. 237-257.

Schultze, Wolfgang (2005b): The Information Content of Goodwill-Impairments under FAS 142: Implication for external analysis and internal control, in: schmalenbach business review, 57. Jg. 2005, S. 276-297.

Schultze, Wolfgang/Hirsch, Cathrin (2005): Unternehmenswertsteigerung durch wertorientiertes Controlling, München 2005.

Schultze, Wolfgang/Weiler, Andreas (2007): Performancemessung und Wertgenerierung: Entlohnung auf Basis des Residualen Ökonomischen Gewinns, in: Zeitschrift für Planung & Unternehmenssteuerung,18. Jg. 2007, S. 133-159.

Schumann, Jörg (2005): Residualgewinn-orientierte Unternehmensbewertung im Halbeinkünfteverfahren: Transparenz- und Äquivalenzaspekte, in: FinanzBetrieb, 7. Jg. 2005, S. 22-32.

Schuppen, Matthias/Walz, Susanne (2005): Ablauf und Formen des Unternehmenskaufs, in: Ballwieser, Wolfgang/Beyer, Sven/Zelger, Hansjörg (Hrsg.): Unternehmenskauf nach IFRS und US-GAAP – Purchase Price Allocation, Goodwill und Impairment-Test, Stuttgart 2005, S. 31-71.

Schweitzer, Marcell/Ziolkowski, Ulrich (1999): Interne Unternehmensrechnung: aufwandsorientiert oder kalkulatorisch? (Zeitschrift für betriebswirtschaftliche Forschung, 51. Jg. 1999, Sonderheft 42), Düsseldorf/Frankfurt a.M. 1999.

Schwetzler, Bernhard (2000a): Unternehmensbewertung unter Unsicherheit – Sicherheitsäquivalent- oder Risikozuschlagsmethode?, in: Zeitschrift für betriebswirtschaftliche Forschung, 52. Jg. 2000, S. 469-486.

Schwetzler, Bernhard (2000b): Stochastische Verknüpfung und implizite bzw. maximal zulässige Risikozuschläge bei der Unternehmensbewertung, in: Betriebswirtschaftliche Forschung und Praxis, 52. Jg. 2000, S. 478-492.

Schwetzler, Bernhard (2002): Das Ende des Ertragswertverfahrens?, in: Zeitschrift für betriebswirtschaftliche Forschung, 54. Jg. 2002, S. 145-158.

Schwetzler, Bernhard (2003): Probleme der Multiple-Bewertung, in: FinanzBetrieb, 5. Jg. 2003, S. 79-90.

Schwetzler, Bernhard (2005): Halbeinkünfteverfahren und Ausschüttungsäquivalenz, in: Die Wirtschaftsprüfung, 58. Jg. 2005, S. 601-617.

Seelinger, Ronald/Kaatz, Sven (1998): Konversion und Internationalisierung des Rechnungswesens in Deutschland, in: Kostenrechnungspraxis, 42. Jg. 1998, S. 125-132.

Seibold, Marc (2005): Haftungsrisiken beim konzernweiten Cash Pooling, in: FinanzBetrieb, 7. Jg. 2005, S. 77-83.

Seicht, Gerhard (2006): Unternehmensbewertung und Risiko, in: Seicht, Gerhard (Hrsg.): Jahrbuch für Controlling und Rechnungswesen 2006, Wien 2006, S. 1-26.

Sellhorn, Thorsten (2004): Goodwill Impairment, Frankfurt a.M. et al. 2004, zugl. Diss., Bochum 2003.

Sellhorn, Thorsten/Hillebrandt, Franca (2002): Pro-Forma-Earnings: Umsatz vor Aufwendungen? – Eine kritische Analyse aktueller Forschungsergebnisse und Regulierungsbemühungen, in: Kapitalmarktorientierte Rechnungslegung, 2. Jg. 2002, S. 153-154.

Sharpe, William F. (1964): Capital Asset Prices: A Theory of Market Equilibrium under Conditions of Risk, in: Journal of Finance, Vol. 19 1964, S. 425-442.

Sieben, Günter (1963): Der Substanzwert der Unternehmung, Wiesbaden 1963.

Sieben, Günter (1976): Der Entscheidungswert in der Funktionenlehre der Unternehmensbewertung, in: Betriebswirtschaftliche Forschung und Praxis, 28. Jg. 1976, S. 491-504.

Sieben, Günter (1983): Funktionen der Bewertung ganzer Unternehmen und von Unternehmensteilen, in: Das Wirtschaftsstudium, 12. Jg. 1983, S. 539-542.

Sieben, Günter (1993): Unternehmensbewertung, in: Wittmann, Waldemar et al. (Hrsg.): Handwörterbuch der Betriebswirtschaft, Bd. 3, 5. Aufl., Stuttgart 1993, Sp. 4315-4331.

Sieben, Günter (1995): Unternehmensbewertung: Discounted Cash Flow-Verfahren und Ertragswertverfahren – Zwei völlig verschiedene Ansätze?, in: Lanfermann, Josef (Hrsg.): Internationale Wirtschaftsprüfung (FS Hans Havermann), Düsseldorf 1995, S. 713-737.

Sieben, Günter/Schildbach, Thomas (1979): Zum Stand der Entwicklung der Lehre von der Bewertung ganzer Unternehmungen, in: Deutsches Steuerrecht, 17. Jg. 1979, S. 455-461.

Sieben, Günter/Schildbach, Thomas (1994): Betriebswirtschaftliche Entscheidungstheorie, 4. Aufl., Düsseldorf 1994.

Siefke, Michael (1999): Externes Rechnungswesen als Datenbasis der Unternehmenssteuerung, Wiesbaden 1999, zugl. Diss., München 1998.

Siegel, Theodor (2002): Zur unsinnigen Bilanzierung eines zufälligen Teils des unbekannten originären Geschäftswerts nach DRS 1a, in: Der Betrieb, 55. Jg. 2002, S. 749-751.

Siener, Friedrich/Gröner, Susanne (2005): Bedeutung der Fair Value-Bewertung bei der goodwill-Bilanzierung, in: Bieg, Hartmut/Heyd, Reinhard (Hrsg.): Fair Value, München 2005, S. 333-352.

Siepe, Günter (1997): Die Berücksichtigung von Ertragsteuern bei der Unternehmensbewertung, in: Die Wirtschaftsprüfung, 50. Jg. 1997, S. 1-10 (Teil I) und S. 37-44 (Teil II).

Sill, Hannes (1995): Externe Rechnungslegung als Controlling-Instrument!, in: Horváth, Péter (Hrsg.): Controllingprozesse optimieren, Stuttgart 1998, S. 13-31.

Skinner, Roy C. (1993): The Concept and Computation of Earned Economic Income: A Comment, in: Journal of Business Finance & Accounting, Vol. 20 1993, S. 737-745.

Skinner, Roy C. (1998): The Strange Logic of Earned Economic Income, in: British Accounting Review, Vol. 30 1998, S. 93-104.

Snavely, Howard J. (1967): Accounting Information Criteria, in: The Accounting Review, Vol. 42 1967, S. 223-232.

Solomons, David (1965): Divisional Performance: Measurement and Control, Homewood, Illinois 1965.

Spremann, Klaus (1987): Agent und Principal, in: Bamberg, Günter/Spremann, Klaus (Hrsg.): Agency Theory, Information and Incentives, Berlin et al. 1987, S. 3-37.

Starbatty, Nikolaus (2001): Fair Value Accounting gemäß Statement of Financial Accounting Concept No. 7, in: Die Wirtschaftsprüfung, 54. Jg. 2001, S. 543-558.

Stehle, Richard (2004): Die Festlegung der Risikoprämie von Aktien im Rahmen der Schätzung des Wertes von börsennotierten Kapitalgesellschaften, in: Die Wirtschaftsprüfung, 57. Jg. 2004, S. 906-927.

Steiner, Manfred/Bruns, Christoph (2002): Wertpapiermanagement, 8. Aufl., Stuttgart 2002.

Steiner, Manfred/Wallmeier, Martin (1999): Unternehmensbewertung mit Discounted Cash Flow-Methoden und dem Economic Value Added-Konzept, in: FinanzBetrieb, 1. Jg. 1999, S. 1-10.

Steinle, Claus/Krummaker, Stefan/Lehmann, Gunar (2007): Bestimmung von Kapitalkosten in diversifizierten Unternehmungen: Verfahrensvergleiche und Anwendungsempfehlungen, in: Zeitschrift für Controlling & Management, 51. Jg. 2007, S. 204-218.

Stelter, Daniel (1999): Wertorientierte Anreizsysteme, in: Bühler, Wolfgang/Siegert, Theo (Hrsg.): Wertorientierte Anreizsysteme für Führungskräfte und Manager, Stuttgart 1999, S. 207-241.

Stern, Joel M./Stewart, G. Bennet III./Chew jr., Donald H. (1995): The EVA™ Financial Management System, in: Journal of Applied Corporate Finance, Vol. 8 (2) 1995, S. 32-46.

Steven, Gerhard (1995): Zur Bedeutung ausländischer Finanzierungsgesellschaften für die Finanzierung ausländischer Tochtergesellschaften deutscher multinationaler Unternehmen, Frankfurt a.M. et al. 1995, zugl. Diss., Münster 1994.

Stewart, G. Bennett III. (1991): The Quest for Value, New York 1991.

Stewart, G. Bennett III. (1994): EVA™: Fact and Fantasy, in: Journal of Applied Corporate Finance, Vol. 7 (2) 1994, S. 71-84.

Strack, Rainer/Villis, Ulrich (2001): RAVE™: Die nächste Generation im Shareholder Value Management, in: Zeitschrift für Betriebswirtschaft, 71. Jg. 2001, S. 67-84.

Streim, Hannes (1977): Der Informationsgehalt des Human Resource Accounting – Zur Problematik der Erfassung und des Ausweises menschlicher Ressourcen im betriebswirtschaftlichen Rechnungswesen, unveröffentlichte Habil, Gießen 1977.

Streim, Hannes (1994): Die Generalnorm des § 264 Abs. 2 HGB – Eine kritische Analyse, in: Ballwieser, Wolfgang et al. (Hrsg.): Bilanzrecht und Kapitalmarkt (FS Adolf Moxter), Düsseldorf 1994, S. 391-406.

Streim, Hannes (1995): Zum Stellenwert des Lageberichts im System der handelsrechtlichen Rechnungslegung, in: Elschen, Rainer/Siegel, Theodor/Wagner, Franz W: (Hrsg.): Unternehmenstheorie und Besteuerung (FS Dieter Schneider), Wiesbaden 1995, S. 703-721.

Streim, Hannes (2000): Die Vermittlung von entscheidungsnützlichen Informationen durch Bilanz und GuV – Ein nicht einlösbares Versprechen der internationalen Standardsetter, in: Betriebswirtschaftliche Forschung und Praxis, 52. Jg. 2000, S. 111-131.

Streim, Hannes et al. (2007): Ökonomische Analyse der gegenwärtigen und geplanten Regelungen zur Goodwill-Bilanzierung nach IFRS, in: Zeitschrift für Internationale Rechnungslegung, 2. Jg. 2007, S. 17-27.

Streim, Hannes/Bieker, Marcus/Esser, Maik (2003): Vermittlung entscheidungsnützlicher Informationen durch Fair Values – Sackgasse oder Licht am Horizont?, in: Betriebswirtschaftliche Forschung und Praxis, 55. Jg. 2003, S. 457-479.

Streim, Hannes/Bieker, Marcus/Esser, Maik (2004): Der schleichende Abschied von der Ausschüttungsbilanz – Grundsätzliche Überlegungen zum Inhalt einer Informationsbilanz, in: Dirrigl, Hans/Wellisch, Dietmar/Wenger, Ekkehard (Hrsg.): Steuern, Rechnungslegung und Kapitalmarkt (FS Franz W. Wagner), Wiesbaden 2004, S. 229-244.

Streim, Hannes/Bieker, Marcus/Esser, Maik (2005): Fair Value Accounting in der IFRS-Rechnungslegung – eine Zweckmäßigkeitsanalyse, in: Schneider, Dieter et al. (Hrsg.): Kritisches zu Rechnungslegung und Unternehmensbesteuerung (FS Theodor Siegel), Berlin 2005, S. 87-109.

Streim, Hannes/Bieker, Marcus/Leippe, Britta (2001): Anmerkungen zur theoretischen Fundierung der Rechnungslegung nach International Accounting Standards, in: Schmidt, Hartmut/Ketzel, Eberhard/Prigge, Stefan (Hrsg.): Wolfgang Stützel – Moderne Konzepte für Finanzmärkte, Beschäftigung und Wirtschaftsverfassung (FS Wolfgang Stützel), Tübingen 2001, S. 177-206.

Streim, Hannes/Esser, Maik (2003): Rechnungslegung nach IAS/IFRS – Ein geeignetes Instrument zur Informationsvermittlung?, in: Steuern und Bilanzen, 5. Jg. 2003, S. 836-840.

Streim, Hannes/Leippe, Britta (2001): Neubewertung nach International Accounting Standards – Darstellung, Anwendungsprobleme und kritische Analyse, in: Seicht, Gerhard (Hrsg.): Jahrbuch für Controlling und Rechnungswesen 2001, Wien 2001, S. 373-411.

Strobl, Elisabeth (1996): IASC-Rechnungslegung und Gläubigerschutzbestimmungen nach deutschem Recht, in: Ballwieser, Wolfgang/Moxter, Adolf/Nonnenmacher, Rolf (Hrsg.): Rechnungslegung – warum und wie (FS Hermann Clemm), München 1996, S. 389-412.

Süchting, Joachim (1988): Entwicklungen auf den internationalen Finanzmärkten, in: Christians, Friedrich W. (Hrsg.): Finanzierungshandbuch, 2. Aufl., Wiesbaden 1988, S. 145-158.

Süchting, Joachim (1995): Finanzmanagement, 6. Aufl., Wiesbaden 1995.

Szyperski, Norbert/Winand, Udo (1979): Duale Organisation – Ein Konzept zur organisatorischen Integration der strategischen Geschäftsfeldplanung, Zeitschrift für betriebswirtschaftliche Forschung, 31. Jg. 1979, S. 195-205.

Telekom AG (2005): Geschäftsbericht 2005.

Telkamp, Heinz-Jürgen/Bruns, Carsten (2000): Wertminderungen von Vermögenswerten nach IAS 36: Erfahrungen aus der Praxis, in: FinanzBetrieb, 2. Jg. 2000, Beilage 1/2000, S. 24-31.

Theile, Carsten (2007): Systematik der fair-value-Ermittlung – IFRS, SFAS 157 und das Discussion Paper des IASB, in: Praxis der internationalen Rechnungslegung, 3. Jg. 2007, S. 1-8.

Theisen, Manuel R. (1998): Konzerneigene Finanzierungsgesellschaften, in: Lutter, Marcus/Scheffler, Eberhard/Schneider, Uwe H. (Hrsg.): Handbuch der Konzernfinanzierung, Köln 1998, S. 717-743.

Thomas, Arthur L. (1969): Allocation Problem in Financial Accounting, Sarasota 1969.

Timmreck, Christian (2002): ß-Faktoren – Anwendungsprobleme und Lösungsansätze, in: FinanzBetrieb, 4. Jg. 2002, S. 300-307.

Töpfer, Armin/Duchmann, Christian (2005): Das Dresdner Modell des Wertorientierten Managements: Konzeption, Ziele und integrierte Sicht, in: Scheickart, Nikolaus/Töpfer, Armin (Hrsg.): Wertorientiertes Management, Berlin et al. 2005, S. 3-63.

Troßmann, Ernst (1999): Erfolgsperiodisierung in der Lebenszyklusrechnung, in: Männel, Wolfgang/Küpper, Hans-Ulrich (Hrsg.): Integration der Unternehmensrechnung (Kostenrechnungspraxis, 43. Jg. 1999, Sonderheft 3), Wiesbaden 1999, S. 93-104.

Troßmann, Ernst/Baumeister, Alexander (2005): Harmonisierung von internem und externem Rechnungswesen durch die Fair Value-Bewertung?, in: Bieg, Hartmut/Heyd, Reinhard (Hrsg.): Fair Value, München 2005, S. 629-648.

Trott, Edward W./Upton, Wayne S. (2001): Expected Cash Flows, in: FASB (Hrsg.): Understanding the Issues, Vol. 1 (1) 2001, S. 1-6. URL: http://www.fasb.org/articles&reports/UI_vol1_series1.pdf (06.07.2007).

Trützschler, Klaus et al. (2005): Unternehmensbewertung und Rechnungslegung von Akquisitionen: Die Vorschriften nach IFRS und HGB vs. Betriebswirtschaftliche Rationalität, in: Zeitschrift für Planung & Unternehmenssteuerung, 16. Jg. 2005, S. 383-406.

Truxius, Dieter (2006): Controlling am Beginn des IFRS-Zeitalters, in: Winter, Peter/Nietzel, Volker/Otte, Michael (Hrsg.): Controlling im Wandel der Zeit (FS Hans-Jörg Hoitsch), Lohmar/Köln 2006, S. 389-411.

Tschöpel, Andreas (2004): Risikoberücksichtigung bei der Grenzpreisbestimmung im Rahmen der Unternehmensbewertung, Lohmar et al. 2004, zugl. Diss., Hannover 2004.

Ulbrich, Philipp (2006): Segmentberichterstattung nach IAS 14, Hamburg 2006, zugl. Diss., Eichstätt-Ingolstadt 2005.

Unzeitig, Eduard/Köthner, Dietmar (1995): Shareholder Value Analyse, Stuttgart 1995.

Uzík, Martin/Weiser, Felix M. (2003): Kapitalkostenbestimmung mittels CAPM oder MCPM^{TM}?, in: FinanzBetrieb, 5. Jg. 2003, S. 705-718.

Vanini, Ute (2006): IFRS-Rechnungslegung und Controlling, in: Wirtschaftswissenschaftliches Studium, 35. Jg. 2006, S. 1388-1392.

Vatter, Hendrik (2003): Grundlagen und Probleme des Fair Value Accounting, in: Unternehmensbewertung & Management, 1. Jg. 2003, S. 141-148.

Velthuis, Louis J. (2003): Managemententlohnung auf Basis des Residualgewinns: Theoretische Anforderungen und praxisrelevante Konzepte, in: Zeitschrift für Betriebswirtschaft, Ergänzungsheft 4/2003, 73. Jg. 2003, S. 111-135.

Velthuis, Louis J. (2004a): Anreizkompatible Erfolgsteilung und Erfolgsrechnung, Wiesbaden 2004, zugl. Habil., Frankfurt a.M. 2003.

Velthuis, Louis J. (2004b): Value Based Management auf Basis von $E_{R}IC$, Arbeitspapier Nr. 127, Johan Wolfgang Goethe-Universität Frankfurt am Main 2004. URL: http://much-magic.wiwi.uni-frankfurt.de/Professoren/laux/Working%20ERIC.pdf (19. November 2004).

Velthuis, Louis J. (2004c): Entwurf eines integrierten Value Based Management-Konzepts auf Basis des Residualgewinns, in: Gillenkirch, Robert M. et al. (Hrsg.): Wertorientierte Unternehmenssteuerung (FS Helmut Laux), Berlin et al. 2004, S. 295-324.

Velthuis, Louis J. (2005): ERIC: Neue Kennzahl, neues Glück?, in: Betriebs-Berater, 60. Jg. 2005, Heft 9, S. 1.

Velthuis, Louis J./Wesner, Peter (2005): Value Based Management, Stuttgart 2005.

Velthuis, Louis J./Wesner, Peter/Schabel, Matthias M. (2006a): Fair Value und internes Rechnungswesen: Irrelevanz, Relevanz und Grenzen, in: Internationale und kapitalmarktorientierte Rechnungslegung, 6. Jg. 2006, S. 458-466.

Velthuis, Louis J./Wesner, Peter/Schabel, Matthias M. (2006b): Eignung des Fair Value-Ansatzes für die Verhaltenssteuerung im Unternehmen, in: Betriebs-Berater, 61. Jg. 2006, S. 875-878.

Villalonga, Belén (2004): Diversification Discount or Premium? New Evidence from the Business Information Tracking Series, in: Journal of Finance, Vol. 59 2004, S. 479-506.

Volk, Gerrit (2007): Pro-forma-Kennzahlen zwischen Information und gezielter Fehlinformation, in: Winkeljohann, Norbert et al. (Hrsg.): Rechnungslegung, Eigenkapital und Besteuerung (FS Dieter Schneeloch), München 2007, S. 127-144.

Volkart, Rudolf/Schön, Etienne/Labhart, Peter (2005): Fair Value-Bewertung und value reporting, in: Bieg, Hartmut/Heyd, Reinhard (Hrsg.): Fair Value, München 2005, S. 517-542.

von Keitz, Isabel (2005): Praxis der IASB-Rechnungslegung, 2. Aufl., Stuttgart 2005.

von Neumann, John/Morgenstern, Oskar (1947): Theory of games and economic behavior, 2. Aufl., Princeton, New Jersey 1947.

Wagenhofer, Alfred (2005): Internationale Rechnungslegungsstandards IAS/IFRS, 5. Aufl., Frankfurt a.M. 2005.

Wagenhofer, Alfred (2006a): Controlling und IFRS-Rechnungslegung, Berlin 2006.

Wagenhofer, Alfred (2006b): Zusammenwirken von Controlling und Rechnungslegung nach IFRS, in: Wagenhofer, Alfred (Hrsg.): Controlling und IFRS-Rechnungslegung, Berlin 2006, S. 1-20.

Wagenhofer, Alfred (2007): Unternehmensrechnung, in: Köhler, Richard/Küpper, Hans-Ulrich/Pfingsten, Andreas (Hrsg.): Handwörterbuch der Betriebswirtschaft, 6. Aufl., Stuttgart 2007, Sp. 1848-1857.

Wagenhofer, Alfred/Riegler, Christian (1999): Gewinnabhängige Managemententlohnung und Investitionsanreize, in: Betriebswirtschaftliche Forschung und Praxis, 51. Jg. 1999, S. 70-93.

Wagner, Franz W. (1972): Der Einfluß der Einkommensteuer auf die Entscheidung über den Verkauf einer Unternehmung, in: Der Betrieb, 25. Jg. 1972, S. 1637-1642.

Wagner, Franz W. (1979): Das Grundmodell der Ertragsteuerwirkungen auf die Investitionsentscheidung, in: Wirtschaftswissenschaftliches Studium, 8. Jg. 1979, S. 67-72.

Wagner, Franz W. (1994): Periodenabgrenzung als Prognoseverfahren – Konzeption und Anwendungsbereich der „einkommensapproximativen Bilanzierung", in: Ballwieser, Wolfgang et al. (Hrsg.): Bilanzrecht und Kapitalmarkt (FS Adolf Moxter), Düsseldorf 1994, S. 1175-1197.

Wagner, Franz W./Dirrigl, Hans (1980): Die Steuerplanung der Unternehmung, Stuttgart 1980.

Wagner, Franz W./Nonnenmacher, Rolf (1981): Die Abfindung bei der Ausschließung aus einer Personengesellschaft, in: Zeitschrift für Unternehmens- und Gesellschaftsrecht, 10. Jg. 1981, S. 674-683.

Wagner, Franz W./Rümmele, Peter (1995): Ertragssteuern in der Unternehmensbewertung: Zum Einfluß von Steuerrechtsänderungen, in: Die Wirtschaftsprüfung, 48. Jg. 1995, S. 433-441.

Wagner, Wolfgang et al. (2004): Weiterentwicklung der Grundsätze zur Durchführung von Unternehmensbewertungen (IDW S 1), in: Die Wirtschaftsprüfung, 57. Jg. 2004, S. 889-898.

Wagner, Wolfgang et al. (2006): Unternehmensbewertung in der Praxis, in: Die Wirtschaftsprüfung, 59. Jg. 2006, S. 1005-1028.

Wallmeier, Martin (1999): Kapitalkosten und Finanzierungsprämissen, in: Zeitschrift für Betriebswirtschaft, 69. Jg. 1999, S. 1473-1490.

Watterott, Richard (2006): Auswirkungen von IFRS auf die Unternehmenssteuerung bei Bosch, in: Franz, Klaus-Peter/Winkler, Carsten (Hrsg.): Unternehmenssteuerung und IFRS, München 2006, S. 145-165.

Weber, Jürgen et al. (2004): Wertorientierte Unternehmenssteuerung, Wiesbaden 2004.

Weber, Jürgen/Kaufmann, Lutz/Schneider, Yvonne (2006): Controlling von Intangibles, Weinheim 2006.

Wehrheim, Michael (2000): Die Bilanzierung immaterieller Vermögenswerte („Intangible Assets") nach IAS 38, in: Deutsches Steuerrecht, 38. Jg. 2000, S. 86-88.

Weiler, Axel (2005): Verbesserung der Prognosegüte bei der Unternehmensbewertung, Aachen 2005, zugl. Diss., Chemnitz 2005.

Weiß, Matthias (2006): Wertorientiertes Kostenmanagement, Wiesbaden 2006, zugl. Diss., Köln 2005.

Weißenberger, Barbara E. (2004): Integrierte Rechnungslegung und Unternehmenssteuerung: Bedarf an kalkulatorischen Erfolgsgrößen auch unter IFRS?, in: Weißenberger, Barbara E. (Hrsg.): IFRS und Controlling (Zeitschrift für Management und Controlling, 48. Jg. 2004, Sonderheft 3), Wiesbaden 2004, S. 72-77.

Weißenberger, Barbara E. (2006a): Controller und IFRS: Integrierte Ergebnisrechnung unter IFRS als Controllinginstrument?, in: ControllerNews, 9. Jg. 2006, S. 31-34.

Weißenberger, Barbara E. (2006b): Ergebnisrechnung nach IFRS und interne Performancemessung, in: Wagenhofer, Alfred (Hrsg.): Controlling und IFRS-Rechnungslegung, Berlin 2006, S. 49-79.

Weißenberger, Barbara E. (2006c): Integration der Rechnungslegung unter IFRS, in: Horváth, Péter (Hrsg.): Controlling und Finance Excellence, Stuttgart 2006, S. 161-172.

Weißenberger, Barbara E. (2006d): Integration der Rechnungslegung unter IFRS, in: Controlling, 18. Jg. 2006, S. 409-415.

Weißenberger, Barbara E. (2007a): IFRS für Controller, Freiburg i.Br./Berlin/München 2007.

Weißenberger, Barbara E. (2007b): Zum grundsätzlichen Verhältnis von Controlling und externer Finanzberichterstattung unter IFRS, in: Der Konzern, 5. Jg. 2007, S. 321-331.

Weißenberger, Barbara E. und Arbeitskreis „Controller und IFRS" der International Group of Controlling (2006a): Controller und IFRS: Konsequenzen einer IFRS-Finanzberichterstattung für die Aufgabenfelder von Controllern, in: Betriebswirtschaftliche Forschung und Praxis, 58. Jg. 2006, S. 342-364.

Weißenberger, Barbara E. und Arbeitskreis „Controller und IFRS" der International Group of Controlling (2006b): Controller und IFRS: Konsequenzen der IFRS-Finanzberichterstattung für die Controlleraufgaben, in: Internationale und kapitalmarktorientierte Rechnungslegung, 6. Jg. 2006, S. 613-622.

Weißenberger, Barbara E./Haas, Cornelia A./Wolf, Sebastian (2007): Goodwill-Controlling unter IAS 36, in: Praxis der internationalen Rechnungslegung, 3. Jg. 2007, S. 149-156.

Weißenberger, Barbara E./Liekweg, Arnim (1999): Vorschriften zur Segmentberichterstattung im Konzern – Schnittstelle zwischen interner und externer Rechnungslegung, in: Kostenrechnungspraxis, 43. Jg. 1999, S. 165-173.

Weißenberger, Barbara E./Maier, Michael (2006): Der Management Approach in der IFRS-Rechnungslegung: Fundierung der Finanzberichterstattung durch Information aus dem Controlling, in: Der Betrieb, 59. Jg. 2006, S. 2077-2083.

Welge, Martin K. (1987): Unternehmensführung, Bd. II: Organisation, Stuttgart 1987.

Welge, Martin K./Al-Laham, Andreas (2001): Strategisches Management, 3. Aufl., Wiesbaden 2001.

Welge, Martin K./Eulerich, Marc (2007): Die Szenario-Technik als Planungsinstrument in der strategischen Unternehmenssteuerung, in: Controlling, 19. Jg. 2007, S. 69-74.

Wendlandt, Klaus/Knorr, Liesel (2005): Das Bilanzrechtsreformgesetz: Zeitliche Anwendung der wesentlichen bilanzrechtlichen Änderungen des HGB und Folgen für die IFRS-Anwendung in Deutschland, in: Internationale und kapitalmarktorientierte Rechnungslegung, 5. Jg. 2005, S. 53-57.

Wenger, Ekkehard (2000): Die Steuerfreiheit von Veräußerungsgewinnen: Systemwidrigkeiten und systematische Notwendigkeiten, in: Steuern und Wirtschaft, 77. Jg. 2000, S. 177-181.

Weston, J. Fred/Lee, Wayne Y. (1977): Cost of Capital for a Division of a Firm: Comment, in: Journal of Finance, Vol. 32 1977, S. 1779-1780.

Wiese, Götz T./Klaas, Tobias/Möhrle, Tobias (2007): Der Regierungsentwurf zur Unternehmensteuerreform 2008, in: Gesellschafts- und Steuerrecht der GmbH und GmbH & Co., 98. Jg. 2007, S. 405-414.

Wiese, Jörg (2003): Zur theoretischen Fundierung der Sicherheitsäquivalentmethode und des Begriffs der Risikoauflösung bei der Unternehmensbewertung, in: Zeitschrift für betriebswirtschaftliche Forschung, 55. Jg. 2003, S. 287-305.

Wiese, Jörg (2004): Unternehmensbewertung mit dem Nachsteuer-CAPM?, Arbeitspapier, Ludwig-Maximilians-Universität München 2004. URL: http://www.rwp.bwl.uni-muenchen.de/download/Paper_Steuern160204.pdf (19. August 2006).

Wiese, Jörg (2005): Wachstum und Ausschüttungsannahmen im Halbeinkünfteverfahren, in: Die Wirtschaftsprüfung, 58. Jg. 2005, S. 617-623.

Wiese, Jörg (2006): Das Nachsteuer-CAPM im Mehrperiodenkontext, in: FinanzBetrieb, 8. Jg. 2006, S. 242-248.

Wiese, Jörg (2007a): Das Nachsteuer-CAPM im Mehrperiodenkontext, in: FinanzBetrieb, 9. Jg. 2007, S. 116-120.

Wiese, Jörg (2007b): Unternehmensbewertung und Abgeltungssteuer, in: Die Wirtschaftsprüfung, 60. Jg. 2007, S. 368-375.

Wiese, Jörg/Gampenrieder, Peter (2007): Kapitalmarktorientierte Bestimmung des Basiszinssatzes, in: Der Schweizer Treuhänder, 81. Jg. 2007, S. 442-448.

Wild, Jürgen (1982): Grundlagen der Unternehmensplanung, 4. Aufl., Opladen 1982.

Wilhelm, Jochen (2002): Risikoabschläge, Risikozuschläge und Risikoprämien – Finanzierungstheoretische Anmerkungen zu einem Grundproblem der Unternehmensbewertung, Passauer Diskussionspapiere, Diskussionsbeitrag B-9-02, Passau 2002. URL: http://www.wiwi.uni-passau.de/lehrstuehle/wilhelm/AllgemInfos/download/B-9-02.pdf (31. März 2003).

Wilhlem, Jochen (2005): Unternehmensbewertung – Eine finanzmarkttheoretische Untersuchung, in: Zeitschrift für Betriebswirtschaft, 75. Jg. 2005, S. 631-665.

Wirth, Johannes (2005): Firmenwertbilanzierung nach IFRS, Stuttgart 2005, zugl. Diss., Saarbrücken 2004.

Wolf, Klaus (2005): Die neue Kennzahl ERIC, in: Unternehmensbewertung & Management, 3. Jg. 2005, S. 201-207.

Wolf, Martin (1985): Erfahrungen mit der Profit-Center-Organisation, Frankfurt a.M. et al. 1985, zugl. Diss., München 1985.

Wollmert, Peter/Achleitner, Ann-Kristin (1997): Konzeptionelle Grundlagen der IAS-Rechnungslegung, in: Die Wirtschaftsprüfung, 50. Jg. 1997, S. 209-222 (Teil I) und S. 245-256 (Teil II).

Wolz, Matthias (2005): Grundzüge der Internationalen Rechnungslegung nach IFRS, München 2005.

Wright, Kenneth F. (1963): Depreciation Theory and the Cost of Funds, in: The Accounting Review, Vol. 38 1963, S. 87-90.

Wright, Kenneth F. (1967): An Evaluation of Ladelle's Theory of Depreciation, in: Journal of Accounting Research, Vol. 5 1967, S. 173-179.

Wussow, Verena (2004): Harmonisierung des internen und externen Rechnungswesens mittels IAS/IFRS, München 2004, zugl. Diss., Erlangen-Nürnberg 2004.

Wüstemann, Jens/Duhr, Andreas (2003): Geschäftswertbilanzierung nach dem Exposure Draft ED 3 des IASB – Entobjektivierung auf den Spuren des IASB?, in: Betriebs-Berater, 58. Jg. 2003, S. 247-253.

Zattler, Peter/Michel, Uwe (2006): IFRS und Unternehmenssteuerung, in: Horváth, Péter (Hrsg.): Controlling und Finance Excellence, Stuttgart 2006, S. 145-159.

Zelger, Hansjörg (2005): Purchase Price Allocation nach IFRS und US-GAAP, in: Ballwieser, Wolfgang/Beyer, Sven/Zelger, Hansjörg (Hrsg.): Unternehmenskauf nach IFRS und US-GAAP – Purchase Price Allocation, Goodwill und Impairment-Test, Stuttgart 2005, S. 91-140.

Zens, Nikolaus H./Rehnen, Antonius (1994): Die Bewertung von Unternehmen und strategischen Geschäftseinheiten mit Hilfe des Shareholder-Value-Konzepts, in: Höfner, Klaus/Pohl, Andreas (Hrsg.): Wertsteigerungs-Management, Frankfurt a.M./New York 1994, S. 89-115.

Ziegler, Hasso (1994): Neuorientierung des internen Rechnungswesen für das Unternehmens-Controlling im Hause Siemens, in: Zeitschrift für betriebswirtschaftliche Forschung, 46. Jg. 1994, S. 175-194.

Zimmermann, Jochen (2002a): Widersprüchliche Signale des DSR zur Goodwillbilanzierung?, in: Der Betrieb, 55. Jg. 2002, S. 385-390.

Zimmermann, Jochen (2002b): Objektivierte originäre Geschäftswerte als Informationsträger in der Konzernbilanz, in: Der Betrieb, 55. Jg. 2002, S. 751-753.

Zimmermann, Jochen/Prokop, Jörg (2003): Rechnungswesenorientierte Unternehmensbewertung und Clean Surplus Accounting, in: Internationale und kapitalmarktorientierte Rechnungslegung, 3. Jg. 2003, S. 134-142.

Zimmermann, Peter (1997): Schätzung und Prognose von Betawerten: eine Untersuchung am deutschen Aktienmarkt, Bad Soden/Taunus 1997, zugl. Diss., München 1997.

Zirkler, Bernd/Nohe, Ralph (2003): Harmonisierung von internem und externem Rechnungswesen – Gründe und Stand in der Praxis, in: Deutsches Steuerrecht, 41. Jg. 2003, S. 222-225.

Zülch, Henning (2004): Die Bilanzierung von Unternehmenszusammenschlüssen nach IFRS 3 und ihre Implikationen für die Bewertungspraxis, in: Unternehmensbewertung & Management, 2. Jg. 2004, S. 331-339.

Zülch, Henning (2005): Die Rechnungslegungsnormen des IASB, in: Praxis der internationalen Rechnungslegung, 1. Jg. 2005, S. 1-7.

Zülch, Henning/Gebhardt, Ronny (2007): SFAS 157 und IASB Discussion Paper: aktuelle Entwicklungen auf dem Gebiet der Fair Value-Bewertung, in: Betriebs-Berater, 62. Jg. 2007, S. 147-152.

Zülch, Henning/Lienau, Achim/Willeke, Clemens (2004): Bewertungen bei der Abbildung von Unternehmenserwerben und bei Werthaltigkeitsüberprüfungen nach IFRS – eine kritische Würdigung des IDW ERS HFA 16, in: Unternehmensbewertung & Management, 3. Jg. 2005, S. 103-109.

Rechtsquellenverzeichnis

Gesetze

AktG	Aktiengesetz vom 6. September 1965 (BGBl. I S. 1089), zuletzt geändert durch Artikel 11 des Gesetzes vom 16. Juli 2007 (BGBl. I S. 1330).
BGB	Bürgerliches Gesetzbuch in der Fassung der Bekanntmachung vom 2. Januar 2002 (BGBl. I S. 42, 2909; 2003 I S. 738), zuletzt geändert durch Artikel 2 Abs. 16 des Gesetzes vom 19. Februar 2007 (BGBl. I S. 122).
EStG	Einkommensteuergesetz in der Fassung der Bekanntmachung vom 19. Oktober 2002 (BGBl. I S. 4210; 2003 I S. 179), zuletzt geändert durch Artikel 1 des Gesetzes vom 14. August 2007 (BGBl. I S. 1912).
HGB	Handelsgesetzbuch in der im Bundesgesetzblatt Teil III, Gliederungsnummer 4100-1, veröffentlichten bereinigten Fassung, zuletzt geändert durch Artikel 10 des Gesetzes vom 16. Juli 2007 (BGBl. I S. 1330).
UmwG	Umwandlungsgesetz vom 28. Oktober 1994 (BGBl. I S. 3210, (1995, 428)), zuletzt geändert durch Artikel 1 des Gesetzes vom 19. April 2007 (BGBl. I S. 542).

EU-Verordnung

Europäische Union:	Verordnung (EG) Nr. 1606/2002 des Europäischen Parlaments und des Rates vom 19. Juli 2002 betreffend die Anwendung internationaler Rechnungs-legungsstandards, ABl. EG L 243/1-4 vom 11.09.2002.

Printed by Books on Demand, Germany